AF372495

DES
SOCIÉTÉS COMMERCIALES

FRANÇAISES ET ÉTRANGÈRES

I

TRAITÉ THÉORIQUE ET PRATIQUE

DES

SOCIÉTÉS COMMERCIALES

FRANÇAISES ET ÉTRANGÈRES

CONTENANT

UNE ÉTUDE DU RÉGIME FISCAL

ET SUIVI

DE FORMULES ANNOTÉES

RÉPONDANT A TOUS LES ACTES DE LA VIE SOCIALE

CINQUIÈME ÉDITION, *entièrement refondue*

PAR

RODOLPHE-ROUSSEAU

Avocat à la Cour d'appel de Paris
Secrétaire général du Congrès des Sociétés en 1889
Vice-Président, Rapporteur général du Congrès international des Sociétés
à l'Exposition de 1900
Rapporteur général de la Commission extraparlementaire instituée en 1902
au Ministère de la Justice pour la réforme de la législation des sociétés par actions
Fondateur de la *Gazette des Sociétés* et du *Droit Financier*

Mise au courant de la Jurisprudence la plus récente

et publiée par ses Collaborateurs

André DOLBEAU — **Louis GALLIÉ**
DOCTEURS EN DROIT, AVOCATS A LA COUR D'APPEL DE PARIS

Jacques RODOLPHE-ROUSSEAU
DOCTEUR EN DROIT

TOME PREMIER

PARIS

LIBRAIRIE ARTHUR ROUSSEAU

ROUSSEAU ET Cie

ÉDITEURS

14, RUE SOUFFLOT ET RUE TOULLIER, 13

1921

TITRES DES RECUEILS ET PÉRIODIQUES CITÉS.
PRINCIPALES ABRÉVIATIONS ADOPTÉES.

———

S. — Sirey, *Recueil des Lois et Arrêts.*
D. — Dalloz, *Recueil Périodique.*
D. Sup. — Dalloz, *Supplément au Répertoire général.* V° *Société.*
P. — *Journal du Palais.*
Ann. de Com. — *Annales de droit commercial.*
J. S. — *Journal des Sociétés civiles et commerciales.*
R. S. — *Revue des Sociétés.*
Gaz. Soc. — *Gazette des Sociétés.*
J. Not. — *Journal des Notaires.*
D. Not. — *Dictionnaire du Notariat.*
J. Enreg. — *Journal de l'Enregistrement.*
R. Enreg. — *Revue de l'Enregistrement.*
T. C — *Journal des Tribunaux de Commerce.*
Gaz. Pal. — *Gazette du Palais*
Gaz. Trib. — *Gazette des Tribunaux.*
R. P. ou Rép. Pér. — *Répertoire périodique de l'Enregistrement.*
Contrôl. Enreg. — *Le Contrôleur de l'Enregistrement.*

PRÉFACE DE LA CINQUIÈME ÉDITION

La Préface de la quatrième édition que nous publions à la suite de celle-ci montrera au lecteur mieux que nous ne saurions le dire combien Rodolphe-Rousseau entendait que le *Traité des Sociétés* fût non seulement un monument juridique, mais une œuvre de réalisation et de vie. Pour atteindre ce but, notre éminent prédécesseur remettait d'année en année son travail sur le métier et chacune des quatre éditions publiées par lui était largement remaniée et soigneusement mise au courant de la législation et de la jurisprudence.

Quand une fin prématurée nous a, en septembre 1919, enlevé Rodolphe-Rousseau, ses papiers contenaient le manuscrit d'une nouvelle édition.

C'est cette œuvre que nous donnons aujourd'hui au public.

Nous n'avons touché que légèrement à son travail, de la pieuse main de disciples pénétrés encore de son enseignement, pour y apporter les modifications rendues nécessaires par la marche de la jurisprudence et par la multiplicité des dispositions législatives apparues après la cessation des hostilités que sa mort suivait de si près.

Les chapitres nouveaux que nos lecteurs trouveront dans cette cinquième édition (notamment l'étude des questions fiscales, le formulaire, les tables) étaient prévus, et même rédigés dans leur plus importante partie dans le manuscrit du Maître dont nous nous sommes efforcés de maintenir intégrale toute la pensée.

Nous espérons avoir réussi, en sauvant les dernières idées de Rodolphe-Rousseau, à faire suivant son désir « une œuvre « pratique destinée au monde des affaires ».

Les Collaborateurs de Rodolphe-Rousseau.

PRÉFACE DE LA PRÉCÉDENTE ÉDITION

Lorsque, en octobre 1905, nous présentions au public notre troisième édition qui renfermait l'ensemble des travaux de la Commission extraparlementaire nommée le 24 juin 1902 par M. le Garde des Sceaux Vallé et les projets de loi qu'elle avait élaborés, nous pensions bien pouvoir, dans notre prochaine édition, donner le commentaire de ces projets devenus lois enfin ! Il n'en est rien malheureusement et, de ce chef, la législation des sociétés n'a pas été modifiée.

Elle n'est pas toutefois restée stationnaire ; mais il semble que le législateur redoute d'aborder de front le difficile problème des sociétés et qu'il préfère y toucher incidemment, sur des points spéciaux. A cet égard, on ne peut pas dire que son œuvre ait été vaine ; le lecteur pourra s'en rendre compte par le commentaire nouveau que nous donnons de lois récentes fort importantes, concernant surtout la défense de l'épargne, telles que celle du 17 mars 1905 sur les sociétés d'assurances sur la vie et sur les tontines et celle du 19 décembre 1907 sur les sociétés de capitalisation. On trouvera aussi, dans la présente édition de notre traité, l'étude détaillée des dispositions si pratiques contenues dans l'art. 3 de la loi de finances du 30 janvier 1907, concernant le prospectus et la publication au *Bulletin annexe du Journal officiel*, morceau détaché, un peu maladroitement peut-être, de l'ensemble de l'œuvre de la Commission de 1902 ; également le commentaire des lois récentes sur les sociétés de prévoyance, de crédit agricole, de crédit maritime.

Il eût été, on le comprend, tout à fait insuffisant de se borner à tenir notre travail au courant de la seule législation. La matière des sociétés se modifie profondément, sous les besoins des nécessités pratiques, grâce à la jurisprudence, à l'interprétation si souple de nos tribunaux ; on peut dire à cet égard que certaines parties ont subi de véritables transformations, tout au moins une profonde évolution : nous n'en voulons comme exemple que la matière des pouvoirs reconnus aux assemblées générales pour modifier les statuts, depuis les principes directeurs nouveaux apportés par la loi de 1903 sur les actions de priorité. D'autres matières encore ont été profondément remaniées, telles que celle des inventaires et bilans, celle du régime fiscal des sociétés dans lequel la loi récente du budget du 13 juillet 1911 vient apporter des éléments nouveaux, peut-être critiquables d'ailleurs. Enfin, une partie spéciale, dont la synthèse n'avait jamais été tentée, nous a paru devoir faire l'objet d'une étude d'ensemble : celle des sociétés de fait, à cause de leur importance pratique. — Bien entendu, toutes les autres matières ont été mises au courant des décisions les plus récentes de la jurisprudence.

Ces quelques indications permettront au lecteur de se rendre compte que nous n'avons jamais perdu de vue la ligne de conduite que nous nous étions tracée dès nos premiers travaux sur les Sociétés : sans négliger la théorie, toujours si utile et si féconde, faire surtout une œuvre pratique destinée au monde des affaires.

Octobre 1911.

LÉGISLATION FRANÇAISE

SOCIÉTÉS CIVILES ET COMMERCIALES

I. — CODE CIVIL

TITRE IX
DU CONTRAT DE SOCIÉTÉ

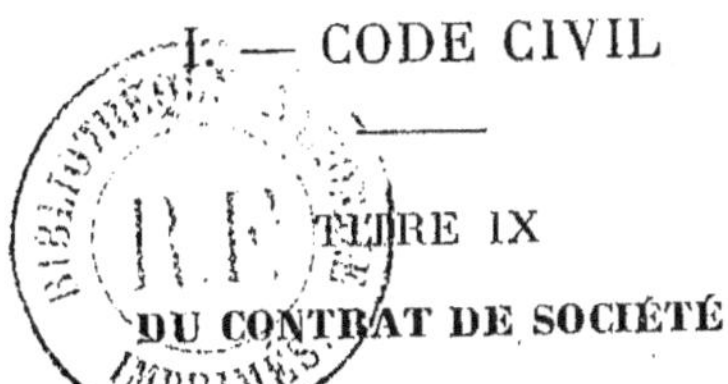

Décrété le 17 ventôse, promulgué le 27 ventôse an XII (8-18 mars 1804).

CHAPITRE PREMIER

DISPOSITIONS GÉNÉRALES.

Art. 1832. — La société est un contrat par lequel deux ou plusieurs personnes conviennent de mettre quelque chose en commun, dans la vue de partager le bénéfice qui pourra en résulter.

Art. 1833. — Toute société doit avoir un objet licite et être contractée pour l'intérêt commun des parties.

Chaque associé doit y apporter ou de l'argent, ou d'autres biens, ou son industrie.

Art. 1834. — Toutes sociétés doivent être rédigées par écrit, lorsque leur objet est d'une valeur de plus de 150 francs.

La preuve testimoniale n'est point admise contre et outre le contenu en l'acte de société, ni sur ce qui serait allégué avoir été dit avant, lors et depuis cet acte, encore qu'il s'agisse d'une somme ou valeur moindre de 150 francs.

CHAPITRE II

DES DIVERSES ESPÈCES DE SOCIÉTÉS.

ART. 1835. — Les sociétés sont universelles ou particulières.

SECTION I

Des sociétés universelles.

ART. 1836. — On distingue deux sortes de sociétés universelles, la société de tous biens présents et la société universelle de gains.

ART. 1837. — La société de tous biens présents est celle par laquelle les parties mettent en commun tous les biens meubles et immeubles qu'elles possèdent actuellement, et les profits qu'elles pourront en tirer.

Elles peuvent aussi y comprendre toute autre espèce de gains, mais les biens qui pourraient leur advenir par succession, donation ou legs, n'entrent dans cette société que pour la jouissance ; toute stipulation tendant à y faire entrer la propriété de ces biens est prohibée, sauf entre époux, et conformément à ce qui est réglé à leur égard.

ART. 1838. — La société universelle de gains renferme tout ce que les parties acquerront par leur industrie, à quelque titre que ce soit, pendant le cours de la société ; les meubles que chacun des associés possède au temps du contrat y sont aussi compris ; mais leurs immeubles personnels n'y entrent que pour la jouissance seulement.

ART. 1839. — La simple convention de société universelle, faite sans autre explication, n'emporte que la société universelle de gains.

ART. 1840. — Nulle société universelle ne peut avoir lieu qu'entre personnes respectivement capables de se donner ou de recevoir l'une de l'autre, et auxquelles il n'est point défendu de s'avantager au préjudice d'autres personnes.

SECTION II

De la société particulière.

ART. 1841. — La société particulière est celle qui ne s'applique qu'à certaines choses déterminées, ou à leur usage, ou aux fruits à en percevoir.

ART. 1842. — Le contrat par lequel plusieurs personnes s'associent soit pour une entreprise désignée, soit pour l'exercice de quelque métier ou profession, est aussi une société particulière.

CHAPITRE III

DES ENGAGEMENTS DES ASSOCIÉS ENTRE EUX ET A L'ÉGARD DES TIERS.

SECTION I

Des engagements des associés entre eux.

Art. 1843. — La société commence à l'instant même du contrat, s'il ne désigne une autre époque.

Art. 1844. — S'il n'y a pas de convention sur la durée de la société, elle est censée contractée pour toute la vie des associés, sous la modification portée en l'art. 1869 ; ou s'il s'agit d'une affaire dont la durée soit limitée, pour tout le temps que doit durer cette affaire.

Art. 1845. — Chaque associé est débiteur, envers la société, de tout ce qu'il a promis d'y apporter.

Lorsque cet apport consiste en un corps certain, et que la société en est évincée, l'associé en est garant envers la société, de la même manière qu'un vendeur l'est envers son acheteur.

Art. 1846. — L'associé qui devait apporter une somme dans la société et qui ne l'a point fait devient, de plein droit et sans demande, débiteur des intérêts de cette somme, à compter du jour où elle devait être payée ;

Il en est de même à l'égard des sommes qu'il a prises dans la caisse sociale à compter du jour où il les en a tirées pour son profit particulier ;

Le tout sans préjudice de plus amples dommages-intérêts, s'il y a lieu.

Art. 1847. — Les associés qui se sont soumis à apporter leur industrie à la société lui doivent compte de tous les gains qu'ils ont faits par l'espèce d'industrie qui est l'objet de cette société.

Art. 1848. — Lorsque l'un des associés est, pour son compte particulier, créancier d'une somme exigible envers une personne qui se trouve aussi devoir à la société une somme également exigible, l'imputation de ce qu'il reçoit de ce débiteur doit se faire sur la créance de la société et sur la sienne dans la proportion des deux créances, encore qu'il eût par sa quittance dirigé l'imputation intégrale sur sa créance particulière ; mais s'il a exprimé dans sa quittance que l'imputation sera faite en entier sur la créance de la société, cette stipulation sera exécutée.

Art. 1849. — Lorsque l'un des associés a reçu sa part entière de la créance commune, et que le débiteur est depuis devenu insolvable, cet associé est tenu de rapporter à la masse commune ce qu'il a reçu, encore qu'il eût spécialement donné quittance *pour sa part.*

Art. 1850. — Chaque associé est tenu, envers la société, des dommages qu'il lui a causés par sa faute, sans pouvoir compenser avec ces dommages les profits que son industrie lui aurait procurés dans d'autres affaires.

Art. 1851. — Si les choses dont la jouissance seulement a été mise dans la société sont des corps certains et déterminés, qui ne se consomment point par l'usage, elles sont aux risques de l'associé propriétaire.

Si ces choses se consomment, si elles se détériorent en les gardant, si elles ont été destinées à être vendues, ou si elles ont été mises dans la société sur une estimation portée par un inventaire, elles sont aux risques de la société.

Si la chose a été estimée, l'associé ne peut répéter que le montant de son estimation.

Art. 1852. — Un associé a action contre la société, non seulement à raison des sommes qu'il a déboursées pour elle, mais encore à raison des obligations qu'il a contractées de bonne foi pour les affaires de la société et des risques inséparables de sa gestion.

Art. 1853. — Lorsque l'acte de société ne détermine point la part de chaque associé dans les bénéfices ou pertes, la part de chacun est en proportion de sa mise dans le fonds de la société.

A l'égard de celui qui n'a apporté que son industrie, sa part dans les bénéfices ou dans les pertes est réglée comme si sa mise eût été égale à celle de l'associé qui a le moins apporté.

Art. 1854. — Si les associés sont convenus de s'en rapporter à l'un d'eux ou à un tiers pour le règlement des parts, ce règlement ne peut être attaqué s'il n'est évidemment contraire à l'équité.

Nulle réclamation n'est admise à ce sujet, s'il s'est écoulé plus de trois mois depuis que la partie qui se prétend lésée a eu connaissance du règlement, ou si ce règlement a reçu de sa part un commencement d'exécution.

Art. 1855. — La convention qui donnerait à l'un des associés la totalité des bénéfices est nulle.

Il en est de même de la stipulation qui affranchirait de toute contribution aux pertes les sommes ou effets mis dans le fonds de la société par un ou plusieurs des associés.

Art. 1856. — L'associé chargé de l'administration par une clause spéciale du contrat de société peut faire, nonobstant l'opposition des autres associés, tous les actes qui dépendent de son administration, pourvu que ce soit sans fraude.

Ce pouvoir ne peut être révoqué sans cause légitime, tant que la société dure ; mais s'il n'a été donné que par acte postérieur au contrat de société, il est révocable comme un simple mandat.

Art. 1857. — Lorsque plusieurs associés sont chargés d'administrer, sans que leurs fonctions soient déterminées, ou sans qu'il ait été exprimé que l'un ne pourrait agir sans l'autre, ils peuvent faire chacun séparément tous les actes de cette administration.

Art. 1858. — S'il a été stipulé que l'un des administrateurs ne pourra rien faire sans l'autre, un seul ne peut, sans une nouvelle convention, agir en l'absence de l'autre, lors même que celui-ci serait dans l'impossibilité actuelle de concourir aux actes d'administration.

Art. 1859. — A défaut de stipulations spéciales sur le mode d'administration, on suit les règles suivantes :

1º Les associés sont censés s'être donné réciproquement le pouvoir d'administrer l'un pour l'autre. Ce que chacun fait est valable, même pour la part de ses associés, sans qu'il ait pris leur consentement, sauf le droit qu'ont ces derniers, ou l'un deux, de s'opposer à l'opération avant qu'elle soit conclue.

2º Chaque associé peut se servir des choses appartenant à la société, pourvu qu'il les emploie à leur destination fixée par l'usage, et qu'il ne s'en serve pas contre l'intérêt de la société, ou de manière à empêcher ses associés d'en user selon leur droit.

3º Chaque associé a le droit d'obliger ses associés à faire avec lui les dépenses qui sont nécessaires pour la conservation des choses de la société.

4º L'un des associés ne peut faire d'innovations sur les immeubles dépendant de la société, même quand il les soutiendrait avantageuses à cette société, si les autres associés n'y consentent.

Art. 1860. — L'associé qui n'est point administrateur ne peut aliéner ni engager les choses même mobilières qui dépendent de la société.

Art. 1861. — Chaque associé peut, sans le consentement de ses associés, s'associer une tierce personne relativement à la part qu'il a dans la société ; il ne peut pas, sans ce consentement, l'associer à la société, lors même qu'il en aurait l'administration.

SECTION II

Des engagements des associés à l'égard des tiers.

Art. 1862. — Dans les sociétés autres que celles de commerce, les associés ne sont pas tenus solidairement des dettes sociales, et l'un des associés ne peut obliger les autres si ceux-ci ne lui en ont conféré le pouvoir.

Art. 1863. — Les associés sont tenus envers le créancier avec lequel ils ont contracté, chacun pour une somme et part égales, encore que la part de l'un d'eux dans la société fût moindre, si l'acte n'a pas spécialement restreint l'obligation de celui-ci sur le pied de cette dernière part.

Art. 1864. — La stipulation que l'obligation est contractée pour le compte de la société ne lie que l'associé contractant et non les autres, à moins que ceux-ci ne lui aient donné pouvoir, ou que la chose n'ait tourné au profit de la société.

CHAPITRE IV

DES DIFFÉRENTES MANIÈRES DONT FINIT LA SOCIÉTÉ.

Art. 1865. — La société finit :

1º Par l'expiration du temps pour lequel elle a été contractée ;

2º Par l'extinction de la chose, ou la consommation de la négociation ;

3º Par la mort naturelle de quelqu'un des associés ;

4º Par (la mort civile) l'interdiction ou la déconfiture de l'un d'eux ;

5º Par la volonté qu'un seul ou plusieurs expriment de n'être plus en société.

Art. 1866. — La prorogation d'une société à temps limité ne peut être prouvée que par un écrit revêtu des mêmes formes que le contrat de société.

Art. 1867. — Lorsque l'un des associés a promis de mettre en commun la propriété d'une chose, la perte survenue avant que la mise en soit effectuée opère la dissolution de la société par rapport à tous les associés.

La société est également dissoute dans tous les cas par la perte de la chose lorsque la jouissance seule a été mise en commun et que la propriété en est restée dans la main de l'associé.

Mais la société n'est pas rompue par la perte de la chose dont la propriété a déjà été apportée à la société.

ART. 1868. — S'il a été stipulé qu'en cas de mort de l'un des associés, la société continuerait avec son héritier, ou seulement entre les associés survivants, ces dispositions seront suivies ; au second cas, l'héritier du décédé n'a droit qu'au partage de la société, eu égard à la situation de cette société, lors du décès, et ne participe aux droits ultérieurs qu'autant qu'ils sont une suite nécessaire de ce qui s'est fait avant la mort de l'associé auquel il succède.

ART. 1869. — La dissolution de la société par la volonté de l'une des parties ne s'applique qu'aux sociétés dont la durée est illimitée et s'opère par une renonciation notifiée à tous les associés, pourvu que cette renonciation soit de bonne foi et non faite à contre-temps.

ART. 1870. — La renonciation n'est donc pas de bonne foi lorsque l'associé renonce pour s'approprier à lui seul le profit que les associés s'étaient proposé de retirer en commun.

Elle est faite à contre-temps lorsque les choses ne sont plus entières, et qu'il importe à la société que sa dissolution soit différée.

ART. 1871. — La dissolution des sociétés à terme ne peut être demandée par l'un des associés avant le terme convenu, qu'autant qu'il en a de justes motifs, comme lorsqu'un autre associé manque à ses engagements, ou qu'une infirmité habituelle le rend inhabile aux affaires de la société, ou autres cas semblables, dont la légitimité et la gravité sont laissées à l'arbitrage des juges.

ART. 1872. — Les règles concernant le partage des successions, la forme de ce partage et les obligations qui en résultent entre les cohéritiers, s'appliquent aux partages entre associés.

DISPOSITION RELATIVE AUX SOCIÉTÉS DE COMMERCE.

ART. 1873. — Les dispositions du présent titre ne s'appliquent aux sociétés de commerce que dans les points qui n'ont rien de contraire aux lois et usages du commerce.

DES SOCIÉTÉS

—

1. — Les sociétés et les associations sont aussi anciennes que le monde, mais elles ont pris avec la civilisation un grand développement. Elles existaient en droit romain. On découvre dans les textes l'existence de sociétés formées entre banquiers (*argentarii*). Les plus importantes des sociétés romaines étaient les *societates vectigalium*, qui affermaient les impôts (V. Accarias, *Précis de droit romain*, t. 2, p. 340 ; Girard, *Manuel élémentaire de droit romain*, p. 220, 563, note 5 ; 56,4, note 4 ; Lyon-Caen et Renault, *Traité de droit commercial*, t. 2, n° 5).

2. — Au moyen âge, il y eut des sociétés de toute sorte, sociétés de serfs, sociétés de marchands, sociétés d'agriculteurs. C'est au moyen âge qu'apparut le contrat de commande, origine de la société en commandite (V. n. 915).

Dans les temps modernes les sociétés par actions ont pris une grande extension. Cette forme de sociétés a permis, grâce à l'importance des capitaux réunis et qui ne pouvaient l'être que par ce moyen, la réalisation de grandes entreprises et la constitution d'établissements financiers ou de crédit qui ont rendu des services considérables.

Cela n'a point marché sans de graves abus. Les conditions dans lesquelles ces sociétés se sont constituées à l'origine et ont fonctionné facilitaient aux fondateurs et administrateurs la perpétration de manœuvres frauduleuses au préjudice des associés ou des créanciers. Le bien ne va jamais sans le mal. Les législateurs de tous les pays se sont efforcés d'établir des règles pour réprimer la fraude. A mesure que ces règles passaient dans la législation, des spéculateurs ingénieux arrivaient à les tourner. Pour faire échec aux combinaisons nouvelles, le législateur a édicté des prescriptions nouvelles, et c'est ainsi, comme le disent très justement MM. Lyon-Caen et Renault (t. 2, n° 5), que depuis trente années il n'est pas de matière sur laquelle on ait autant légiféré, dans les grands pays de l'Europe, que sur celle des sociétés par actions.

3. — Nous ne nous occuperons que des sociétés de commerce, laissant en dehors de notre étude les sociétés civiles, à l'exception toutefois des sociétés civiles à forme commerciale.

Les sociétés de commerce sont régies en France tout à la fois par le Code civil, par le Code de commerce, par plusieurs lois spéciales, par les conventions des parties et par les usages commerciaux (art. 18 C. com.).

En effet, le Code civil (art. 1832 à 1873) réglemente non seulement les sociétés civiles, mais même les sociétés de commerce, à défaut de dérogation (art. 1873 C. civ. ; 18 C. com.).

Le Code de commerce, au contraire, régit uniquement les sociétés de commerce. Exceptionnellement, il s'applique aux sociétés civiles quand celles-ci revêtent une forme commerciale.

A côté du Code de commerce, les lois spéciales suivantes sont relatives aux sociétés :

1° La loi du 17 juillet 1856, qui a abrogé les art. 51 à 63 C. com. sur l'arbitrage forcé et modifié l'art. 631 même Code ;

2° La loi du 17 juillet 1856 sur les sociétés en commandite par actions, abrogée par la loi du 24 juillet 1867 ;

3° La loi du 30 mai 1857 sur les sociétés étrangères ;

4° La loi du 6 mai 1863, modifiant les art. 27 et 28 C. com. ;

5° La loi du 23 mai 1863 sur les sociétés à responsabilité limitée abrogée par la loi du 24 juillet 1867 ;

6° La loi du 24 juillet 1867, qui modifie les dispositions du Code de commerce sur les sociétés anonymes, remplace la loi du 17 juillet 1856 sur les sociétés en commandite par actions et les art. 42 à 46 C. com. relatifs à la publicité des sociétés, et enfin réglemente les sociétés à capital variable ;

7° La loi du 1er août 1893 qui modifie la loi du 24 juillet 1867 et la complète ;

8° La loi du 5 novembre 1894, modifiée par celles du 20 juillet 1901, du 14 janvier 1908, du 18 février et du 19 mars 1910, sur les sociétés de crédit agricole qui constituent une variété de sociétés de commerce ;

9° La loi du 9 juillet 1902 sur les actions de priorité et la négociation des actions de sociétés financières, modifiée par la loi du 16 novembre 1903 ;

10° La loi du 17 mars 1905 sur le contrôle et la surveillance des entreprises d'assurances sur la vie ;

11° La loi du 23 avril 1906 sur les sociétés de crédit maritime ;

12° La loi de finances (art. 3) du 30 janvier 1907 relative à la publicité au *Bulletin du Journal officiel* ;

13° La loi du 19 décembre 1907 sur la surveillance et le contrôle des sociétés de capitalisation ;

14° La loi du 17 mars 1909, mise en société des fonds de commerce, marques, brevets ;

15° La loi du 3 juillet 1913 relative aux sociétés d'épargne ;

16° La loi du 31 juillet 1913 sur les concessions de chemins de fer ;

17° La loi du 22 novembre 1913, modifiant l'art. 31 de la loi de 1867 ;

18° La loi du 18 décembre 1915 sur les sociétés coopératives ouvrières de production ;

19° La loi du 13 mars 1917 sur les sociétés de caution mutuelle et les banques populaires ;

20° La loi du 26 avril 1917 sur les sociétés anonymes à participation ouvrière ;

21° La loi du 7 mai 1917 sur les sociétés coopératives de consommation ;

22° La loi du 31 juillet 1917 réglementant le tirage au sort des polices émises par les Sociétés de capitalisation.

4. — On peut encore ajouter à cette énumération le décret du 22 janvier 1868, relatif aux sociétés d'assurances autres que celles sur la vie ; le décret du 12 mai 1906 relatif à la constitution des sociétés d'assurances sur la vie à forme mutuelle ou tontinière; puis la loi du 9 avril 1898, concernant la responsabilité des accidents dont les ouvriers sont victimes dans leur travail (art. 27 modifié le 31 mars 1905), et enfin le décret du 28 février 1899, rendu pour l'exécution du dit art. 27 et modifié par le décret du 27 décembre 1906.

5. — La dispersion des dispositions légales sur les sociétés est donc l'objet de graves embarras. En 1867, la Commission du Corps législatif, chargée d'examiner le projet de loi qui devint la loi du 24 juillet 1867, voulait refondre toutes les règles sur les sociétés commerciales. M. Mathieu, rapporteur, insistait vivement sur l'utilité pratique qu'il y aurait à rencontrer dans une loi ou dans une série unique de dispositions les principes régulateurs d'un certain ordre d'intérêts ou de conventions. Le gouvernement s'opposa à la réalisation de cette entreprise.

6. — Il faut signaler que dans les multiples lois qui viennent

d'être énumérées, on ne rencontre aucune disposition sur la liquidation des sociétés, ni sur le régime des obligations.

M. Vallé, garde des sceaux, a institué, par arrêté en date du 21 juin 1902, une commission extraparlementaire pour étudier les réformes dont la loi de 1867 est susceptible. Cette commission, dont les pouvoirs étaient les plus larges, a également étudié le régime des sociétés étrangères. Elle a également préparé un projet de loi sur les obligations et les parts de fondateur. L'auteur de ce livre a été le rapporteur général de cette commission. Mais ces projets ne sont jamais venus en discussion.

PREMIÈRE PARTIE

DES SOCIÉTÉS COMMERCIALES EN GÉNÉRAL

CONSTITUTION. — PUBLICITÉ. — ADMINISTRATION. — RÈGLES GÉNÉ-
RALES APPLICABLES A TOUTES LES SOCIÉTÉS. — RÈGLES SPÉCIALES
AUX SOCIÉTÉS EN NOM COLLECTIF ET AUX SOCIÉTÉS EN COMMANDITE
SIMPLE. — DISSOLUTION ET PARTAGE.

CHAPITRE PREMIER

DÉFINITIONS. — CAPACITÉ. — SOCIÉTÉS ENTRE ÉPOUX. —
ENTRE SUCCESSIBLES. — SOCIÉTÉS CONSTITUÉES POUR
L'EXPLOITATION DE BREVETS D'INVENTION, DE CONCES-
SIONS, ETC.

SECTION I

DÉFINITIONS

7. — La société est un contrat par lequel deux ou plusieurs personnes conviennent de mettre quelque chose en commun, dans la vue
de partager le bénéfice qui pourra en résulter (C. civ., art. 1832).
La plupart des auteurs contestent l'exactitude de la définition du
Code civil, parce qu'elle omet d'indiquer un des traits essentiels du
contrat de société, à savoir l'obligation pour les associés de supporter leur part dans les pertes (V. sur ces discussions purement doc-
trinales : Domat, *Lois civ.*, liv. 1, tit. VIII, sect. 1 ; Pothier, *Contr.
de soc.*, n. 1 ; Locré, t. 14, p. 532 et 550 ; Troplong, *Contr. de soc.*,
n. 18 ; Pont, *Sociétés*, t. 1, n. 4. — Cass., 20 juill. 1908, D. 1909.
1.93).

Les sociétés sont civiles ou commerciales. Nous reviendrons plus tard sur cette grande division et sur les conséquences juridiques qui en découlent, Mais toutes les sociétés, qu'elles soient civiles ou commerciales, sont régies par des principes communs.

8. — Toute société est un contrat, dit l'art. 1832 C. civ. Aussi faut-il bien se garder de confondre la *communauté d'intérêts* avec la *société* (Toulouse, 7 mars 1904, D. 1904.2.333). En effet, de grandes différences les séparent :

1° Tout d'abord la communauté d'intérêts peut exister en dehors de tout contrat : par exemple, lorsque plusieurs personnes sont créancières d'un même débiteur en faillite, ou appelées à recueillir une même succession, un même legs (Pothier, *Sociétés*, n. 2 ; Duvergier, n. 33 ; Troplong, n. 20 ; Delangle, n. 2 et 3 ; Massé et Vergé, sur Zachariæ, t. IV, § 713, note 2). Ce n'est pas à dire, toutefois, que la communauté ne puisse jamais être conventionnelle. Ainsi, deux ou plusieurs personnes peuvent très bien s'entendre pour acheter une même chose en commun ; de même, plusieurs cohéritiers peuvent convenir de proroger leur indivision (C. civ., art. 815).

Il n'en est pas moins vrai qu'une grande différence distingue la société de la communauté : la première est toujours conventionnelle ; la seconde ne l'est qu'accidentellement (V. les auteurs cités *suprà*).

Pothier enseigne (n. 2) que la société et la communauté diffèrent dans leur origine, mais produisent les mêmes effets ; c'est une erreur. « La communauté est un état purement passif qui n'implique aucune action, aucune espérance collective, tandis que dans la société les parties poursuivent toujours un but ultérieur et commun, qui est d'acquérir, de réaliser des bénéfices, et ne considèrent l'association que comme un moyen d'atteindre ce but » (Troplong, n. 22 ; Bédarride, n. 7 ; Delangle, n. 2 et 3) ;

2° Dans la société, la durée du contrat est fixée entre les parties. Dans la communauté, point de durée, puisqu'il n'y a pas de contrat ; chacun a le droit de faire cesser l'indivision quand bon lui semble (C. civ., art. 815) ;

3° La société établit des rapports de personne à personne qui sont de l'essence même du contrat. La communauté n'établit que des rapports d'intérêts ;

4° La société ne peut être valablement contractée que dans certaines conditions de capacité (*infrà*, n. 28 et suiv.). Il importe peu que

les communistes soient capables ou non, puisque leur volonté est
étrangère au fait qui établit la communauté ;

5° La société constitue une personne morale (*infrà*, n. 255 et
suiv.) ; on n'en peut dire autant de la communauté ;

6° La société est dissoute par la mort de l'un des associés à moins
de conventions contraires (C. civ., art. 1865). La mort de l'un des
communistes est sans influence sur la durée de la communauté,
qui continue de subsister avec les héritiers (Bédarride, n. 11) ;

7° Le communiste n'a que l'action en partage ; l'associé a l'action
pro socio, qui diffère de la première par sa nature et ses effets (V.
infrà, n. 3485 et suiv. ; Troplong, n. 27).

9. — Il ne faut pas confondre la société avec l'association. *L'association* n'a pas pour but la réalisation de bénéfices à répartir entre
ses membres. Elle n'a pas un but spéculatif. L'association est, en
outre, avant tout, une union de personnes qui mettent en commun
dans un but déterminé leurs connaissances et leur activité (Thaller
et Pic, n. 3), dans un but autre que de partager des bénéfices, tandis
que la société est une union de personnes et de biens. Les associations, dont nous n'avons pas à nous occuper dans cet ouvrage, sont
réglementées par la loi du 1er juillet 1901.

10. — La société est un contrat synallagmatique, quel que soit
son objet ou sa forme. Aucun doute sur ce point (Lyon-Caen et
Renault, *Traité de dr. comm.*, t. 2, n. 82). D'où il faut conclure que
l'écrit dressé pour constituer une société devra être rédigé en
autant d'originaux qu'il y aura de parties intéressées (art. 1325 C.
civ.). — Sur la nécessité de l'écrit, V. *infrà*, n. 1592. V. aussi sur
les doubles en matière de sociétés par actions, *infrà*, n. 1593.

Une autre conséquence du caractère synallagmatique du contrat
est que la condition résolutoire est toujours sous-entendue (art. 1184)
(V. aussi Cass., 8 nov. 1830, S. chr., D. 30.1.391 ; — Douai, 12 fév.
1848, S. 48.2.670, D. 50.2.8 ; — Pont, n. 8 ; Baudry-Lacantinerie et
Wahl, n. 85).

11. — La société est aussi un contrat à titre onéreux. Mais que
décider si les parties ont dissimulé une donation sous le couvert
d'une société ? Il faut distinguer : l'apport étant une condition
essentielle du contrat de société, l'acte sera nul soit comme société,
soit comme donation, si l'une des parties ne faisant aucun apport
même fictif, l'acte n'est pas rédigé en conformité des dispositions
des art. 731 et suiv. C. civ. (Cass., 5 janv. 1886, S. 86.1.241, D. 86.
1.122 et note de M. Labbé au Sirey ; — Lyon-Caen et Renault,

n. 14). L'acte vaudra au contraire comme donation déguisée, quelle que soit sa forme, s'il constate un apport fictif. La jurisprudence, en effet, valide les libéralités qui se présentent sous la forme de contrat à titre onéreux.

12. — On ne peut considérer comme une société le contrat par lequel les propriétaires indivis d'une usine ou d'un établissement industriel sont convenus de l'exploiter privativement, chacun à leur tour, pendant une période de temps déterminée, de manière à en jouir alternativement (Cass. rej., 4 janv. 1842, S. 42.1.231, D. 42.1. 58. — *Sic* : Laurent, t. 26, n. 151 ; Baudry-Lacantinerie, t. 3, n. 759 ; Aubry et Rau, t. 4, p. 542, 543 et 544, § 377 ; Pont, t. 1, n. 59 ; Lyon-Caen et Renault, *Précis*, t. 1, n. 257 et 258).

13. — Il ne faut pas non plus confondre le contrat de société avec le contrat de prêt. Les différences qui séparent la société du prêt à intérêts peuvent s'effacer par l'effet de clauses accessoires, et il est parfois difficile de déterminer quel est le véritable contrat que les parties ont entendu faire. La qualification donnée par les parties peut servir d'indice de leur volonté. Mais elle ne peut être décisive, et les tribunaux ont toujours le droit de restituer au contrat son véritable caractère (Cass., 8 janv. 1872, S. 72.1.36 ; D. 72.1.194 ; — Grenoble, 18 mai 1887, D. 88.2.305 ; — Bordeaux, 20 janv. 1902, *R. S.*, 1903.395 ; — Paris, 28 mars 1903, *R. S.*, 1903.421 ; — Cass., 3 mars 1903, S. 1903.1.344 ; — Cass., 28 avr. 1903, S. 1903.1.472).

14. — Sur les caractères distinctifs du prêt et de la société, des auteurs ont pensé qu'il y a prêt toutes les fois que le bénéfice attribué au bailleur de fonds est d'une somme périodique fixe, et que ce dernier doit au contraire être associé si cette somme est variable et proportionnée aux bénéfices réalisés par l'entreprise (Malepeyre et Jourdain, n. 19 et suiv. ; Bédarride, *Dol et fraude*, t. 3, n. 1071 ; Lyon-Caen et Renault, *Traité de droit commercial*, n. 63 ; — Cass., 16 juill. 1863, S. 63.1.334, D. 63.1.295 ; — Bordeaux, 3 juill. 1860, S. 61.2.190, D. 61.5.458 ; — Paris, 28 mars 1903, *R. S.*, 1903.422). Le tribunal de la Seine (14 janv. 1901, *La Loi*, 1er mai 1901) a considéré comme prêt la remise de fonds faite dans une société en nom collectif par un employé alors qu'un intérêt fixe avait été stipulé, sans participation aux pertes, les fonds apportés devant être restitués intégralement en cas de congédiement. — Voir encore : Grenoble, 29 janv. 1870, S. 70.2.217, D. 71.2.76 ; — Cass., 8 janv. 1872, S. 72.1.36, D. 72.1.194 ; — Douai, 3 fév. 1875, D. 77.2.140 ; — Paris, 9 fév. 1880, T. C. 80.403,

15. — En sens contraire, on dit qu'il faut s'attacher exclusivement à la qualification donnée à l'acte par les parties elles-mêmes. Il y a prêt ou société suivant que les parties ont qualifié la convention de l'une ou de l'autre de ces dénominations (Comp. Caen, 27 déc. 1864, D. 66.2.46). Dans un troisième système, on soutient qu'il y a toujours *société* quand il y a participation aux bénéfices et aux pertes, et prêt dans le cas contraire (Baudry-Lacantinerie et Wahl, n. 693).

16. — Enfin, dans un quatrième système, on enseigne que la question doit être résolue par l'appréciation de l'*intention* des parties. Ont-elles eu ou non l'*affectio societatis*, voilà ce que le juge doit rechercher (Cass., 20 avr. 1842, S. 42.1.728, D. 42.1.226 ; — Lyon, 20 août 1849, *Rec.arr. Lyon*, t. 27, p. 243 ; — Cass., 11 avr. 1849, D. 54.5.719 ; — 16 juin 1863, S. 63.1.334, D. 63.1.295 ; — 8 janv. 1872, S. 72.1 36, D. 72.1.194 ; — 3 mars 1903, S. 1903.1.344, D. 1904, 1.257 (note de M. Thaller) ; — 28 avr. 1903, S. 1903.1.472 ; — Trib. com. Nantes, 12 juill. 1905, *R. S.*, 1907.76). On doit considérer comme associé de fait le prêteur qui se présente aux tiers comme chef de l'entreprise et par suite les garanties particulières qui lui ont été consenties (nantissement, hypothèque) doivent être déclarées nulles à l'égard de la masse (Seine, 27 fév. 1902, *Gaz. Trib.*, 19 mars 1902).

17. — Décidé que bien qu'un acte porte la qualification de société en commandite par actions, avec indication d'un gérant responsable et d'une raison sociale, néanmoins si cet acte n'assure aux souscripteurs d'actions que les intérêts à 5 0/0 de leurs fonds, en autorisant le gérant à rembourser ces actions de ses deniers et à mettre ainsi fin à la société, même avant le terme fixé, et en réservant au gérant seul la propriété de l'immeuble social, lequel demeure simplement hypothéqué à la sûreté du remboursement des actions, un tel acte ne constitue point une société commerciale, mais un contrat de prêt (Orléans, 18 juin 1838, et sur pourvoi, Cass., 20 avr. 1842, S. 42.1.728, Dalloz, n. 144).

... Que le contrat par lequel l'une des parties fournit à l'autre, pour l'acquisition d'un fonds de commerce, une somme d'argent remboursable à une époque déterminée, avec stipulation, en sus des intérêts, d'une prime fixe payable par annuités, présente les caractères non d'un contrat de société, mais d'un prêt alors même qu'il aurait été dit que cette prime était la représentation, à forfait, du bénéfice que la partie à laquelle elle était due aurait eu le droit de partager (Cass., 16 juin 1863, S. 63.1.334, D. 63 1.295).

... Que la convention par laquelle une partie remet à un commerçant, pour l'exploitation de son industrie, une somme d'argent remboursable à une époque déterminée, avec stipulation, en sus des intérêts, d'une quote-part des bénéfices annuels, sans aucune contribution aux pertes, présente les caractères non d'un contrat de société, mais d'un prêt à intérêts, et par suite, n'est pas soumise à la publicité prescrite par l'art. 42 C. com., pour les actes de société (Grenoble, 29 janv. 1870, S. 70.2.217, D. 71.2.76).

... Que le contrat par lequel une personne souscrit une ouverture de crédit à un commerçant pour l'exploitation de son entreprise constitue en réalité une société, si l'*affectio societatis* résulte des stipulations du contrat et ce alors même que le prétendu prêteur est affranchi de toute contribution aux pertes, sauf à l'annuler, comme pacte léonin. Il en est notamment ainsi quand le soi-disant prêteur a droit à une participation considérable dans les bénéfices et que les clauses du contrat l'autorisent à s'immiscer à chaque instant dans la gestion du commerce du débiteur (Vervins, 31 juill. 1901, D. 1903.2.425).

18. — De même, l'acte par lequel l'adjudicataire du transport des dépêches postales cède à un tiers une partie de son marché, avec partie de la subvention de l'administration, suivant le nombre de kilomètres parcourus par chacun des entrepreneurs, constitue non pas un contrat de société, prenant fin par le décès des associés, mais un contrat de droit commun ne devant finir qu'à l'expiration du terme convenu et opposable aux héritiers des parties (Rouen, 15 mai 1880, sous Cass., 24 déc. 1880, S. 82.1.99).

19. — Mais les juges du fait, loin de dénaturer les actes qui leur sont soumis, les apprécient sainement en qualifiant de société les conventions successives par lesquelles un père et ses enfants, après le décès de la mère, laissent en commun les biens maternels et les biens de communauté affectés à une exploitation industrielle, dont la gérance est réservée au père, en vue de partager les bénéfices qui pourront en résulter (Cass., 28 mars 1892, S. 93.1.461, D. 92 1.265).

20. — Que penser d'un contrat par lequel un auteur a cédé à un éditeur le droit de publier un de ses ouvrages moyennant pour chacun des exemplaires tirés une redevance, ou moyennant partage des bénéfices?

Un arrêt de Cassation du 25 mars 1901 (S. 1901.1.305) a décidé que ce contrat ne constitue pas une société (V. sous cet arrêt au Sirey la dissertation de M. Lyon-Caen).

21. — Jugé encore que les conditions essentielles du contrat de société sont : l'intention des parties de s'associer ; une chose mise en commun, et la participation aux bénéfices et aux pertes de l'entreprise ; en conséquence, la convention par laquelle une personne fournit des capitaux pour l'exploitation d'une industrie et stipule, outre l'intérêt légal, une part dans les bénéfices, constitue un prêt et non une société en commandite, alors qu'il n'y a pas eu mise en commun des capitaux ni participation aux pertes (Cass , 8 janv. 1872, S. 72.1.36, D. 72.1.194 ; — Cass., 20 juill. 1908, D. 1909.1.93).

On ne saurait donc reconnaître le caractère de société au contrat de commission, alors même que, d'une part, le règlement des commissions aurait été basé sur un prix de revient fixé et aurait consisté dans la différence entre ce prix de revient et le prix de vente obtenu, et que, d'autre part, la commission aurait été portée aux trois quarts du bénéfice résultant de toute affaire (Trib. com. Lyon, 4 juin 1902, R. S., 1909.216).

... Non plus à la convention par laquelle des créanciers ont laissé entre les mains d'un banquier, leur débiteur, le solde de leurs comptes chez lui et lui ont vendu des titres qu'il détenait pour eux, avec stipulation à leur profit d'une part dans les bénéfices de l'entreprise, alors surtout que les créanciers ne se sont point dessaisis de leurs créances pour en faire l'apport, que de son côté le banquier a conservé la libre disposition de sa maison de banque, et qu'enfin il n'est pas établi que la clause de participation aux bénéfices ait eu, dans l'intention des parties, d'autre objet que de leur procurer le complément de leurs intérêts légitimes (Cass., 20 juill. 1908, D. 1909.1.93).

22. — Le louage d'ouvrage revêt quelquefois certains caractères de la société : tel le contrat aux termes duquel un commis reçoit, à titre de salaire ou de supplément de salaire, une part quelconque dans les bénéfices de la maison où il est employé ; mais les auteurs et la jurisprudence ont refusé de voir une société dans un semblable contrat (Lyon-Caen et Renault, t. 2, n. 76 ; Thaller, n. 381 ; — Lyon, 21 fév. 1844, D. 45.2.146 ; — Paris, 20 janv. 1875, T. C. 25. 407 ; — Cass., 17 avr. 1872, D. 73.1 311 ; — Aix, 6 déc. 1888, S. 89. 2.119 ; — Cass., 28 fév. 1898, J. S., 98.308).

23. — Il a donc été décidé, à juste raison, que le commis intéressé dans une maison de commerce n'est pas un associé (Cass., 31 mai

1831, S. 31.1.249, D. 31.1.206, D. *Rép.*, V° *Société*, n. 1371-1° ; — 26 déc. 1866, S. 67.1.303 ; — Paris, 7 mars 1835, S. 35.2.235, D. 35. 2.95 ; — Lyon, 30 mai 1838, S. 38.2.426, D. *Rép.*, V° *cit* , n. 134-2° ; — Bordeaux, 15 mai 1846, S. 47.2.43 ; — Nîmes, 20 juill. 1854 (motifs), S. 64.2.235, D. 66.2.57 ; — Grenoble, 27 juin 1867, S. 68. 2.223 ; — Aix, 6 déc. 1888, S. 89.2.219 ; — Boistel, *Précis de dr. comm* , n. 156 ; Lyon-Caen et Renault, *Tr. de dr. comm* , t. 1, n. 291 *bis*, t. 2, n. 58 et s. ; Guillouard, n. 14 ; P. Pont, *Sociétés*, t. 1, n. 87 ; Troplong, *Sociétés*, t. 1, n. 46 ; Laurent, t. 26, n. 154 ; Baudry-Lacantinerie, t. 3, n. 759).

En conséquence, il ne peut lui appartenir de s'immiscer dans le détail comme dans l'ensemble des opérations, ni de critiquer les actes de son patron (Aix, 6 déc. 1888, précité. — *Sic* : Alauzet, *loc. cit.* ; Lyon-Caen et Renault, *Précis*, t. 1, n. 266 ; P. Pont, *loc. cit.* ; Ruben de Couder, V° *Commis*, n. 32 ; Grenier, *Condit. jurid. des commis des marchands*, p. 165).

24. — Mais le commis intéressé peut, pour vérifier la sincérité des allégations de son patron, obtenir non seulement la représentation, mais aussi la communication des livres de celui-ci (Nîmes, 20 juill. 1864, précité ; — Rennes, 29 juin 1871, S. 71.2.83, D. 72.2. 155 ; — Bordeaux, 30 janv. 1872, S. 72.2.66, D. 73.5.309. — *Sic* : Boistel, *loc. cit.* ; Lyon-Caen et Renault, *Précis de droit commerc.*, t. 1, n. 217, note 2 et n. 266 ; *Tr. de dr. comm.*, t. 1, n. 291 *bis* ; P. Pont, *loc. cit.*, t. 1, n. 87 ; Grenier, p. 166 ; Guillouard, *loc. cit.* — *Contrà* : Grenoble, 27 juin 1867, précité ; — Lyon, 26 nov. 1867, S. 68.2 223).

25. — Si le commis intéressé n'a pas les droits d'un associé, il n'en supporte pas les charges.

Il en résulte qu'il ne contribue pas aux pertes de la maison qui l'emploie ; par la force même des choses, il doit tout au plus renoncer au partage des bénéfices, dans le cas où il n'en existe pas. Il en résulte aussi qu'il peut produire comme créancier au cas de faillite de la maison de commerce, tant pour le salaire qui peut lui être dû, que pour les bénéfices auxquels il a droit à raison d'exercices clos (Boistel, *Précis*, n. 115 ; Lyon-Caen et Renault, n. 59 ; Grenier, p. 156).

26. — Il entre, du reste, dans le pouvoir d'interprétation des juges du fait de déterminer, par application des conventions des parties, les bénéfices sur lesquels un commis intéressé doit prélever la part qui lui est attribuée et les sommes ou créances qui doivent être comprises dans ces bénéfices (Cass., 1er juin 1875, S. 76.1.29, D. 75. 1.417).

27. — Le prêt à la grosse constitue un contrat *sui generis*, et non une société (Bédarride, n. 4). Cependant il peut arriver que le prêt à la grosse se trouve combiné avec la société : par exemple, lorsque les parties conviennent qu'en cas d'heureuse arrivée du navire, le capital sera remboursé au prêteur, qui, en outre, aura droit à une part proportionnelle des bénéfices de l'opération (Dalloz, n. 147, 148 ; Troplong, n. 55).

SECTION II

CAPACITÉ

28. — La société est un contrat synallagmatique (V. *suprà*, n. 10). La première conséquence qui découle de ce principe est que la société serait nulle si le consentement d'une des parties avait été donné par erreur, extorqué par violence, surpris par dol ou par fraude. Nous verrons plus tard que le vice qui entacherait le consentement n'empêcherait pas cependant que la société eût existé de fait et dût être liquidée. La seconde conséquence du même principe est que l'associé ne peut contraindre ses coassociés à recevoir à son lieu et place un autre associé. Il faudrait pour cela le consentement unanime des associés (art. 1861 C. civ. ; — Trib. Seine, 28 avr. 1898, *R. S.*, 1899, p. 73). Cependant cette dernière règle ne s'applique pas aux sociétés par actions.

29. — La capacité nécessaire pour contracter une société civile est celle du droit commun, sauf l'exception édictée par l'art. 1840 C. civ. à l'égard des sociétés universelles. Pour contracter une société commerciale dans laquelle les associés sont tenus sur tous leurs biens, il faut avoir la capacité de faire le commerce.

Mais pour les sociétés dans lesquelles les associés ne sont tenus que jusqu'à concurrence de leur mise, le principe n'est pas aussi absolu. Il faut dire que ces associés ne doivent pas avoir nécessairement la capacité de devenir commerçants. Mais doivent-ils avoir la capacité de faire des actes de commerce ? Tout dépend du but poursuivi par l'associé. S'il verse immédiatement sa mise et fait un véritable placement de fonds, la capacité de faire un acte de commerce n'est pas nécessaire. Mais si l'associé ne se livre pas à un simple acte d'administration, s'il s'oblige à effectuer ultérieurement son apport avec l'intention de spéculation, il doit avoir la capacité spéciale. (V. sur le point de savoir si la souscription d'actions constitue un acte de commerce, n. 1614).

30. — L'autorisation de faire le commerce, quand elle est pure et simple emporte-t-elle de plein droit pour le mineur l'autorisation de contracter une société ? Quelques auteurs soutiennent la négative. Cette autorisation, disent-ils en substance, ne doit pas être étendue au delà de sa portée naturelle. On comprend à quels dangers serait exposée l'inexpérience d'un mineur, soit dans le choix toujours si difficile d'un associé, soit dans la rédaction des clauses destinées à sauvegarder les intérêts de chacun. Il importe donc qu'il soit éclairé, pour un acte si important, par les lumières de la famille (Delangle, n. 58 ; Malepeyre et Jourdain, p. 12 ; Bravard-Veyrières, t. 1, p. 148 ; Demolombe, *Minorité*, t. 2, n. 343).

31. — Cependant l'opinion contraire compte de nombreux partisans. Du moment où l'autorisation de faire le commerce est pure et simple, le mineur doit être autorisé à contracter une association qui est souvent un des moyens d'exploitation les plus avantageux. Sans doute une association a des périls. Mais quel acte de commerce en est exempt ? Si la famille tient à préserver le mineur de tout danger de cette nature, elle peut prévoir et prohiber toute constitution de société dans l'acte d'autorisation de faire le commerce (Caen, 11 août 1828, D. 31.2.19 ; — Massé, *Droit comm.*, n. 1046 ; Paris, *id.*, n. 303 *ter* ; Alauzet, n. 149 ; Molinier, n. 145 ; Lyon-Caen et Renault, t. 1er, n. 232 et 254).

32. — Cependant si le mineur contractait une société avec son père, l'autorisation ne devrait pas émaner de celui-ci, ni de la mère dont l'indépendance pourrait ne pas être suffisante ; il faudrait obtenir en ce cas l'autorisation du conseil de famille auquel l'art. 2 C. com. veut que l'on recoure, en cas d'empêchement du père et de la mère (Paris, 20 fév. 1858, S. 58.2.74, D. 58.2.55).

33. — Tout ce qui vient d'être dit du mineur s'applique à la fille mineure autorisée à faire le commerce. Sans doute de graves considérations de moralité sembleraient militer, en ce qui concerne la fille mineure, pour la négative ; mais on ne peut juridiquement établir une semblable distinction.

34. — M. Alauzet (n. 150) soutient que le mineur autorisé à faire le commerce ne peut, dans aucun cas, contracter une association avec son père. Mais c'est là une opinion isolée. Ce serait faire une cruelle injure à l'amour paternel que de prohiber une association entre le père et le fils (Bédarride, *Comm. du Code de comm.*, t. 1, n. 90 ; Massé, n. 1047).

35. — La femme mariée peut former une société avec l'autorisation, même tacite, de son mari. Si elle est mariée sous le régime dotal, elle ne pourra engager que ses paraphernaux, puisque les biens dotaux sont inaliénables, même avec l'autorisation du mari. Si elle est séparée de biens, elle ne pourra contracter aucune société sans l'autorisation de son mari ; mais elle peut, même sans autorisation, souscrire des actions dans une société ; ce n'est là qu'un placement de fonds, un acte d'administration. Cependant, si pour le payement de ces actions elle devait souscrire des billets, prendre des engagements à long terme, ce ne serait plus un acte d'administration, mais un engagement qui nécessiterait l'autorisation maritale. Cette autorisation peut d'ailleurs résulter de tous les faits établissant la connaissance du mari (Delangle, n. 50 et suiv.).

36. — La femme autorisée à faire le commerce n'est pas par cela même autorisée à contracter une société. Les divergences d'opinions que nous avons rencontrées en ce qui concerne le mineur ne se manifestent plus en ce qui concerne la femme mariée, et la doctrine et la jurisprudence admettent presque unanimement que la femme, même séparée de biens, autorisée à faire le commerce, a besoin d'une autorisation spéciale pour s'associer avec un tiers (Delangle, n. 56 ; Malepeyre et Jourdain, p. 135 ; Molinier, n. 176 ; Bravard-Veyrières, t. 1, p. 148 ; Bédarride, *Des commerçants*, n. 125 ; Demolombe, t. 4, n. 297 ; Alauzet, n. 151 ; — Cass., 9 nov. 1859, S. 59.2.501, D. 60.1.87 ; — Lyon, 28 juin 1866, S. 67.2.146, D. 66.2.224 ; — Trib. civ. Seine, 2 juin 1906, *Gaz. Trib.*, 18 oct. 1906, *J.S.*, 1907.84 ; — Paris, 14 juin 1907, *R. S.*, 1907, p. 428). — La loi du 13 juillet 1907 sur les biens réservés de la femme ne nous paraît avoir rapporté aucune dérogation à ce principe.

Mais, en donnant cette autorisation, il est loisible au mari d'autoriser sa femme à faire à la société l'apport même d'un bien de communauté, l'abandon restreint qu'il fait ainsi de son droit n'ayant pas pour effet de le dessaisir de l'administration générale de la communauté et ne faisant pas obstacle, par suite, aux dispositions des art. 1388 et 1481 C. civ. (Trib. civ. Seine, 2 juin 1906, et Paris, 14 juin 1907, précités).

37. — Deux époux peuvent-ils contracter entre eux une société commerciale ? La question est vivement controversée.

M. Delsol a publié, dans la *Revue pratique de droit français* (t. 1, p. 433 et suiv.), une dissertation dans laquelle il soutient que la femme, même commune, peut contracter avec son mari une société en nom collectif. M. Molinier (t. 1, n. 177) professe que rien n'empêche des époux, mariés sous tout autre régime que celui de la communauté, de former entre eux une société. Le savant professeur ajoute que la femme devrait se faire autoriser par la justice pour passer ainsi un acte de société avec son mari, ce qui paraît à M. Demolombe tout à fait contraire au système général de nos lois (*Traité du mariage*, t. 2, n. 231 et suiv.). M. Massé (*Droit comm.*, t. 2, n. 1267) enseigne que les époux ne peuvent contracter entre eux aucune société civile ou commerciale. Il invoque le principe de l'irrévocabilité des conventions matrimoniales. Cette dernière considération ne saurait prévaloir si la société était restreinte aux biens dont chacun des époux a la libre disposition (Troplong, n. 209 ; Molinier, n. 177 ; Alauzet, n. 152 et suiv.). Nous ne saurions nous étendre longuement sur cette grande controverse. Le lecteur désireux d'approfondir l'étude de cette question trouvera ci-après toutes les indications qui lui permettront de se reporter aux auteurs et aux arrêts.

38. — La jurisprudence, sans faire aucune distinction suivant le régime matrimonial adopté par les époux, prohibe toute société entre eux. Il est constant, dit la Cour de Paris (arrêt du 9 mars 1859, S. 59.2.502, D. 60.2.12), que ladite société est une dérogation aux droits résultant de la puissance maritale sur la personne de la femme, ou qui appartiennent au mari comme chef de l'union conjugale. En effet, conférant aux deux associés une égalité de droits et de pouvoirs, elle est incompatible avec les droits et les pouvoirs du mari. Les conflits d'intérêts que peut faire naître la société sont inconciliables avec les droits et les devoirs respectifs des époux. — Considérant, dit encore un arrêt de la Cour de Paris du 24 mars 1870 (S. 71.2.71), que les droits d'une associée qui résulteraient pour la femme d'un acte de société avec son mari, sont inconciliables avec les droits dérivant de la puissance maritale ; que cette situation porterait d'ailleurs une atteinte directe au principe de l'immutabilité des conventions matrimoniales posé dans l'art. 1451 C. civ.

39. — Voici maintenant les différentes décisions qui ont statué sur cette question :

Il a été jugé que les époux, même en se mariant sous le régime de la séparation de biens, ne peuvent, fût-ce par un acte antérieur à la célébration du mariage, contracter entre eux une société de commerce ; une telle société est nulle comme incompatible avec les droits inhérents à la puissance maritale (Cass., 9 août 1851, S. 52.1.

282 ; — Paris, 9 mars 1859, S.59.2.502, D. 60.2.12 ; — 24 mars 1870,
S.71.2,71 ; — Cass., 9 mai 1902, D. 1903.1.207 ; — Paris, 18 févr. 1908,
R. S., 1908, p. 287 ; — Cass., 19 mai 1908, *R.S.*, 1908, 325 ; *Gaz. Pal.*,
1908.2.25, D. P. 1908.1.359. — *Sic* : Duvergier, n. 102 ; Massé, *Dr. com.*,
t. 3, n. 317 ; Troplong, *Contr. de mar.*, t. 1, n. 210 ; Paris, *Dr. com.*,
t. 1, n. 432 *ter.* — *Contrà* : Delvincourt, t. 3, p. 230 et 451 ; Duranton, t. 17, n. 347 ; Molinier, *Dr. com.*, n. 117 ; Alauzet, *id.*, t. 1,
n. 35 ; Lyon-Caen et Renault, n. 78 ; Thaller, n. 436). Ces derniers
auteurs n'admettent la nullité que si les époux ont voulu atteindre
un but illégal, spécialement déroger à leurs conventions matrimoniales.

A plus forte raison, la femme commune en biens ne peut valablement contracter une société en nom collectif avec son mari (Cass.,
9 août 1851, S.52.1.281, D. 52.2.160 ; — Paris, 14 avr. 1856, S. 56.2.
369, D. 56.2.231 ; — Metz, 22 août 1861, S. 62.2.330 ; — Com. Seine,
30 mars 1855, T. C. 4.225 ; — Com. Seine, 31 juill. 1858, T. C. 19.56 ;
— Cass., 7 mars 1888, S. 88.1.305 ; — 8 déc. 1891, S. 92.1.187 ; —
Paris, 10 déc. 1896, D. 97.2.125 ; — Nancy, 9 fév. 1901, D. 1902.2.
140. — *Sic* : Duranton, Duvergier, Troplong, Massé, et Paris, *loc.
cit.*).

Et la nullité dont il s'agit est d'ordre public, comme se rattachant
à l'essence et à l'irrévocabilité des conventions matrimoniales ; par
suite, elle ne saurait être couverte par un compromis ou d'autres
actes ultérieurs (Paris, 14 avr. 1856, précité). Elle ne peut être couverte par une ratification (Nancy, 9 févr. 1901, précité). Cette nullité d'ordre public peut être invoquée par le syndic après la mise en
faillite de la société (même arrêt) sans que cette nullité fasse disparaître la faillite (Trib. Remiremont, 14 juin 1900, D. 1902.2.140 ;
— Paris, 18 fév. 1908 ; — Cass., 19 mai 1908, précités),

Une telle société est encore nulle si l'un des époux a mis dans la
société un établissement lui appartenant, en ce qu'elle constitue
alors une véritable vente entre époux hors des cas prévus par
l'art. 1595 C. civ. (Paris, 9 mars 1859, S. 59.2.502, D. 60.2.12).

... Ou encore dans le cas où, d'après ses conditions et ses conséquences, elle se trouve en réalité constituer une société universelle
de gains interdite par l'art. 1840 C. civ. (Même arrêt).

Dans tous les cas cette société est nulle, comme pouvant constituer au profit de l'un des époux un avantage excédant la quotité
disponible, si l'autre époux, ayant des enfants d'un premier lit, a
déjà fait donation à son nouveau conjoint de la quotité disponible

fixée par l'art. 1098 C. civ. (Paris, 9 mars 1859 ; — *Id.* Cass., 7 fév. 1860, S. 60.1.414, D. 60.1.115).

L'époux ainsi donataire n'a même droit à aucune rétribution ou indemnité à raison de son concours ou de l'emploi de son industrie au profit de la société (Paris, 9 mars 1859 ; — Cass., 7 fév. 1860, précités).

40. — Si la société en nom collectif acquiert un immeuble, celui-ci n'est pas la propriété de la société. Il y a indivision et la part du mari est grevée de l'hypothèque légale (Nîmes, 24 avr. 1900, D. 1901. 2.4, S. 1902.2.302 et Cass. req., 23 avr. 1902, D. 1902.1.309).

41. — Mais si la femme mariée ne peut contracter valablement une société avec son mari, il ne lui est pas interdit de figurer avec celui-ci dans une société contractée avec des tiers, alors surtout qu'il est établi en fait que leurs intérêts n'ont pas été divisés (Trib. com. Seine, 24 fév. 1876, *Gaz. Trib.*, 22 mars ; — Trib. com. Dijon, 10 juill. 1883, *R. S.*, 83.626 ; — Paris, 4 janv. 1885, S. 90.1. 49 ; — Trib. Seine, 19 juill. 1882 et 6 mars 1891, *eod. loc.* ; — Cass., 23 avr. 1902, précité ; — Nancy, 9 fév. 1901, précité ; — Seine, 19 déc. 1903, *Gaz. Pal.*, 26 fév. 1904. — *Contrà* : Paris, 10 déc. 1898, *J. S.*, 99.125. — V. aussi Amiens, 8 juill. 1899, *J. S.*, 1900.212).

42. — Il a été jugé par la Cour de cassation que toute société formée soit entre époux seuls, même séparés de biens, soit entre de tels époux et un tiers, est entachée de nullité comme incompatible avec l'exercice de la puissance maritale et susceptible de porter atteinte au principe de l'immutabilité des conventions matrimoniales (Cass., 18 janv. 1912, *Gaz. Soc*, 1912.162. V. aussi Cass., 3 juill. 1917, *Gaz. Soc.*, 1918.73).

43. — La nullité n'empêche pas qu'une société de fait ait existé et il faudra en opérer la liquidation (Cass., 9 mars 1888, D. 88.1. 349 ; — 8 déc. 1891, D. 92.1.117 ; — 27 juin 1893, D. 93.1.448 ; — Cass., 6 mai 1902, D. 1903.1.207 ; — Grenoble, 21 mai 1902, D. 1903.5.690 ; — Cass., 11 avr. 1906, *R. S.*, 1906.285 ; D.1908.1.224 ; — Cass., 19 mai 1908, D. 1908.1.359 ; — 28 janvier 1912, précité).

44. — Le prodigue placé dans les liens d'un conseil judiciaire ne peut, même avec l'assistance de ce conseil, valablement contracter avec un tiers une société de commerce de quelque nature qu'elle soit, par exemple, une société en nom collectif (Cass., 3 déc. 1850, S. 50.1.177 ; — Rouen, 1er déc. 1897, *J. S.*, 98.317 ; — Demolombe, t. 8, n. 761 ; Laurent, t. 5, n. 351).

45. — Bien que dessaisi de l'administration de ses biens, le failli

peut néanmoins se livrer à l'exercice d'une industrie nouvelle. Par
suite il a capacité pour stipuler et s'obliger, de même que pour agir
et défendre en justice, à raison de sa nouvelle industrie, sauf aux
syndics à prendre, dans l'intérêt de la masse, toutes mesures utiles
(Cass., 2 fév. 1887, S. 76.1.150). — Mais si le failli peut ainsi entreprendre un nouveau commerce et garder la capacité nécessaire
pour l'exercer, c'est à la condition qu'il n'y emploiera que des valeurs étrangères à la faillite (Cass., 16 nov. 1887, S. 88.1.164).

46. — Il faut conclure de tout cela que le failli peut, après la clôture pour insuffisance d'actif notamment, contracter sans fraude
une société dans laquelle il apporterait son industrie (Com. Seine,
12 avr. 1897, *J. S.*, 97.438). Mais il ne pourrait faire apport dans
une société de tout ou partie des biens frappés par le dessaisisse-
ment. Après homologation du concordat ou après union, le droit
commun sur la capacité du failli reprend son empire. Les mêmes
règles sont applicables en cas de liquidation judiciaire (L. 4 mars
1889).

47. — L'incapable, mineur ou femme mariée, a seul le droit d'invoquer la nullité qui résulte de son incapacité. L'art. 1125 C. civ.
doit recevoir ici son application. Telle est l'opinion générale. M. Bravard (t. 1, p. 150) propose une distinction que nous acceptons, pour
notre part, et qui nous paraît non moins morale que juridique. Voici
comment s'exprime l'éminent professeur : « Quant aux faits accomplis, bénéfices ou pertes, si la société a fonctionné pendant un temps
plus ou moins long, l'incapable sera seul recevable à se prévaloir de
son incapacité. En conséquence, s'il y a des bénéfices, il pourra y
prendre part en maintenant la société ; si, au contraire, il y a des
pertes, il pourra se dispenser d'y contribuer, en la faisant déclarer
nulle à son égard. Il y a là, sans doute, quelque chose d'exorbitant :
mais l'art. 1125 conduit forcément à ce résultat : c'est à l'associé
capable à s'imputer d'avoir contracté avec un incapable. Si pour le
passé l'associé capable est lié, tandis que l'incapable ne l'est pas, en
sera-t-il de même pour l'avenir ? L'associé capable sera-t-il tenu de
rester en société avec l'incapable jusqu'au terme fixé, quelque éloigné
qu'il puisse être ? Non ce serait contraire à la nature, à l'essence
même du contrat de société. On ne comprendrait pas qu'une société
dût subsister forcément entre deux personnes, à cette condition que
tous les avantages seraient pour l'une, toutes les charges pour l'autre ; que l'incapable se fasse autoriser ou sinon l'associé capable
pourra faire prononcer la dissolution de la société (V. en ce sens :

Lyon, 6 juin 1845, S. 46.2.374. — Comp. Lyon, 29 mai 1872, S. 72.2. 96, D. 73.2.19 ; — Aubry et Rau, 4e édit., t. 1, p. 576 et t. 4, p. 250).

Il a été jugé que la société commerciale ayant pour gérant un mineur n'est pas nulle de plein droit en raison de cet état de minorité, mais rescindable ; et même après la rescision judiciairement prononcée, les créanciers n'ont pas d'action contre les commanditaires, au delà de la commandite, si ceux-ci ont été induits en erreur sur l'état de minorité du gérant, et si l'on ne peut leur imputer ni dol ni fraude dans l'organisation de la société (Paris, 31 janv. 1876, *Gaz. Trib.*, 27 fév. 1876).

Mais la nullité pour incapacité n'empêche pas que les rapports qui ont existé en fait entre les parties soient réglés pour le passé d'après les bases du pacte social (Cass., 9 août 1851, D. 52.1.101 ; — 15 nov. 1876, D. 77.1.70 ; — 11 août 1884, D. 85.1.296 ; — 7 mars 1888, S. 88. 1.305 ; — 8 déc. 1891, *R. S.*, 92.195 ; — 27 juin 1893, *R. S.*, 93.449).

48. — Nous avons dit que la société est un contrat. Le consentement qui a servi à le former doit donc être libre, exempt d'erreur, de violence et de dol.

L'erreur ne peut, d'après l'art. 1110 C. civ., entraîner la nullité du contrat que lorsqu'elle porte sur la substanee même de la chose qui fait l'objet de la convention, ou sur la personne avec laquelle on a contracté.

49. — En matière de société, la *substance* doit s'entendre de l'*objet* essentiel de la société. Il y aurait erreur substantielle, par exemple, si on avait consenti à entrer dans une société devant exploiter une brasserie, et que la société eût en réalité pour objet l'exploitation d'un théâtre (Comp. Cass., 20 déc. 1887, D. 88.1.377 ; — Paris, 23 juillet 1894, S. 95.2.105. — Comp. aussi Orléans, 11 juin 1884, *Gaz. Pal.*, 84.2.434 ; — Cass., 25 nov. 1890, *Pand. franç. pér.*, 91.1.237).

50. — Dans la société de *personnes* l'erreur sur la personne peut amener la nullité du contrat (Delangle, n. 42 ; Pont, n. 21).

Mais il n'y a pas nullité si l'erreur porte sur la valeur des apports, ou sur la qualification juridique de la société (Cass., 9 juin 1841, S. 41.1.579, D. 41.1.260. — *Contrà* : Paris, 22 déc. 1886, *Gaz. Trib.*, 11 janv. 1887).

51. — La société peut être annulée pour cause de violence, sans qu'il y ait à rechercher de qui émanerait la violence (Pont, n. 22).

52. — Le dol ne peut entraîner la nullité que s'il résulte de manœuvres frauduleuses pratiquées par un associé vis-à-vis de l'autre (C. civ., art. 1116 ; — Com. Seine, 22 mars 1886, *J.S.*, 86. 744 ;

— Paris, 28 avr. 1887, S. 91.1.321, D. 88.2.105). L'appréciation de la gravité et de l'influence des manœuvres appartient souverainement au juge du fait.

53. — La société peut être contractée par mandataire. Le mandat doit être spécial et clair (Cass., 4 janv. 1843, S. 43.1.144, D. 43.1.82 ; — 20 mars 1860, S. 61.1.61 ; — Pont, n. 160 ; Guillouard, n. 31). De même, si les parties l'acceptent, la société peut être constituée par *porté fort* (art. 1120 C. civ.). La ratification rétroagit entre les parties au jour de l'acte, mais à l'égard des tiers la société ne produit effet qu'à partir de la ratification (Cass., 6 avr. 1842, S. 42.1.597 ; — 4 août 1847, S. 47.1.649 ; — 10 juill. 1850, S. 51.1.128 ; — Demolombe, t. 24, n. 230 ; Guillouard, n. 22).

SECTION III

SOCIÉTÉS ENTRE SUCCESSIBLES

54. — Aux termes de l'art. 854 C. civ., il n'est pas dû de rapport pour les associations faites sans fraude entre le défunt et l'un de ses héritiers, lorsque les conditions en ont été réglées par un acte authentique. Il faut donc, pour éviter tout rapport, dans les termes de l'art. 854, que la société soit constatée par un acte authentique. La constatation par acte authentique d'une société, fût-ce une simple association en participation, formée entre un défunt et l'un de ses successibles, est une condition impérieuse de la dispense de rapport par le successible des bénéfices qu'il a faits dans cette société. A défaut d'un tel acte, ce dernier est tenu de rapporter les bénéfices dont il s'agit, quand même l'existence de la société serait certaine et qu'il ne serait argué d'aucune fraude (Paris, 29 déc. 1858, S. 59.1.600, D. 59.1.213 ; — 2 août 1860, sous Cass., 19 nov. 1861, S. 62.1.145, D. 62.1.139).

55. — La jurisprudence décide que l'association entre un père et l'un de ses enfants, bien que faite sans fraude, doit être considérée comme une libéralité soumise à rapport de la part du fils à la succession du père, si elle a été constituée par acte sous seing privé, alors même que cet acte a été publié dans les formes prescrites par le Code de commerce (Cass., 26 janv. 1842, S. 42.1.114, D. 42.1.121 ; — Paris, 28 déc. 1854, S. 55.2.344, D. 56.2.279 ; — Dijon, 24 janv. 1866, S. 66.2.196. — *Sic* : Delangle, *Soc. comm.*, t. 2, n. 523 ; Aubry et Rau, t. 6, p. 630, § 631, note 31 ; Massé et Vergé sur Zachariæ, t. 2, p. 407, § 398, note 31 ; Demolombe, t. 16, n. 370 et s. ; Baudry-Lacantinerie, t. 2, n. 254 ; Laurent, t. 10, n. 614 et 615. — *Contrà*, Douai, 21 juin 1906, *R. S.*, 1907.387).

L'enregistrement de l'acte de société passé sous seing privé ne serait pas plus efficace à cet égard (Paris, 28 déc. 1854, précité ; — Dijon, 24 janv. 1866, précité. — *Sic* : Aubry et Rau, *loc. cit.* ; Laurent, *loc. cit.*).

56. — Jugé toutefois qu'en un tel cas les juges peuvent, comme dans tout autre, décider, d'après les faits et circonstances, que l'intention du père a été que les avantages résultant de l'association fussent retenus par le fils à titre de préciput et hors part : l'art. 854 ne déroge pas à cet égard à la règle établie par l'art. 843 (Paris, 28 déc. 1854, précité. — *Sic* : Marcadé sur l'art. 854. — *Contrà* : Demolombe, t. 16, n. 383 ; Laurent, t. 10, n. 616 ; Aubry et Rau, t. 6, p. 630, § 631, note 31).

57. — A défaut de cette dispense de rapport, il y a lieu d'accorder au successible une indemnité pour son concours aux affaires sociales et les risques commerciaux courus par ses capitaux (Cass., 19 nov. 1861, S. 62.1.145, D. 62.1.129 ; — 17 août 1864, S. 65.1.121, D. 65.1.305. — *Sic* : Aubry et Rau, *loc. cit.* ; Demolombe, t. 16, n. 376 *bis* ; Laurent, t. 10, n. 616).

58. — L'associé tenu de rapporter à la succession de son coassocié dont il est héritier les avantages résultant pour lui de l'association, alors que celle-ci n'a pas été constatée par acte authentique, a droit, à titre d'indemnité, non pas seulement au salaire d'un employé ordinaire, mais à une somme proportionnée aux services qu'il a rendus à son auteur (Aix, 14 avr. 1858, sous Cass., 29 déc. 1858, S. 59.1.600, D. 59.1.219).

59. — La disposition de l'art. 854, en vertu de laquelle le rapport est dû par le successible des gains réalisés dans une société avec le défunt, conclue par acte sous seing privé, ne peut être étendue à l'association formée avec le conjoint du successible ; ce conjoint ne saurait être réputé personne interposée quant au successible, en sorte que celui-ci soit soumis au rapport (Cass., 31 déc. 1855, S. 57.1.200, D. 56.1.358 ; — Aix, 14 avr. 1858, précité ; — Dijon, 23 janv. 1866, S. 66.2.196, P. 66.812. — *Sic* : Demolombe, t. 16, n. 375 ; Laurent, t. 16, n. 619).

Il en est ainsi, spécialement, au cas d'association contractée par un gendre avec son beau père ; ce gendre ne peut être réputé personne interposée, soit quant à sa femme successible, soit quant à ses enfants après le décès de celle-ci (Paris, 28 déc. 1854, S. 55.2.344, D. 56.2.279 ; — Dijon, 24 janv. 1866, précité).

Et de ce que son épouse, héritière du père, recueille en tant que commune en biens la moitié des avantages de l'association contractée entre son mari et son père, il ne suit pas que cette association doive être considérée comme un avantage fait conjointement au mari et à la femme, et que le rapport de la moitié en soit dû, aux termes de l'art. 849 C. civ. (Mêmes arrêts).

60. — La dispense de rapport s'appliquerait également à l'avantage stipulé, comme condition de l'association, au profit de la femme, en cas de prédécès du gendre (Dijon, 24 janv. 1866, précité).

A plus forte raison, l'art. 854 n'est pas applicable à l'associé qui n'est devenu gendre du défunt que postérieurement à l'association, quand bien même cette association aurait eu lieu en vue du mariage projeté... Alors, d'ailleurs, qu'il est reconnu que cet associé n'était pas une personne interposée à l'égard de sa future épouse (Poitiers, 2 juin 1863, sous Cass., 17 août 1864, S. 65.1.121, D. 65.1.304).

61. — Au cas d'association constatée par simple acte sous seing privé, la dispense de rapport des bénéfices du successible est une pure libéralité. Jugé, en conséquence, qu'est assujetti au droit proportionnel de mutation l'acte portant attribution à un successible de sa part dans le bénéfice d'une association qu'il aurait formée avec son auteur, lorsque cette association n'est pas constatée par acte authentique, et que le même acte dispense du rapport des sommes par eux reçues les successibles du prétendu associé (Cass., 31 juill. 1855, S. 55.1.731, D. 55.1.286)

62. — Dans la société, comme dans tout contrat synallagmatique, les engagements réciproques des contractants sont la cause les uns des autres. La société est donc indivisible ; elle ne peut être annulée à l'égard des uns pour continuer de subsister à l'égard des autres (Douai, 12 fév. 1848, D. 50.2.8). — V. n. 1919 et suiv. le chapitre spécial relatif aux effets de la nullité.

SECTION IV

DES SOCIÉTÉS CONSTITUÉES POUR L'EXPLOITATION DE BREVETS D'INVENTION

63. — La société constituée pour l'exploitation d'un brevet d'invention peut adopter toute forme qu'il convient aux parties de lui donner : société en nom collectif ; société en commandite, etc., etc., ces sociétés sont des sociétés commerciales (Paris, 19 mars 1863, *Ann. prop. ind.*, 1863, p. 217 ; — Pouillet, *Brevets d'invention*, n. 321 ; Mainié, *Brevets d'invention*, n. 1192).

Elles doivent donc, comme toute société commerciale, obéir aux prescriptions de publicité (Paris, 19 mars 1863, précité). Il a cependant été décidé qu'une société passée entre un breveté et un capitaliste pour la vente de licences de brevet est une société civile (Trib. com. Seine, 21 juill. 1858, T. C. 1858, p. 409). De même qu'une convention passée entre un inventeur et un industriel pour faire des essais et partager les bénéfices résultant non pas de l'exploitation mais de l'économie réalisée par l'application dans une usine d'un nouveau système, constitue une association en participation (Paris, 26 nov. 1857, T. C. 1858, p. 52).

Si un breveté abandonne son monopole moyennant une part dans les bénéfices de l'exploitation, la convention constitue une cession valable et non un acte de société ; on ne trouve pas, d'après les auteurs spéciaux en la matière, dans ces conventions assez fréquentes, les éléments du contrat de société (Pouillet, n. 323 ; Mainié, n. 1212. — V. Paris, 14 mars 1857, T. C. 1857, p. 52 ; — 21 mars 1862, T. C. 1863, p. 473 ; — Nancy, 23 mai 1866, S. 66.2.357).

Il résulte de ce qui précède qu'une société peut être titulaire d'un brevet d'invention ; elle peut donc le demander en son nom au même titre et dans les mêmes conditions que des particuliers.

64. — Avant la loi du 24 juillet 1867 et aux termes de l'art. 14 de la loi des 14-25 mai 1791, le propriétaire d'un brevet ne pouvait constituer une société par actions pour l'exploitation de ce brevet à peine de déchéance ; cette prohibition fut abrogée par le décret du 25 novembre 1806, mais le propriétaire de brevets se trouvait toujours obligé, pour constituer une société par actions, de se pourvoir de l'autorisation du gouvernement. Cependant, avant 1867, l'autorisation gouvernementale n'était nécessaire que pour les sociétés anonymes. Aussi la jurisprudence admettait-elle que l'autorisation gouvernementale exigée par le décret de 1806 ne visait que les sociétés anonymes.

65. — Une société peut donc prendre un brevet : elle peut aussi recevoir un brevet à titre d'apport ; c'est même le cas le plus fréquent. En pratique, l'apport consiste généralement dans le droit d'exploiter le brevet d'invention. On s'est demandé si l'apport d'un brevet à une société par l'un des fondateurs équivaut à une cession. Cette question est vivement controversée, car elle comporte, comme conséquence, l'examen de l'application ou non de l'art. 20 de la loi de 1844. On trouvera dans Mainié (n. 1117), tous les développements de cette controverse qui sort de notre cadre. Qu'il nous suffise de dire que la Cour de cassation, par un arrêt du 24 mars 1864, a décidé que l'apport ne comporte pas cession du brevet (S. 64.1. 374 ; — Cass., 26 fév. 1906, *Pand. franç.*, 1906.1.302), d'où la conséquence que les contrefacteurs doivent être poursuivis par le titulaire même du brevet et non par la société qui n'en est pas propriétaire. La loi récente du 17 mars 1909 sur la vente et le nantissement des fonds de commerce n'a en rien dérogé à ce principe.

66. — Il est d'ailleurs de doctrine que l'art. 20 de la loi de 1844 ne contient de dispositions qu'à l'égard des tiers, mais qu'entre les parties contractantes, l'inobservation de cette disposition n'entraîne pas la nullité du contrat (Cass., 10 août 1849, D.49.1.211 ; — 22 mars 1864, S. 64.1.374 ; — 22 mars 1898, D. 1903.1.398. — V. aussi Cass., 11 mars 1911, *Gaz Soc.*, 1912.165). Il est néanmoins toujours fort intéressant de bien préciser dans les statuts si la société reçoit à titre d'apport la propriété ou la jouissance du brevet. On comprend aisément quelle est l'utilité de cette précision Il peut arriver que le brevet apporté en société, en vue de l'exploitation duquel la société a été formée, soit nul ; quelles seront les conséquences de cette nullité sur la société ? Si la société a été uniquement constituée pour l'exploitation du brevet apporté, il est certain que la nullité de ce brevet doit entraîner la nullité de la société, car l'objet social s'est évanoui (Douai, 19 juin 1847 ; — Cass., 19 juin 1866, S. 66.1.395, D. 66.1.320 ; — Orléans, 11 juin 1884, *Annales*, 1884, p. 144). Mais si la société a d'autre objet que l'exploitation du brevet apporté, elle pourra continuer ses opérations après l'annulation du brevet (Cass., 25 nov. 1890, *Annales*, 1891, p. 278). Il n'est pas nécessaire d'ailleurs que le cessionnaire fasse prononcer la nullité du brevet pour faire prononcer la nullité de la société ; par application des principes généraux du droit, l'associé est recevable à établir que l'apport fait à la société n'a rien de sérieux puisque le brevet est nul (Bordeaux, 19 mai 1881, *Rec. Bordeaux*, 81.145. — *Contrà* : Pouillet, n. 312). Si au cours de la durée de la société le brevet tombe en déchéance, cette circonstance ne peut entraîner la nullité de la société, mais cette déchéance peut être une cause de dissolution si la société a pour objet unique l'exploitation de ce brevet (Mainié, n. 1153). Si le brevet d'invention n'a été apporté qu'en jouissance et qu'il tombe en déchéance, la dissolution de la société s'impose conformément à l'art. 1868, C. civ.

67. — A la suite de la liquidation de la société, les règles générales de la liquidation de toutes les sociétés s'appliquent à la matière : si la propriété du brevet fait partie de l'actif social, les parties, au moment du partage, doivent s'entendre sur l'attribution du brevet ; en cas de désaccord, il y aura lieu à licitation et l'acquéreur accomplira les formalités de l'art. 20 (Cass., 7 juin 1886, S. 86.1.406). Lorsqu'au contraire c'est la jouissance seule qui a été apportée à la société, deux hypothèses doivent être envisagées : ou bien la société est arrivée à son terme normal et le breveté reprend la jouissance de son invention ; ou bien la société est dissoute avant son terme, et alors la solution n'est point aussi commode.

D'après un premier système, le droit de jouissance du brevet apporté à la société équivaut à une simple licence. La licence étant toujours personnelle, le breveté, en cas de dissolution, reprend tous ses droits (*Pand. franç.*, V° *Propriété littéraire*, n. 3852). — Ce système est contraire à la jurisprudence qui décide que jusqu'au jour où le temps prévu pour la durée de la société n'est pas expiré, le breveté apporteur doit respecter les droits qu'il a cédés. Si la société se dissout avant terme, le droit à la jouissance constitue un actif que le liquidateur a le droit de réaliser (Bordeaux, 22 janv. 1862, *J. Bordeaux*, 1862, p. 24 ; Aix, 7 avr. 1865, *Rec. Aix*, 66.2.357 ; Bordeaux, 12 mars 1885, *Annales*, 1886, p. 69 ; Cass., 26 févr. 1906, *Pand. franç.*, 1906.1.302). L'arrêt de Bordeaux du 22 janvier 1862 a fait application de cette règle en matière de faillite, en décidant que le syndic avait le droit de réaliser cet actif même si le breveté s'était réservé dans l'acte d'apport de reprendre la jouissance de son brevet en cas de dissolution volontaire de la société. Il se peut aussi que le breveté se soit dans l'acte d'apport réservé le droit de reprendre la propriété de son brevet en cas de dissolution anticipée ; cette stipulation est licite pourvu qu'elle ait été portée à la connaissance des tiers par la publication de l'acte de société (Trib. com. Seine, 15 oct. 1885, *La Loi*, 27 oct. 1885).

CHAPITRE II

APPORTS

NÉCESSITÉ DE L'APPORT

68. — Toute société suppose un apport de chacun des associés dans la vue de partager le bénéfice qui pourra en résulter. L'apport est de l'essence de la société. Si l'un des contractants ne faisait pas d'apport, ce serait un donataire, non un associé (V. conf. Pothier, n 8 ; Troplong, n. 107 ; Duranton, t. 17, n. 324 ; Pardessus, *Dr. com.*, t. 4, n. 983 ; Delangle, n. 7 et 59 ; Bravard, t. I, p. 146 ; Boistel, n. 154 ; Guillouard, n. 61 ; Thaller, n. 160 ; — Paris, 14 avr. 1883, D. 84 1. 122 ; — 26 nov. 1885, S. 87.2.17, D. 87.1.419). — Ainsi, un commanditaire ne saurait prétendre qu'il n'a apporté à la société que la jouissance de son capital et demander néanmoins à reprendre intégralement ce capital à titre de créancier (Amiens, 26 mai 1906, R. S., 1907-202).

69. — Jugé qu'est nulle et d'une nullité radicale la cession d'actions d'une société qui n'a pu légalement exister, même comme société de fait, faute d'apport — dans l'espèce d'une concession que l'apporteur ne pouvait céder (Cass., 18 mars 1913, *Gaz. Soc.*, 1913. 322).

70. — Dans les sociétés par actions, l'apport doit être vérifié conformément à la loi ; il ne suffit pas que la vérification des apports ait été l'objet de la formalité prévue par la loi, il faut que cette vérification soit sérieuse et sincère. Si la vérification des apports n'a été qu'une apparence, qu'une comédie, on doit dire qu'il n'y a pas eu vérification et que la société n'a pas été régulièrement constituée . — V. Cass., 10 nov. 1897, S. 97.1.505, et la dissertation de M. Labbé, sous cet arrêt. V. *infrà*, n. 1795).

71. — S'il est nécessaire qu'il y ait un apport de la part de chacun des associés, il n'est cependant pas nécessaire qu'il persiste pendant toute la durée de la société. Il suffit qu'il existe au moment de la formation de la société ; il viendrait à périr le lendemain du jour de la formation du contrat, qu'il importerait peu. Cet événement pourrait amener la dissolution de la société, mais non son annulation.

72. — Il n'existe pas de société si les fondateurs ne font pas d'apport, ou si leur apport est purement fictif (Paris, 14 avr. 1883, D. 84.1.122 ; — Seine, 9 déc. 1903, *J. S.*, 1904.222). Et on peut considérer comme fictifs des apports qui ne consistent qu'en terrains dont les prix sont dus et le paiement imposé à la société, alors que cette société a été créée frauduleusement dans le but exclusif de procurer des capitaux aux fondateurs au moyen dudit emprunt destiné à payer et tenter de mettre en valeur les immeubles en question, d'une plus-value éventuelle purement problématique (Cass., 14 juin 1887, S. 87.1.47). — V. *infrà*, n. 1795, la vérification des apports dans les sociétés par actions.

73. — Jugé également que la société formée pour la mise en valeur d'un immeuble entre l'apporteur d'un immeuble et un tiers dont la mise consiste uniquement dans les frais et démarches par lui effectués en vue de la constitution de la société est nulle lorsque ce dernier n'a eu d'autre peine que de recopier presque sans changement le texte d'un formulaire (Cass., 25 mars 1903, D. 1904.1. 241).

74. — Mais il importe peu que l'associé soit devenu propriétaire de la chose qu'il apporte par achat, prêt, donation ou autrement. Il suffit, pour que l'apport existe, qu'il soit la propriété de l'associé et devienne partie intégrante de l'actif social.

Il a été ainsi jugé que la légalité de l'apport fait par un associé ne saurait être contestée, sous le prétexte qu'il ne serait propriétaire de la chose apportée que par l'effet d'une libéralité qui lui a été consentie par un autre associé (Cass., 5 janv. 1886, S. 86.1.241, D. 86.1. 122. — V. Sirey, *loc. cit.*, la dissertation de M. Labbé).

75. — N'ont pas été considérés comme fictifs :

1° Les apports de créances par les créanciers d'une société en faillite à une société qui se constitue pour acquérir l'actif de la faillite, alors même que les dividendes prévus n'ont été que partiellement obtenus (Paris, 12 janv. 1887, *R. S.*, 87.182) ;

2° L'apport d'un terrain dont le prix n'était pas payé et a dû au contraire être avancé par la société (Trib. Seine, 5 juin 1883, *R. S.*, 83.730) ;

3° L'apport de l'actif d'une société évalué dans un inventaire régulièrement dressé, même si cet apport est fait à la charge de la société de payer le passif, si les apporteurs n'ont reçu en échange que la valeur de l'actif net, déduction faite de ce passif (Seine, 28 juill. 1887, *J. S.*, 88.445 ; — Cass., 3 janv. 1900, S. 1901.1.321 et la note de M. Wahl) ;

4° L'apport de baux ou promesses de ventes appartenant aux apporteurs, si la société a pu les réaliser et n'a éprouvé ni éviction ni trouble de jouissance (Seine, 24 juin 1889, *J.S.*, 90.448 ; — 30 juill. 1890, *J. S.*, 91.445).

76. — Mais la jurisprudence a considéré comme fictifs :

1° L'apport d'une promesse de vente dont le prix était encore dû (Riom, 5 janv. 1893, *Rec. de Riom*, 93.193) ;

2° L'apport d'immeubles achetés avant la constitution de la société et dont le prix payé n'a pu être acquitté qu'à l'aide d'un emprunt contracté par la société (Paris, 26 nov. 1885 et Cass., 14 juin 1887, S. 87.1.407, D. 87.1.417 ; — Paris, 14 avr. 1883, *J. S.*, 83 361. — V. Lyon-Caen, S. 87.2.17).

Cette dernière jurisprudence a condamné un procédé quelquefois employé, consistant à apporter à une société, sans faire appel à des souscriptions en numéraire, des immeubles aussitôt après la constitution qui n'a pas exigé la vérification des apports. On émet des obligations pour acquitter le prix des immeubles apportés. Il y a là une fraude qui a toujours été réprimée (V. Paris, 9 mars 1893, *J. S.*, 93.343).

77. — L'apport peut être fait d'un immeuble grevé d'inscriptions hypothécaires, à charge par l'apporteur de rapporter dans un délai déterminé mainlevée et certificat de radiation des inscriptions. Mais on doit prendre toutes sages précautions pour garantir la société contre les poursuites des créanciers. La société ne serait pas nulle par cela seul que l'immeuble apporté est grevé d'inscriptions, alors du moins que ces inscriptions n'absorbent pas la totalité de la valeur de l'immeuble apporté (Cass., 22 fév. 1892, S. 93.1.149 ; — Paris, 4 mars 1887, *J. S.*, 87.634 ; — Cass., 20 nov. 1888, *J. S.*, 90. 46 ; — 6 mai 1903, *J. S.*, 1904.18 ; — Douai, 6 août 1903, *J. S.*, 1904. 220 ; — 10 oct. 1903, *J. S.*, 1904.270). — Mais si l'immeuble est exproprié pour un prix inférieur à la dette, il y a apport fictif, alors même que la société a conservé les actions (Cass , 4 juin 1887, précité).

77 bis. — Il n'est pas nécessaire que les apports soient de même nature ni de valeur égale (Lyon-Caen et Renault, n. 14).

78. — Que peut-on apporter en société ? — L'art. 1833 C. civ.

(2ᵉ alinéa) répond à la question : « Chaque associé, dit cet article, doit apporter ou de l'argent, ou d'autres biens, ou son industrie. » Donc tout ce qui a une valeur vénale appréciable en argent, tout ce qui peut faire l'objet d'une obligation, du numéraire, des marchandises, des meubles, des immeubles, des créances ; même des choses in-corporelles qui sont susceptibles de propriété, comme, par exem-ple, l'exploitation d'un brevet d'invention (Cass., 25 nov. 1890, *Pand. franç.*, 91.1.237 ; — 29 mars 1898, *Le Droit*, 9 oct. 1898), un procédé industriel, une marque de fabrique (Paris, 10 déc. 1888, *R. S.*, 88.527), un secret utile (Seine, 10 fév. 1877, T. C. 77.242), une clientèle, etc. (V. conf. : Merlin, Vᵒ *Société* ; Pardessus, n. 984 ; Tro-plong, n. 108 ; Duvergier, n. 18 ; Delangle, n. 60 ; Bédarride, n. 29 ; Massé et Vergé sur Zachariæ, t. 5, § 713, note 6 ; Bravard, t. 1, p. 156 ; Lyon-Caen et Renault, n. 15 ; Guillouard, n. 63. — V. Cass., 22 mars 1898, *J. S.*, 99.13 ; — Com. Seine, 10 févr. 1877, T. C. 77, p. 242). — On peut aussi apporter une ouverture de crédit (Charle-roi, 26 mars 1879, *J. S.*, 82.632), ou l'habileté, les connaissances professionnelles (Paris, 16 nov. 1854, S. 54.2.618).

Des études et des démarches faites pour arriver à la constitution de la société ne sont pas un apport véritable (Montpellier, 20 mai 1903, *J. S.*, 1904.254).

79. — Les choses futures peuvent, comme les choses présentes, être mises en société. On peut, par exemple, mettre en société une succession future (L. 3, § 2 ff, *pro Socio* ; Troplong, n. 109 ; Massé et Vergé sur Zachariæ, t. 4, § 713, note 6 ; Pont, n. 60. — Toulouse, 9 déc. 1885, *R. S.*, 86.456). M. Troplong ajoute que cet apport ne doit pas porter sur la succession d'une personne déterminée encore vivante, mais bien sur la succession d'une personne incertaine. Car il n'est pas permis de faire un pacte sur une succession future (C. civ., art. 1130). Lorsqu'on dit qu'il est possible de mettre en so-ciété l'espérance d'une chose future, ajoute le même auteur, il faut entendre que l'espérance n'entre en société qu'en attendant la chose elle-même ; car une espérance seule, détachée de la chose qui en a fait l'objet, est une pure chimère qui ne peut servir d'assiette à une société ; si donc l'espérance s'évanouit, la société périt.

80. — Une chose peut être apportée en société *en pleine propriété, en usufruit*, ou *en jouissance*.

Si la chose est apportée en pleine propriété, cet apport a deux conséquences : 1ᵒ l'associé n'a plus aucune action relativement à la chose, ni action en revendication ou en prélèvement, ni droit de créance contre la société ; il n'a droit qu'à un équivalent de son apport ; 2° si la chose vient à périr, la perte est pour le compte de la société ; celle-ci n'est même pas dissoute, à moins que la chose ne soit l'objet unique ou principal de la société ; l'associé conserve tous les droits attachés à cette qualité (Bédarride, n. 31 ; Bravard, t. 1, p. 157).

81. — Si l'apport n'est que de l'usufruit, il faut établir une sérieuse distinction, que M. Bravard explique très clairement (t. 1, p. 158). « S'agit-il, écrit l'éminent professeur, d'un corps certain, ou au contraire d'une quantité ou chose fongible ? La chose existe-t-elle, ou au contraire a-t-elle péri ? Si c'est un corps certain, et qu'il existe à la dissolution de la société, l'associé pourra le reprendre en nature ; car l'usufruit de la société sera éteint. Si c'est une quantité ou une chose fongible, l'associé aura une action en reprise de la valeur ; car la société sera devenue propriétaire de cette quantité ou de cette chose fongible. — Autre différence. La société ne pourra disposer librement de la chose fongible qui lui aura été apportée en usufruit, parce qu'elle en sera devenue propriétaire à charge de restitution. Que si la chose a péri, ce qui suppose qu'il s'agit d'un corps certain, cette perte n'empêche pas la société de subsister et ne fait pas perdre à l'associé les droits qui sont l'équivalent de l'usufruit qu'il a conféré à la société. »

82. — Enfin si l'apport n'est que de la jouissance (Cass., 21 avril 1915, *Gaz. Soc.*, 1915, p. 107), cet apport se confondra sans doute avec l'apport en usufruit, quand il s'agira d'une chose fongible ; mais lorsqu'il portera sur un corps certain, de notables différences s'établiront entre l'apport en usufruit et l'apport en jouissance, soit que la chose subsiste, soit qu'elle ait péri. Ainsi :

1° L'apport en jouissance est toujours mobilier. Il n'a pour objet que la perception des fruits, il n'implique aucun démembrement de propriété ; lorsque l'apport est en usufruit, le droit est mobilier ou immobilier, suivant que la chose apportée est mobilière ou immobilière ;

2° La chose apportée en jouissance périt-elle ? L'associé cesse, à partir de ce jour-là, d'avoir droit aux bénéfices de la société : « L'apport d'une chose en jouissance, dit avec raison M. Bravard, est successif ; il se compose d'autant d'apports différents qu'il y a de perceptions de fruits à faire et dès que la chose a péri, l'associé ne mettant plus rien dans la société, n'a plus rien à y prétendre. Ajoutons que la chose périssant, la société est dissoute ; car la condition essentielle à l'existence de toute société, un apport, disparaît » (C. civ., art. 1867 ; Bravard, t. 1, p. 158).

83. — Parmi les choses qui peuvent faire l'objet d'un apport, l'art. 1832 (2ᵉ alinéa) cite l'*industrie* de l'homme. Ce mot industrie a un sens très étendu. Il embrasse toutes les qualités physiques, intellectuelles ou morales susceptibles d'une application utile (Pardessus, t. 4, n. 984 ; Duvergier, n. 18 ; Troplong, n. 113). On reconnaît, par exemple, qu'en temps de guerre des capitaines de navires peuvent convenir de naviguer de conserve, de manière à se défendre mutuellement contre les attaques dont leurs vaisseaux pourraient être l'objet. Il y a là une véritable société dont le fonds commun est le courage des hommes et la force des navires (Casaregis, Dis. 30 ; Grotius, *de Jur. bell. et pac.*, t. 2, c. 12, n. 25 ; Pardessus, t. 3, n. 656, et t. 4, n. 984 ; Troplong et Duvergier, *loc. sup. cit.*).

84. — L'apport d'industrie et de concours personnel fait par des fondateurs à une société anonyme ne peut être représenté par des actions faisant partie intégrante du capital social.

La société dans laquelle il a été attribué aux fondateurs une partie du capital en représentation de ce genre d'apport doit être annulée (Caen, 26 juin 1 912, *Gaz. Soc.*, 1912.436. Cette décision a paru à beaucoup un peu trop absolue).

85. — On a discuté si le crédit ou le nom d'une personne peuvent être mis en société. En ce qui concerne les sociétés civiles, il semble que le doute ne puisse même pas être permis. Une personne puissante ne pourrait stipuler une part de bénéfice dans une société pour y laisser figurer son nom. Ce serait là une convention contraire à l'honnêteté publique, aux bonnes mœurs et frappée d'une nullité absolue. « La convention est contraire à l'honnêteté et aux bonnes mœurs, disait Treilhard au Corps législatif, quand la mise ne consiste que dans une promesse de crédit, vaine le plus souvent, mais toujours coupable quand elle est payée. Loin de nous ces vils intrigants qui, vendant leurs manœuvres et leur protection, trompent également et l'autorité dont ils surprennent la confiance, et l'honnête homme qui compte sur eux » (En ce sens : Malepeyre et Jourdain, p. 28 ; Duranton, t. 17, n. 318 ; Duvergier, n. 19 ; Troplong, n. 114 ; Delangle, n. 68 ; Massé et Vergé sur Zachariæ, t. 4, § 713, n. 6 ; Alauzet, n. 155 ; Lyon-Caen et Renault, n. 32 ; Pont, n. 64 et 65).

86. — Mais lorsqu'il s'agit de sociétés commerciales, il est un genre de crédit qui peut faire l'objet d'un apport en société : c'est celui qui s'attache à la personne qui, par ses antécédents commerciaux, par une réputation de loyauté, de probité, de fortune, s'est signalée depuis longtemps à l'estime publique. Si cette personne consent à laisser user de son nom et du crédit qui s'y attache par une société, rien de plus valable. C'est là un véritable apport (Conf. les auteurs cités *suprà* ; *adde* : Bédarride, n. 30). M. Troplong (n. 115) fait cependant une restriction ; il demande que l'apport du nom soit accompagné d'une coopération effective rendant efficace la responsabilité sur laquelle les tiers ont compté. M. Bédarride répond à l'observation de M. Troplong en des termes selon nous sans réplique : « J'en demande pardon à notre illustre maître, dit M. Bédarride, mais le but qu'il se propose est atteint par la seule force des choses, et indépendamment de toute coopération. Notons bien, en effet, qu'un apport de la nature de celui dont nous nous occupons ne se réalisera jamais que dans les sociétés commerciales : ce sera donc uniquement pour en faire la raison sociale qu'on recherchera un nom justement célèbre et honoré. Cela acquis, qu'importe que son propriétaire coopère ou non à l'administration? Par cela seul que son nom figure dans la raison sociale, ou forme cette raison, de son consentement, sa responsabilité envers les tiers est engagée dans ses plus extrêmes limites. Vainement voudrait-il la répudier, sous prétexte qu'il est resté étranger aux opérations ; on lui répondrait, aux termes des art. 21 et 22 C. com. : Vous avez accepté la qualité d'associé en nom collectif ; comme tel, vous êtes solidairement tenu de tous les engagements contractés au nom de la raison sociale. Le but que se propose la condition exigée par M. Troplong est donc atteint de plein droit. Dès lors, la condition devient sans objet et complètement inutile. Rien donc ne saurait empêcher de considérer comme une mise de fonds suffisante et réelle l'apport pur et simple d'un nom, faisant rejaillir sur la société l'immense crédit dont il dispose. » (*Sic* : Pont, n. 65 ; Delangle, n. 60 ; Lyon-Caen et Renault, n. 32 ; Lyon-Caen, note S. 87.2.17. — Comp. pour le *nom* d'un commerçant : Seine, 2 août 1890, *Le droit indust.*, 1890, p. 340 ; — Bordeaux, 30 mars 1892, *J. arr. Bordeaux*, 93.1.161.)

87. — Des personnes mettent en société un bien qui leur appartient indivisément. Il y a évidemment dans ce contrat translation de propriété, s'il existe des associés autres que les copropriétaires. Mais il peut se faire que la société se compose exclusivement des copropriétaires. Tel est le cas prévu par la loi du 24 juillet 1867, art. 4. Même dans ce cas il s'opère une transmission, si la société constitue

une personne morale. Le patrimoine social se distingue du patrimoine de chaque associé. Mais si la société ne constituait pas une
personne morale, les associés conserveraient leurs droits de copropriété ; aucune translation ne s'opérerait ; à la qualité de copropriétaire s'ajouterait seulement celle de coassocié (Lyon-Caen et Renault, t. 2, n. 25).

88. — Quand l'associé s'oblige à apporter une somme d'argent,
la réalisation de l'apport s'appelle versement. D'après les conventions statutaires, le versement s'opère en une ou plusieurs fois à
des époques déterminées à l'avance, ou fixées au cours de l'existence
sociale (appels de fonds). On comprend aisément qu'une société
peut n'avoir pas besoin dès sa constitution de capitaux importants,
et que les intérêts qu'il faudrait servir aux associés pour les sommes
versées constituent une charge lourde, alors que les opérations de
la société ne sont pas développées et que les bénéfices sont nuls ou
restreints. C'est la convention qui détermine librement la quotité
et l'époque des versements. Dans les sociétés par actions, la liberté
n'est pas moins absolue, car la loi fixe au quart ou à la totalité le
versement à faire par chaque associé sur le montant de sa mise
avant la constitution de la société (Voyez n. 1680 et suiv.).

SECTION II

DROITS DE LA SOCIÉTÉ SUR LES APPORTS

89. — Nous savons déjà que l'un des éléments essentiels de toute
société réside dans la nécessité d'un apport. Il nous reste à étudier
quels sont les droits de la société sur les apports des associés et
comment elle peut en disposer.

Chaque associé est considéré comme débiteur envers la société
de tout ce qu'il a promis d'y apporter (art. 1845 C. civ.). Il est nécessaire de remarquer que l'associé est débiteur envers la *société*,
être moral, et non pas envers ses coassociés individuellement ; il ne
pourrait donc pas opposer la compensation de ce qu'il doit verser
avec ce que l'un de ses coassociés pourrait lui devoir à un titre
quelconque.

90. — L'obligation de réaliser l'apport est rigoureuse ; si l'un des
associés ne l'accomplit pas, les autres associés peuvent demander
la résolution de la société, même au cas où l'inexécution de l'obli-

gation proviendrait d'un événement de force majeure, et cela sans préjudice des dommages-intérêts qui pourraient être prononcés contre l'associé qui n'a pas effectué sa mise (V. *suprà*, n. 68 et suiv.).

91. — Une fois que l'acte de société a fixé l'apport promis par chaque associé, cet engagement ne peut plus être modifié que du consentement unanime des associés. A moins d'une clause formelle insérée dans le pacte social, la majorité ne pourrait imposer aux associés un supplément d'apport, lors même que ce supplément serait indispensable pour atteindre le but que la société s'est proposé. La dissolution de là société et sa reconstitution sur d'autres bases seraient les seuls moyens de continuer légalement les opérations entreprises (Pardessus, n. 995 ; Malepeyre et Jourdain, p. 51 ; Duvergier, n. 216 ; Alauzet, n. 169 ; — Paris, 18 mars 1862, S. 62.2.161 ; — Angers, 26 avr. 1866, S. 67.2.103, D. 66.2.198).

La solution que nous venons d'indiquer peut être modifiée, si l'acte de société renferme à cet égard une convention expresse. Par exemple, s'il a été stipulé que les fonds nécessaires, sans détermination de quotité, seront fournis par tels associés, et que les autres apporteront leur industrie, les bailleurs de fonds peuvent être contraints à remplacer les fonds absorbés par les pertes, de manière à maintenir toujours entier le capital de la société (Pardessus, n. 1054).

92. — Au cas d'une société dont le capital devait être formé de mises égales, lorsque les associés, pour désintéresser leurs créanciers, leur ont abandonné l'actif social, avant que quelques-unes des mises aient été entièrement versées, l'associé ayant versé l'intégralité de sa mise et contribué pour une plus forte part à la formation de l'actif, peut recourir, à raison de cette différence, contre ses coassociés en retard de versements, si l'acte d'abandon n'a pas détruit le droit que chacun des associés avait d'obliger les autres à parfaire leur part sociale (Cass., 25 août 1869, S. 70.1.61, D. 69.1.467. — V. sur le principe de l'égalité de mises entre associés, n. 1748).

93. — Lorsque l'apport promis doit consister en une somme d'argent, l'associé qui ne la réalise pas devient de plein droit, et sans demande, débiteur des intérêts de cette somme, à compter du jour où elle devait être payée (C. civ., art. 1846, § 1er), sans préjudice de plus amples dommages-intérêts s'il y a lieu. Ces dommages-intérêts seraient dus, alors même qu'il n'y aurait pas eu de mise en demeure (Troplong, n. 542 ; Delangle, n. 78 ; Massé et Vergé sur Zachariæ, t. 4, § 716, note 8 ; — Cass., 28 juin 1904, *Gaz. Trib.*, 10 oct. 1904).

94. — L'associé qui n'a pas versé à la société la somme formant sa mise sociale est tenu des intérêts, alors même qu'il aurait eu le droit, aux termes des statuts, de prélever les intérêts du même apport s'il avait été réalisé (Aix, 1er mars 1869, S. 70.2.93, D. 70.2.219).

95. — La clause des statuts stipulant que les apports des associés seront productifs d'intérêts à leur profit doit recevoir tout son effet entre associés, mais elle n'est plus applicable après la dissolution (Paris, 4 déc. 1899, *R. S.*, 1900, p. 112).

96. — La clause qui donne à la société le droit de vendre les actions des souscripteurs en retard de verser leur mise et de s'approprier l'intégralité du prix, fût-il supérieur à la somme due par l'actionnaire, est valable comme n'étant qu'une application du principe établi par l'art. 1846 (V. *infrà*, n. 1735).

97. — Lorsque, d'après les statuts, les souscripteurs d'actions en retard de leurs versements sont passibles de l'intérêt des sommes non versées, la société qui n'a pas usé de la faculté à elle appartenant de faire vendre les actions non libérées aux risques et périls des actionnaires, ne peut qu'exiger d'eux l'intérêt du retard, mais non retenir les coupons et dividendes afférents à leurs actions, lesquels continuent à leur appartenir. Par suite, les actionnaires sont fondés à compenser ces coupons et dividendes avec les versements non opérés, déduction faite des intérêts de retard (Paris, 8 nov. 1865, S. 65.2.117).

98. — Les intérêts de la mise sociale sont dus à compter du jour où le versement devait être effectué, et non pas seulement à partir du jour de la demande en justice, alors même que la société serait nulle (Aix, 14 nov. 1860, S. 61.2.297 ; — Cass., 3 mars 1856, D. 56.1. 150 ; — 6 août 1862, S. 62.1.783, D. 62.1.421. — V. *infrà*, n. 1725).

99. — En ce qui concerne l'exigibilité des apports en cas de déclaration de faillite de la société, voyez *infrà*, n. 1724 et suivants.

100. — Lorsque la chose qu'un associé a promis de mettre en société produit des fruits, l'associé est non seulement débiteur de cette chose, mais encore, et de plein droit, des fruits qu'il en a perçus depuis qu'elle aurait dû être apportée (Pothier, n. 115 ; Duvergier, n. 150 et 152 ; Troplong, n. 531 ; Malepeyre et Jourdain, p. 45 ; — Seine, 3 nov. 1903, *J. S.*, 1904.349).

101. — Quand un associé a promis d'apporter à la société son industrie, il doit compte de tous les gains qu'il a faits au moyen de l'industrie qui est l'objet de la société (C. civ., art. 1847).

Bien plus, l'associé qui, en se livrant à une industrie étrangère à l'objet de la société, grève celle-ci des gains qu'elle eût pu faire au moyen de l'industrie promise, doit l'indemniser de la perte qu'il lui a causée (Duranton, t. 17, n. 400).

102. —Mais un associé, bien qu'il se soit engagé à consacrer tout son temps et tout son travail à la société, n'est pas obligé de lui tenir compte des gains qu'il a faits à l'aide d'une industrie différente de celle qu'elle exploite elle-même. En conséquence, le brevet par lui obtenu pour une invention étrangère à l'objet de la société ne fait pas partie de l'actif social, et demeure sa propriété exclusive (Lyon, 18 juin 1856, D. 57.2.72).

103. — L'associé qui s'est engagé, non à consacrer à la société une industrie lucrative, mais seulement à donner ses soins aux intérêts sociaux, par exemple, à tenir la comptabilité, peut employer à des travaux analogues, dans son intérêt personnel, le temps qui lui reste libre, à condition qu'il n'en résulte aucun préjudice pour la société (Pardessus, n. 989 ; Malepeyre et Jourdain, p. 50 ; Duvergier, n. 213 ; Troplong, n. 549).

104. — L'industrie apportée par un associé cessant d'être utile à la société, l'associé ne cesserait pas pour cela de faire partie de la société ; mais si la société avait pour unique objet l'exploitation de cette industrie, elle serait dissoute.

105. — Il ne faut pas confondre avec l'apport, les prêts ou avances que les associés peuvent faire à la société en dehors de leur mise. Ces prêts constituent les associés créanciers de la société, au même titre que des créanciers ordinaires (Pardessus, n. 985).

106. — Quels sont les effets de la perte ou de la détérioration de l'apport ? Pour résoudre cette question, il faut distinguer si la perte ou la détérioration survient avant ou après le versement.

107. — Dans le premier cas, c'est-à-dire celui de la perte ou de la détérioration antérieure au versement, il faut encore distinguer. Si l'apport consiste dans une somme d'argent, ou en marchandises, en choses fongibles quelconques, la perte est pour l'associé ; il n'est pas délié de ses obligations ; il n'en est pas moins tenu de réaliser son apport (Duranton, t. 17, n. 395, 396 ; Bédarride, n. 51 ; Alauzet, n. 172). Mais si l'apport consiste en un corps certain, et vient à périr sans la faute de l'associé, la perte est pour la société (Merlin, *Rép.*, V° *Société*, sect. 6, § 2, n. 2). Et si la société avait été uniquement constituée en vue de cet apport, la perte entraîne sa dissolution (Bédarride, n. 51).

108. — Dans le second cas, c'est-à-dire lorsque le versement de l'apport a été effectué avant la perte ou la détérioration, il faut aussi distinguer si l'objet perdu ou détérioré a été apporté à là société en pleine propriété, ou si l'usage seul a fait l'objet de l'apport.

109. — Lorsque la chose même et non son usage a été apportée en société, la perte est pour la société, à moins, bien entendu, qu'elle ne provienne du fait ou de la faute de l'associé. Ce dernier est d'ailleurs garant, comme un vendeur ordinaire, des vices cachés de la chose par lui mise en société, avec cette différence, toutefois, que la société ne peut demander la restitution d'une partie du prix, conformément à l'art. 1644, puisqu'il n'y a pas de prix ; mais elle peut demander des dommages-intérêts. (Duvergier, n. 176 ; Dalloz, n. 348).

110. — Lorsque la chose dont la jouissance seulement a été mise dans la société est un corps certain et déterminé, qui ne se consomme point par l'usage, elle est au risque de l'associé propriétaire (C. civ., 1851, § 1). Si le corps certain périt par un des risques inséparables de l'usage auquel il est destiné, la perte est pour la société (Duranton, t. 17, n. 406).

111. — Si au lieu d'avoir péri totalement, la chose était seulement dégradée sans qu'il y eût faute de la société, l'associé devrait la reprendre dans l'état où elle se trouverait, sans pouvoir réclamer aucun dommage-intérêt (Pothier, n. 126 ; Troplong, n. 583).

112. — Si les choses dont l'usage a été mis en société se consomment ou se détériorent en les gardant, si elles sont destinées à être vendues, ou si elles ont été mises dans la société sur une estimation portée dans un inventaire, elles sont aux risques de la société (C. civ., 1851, § 2). Si ces choses ont été estimées, l'associé ne peut répéter de la société que le montant de leur estimation (C. civ., 1851, § 3).

113. — L'art. 1851 C. civ. établit, on le voit, quatre exceptions au principe que la chose dont la jouissance seule a été apportée en société est au risque du propriétaire. Reprenons-les brièvement. — La raison de la première exception, relative *aux choses qui se consomment par l'usage*, se saisit facilement. On ne peut jouir des choses fongibles sans les consommer, celui qui conserve la jouissance de ces choses est dans la nécessité d'en transférer la propriété, en conservant le droit d'exiger, à la fin de la jouissance, des choses semblables, ou leur estimation, suivant ce qui a été convenu. Dès lors, il n'a pas à s'occuper des détériorations que peuvent subir les choses dont il a transféré la propriété contre un droit de créance (Duvergier, n. 173 ; Troplong, n. 586). — La seconde exception s'applique *aux choses qui se détériorent en les gardant*, telles que les meubles meublants, les voitures, etc. ; ces détériorations sont aux risques de la société. Le législateur s'est écarté, par cette disposition, des principes de l'usufruit, suivant lesquels les choses qui se détériorent par l'usage sont aux risques des nus propriétaires. Il présume, de la part de l'associé, l'intention de rendre la société propriétaire en devenant créancier de la valeur (Duvergier, n. 173 ; Troplong, n. 588). — La troisième exception a lieu quand les choses mises en société sont *destinées à être vendues*. C'est là, en effet, un abandon complet de la propriété ; on suppose que l'intention de l'associé a été de mettre en commun la jouissance de la somme qui proviendrait de la vente, et de se réserver la propriété de cette somme. La perte qui survient ultérieurement doit donc être à la charge de la société. — La quatrième et dernière exception a lieu lorsque les choses ont été estimées. Cette estimation fait présumer que les parties ont entendu rendre la société débitrice du prix.

Toutes les fois qu'on ne se trouve pas dans l'une de ces quatre exceptions, la chose dont la jouissance a été apportée est aux risques de l'associé.

114. — Lorsque les choses se consomment par l'usage, la société doit, lors de la dissolution, rendre à l'associé pareille quantité, qualité et valeur, ou leur estimation, conformément à l'art. 587 C. civ. (Duvergier, n. 182 ; Troplong, n. 586 ; Massé et Vergé sur Zachariæ, t. 4, § 721, note 4). Lorsque la société rend l'estimation, on la calcule au jour de la restitution (Troplong, n. 590).

115. — Lorsque l'apport consiste en choses qui se détériorent par l'usage, l'associé est en droit de réclamer la valeur au moment de la formation de la société (Troplong, n. 590 ; Massé et Vergé, *loc. cit.* — *Contrà* : Duvergier, n. 183). C'est la conséquence du principe que la détérioration est à la charge de la société. M. Troplong ajoute que si l'associé préfère reprendre la chose telle quelle, au lieu de la valeur, il en a le droit.

116. — Lorsque les choses étaient destinées à être vendues, l'associé est créancier de la valeur au moment du contrat ou du prix de vente si les choses ont été vendues (Troplong, n. 594 ; Duvergier, n. 184 ; Massé et Vergé, *loc. cit.*).

Si les choses ont été estimées, l'associé ne peut répéter que le montant de l'estimation. Il ne peut, comme en matière de vente, demander la rescision pour cause de lésion ; on ne peut présumer, comme pour le vendeur, qu'il a subi l'empire de la nécessité (Troplong, n. 598 ; Massé et Vergé, *ubi suprà*, note 3).

117. — Les dispositions de l'art. 1851 ne sont pas d'ordre public ; les parties peuvent y déroger par telles conventions que bon leur semble (Troplong, n. 600).

118. — D'après tout ce qui précède, on voit qu'il est très important de savoir si c'est la chose même ou la jouissance qui a été mise en société. Les contractants agiront sagement en s'expliquant clairement sur ce point. Car on doit présumer que c'est la propriété qui est apportée en société (Duranton, t. 17, n. 408 ; Duvergier, n. 196).

119. — On s'est demandé s'il faut voir un apport restreint à la jouissance des mises, dans la stipulation que les associés *auraient telle part dans les profits ou dans les pertes.* M. Duranton se prononce pour l'affirmative (n. 408). Mais M. Duvergier (n. 199) combat avec raison cette interprétation. Cette clause n'a, en effet, rien d'exclusif ; elle indique seulement dans quelle proportion le partage s'effectuera. Il en serait autrement, et il faudrait voir un apport en jouissance, si les parties avaient déclaré s'associer seulement *pour les profits et pertes* (Duvergier, n. 200).

120. — Les auteurs sont aussi partagés sur la question de savoir si, lorsque l'un des associés apporte des biens meubles et immeubles, l'autre son industrie seulement, le premier doit être présumé avoir apporté la propriété, ou seulement la jouissance. D'après Pothier (*Société*, n. 16) et l'ancienne jurisprudence sur laquelle il s'appuie, il faut décider que l'apport est présumé être de la propriété. M. Duvergier (n. 204) pense qu'il faut résoudre la question d'après l'intention des contractants : il faut examiner notamment si l'industrie de l'un des associés est l'équivalent de l'argent de l'autre en toute propriété, ou n'est que la représentation de la jouissance. Dans le doute, il faut se prononcer dans le sens de l'apport en propriété.

SECTION III

DE LA GARANTIE DUE PAR L'APPORTEUR

121. — Aux termes de l'art. 1845 C. civ., l'associé est, en cas d'éviction, garant de son apport vis-à-vis de la société, de la même manière qu'un vendeur l'est envers son acheteur.

122. — Au point de vue de l'application de cette règle, il faut distinguer si l'éviction a été totale ou partielle. En cas d'éviction totale, les associés peuvent opter entre la résolution du contrat de société et l'action en dommages-intérêts. En cas d'éviction partielle, on applique par analogie l'art. 1636 C. civ., et il y a lieu d'examiner si la portion enlevée par l'effet de l'éviction est assez considérable pour qu'à son défaut les associés n'eussent pas accepté comme mise sociale la chose ainsi réduite (Pont, n. 269, 270). MM. Lyon-Caen et Renault (t. 2, n. 18, 3ᵉ éd.) s'expriment ainsi :

« La distinction étant admise pour le cas d'éviction, il faut en tirer les conséquences. S'il y a lieu à dommages-intérêts, soit que les associés ne demandent pas autre chose, soit que les juges estiment que la résolution ne se justifie pas, l'indemnité doit être calculée d'après les principes admis pour la vente, puisque l'art. 1815, al. 2, y renvoie formellement. Il n'y a pas à proprement parler ici de prix, mais il faut tenir compte de la valeur qu'avait la chose au moment de la formation de la société, que cette valeur ait été appréciée par les parties elles-mêmes, ou qu'il faille, à défaut de cette évaluation, se livrer à une appréciation rétrospective. L'associé devrait rapporter le montant de cette estimation, quand même la chose aurait diminué de valeur depuis l'entrée en société (Cf. art. 1631 C. civ.). A l'inverse, si la chose avait augmenté de valeur, il devrait tenir compte de l'augmentation (Cf. art. 1633 C. civ.).

« Si la résolution est prononcée, les parties doivent être, en principe, replacées dans la position où elles seraient si elles n'avaient pas contracté, et des dommages-intérêts peuvent, de plus, être mis à la charge de celui par la faute duquel ce résultat se produit. »

123. — Les dommages-intérêts, dans les deux hypothèses prévues, soit que les associés se bornent à en demander, soit que le juge estime qu'une indemnité est suffisante sans qu'il y ait lieu de prononcer la résolution, doivent être calculés d'après la valeur qu'avait la chose lors de la formation de la société. Il importerait peu que la valeur eût diminué depuis la formation du contrat (art. 1131 C. civ.). Si, au contraire, la chose avait augmenté de valeur, l'apporteur devrait tenir compte de l'augmentation (art. 1633).

124. — Si la résolution est prononcée, les parties doivent être remises dans l'état où elles étaient avant le contrat, et en outre des dommages-intérêts peuvent être accordés aux associés qui se trouvent lésés par la résolution (Lyon-Caen et Renault, n. 18 ; Pont, n. 272). Mais il est utile de préciser que l'apporteur n'est tenu à la garantie, comme le vendeur, que si l'éviction a pour cause un fait antérieur au contrat (Cass. belge, 3 nov. 1892, *Pasicr. belge*, 1893, n. 376).

125. — L'apporteur doit également garantie au cas d'existence constatée d'une servitude sur le fonds apporté (art. 1638 C. civ.), ou au cas de vices cachés (Lyon-Caen et Renault, n. 19). La garantie quand il s'agit de créances apportées à la société, s'impose toutes les fois que la loi impose le versement intégral du capital social (Limoges, 2 juill. 1897, sous Cass., 7 nov. 1899, S. 1901.1.513 et note Wahl).

126. — Les associés sont également en droit d'exiger toute la contenance promise. Les règles des art. 1617 et suiv., relatives au défaut ou à l'excédent de contenance dans les ventes d'immeubles, ne doivent pas être appliquées en matière de société (Lyon-Caen et Renault, n. 17 ; Guillouard, n. 181 ; — Cass., 14 janv. 1862, S. 62.1.533).

127. — De même, la rescision pour cause de lésion, prévue par l'art. 1674 C. civ., n'existe pas en matière de société (Guillouard, n. 163 ; Lyon-Caen et Renault, n. 17).

128. — Nous avons vu plus haut (n. 100) que l'associé qui a apporté un corps certain doit à la société les fruits naturels ou civils qu'il a perçus depuis la convention.

129. — Aux termes de l'art. 1692 C. civ., le vendeur d'une créance en garantit seulement l'existence. Il n'est garant de la solvabilité du débiteur cédé qu'en vertu d'une convention expresse, et encore cette garantie est-elle limitée à la solvabilité au moment de la vente, à moins de garantie formelle de la solvabilité future. Toutes ces dispositions sont applicables au cas d'apport d'une créance en société.

130. — Le moment où la transmission de la propriété est opérée se détermine d'après les principes généraux du droit dans les rapports des parties entre elles, ou des parties avec les tiers. Ainsi, la propriété transmise entre les parties, l'est du jour même où le contrat a été conclu, s'il s'agit d'un corps certain (art. 1138 C. civ.); elle l'est seulement au moment où la chose apportée a été individualisée, quand il s'agit de choses *in genere*.

131. — A l'égard des tiers, la translation de propriété ne peut résulter que de la transcription, si l'apport a pour objet un immeuble (L. 23 mars 1855 ; — Cass., 8 mars 1875, S. 75.1.449 ; — 25 avr. 1893, S. 97.1.515 ; — 3 juill. 1899, *J. S.*, 99.400 ; — Cass., 20 nov. 1901, D. 1907.1.217 et la note de M. de Loynes). Les gérants ou administrateurs de la société peuvent être déclarés responsables du préjudice créé par suite d'omission ou de retard de la formalité de transcription, notamment s'il survient des inscriptions du chef de l'apporteur, postérieurement à l'apport en société (Trib. Seine, 30 janv. 1883, *J. S.*, 85.350).

Mais l'apport fait par des mineurs à une société de droits indivis qui leur appartiennent sur des immeubles ne saurait être assimilé à une vente et soumis, comme tel, aux formalités édictées pour les ventes d'immeubles appartenant à des mineurs ; il suffit, pour la validité de cet apport, qu'il soit fait au nom des mineurs, en vertu d'une délibération du conseil de famille, homologuée par le tribunal civil (Riom, 2 mai 1907, D. 1908 2.109).

132. — Si l'apport a pour objet une créance, les formalités de l'art. 1690 C. civ. sont également nécessaires. S'il s'agit de l'apport d'un bâtiment de mer, la mutation en douane est également indispensable (L. 27 vendém. an II, art. 27).

Ainsi, il a été jugé, en ce qui concerne les créances, que les créanciers de l'associé qui avait apporté des créances à la société, ont pu pratiquer des saisies-arrêts tant que la société n'a pas fait signifier aux débiteurs le transport consenti à son profit (Cass., 28 avr. 1869, S. 69.1.313, D. 69.1.445 ; — Paris, 18 déc. 1884, D. 86.2 115. — *Contrà* : Guillouard, n. 795).

133. — Jugé que l'apport de créances dans une société commerciale ne rend celle-ci propriétaire à l'égard des tiers, notamment les créanciers de l'associé apporteur, que par la signification qui en est faite au débiteur ou son acceptation par acte authentique (Cass., 24 déc. 1894, S. 95.1.69, D. 95.1.206 ; — Aubry et Rau, t. 4, p. 551 ; Troplong, *Société*, t. 2, n. 766). — Dans le même sens : Cass., 28 avr. 1869, S. 69.1.313, D. 69.1.445.

134-135. — Lorsqu'il est fait apport, à une société en commandite d'une créance sur une autre société en liquidation, etc., en présence et du consentement des associés et non liquidateurs de cette dernière, l'acte contient une reconnaissance de dette passible du droit de 1 p. 100, indépendamment du droit exigible sur le montant net des apports (Seine, 5 déc. 1902, *J. S.*, 1903.407).

SECTION IV

DE L'APPORT EN SOCIÉTÉ D'UN FONDS DE COMMERCE

136. — Les règles générales sur l'apport d'une chose incorporelle en société viennent d'être modifiées, et d'ailleurs obscurcies, en ce qui concerne l'apport d'un fonds de commerce, par la loi du 17 mars 1909 modifiée par la loi du 31 juillet 1913 (V. Wahl, De l'application aux apports sociaux de la loi du 17 mars 1909, *J. S.*, 1909. 241 et suiv. — Bouvier-Bangillon, *Ann. dr. comm.*, 1909, p. 449 et suiv. — Bosvieux, *J. S.*, 1910, p. 435 et suiv.). — Ses art. 3 et 7, siège de la matière, so nt ainsi conçus :

137. — Art. 3. — Toute vente ou cession de fonds de commerce, consentie même sous condition ou sous la forme d'un autre contrat ainsi, que toute mise en société ou toute attribution de fonds de commerce par partage ou licitation, sera, dans la quinzaine de sa date, publiée, à la diligence de l'acquéreur, ou sous forme d'extrait ou d'avis dans un journal d'annonces légales du ressort du Tribunal de commerce où se trouve le fonds, ou, à défaut, dans un journal d'annonces légales de l'arrondissement.

L'extrait ou l'avis contiendra la date de l'acte, les noms, prénoms et domiciles de l'ancien et du nouveau propriétaire, la nature et le siège du fonds, l'indication du délai ci-après fixé pour les oppositions et une élection de domicile dans le ressort du tribunal.

La publication sera renouvelée du huitième au quinzième jour après la première insertion.

Dans dix jours au plus tard après la première insertion, tout créancier du précédent propriétaire, que sa créance soit ou non exigible, pourra former au domicile élu, par simple acte extrajudiciaire, opposition au paiement du prix ; l'opposition, à peine de nullité, énoncera le chiffre et les causes de la créance et contiendra une élection de domicile dans le ressort du tribunal de la situation du fonds. Le bailleur ne peut former opposition pour loyers en cours ou à échoir, et ce nonobstant toutes stipulations contraires. Aucun transport amiable ou judiciaire du prix, ou de portion du prix, ne sera opposable aux créanciers qui se seront ainsi fait connaître dans ce délai.

Au cas d'opposition au paiement du prix, le vendeur pourra, en tout état de cause, après l'expiration du délai de dix jours, se pourvoir en référé devant le président du tribunal civil afin d'obtenir l'autorisation de toucher son prix malgré l'opposition, à la condition de verser à la Caisse des dépôts et consignations, ou aux mains d'un tiers commis à cet effet, somme suffisante, fixée par le juge des référés, pour répondre éventuellement des causes de l'opposition dans le cas où il se reconnaîtrait ou serait jugé débiteur. Le dépôt ainsi ordonné sera affecté spécialement, aux mains du tiers détenteur, à la garantie des créances pour sûreté desquelles l'opposition aura été faite, et privilège exclusif de tout autre leur sera attribué sur ledit dépôt, sans que toutefois il puisse en résulter transport judiciaire au profit de l'opposant ou des opposants en cause à l'égard des autres créanciers du vendeur, s'il en existe. A partir de l'exécution de l'ordonnance de référé, l'acquéreur sera déchargé et les effets de l'opposition seront transportés sur le tiers détenteur.

Le juge des référés n'accordera l'autorisation demandée que s'il lui est justifié par une déclaration formelle de l'acquéreur mis en cause, faite sous sa responsabilité personnelle et dont il sera pris acte, qu'il n'existe pas d'autres créanciers opposants que ceux contre lesquels il est procédé. L'acquéreur, en exécutant l'ordonnance, ne sera pas libéré de son prix à l'égard des autres créanciers opposants antérieurs à ladite ordonnance, s'il en existe.

Si l'opposition a été faite, sans titre et sans cause, ou est nulle en la forme ou s'il n'y a pas instance engagée au principal, le vendeur pourra se pourvoir en référé devant le président du tribunal civil, à l'effet d'obtenir l'autorisation de toucher son prix malgré l'opposition.

L'acquéreur, qui sans avoir fait dans les formes prescrites les publications ou avant l'expiration du délai de dix jours aura payé son vendeur, ne sera pas libéré à l'égard des tiers.

ART. 7. — Dans la quinzaine de la publication de l'acte de société contenant apport d'un fonds de commerce, tout créancier non inscrit de l'associé qui a fait l'apport fera connaître au greffe du tribunal de commerce où le dépôt de l'acte a eu lieu, sa qualité de créancier et la somme qui lui est due. Il lui sera délivré par le greffier un récépissé de sa déclaration.

Si le fonds est apporté dans une société déjà formée, les créanciers non inscrits de l'associé auquel le fonds appartenait feront la déclaration au greffe du tribunal de commerce de la) situation du fonds, dans la quinzaine de la publication de l'acte constatant l'apport, effectuée en conformité de l'article 3 ci-dessus.

A défaut par les coassociés, ou par l'un d'eux, de former dans la quinzaine suivante une demande en annulation de la société ou de l'apport ou si l'annulation n'en est pas prononcée, la société est tenue, solidairement avec le débiteur principal, au paiement du passif déclaré dans le délai ci-dessus justifié.

138. — La loi assujettit à ces formalités toute société commerciale, exerçant en France, quelle que soit sa forme ou sa nationalité ; mais elle laisse en dehors de ses prévisions les associations sans but lucratif et même les sociétés en participation, puisque chaque associé reste propriétaire de ses apports. L'apport à une société d'un fonds de commerce par suite de fusion ou de modification statutaire tombe également sous l'application de la loi (Wahl, n. 5).

139. — La loi s'applique à tout apport en propriété, immédiat, à terme ou conditionnel ; mais elle exclut l'apport en jouissance seulement (Wahl, n. 12 ; Bouvier-Bangillon, p. 456). — D'autre part, l'apport peut revêtir soit la forme d'une véritable vente, en ce sens qu'il est payé en espèces ou en équivalents par la société : dans ce cas, ce sont les dispositions de la loi relatives aux ventes qui sont applicables ; — soit la forme d'un apport, au sens strict du mot, rémunéré par une part des droits sociaux. Dans ce dernier cas l'apport peut même revêtir un caractère mixte, s'il est rémunéré à la fois par une part de droits sociaux et par une somme d'argent, par exemple. C'est de l'apport soit pur et simple, soit mixte, que nous devons nous occuper.

140. — Cet apport, la loi veut d'abord qu'il soit constaté par un acte écrit. C'est un point non douteux ; il n'en est pas de même des autres formalités voulues par la loi, à raison de la contradiction qui existe entre le texte de l'art. 3 et le texte de l'art. 7. Voici le système qui triomphe en pratique. Il établit une distinction entre l'apport pur et simple et l'apport mixte (Bosvieux, p. 441 et s.).

En ce qui concerne l'apport pur et simple, s'il est effectué lors de la formation de la société, il n'y a aucune publication à faire conformément à l'art. 3, et c'est le dernier acte de publication même de la société, c'est-à-dire la publication du journal contenant l'insertion, qui sert de point de départ au délai de quinzaine réservé aux créanciers chirographaires de l'emprunteur pour faire connaître leurs droits, conformément à l'art. 7 de la loi. — Si l'apport pur et simple est effectué au cours de la société, il y a lieu alors de se conformer aux dispositions des trois premiers alinéas de l'art. 3 de la loi de 1909, et c'est dans la quinzaine de la seconde insertion prévue par ce texte que les créanciers chirographaires devront faire connaître leurs droits conformément à l'art. 7.

En ce qui concerne l'apport mixte, qu'il soit fait au début ou au cours de la société, dans tous les cas, on devra appliquer simultanément les art. 3 et 7 de la loi. Les créanciers auront donc le choix, ou de faire une déclaration au greffe du tribunal de commerce compétent dans la quinzaine de la publication de la société ou de la seconde insertion, suivant le cas, ou de former opposition, dans les dix jours de la seconde insertion, à la partie du prix de l'apport payable en espèces. Ainsi qu'on le verra, les créanciers n'ont en général aucun intérêt à former opposition ; ils peuvent se contenter de faire une déclaration au greffe.

Le délai de quinzaine prévu par l'art. 7 est de rigueur et on doit considérer comme tardive et sans effet la déclaration au greffe faite seulement le seizième jour après la publication de l'acte de société (Comm. Seine, 7 janv. 1910, *J. S.*, 1910, p. 277).

141. — Si la société a plusieurs succursales en France, en Algérie ou dans les colonies, on applique dans ce cas, bien qu'il ne parle que de la *vente* ou de la *cession*, l'art. 4 de la loi de 1909 qui ordonne l'inscription et la publication prescrites par les art. 2 et 3 dans chacun des ressorts où ces succursales ont leur siège (Wahl, n. 26 ; Bouvier-Bangillon, p. 458).

142. — Tout créancier chirographaire, pur et simple, à terme ou conditionnel, peut se prévaloir des dispositions de l'art. 7. Bien que ce texte ne parle que des créanciers non inscrits, on est d'accord pour permettre de l'invoquer même aux créanciers inscrits, qui n'auront pas à faire du reste de déclaration (Bouvier-Bangillon, p. 459 ; Bosvieux, p. 445).

143. — La déclaration, dit l'art. 7 *in fine*, met les associés (eux seuls ont ce droit) en demeure, dans les quinze jours qui suivent l'expiration du délai de déclaration, de provoquer l'annulation ou de la société ou de l'apport, devant le tribunal de commerce du siège social. Si l'annulation n'est pas demandée, ou si elle n'est pas prononcée (car le tribunal garde son pouvoir d'appréciation), la société est tenue solidairement avec l'apporteur, débiteur principal, au paiement du passif régulièrement déclaré et justifié, qu'il s'agisse du reste d'un apport pur et simple ou d'un apport mixte (Wahl, n° 39 ; Bouvier-Bangillon, p. 457).

144. — L'absence de publicité permettra aux créanciers de considérer comme une avance l'apport à la société, de regarder le fonds de commerce comme faisant toujours partie du patrimoine de l'apporteur et de le frapper de saisie entre ses mains. En tous cas, le délai de quinzaine ne court pas contre eux et ils peuvent toujours rendre la société responsable du paiement de leur créance ; la clause du pacte social limitant pour la société au passif résultant de la comptabilité de l'apporteur la prise en charge de la société ne leur est pas opposable (Comm. Rouen, 11 avr. 1910, *Le Droit*, numéro du 14 nov. 1910 ; *Gaz. Pal.*, 29 nov. 1910). Les créanciers qui auraient omis de se faire connaître en temps utile, lors des publications, seront déchus du droit de réclamer leur paiement à la société et ne pourront plus que saisir-arrêter, suivant le droit commun, les droits revenant à leur débiteur.

SECTION V

RÈGLES SPÉCIALES AUX APPORTS DE CONCESSIONS DE CHEMINS DE FER ET TRAMWAYS. — CONCESSIONS CONGOLAISES

145. — Aux termes des lois du 15 juillet 1845 sur les chemins de fer d'intérêt général, les concessions accordées par l'Etat peuvent être apportées à une société par les concessionnaires, mais à une condition qu'il est essentiel de noter. L'apport, dans ce cas, peut avoir lieu contre le remboursement des avances faites par le concessionnaire, mais sans aucun autre avantage pour lui ; sinon, l'apport est frappé d'une nullité d'ordre public.

Ce n'est pas tout. La loi exige que le compte des avances faites par le concessionnaire soit appuyé de pièces justificatives et soit accepté par l'assemblée générale des actionnaires (Paris, 22 juill. 1880, *J. S.*, 1882, p. 136 ; — 29 juill. 1881, *J. S.*, 1881, p. 567 ; — Cass., 11 févr. 1884, D. 85.1.198 ; — Cons. d'Et., 31 mai 1878, D. 78.3.62 ; — 13 juill. 1883, D. 85.3.28. — En ce sens : Lyon-Caen et Renault, n° 708 ; Godin, *Des titres attribués aux fondateurs de sociétés anonymes*, p. 138).

146. — Une loi du 13 décembre 1893, modifiant celle du 9 juillet 1892, ayant pour objet la déclaration d'utilité publique d'une distribution d'énergie électrique produite par la chute d'eau dérivée du Rhône, en amont de Lyon, a accordé exceptionnellement, aux fondateurs de la Société des forces motrices du Rhône, le droit de stipuler une part dans les bénéfices nets de la société ; cette part de bénéfices est représentée par des parts de fondateurs.

147. — Dans une autre circonstance, en 1894, à l'occasion de la déclaration d'utilité publique du chemin de fer Métropolitain, à Paris, le Conseil d'Etat a admis que le concessionnaire pourrait stipuler à son profit, lors de la rétrocession, une participation aux bénéfices.

148. — Dans les décrets de concessions accordées par le gouvernement, en 1900, pour l'exploitation de terrains au Congo, il a été inséré les conditions suivantes :

« **ART. 2.** — La présente concession ne deviendra définitive que lorsque M... se sera valablement substitué une société anonyme constituée selon la loi française, au capital d'au moins 1 million de francs. M .. restera pendant trois ans, à dater de la constitution de ladite société anonyme, solidairement responsable avec elle des engagements qu'elle aura pris.

« Les concessionnaires ou les fondateurs de la société n'auront droit qu'au remboursement de leurs avances dont le compte aura été admis par l'assemblée générale des actionnaires.

« Toutefois, les statuts pourront réserver aux concessionnaires ou aux fondateurs une part dans les bénéfices, à distribuer après que le capital-actions aura reçu une rémunération de 5 p.100. Les parts bénéficiaires, s'il en est ainsi créé, devront rester nominatives, tant qu'il ne leur aura pas été fait au moins deux répartitions annuelles consécutives à la suite du règlement de chaque exercice. Pendant cette période, les parts bénéficiaires ne seront pas négociables ; la cession n'en pourra être faite qu'en conformité des dispositions des art. 1689 et 1690 C. civ.

« La substitution de la société anonyme aux concessionnaires ne sera valable et définitive qu'après que le ministre des colonies, sur l'avis de la commission des concessions coloniales, aura approuvé cette substitution.

« Art. 3. — Le premier quart du capital-actions de la nouvelle société devra, à peine de retrait de concession, être versé dans un délai d'un mois à dater de la notification du présent décret.

« Sous la même sanction, la société devra être définitivement constituée en conformité de la décision du ministre des colonies prévue au dernier alinéa de l'art. 2 ci-dessus, et les statuts devront être publiés conformément à la loi dans un délai de quatre mois à partir de la date de la notification du présent décret, étant stipulé que la durée écoulée entre la remise du dossier de la demande d'approbation au ministère des colonies et la notification de la décision ministérielle n'est pas comprise dans ce délai.

« Art. 4. — Il ne pourra être émis d'obligations pour une somme supérieure au double du montant du capital-actions.

« Aucune émission d'obligations ne pourra avoir lieu avant que les trois quarts du capital-actions aient été versés et affectés à l'objet de la concession.

« Art. 5. — Les trois quarts des membres du conseil d'administration, dont le président et les vice-présidents, devront être Français. Les délibérations ne seront valables que si le nombre des membres qui y auront pris part est supérieur à la moitié du nombre total d'administrateurs fixé par les statuts. Le siège social devra être en territoire français. »

149. — La loi du 11 juin 1880 spéciale aux voies ferrées d'intérêt local a été remplacée par la loi du 31 juillet 1913.

Ce serait sortir du cadre d'un *Traité des Sociétés* que d'expliquer sous l'empire de quelles considérations le législateur a été amené à remplacer la loi de 1880 (qui elle-même remplaçait celle de 1865) par la loi du 31 juillet 1913. On trouvera dans l'ouvrage de M. Gabriel Desbats : *Les voies ferrées d'intérêt local. Commentaire de la loi du 31 juillet* 1913, tous les renseignements utiles au point de vue économique et administratif. Nous devons nous borner à commenter de la loi de 1913 les dispositions relatives aux sociétés. Elles se trouvent écrites dans les art. 26, 27, 28, 29.

150. — L'art. 26 est ainsi conçu :

Art. 26. — En cas de concession, lorsque le département ou la commune n'a pas traité avec une société anonyme préexistante, le concessionnaire devra se substituer une société anonyme dans le délai de six mois à dater de la promulgation de la loi ou de la signature du décret.

Le cédant demeure solidaire avec la société pendant dix ans.

Le demandeur en concession doit verser, avant la déclaration d'utilité publique, un cautionnement dont l'importance sera fixée par le cahier des charges sans pouvoir être inférieur au vingtième de la dépense de premier établissement pour les cinq premiers millions de dépenses et au quarantième de cette dépense pour le surplus. Ce cautionnement pourra être remboursé partiellement au cours des travaux.

Les conseils d'administration des sociétés de voies ferrées d'intérêt local devront être composés en majorité de Français ou de naturalisés Français.

L'art. 26 exige donc impérativement la substitution d'une société anonyme au concessionnaire lorsque le département ou la commune n'a pas traité avec une société anonyme constituée. La loi considère à raison que l'exploitation d'une voie ferrée est une œuvre qui dépasse par sa durée la vie normale d'un seul individu, et que cette œuvre pourrait être ainsi compromise.

Le projet primitif du gouvernement exigeait la constitution de la société anonyme *préalablement à la déclaration d'utilité publique*. Cette idée n'a pas triomphé, on a pensé que des capitalistes hésiteraient à s'engager dans une entreprise dont les bases techniques ou financières seraient exposées à des variations importantes. Aussi le texte de la loi n'exige-t-il la constitution d'une société anonyme que *postérieurement* à la déclaration d utilité publique et dans les six mois de cette déclaration. A cette époque, les obligations et charges de l'entreprise sont toutes précisées.

151. — Mais le législateur va plus loin ; il craint que la constitution de la société anonyme réponde plus à des apparences qu'à des réalités, et l'art. 26 prescrit :

1° La solidarité du cédant pendant 10 ans ;

2° Le versement d'un cautionnement.

La solidarité était déjà de jurisprudence dans l'administration des travaux publics avant 1913. Mais, dit M. Desbats (n° 942), « la jurisprudence du ministère des travaux publics exigeait d'autre part que la cession de la concession fût faite gratuitement.

« La commission de la Chambre n'a pas cru devoir faire passer dans le texte de l'art. 26 cette obligation qui, dit l'exposé des motifs, « est des plus morales, mais est un peu en contradiction avec le système qu'on pratique. »

« En fait, on ne peut exiger qu'un individu que l'on invite à ne pas exploiter directement le chemin de fer dont il a poursuivi la concession pendant trois ou quatre ans, et à qui on demande de se substituer une société anonyme, ne retire aucun fruit de ses efforts. Lui interdire tout avantage personnel et patent de rétrocession ne serait que l'inciter à se réserver des avantages indirects, soit dans un marché de fournitures, soit par tout autre arrangement secret. Il semble donc qu'il vaille mieux, tout effort méritant sa rémunération, laisser le concessionnaire stipuler le prix de sa rétrocession, sauf à l'administration à limiter cet avantage à des proportions raisonnables et qui ne soient pas de nature à compromettre le succès de l'entreprise. »

Le cautionnement est de règle dans tous les marchés de travaux publics auxquels sont assimilées les concessions de chemins de fer. La loi de 1913 fixe le taux du cautionnement.

D'ailleurs la loi ne fixe qu'un minimum de cautionnement. Les départements et les communes peuvent exiger un cautionnement plus élevé.

Le dernier paragraphe de l'art. 26 stipule que les conseils d'administration des sociétés de voies ferrées d'intérêt local devront être composées en majorité de Français ou de naturalisés français.

152. — L'art. 27 est ainsi conçu :

ART. 27. — Aucune concession ne peut être accordé *sans que le concessionnaire* engage dans l'entreprise une somme au moins égale au cinquième du capital de premier établissement. Pour calculer la part ainsi engagée par le concessionnaire dans l'entreprise, il est tenu compte des capitaux qu'il a déjà dépensés pour d'autres voies ferrées que l'entreprise nouvelle prolongerait ou raccorderait entre elles, *ou qui constitueraient, avec l'entreprise nouvelle, un réseau groupé dans une même exploitation départementale ou communale.*

A tout instant, la part versée par le concessionnaire doit être au moins égale au cinquième des dépenses déjà faites pour l'ensemble du réseau.

Le département ou la commune peut s'engager, soit à servir l'intérêt de la part ainsi fournie par la société concessionnaire, soit à la rembourser au moyen d'annuités échelonnées pendant toute la durée de la concession.

En cas de déchéance, le paiement des annuités cesse pour la fraction du capital fourni par la société représentant le minimum obligatoire, en vertu du premier paragraphe du présent article, et aucun remboursement n'est dû à la société concessionnaire pour la partie non amortie de cette fraction.

Cet article impose au concessionnaire l'obligation d'engager dans l'entreprise, soit à titre de participation, soit à titre d'avance remboursable, le cinquième au moins des dépenses d'établissement.

On trouvera dans l'ouvrage de M. Desbats (n°ˢ 953 et suivants) les explications nécessaires pour justifier cette disposition législative.

Il suffit ici de préciser l'obligation du concessionnaire. Cette mesure, inscrite à titre obligatoire dans la loi nouvelle, rapprochée de l'interdiction écrite dans l'art. 14 de la loi du 31 juillet 1913 de subventionner les insuffisances d'exploitation, garantit les départements et les communes contre les sollicitations de sociétés peu sérieuses, et lie le concessionnaire à l'exploitation du réseau, qui n'aurait peut-être pas été établi si le concessionnaire ne s'était pas engagé à supporter en cas de besoin les insuffisances de l'exploitation.

La participation du concessionnaire à la formation du capital pour un cinquième s'ajoute à ce cautionnement, et M. Desbats l'appelle le cautionnement actif.

Il n'est pas douteux que le cautionnement et la participation à la formation du capital puissent être supportés par la société anonyme à laquelle la concession sera rétrocédée.

Le même art. 27 contient une disposition sur laquelle il est utile d'insister. Il dispose que pour calculer le cinquième auquel doit être engagé obligatoirement le concessionnaire, il est tenu compte des capitaux déjà engagés par lui *pour d'autres voies ferrées que l'entreprise nouvelle prolongerait ou raccorderait entre elles, ou qui constitueraient avec l'entreprise nouvelle un réseau groupé dans une même exploitation départementale ou communale.*

Enfin, l'art. 27 stipule qu'en cas de déchéance, la participation obligatoire suit le sort du cautionnement, c'est-à-dire que la société concessionnaire perd tout droit au remboursement de la part qu'elle a ainsi fournie.

Les sociétés qui se forment pour obéir à la prescription de la loi de 1913 sont des sociétés commerciales soumises aux prescriptions de la loi du 24 juillet 1867. Toutes les dispositions relatives aux sociétés de cette nature sont donc applicables aux sociétés créées en vertu de la loi de 1913. Ces sociétés peuvent émettre des obligations, et ce sont encore ici les principes du droit commun qui doivent être appliqués, en ce qui concerne tous les droits des obligataires, la déchéance du terme et le remboursement du capital.

On pourra utilement consulter sur ce point au *Traité*, le chapitre des obligations, et au point de vue spécial de la loi de 1913, l'ouvrage de M. Desbats (nᵒˢ 970 et suivants).

153. — ART. 28. — La société concessionnaire seule peut émettre des obligations. Elles doivent être garanties par la totalité de l'actif social.

Aucune émission d'obligations pour les entreprises prévues par la présente loi ne peut avoir lieu qu'en vertu d'une autorisation donnée par le ministre des travaux publics après avis du ministre des finances.

Aucune émission d'obligations ne peut être autorisée pour une somme su_périeure au montant du capital-actions et avant emploi de la moitié au moins de ce capital en achat de terrains, travaux, approvisionnements sur place ou dépôt de cautionnement.

Le capital-actions devra être effectivement versé sans qu'il puisse être tenu compte des actions libérées ou à libérer autrement qu'en argent.

Aucune émission d'obligations ne peut avoir lieu pour subvenir, *même en partie,* au cinquième des dépenses d'établissement fourni par le concessionnaire dans les conditions spécifiées à l'article précédent.

Donc l'émission des obligations est toujours subordonnée à l'autorisation ministérielle. Cette disposition est générale et absolue ; l'autorisation est accordée par le ministre des travaux publics après avis du ministre des finances.

L'autorisation ministérielle nécessaire ne dispense pas la société d'obtenir les autorisations de ses actionnaires, conformément aux statuts. Cette émission d'obligations constitue un acte de commerce (Cass., 8 nov. 1892, D. 93.1.78). Aux termes de notre article, aucune émission d'obligations ne peut être autorisée pour une somme supérieure au montant du capital-actions. Cette disposition rentre dans des idées économiques qui ont été développées déjà dans les Congrès des sociétés par actions.

L'autorisation d'émettre des obligations est également subordonnée à l'emploi effectif d'une moitié du capital-actions minimum, en dépense effective d'établissement, achat de terrains, travaux ou approvisionnements, etc., etc.

Enfin, l'autorisation ministérielle d'émettre des obligations est subordonnée à une troisième condition, il faut que le capital-actions ait été effectivement versé. On entend ici les actions qui sont à libérer en numéraire ; mais toutes les dispositions de l'art. 28 ne sont pas applicables, lorsque la concession est faite à une société qui exploite déjà des voies ferrées, et si le ministre reconnaît que le revenu de ces voies est suffisant pour acquitter les charges des obligations à émettre. C'est ainsi que dispose l'art. 29, lequel est ainsi conçu :

154. — ART. 29. — Les dispositions des troisième et cinquième paragraphes de l'article précédent ne sont pas applicables soit dans le cas d'une concession faite à une société déjà concessionnaire d'autres voies en exploitation, soit pour l'exécution sur ces dernières voies de travaux complémentaires de premier établissement, si le ministre des travaux publics reconnaît que les revenus nets acquis à cette société, en sus des charges des emprunts antérieurs, sont suffisants pour assurer l'acquittement des charges résultant des obligations à émettre.

Voyez sur les origines de cette disposition, Desbats, nos 1014 et suivants.

SECTION VI

SOCIÉTÉS DE MINES. — CONCESSIONS MINIÈRES. — CARRIÈRES

155. — En principe le concessionnaire d'une mine, en vertu de la loi du 21 avril 1810, peut faire apport en société de sa concession. Aucune interdiction n'est écrite dans la loi de 1810 relative à la cession de la concession ou à son apport en société. Mais la loi de finances du 13 juillet 1911 (art. 138), a apporté des restrictions au droit de cession par le propriétaire de la concession. — Voici le texte : Les mutations de propriété sous quelque forme et à quelque titre que ce soit et les amodiations de concessions minières par actes entre vifs ne peuvent être effectuées que si elles ont été autorisées par un décret rendu sur avis conforme du Conseil d'Etat. Tous actes faits en violation du présent article sont nuls et de nul effet et peuvent donner lieu au retrait de la concession.

La loi est applicable à l'Algérie (Décr. 16 avr. 1912).

156. — Il résulte donc de ce texte que toute société à laquelle on fait un apport de concession de mine n'est définitivement constituée qu'après décret rendu en Conseil d'État, décret autorisant l'apport.

Une circulaire du ministre des travaux publics du 21 février 1912 détermine les règles d'application de la loi. En voici le texte :

1. — La loi de finances du 13 juillet 1911 contient un art. 138 ainsi conçu :

« Les mutations de propriété sous quelque forme et à quelque titre que ce soit et les amodiations de concessions minières par actes entre vifs ne peuvent être effectuées que si elles ont été autorisées par un décret rendu sur avis conforme du Conseil d'Etat. Tous actes faits en violation des dispositions du présent article sont nuls et de nul effet et peuvent donner lieu au retrait de la concession. Le retrait de la concession fera l'objet d'un décret rendu en Conseil d'Etat.

La présente circulaire a pour objet de tracer les premières règles à suivre par l'Administration pour l'exécution de ces dispositions nouvelles, si différentes de celles de l'art. 7 de la loi du 21 avril 1810. Ce qui suit n'aura trait qu'aux circonstances d'application les plus ordinaires et les plus simples ; dans les cas spéciaux où des difficultés se présenteraient, vous voudriez bien m'en référer et je vous donnerais telles instructions que comporteraient les particularités de l'espèce et la jurisprudence.

2. — Il convient tout d'abord de noter que, dans le texte de l'art. 131, les mots « par actes entre vifs » se rapportent à l'ensemble des cessions envisagées, notamment aux mutations de propriété, et non pas seulement aux amodiations, qui, si elles avaient été seules visées, n'auraient pas nécessité ce complément. En conséquence, les acquisitions de propriété par succession ou par donation testamentaire ne donnent pas lieu à l'application de l'art. 138.

3. — La loi n'ayant point d'effet rétroactif, mais, d'autre part, le texte de l'art. 138 n'ayant stipulé aucun délai d'application, les seules amodiations ou mutations de propriété par actes entre vifs qui demeurent exemptes de l'autorisation sont celles valablement effectuées antérieurement au 13 juillet 1911.

Un cas particulier à noter est celui où l'acte, signé antérieurement au 13 juillet 1911, aurait pour effet une réunion de concessions. La validité d'un tel acte est subordonnée à l'autorisation de réunion exigée par le décret du 23 octobre 1852 ; si donc, à la date du 13 juillet 1911, cette autorisation de réunion n'était pas encore intervenue, la cession ou l'amodiation devrait être considérée comme non valablement effectuée à cette date et tomberait sous l'application de l'art. 138.

Quant aux actes dont la conclusion est postérieure à cette date, ils n'ont pu être valablement conclus que sous condition suspensive, et l'art. 138 leur est applicable.

4. — La demande en autorisation doit émaner de celui qui deviendra, en vertu de l'acte, propriétaire ou locataire de la mine. Les justifications à produire résultent du caractère même de la mesure législative qui nous occupe, dont le but a été, ainsi qu'en témoignent les débats parlementaires, de permettre au gouvernement de s'assurer que le fait de la cession ou de l'amodiation ne conpromettra ni les intérêts financiers de l'Etat, ni un intérêt national.

En conséquence, il y a lieu d'exiger, en ce qui concerne la personnalité du demandeur, la production de renseignements identiques à ceux prévus au numéro 4 de la circulaire du 31 octobre 1898, relative à l'instruction des demandes en concession. Il y a lieu également de requérir la production des mêmes justifications de facultés pécuniaires que s'il s'agissait d'un demandeur en concession, conformément aux instructions données sur ce point au numéro 9 de la circulaire du 31 octobre 1898.

5. — L'Etat n'a pas à s'immiscer dans les clauses et conditions du contrat. L'acte entre vifs d'où résulte la mutation de propriété ou l'amodiation doit demeurer un acte privé, n'engageant d'autre responsabilité que celle des parties intéressées, et il importe de toujours lui laisser pleinement ce caractère.

Il est cependant nécessaire que la teneur de l'acte soit communiquée à l'Administration par le demandeur, parce que, dans certains cas, l'Administration pourrait se trouver en présence d'une tractation abusive ou frauduleuse, dont la mise à exécution compromettrait soit l'intérêt du fisc, soit l'intérêt public lié à l'utilisation de la mine.

6. — L'Administration n'a pas à exiger des intéressés la preuve que les créanciers de tout ordre, hypothécaires ou autres, acceptent la mutation de propriété ou l'amodiation. Les droits des créanciers ne sont pas modifiés par l'intervention de l'autorisation administrative. Les hypothèques, s'il en existe, constituent les charges réelles qui suivent la propriété, en quelques mains qu'elle passe.

7. — La demande peut être présentée soit pour un acte de vente, de cession ou d'amodiation d'ores et déjà conclu entre les parties sous condition suspensive, soit, dans certains cas, pour un projet d'acte. Cette seconde forme de demande ne paraît toutefois admissible que lorsque l'acquéreur est une société en formation ; en ce cas, il conviendra de stipuler, dans le texte du projet de décret, que l'autorisation serait nulle et non avenue si, dans un délai spécifié, la société n'était pas définitivement constituée, ou si ses statuts n'étaient pas exactement conformes, dans toutes leurs clauses essentielles, au projet de statuts produit lors de l'instruction de la demande.

8. — L'autorisation, ne portant que sur le fait même du changement de propriétaire ou de détenteur, ne saurait avoir pour effet de modifier la chose vendue ou cédée. Il pourra seulement se présenter des cas où le décret

aura à viser certaines charges existantes pour en assurer le maintien, notamment s'il s'agissait d'une mine dont le décret de concession eût visé certains engagements pris vis-à-vis de l'État par le concessionnaire. En cas de transfert à un propriétaire nouveau, le décret autorisant la mutation aurait à spécifier que l'exécution de ces engagements incombera au nouveau propriétaire.

9. — De même que le gouvernement n'a aucune responsabilité à assumer quant aux clauses et conditions de l'acte, qu'il n'examine qu'au seul point de vue de l'intérêt public, de même il n'a, sous aucune forme ni à aucun degré, à en garantir l'exécution.

En cas de rescision du contrat, l'autorisation intervenue tomberait purement et simplement, comme devenue sans objet. Si cette éventualité se présentait, il importerait que mon administration en fût informée, aussitôt que possible, par les soins du service des mines.

10. — Il pourrait, en certaines circonstances, y avoir hésitation sur la question de savoir si l'on se trouve ou non en présence d'une mutation de propriété.

Il y a certainement mutation lorsqu'une mine concédée à un ou plusieurs particuliers ès-noms est cédée ou apportée par eux à une société, ou lorsqu'une mine appartenant à une société passe aux mains d'une autre société qui absorbe la première,

Si, au contraire, une société propriétaire d'une mine modifie seulement ses statuts, elle n'en demeure pas moins la même société et il n'y a pas lieu à autorisation.

De même il est évident que, lorsqu'une mine appartient à une société par actions, les négociations, ventes et achats dont les actions sont l'objet ne changent pas l'entité de la société et ne sauraient donner lieu à l'application de l'art. 138.

11. — Lorsqu'une question de mutation de propriété sera liée à une demande en réunion ou en fusion de concessions, il conviendra de conduire l'instruction des deux affaires connexes de manière qu'il puisse être statué sur le tout par un même décret.

12. — Les conséquences d'un changement de possesseur ou d'exploitant, en ce qui touche l'exercice des droits de l'État et notamment le calcul des redevances fixe et proportionnelle, sont exactement les mêmes, que ce changement soit entièrement libre comme l'avait prévu la loi de 1810, ou qu'il soit subordonné à une autorisation du gouvernement. Par conséquent, je n'ai pas à vous donner, à raison de la mise en vigueur de l'art. 138, d'instructions nouvelles à ce sujet.

157. — La loi de 1911 ne s'applique pas aux *minières* et aux *carrières* qui sont exploitées par le propriétaire du sol.

158. — Les concessionnaires de mines sont assujettis par la loi de finance du 8 avril 1910 (art. 4) au paiement de deux redevances annuelles. — Voir le texte du décret du 24 décembre 1910 qui a été rendu pour l'application de l'art. 4 de la loi de 1910, étendu à l'Algérie par la loi du 26 novembre 1912.

159. — Actuellement le gouvernement n'accorde plus de concession de mines qu'à la charge par le concessionnaire de faire participer l'Etat dans les bénéfices de l'exploitation. Le taux de cette participation varie suivant les circonstances.

Un projet de loi est déposé au Parlement pour la réforme des concessions minières.

SECTION VII

APPORT DE MARQUES DE FABRIQUE ET DE COMMERCE, DE DESSINS ET MODÈLES

160. — L'apport peut porter sur des marques de fabrique et de commerce protégées par la loi du 23 juin 1857. Cet apport consenti isolément ne subit aucune formalité spéciale.

Mais l'art. 24 de la loi du 17 mars 1909 visant la cession des fonds de commerce (V.n.136 et suiv. Apport d'un fonds de commerce) prescrit l'inscription à l'office national de la propriété industrielle de *ventes et cessions de fonds de commerce* comprenant des marques de fabri - que. Cependant la loi, art. 3 et 7, distingue la vente de l'apport en société. L'art. 24 vise l'inscription au registre du tribunal de commerce en vue de la conversation de privilège du vendeur. On en conclut que l'apport de marques effectué en même temps que celui d'un fonds de commerce ne donne pas lieu à l'inscription obligatoire à l'office national.

L'apport de dessins et modèles n'est soumis à aucune inscription à l'office national.

SECTION VIII

APPORT DE CRÉANCES

161. — Les dispositions des art. 1694 et suiv. C. civ. sont applicables à l'apport d'une créance en société. L'apporteur ne doit garantie de la solvabilité du débiteur que dans le cas d'engagement formel.

Tout apport de créance est assimilé à une cession de créance et n'est opposable aux tiers que si les dispositions de l'art. 1690 C. civ. ont été observées. Il en est ainsi alors même que la cession de créances se trouve comprise dans l'ensemble d'un apport plus étendu (Cass., 4 avr. 1869, S. 69.1.313 ; — Levillain, note D. 1908.2. 323. — V. toutefois Wahl, note J. S., 1911.68).

CHAPITRE III

INTENTION DE FORMER UNE SOCIÉTÉ. — BÉNÉFICES A RÉALISER ET A PARTAGER. — PERTES. — OBJET LICITE

162. — Nous avons dit que l'une des conditions indispensables pour la formation de toute société était la réalisation d'un apport ; mais il ne suffit pas que les contractants aient mis quelque chose en commun, il faut que le contrat ait été formé avec l'*animus socielalis*, et en vue de bénéfices à réaliser et à partager (Cass., 8 janv. 1872, S. 72.1.36, D. 72.1.194 ; — 20 déc. 1893, S. 94.1.94, D. 94.1.224).

SECTION I

INTENTION DE FORMER UNE SOCIÉTÉ

163. — L'intention de s'associer est l'une des conditions essentielles de l'existence du contrat de société (Cass., 8 janv. 1872, S. 72.1.36, D. 72.1.194 ; — 20 déc. 1893, S. 94.1.144, D. 94.1.224. — V. le rapport de M. Rau, D. 72.1.194 ; Lyon-Caen et Renault, n. 57 ; Guillouard, n. 77).

Ainsi, il n'y a pas de société entre les parties tant qu'il n'existe entre elles qu'un simple projet (Nancy, 19 fév. 1881, S. 82.2.191 ; — Com. Seine, 11 mai 1898, *J. S.*, 1899, p. 92).

Et si celui qui a promis de former la société se refuse à exécuter cette promesse, les tribunaux ne peuvent l'y forcer, ni décider notamment que, faute de ce faire, le jugement à intervenir tiendra lieu d'acte de société (Cass., 19 fév. 1907, *R. S.*, 1907.293). — Toutefois ce refus d'exécuter son engagement peut se résoudre contre lui, comme dans toute obligation de faire, par une condamnation à des dommages-intérêts (Paris, 11 nov. 1905, *R. S.*, 1906.150). — Mais cette décision est trop absolue dans sa généralité et doit être corrigée par les restrictions suivantes.

164. — Il a été jugé qu'un simple projet de société ne peut donner ouverture à une action en dommages-intérêts au profit de l'une des parties contre l'autre (Cass., 12 mai 1869, T. C. 70.279).

Mais si un des contractants a éprouvé un préjudice par suite de la non-réalisation du projet, si, par exemple, il a abandonné une position qu'il avait avant le projet, il peut de ce chef réclamer des dommages-intérêts (Orléans, 3 janv. 1843, S. 43.2.376, D. 43.2.93).

Jugé aussi que lorsque deux parties ont convenu entre elles de former une société, projet non réalisé, elles doivent supporter chacune par moitié les dépenses qui ont été faites dans un intérêt commun (Paris, 10 juill. 1895, *Gaz. Pal.*, table de 1894 à 1897, V° *Sociétés*, n. 8).

165. — D'une façon générale, ceux qui s'engagent vis-à-vis des tiers, en raison d'une société commerciale qu'ils ont projet de constituer, sont tenus solidairement de l'exécution des obligations qu'ils ont contractées (Paris, 17 déc. 1872, T. C. 73.142 ; — 12 mars 1875, T. C. 76.139).

166. — On a soutenu qu'il faut étendre à la matière des sociétés le principe de l'art. 1589 C. civ. en matière de vente et décider que lorsque la promesse de constituer une société est réciproque, c'est-à-dire qu'elle émane de chacun des contractants, la société doit être d'ores et déjà considérée comme constituée (Baudry-Lacantinerie et Wahl, n. 33. — Comp. Toulouse, 22 juin 1872, S. 73.2.169, D. 72.2.156).

Les mêmes auteurs ajoutent que même lorsqu'il y a réciprocité dans la promesse, le juge peut, conformément à l'art. 1142 C. civ., ordonner contre la partie qui l'a consentie l'exécution forcée de cette promesse par la réalisation des apports.

Mais cette doctrine n'a pas prévalu, par cette raison que la formation d'une société suppose essentiellement chez les parties la volonté de s'associer, et cette volonté n'existe pas chez celui qui prend simplement l'engagement de s'associer. La promesse de former une société, ajoute-t-on, consiste dans un fait personnel qui ne peut se traduire, en cas d'inexécution, que par des dommages-intérêts (Trib. com. Saint-Etienne, 24 mai 1898, D. 1900.2.370 ; — Lyon, 23 fév. 1899, D. 1900.2.370, et la note de M. Lacour ; — Cass., 18 janv. 1907, *Gaz. Soc.*, 1912.349 ; — Guillouard, n. 33).

Il a même été décidé que lorsqu'il s'agit de sociétés commerciales, la simple promesse de société doit être considérée comme nulle et ne peut donner lieu à des dommages-intérêts, l'écriture et la publicité

étant de l'essence du contrat de société (Paris, 24 fév. 1860, D. 60.2.
84 ; — Toulouse, 22 juin 1872, précité ; — Lyon, 24 juin 1870, S. 71.2.
70, D. 72.2.198). — V. contr. Cass., 11 mai 1859, T. C. 59.472 ;
— Paris, 20 juill. 1859, T. C. 60, p. 31 ; — 11 avr. 1861, T. C. 61.375 ;
— Paris, 14 août 1879, T. C. 79.842 ; — 2 déc. 1887, *R. S.*, 1888,
p. 73 ; — Limoges, 15 juin 1895, D. 97.2.276 ; — Lacour, note. D.
1900.2.369 ; Baudry-Lacantinerie et Wahl, n. 33.

167. — La preuve de la promesse de société, en matière de société
commerciale, peut être faite par toute espèce de moyens, même
par témoins et par simples présomptions (Thaller, n. 334 ; Lacour,
note D. 1900.2.369).

Jugé également que l'engagement pris par une personne de créer,
conformément à la loi du 24 juill. 1867, une société anonyme par
actions constitue une promesse de société ayant un objet licite et
certain, pouvant, en cas d'inexécution, se résoudre en dommages-
intérêts. Cette promesse ne se confond pas juridiquement avec la
société anonyme par actions qu'elle a pour but de fonder, et elle
n'est pas tenue de revêtir toutes les formalités exigées impérativement pour la validité de l'acte social. Elle est régie par les règles
du droit commun (Bordeaux, 28 mars 1895, *J. S.*, 1896, p. 271 ;
— Paris, 11 nov. 1905, *R. S.*, 1906.105).

168. — Mais cette promesse ne peut entraîner une condamnation
à des dommages-intérêts, si la rupture a été inspirée par des motifs
légitimes (Cass., 1er août 1871, précité ; — Limoges, 15 juin 1895,
D. 97.2.276 ; — Lacour, note D. 1900.2.370).

169. — La promesse de constituer une société n'est d'ailleurs
obligatoire que si les conditions essentielles, nécessaires pour la
constitution de cette société, ont été arrêtées entre les parties (Lyon,
24 juin 1870, S. 71.2.70, D. 72.2.198 ; — Paris, 19 janv. 1872, T. C.
72.121 ; — Gand, 10 fév. 1882, D. 84.2.142 ; — Lacour, note précitée).

Ainsi la promesse serait inefficace si elle ne déterminait pas l'objet de l'exploitation sociale (Lacour, note précitée).

170. — Il a été décidé par l'arrêt de la Cour de Lyon du 24 juin
1870, précité, que le refus d'exécuter une promesse de société commerciale, faite sans indication de durée, ne pouvait pas motiver une
condamnation à des dommages-intérêts. Mais voyez en sens contraire : Paris, 8 mars 1884, D. 85.2.247 ; — Lacour, note précitée ;
Pont, n. 830.

171. — Si le partage des bénéfices n'a pas été déterminé dans la promesse, la convention n'en reste pas moins valable, le partage des bénéfices devant s'opérer alors conformément à l'art. 1853 C. civ. (Paris, 8 mars 1884, précité ; — Lacour, note précitée).

172. — On ne saurait voir de simples promesses dans des conventions appelées à subir certaines modifications de détails, mais irrévocablement conclues quant à leurs principes (Aix, 20 juill. 1896, sous Cass., 10 janv. 1898, *Pand Jr.*, 1898.1.275).

SECTION II

DES BÉNÉFICES A RÉALISER

173. — Suivant un principe universellement admis, toute communauté ou groupement qui n'a pas pour but la réalisation de bénéfices à partager ne constitue pas une véritable société (Aix, 20 mars 1873, D. 74.2.138 ; — Nancy, 20 janv. 1877, D. 80.1.84 ; — Cass., 2 janv. 1894, S. 94.1.129 ; — 29 oct. 1894, S. 95.1.65, D. 96.1.45 ; — 29 nov. 1897, *Pand. fr. pér.*, 1889.1.383. — *Sic* : Pardessus, n. 969 ; Duvergier, n. 42 ; Bédarride, n. 16 ; Troplong, n. 13 ; Pont, n. 58 ; Aubry et Rau, t. 4, § 377 ; Thaller, n. 153 ; Baudry-Lacantinerie et Wahl, n. 9). — La loi du 1er juillet 1901 sur le contrat d'association a consacré législativement cette notion en décidant dans son art. 1er que « *l'association* est la convention par laquelle deux ou plusieurs personnes mettent en commun d'une manière permanente leurs connaissances ou leur activité, *dans un but autre que de partager des bénéfices* ».

174. — Que doit-on entendre par bénéfice ? Faut-il nécessairement qu'il consiste en une somme d'argent à partager ? Évidemment non. Il suffit que ce soit un avantage commun appréciable à prix d'argent (Troplong, n. 13 ; Massé et Vergé sur Zachariæ, t. 4, § 713, n. 3 ; Valéry, note dans D. P. 1908.2.265 ; — Cass., 13 mai 1857, S. 58.1.129, D. 57.1.201 ; — 15 juill. 1884, S. 85.1.348 ; — 28 déc. 1886, S. 88.1.146, D. 87.1.311). Dans une opinion contraire, on dit qu'il est de l'essence de la société que les parties se proposent par le contrat de faire un gain ou profit dans lequel chacune des parties contractantes puisse espérer avoir sa part. Il est donc nécessaire, pour qu'il y ait société, qu'il y ait *recherche* d'un gain à réaliser au moyen de la chose commune (Pothier, n. 42; Pardessus, n. 969 ; Duvergier, n. 42 ; Bédarride, n. 16 ; Aubry et Rau, t. 4, § 377, p. 544 ;

Pont, n. 69 ; Guillouard, n. 66 ; Lyon-Caen et Renault, n. 34 *bis* ; Thaller, n. 153).

175. — Pothier donne le nom de société à la convention de deux personnes qui achètent en commun un équipage pour en jouir chacune à son tour. En effet, l'agrément et l'utilité que chacune de ces personnes peut retirer de l'équipage est appréciable en argent (Troplong, n. 13).

176. — De même, on devrait considérer comme constituant une société le contrat par lequel les habitants d'une ville achèteraient en commun un jardin, afin que chacun pût s'y promener avec sa famille. Le fait de se promener avec sa famille dans un lieu agréable est un avantage appréciable à prix d'argent (Troplong, n. 16). Ce n'est pas là, ajoute ce dernier auteur, une simple indivision ; on devrait donc respecter la clause portant que le partage n'aurait pas lieu avant quarante ans ; s'il y avait indivision, le partage ne pourrait être suspendu que pendant cinq ans,

177. — Si les contractants ne se sont proposé que des avantages moraux, des satisfactions de l'esprit, des distractions, il n'y a pas société. Un cercle, par exemple, littéraire ou musical, même autorisé, ne constitue pas une société ; on ne doit y voir qu'une association, dans les termes de la loi du 1er juillet 1901 (Req., 29 juin 1847, D. 47.1.342 ; — Trib. civ. Sens, 20 mai 1847, D. 47.3.112 ; — Trib. civ. Seine, 18 juill. 1877, *Gaz. Trib.*, 5 août 1877). De même une association de spiritisme (Paris, 13 fév. 1901, *R. S.*, 1902.8).

Cependant, il faut voir dans les statuts d'un cercle une espèce de communauté d'intérêts qui oblige chaque fondateur à supporter sa part de dettes contractées par la communauté (Lyon, 1er déc. 1852, D. 53.2.99).

178. — On ne peut considérer comme une société de commerce, soit en nom collectif, soit en participation, une compagnie ou cercle d'assurances représenté par un mandataire commun, mais formée sous la condition que chacun de ses membres sera tenu sans solidarité, et seulement en proportion de son intérêt ou de sa mise : une telle compagnie ne constitue qu'une reunion d'intéressés, dont chaque membre conserve son individualité juridique (Cass., 3 mars 1852, S. 52.1.224 ; — 18 fév. 1863, S. 63.1.498, D. 63.1.372 ; — 16 août 1870, S. 71.1.15 ; — Bordeaux, 11 fév. et 2 mars 1841, S. 42.2.97 ; — Rennes, 26 mars 1849, S. 51.2.705, D. 51.2.154 ; — Grenoble, 17 fév. 1853, S. 53.1.437 ; — Nancy, 20 janv. 1877, D. 80.1.84 ; — Lemonnier, *Assur. marit.*, t. 2, p. 240 ; Alauzet, *Assur.*, t. 1, p. 207 ; Bédarride,

Comm. mar., t. 3, n° 1081. — *Contrà* : Estrangin sur Pothier, *Assur.*,
t. 1, p. 295 et 301).

179. — Mais si les associations connues sous le nom de comités
d'assurances ne constituent pas en France de véritables sociétés de
commerce jouissant de la personnalité morale, il en est différemment des comités de ce nom fonctionnant en Allemagne. Ces sociétés ayant dans leur pays la personnalité morale, ont la faculté
d'ester en justice devant les tribunaux français, comme elles le
feraient dans leur pays d'origine (Cass., 12 juill. 1893, D. 95.1.
325).

180. — Une société philharmonique n'ayant pas pour but de réaliser des bénéfices ne constitue, ni une société civile ni une société
commerciale (Aix, 20 mars 1873, D. 74.2.138).

181. — Les associations constituées dans le but d'éviter une perte
ou de réparer un dommage, comme les sociétés d'assurances mutuelles contre l'incendie, les épizooties, la grêle, etc., ne sont pas
de véritables sociétés. Le but de ces associations n'est pas un partage de bénéfices, c'est une répartition de pertes (Duvergier, n. 42 ;
Troplong, n. 14 ; Bédarride, n. 16 ; Massé et Vergé sur Zachariæ,
t. 4, § 713, note 3).

182. — Ainsi la Cour de cassation a jugé, par arrêt du 18 juin 1872
(S. 72.1.206), qu'une caisse de secours formée pour subvenir en cas
d'accidents aux besoins des ouvriers ou de leurs familles ne peut
être considérée comme constituant une société dans le sens de
l'art. 1832 C. civ. Ces associations constituent des contrats d'une
nature particulière qui n'ont, pour ainsi dire, d'autres règles que
celles consacrées par l'usage et la jurisprudence des tribunaux (V.
dans le même sens : Cass., 10 juill. 1850, S. 51.1.122, D. 50.1.322 ;
— 22 nov. 1852, S. 53.1.73, D. 52.1.323 ; — 16 août 1870, S. 71.1.15 ;
— 26 mars 1878, S. 79.1.17, D. 78.1.303 ; — 17 juin 1879, D. 79.1.343 ;
— 27 juill. 1880, S. 81.1.245, D. 81.1.165 ; — Paris, 15 fév. 1890, S.
92.2.316, D. 91.2.367).

183. — On a conclu de cette donnée générale que les sociétés
d'assurances mutuelles, les tontines ne poursuivant pas comme but
un bénéfice à réaliser, ne constituaient pas de véritables sociétés (P.
Pont, t. I, n. 71 ; Vavasseur, t. 1, n. 23 ; Aubry et Rau, t. 4, p. 533,
§ 371, note 5 ; Pardessus, t. 3, n. 969 ; Duvergier, *Société*, n. 42 ; Troplong, t. I, n. 14 ; Bédarride, t. I, n. 16 ; Laurent, t. 26, n. 147 ; Massé
et Vergé sur Zachariæ, t. 4, p. 424, § 713, note 8 ; Lyon-Caen et Re-

nault, *Précis de dr. comm.*, t. 1, n. 260 ; *Tr. de dr. comm.*, t. 2, n. 34 *bis* ; Delangle, *Soc. civ. et comm .*, t. 1, n. 3 ; Clément, *Assur. mutuelles*, p. 29 ; Guillouard, n. 74 ; Baudry-Lacantinerie, *loc. cit.*).

Tout au contraire la jurisprudence s'est implicitement, dans la plupart des cas tout au moins, prononcée en sens contraire, puisque sans s'arrêter à la question préalable de savoir si les sociétés d'assurances mutuelles sont de véritables seciétés, nos tribunaux recherchent si de telles sociétés sont civiles ou commerciales (V. notamment Cass., 17 fév. 1851, S. 51.1.685 ; — 13 mai 1857, S. 58.1.129, D. P. 57.1.200 ; — 9 nov. 1858, S. 59.1.55, D. 58.1.461 ; — 8 fév. 1860, S. 60.1.207, D. 60.1.83 ; — 15 juill. 1884, S. 85.1.348 ; — 23 oct. 1889, S. 92.1.63 : — Paris, 2 mai 1850, D. 50.2.187, D. *Rép.*, V° *Société*, n. 220 ; — 27 janv. 1854, D. P. 55.2.61 ; — 28 mars 1857, S. 58.2.197 ; — 1er fév. 1858, S. 58.2.129 ; — 4 fév. 1886, S. 87.2.121 et la note Lyon-Caen ; — 20 avr. 1886, S. *ibid.*, D. *ibid.* ; — Douai, 29 juill. 1850, D. P. 54.5.12, D. *Rép.*, V° *Sociétés*, n. 220 ; — Besançon, 4 fév. 1854, D. P. 54.2.238, D. *Rép.*, *loc. cit.* ; — Orléans, 21 déc. 1854, S. 55.2.661, D. P. 57.2.30 ; — Cherbourg, 5 nov. 1901, D. 1902.2.423). — Aujourd'hui cette jurisprudence paraît avoir une autorité plus grande encore depuis que certaines sociétés d'assurances mutuelles, celles sur la vie, ainsi que les tontines, ont reçu, nous le verrons, une réglemention légale qui les rapproche très sensiblement des sociétés commerciales. D'ailleurs nous aurons l'occasion de faire remarquer que les sociétés d'assurances qui pratiquent la pure mutualité n'existent pas en fait et qu'actuellement leur organisation et leur fonctionnement tendent de plus en plus à en faire des sociétés commerciales de gestion.

184. — Par application des mêmes principes, il a été jugé qu'une association formée par plusieurs plaideurs dont les intérêts sont communs, spécialement par les porteurs d'actions d'une même société pour intenter une action en justice par l'intermédiaire de l'un d'eux, ne constitue pas une véritable société. Une telle société n'a pas de fonds commun provenant des apports des associés et n'a pas en vue la réalisation de bénéfices (Cass., 26 mars 1878, D. 78.1.303 ; — 27 juill. 1880, S. 81.1.245, D. 81.1.165).

185. — Il ne suffit pas que l'association ait pour but de réaliser un bénéfice, il faut encore que ce bénéfice soit *commun*. L'art. 1832 dit en effet : *en vue de partager le bénéfice qui pourra en résulter.* Or, on ne partage que ce qui est commun (Troplong, n. 16). Voyer *suprà*, n. 11 et suiv., des exemples d'application de ce principe.

SECTION III

CONTRIBUTION AUX PERTES

186. — Toute société doit être exploitée dans un intérêt commun. Chaque associé doit donc prendre une part dans les bénéfices et dans les pertes. A défaut de détermination dans l'acte social, la loi veut que cette part soit proportionnée à la mise de chacun (art. 1853 C. civ.). « C'est là, dit M. Bédarride (n. 34), une règle essentielle à la société, mais sur l'exécution de laquelle la loi s'en réfère complètement à la libre stipulation des parties. Pourvu que chacune d'elles reçoive son contingent de bénéfices, supporte sa part de pertes, son but est atteint, quelle que soit la proportion convenue, pourvu toutefois qu'elle ne fût pas tellement illusoire qu'elle dût être considérée comme la violation indirecte de sa volonté » (Paris, 17 juin 1901, *J. S.*, 1902.56).

La convention qui donnerait à l'un des associés la totalité des bénéfices serait nulle (art. 1855 C. civ.); une telle convention ne doit pas seulement être réputée non écrite, mais elle délie absolument le contrat de société, qui se trouve ainsi frappé d'une nullité que rien ne peut couvrir (Duranton, t. 16, n. 422; Malepeyre et Jourdain, p. 82; Duvergier, n. 287; Troplong, n. 662; Molinier, n. 386; Aubry et Rau, t. 4, p. 333, note 9. — *Contrà* : Delvincourt, t. 3, p. 122; Pardessus, n. 998; Delangle, n. 120; Paris, n. 694 *ter* ; Bédarride, n 37).

187. — Toute convention dont l'objet est d'avantager un associé contre la participation aux pertes qui peuvent résulter des affaires sociales doit être déclarée nulle, sans qu'il y ait à distinguer si la garantie a été donnée par la société elle-même ou par un de ses membres (Cass., juill. 1894, D. 94.1.631 ; — Seine, 28 fév. 1902, *R. S.*, 1903.66).

188. — Cependant la stipulation, insérée dans un acte de société, que l'associé survivant aura droit à la totalité des bénéfices, serait valable. Ce n'est plus là une stipulation de faveur au profit de tel ou tel associé, mais une convention aléatoire dont chacun a chance de bénéficier (Malepeyre et Jourdain, p. 85 ; Troplong, n. 646 ; Delangle, n. 119 ; Molinier, n. 391. — *Contrà* : Duvergier, n. 268).

189. — Jugé en ce sens que la clause d'un acte de société qui, pour le cas de décès de l'un des deux associés, prescrit l'ajournement de la liquidation à une époque déterminée, jusqu'à laquelle l'établissement commercial continuera ses opérations sous le même nom et avec le même capital, dirigée sans contrôle par le survivant qui seul profitera des bénéfices et supportera les pertes, n'a rien d'illicite ni de contraire aux principes du contrat de société (Cass., 17 août 1868, S. 69.1.22).

190. — Est licite la clause d'un acte de société portant que l'un des associés sera privé de sa part dans les bénéfices pour le cas où, par son fait, les dépenses dépasseraient une somme déterminée : cette clause ne saurait être assimilée au pacte léonin prohibé par l'art. 1855 C. civ. (Cass., 16 nov. 1858, S. 59.1.382, D. 59.1.39).

191. — Il est certainement permis aux associés de ne point proportionner à l'importance des mises la participation aux bénéfices (Delangle, n. 118 ; Troplong, n. 631 ; Bédarride, n. 36 ; Massé et Vergé sur Zachariæ, t. 4, § 713, note 11 ; — Cass., 25 juin 1902, *J. S.*, 1903.396 ; — Rennes, 8 janv. 1902, *J. S.*, 1902.326), pourvu toutefois que la répartition soit sérieuse et ne constitue pas un moyen d'éluder la prohibition (Troplong, n. 635).

192. — Si les mises n'avaient pas été évaluées dans l'acte de société, il faudrait recourir à une estimation amiable ou judiciaire. En ce cas, les tribunaux devraient scruter l'intention des parties, et rechercher si elles n'ont pas voulu établir entre elles une égalité absolue. Mais nous ne croyons pas qu'il faille admettre, en principe, qu'à défaut d'estimation des mises, elles doivent être considérées de plein droit comme ayant une valeur égale (En ce sens : Duvergier, n. 224, 225 et 229 ; Troplong, n. 615. — *Contrà* : Malepeyre et Jourdain, p. 88 ; Pardessus, n. 985 ; Duranton, t. 17, n. 360, 426, 427 ; Delvincourt, t. 3, note 5 ; Troplong, n. 616).

193. — Il est possible que la mise de l'un des associés consiste dans son industrie et que l'acte de la société n'en détermine pas la valeur. L'art. 1853 dispose pour ce cas : « Lorsque l'acte de société ne détermine point la part de chaque associé dans les bénéfices ou pertes, la part de chacun est en proportion de sa mise dans le fonds de la société. — A l'égard de celui qui n'a apporté que son industrie, sa part dans les bénéfices ou dans les pertes est réglée comme si sa mise eût été égale à celle de l'associé qui a le moins apporté. »

194. — Ainsi il a été jugé que la disposition de l'art. 1853 C. civ. est purement interprétative de la volonté des contractants et peut être écartée par la manifestation d'une volonté contraire. Spécialement, et dans le cas d'une société de pur fait ayant existé entre deux commerçants, les juges peuvent induire de l'examen et de l'interprétation, tant des faits que des actes émanés des deux parties, que leur intention a été, malgré la différence de leurs apports, de partager les bénéfices par portions égales (Cass., 11 nov. 1873, S. 74.1.434, D. 74.1.375).

195. — Que décider si l'un des associés apporte, outre son industrie, de l'argent ou d'autres objets? On admet généralement que cet apport en industrie doit être évalué à la valeur de l'apport de celui des associés qui a le moins apporté ; à cette estimation de l'apport en industrie devra s'ajouter l'apport en argent (Duranton, t. 17, n. 433 ; Duvergier, n. 232 ; Troplong, n. 619 ; Massé et Vergé sur Zachariæ, t. 4, § 717, note 3).

Mais, ajoute M. Duvergier (*loc. cit.*), si chacun des associés apportait avec son industrie un capital quelconque, l'art. 1853 ne pourrait plus être appliqué. Le seul parti à prendre serait d'estimer la valeur de chaque mise en particulier.

196. — On peut encore convenir qu'on s'en rapportera, pour le partage des bénéfices, à l'appréciation d'un tiers. Si la personne désignée pour cette mission refuse ou meurt avant d'avoir pu la remplir, la société est nulle de plein droit. La condition du contrat est défaillie et le contrat lui-même tombe (Duranton, t. 17, n. 425 ; Duvergier, n. 245 ; Troplong, n. 626 ; Delangle, n. 122. — *Contrà* : Malepeyre et Jourdain, p. 89 ; Pardessus, n. 998).

197. — *Quid* si les associés se sont réservé le droit de désigner plus tard la personne chargée de fixer les parts? M. Troplong enseigne (n. 626) que la société est nulle de plein droit, comme soumise à une condition potestative. Mais nous croyons que la société serait valable si les associés s'entendaient ultérieurement sur la désignation de l'arbitre. Cependant si l'un d'eux refusait, on ne pourrait s'adresser aux tribunaux pour faire désigner l'arbitre (Duvergier, n. 248). L'associé serait seulement passible, en ce cas, de dommages-intérêts.

198. — Si l'acte de société est muet sur la fixation des parts, que postérieurement les associés soient convenus de s'en rapporter à la fixation faite par un arbitre, et que cet arbitre soit empêché, les bénéfices devront être partagés proportionnellement aux mises (Duranton, t. 17, n. 24 ; Massé et Vergé sur Zachariæ, t. 4, § 717, n. 4). M. Duvergier (n. 239) enseigne que la société est annulée.

199. — Les associés sont libres de répartir entre eux les bénéfices dans une autre proportion que les pertes, et de stipuler, par exemple, que l'un n'aura qu'un tiers des bénéfices et supportera la moitié des pertes, tandis que l'autre, bien que ne contribuant également aux pertes que pour moitié, prendra deux tiers des bénéfices (Pardessus, n. 996 ; Duranton, t. 17, n. 422 ; Malepeyre et Jourdain, p. 81 ; Troplong, n. 634 ; Molinier, n. 390 ; — mais V. Duvergier, n. 260).

200. — Les prélèvements que l'acte social autorise les associés à faire mensuellement, pour leurs besoins particuliers, jusqu'à concurrence d'une somme déterminée, doivent être considérés non comme des bénéfices définitivement acquis, mais comme des avances faites à chacun des associés sur ce qui lui reviendra lors du partage des bénéfices, et dont par suite il est dû compte à la société (Bordeaux, 1er août 1865, S. 66.2.182).

201. — Jugé, en sens contraire, que les traitements et frais de ménage alloués aux associés par l'acte de société doivent être considérés, en principe, comme frais généraux quand le chiffre n'en est pas exagéré (Aix, 1er mai 1869, S. 70.2.150).

202. — Rien n'empêcherait les associés de stipuler que l'un d'eux, au lieu d'une quote-part de bénéfices, aura droit à une certaine somme fixe. L'autre associé pouvant être favorisé par l'événement, puisqu'on ne peut savoir quels seront les bénéfices futurs, c'est là une clause aléatoire qui n'a rien d'illicite (Troplong, n. 637 ; Duvergier, n. 263).

203. — La stipulation d'une somme fixe au profit de l'un des associés, même dans le cas où il n'y aurait pas de bénéfices, serait valable si le capital restait d'ailleurs soumis aux chances de perte ; à moins qu'il ne résulte évidemment de l'importance de la somme fixe que tous les bénéfices devront être nécessairement absorbés (Pothier, n. 27 ; Troplong, n. 630, 641. — *Contrà* : Duvergier, n. 264, 267).

204. — On peut stipuler que tel des associés prélèvera sur les bénéfices l'intérêt de sa mise et participera ensuite au partage des bénéfices dans telle proportion (Troplong, n. 642).

205. — Les bénéfices doivent se partager annuellement, alors même qu'il n'a rien été stipulé à cet égard, si l'ensemble de l'acte, les circonstances, et surtout la nature des choses qui sont l'objet de la société indiquent que telle a été l'intention des associés (Duvergier, n. 222).

206. — Ainsi, s'il n'a pas été stipulé que chaque associé prendra

par an une somme pour subvenir à ses dépenses et à celles de sa
famille, on est obligé de supposer que les contractants ont voulu que
les bénéfices fussent partagés annuellement (Duvergier, *loc. cit.* ;
Pardessus, n. 1000).

207. — De même qu'il est de l'essence de toute société qu'il y ait
un partage de bénéfices, il est de son essence aussi que tous les associés participent aux pertes.

L'art. 1855 est en effet ainsi conçu : « La convention qui donnerait
à l'un des associés la totalité des bénéfices est nulle. — Il en est de
même de la stipulation qui affranchirait de toute contribution aux
pertes les sommes ou effets mis dans le fonds de la société par un ou
plusieurs des associés. » Ainsi tout ce que nous avons dit des stipulations du pacte social, en ce qui concerne le partage des bénéfices
et les conditions auxquelles sont assujetties les conventions des
associés, s'applique aux stipulations de partages des pertes. Il faut
seulement que l'art. 1.855, § 2, ne soit pas violé (Cass., 23 mai 1900,
D. 1901.1.101).

208. — Il convient d'appliquer l'esprit plutôt que la lettre de cet
article. C'est dans ce sens que l'on considère comme nulle toute convention tendant à priver un ou plusieurs des associés de leur part
dans les bénéfices quand bien même, tous les associés moins un
seraient appelés à participer aux bénéfices. La loi serait violée, car
tous les associés sans exception doivent participer aux bénéfices
espérés (V. Pic, n. 53).

Serait nulle également la convention qui attribuerait à l'un des
associés un intérêt fixe, ce qui l'assimilerait à un prêteur, les bénéfices devant se partager entre tous les autres après prélèvement de
l'intérêt stipulé (Lyon, 22 juin 1896, *J.S.*, 1897. 207) ou encore la convention qui affranchirait tout à la fois l'associé des pertes et le priverait en revanche de toute participation dans les bénéfices. Mais
la jurisprudence valide toutes les clauses qui impliquent une participation, même éventuelle ou conditionnelle pour certains d'entre
eux, de tous les associés aux bénéfices.

Ainsi serait valable la clause qui subordonnerait la participation
d'un associé aux bénéfices à la réalisation d'une condition indépendante à la volonté des parties contractantes, telle que l'obtention
d'un chiffre minimum de bénéfices (Cass., 9 juill. 1885, D. 86. 1. 301)
ou la clause d'option, c'est-à-dire la faculté pour les associés d'opter
dans un délai déterminé entre une somme fixe annuelle et une
quote-part dans les bénéfices, pourvu que cette clause ne dissimule
pas une convention léonine (Cass., 20 juin 1888, S. 89. 1.8).

209. — Dans une société en nom collectif, il peut être stipulé que l'un des associés sera affranchi, vis-à-vis de ses coassociés, de toute contribution aux dettes dépassant l'actif social (Paris, 15 mars 1866, S. 66.2.235. — V. en ce sens, Pardessus, n. 997 ; Malepeyre et Jourdain, p. 85 ; Delangle, n. 118 et 124 ; Bravard-Veyrières, *Man. de dr. comm.*, p. 54 ; Molinier, n. 388 et 389 ; Bédarride, n° 37 ; Delvincourt, t. 3, p. 453, note 4 ; Duranton, t. 17, n. 619 ; Troplong , n. 654 et s. ; Duvergier, n. 257 ; Taulier, t. 6, p. 348 et 359 ; Massé et Vergé sur Zachariæ, t. 4, § 713, p. 425, texte et note 12 ; Aubry et Rau, t. 4, § 377, p. 545 et s. ; Boileux, *Comm. C. civ.*, t. 6, sur l'art. 1855, p. 322 ; Mourlon, *Rép. écrit*, t. 3, n. 893).

La jurisprudence décide que la clause en vertu de laquelle, dans l'acte de société ou un acte ultérieur, le gérant s'engagerait à contracter sur sa tête, au profit d'un autre associé, par exemple un commanditaire, une assurance dont il acquitterait les primes et dont le capital serait payé au décès du dit gérant soit aux héritiers de celui-ci si le fonds social était suffisant pour assurer le remboursement intégral des apports, soit au commanditaire dans le cas contraire, est valable (Cass., 9 juin 1890, S. 90.1.305, D. 90.1.409. — *Sic* : Pont, t. 1, n. 458 ; Guillouard, n. 245 ; Arthuys, n. 67) ; mais cette doctrine est vivement combattue par M. Thaller et Pic. n. 50.

210. — Au cas où, d'après l'acte de société. les mises sont inégales, et où cependant les pertes doivent être supportées par moitié, la perte du fonds social n'autorise pas l'associé qui a apporté une mise plus forte à exercer une action en répétition contre celui qui a apporté une mise plus faible. sous prétexte de rétablir l'égalité dans la contribution aux pertes (Cass., 21 mars 1861, S. 61.1.315, D. 61.1.61).

211. — Lorsque, par un acte de société, les parts de chacun des associés dans les bénéfices ont été réglées inégalement, sans qu'il ait rien été convenu à l'égard des pertes, elles doivent être réparties entre les associés proportionnellement à la part que chacun d'eux aurait eue dans les bénéfices, et non par portions égales, alors même que les mises des associés sont égales ; du moins, l'arrêt qui en décide ainsi par interprétation de l'acte de société ne viole aucune loi (Amiens, 27 mai 1840, S. 42.2.113 ; — Cass., 11 janv. 1865, S. 65.1.12, D. 65.1.10 ; — 25 juin 1902, D. 1902.1.395. — *Adde* : Duvergier, n. 240 ; Delvincourt, t. 3, p. 454, note 8 ; Duranton, t. 17, n. 416 ; Massé et Vergé sur Zachariæ, t. 4, § 716, p. 435 ; Aubry et Rau, t. 4, § 380, p. 556 ; Boileux, *Comment. C. civ.*, t. 6, sur l'art. 1853 ; Mourlon, *Rép. écr.*, 3e exam., n. 893).

212. — L'évaluation donnée à l'apport fait par l'un des associés et consistant à la fois dans son industrie, dans ses procédés de fabrication, ainsi que dans le nom, la réputation et l'achalandage d'un établissement à lui appartenant, doit, en cas de dissolution de la société avant le terme fixé, subir une réduction proportionnelle à la durée réelle de cette société pour la portion correspondante à l'apport industriel ; mais cette réduction ne saurait atteindre le surplus de la mise (Colmar, 16 juill. 1863, joint à Cass., 14 juin 1865, S. 66.1.207, D. 66 1.133).

213. — L'art. 1855 C. civ. frappe de nullité la stipulation qui affranchirait de toute contribution aux pertes les sommes ou effets mis dans le fonds de la société par un ou plusieurs des associés. La nullité serait encourue, alors même qu'en compensation de cette exemption de contribution aux pertes, la part de profit de l'associé ainsi favorisé devrait être inférieure à celle à laquelle sa mise lui donnerait droit (Duranton, t. 17, n. 418).

214. — Si tous les associés doivent avoir leur part de bénéfices, tous en revanche doivent contribuer aux pertes (art. 1855, alinéa 2). C'est par application de ce principe que l'on tient pour nulle toute convention par laquelle un associé stipule soit de la société, soit de certains des associés, du gérant par exemple, le remboursement de ses apports à tout événement, même en cas de perte (Cass., 14 juin 1882, S. 82. 1. 423) ; toutes promesses de garantie ou clause d'exonération par laquelle les commandités ou certains d'entre eux s'engagent à indemniser un commanditaire de toutes les pertes que son apport pourra subir, du fait de la gestion sociale, et à la lui restituer franc et quitte à la dissolution (Cass., 11 juil. 1894, S. 94. 1. 452, D. 94. 1. 531). Nulle serait également la clause en vertu de laquelle par l'acte de société ou par toute autre convention, le gérant s'engagerait envers l'un des associés par exemple un commanditaire, à contracter sur sa tête une police d'assurance dont il acquitterait les primes et dont le capital serait payé au décès des gérants ou commanditaire ou à ses héritiers.

215. — En pareil cas, ce n'est pas la clause seule, mais l'acte social tout entier qui est frappé de nullité (Duvergier, n. 277). Cependant la Cour de Paris (17 juin 1901, S. 1901.2.304) a décidé que la clause qui affranchit de contribution aux pertes l'un des associés ne rend pas nulle la société. Il y a lieu seulement de déclarer que la participation aux pertes sera égale à la participation aux bénéfices.

216. — L'un des associés pourrait-il stipuler qu'il retirera sa mise intégralement s'il y a des pertes, en abandonnant pour prix de cet aléa à son coassocié une part plus grande dans les bénéfices ? Cette clause serait nulle à notre avis, puisqu'elle tendrait à exonérer un associé de toute contribution aux pertes (Pardessus, n. 998 ; Duvergier, n. 274. — *Contrà* : Troplong, n. 653 ; Dalloz, n. 428). — La clause attribuant l'actif au survivant n'est pas nulle lorsque, par exemple, la reprise des apports est réservée aux héritiers et que d'autre part il apparaît qu'au cours de la société, les bénéfices ont été régulièrement partagés (Troyes, 19 mars 1900, S. 1904.2.254, D. 1901.2.47).

217. — N'est pas contraire à l'art. 1855 la reconnaissance par un associé à son coassocié d'une dette dont la cause n'est pas exprimée même si elle a pour but de garantir ce dernier des pertes subies par la société dissoute le même jour, l'art. 1855 n'interdisant que l'assurance pour les pertes éventuelles (Cass., 23 mai 1900, *J. S.*, 1901.388).

SECTION IV

OBJET LICITE

218. — Le contrat de société doit avoir un objet licite. On entend par *objet* de la société le but de l'entreprise pour l'exploitation de laquelle les parties s'associent (Pont, n. 40 ; Lyon-Caen et Renault, n. 68 ; Guillouard, n. 42 ; Baudry-Lacantinerie et Wahl, n. 65).

219. — Il faut d'abord considérer comme illicite tout objet contraire à un texte formel de loi. C'est ainsi que serait illicite une société constituée pour la traite des nègres (L. 4 mai 1841), une société constituée pour frauder le Trésor public (Limoges, 18 août 1879, D. 80.2.131), une société portant atteinte au privilège de négociation des valeurs cotées réservé aux agents de change (Trib. com. Seine, 8 déc. 1887, D. *Supp.*, V° *Sociétés*, n. 89), une société qui aurait pour but le trafic des décorations (L. 4 juill. 1889, D. 90.4.56). On considérerait également comme illicite une société en commandite ayant pour but l'organisation, la création et l'échange de valeurs fictives, à l'effet de tromper des tiers sur les bases et l'étendue de leur crédit (Paris, 11 mars 1868, *J. T. C.*, t. 8, p. 160 ; — Amiens, 4 mai 1878, D. *Supp.*, V° *Sociétés*, n. 89).

220. — Serait encore illicite une société entre un notaire et un tiers pour l'achat et la revente d'immeubles (Cass., 14 mai 1888, D. 88.1.205).

.... une société dans laquelle l'une des parties a fait l'apport d'une marque prohibée (Bordeaux, 19 déc. 1906, *R. S.*, 1907.446).

221. — Nul doute également que des sociétés constituées pour introduire en France, contrairement aux lois de douane, des marchandises, ne soient illicites.

222. — Mais on s'est demandé si des sociétés formées entre Français pour pratiquer la contrebande à l'étranger tombent sous l'application du même principe. MM. Massé (t. 1, n. 568) et Pardessus (n. 1492) se prononcent pour la validité de ces sociétés. D'après ces auteurs, la contrebande pratiquée au détriment d'un pays étranger n'est pas chose illicite aux yeux de la loi des autres pays.

Un arrêt de la Cour de Pau, dont la Cour de cassation s'est approprié la doctrine, le 25 août 1833, distingue entre le cas où la contrebande doit être exercée en trompant la surveillance des employés de douanes, ou en achetant leur connivence. Dans le premier cas, la société est licite ; dans le second, elle est illicite, car elle emploie un moyen immoral.

223. — Ces distinctions ne sont point admises par la grande majorité des auteurs, qui décident que toutes ces sociétés sont immorales et que l'intérêt international exige que les tribunaux adoptent en cette matière une règle uniforme (Lyon-Caen et Renault, t. 2, n. 70 ; Laurent, *Dr. civ. intern.*, t. 8, p. 114 ; — Bruxelles, 17 fév. 1886, *Journ. de dr. intern. privé*, 1887, p. 214 ; — Douai, 11 nov. 1907, D. P. 1908.2.15).

224. — Une société constituée pour l'exploitation d'une maison de jeu, même dans les pays où les jeux sont autorisés, est considérée comme illicite par MM. Lyon-Caen et Renault (t. 2, n. 71) par la raison que la passion du jeu est partout considérée comme un vice et que la spéculation sur le vice d'autrui est plus immorale que le vice lui-même (Paris, 31 mars 1849, S. 49.2.464 ; — Bruxelles, 17 fév. 1886, *J. Dr. int. priv.*, 1887.214 ; — Paris, 18 janv. 1912, *Gaz. Soc*, 1912. 227 — Cass., 24 mai 1913, *Gaz. Soc.*, 1913.252). — Cette solution, qui continue d'être celle de MM. Lyon-Caen et Renault dans leur 4ᵉ édition (n. 71), nous paraît aujourd'hui difficilement soutenable à l'égard des sociétés autorisées à pratiquer en France certains jeux de hasard en vertu de la loi du 15 juin 1907 réglementant le jeu dans les cercles et les casinos des stations balnéaires, thermales et climatériques.

225. — La nullité pour objet illicite sera encourue toutes les fois que les combinaisons adoptées présentent aux adhérents l'espoir d'un gain déterminé par le hasard. C'est une loterie prohibée par la loi de 1836 (Lyon, 19 juill. 1898 (Sociétés de capitalisation), S. 1901.2.257 et note Wahl ; — Cass., 19 juill. 1898, S. 1903.1.133).

Est illicite la société formée pour acheter des valeurs à lots et faire participer ses adhérents aux bénéfices des tirages au sort effectués sur ces valeurs (Seine, 16 oct. 1902, *R. S.*, 1903.23).

Mais la loi de 1836 prohibitive des loteries n'interdit que les opérations où la voie du sort est la condition de l'augmentation du gain et non celles où le sort ne fait que fixer l'époque du paiement (Cass., 4 avr. 1902, *R. S.*, 1903.104. — *Contrà* : Lyon, 18 juill. 1902, *R. S.*, 1903.226 ; — Lyon, 5 août 1901, *R. S.*, 1901.49 (Sociétés de capitalisation) ; — Autun, 8 mai 1904).

La société de capitalisation annulée pour contravention à la loi de 1836 est une société de fait qui sera liquidée conformément au pacte social (Lyon, 19 juill. 1898, S. 1901.2.157 ; — Pau, 8 juin 1892, S. 94.2.127).

226. — Une société étrangère qui s'engage à effectuer aux souscripteurs moyennant une prime fixe des paiements correspondants au vingtième des lots échus au numéro de la loterie d'Etat de son pays d'origine correspondant au numéro de la police ne peut être assimilée à une société de capitalisation.

Un des éléments essentiels de la société de capitalisation est l'obligation déterminée contractée par la société à l'égard des souscripteurs.

Dans la combinaison ainsi soumise, seuls les souscripteurs bénéficiant d'un heureux numéro ont le droit de réclamer le paiement d'un capital fixé d'après le hasard qui en détermine le montant et l'exigibilité.

L'opération présente donc bien le caractère d'une loterie non autorisée (Trib. corr. Seine, 22 nov. 1911, *Gaz. Soc.*, 1912.232).

227. — Ces principes ont été appliqués aux sociétés formées entre pharmaciens et médecins, ou entre pharmaciens et non pharmaciens. La jurisprudence est aujourd'hui très nettement assise sur cette question. Elle décide que l'exploitation d'une officine de pharmacien ne peut être réalisée que par un pharmacien muni du diplôme exigé par la loi et que ce pharmacien ne peut s'associer qu'avec un autre pharmacien. Qu'il s'agisse d'une société en nom collectif ou d'une société en commandite, le principe est le même.

Ainsi, il a été jugé qu'une société, constituée en nom collectif à l'égard d'un pharmacien et en commandite à l'égard d'un non pharmacien, est frappée de nullité absolue (V. Cass., 22 avr. 1880, D. 80.1.354 ; — Paris, 9 avr. 1883, D. 83.2.88 ; — Cass., 21 juin 1891, *J. S.*, 1898.406 ; — Paris, 28 juin 1898, *J. S.*, 1898.423 ; — Trib. com. Lyon, 19 mars 1904, *R. S.*, 1907. 71 ; — Riom, 16 juin 1909, *J. S.*, 1910.118 ; — Trib. com. Seine, 29 avr. 1909, *R. S.*, 1910.206).

228. — Il a été également décidé qu'une société constitué pour la vente de remèdes secrets est nulle (Paris, 5 fév. 1889, D. *Supp.*, Vº *Sociétés*, n. 92).

229. — Il faut décider également que les associations constituées pour l'exploitation d'un office ministériel ont un caractère illicite. Les offices ministériels ne sont pas dans le commerce, sauf en ce qui concerne l'exercice du droit de présentation, d'après la loi du 28 avril 1816, art. 91 (Cass., 15 janv. 1855, S. 55.1.257, D. 55.1.5 ; — 2 juill. 1861, S. 61.1.717 ; — 6 août 1872, S. 73.1.67, D. 72.1.294 ; — 12 fév. 1878, S. 78.1.153 ; — 25 janv. 1887, S. 87.1.224 ; — 14 mai 1888, S. 88.1.12, D. 88.1.487 ; — Toulouse, 18 janv. 1866, D. 66.2.6 ; — Lyon, 22 fév. 1877, D. 77.2.104 ; — Pau, 8 juin 1891, D. 93.2.174. — V. aussi les arrêts nombreux cités aux *Pandectes*, Vº *Sociétés*, n. 870).

230. — Jugé encore, par application du même principe, que la société formée pour l'exploitation d'un office de courtier maritime est nulle, sans qu'il y ait lieu de distinguer entre l'office et la finance (Bordeaux, 8 juin 1853, D. 53.2.109 ; — Rennes, 19 janv. 1881, S. 81. 2.181).

231. — Est nulle également la société formée entre un adjudicataire de créances et un huissier pour le recouvrement de ces créances sous la condition que l'huissier sera chargé de faire, dans l'intérêt de la société, tous les actes de son ministère qui pourront être nécessaires, et qu'il recevra pour rémunération, en sus du coût de ses actes, une part des bénéfices nets provenant du recouvrement. Cette société est absolument nulle aussi bien pour le passé que pour l'avenir, tellement que les associés n'ont entre eux aucune action même pour la liquidation des faits accomplis (Cass., 10 janv. 1865, S. 65.1.110, D. 65.1.290). Il en serait de même d'une association formée entre deux huissiers pour l'exploitation en commun de leurs offices (Paris, 4 fév. 1854, S. 54.2.148 ; — Toulouse, 18 janv. 1866, S. 66.2.107, D. 66.2.6. — Comp. Lyon, 27 fév. 1877, D. 77.2.104).

232. — Nulle la société formée pour des opérations de courtage dans la coulisse de la Bourse et le partage des bénéfices résultant des remises à obtenir des agents de change et des coulissiers. Cette nullité repose sur la violation des lois qui prohibent les opérations fictives à la Bourse, et de celles qui réservent aux agents de change la négociation exclusive des effets publics et des valeurs cotées (Paris, 10 nov. 1854, S. 55.2.548).

233. — Nulle également la société ayant pour but de faire hausser le prix des marchandises possédées par les associés (Cass., 11 fév. 1879, D. 79.1.345. — V. aussi Trib. Seine, 28 sept. 1898, *J. S.*, 1899.96).

234. — D'une façon générale, il faut dire que toutes les sociétés formées pour entraver la liberté du commerce ou des conventions sont nulles (Cass., 23 avr. 1834, S. 34.1.746, D. 34.1.238 ; — 2 avr. 1851, D. 54.5.119 ; — Bordeaux, 2 janv. 1900, S. 1901.2.225. — V. la note de M. Lévy Ulmann au Sirey sur la nature juridique du *Trust*).

235. — On doit considérer comme licites : les sociétés constituées pour l'exploitation des charges d'agent de change (L. 2 juill. 1862) ; la société pour l'exploitation d'une charge de porteur à la halle, qui n'est pas une charge publique (Paris, 5 mars 1881, S. 81.2130) ; la société pour l'exploitation d'une agence d'affaire d'expropriation (Paris, 5 déc. 1871).

236. — Nous avons énuméré plusieurs cas dans lesquels l'objet de la société doit être considéré comme illicite. Ce n'est pas là une énumération complète, mais bien de simples exemples. Aux magistrats appartient le devoir de discerner ce qui est honnête de ce qui ne l'est pas, ce qui est conforme à la loi et à la morale de ce qui en est la violation.

237. — Quel effet produira une société qui se sera formée pour un objet illicite ? Il est d'abord de toute évidence que les associés ne pourront poursuivre les uns contre les autres l'exécution du contrat, la liquidation des opérations sociales (Douai, 11 nov. 1907, D. P. 1908,2.15), soit pour obtenir le versement des apports, soit pour faire partager les bénéfices (Bédarride, n. 25), soit pour obtenir des dommages-intérêts basés sur la convention de société (Trib. com. Lyon, 19 mars 1904, *R. S.*, 1907.71). Mais l'associé qui a fait son versement pourra-t-il le répéter ? La question est controversée : M. Duvergier (n. 31) se prononce pour l'affirmative : « Pour justifier la revendication des sommes formant la mise sociale, dit cet auteur, il suffit de dire que l'associé qui les a reçues, et qui les a encore, est sans droit à les conserver. On se fonde alors sur le fait de la remise. Loin d'invoquer la convention, on la considère comme n'ayant point existé, comme ne devant produire aucun effet. » Cette opinion est également soutenue par M. Delangle (n. 101) (V. Cass., 10 janv. 1865, S. 65.1.110, D. 65.1.290 ; — Toulouse, 6 mars 1893, D. 93.2.504).

238. — MM. Delamarre et Lepoitvin (*Contrat de comm.*, t. I, n. 65) et Troplong (n. 105) enseignent au contraire que le versement ayant eu une cause illicite ne peut être sujet à répétition. On ne peut, disent ces auteurs, scinder les deux opérations : le contrat et le versement, le versement n'est que l'exécution du contrat ; le tout est frappé d'une nullité absolue. Nous croyons, quant à nous, que telle est la seule solution qu'impose la rigueur des principes.

239. — Cependant, entre ces deux opinions extrêmes, il en est une qui distingue entre les sociétés qui sont illicites comme ayant un objet criminel ou immoral, et celles qui ne le sont que comme contraires à la loi et à l'ordre public.

Dans la première hypothèse, lorsque les associés n'ont pu se méprendre sur le caractère illicite de l'association, les partisans de ce système refusent l'action en répétition. Dans la seconde hypothèse, lorsque le caractère illicite résulte, pour nous servir de l'expression de M. Dalloz, « de considérations sur la valeur desquelles les magistrats même de l'ordre le plus élevé peuvent se trouver en désaccord », l'action en répétition est admise (En ce sens : Alauzet, n. 247 ; Dalloz, n. 170).

240. — La jurisprudence paraît s'être inspirée de cette dernière opinion en ce qui concerne les offices. Il a été décidé, en effet, que les sommes payées aux titulaires pour prix d'acquisition d'une part dans la propriété et les bénéfices d'un office doivent être restituées à l'associé (C. de la Réunion, 18 janv. 1850, D. 55.1.5 ; — Trib. Nantes, 23 juin 1845, D. 45.4.377. — V. encore dans le même sens : Cass., 15 déc. 1851, S. 52.1.21, D. 52.1.71 ; — Paris, 10 mai 1860, S. 60.2.465, D. 60.2.89 ; — Paris, 27 mars 1862, S. 62.2.381 ; — Cass., 13 mai 1862, S. 62.1.825, D. 62.1.338 ; — Paris, 27 mai 1862, S. 62.1.381, D. 62.2. 199 ; — Cass., 15 nov. 1876, S. 77.1.409).

241. — Si la société illicite a fonctionné pendant quelque temps, il est certain que les associés n'auront les uns contre les autres aucune action pour rendre communs les bénéfices ou les pertes. *Nulla doli communicatio est* (Pothier, *Oblig.*, n. 43 ; Duvergier, n. 27 et 28 ; Troplong, n. 100 ; Delangle, n. 101 ; Bédarride, n. 26). Aucune action ne sera même recevable pour toutes les opérations consom-

mées ; aucune demande en reddition de compte ne pourra être intentée (Duvergier, Troplong, *loc. cit.* ; Dalloz, *Supp.*, n. 100 ; Bédarride, n. 26 ; — Paris, 4 fév. 1854, D. 54.2.149 ; — Cass., 10 janv. 1865, S. 65.1.110, D. 65.1.290 ; — Dijon, 25 juin 1884, D. 88.1.497). Les associés ont une action en reprise de leurs apports lorsque la société est annulée pour cause illicite, car cet apport se trouverait sans cause dans les mains qui le détiennent (Cass., 15 juin 1855, S. 55.1. 257 ; — 14 mai 1888, D. 88.1.487 ; — Lyon-Caen et Renault, t. 2, n. 378 ; Thaller, n. 274).

242. — Cependant il a été jugé que la nullité d'une société commerciale, pour cause illicite, laisse subsister, pour le passé, la communauté d'intérêts qui a existé entre les associés et qui doit être réglée en prenant pour base la commune intention de ceux-ci. Et cette commune intention doit ou peut être réputée celle qui résulte des stipulations du pacte social lui-même (Cass., 13 mai 1862, S. 62.1.825, D. 62.1.338 ; — 7 fév. 1865, S. 65.1.235, D. 65.1.289 ; — 15 nov. 1876, S. 77.1.409 ; — 3 mai 1881, D. 82.1.10 ; — 27 juin 1893, S. 94.1.25, D. 93.1.488. — V. aussi Paris, 9 avr. 1897, *J. S.*, 1897. 418 ; — Lyon, 19 juill. 1898, S. 1901.2.257 ; — Paris, 8 juin 1891, S. 94.2.127 ; — Lyon, 22 juin 1900, *Le Droit*, 9 sept. 1900).

243. — La nullité de la société entraîne la nullité de la clause pénale stipulée pour le cas d'inexécution des obligations des associés, et une condamnation à des dommages-intérêts fondée sur l'inexécution de ces obligations manquera de base légale (Bordeaux, 4 mars 1885, Dalloz, *Supp.*, V° *Sociétés*, n. 103).

244. — Mais quelle sera la situation de la société illicite à l'égard des tiers ? La société étant absolument nulle, il en résultera que les tiers n'auront aucune action contre les prétendus associés (Rennes, 9 avr. 1851, D. 53.2.209 ; — Dijon, 27 juill. 1870, S. 71.2.268 ; — Bédarride, n. 26 ; — Lyon-Caen et Renault, n. 74).

245. — Cependant un arrêt de la Cour de Paris, du 11 juill. 1836, a consacré une théorie contraire à celle que nous venons d'exposer. — Cet arrêt reconnaît une existence de fait à la société illicite, et tout en privant les associés de tout droit au capital social, il les a soumis à supporter leur part dans les pertes. « Considérant, dit cet arrêt, en ce qui concerne les associés, que quels que soient la nature et le caractère des conventions intervenues entre eux et Bureaux, ils ont versé à ce dernier des fonds, mais sous des conditions aléatoires qui doivent être subies par eux ; qu'on ne peut leur refuser le droit d'être admis au marc le franc à la contribution, mais qu'ils ne peuvent y être admis que pour ce qui restera de leurs capitaux après règlement de leur compte avec Bureaux, et réduction faite desdits capitaux, proportionnellement aux pertes résultant des chances qu'ils ont consenti à courir... »

M. Bédarride (n. 27) réfute en termes vigoureux cette doctrine. « La défense des associés, dit-il en substance, était fort simple. Ou nous sommes réellement associés, soutenaient-ils, et nous devons participer aux dettes ; mais dans ce cas, le fonds capital doit être partagé entre nous, et les créanciers personnels de notre associé n'ont rien à prétendre sur la part nous revenant. Ou nous n'avons jamais pu être associés, et dans ce cas pourrions-nous être tenus des dettes ? »

L'arrêt ne pouvait échapper à ce dilemme, dont il est cependant sorti en annulant la société, tout en la maintenant (V. aussi Thaller, n. 273 ; — Bordeaux, 3 juill. 1865, *J. arr. de Bordeaux*, 1865, p. 346 ; — 18 janv. 1866, *ibid.*, p. 434).

246. — Voici les règles relatives à la durée de l'action en nullité : lorsque la nullité a pour cause l'incapacité ou le vice du consentement, elle est prescriptible par dix ans à partir ou de la fin de l'incapacité, ou de la cessation ou de la découverte du vice. Elle peut être ratifiée (Thaller, n. 273 ; — Lyon, 6 juin 1845, S. 46.2.374 ; — Trib. com. Seine, 13 janv. 1890, T. C. 91.90).

Lorsqu'au contraire la nullité est fondée sur l'ordre public, elle ne peut jamais s'éteindre ni être ratifiée, et la nullité est imprescriptible (Lyon-Caen et Renault, n. 73).

Mais la jurisprudence admet que la nullité peut être couverte à compter du jour où viennent à cesser les raisons d'ordre public qui motivaient cette nullité (Cass., 31 janv. 1833, S. 33.1.471). Ainsi jugé pour une société entre mari, femme et tiers, ratifiée par la femme après le décès du mari (Cass , 6 fév. 1888, S. 90.1 49, D. 88.1.401. — V. aussi Paris, 12 juill. 1880, *J. S.*, 1880, p. 589 ; — Lyon-Caen, *Rev. crit.*, t. 10, p. 275), arrêt qui statue pour le cas où une loi nouvelle permet la création de sociétés considérées auparavant comme illicites.

247. — Enfin, comme condition dernière, il faut, d'après l'art. 1833 C. civ., que la société « soit contractée pour l'intérêt commun des parties ».

Serait radicalement nulle une société formée au profit exclusif de l'une des parties. C'est ce qu'on appelle une société léonine. « Si la société, disait Treilhard au Corps législatif, n'était formée que pour l'intérêt d'un seul, la bonne foi ne serait-elle pas étrangement violée ? Il faut donc s'unir pour l'intérêt commun des parties qui contractent ; c'est là la première règle fondamentale de toute société. Il est contre la nature qu'une société de plusieurs, de quelque espèce qu'on la suppose, se forme pour l'intérêt particulier, pour le seul intérêt d'une des parties. On n'a pas pu marquer plus fortement les vices d'une pareille société qu'en la qualifiant de léonine. C'est, d'une part, la force, de l'autre, la faiblesse. Il ne peut y avoir entre elles aucun traité, parce qu'il ne peut exister ni liberté ni consentement ; or, la société est un contrat consensuel, et la loi ne peut voir de consentement véritable dans un contrat de société dont un seul recueillerait tout le profit et dont l'intérêt commun des parties ne serait pas la base. »

SECTION V

DES SOCIÉTÉS DE FAIT

248. — La société de fait est une société qui a fonctionné sans qu'un écrit ait été dressé, ou bien qui est nulle et a vécu sous une apparence de validité. Ce sont aussi des exploitations commerciales conduites en commun qui se révèlent par des noms réunis comme dans une raison sociale, des énonciations de facture, etc. La jurisprudence considère ces coopérateurs comme des associés de fait, associés en nom collectif (V. à titre d'exemples, Nancy, 25 avr. 1853, S. 55.2.535, D. 55.2.349 ; — Paris, 9 mai 1900, *J. S.*, 1901.64 ; — Cass., 3 avr. 1895, *J. S.*, 1895.390). Il en est ainsi d'une association en participation dont la gérance a été collective. Ce sont là les sociétés de fait.

Ces sociétés sont nulles, puisque les formalités imposées par la loi n'ont pas été observées (V. quant à la preuve *infrà*, n.347). Pendant ce fonctionnement, des liens de droit se sont créés, des situations de fait se sont établies : fallait-il annuler rétroactivement tout cela, comme la rigueur des principes paraît le commander ? La jurisprudence ne l'a pas pensé, avec raison, à cause des graves inconvénients pratiques d'une solution aussi radicale : de là la théorie des sociétés de fait (V. Hémard, *Des nullités de sociétés*).

249. — La nullité de la société de fait peut être demandée par tous les intéressés, sans être passibles de dommages-intérêts

(Comm. Lyon, 9 janv. 1906, *R. S.*, 1907.72. — V. *infrà*, n. 409 et suiv.).

250. — Pendant son fonctionnement, la société de fait doit être considérée, non pas comme un type uniforme, mais comme ayant pris l'aspect et les caractères de la société dans les formes de laquelle elle s'est présentée au public. On donne ainsi à la société de fait la portée exacte sur laquelle les tiers ont pu légitimement compter (Loubers, p. 151). — Notamment la jurisprudence reconnaît à la société de fait, au moins implicitement, le caractère de personne morale (Cass., 12 nov. 1894, S. 97.1.117) ; la société de fait peut être valablement assignée en la personne de ses administrateurs et devant le tribunal du siège social, c'est-à-dire de son domicile (Cass., 16 juill. 1901, S. 1903.1.236 ; — 23 janv. 1844, S. 45.1.6 ; — 11 juin 1898, S. 1900.1.516).

L'existence de la société de fait peut être établie par tous les moyens de preuve autorisés par la loi commerciale (Cass., 7 avr. 1909, *J. S.*, 1909.358 ; — Rennes, 2 juill. 1909, *J. S.*, 1910.33).

251. — La liquidation de la société de fait est soumise, en principe, aux mêmes règles que la liquidation d'une société régulière (Loubers, p. 167).

Ainsi, les actions des associés sont soumises à la prescription quinquennale de l'art. 65 C. com. (Cass., 24 janv. 1894, S. 95.1.497, note Wahl ; — Poitiers, 18 juill. 1894, S. 96.2.171).

La société de fait peut être déclarée en faillite, même postérieurement à l'annulation déjà prononcée et au cours de la dissolution qui en est la conséquence (Cass., 15 mars 1875, D. P. 76.1.312 ; — 12 nov. 1894 et 5 avr. 1895, S. 97.1.118 ; — 5 juill. 1900, S. 1904.1. 190. — *Sic*, Pascaud, *De la mise en faillite des sociétés après leur annulation*). — La société de fait peut également obtenir un concordat (Paris, 17 avr. 1894, S. 95.2.121, note Wahl). — V. au surplus, *infrà*, n. 3825 et s., le chapitre consacré à la faillite des sociétés de fait.

252. — En ce qui concerne la liquidation, la difficulté a été fort vive, et les controverses très ardentes (Hémard, n. 299 et suiv.) ; elles paraissent aujourd'hui définitivement épuisées en présence d'une jurisprudence constante. — On a admis sans difficulté que la liquidation devait se faire sur les bases mêmes de la convention des parties, lorsque celles-ci ont copié étroitement les règles mêmes du droit commun (Cass., 7 juill. 1879, S. 80.1.206). — Mais aujourd'hui, d'une façon générale, la jurisprudence décide, aussi bien au cas de défaut de publicité que de défaut de constitution, et même lorsque la société est nulle pour objet illicite, que la société de fait doit être liquidée sur les bases du pacte social (Cass., 7 juill. 1879, S. 80.1.206 ; — 5 janv. 1886, S. 86.1.241 ; 19 juill. 1888, S. 91.1.59. — 15 janv. 1889, S. 91.1.196, D. 90.1.471 ; — 3 avr. 1895, S. 97.1.118, D. 95.1.445. — 5 nov. 1892, S. 93.1.364 ; — 28 mars 1898, *J. S.*, 1898.485 ; — Bordeaux, 26 mai 1897, *J. S.*, 1898.28 ; — Paris, 9 mai 1900, *R. S.* 1908.328) ; sauf, bien entendu, à ne pas tenir compte des clauses illicites (Cass., 22 nov. 1869, S. 70.1.55). — Ce n'est qu'en l'absence de toute convention que la liquidation doit se faire conformément à l'art. 1853 C. civ. (Cass., 19 mai 1908, *J. S.*, 1909.107).

253. — Toutefois, et en toute hypothèse, les effets de la société de fait sont rigoureusement limités au passé ; dans aucun cas ils ne peuvent être étendus à l'avenir, et de la liquidation de la société ne pourra résulter aucune entrave à l'avenir dans la liberté d'action de l'associé. Notamment, le liquidateur ne pourrait pas faire insérer, dans le cahier des charges de la vente du fonds de commerce, une clause interdisant aux associés de se rétablir dans un rayon déterminé (Comm. Seine, 29 juin 1882, *J. trib. com.*, 83.44 ; — Paris, 17 janv. 1883, *ibid.*, 83 555 ; — Comm. Seine, 31 juill. 1885, *ibid.*, 86.239).

DES SOCIÉTÉS COMMERCIALES. — RÈGLES COMMUNES

SECTION I

DES SOCIÉTÉS COMMERCIALES. — PERSONNALITÉ MORALE

§ 1er. — Définitions.

254. — Les sociétés se divisent en deux grandes catégories : les sociétés civiles et les sociétés commerciales. Nous ne devons nous occuper, dans cet ouvrage, que des dernières. Cependant il est beaucoup de principes communs à ces deux espèces de sociétés. Nous en avons déjà exposé plusieurs ; tels sont encore ceux relatifs à la mise de fonds que chaque associé doit fournir, à la contribution aux bénéfices et aux pertes, etc. Nous aurons encore l'occasion d'appliquer aux sociétés commerciales beaucoup de principes de droit civil. — Mais les sociétés commerciales ont leur législation spéciale, leurs règles propres. Sans parler de la législation qui régit les sociétés par actions, le Code de commerce contient de nombreuses dispositions dont bénéficient seules les sociétés commerciales : telles sont celles relatives à la raison sociale, aux attributions du gérant, à la solidarité, aux formes de constitution, à la publicité, à la compétence, à la faillite, etc., etc. Il est donc de la plus haute importance de rechercher quelles sociétés sont commerciales.

255. — Avant tout il nous faut parler de la personnalité morale des sociétés commerciales. Lorsqu'une société est légalement formée, elle donne naissance à un être collectif, distinct des individus qui la composent, à un être moral en un mot, ayant une personnalité, des droits, des actions, des obligations propres. Ceci est admis par tous les auteurs en ce qui concerne les sociétés commerciales. Des divergences d'opinions se sont produites à l'égard des sociétés civiles, et certains auteurs ont refusé de reconnaître à ces dernières le caractère de personnes morales. Nous n'avons pas à entrer dans

l'étude de cette question. Il nous suffit de savoir que la société commerciale constitue un être moral : nous ferons plus tard de nombreuses applications de ce principe (V. Conf. Favard, *Société*, ch. 2, sect. 4, § 2, n. 4 ; Proudhon, *Usufruit*, n. 2064 et 2065 ; Pardessus, t. 4, n. 1089 et 1207 ; Duranton, t. 17. n. 334 et 388 ; Malepeyre et Jourdain. p. 23 ; Delamarre et Lepoitevin, *Contr. de comm.*, t. 2, p. 468 ; Duvergier, n. 381 et s. ; Troplong, n. 58 et s. ; Delangle, n. 14 et s. ; Bravard, *Manuel de dr. comm.*, p. 85 et s. ; Massé et Vergé sur Zachariæ, § 719, note 10 ; Molinier, n. 236 ; Alauzet, n. 87 ; Bédarride, n. 9 ; Thaller, n. 205 ; Lyon-Caen et Renault, n. 105 et 124 ; Baudry-Lacantinerie et Wahl, n. 11 ; — Cass., 29 mai 1865, S. 65.1. 325 ; — 10 déc. 1878, D. 79.1.5 ; — 16 août 1880, S. 82.1.176, D. 82.1. 80 ; — 28 juill. 1896, S. 1900.1.391, D. 97.1.347 ; — 10 mai 1897, D. 98.1.73 ; — 7 nov. 1898, S. 99.2.269 ; — Chambéry, 20 févr. 1905, D. P. 1907.2.118).

256. — De nombreuses controverses se sont élevées sur l'étendue des conséquences du principe de la personnalité des sociétés (Thiry, *Rev. crit.*, 1864, t. 5, p. 412, et 1865, t. 7, p. 289 ; Lyon-Caen et Renault, n. 106 et s. ; Meynial, note S. 92.1.73, et S. 92.1.497 ; Saleilles, *Ann. de dr. com.*, 1895, p. 10 ; Vandernotte, *Ann. de dr. com.*, 1878, p. 437 ; Baudry-Lacantinerie et Wahl, n. 11 et s).

Un premier point certain, c'est que la société qui constitue une personne morale est seule propriétaire du fonds social pendant tout le temps de son existence (Cass., 23 fév, 1891, S. 92.1.73 ; — 22 fév. 1898, D. 99.1.593 ; — Guillouard, n. 21 ; Lyon-Caen et Renault, n. 187 ; Thaller, n. 209).

On a soutenu cependant que l'associé, même avant la dissolution, possédait un droit de copropriété sur le fonds social. La société, dit-on, possède tout, parce qu'elle est l'universalité des associés ; son droit se forme par l'addition de tous les droits individuels ; mais il faut reconnaître l'existence de ces droits individuels, et il n'y a pas de motif pour dénier à l'associé la qualité de propriétaire, ce qui comporte la jouissance des droits inhérents à cette qualité , et alors que la société ne doit en subir aucune atteinte (Cass., 1er ventôse an X ; Bataille, *Rev. de législ. et de jurispr.*, 1843, t. 1, p. 212 : Pardessus, n. 992 ; Troplong, n. 70 et 140 ; — Paris, 11 janv. 1895, S. 97.2.241).

D'après ce dernier arrêt, la même solution doit être acceptée lorsque le droit de l'associé est représenté par une action. Le droit existe ; l'exercice seul en est reculé au jour de la dissolution. L'action n'est donc pas, d'après cet arrêt, une créance même éventuelle, vis-à-vis de la société en cours, puisqu'elle n'est que la constatation du droit de l'associé sur la propriété collective de tous les associés.

257. — Cet arrêt a tiré du principe par lui admis cette conséquence : une saisie-arrêt ne peut utilement frapper entre les mains d'une société les actions nominatives dont elle a remis les titres à l'associé ; l'associé, propriétaire des actions, peut en disposer, malgré la saisie-arrêt, et la société ne peut se refuser ni à effectuer le transfert ni à remettre au cessionnaire des titres nouveaux en échange des titres anciens (En sens contraire : Tissier, note S. 97. 2.241).

258. — M. Beudant (*Rev. crit. de lég.*, 1869, t. 34, p. 135) enseigne, au contraire, que pendant la durée de la société, personne morale, le droit des associés ne constitue ni un droit de propriété ou de copropriété, ni un droit de créance, car les associés sont tenus des dettes sociales jusqu'à concurrence de leur mise ou indéfiniment.

259. — Contrairement aux deux théories absolues qui viennent d'être indiquées, il est plus généralement admis que les membres de la société personne morale n'acquièrent un droit de copropriété sur le fonds social qu'à la dissolution de la société ; et lorsque le fonds social sera réalisé après cette dissolution, l'effet déclaratif du partage ne remontera qu'au jour de la dissolution. Avant la dissolution, les associés possèdent un droit de créance éventuelle, qui leur permet d'exiger, tant que la société dure, leur part dans les bénéfices annuels, s'il en existe, et lors de la liquidation, de participer à la distribution de l'actif social (Trib. Seine, 21 avr. 1893, *La Loi*, 22 juin 1893 ; — Paris, 18 août 1881, S. 82.2.25 ; — Lyon-Caen, note S. 82.2.25 ; Boistel, n. 163 et 165 ; Lyon-Caen et Renault, n. 188 ; Tissier, note S. 97.2.241).

260. — S'il en est ainsi, il y a lieu de remplir pour la constitution du gage des parts d'associés les formalités prescrites par les art. 1690 et 2075 C. civ., lorsque les droits des associés ne sont pas constatés par des titres nominatifs ou au porteur, dont la cession et la constitution en gage s'opèrent au moyen d'un transfert ou d'une simple tradition (Paris, 18 août 1881, précité ; — Lyon-Caen, note précitée ; Lyon-Caen et Renault, n. 142. — Conf. : Caen, 23 janv. 1860, S. 60. 1.503 ; — 30 nov. 1864, S. 64.1.503 ; — Dijon, 10 fév. 1902, *J. S.*, 1902.433),

261. — Si l'on admet, comme nous croyons que cela est incontestable, que la société est pendant sa durée seule propriétaire du fonds social, il faut en tirer les conclusions suivantes :

1° L'actif social sert de gage exclusif aux créanciers sociaux, et les créanciers personnels des associés ne peuvent rien sur ce fonds, pas plus qu'ils ne pourraient exercer de droit sur le patrimoine d'une personne tout à fait étrangère ;

2° Le droit de l'associé est purement mobilier, quelle que soit la composition de l'actif social, tant que dure la société ; ce droit peut devenir immobilier à la fin de la société, après la liquidation, si la société possède des immeubles, alors que l'être moral est remplacé par la communauté (Lyon-Caen et Renault, n. 108 et 109 ; Guillouard, n. 26 ; Thaller, n. 209).

262. — Quelques auteurs enseignent que ces conséquences existent même dans les sociétés dépourvues de personnalité morale (Voyez Lyon-Caen et Renault, n. 108 et 109 ; Thiry, *Rev. crit.*, 1855, t. 5, p. 289 ; Mongin, 1890, p. 700 et s.)

263. — La société, personne morale, puise dans cette qualité le droit d'agir en justice en son propre et privé nom. Il n'est donc pas nécessaire dans les actes judiciaires de faire figurer le nom de tous les associés (Duvergier, n. 316 ; Troplong, n. 692 ; Guillouard, n. 26 ; Lyon-Caen et Renault, n. 111 ; Baudry-Lacantinerie et Wahl, n. 16 ; Thaller, n. 211 ; Mongin, *Rev. crit.*, 1901, 720 et s.).

264. — Si la société est une personne morale, il n'y a pas de compensation possible entre les créances ou les dettes de la société et celles personnelles aux associés, ces obligations n'existant pas entre les mêmes personnes (Troplong, n. 79 ; Duvergier, n. 381 ; Demolombe, t. 28, n. 566 ; Lyon-Caen et Renault, n. 113 et 116 ; Guillouard, n. 26, 27 et 274 ; Thaller, n. 212).

265. — La société commerciale, personne morale, peut être déclarée en faillite ou en liquidation judiciaire, indépendamment de ses membres (Lyon-Caen et Renault, n. 112 ; Thaller, n. 213). — Elle peut seule avoir un véritable domicile social.

266. — La société, personne morale, peut recevoir des libéralités (Cass., 2 janv. 1894, S. 94.1.128, D. 94.1.81), à la condition d'être une société véritable et notamment de poursuivre des bénéfices (Cass., 29 nov. 1897, S. 1902.1.15 ; — Seine, 29 juill. 1902, *R. S.*, 1904.61. — Voyez le rapport de M. Cotelle sur l'arrêt du 2 janv. 1894 ; Baudry-Lacantinerie et Wahl, n. 17 ; Thaller, n. 219. — Voyez nos *Questions nouvelles sur les sociétés commerciales*, p. 58).

267. — Le principe de personnalité morale exige également que le patrimoine appartenant à la société ne puisse être, pendant la durée de la société, soumis à l'action des créanciers personnels des associés (Grenoble, 1ᵉʳ juin 1831, S. 32.2.591 ; — 9 août 1831, S. 31. 2.259, D. 31.2.208 ; — Lyon, 22 fév. 1882, D. 83.2.43 ; — Toulouse, 19 janv. 1886, *R. S.*, 1887, p. 141 ; — Trib. com. Seine, 23 avr. 1883, *R. S.*, 1887, p. 650).

268. — Ainsi, les créanciers personnels d'un associé ne peuvent poursuivre la licitation d'un immeuble appartenant à la société, même en exerçant les droits de leurs débiteurs en vertu de l'art. 1166 (Trib. Lyon, 9 janv. 1882, *Monit. jud. de Lyon*, 10 fév. 1892 ; — Lyon, 13 juill. 1900, *La Loi*, 22 nov. 1900).

269. — Du même principe, il résulte que pendant la durée de la société, les immeubles sociaux ne peuvent être grevés d'aucune hypothèque du chef de l'un des associés personnellement, que cette hypothèque soit conventionnelle, légale ou judiciaire (Cass., 10 mai 1831, S. 31.1.202 ; — Trib. Seine, 10 nov. 1891, *R. S.*, 1892, p. 75 ; — Cass., 23 fév. 1891, S. 92.1.73 ; — 11 janv. 1893, S. 97.1.443, D. 93.1. 231 ; — 22 fév. 1898, D. 99.1.593 ; — Lyon, 13 juill. 1900, *La Loi*, 22 nov. 1900).

270. — La jurisprudence a encore admis une autre conséquence au point de vue de l'action en justice. Une société personne morale agit devant les tribunaux par ses représentants légaux, tandis que la société non personne morale ne peut agir en justice que par tous les associés qui la composent (Voyez *suprà*, n. 263. — *Adde* : Douai, 17 déc. 1842, S. 43.2.81, D. 43.2.84 ; — Paris, 6 mars 1849, S. 49.2.427 ; — Cass., 21 juill. 1854, S. 54.1.489 ; — 30 août 1859, S. 60.1.359 ; — 18 nov. 1865, S. 66.1.415, D. 66.1.455 ; — 2 mars 1892, S. 92.2.497, D. 93.1.169 ; — Seine, 6 nov. 1899, *Gaz. Trib.*, 8 nov. 1899).

271. — M. Beudant (note D. 79.1.5) fait observer, avec juste raison, que les conséquences qui découlent de la personnalité morale des sociétés ne peuvent aller jusqu'à les assimiler aux personnes physiques. C'est ainsi qu'une société personne morale serait incapable de fonctions se rattachant aux droits de famille, comme une tutelle.

272. — Il faut dire également que les sociétés, personnes morales, ne peuvent être poursuivies pénalement (Garraud, *Traité du droit pénal*, t. 1, p. 448 ; Mestre, *Responsabilité pénale des personnes morales* ; Pic, n. 207 ; — Cass., 10 mars 1877, S. 77.1.166 ; — 17 déc. 1891, *R. S.*, 1892.62 ; — Alger, 11 fév. 1899, *R. S.*, 1899.395 ; — Cass., 17 juin 1910. — V. le chapitre *Pénalités*.)

Il a même été décidé, par un arrêt de Cassation du 8 mars 1883 (*R. S.*, 1884, p. 7), qu'à moins d'exception expresse de la loi, une amende ne peut être prononcée contre une société, être moral, pour une contravention constatée contre elle.

Une société commerciale ne pouvant répondre pénalement d'un délit, ne saurait par suite être appelée comme civilement responsable des actes personnels de chaque associé individuellement (Trib. corr. Seine, 21 juill. 1896, *Le Droit*, 15 août 1896 ; — Orléans, 8 nov. 1887, S. 89.2.172, D. 88.2.97).

Une société ne pourrait ainsi être poursuivie pénalement pour contrefaçon (Paris, 16 avr. 1885, *R. S.*, 1886, p. 99).

273. — Une société, être moral, peut servir de caution judiciaire sous les conditions des art. 2018 et 2019 C. civ. (Lyon-Caen et Renault, n. 115).

274. — Une société, être moral, peut entrer comme associée dans une autre société (Cass., 10 déc. 1878, D. 79.1.5, et la note de M. Beudant ; — Lyon-Caen et Renault, n. 114).

275. — Elle peut être chargée de liquider une autre société (Bordeaux, 20 août 1839, D. 40.2.44 ; — 5 août 1868, S. 69.2.77, D. 69.2.11).

276. — La société est tenue comme civilement responsable de réparer les délits qui peuvent avoir été commis par ses représentants (Dijon, 24 juill. 1874, S. 75.273 ; — Cass., 13 juill. 1893, *R. S.*, 1894, p. 7).

277. — La jurisprudence décide que le principe de la personnalité morale de la société survit à la dissolution de cette société et qu'elle continue à subsister pour les besoins de la liquidation tant que celle-ci n'est pas terminée (Cass., 18 août 1840, S. 40.1.836, D. 41.1.182 ; — 13 mars 1854, S. 54.1.378 ; — 27 juill. 1863, S. 63.1.457, D. 63.1.460 ; — 29 mai 1865, S. 65.1.325 ; — 22 déc. 1868, D. 69.1.156 ; — 23 mai 1870, S. 71.1.106, D. 70.1.415 ; — 3 janv. 1872, D. 72.1.10 ; — 26 fév. 1872, S. 72.1.175 ; — 16 mai 1877, S. 77.1.356 ; — 16 août 1880, S. 82.1.176, D. 82.1.80 ; — 18 déc. 1883, S. 86.1.27, D. 84.1.402 ; — 11 mars 1884, S. 85.1.447, D. 84.1.199 ; — 2 déc. 1885, S. 88.1.331, D. 86.1.357 ; — 15 nov. 1887, D. 88.1.293 ; — 12 fév. 1890, S. 91.1.230 ; — 13 janv. 1892, S. 92.1.100, D. 92.1.587 ; — 22 fév. 1892, S. 93 1.49, D. 94.1.147 ; — 28 fév. 1894, D. 94.1.239 ; — 28 juill. 1896, S. 1900.1.391, D. 97.1.147 ; — 10 mai 1897, D. 98.1.73 ; — 7 nov. 1898, S. 99.1.269. — En ce sens : Troplong, n. 1004 et 1006 ; Bédarride, n. 480 ; Alauzet, n. 421 ; Boistel, n. 379, et note D. 92.2.385 ; Lyon-Caen et Renault, n. 366 ; Thaller, n. 355 ; — Nantes, 4 avr.

1900, *J. S.*, 1901, p. 524 ; — St-Etienne, 10 juin 1902, *R. S.*, 1903 , p. 29 ; — Bordeaux, 19 janv. 1903, *J. S.*, 1904, p. 420 ; — Paris, 8 fév. 1904, *R. S.*, 1904, p. 498 ; — Orléans, 17 fév. 1904, *Gaz. Trib.*, 25 mars 1904 ; — Besançon, 25 avr. 1904, *Gaz. Pal.*, 28 mai 1904, *R. S.*, 1904, p. 105).

Nous n'avons rappelé ici que la jurisprudence de la Cour de cassation, mais d'innombrables décisions de Cours d'appel et de tribunaux ont adopté le même principe. Nous indiquerons les plus récentes.

278. — Ainsi, pendant toute la durée de la liquidation, l'actif social continue d'appartenir à la société, et non indivisément aux associés. De là résulte que les créanciers sociaux ont un privilège sur cet actif pendant la liquidation, à l'encontre des créanciers personnels des associés (Cass., 9 fév. 1864, S. 64.1.147, D. 64.1.138 ; — Aix, 8 avr. 1878, S. 79.2.313 ; — 28 janv. 1884, S. 86.1.465, D. 84. 1.145 ; — 2 déc. 1885, S. 88.1.331, D. 86.1.357 ; — Lyon-Caen et Renault, n. 366).

La société continue à jouir des conditions et modalités attachées à ses obligations et elle n'est pas déchue notamment du bénéfice du terme (Trib. civ. Seine, 7 déc. 1905, *R. S.*, 1906, p. 442).

On peut demander sa nullité pour vices dans sa constitution (Bordeaux, 30 mars 1908, *R. S.*, 1909, p. 381).

279. — De même, les immeubles de la société ne peuvent être grevés d'hypothèques, au cours de la liquidation, du chef des associés, pas plus qu'au cours de l'existence de la société (Cass., 27 juill. 1863, S. 63.1.427, D. 63.1.463 ; — Lyon-Caen et Renault, n. 366 ; Thaller, n. 355).

Les associés ne pourraient non plus, pendant le cours de la liquidation, former une demande en licitation des immeubles (Bordeaux, 30 mars 1886, S. 88.2.881, D. 86.2.284). Ils peuvent, si la société est dissoute par le décès d'un associé, pratiquer une saisie-arrêt au préjudice de la société sans qu'il soit indispensable de signifier d'abord le titre de créance aux héritiers de l'associé (Le Havre, 20 juin 1902, D. 1903 2.130).

De même, le fait par un des associés de s'être réservé individuellement le droit de se rétablir dans le même commerce et en la même ville que la société, ne fait pas disparaître le fonds exploité par la société dissoute ; c'est donc à bon droit que le liquidateur prétend le mettre en vente, et il n'y a pas lieu à partage en nature des marchandises et du matériel qui, constituant un accessoire du fonds, doivent être mis en vente avec lui (Paris, 30 avr. 1908, *J. S.*, 1909.205).

280. — Du principe de survie d'une société en liquidation, la Cour de cassation, par arrêt du 28 juillet 1896 (D. 97.1.147), a tiré les deux conséquences suivantes, sur lesquelles il convient d'insister :

1° Une clause d'un acte de société aux termes de laquelle les commanditaires doivent toucher l'intérêt de leur mise doit produire son effet, même après la dissolution de la société, pendant la durée de la liquidation de celle-ci.

2° Si les valeurs composant l'actif social subissent une dépréciation entre le jour de la dissolution et le jour de la liquidation, les risques doivent être supportés par les associés dans la proportion non pas de la part d'actif qui leur revient, mais de leur contribution aux pertes (V. en ce sens Lyon-Caen et Renault, 4° éd., t. 2, n. 366 *bis* ; — Cass., 25 août 1879, D. 79.1.465 ; Trib.civ. Seine, 6 avr. 1895, *La Loi*, 17-18 nov. 1895 ; — Cass., 3 janv. 1900, D.1900.1.586).

Cette jurisprudence, tout en consacrant le principe énoncé ci-dessus, décidant que la fiction créée par la loi doit être appliquée restrictivement, est par conséquent accordée toutes les fois que les besoins de la liquidation n'en nécessitent pas l'intervention (V. encore en ce sens : Paris, 10 déc. 1913, D. 1914.2. 126).

281. — L'inventaire préalable à la liquidation, même s'il y a parmi les associés des mineurs, ne doit pas nécessairement réaliser les formalités prescrites par l'art. 451 C. civ. (Cass., 30 nov. 1892, S. 93.1.73, D. 94.1.83 ; — 30 juin 1896, S. 97.1.267, D. 96.1.518).

282. — Le liquidateur représente la société personne morale. Il a seul qualité pour faire toutes les opérations au nom de la société et détenir ses livres et documents. Les obligations par lui contractées pour les besoins de sa liquidation obligent la société et les associés, comme si elles avaient été contractées au cours de l'existence sociale (Cass., 10 mai 1897, *R. S.*, 1900, p. 23 ; — Trib. com. Seine, 23 déc. 1880, *J. S.*, 1881.133 ; — Comm, Marseille, 10 mai 1907, *J S.*, 1910.522 ; — Lyon-Caen et Renault, n. 366). Une fois les opérations de liquidation terminées, et l'actif réparti entre les associés, il ne reste plus rien de l'être moral société ; par suite, les créances ayant per du leur caractère de créances sociales pour prendre celui de créances indirectes, le recouvrement ne peut plus être fait que contre chaque attributaire (Cass., 22 mars 1898, D. 1903. 1.398).

283. — Au point de vue des actions en justice, la situation reste la même pendant la liquidation que pendant le cours de la société. Lors donc qu'il s'agit d'une société en nom collectif, les créanciers peuvent exercer directement leurs actions contre les associés personnellement, comme ils le pouvaient au cours de la société (Toulouse, 7 août 1834, D. 36.2.14 ; — Bordeaux, 19 août 1841, D. 42.2. 186 ; — Trib. com. Seine, 18 mars 1853, T.C. 53.207 ; — Bordeaux, 16 mars 1864, *J. arr. Bordeaux*, 1864, p. 132).

Mais il faudrait décider en sens contraire si l'on admettait que les associés ne peuvent être poursuivis qu'après condamnation de la société elle-même (Cass., 14 août 1858, S. 59.1.332, D. 59.1.179 ; — 10 avr. 1877, D. 77.1.347 ; — Boistel, note D. 91.1.241).

284. — Les créanciers qui veulent agir contre la société n'ont pas à mettre en cause tous les associés. Ils doivent actionner le liquidateur (Paris, 18 juin 1890, *R. S.*, 1890.504).

C'est en effet, le liquidateur qui représente en justice la société, soit en demandant, soit en défendant (Cass., 21 juill. 1890, S. 92.1. 501, D. 91.1.270 ; — Lyon-Caen et Renault, n. 366 ; Thaller, n. 355).

285. — Les actes de procédure en demandant ne doivent pas nécessairement, pendant la liquidation, être délivrés au nom du liquidateur. Il suffit qu'ils le soient au nom de la société, qui survit pour les besoins de sa liquidation (Cass., 3 janv. 1872, D. 72.1.10 ; — 20 fév. 1872, D. 72.1.10 ; — 16 août 1880, D. 82.1.80 ; — 28 fév. 1894, D. 94.1.239 ; — 7 nov. 1898, S. 99.1.269).

286. — Il a été décidé que le droit pour les actionnaires de se faire représenter par un mandataire en justice, conformément à l'art. 17 de la loi de 1867, persiste après la dissolution de la société, tant que la liquidation n'est pas terminée (Lyon, 24 déc. 1881, *Gaz. Pal.*, 82. 1.483 ; — Paris, 12 juill. 1894, D. 97.2.9).

287. — Pendant tout le cours de la liquidation, le liquidateur doit être considéré non pas comme le mandataire des associés, mais comme le représentant de la personne morale. Par conséquent, il peut agir même contre les associés qui n'ont pas rempli envers la société les obligations auxquelles ils étaient tenus (Paris, 6 fév. 1891, D. 92.2.385, et la note de M. Boistel ; — Cass., 24 oct. 1910, *Gaz. Trib.*, 18 févr. 1911 ; — Lyon-Caen et Renault, n. 366. — Comp. Com. Nantes, 27 juill. 1907, *J. S.* 1909.336).

Il résulte de là que la mort, la faillite ou l'interdiction d'un associé, survenant au cours de la liquidation, ne fait pas cesser le mandat du liquidateur (Cass., 13 mars 1854, S. 54.1.378 ; — Lyon-Caen et Renault, n. 366).

288. — C'est au tribunal du siège social qu'appartient la connaissance des actions intentées contre la société relativement à la liquidation. La jurisprudence est formelle sur ce point (V. notamment : Cass., 11 mars 1884, S. 85.1. 447, D. 84.1.199 ; — 20 oct. 1885, 2 déc. 1885, S. 88.1.331, D. 86.1.357 ; — 11 juin 1888, D. 90.1.519 ; — 12 fév. 1890, S. 91.1.230 ; — 28 fév. 1894, D. 94.1.239 ; — 3 janv. 1900, *Pand. franç.*, 1900.1.349).

289. — Il résulte encore du principe de survivance de la personne morale que la société en liquidation peut être déclarée en faillite (V. *infrà*, n. 3783 ; — Paris, 13 janv. 1900, *R. S.*, 1900.215 ; — Thaller, *Rev. crit.*, 1885, p. 208 ; — Lyon-Caen et Renault, t. 2, n. 366, et t. 8, n. 1140).

Jugé encore qu'une société dissoute sous condition suspensive et qui a fait apport à une autre société d'une partie de son actif peut, avant la réalisation de la condition, souscrire des actions non entièrement libérées de cette société ; mais les actionnaires de la société dissoute ne sont pas tenus d'échanger leurs actions contre les nouvelles actions ainsi souscrites (Lyon, 16 fév. 1909, *J. S.*, 1909 499).

290. — La fiction de survie de l'être moral, pendant la durée de la liquidation, ne s'applique pas dans les rapports des associés entre eux ; à leur égard la société est considérée comme cessant d'exister dès le jour de sa dissolution (Cass., 12 fév. 1890, S. 91.1.230).

291. — La survivance de la personnalité morale au cours de la liquidation n'empêche pas les associés de disposer individuellement, et sans attendre la fin de cette liquidation, de leurs droits dans l'actif, par exemple, pour en faire apport à une autre société. En faisant apport à une société en formation de leurs droits non encore liquidés dans la société dissoute, les associés ne causent aucun préjudice aux créanciers sociaux, qui peuvent toujours s'opposer à ce que le patrimoine de l'ancienne société et celui de la nouvelle se confondent (Paris, 22 fév. 1892, S. 93.1.49, D. 94.1.147). Les actionnaires qui ont acheté leurs titres postérieurement à la débâcle de la société ont le droit d'assister aux assemblées convoquées par le liquidateur, car ils sont coassociés et la société se réunit pour les besoins de sa liquidation.

§ 2. — Quelles sociétés sont commerciales ?

292. — Examinons maintenant quelles sont les sociétés commerciales. La société commerciale, dit M. Bédarride, est celle qui a « pour objet de faire le commerce, soit par l'exploitation d'une branche d'industrie déterminée, soit par l'exercice habituel d'actes de commerce ; aucune difficulté ne saurait donc sérieusement naître pour les sociétés dont le but est de se livrer à un ou plusieurs des actes que les art. 632 et 633 C. com. qualifient d'actes de commerce. Ce but les caractériserait suffisamment ; elles seraient essentiellement commerciales ». Mais nous allons voir qu'il n'est pas toujours facile d'arriver à une détermination précise.

293. — Pour compléter la définition que nous venons d'emprunter à M. Bédarride, et qui doit servir de guide dans la recherche de la nature des sociétés, il faut rappeler ce principe que la *forme* de la société ne produit aucune influence sur son véritable caractère. C'est par l'objet et l'essence des opérations de la société que la nature de la société doit se déterminer. Il importe peu, par exemple, qu'une société civile prenne la forme d'une société commerciale (V. cependant *infrà*, n. 296) ; elle ne perd pas, par ce fait, son caractère de société civile. La volonté des parties ou leur erreur ne peut rien en cette matière. La nature seule de l'acte fait la loi (Aix, 27 déc. 1855, D. 56.2.208 ; — Bordeaux, 4 août 1856, D. 57.2.77 ; — Metz, 16 mars 1865, D. 65.2.65 ; — Cass., 27 mars 1866, S. 66.1.211, D. 66.1.428 ; — Paris, 15 fév. 1868, S. 69.2.329 ; — Dijon, 19 mars 1868, S. 68.2.233 ; — Paris, 17 août 1868, S. 68.2.312 ; — Grenoble, 19 mars 1870, S. 71.2.35 ; — Cass., 26 fév. 1872, S. 72.1.175, D. 72.1. 9 ; — 18 déc. 1871, S. 71.1.196, D. 72.1.9 ; — 17 mars 1874, D. 74.1. 420 ; — 16 juin 1874, S. 74.1.345, D. 74.1.445 ; — 28 janv. 1884, *J. S.*, 1885.328, S. 86.1.145 et la note de M. Lyon-Caen ; — 12 déc. 1887, S. 88.1.319 ; — Paris, 8 mars 1889, *J. S.*, 1889.184 ; — Cass., 8 nov. 1892, S. 93.1.32, D. 93.1.78 ; — 27 déc. 1893, D. 93.1.78, etc., etc. ; — Seine, 3 déc. 1900, *J. S.*, 1901.213 ; — 14 fév. 1901, *J. S.*, 1901.327 ; — Cass., 3 fév. 1902, S. 1902.1.72 ; — Seine, 26 fév. 1904, *Gaz. Pal.*, 5 oct. 1904 ; — Bordeaux, 31 mai 1904, *Gaz. Pal.*, 5 oct. 1904 ; — Paris, 6 juill. 1904, *Gaz. Trib.*, 19 oct. 1904 et *Gaz. Pal.*, 25 oct. 1904 ; — Paris, 6 juill. 1904, *J. S.*, 1905.39 ; — Paris, 30 mars 1905, *R. S.*, 1906.148 ; — Cass., 20 juill. 1906, *R. S.*, 1907.56. — Jurisprudence unanime. — V. *Pand. franç.*, V° *Sociétés*, n. 1128. — *Sic* : Pardessus, *Dr. comm.*, n. 966 ; Duvergier, n. 481 et 485 ; Molinier,

n. 244 ; Paris, n. 667 ; Malepeyre et Jourdain, p. 174 ; Troplong, n. 328 ; Bravard, édit. Demangeat, t. I, p. 180 ; Namur, t. I, § 36, p. 126 ; Alauzet, n. 273 ; Lyon-Caen et Renault, n. 272. — V. cependant Vincent, *Législ. comm.*, t. 1, p. 349 et s. ; Delangle, n. 28 et s. et 424 ; Bédarride, n. 97 et 123).

294. — L'objet de la société ne détermine le caractère civil ou commercial que si la société se livre réellement aux opérations qu'il comporte. Si cet objet est simplement apparent, le juge devra, pour se décider, apprécier les opérations réellement poursuivies (Cass., 11 juin 1888, S. 90.1.516 ; — Paris, 21 mai 1892, S. 92.2.270, D. 92.2. 235 ; — Cass., 1er août 1893, S. 94.1.22, D. 94.1.126).

295. — Si la société se livre à des opérations tout à la fois civiles et commerciales, nous pensons que le caractère commercial devra lui être reconnu, par analogie avec l'esprit de la loi du 1er août 1893 (Cass., 1er août 1893, précité ; — Rennes, 19 fév. 1892, *R. S.*, 1893. 515. — *Contrà* : Cass., 12 mai 1875, S. 76.1 376 ; — 12 déc. 1887, *R. S.*, 1888.1.129). Ces arrêts décident que la solution résulte de l'importance dominante des opérations.

296. — Avant la loi de 1893, on décidait qu'une société civile par son objet ne devenait pas commerciale par cela seul qu'elle revêtait une forme commerciale.

Bien que nous ayons ultérieurement à revenir sur ce principe, nous devons, dès à présent, reproduire ici le texte de la loi du 1er août 1893 : « Quel que soit leur objet, les sociétés en commandite ou anonymes qui seront constituées dans les formes du Code de commerce ou de la présente loi seront commerciales et soumises aux lois et usages du commerce. »

Mais il importe de noter que cette disposition ne statue que pour l'avenir, et que, par suite, toutes les sociétés constituées même sous la forme commerciale avant la promulgation de la loi de 1893, demeurent civiles si leur objet est civil (Seine, 24 déc. 1903, *Gaz. Trib.*, 17 avr. 1904).

Il faut aussi ne pas oublier que la loi de 1893 ne considère comme commerciales pour l'avenir que les sociétés qui se constitueront sous la forme de sociétés par actions. Par conséquent, les sociétés en nom collectif ou en commandite simple ne tombent pas sous l'application de la loi de 1893 (Havre, 27 janv. 1898, *Jurisp. Havre*, 1898, p. 19. — V. aussi Trib. Seine, 25 fév. 1898, *Gaz. Trib.*, 1er sept. 1898).

297. — Examinons maintenant les espèces les plus importantes

Les sociétés formées pour l'achat d'immeubles à l'effet de les revendre ou de les louer, soit dans l'état où ils ont été achetés, soit après que des constructions y ont été édifiées, des plantations faites ou d'autres travaux exécutés, constituent des sociétés civiles. Ainsi se prononcent la majorité des auteurs et la presque unanimité de la jurisprudence. L'achat d'immeubles pour les revendre ou les louer n'est pas en effet un acte de commerce. D'après l'art. 632 C. com., est seulement réputé acte de commerce tout achat de *denrées* ou *marchandises* pour les revendre soit en nature, soit après les avoir travaillées et mises en œuvre, ou même pour en louer simplement l'usage. Cette disposition n'est relative qu'aux choses mobilières ; elle ne s'applique pas aux immeubles (Cass., 4 juin 1850, S. 50.1.593 ; — Aix, 10 nov. 1854, S. 55.2.245 ; — Paris, 29 août 1868, S. 68.2.329 ; — Cass., 3 fév. 1869, S. 69.2 217 ; — 18 déc. 1871, S. 71.1.196 ; — 21 juill. 1873, S. 73.1.456, D. 74.1.127 ; — 22 fév. 1898, J. S., 1898.250 ; — Lyon-Caen et Renault, n. 92 ; Pont n. 104 ; Labbé, dissertation S. 68.2.32. — V. aussi la jurisprudence innombrable citée aux *Pand. franç.*, v° *Sociétés*, n. 1270).

Ainsi, on doit considérer comme société civile l'acte par lequel des copropriétaires d'immeubles communs les ont divisés en parts égales étant stipulé « qu'ils seraient affermés de neuf ans en neuf ans, qu'ils ne pourraient pas être partagés entre les communistes et leurs successeurs sans l'assentiment de tous et qu'ils seraient administrés par des procureurs avec les pouvoirs les plus étendus, sauf à rendre compte annuellement de leur gestion devant l'assemblée générale des cointéressés » (Chambéry, 20 fév. 1905, D. 1907. 2.118).

298. — Mais ces principes ne seraient pas applicables si la société était constituée en vue d'acquérir des constructions à démolir, des récoltes ou des coupes de bois pour les revendre. En ce cas, la spéculation ne porte pas sur l'immeuble lui-même, mais sur la revente de matériaux qui, une fois démolis, deviennent meubles (Lyon-Caen et Renault, t. 1, n. 111 ; — Cass., 20 avr. 1868, S. 69.1. 217 ; — 29 avr. 1885, S. 86.1.118 ; — Paris, 31 mars 1887, R. S., 1887. 432 ; — Seine, 17 janv. 1888, *Gaz. Trib.*, 1er fév. 1888).

299. — L'exploitation des immeubles se complique souvent d'opérations présentant un caractère évident de spéculation. Si ce caractère domine, la société doit être considérée comme une société commerciale (Aix, 26 août 1867, T. C. 68.186 ; Trib. com. Seine, 16 déc. 1867, T. C. 68.186 ; — Cass., 20 avr. 1868, S 69.1 217 ; — Aix,

5 août 1868, S. 68.2.334 ; — Cass., 3 fév. 1869, S. 69.1.217 ; — 29 fév. 1885, S. 86.1.118).

300. — On considère comme civile la société formée pour acheter des immeubles afin de les sous-louer ensuite après les avoir disposés en magasins ou boutiques, mais sans les garnir de meubles (Aix, 27 déc. 1855, D. 56.2.208 ; — Paris, 12 juill. 1861, S. 61.2.568, D. 61.5.9).

301. — La société qui a pour objet l'édification de constructions nécessaires à une usine, l'acquisition et l'installation du matériel et la location de cette usine n'a pas le caractère d'une société commerciale (Cass., 31 juill. 1899, *J. S.*, 1900.70).

302. — Est commerciale la société formée, même entre non-commerçants, pour la construction d'un pont sur une route départementale (Bastia, 8 avr. 1834, S. 34.2.585, Dalloz, n. 228-3°).

Il a été jugé qu'une société formée pour la construction d'un marché est civile, et non commerciale (Paris, 11 déc. 1830, S. 31.2.282, Dalloz, n. 198-3°).

303. — De même celle pour la construction et l'exploitation d'un canal maritime de grande navigation (Panama) (Trib. civ. Seine, 4 fév. 1889 ; — 12 fév. 1888, *J. S.*, 1890.199 ; — Paris, 8 mars 1889, S. 89.2.225 ; — Thaller, *Ann. dr. com.*, 1889, p. 120). De même celle formée pour la distribution des eaux dans une ville (Seine, 31 déc. 1900, *R. S.*, 1901.136).

304. — La société formée pour la perception et la répartition du péage d'un pont déjà construit est une société civile ; la société créée pour la construction du pont serait commerciale (Cass., 23 août 1820, S. chr. ; — 23 août 1848 ; — Bédarride, n. 112 ; Dalloz, n. 225).

305. — Une société créée pour l'exploitation d'une forêt n'est pas commerciale si elle est restreinte aux coupes à faire et à vendre (Bourges, 10 mai 1843, Dalloz, n. 201). Une société formée entre les propriétaires du sol d'une forêt pour en acheter la superficie, la revendre et payer avec le produit le prix d'acquisition, est purement civile (Nancy, 27 juill. 1828, Dalloz, n. 203).

306. — Au contraire, la société qui a pour objet le façonnage des coupes affouagères de plusieurs communes est une société commerciale (Colmar, 4 avr. 1841, Dalloz, n. 229).

307. — Doit être considérée comme commerciale la société ayant pour l'objet l'achat d'effets publics pour les négocier (Crim. cass. belge, 26 mai 1842, Dalloz, n. 203 ; — Cass., 14 nov. 1871 ; — 5 mars 1879 ; — Lyon, 9 janv. 1890, *R. dr. comm.*, art. 224).

308. — Est commerciale une société d'éclairage par le gaz ou l'électricité (Lyon, 4 juill. 1890, S. 92 2.275. — *Contra* : Thaller, *Ann. dr. com.*, 1891, p. 586).

309. — Les sociétés ayant pour objet une entreprise de transport par terre ou par eau sont commerciales (art. 632 C. com. ; — Cass., 3 fév. 1902, *R. S.*, 1902.212).

310. — Jugé qu'une société qui a un fonds social divisé en un nombre de parts d'égale valeur, négociables par la seule tradition, qui a un siège social, une dénomination sociale empruntée à son objet, dont deux des associés sont responsables de tous les engagements de la société, tandis que les autres associés, simples bailleurs de fonds, ne sont obligés que jusqu'à concurrence de leurs mises, doit être considérée comme société commerciale (Cass., 10 juill. 1906, *R. S.*, 1907.56 ; — Cass., 7 janv. 1908, D. P. 1908.1. 126).

311. — De même, la société qui a pour objet la poursuite de la concession d'un chemin de fer en vue d'une rétrocession ou d'une exploitation (Cass., 8 nov. 1892, S. 93.1.32, D. 93.1.78 ; — 27 déc. 1892, D. 93.1.78. — V. pour un tramway : Cass., 15 janv. 1900, S. 1900.1.317 ; — Lyon, 2 mars 1905, *R. S.*, 1906.434). Il en est autrement de celle qui s'est bornée à l'étude des projets, à dresser des plans et devis (St-Etienne, 25 mars 1902, *J. S.*, 1903.202). N'est pas commerciale la société fermière ayant pour objet l'exploitation d'établissements thermaux et qui n'a pas comme accessoires des hôtels, maisons garnies, etc. (Bordeaux, 18 janv. 1902, *R. S.*, 1902.26).

312. — Les sociétés qui ont pour objet des entreprises de fournitures sont également commerciales (art. 632 C. com.). Les sociétés coopératives de consommation sont-elles commerciales ? On distingue généralement selon qu'elles font ou non des opérations avec des tiers (Decaudin, *Etude sur le régime légal des sociétés coopératives en France*, 1902). — V. *infrà*, n. 3730 et suiv.

313. — En ce qui concerne les entreprises de constructions, l'art. 633 C. com. déclare expressément que les entreprises de constructions pour la navigation intérieure ou extérieure sont des actes de commerce. Mais lorsqu'il s'agit de constructions terrestres, aucune difficulté n'est possible : l'entreprise de construction étant l'accessoire d'une entreprise d'exploitation, le caractère de la société se détermine par la nature de l'exploitation (Pont, n. 116 ; Boistel, note D. 90.2.233).

Ainsi, il faut considérer comme commerciale la société formée pour la construction et l'exploitation d'un chemin de fer (Cass., 26 mai 1857, S. 58.1.263, D. 57.1.246 ; — Troplong, n. 353 ; Delangle, n. 31). Ainsi qu'une société d'entreprise de travaux publics avec fourniture de matériaux.

De même celle constituée pour la construction et l'exploitation d'un théâtre (Alger, 29 avr. 1899, *R. S.*, 1899.456). La construction d'un canal (Seine, 4 fév. 1889, *R. S.*, 1889.139, D. 90.2.233 ; — Paris, 8 mars 1889, S. 89.2.255), d'un marché ou d'un abattoir (Paris, 17 nov. 1883, *R. S.*, 1884.46 ; — Ussel, 18 juin 1896, *R. S.*, 1897.92. — *Contrà* : Poitiers, 14 fév. 1884, D. 85 2.257) est considérée comme un acte civil.

314. — Que décider en ce qui concerne la nature d'une société ayant pour objet d'élever des constructions pour le compte d'un tiers sur le terrain d'autrui sans intention d'exploitation par la société ?

On a soutenu qu'une telle entreprise de construction était purement civile (Pau, 31 janv. 1834, D. 34.2.191).

Mais l'opinion qui prévaut aujourd'hui est qu'au contraire les entreprises de constructions pour le compte d'autrui sont commerciales et doivent être assimilées aux entreprises de manufactures et aux entreprises de fournitures (Cass., 3 fév. 1869, S. 69.1.217, D. 69.1.60 ; — Lyon, 8 déc. 1870, D. 71.2.143 ; — Trib. Seine, 6 mars 1884, *Gaz. Pal.*, 1884.2.70 ; — Trib. com. Seine, 15 avr. 1889, T. C. 90.183).

315. — Aux termes de l'art. 638 C. com., le propriétaire, cultivateur ou vigneron qui vend les denrées provenant de son cru ne fait pas acte de commerce. Une société contractée entre plusieurs propriétaires pour vendre leurs denrées en commun ne serait donc pas commerciale (Malepeyre et Jourdain, p. 6 ; Troplong, n. 322).

316. — Les sociétés de course, de chasse ou de sport ne sont pas commerciales (Rouen, 27 déc. 1899, *R. S.*, 1900.182 ; — Arras, 12 juin 1903, *R. S.*, 1904.252 ; — Poitiers, 20 janv. 1909, S. 1909.2.55 ; — Cass., 25 oct. 1909, S. 1909 1.560).

317. — De même, n'a pas la qualité de commerçant l'association de porteurs français de valeurs étrangères, qui n'a point pour objet la réalisation de bénéfices ; il en est de même du comité de défense formé pour soutenir les intérêts des obligataires d'une société en liquidation (Trib. com. Seine, 14 mars 1906, *R. S.*, 1907.67 ; — Paris, 31 juill. 1905, *R. S.*, 1906.193).

318. — L'homme de lettres ou l'artiste qui exploite lui-même son œuvre ne fait pas acte de commerce (Ruben de Couder, V° *Acte de commerce*, n. 51). Il a été jugé par application de ce principe qu'on doit considérer comme société civile celle formée entre un homme de lettres et un artiste dans le but de publier une collection de gravures, alors que tous deux ont coopéré à la composition de l'ouvrage, et que le premier n'est pas un simple bailleur de fonds spéculant sur le talent d'autrui (Paris, 16 déc. 1837, Dalloz, n. 207).

Sur le caractère de la Société des auteurs, compositeurs et éditeurs de musique, V. Paris, 6 fév. 1907, *R. S.*, 1908.326. — Sur celui de la Société des gens de lettres, V. Trib. civ. Seine, 22 juin 1906, *R. S.*, 1907.27 ; et sur appel, Paris, 29 nov. 1907 (2 arrêts), *R. S.*, 1908.119.

319. — De même, l'auteur qui s'associe avec un imprimeur pour la publication et la vente de son ouvrage, ne fait pas un acte de commerce (Paris, 23 déc. 1840, S. 41.2.323, Dalloz, n. 207 ; — 10 mars 1843, P. 43.1.485, Dalloz, n. 131), à moins qu'il ne résulte des conventions intervenues que l'auteur ne s'est pas borné à céder une partie de son ouvrage, mais qu'il en a fait l'objet d'une société commerciale par actions dont il s'est constitué le gérant (Paris, 31 janv. 1837, P. chr. ; — Pardessus, n. 15).

320. — Cependant la Cour de Paris a jugé, le 16 février 1844 (*Le Droit*, 24 fév. 1844, Dalloz, n. 1621-2°), que la convention par laquelle un auteur et un imprimeur s'engagent à partager par moitié les bénéfices et les pertes résultant de la publication de l'édition d'un ouvrage dont la propriété est réservée à l'auteur, constitue une association *commerciale* en participation. Cet arrêt ne nous paraît pas juridique. Il se fonde sur ce que l'imprimeur, dans l'espèce, fait un acte de commerce, et que l'auteur en s'associant à cette opération fait lui-même acte de commerce. Mais le même contrat ne peut-il pas être commercial à l'égard de l'une des parties et conserver vis-à-vis de l'autre un caractère civil ? L'imprimeur fait incontestablement acte de commerce, parce qu'il achète un manuscrit qu'il revend ensuite au public, mais l'auteur ne trafique de rien. S'il publiait son ouvrage lui-même en achetant du papier et des caractères d'imprimerie, il ne ferait pas acte de commerce ; personne ne le conteste. S'il chargeait un libraire de faire toutes les avances moyennant une part déterminée dans le produit de la vente, ferait-il acte de commerce ? Non évidemment. Pourquoi alors celui qui emploie ces deux procédés réunis serait-il commerçant ? (Conf. M. Ruben de Couder, V° *Acte de commerce*, n. 51).

321. — Une société ayant pour objet la publication d'un journal est commerciale (Paris, 2 août 1828, Dalloz, n. 208 ; — Marseille, 24 janv. 1870, D. 70.3.76 ; — Rennes, 6 janv. 1875, *Rec. Nantes*, 75. 1.171 ; — Boistel, p. 29, note 1 ; Ruben de Couder, *eod.verbo*, n. 51).

322. — Il est de jurisprudence constante que les maîtres et maîtresses de pension ne sont point commerçants. Ils n'achètent pas les denrées et fournitures nécessaires à leurs élèves dans le but de se procurer un bénéfice en les revendant ; ce n'est qu'un accessoire de l'objet que se propose la profession, c'est-à-dire l'éducation des élèves (V. Conf. Ruben de Couder, *eod. verbo*, n. 51). Il suit de là que la société formée pour la direction d'une maison d'éducation a un caractère civil, et non commercial (Paris, 23 juill. 1852, D. 54. 2.102 ; — Cass., 21 mars 1864, S. 64.1.217 ; — Toulouse, 26 mai 1903, *R. S.*, 1904.57).

323. — Les sociétés qui existent dans plusieurs de nos départements de l'Est sous le nom de sociétés fromagères sont des sociétés civiles (Besançon, 28 déc. 1842, S. 46.2.655 ; — Besançon, 12 mars 1867, S. 67.2.281, D. P. 67.2.33 ; — Trib. Pontarlier, 15 févr. 1898, *J. S.*, 1898.263).

324. — La loi répute acte de commerce toute entreprise de fournitures, d'agences, bureaux d'affaires, établissements de ventes à l'encan, spectacles publics, etc. (art. 632 C. comm.). Les sociétés ayant pour but l'exploitation de ces différentes branches de commerce sont donc commerciales.

325. — Nous avons vu (n. 163) que les sociétés d'assurances mutuelles ne sont pas des sociétés proprement dites. Elles ne sont donc pas des sociétés commerciales (Paris, 28 mars 1857, S. 58.2. 197 ; — Cass., 8 fév. 1860, S. 60.1.207, D. 60.1.83 ; — 23 oct. 1889, S. 92.1.63 ; — Paris, 18 fév. 1890, S. 92.2.316, D. 91.2.367 ; — Cass., 22 déc. 1900, *R. S.*, 1901.74. — Nouguier, p. 433 ; Bédarride, n. 276. *Contrà* : Caen, 24 nov. 1846, S. 47.2.251 ; — Paris, 12 fév. 1857, S. 58. 2.197 ; — Pardessus, n. 43).

326. — Mais les sociétés d'assurances à primes contre l'incendie, la grêle, la vie des hommes, constituent des sociétés commerciales ; elles rentrent dans les entreprises d'agences dont parle l'art. 632. Elles sont créées dans un but de spéculation (Caen, 1ᵉʳ juil. 1845, S. 46.2.385, D. 46.2.162 ; — Cass., 30 déc. 1846, S. 47.1.285, D. 47.1.80 ; — Caen, 12 mai 1846, D. 57.2.139).

327. — Une société d'assurances formée par le directeur d'une compagnie d'assurances mutuelles contre les faillites, pour exploit er le mandat que peuvent donner les créanciers de faire, moyenn ant une allocation fixe, les recouvrements, les productions et les demandes nécessitées par l'état de faillite des débiteurs, constitue u ne société commerciale (Paris, 6 déc. 1852, D. 53.2.84 ; — Seine, 26 fév. 1904, *Gaz. Pal.*, 5 oct. 1904 ; — Bordeaux, 31 mai 1904, *Gaz. Pal.*, 5 oct. 1904).

328. — Les tontines ne sont pas non plus des sociétés commerciales.

329. — Mais quel est le caractère des sociétés qui se constituent pour l'exploitation des mines ? Aucun doute ne peut s'élever lorsque la société s'est constituée avant la concession, et que la concession lui a été accordée. Elle doit être considérée, en ce cas, comme une exploitation ordinaire, et cette exploitation est déclarée purement civile par la loi (Cass., 31 janv. 1865, S. 65.1.123 ; — 27 mars 1866, S. 66.1.211, D. 66.1,428 ; — 21 juill. 1873, S. 73.1.456, D. 74.1.127 ; — Paris, 8 janv. 1876, D. 76.2.99 ; — 27 fév. 1878, D. 78.2.257 ; — — Paris, 26 fév. 1881, S. 82.2.188 ; — Cass., 26 oct. 1892, S. 93.1.321 ; — Paris, 21 mai 1892, S. 92.2.270, D. 92.2.325 ; — Douai, 12 juin 1893, *J. des faillites*, 1894, p. 119 ; — Seine, 25 fév. 1896, *Gaz. Trib.*, 16 sept. 1896 ; — Cass. belge, 13 mai 1886, *R. des Mines*, 86.324 ; — Paris, 31 mai 1904, *J. S.*, 1904.497 ; — Dijon, 4 juill. 1907, D. P. 1908.2.134. — *Sic* : Duvergier, n. 485 ; Pont, n. 109 ; Lyon-Caen, note dans S. 86.1.465 ; Guillouard, n. 94 et 360 ; Baudry-Lacantinerie et Wahl, n. 114). La loi en préparation sur les mines contient une disposition qui rend toutes les sociétés commerciales.

330. — Mais que décider lorsque les concessionnaires, faisant appel au public, constituent une société anonyme ou en commandite, empruntant ainsi la forme d'une société commerciale ? M. Duvergier soutient que la société ne peut jamais être considérée comme commerciale, parce que son objet est, de par la loi, essentiellement civil. Il ne faut pas s'attacher à la forme ; c'est la nature même des opérations qu'il faut apprécier (Duvergier, n. 485 ; Troplong, n. 238 ; — Paris, 30 mai 1876, *J. de proc.* de Bioche, 76.212. — Conf. : Cass., 15 avr. 1834, S. 34.1.650, Dalloz, 232-1° ; — 10 mars 1841, S. 41.1. 357, Dalloz, 232-1° ; — 31 janv. 1865, S. 65.1.123, D. 65.1.390 ; — Grenoble, 19 mars 1870, S. 71.2.35 ; — Nancy, 18 mai 1872, S. 72.2. 197, D. 73.2.103 ; — Marseille, 13 août 1903, *J. S.*, 1904.165).

La question est aujourd'hui tranchée par la loi du 1er août 1893. Ces sociétés sont commerciales. Il en est de même de celles qui se sont commercialisées depuis la loi (Poitiers, 28 févr. 1910, *J. S.*, 1910.413).

331. — Le principe suivant lequel les industries ayant pour objet l'exploitation du sol ou du sous-sol ont un caractère civil, est absolu tant que les sociétés ou les individus qui les exploitent se bornent à vendre les produits tels qu'ils sont extraits du sol. Mais ces industries peuvent prendre un caractère commercial lorsqu'elles revendent les produits du sol après les avoir manipulés et transformés.

La question en ce cas est assez délicate, car il faut se former une opinion sur le caractère principal ou accessoire de l'entreprise industrielle par rapport à l'exploitation immobilière. Si la transformation n'est qu'un moyen de mettre en valeur les produits du fonds, la société reste civile ; si, au contraire, les produits de transformation constituent une véritable entreprise de manufacture, la société doit être déclarée commerciale (Lyon-Caen et Renault, t. I, n. 136).

332. — Il a été ainsi jugé que la société formée pour l'exploitation d'une mine était une société commerciale, et non une société civile, lorsqu'à l'exploitation de la mine vient se joindre une industrie ayant pour but de convertir en produits fabriqués et industriels les produits naturels de la mine, par la combinaison de ces derniers avec des matières que la mine ne fournit pas et qu'il est nécessaire d'acheter, alors surtout que cette société s'est établie et a toujours agi comme société commerciale (Colmar, 4 juin 1862, D. 62.2.163 ; — Dijon, 1ᵉʳ avr. 1874, D. 75.2.87).

333. — Jugé encore qu'une société formée pour l'exploitation d'une mine devient commerciale lorsqu'à son extraction et à la vente des produits naturels, elle joint l'exploitation d'usines métallurgiques et des matières fabriquées dans ces usines et l'exploitation d'autres usines métallurgiques (Cass., 1ᵉʳ juill. 1878, D. 79.1.218 ; — 28 oct. 1885, D. 86.1.63 ; — 1ᵉʳ août 1893, S. 94.1.126. — V. *Pand. franç.*, Vᵒ *Sociétés*, n. 1338 et la jurisprudence citée).

334. — Mais l'exploitation de la mine ne perd pas son caractère civil lorsque les opérations qui s'y joignent sont purement accessoires. Ainsi, il a été jugé qu'une société houillère n'a pas le caractère commercial par ce fait qu'elle achète du goudron pour la fabrication de ses charbons agglomérés (Lyon, 13 fév. 1878, D. 79.2.99), ou qu'elle exploite un chemin de fer destiné seulement au service de sa mine et ne faisant aucun trafic (Paris, 8 janv. 1876, D. 79.1.99. — V. encore Paris, 1er avr. 1876, D. 79.2.99).

335. — Les sociétés fondées pour obtenir la concession d'une mine doivent être assimilées à celles constituées pour exploiter la concession obtenue ; elles sont donc essentiellement civiles (Nancy, 28 nov. 1840, D. 41.2.81 ; — Trib. com. Marseille, 18 oct. 1888, *R. S.*, 1889.211 ; — Baudry-Lacantinerie et Wahl, n. 114).

336. — Une distinction est nécessaire en ce qui concerne les sociétés formées pour la recherche d'une mine. Elles sont commerciales si les associés se livrent à cette recherche dans l'intérêt d'autres personnes, qui ont l'intention de demander la concession elles-mêmes (Troplong, n. 334 ; Pont, n. 110 ; Guillouard, n. 95 ; Baudry-Lacantinerie et Wahl, n. 114). Elles sont civiles dans le cas contraire, c'est-à-dire si les associés ont l'intention d'obtenir la concession en leur nom et de l'exploiter personnellement (Paris, 11 janv. 1841 ; — Rouen, 19 août 1857, D. 57.2.183 ; — Bordeaux, 25 fév. 1861, *J. arr. de Bordeaux*, 1861, p. 91 ; — Marseille, 18 oct. 1888, *R. S.*, 1889.211 ; — Trib. Seine, 3 janv. 1888, *R. S.*, 1888.102 ; — Paris, 30 nov. 1889, *R. S.*, 1890.89 ; — Troplong, n. 333 ; Pont, *loc. cit.*).

337. — Les sociétés constituées pour l'exploitation de sources d'eaux minérales ou thermales sont civiles, et non commerciales (Metz, 16 mars 1865, D. 65.2.65 ; — Paris, 24 mars 1888, *R. S.*, 1888.375 ; — Grenoble, 13 fév. 1889, *J. Grenoble*, 1889.89 ; — Seine, 10 oct. 1891, T. C. 1893.95 ; — Lyon, 28 fév. 1894, *R. S.*, 1895. 221 ; — Trib. com. Seine, 27 mai 1895, *Ann. dr. com.*, 1895, p. 65 ; — Bourgeois, *Ann. dr. comm.*, 1890, p. 120 ; Lyon-Caen et Renault, n. 124).

338. — La société qui a pour objet l'établissement et l'exploitation, dans une ville, d'eau potable provenant de sources dont la société est propriétaire ou locataire, doit être considérée comme purement civile (Paris, 21 juin 1884, *J. S.*, 1888.108 ; — 24 mars 1888, T. C. 1889, p. 342 ; — Guillouard, n. 93 ; Baudry-Lacantinerie et Wahl, n. 117).

339. — On doit considérer également comme civile la société établie dans le but de distribuer pour le compte d'une ville les eaux dont elle est propriétaire. Elle ne fait pas, en effet, acte de commerce en opérant la vente et la distribution de ces eaux, pas plus que ne le ferait la ville, si elle se livrait elle-même à cette exploitation (Cass., 16 juin 1874, S. 74.1.345, D.74.1.445 ; — Guillouard, n. 93 ; Lyon-Caen et Renault, n. 124).

Il en est de même de la société formée pour la distribution, dans une ville, des eaux dépendant du domaine public (Cass., 18 déc, 1871, S. 71.1.196, D. 72.1.9 ; — 16 juin 1874, S. 74.1.345, D. 74.1.445 ; — 26 fév. 1878, S. 80.1.167).

340. — En ce qui concerne les exploitations agricoles, les mêmes principes ont été appliqués, et il résulte d'une jurisprudence constante que la simple manipulation des produits extraits de ses fonds par le propriétaire n'imprime pas à l'exploitation le caractère commercial, alors que la transformation de ces produits n'a pas l'importance d'une entreprise de manufacture.

341. — La législation spéciale aux mines ne s'applique pas aux carrières. Une société constituée pour l'exploitation d'une carrière est donc une société commerciale (Bordeaux, 29 fév. 1832, Dalloz, n. 236 ; — Caen, 26 janv. 1836, Dalloz, n. 236 ; Bédarride, n. 105). Le propriétaire qui exploite lui-même sa carrière ne fait pas acte de commerce ; mais s'il en cède l'exploitation ou s'associe avec le locataire, il devient commerçant (*Ibid.*). Il a cependant été jugé que l'exploitation d'une carrière est civile si la main-d'œuvre n'est pas l'objet principal de la spéculation de la société (Paris, 17 nov. 1886, *J. S.*, 1888.167 ; — Cass., 12 nov. 1887, S. 88.1.319).

342. — Ne constitue pas une société commerciale la société qui, dans ses usines, fabrique du sucre avec le produit de ses propriétés, alors même qu'accessoirement elle aurait converti en sucre les produits des propriétés voisines, et qu'elle aurait eu recours à des émissions de billets à ordre pour se procurer des fonds, si ces emprunts ont eu lieu non dans un but de spéculation, mais pour subvenir aux frais de culture des terres et aux besoins d'entretien et d'amélioration de l'usine. C'est ce qu'a décidé un arrêt de la chambre des requêtes du 12 mai 1875, rapporté dans Sirey (S. 76.1.376 et. D. 76.1.320).

C'est l'application du principe que nous avons déjà énoncé, à savoir que le propriétaire qui ne fait que vendre les produits de son fonds n'est point commerçant (V. Cass., 26 juin 1864, S. 67.1.290 ; — Montpellier, 28 août 1874, S. 75.2.299 ; — Trib. com. Seine, 12 mars 1875, S. 75.2.180 ; — Paris, 4 fév. 1875, S. 75.2.289, D. 76. 2.185 ; — 2 mars 1875, S. 75.2.180 ; — Alauzet, 2° édit., t. 6, n. 3024 et suiv. ; Massé, 3° édit., t. 1, n° 21 ; Boistel, p. 26 et 29 ; Beslay, n. 51).

343. — On doit considérer comme sociétés commerciales toutes les sociétés de crédit, sans distinction entre les sociétés privées et libres et les établissements formés pour le développement du crédit public dans ses diverses branches sous le nom de banques publiques.

On doit même considérer comme des sociétés commerciales les établissements de crédit destinés à fournir des capitaux à l'industrie agricole ou à la propriété, tels que les banques agricoles, les sociétés de crédit agricole, les sociétés de crédit foncier, etc. (V. le chapitre réservé *infrà* aux sociétés de crédit agricole).

344. — Il résulte de l'examen de tous les cas résumés ci-dessus qu'il est parfois très délicat de décider si une société est civile ou commerciale. Aussi des divergences entre les décisions de jurisprudence sont-elles fort nombreuses.

En ce qui concerne les sociétés par actions, la loi du 1er août 1893 a mis fin au pouvoir d'appréciation du juge, puisque, quel qu'en soit l'objet social, les sociétés qui empruntent la forme des sociétés par actions deviennent pour l'avenir des sociétés commerciales.

345. — Quel serait le sort de la société civile faussement qualifiée de commerciale? Les associés pourraient-ils en demander la nullité pour cause d'erreur de droit? M. Bédarride (n. 122) enseigne que les associés pourraient agir seulement dans le cas où la société, bien que définitivement constituée, n'aurait pas encore fonctionné. Mais si la société a commencé à fonctionner, les associés seraient tout à la fois non recevables et mal fondés dans leur demande en nullité de la société. C'est dans ce sens que s'est prononcée la Cour de Rouen, par arrêt du 19 février 1840 (D. 40.2.137 et 41.1.260), dont le pourvoi a été rejeté par la Cour de cassation, le 6 juin 1841.

SECTION II

FORMES DU CONTRAT. — PREUVE

346. — Antérieurement aux Codes civil et de commerce, une société commerciale pouvait être prouvée autrement que par écrit, et notamment par la preuve testimoniale, lorsqu'il s'agissait de contestations élevées entre les associés ou leurs représentants. L'article 1er du titre 4 de l'ordonnance de 1673, qui exigeait la preuve écrite, était tombé en désuétude (Cass., 28 germ. an XII, S. chr.; — 16 avr. 1806, S. chr. —; 18 fév. 1818, S. 19.1.139, Dalloz, n. 34-5°).

Mais aujourd'hui les art. 39 et 41 du Code de commerce soumettent les sociétés à la nécessité d'un acte écrit : « Les sociétés en nom collectif ou en commandite, porte l'art. 39, doivent être constatées par des actes publics ou sous signature privée, en se conformant dans ce dernier cas à l'art. 1325 du Code Napoléon. » L'art. 41 ajoute : « Aucune preuve par témoins ne peut être admise contre et outre le contenu dans les actes de société, ni sur ce qui serait allégué avoir été dit avant l'acte, lors de l'acte ou depuis, encore qu'il s'agisse d'une somme au-dessous de 150 francs » (Conf. C. civ., art. 1341).

347. — L'acte écrit peut-être sous signature privée ou passé devant notaire (C. com., art. 39 ; — L. 24 juill. 1867, art. 1 et 21).

Les dispositions de l'art. 1325 C. civ. devront être respectées. Il faudra donc autant d'exemplaires qu'il y aura de parties intéressées. De plus d'après la loi fiscale un exemplaire doit être déposé au bureau de l'enregistrement.

Pour les sociétés en commandite par actions et les sociétés anonymes, la difficulté a été tranchée par la loi du 24 juillet 1867 (V. *infrà*, n. 1593).

348. — On a soutenu que depuis la loi du 24 juillet 1867, qui exige, par son art. 55, le dépôt de deux copies de l'acte constitutif aux greffes du tribunal de commerce et de la justice de paix du lieu du siège social, un seul original déposé à ce siège social suffit pour tous les associés. Telle est en effet la solution donnée par les art. 1er, dernier alinéa, et 21 de la loi de 1867 pour les sociétés anonymes et en commandite par actions, et il convient d'autant mieux, dit-on, de l'étendre aux autres sociétés que le dépôt au siège social assure bien la conservation de l'acte, le met à la disposition des associés et rend ainsi inutiles les prescriptions de l'art. 1325 C. civ. (*Sic* : Pont, t. 2, n. 1122). Mais cette opinion doit être repoussée. Tout d'abord, en effet, si les art 1er et 21 de la loi de 1867 suppriment la formalité des doubles pour les sociétés par actions, c'est pour des motifs spéciaux et en raison du nombre considérable d'associés. De plus, ces articles n'exigent le dépôt de l'acte constitutif au siège social que pour ces mêmes sociétés, de telle sorte qu'ils ne peuvent modifier l'art. 37 C. com. qui ne parle que des sociétés en nom collectif et en commandite simple (*Sic* : Lyon-Caen et Renault, t. 2, n. 178. — En ce qui concerne les sociétés entre successibles, V. *suprà*, n. 54 et s.).

349. — Le dépôt aux greffes peut rendre les intéressés non recevables à se prévaloir de l'inobservation de la formalité des doubles. Il est de règle, en effet, que la nullité provenant de l'irrégularité d'un acte sous seing privé est couverte par l'exécution de cet acte. Or, le dépôt aux greffes doit être considéré comme un acte d'exécution, sans qu'il y ait à distinguer suivant qu'il est fait par tous les associés ou par l'un d'eux agissant comme mandataire des autres (Lyon-Caen et Renault, t. 2, n. 179). Au surplus, l'inobservation de la formalité des doubles n'entraîne qu'une sanction très restreinte : on admet en effet d'une manière générale que l'acte sous seing privé, irrégulier au point de vue de la formalité des doubles, vaut comme commencement de preuve par écrit (Lyon-Caen et Renault, t. 3, n. 180).

350. — La règle que la société commerciale doit être prouvée par écrit doit être entendue en ce sens que la société qui ne serait pas contractée par écrit serait nulle seulement pour l'avenir. Si, par exemple, une société est formée entre deux personnes sans acte écrit, et que plus tard, l'une d'elles demande la réalisation de la société par *acte écrit*, cette demande doit être repoussée et la société déclarée nulle (Paris, 11 juill. 1857, S. 58.2.40 ; — Toulouse, 22 juin 1872, S. 73.2.169, D. 72.2.157). Mais dans le passé, la société a eu une existence de fait, qu'il faut liquider, et l'associé qui a intérêt à obtenir cette liquidation peut prouver de toute façon l'existence de la société, puisque nous sommes en matière commerciale (Paris, 26 janv. 1855, D. 55.2.195 ; — Cass., 19 mars 1862, S. 62.1.825, D. 62.1.408 ; — Pau, 19 nov. 1867, S. 68.2.12 ; — Nîmes, 14 mars 1868, S. 68.2.274 ; — Paris, 26 janv. 1883, sous Cass., 4 nov. 1885, S. 88.1.365, D. 86.1.302 ; — Lyon, 3 juin 1902, *R. S.*, 1903.28 ; — Nantes, 8 nov. 1902, *R. S.*, 1903.433. — *Sic* : Boistel, n. 344 ; Labbé, note sous Toulouse, 22 juin 1872, S. 73.2 169 ; Lyon-Caen et Renault, t. 2, n. 171 ; Massé, t. 4, n. 2550 et s. — *Contrà* : consultez Paris, 22 janv. 1841, Dalloz, *Rép.*, n. 848 ; — Paris, 24 fév. 1859, D. 60.2.84 ; — Toulouse, 22 juin 1872, précité). V. *suprà*, Sociétés de fait, n. 248 et suiv., et *infrà*, Nullité, n. 1929 et s.

351. — Nous avons déjà parlé (*suprà*, n. 166 et s.) de la promesse de société. Nous avons à y revenir en ce qui concerne *l'écrit*. M. Labbé (Dissertation, S. 73.2.169) précise avec la netteté et l'autorité dont il a le secret le caractère juridique de cette obligation :

« La société, dit-il, peut être envisagée comme contrat ou comme personne. — La société, en tant que contrat destiné à faire naître des obligations entre les parties, est régie par le droit commun des obligations conventionnelles. Le consentement est aussi obligatoire ici que partout ailleurs. Il est aussi grave de manquer à la foi donnée à propos de société qu'à propos de tout autre contrat. La preuve du contrat est reçue selon les règles ordinaires ; en matière commerciale, la conviction du juge se forme en toute liberté. — La société, en tant que personne juridique, introduite dans le monde des affaires, est soumise pour sa formation et son existence à des conditions spéciales. Une rédaction d'écrit est nécessaire ; une publicité est ordonnée. Un délai pour la publication est rigoureusement prescrit. — A quel signe reconnaître une société qui prétend à la personnification ? A la raison sociale. Une personne abstraite ne peut exister si elle n'a un nom qui serve à la désigner. Lorsqu'une raison sociale devient le pivot, le support de contrats et d'obligations, une publicité est indispensable. La sanction du défaut de publicité est la nullité.

« Il est très important de distinguer la société-contrat et la société-personne. Une séparation profonde existe entre ces deux points de vue. — La société peut être contractée sans aucune prétention à la personnalité : c'est alors, dans le langage du Code de commerce, une association en participation. — Mais la société peut être formée à la fois comme contrat et comme personne. Quoique juxtaposés, ces deux éléments ne doivent pas être confondus. Le contrat conserve sa nature, ses conditions d'existence et ses modes de preuve, quoique joint et uni à une personne qui a ses conditions propres d'existence légale. Sous un seul rapport, l'une des deux matières réagit sur l'autre : l'inexistence légale de la personne sociale qui a fonctionné en fait sans publicité régulière est une cause de dissolution du contrat de société ; comme la société-personne non régularisée par la publication est un danger, une cause de surprise dans le monde des affaires, la loi autorise les associés à demander l'un contre l'autre la dissolution du contrat, afin de faire disparaître la personne qui devait accompagner le contrat et qui a été imparfaitement constituée. Dissolution : tel est à notre avis le mot propre, et non pas nullité. La personne sociale est nulle faute de publicité, laquelle requiert la rédaction d'un écrit. Le contrat de société n'est pas nul faute de solennité : il est consensuel ; seulement il est dissoluble à la volonté de l'une des parties, à raison de la nullité de la personne sociale. »

352. — Bien que les sociétés en nom collectif ne puissent être constituées que par un acte écrit, et que, par suite, l'existence d'une

telle société ne puisse être établie entre les prétendus associés par la preuve testimoniale, un jugement en a décidé autrement à l'égard d'un héritier affirmant l'existence d'une société de cette nature entre un ou plusieurs de ses cohéritiers et le défunt, et disant cette société débitrice de la succession à raison des opérations sociales ; en un tel cas, l'héritier dont il s'agit peut être admis à établir l'existence de la société au moyen de la preuve testimoniale (Colmar, 23 juin 1858, S. 58.2.198). Quant aux tiers, ils sont autorisés à faire, par toutes les voies de droit, la preuve de l'existence de la société qu'ils ont intérêt à faire connaître ; ils peuvent recourir à la preuve testimoniale, déférer le serment, demander la production des livres de commerce, etc., etc. (Toulouse, 5 mai 1811, S. chr. ; — 5 juill. 1867, D. 68.2.217 ; — Cass., 23 nov. 1812, S. chr., Dalloz, n. 874-2° ; — 5 août 1844, S. 48.1.588, Dalloz, n. 1124 ; — Lyon, 30 juin 1827, S. chr., Dalloz, n. 876-3° ; — Bordeaux, 11 déc. 1840, S. 42.2.13 ; — Lyon, 6 août 1850, D. 54.5.714 ; — Nancy, 25 avr. 1853, S. 55.2.535, D. 55.2.349 ; — Toulouse, 5 juill. 1867, D. 67.2.117 ; — Cass., 23 fév. 1875, cité *infrà*, n. 354 ; — 2 janv. 1906, *R. S.*, 1906.192 ; — 25 oct. 1909, *J. S.*, 1910.17. — Pardessus, n. 1009 ; Malepeyre et Jourdain, p. 116 ; Duvergier, n. 66 et suiv. ; Delangle, t. 2, n. 507 et suiv. ; Troplong, n. 230 et suiv. ; Alauzet, n. 378 ; Pont, n. 117).

353. — Il a été jugé, sur une action intentée en conformité de ces principes, que l'existence d'une société en nom collectif, dans laquelle les créanciers d'un commerçant failli voudraient impliquer un tiers qui a eu avec celui-ci des relations suivies, ne saurait résulter ni de ce que ce tiers aurait cautionné, souscrit ou avalisé des effets au profit du failli, même avec solidarité, s'il n'a jamais donné à sa signature la forme et les apparences d'une signature sociale ; — ni de ce qu'il se serait fait rendre compte des affaires du commerçant, son débiteur, et en aurait personnellement surveillé la marche ; ni même de ce qu'il se serait fait céder le fonds de celui-ci, si ce n'a été qu'à titre de simple garantie, ce dernier continuant à diriger seul les opérations (Bordeaux, 17 mai 1864, S. 64.2.230).

354. — Des droits de timbre et de transmission ont été établis par la loi sur les actions des sociétés. Il est donc nécessaire que l'administration de l'enregistrement, chargée de recouvrer les droits fiscaux prouve l'existence des sociétés et l'émission des actions. Il n'y aura évidemment pas de difficulté lorsque la société aura été régulièrement constituée et publiée ; mais si elle est occulte, bien que frappée de nullité, elle ne peut échapper à la perception des droits fiscaux. Une société irrégulière ne saurait être placée dans une situation plus favorable que celle qui s'est rigoureusement conformée à la loi. — Un arrêt de la Cour de cassation a donc reconnu que l'administration de l'enregistrement, poursuivant le recouvrement des droits de timbre ou de transmission établis sur les actions d'une société, doit être considérée comme un tiers, quant à la preuve de l'existence de cette société. Elle peut, par conséquent, tirer la preuve de l'existence de la société, en dehors de l'acte constitutif de la société, de faits et documents personnels ou opposables à celui qu'elle poursuit (Cass., 23 fév. 1875, S. 76.1.473, D. 75.1.370).

Cet arrêt emploie cette expression que l'administration de l'enregistrement est un tiers vis-à-vis de la société dont elle a à prouver l'existence et ajoute : *sauf les conditions de preuves qui lui sont spéciales.* C'est qu'en effet il serait exorbitant que l'administration de l'enregistrement fût considérée absolument comme un tiers, et pût prouver, même par témoins, par des livres dont elle demanderait la production, et par *présomptions* l'existence de la société contre laquelle elle exerce les droits du fisc. C'est pourquoi l'arrêt parle des *conditions des preuves qui lui sont spéciales.* Mais quel est le véritable sens de cette restriction ? La loi est absolument muette sur ce point. Il faut donc chercher des analogies, et on peut les trouver dans les omissions et insuffisances d'évaluations dans les déclarations de successions, punies par l'art. 39 de la loi du 22 frimaire an VII. La chambre des requêtes avait admis, par un arrêt du 24 mai 1846 (S. 46.1.317), que l'administration pouvait faire la preuve des omissions ou des insuffisances de déclarations, même par commune renommée. Mais la chambre civile, par un arrêt du 29 février 1860 (S. 60. 2.475, D. 60.1.139), a repoussé formellement la preuve testimoniale en cette matière.

La chambre des requêtes, dans un arrêt du 27 mai 1868 (S. 68.1. 367, D. 69.1.146), repousse la preuve par présomptions comme la preuve par témoins ; mais la chambre civile n'admet pas cette restriction ; dans un arrêt du 16 novembre 1870 (S. 70.1.404, D. 71.1. 233), elle déclare que « la preuve peut résulter soit des actes des parties ou de leurs ayants cause, soit même des présomptions tirées des faits constants au procès, et d'actes qui, tels que les partages, transactions, inventaires, liquidations, répertoires des notaires, parviennent par l'enregistrement à la connaissance de l'administration et la mettent à même d'exercer son droit de contrôle » (V. aussi Dissertation, dans Sirey, sous l'arrêt précité du 23 février 1875).

Telle est la jurisprudence de la Cour de cassation en cette matière. Elle devra servir de règle pour les réclamations de la régie contre les sociétés occultes.

355. — Dans tous les cas, le contrat de société rédigé par écrit forme une preuve complète à l'égard des parties. Aucune preuve par témoins ne peut être admise, avons-nous vu (n. 346), contre et outre le contenu de l'acte, ni sur ce qui serait allégué avoir été dit avant l'acte, ou depuis, encore qu'il s'agisse d'une somme au-dessous de 150 francs. Mais il a été jugé que la preuve des modifications à un acte de société commerciale, en ce qui touche l'apport de l'un des associés, peut être puisée dans les écritures des livres sociaux, dans la preuve testimoniale et même dans de simples présomptions (Trib.Com. Lyon, 9 janv. 1908, *R. S.*, 1909.119). Ainsi, ces livres peuvent servir à établir que l'évaluation de l'un des apports a été ultérieurement augmentée d'accord avec les associés ; ce n'est pas là méconnaître le principe d'après lequel aucune preuve par témoins ne peut être admise contre et outre le contenu dans les actes de société (Cass., 21 juin 1864, S. 64.1.320, D. 64.1.416. — V. aussi Paris, 26 janv. 1883, sous Cass., 4 nov. 1885, S. 88.1.365, D. 86.1.302 ; — Angers, 24 fév. 1894, S. 96.2.243, D. 94.2.497).

356. — En matière de société commerciale, comme en toute autre matière, les contre-lettres ont leur effet entre les parties contractantes (Cass., 20 déc. 1852, S. 53.1.27, D. 53.1.96). Spécialement, la reconnaissance par un associé, dans une lettre missive, qu'un des associés ne figure que nominalement dans la société, et que la société a en réalité été formée avec une autre personne, peut être considérée comme une contre-lettre opposable par cet associé nominal à celui de qui émane la reconnaissance (Même arrêt).

SECTION III

CESSIONNAIRES ET CROUPIERS,

357. — Chaque associé peut, sans le consentement de ses associés, s'associer une tierce personne, relativement à la part qu'il a dans la société ; il ne peut pas, sans ce consentement, l'associer à la société, lors même qu'il en aurait l'administration (art. 1861 C. civ.).

8

On admet dans un système qu'il y a seulement communauté entre le tiers et l'associé qui lui a vendu ou donné une partie de ses droits. Il n'y a point une seconde société constituée à côté de la première (Duvergier, n. 374 et 375).

On estime, au contraire, dans un autre système, que la cession faite à un tiers par un associé constitue une vente, si elle porte sur sa part totale dans la société, et une véritable société lorsqu'elle ne porte que sur une partie de cette part (Laurent, t. 26, n. 337 ; Guillouard, n. 260 ; P. Pont, t. 1, n. 618 et 619 ; Troplong, t. 2, n. 757 ; Aubry et Rau, t. 5, p. 557, § 381).

358. — Jugé que l'acte par lequel un associé cède à un tiers une part de son intérêt social, bien que qualifié de sous-société, constitue une vente ou cession mobilière passible du droit proportionnel de mutation, lorsque la part d'intérêt cédée est transmise au cessionnaire à titre de propriété distincte et exclusive, et que le prix stipulé est versé non à la sous-société pour former un actif qui lui soit personnel, mais à la société principale elle-même (Cass., 6 déc. 1865 (2 arrêts), S. 66.1.172. — V. Cass., 13 janv. 1892, S. 92.1.100, D. 92.1.587).

359. — La distinction que l'on prétend établir entre le cas où la cession à un tiers par un associé constitue une vente ou une société, n'a pas seulement d'intérêt au point de vue des lois d'enregistrement ; elle en présente notamment encore quant aux mesures de publicité, si l'on admet avec certains auteurs que ces mesures, nécessaires pour rendre les cessions de certains biens opposables aux tiers, ne sont pas applicables au cas d'apport de ces mêmes biens dans une société (V. Troplong, t. 2, n. 765 et 766 ; P. Pont, t. 1, n. 637 et 638 ; Guillouard, n. 261 ; Duvergier, n. 378 ; Duranton, t. 17, n. 444 ; Délangle, n. 203 et 204).

360. — Quoi qu'il en soit de cette distinction, on doit reconnaître que si l'actif social comprenait des créances contre des tiers, et que par le partage, ces créances fussent tombées dans le lot du cessionnaire, celui-ci devrait signifier aux débiteurs son transport, afin de les empêcher de payer entre les mains de l'associé cédant (Troplong, t. 2, n. 766, Duranton, *loc. cit.*).

361. — Le croupier ne peut pas exiger le remboursement de son capital avant que les comptes généraux et définitifs de la participation aient été apurés (Cass., 8 juill. 1887, S. 89.1.252. — *Sic* : Colmet de Santerre, t. 8, n° 30 *bis*, VII ; Baudry-Lacantinerie, t. 3, n. 778).

362. — Du reste, alors même que les participants sont convenus que les opérations de la société se liquideront, au point de vue de l'attribution des bénéfices par des bilans annuels auxquels leur approbation imprimera un caractère définitif, ils n'en sont pas moins libres de s'écarter de cette convention par un accord en sens contraire ; et les juges du fait ont un pouvoir souverain d'appréciation pour constater que l'accord intervenu avait pour objet de réserver non la distribution pour une époque ultérieure de bénéfices réputés définitivement acquis, mais, au contraire, l'examen et la solution de la question de savoir s'il ressortait en réalité un bénéfice certain de l'excédent d'actif par lequel se soldait le compte profits et pertes des bilans arrêtés (Cass., 8 juill. 1887, S. 89.1.252).

363. — Il résulte des explications qui précèdent que chaque associé peut librement céder à un tiers tout ou partie de sa part sociale ; toutefois, cette cession ne produit pas tous les effets qu'elle comporte, puisque, d'après l'art. 1861 C. civ., cette cession n'est opposable à la société que du consentement des autres associés.

Il s'ensuit que lorsqu'un associé cède à un tiers sa part dans les bénéfices de la société, cette cession n'a pas pour effet de conférer au tiers cessionnaire la qualité d'associé (Paris, 14 janv. 1893, S. 94. 2.269; D. 94.2.365).

364. — Dans une société en commandite simple, le commanditaire peut valablement céder sa place dans le capital et les bénéfices de la commandite à un tiers, pourvu qu'il conserve sa qualité de commanditaire au regard de l'associé en nom (Bordeaux, 10 mars 1892, S. 92.2.319, D. P. 92.2.351).

365. — Le croupier, n'ayant pas la qualité d'associé, n'est pas autorisé à prendre communication des livres de commerce de la société (Paris, 15 janv. 1893, précité. — *Sic* : Lyon-Caen et Renault, t. 2, n. 271).

366. — Dans une société en participation, d'après la nature propre du contrat de sous-participation autorisé par l'art. 1861, et en dehors de toute stipulation spéciale et formelle, l'associé participant doit être réputé avoir valablement représenté ses sous-associés ou croupiers, dans tous les actes de gestion et d'administration jugés utiles ou nécessaires à la bonne conduite de l'entreprise.

Dès lors le croupier n'est point recevable à former, contre le participant à la part duquel il est associé, une demande en reddition de compte des actes de gestion accomplis par la société ou son gérant (Cass., 8 juill. 1887, précité. — *Sic* : Laurent, t. 25, n. 337).

De même, les tiers sous-participants ou croupiers d'un associé participant n'ont pas le droit de s'immiscer dans les faits de gestion et d'administration de la société, ni d'exercer un contrôle sur les résolutions prises par le comité de gérance ; par suite, ils ne sont point recevables à intenter, contre le participant à la part duquel ils sont associés, une demande en reddition des comptes de la gestion de ce dernier (Cass., 8 juill. 1887, précité ; — Orléans, 25 mai 1888, S. 89.2.155, P. 89.1.857).

367. — Il n'en pourrait être autrement, et les décisions et comptes des participants ne cesseraient d'être opposables aux croupiers, que si les croupiers alléguaient la mauvaise foi des participants (Cass., 8 juill. 1887, précité ; — Orléans, 25 mai 1888, précité).

368. — Les associés peuvent consentir à ce que le cessionnaire de l'un des associés soit considéré lui-même comme associé ; ce consentement peut être donné par avance, même au cas où les associés répondent sur tout le patrimoine de l'intégralité des dettes sociales : cet accord produit effet même au regard des tiers.

Ainsi, est valable la clause des statuts d'une société civile qui, en soumettant le cessionnaire d'une part d'intérêt à toutes les obligations de l'associé cédant, stipule que ce dernier sera déchargé de toute contribution aux dettes contractées même antérieurement à cette cession, par la société (Paris, 28 janv. 1868, S. 69.3.105 et la note Lyon-Caen, D. 68.2.244. — *Sic* : Lyon-Caen et Renault, *Tr. dr. com.*, t. 2, n. 270 ; P. Pont, t. 1, n. 609, 622 ; Guillouard, n. 225 ; Aubry et Rau, t. 4, p. 559, § 381 ; Laurent, t. 26, n. 340 ; Beudant, *Rev. crit.*, 1864, p. 149).

369. — L'acquiescement des associés qui, aux termes de l'art. 1861 C. civ., a pour effet de transformer en associé le cessionnaire de la part de l'un des associés, ne doit pas nécessairement être exprès ; c'est ainsi qu'il résulte implicitement de la division du capital social en actions, c'est-à-dire en fractions, dont la cession est, sauf dérogation, opposable par elle-même aux autres associés (V. P. Pont, t. 1, n. 598 et s. ; Guillouard, n. 254 ; Lyon-Caen et Renault, *Tr. dr. com.*, t. 2, n. 37, 100, 270 ; Beudant, *Des caractères distinctifs de l'intérêt et de l'action en matière de société, Rev. crit.*, 1869, t. 34, p. 135 et s., 328 et s., 405 et s ; Batbie, *Rev. crit.*, 1869, t. 34, p. 332 et s. ; Troplong, t. 1, n. 128 et s. ; Pardessus, t. 3, n. 973 et s. ; Bravard-Veyrières et Demangeat, t. 1, p. 114 et s. ; Baudry-Lacantinerie, t. 3, n. 778 ; Laurent, t. 26, n. 331).

370. — Dans les actes de sociétés formées pour l'exploitation des charges d'agent de change, on a pris l'habitude d'insérer une formule d'après laquelle les bailleurs de fonds peuvent se substituer un tiers, du consentement du titulaire ou gérant de la charge seulement, et après avoir obtenu au préalable l'agrément de la chambre syndicale.

Jugé, à cet égard, bien que l'acte par lequel un agent de change s'est adjoint des bailleurs de fonds pour l'exploitation de sa charge a utorise ceux-ci à céder leurs droits avec l'autorisation de la chambre syndicale des agents de change et avec le consentement du seul titulaire, que ce dernier ne peut accepter valablement la cession que l'un des bailleurs de fonds ferait à la société elle-même ou aux associés collectivement en se retirant de la société. Un pareil contrat ne peut exister que par le consentement de tous les intéressés (Cass , 22 fév. 1869, S. 69.1.260, D. P. 69.1.420. — V. P. Pont, t. 1, n. 605).

371. — Il arrive assez souvent, dans le cas où les associés ont le droit de se substituer un tiers prenant leurs lieu et place dans la société, que cette faculté se trouve limitée en ce sens que l'associé désireux de céder sa part sociale doit en avertir la société, qui peut alors exercer ce qu'on a appelé le retrait social.

Quand il a été convenu dans un acte de société que les associés vendant leur intérêt seraient tenus d'en avertir les membres du comité, un jour de séance, pour permettre à la société d'exercer, si elle le juge convenable, dans un certain délai, le droit de retrait qu'elle s'est réservé, il peut être décidé, d'après un jugement, que le but de cette clause n'a pas été rempli par des significations faites soit au directeur de la société, soit aux sociétaires individuellement (Cass., 17 avr. 1834, S. 34.1.276, D. 34.1.340 ; — Dalloz, *Rép.*, V° *Sociétés*, n. 584 ; Guillouard, n. 256 ; Laurent. t. 26, n. 334 ; P. Pont, t. 1, n. 608 et s.).

372. — Lorsque les statuts d'un acte de société interdisent à chaque associé la faculté de vendre sa part sociale, le tiers créancier auquel un sociétaire a donné en nantissement sa part dans la société, même avec subrogation dans tous ses droits et actions, n'est pas recevable à actionner directement le gérant de la société en reddition de compte : il n'a d'autre droit que celui de toucher les dividendes et les reliquats de compte à débattre entre son cédant et le gérant (Rouen, 2 janv. 1847, S. 48.2.660, D. 51.2.232, Dalloz, *Rép.*, *loc. cit.* — *Sic* : Laurent, t. 26, n. 336 ; P. Pont, n. 612 ; Guillouard, n. 257).

373. — Jugé, dans le même ordre d'idées, que la cession qu'un associé a faite à un tiers d'une partie de ses droits dans la société peut, malgré la qualification de croupier donnée au cessionnaire et d'après l'ensemble des clauses de l'acte, être déclarée ne constituer qu'une vente pure et simple d'une part d'intérêt, et non une association entre le cédant et le cessionnaire (Cass., 24 nov. 1856, S. 57. 1.516, D. 56.1.429. — *Sic* : Guillouard, *loc. cit.* ; Laurent, *loc. cit.* ; P. Pont, *loc. cit.*).

CHAPITRE V

DE LA PUBLICITÉ

SECTION I

DES FORMALITÉS

374. — Indépendamment de la nécessité d'un acte écrit, aucune société commerciale n'est valable si elle n'a été publiée conformément aux dispositions de la loi (C. com., art. 42 ; L. 24 juill. 1867, art. 55 et s.).

375. — La nécessité de la publication des actes de société s'est imposée à l'origine même des sociétés. L'édit de Blois de 1579 avait déjà soumis à la nécessité de l'enregistrement et du dépôt celles qui existaient à cette époque et qui se formeraient dans l'avenir. Cette disposition était prise exclusivement contre les étrangers, les seuls maîtres pour ainsi dire du commerce en France à cette époque, et en faveur des nationaux qui se trouvaient lésés par la clandestinité des sociétés formées par les étrangers. Mais bientôt le commerce se développa chez les nationaux, qui empruntèrent aux étrangers le système de fraude contre lequel l'édit de Blois avait voulu les prémunir. Aussi l'ordonnance de 1623 rendit-elle obligatoire pour les Français l'enregistrement et le dépôt des actes de société. Cette ordonnance tomba rapidement en désuétude.

L'ordonnance de 1673 renouvela la prescription en la réduisant toutefois aux sociétés entre marchands, c'est-à-dire aux sociétés en nom collectif ; mais elle en dispensait les sociétés entre marchands et non-marchands, c'est-à-dire les sociétés en commandite. Cette dernière forme de société restait donc occulte. Les préjugés nobiliaires exigeaient qu'il en fût ainsi ; mais l'inconvénient était considérable, car on ignorait toujours quels étaient le commanditaire et le montant de la commandite. Le commerçant commandité ne portait pas sur ses livres comme fonds-capital la somme de deniers à fournir par le commanditaire ; il se bornait à en créditer celui-ci, auquel il ouvrait un compte courant, comme à un créancier, et lorsque le commandité tombait en faillite, le commanditaire entrait dans le contrat d'accommodement avec les autres créanciers (Savary, *Parfait négociant*, t. 1, liv. 1, des Sociétés, p. 24 ; Bédarride, n. 356).

L'art. 2 de l'ordonnance, comme sanction de ses dispositions, frappait la société de nullité, tant à l'égard des associés qu'à l'égard des tiers. C'était donc rendre les tiers responsables d'une faute ou d'une fraude à laquelle ils étaient absolument étrangers (Bédarride, *loc. cit.*).

Les rédacteurs du Code de commerce, convaincus de la nécessité de la publication des sociétés, la prescrivirent pour toutes les sociétés commerciales, à peine de nullité ; mais ils proclamèrent en même temps que la nullité résultant du défaut de publication ou d'une publication irrégulière ne pourrait jamais être opposée aux tiers.

376. — Aux dispositions du Code de commerce, la loi du 24 juillet 1867 a substitué les prescriptions suivantes (art. 55-56) :

« ART. 55. — Dans le mois de la constitution de toute société commerciale, un double de l'acte constitutif s'il est sous seing privé, ou une expédition s'il est notarié, est déposé aux greffes de la justice de paix et du tribunal de commerce du lieu dans lequel est établie la société.

« A l'acte constitutif des sociétés en commandite par actions et des sociétés anonymes sont annexées : 1° une expédition de l'acte notarié constatant la souscription du capital social et le versement du quart ; 2° une copie certifiée des délibérations prises par l'assemblée générale, dans les cas prévus par les art. 4 et 24.

« En outre, lorsque la société est anonyme, on doit annexer à l'acte constitutif la liste nominative, dûment certifiée, des souscripteurs, contenant les nom, prénoms, qualité, demeure et le nombre d'actions de chacun d'eux.

« ART. 56. — Dans le même délai d'un mois, un extrait de l'acte constitutif et des pièces annexées est publié dans l'un des journaux désignés pour recevoir les annonces légales.

« Il sera justifié de l'insertion par un exemplaire du journal certifié par l'imprimeur, légalisé par le maire et enregistré dans les trois mois de sa date.

« Les formalités prescrites par l'article précédent et par le présent article seront observées, à peine de nullité, à l'égard des intéressés ; mais le défaut d'aucune d'elles ne pourra être opposé aux tiers par les associés. »

Ce sont là de notables améliorations. Mais elles paraissent à beaucoup insuffisantes, et en 1889 et 1900, les deux Congrès des sociétés par actions ont émis le vœu de création d'un organe spécial destiné à la publication des actes de sociétés (V. Compte rendu sténographique du Congrès de 1900. — Arthur Rousseau éditeur. — V. l'art. 17 du projet de loi). Il a été réalisé, dans une certaine mesure, par la création du *Bulletin des annonces légales* du *Journal officiel* que nous étudions plus loin, dans la section XI.

377. — Toutes les sociétés commerciales françaises sont soumises à la publicité ; il en est de même des sociétés civiles qui ont revêtu une forme commerciale (Toulouse, 23 mars 1887, *J. S.*, 1887. — Voyez toutefois Rouen, 16 juin 1890, S. 92.2.309).

Des règles spéciales de publicité sont imposées aux sociétés d'assurance mutuelle autres que celles sur la vie (art. 38 et suiv. du décret du 22 janv. 1868) ; aux assurances sur la vie à forme mutuelle ou tontinière (art. 7 et 11 du décret du 20 janv. 1906) ; aux sociétés de crédit agricole (art. 5, loi du 5 nov. 1894), aux sociétés civiles à capital variable. On l'a contesté cependant, quant à ces dernières, disant que l'art. 55 de la loi de 1867 ne s'applique qu'aux sociétés commerciales, mais on peut répondre que ces sociétés étant réglementées par la loi de 1867 sont par là même soumises aux formalités de publicité imposées par cette loi.

378. — La loi prescrit le dépôt de l'acte de société, en original s'il est sous seing privé, en une expédition s'il est notarié. Les intéressés pourront ainsi prendre connaissance de toutes les clauses du pacte social. L'art. 42 C. com. n'exigeait que le dépôt d'un extrait, qui pouvait être plus ou moins complet, ou rédigé avec plus ou moins d'art.

379. — Ce dépôt est fait au greffe de la justice de paix et à celui du tribunal de commerce du lieu du siège social. Si la société a plusieurs maisons de commerce situées dans divers arrondissements, le dépôt doit aussi être fait au greffe de chacun des arrondissements où existent des maisons de commerce (art. 59, 1er al., L. 24 juill. 1867).

L'art. 42 C. com. consacrait déjà cette disposition. Aussi la question s'était élevée de savoir ce qu'il faut entendre par maison de commerce. Dans une société d'entreprise de travaux, par exemple, doit-on considérer comme maisons de commerce distinctes les lieux différents où s'exécutent des travaux, où la société a des ouvriers, des agents, où elle perçoit les produits de son industrie ? Un arrêt de la Cour de Paris, du 24 décembre 1842, se prononce pour la négative. M. Delangle (n. 539) approuve cette solution en ces termes : « Ce serait, dit-il, pousser les choses à l'excès que d'imposer la nécessité des publications partout où la société a des rapports avec les tiers et se livre aux travaux qui doivent la conduire à son but. Il faut encore, pour que la loi soit applicable, qu'il y ait un *domicile social*, une *maison de commerce*. On ne peut pas entendre par maison de commerce le lieu où les travaux s'exécutent. » Il faut donc entendre par *maisons de commerce* des établissements permanents, des magasins, des bureaux, des succursales organisées (V. aussi Cass., 25 juin 1878 ; — Garnier, *Rép. enreg.*, n. 5593 ; — Paris, 19 mars 1895, *J. S.*, 1895.266. — Dans le même sens : Bédarride, n. 257 *ter* ; Rivière, n. 377).

380. — Que décider si une société qui, à son origine, n'avait qu'une seule maison de commerce, crée des établissements ou des succursales au cours de l'existence sociale, dans des arrondissements différents ? Faut-il faire des publications spéciales au greffe et dans les journaux des lieux où sont établies les succursales ?

Nous pensons avec M. Pont (n. 1177), contrairement à M. Vavasseur (n. 1038) et à un jugement du tribunal de la Seine du 9 novembre 1898 (*J. S.*, 1899.90), que des publications doivent être faites dans ce cas. La création d'une maison de commerce ou d'une succursale constitue une modification des statuts intéressant les tiers au plus haut titre et devant être portée à leur connaissance. La publication doit donc être faite au lieu de la succursale et au siège social où la publication originaire a eu lieu (Trib. Com. Amiens, 14 janv. 1910, *J. S.*, 1910.274).

381. — L'obligation d'accomplir les formalités de publicité incombe évidemment aux personnes qui représentent la société. Elle ne pèse donc pas sur les commanditaires ou actionnaires, mais elle s'impose aux gérants et administrateurs (Cass., 16 nov. 1887, S. 88.1.369, D. 88.1.224) ; et aux fondateurs (Douai, 17 déc. 1888, *J. S.*, 1891.511 ; Cass., 21 mars 1910, *J. S.*, 1910.398).

On a prétendu que les mêmes devoirs s'imposaient aux membres du conseil de surveillance (Pont, n. 1095). Nous ne pouvons admettre cette opinion, en réfléchissant aux devoirs des membres de ces conseils qui ne doivent participer à aucun acte de gestion ou d'administration (*Sic* : Vavasseur, n. 580).

382. — L'art. 59 prescrit, dans son premier alinéa, le dépôt de l'acte de société dans chaque arrondissement où la société a une maison de commerce. Le mot *arrondissement* est pris dans son acception judiciaire et administrative. Mais le deuxième alinéa du même article ajoute : « Dans les villes divisées en plusieurs arrondissements, le dépôt sera fait seulement au greffe de la justice de paix du principal établissement. » L'acception du mot *arrondissement*, dans cette dernière partie de l'article, est donc différente de la première ; elle se réfère à la division de plusieurs grandes villes de France en arrondissements ou cantons ayant chacun une justice de paix spéciale (Lyon-Caen et Renault, n. 195).

383. — Outre le dépôt dont nous venons de parler, un extrait de l'acte de société doit être publié dans l'un des journaux désignés pour recevoir les annonces légales. Nous verrons bientôt quelles indications doit contenir cet extrait.

384. — Cette insertion est prouvée par la production d'un exemplaire du journal, certifié par l'imprimeur et légalisé par le maire. De plus, l'exemplaire du journal doit être enregistré dans les trois mois de sa date. L'enregistrement peut être requis par un tiers (Cass., 30 juill. 1868, S. 69.1.113, D. 71.5.369). Il a été jugé, sous l'empire de l'art. 52 C. com. qui contenait une disposition identique, que la société doit être déclarée nulle si l'exemplaire du journal n'est pas enregistré dans les trois mois de sa date (Cass., 30 janv. 1839, S. 39.1.393, Dalloz, n. 837 ; — Bordeaux, 5 fév. 1841, Dalloz, n. 837, S. 41.2.219 ; — Cass., 10 nov. 1879, D. 80.1.127 ; — Lyon, 12 déc. 1902, *R. S.*, 1903.482). Mais il peut être suppléé à la représentation du journal par la production d'un extrait du registre du receveur constatant l'enregistrement du numéro du journal contenant l'insertion (Cass., 18 mars 1846, S. 46.1.683 ; — Lyon, 19 juin 1890, *Mon. jud. Lyon*, 16 oct. 1890 ; — Cass., 19 juin 1918, *Gaz. Soc.*, 1918.30).

385. — L'extrait des actes et pièces déposés est signé pour les actes publics par le notaire, et pour les actes sous seing privé par les associés en nom collectif, par les gérants des sociétés en commandite ou par les administrateurs des sociétés anonymes (art. 60, L. 1867).

386. — Il a été jugé que si l'insertion ne paraît pas dans tous les exemplaires du journal et a été omise dans un petit nombre, cela ne suffit pas pour vicier la publication. Il appartient au juge d'apprécier si la publicité a été ou non remplie (Cass., 10 nov. 1879, D. 80.1.127, S. 81.1.412).

387. — C'est à la société à justifier de l'enregistrement dans le délai légal (*R. S.*, 1892.154). A défaut d'enregistrement, la société est nulle (Trib. com. Poitiers, 7 mars 1910, *Gaz. Soc.*, 1912.73).

388. — Le délai est d'un mois à partir de la constitution. Il faut entendre par constitution soit l'accomplissement des formalités et conditions spéciales établies par la loi pour les sociétés par actions, soit la signature de l'acte de société pour les sociétés en nom collectif ou en commandite simple (Boistel, n. 350 ; Lyon-Caen et Renault, t. 2, n. 192 ; Pont, t. 2, n. 151 ; Vavasseur, t. 2, n. 1023. — Lyon, 5 avr. 1881, D. 82.2.32 ; — Cass., 1ᵉʳ fév. 1881, S. 83.1.415).

389. — Jugé que dans les sociétés en nom collectif, le délai court à partir de la signature de l'acte, alors même que les opérations de la société ne doivent commencer qu'à une époque ultérieure (Lyon, 5 avr. 1881, S. 82.2 109, D. 81.2.32). Mais lorsqu'un acte de société a été signé par les associés à des dates différentes, la société ne doit être déclarée constituée que du jour de la dernière signature ; en conséquence, c'est seulement à compter de ce jour que court le délai de publication (Aix, 12 déc. 1814, Dalloz, n. 816).

390. — Que décider si la société était formée sous une condition suspensive ? Quel serait, en ce cas, le point de départ du délai ? On décide généralement que le délai ne commence à courir que du jour de la réalisation de la condition, parce que la société n'existe réellement qu'à ce moment et que, jusqu'à cette date, l'acte est imparfait (Cass., motifs, 4 août 1847, S. 47.1.649 ; — Lyon, 16 fév. 1909, *J. S.*, 1909.499 ; — Rennes, 3 août 1893, *J. S.*, 1895.395). — C'est la pratique qui a été suivie par le ministère du travail à l'occasion de l'enregistrement des sociétés d'assurances sur la vie et des entreprises de capitalisation.

391. — Le mois se calcule de quantième à quantième, sans égard à l'inégalité des jours qui composent chaque mois de l'année.

392. — Ces formalités doivent-elles être accomplies dans ce même délai d'un mois dans toutes les localités désignées par la loi ? Une société, par exemple, a deux maisons de commerce, l'une à Paris, lieu du principal établissement, l'autre à Lyon ; n'aura-t-on qu'un mois pour faire les publications, tant à Paris qu'à Lyon ? M. Rivière (n. 358) se prononce pour l'affirmative. « C'est dans le mois de la constitution de la société, dit-il, que les formalités doivent être remplies, aux termes de l'art. 55 ; et l'art. 59, qui prévoit le cas où il y a des maisons de commerce dans divers arrondissements, n'accorde aucun délai nouveau, bien qu'il suppose nécessairement qu'il y aura une distance plus ou moins grande entre le lieu du principal établissement et l'arrondissement dans lequel sera située la maison de commerce. D'ailleurs, le délai d'un mois est bien suffisant pour donner le temps d'accomplir les prescriptions de la loi. Comment calculerait-on ? Procéderait-on par voie d'analogie avec d'autres dispositions de nos lois ? Tout cela n'est pas possible, ou du moins on ne peut le décider ainsi qu'en ajoutant au texte de la loi, et en substituant sa volonté à la sienne : en un mot, en remplaçant une disposition nette et précise par une décision arbitraire. »

393. — Les formalités de publication sont d'ordre public ; ceci est admis par tout le monde. La Cour de cassation avait jugé par arrêt du 9 mai 1860 que cette nullité pouvait être invoquée devant elle pour la première fois. Mais elle est revenue sur cette jurisprudence (Cass., 21 mai 1862, D. 62.1.212 ; — 24 janv. 1872, S. 72. 1.380).

394. — Le délai d'un mois est-il fatal ? Si la publication a été faite après l'expiration de ce délai, la société est-elle absolument nulle ? (V. sur cette question, *infrà*, n. 440 et s., *Publicité tardive*.)

395. — La désignation des journaux où se font les insertions légales est attribuée aux préfets par le décret du 27 février 1852, dont l'art. 23 est ainsi conçu :

« Les annonces judiciaires exigées par les lois, pour la validité des procédures et des contrats, seront insérées, *à peine de nullité de l'insertion*, dans le journal ou les journaux de l'arrondissement qui seront désignés, chaque année, par le préfet.

« Le préfet réglera en même temps le tarif de l'impression de ces annonces. »

Sur la question de savoir si le décret de 1852 est toujours, légalement, en vigueur, V. l'arrêt du Conseil d'Etat du 17 nov. 1899 (D. P. 1901.3.14) qui fixe la jurisprudence administrative en cette matière assez obscure.

396. — Les formalités de publicité que nous venons d'examiner sont les seules qui doivent être observées pour la validité des sociétés. — En conséquence, le défaut de transcription d'un acte de société contenant des apports en immeubles n'entraîne pas la nullité de la société (Cass., 26 avr. 1880, S. 81.1.5 et la note de M. Labbé, D. 80.1.268). Le défaut de transcription autoriserait seulement les tiers à faire considérer l'apport comme non opposable à leur égard (Lyon-Caen et Renault, t. 1, n. 207).

SECTION II

SANCTION DES DISPOSITIONS RELATIVES A LA PUBLICITÉ

397. — La sanction des formalités de publicité se trouve dans l'art. 56 de la loi du 24 juillet 1867, ainsi conçu :

« Les formalités prescrites par l'article précédent et par le présent article seront observées, à peine de nullité, à l'égard des intéressés, mais le défaut d'aucune d'elles ne pourra être opposé aux tiers par les associés. »

a) Cas dans lesquels il y a nullité.

398. — Il y a nullité lorsque l'une des formalités prescrites par les art. 55 et suiv. a été omise.

Ainsi il y aura nullité de la société ou de la clause modificative, lorsque l'acte de société ou l'acte modificatif n'aura été déposé ni au greffe du tribunal de commerce, ni à celui de la justice de paix, ou qu'il n'aura été déposé qu'à l'un des deux greffes, ou que l'insertion d'un extrait des statuts dans les journaux n'aura pas été faite.

399. — Il y aura également nullité s'il n'est pas justifié de l'insertion par un exemplaire certifié par l'imprimeur (Agen, 10 mai 1858, D. 58.2.116). Jugé qu'une société peut être annulée pour défaut d'enregistrement dans les trois mois d'un exemplaire du journal qui contient l'insertion de l'extrait de l'acte de société (Cass., 30 janv. 1839, S. 39.1.393, Dalloz, *Rép.*, *loc. cit.*, n. 837 ; — Bordeaux, 5 fév. 1841, S. 41.2.219, *Rép.*, *loc. cit.* ; — Agen, 10 mars 1858, S. 58.2.235, D. 58.2.116 ; — Douai, 19 fév. 1892, *R. S.*, 1892.248. — *Sic* : Lyon-Caen et Renault, t. 2, n. 211 ; Pont, t. 2, n. 1224).

400. — Cependant cette nullité ne saurait être considérée comme absolue, en ce sens qu'elle devrait nécessairement être prononcée par cela seul qu'une omission quelconque aurait été commise. Il y a lieu d'appliquer ici la théorie de la jurisprudence qui, à peine de nullité dans un acte, ne prononce néanmoins la nullité qu'autant que les mentions observées ne paraissent pas suffire à remplir le but de la loi (V. pour cette jurisprudence : Cass., 23 nov. 1835, S. 36.1.903 ; — 28 juin 1869, S. 70.1.163 ; — 24 mai 1879, S. 80.1.137, P. 80.1. 91).

401. — Jugé que la nullité édictée par l'art. 56 n'est pas absolue en ce qui concerne les indications que doit contenir la liste nominative des souscripteurs. Il appartient aux juges de rechercher si l'omission de quelqu'une de ces indications a pu induire le public en erreur sur la personnalité des souscripteurs primitifs (Cass., 13 fév. 1894, D. 94.1.165 ; — 21 janv. 1895, S. 95.1.77, D. 95. 1.112. — *Sic* : Pont, t. 2, n. 1132 ; Vavasseur, t. 1, n. 400 ; Lyon-Caen et Renault, t. 2, n. 213).

402. — A plus forte raison, la publication dans les journaux d'un extrait de l'acte de société et des pièces annexées n'est pas nécessairement nulle, par cela seul que l'insertion ne se retrouve pas absolument dans tous les exemplaires du journal. En pareil cas, il appartient aux tribunaux d'apprécier si la condition de publicité est, ou non, remplie (Cass., 10 nov. 1879, S. 81.1.412, D. 80.1.127).

403. — On s'est demandé s'il y avait également nullité lorsque la publicité n'avait pas été faite dans un arrondissement où la société possède une succursale, alors même que les statuts ont été publiés régulièrement au siège social. Un arrêt de la Cour de Paris du 29 décembre 1885, rapporté au Dalloz (*Supp.*, V° *Sociétés*, n. 156), s'est prononcé pour l'affirmative. Cette solution nous paraît conforme à l'esprit de la loi, qui veut que la société soit portée à la connaissance de tous les tiers pouvant avoir à traiter avec elle. Cependant la plupart des auteurs soutiennent qu'il ne peut pas y avoir de nullité sans texte, et que l'art. 59 de la loi de 1867 ne prononce pas expressément la nullité dans le cas qui nous occupe. Ces auteurs ajoutent que c'est surtout au siège social que l'on a intérêt à consulter l'acte de société, et que le défaut de publication dans le ressort d'une simple succursale n'engendre aucune clandestinité sérieuse (Beudant, *de la Publicité des actes de société d'après la loi du 24 juillet 1867*, n. 41 et 44 ; *R. prat.*, t. 25, p. 338).

404. — Y a-t-il nullité si l'extrait inséré dans les journaux ne contient pas toutes les mentions exigées par la loi ? La Cour de cassation s'est prononcée pour l'affirmative par deux arrêts du 8 mars 1881 (S. 81.1.257, D. 81.1.198) et du 2 mars 1885 (D. 85.1.445). — (En ce sens : Cass., 20 juin 1870, S. 72.1.65, D. 71.1.339 ; — Paris, 9 août 1877, S. 78.2.225, D. 78.2.193.)

D'après une deuxième opinion, il faut distinguer entre les clauses du pacte social dont la publicité est formellement prescrite par la loi, et celles qui doivent être publiées dans l'intérêt des tiers, bien qu'elles ne soient pas énumérées. Pour les premières, leur omission entraînerait la nullité de la société elle-même, ou tout au moins les tribunaux auraient le pouvoir de prononcer cette nullité si l'omission était de nature à nuire aux tiers. Quant aux autres, leur omission entraînerait non pas la nullité de la société, mais simplement la nullité de la clause non publiée, en ce sens qu'elle ne serait pas opposable aux tiers intéressés (Vavasseur, t. 2, n. 1016 et 1017 ; Pont, t. 2, n. 1224 et s.).

Enfin une troisième opinion décide que l'omission d'une des clauses prescrites dans l'extrait inséré dans les journaux ne saurait entraîner, en aucun cas, la nullité de la société, cette nullité n'étant pas édictée par les art. 57 et 58 ; les tiers ont seulement le droit de demander la nullité de la clause non publiée (Lyon-Caen et Renault, t. 2, n. 213 ; Beudant, *R. prat.*, t. 25, p. 341).

405. — Jugé en ce sens que les engagements contractés sous la signature ou raison sociale par un des associés, dans son intérêt exclusivement personnel, obligent la société, bien que l'acte social interdise aux associés, à peine de nullité même vis-à-vis des tiers, de faire usage de la signature sociale dans leur propre intérêt ; mais cette clause n'avait pas été publiée (Cass., 21 fév. 1860, S. 60.1.415, D. 60.1.121).

De même, la convention par laquelle, lors de la formation d'une société en commandite simple, les associés ont reconnu les droits d'un créancier personnel de l'un d'eux et consenti à le payer avec les fonds sociaux, n'est opposable, en cas de faillite de la société, à la masse des créanciers sociaux représentée par le syndic, qu'autant qu'elle a été portée à la connaissance du public, lors de la constitution de ladite société (Cass., 14 déc. 1886, S. 87.1.370, D. 87.1.103).

En tout cas, dans une société anonyme ayant pour objet des dépôts, un tiers déposant ne peut arguer d'une inexactitude commise dans l'extrait de l'acte social publié pour constituer la société en faute, et comme telle responsable envers lui, que si cette inexactitude lui a été préjudiciable ; et la solution de cette question de fait appartient souverainement aux juges du fond (Cass., 5 mai 1880, S. 81.1.5 et la note de M. Labbé, D. 80.1.269).

406. — Sous quelles formes et dans quel délai peut être invoquée la nullité ? La nullité de la société pour défaut de publicité peut être invoquée soit par voie d'action principale, soit par voie d'exception (Cass., 14 nov. 1887, S. 90.1.153, D. 88.2.203 ; — Douai, 7 déc. 1905, *R. S.*, 1906.299). Cette exception tirée du fond du droit peut être invoquée en tout état de cause, mais pas cependant devant la Cour de cassation (Cass., 21 mai 1862, D. 62.1.212 ; — 24 janv. 1872, D. 72 1 300).

407. — La nullité est absolue, d'ordre public. La publication tardive ou l'exécution volontaire de l'acte ne peut, d'après M. Pont (t. 2, n. 1238), couvrir la nullité (V. *infrà*, n. 440).

Il a cependant été jugé qu'un tiers créancier d'une société a pu renoncer sciemment au droit de poursuivre l'annulation de la société (Cass., 1ᵉʳ mars 1882, D. 83.1.130).

408. — La nullité de la société pour défaut de publication n'existe pas de plein droit. Elle doit pour produire effet être formellement demandée par un tiers ou par un intéressé. Elle ne peut être suppléée d'office par le juge (Cass., 16 mai 1859, S. 60.1.889, D. 60.1. 338 ; — 5 janv. 1886, S. 86.1.241 et la note de M. Labbé, D. 86.1. 122 ; — 5 juill. 1900, S. 1904.1.190 ; — Douai, 7 déc. 1905, *R. S.*, 1906.299 ; — Lyon-Caen et Renault, t. 2, n. 217 ; — Vavasseur, t. 2, n. 1026).

Ajoutons qu'une société non publiée fonctionne comme société de fait conformément à ses statuts tant que la nullité n'en est pas prononcée (Voyez les arrêts précités).

b) Par qui et contre qui la nullité peut être demandée.

409. — Du principe que la nullité de la société pour défaut de publicité est une nullité d'ordre public, il résulte que la nullité peut être invoquée par toute personne ayant intérêt à faire consirer la société comme non avenue, contre toute personne intéressée à se prévaloir du pacte social (Cass., 25 mars 1890, D. 98.1.465 ; — 11 janv. 1893, S. 97.1.443, D. 93.1.317 ; — Douai, 7 déc. 1905, *R. S.*, 1906.299). V. *suprà* le chapitre *Sociétés de fait*, n. 248 et suiv.

Une seule exception doit être formulée, c'est que la nullité ne peut être invoquée à l'encontre des tiers par les associés.

410. — L'intérêt dont il faut justifier pour l'exercice de l'action en nullité doit être un intérêt juridique et pécuniaire (Lyon-Caen et Renault, t. 2, n. 224). L'action en nullité cesse d'être recevable lorsque la société a été déclarée en état de liquidation judiciaire (Bordeaux, 12 mars 1902, *R. S.*, 1903.270).

411. — On doit considérer comme intéressés :

1° *Les créanciers sociaux.* — Pas de difficulté sur ce point. Les créanciers sociaux ont, en effet, intérêt à faire considérer la société comme régulière ; quelquefois aussi la nullité peut leur profiter, en

9

ce sens qu'elle a pour conséquence de faire disparaître des clauses du pacte social pouvant nuire aux créanciers (Cour de la Réunion, 16 juin 1876, S. 77.2.1, D. 78.2.201 ; — Cass., 19 juill. 1893, S. 94.1.261 ; — Paris, 19 janv. 1897, S. 1901. 2.295 ; — Bordeaux, 10 mai 1899, S. 1910.2 94. — Lyon-Caen et Renault, n. 226 ; Pont, n. 1249).

412. — 2° *Les créanciers personnels des associés.* — La jurisprudence est formelle à cet égard. Les créanciers personnels des associés ont le droit de demander la nullité (Cass., 22 mars 1843, S. 44.1.749, Dalloz, n. 882 ; — 18 mars 1846, S. 46.1.683, D. 46.1.241 ; — 7 mars 1849, S. 49.1.397, D. 49.1.77 ; — 14 mars 1849, S. 49.1.633, D. 49.1.157 ; — 13 fév. 1855, S. 55.1.721, D. 55.1.308 ; — 11 mai 1870, S. 70.1.428, D. 70.1.405 ; — 14 nov. 1887, S. 90.1.153, D. 89.1.205 ; — 25 mars 1890, S. 90.1.126, D. 90.1.475 ; — 14 avr. 1893, S. 97.1.487, D. 94.1.91 ; — 7 août 1893, S. 93.1.260, D. 94.1.102 ; — 20 nov. 1901, S. 1904.1.22 ; — Limoges, 2 juin 1843, S. 44.2.5 ; — 10 mars 1848, S. 48.2.353, D. 48.2.163 ; — Bordeaux, 15 janv. 1847, S. 48.2.745, D. 49.2.36 ; — Lyon, 28 janv. 1873, S. 74.2.107, D. 73.2.38 ; — Rennes, 6 mars 1869, S. 69.2.254, D. 70.2.224 ; — Angers, 2 août 1865, S. 67.2.75, D. 66.2.199 ; — Grenoble, 11 juill. 1873, D. 74.2.167 ; — 24 déc. 1889, sous Cass., 7 déc. 1891, D. 92.1.617 ; — Cass., 7 juin 1904, D. 1904.1.455. — *Sic* : Beudant, *R. prat.*, 1868, t. 25, p. 335 ; Boistel, n. 260 ; Lyon-Caen et Renault, n. 228 ; Molinier, n. 289 ; Pont, t. 2, n. 1250 ; Thaller, n. 280 ; Vavasseur, t. 1, n. 200 et t. 2, n. 1031. — *Contrà* : Beslay et Lauras, t. 5, n. 606 et s.; Bravard et Demangeat, t. 1, p. 205).

413. — Il a été jugé que cette nullité peut même être invoquée par la femme de l'un des associés créancière de son mari pour ses reprises (Cass., 18 mars 1846, D. 46.1.241 ; — 18 mars 1851, D. 51.1.51, et sur renvoi : Paris, 21 juin 1852, D. 54.2.714).

414. — 3° *Les associés.* — Les associés peuvent se prévaloir de la nullité à l'encontre les uns des autres. Le texte formel de l'art. 56 de la loi de 1867 ne laisse aucun doute à cet égard. La jurisprudence est aussi irrévocablement fixée (Cass., 22 nov. 1869, D. 70.1.23 ; — 5 janv. 1886, S. 86.1.241 et la note de M. Labbé, D. 86.1.122 ; — 20 nov. 1901, S. 04.1.22. — Pont, t. 2, n. 1247 ; Lyon-Caen et Renault, n. 225 ; Pont, t. 2, n. 1247).

Par application de ce principe, il a été jugé que l'associé qui exerce son droit en demandant la nullité ne peut être passible de dommages-intérêts, alors même que dans l'acte de société existerait une clause pénale contre l'associé qui refuserait d'exécuter le contrat ou qui voudrait se retirer avant l'expiration de la durée qui lui est assignée (Cass., 21 juill. 1885, S. 85.1.448, D. 87.1.212; — 5 janv. 1886, D. 86.1.122. — Voyez aussi Cass., 4 janv. 1853, D. 53. 1.5; — Aix, 27 nov. 1849, D. 54.2.715).

Les associés peuvent également demander la nullité de l'acte de dissolution pour défaut de publication.

Ils peuvent y avoir intérêt, notamment pour faire tomber l'aliénation qui aurait été consentie par le liquidateur (Cass., 30 juill. 1856, D. 56.1.308),

Il a cependant été jugé que le défaut de publication du changement ou de la retraite de l'un des associés ne peut plus être invoqué par un associé, lorsque la nullité a été couverte par une exécution volontaire de chaque associé (Cass., 27 mai 1861, D. 61.1.330).

415. — 4° *Les débiteurs sociaux.* — Les débiteurs de la société peuvent opposer la nullité lorsqu'ils y ont intérêt (Lyon-Caen et Renault, t. 2, n. 227 ; — Cass., 10 fév. 1879, D. 79.1.266) ; — 14 juin 1887, S. 87.1.407. — V. cependant Nîmes, 1er juill. 1912, *Gaz.Soc.*, 1912.486).

416. — 5° *L'administration de l'enregistrement.* — L'administration de l'enregistrement ayant, comme tout intéressé, le droit de contester la régularité des actes qu'on lui oppose, peut invoquer la nullité d'une société commerciale pour défaut de publication (Trib. Charleville, 17 mai 1872, *R. périod.*, Garnier, art. 313 ; — Trib. Fontenay, 9 août 1872, *ibid.* ; — Trib. Bernay, 11 déc. 1878, *J. enreg.*, art.21443 ; — Trib. Cholet, 6 fév. 1890, S. et P. 92.2.60. — *Contrà* : Trib. Valenciennes, 27 déc. 1872, *R. périod.*, *loc. cit.*).

417. — Les personnes dont nous venons de reconnaître la qualité peuvent invoquer la nullité de la société pour défaut de publicité, alors même qu'en fait elles auraient eu connaissance de l'existence et des conditions de la société : la loi, en prescrivant des formalités de publicité, a voulu, disent les arrêts, écarter les contestations qui auraient pu s'élever sur la bonne ou la mauvaise foi des tiers, et dans ce dessein, elle a créé, selon qu'il y a eu observation ou inobservation des formalités, une présomption de connaissance ou d'ignorance des actes dont la nature exclut toute preuve contraire (Cass., 18 mars 1851, S. 51.1.273, D. 51.1.51 ; — 13 mars 1854. S. 54. 1.378, D. 54.1.130 ; — Rennes, 6 mars 1869, S. 69.2 254, D. 70.2.224 ; — Lyon, 23 janv. 1873, S. 74.2.107, D. 73.2.38. — *Sic* : Alauzet, t. 2, n. 813 ; Boistel, n. 360 ; Lyon-Caen et Renault, t. 2, n. 230).

c) Conséquences de la nullité.

418. — Pour apprécier les conséquences de la nullité, il faut distinguer entre les associés, la société et les créanciers sociaux.

Entre associés, la nullité de la société a pour effet unique de les dispenser d'exécuter leurs obligations. Si le jugement intervient avant que la société ait fonctionné, pas de difficulté. Si au contraire la société a fonctionné, la nullité n'opère que pour l'avenir, et elle n'a pas plus d'efficacité qu'un jugement de dissolution. Pour le passé, la nullité de la société laisse subsister entre les associés une communauté de fait, dont toutes les opérations d'administration doivent être considérées comme valables, communauté qui doit être liquidée entre les communistes et conformément à l'intention commune des parties contractantes, telle qu'elle résulte de l'acte de société (Cass., 13 juin 1832, S. 32.1.520 ; — 29 juin 1841, S. 41.1.586 ; — 31 déc. 1844, S. 45.1.10, D. 45.1.75 ; — 16 mai 1859, S. 60.1.627, D. 60.1.338 ; — 19 mars 1862, S. 62.1.825, D. 62.1.407 ; — 7 juill. 1873, S. 73.1.338, D. 73.1.327 ; — 7 juill. 1879, S. 80.1.206, D. 80.1.123 ; — 5 janv. 1886, S. 86.1.241, P. 86.1.593 et la note de M. Labbé, D. 86.1.122 ; — 5 nov. 1892, S. 94.1.364 ; — Paris, 26 janv. 1855, S. 55.2.66, D. 55.2.195 ; — Rennes, 26 août 1837, S. 38.2.519 ; — Douai, 27 nov. 1839, S. 40.2.206 ; — Bordeaux, 5 fév. 1841, S. 41.2.219 ; — Montpellier, 16 janv. 1841, S. 41.2.456, P. 41.2.705 ; — Angers, 17 fév. 1842, S. 42.2.479 ; — Pau, 19 nov. 1867, S. 68.2.12 ; — Nîmes, 14 mars 1868, S. 68.2.274 ; — Cass., 20 nov. 1901, J. S., 1903.391. — *Sic :* Alauzet, t. 1, n. 231 ; Bédarride, t. 2, n. 363 et s. ; — Boistel, n. 355 et s. ; Bravard et Demangeat, t. 1, p. 193 ; Lyon-Caen et Renault, t. 2, n. 236 ; Pont, t. 2, n. 1263 et s. ; Thaller, n. 279 ; Vavasseur, t. 1, n. 253).

419. — Ainsi, il a été jugé que les apports de chacune des parties doivent, aussi bien que les valeurs acquises en commun, être compris dans l'actif à partager suivant les bases déterminées par l'acte de société, et non pas repris en nature, s'il résulte de l'exécution donnée au pacte social que les parties ont entendu en fait se considérer comme copropriétaires de leurs apports et prendre ainsi à leur profit ou risque les éventualités d'amélioration et de dépréciation qui pourraient survenir durant leur communauté (Cass., 19 mars 1862, S. 62.1.825, D. 62.1.407 ; — Grenoble, 11 juill. 1873, S. 73.1.202, D. 74.2.167).

420. — Il a toutefois été décidé que si l'intention des parties, révélée par les actes d'exécution qui ont suivi la rédaction des statuts, avait été de déroger à certaines clauses de l'acte originaire, le juge n'est pas rigoureusement lié par les statuts de la société déclarée nulle et peut tenir compte pour le règlement des droits des parties de l'intention manifestée par l'exécution (Cass., 20 janv. 1875, D. 76.1.14).

421. — *Entre la société et les créanciers sociaux*, voici les règles à préciser. Du principe que les associés n'ont pas le droit d'opposer la nullité aux tiers, il résulte que les créanciers sociaux peuvent à leur gré, suivant leur intérêt, se prévaloir de la nullité ou tenir la société pour régulière. S'ils font prononcer la nullité, la conséquence sera d'anéantir toutes les conventions intervenues entre eux et la société qui n'aura pas eu d'existence réelle (Cass., 10 fév. 1879, S. 81.1.210, D. 79.1.226). La société annulée n'a pu valablement contracter.

Si, au contraire, les créanciers sociaux n'invoquent pas la nullité, et que cette nullité ne soit pas demandée contre eux par les créanciers personnels des associés, les choses se passeront comme si la société avait été régulièrement constituée, et chacun pourra faire valoir tant contre la société qu'en sa faveur tous les droits inhérents à sa qualité de créancier social d'une société commerciale valablement constituée (Cass., 13 mars 1854, S. 54.1.378, D. 54.1.130 ; — 28 fév. 1859, S. 59.1.509, D. 59.1.232 ; — 12 nov. 1894, S. 97.1.117, D. 95.1.38 ; — Limoges, 10 mars 1848, S. 48.2.353, D. 48.2.163 ; — Nancy, 25 avr. 1853, D. 55.2.349 ; — Paris, 29 janv. 1863, D. 63.2.38. — *Sic* : Lyon-Caen et Renault, t. 2, n. 222 ; Pont, t. 2, n. 1255).

422. — De ce que les sociétés ne peuvent pas opposer aux tiers la nullité de la société, il résulte que, malgré cette nullité, les créanciers sociaux peuvent faire déclarer la société en faillite quand ils sont en présence des seuls associés (Cass., 15 mars 1875, D. 76.1.312 ; — 25 fév. 1879, sol. impl., S. 81.1.461, D. 80.1.20 ; — Bordeaux, 8 déc. 1870, D. 72.2.22 ; — Paris, 5 fév. 1872, S. 73.2.75, P. 73.3.38, D. 74.2.235. — Lyon, 21 déc. 1883, D. 86.2.113 ; — 8 mai 1884, S. 84.2.107, D. 84.2.219. — *Sic* : Boistel, n. 894 ; Lyon-Caen et Renault, n. 239 ; Thaller, *R. crit.*, 1885, p. 298. — *Contrà* : Caen, 18 mai 1864, S. 65.2.103, D. 66.2.35 ; — Orléans, 9 août 1865, S. 66.2.57 ; — Paris, 3 mars 1870, S. 70.2.137, D. 70.2.102).

423. — On s'est demandé si les associés commanditaires ou les actionnaires d'une société anonyme, en cas de nullité de la société pour défaut de publicité, ne sont obligés que jusqu'à concurrence de leur mise.

Une jurisprudence résultant d'un arrêt de la Cour de Lyon du 7 août 1851 (D. 54.2.85), d'un autre arrêt de Lyon du 21 décembre 1883 (D. 86.2.113), se prononce pour la négative. D'après ces arrêts, en cas de nullité d'une société en commandite ou anonyme pour défaut de publicité, chacun de ses membres se trouve placé sous l'empire d'une société de fait, qui, ayant pour but des opérations commerciales, a pour effet de rendre tous les associés au même titre solidairement responsables des dettes sociales.

Mais l'opinion contraire a prévalu.

Lorsqu'il existe un acte écrit non publié, ou même en l'absence d'acte écrit lorsqu'il est manifeste que les parties ont eu l'intention de constituer une société en commandite ou une société anonyme, les tiers peuvent à leur choix ou considérer la société comme nulle en s'interdisant par cela même toute action contre les commanditaires qu'ils ne connaissent point, ou tenir la société pour valable en reconnaissant en ce cas aux sociétaires l'obligation juridique qu'ils tiennent de la convention sociale, et en considérant comme simplement obligés jusqu'à concurrence de leur mise ceux qui, d'après l'acte, ne sont que des commanditaires. Mais ils ne peuvent à aucun titre dénaturer la convention et faire considérer les commanditaires comme des associés en nom collectif (Paris, 16 janv. 1858, S. 58.2.268, D. 59.2.166, et sur pourvoi : Cass., 28 fév. 1859, S. 60.1.157, D. 59.1.408 ; — Riom, 14 janv. 1862, D. 62.2.183 ; — Paris, 29 janv. 1863, D. 63.2.38 ; — Poitiers, 12 fév. 1913, *Gaz. Soc.*, 1913.256. — En ce sens : Pont, t. 2, n. 1255 ; Bédarride, n. 368 ; Lyon-Caen et Renault, t. 2, n. 527).

Les tiers ne pourraient actionner les commanditaires pour les faire considérer comme des associés responsables solidairement, qu'à la condition de prouver qu'ils se sont révélés à eux comme associés en nom collectif et qu'ils ont perdu ainsi leur qualité de commanditaires. C'est ce qu'a décidé l'arrêt précité du 28 février 1859, appliquant très justement les principes du droit commun formulés soit dans les art. 1382 et 1383 C. civ., soit dans les art. 25, 27 et 28 C. com., qui imposent la solidarité aux commanditaires qui se sont immiscés dans l'administration de la société.

424. — Les associés qui ont contracté avec la société comme créanciers doivent être considérés comme des tiers, et ils ont les mêmes droits que tout autre tiers contre la société (Cass., 28 fév. 1859, S. 59.1.509, D. 59.1.232).

425. — La faculté d'opter dont nous venons de parler existe au profit des tiers, dans le cas de non-publication de l'acte de dissolution anticipée de la société (Lyon, 21 déc. 1883, D. 86.2.113).

Ainsi, le tiers peut à son gré considérer la société comme dissoute ou non dissoute, suivant son intérêt.

426. — Que décider si le tiers a connaissance soit de l'acte de société, soit de l'acte de dissolution ? Peut-il dans ce cas se prévaloir de la nullité ? MM. Lyon-Caen et Renault (t. 2, n. 230 et 359), Pont (t. 2, n. 2257) enseignent que la loi attache au défaut de publicité légale une présomption absolue *juris et de jure* d'ignorance de la part des intéressés. Les associés ne pourraient donc faire repousser la demande en nullité, même en établissant la mauvaise foi du tiers demandeur.

La jurisprudence distingue entre la non-publicité de l'acte constitutif et la clandestinité de la dissolution.

En ce qui concerne la non-publicité de l'acte constitutif, elle décide qu'on ne peut créer une fin de non-recevoir qui serait basée sur une véritable incertitude. Elle décide, au contraire, que les tiers ayant eu connaissance de l'acte de constitution et de l'acte de dissolution, et qui ont cependant traité avec l'ancien gérant, sont irrecevables à se prévaloir de l'irrégularité de la publication de l'acte de dissolution (Bordeaux, 12 juin 1873, D. 77.5.414 ; — Paris, 1er juin 1854, D. 56.2.230).

427. — *Entre la société et les créanciers personnels des associés.* — Nous avons vu que les créanciers personnels des associés doivent être considérés comme des tiers et qu'ils peuvent ainsi demander la nullité de la société ou la tenir pour valable, suivant leur intérêt. S'ils demandent la nullité, ils subiront les mêmes règles que nous venons de préciser, et ils pourront revendiquer comme faisant partie de leur gage les biens transmis par leurs débiteurs à la société à titre d'apport, et s'il reste, après le prélèvement de cet apport, un reliquat disponible, demander le partage de ce reliquat proportionnellement aux apports, sous réserve des dispositions contraires des statuts. Ils peuvent exercer leur hypothèque (Cass., 20 nov. 1902, *J. S.*, 1903.391). En d'autres termes, les choses se passeront comme s'il n'y avait jamais eu ni société ni fonds social (Bordeaux, 17 déc. 1902, *J. S.*, 1903.305).

En vertu de ce principe, il a été jugé que le syndic de la faillite de l'un des associés a le droit, après avoir fait prononcer la nullité, de s'opposer au prélèvement par un autre associé sur l'actif de la société annulée des avances qu'il aurait consenties à un coassocié pour la gestion des affaires communes (Cass., 25 mars 1890, D. 90.1.475).

428. — *Entre les créanciers sociaux et les créanciers personnels des associés.* — Les créanciers personnels des associés ayant le droit d'invoquer la nullité contre les créanciers sociaux, il en résulte qu'une société commerciale déclarée nulle pour défaut de publicité constitue une simple communauté d'intérêts sur l'actif ; de sorte que les créanciers sociaux ne peuvent, à l'encontre des créanciers personnels de chaque associé, invoquer l'action solidaire qui leur appartiendrait au cas où la société aurait été régulièrement constituée (Rennes, 6 mars 1869, D. 70.2.224 ; — Lyon-Caen et Renault, t. 2, n. 238).

429. — Les créanciers de la société annulée ne peuvent pas non plus invoquer contre les créanciers personnels des associés le droit de préférence qu'ils posséderaient si la société avait été régulièrement constituée. Dès lors, les créanciers personnels des associés sont admis à exercer leurs droits sur la part revenant à leurs débiteurs dans l'actif social, soit par concurrence et au marc le franc avec les créanciers de la société, soit d'après le rang attaché aux droits hypothécaires ou privilégiés des uns et des autres (Cass., 18 mars 1846, S. 46.1.683, D. 46.1 241 ; — 7 mars 1849, S. 49.1.397, D. 49.1.77 ; — 13 fév. 1855, S. 55.1.721, D. 55.1.308 ; — Rouen, 10 déc. 1839, S. 40.2.118 ; — Caen, 8 mars 1842, S. 43 2 337 ; — Lyon, 24 janv. 1845, S. 46.2 211, D. 46.2.81 ; — 28 janv. 1873, D. 73.2.38 ; — Bordeaux, 15 juin 1847, S. 48.2.743, D. 49.2.36 ; — Limoges, 10 mars 1848, S. 48.2.353, D. 48.2.163 ; — Angers, 2 août 1865, S. 67.2.75, D. 66.2.189 ; — Rennes, 6 mars 1869, S. 69.2.254, D. 70.2.224 ; — Grenoble, 11 juill. 1873, S. 73.2.202, D. 74.2.167 ; — Paris, 12 fév. 1885, D. 86.2.191. — *Sic* : Alauzet, t. 2, n. 818 ; Delangle, n. 547 ; Pont, t. 2, n. 1271 et s. ; Lyon-Caen et Renault, t. 2, n. 237 ; Vavasseur, t. 2, n. 1031. — *Contrà* : Cass., 13 janv. 1821, S. chr , Dalloz, *Rép.*, n. 883 ; — Paris, 8 juill. 1847, S. 48.2.58).

Jugé que, une société dont l'annulation a été prononcée pour défaut de publicité ne conservant ses effets dans le passé qu'à l'égard des contractants, les biens immeubles qui lui ont été apportés doivent être réputés n'être jamais sortis du patrimoine de l'apporteur et être restés le gage de ses créanciers personnels qui peuvent exercer sur eux leur mainmise et spécialement leurs hypothèques ; et si des droits hypothécaires valables ont été conférés par la société, pendant sa durée, à des tiers sur les mêmes immeubles, chacune des inscriptions régulièrement prises doit produire son effet selon le droit commun (Cass , 20 nov. 1901, D. P. 1907.1.217, avec le rapport de M. le conseiller Denis et la note de M. De Loynes).

430. — D'autre part, la nullité de la société produit cet effet dans les rapports des créanciers personnels des associés et des créanciers sociaux, que ceux-ci ne peuvent exercer, à l'égard des premiers, l'action solidaire que leur confère l'art. 22 C. com. contre les associés en nom collectif (Rennes, 6 mars 1869, précité. — *Sic* : Lyon-Caen et Renault, t. 2, n. 238 ; Pont, t. 2, n. 1274).

Toutefois, si les créanciers sociaux ne peuvent exercer leur action solidaire à l'encontre des créanciers personnels, il faut décider qu'ils conservent cette action contre ceux des associés sur les biens desquels ils ne sont pas en conflit avec des créanciers personnels ; car autrement, on violerait la règle d'après laquelle les associés ne peuvent pas opposer la nullité aux créanciers sociaux (Lyon-Caen et Renault, t. 2, n. 238, *in fine*).

431. — De ce que la société déclarée nulle n'a point d'existence légale dans les rapports des créanciers personnels des associés et des créanciers sociaux, il résulte encore que les créanciers personnels ont la faculté de s'opposer à la déclaration de faillite de ladite société, en invoquant sa nullité, et de faire prononcer la faillite individuelle de chacun des associés (Cass., 24 août 1863, S. 63.1.486, D. 63.1.353. — *Sic* : Lyon-Caen et Renault, t. 2, n. 239).

Et la faillite de chacun d'eux ne peut ni être confondue avec celle de leurs associés de fait, ni être portée de plein droit à la même date ni produire les mêmes effets à l'égard de leurs créanciers personnels, alors surtout qu'il n'est pas établi que ces créanciers avaient connaissance de la société (Même arrêt).

d) Jugements prononçant la nullité.

V. *infrà*, n. 1949 et suiv.

SECTION III

RESPONSABILITÉ

432. — L'art. 8 de la loi de 1867 (commandite par actions) et l'art. 42 de la même loi (société anonyme) n'ont pas visé spécialement le cas de nullité résultant de l'omission ou de l'insuffisance

des formalités de publication. Les auteurs et la jurisprudence en ont conclu que la responsabilité découlant de ces infractions était régie par le droit commun (Pont, n. 1295. — Cass., 16 janv. 1878, S. 78. 1.441, D. 79.1.209; — Douai, 7 déc. 1888, *J. S.*, 1891.511).

433. — Depuis la loi du 1ᵉʳ août 1893, il est certain que la nullité de la société pour vice de constitution ou de publication n'entraîne la responsabilité des auteurs de l'infraction que dans la mesure du préjudice pouvant résulter de cette nullité pour les actionnaires ou les tiers. Les gérants de la commandite et les membres du conseil de surveillance seront responsables s'il s'agit d'une société en commandite (Cass., 16 nov. 1887, *J. S.*, 1891·220 ; — Rouen, 25 janv. 1893, *R. S.*, 1893.274). Mais les commanditaires n'encourront aucune responsabilité (Même arrêt). Les premiers administrateurs de la société anonyme sont responsables des vices de publication, à l'encontre des fondateurs qui n'encourent aucune responsabilité, puisque, après la constitution de la société, les formalités légales doivent être accomplies par les administrateurs (Pont, n. 1295). Dans les sociétés en nom collectif, tous les associés sont responsables de la nullité (Lyon-Caen et Renault, n. 421).

SECTION IV

PRESCRIPTION. — PUBLICITÉ TARDIVE

a) Prescription.

434. — L'action en nullité pour défaut ou irrégularité des publications est-elle prescriptible ? Certes, la fixation d'une prescription serait utile dans l'intérêt du crédit et de la sécurité commerciale. Il importerait de ne point laisser une société vivre et fonctionner ostensiblement pendant un laps de temps assez long en laissant suspendue sur son existence une demande en nullité pour défaut de publicité. Mais, dans l'état de notre droit, nous pensons qu'il faut considérer que l'action en nullité pour défaut de publicité est imprescriptible, en raison de son caractère d'ordre public. Pont (n. 1239), Lyon-Caen et Renault (t. 2, n. 18), Vavasseur (n. 710 *ter*) se montrent partisans de la prescription de dix ans, et Bédarride (n. 159), de la prescription de trente ans. Mais ces opinions sont peu suivies, toujours en raison du caractère d'ordre public des dispositions de la loi relatives à la publicité.

435. — Cependant la nullité n'existe pas de plein droit et la doctrine et la jurisprudence admettent unanimement qu'elle doit, pour produire son effet, être formellement demandée par un tiers ou par un intéressé, et que le juge ne pourrait pas y suppléer d'office (Cass., 16 mai 1859, D. 60.1.338 ; — 5 janv. 1886, D. 86.1.122. — Delangle, n. 536 et s. ; Bédarride, n. 358 ; Lyon-Caen et Renault, n. 217 ; Vavasseur, n. 1026). Tant que la demande en nullité n'est pas formée, la société existe donc, et ses représentants peuvent agir en son nom comme si elle était régulièrement constituée.

436. — Mais *quid* si la société est dissoute avant que l'action en nullité ait été intentée ? Cette dissolution crée-t-elle un obstacle à l'action en nullité ? La solution dépend de la qualité du demandeur en nullité. Si l'action est exercée par les associés, elle devra être déclarée irrecevable comme dénuée d'intérêt, attendu qu'entre les associés, la nullité n'ayant d'effet que pour l'avenir équivaut à une simple dissolution (Cass., 24 janv. 1872, S. 72.1.380, D. 73.1.327 ; — 7 juill. 1873, S. 73.1.388, D. 73.1.327). Les tiers au contraire peuvent demander la nullité après la dissolution, même si la dissolution a été publiée ; car ils peuvent avoir intérêt à empêcher que la liquidation s'opère sur la base des statuts et à exiger qu'elle soit opérée d'après les principes qui régissent les sociétés de fait.

437. — Cependant, lorsque l'action en nullité est intentée après la liquidation et le partage, la jurisprudence est indécise sur le point de savoir si la demande est ou non recevable. La Cour de cassation estime que l'achèvement de la liquidation ne saurait élever une fin de non-recevoir absolue contre l'action en nullité émanée des tiers, et notamment de créanciers personnels des associés (Cass., 7 déc. 1891, D. 92.1.617 ; — Lyon-Caen et Renault, n. 220. — En sens contraire : Grenoble, 24 déc. 1889, D. 92.1.617. — Voyez aussi Dalloz, *Suppl.*, n. 455).

438. — La loi du 1er août 1893 a-t-elle apporté une modification aux règles qui précèdent en ce qui concerne l'exercice de l'action en nullité ? La raison de douter provient de ce que l'art. 8 de la loi de 1867, modifiée par la loi du 1er août 1893, vise uniquement les infractions aux dispositions des art. 1, 2, 3, 4 et 5 de la loi et de l'art. 42 qui se réfère aux prescriptions des art. 22, 23, 24 et 25. Or, aucun de ces articles de loi n'est relatif à la nullité pour défaut de constitution. Cependant le rapport de M. Clausel de Coussergues à la Chambre des députés, sur la loi de 1893, exprime nettement que l'on a voulu, par la loi nouvelle, couvrir toutes les nullités, non seulement pour inobservation des conditions imposées à la formation des sociétés par actions, mais même pour la violation des règles relatives à la publicité.

439. — La question reste donc indécise, et l'on a pu en conclure que la loi nouvelle ne s'étant pas occupée des formalités de publication des sociétés, les principes de la loi de 1867 subsistent dans toute leur sévérité, et que la nullité d'une société pour vice de publication ne peut être ni couverte ni prescrite conformément à la loi du 1ᵉʳ août 1893 (Bouvier-Bangillon, p. 85 et suiv. ; Dalloz, n. 433 ; Arthuys, n. 190). Nous pensons au contraire avec M. Genevoix (n. 51), M. Faure (p. 82 et 83) et un jugement du tribunal de Nantes du 11 décembre 1897 (*J. S.*, 1898.130), que la loi de 1893, étant donné le but que le législateur s'est proposé et qu'il a atteint par les dispositions nouvelles en matière de nullité de constitution, doit s'étendre à la nullité résultant des infractions au principe de publicité. La lacune serait trop grave sans cette solution, et elle serait absolument injustifiable. Le rapport d'ailleurs, ainsi que nous l'avons dit plus haut, a visé le cas, et le vote de la loi ayant eu lieu à la Chambre des députés sans aucune espèce de discussion, il est permis de penser que le sentiment du rapporteur a été adopté par le législateur.

b) Publicité tardive.

440. — Avant la loi de 1893, la jurisprudence a été appelée à se prononcer sur la publicité tardive. Il a été jugé que la nullité résultant du défaut de publication dans le mois des actes spécifiés dans les art. 55 et 56 de la loi de 1867 peut être couverte par la publication faite même après ce délai ; il suffit que la publication ait été faite avant qu'aucun droit résultant du retard n'ait été acquis aux tiers, et qu'aucune action en nullité fondée sur ce retard n'ait été formée (Cass., 6 juin 1831, S. 31.4.246 ; — 20 déc. 1882, S. 83.1.198, D. 83.1.301 ; — Amiens, 18 fév. 1878, S. 78.2.97, Dalloz, *Rép. Supp.*, Vᵒ *cit.*, n. 797 ; — Douai, 30 déc. 1891, S. 92.2.317. — *Sic* : Bédarride, n. 625 ; Demangeat sur Bravard, t. I, p. 201, note 2 ; Lyon-Caen et Renault, t. 2, n. 214 ; Pont, t. 2, n. 1228 et s. ; Vavasseur, t. 2, n. 1026).

D'où on a conclu que la publicité tardive, alors du moins qu'elle est effectuée à un moment où aucune demande en nullité n'a encore été formée, couvre la nullité à l'égard des tiers qui traitent avec la société postérieurement à cette publicité ; ces tiers en effet n'ont aucun droit acquis à la nullité dont la société était entachée à l'origine, et d'ailleurs ils ne peuvent se plaindre, ayant été mis à même de connaître les statuts sociaux comme si la publicité avait été faite dans le délai légal (Lyon-Caen et Renault, *loc. cit.*).

441. — Mais la publicité tardive ne peut enlever le droit de demander la nullité aux tiers qui ont traité antérieurement avec la société ; ces tiers en effet ont un droit acquis à la nullité, qui résulte de ce qu'ils ont traité avec une société qui n'avait point d'existence légale (*Sic* : Lyon-Caen et Renault, *loc. cit.* ; Pont, t. 2, n. 1230. — Douai, 8 fév. 1906, *R. S.*, 1906.242. — *Contrà* : Alauzet, t. 2, n. 808 ; Vavasseur, t. 2, n. 1028).

442. — Spécialement, le tiers qui a fait une proposition au gérant d'une société non publiée ou irrégulièrement publiée, reste libre de la retirer quand bon lui semble. — Peu importe qu'ultérieurement et après l'expiration du délai d'un mois depuis sa constitution, la société régularise les formalités de publication. Cette réparation ainsi faite après le délai légal, à la supposer valable, ne saurait avoir pour effet de donner la vie à une convention pour laquelle l'accord et la volonté des parties ne se sont jamais rencontrés (Nancy, 16 mars 1878, S. 78.2.153, et sur pourvoi, Cass., 10 fév. 1879, S. 81.1.210, D. 79.1.265).

En tout cas, la nullité d'une société commerciale pour défaut de publication légale de l'acte social ne saurait être couverte à l'égard des tiers intéressés, ni par l'existence notoire de la société, ni par sa durée de fait (Paris, 8 juill. 1847, S. 48.2.58).

443. — Quant aux associés, la question de savoir si la publicité tardive couvre la nullité à leur égard est vivement controversée. — D'après un premier système, la nullité, étant d'ordre public, peut toujours être invoquée par les associés, alors même que la société aurait été ultérieurement publiée (Paris, 11 juill. 1857, S. 58.2.40 ; — Lyon, 4 juill. 1827, S. chr., Dalloz, *Rép.*, n. 818. — *Sic* : Troplong, t. 1, n. 241 et s.).

La loi de 1893 n'a pas assimilé l'absence de publicité aux autres irrégularités de constitution et interdit toute action quand la publicité même tardive a eu lieu (Bouvier-Bangillon, n. 85 à 88). Aussi l'ancienne controverse subsiste-t-elle encore aujourd'hui ; toutefois la jurisprudence paraît de plus en plus incliner vers la solution qui estime qu'une publicité tardive met obstacle à l'action en nullité non encore intentée (Trib. com. Marseille, 28 déc. 1900, *R. S.*, 1901.252 ; — Trib. com. Seine, 18 fév. 1907, *Gaz. Pal.*, 8 mai 1907. — *Contrà* : Douai, 26 octobre 1911, *Gaz. Soc.*, 1912.144).

444. — Un deuxième système accorde aux associés le droit de demander la nullité lorsqu'il y a des créanciers antérieurs qui pourraient eux-mêmes s'en prévaloir, mais le leur refuse dans le cas contraire (*Sic* : Lyon-Caen et Renault, t. 2, n. 214).

Cependant l'opinion la plus générale décide, sans distinction, que la nullité est couverte entre associés, par cela seul que les formalités de publicité ont été accomplies, même tardivement ; il suffit qu'elles aient eu lieu avant qu'une action en nullité n'ait été introduite par l'un des associés (Cass., 6 juin 1831, précité ; — 20 déc. 1882, précité ; — Grenoble, 21 juill. 1823, S. chr., Dalloz, *Rép.*, n. 817-2° ; — Aix, 9 juill. 1828, S. 32.1.544 ; — Paris, 26 janv. 1855, S. 55.2.66, D. 55.2.196 ; — Amiens, 18 fév. 1878, précité ; — Lyon, 5 avr. 1881, S. 82.2.109, D. 82.2.32. — Alauzet, t. 2, n. 808 ; Bédarride, t. 2, n. 361 ; Boistel, n. 353 ; Delangle, t. 2, n. 537 et s. ; Deloison, t. 1, n. 48 ; Malepeyre et Jourdain, p. 115 ; Pardessus, t. 3, n. 1008 ; Pont, t. 2, n. 1228 ; Vavasseur, t. 2, n. 1026).

c) Renonciation.

445. — La nullité pour défaut de publicité, étant d'ordre public, ne saurait être couverte ni par l'exécution volontaire donnée par les associés au contrat ni par une délibération des associés : les faits d'exécution n'établissent qu'une simple communauté d'intérêts commerciaux pour le passé (Cass., 30 janv. 1839, S. 39.1.393, Dalloz, *Rép.*, n. 837 ; — 31 déc. 1844, S. 45.1.10, D. 45.1.75 ; — Nîmes, 9 déc. 1829, S. chr., Dalloz, *Rép.*, n, 858 ; — Toulouse, 25 juill. 1834, S. 35. 2.73 ; — 22 avr. 1837, S. 37.2.441 ; — Bruxelles, 13 fév. 1830, S. chr., Dalloz, *Rép.*, n. 858 ; — Rennes, 22 juin 1837, S. 37.2.441, Dalloz, *Rép.*, *loc. cit.* ; — Bordeaux, 5 fév. 1841, S. 41.2.219, Dalloz, *Rép.*, n. 837 ; — Paris, 8 juill. 1847, S. 48.2.58 ; — Cass., 1er fév. 1881, D. 82.1.21 ; — 1er mars 1882, D. 83.1.130 (motifs) ; — Bordeaux, 4 mars 1885, *R. S.*, 1888.545. — *Sic* : Delangle, t. 2, n. 531 et s. ; Lyon-Caen et Renault, t. 2, n. 216, Molinier, t. 1, n. 280 ; Pardessus, t. 2, n. 1007 ; Vavasseur, t. 2, n. 1027 ; Pic, n. 303. — *Contrà* : Cass., 12 juill. 1825, Dalloz, *Rép.*, n. 857-1° ; — 6 juin 1831, S. 31.1.246 ; Dalloz, *Rép.*, n. 879 ; — Aix, 9 juill. 1828, S. 32.1.544, P. chr., Dalloz, *Rép.*, n. 857-2° ; — Paris, 16 janv. 1845, S. 45.2.227).

SECTION V

FORMALITÉS SPÉCIALES A CHAQUE ESPÈCE DE SOCIÉTÉ

a) Société en nom collectif.

446. — Nous avons vu que la loi exige le dépôt de l'acte de société entier au greffe du tribunal de commerce et au greffe de la justice de paix du lieu dans lequel est établie la société (V. *suprà* , n. 379 et s. et ce qui est dit quant aux succursales).

Cette disposition s'applique, bien entendu, aux sociétés en nom collectif.

Voici maintenant, en ce qui concerne ces sociétés, les indications relatives à l'extrait à publier dans le journal.

447. — L'extrait doit contenir : 1º les noms des associés. C'est là la première condition. C'est par la composition de la société que les tiers jugeront de sa moralité et de sa solvabilité, puisque tous les associés sont solidaires. Il est bien certain, quoique la loi ne le prescrive pas expressément, que l'extrait devra également contenir les prénoms, qualité et demeure des associés (Bédarride, n. 375 *bis* ; Rivière, n. 372 ; Pont. n. 1154) ; 2º l'énonciation que la société est en nom collectif ; 3º la raison sociale. La société étant un être moral, distinct de la personne des associés, possède un nom particulier , distinctif, appelé la *raison sociale*, sous lequel elle se révèle aux tiers. Il est donc important que l'extrait porte à la connaissance du public la dénomination de la société ; 4º le siège social. C'est devant le tribunal de ce siège que doivent être portées toutes les actions contre la société (V. n. 3532 et s.) ; 5º la désignation de ceux des associés autorisés à gérer, administrer et signer pour la société. Il faut que les tiers sachent s'ils traitent avec un associé capable d'engager la société. Si les conventions sociales stipulent des conditions spéciales pour l'administration de la société, ces dispositions doivent être publiées. Le nom du gérant doit être indiqué, même lorsqu'il est pris en dehors des associés (Lyon-Caen et Renault, n. 198) ; 6º l'époque où la société commence, celle où elle finit ; 7º la date du dépôt fait aux greffes de la justice de paix et du tribunal de commerce.

448. — Sous l'empire de l'art. 43 C. com., on décidait que la mention, dans l'extrait des actes de sociétés commerciales, des valeurs fournies et à fournir par les associés, n'est exigée qu'à l'égard des actionnaires ou commanditaires, et que cette mention n'est pas nécessaire à l'égard des associés en nom collectif, lesquels sont solidairement tenus des dettes de la société sur l'universalité de leurs biens (Cass., 28 juin 1865, S. 66.1.15, D. 65.1.360 ; — 13 juin 1866, S. 67.1.364, D. 68.1.37. — *Sic* : Vincens, *Lég. comm.*, liv. 4, ch. 2, n. 10. — V. aussi Bédarride, n. 381 ; Bravard, éd. Demangeat, t. 1, p. 186).

449. — On décide au contraire aujourd'hui, en présence des termes formels de l'art. 57, que la prescription relative à la mention du capital social est applicable aux sociétés en nom collectif comme aux sociétés en commandite ou anonymes. En conséquence, au cas de société collective, les stipulations particulières relatives au capital, et de nature à modifier à ce point de vue l'acte social, doivent, à peine de nullité de la société, être publiées comme l'acte, même dont elles sont le complément (Cass., 20 juin 1870, S. 72.1.65, D. 71.1.339. — *Sic* : Bédarride, t. 2, n. 597 ; Boistel, n. 350 ; Lyon-Caen et Renault, t. 2, n. 198-5 ; Pont, t. 2, n. 1158 ; Vavasseur, t. 2, n. 1016. — *Contrà* : Alauzet, t. 2, n. 822 ; Bourguignat, note sous Cass., 20 juin 1870, précité, S. *ibid.* ; Mathieu et Bourguignat, n. 311 ; Rivière, n. 372).

Nous nous rangeons à cette seconde doctrine, contrairement à ce que nous avions énoncé dans notre première édition.

b) Société en commandite simple.

450. — L'extrait doit contenir les indications suivantes : 1° énonciation que la société est en commandite simple ou par actions ; 2° raison sociale ; 3° signature sociale ; 4° désignation des gérants ; 5° capital social. Montant de la commandite fournie ou à fournir. Le nom des commanditaires n'est pas utile, puisque leur personne n'est pas engagée ; 6° époque du commencement et de la fin de la société ; 7° date du dépôt aux greffes.

451. — Il a été jugé en matière de commandite simple qu'il n'y a pas nullité lorsque l'extrait n'a pas indiqué : 1° la réserve faite au profit d'un associé d'une partie d'un immeuble, alors que les tiers n'ont pu en éprouver aucun préjudice (Cass., 26 avr. 1880, *J. S*, 1880.236, S. 81.1.5) ; 2° que le commanditaire pouvait faire son apport en marchandises au lieu de numéraire (Bordeaux, 12 août 1879, *J. S.*, 1880.113).

c) Société en commandite par actions.

452. — L'extrait doit contenir : 1° la nature et la date de l'acte constitutif ; 2° le caractère de la société ; 3° la raison sociale ; 4° le siège social ; 5° les noms, prénoms, profession et domicile des associés responsables ; 6° ceux des gérants ; 7° le capital social et les valeurs fournies ou à fournir par les actionnaires ou commanditaires ; 8° l'époque où la société commence, celle où elle finit ; 9° la mention de la souscription du capital social et du versement du quart ; 10° la mention des délibérations prises en vertu de l'art. 4 ; 11° la date du dépôt aux greffes.

d) Société anonyme.

453. — L'extrait doit contenir : 1° énonciation que la société est anonyme ; 2° dénomination de la société (V. n. 3005) ; 3° siège social ; 4° noms des administrateurs ; 5° montant du capital social et des valeurs fournies ou à fournir par les actionnaires : détail du capital en numéraire et en nature ; 6° quotité des prélèvements à faire pour constituer le fonds de réserve (n. 3368 et s.) ; 7° la souscription du capital ; 8° les délibérations constitutives ; 9° époque du commencement et de la fin de la société ; 10° date du dépôt aux greffes.

Lorsque l'acte de société est authentique, l'extrait doit être signé par le notaire ; si l'acte est sous seing privé, l'extrait est signé par les associés en nom collectif, ou par les gérants de la société en commandite, ou par les administrateurs de la société anonyme.

Le notaire, lorsque l'acte de société est authentique, n'est pas chargé de plein droit de faire la publication, pas plus que d'opérer les dépôts. Il faut pour que cette obligation existe de sa part que les parties lui en aient confié la mission (Rivière, n. 374. — *Contrà* : Bravard, *Sociétés*, p. 81).

e) Publication des clauses exceptionnelles intéressant les tiers.

454. — Les dispositions de l'art. 57 ne sont pas limitatives, elles sont simplement énonciatives. La loi dispose donc, pour les sociétés constituées conformément aux principes généraux. Mais si les statuts contiennent des clausesqui, bien que licites, soient dérogatoires du droit commun, la publication doit en être faite lorsque ces stipulations sont de nature à modifier les rapports de la société avec les tiers (Pont, n. 1160 ; — Lyon, 2 fév. 1872, *J. S.*, 1886.66 ; — Dijon, 14 juill. 1882, *R. S.*, 1883.459 ; — Cass., 14 déc. 1886, S. 87.1.310).

455. — Il a été jugé par application de ce principe général qu'il fallait considérer comme nécessaire la publication des stipulations particulières relatives au capital d'une société en nom collectif, de nature à modifier l'actif social, notamment celles relatives au passif dont l'apport est grevé (Cass., 20 juill. 1870, S. 72.1.65 ; — Paris, 19 fév. 1892, *R. S.*, 1892.248 ; — Cass., 19 juill. 1893, S. 94.1.261).

Il en est de même pour la stipulation aux termes de laquelle la société n'est tenue que des engagements revêtus de la signature de tous les associés en nom collectif (Douai, 21 nov. 1840, S. 40.2.97 ; — Paris, 15 fév. 1851, D. 51.2.78). De même encore pour la clause qui confère la gestion de la société à un tiers investi du droit d'user de la signature sociale (Paris, 15 fév. 1851, précité. — Lyon-Caen et Renault, n. 199), et pour la clause qui oblige le gérant à faire toutes les affaires au comptant (Cass., 22 déc. 1874, D. 75.1.264). Il faudrait également publier la clause qui autoriserait le paiement d'intérêts aux commanditaires, actionnaires ou autres associés en nom collectif en l'absence de bénéfices réalisés (V. Beudant, note D. 67.1.195 ; Labbé, note S. 78.2.225 ; — Limoges, 26 juill. 1897, *J. S.*, 1898.408. — *Contrà* : Paris, 9 août 1877, S. 78.2.225, D. 72.1.193).

456. — Si le pacte social prévoit le cas de transformation de la société en nom collectif en commandite simple, il y a là également une stipulation intéressant les tiers dont la publication est nécessaire (Lyon, 2 fév. 1882, *J. S.*, 1886.66. — *Contrà* : R. S., 1883.315).

457. — Mais on ne doit pas considérer comme nécessaire la publication d'une clause qui permet à l'un des associés de proroger la société pour un certain nombre d'années avant l'expiration prévue par les statuts ; il suffit que la publication soit faite dans le mois de la prorogation (Bordeaux, 2 mars 1887, *J. S.*, 1888 592).

458. — Un arrêt de la Cour de Paris, du 3 avril 1884, a décidé qu'il n'était pas indispensable de publier l'objet de la société (*J. S.*, 1885.280). M. Bouvier-Bangillon (*J. S.*, 1900.481) se prononce dans le même sens. Nous croyons au contraire que l'objet de la société intéresse au plus haut titre les tiers, et que la publication est indispensable (En ce sens : Lyon-Caen, S. 1900.1.6). Nous croyons aussi qu'il faudrait publier la clause portant qu'en cas de décès d'un associé, la société continuera avec ses héritiers. La durée d'une société et la composition du personnel social intéressent les tiers (Lyon-Caen et Renault, n. 199, *R. S.*, 1884.575. — *Contrà* : Cass., 2 mars 1885, S. 85.1.262).

SECTION VI

PUBLICATION DES MODIFICATIONS AUX STATUTS ET DE LA DISSOLUTION. ACTES ET DÉLIBÉRATIONS

a) Modifications proprement dites.

459. — L'art. 61 de la loi de 1867 soumet aux formalités de publicité prescrites par les art. 55 et 56 tous actes et délibérations ayant pour objet la modification aux statuts, la continuation de la société au delà du terme fixé pour sa durée. sa dissolution avant ce terme et le mode de liquidation, tout changement ou retraite d'associé et tout changement à la raison sociale. Sont également soumises aux dispositions des art. 55 et 56 les délibérations prises dans les cas prévus par les art. 19, 36, 48 et 49.

460. — L'acte de société devant être déposé en entier aux greffes déterminés par l'art. 55 de la loi de 1867, il y a lieu de déposer aux mêmes greffes tout acte apportant aux statuts sociaux une modification quelconque. alors même que cette modification concernerait exclusivement les rapports des associés entre eux et ne serait pas de nature à intéresser les tiers (*Sic* : Lyon-Caen et Renault, t. 2, n. 201).

461. — Mais il en est autrement en ce qui concerne la publication par la voie des journaux. La publication de l'acte de société dans les journaux n'ayant lieu que par extrait et ne devant comprendre que les clauses qui intéressent les tiers, il en résulte que les seules modifications au pacte social qui soient soumises à cette publication sont celles qui intéressent les tiers, à l'exclusion de celles qui n'intéressent que les associés dans leurs rapports réciproques. L'insertion par extrait dans les journaux n'est donc indispensable que pour les clauses nouvelles qui, placées dans l'acte de société, auraient dû être publiées dans l'extrait (*Sic* : Boistel, n. 352 ; Bravard et Demang eat, t. 1, p. 606 ; Lyon-Caen et Renault, t. 2, n. 202 ; Molinier, n. 270 ; Pont, t. 2, n. 1118 et s. ; Thaller, n. 293 ; Vavasseur, t. 2, n. 1053. — Orléans, 9 janv. 1901, D. 03.2.201 ; — Cass., 2 fév. 1910, *J. S.*, 1910 345). Il n'est pas nécessaire de déposer avec les statuts modifiés les feuilles de présence et les procès-verbaux des assemblées générales qui ont effectué les modifications des statuts. —Sur les clauses de l'acte de société qui doivent être publiées par extrait dans les journaux, V. *suprà*, n. 446 et s.).

462. — Ainsi, il n'y a pas lieu de publier par extrait dans les journaux : Ni l'acte par lequel les membres d'une société commerciale changent le mode de partage des bénéfices et des pertes entre associés (Cass., 21 fév.1832, S. 32.1.544, Dalloz, *Rép.*, V° *Sociétés*, n. 845).

463. — Ni la convention par laquelle deux associés en nom collectif ont stipulé qu'au lieu de deux inventaires par an prescrits par l'acte de société, il n'en sera fait qu'un à la fin de l'année (Paris, 17 nov. 1859, P. 60.46).

464. — Ni l'acte additionnel qui a pour objet unique de régler les rapports des associés en assurant à l'un d'eux certains avantages, le partage des bénéfices n'étant pas soumis à la publicité (Cass., 15 juill. 1878, S. 80.1.105, D. 79.1.361).

465. — Ni l'acte par lequel un associé en nom collectif cède sa part à une autre personne sans le consentement de ces coassociés ; cette cession n'intéresse que le cédant et le cessionnaire, et ne produit aucun effet à l'égard des tiers dont les droits contre le cédant restent intacts (*Sic* : Lyon-Caen et Renault, t. 2, n. 202-*d*).

466. — De même, les votes d'assemblées générales ayant trait à des actes d'administration ou d'ordre intérieur (tels que l'autorisation donnée aux gérants de consentir toutes assurances contre l'incendie au profit du créancier ayant hypothèque sur les immeubles sociaux du chef d'une ancienne société ; d'accepter des parts en payement des avances faites à un associé ; d'augmenter le traitement des gérants) ne comportent pas la nécessité de la publication (Cass., 22 fév. 1892, S. 93.1.49, D. 94.1.147).

467. — Au contraire, doivent être publiés par extrait dans les journaux :

La nomination d'un cogérant faite par les gérants d'une société commerciale, bien qu'elle ait été autorisée par l'acte de société, lequel a lui-même été publié (Paris, 23 juill. 1857, S. 59.2.95, D. 57.2.208).

468. — On a soutenu que la loi de 1867 imposait la publication des actes et délibérations révoquant les administrateurs des sociétés anonymes (Houpin, t. 2, n. 1228 et s.). Nous ne le pensons pas. Mais la loi instituant le registre du commerce prescrit l'inscription au registre (V. *infrà*, n. 516).

469. — L'administrateur démissionnaire d'une société anonyme est-il astreint à l'obligation de publier sa démission dans les termes de l'art. 55 de la loi du 24 juillet 1867 ? Nous avons été consulté sur la question. On prétendait dans un procès qu'un administrateur de la fondation qui avait donné sa démission quelques mois après la constitution était responsable de tout le passif créé après sa retraite, parce que cette retraite n'avait pas été portée à la connaissance des tiers.

Nous estimons que la loi de 1867 n'impose aucune publicité pour la démission d'un administrateur.

Qu'il nous soit permis tout d'abord d'affirmer qu'en pratique, les dispositions de l'art. 55 de la loi de 1867 ne sont jamais appliquées à la démission d'un administrateur d'une société anonyme.

Il est parfois arrivé que des administrateurs, obéissant à des considérations personnelles, *ont annoncé* dans les journaux leur démission ; mais on serait impuissant à représenter une publication *légale* en conformité des dispositions impératives des art. 55 et suivants. Un seul auteur de tous ceux qui ont traité la matière des sociétés, M. Houpin, au n. 1230 de son *Traité des sociétés*, écrit qu'il convient de publier *la nomination des nouveaux administrateurs*. L'auteur reconnaît avoir contre son opinion un jugement du tribunal de commerce de la Seine du 14 octobre 1887 (*J. S.*, 1888.427), et il ne parle que de *la publication* PAR LA SOCIÉTÉ *de la nomination des nouveaux administrateurs, en remplacement de ceux démissionnaires ou décédés*. Il ne va pas jusqu'à exiger que l'administrateur qui démissionne publie lui-même sa démission ; l'auteur impose seulement à la société l'obligation de publier l'acte par lequel sont nommés les nouveaux administrateurs. Il ajoute que l'omission de la formalité aurait pour conséquence d'autoriser les tiers à se prévaloir de toutes conventions qu'ils auraient pu arrêter de bonne foi avec les anciens gérants ou les anciens administrateurs, en les supposant toujours en fonctions. Il ne se préoccupe donc que de la *responsabilité de la société* et il ne paraît imposer qu'à *la société* l'obligation de faire connaître par la publication la modification apportée au personnel administrant.

Il est donc permis de dire que personne en doctrine n'enseigne que l'administrateur qui se retire est obligé de publier sa démission. Les auteurs ont bien examiné la question de savoir si la société doit publier la révocation des administrateurs, et certains la résolvent par l'affirmative (Pour la négative, V. Rouen, 6 avr. 1909, *J. S.*, 1910.250). Mais en ce qui concerne *la démission* de l'administrateur, personne n'en exige la publication (V. la publication au registre du commerce, *infrà*, n. 516).

470. — Il est néanmoins utile de compléter les observations qui précèdent par quelques considérations de texte.

Tout le monde reconnaît que l'art. 61, qui vise la publication du changement ou de la retraite des associés, ne s'applique pas aux sociétés anonymes. Cette disposition vise uniquement les sociétés de personnes, car, dans les sociétés de capitaux, un associé ne se retire jamais sans être immédiatement remplacé par un autre associé, et la personnalité des associés ne joue aucun rôle dans les rapports de la société avec les tiers. Aussi le législateur, en rédigeant l'art. 61, n'a-t-il pas ajouté après les mots : « changement ou retraite d'associés », le mot « administrateurs ».

MM. Mathieu et Bourguignat, les premiers auteurs qui aient écrit sur la loi de 1867, et dont l'un, M. Mathieu, avait été le rapporteur au Corps législatif de la loi de 1867. écrivent (p. 275) : « Quant au second point, il faut remarquer que la prescription le concernant n'a en vue que la retraite des associés obligés indéfiniment et solidairement, soit dans les sociétés en nom collectif, soit dans les commandites. Il serait contraire à tous les principes de la matière que dans les sociétés de cette dernière sorte, on l'appliquât aux simples commanditaires, et surtout dans les sociétés par actions aux porteurs de titres, les uns et les autres ne pouvant se retirer que s'ils sont remplacés par des associés nouveaux. »

Mais, peut-on dire, la loi de 1867 exige (art. 57) la publication dans l'extrait de la désignation des associés autorisés à gérer, administrer et signer pour la société. Dès lors, il conviendrait de publier les noms des administrateurs substitués à ceux qui ont été présentés au public par la publication de l'acte de société.

Il y aurait deux réponses à faire à ce raisonnement. La première, c'est que l'art. 61 vise la publication des actes intervenant au cours de la vie sociale et que cet article, qui ordonne la publication des changements et retraites d'associés dans les sociétés de personnes, n'impose nullement la publication des changements dans le personnel des administrateurs des sociétés anonymes. On ne peut suppléer à un texte.

La seconde observation est celle-ci : en admettant pour vrai le raisonnement que nous réfutons, à qui incomberait l'obligation de publier le changement d'administrateur ? A la société. Or, si cette obligation incombe à la société, comment pourra-t-on reprocher à un administrateur de ne pas avoir fait ce que la loi ne lui impose pas ?

L'opinion de M. Houpin, même réduite aux termes précisés ci-dessus, demeure donc isolée.

En pratique d'ailleurs, l'administrateur ne pourrait pas régulièrement publier sa démission. Si l'on veut lui imposer d'obéir à la loi, il faut appliquer cette loi dans toutes ses prescriptions ; il faudrait donc dire que l'administrateur est tenu de déposer sa démission au greffe du tribunal de commerce, à la justice de paix et de la publier dans un journal. Comment, en pratique, cela pourrait-il se réaliser, surtout lorsque sa démission n'a point été acceptée ? Que faire si, par esprit de taquinerie ou de mauvaise volonté, la société refuse d'accuser à l'administrateur réception de sa démission ? La loi de 1867 n'a pu exiger une formalité aussi impossible à remplir.

C'est ce qu'a jugé la Cour d'appel d'Aix, le 23 juin 1904, par un arrêt confirmatif d'un jugement du tribunal de Marseille du 14 février 1902 (*J. S.*, 1902.513 et 1905.316).

471. — La délibération par laquelle l'assemblée générale des actionnaires d'une société en commandite ratifie la convention faite avec le gérant au cours de la société, et qui donne aux actionnaires la faculté de révoquer ce dernier à leur volonté, ainsi que la délibération par laquelle l'assemblée générale prononce ensuite cette révocation doivent, à peine de nullité, être publiées tant au lieu du siège social que dans les autres lieux où la société a des établissements principaux (Paris, 5 juill. 1859, S. 59.2.553).

472. — La délibération modifiant la défense faite par les statuts aux gérants de la société de contracter un emprunt hypothécaire, ou de vendre les immeubles de la société avant le remboursement de toutes les obligations à émettre doit aussi être publiée (Lyon, 26 nov. 1863, S. 64.2.202, D. 64.2.233).

473. — De même, — si les statuts d'une société en commandite qui imposaient aux héritiers des commanditaires l'obligation de continuer la personne de leurs auteurs dans la société sont modifiés en ce sens que ces héritiers seront exclus de la société et seront remboursés de leur part commanditaire, sauf aux associés survivants à recompléter le capital social au moyen de fournissements égaux, l'acte qui opère cette modification est de ceux que l'art. 61 soumet à toutes les formalités de publicité prescrites, à peine de nullité (Amiens, 18 fév. 1878, S. 78.2.97 et la note de M. Bourguignat, Dalloz, *Rép. Supp.*, n. 797).

474. — De même encore, les délibérations prises à fin de réduction du capital social, à la suite de remboursements d'actions par la société, ont pour objet de modifier les dispositions statutaires qui, par la fixation du capital, forment l'assiette du crédit de la société. — Elles sont donc sujettes à l'application de l'art. 61, qui prescrit la publication de toute délibération ayant pour objet la modification des statuts (Cass., 1er août 1893, S. 94.1.22. D. 94.1.126 ; — Rennes, 3 mai 1849, D. 51.1.92 ; — Cass., 13 avr. 1870, D. 71.1. 218 ; — Rennes, 10 août 1892, *R. S.*, 93.516).

475. — Les modifications apportées à un acte de société ne doivent être rendues publiques qu'autant qu'elles sont devenues définitives. — Spécialement, il n'y a pas lieu à publication lorsque l'acte qui a prononcé la révocation du gérant a été immédiatement attaqué par exploit d'ajournement, et que les mesures prises par la société ne sont que provisoires et d'un intérêt de conservation (Douai, 5 mai 1840, Dalloz, *Rép.*, V° *cit.*, n. 844).

476. — De même, il n'y a pas lieu de publier la convention intervenue entre le gérant d'une société en commandite et le conseil de surveillance, stipulant au profit des actionnaires le droit de révoquer le gérant, tant qu'elle n'a pas été approuvée par l'assemblée générale ; jusque-là elle ne demeure qu'à l'état de proposition (Cass., 9 mai 1860, S. 60.1.621, D. 60.1.278).

477. — Il en est de même des votes de l'assemblée générale portant sur les modifications dans la gérance, quand ces modifications ne sont qu'éventuelles et se trouvent soumises à des conditions qui ne se sont pas réalisées ; la publication ne serait obligatoire qu'au moment de leur réalisation (Cass., 22 fév. 1892, S. 93.1.49, D. 94.1. 147).

478. — Pareillement, reste à l'état de projet et peut être utilement rapportée, si elle n'a reçu aucune exécution et n'a pas été portée à la connaissance des tiers par la publicité, la délibération par laquelle les associés commanditaires ont, comme les statuts leur en donnaient la faculté, prononcé la dissolution de la société pour perte du capital social (Besançon, 28 mai 1888, sous Cass., 9 juill. 1891, S. 93.1.300, D. 94.1.173).

b) Prorogation de la société.

479. — Après les modifications aux statuts, l'art. 61 soumet aux formalités et pénalités des art. 55 et 56 les actes et délibérations ayant pour objet la continuation de la société au delà du terme fixé pour sa durée. Il s'agit ici de la prorogation qui peut être votée par l'assemblée générale, conformément à l'art. 31 de la loi. Ici, la disposition est absolue : la durée de la société étant une des conditions intrinsèques de sa validité, toute modification à cette durée intéresse les tiers et doit recevoir la publicité légale (Rouen, 30 janv. 1895, D. 98.1.57 ; — Cass., 2 mars 1897, S. 97.1.261, D. 98.1.57). Si la convention de prorogation n'était pas purement et simplement la continuation de la société, mais avait pour résultat en réalité la formation d'une société nouvelle, il ne serait plus question de la publicité complémentaire dont parle l'art. 61 : il y aurait substitution d'une société à une autre, et cette seconde société serait assujettie aux règles et conditions requises pour la constitution des sociétés.

c) Dissolution.

480. — Les actes et délibérations qui ont pour objet la dissolution de la société avant le terme fixé pour sa durée doivent être publiés, à peine de nullité (art. 61) (Rouen, 25 juill. 1887, *J. S.*, 1888.362 ; — 9 janv. 1890, *J. S.*, 1891.134 ; — Douai, 28 nov. 1900, *J. S.*, 1901.354 ; Cass., 5 fév. 1902, D. 04.1.115). Il en est de même de la dissolution, si la durée de la société est indéterminée (art. 1869 C. civ. ; Lyon-Caen et Renault, n. 355), ou lorsque la constitution de la société n'a pas été publiée (Lyon-Caen et Renault, n. 357). Mais il faut noter que la publication, dans ce cas, ne s'entend que des actes portant dissolution anticipée. A défaut de publicité de la dissolution, les tiers seraient fondés à considérer les anciens administrateurs comme représentants de la société et à agir contre eux notamment par une mise en demeure (Paris, 1er mars 1901, *R. S.*, 1901.285).

481. — Le fait de la dissolution de la société arrivant par l'expiration du terme prévu, ou par le décès, l'interdiction ou la faillite, ou par l'arrivée d'un événement futur et incertain, d'une condition non potestative, ou par la réalisation de l'objet de la société, l'épuisement du fonds social, etc., n'a pas besoin de publication (Cass., 10 juill. 1844, S. 44.1.763 ; — Lyon, 5 janv. 1849, D. 49.2.99 ; — Cass., 15 déc. 1880, S. 82.1.5 et note de M. Labbé ; — 19 avr. 1893, S. 94.1.289 et la note de M. Wahl ; — Dijon, 20 janv. 1897, *J. S.*, 1898.50. — *Sic* : Delangle, n. 580 ; Lyon-Caen et Renault, n. 356).

482. — Cependant l'art. 37 de la loi de 1867 dispose que la résolution de l'assemblée qui, en cas de perte des trois quarts du capital social, statue sur la question de savoir s'il y a lieu de prononcer la dissolution de la société, doit toujours être rendue publique (V. n. 510 ; Pont, n. 1198 ; Lyon-Caen et Renault, n. 356).

483. — Nous pensons que le jugement qui prononce la dissolution de la société dans les conditions de l'art. 1871 C. civ. doit être publié (Lyon-Caen et Renault, n. 356 ; Wahl, note sous Cass., 19 avr. 1893, S. 94.1.289 ; — Aix, 7 janv. 1889, *Rec. Aix*, 91.1.302. — *Contrà* : Bordeaux, 3 mars 1856, S. 57.2.126 ; — Paris, 18 juin 1867, D. 67.5.406 ; — Rouen, 7 août 1880, S. 82.2.708 ; — Pont, n. 754 et 1200).

484. — Il existe une vive controverse sur le point de savoir si la dissolution avant terme d'une société doit être publiée, dans le cas où elle résulte soit du décès, de la faillite ou de l'interdiction d'un associé. Un premier système se prononce pour l'affirmative, arguant que les causes de dissolution dont il s'agit ici n'ayant pu être énoncées d'avance dans l'extrait qui a été publié de l'acte de société, il est nécessaire, dans l'intérêt des tiers, qu'elles soient publiées au moment où elles se produisent (*Sic* : Bravard et Demangeat, t. 1, p. 432 ; Pardessus, t. 3, n. 1088).

Jugé en ce sens que le décès d'un associé n'entraîne pas la dissolution de la société à l'égard des tiers, lorsque cette dissolution n'est pas publiée, et que d'ailleurs la société continue à fonctionner (Cass., 26 juill. 1843, S. 43.1.881, Dalloz, *Rép.*, n. 9854 ; — Grenoble, 27 juill. 1841, S. 44.1.763, sous Cass., 20 juill. 1844, Dalloz, *Rép.*, n. 983).

485. — D'après un deuxième système, la publicité de la dissolution de la société ne serait pas rigoureusement obligatoire en cas de décès, faillite ou interdiction de l'un des associés ; néanmoins, à défaut de publicité, la société devrait être considérée comme existante à l'égard des tiers qui ont ignoré en fait ces événements et qui ont traité de bonne foi avec le gérant de la société (*Sic* : Alauzet, t. 2, n. 481 et s. ; Pont, t. 2, n. 1294 et s., et *R. de législ.*, t. 21, p. 518 ; Troplong, t. 2, n. 903).

486. — Enfin l'opinion la plus généralement accréditée admet que la publicité n'est requise que dans le cas où la dissolution provient d'un fait volontaire des associés. L'art. 61 en effet ne parle que d'actes ou délibérations ayant pour objet la dissolution anticipée de la société ; or, ces expressions ne sauraient s'appliquer au décès, à la faillite ou à l'interdiction d'un associé (Cass., 10 juill. 1844, S. 44. 1. 763, Dalloz, *Rép.*, V° *cit.*, n. 983 ; — 15 déc. 1880, S 82.1.5 et la note de M. Labbé, D. 82.1.393 ; — Lyon, 5 janv. 1849, S. 49.2.190, D. 50.2.99 ; Poitiers, 18 juill. 1894, S. 96.2.171, D. 96.2.26 ; — Rouen, 30 janv. 1895, sous Cass., 2 mars 1897, S. 97.1.261, D. 98.1.57. — *Sic* : Bédarride, t. 2, n. 483 et s. ; Boistel, n. 378 ; Delangle, t. 2, n. 580 ; Lyon-Caen et Renault, t. 2, n. 356 ; Rivière, n. 387 ; Ruben de Couder, V° *Société*, n. 425, et *Supp.*, n. 135 et s. ; Vavasseur, t. 2, n. 1038 ; Wahl, note sous Cass., 19 avr. 1893, S. 94.1.289 ; Guillouard, n. 308 ; Laurent, t. 26, n. 377).

487. — Il n'y a pas lieu à publicité dans le cas où la dissolution de la société a pour cause la perte totale du fonds social. Aux termes de l'art. 1865-2° C. civ., en effet, la dissolution se produit alors de plein droit, en dehors de la volonté des associés, et par suite, elle ne saurait être soumise à la publicité prescrite par l'art. 61 (*Sic* : Lyon-Caen et Renault, t. 2, n. 356 *bis* ; Pont, t. 2, n. 1198. — *Contrà* : Pardessus, t. 3, n. 1088).

488. — L'obligation de publier la dissolution de toute société en nom collectif ou en commandite, lorsque cette dissolution a lieu avant le terme fixé pour la durée de la société, est applicable alors même que la société n'a pas été publiée lors de sa formation. — A défaut de publicité dans ce cas, comme dans celui où la société a été publiée, chacun des associés reste soumis postérieurement à la dissolution de la société à tous les engagements contractés sous la raison sociale (Cass., 9 juill. 1833, S. 33.1.538, Dalloz, *Rép.*, n. 974-2°. — *Sic* : Bédarride, t. 2, n. 421 ; Delangle, t. 2, n. 538 ; Lyon-Caen et Renault, t. 2, n. 537 ; Rivière, n. 389 ; Vavasseur, t. 2, n. 1040. — *Contrà* : Bordeaux, 22 déc. 1828, S. chr. ; — Pardessus, t. 3, n. 1088).

489. — Il a été décidé par la Cour d'appel de Paris, le 2 février 1888 (*J. S.*, 1888.484), que la délibération des actionnaires qui autorise les administrateurs à passer un traité de cession de tout ou partie de l'actif social ne doit pas être publiée. Mais nous ne saurions engager à suivre la doctrine de cet arrêt, car il faut considérer une semblable décision comme intéressant les tiers.

490. — Une société par actions se trouvant dissoute par la réunion de toutes les actions au nom d'un seul associé (*infrà*, n. 638 et 3422), il nous paraît que ce fait doit être porté à la connaissance des tiers (V. Cass., 10 avr. 1867, D. 67.1.397).

491. — Enfin, si malgré la dissolution de la société régulièrement publiée, des contrats ont été passés postérieurement à cette dissolution, dans des conditions qui peuvent avoir fait croire aux tiers que la société n'était pas liquidée, ces derniers peuvent obtenir la réparation du préjudice qui leur a été causé (Cass., 13 mai 1890, *R. S.*, 1890.361).

La dissolution d'une société de fait n'est pas opposable aux tiers qui entrent en rapports avec elle, s'il n'y a pas eu publicité. La connaissance du fait que les tiers auraient eu connaissance de la dissolution ne suffirait pas (Cass., 5 fév. 1903, S. 03.1.348).

Les associés en nom collectif sont responsables solidairement des dettes contractées entre la dissolution et la publicité (Même arrêt).

d) Mode de liquidation.

492. — L'art. 61 prescrit de publier le mode de liquidation, mais il ne contient aucune prescription relative au nom du liquidateur· En conséquence, l'omission du nom du liquidateur dans la publication de la dissolution de la société ne saurait avoir pour effet de rendre nulle et non avenue la dissolution elle-même (Paris, 31 mai 1883, *R. S.*, 1884.22 ; — St-Etienne, 28 juill. 1904, *Gaz. Trib.*, 9 nov. 1904 ; — Vavasseur, t. 2, n. 1040).

e) Changement ou retraite d'associés.

493. — Sur ce point, l'art. 61 s'applique uniquement aux sociétés en nom collectif ou aux sociétés en commandite pour les commandités. Les changements qui surviennent parmi les actionnaires ou les commanditaires, par suite de cession d'actions ou d'autres causes, ne sont soumis à aucune publicité (Lyon-Caen et Renault, t. 2, n. 776, p. 573, n. 2 ; Mathieu et Bourguignat, n. 320 ; Pont, t. 2, n. 1210).

494. — Il est généralement admis, ajouterons-nous, que l'art. 61 vise uniquement le cas où un associé se retire volontairement de la société, soit qu'il se substitue un nouvel associé, soit que la société continue entre les anciens associés.

Mais il n'y a pas lieu à publicité ;

Ni en cas d'interdiction ou de faillite d'un associé, à supposer, bien entendu, qu'il ait été stipulé dans les statuts sociaux que cette interdiction ou cette faillite n'entraînerait pas la dissolution de la société (Lyon-Caen et Renault, t. 2, n. 203-e ; — Aix, 23 juin 1902, *R. S.*, 1903.271).

Ni en cas de décès d'un associé, alors même que cet associé serait remplacé par ses héritiers, conformément aux clauses de l'acte constitutif de la société (Lyon-Caen et Renault, *loc. cit.* ; Pont, t. 2, n. 1211 ; — Aix, 23 juin 1902, *R. S.*, 1903.27. — *Contrà* : Vavasseur, t. 2, n. 1039).

495. — Ainsi il n'est pas indispensable de publier l'événement, prévu au pacte social, d'une continuation après décès, n'amenant ni la constitution d'une société nouvelle, — ni un changement arbitraire dans le personnel social, alors d'ailleurs qu'il est souverainement constaté par le juge du fait que la raison sociale n'a pas été altérée (Rouen, 28 janv. 1884, *R. S.*, 84.575 ; — Cass., 2 mars 1885, S. 85.1.362, D. 85.1.441. — *Contrà* : *R. S.*, *loc. cit.*).

496. — L'adjonction d'un nouvel associé aux anciens associés ne doit pas être publiée. D'une part, en effet, l'art. 61 ne vise que les changements ou retraites d'associés ; et, d'autre part, si la publicité se comprend pour les modifications dans le personnel des associés, qui diminuent les garanties des créanciers sociaux, elle n'aurait plus de raison d'être pour l'adjonction d'un associé, qui augmente au contraire ces garanties (C. Cass. Belgique, 25 janv. 1889, *R. S.*, 1889.128. — *Sic* : Lyon-Caen et Renault, t. 2, n. 204. — *Contrà* : Houpin, t. 2, n. 1228).

497. — Mais il y aurait lieu, au contraire, de faire la publication si la continuation de société n'avait pas été convenue dans l'acte constitutif, — ou si le décès avait pour effet de transformer la nature de la société : par exemple, si les héritiers de l'associé décédé devenaient de simples commanditaires (Lyon, 2 fév. 1882, *R. S.*, 1883.315).

498. — L'art. 61 ne s'applique pas aux sociétés à capital variable ; l'art. 62 les dispense en effet des formalités de dépôt et de publication, pour les actes constatant les retraites d'associés, autres que les gérants ou administrateurs, qui auraient lieu conformément à l'art. 52 (Lyon-Caen et Renault, t. 2, n. 1040 ; Pont, t. 2, n. 1214).

f) Changement à la raison sociale.

499. — L'art. 61 ne vise encore par cette disposition que les sociétés en nom collectif et en commandite. Mais il semble juridique d'étendre cette obligation aux sociétés anonymes pour la dénomination qu'elles ont adoptée (Lyon-Caen et Renault, t. 2, n. 776).

g) Délai.

500. — L'art. 61 ne fixe aucun délai pour la publication des actes et délibérations modifiant les statuts sociaux. Mais à raison du renvoi fait aux art. 55 et 56, il faut dire que la publication doit avoir lieu dans le délai d'un mois, comme la publicité originaire ; et ce délai a pour point de départ la date même de l'acte modificatif du pacte social (Bordeaux, 4 fév. 1901, *R. S.*, 1902.478 ; — Lyon-Caen et Renault, t. 2, n. 206 ; Pont, t. 2, n. 1204).

501. — D'après une décision, si les statuts d'une société en commandite, qui imposaient aux héritiers des commanditaires l'obligation de continuer la personne de leurs auteurs dans la société, sont modifiés en ce sens que ces héritiers seront remboursés de leur part commanditaire, avec obligation pour les associés survivants de compléter le capital social au moyen de valeurs égales, le délai d'un mois dans lequel cet acte modificatif des statuts sociaux doit être publié court non de la date de l'événement prévu par l'acte, c'est-à-dire du jour de la disparition du premier commanditaire, mais de la date même dudit acte (Amiens, 18 fév. 1878, S. 78.2.97 et la note de M. Bourguignat, Dalloz, *Rép. Supp.*, n. 797).

502. — La publicité accomplie dans le délai légal rétroagit au jour où l'acte modificatif des statuts sociaux a été passé. Il semble difficile d'admettre que cet effet rétroactif de la publicité soit applicable au cas de dissolution de la société. La rétroactivité serait, en effet, en ce cas contradictoire avec le but de la publicité, car les tiers qui traiteraient avec la société aussitôt après sa dissolution et avant qu'elle n'ait été publiée n'en seraient pas avertis. D'autre part, l'art. 64 C. com. décide que la prescription quinquennale ne court que du jour de la publication de la dissolution, sans qu'il y ait à distinguer suivant la date de cette publication ; il paraît logique d'appliquer la même règle aux autres effets de la dissolution (*Sic* : Lyon-Caen et Renault, t. 2, n. 258. — *Contrà* : Pont, t. 2, n. 1204).

h) Sanction des formalités.

503. — L'accomplissement des formalités prescrites par l'art. 61, dans le délai légal, rend les modifications apportées à l'acte constitutif de la société valables *erga omnes*.

504. — Jugé que l'associé dont la retraite a été régulièrement publiée est affranchi de toute responsabilité pour les dettes postérieures à cette retraite (Cass., 5 juill. 1837, S. 37.1.765).

505. — Jugé de même pour l'associé gérant d'une commandite, dont la démission et le remplacement ont été acceptés par l'assemblée des actionnaires. Par suite, le gérant démissionnaire n'est pas responsable des dettes sociales postérieures à sa démission même non suivie de la dissolution et de la liquidation de la société dont il a fait partie (Cass., 12 janv. 1852, S. 52.1.193 et la note de M. Massé, D. 52.1.52. — *Contrà* : Cass., 1er juill. 1841, S. 41.1.855, Dalloz, *Rép.*, n. 1320).

506. — Au contraire, si les modifications apportées aux statuts sociaux n'ont pas été publiées, elles sont frappées de nullité, et cette nullité peut être invoquée par tous les intéressés, sans pouvoir d'ailleurs être opposée aux tiers par les associés (Lyon-Caen et

Renault, t. 2, 359 ; Vavasseur, t. 2, n. 1041. — Lyon, 8 déc. 1905, R. S., 1906.343 ; — Trib. com. Nantes, 15 déc. 1906, R. S., 1908. 265).

507. — Jugé, par application de ce principe, que les associés peuvent se prévaloir de la nullité de l'acte de dissolution non publié, lorsqu'ils y ont intérêt, dans leurs rapports entre eux, — par exemple, pour faire tomber l'aliénation de l'actif social consentie par le liquidateur en vertu des pouvoirs qu'il en avait reçus (Cass., 30 juill. 1856, D. 56.1.308 ; — Trib. com. Lyon, 9 mai 1905, R. S., 1906.252).

Mais jugé que, alors même que la publication d'un acte de prorogation de société ne mentionnerait pas, en même temps que l'extrait certifié conforme de l'acte, sa date de dépôt aux greffes de la justice de paix et du tribunal de commerce, cette omission ne peut entraîner la nullité de l'acte de prorogation, les mentions omises n'étant prescrites que par l'art. 57 de la loi du 24 juill. 1867 et les formalités édictées limitativement dans l'art. 56 de ladite loi étant seules à observer à peine de nullité (Trib. com. Seine, 7 mars 1908, R. S., 1909.113).

508. — Mais les associés peuvent renoncer expressément ou tacitement au droit de se prévaloir de la nullité. — Jugé que l'associé dont la retraite n'a pas été publiée ne peut se fonder sur ce défaut de publication pour prétendre que sa retraite doit être considérée comme non avenue et qu'il n'a pas cessé de faire partie de la société, lorsqu'à la suite de cette retraite, il a reçu sa part sociale et a depuis refusé de concourir aux opérations et aux travaux de la société (Cass., 27 mai 1861, S. 62.1.47, D. 61.1.330).

509. — Un associé en nom collectif ne peut, pour se soustraire à l'exécution solidaire des engagements contractés par un autre associé, opposer aux tiers la dissolution anticipée de la société, si l'acte de dissolution n'a pas été déposé au greffe et publié suivant les formes prescrites (Cass., 26 mai 1886, S. 88.1.215).

510. — Jugé encore très justement que si une société anonyme a été dissoute avant terme, sans que la dissolution ait été portée à la connaissance des tiers par l'accomplissement des formalités prescrites, la dissolution est sans effet à l'encontre des créanciers sociaux, au regard desquels la société doit être considérée comme ayant continué d'exister, et qui peuvent, dès lors, la faire déclarer en faillite (Rouen, 25 juin 1887, S. 90.2.53).

511. — En d'autres termes et d'une façon générale, la dissolution non publiée de la société n'est pas opposable aux intéressés. Par intéressés, on doit entendre, outre les associés, les tiers, dont la loi a en particulièrement la protection en vue, et toute personne ayant un intérêt juridique à se prévaloir du défaut de publicité de la dissolution (Rouen, 9 janv. 1890, sous Cass., 11 janv. 1893, S. 97.1.433).

512. — Sur ce point, les intéressés peuvent se prévaloir de la nullité, sans qu'il y ait à distinguer suivant qu'ils ont ou non personnellement connaissance de la modification non publiée. Les juges n'ont pas à rechercher si le tiers qui se prévaut de la nullité de la publication a eu, en fait, connaissance de la dissolution de la société. La loi a voulu écarter les contestations qui auraient pu s'élever sur la bonne ou la mauvaise foi des tiers, et dans ce dessein, elle a créé, selon qu'il y a eu observation ou inobservation des formalités, une présomption de connaissance ou d'ignorance des actes, dont la nature exclut toute preuve contraire (Cass., 26 mai 1886 (motifs), S. 88.1.512 ; — 19 avr. 1893, S. 94.1.289, D. 93.1.317 ; — Rouen, 9 janv. 1890, sous Cass., 11 janv. 1893, précité ; — 30 janv. 1895, sous Cass., 2 mars 1897, S. 97.1.261, D. 98.1.57. — *Sic* : Alauzet, t. 2, n. 837 ; Boistel, n. 359 ; Delangle, t. 2, n. 579 ; Lyon-Caen et Renault, t. 2, n. 359 ; Pont, t. 2, n. 1207. — *Contrà* : Dijon, 22 juill. 1835, sous Cass., 29 janv. 1838, S. 38.1.602, D. 38.1.94 ; — Paris, 1er juin 1854, S. 54.2.535, D. 56.2.238. — *Adde* : Malepeyre et Jourdain, p. 506 ; Troplong, t. 2, n. 909 ; Vavasseur, t. 2, n. 1041).

513. — Enfin, le dernier alinéa de l'art. 61 soumet aux formalités de publicité les délibérations prises dans les cas prévus par les art. 19, 37, 46, 47 et 49, c'est-à-dire au cas : 1° de tranformation en sociétés anonymes de sociétés en commandite par actions ; 2° de perte des trois quarts du capital social d'une société anonyme ; 3° de transformation d'une société anonyme autorisée en société anonyme régie par la loi de 1867 ; 4° de conversion en société anonyme d'une société à responsabilité limitée.

514. — L'art. 62 crée une exception relative aux sociétés à capital variable : « Ne sont pas assujettis, dit-il, aux formalités de dépôt et de publication, les actes constatant les augmentations ou les diminutions du capital social opérées dans les termes de l'art. 48, ou les retraites d'associés, autres que les gérants ou administrateurs, qui auraient lieu conformément à l'art. 52. »

SECTION VII

PUBLICITÉ ORDONNÉE PAR LA LOI DE 1913.

515. — L'art. 31 nouveau de la loi de 1867 (loi du 22 nov. 1913) autorise, on le sait, la convocation successive d'assemblées générales à défaut de quorum dans la première assemblée. Dans l'hypothèse de la tenue de plusieurs assemblées, nous pensons qu'on doit déposer aux greffes et relater, non pas seulement dans l'insertion, le procès-verbal de l'assemblée générale qui a valablement décidé les modifications, mais en même temps le procès-verbal de l'assemblée ou des assemblées successives constatant le défaut de quorum exigé par la loi. Il est certain, en effet, que l'assemblée, avec un quorum réduit, ne délibère valablement, après convocations successives, que s'il est établi que lors des premières convocations, le quorum n'a pas été atteint.

Dans le cas où les modifications statutaires doivent entraîner la ratification par des assemblées spéciales (loi de 1902), il y a lieu de procéder à la publication des délibérations de ces assemblées spéciales.

SECTION VIII

PUBLICATION AU REGISTRE DU COMMERCE. — LOI DU 19 MARS 1919.

516. — La loi du 19 mars 1919 impose des formalités *complémentaires* de publicité aux sociétés, nous disons *complémentaires*, car la loi de 1919 ne dispense les sociétés d'aucune des formalités de publicité prescrites par les lois spéciales qui les régissent.

La loi du 19 mars 1919 crée un registre du commerce où seront obligatoirement immatriculés tous les commerçants français ou étrangers exerçant un commerce en France, et toutes les sociétés françaises ou étrangères, sous quelque forme qu'elles aient été constituées, opérant en France, soit à titre principal, soit à titre de succursale.

Le principe concernant les sociétés est le même que celui qui a dicté les règles auxquelles sont soumis les commerçants. C'est une adaptation des mesures individuelles à la forme collective et au régime spécial des différentes formes de sociétés.

Principe général de la loi (art. 1, 2 et 3). — Il est institué, pour le ressort de chaque tribunal de commerce, ou de chaque tribunal d'arrondissement en tenant lieu, un registre du commerce où seront inscrits pour chaque commerçant et pour chaque Société commerciale un faisceau de renseignements déterminés et ci-dessous énumérés, destiné à instruire le public sur la situation commerciale et la nationalité de la société.

Un registre central tenu à l'office national de la propriété industrielle contiendra un abrégé de chaque inscription régionale, avec une référence permettant au public de retrouver sans difficulté au registre local du ressort de l'établissement les renseignements complets imposés par la loi.

De même, en cas de succursales ou d'établissements secondaires, une seule publication complète est requise au siège du principal établissement, une inscription succincte avec référence à l'inscription principale est imposée seulement au registre du lieu de la succursale.

Des sanctions sont attachées à chacune des obligations imposées par la loi nouvelle. V. *infrà*, § « Sanctions ».

Sociétés soumises à l'inscription. — Toutes les Sociétés *commerciales françaises* sont soumises à l'immatriculation au registre du commerce (art. 6). Par société commerciale il faut entendre non seulement les sociétés purement commerciales, mais aussi les sociétés civiles à forme commerciale régies par la loi du 1er août 1893 (commandite par actions ou anonymes). Il faut en exclure au contraire les sociétés civiles en commandite simple, et les associations en participation.

Toutes les sociétés *commerciales étrangères* établissant en France une succursale ou une agence sont soumises à la même immatriculation que les sociétés françaises (art. 9). Il semble impossible d'étendre à des sociétés étrangères l'art. 6 de la loi du 1er août 1893. Il faut donc ne considérer strictement comme sociétés *commerciales* étrangères, que les sociétés se livrant à des actes de commerce.

Mentions à porter au registre du commerce.

Sociétés françaises. — A. — *Inscriptions à la charge des sociétés.*

1º Lors de la fondation de la société (art. 6).

a) Les noms et prénoms des associés autres que les actionnaires et commanditaires, la date et le lieu de naissance, la nationalité de chacun d'eux, avec, s'ils ont acquis une autre nationalité la date et le mode d'acquisition de celle-ci ; *b)* la raison sociale ou la dénomination de la société ; *c)* l'objet de la société ; *d)* les lieux où la société a des succursales ou agences, soit en France soit en pays étranger ; *e)* les noms des associés ou des tiers autorisés à gérer, administrer et signer pour la société, des membres du conseil de surveillance des sociétés en commandite, la date et le lieu de leur naissance ainsi que leurs nationalités ou naturalisations (comme ci-dessus) ; *f)* le montant du capital social et le montant des sommes ou valeurs à fournir par les actionnaires et commanditaires ; *g)* l'époque où la société a commencé et celle où elle doit finir ; *h)* la nature de la société (si elle est à capital variable la somme au-dessous de laquelle le capital ne peut être réduit).

2º Au cours de l'existence de la société (art. 6).

a) Tout changement ou modification se rapportant aux faits dont l'inscription sur le registre est prescrite lors de la fondation de la société ; *b)* les noms, prénoms, date et lieu de naissance ainsi que la nationalité des gérants administrateurs ou directeurs nommés pendant la durée de la société, les membres des conseils de surveillance des sociétés en commandite ainsi que la nationalité qu'ils auraient pu acquérir, le mode d'acquisition de celle-ci et sa date, les brevets d'invention, marques de fabrique ou de commerce employés.

Ces inscriptions sont faites à la diligence des sociétés, à la requête des gérants ou administrateurs en fonction.

B. — *Inscriptions d'office à la charge du greffier.*

Sont inscrits d'office les jugements et arrêts prononçant la dissolution ou la nullité de la société, les jugements et arrêts de faillite ou de liquidation judiciaire ou se rattachant à ces deux opérations (homologation de concordat, résolution ou annulation de celui-ci, jugements d'excusabilité, de clôture de faillite, ou de liquidation rapportant un jugement de clôture, prononçant la réhabilitation).

On a remarqué que le siège social, renseignement de première utilité, avait été omis de la liste des mentions à inscrire au registre du commerce. Il faut admettre que la loi nouvelle ne peut en rien porter atteinte au principe général et absolu de la publication du siège social en même temps que de la raison sociale. D'autre part, l'inscription est prescrite au tribunal de commerce du siège social, ce qui permet de penser que le siège social serait même en cas de non-inscription sur le registre du commerce facilement retrouvé.

D'autre part, la référence du registre central au registre local original permettra de retrouver toujours le ressort dans lequel se trouve situé le siège social recherché. Ce sera déjà tout au moins une base très sérieuse d'indication.

Sociétés étrangères. — Les sociétés étrangères sont soumises aux mêmes inscriptions que les sociétés françaises. Toutes les mentions imposées aux unes sont imposées aux autres. Les jugements les concernant sont portés d'office dans les mêmes conditions que les jugements concernant les sociétés françaises.

Mais en ce qui concerne l'inscription incombant à la société, elle doit précéder l'ouverture en France de la succursale ou de l'agence, au lieu de suivre la constitution de la société. C'est le directeur ou gérant futur de la succursale ou de l'agence qui doit requérir cette inscription et nous verrons au paragraphe « Sanctions » que le défaut de cette inscription peut entraîner jusqu'à la fermeture de l'agence ou de la succursale. Le changement de ce directeur doit faire également l'objet d'une mention au registre.

Forme de la déclaration et délai dans lequel elle doit être faite.

Sociétés françaises. — L'immatriculation doit être requise dans le mois de la constitution de la société par les gérants, ou les administrateurs en fonction, qui produisent au greffier du tribunal du siège social, une déclaration en double exemplaire sur papier libre, et signée d'eux, en même temps qu'ils font le dépôt de l'acte de société prescrit par l'art. 55 de la loi du 24 juillet 1867 (art. 6).

Le greffier copie, sur le registre du commerce, le contenu de la déclaration et remet au requérant un des deux exemplaires de celle-ci au pied de laquelle il certifie avoir opéré cette copie (art. 4).

Sociétés étrangères. — Avant l'ouverture de la succursale ou de l'agence en France, celui qui prendra la direction de cette agence est tenu de déposer au greffe du tribunal une déclaration sur papier libre en double exemplaire, signée de lui, et contenant toutes les mentions prescrites pour les sociétés françaises.

Dispositions communes aux sociétés françaises et étrangères. — L'immatriculation est exigée partout où il existe une succursale ou une agence. Mais une inscription abrégée se référant à l'inscription du siège social pour les sociétés françaises ou de la principale agence pour les sociétés étrangères est seule requise pour les succursales (art. 11).

Toute inscription au registre du commerce est faite dans les formes de l'art. 4, c'est-à-dire en double expédition sur papier libre, l'une de ces expéditions revêtue d'une mention certifiant la copie au registre étant ensuite rendue par le greffier au requérant (art.13).

Toute inscription pour laquelle un délai n'est pas spécifié dans la loi doit être faite dans le mois du fait ou de l'acte qui donne lieu à inscription (art. 12).

Radiation des inscriptions. — En cas de cessation de commerce ou de dissolution de société soit sur requête du commerçant ou de ses ayants droit, soit des gérants ou administrateurs de la société, soit d'office en vertu d'une décision du juge préposé à la surveillance du registre, on procède à la radiation de l'inscription (art. 15).

Sanctions.

Sociétés françaises. — L'art. 18 de la loi punit d'une amende de 16 à 200 francs le gérant ou administrateur de société coupable de n'avoir pas requis dans les délais légaux l'inscription obligatoire. C'est au tribunal de commerce qu'il appartient de prononcer l'amende sur réquisition du président ou du juge préposé au registre. L'intéressé doit être entendu ou du moins dûment appelé. Le tribunal ordonne l'inscription dans un délai de 15 jours. Au bout de ce délai, s'il y a de nouveau défaut d'inscription une nouvelle amende peut être prononcée.

Sociétés étrangères. — Les mêmes peines que celles ci-dessus énoncées pour les sociétés françaises peuvent être prononcées contre le directeur de la succursale d'une société étrangère qui ne se serait pas conformé à l'immatriculation obligatoire *avant* l'ouverture de ladite succursale ou agence. De plus, dans le cas où, à la suite d'un premier jugement prononçant une amende et ordonnant l'inscription, l'intéressé n'obtempérerait pas aux injonctions légales et aux ordres du jugement, le tribunal peut ordonner la fermeture de la succursale (art. 18).

Le même art. 18 rend passible de poursuites disciplinaires le greffier qui ne se soumettrait pas aux obligations de la loi.

L'art. 19 réprime les indications inexactes données de *mauvaise foi*, et les punit d'une amende de 100 à 2.000 francs et d'un emprisonnement d'un à six mois, ou de l'une de ces deux peines seulement. Les coupables peuvent être punis en outre de la privation du droit de vote et d'éligibilité aux Conseils de prud'hommes, Chambres des arts et manufactures, Chambres et Tribunaux de commerce. Le jugement du tribunal correctionnel fixe les termes dans lesquels doit être corrigée la mention inexacte.

L'art. 463 C. pén. est applicable à la répression de ces délits (art. 20).

Copies des inscriptions du registre de commerce (art. 17). — Toute personne peut se faire délivrer une copie sur timbre des inscriptions portées au registre. Cette copie est signée du greffier du tribunal de commerce intéressé ou du directeur de l'office national de la propriété industrielle. Ces mêmes autorités délivrent le cas échéant des certificats attestant l'absence d'inscription.

Ces copies ne mentionnent pas :

1° Le nantissement du fonds de commerce, quand l'inscription du privilège du créancier gagiste a été rayée ou est périmée par défaut de renouvellement ;

2° Les jugements déclaratifs de faillite, de liquidation judiciaire quand il y a eu réhabilitation ;

3° Les jugements d'interdiction ou de nomination d'un Conseil judiciaire après mainlevée.

Registre central. — Le registre central du commerce tenu à l'office de la propriété industrielle par le directeur de cet office, mentionne des inscriptions sommaires avec référence au registre original. Ces mentions lui sont transmises dans le mois de l'inscription originale par le greffier qui a opéré cette inscription.

Disposition transitoire. — Cette loi étant applicable rétroactivem ent, un délai de 6 mois à partir de l'entrée en vigueur de la loi (c'est-à-dire de la publication des règlements d'administration publique) est imparti aux sociétés existantes pour opérer les inscriptions prescrites par ladite loi.

SECTION IX

PUBLICITÉ PERMANENTE IMPOSÉE AUX SOCIÉTÉS PAR ACTIONS (1)

517. — Indépendamment de la publicité exigée par le législateur, au moment de la constitution de la société ou au moment des transformations qui s'opèrent au cours de l'existence sociale, la loi, par les art. 63 et 64, a organisé une publicité spéciale et permanente pendant toute la durée des sociétés par actions. Cette publicité spéciale consiste dans : 1° l'affichage au siège social des pièces déposées au greffe ; 2° le droit pour toute personne de se faire délivrer copie de ces pièces ; 3° l'obligation imposée aux sociétés par actions d'in-

---

(1) Le Sénat est actuellement saisi d'une proposition de loi votée sans discussion par la Chambre sur l'initiative de M. Paul Benazet. Le texte adopté par la Chambre a été remanié par la Commission sénatoriale chargée de l'examiner.

De ce texte ainsi modifié résultent les formalités suivantes à la charge des sociétés.

ART. 1er. — La liste des souscripteurs annexée aux termes de la loi de 1867 à la déclaration du gérant doit indiquer, en outre des dispositions actuelles, la date et le lieu de naissance, la nationalité actuelle et s'il y a lieu la date de la naturalisation.

ART. 55. — La liste des souscripteurs que les sociétés anonymes doivent annexer au dépôt de l'acte constitutif doit être complétée par les mêmes indications que ci-dessus.

ART. 57. — Ces mêmes renseignements doivent être portés sur l'extrait portant les noms des associés autorisés à administrer, gérer et signer pour la société.

ART. 61. — Le nouvel art. 61, très important, impose la publication dans le délai de 2 mois au *Bulletin des annonces légales* à la charge des sociétés financières comme une modification statutaire, de tout changement dans la composition du Conseil d'administration ou dans la personnalité du ou des commissaires. Il prévoit également la publication annuelle dans un délai d'un mois après la réunion de l'Assemblée générale ordinaire annuelle : 1° du bilan et des répartitions de bénéfices adoptées et de toute résolution comportant nomination ou révocation d'administrateurs ou la nomination d'un ou plusieurs commissaires ; 2° de la liste des administrateurs, commissaires aux comptes, directeurs généraux ou techniques attachés à la société au jour de l'assemblée générale. Cette liste dressée par le Conseil d'administration devra mentionner comme celles prévues plus haut, les noms, prénoms, profession, domicile réel, date et lieu de naissance, nationalité actuelle et s'il y a lieu date de naturalisation.

ART. 5 (loi du 1er juillet 1901). — Enfin une disposition spéciale étend aux associations prévues par la loi de 1901 toutes les dispositions de publicité ci-dessus imposées aux sociétés commerciales.

diquer la nature de la société et le montant du capital social dans leurs documents imprimés.

518. — L'art. 64 ne s'applique qu'aux actes qui peuvent intéresser le crédit de la société (Paris, 2 avr. 1896, S. 96.2.246, D. 98.2. 263), et une société anonyme qui fait paraître des journaux ou revues sans y mentionner sa qualité de société anonyme ni le chiffre de son capital social, ne contrevient pas à l'art. 64 (Même arrêt).

519. — Dans tous les actes, factures, annonces, publications et autres documents imprimés ou autographiés, émanés des sociétés anonymes ou des sociétés en commandite par actions, la dénomination sociale doit toujours être précédée ou suivie de ces mots, écrits lisiblement en toutes lettres : Société anonyme ou Société en commandite par actions, et de l'énonciation du capital social. Si la société a usé de la faculté accordée par l'art. 48, cette circonstance doit être mentionnée par l'addition de ces mots : à capital variable. Toute contravention aux dispositions qui précèdent est punie, d'après le dernier alinéa de l'art. 64, d'une amende de 50 fr. à 1.000 fr. — La sanction n'est pas applicable aux infractions à l'art. 63, soumises aux responsabilités du droit commun si elles ont causé un préjudice (Pont, n. 1885). Une société commerciale ne peut être condamnée à une amende. Il en faut conclure que le défaut d'indication, dans les documents imprimés ou autographiés émanés d'une société anonyme, du montant du capital social, ne peut être relevé à la charge de la société elle-même, mais seulement à la charge de l'auteur de l'infraction (administrateur) (Orléans, 8 nov. 1887, S. 89.2.172, D. 88.2.97). — La prescription applicable à l'action publique résultant de cette infraction est de trois ans (Orléans, 8 nov. 1887, même arrêt).

520. — L'infraction résulte de l'usage fait par la société de l'imprimé et non du seul fait de son impression ; elle ne constitue pas un délit continu ou successif, mais bien un délit instantané, dont la prescription court du moment où il a été fait usage de la pièce. — Poitiers, 15 avr. 1910, Cachard (inédit).

SECTION X

DROIT DE COMMUNICATION

521. — L'art. 63 est ainsi conçu :

« Lorsqu'il s'agit d'une société en commandite par actions ou d'une société anonyme, toute personne a le droit de prendre communication des pièces déposées aux greffes de la justice de paix et du tribunal de commerce, ou même de s'en faire délivrer à ses frais expédition ou extrait par le greffier ou par le notaire détenteur de la minute.

« Toute personne peut également exiger qu'il lui soit délivré au siège de la société une copie certifiée des statuts, moyennant une somme qui ne pourra excéder 1 fr.

« Enfin, les pièces déposées doivent être affichées d'une manière apparente dans les bureaux de la société. »

Cet article ne vise que les sociétés en commandite par actions et les sociétés anonymes. Il faut en conclure logiquement que le droit de prendre communication des pièces déposées aux greffes, ou de s'en faire délivrer une copie, n'existe pas lorsqu'il s'agit d'une société en nom collectif ou d'une société en commandite simple (Lyon-Caen et Renault, t. 2, n. 193).

Et il a été jugé que les greffiers des tribunaux de commerce ne sont pas tenus de délivrer des certificats à l'effet d'établir qu'il n'y a pas dépôt de modification à des actes de société précédemment déposés (Bordeaux, 16 août 1876, S. 77.2 384).

SECTION XI

DE LA PUBLICITÉ DES PLACEMENTS DE TITRES D'APRÈS LA LOI DU 30 JANVIER 1907.

522. — La loi de finances du 30 janv. 1907 contient, dans son art. 3, des dispositions minutieuses concernant la publicité des émissions et de la circulation des valeurs mobilières. Ces dispositions ont été empruntées, d'une façon pas toujours très heureuse, aux projets de loi déposés à la Chambre par le gouvernement en 1903 et repris par lui le 18 juin 1905 [V. sur la loi de 1907, Wahl, *De la publicité des placements de titres* ; Pothier, *De l'émission et de l'introduction financières*]. La loi a pour but de protéger l'épargne contre les affirmations mensongères des lanceurs de titres, en obligeant préalablement ceux-ci à une publicité spéciale faite à un bulletin, créé par le décret du 27 février 1907 sous le nom de *Bulletin annexe au Journal officiel*.

Le 3 février 1912 est intervenu le décret suivant : Art. 1er. — L'art. 1er du décret du 27 février 1907 est remplacé par les dispositions suivantes :

« Les insertions prévues à l'art. 3 de la loi de finances du 30 janvier 1907 seront publiées en feuilles annexes au *Journal officiel* sous le titre de *Bulletin des annonces légales obligatoires à la charge des sociétés financières*, publiées en exécution de la loi du 30 janvier 1907 et du décret du 27 février 1907, modifié par le décret du 3 février 1912. » Ces insertions obligatoires sont à la charge des sociétés financières.

« Les signatures apposées au bas des notices devront être légalisées. »

523. — La loi s'applique à toutes les sociétés commerciales et même aux sociétés civiles à forme commerciale, qu'elles soient françaises ou étrangères : le texte le dit expressément. C'est ainsi que les dispositions de l'art. 3 sont applicables aux titres d'actions ou d'obligations émis par les sociétés d'habitations à bon marché, mais seulement à la première émission des titres d'un type déterminé, les émissions successives des titres du même type étant affranchies de cette publicité (Circ. Régie, 26 juin 1907, *J. S.*, 1908. 73). — Mais la loi ne concerne que les sociétés et elle laisse en dehors de ses dispositions les associations sans but lucratif (Wahl, n. 6), les fonds d'Etat, des départements, des communes et des établissements publics (Wahl, n. 5).

524. — La nouvelle loi impose, sous une sanction assez sévère, diverses mesures qui doivent être prises pour les émissions, expositions, mises en vente, introduction sur le marché de France, d'actions, d'obligations ou de titres de quelque nature qu'ils soient, de sociétés françaises ou étrangères. Cette formule est, comme on le voit, aussi générale que possible. Tous les titres, quelle qu'en soit la nature, rentrent dans les prévisions de la loi et entraînent l'application des formalités qui y sont instituées. Qu'il s'agisse d'actions, nominatives ou au porteur, privilégiées ou non, d'obligations, de parts de fondateur, de bons, etc., les mêmes formalités sont exigées. Cependant les parts d'intérêt dans les commandites simples n'y sont pas soumises. En effet, à la séance du 28 janvier 1907, le ministre des finances déclarait à la Chambre qu'il faut entendre par titres ceux qui peuvent être vendus en Bourse et exclure tout le reste.

525. — Les opérations qui donnent lieu à l'application des nouvelles prescriptions légales sont : *l'émission*, *l'exposition*, la *mise en vente*, *l'introduction sur le marché*. Chacune de ces expressions doit être définie dans son sens précis, d'autant plus que la sanction de la loi consiste dans une amende correctionnelle, car la loi nouvelle crée un délit, pour le cas où ses prescriptions viendraient à être violées. Pour interpréter ces expressions, il n'est pas inutile d'observer que ce n'est pas la première fois qu'elles figurent dans nos lois. D'abord, le Code pénal, dans la matière de la fausse monnaie, faux billets de banque, effets publics, prévoit déjà, parmi les éléments constitutifs de ces infractions, les cas d'*émission*, *exposition*, *introduction* en France (art. 132 et 139, C. pén.). D'autre part, la loi du 30 mars 1872 qui soumet aux mêmes droits que les titres français les titres émis par les villes, provinces et établissements publics étrangers, dit dans son art. 2 que nul ne peut *négocier*, *exposer en vente* ou énoncer dans les actes ou écrits des titres étrangers qui n'auraient pas été admis à la cote, ou n'auraient pas été dûment timbrés. L'interprétation déjà donnée à propos de ces lois peut évidemment nous servir ici pour déterminer le sens légal des expressions dont s'agit.

526. — Avant d'étudier les faits qui peuvent donner lieu à l'application de la loi, il convient de signaler que ces faits doivent réunir trois conditions essentielles. Il faut que le fait : 1° se produise en France ; 2° soit rendu public ; 3° qu'il existe un lien de droit entre les auteurs de la publicité et la société.

En ce qui concerne tout d'abord la publicité, toutes les fois que le fait a lieu sans publicité, que les personnes qui veulent fonder une société n'entendent pas recourir à la publicité pour amener des souscriptions aux titres qu'elles émettent, qu'elles les distribuent amiablement et sans publicité entre elles, il est inutile de recourir à la publication imposée par la loi de 1907 (*Sic*, Wahl, n. 25).

En ce qui concerne le lien de droit, les annonces visées à l'art. 3 ne sont assujetties aux prescriptions de cet article que s'il existe un lien de droit entre les auteurs de ces annonces et la société, soit antérieurement à l'apparition des annonces incriminées, soit lors de leur apparition, ou que si les prévenus ont joué le rôle de personnes interposées au profit de cette société. Mais ceux qui font des annonces sans se conformer aux prescriptions de l'art. 3 ne tombent pas sous le coup des pénalités qu'il édicte, s'ils ont agi non dans l'intérêt de la société ou dans un intérêt commun à eux et à la société, mais uniquement comme des particuliers voulant céder à des tiers un certain nombre de titres leur appartenant et employant pour y parvenir la publicité des journaux locaux. Il en est autrement lorsqu'il s'agit d'annonces faites en contravention de la loi précitée par l'agent d'un établissement de crédit chargé par une société de l'émission de ces actions ; l'auteur des annonces devient alors passible de l'amende fixée par cette loi, sauf l'atténuation résultant de l'application de l'art. 463 C. pén. (Trib. corr. Marseille, 10 juin 1909 [2 jug.], *J. S.*, 1909.135 ; *R. S.*, 1909.24).

527. — A. *Emission.* — Il y a émission lorsqu'il s'agit d'une mise en circulation, d'une distribution au public. Toutes les opérations ayant pour objet de lancer dans la circulation, c'est-à-dire de délivrer au public des valeurs mobilières françaises ou étrangères, de les répartir dans les portefeuilles des capitalistes et rentiers, toutes ces opérations rentrent dans le vocable : émission, dont le sens est très large. Le procédé normal d'émission, c'est la souscription publique, mais il s'en faut que ce soit le seul, car les pratiques financières sont riches en combinaisons diverses qui, toutes, sont des émissions.

L'émission par souscription publique s'opère au moyen de la publicité. Les formalités qu'impose la loi du 30 juillet 1907 sont précisément préalables à toutes mesures de publicité. La souscription publique se pratique au grand jour, et c'est le moyen qui permet le mieux au public de se renseigner, de discuter et d'apprécier l'opération. La souscription s'ouvre par une publicité plus ou moins large, parfois très étendue. Affiches, insertions dans les journaux, distributions de prospectus sur la voie publique ou à domicile, tout est mis en œuvre pour attirer les adhésions. Le succès de l'émission suppose que la souscription est couverte, c'est-à-dire entièrement acceptée et placée dans le public. Tel est le mécanisme de l'émission, par le procédé fort connu, fort employé de la souscription par appel au public. Inutile d'insister davantage sur cette opération que tout le monde connaît.

A côté de la souscription publique, il y a l'émission par voie privée qui se fait souvent d'une façon correcte, mais parfois aussi par des procédés plus ou moins suspects. Des banques s'improvisent pour effectuer une opération peu scrupuleuse, ou même louche, sur des valeurs douteuses, ainsi placées « sous le manteau ». Le marché s'en trouve inondé, des « gogos » plus ou moins nombreux sont pris au piège, et l'établissement émetteur s'effondre en une faillite retentissante, ou disparaît soudain. La dupe ne conserve en mains qu'un papier sans valeur ; ce qu'on appelle pittoresquement « la Bourse ou les Valeurs des pieds humides ». Les procédés d'émission par voie privée, heureusement, servent le plus souvent à des opérations correctes, et les prescriptions de la loi nouvelle ne peuvent qu'épurer le marché. C'est une mesure de salubrité publique, comme l'a dit le ministre des finances. Quels sont ces modes d'émission par voie privée ? Ils consistent notamment dans le placement à un guichet de banque, sans aucune publicité.

Une question se pose : Les fondateurs d'une société qui sollicitent des souscriptions par voie de publicité sont-ils tenus à l'insertion au *Journal officiel* ? On peut en douter car il ne s'agit pas d'une *émission* de titres créés, mais bien d'une *souscription*. Si on y avait pris garde, on aurait réglé la question par un texte. Si on se reporte au mode de publicité organisé par la commission de 1902, on voit que la publicité a été organisée pour la *souscription*, et qu'on a créé le bulletin de souscription obligatoire.

Autre difficulté : une société augmente son capital par la création d'actions nouvelles à souscrire en numéraire. Est-elle tenue à la publicité de la loi de 1907 ? Il est encore permis d'en douter. Mais qui oserait conseiller à cette société de ne pas la faire. Cependant si les actions sont exclusivement réservées aux actionnaires anciens, il nous paraît certain qu'aucune publicité à l'*Officiel* n'est nécessaire.

528. — B. *Exposition*. — Elle consiste à mettre le titre en montre, à l'offrir ainsi aux regards du public. C'est un moyen pour faciliter la vente, en attirant la clientèle par la vue des titres. Les maisons ou boutiques de change, surtout, utilisent ce système ; on voit souvent aux vitrines des changeurs des pièces d'or, des billets de banque et des titres, actions ou obligations. Même quand il n'y a pas eu émission par souscription, les formalités de publicité devront être remplies préalablement à une exposition des titres, dans le but de les vendre (1).

____

(1) Il faut naturellement les exposer, non comme objets de curiosité, mais pour les mettre en circulation.

529. — C. *Mise en vente*. — C'est surtout le placement par l'intermédiaire de la Bourse ou aux guichets des banques ; c'est aussi le placement par vente au siège social. Les banques, au lieu de lancer les titres sur le marché, les placent dans leur clientèle prévenue par voie de circulaires, à un prix déterminé. La raison d'être de ce procédé tient aux frais toujours assez élevés d'une émission publique. Pour les petites affaires, comme le nombre des titres à vendre est assez faible, les banques ouvrent leurs guichets, et sous leur responsabilité morale et la garantie de leur honorabilité, président au placement des titres. La clientèle est attirée par ce fait que telle banque, en qui elle a confiance, recommande l'opération. Le danger est que si la banque, en réalité, n'offre aucune surface, le placement est facilité par un crédit apparent, et cela favorise bien des fraudes. On l'a vu sur des exemples récents.

A côté du placement aux guichets des banques, il y a la vente directe par la société qui émet les titres. Certaines compagnies, d'ailleurs des plus honorables et des plus solides, pratiquent d'une façon courante ce procédé. Les titres sont alors connus du public, cotés à la Bourse et la vente aux bureaux de l'établissement se fait exactement aux mêmes cours que ceux du marché. Mais là aussi, il arrive qu'un établissement se fonde à grand renfort de réclame et lance une affaire plus ou moins véreuse, et vend, à bureaux ouverts, les titres ainsi émis. Bien que ce mode de placement soit relativement plus lent que d'autres, il peut réussir s'il est appuyé d'une forte réclame basée sur des allégations, prospectus, qui ne coûtent rien et peuvent produire un résultat effectif en favorisant le placement de titres peu sérieux.

530. — D. *Introduction sur le marché en France*. — Introduire un titre, c'est le faire entrer sur le marché français. Il s'agit alors de mettre en circulation, sur un nouveau marché — le marché français — des titres qui, créés dans un autre pays, s'y sont déjà négociés. Les introducteurs de ces titres veulent étendre leur circulation en les faisant connaître d'un nouveau public. Ainsi, on introduira par exemple des actions de banques étrangères, des obligations de chemins de fer étrangers, mines d'or, etc., qui ont déjà fait l'objet, dans leur pays d'origine, d'une émission publique ou d'une vente aux guichets d'une banque. L'introduction consiste donc à obtenir la cote du titre, soit au parquet, soit en coulisse. Ainsi délimitée, l'introduction peut encore être très dangereuse, éventuellement, car le public ne peut pas toujours se bien renseigner sur les garanties qu'offre la nouvelle valeur, ses chances d'avenir et aussi les motifs pour lesquels on leur ouvre un nouveau marché. Surtout le danger est grand si l'introduction sert à éviter l'offre publique d'une valeur nouvelle, à des prix majorés, sans raisons plausibles. Ce sont généralement les fondateurs et souscripteurs originaires, en tout petit nombre, les banquiers émetteurs, d'une valeur encore inconnue, qui demandent l'admission à la cote, écoulent rapidement, par un coup de réclame et à haut prix, des titres dont ils ont soin de ne pas préciser le nombre. Ils assurent une hausse factice par des achats en sous-main, afin de faire croire à un courant de demandes. De telles pratiques ne peuvent être déjouées que par une réglementation précise ; c'est le but de la loi nouvelle.

Résumons, d'une formule, le terrain parcouru. Ces quatre mots : émission, exposition, mise en vente, introduction sur le marché sont donc très compréhensibles. Ils ont été calculés pour s'appliquer à tous les cas possibles où il y a réellement émission, afin qu'on puisse y échapper par des combinaisons ingénieuses qui auraient pour but de tourner et éluder la loi (1).

531. — Les formalités établies par la loi nouvelle consistent en ce que, préalablement à toute mesure de publicité ayant pour but le placement des actions, obligations ou titres de quelque nature que ce soit, les émetteurs, exposants, metteurs en vente, introducteurs doivent faire insérer dans le *Bulletin annexe au Journal officiel*, dont la forme est déterminée par le décret du 27 février 1907, une *notice* contenant diverses indications, de nature à individualiser nettement la société et à fournir aux souscripteurs et acheteurs éventuels des précisions qui puissent les renseigner.

Les énonciations que contient la *notice* sont les suivantes : la dénomination de la société ou de la raison sociale, le siège social, l'objet de l'entreprise, la durée, le montant du capital social, le taux de chaque catégorie d'actions et le capital non libéré, enfin le dernier bilan certifié pour copie conforme. S'il n'a pas été dressé encore de bilan, on l'indique. Parmi les mentions doit enfin figurer la législation française ou étrangère sous le régime de laquelle fonctionne la société.

La société peut avoir émis des obligations ; il faut alors le noter, ainsi que les garanties qui y sont affectées.

---

(1) Du texte de l'article, il semble bien résulter cependant qu'il peut être procédé à la cession par les voies civiles des titres. sans qu'il y ait lieu de remplir d'autres formalités que celles prescrites par le Code civil.

Si l'opération qu'on se propose est une nouvelle création d'obligations, la notice contiendra le nombre ainsi que la valeur des titres à lancer, le taux de l'intérêt et les conditions du remboursement ainsi que les nouvelles garanties, si l'on en établit.

Une des choses les plus importantes à connaître lorsqu'on achète des titres d'une société, à cause de sa répercussion sur le produit de l'entreprise, consiste dans les avantages particuliers attribués aux personnes qui ont fondé ou qui administrent la compagnie. Le législateur de 1867, art. 4, a pris, au sujet de ces avantages spéciaux, les précautions que l'on sait. De même pour les apports en nature, à cause des craintes de majoration dans l'évaluation. Ces deux choses figurent dans la notice, et pour bien noter que les formalités de l'art. 4 ont été observées, on doit indiquer les convocations aux assemblées générales de vérification et leur lieu de réunion.

La notice contenant toutes ces mentions est signée des émetteurs, exposants, metteurs en vente et introducteurs ; ils doivent donner l'adresse de leur domicile et la loi exige qu'ils se trouvent en France, afin de savoir, le cas échéant, à qui se référer, soit pour renseignements, soit pour responsabilité.

La notice rédigée et insérée au *Bulletin des annonces légales obligatoires*, tout n'est pas terminé. La loi précise qu'il faut absolument en reproduire les énonciations dans toutes les affiches, circulaires, prospectus qui seraient lancés en vue du placement des titres, et pour s'assurer que l'insertion au *Bulletin* a bien eu lieu, on doit donner la date du numéro.

Toutes annonces dans les journaux reproduiront les mêmes énonciations de la notice, en entier ou par extrait, avec référence au numéro du *Bulletin* pour y consulter, si on le désire, le texte complet et assurer l'observation de la loi avant de donner sa sanction. La loi contient encore un paragraphe sur lequel il convient d'appeler l'attention.

Il s'agit des sociétés étrangères. Il se peut qu'elles veuillent placer des titres en France, sans y avoir déjà publié leurs statuts. Alors, la loi déclare que toute société étrangère qui voudra procéder en France à une émission publique, une exposition, une mise en vente ou une introduction de titres quelconques, actions, obligations, etc., sera tenue, en outre, de publier intégralement ses statuts en langue française au même *Bulletin des annonces légales obligatoires*, et cela, avant tout placement de titres.

La loi est muette sur le point de savoir s'il faudra d'abord que ces statuts soient enregistrés, ce qui est de nature à faire naître une difficulté.

532. — On s'est demandé si les prescriptions de la loi de 1907 devaient être observées en cas de mise en adjudication publique d'actions ou d'obligations de sociétés anonymes ou de commandite par actions.

En pratique, à Paris, les notaires chargés de procéder à une adjudication ont toujours considéré qu'il y avait lieu de satisfaire aux prescriptions de la loi, mais il paraît que certains esprits ont critiqué cette coutume et soutiennent qu'en cas d'adjudication, la loi du 30 janvier n'est pas impérative. On soutient que le législateur n'a pas visé le cas d'une vente par adjudication et n'a eu en vue que des opérations de Bourse. Le ministre, ajoute-t-on, lors de la discussion de la loi, a dit : « Ce texte ne vise que les titres, et il ne concerne que les opérations de bourse. »

Pour nous, la question ne peut se résoudre que dans le sens de la publicité obligatoire, même en cas de mise en adjudication. Nous sommes absolument de l'avis de M. Albert Wahl, professeur à la Faculté de droit de Paris, qui a écrit (*J. S.*, 1907, p. 207) : « La vente aux enchères soit par autorité de justice, soit à la requête de parties effectuée par un notaire, est soumise à la loi de 1907, puisqu'une mise aux enchères n'est autre chose qu'une mise en vente et parce qu'on ne pourrait soutenir le contraire qu'en limitant l'application de la loi aux mises en vente qui constituent des émissions.

La loi a une portée générale, et s'il fallait distinguer entre les négociations en bourse et les mises en adjudication volontaires, on ouvrirait les portes à toutes les fraudes, et rien serait plus facile que d'échapper aux sanctions qu'a adoptées le législateur.

Nous estimons donc que la loi de 1867 doit être observée non pas seulement en matière de simple émission, conformément aux usages de la Bourse, mais en cas d'adjudication, par devant notaire, adjudication volontaire ou par autorité de justice.

533. — L'organisation du *Bulletin* est déterminée par le décret du 27 février 1907. — Le *Bulletin* paraît seulement une fois par semaine, le lundi, ce qui n'est peut-être pas bien suffisant. Pour qu'une insertion soit faite dans le numéro du lundi, il faut que la direction du *Journal officiel* l'ait reçue au plus tard le mercredi. Ce qui fait que si, pour un motif ou l'autre, un retard de la poste ou quoi que ce soit, on dépasse le mercredi, l'insertion est retardée de dix jours, ce qui peut paraître excessif en certaines circonstances. Le tarif à payer par la société qui fait paraître la notice est de deux francs la ligne. Un répertoire annuel, dressé alphabétiquement, facilitera les recherches.

533 *bis*. — La sanction de toutes les prescriptions légales consiste non pas dans la nullité de l'opération, mais en une amende correctionnelle. Toute violation des dispositions dont s'agit est un délit passible d'une peine correctionnelle qui consiste en une amende dont le taux est de 10.000 à 20.000 fr., sauf le jeu des circonstances atténuantes, car l'art. 463 C. pén. est déclaré applicable. — V. chapitre *Pénalités*.

Si plusieurs contraventions sont commises, il sera dû autant d'amendes qu'il y a de contraventions commises (Wahl, n. 48).

« Ce que le gouvernement a voulu, disait au Sénat, le 23 janvier, M. le ministre des finances au sujet de cette sanction, c'est obliger les sociétés, sous des sanctions pénales, à faire connaître exactement la nature des émissions auxquelles elles procéderont, en faisant insérer un prospectus dans le *Bulletin annexe au Journal officiel*. Et il est bien entendu que le public aura à sa disposition tous les recours de droit commun, contre les erreurs ou contre les dols dont il aura pu être victime, par suite de fausses publications ou de renseignements inexacts. Mais je ne crois pas qu'il soit possible d'introduire ailleurs que dans un projet d'ensemble sur les sociétés un texte qui paraîtrait impliquer je ne sais quelle nullité d'émission non définie, comme le remarquait tout à l'heure M. Rouvier, et dont les répercussions pourraient être considérables. Le gouvernement vous demande de vous en tenir à l'esprit du texte tel qu'il vous est proposé, et s'il a accepté ce matin l'amendement de M. Rabier, c'est qu'il a paru que, précisément, la substitution du mot « assujetties » au mot « subordonnées » donnait au texte toute sa valeur, indiquait nettement la pensée du gouvernement que je résume ainsi : pénalités très lourdes, de 10.000 à 20.000 fr., contre tous les émetteurs qui auront la prétention de faire une émission sans avoir fourni les renseignements nécessaires ; si ces renseignements sont inexacts, si le public est induit en erreur, il aura contre les émetteurs, contre les sociétés tous les recours de droit commun ».

Ainsi donc, à côté des sanctions pénales qu'organise la loi nouvelle, il y a aussi la possibilité pour les souscripteurs et acheteurs d'intenter une action civile. Par cela même que la loi oblige les é metteurs à certaines formalités, le fait de ne pas les remplir fera naître un droit à l'action civile au profit de ceux qui seront victimes. Une faute aura été commise qui sera déjà constatée par l'inaccomplissement de la loi. Le droit commun, la preuve du dol ou de la fraude doivent être administrées. Mais le texte nouveau a pour conséquence, par cela même que les formalités n'auront pas été observées, de donner ouverture, pour la personne dupée, à une action en dommages-intérêts, afin d'obtenir réparation civile.

534. — La disposition nouvelle de l'art. 3 n'a pas d'effet rétroactif et n'est pas applicable aux titres d'actions ou d'obligations, même émis après la loi de 1907, s'ils appartiennent à des types déjà placés avant cette loi (Circ. Régie, 26 juin 1906, *J. S.*, 1908.73).

SECTION XII

DE QUELQUES RÈGLES DE PUBLICITÉ SPÉCIALES

I. — Sociétés de crédit agricole, V. n. 3684.

II. — Sociétés de crédit maritime, V. n. 3688.

III. — Sociétés coopératives de consommation, V. n. 3730.

IV. — Loi sur l'organisation du crédit au petit et au moyen commerce, V. n. 3733.

V. — Loi de 1913, V. n. 3249 et suiv.

CHAPITRE VI

ADMINISTRATION DES SOCIÉTÉS. — ENGAGEMENTS DES ASSOCIÉS ENTRE EUX ET A L'ÉGARD DES TIERS

SECTION I

DE L'ADMINISTRATION DES SOCIÉTÉS

535. — Nous traiterons uniquement ici des principes généraux de l'administration des sociétés. L'administration variant suivant chaque espèce de société, il faut, pour en étudier les règles détaillées, se reporter aux chapitres spéciaux concernant les différentes sociétés commerciales.

Les sociétés peuvent être administrées soit par un ou plusieurs gérants désignés par les associés, soit par les associés eux-mêmes. Les sociétés anonymes n'ont pas de gérants, mais des administrateurs pris nécessairement parmi les associés.

536. — Le ou les gérants peuvent être choisis parmi les associés ou parmi des personnes étrangères à la société. Quand le gérant est choisi parmi des personnes étrangères à la société, il doit être considéré comme un véritable mandataire.

537. — Il peut être nommé par l'acte constitutif de la société ou par acte postérieur. Ces deux modes de nomination ne produisent pas les mêmes effets. Voici en effet les termes de l'art. 1856 C. civ., 2ᵉ alinéa : « Ce pouvoir (d'administrer) ne peut être révoqué sans cause légitime tant que la société dure ; mais s'il n'a été donné que par acte postérieur au contrat de société, il est révocable comme un simple mandat. »

538. — Le gérant nommé par l'acte de société s'appelle *gérant statutaire*.

539. — Il est certain que dans l'acte de société on pourrait conférer au gérant un mandat révocable *ad nutum* ; de même que par acte postérieur on pourrait conférer au gérant un mandat irrévocable (Duvergier, n. 294 ; Troplong, n. 669 ; Massé et Vergé sur Zachariæ, t. 4, § 718, n. 1 ; — Cass., 25 nov. 1872, S. 73.1.385 ; — Paris, 6 févr. 1909, *R. S.*, 1910. 61. — Vo yez aussi dans le même sens, en ce qui concerne les sociétés en commandite, n. 933 et s.).

540. — Quelles sont les règles applicables à la révocation du gérant ?

Si le g érant statutaire est associé, il ne peut être révoqué par ses coassociés que pour *cause légitime* (art. 1 856, C. civ., 2ᵉ al.), telle que infidélité, malversation, mauvaise gestion. En cas de contes-tation, les tribunaux statuent.

La révocation peut être poursuivie en ju stice par un seul associé la majorité des associés n'est pas nécessaire (Troplong, n. 676 ; Pont, n. 507).

Si le gérant statutaire n'est pas associé, il est révocable comme tout mandataire *ad nutum* (Pont, n. 498 ; Lyon-Caen et Renault, n. 254).

Si le gérant n'est pas st atutaire, c'est-à-dire s'il a été nommé au cours de l'existence sociale, il est révocable *ad nutum* par la majo-rité des associés votant par tête (Thaller et Pic, n. 451 ; Guillouard, n. 135).

Bien entendu, ces règles ne s'entendent que pour le cas où le pacte social n'a pas disposé autrement. L'acte de société peut valable-ment stipuler des conventions relatives à la révocation du gérant statutaire ou non (Cass., 9 mai 1859, S. 60.1.442 ; — 9 mai 1860, S. 60.1.621 ; — 25 nov. 1872, D. 75.1.479 ; — 8 mars 1892, D. 96.1.509 ; — Trib. com. Seine, 7 août 1901, *Gaz. Trib.*, 8 août),

541. — La révocation du gérant statutaire ou sa démission en-traîne la dissolution de la société (Duvergier, n. 295 ; Delangle, n. 173 et 175), à moins que l'unanimité des associés ne s'entende pour nommer un nouveau gérant (Troplong, n. 677 ; Malepeyre et Jourdain, p. 122 ; Massé et Vergé sur Zac hariæ, t. 4, § 718, note 4 ; Delangle, *ibid.* — V. cep. Trib. Com. Le Havre, 9 mars 1909, *J. S.*, 1910. 225).

Le gérant nommé pour remplacer un gérant statutaire est irrévo-cable dans les mêmes conditions que le premier (Troplong, n. 680).

542. — Une grande différence existe, au point de vue des pou-voirs d'administration, entre le gérant nom mé par l'acte constitutif et celui qui est nommé postérieurement. Le premier peut faire, no-nobstant l'opposition des autres associés, tous les actes d'adminis-tration, pourvu que ce soit sans fraude (C. civ., art. 1856, § 1). Le second, au contraire, n'est qu'un mandataire qui doit s'arrêter devant l'opposition de ses mandants.

543. — Si le gérant révocable ne tenait pas compte de l'opposition des associés à un acte d'administration, la justice pourrait être appelée à intervenir (Troplong, n. 673).

544. — L'opposition devrait-elle émaner de la majorité des associés ? Oui, en principe, sauf dans le cas d'urgence où la volonté d'un seul pourrait suffire (Troplong, *loc. cit.* — *Contrà* : Alauzet, n. 199).

545. — D'après l'art. 1858 C. civ., lorsque la société est administrée par plusieurs gérants qui ne peuvent rien faire l'un sans l'autre, aucun d'eux ne peut agir sans le concours de son cogérant, même dans le cas où celui-ci serait dans l'impossibilité de concourir aux actes d'administration. Cependant la plupart des auteurs décident qu'il en serait autrement en cas d'urgence (Duranton, t. 17, n. 438 ; Duvergier, n. 303 ; Delangle, n. 178 ; Molinier, n. 297 ; Massé et Vergé sur Zachariæ, t. 4, § 718, note 5).

546. — En cas de dissentiment entre les gérants qui ne peuvent agir isolément, l'avis de la majorité ne peut prévaloir. Il faut le concours de tous (Duvergier, n. 304 ; Troplong, n. 708 ; Massé et Vergé, *loc. cit.*). En cas de mauvaise foi de l'un des gérants dans son refus de concourir à l'acte d'administration, on pourrait demander la dissolution de la société et des dommages-intérêts contre l'opposant (Duvergier, n. 305 ; Troplong, *loc. cit.* ; Massé et Vergé, *loc. cit.*).

547. — Les associés peuvent déterminer les pouvoirs confiés aux gérants. Il a été jugé que la clause d'un acte de société commerciale qui donne au gérant tous pouvoirs « pour faire exécuter tous travaux nécessaires à la construction d'une usine » et pour « traiter de tout ce qui est nécessaire à la marche des affaires et à l'établissement de la société », peut être interprétée par les juges du fond comme contenant autorisation pour ce gérant d'hypothéquer les immeubles sociaux à la sûreté des emprunts faits dans l'intérêt de la société (Cass., 8 nov. 1869, S. 70.1.23).

548. — Les juges du fond apprécient d'ailleurs souverainement si les opérations faites par le gérant de la société étaient ou non autorisées par le pacte social (Cass., 18 juin 1872, S. 73.1.19).

549. — Mais quelle est la mesure des pouvoirs du gérant lorsque les associés ne se sont pas expliqués à cet égard ? Voici comment s'exprime M. Troplong (n. 681) sur cette question : « La doctrine a mesuré ce pouvoir sur celui du mandataire revêtu d'une procuration générale. Pothier se rattache à cette combinaison (n. 66). Elle est vraie, presque toujours. Il faut remarquer cependant que le gérant d'une société administre aussi comme copropriétaire, et que sous ce rapport ses intérêts se confondent avec les siens. Il suit de là qu'il représente la société d'une manière plus précise que le mandataire ordinaire ne représente son mandant ; il a avec elle des liens plus étroits et plus intimes, et son administration comporte quelque chose de plus prompt, de plus discrétionnaire. C'est une observation qu'il faut avoir présente à l'esprit dans tout ce qui va suivre. — J'ajoute que toute société civile et commerciale a un but précis et prévu, que le gérant est chargé de poursuivre en vertu des devoirs de sa fonction ; et cette fonction dès lors l'investit du droit primordial de faire tout ce qui rentre légitimement dans cette fin avérée. C'est pourquoi l'on risquerait quelquefois de s'égarer si on le soumettait trop rigoureusement aux définitions que le droit commun a données pour les cas ordinaires de mandat général ; car il faut surtout tenir compte de la nature de l'affaire entreprise, des conditions particulières de sa gestion, de l'esprit qui a présidé à la formation des rapports sociaux, de l'usage suivi dans les spéculations du même genre. »

550. — En principe, celui qui n'est investi que d'un pouvoir d'administration ne peut aliéner. Mais le gérant d'une société a quelquefois non seulement le pouvoir, mais le devoir d'aliéner : par exemple, si la société avait pour objet la vente de certaines choses. Refuser, dans ce cas, au gérant le pouvoir d'aliéner, ce serait méconnaître le but même de la société. Un commerce quelconque ne peut exister sans succession d'engagements, d'achats et de ventes, de sommes payées ou reçues (Pothier, n. 67 ; Pardessus, n. 1014 ; Duvergier, n. 310 ; Troplong, n. 682 ; Delangle, n. 137 ; Malepeyre et Jourdain, p. 53).

551. — Mais cette faculté d'aliéner doit être entendue dans l'esprit du mandat conféré au gérant et resteinte par conséquent aux ventes qui sont le but direct de la société. Exemple : le gérant d'une société créée pour l'exploitation d'une usine peut vendre tous les produits de l'usine, mais il ne pourra vendre l'immeuble où cette usine est exploitée (Troplong, n. 692 ; Delangle, n. 141), ni donner en nantissement le fonds de commerce (Paris, 18 juin 1907, *R. S.*, 1908. 286, *J. S.*, 1908.458).

552. — Le gérant a le droit d'acheter tout ce qui est nécessaire pour atteindre la fin que se propose la société, par exemple, des matières premières, des machines, etc., etc. (Troplong, n. 683 ; Pardessus, n. 1014 ; Delangle, n. 137).

553. — Le gérant ne peut faire aucune innovation sur les immeubles sans le consentement des associés, alors même que ces innovations auraient une incontestable utilité (art. 1859, § 4).

554. — Il ne faut pas considérer comme innovations de simples réparations que le gérant a non seulement le pouvoir, mais le devoir de faire (Malepeyre et Jourdain, p. 54 ; Molinier, n. 300). Le gérant peut faire subir aux instruments qui servent à l'exploitation de la société les transformations nécessitées par les progrès de l'industrie (Delangle, n. 143). Il ne doit pas se lancer dans de coûteux essais ; mais il ne doit pas repousser les procédés qui, diminuant les frais, donnent aux produits plus de prix.

555. — Le droit de louer ou d'affermer les immeubles de la société appartient sans aucun doute au gérant, pourvu que ce mode d'exploitation ne soit pas contraire au but que se propose la société (Duvergier, n. 315 ; Troplong, n. 687 ; Massé et Vergé, t. 4, § 718, note 1 ; Dalloz, n. 475).

556. — De même, le gérant peut prendre à bail les immeubles nécessaires pour les opérations sociales, sous la condition de ne pas souscrire de baux dont la durée excéderait les besoins de la société ou le terme probable de l'existence de celle-ci (Cass., 7 mars 1837, S. 37.1.940, Dalloz, n. 477).

557. — Lorsque le bail souscrit par le gérant dépasse en durée les besoins de la société, le gérant peut, au cas de dissolution de la société avant l'expiration du bail, être condamné à en payer seul les termes qui restent à courir (Cass., 7 mars 1837, S. 37.1.740, Dalloz, n. 477).

558. — L'étendue des opérations d'une société, telle qu'elle a été déterminée par les actes qui l'ont constituée, ne peut être restreinte ni par les administrateurs qui n'ont reçu que des pouvoirs généraux de gestion, ni même par la majorité de l'assemblée générale des actionnaires, malgré la résistance de la minorité, et cela alors même que ces restrictions auraient pour objet le plus grand avantage de la société (Cass., 14 fév. 1853, S. 53.1.424, D. 53.1.44 ; — Orléans, 20 juill. 1853, S. 53.2.485, D. 54.2.30 ; — *Id.*, Cass., 17 avr. 1855, S. 55.1.652, D. 55.1.213 ; — Troplong, n. 724 ; Pardessus, n. 980 ; Duvergier, n. 287 ; Delangle, n. 437. — (Du moins, il en est ainsi alors que ces restrictions auraient pour effet de changer l'objet même de la société (Cass., 14 fév. 1853 et Orléans, 20 juill. 1853, précités).

559. — Le gérant ne peut, bien entendu, faire aucune libéralité, à l'exception toutefois de simples gratifications à des employés (Pardessus, n. 1014 ; Duvergier, n. 311 ; Delangle, n. 138 ; Troplong, n. 689).

560. — Il ne peut faire remise des dettes contractées envers la société, mais il a pouvoir de consentir un contrat d'atermoiement qui contiendrait des remises à un débiteur failli (Pothier, n. 69 ; Duvergier, n. 313 ; Delangle, n. 138 ; Troplong, n. 689).

561. — Le gérant peut acheter à crédit. On ne peut pas lui refuser le droit d'emprunter pour acheter au comptant, si l'intérêt de la société le veut ainsi (Pardessus, n. 1014 ; Troplong, n. 684 ; Paris, n. 725 ; Massé et Vergé sur Zachariæ, t. 4, § 718, note 2).

562. — Par arrêt du 27 décembre 1853 (S. 54.1.433, D. 54 1.142), la Cour de cassation a décidé que le gérant doit se renfermer strictement dans les pouvoirs qui sont énumérés dans le pacte social et que l'assemblée générale des sociétaires, statuant à la majorité, n'a pas le droit d'affranchir le gérant de l'exécution des dispositions du pacte social.

563. — Le gérant d'une société commerciale ne peut, dans le silence de l'acte social, hypothéquer un immeuble dépendant de la société (Cass., 21 avr. 1841, S. 41.1.395, Dalloz, n. 1297. — *Sic* : Troplong, n. 686 ; Delangle, n. 146 ; Pardessus, *Dr. comm.*, t. 3, n. 1014 ; Massé et Vergé sur Zachariæ, t. 4, § 718, note 2, p. 439). Sans doute, l'hypothèque peut résulter de faits du gérant. S'il n'accomplit pas à l'échéance les engagements souscrits, le créancier peut agir en justice, obtenir des condamnations, et en vertu de jugement, prendre hypothèque. Le gérant ne peut directement conférer une garantie hypothécaire (Delangle, *ubi suprà*).

Cependant il a été jugé que les gérants peuvent valablement consentir une hypothèque sur les immeubles sociaux, lorsqu'ils y ont été autorisés par l'assemblée générale des actionnaires, alors surtout que cette hypothèque avait pour objet de faciliter des emprunts utiles à la société (Cass., 3 mai 1853, S. 53.1.617, D. 53.1.186 ; — Paris, 11 déc. 1866, D. 67.2.165, et sur pourvoi : Cass , 27 janv. 1868, D. 69.1.410. — V. aussi *infrà*, n. 872 et 955).

564. — Il est généralement admis que le gérant n'a pas le droit de transiger sur les procès de la société, ou de compromettre (Pothier, n 68 ; Troplong, n. 690 ; Delangle, n. 150). M. Duvergier (n. 320) pense que le gérant a le droit de transiger et de compromettre dans les limites du droit de disposition qui lui appartient « Que le gérant puisse transiger et compromettre sur les choses dont il a la disposition, dit également M. Troplong, c'est ce qui ne saurait être contesté. Mais au delà, quelle pourrait être la somme de pouvoir du gérant? » M. Delangle refuse d'une manière absolue au gérant le droit de transiger et de compromettre.

565. — Si le gérant est empêché d'agir, il peut se substituer un mandataire, dont il est d'ailleurs responsable (Troplong, n. 466 et suiv.).

566. — Le gérant peut prendre tels employés qu'il lui plaît pour l'aider dans son administration. Par suite, il a le droit de les révoquer (Lyon, 26 août 1857, S. 57.2.703).

567. — Comme conséquence du pouvoir du gérant de prendre des employés, il a été jugé que la société est responsable des délits, notamment des vols commis par ces employés (Lyon, 3 déc. 1857, S. 58.2.471, D. 58.2.171).

568. — Mais le gérant ne peut prendre vis-à-vis des employés des engagements particuliers qui seraient onéreux pour la société.

Jugé ainsi que celui qui s'est engagé à prendre des actions dans une société commerciale, à titre de cautionnement d'un emploi qui lui était confié, peut être déclaré non fondé à refuser de verser le montant de sa souscription, sous le prétexte que l'emploi dont il s'agit ne lui aurait pas été conservé, alors que les statuts de la société n'autorisaient pas le gérant à admettre des souscriptions éventuelles ni à garantir aux employés la durée de leurs fonctions (Paris, 10 janv. 1861, S. 61.2.188, D. 61.5.462 ; — Cass., 15 juill. 1863, S. 63.1.415).

569. — Le gérant a capacité pour représenter la société en justice, tant en demandant qu'en défendant.

Mais la société n'est valablement assignée en la personne de son gérant qu'autant que l'associé, individuellement désigné dans l'exploit, même remis au siège social, a été pris en qualité de représentant de la société et au nom de celle-ci (Cass., 9 mai 1906, *R. S.*, 1907.55).

570. — Les associés ont le droit de surveiller l'administration du gérant, de vérifier les registres de la société, la caisse, etc. (Pardessus, n. 1018). Mais ils ne peuvent pas s'ingérer dans l'administration (Duvergier, n. 307 ; Troplong, n. 740).

571. — La révocation du gérant d'une société commerciale doit être publiée (V. aussi en ce sens : Paris, 26 juin 1841, P. 41.2.185 ; — 23 juill. 1857, S. 59.2.95, D. 57.2 208 ; — Cass., 12 janv. 1852, S. 52.1.193, D. 52.1.53 ; — Paris, 5 juill. 1859, S. 59.2.553 ; — Bédarride, n. 202. — V. n. 493).

572. — On s'est demandé si le gérant d'une société, remplacé dans ses fonctions, avait le droit de retenir les pièces, livres et papiers de la société jusqu'au payement des sommes dont il se prétend créancier à raison de sa gestion. Un arrêt de la Cour de cassation, du 17 janvier 1866 (S. 66.1.92, D. 66.1.76), a décidé que le principe consacré par l'art. 1948 C. civ., d'après lequel le dépositaire est autorisé à retenir la chose déposée jusqu'au payement de ce qui lui est dû à raison du dépôt, est applicable au mandataire qui peut ainsi retenir les objets à lui remis pour l'accomplissement du mandat, tant qu'il n'est pas remboursé de ce qui lui est dû pour l'exécution de ce mandat (En ce sens : Bordeaux, 7 fév. 1856, S. 66. 2.184. — *Sic* : Troplong, *Mandat*, n. 699 ; Aubry et Rau, t. 2, § 266 *bis*, note 7 ; Pothier, *Mandat*, n. 59). Un pareil droit de rétention a été reconnu en faveur des avoués, quant aux pièces dont ils sont nantis (Cass., 10 août 1870, S. 70.1.318, D. 70.1.41). Mais la Cour suprême repousse l'exercice du droit de rétention réclamé par le gérant d'une société commerciale sur des livres et papiers appartenant à la société, en déniant à ce gérant la qualité de dépositaire mandataire dans les termes de l'art. 1948 (Cass., 29 nov. 1871, S. 71. 1.225, D. 71.1.209).

573. — Le gérant est responsable de son administration. Il répond de toutes les fautes qu'il peut commettre dans sa gestion.

574. — Si plusieurs gérants étaient chargés de l'administration de la société, ils ne seraient pas de plein droit solidairement responsables de leur gestion (Arg. art. 1995 C. civ.). Il faudrait, pour que cette solidarité fût prononcée, qu'il y eût stipulation ou faute commune (V. anal., n. 2272 et s. ; — Lyon, 17 avr. 1865, D. 69.2.194).

575. — Le gérant étant un mandataire, la société mandante est tenue d'exécuter les engagements contractés par le mandataire conformément au pouvoir qui lui a été donné (C. civ., art. 1998). — (Comme conséquence de ce principe, voyez n. 59 et suiv.) Toutes les dépenses par lui faites dans l'intérêt ou pour l'exécution de son mandat doivent lui être allouées ; ses avances doivent être remboursées ; s'il a subi des pertes, conséquences directes et immédiates de l'accomplissement de son mandat, il doit en être indemnisé (Delangle, n. 152 et suiv.).

576. — Celui qui fait partie de deux sociétés et qui est à la fois gérant de l'une et de l'autre peut les engager l'une vis-à-vis de l'autre et arrêter les comptes courants de l'une des sociétés avec l'autre (Cass., 4 déc. 1854, S. 56.1.592, D. 55.1.22).

577. — Lorsque le gérant se retire, il est nécessaire, avons-nous dit; de publier cette retraite. A cette condition seulement le gérant se trouve affranchi de toute responsabilité, à raison des dettes postérieures à sa retraite (Cass., 12 janv. 1852, S. 52.1.193, D.52.1.53).

578. — Lorsque les associés n'ont pas nommé de gérant, ils sont censés s'être réciproquement donné pouvoir d'administrer l'un pour l'autre. Ce que chacun fait est valable, même pour la part de ses associés, sans qu'il ait pris leur consentement, sauf le droit qu'ont ces derniers ou l'un deux de s'opposer à l'opération avant qu'elle soit conclue (C. civ., art. 1839).

579. — Lorsqu'il y a plus de deux associés et que l'un d'eux fait opposition à un acte d'administration, les autres doivent être appelés à prononcer. Dans ce cas c'est la majorité qui décide. La loi des majorités forme le droit commun dans toute opération collective (Pardessus, n. 979 ; Malepeyre et Jourdain, p. 61 ; Duvergier, n. 286 ; Troplong, n. 720 et 721).

580. — Si le nombre des opposants est égal à celui de ceux qui veulent faire l'opération, on doit s'abstenir : *In pari causâ melior est causa prohibentis* (Troplong, n. 720 ; Malepeyre et Jourdain, p. 61).

581. — S'il se forme plusieurs opinions sans que l'une d'elles puisse rallier la majorité des suffrages, il est encore de règle qu'il faut s'abstenir (Troplong, n. 723 ; Molinier, n. 312. — *Contrà* : Pardessus, n. 980 ; Duvergier, n. 289).

582. — Mais la majorité ne doit faire loi qu'en ce qui concerne les mesures d'administration. Quant aux actes de disposition, d'aliénation, de transformation de la société, ils ne peuvent être conclus qu'avec l'unanimité des associés (Pardessus, n. 900 ; Duvergier, n. 287 ; Troplong, n. 721 et 724).

583. — En examinant en détail les règles d'administration des différentes sociétés commerciales, nous aurons à revenir sur l'application des principes que nous venons d'énoncer.

584. — L'art. 1859 C. civ. termine par ces dispositions : « 2° Chaque associé peut se servir des choses appartenant à la société, pourvu qu'il les emploie à leur destination fixée par l'usage et qu'il ne s'en serve pas contre l'intérêt de la société, ou de manière à empêcher ses associés d'en user selon leur droit ; 3° chaque associé a le droit d'obliger ses associés à faire avec lui les dépenses qui sont nécessaires pour la conservation des choses de la société ; 4° l'un des associés ne peut faire d'innovations sur les immeubles dépendant de la société, même quand il les soutiendrait avantageuses à cette société, si les autres associés n'y consentent. »

585. — L'associé non administrateur ne peut aliéner ni engager les choses, même mobilières, qui dépendent de la société (C. civ., art. 1860).

Toutefois, il a été jugé que l'aliénation d'un immeuble faite par un associé sans mandat de ses coassociés est opposable à ceux-ci, lorsqu'ils l'ont ratifiée, même tacitement (Cass., 20 juin 1840, S. 42. 1.833).

SECTION II

OBLIGATIONS DES ASSOCIÉS RELATIVEMENT AU FONDS SOCIAL

586. — L'associé qui prend des fonds dans la caisse sociale pour les employer à ses affaires personnelles en devient débiteur envers la société. Il devient également débiteur des intérêts. L'art. 1846 le dit formellement, et ajoute même que l'associé peut encourir de plus amples dommages-intérêts (V. Cass., 24 mars 1901, *Gaz. Trib.*, 28 août 1901).

587. — Les associés doivent les intérêts non pas seulement des sommes qu'ils prennent effectivement dans la caisse sociale, mais aussi de celles qu'ils ont touchées pour la société et qu'ils n'ont pas versées à la caisse sociale (Duvergier, n. 345).

588. — Le gérant qui ne peut justifier d'un déficit de caisse doit les intérêts à compter du jour de la dissolution de la société.

589. — « Considérant, dit un arrêt de Cassation du 22 mars 1813 (Dalloz, n. 535, S. chr.), que, suivant l'art. 1846 C. civ., l'associé qui a pris des sommes dans la caisse sociale devient de plein droit et sans demande débiteur des intérêts desdites sommes, à compter du jour où il les en a tirées pour son profit particulier ; qu'en outre l'associé gérant et caissier peut être regardé comme mandataire ; que, suivant l'art. 1996 du même Code, tout mandataire doit l'intérêt des sommes qu'il a employées à son usage, à dater de cet emploi ; que la Cour de Grenoble, ayant jugé en fait que Taulier n'avait point établi le vol qu'il avait déclaré avoir été commis dans la nuit du 15 au 16 ventôse an VIII, a pu le considérer comme ayant détourné à son profit les sommes constituant le déficit de la caisse, ainsi que la valeur des marchandises dont le produit à la vente n'a point été porté en recette sur le livre de caisse, et conséquemment le rendre passif des intérêts desdites sommes et valeurs, à compter du jour de la dissolution de la société, sans qu'elle ait violé aucune loi. »

590. — Faisons observer avec M. Troplong (n. 545) que l'art. 1846 n'est pas applicable aux sommes que l'associé a prises pour ses besoins personnels conformément au pacte social. Il a été jugé que les intérêts des sommes tirées de la caisse sociale par un associé, en vertu d'une clause de l'acte de société autorisant les associés à faire des emprunts à cette caisse moyennant un intérêt annuel de 5 p. 100, sont soumis à la prescription de cinq ans étab ie par l'art. 2277 C. civ., lorsqu'il est d'ailleurs reconnu que les associés avaient le droit et la possibilité de régler chaque année leur situation : ces intérêts ne rentrent pas dans le cas de l'art. 1846 C. civ., relatif aux prélèvements non autorisés par les conventions sociales (Cass., 3 déc. 1867, S. 68.1.60. — Dans le même sens : Bordeaux, 1er août 1865, S. 66.2.182).

591. — Le gérant ne peut, par l'exercice d'une profession rivale, causer un préjudice à la société. Cette règle est applicable à tous les associés. Les associés ne doivent jamais préférer leur intérêt individuel à l'intérêt social. En ce sens il a été jugé : 1° qu'un associé ne peut rien faire contre l'intérêt social, et qu'il doit même subordonner à cet intérêt supérieur son intérêt particulier (Paris, 26 avr. 1850, S. 50.2.328, D. 50.2.129) ; 2° que la prorogation d'un bail administratif s ollicitée et obtenue du ministre par quelques-uns seulement des entrepreneurs de l'exploitation mise en société, et qui seuls avaient figuré dans l'acte d'adjudication, doit profiter à leurs coassociés, surtout si la prorogation a été accordée sous forme de marché additionnel (Nîmes, 2 janv. 1839, Dalloz, n. 644).

592. — L'art. 1848 a été inspiré par la même pensée. Il est ainsi conçu : « Lorsqu'un des associés est, pour son compte particulier, créancier d'une somme exigible envers une personne qui se trouve aussi devoir à la société une somme également exigible, l'imputation de ce qu'il reçoit de ce débiteur doit se faire sur la créance de la société et sur la sienne dans la proportion des deux créances, encore qu'il eût par sa quittance dirigé l'imputation intégrale de sa créance particulière ; mais s'il a exprimé dans sa quittance que l'imputation sera faite en entier sur la créance de la société, cette stipulation sera exécutée. »

593. — L'obligation d'imputer le paiement sur la créance sociale n'existe que dans le cas où cette dernière créance est exigible (Duvergier, n. 334 ; Troplong. n. 555). Mais l'art. 1848 n'est pas applicable quand c'est le débiteur qui exige l'imputation (Pardessus, n. 1016 ; Duvergier, n. 336 ; Troplong, n. 559. — *Contrà* : Duranton, t. 17, n. 401 ; Malepeyre et Jourdain, n. 108. — V. sur ces questions d'imputations de paiements : Duvergier, *op. cit.* ; Troplong, *op. cit.*, et Dalloz, n. 545 et s.).

594. — Au cas où un des associés a reçu sa part entière d'une créance sociale, si le débiteur devient plus tard insolvable, cet associé est tenu de rapporter à la masse commune ce qu'il a reçu, encore qu'il ait spécialement donné quittance pour sa part (art. 1849 C. civ.).

595. — L'associé qui se trouve tenu d'une dette envers la société ne peut invoquer l'extinction de cette dette par compensation avec la créance qu'il a contre un coassocié à raison du cautionnement fourni pour un emprunt contracté par ce dernier (Cass., 7 fév. 1905, *R. S.*, 1906.429).

SECTION III

RESPONSABILITÉ DES ASSOCIÉS ENVERS LA SOCIÉTÉ

596. — Le principe de cette responsabilité est posé dans l'art. 1850 C. civ., en ces termes : « Chaque associé est tenu envers la société des dommages qu'il lui a causés par sa faute, sans pouvoir compenser avec ces dommages les profits que son industrie lui aurait procurés dans d'autres affaires. »

« La faute dont l'associé répond est la faute même légère, dit M. Bédarride (n. 39). Cependant l'appréciation de sa conduite doit être assez équitable pour qu'on ne lui fasse pas un tort de ce qui ne serait qu'une erreur d'appréciation, comme, par exemple, si, de bonne foi, il s'était abstenu d'une opération qui aurait procuré des bénéfices, ou s'il en avait entrepris une dont il serait résulté une perte. Ce n'est pas par l'événement qu'on doit juger des choses, car le commerce ne voit pas toujours se réaliser les prévisions de celui qui l'exerce. D'ailleurs l'associé ne peut être responsable que dans les limites de sa capacité et de son intelligence. Il remplit son devoir lorsqu'il consacre aux affaires sociales le zèle et le soin qu'il met à diriger les siennes propres. On ne saurait donc lui faire un reproche de ne s'être pas conduit comme aurait pu le faire un homme plus habile. Mais la faute relativement acquise, la nécessité d'en réparer les conséquences ne saurait être méconnue, pas même en considération des bénéfices que l'associé aurait, dans d'autres circonstances, procurés à la société. Il n'a fait en cela qu'accomplir un devoir, et cet accomplissement ne peut jamais devenir l'excuse de la faute. »

597. — Mais l'associé répond-il de la faute très légère ? M. Delangle (n. 163) se prononce pour l'affirmative :

« De quelque faute que le gérant soit coupable, enseigne-t-il, grave, légère, ou très légère, il est responsable. Aucune distinction n'est permise, car la loi ne restreint, par aucune exception, l'application du principe qu'elle a posé. Lorsqu'elle a voulu modérer la règle, elle l'a expressément déclaré. Ainsi, l'art. 1992 C. civ. dispose que si le mandat est gratuit, la responsabilité s'applique moins rigoureusement que s'il est salarié.

« La doctrine qui tend à subordonner la responsabilité à une appréciation des aptitudes et de la diligence habituelle du gérant conduirait aux plus absurdes conséquences. Ainsi, un gérant qui laisserait à l'abandon sa fortune personnelle pourrait impunément négliger les affaires sociales ! Système déraisonnable ; car personne n'est forcé d'être gérant d'une société, et quiconque accepte cette tâche, en accepte les embarras et les devoirs. Ce n'est pas neuf fois sur dix qu'il faut être attentif et soigneux, mais toujours ; toute négligence est punissable ; les associés qui se sont dépouillés des droits inhérents à leur qualité pour centraliser la gestion et éviter les tiraillements et le désordre qu'amène le défaut d'unité, n'ont en réalité d'autre garantie que la responsabilité indéfinie de l'associé gérant. »

M. Troplong, au contraire, exclut la faute très légère :

« Le Code civil, dit-il, n'a pas pour principe de sévir contre les fautes très légères commises dans l'exécution des contrats. La haute prévoyance qui seule en met à l'abri est trop au-dessus de l'aptitude moyenne de l'homme ; elle exige trop d'efforts sur soi-même, elle commande une attention trop près de l'infaillibilité pour que le législateur l'impose de plein droit dans l'accomplissement des obligations conventionnelles ; il se contente de la prudence d'un bon père de famille, terme moyen entre une organisation extraordinaire et l'homme insouciant qui se laisse aller à l'oubli des affaires. Le bon père de famille est le type de la vertu civile que le Code place, avec Aristote, dans la médiocrité. Nul n'est tenu de faire plus que lui ; on n'exige pas la perfection. Nul n'est autorisé à faire moins que lui, à moins que la loi ou la convention ne limite expressément la mesure ordinaire de la responsabilité.

« Or, l'art. 1850 C. civ. contient-il une de ces restrictions ? Nullement. En rendant l'associé responsable des dommages-intérêts causés par sa faute, il se sert d'une formule faite exprès pour placer l'associé sous l'empire des principes généraux relatifs à l'imputation. Quand est-il en faute ? Est-ce dans le cas des plus simples omissions ? Ou bien ne serait-ce pas quand il s'exempte des soins du père de famille diligent ? L'art. 1850 affecte de laisser intactes ces questions décidées dans une autre partie du Code civil. »

M. Bédarride (n. 39 et suiv.) se prononce dans le même sens que M. Troplong. C'est, selon nous, la solution la plus équitable (En ce sens : Duvergier, n. 324 et s.).

598. — Certaines circonstances peuvent influer plus spécialement sur l'appréciation des actes de l'associé et rendre cette application plus ou moins sévère. Ainsi, par exemple, si le gérant reçoit un salaire (Duvergier, n. 328 ; Delangle, n. 164), ou si l'associé s'est immiscé sans droit dans l'administration (Duvergier, n. 329 ; Delangle, n. 164).

SECTION IV

OBLIGATIONS DE LA SOCIÉTÉ ENVERS LES ASSOCIÉS

599. — L'art. 1852 est ainsi conçu : « Un associé a action contre la société non seulement à raison des sommes qu'il a déboursées pour elle, mais encore à raison des obligations qu'il a contractées de bonne foi pour les affaires de la société et des risques inséparables de sa gestion. »

600. — Ainsi, en premier lieu, l'associé qui a déboursé dans l'intérêt de la société des sommes qui lui appartenaient en propre doit être remboursé. Si la dépense a été faite de bonne foi et dans la limite des pouvoirs de l'associé, le remboursement doit être intégral (Troplong, n. 602 ; Duvergier, n. 349). Si en faisant cette dépense l'associé est sorti de ses pouvoirs d'administrateur, la société est tenue au remboursement dans la limite du profit qu'elle a retiré de cette avance (Duvergier, *loc. cit.*).

601. — L'associé qui n'a apporté que son industrie a droit au remboursement des frais de voyage, de déplacement ou autres qu'il a faits dans l'intérêt commun (Troplong, n. 602).

602. — Les déboursés de l'associé produisent intérêts de plein droit à partir du jour des avances (Delvincourt, t. 3, p. 229 ; Duvergier, n. 348 ; Troplong, n. 603 ; Delangle, n. 152 ; — Cass., 20 mars 1901, *R. S.*, 1901, D. 01.1.277 ; — 26 mars 1901, D. 1901.1.84). C'est une juste réciprocité de la disposition de l'art. 1846 (*Suprà*, n. 586).

603. — L'associé a le droit de se faire indemniser des engagements qu'il contracte dans l'intérêt de la société. Par exemple si, pour faire une opération avantageuse pour la société, l'associé contractait un emprunt en son nom personnel, la société devrait lui fournir les moyens de s'acquitter envers l'emprunteur ; même si l'opération projetée n'avait pas réussi, la société serait encore obligée envers l'associé, s'il a agi de bonne foi et dans la limite de ses pouvoirs (Troplong, n. 605 ; Delangle, n. 152).

604. — L'associé a droit à une indemnité pour le dommage qu'il peut éprouver en gérant les affaires sociales. Par exemple si, en faisant un voyage pour la société, il est dépouillé par des voleurs, il pourra obtenir de ses coassociés le remboursement de ce qu'il a perdu, pourvu toutefois qu'il n'ait emporté avec lui que les valeurs qui lui étaient nécessaires. S'il avait emporté avec lui plus d'argent que ce qui était nécessaire, l'indemnité devrait être restreinte dans les limites du nécessaire (Duvergier, n. 351 ; Troplong, n. 607).

Mais la société ne peut être tenue à aucune indemnité pour les pertes dont elle n'a été pour l'associé qu'une occasion accidentelle ; par exemple, dit Pothier (*Société*, n. 131), si la société a eu un procès avec une personne qui était amie de l'un des associés, et que cette personne, en haine du procès, ait révoqué un legs qu'elle lui avait fait, quoique cet associé ait souffert cette perte à l'occasion de la société, il n'est pas fondé à prétendre que la société l'indemnise (Duvergier, n. 351 ; Troplong, n. 609 ; Delangle, n. 154).

605. — Dans les trois cas ci-dessus l'indemnité est supportée par la société, c'est-à-dire par chacun des associés et chacun pour sa part. Si l'un des associés est insolvable, la portion de l'indemnité qui serait à sa charge se répartirait proportionnellement entre tous les autres, y compris l'associé créancier de cette indemnité (Duvergier, n. 353 et s. ; Troplong, n. 611 et 612).

SECTION V

ENGAGEMENTS DES ASSOCIÉS A L'ÉGARD DES TIERS

606. — Les dispositions du Code civil (art. 1862 à 1864) relatives aux engagements des associés à l'égard des tiers ne sont pas applicables en matière commerciale ; nous n'avons donc pas à les étudier. Les engagements des associés commerciaux à l'égard des tiers sont, en effet, différents suivant les différentes espèces de sociétés. Il est certain que l'associé commanditaire n'est pas tenu de la même façon que l'associé en nom collectif. Aussi le lecteur devra-t-il consulter chacun des chapitres réservés aux différentes espèces de sociétés commerciales pour se renseigner sur l'état de la doctrine et de la jurisprudence relative aux rapports des tiers avec les associés.

607. — L'emprunt fait par un associé en son nom personnel n'oblige pas la société, bien que la somme prêtée ait été versée dans la caisse sociale, si ce versement n'a eu lieu que pour le compte particulier de l'associé emprunteur et pour le libérer de ce qu'il devait à la société. On ne peut dire, en ce cas, que la somme ait profité à la société, dans les termes de l'art. 1684 C. civ. (Cass , 13 mai 1835, S. 35.1.854, Dalloz, n. 613 ; — 12 mars 1850, S. 50.1.257, D. 50.1.86 ; — 16 fév. 1853, S. 53.1.209, D. 53.1.47 ; — Aix, 19 nov. 1854, S. 55.2.245. — *Sic* : Pothier, n. 101 et 105 ; Delvincourt, t. 3, p. 124, note 4 ; Delangle, n. 233 ; Troplong, n. 722 et suiv. ; Alauzet, n. 224. — *Contrà* : Merlin, *Quest. de dr.*, V. *Société*, § 5 ; Duranton, t. 17, n. 449 ; Malepeyre et Jourdain, n. 97 ; Duvergier, n. 404. — Voyez aussi sur cette question, n. 879 et suiv.).

608. — L'emprunt contracté par le gérant au moyen de billets à ordre par lui souscrits en vertu des pouvoirs qui lui ont été donnés par une délibération prise contrairement aux statuts qui interdisent tout emprunt, oblige solidairement tous les signataires de la délibération au payement des billets, encore qu'aux termes de l'acte de société ils ne soient tenus aux dettes qu'au prorata de leurs mises sociales (Cass., 22 août 1844, S. 45.1.209, D. 45.1.21).

609. — Les dettes contractées envers un tiers par un associé capable de s'engager pour elle sont à la charge de la société sans que le créancier ait à s'enquérir de l'emploi qu'auraient reçu les fonds (Duvergier, n. 98).

610. — Lorsqu'une société a été formée pour l'exploitation d'un fonds de commerce acquis par un des associés qui en a fait l'apport, et que le vendeur (non payé) de ce fonds a été inscrit comme créancier sur les livres sociaux et reconnu pour tel dans tous les actes se rattachant à la société, cette créance peut être considérée comme constituant non une dette personnelle de l'associé acquéreur, mais une dette sociale (Cass., 13 juin 1866, S. 67.1.354).

Et cela, non seulement dans les rapports des associés entre eux, mais aussi vis-à-vis des autres créanciers sociaux, bien que mention de cette dette n'ait pas été insérée dans les publications de l'acte de société faites en vertu des art. 42 et 43 C. com. (lesquels n'exigent pas une telle mention), si d'ailleurs les énonciations de l'acte de société les mettaient à même de connaître l'importance des apports et des charges qui les grevaient (Même arrêt).

611. — L'associé gérant qui se démet de ses fonctions en faveur d'un tiers n'est pas, par cela seul, réputé se retirer de la société ; en conséquence, il reste responsable vis-à-vis des tiers des dettes sociales postérieures à sa démission (Cass., 1er juill. 1841, S. 41.1.855, Dalloz, n. 1230. — *Contrà* (s'il y a eu publication de la démission), Cass., 12 janv. 1852, S. 52.1.53. — V. aussi n. 493 et s. et 903).

612. — Un associé, bien que membre du conseil d'administration, peut valablement contracter avec la société, et notamment lui faire un prêt ; il suffit pour la validité du contrat que la société soit régulièrement représentée par les autres membres du conseil d'administration (Cass., 7 mai 1844, S. 45.1.53, D. 51.5.495).

613. — Les actionnaires d'une société dont le gérant a fait des actes préjudiciables à leurs intérêts n'ont pas d'action en responsabilité contre un tiers qui a figuré à ces actes, s'ils ne prouvent pas que ce tiers a eu connaissance du préjudice qui pouvait en résulter (Bordeaux, 6 mars 1868, joint à Cass., 17 janv. 1870, S. 70.1.217, D. 70.1.110).

614. — Le tiers qui a reçu en dépôt des valeurs sociales avec obligation de les remettre au gérant selon les besoins sociaux est libéré jusqu'à due concurrence au moyen des remises par lui effectuées, alors même que le gérant, au lieu d'en faire emploi pour les affaires de la société, les aurait appliquées à ses affaires personnelles, quand d'ailleurs aucune convention spéciale ne rend le tiers dépositaire responsable de l'emploi des fonds ou valeurs, et qu'il ne s'est établi aucun concert frauduleux entre lui et le gérant (Cass., 28 janv. 1861, S. 61.1.446, D. 61.1.56 et sur renvoi : Angers, 15 juin 1861, D. 61.2.130).

615. — Le principe suivant lequel les créanciers d'une société doivent être préférés, sur l'actif social, aux créanciers personnels des associés, s'applique même au cas où la dissolution de la société a été opérée antérieurement à la naissance des créances de ces derniers, par un fait non réellement ou légalement connu des tiers, tel que la réunion consentie secrètement de tous les droits des associés sur la tête d'un seul. — Ainsi, les créanciers personnels de celui-ci, auxquels il a conféré une hypothèque sur les immeubles de la société postérieurement à une semblable dissolution, ne peuvent, dans la distribution du prix de ces immeubles, se prévaloir de leur droit hypothécaire à l'encontre des créanciers sociaux (Cass., 9 août 1859, S. 60.1.470).

616. — Lorsqu'une somme annuelle a été promise à un tiers pendant la durée d'une société, comme dédommagement de certaines renonciations de sa part, sous la condition que le paiement de cette somme serait suspendu pendant tout le temps que la société aurait à lutter contre la survenance d'une entreprise rivale, il y a violation de la convention par le fait de la société qui, sans lutter avec une telle entreprise, a traité au contraire avec elle, et s'est mise volontairement en liquidation. Par suite, et en ce cas, la société est tenue du paiement de la somme annuelle promise par elle, pendant tout le temps qu'elle devait durer (Nîmes, 19 mai 1852, S. 53.2.614, D. 55.5.297).

617. — Les créanciers personnels des associés ne sont pas créanciers de la société ; ils ne peuvent donc poursuivre le paiement de leurs créances contre le fonds social, qui est affecté par préférence aux engagements de la société (Paris, 10 déc. 1814, S. chr. ; — Grenoble, 1er juin 1831, S. 32.2.591, Dalloz, n. 629 ; — Pardessus, n. 975 ; Duranton, t. 17, n. 457 ; Duvergier, n. 405 ; Delangle, n. 14 et suiv. ; Troplong, n. 865 ; Aubry et Rau d'après Zachariæ, t. 8, §583, note 5).

618. — Les immeubles sociaux sont, pendant toute la durée de la société, la propriété de celle-ci (V. *suprà*, n. 255 et suiv.).

619. — Indépendamment de l'action que les créanciers de la société ont contre celle-ci, ils ont un droit égal à celui des créanciers personnels de l'associé sur les biens particuliers de celui-ci (Duvergier, n. 406). M. Duranton (t. 17, n. 458) estime que si les créanciers de la société demandent à être payés par préférence sur les biens de la société, ils doivent souffrir que les créanciers personnels de l'associé soient payés par préférence à eux sur les biens personnels de l'associé.

620. — La mise sociale d'un associé peut, d'après un arrêt de la Cour de Paris du 13 août 1834 (S. 34.2.674, Dalloz, n. 635), être saisie et vendue dans les formes prescrites pour la saisie et la vente des rentes constituées. Mais cette hypothèse ne peut se réaliser que dans le cas où l'acte de société contient une stipulation expresse permettant de la part de l'associé la cession de ses droits ; sans cela les créanciers ne pourraient faire vendre la part sociale de leur débiteur, car la disparition de l'associé entraînerait la dissolution de la société.

621. — L'associé qui est personnellement débiteur d'un débiteur de la société ne peut opposer la compensation de sa dette avec celle qui est due à la société (Troplong, n. 70 ; Duranton, t. 12, n. 432 ; Massé, t. 5, n. 398).

622. — Un créancier de la société qui est en même temps débiteur personnel de l'un des associés peut opposer à cet associé la compensation de ce que lui doit la société jusqu'à concurrence de la part de cet associé dans la société (Duranton, t. 12, n. 432 ; Massé, t. 5, n. 400. — Cass., 7 fév. 1905, *R. S.*, 1906.429).

623. — La Cour de Bordeaux a été appelée à apprécier la question de savoir si la révocation du mandataire d'une société commerciale pouvait être opposée aux tiers qui ont continué de bonne foi leurs relations avec ce mandataire, dans l'ignorance de sa révocation. Elle a résolu cette question par la négative et décidé que le dépôt de l'acte public de révocation dans l'étude d'un notaire de la localité où se trouve le siège de la société, ainsi que l'insertion de l'avis dans un journal d'annonces, par exemple les *Affiches parisiennes*, étaient insuffisants pour faire présumer que les tiers avaient eu connaissance de la révocation du mandat : les changements de cette nature devant, d'après l'usage, être portés, par des circulaires, à la connaissance du commerce et particulièrement de ceux avec lesquels la société a entretenu des relations d'affaires (Bordeaux, 2 juin 1869, S. 70.2.4, D. 70.2.220 ; *Anal.*, Cass., 27 nov. 1861, S. 63. 1.188, D. 62.1.483).

CHAPITRE VII

DE LA DISSOLUTION ET DE LA LIQUIDATION. DU PARTAGE. — DE LA PRESCRIPTION

SECTION I

DES DIFFÉRENTES MANIÈRES DONT LA SOCIÉTÉ PREND FIN ET DES EFFETS DE LA DISSOLUTION

624. — L'art. 1865 C. civ. énumère cinq causes de dissolution de la société : « 1° l'expiration du temps pour lequel elle a été contractée ; 2° l'extinction de la chose ou la consommation de la négociation ; 3° la mort naturelle de quelqu'un des associés ; 4° la mort civile (la mort civile est aujourd'hui abolie : L. 31 mai 1854), l'interdiction ou la déconfiture de l'un d'eux ; la volonté qu'un seul ou plusieurs expriment de n'être plus en société. »

625. — Première cause. — *Expiration du terme convenu pour la durée de la société.* — La société étant un contrat consensuel ne saurait exister sans le consentement de toutes les parties ; lors donc que dans l'acte constitutif les associés ont fixé l'époque à laquelle ils entendaient mettre fin à la société, la dissolution s'opère de plein droit à la date fixée. Cette limitation de durée peut être faite de deux façons différentes, soit que les associés fixent une date précise, soit qu'ils assignent pour terme à la société un événement futur (Delangle, n. 633).

626. — « Lorsque l'événement qui doit mettre fin à la société, dit M. Dalloz (n. 639), est futur et incertain, la dissolution est conditionnelle. Il ne faut pas confondre la dissolution conditionnelle avec la résolution conditionnelle d'une société : la première ne produit d'effet que pour le temps qui suit l'accomplissement de la condition, elle laisse subsister pour le passé les effets de la société ; la seconde, au contraire, anéantit la société même pour le passé, suivant l'effet ordinaire de toute condition résolutoire. »

627. — On peut soumettre la dissolution à une condition positive ou à une condition négative. Dans la première hypothèse, la dissolution a lieu lorsque l'événement s'accomplit; dans la seconde, elle ne s'opère qu'au moment où il est bien certain que l'événement ne s'accomplira pas.

La dissolution peut avoir lieu également sous condition suspensive (**Lyon**, 16 fév. 1909, *J. S.*, 1909.499).

628. — Il est un cas où l'expiration du terme n'entraînerait pas la dissolution de la société : c'est celui où les parties, ayant calculé approximativement la durée des opérations sociales, auraient, d'après cette base, fixé le terme de la société. Dans cette hypothèse, la société se prolongerait jusqu'à l'achèvement des opérations : car les parties se sont proposé principalement pour but cet achèvement, et l'erreur par elles commise dans leurs prévisions ne peut empêcher que les affaires sociales reçoivent leur solution (*Sic* : Duvergier, n. 414; Troplong, n. 871 ; Bédarride, n .47 ; Delangle, n. 633). Il a été jugé, en ce sens, que la société formée pour l'exécution de travaux à faire pour le gouvernement dans un certain délai ne prend pas fin à l'expiration du délai indiqué s'il apparaît que ce délai n'a été fixé que comme devant être la fin probable des travaux (Bruxelles, 13 janv. 1810, S. 10.2.215, Dalloz, n. 643. — Dans le même sens : Nîmes, 2 janv. 1839, S. 39.2.74. — V. *Anal.*, Cass., 10 févr. 1836, S. 37.1.157, Dalloz, n. 644).

629. — Lorsque la dissolution a lieu de plein droit, tous les associés, leurs héritiers ou ayants cause peuvent l'invoquer (Pont, n. 729 ; Guillouard, n. 319).

Les créanciers d'un des associés exerçant en vertu de l'art. 1166 les droits de leur débiteur peuvent aussi se prévaloir de la dissolution (Lyon-Caen et Renault, n. 336 ; — Trib. Seine, 24 mai 1897, *J. S.*, 1898.75).

630. — Mais la dissolution par expiration du terme n'est pas inéluctable pour les associés, qui peuvent proroger d'un commun accord la société. Aux termes de l'art. 1836, cette prorogation doit être établie par écrit. Cette disposition a soulevé pour les sociétés civiles la question de savoir si l'écrit était absolument nécessaire. Nous n'entrerons pas dans l'examen de cette difficulté, mais en ce qui concerne les sociétés commerciales nous n'avons qu'à renvoyer le lecteur à ce que nous avons dit (n. 346 et suiv.) sur la constitution des sociétés. Toutes ces règles sont applicables à la prorogation.

631. — La prorogation peut être tacite et résulter de ce que les associés ont continué les opérations sociales après l'expiration

(Cass., 24 déc. 1877, S. 78.1.321). Les tiers qui ont intérêt à le faire peuvent établir la prorogation par les moyens de preuve qu'ils on t le droit d'invoquer pour démontrer l'existence de la société (V. *su - prà*, n. 352. — *Adde* : Cass., 2 mars 1897, *J. S.*, 1897.262 ; — Rouen , 30 janv. 1895, *J. S.*, 1895.317).

Une société constituée pour l'exploitation d'une concession et qui obtient une prolongation de la concession est censée s'être prorogée pour la durée de la prolongation de concession (Cass., 7 fév. 1870, D. 70.1.303). La prorogation de la société proroge *ipso facto* les pouvoirs du gérant (Seine, 7 août 1901, *R. S.*, 1901.32).

632. — Nous pensons qu'une société prorogée, que ce soit avant l'expiration du terme primitivement fixé ou au moment de ce terme, constitue une société nouvelle (Laurent, n. 371 ; Guillouard, n. 286 ; Baudry-Lacantinerie, n. 791. — *Contrà* : Troplong, n. 915 ; Pont, n. 686).

633. — De même que les parties peuvent proroger la société arrivée à son terme, de même elles peuvent avancer l'époque de sa dissolution par l'accord unanime de leurs volontés. Mais dans ce cas un acte formel de dissolution est nécessaire, et un associé ne pourrait établir par témoins qu'une société a été dissoute avant son terme par convention verbale, — à moins que les statuts n'aient conféré le pouvoir de dissolution à la majorité des associés (Cass., 29 fév. 1888, D. 88.1.424). L'apporteur en nature auquel les statuts réservent le droit de reprendre son apport au moment de la dissolution peut s'opposer à ce que l'assemblée générale modifie à son détriment le pacte social relativement aux conditions de la prorogation (Cass., 9 janv. 1900, D. 03.1.321).

634. — DEUXIÈME CAUSE. — *Extinction de la chose ou consommation de l'opération*. — Le terme d'une société n'a pas toujours besoin d'être stipulé. Il résulte quelquefois de la nature même de la société, par exemple si deux ou plusieurs personnes se sont associées pour se livrer à une opération déterminée. En ce cas, l'expiration de la société est fixée à l'achèvement de l'opération. De même la perte absolue des choses composant le fonds social entraîne la dissolution, — à moins que les associés ne remplacent ce qui a péri, afin de rester associés et d'atteindre le but qu'ils se sont proposé (Troplong, n. 938-939 ; Delangle, n. 634-635).

635. — Le changement de législation n'emporte dissolution que s'il supprime une partie importante des opérations sociales (Cass., 30 avr. 1900, D. 01.1.315, S. 04.1.333).

636. — Si une partie seulement du fonds social a péri, et que cette partie soit assez importante pour rendre la chose impropre à la destination sociale, la société est dissoute (Malepeyre et Jourdain, p. 292 ; Troplong, n. 740 ; Pont, n. 694 ; Guillouard, n. 189 ; — Paris, 13 nov. 1896, *J. S.*, 1897.115).

637. — Il est possible que ce soit précisément la mise de l'un des associés qui ait péri. L'art. 1867 dispose pour ce cas :

« Lorsque l'un des associés a promis de mettre en commun la propriété d'une chose, la perte survenue avant que la mise en soit effectuée opère la dissolution de la société par rapport à tous les associés. — La société est également dissoute dans tous les cas par la perte de la chose, lorsque la jouissance seule a été mise en commun et que la propriété en est restée dans la main de l'associé. Mais la société n'est pas rompue par la perte de la chose dont la propriété a déjà été apportée à la société. »

L'interprétation de l'art. 1867 a soulevé de nombreuses difficultés. M. Bédarride a donné de cette disposition un commentaire lumineux :

« Relativement à la mise des associés, écrit l'éminent commentateur du Code de commerce (n. 51 et suiv.), la loi distingue : ou elle n'est encore que promise, ou elle est déjà effectuée. La mise n'est que promise, lorsque l'acte de société étant signé et l'apport de chacun des associés convenu, on a fixé l'époque à laquelle devra commencer la société. Jusque-là, en effet, cette société n'est qu'un projet définitif, qui ne se convertira en acte que du jour où elle se livrera aux opérations qu'elle s'est proposées pour objet. Conséquemment, si la chose promise vient à périr avant, cette perte est pour le compte exclusif de celui qui s'était engagé à la verser, par cette raison décisive que la société n'existant pas encore ne pouvait en avoir la propriété, et que la chose périt pour son propriétaire. Que si la société fonctionne déjà, il n'y aura également que mise promise si le versement de l'apport a été subordonné à l'expiration d'un délai ou à la réalisation d'une condition ou d'un événement futur. Ainsi j'adhère à une société déjà existante, et je promets de verser pour mise de fonds une chose déterminée ; mais n'ayant pas au moment où je m'engage la libre disposition de cette chose, je stipule que je ne la livrerai que dans le délai d'un ou de plusieurs mois. Ou bien la chose que je promets ne sera en ma possession que plus tard et je ne prends l'obligation de la livrer qu'après que je l'aurai reçue moi-même. Supposons que je me sois engagé à verser une marchandise qui m'est expédiée sur un navire désigné, à l'arrivée duquel je devrai opérer le versement. Dans l'un et l'autre cas, la société est conditionnelle et soumise à un événement futur et incertain ; il y aura sans doute dans le contrat un lien de droit, mais l'efficacité de ce lien sera elle-même subordonnée à la réalisation de la condition, laquelle est nécessairement, dans les exemples que nous avons pris, la libre disposition de la chose à l'expiration du délai convenu, l'heureuse arrivée du navire porteur de la marchandise. Conséquemment, la perte de la chose rendant cette réalisation impossible dissout la société, ou plutôt empêche que la société ait jamais existé autrement qu'en promesse.

« D'autre part, cette perte ne saurait concerner que l'associé, puisqu'il n'aurait perdu la propriété de la chose que si au temps voulu il avait été en mesure de la livrer, ce qu'il n'a jamais fait, ce qu'il n'a pu faire.

« Si la mise consiste dans le transfert de la propriété et qu'elle ait été effectuée, la perte est pour le compte de la société ; elle ne produirait pas d'autres effets que toute autre perte survenue pendant la durée de la société, et dont chaque associé doit supporter sa part ; elle ne dissoudrait donc pas la société à moins que la chose perdue ne fût l'objet principal de l'association. Dans ce cas, la perte portant sur le capital, elle rentrerait sous l'application de l'art. 1865.

« Ici, la difficulté ne saurait s'offrir sur l'effet de la perte ; elle ne peut porter que sur la condition exigée par la loi. Quand devrat-on considérer la mise comme effectuée ?... Faudra-t-il que l'obligation ait été suivie d'une tradition effective ?...

« Ces questions pourraient être douteuses, si les principes généraux du droit ne les avaient déjà formellement résolus. Or, les art. 711, 1138 et 1583 sont on ne peut plus précis.

« Du jour donc où la livraison a dû s'opérer, c'est-à-dire, dans l'espèce, du jour où la société a réellement commencé ses opérations, la tradition s'est réalisée par le seul effet de la loi et de la convention, la propriété de toutes les mises a été acquise : elles sont donc de plein droit effectuées. »

M. Pardessus enseigne le contraire. « L'art. 1867, dit-il, a fait une sage exception aux principes ordinaires, une concession spéciale au contrat de société, qui, ayant un besoin essentiel de l'objet promis, ne peut être parfait que par la tradition effective. » Cette doctrine tend à créer une exception que rien n'autorise, à notre avis.

Le besoin qu'éprouve la société de l'objet qui y a été versé ne peut être plus urgent que celui du créancier ou de l'acquéreur, dans les hypothèses des art. 1138 et 1583. Or, puisque pour ceux-ci ce besoin n'a pas été pris en considération, on ne voit pas pourquoi on déciderait le contraire pour les associés. D'ailleurs, si en fait le besoin était aussi urgent que le suppose M. Pardessus, il est évident que la société aurait pris la précaution de mettre l'associé en demeure par l'un des modes indiqués par l'art. 1139 C. civ. Dans ce cas, la perte ultérieure demeurera pour le compte exclusif de celui-ci. En l'absence de cette précaution, le principe *Res perit domino* ne comporte aucune exception. Or, la société, du jour de sa constitution définitive, est tellement propriétaire de l'universalité des mises, qu'elle perçoit de plein droit les intérêts ou les fruits de chacune d'elles. « Mais, disent MM. Malepeyre et Jourdain, si les dispositions de l'art. 1138 C. civ. étaient applicables aux sociétés, il est évident que la perte arrivée après la promesse, mais avant la tradition, ne détruirait pas la société ; elle n'est rompue que parce qu'elle n'a jamais été propriétaire et que l'associé étant dans l'impossibilité de remplir son obligation, la convention synallagmatique est brisée. » Cet argument est au moins étrange, car le principe admis, et il est incontestable, on ne voit pas le profit que l'on peut retirer de ces conséquences par rapport à la difficulté que nous examinons. Dans le cas de mise promise, la société n'est pas propriétaire, par l'excellente raison qu'elle n'aura d'existence légale que par le complément de faits ultérieurs. Tantôt ce sera une simple promesse de société, semblable à une promesse de vente, *in futurum*, et incapable de transférer la propriété de plein droit et immédiatement, tantôt ce sera une société conditionnelle, dans laquelle les deux parties ont dû se borner à convenir de la destination de la chose, soit parce que cette chose n'existait pas encore, soit parce qu'on n'en avait pas la libre disposition. Qu'y a-t-il de commun entre ces hypothèses et celles où il s'agit de société pure et simple, parfaite et actuelle ? Faudra-t-il, parce que dans les unes la société n'a jamais été propriétaire, décider qu'il en doit être de même pour cette dernière ? C'est précisément ce qu'il fallait juridiquement démontrer. Or, M. Pardessus, MM. Malepeyre et Jourdain l'admettent mais ne le justifient en aucune manière. Leur doctrine est donc, inadmissible, car elle aurait pour résultat d'aller chercher dans l'art. 1867 le renversement des principes fondamentaux du Code sur l'effet de l'obligation de livrer. Non, dit M. Troplong, l'art. 1867 n'exige pas la tradition pour la saisine sociale ; non, il ne fait pas de la société un contrat parfait par la chose ; il s'harmonise à merveille avec les règles du contrat de vente, auquel l'art. 1845 compare le contrat de société.

Enfin l'art. 1867 s'occupe de l'hypothèse où la mise de fonds se composant de la jouissance, la propriété des choses n'a pas cessé d'appartenir à l'associé. Leur perte, faisant naturellement cesser la jouissance, amène naturellement et nécessairement la dissolution de la société. Ici, il n'y a plus de distinction entre la mise promise ou effective. La dissolution est encourue dans tous les cas. Telle est la disposition formelle de l'art. 1867.

Il résulte de là que le législateur a considéré la mise de fonds consistant en jouissance comme devant se renouveler effectivement à chaque nouvelle perception.

Dès lors, l'associé n'est en mesure de remplir son obligation et ne la remplit en effet que tant que l'existence de la chose laissera la possibilité de percevoir à toutes les époques. Si la chose vient à périr dans l'intervalle, l'associé n'a plus de mise de fonds dans l'avenir, et la société manquerait dès lors d'une de ses conditions les plus essentielles. Ainsi, l'associé apportant dans la communauté la jouissance des choses dont il retient la propriété est tenu de l'assurer à la société pendant toute sa durée.

A quelque époque que le contraire se réalise, il n'y a plus de mise de fonds, et, suivant les principes que nous avons exposés, il n'y a plus de société possible.

Mais cela ne se trouve acquis que dans l'hypothèse où la chose dont la jouissance a été mise en communauté n'est pas de celles qui se détériorent par l'usage ; car, aux termes de l'art. 1851, s'il s'agissait d'une chose qui se détériore en la gardant, si elle est destinée à être vendue, ou si elle a été mise dans la société sur une estimation portée par un inventaire, elle est aux risques de la société. Conséquemment, la perte ultérieurement survenue étant à sa charge exclusive, n'exerce aucune influence sur le lien social.

Le véritable motif de dissolution, dans les hypothèses de l'art. 711, est donc dans le défaut de mise sociale chez l'associé dont la chose a péri.

La dissolution pourrait donc être empêchée par l'apport d'une autre chose équivalente. Mais il en est du remplacement de la mise comme de sa constitution, il doit être volontairement acceptée par tous les associés. Quelle que soit l'offre qui serait faite, il suffit qu'un seul d'entre eux refuse de l'accepter pour que la dissolution soit acquise. Voilà pourquoi, contrairement à l'avis de M. Troplong, nous considérons comme de plein droit la dissolution s'opérant par l'extinction de la chose. Sans doute, la loi ne s'oppose pas à ce que les intéressés y renoncent, mais aucun d'entre eux ne saurait être contraint à le faire (Consultez encore sur l'interprétation de l'art. 1867 et sa conciliation avec le n. 2 de l'art. 1865 : Toullier, t. 7, n. 457 et s. ; Pardessus, t. 4, n. 998 ; Malepeyre et Jourdain, n. 65 et 461 et s. ; Duranton, t. 17, n. 467 ; Duvergier, n. 421 ; Fœlix, *R. étrang.*, 2ᵉ série, t. 4, p. 852 ; Troplong, n. 916 et suiv. ; Aubry et Rau, t. 3, § 384, n. 5, p. 412 ; Massé et Vergé sur Zachariæ, t. 4, § 720, n. 7 ; Massé, t. 4, n. 1345 et s. ; Etienne, *R. étrang.*, t. 8, p. 353 ; Guillouard, n. 153 ; Pont, n. 377 et s. et 403 et s.).

638. — Si l'un des membres d'une société commerciale réunit dans ses mains toutes les actions représentant le capital social, cette société cesse d'exister, bien qu'elle n'ait été dissoute ni par l'expiration du terme pour lequel elle avait été fondée, ni par un acte exprès de dissolution ; en sorte que le sociétaire possesseur des actions a pu valablement vendre en son nom personnel les biens de la société à un tiers qui est ainsi devenu lui-même propriétaire (Cass., 10 avr. 1867, S. 67.1.277, D. 67.1.397 ; — 7 fév. 1881, S. 81.1.276, D. 81.1.267 ; — Seine, 18 nov. 1890, *R. S.*, 91.109).

Des créanciers avec lesquels cet acquéreur a ultérieurement traité à propos des biens par lui acquis, ne sont pas admissibles à contester, soit respectivement entre eux, soit contre l'acquéreur, les effets de la dissolution de la société et à prétendre qu'elle ne leur est pas opposable, parce qu'elle n'a pas été publiée conformément aux art. 42 et 46 C. com. (Même arrêt. — Conf. : Cass., 16 juin 1862, D. 62.1.425).

639. — Jugé que la réunion de toutes les actions d'une société entre les mains d'un seul actionnaire entraîne, *ipso facto*, la dissolution de la société.

Les créanciers ne peuvent demander la nomination d'un liquidateur à une société dissoute qu'à la condition d'établir au préalable leur qualité de créanciers de la société, être moral.

Lorsque les biens immobiliers d'une société dissoute par suite de la concentration de toutes les actions aux mains d'un seul actionnaire sont tombés par là-même dans le patrimoine de cet unique actionnaire et devenus le gage de tous ses créanciers, la question de savoir si les créanciers de la société peuvent être payés par préférence aux créanciers personnels ne nécessite point la nomination d'un liquidateur à la société dissoute. Ces créanciers n'ont qu'à produire aux ordres ouverts sur les biens de cet actionnaire, en justifiant de leur qualité de créanciers de la société, pour permettre au tribunal saisi de la demande de trancher la question de préférence (Trib. Seine, 11 mai 1912, *Gaz. Soc.*, 1912.174 et la dissertation. — V. encore Cass., 6 nov. 1918, *Gaz. Soc.*, 1919.6).

640. — Jugé également que la réduction du capital social à un chiffre dont l'insignifiance met la société hors d'état de fonctionn er peut être réputée équivaloir à l'extinction de la chose, et à ce titre, autoriser les juges à prononcer la dissolution de la société (Cass., 16 juin 1873, S. 73.1.386, D. 74.1.61).

641. — De même la *réalisation* de tout l'actif social entraîne la dissolution (*J. du not.*, 1897.753).

642. — TROISIÈME CAUSE. — *Mort naturelle de l'un des associés.* — A moins de convention contraire, la mort de l'un des associés entraîne la dissolution de la société. Telle est la règle en matière de société civile. Cette règle n'est pas applicable aux sociétés par actions , nous le verrons plus tard (Delangle, n. 642 et s.). Mais elle s'applique aux sociétés en nom collectif et aux sociétés en commandite lorsque c'est le gérant qui se trouve frappé par la mort.

643. — Cependant il a été jugé que la dissolution des société s par suite de la mort de l'un des associés n'est pas de l'essence du contrat de société. Ainsi une société formée entre des cohéritiers dans le but de continuer des opérations commerciales de leur auteur ne se dissout point nécessairement par le fait seul du décès de l'un des coassociés, dont les autres sont les héritiers (Caen, 8 mars 1842, S. 42.2.337, Dalloz, n. 720). Mais cette décision paraît un peu trop absolue.

La Cour de cassation l'a précisée en décidant qu'il en est ainsi, lorsque la nature de la convention, le but et l'objet que se proposaient les associés excluent formellement, par leur essence, une pareille cause de dissolution (Cass., 23 oct. 1906, *J. S.*, 1907.423).

644. — Il est généralement admis, en effet, que la mort de l'associé dissout de plein droit la société aussi bien à l'égard des tiers qu'à l'égard des associés entre eux, à moins que la continuation de la société n'ait été d'avance stipulée dans l'acte de société (Cass., 10 nov. 1847, S. 48.1.5, D. 47.1.353. — V. sur cet arrêt les observations de M. Troplong, *R. de législ.*, 1848, t. I, p. 5). Tous les droits et toutes les obligations résultant de faits antérieurs au décès de l'associé décédé passent donc sur la tête de son héritier. Tout ce qui est postérieur reste étranger à l'association. Néanmoins si le défunt avait commencé une opération que la mort l'eût empêché de conduire à fin, son héritier serait tenu de la terminer (Duvergier, n. 437 ; Troplong, n. 893). Mais l'obligation de terminer l'affaire n'est pas absolue. Ainsi l'héritier mineur n'y est pas tenu, pas plus que l'héritier du sexe féminin. Ni l'un ni l'autre ne possèdent l'aptitude nécessaire pour administrer une société (Troplong, *loc. cit.*).

645. — Les bénéfices de l'opération commencée par l'héritier décédé et terminée par son héritier sont communs.

646. — Bien entendu les opérations commencées avant le décès de l'associé par ses coassociés doivent être terminées par ces derniers dans l'intérêt commun. Il résulte même de l'art. 1868 que l'héritier du décédé participe aux droits acquis depuis le décès de son auteur, lesquels sont une suite nécessaire de ce qui s'est fait antérieurement (Troplong, n. 895).

647. — Quant aux opérations commencées par les associés du défunt après le décès, il faut faire une distinction : si au moment où ils les ont entreprises ils connaissaient le décès, ces opérations leur restent propres ; si, au contraire, ils ignoraient le décès, cette ignorance a pour effet de prolonger fictivement l'existence de la société quant aux opérations dont il s'agit (Duvergier, n. 438 ; Troplong, n. 901 ; Massé et Vergé sur Zachariæ, t. 4, § 720, note 11).

648. — La stipulation que la société continuera avec les héritiers des associés, ou seulement avec ceux d'un des associés ou de plusieurs d'entre eux, est parfaitement valable et empêche la dissolution de la société (C. civ., art. 1868).

649. — La clause portant que malgré le décès de l'un des associés la société continuera entre les survivants, à charge de rembourser aux héritiers leur part sociale, est valable, et la dissolution n'en peut être demandée (Paris, 8 janv. 1861, T. C. 10.278 ; — Trib. com. Seine, 6 fév. 1861, T. C. 10.300 ; — Lyon, 8 juill. 1864, T. C. 14.142). De même pour la stipulation aux termes de laquelle la raison sociale qui comprend le nom du défunt ne sera pas changée, et l'associé qui succède ne peut exiger que ce nom soit remplacé par le sien (Paris, 8 janv. 1861, *suprà*).

Et si la clause a été insérée dans les publications, il n'est pas besoin de la publier de nouveau, lors du décès (*Ibid.*).

650. — Mais la stipulation, dans un acte de société, que l'un des associés sera, en cas de décès, remplacé de plein droit par l'un de ses enfants dénommé, n'est pas obligatoire pour celui-ci, alors qu'il y est demeuré étranger, et quand bien même il aurait accepté purement et simplement la succession de son père (Caen, 10 nov. 1857, S. 59.2.31, D. 59 2.50).

651. — La clause de continuation avec l'héritier produit son effet, quel que soit le titre auquel il succède à l'associé : que ce soit à titre d'héritier légitime, de légataire universel ou à titre universel (Duvergier, n. 440 ; Troplong, n. 952 ; Delangle, n. 655). Mais si l'associé qui meurt était gérant, les pouvoirs dont il était investi ne passent pas de droit à ses héritiers (Delangle, n. 649).

652. — Lorsqu'il a été stipulé que, en cas de mort de l'un des associés, la société continuerait avec ses héritiers, la minorité de ceuxci ne met pas obstacle à la continuation de la société (Bordeaux, 29 juill. 1862, S. 63.2.31 ; — Aix, 16 déc. 1868, S. 70.2.240 ; — Cass., 2 mars 1885, S. 85.1.362 ; — 6 janv. 1913, *Gaz. Soc.*, 1913.174 ; — 10 mars 1885, S. 86.1.410 ; — Paris, 7 avr. 1887, S. 88.2.145. — *Sic* : Duranton, t. 17, n. 473 ; Troplong, n. 964 ; Massé et Vergé sur Zachariæ, t. 4, § 720, p. 448, note 12, et Delangle, n. 651 ; Aubry et Rau, § 384-8 ; Thaller, *Ann. de dr. comm.*, 1894.2.241. — *Contrà* : Duvergier, n. 440 ; Lyon-Caen et Renault, n. 319).

653. — De même, la clause d'un acte de société portant que, en cas de mort de l'un des associés, la société continuera avec ses héritiers, engage les héritiers mineurs comme les majeurs, sans que le tuteur des mineurs ait besoin d'être autorisé spécialement à adhérer à la continuation de la société (Aix, 16 déc. 1868, S. 70.2.240). Cependant M. Delangle fait une distinction. D'après lui, la stipulation doit s'exécuter si le mineur est arrivé à l'âge où il peut faire le commerce, et si, conformément à l'art. 2 C. com., il reçoit du conseil de famille l'autorisation d'entrer dans la société. Si, au contraire, le mineur n'a pas encore atteint l'époque où la famille peut lui conférer la capacité de se livrer aux opérations commerciales, la clause est non avenue (n. 37).

654. — La clause d'un acte de société qui, pour le cas de décès de l'un des associés, prescrit non point la continuation de la société entre l'associé survivant et les héritiers du prédécédé, mais seulement l'ajournement de la liquidation à une époque déterminée, l'établissement commercial devant jusque-là continuer ses opérations sous le même nom et avec le même capital, dirigé sans contrôle par le poursuivant, qui seul profitera des bénéfices et supportera les pertes, n'a rien d'illicite ni de contraire aux principes du contrat de so ciété (Cass., 17 août 1868, S. 69.1.22. — V. en ce sens : Delvincourt, t. 3, p. 453, note 3 ; Troplong, n. 646 ; Malepeyre et Jourdain, p. 85 ; Delangle, n. 119 ; Massé et Vergé sur Zachariæ, t. 4, § 713, note 11, p. 425. — V. toutefois Duvergier, n. 268). On ne saurait opposer que les héritiers de l'associé prédécédé devant, par suite, rester exposés à l'action des tiers à raison des actes du survivant, les risques ne sont plus en rapport avec les avantages ; un tel état de choses constitue seulement à leur charge une sorte de cautionnement qui n'a non plus rien d'illicite, et qui, d'ailleurs, étant réciproque, ne blesse pas l'équité (Même arrêt).

655. — Si, au décès d'un associé entraînant la dissolution de la société, les autres associés majeurs et maîtres de leurs droits ont usé de la faculté qu'ils avaient de continuer la société, dans laquelle l'héritier de l'associé décédé est venu prendre la place du défunt, la société ainsi continuée a pu conserver la raison sociale qui n'a pas cessé d'en être l'expression, et, par conséquent, contracter et agir sous cette raison (Cass., 7 juill. 1852, D. 52.1.204 ; — 7 déc. 1858, S. 59.1.619, D. 59.1.135 ; — 10 janv. 1870, S. 70.1.157, D. 70.1.60. — *Sic* : Alauzet, n. 243. V. aussi Troplong, n. 959-960 ; Delangle, n. 581. — V. cependant Duvergier, *id.*, n. 334, *Comm. anal.* — Consultez : Cass., 16 mai 1838, S. 38.1.836 ; — 22 mars 1843, S. 44.1.759 ; — 26 juillet 1843, S. 43.1.881, Dalloz, n. 985. — V. aussi Cass., 10 nov. 1847, cité n. 644).

656. — Il n'y aurait pas lieu à la continuation de la société si, étant stipulé qu'en cas de décès de tel des associés elle continuera avec son héritier ou entre les associés survivants, la mort venait frapper un autre associé que celui désigné dans la stipulation (Duranton, t. 17, n. 473 ; Duvergier, n. 439 ; Troplong, n. 954).

657. — De même, si l'héritier avec lequel s'est continuée la société, conformément à la clause dont il s'agit, vient à mourir, il n'y a pas lieu, en vertu de cette clause, à une nouvelle continuation de la société (Duranton, *loc. cit.*).

658. — Bien que l'acte constitutif ne contienne aucune stipulation relative à la continuation de la société en cas de décès de l'un des associés, il peut arriver qu'après le décès de l'un d'eux, les survivants conviennent, soit de rester associés, soit d'admettre les héritiers du défunt aux lieu et place de leur auteur. En ce cas c'est une société nouvelle qui se constitue (Troplong, n. 957). Cependant, on pourrait ne voir, selon les circonstances, dans la société nouvelle, que la continuation de l'ancienne.

« Admettez, par exemple (dit M. Troplong, n. 959), que la raison sociale n'a pas changé, parce que l'associé décédé n'y figurait pas en nom ; que les associés survivants sont restés à leur poste, tout en s'adjoignant les héritiers de l'associé décédé ; qu'on a conservé l'ancien matériel et la suite des affaires ; qu'on n'a pas fait d'inventaire et de liquidation de l'ancienne société. C'est en vain que, pour échapper à la solidarité des dettes anciennes, les héritiers pareraient cette société du titre de société nouvelle. Il y aurait plutôt un simple changement d'associé, pour me servir des expressions de l'art. 46 C. com. Les nouveaux associés seraient censés avoir voulu entrer dans la société sous la condition d'en supporter les charges, sauf à profiter des bénéfices. » (*Sic* : Cass., 16 mai 1838, S. 38.1.836 ; — 22 mai 1843, S. 44.1.759, D. 44.1.253 ; — 7 déc. 1858, S. 59.1.619, D. 59.1.135 ; — 10 janv. 1870, S. 70.1.157, D. 70.16.0.)

659. — Il a été jugé que la mort de l'un des associés a pu être considérée comme insuffisante pour emporter la dissolution de la société, dans le cas, par exemple, où les autres associés sont héritiers de l'associé prédécédé, et ont ensuite continué les opérations commerciales pendant un nombre d'années considérable (Caen, 8 mars 1842 et sur pourvoi : Cass., 23 mars 1843, S. 44.1.759, Dalloz, n. 720. — V. encore en ce sens : Cass., 7 déc. 1858, S. 59.1.619, D. 59.1.135).

660. — La prorogation d'une société dissoute par le décès d'un de ses membres est soumise aux mêmes formes que la prorogation d'une société dont le terme est expiré (*Suprà*, n. 630).

661. — Si c'est une société nouvelle qui est formée, les règles applicables à la constitution de toute société commerciale doivent être respectées (V. n. 630).

662. — La convention de continuation de la société, après le décès de l'un des associés, peut être tacite, et, à l'égard des tiers, être réputée résulter de faits et circonstances de l'affaire, mais à la condition cependant que les tiers aient ignoré le décès.

663. — M. Delangle enseigne aussi, dans son *Traité des sociétés* (n. 580), que le décès est un fait notoire et censé connu de tous ceux auxquels il importe de le connaître, et, à moins que les associés n'aient expressément stipulé que le décès de l'un d'eux n'entraînerait point la fin de leurs rapports, la société est dissoute de droit, et sans publication ; que cet événement du décès est mis par la loi au nombre des causes qui entraînent la cessation des sociétés ; qu'il est authentiquement et solennellement constaté ; que dès lors les tiers sont à l'abri de l'erreur et des surprises. Si cependant, ajoute

M. Delangle, les associés survivants ont essayé de persuader au public que, nonobstant le décès de l'un d'entre eux, le contrat n'était pas rompu ; s'ils ont conservé la raison sociale et en ont fait usage, les tribunaux pourront, avec justice, écarter la dissolution. Tout doit se réduire, pour le juge, à des questions de bonne foi. Les tiers ont-ils un juste sujet de croire que la société continuait, quoique des faits se fussent accomplis de nature à la dissoudre ? La condition des associés est la même que si ces faits n'étaient pas arrivés. L'apparence équivaut à la réalité, mais il faut que cette apparence soit sérieuse (V. aussi, en ce sens, les arrêts précités, n. 644 et s.).

Mais si parmi les héritiers se trouvent des mineurs, ces derniers ne peuvent, en l'absence de toute stipulation de leur auteur, être engagés dans la suite et les conséquences d'une société commerciale à laquelle ils n'ont pris et ne pouvaient prendre aucune part à raison de leur incapacité (Cass., 10 nov. 1847, S. 48.1.5, D. 47.1.353).

664. — L'art. 1868 fixe les conditions dans lesquelles doit se faire la liquidation anticipée de la société, dans le cas où celle-ci ne subsiste pas entre les associés survivants et les héritiers de l'associé prédécédé ; les parties sont d'ailleurs libres de modifier dans une certaine mesure les règles posées par notre texte.

D'après un jugement, s'il est stipulé dans les statuts d'une société que, lors du décès d'un associé, la société se continuera entre les survivants, et que les héritiers du prédécédé auront le doit de retirer sa mise de fonds et sa part dans les bénéfices constatés par l'inventaire précédent, les héritiers ne sont pas pour cela autorisés à prendre une part de la réserve sociale, du moins tant que dure la société (Dijon, 27 janv. 1877, S. 80.2.104, D. 79.2.73 ; — *Sic* : Guillouard, n. 306).

665. — La clause d'un acte de société portant qu'au décès de l'un des associés, la part lui revenant dans l'actif de la société sera réglée d'après le dernier inventaire qui aura précédé le décès, ne constitue pas sa succession créancière envers la société d'une somme liquide représentative de la portion afférente au défunt dans l'actif social, constatée par l'inventaire : la part du défunt doit, même en ce cas, être réglée en valeur d'inventaire (Caen, 10 nov. 1857, S. 59.2.31, D. 59.2.50).

666. — L'acte par lequel, près le décès d'un des associés, les associés survivants s'engagent, en prenant pour base le dernier inventaire, à payer une somme déterminée à l'héritier du défunt, en représentation de la part de celui-ci laissée en compte courant dans l'actif social, ne constitue pas nécessairement un traité à forfait. Cet acte peut, alors que le dernier inventaire n'a pas été signé par le défunt, qui était absent pendant sa confection, n'être réputé que la reconnaissance d'un arrêté de compte qui, basé sur des résultats éventuels, ne saurait contenir une obligation invariable et définitive et dont, en conséquence, les intéressés peuvent demander le redressement pour cause d'erreurs ou d'omissions (Cass., 27 nov. 1876, S. 78.1.36, D. 77.1.350).

667. — QUATRIÈME CAUSE. — *La mort civile.* — *L'interdiction ou la déconfiture de l'un des associés.* — Nous ne parlerons pas de la mort civile qui a été abolie (L. 31 mai 1854). Mais lorsqu'elle existait dans notre législation, il était juste qu'elle entraînât la dissolution de la société, puisqu'elle était l'image de la mort naturelle.

L'interdiction, qu'elle provienne de l'imbécillité, de la démence ou de la fureur (C. civ., art. 489), ou d'une condamnation pénale (C. pén., art. 29), enlève toute capacité à celui qui en est l'objet; elle lui substitue un tuteur avec lequel les associés n'ont pas contracté, et qui, d'ailleurs, soumis à des règles spéciales pour son administration, n'a pas qualité pour engager l'interdit dans une société. L'interdiction de l'un des associés entraîne donc la dissolution de la société (Duvergier, n. 443; Bédarride, n. 66; — Seine, 29 juin 1901, *R. S.*, 1902.228).

668. — La nomination d'un conseil judiciaire ne produit pas des effets aussi étendus que l'interdiction; néanmoins elle restreint la capacité de celui qui en est pourvu, et la société est dissoute par ce fait (Delvincourt, t. 3, note 9, p. 128; Duranton, 17, n. 474; Duvergier, n. 444; Massé et Vergé sur Zachariæ, t. 4, § 720, note 15; Lyon-Caen et Renault, n. 321; — Cass. Belge, 17 oct. 1889, *Jur. de Belg.*, 1889.316. — *Contrà*: Paris, n. 889; Alauzet, n. 250; Aubry et Rau, § 384-9; Pont, n. 723; Guillouard, n. 313. — Comp. Cass., 28 mars 1892, S. 93.1.463).

669. — A la déconfiture civile, dont parle l'art. 1865, il faut ajouter la déconfiture commerciale, c'est-à-dire la faillite ou la liquidation judiciaire. Le failli est, en effet, dans un état d'incapacité tel, tant au point de vue de sa personne que de ses biens, que la société ne peut plus continuer avec un failli dans son sein (V. Cass., 4 août 1880, S. 81.1 56; — Paris, 30 nov. 1904, *R. S.*, 1906.11).

670. — La règle d'après laquelle la société est dissoute par la déconfiture ou la faillite de l'un des associés est applicable à toute société, quelle qu'en soit la nature, et aussi bien à celle qui n'a été contractée qu'en vue des choses seulement, qu'à celle qui l'a été en vue des personnes (Paris, 5 janv. 1853, S. 54.2.341).

Et la dissolution de la société, au cas dont il s'agit, s'opère de plein droit ; par suite, l'obtention d'un concordat par l'associé failli ne ferait pas revivre la société, bien que la dissolution n'en ait pas été formellement prononcée avant le concordat (Même arrêt).

671. — Mais cette dissolution n'a pas lieu lorsqu'il y a dans l'acte une clause contraire formelle ou même lorsque l'ensemble des clauses de l'acte de société révèle l'intention des parties de continuer la société nonobstant la survenance de la faillite de l'un d'eux (Même arrêt. — *Sic* : Orléans, 29 août 1844, sous l'arrêt de Paris précité dans Sirey, D. 54.5.708 ; — Douai, 22 mars 1906, *J. S.*, 1907.73). — Mais il faut que l'intention des parties ne soit pas équivoque ; elle ne saurait résulter notamment de la clause interdisant la dissolution en cas de décès d'un des associés (Même arrêt).

672. — Une question plus grave est celle de savoir si les associés non faillis peuvent empêcher la dissolution et imposer la continuation de la société à la masse des créanciers de l'associé déclaré en faillite qui en demanderaient la dissolution.

673. — M. Pardessus se prononce pour l'affirmative : « La faillite, écrit-il, n'est pas, comme la mort, un événement à la fois nécessaire et naturel ; elle est un fait de celui qui s'en trouve frappé, qui ne peut jamais être pour lui, ni pour ceux qui sont à ses droits, un moyen de se dégager de ses obligations.

« En général, la masse d'un failli le représente, est tenue de ses charges, n'a pas d'autres droits que les siens. Que les associés d'un failli puissent déclarer qu'ils ne veulent plus avoir des rapports sociaux et solidaires avec celui qui ne leur présente plus la sûreté réelle et morale sur laquelle ils ont compté lorsqu'ils ont contracté avec lui, rien de plus juste, rien de plus conforme aux véritables principes ; mais qu'un associé ou, ce qui est la même chose, ses créanciers, qui ne sont que ses représentants, se fondent sur l'état d'insolvabilité dans lequel il est tombé pour prétendre dissoudre la société dont il était membre, c'est, dans notre opinion, ce que ni les principes du droit, ni l'équité n'autorisent. » — *Contrà* : M. Delangle (n. 661).

674. — Il a été jugé que si la dissolution d'une société ne résulte pas de plein droit de la faillite ou de la déconfiture du gérant, elle peut cependant, nonobstant toute stipulation contraire des statuts sociaux, être prononcée par les tribunaux pour de *justes motifs* résultant notamment de cet état de faillite (Paris, 28 nov. 1874, D. 77.2.141. — *Sic* : Bédarride, n. 66 *ter*. — *Contrà* : Troplong. n. 906-907 ; Pardessus, *loc. cit.*),

675. — Sur la question de savoir si la faillite d'une société entraîne de plein droit sa dissolution : V. dans cet ouvrage le chapitre spécial à la faillite des sociétés (n. 3783 et s.).

676. — La liquidation judiciaire accordée conformément à la loi du 4 mars 1889 à l'un des associés produit les mêmes effets juridiques que la faillite en ce qui concerne la dissolution.

677. — Cinquième cause. — *La volonté qu'un seul ou plusieurs expriment de n'être plus en société.* — Il semble, au premier abord, que cette disposition est une violation absolue du droit commun, qui veut que les contrats légalement intervenus ne puissent se résoudre que du consentement de toutes les parties. Mais les art. 1869 et 1870 C. civ. indiquent nettement la portée de la règle qu'ils édictent. Ainsi la dissolution de la société par la volonté de l'une des parties ne s'applique qu'aux sociétés dont la durée est illimitée, parce qu'il ne peut et ne doit exister d'engagements éternels. Le contrat de société fondé sur une confiance réciproque était de tous les contrats celui qui répugnait le plus à toute idée d'éternité. Le législateur l'a bien compris ; aussi lorsqu'aucun terme précis ou implicite n'aura été fixé, tout associé pourra-t-il demander, sous les restrictions que nous étudierons dans un instant, la dissolution de la société.

678. — Mais tout d'abord, que doit-on entendre par une société à durée illimitée ? Nous répondrons que c'est la société dont la durée n'a pas été fixée dans le contrat d'une manière expresse ou ne résulte pas de l'objet de la société, ou du but en vue duquel elle a été constituée. M. Duranton a soutenu (t. 17, n. 392) qu'aucune société ne pouvait être contractée pour une période de temps supérieure à cinq années, et qu'on devait appliquer aux sociétés l'art. 815 C. civ. Mais c'est là une opinion isolée (Duvergier, n. 415 ; Troplong, n. 968 ; Pont, *Dissertation*, sous Cass., 1er juin 1859, S. 61.1.113).

679. — Il a été jugé que la société formée pour toute la durée d'une exploitation dont le terme est indéfini et qui doit embrasser plusieurs siècles est une société à durée illimitée dans le sens de l'art. 1869 C. civ. En conséquence, la dissolution en peut être opérée à la volonté de l'un des associés, pourvu que, notifiée à tous les autres associés, la renonciation à la société soit de bonne foi, et non faite à contretemps (Cass., 1er juin 1859, S. 61.1.113, D. 59.1.244 ; — 13 juill. 1868, S. 68.1.449).

680. — Cependant un arrêt de la Cour de Lyon en date du 24 juin 1870 a décidé qu'en matière de société commerciale, la durée de la société étant un élément essentiel du contrat doit, à peine de nullité, être fixée par les parties, et que l'art. 1844 C. civ. qui, à défaut de la convention, donne à la société une durée légale, n'est point applicable aux sociétés commerciales ; le juge est sans pouvoir pour compléter, à cet égard, un contrat que les parties ont volontairement laissé imparfait. Les conventions intervenues dans de telles conditions ne contiennent donc ni un pacte de société obligatoire, ni une promesse de société ayant la même force que le contrat, ni même une simple obligation de faire ; dès lors, le refus par l'une des parties de les réaliser ne peut donner ouverture contre elle à des dommages-intérêts (S. 71.2.70, D. 72.2.98) Mais cette décision est isolée, et les auteurs ne montrent aucune hésitation à étendre aux sociétés commerciales les dispositions de l'art. 1844 C. civ. (V. notamment : Malepeyre et Jourdain, p. 30 ; Paris, t. 1, n. 842 ; Troplong, sur l'art. 1844 ; Demangeat sur Bravard-Veyrières, *Tr. de dr. comm.*, t. 1, p. 404 et 405 ; Pont, *Dissertation,* sous Cass., 1er juin 1859, S. 61.1.113).

681. — La Cour de Lyon a jugé que les associés pourraient, par une clause de l'acte de société, renoncer à la faculté de dissoudre à volonté une société d'une durée illimitée (Lyon, 12 août 1828 ; — Dalloz, V° *Mines*, n. 194). Cette doctrine n'a pas été approuvée par les auteurs, qui tous considèrent la disposition de l'art. 1869 comme étant d'ordre public, et ne pouvant dès lors être susceptible de convention contraire (Troplong, n. 971 ; Delangle, n. 667 ; Massé et Vergé sur Zachariæ, t. 4, § 720, note 21 ; Alauzet, n. 253 ; Pont, *Dissertation*, sous Cass., 1er juin 1859, S. 61.1.113 ; Aubry et Rau, § 385-15 ; Guillouard, n. 332. — *Contrà* : Lyon-Caen et Renault, n. 328).

682. — Il a été jugé cependant que la renonciation, par les associés, à la faculté de demander, à la volonté, la dissolution d'une telle société, est valable lorsque l'acte social dans lequel elle est stipulée donne à chacun d'eux un autre moyen de s'affranchir des liens de l'association, par exemple en le laissant libre de céder sa part d'intérêts. Mais elle est nulle, au contraire, et doit rester sans effet comme faite en violation de l'art. 1869, quand les dispositions de l'acte de société ne fournissent pas les moyens suffisants de satisfaire au vœu de cet article. Spécialement, il en est ainsi quand, après avoir divisé le fonds social en actions cessibles, l'acte de société paralyse dans son exercice le droit d'aliénation, en disposant que les actions ne seront aliénables qu'avec l'agrément du conseil d'administration, et à la condition que la cession en sera préalablement offerte aux associés soit individuellement soit collectivement (Cass., 6 déc. 1843, S. 44.1.22, Dalloz, n. 736 ; Cass., 1er juin 1859, S. 61.1.113, D. 59.1.244 ; — 13 juill. 1868, S. 69.1.137 ; — Rennes, 4 janv. 1894, D. 94.2.120 ; — Douai, 22 nov. 1895, *J. S.*, 1896.309 ; — Cass., 29 avr. 1897, *J. S.*, 1897.499, S. 99.1.481 et la note de Lyon-Caen. — *Sic* : Troplong, *loc. cit.*, et la dissertation de M. Pont, en note de l'arrêt du 1er juin 1859 dans Sirey, 61.1.113 ; Aubry et Rau, § 384-16).

683. — Le droit de demander la dissolution dans les termes de l'art. 1869 ne saurait favoriser le caprice ou la fraude. L'exercice n'en est donc licite que si la renonciation de l'associé a été faite de bonne foi et en temps opportun. L'art. 1870 est ainsi conçu : « La renonciation n'est pas de bonne foi lorsque l'associé renonce pour s'approprier à lui seul le profit que les associés s'étaient proposé de retirer en commun. Elle est faite à contre-temps lorsque les choses ne sont plus entières et qu'il importe à la société que sa dissolution soit différée. »

684. — C'est l'intérêt commun qu'il faut apprécier pour juger si une renonciation est faite à contre-temps et de bonne foi, et non l'intérêt particulier de l'associé. C'est aux magistrats qu'il appartient d'apprécier souverainement, d'après les circonstances, cette renonciation (Troplong, n. 978 ; Delangle, n. 663 et 664).

685. — La renonciation doit être signifiée à tous les associés (Troplong, n. 969 ; Delangle, n. 671 ; Duvergier, n. 458 et s.). La loi n'ayant pas fixé les formes de cette renonciation, une simple notification suffit (Trib. com. Seine, 23 fév. 1906, *R. S.*, 1907 65). La demande judiciaire en dissolution de la société ou même en licitation équivaudrait incontestablement à la renonciation exigée par l'art. 1869 (Colmar, 14 juill. 1840, Dalloz, n. 748 ; — Nancy, 24 avr. 1846, *Ibid.*).

686. — La retraite d'un associé, conformément à l'art. 1869, peut ne pas entraîner la dissolution de la société, si les associés sont convenus que chacun d'eux aura le droit de cesser de faire partie de la société, soit en se retirant avec sa part d'intérêt, soit en la cédant à un tiers (Troplong, n. 980 ; Malepeyre et Jourdain, n. 101).

687. — SIXIÈME CAUSE. — *Dissolution pour causes diverses réputées légitimes.* — La société peut aussi prendre fin dans certains cas sur la demande d'un ou de quelques-uns seulement des associés. C'est ce qui résulte de l'art. 1871 C. civ. ainsi conçu : « La dissolution des sociétés à terme ne peut être demandée par l'un des associés avant le terme convenu qu'autant qu'il y en a de justes motifs, comme lorsqu'un autre associé manque à ses engagements, ou qu'une infirmité habituelle le rend inhabile aux affaires de la société, ou autres cas semblables, dont la légimité et la gravité sont laissées à l'arbitrage des juges. »

688. — Le premier motif dont la doctrine et la jurisprudence ont reconnu la légitimité est l'inexécution des engagements. Ainsi, soit que l'un des associés ne réalise pas l'apport promis, soit qu'il ne donne pas aux affaires sociales tous les soins, tout le concours auxquels il s'était engagé, soit qu'il ne possède pas le talent dont il s'était vanté et en vue duquel la société a été contractée, la dissolution peut être prononcée à la requête des autres associés, qui peuvent même demander contre leur coassocié en faute des dommages-intérêts (Troplong, n. 985 et s. ; Duvergier, n. 447 ; Delangle, n. 679 ; Guillouard, n. 334. — Trib. Seine, 4 fév. 1889, S. 89.2.47 ; — 8 oct. 1895, *R. S.*, 1896.117 ; — Paris, 24 janv. 1895, *J. S.*, 1895.240).

689. — Il a été jugé, par application de ces principes, que la société formée entre un auteur et un éditeur, pour la publication d'un ouvrage, est dissoute lorsque l'éditeur se trouve dans l'impuissance avouée de continuer l'impression (Bourges, 14 juin 1844, S. 45.2.632, D. 46.2.31).

690. — Le manquement d'un associé à son engagement, soit que cet engagement ait été contracté dans l'acte même de société, soit qu'il résulte d'un acte postérieur, complément du premier, donne droit au coassocié de demander la dissolution de la société avant l'expiration du terme alors que l'inexécution de l'engagement altère profondément les bases de l'association (Cass., 27 mars 1844, S.45.1.212 ; — 15 mars 1881, S. 81.1.221).

691. — Mais l'associé qui a manqué à ses engagements ne pourrait se prévaloir de sa faute pour demander la dissolution. Reconnaître un tel droit au profit de l'associé, ce serait admettre qu'une société à terme limité peut être dissoute par la volonté d'un seul (Troplong, n. 989 et 990 ; Duvergier, n. 449 ; Delangle, n. 676). Cette règle cesserait d'être juridique si l'inexécution des engagements était involontaire de la part de l'associé (Duvergier, n. 451 ; Troplong, n. 992).

Le contraire a cependant été jugé par un arrêt de Lyon du 18 mai

1823 ; mais cet arrêt est vivement critiqué, et à juste titre, par M. Dalloz, n. 658, et par M. Delangle, n. 676.

692. — Il a été jugé que la dissolution d'une société prononcée pour cause d'inexécution par l'un des associés de ses engagements a pour effet de remettre les parties au même état que celui où elles étaient avant l'association (Bourges, 13 juin 1844, S. 45.2.632).

693. — Une société peut être dissoute, non seulement quand un associé manque aux engagements qu'il a contractés par l'acte de société, mais encore quand il ne remplit pas ceux qu'il a contractés par un acte postérieur qui est le complément de l'acte de société (Cass., 27 mars 1844, S. 45 1.212. — *Suprà*, n. 690).

694. — L'art. 1871 énonce, comme une autre cause de dissolution avant terme, le cas où une infirmité habituelle rend l'un des associés incapable de s'occuper des affaires de la société.

Il est incontestable, en effet, que si l'un des associés est frappé de paralysie ou d'aliénation mentale (Seine, 25 juill. 1899, *J.S.*, 1901.228 ; — Lyon, 14 nov. 1901, *R. S.*, 1903.99) ou devient aveugle, il ne peut plus rendre à la société aucun service, ce qui autorise le coassocié à demander la dissolution. Mais c'est là un cas de force majeure qui rend les associés mal fondés à demander des dommages-intérêts (Troplong, n. 991).

695. — Ce que nous venons de dire de l'infirmité dont serait atteint un associé au cours de la société ne peut s'appliquer qu'au cas où l'associé avait promis à la société son concours et son travail personnels. S'il ne devait à la société aucun travail, aucun soin actif, les autres associés ne pourraient demander la dissolution puisqu'ils ne souffriraient en rien de la maladie de leur coassocié. Si même le travail auquel se livrait l'associé malade pouvait être fait par un tiers, les associés ne pourraient s'opposer à ce que leur coassocié chargeât un employé, à ses frais, de l'exécution de ce travail (Pothier, n. 152, *in fine* ; Malepeyre et Jourdain, p. 313 ; Delvincourt, t. 3, note 12, p. 128).

696. — L'art. 1871 ne limite pas aux cas que nous venons de parcourir le droit de demander la dissolution de la société. Il ajoute, en effet, après avoir donné des exemples des « *motifs légitimes* » : « ou autres cas semblables dont la légitimité et la gravité sont laissées à l'arbitrage des juges ».

Parcourons donc les différentes espèces dans lesquelles les tribunaux ont trouvé des causes suffisamment graves et légitimes pour dissoudre la société avant le terme fixé.

697. — La société peut être dissoute à raison de la mésintelligence grave existant entre des associés (Aix, 18 juin 1822, S. chr. ; — Trib. com Seine, 29 fév. 1861, T. C. 10.308 ; — Paris, 23 avr. 1861, *Ibid.*, 10.381 ; — Paris, 19 juill. 1861, *Ibid.*, 10.440 ; — Paris, 5 juill. 1852, *Ibid.*, 12.34 ; — Paris, 27 août 1863, *Ibid.*, 13.286 (2 arrêts) ; — Paris. 12 avr. 1864, *Ibid.*, 14.81 ; — Paris, 9 avr. 1869, *Ibid.*, 19.68 ; — Paris, 29 août 1870, *Ibid.*, 20.156 ; — Cass., 16 juin 1872, S. 73.1.386 ; — Lyon, 12 janv. 1882, S. 82.2.118 ; — Bordeaux, 4 août 1886, *R. S.*, 1887.142 ; — Orléans, 21 juill. 1894, *J. S.*, 1895.330 ; — Cass., 11 nov. 1896, *J. S.*, 1897.15 ; — 24 janv. 1899, *J. S.*, 1899.305 ; — Malepeyre et Jourdain, p. 313 et 314 ; Troplong, n. 993 ; — Lyon, 5 juill. 1900, *J. S.*, 1901.257 ; — Paris, 19 déc. 1900, *J. S.*, 1901.111 ; — Tarare, 11 juin 1901, *J. S.*, 1902.377 ; — Bordeaux, 2 fév. 1903, *R.S.*, 1904. 22 ; — Trib. com. Lyon, 9 mai 1905, *R. S.*, 1906.255). — Le désaccord et le dissentiment passagers ne pouvant nuire à la bonne marche des affaires sociales ne sont pas une cause de dissolution (Bordeaux, 10 mai 1902, *R. S.*, 1903.25).

De même il n'y a pas lieu de prononcer la dissolution lorsque la mésintelligence entre les parties n'a été qu'une faute commune dont elles ne sauraient respectivement se prévaloir l'une à l'égard de l'autre (Cass., 25 janv. 1904, *R. S.*, 1904. 159), ou que la mésintelligence provient exclusivement des agissements des demandeurs, le défendeur ayant toujours rempli correctement ses devoirs d'associé : dans ce cas, celui-ci peut obtenir des dommages-intérêts contre ses coassociés (Paris, 2 avr. 1909, *J. S.*, 1909.367).

698. — La société peut être dissoute parce que l'un des associés aurait fait des prélèvements excessifs qu'il ne peut combler (Paris, 27 août 1863, T. C. 13.286). — Constitue une juste cause de dissolution le fait qu'ayant été fondée pour une durée excessive antérieurement à toute réglementation des sociétés, une société voit son fonctionnement gravement entravé par des statuts surannés en dehors du commerce moderne, peu compatibles avec la législation actuelle et qui, par leur date et leur forme même, ne peuvent recevoir aucune des modifications qui s'imposeraient (Marseille, 4 août 1903, *Journ. Marseille*, 1903. 390).

Le transfert du siège social d'une société en nom collectif fait contrairement aux statuts constitue un manquement aux obligations des associés légitimant une demande en dissolution (Lyon, 18 mai 1893, sous Cass., 4 fév. 1895, D. 95.1.183. — *Contrà* : Trib. com. Seine, 22 août 1908, *J. S.*, 1909.133).

699. — L'incapacité manifeste d'un associé ignorée lors de la formation de la société, son inconduite, ses dissipations, l'inconsidération dans laquelle il est tombé sont autant de causes légitimes de dissolution (Trib. Grenoble, 20 déc. 1832, S. chr. ; — Malepeyre et Jourdain, p. 315 et 316 ; Duvergier, n. 450 ; Dalloz, n. 670).

De même, il y a lieu à dissolution lorsqu'il y a absence complète de fonds de roulement, ou que les pertes de l'exploitation ont absorbé le fonds de roulement, que la gérance est nuisible au bon fonctionnement de la société, que les voix dont le gérant dispose par ses propres actions lui permettent d'avoir toujours la majorité dans les assemblées et que, malgré les réclamations d'un grand nombre d'actionnaires, il n'a apporté aucune solution ni aucune proposition de nature à relever la société (Trib. com. Seine, 13 janv. 1908, *J. S.*, 1908.510 ; — Amiens, 7 avr. 1906, *J. S.*, 1909.85).

Mais lorsque les statuts ne prévoient la dissolution que dans le seul cas de perte de la moitié du capital social, le droit des actionnaires de demander la dissolution se trouve limité par cet article (Trib. com. Lyon, 17 déc. 1907, *J. S.*, 1909.77).

700. — La révocation de l'associé gérant, lorsqu'il a été nommé par l'acte social, entraîne la dissolution de la société (V. n. 864 et 2049 et s.).

701. — La clause d'un acte de société en nom collectif portant que l'un des associés aura, comme bailleur de la plus grande partie des capitaux, le droit de demander la dissolution de la société avant l'expiration du terme, dans le cas où il jugerait les affaires mauvaises, est valable (Metz, 6 mars 1860, S. 60.2.423, D.62.2.158). Toutefois, la clause dont il s'agit ne saurait être invoquée par cet associé, s'il est établi que c'est de mauvaise foi ou par une erreur grossière équivalente à la mauvaise foi qu'il affirme que les affaires de la société sont mauvaises. Et il y a lieu, lorsque l'exception de mauvaise foi est opposée à la demande de dissolution, d'ordonner une expertise à l'effet de faire constater l'état des affaires de la société (Même arrêt).

702. — Il a été jugé d'une manière générale et indépendamment de toute stipulation à cet égard que la dissolution d'une société en nom collectif peut être prononcée sur la demande de l'un des associés, avant l'expiration du terme fixé pour sa durée, — sauf l'action en dommages-intérêts des coassociés s'il y a lieu (Lyon, 18 mai 1823, S. 24.2.221). Mais cette décision est critiquée par tous les auteurs (Horson, t. 1, p. 82 ; Persil, p. 346 ; Delangle, n. 676 ; Duvergier, n. 449 ; Troplong, n. 991 ; Alauzet, n. 279).

703. — Une société civile ou commerciale ne pouvant exister entre époux, même séparés de biens (*suprà*, n. 37 et s.), le mariage entre deux associés opère de plein droit la dissolution de leur société (Paris, 9 mars 1859, S. 59.2.502, D. 60.2.12 ; — 23 mai 1919, *Gaz. Soc.*, 1919. 124).

Et cette dissolution est opposable aux tiers qui, postérieurement au mariage, ont traité avec l'un des associés dans l'ignorance de cet effet : il y a là, de leur part, une erreur de droit qui leur est imputable à faute (Même arrêt. — *Adde :* Dijon, 27 juill. 1870, S. 71.2.268).

704. — Au cas où l'un des membres d'une société commerciale réunit dans ses mains toutes les actions représentant le capital social, cette société est réputée avoir cessé d'exister, bien qu'elle n'ait été dissoute ni par l'expiration du terme pour lequel elle avait été fondée, ni par un acte exprès de dissolution. En sorte que le sociétaire possesseur des actions a pu valablement vendre en son nom personnel les biens de la société à un tiers qui en est ainsi devenu lui-même propriétaire (Cass., 10 avr. 1867, S. 67.1.277, D. 67.1.397. — V. *suprà*, n. 638).

705. — De même la réduction du capital social à un chiffre dont l'insignifiance met la société hors d'état de fonctionner peut être réputée équivaloir à l'extinction de la chose, et à ce titre, autoriser les tribunaux à prononcer la dissolution de la société (Cass., 16 juin 1873, S. 73.1.386, D.74.1.61 ; — 9 mars 1903, *R. S.*, 1903.375).

Mais une perte, même importante, ne suffit pas à donner ouverture à une demande en dissolution, lorsque le pacte social n'admet la possibilité d'une dissolution que dans le seul cas de perte de la moitié du capital social (Trib. com. Lyon, 17 déc. 1907, *R. S.*, 1909. 118).

706. — Tous les actes de dissolution de sociétés commerciales doivent être publiés (V. n. 480 et suiv.).

707. — La dissolution met fin aux relations sociales et aux obligations qu'imposait le contrat de société. Ainsi, il a été jugé que le compte rendu par le mandataire d'une société aux héritiers d'un associé dont le décès a dissous la société, n'est pas opposable aux autres associés (Cass., 4 fév. 1852, S. 52.1.245, Dalloz, n. 755 ; — Seine, 18 nov. 1903, *J. S.*, 1904.333).

708. — On peut avoir en effet un intérêt considérable à demander la nullité d'une société, même en état de dissolution ; par exemple, dans les sociétés par actions, si l'on veut intenter contre les membres du conseil de surveillance ou contre les administrateurs l'action en responsabilité prévue par l'art. 7 de la loi du 24 juillet 1867 (V. n.1922 et s.). Mais au cas de dissolution l'associé n'est pas recevable à demander la nullité de la société s'il ne peut établir que les vices de constitution ont causé la ruine de la société (Agen, 23 juin 1903, *Gaz. Trib.*, 7 nov. 1903. — Conf. Cass., 7 juillet 1873, S. 73.1.388).

709. — Les actes de sociétés contiennent souvent pour les associés une clause d'interdiction de faire apposer les scellés lors de la dissolution. Cette stipulation est parfaitement valable entre associés, mais ne saurait être opposée aux tiers qui peuvent être, nonobstant cette clause, autorisés par le juge à faire apposer les scellés sur l'actif de la société (Cass., 28 juill. 1872, T. C. 23.75).

SECTION II

DE LA LIQUIDATION (1)

710. — La société dissoute, l'être moral disparaît et fait place à une communauté indivise d'intérêts ; mais nul n'est tenu de demeurer dans l'indivision (art. 815 C. civ.). Il faut donc arriver au partage de cette communauté, autrement dit de la société. L'art. 1872 C. civ. est ainsi conçu : « Les règles concernant le partage des successions, la forme de ce partage, et les obligations qui en résultent entre les cohéritiers, s'appliquent au partage entre associés. »

711. — Une société, au moment de sa dissolution, n'est généralement pas dans une situation telle qu'un partage effectif puisse se réaliser sur l'heure. Il y a des marchandises à écouler, des créances dont il faut poursuivre le recouvrement, des dettes à payer, des marchés à exécuter ; ce sont là autant de difficultés impossibles à résoudre si la société n'est pas représentée par un administrateur chargé de *liquider* cette situation, pour opérer le partage à l'époque seulement de la fin de sa gestion. Cet administrateur indispensable sera le *liquidateur*. Il agira au nom de la société, quelquefois même sous la raison sociale ; il réalisera l'actif, acquittera le passif, préparera la masse à partager. Rien ne pourra l'arrêter dans l'accomplissement de cette mission, pas même l'opposition de quelques-uns des intéressés, d'ailleurs en minorité (Bédarride, n. 586).

---

(1) Consultez sur la liquidation des sociétés, Dolbeau, *Manuel des liquidateurs amiables*.

712. — Aucun texte de loi ne prescrit la nomination du liquidateur ; mais cet usage est universellement répandu, et il répond à de telles nécessités qu'il a aujourd'hui force de loi (Delangle, n. 683 et s.).

713. — La nomination d'un liquidateur repose sur une fiction en faveur de laquelle la société dissoute, morte par conséquent, incapable de rien entreprendre à nouveau, survit néanmoins à sa dissolution, pour toutes les affaires passées dont il faut poursuivre le règlement. Le liquidateur agira donc en son nom, comme liquidateur de telle société, ou encore il agira au nom de la raison sociale suivie de ces mots : *en liquidation*.

Cette fiction a d'immenses avantages.

« Ainsi, dit M. Troplong (n. 1005), qu'il y ait des mineurs parmi les intéressés d'une société de commerce ou qu'il n'y en ait pas, on n'appose pas les scellés sur les effets de la société comme on le fait pour le partage d'une succession indivise. Avec l'obligation d'apposer les scellés, comment aurait-on payé les créanciers qui se seraient présentés avec leurs titres à jour ? Il aurait donc fallu, pour l'honneur des principes, laisser mettre la liquidation en faillite ? Non ; et c'est pourquoi on prolonge, pour ce cas, la fiction de la personne civile ; on suppose que c'est plutôt la société qui possède que les associés ; on écarte l'embarras des mineurs et de l'art. 819 C. civ. Ainsi lorsque le liquidateur vend un immeuble de la société, on n'a jamais prétendu que l'acquéreur fût tenu de purger sur chacun des associés. Comment serait-ce possible dans les sociétés par actions ? Il le faudrait cependant s'ils n'étaient que des communistes.

« De même si un mineur est intéressé dans la liquidation d'une société de commerce, il n'est pas moins certain que le partage ne doit pas être judiciaire nonobstant les art. 1872 et 838 C. civ. combinés. Un magistrat, annotateur de M. Vincent, s'est étonné de cet usage et a conseillé de ne pas s'y confier. C'est que, dans sa logique, cet écrivain a cru que les usages du commerce devaient rentrer sous le niveau commun, tandis que ce sont au contraire ces usages qui forcent le droit commun à des concessions ; il n'a pas vu que d'après la coutume commerciale, des exceptions ont été introduites à la transformation de la société en communauté ; et que, par une fiction destinée à hâter les opérations de la liquidation, à en simplifier les rouages, c'est la société, plutôt que les individus dont elle est composée, qui procède ici par continuation sous le mandat du liquidateur. » (Dans le même sens : — Pau, 11 juin 1834 et Cass., 25 août

1835, S. 35.1.673, Dalloz, n. 1059 ; — Cass., 19 nov. 1835, S. 36.1.132, Dalloz, n. 1043 ; — Cass., 27 juill. 1863, S. 63.1.457, D. 63.1.460 ; — Cass., 29 mai 1865, S. 65.1.325 ; 16 août 1880, S. 82.1.176, D. 82.1.80 ; — 18 déc. 1883, S. 86.1.27, D. 84.1.402 ; 13 janv. 1892, S. 92.1.107, D. 92.1.587 ; — Frémery, *Dr. comm.*, p. 69, not ; Massé, t. 3, n. 1961).

714. — « La liquidation est donc en réalité, dit encore M. Bédarride (n. 588), une exception au principe suivant lequel une simple indivision remplace l'être moral dès que la société cesse d'exister. Les conséquences rigoureuses de ce principe, incompatibles avec les besoins du commerce, appelaient cette exception qui le dispensait des longueurs et des formalités que l'état des intéressés pouvait rendre indispensables et lui économisait les frais qu'elles entraînent.

« Cette exception a pour effet de laisser la société survivre à sa dissolution, mais seulement pour les nécessités de sa liquidation. Son caractère juridique ne saurait être reconnu, car, selon l'expression de M. Frémery, la dissolution ne s'opère que par la volonté des associés. Ils sont donc maîtres de rompre seulement une partie des liens qui les unissaient ; on peut n'arriver que par degrés à une complète dissolution.

« Cette convention, la loi l'induit de plein droit de la stipulation ou du fait d'une liquidation. Ainsi, par rapport aux tiers, la liquidation continue en quelque sorte la société, c'est-à-dire que tenus d'exécuter avec le liquidateur les engagements qu'ils auraient contractés envers la société, ils sont recevables et fondés à exiger de lui qu'il remplisse ceux que la société aurait pris envers eux. Il est donc à regretter qu'on n'ait pas cru devoir en déterminer, par une disposition législative, le caractère, la forme et les effets. »

715. — De la fiction de continuation de la société pour les besoins de sa liquidation résultent les nombreuses conséquences juridiques que nous avons énumérées (*Suprà*, n. 278 et s).

Rappelons qu'il y a lieu à la liquidation non seulement lorsque la société est dissoute, mais encore lorsque la société est annulée soit pour inexécution des formalités substantielles, soit pour toute autre cause (V. n. 726 et 1922 et s.).

716. — Une association en participation, ne constituant pas un être moral et juridique, ne peut, lorsqu'elle prend fin, donner lieu à une liquidation au regard des tiers et, par suite, à la nomination d'un liquidateur (Paris, 8 août 1870, D. 71.2.7 ; — Aix, 2 mai 1871, S. 71.2.261, D. 72.3.165. — V. aussi *infrà*, n. 3773).

15

717. — Nous examinerons successivement : 1° les règles concernant la nomination et la révocation du liquidateur ; 2° les pouvoirs du liquidateur.

§ 1er. — Nomination et révocation du liquidateur.

718. — La liquidation est un complément de l'acte de société.

En principe, la liquidation peut être faite par tous les associés, mais ce mode de liquidation n'est pratiqué que dans les sociétés dont le nombre des associés est restreint. Dans toute société nombreuse, le concours collectif des associés pour la liquidation entraînerait des difficultés pratiques considérables ; aussi est-il d'usage de confier la liquidation à un ou deux liquidateurs.

719. — Les liquidateurs peuvent être ou désignés par les statuts dès l'origine de la constitution, ou choisis par les associés, ou enfin désignés par le tribunal de commerce. Mais, contrairement à ce qui existe dans certaines législations étrangères, il n'y a pas en France de liquidateur de plein droit (Cass., 13 juin 1831, D. 31.1.200).

720. — Si les liquidateurs ont été désignés par l'acte de société, ils entrent en fonctions par le fait seul de la dissolution. Il ne pourrait avoir lieu à intervention des tribunaux que si la dissolution intervenait dans des conditions différentes de celles prévues par l'acte social (Cass., 15 janv. 1889, D. 90.1.471 ; — Orléans, 24 juill. 1890, D. 92.2.337 ; — Trib. com. Marseille, 20 déc. 1906, *J. S.*, 1908.69 ; — Bordeaux, 22 juin 1908, *J. S.*, 1909.311 ; — Lyon-Caen et Renault, n. 368).

721. — S'il y a de justes motifs pour ne pas laisser la liquidation à l'associé désigné par le pacte social, les tribunaux peuvent intervenir pour nommer un autre liquidateur (Cass., 20 avr. 1873, S. 74. 1.123 ; — 27 mars 1893, S. 94.1.174 ; — Le Havre, 23 avr. 1902, *J. S.*, 1904.86 ; — Cass., 29 mars 1904, *R. S.*, 1904.493).

722. — En cas de silence des statuts, les associés nomment des liquidateurs. Mais la question est controversée de savoir si, pour désigner les liquidateurs, l'unanimité des associés est ou non nécessaire. Nous pensons que l'unanimité, dans le silence des statuts, est nécessaire, car le mandat de liquidateur ne naît pas, dans ce cas, de l'acte de société ; il constitue un contrat nouveau qui, d'après le principes gé éraux du droit, ne peut être formé que par le concours des volontés (Pont, n. 1940 ; Lyon-Caen et Renault, n. 367 ; — Paris, 9 juill. 1896, *J. S.*, 96.497 ; — Lyon, 19 juill. 1898, S. 01.2.

257. — *Contrà* : Bravard et Demangeat, p. 286 ; Delangle, n. 685 ; Boistel, p. 238, qui enseignent que la majorité suffit). De même si le liquidateur désigné par les statuts refuse ses fonctions, il y a lieu de recourir, à défaut d'unanimité des associés, au tribunal de commerce (Trib. com. Seine, 27 avr. 1892, Dalloz, *Supp.*, n. 597). Enfin, en cas de dissentiment entre les associés, ou s'il y a parmi eux des mineurs ou des incapables, c'est au tribunal de commerce qu'appartient la nomination.

723. — Tout liquidateur peut être révoqué. Mais de même qu'il faut établir, en ce qui concerne les gérants, une distinction entre le gérant statutaire et le gérant nommé au cours de la société, il convient de distinguer entre le liquidateur désigné par les statuts et celui qui a été nommé en dehors des statuts ; le premier est irrévocable, le second est, au contraire, révocable *ad nutum* (Aix, 11 nov. 1871, D. 73.2.78). Si le liquidateur a été désigné par la justice, il ne peut être révoqué par le tribunal qui l'a nommé (Dalloz, *Supp.*, n. 599 ; Lyon-Caen et Renault, n. 369 et 374 ; — Cass., 29 mars 1904, *Gaz. Pal* , 7 sept. 1904). Cependant, même dans ce cas, si l'unanimité des associés choisissait un liquidateur, la révocation résulterait de l'exercice légitime de ce droit (Lyon-Caen et Renault, *loc. cit.*).

724. — En ce qui concerne la publication du nom du liquidateur, V. n. 492.

725. — Lorsque la justice est appelée à intervenir pour nommer un liquidateur, c'est le tribunal de commerce qui est compétent pour faire cette nomination (Troplong, n. 1828 ; Alauzet, n. 423 ; — Paris, 4 janv. 1869, T. C. 19.37). Les fonctions de liquidateur peuvent être conférées à l'un des administrateurs (Cass., 29 mars 1904, *Gaz. Pal.*, 7 sept. 1904).

Mais à l'unanimité les associés pourraient remplacer le liquidateur judiciaire par un de leur choix (Lyon-Caen et Renault, n. 367 *bis*).

726. — Il y a lieu à nomination d'un liquidateur même lorsque la société est déclarée nulle (Paris, 28 mai 1884, *J. S.*, 1884.428 ; — V. aussi : Cass., 13 mai 1866, S. 67.1.333 ; — 18 fév. 1903, S. 04.1.191).

727. — La qualité de liquidateur n'appartient qu'à celui ou à ceux à qui elle a été expressément conférée, soit par les associés, soit par le tribunal de commerce. Ainsi il a été jugé que si, par suite de décès ou de disparition, il ne reste plus qu'un membre d'une société qui a

été dissoute, sans qu'aucun associé ait été investi de la qualité de liquidateur, l'associé restant n'a pas le droit de prendre cette qualité (Cass., 13 juin 1831, D. 31.1.200). Cet associé ne peut donc disposer que de sa part dans l'actif de la société (Même arrêt. — Pardessus, n. 1074). Cependant, ajoutent avec raison MM. Malepeyre et Jourdain (p. 326), si l'associé restant étaitgérant et que les actes de liquidation soient de même nature que les actes de gestion, tout ce qu'il aurait fait dans ces limites serait valable, pourvu qu'il eût fait les diligences nécessaires pour appeler les héritiers et représentants de ses coassociés.

728. — Nous avons vu (n. 492 et s.) que l'acte de dissolution doit être publié, et que cette publication doit comprendre le nom du liquidateur et l'indication du *mode de liquidation*, c'est-à-dire la détermination des pouvoirs donnés à ce liquidateur (Bédarride, n. 420).

729. — Le liquidateur nommé par les associés après la dissolution peut être révoqué par eux.

730. — La circonstance que toutes les actions d'une société commerciale en liquidation se trouveraient réunies entre les mains d'un seul propriétaire n'autorise pas cet unique propriétaire de l'actif social à révoquer le liquidateur, quand les actions ne sont entrées dans ses mains que par suite d'un échange avec des obligations par lui souscrites, et au paiement desquelles étaient affectées des valeurs appartenant à la société, et qu'il résulte des autres circonstances que le liquidateur a été nommé d'accord entre toutes les parties dans l'intérêt des anciens actionnaires porteurs d'obligations et pour surveiller l'exécution du contrat. L'arrêt qui juge ainsi par appréciation des faits et circonstances de la cause ne viole aucune loi (Cass., 16 juin 1862, S. 62.1.820, D. 62.1.425).

731. — Le mandat donné en commun par les créanciers d'une société, à l'effet d'achever la liquidation de cette société, ne peut être révoqué que par l'adhésion de tous ceux qui y ont concouru, et si la révocation est poursuivie en justice, il est nécessaire que tous les mandants soient mis en cause (Rennes, 7 juin 1865, S. 65.2.339 ; — Cass., 7 janv. 1868, S. 68.1.172). Le principe qui sert de base à ces décisions est que le mandat ne peut être révoqué que du consentement de tous les mandataires. Cependant, les auteurs admettent généralement que le mandat donné par plusieurs en commun pour une affaire commune peut être révoqué pour un seul, en ce qui concerne du moins son intérêt particulier (Troplong, *Mandat*, n. 719; Demangeat, *Mandat*, t. 1, n. 569; Pont, *Pet. cont.*, t. 1, n. 1158; Massé et Vergé sur Zachariæ, t. 5, § 756, note 1, p. 54).

732. — Le liquidateur peut-il être astreint à fournir caution ? Quelques auteurs font une distinction : ils admettent l'affirmative pour le liquidateur nommé depuis la dissolution, c'est-à-dire révocable (Pardessus, n. 1073 ; Malepeyre et Jourdain, p. 335). Les mêmes auteurs pensent que le liquidateur irrévocable ne peut être astreint à fournir caution qu'en cas d'insolvabilité notoire. M. Troplong (n. 1014) professe sur tous ces points une opinion opposée.

§ 2. — Pouvoirs du liquidateur.

733. — Le liquidateur est un mandataire qui n'a pas des pouvoirs aussi absolus, aussi étendus que ceux du gérant. Il ne peut agir que dans les limites de l'acte qui l'a nommé. Mais son mandat peut être plus ou moins étendu par la convention des associés. La coutume commerciale sert aussi de règle en cette matière (Cass., 24 fév. 1879, D. 79.1.103 ; — Paris, 17 août 1880, *J. S.*, 1880.570). Le liquidateur a pour devoir primordial de mener à bonne fin la liquidation (Comp. Paris, 19 déc. 1884, S. 86.1 347 ; — 31 déc. 1884, S. 87.1.49). Que la société soit nulle ou régulière, les pouvoirs du liquidateur sont les mêmes (Seine, 14 janv. 1901, *J. S.*, 1901. 229).

Mais le liquidateur doit surtout s'inspirer, dans sa liquidation, des prescriptions légales : c'est ainsi qu'il a le droit et le devoir de ne pas tenir compte d'un mode de répartition irrégulier qui lui serait inspiré par l'assemblée générale et ce simple fait ne saurait autoriser sa révocation, alors surtout qu'aucun autre fait de nature à mettre en suspicion son honorabilité n'est articulé contre lui (Trib. com. Seine, 29 juin 1906, *J. S.*, 1907.129).

Lorsqu'il y a plusieurs liquidateurs nommés, ils ne peuvent, à moins de conventions contraires, agir qu'en commun (Nîmes, 8 mai 1908, *R. S.*, 1909.201). — En conséquence l'assignation délivrée à un seul reste nulle (*Ibid.*).

734. — Le liquidateur, en principe, ne possède que le mandat de réaliser l'actif, de payer le passif et de répartir l'actif entre les associés. Il ne représente que les associés et non les créanciers. Ainsi il a été jugé que le liquidateur ne représentant pas la masse des créanciers au même titre qu'un syndic est non recevable à poursuivre dans l'intérêt des créanciers de la société le paiement des dettes sociales contre un associé personnellement débiteur (Cass , 14 mai 1890, D. 91.1.241. — V. sur cette question, au Dalloz, la dissertation de M. Boistel, *loc. cit.*).

735. — Il ne faudrait pas cependant exagérer le principe qui vient d'être formulé. La jurisprudence, s'inspirant de considérations pratiques, a reconnu au liquidateur le droit d'agir au nom des créanciers dans le cas où la majorité des créanciers aurait concouru à la nomination du liquidateur ou approuvé après coup cette nomination.

C'est ainsi qu'il a été jugé que les liquidateurs d'une société qui a cessé ses payements sont recevables à exiger au nom de la masse des créanciers une action en responsabilité contre les membres du conseil de surveilance, alors que les créanciers ont concouru au jugement de nomination du liquidateur et que ce jugement a conféré au liquidateur les pouvoirs les plus étendus pour la réalisation de l'actif et le payement du passif et établir ensuite le compte des actionnaires (Lyon, 11 juill. 1873, D. 74.2.209. — V. aussi l'arrêt du 14 mai 1890, précité).

736. — La Cour de Rouen, par arrêt du 1er août 1881, a jugé que les liquidateurs d'une société non déclarée en faillite ne représentent pas les créanciers collectivement et à titre de masse, et qu'ils ne peuvent se considérer que comme les mandataires individuels des créanciers qui ont adhéré à la liquidation, à l'exclusion des dissidents (Rouen, 1er août 1881, D. 82.2.92 ; — Lyon-Caen et Renault, t. 2, n. 379 ; Dalloz, *Supp.*, V° *Sociétés*, n. 602).

737. — Le liquidateur de la société doit procéder aux trois opérations suivantes :

1° Etablissement et réalisation de l'actif ;

2° Achèvement des opérations sociales commencées et payement du passif ;

3° Exercice des actions sociales actives et passives.

a) Etablissement et réalisation de l'actif.

738. — En entrant en fonctions, le liquidateur doit demander au gérant le compte de sa gestion ; si l'ancien gérant devient liquidateur, il doit établir lui-même son compte de gestion. Il est prudent que le liquidateur entrant en fonctions dresse un inventaire, sa responsabilité se trouve ainsi mise à l'abri (Trib. comm. Seine, 11 nov. 1887, *R. S.*, 1888.165). Il n'est pas indispensable que cet inventaire soit dressé par un notaire ; le liquidateur peut le dresser lui-même en la forme commerciale et se faire assister au besoin de tels experts qu'il juge utile (Lyon-Caen et Renault, t. 2, n. 380).

739. — Une fois l'inventaire dressé, il ouvre les écritures de la liquidation pour rendre compte de sa mission aux associés ou aux créanciers, suivant les cas.

740. — Le liquidateur, aussitôt son entrée en fonctions, doit procéder à tous les actes conservatoires, interrompre les prescriptions, renouveler les inscriptions hypothécaires, etc. Il puise donc dans le mandat dont il est investi le droit de recevoir le paiement des sommes dues à la société, d'en donner quittance, de poursuivre le recouvrement des créances et même de procéder à la réalisation de ces créances si ce moyen lui paraît plus avantageux que l'exercice de poursuites judiciaires (Lyon-Caen et Renault, n. 389).

741. — Ainsi il a été jugé que le liquidateur pouvait poursuivre l'expropriation forcée d'un immeuble ayant appartenu à la société, immeuble dont le prix n'a pas été payé, surtout quand il est reconnu que cet immeuble est impartageable (Cass., 24 juill. 1871, D. 71.1. 199).

742. — On s'est demandé si le liquidateur avait le droit de transiger ou compromettre. La jurisprudence et les auteurs modernes reconnaissent ce pouvoir au liquidateur, sans quoi il ne pourrait pas mener à bien sa tâche (Paris, 6 janv. 1854, D. 54.5.713 ; — Douai, 9 juill. 1887, *R. S.*, 1888.303 ; — Bordeaux, 27 juill. 1898, *J. S.*, 1899.308 ; — Pont, n. 1959 ; Lyon-Caen et Renault, n. 392. — *Contrà* : Troplong, n. 1023 ; Delangle, n. 688 ; Bédarride, n. 600 ; — Cass., 15 janv. 1812 ; — Paris, 18 janv. 1828 ; — Cass., 8 août 1825).

743. — Le liquidateur a un droit d'action non pas seulement contre les tiers pour faire rentrer l'actif, mais aussi contre les associés qui n'ont pas effectué intégralement le versement de leur mise (Paris, 19 fév. 1885, D. 85.2.181. — V. *infrà* pour la libération des actions, n. 1700 et s.).

744. — Une question a été agitée à ce propos, celle de savoir si le liquidateur agissant contre l'associé en versement de la mise doit justifier de la nécessité du versement de l'apport pour faire face au passif.

Cette question a été assez controversée. La jurisprudence paraît aujourd'hui fixée en ce sens que le liquidateur a le droit d'exiger de chaque associé, sans justification préalable, le versement intégral de sa mise, sauf à restituer à la clôture de la liquidation l'excédent resté disponible (Paris, 8 fév. 1884, S. 84.2.117 ; — Cass., 26 mai 1886, D. 87.1.388 ; — 20 oct. 1886, S. 87.1.49, D. 87.1.117 ; Paris, 4 mai 1888, D. 89.2.1 ; — Lyon-Caen et Renault, n. 384 ; Chopart, *R. S.*, 1887.41. — *Contrà* : Paris, 8 fév. 1884, S. 84.2.117 ; — Thaller,

R. crit., 1887.217 ; Labbé, note S. 87.1.49). Il a cependant été jugé, à tort suivant nous, qu'il en est de même pour le liquidateur amiable (Paris, 2 août 1904, *R. S.*, 1904.425).

745. — Mais le liquidateur ne pourrait poursuivre les associés *au delà de leur mise* comme personnellement et solidairement responsables du passif social, à moins de justifier de l'insuffisance de l'actif réalisable. Le liquidateur ne saurait se comporter comme un syndic.

746. — Il a cependant été jugé que le liquidateur serait recevable à poursuivre les associés même au delà de leur mise, s'il avait été autorisé à cet effet expressément ou implicitement par l'assemblée générale des associés (Cass., 16 fév. 1874, D. 74.1.414), ou si le liquidateur cumule avec son mandat de représentant de la société et des associés celui de mandataire des créanciers, ce double mandat n'étant pas interdit par la loi (Rouen, 1er avr. 1881, D. 82.2.92).

747. — Comme corollaire du droit pour le liquidateur de réclamer aux associés le complément de leur mise, ceux-ci peuvent-ils prétendre à la restitution des apports dont les statuts ont prévu la reprise en nature ? Pas de difficulté lorsque les statuts ont expressément prévu la reprise des apports dont la jouissance seule a été consentie à la société (Cass., 16 nov. 1870, D. 70.1.350 ; — Toulouse, 13 mai 1882, D. 83.2.37), et cela bien entendu à la condition qu'il n'y ait pas de créanciers ou qu'ils aient été désintéressés.

748. — Mais que décider en cas de silence des statuts ?

La jurisprudence se prononce en ce sens que les tribunaux ont à cet égard un pouvoir souverain d'appréciation sur le caractère des apports effectués. C'est la convention sociale qui doit régler chaque espèce (V. Dalloz, *Supp.*, V° *Sociétés*, n. 610).

749. — Investi du pouvoir de faire les recouvrements, le liquidateur a également qualité pour réaliser tous les effets mobiliers, corporels ou incorporels, composant l'actif social. Il peut vendre les marchandises et le matériel soit aux enchères, soit à l'amiable (Lyon-Caen et Renault, n. 384).

Il peut se faire souscrire des billets à ordre par les débiteurs de la société, les négocier, ainsi que ceux qu'il a trouvés en portefeuille au moment de son entrée en fonctions ; il peut vendre ou transporter les créances sociales (Rouen, 12 avr. et 26 août 1845, S. 46.2.565 ; — Paris, 27 déc. 1878, T. C. 79.526).

750. — Il peut céder le fonds de commerce. Il peut ester en justice, interjeter appel, se pourvoir en cassation, se désister, acquiescer

(Alger, 5 fév. 1880, *J. S.*, 1882.18. — V. aussi Cass., 12 mars 1852, D. 52.1.273 ; — Poitiers, 13 janv. 1867, D. 67.2.142 ; — Seine, 14 janv. 1901, *R. S.*, 1901.1.248. — Sur les assignations aux liquidateurs des sociétés de personnes, V. n. 813 et s.).

751. — C'est là une grave opération, cependant indispensable pour déterminer la composition de l'actif. Il peut l'effectuer à l'amiable. Très souvent la vente s'accompagne de conditions telles que la défense au vendeur d'exercer une industrie similaire dans certaines conditions de temps et de durée. Or, la société ne se reconstituera pas ; mais les associés ou quelques-uns d'entre eux peuvent avoir la tentation de s'établir en leur nom personnel. Il faut concilier alors les règles relatives à la garantie, c'est-à-dire à la concurrence déloyale, avec le principe de la liberté du commerce et de l'industrie (Cass., 4 janv. 1884, *R. S.*, 1884.352 ; — Seine, 29 juin 1882, T. C. 83.44 ; — Cass., 10 mars 1886, *Pand. fr.*, 86.1.122 ; — 18 juin 1897, T. C. 98.586).

752. — Mais peut-il aliéner les immeubles sociaux ?

A cet égard, il faut, avec la jurisprudence, établir une distinction. Elle reconnaît au liquidateur le pouvoir d'aliéner les immeubles, si ces immeubles sont impartageables ou si la société avait pour objet l'achat et la revente des immeubles, ou enfin si le liquidateur a été nommé avec les pouvoirs les plus étendus (Cass., 20 juill. 1871, D. 71.1.199).

753. — Dans tous les autres cas, la jurisprudence exige que le liquidateur qui réalise les immeubles sociaux ait reçu un mandat spécial et formel des associés. Elle se base pour décider ainsi sur ce que, aux termes de l'art. 1988 C. civ., le mandat conçu en termes généraux (et tel est bien le cas pour le liquidateur) ne confère que les pouvoirs d'administration (V. en ce sens : Boistel, n. 302 ; Bravard et Demangeat, t. I, p. 134).

754. — MM. Lyon-Caen et Renault (n. 385), Pont (n. 1957) contestent le caractère juridique de cette distinction et ils reconnaissent au liquidateur le droit d'aliéner les immeubles, même en vertu du mandat général dont il est investi. Suivant ces auteurs, ce mandat n'est, en réalité, qu'un mandat spécial, bien délimité, ayant pour objet principal la réalisation de l'actif et impliquant ainsi le droit de convertir en argent tous les éléments de cet actif, fussent-ils immobiliers.

Ces auteurs en concluent que le liquidateur a le droit de procéder à son gré à la vente aux enchères ou à la vente amiable.

755. — M. Houpin (n. 208) résout la question par une distinction. Si l'acquit du passif ne peut être réalisé sans qu'il soit procédé à la vente des immeubles, le liquidateur a le droit de les vendre, même de gré à gré. Dans le cas contraire, le liquidateur doit être autorisé par les associés. La situation de fait sera donc souvent difficile à trancher, et dans le doute, ajoute l'auteur, les tiers agiront sagement en demandant un pouvoir des associés ou une autorisation de justice.

756. — Si des mineurs sont intéressés dans la liquidation, il n'est pas nécessaire de recourir pour la vente des immeubles aux formes prescrites pour l'aliénation des biens de mineurs, à moins qu'il ne s'agisse d'une société de fait constituant une véritable communauté, par suite de l'inobservation des formalités légales (Cass., 13 mars 1866, S. 67.1.333, D. 67.1 222).

757. — Une question intéressante est celle de savoir si le liquidateur est tenu de réaliser l'actif en détail ou s'il peut le céder en bloc, soit à un individu déterminé, soit à une société nouvelle.

La solution est surtout intéressante en matière de sociétés par actions en liquidation. Aujourd'hui il paraît admis par la grande majorité des auteurs que la cession en bloc de l'actif excède les pouvoirs du liquidateur investi du mandat le plus étendu (Bravard et Demangeat, p. 425 et s. ; Lyon-Caen et Renault, n. 384 *bis*).

Pour que le liquidateur puisse procéder de la sorte, il faudrait le consentement unanime des associés (Trib. civ. Douai, 11 juill. 1888, *Le Droit*, 17 nov. 1888).

758. — Mais les statuts sociaux réglant le mode de liquidation ont pu autoriser le liquidateur à faire le transfert ou l'apport à une autre société. Dans ce cas, pas de difficulté ; la cession de l'actif en bloc se trouve validée en exécution de la convention sociale (Cass., 17 août 1875, D. 76.1.359), même si cette cession était faite à une société étrangère (Trib. com. Lyon, 15 janv. 1907, *J. S.*, 1908.21).

Si les statuts sont muets à cet égard, ou se bornent à donner à l'assemblée le pouvoir de régler le mode de liquidation, l'assemblée des actionnaires ne pourrait autoriser le liquidateur à faire un pareil apport, car ce n'est pas là une liquidation, et les actionnaires, loin de voir terminer leurs engagements, se trouveraient engagés malgré eux dans une nouvelle société (Cass., 28 mars 1860, S. 61.1.62).

759. — Si l'assemblée générale investie de ce droit a décidé que le liquidateur ne pourrait faire apport à une société nouvelle qu'après acquit préalable du passif, la fusion réalisée avant l'accomplisse-

ment de cette condition est nulle(Paris, 15 fév. 1887, *J. S.*,1887.576 ;
— Paris, 10 mai 1881, *J. S.*, 1882.695. — V. pour le cas de fusion,
infrà, n. 3450 et s.).

b) Achèvement des opérations sociales commencées
et payement du passif.

760. — Le liquidateur est tenu d'employer le montant de la réalisation de l'actif au payement du passif, mais il ne faut pas oublier
que la mise en liquidation d'une société n'équivaut pas à la faillite,
et qu'elle n'a pas, notamment, pour conséquence le droit de poursuite individuelle des créanciers. Il en résulte que le liquidateur est
tenu de payer les créanciers dans l'ordre où ils se présentent, à
moins qu'il n'y ait des créanciers opposants.

Si tel est le principe, il faut reconnaître qu'en pratique il n'en sera
jamais ainsi, car le souci du liquidateur doit être de respecter l'égalité entre les créanciers, tout au moins quant à l'ordre des payements, et il prendra ses précautions pour qu'un associé ne puisse
être payé préalablement aux autres. Telle est la pratique suivie
généralement devant tous les tribunaux et notamment le tribunal
de la Seine.

Si un créancier se montre récalcitrant, le tribunal peut accorder
un délai au liquidateur et paralyser ainsi la poursuite du créancier
ou, dans le cas de cessation de payement absolue, la liquidation se
termine par la faillite.

761. — On s'est demandé si un créancier à terme d'une société
en liquidation doit être compris dans la distribution de l'actif. Cela
n'est pas douteux, et ainsi l'a décidé un arrêt de la Cour de cassation
du 24 novembre 1869 (D. 71.1.119). Le liquidateur doit comprendre
dans sa répartition le créancier à terme, sauf à ne lui remettre son
dividende qu'à l'échéance du terme.

762. — Le liquidateur doit mener à fin toutes les opérations commencées par la société, mais il ne doit pas en entreprendre de nouvelles à moins que celles-ci ne soient la conséquence indispensable
des opérations commencées et si elles sont nécessaires pour ne pas
entraver la conclusion des premières opérations. Ainsi, il a été
jugé que le liquidateur peut exécuter les marchés passés avec la
société, recevoir des fournitures après la dissolution dans le but
de maintenir en activité une usine appartenant à la société (Dijon,
17 mars 1862, D. 62.2.94).

Tout en constatant la nullité d'une société, le tribunal a néanmoins le pouvoir de décider que le liquidateur devra continuer de gérer les affaires en cours jusqu'à une date qu'il juge opportune dans l'intérêt des associés et d'une liquidation favorable à leurs droits (Bordeaux, 22 juin 1908, *J. S.*, 1909.311).

763. — Les comptes courants ouverts à un tiers par une société commerciale exploitant une maison de banque et dissoute par la mort des associés s'arrêtent au jour de la dissolution de la société. Les fonds qui pourraient être remis postérieurement à cette dissolution en comptes courants aux liquidateurs constituent débiteurs les liquidateurs en leur qualité et non la société ni les successions des associés (Cass., 13 mars 1854, D. 54.1.130 ; — 25 août 1879, D. 79.1.465).

764. — Ces questions rentrent bien plutôt dans le domaine du fait que dans celui du droit, et le pouvoir d'appréciation des tribunaux doit être souverain pour les trancher.

765. — Un liquidateur a-t-il le droit d'emprunter pour continuer provisoirement les opérations sociales ? On se prononce généralement pour l'affirmative, à condition que l'emprunt ait uniquement pour but d'achever les opérations en cours, ou d'assurer le règlement des dettes exigibles, ou enfin d'éviter la réalisation hâtive et à vil prix de l'actif, toutes questions laissées à l'appréciation du juge (Cass., 5 mars 1850, D. 50.1.167 ; — Lyon-Caen et Renault, n. 387).

Si le liquidateur a le droit d'emprunter, il a le droit, comme conséquence naturelle, de donner au prêteur des garanties gagées sur l'actif social. Il peut donc soit continuer un nantissement sur des valeurs mobilières appartenant à la société (Cass., 5 mars 1850, précité), soit même hypothéquer les immeubles sociaux (Lyon-Caen et Renault, n. 386 ; Pont, *Contrat*, n. 1958).

766. — Le liquidateur a incontestablement le droit de négocier les effets de commerce qui se trouvent dans le portefeuille de la société, ou même de souscrire des effets nouveaux en vue de la liquidation (Paris, 27 déc. 1878, T. C. 79.526 ; — Lyon-Caen et Renault, n. 389).

c) Exercice des actions sociales actives et passives.

767. — Le liquidateur est investi du droit d'intenter toutes les actions qui se rattachent à son mandat. Il représente la société dans toutes les instances introduites contre elle (Nancy, 19 fév. 1881, Dalloz, *Supp.*, V° *Sociétés*, n. 589. — V. n. 1700 en ce qui concerne l'action en libération des actions ; n. 1929 en ce qui concerne l'action en nullité de la société ; n. 3485 et s. en ce qui concerne les actions sociales).

d) Pluralité de liquidateurs. — Fin de la liquidation.

768. — Lorsqu'il existe plusieurs liquidateurs, il ne peuvent en principe agir séparément, à moins que l'acte de nomination ne leur permette de procéder séparément aux actes de liquidation (Cass., 21 avr. 1886, Dalloz, *Supp.*, V° *Sociétés*, n. 622).

Les mêmes principes sont applicables à l'exercice des actions en justice (Trib. civ. Seine, 27 déc. 1883, *Le Droit*, 12 oct. 1883 ; — Paris, 15 avr. 1904, *Gaz. Trib.*, 12 juin 1904 ; — Lyon-Caen et Renault, n. 394).

En ce qui concerne les pouvoirs des liquidateurs en cas de faillite et le concours des deux fonctions de syndic et de liquidateur, voir n. 3783, au titre *Faillite des sociétés*.

769. — La liquidation et la faillite sont deux états juridiques bien distincts. Le liquidateur ne doit pas être confondu avec le syndic. Il n'a pas les mêmes droits. Il n'a pas les mêmes pouvoirs (V. n. 3826 et suiv. l'explication des règles relatives à la faillite des sociétés).

Le mot *liquidateur* appelle aussi une autre explication. La loi du 4 mars 1889 a créé la *liquidation judiciaire* et la fonction de *liquidateur judiciaire*. Ce dernier est en réalité un syndic, moins le nom. Il peut exister en dehors de toute société. Il assiste le liquidé.

e) Responsabilité du liquidateur.

770. — Le liquidateur est responsable comme tout mandataire ordinaire. Il est responsable de son dol. Il peut être remplacé notamment en raison de ses agissements comme liquidateur (Cass., 30 avr. 1873, D. 75.1.33). Les règles de responsabilité du mandataire lui sont entièrement applicables.

Le liquidateur, par la force même des choses, est responsable au regard des créanciers, comme vis-à-vis des associés. Certaines lois étrangères s'en expliquent formellement : telle, par exemple, la loi belge de 1873 dont l'art. 119 dit « *les liquidateurs sont responsables tant envers les tiers qu'envers les associés* de l'exécution de leur mandat et des fautes commises dans leur gestion ».

771. — Tenu comme tout mandataire, le liquidateur a le droit également d'invoquer à son profit les règles du mandat. Il possède une action pour obtenir soit le remboursement de ses dépenses, soit le payement des honoraires convenus entre les parties ou fixés par le tribunal. Cette action peut être intentée soit contre la société, soit contre chacun des associés solidairement tenus du passif social.

772. — Si le liquidateur étranger à la société paye de ses propres deniers les dettes sociales, il est subrogé aux droits des créanciers désintéressés, et notamment au bénéfice de la solidarité existant à leur profit contre les associés (Cass., 8 janv. 1862, D. 63 1.75).

Mais la jurisprudence décide que *l'associé* liquidateur qui paye de ses propres deniers les dettes de la société n'a pas contre ses coassociés une action solidaire, et qu'il jouit, au contraire, contre chaque coassocié d'une action pour la part et portion de chacun (Pont, n. 2976 ; — Cass., 8 janv. 1862, précité). MM. Lyon-Caen et Renault (n. 399) distinguent et disent : Si l'associé a agi en qualité de liquidateur, il aura les mêmes droits qu'un étranger ; si, au contraire, il agit en qualité d'associé, il ne pourra réclamer à chacun de ses coassociés qu'une part virile.

773. — Les créanciers de la liquidation et le liquidateur lui-même priment sur l'actif social les créanciers personnels, en vertu du principe que la personnalité morale de la société survit pour les besoins de la liquidation.

774. — Mais une question délicate prend ici naissance, celle de savoir si les créanciers de la liquidation priment sur l'actif les créanciers sociaux. La difficulté provient de ce que la liquidation ne peut être assimilée à la faillite, et ne donne pas naissance, comme la faillite, à une masse, à une collectivité de créanciers ayant des droits particuliers (V. Thaller, Examen doctrinal, *R. crit.*, p. 291 ; Bonfils, *R. crit.*, 1889, p. 377 ; Lyon-Caen et Renault, n. 402).

775. — La jurisprudence, dominée par cette idée que la faillite existe indépendamment de toute déclaration en justice, admet que les créanciers d'une société en état de cessation de payement constituent une collectivité qui peut choisir le liquidateur pour mandataire, d'où la conclusion que les créanciers de la liquidation, pour avances faites à cette liquidation, doivent être colloqués sur l'actif social, de préférence aux créanciers sociaux eux-mêmes (Paris, 24 janv. 1889, *Le Droit*, 20 sept. 1889).

776. — La Cour de cassation, adoptant la même thèse, a considéré qu'il s'agit là d'un privilège pour frais de justice (Cass., 1ᵉʳ avr. 1890, D. 91.1.364). Elle a appliqué ce principe que le privilège pour frais de justice s'applique à tous frais faits dans l'intérêt commun des créanciers pour la conservation, la liquidation et la réalisation des

biens du débiteur, même lorsque ces frais n'ont pas été faits dans
une instance judiciaire (Aubry et Rau, t. 3, § 260 ; Vallette, *Privilèges et hypothèques*, p. 23 et s.).

777. — Dans tous les cas, il n'y a aucun doute sur le point que le
liquidateur doive colloquer, par privilège, conformément à l'art. 2102,
§ 3, ceux qui ont fait des frais pour la conservation des biens dépendant de l'actif social (Dijon, 17 mars 1862, D. 62.2.94), et notamment ceux qui ont fait des fournitures ayant servi à maintenir
en activité l'usine appartenant à la société.

778. — Du principe que le liquidateur est un mandataire, il résulte que les engagements souscrits en cette qualité, envers les tiers,
ne l'engagent pas personnellement (Trib. com. Dijon. 21 janv. 1861,
D. 62.2.94).

f) Reddition des comptes.

779. — Tout mandataire doit rendre compte et le liquidateur n'é-
chappe pas à cette obligation. Le compte de la gestion sera rendu
aux mandants, c'est-à-dire aux associés (art. 1993). La loi n'a du
reste indiqué aucune règle spéciale quant à cette obligation qui s'effectuera dans les formes ordinaires. Le compte est présenté à la fin
des opérations, alors même qu'elles se prolongeraient plusieurs années. D'ailleurs, ceci est sans inconvénient, car un double contrôle
est possible, d'abord par les associés eux-mêmes et ensuite (Laon,
24 fév. 1898, *Gaz. Pal.*, 1898.1.525), dans la plupart des grandes villes
où les liquidateurs sont organisés en corporation, il y a, de ce chef,
un contrôle officieux.

Les associés ont le droit d'exiger de l'associé liquidateur la communication, non seulement de la comptabilité spéciale à la période
de la liquidation, mais aussi de toute la comptabilité sociale (Marseille, 11 oct. 1899, *Rec. Marseille*, 1900.1.16 ; — Paris, 20 juin 1897,
Gaz. Pal., 1897.2) Cette communication a lieu en principe sans déplacement, au siège même de la liquidation, afin de ne pas entraver
la procédure (Paris, 30 juin 1897, précité ; — Marseille, 12 janv. 1897,
R. S., 97.512). Le compte produit par la liquidation est détaillé et
présente d'une part les sommes dont il est comptable à un titre quelconque, de l'autre tout ce qui lui est dû pour quelque cause que ce
soit (art. 2001) (Amiens, 9 mai 1826, S. chr. ; — Paris, 17 août 1880,
J. S., 1880.529).

SECTION III

DU PARTAGE

780. — Lorsque l'actif a été dégrevé du passif, il doit être réparti entre les associés proportionnellement à leurs droits respectifs. Cette opération, la dernière de la liquidation, s'appelle le partage.

781. — Le liquidateur doit donc établir la masse partageable. Cette masse comprend tous les meubles et effets mobiliers ou marchandises non vendues, l'argent comptant, les créances, les dettes personnelles aux associés ou la créance de la société contre ses membres, à raison de ces apports. Chaque associé doit apporter à la masse : 1° tout ce qu'il a pris à la caisse pour ses besoins personnels ; 2° le solde de son compte courant avec la société ; 3° les sommes qu'il a pu recevoir pour le compte de la société, soit avant, soit après la dissolution.

782. — On doit observer, pour le partage des sociétés, suivant que la nature des choses le permet, les règles concernant le partage des successions, la forme de ce partage et les obligations qui en résultent (C. civ., art. 1872).

783. — Cependant il est des règles du partage des successions qui ne peuvent être appliquées au partage des sociétés :

1° La première est relative à l'apposition des scellés. Alors même qu'il existerait des associés mineurs, on ne pourrait apposer les scellés sur les biens de la société. Ce serait jeter la société dans les plus grands périls (Bédarride, n. 619 ; Troplong, n. 1067 ; Alauzet, n. 166) ;

2° La durée de l'indivision entre associés est réglée par les art. 1855 et 1869, et non par l'art. 815 ;

3° Aux termes de l'art. 841 C. civ., tout étranger cessionnaire de la part d'un héritier peut être écarté du partage par les cohéritiers. L'art. 1861 autorise, au contraire, l'adjonction d'un croupier (V. *suprà*, n. 357 et s.) qui a le droit d'assister au partage et qu'on ne peut en éliminer (Cass., 13 mai 1862, S. 62.1.825. — *Sic* : Paris, 7 juill. 1836, S. 36.2.458, Dalloz, n. 794 ; — Duvergier, n. 474 ; Troplong, n. 1059 ; Delangle, n. 713 ; Persil, p. 49 ; Alauzet, n. 265. — *Contrà* : Pardessus, n. 1085 ; Delvincourt, t. 3, p. 129, note 3 ; Paris, n. 1079) ;

4° L'art. 882, qui interdit aux créanciers non opposants d'attaquer un partage de succession comme fait en fraude de leurs droits, n'est pas applicable en matière de société (Cass., 30 nov. 1834, S. 35.1.131, et 9 juill. 1866, S. 66.1 361 ; — Bédarride, n. 622 ; Delangle, n. 706 ; Duvergier, n. 475 ; Troplong, n. 1061) ;

5° La loi veut, pour tout partage de succession, que les lots comprennent la même quantité de meubles, d'immeubles, etc. En matière commerciale, on peut attribuer la totalité de l'actif à un seul. C'est ce qui arrive, par exemple, lorsqu'un associé est reconnu créancier de la société. Il peut, en paiement, et jusqu'à concurrence du montant de sa créance, être déclaré propriétaire du matériel et des effets mobiliers dépendant de l'actif social (Cass., 29 mars 1836, S. 36.1.492, Dalloz, n. 786). Jugé, de même, que la totalité du fonds social peut être attribuée, selon les circonstances, à un seul des associés, alors que l'autre, manquant à ses engagements, a gravement compromis l'entreprise, sauf toutefois dédommagement convenable (Angers, 27 déc. 1843, P. 44.1 82, Dalloz, n. 1000 ; — Lyon, 1ᵉʳ avr. 1902, *R. S.*, 1903.186) ;

6° L'associé copartageant qui a diverti ou recélé des valeurs dépendant de la société n'est pas déchu de sa part dans ces valeurs : l'art. 79 C. civ., qui soumet le cohéritier à cette déchéance, ne peut, sous prétexte d'analogie, être appliqué entre associés (Angers, 22 mai 1851, S. 51.2.599, Dalloz. n. 796 ; — Toulouse, 2 juin 1862, S. 63.2.41 ; — Cass., 28 août 1865, S. 65.1.453, D. 65.1.362 ; — Aubry et Rau, t. 4, § 485, p. 673 ; Marcadé, *R. crit.*, t. 2, p. 77) ;

7° D'après l'art. 883 C. civ., chaque cohéritier est censé avoir succédé seul et immédiatement à tous les effets compris dans son lot, et n'avoir jamais eu la propriété des autres effets de la succession. En d'autres termes, le partage est déclaratif, et non pas attributif de propriété. Tous les auteurs sont d'accord pour admettre que cette règle est applicable en matière de sociétés. Mais, selon les uns, la fiction doit remonter au jour de la société, ou au jour où les objets sont entrés dans la société (Pothier, p. 179 ; Delvincourt, t. 3, note 3, p. 129 ; Troplong, n. 1063 et suiv. ; Massé et Vergé sur Zachariæ, t. 4, § 721, note 10 ; Bédarride, n. 634 ; Lyon-Caen et Renault, n. 425 *bis*). MM. Duvergier (n. 478), Delangle (n. 707) soutiennent, au contraire, que les effets du partage remontent seulement au jour de la dissolution. C'est à ce moment-là seulement, disent ces derniers auteurs, que l'indivision a commencé. Auparavant, la dissolution résidait sur l'être moral, la société. M. Troplong (*loc. cit.*) combat cette argumentation, en disant que la personnalité morale de la société n'est qu'une fiction, tandis que l'indivision, qui est une réalité, existe dès le jour de la constitution de la société.

784. — Le bail des lieux servant à l'industrie d'une société, que l'associé gérant a passé en son propre nom, et pour commencer à courir seulement à l'expiration de la société, ne peut pas être réputé stipulé au profit de la société, et ne fait pas, dès lors, partie de l'actif social (Cass., 16 nov. 1870, S. 71.1.94, D. 70.1.350).

785. — Le nom ou le titre d'une société fait partie de son actif, et comme tel, doit être compris dans les objets à partager entre les sociétaires après la dissolution de la société (Rouen, 15 mars 1827, S. chr. ; — Dalloz, n. 778 ; Duvergier, n. 471).

786. — Lorsque, après annulation d'une société commerciale pour défaut de publication, il y a lieu de procéder au partage de la société de fait qui a existé entre les parties (n. 418), celles-ci peuvent être soumises à l'obligation de compléter leur mise sociale afin d'établir entre elles une égalité proportionnelle dans la répartition de l'actif et du passif (Cass., 13 mai 1862, S. 62.1.825, D. 62.1.338). Dans ce partage, les dettes de l'associé doivent être compensées avec sa part d'actif (Cass., 13 fév. 1855, S. 55.1.721, D. 55.1.308 ; Nîmes, 14 mars 1868, S. 68.2.274).

787. — La masse partageable établie, il est procédé aux prélèvements. Chaque associé prélève en premier lieu ce qui peut lui être dû par la société, soit pour solde de compte, soit pour toute autre cause. Ce sont là de véritables dettes que le liquidateur aurait même dû acquitter.

788. — Les associés ont-ils le droit de prélever leur mise ? M. Bédarride se prononce très justement pour la négative.

« En principe, dit-il (n. 625), ce prélèvement n'est pas dans la nature des choses. En effet, dans les sociétés ordinaires, chaque associé perd la propriété de l'apport qu'il fait, et la réunion de ces mises forme le fonds du capital, c'est-à-dire l'objet qui va être exploité et qui est destiné à être partagé après la dissolution de la société. Donc, chaque associé a le droit de se le faire attribuer à proportion de son intérêt social.

« Il n'y a pas plus de raison pour le prélèvement de la mise en faveur des associés bailleurs de fonds qu'il n'y en aurait en faveur des industriels. Ceux-ci ont, en réalité, une mise de fonds qu'ils réalisent, en apportant dans la société une industrie qui, partout ailleurs, leur procurerait un salaire. Ils contribuent donc, par la perte qu'ils font de celui-ci.

« On ne devrait donc accorder le prélèvement de la mise que si l'acte social le stipulait : cette clause, quelque inégalité qu'elle établisse, n'en est pas moins valable ; elle devrait donc être exécutée. Dans le silence du pacte, les effets ordinaires de l'indivision demeurent obligatoires » (Troyes, 19 mai 1900, S. 01 2.254, D. 01.2.47).

789. — Cependant il faudrait autoriser le prélèvement de la mise en faveur de l'associé qui l'a versée, si les autres associés n'avaient pas accompli la même obligation.

790. — La clause d'un acte de société d'après laquelle chacun des associés a droit aux intérêts des sommes par lui versées à la caisse sociale, est applicable aux redressements du compte de liquidation ordonnés par des décisions judiciaires intervenues sur ce compte, et ces intérêts sont dus tout au moins à partir du jour de la dissolution de la société (Cass., 19 déc. 1871, S. 72.1.211, D. 71.1.300).

791. — Après les prélèvements autorisés, on compose les lots aussi exactement que possible, puis les associés se les attribuent conventionnellement ou les tirent au sort.

792. — Les créances sont divisées en trois catégories : *bonnes, douteuses, mauvaises*. On en forme des lots comprenant une part égale des unes et des autres. Un des associés peut se charger à forfait de toutes les créances ; il en fait alors son affaire personnelle.

Les immeubles partageables en nature sont partagés, ceux qui ne peuvent être partagés sont vendus.

793. — Quant aux marchandises, elles ne sont partagées en nature que si les associés le demandent ; car elles n'avaient été achetées que pour être revendues, et la possession de ces marchandises peut être un grand embarras pour les associés.

794. — Les immeubles sont partagés en nature si la division en est possible. L'inégalité des lots se compense par un retour soit en rente, soit en argent. Si les immeubles ne peuvent pas se partager commodément, on les licite. Si la société est dissoute par le décès de l'un des associés, et que les héritiers soient mineurs, on n'en doit pas moins suivre les conventions relatives au partage (Delangle, n. 704).

795. — Il est dans toute société des objets qui ne doivent pas être partagés ; par exemple, les choses dont l'usage seul a été apporté en société, les livres et écritures, les marques de fabrique, etc.

Les livres restent entre les mains du liquidateur ou d'un associé désigné ; les marques sont cédées à l'associé qui continue l'exploitation, ou vendues, ou tirées au sort.

796. — Lorsqu'après la dissolution d'une société, il s'élève une difficulté entre les associés, relativement au mode de partage du matériel de la société, l'un demandant que ce matériel soit partagé entre eux en nature, l'autre voulant qu'il soit licité, la préférence doit être donnée à la voie du partage en nature, comme étant de droit commun (Lyon, 23 ju 11. 1856, S. 58.2.204, D. 58.2.214).

797. — Lors de la liquidation, chaque associé peut prendre copie des pièces concernant la société, mais il ne peut demander la communication des livres avec déplacement (Trib. com. Seine, 23 janv. 1861, T. C. 10.268 ; — 19 fév. 1862, T. C. 11.519 ; — Paris, 7 juill. 1853, T. C. 13.95).

798. — L'évaluation donnée à l'apport fait par un des associés et consistant à la fois dans son industrie, dans ses procédés de fabrication, ainsi que dans le nom, la réputation et l'achalandage d'un établissement à lui appartenant, doit, en cas de dissolution de la société avant le terme fixé, subir une réduction proportionnelle à la durée réelle de cette société, pour la portion correspondante à l'apport industriel (Cass., 14 juin 1865, S. 66.1.207, D. 66.1.133. — V. anal. Duvergier, n. 232 ; Troplong, n. 619, 620).

799. — Lorsque l'un des associés reste après liquidation possesseur du fonds, les autres associés n'en conservent pas moins le droit de se rétablir, sous la condition qu'ils ne feront pas une concurrence déloyale à l'associé resté possesseur du fonds (Paris, 30 juin 1854, T. C. 3.413, et sur pourvoi : Cass., 5 fév. 1855, S. 56.1.417 ; — Bordeaux, 13 juill. 1859, T. C. 9.490 ; — Paris, 26 avr. 1861, T. C. 10.384).

800. — Mais ils ne peuvent s'opposer à ce que leur ancien coassocié annonce publiquement qu'il est seul possesseur du fonds social (Paris, 26 avr. 1861, T. C. 10.384). Et ce dernier seul a ce droit (Trib. com. Seine, 12 sept. 1857, T. C. 17.28 ; — Paris, 5 juin 1867, T. C. 17.277 ; — Trib. com. Seine, 9 sept. 1868, T. C. 18.19).

801. — Jugé au contraire que l'associé dépossédé du fonds ne peut se rétablir pour former une concurrence, au moins dans un périmètre déterminé (Paris, 8 déc. 1862, T. C. 2.97 ; — Paris, 11 juill. 1853, T. C. 2.325 ; — Trib. com. Seine, 16 déc. 1852, T. C. 2.41 ; — Trib. com. Lille, 23 juill. 1906, *R. S.*, 1907 77), surtout lorsque l'acte de société avait expressément prévu cette prohibition à l'égard de l'associé auquel ne serait pas échu le fonds de commerce (V. 31 oct. 1908, *J. S.*, 1909.207, Cass., 25 mars 1909, *R. S.*, 1909.242. — Sur ce qu'il convient d'entendre, à cet égard, par « fonds de commerce de cycles, motocycles et automobiles », V. Trib. com Seine, 7 avr. 1906, *R. S.*, 1907.66).

802. — L'associé adjudicataire ne peut, en se mettant en société, reprendre la raison sociale sous laquelle le fonds était connu (Paris, 5 juin 1867, précité).

Ceux des associés qui ne sont pas adjudicataires du fonds social ne peuvent, en se rétablissant, annoncer au public qu'ils faisaient partie de la société (Trib. com. Seine, 7 janv. 1868, T. C. 17.196). Ils sont tenus de différencier la raison so ciale et la marque de fabrique, de manière à éviter toute confusion entre les deux sociétés (Trib. com. Seine, 12 sept. 1867, T. C. 17.28 ; — Paris. 5 juin 1857, T. C. 17.277).

803. — Il y a lieu à application de la clause pénale si l'associé qui a cédé le fonds ouvre un nouvel établissement sous un prête-nom (son frère) (Paris, 8 juill. 1863, T. C. 13.95).

804. — L'associé qui, pour arriver à la liquidation de la société abandonne à forfait à son coassocié le fonds de commerce exploité, par la société, n'est pas réputé, par cela seul et en l'absence de toutes conventions contraires, renoncer au droit de fonder et d'exploiter un autre établissement semblable (Cass., 5 fév. 1855, S. 56.1.417 ; — *Id.*, Cass., 2 mai 1860, S. 60.1.308). Par suite, l'exercice de ce droit ne le rend pas passible de dommages-intérêts envers son ancien associé à raison de la concurrence que le nouvel établissement ferait à l'ancien, alors du moins que cette concurrence a lieu naturellement et sans l'emploi de manœuvres déloyales (Cass., 5 fév. 1855, précité).

805. — Bien que la liquidation de l'avoir social ait été adjugée « à forfait », par suite d'enchères amiables, à l'un des anciens associés, cet acte peut, à raison des circonstances, être considéré comme ayant le caractère d'un partage ; de telle sorte qu'au cas où une créance restée inconnue vient à être découverte depuis l'adjudication par l'associé liquidateur, les autres anciens associés ont droit de réclamer leur part dans cette somme (Cass., 19 mai 1868, S. 68.1. 442, D. 69.1.317).

806. — Le partage exécuté, les associés se doivent mutuellement garantie. Ainsi, celui qui serait évincé de l'immeuble par lui reçu pourrait revenir contre ses associés. L'indemnité qu'il obtiendrait constituerait une créance privilégiée sur les immeubles ayant appartenu à la société, il serait donc payé de préférence aux créanciers personnels des associés (Cass , 20 mai 1824, S. chr., Dalloz, n. 798). La garantie s'applique également au payement de la soulte stipulée en faveur de l'un des associés. Ce n'est qu'après le partage terminé que les copartageants peuvent exercer des actions les uns contre les autres, car auparavant il n'existe aucun lien de droit de créanciers à débiteurs entre les associés qui jusque-là restent les propriétaires du fonds social (Nantes, 15 nov. 1902, *R. S.*, 1903.453).

807. — L'associé possède un privilège sur les biens partagés, à condition de le faire inscrire dans les formes et délais prescrits par l'art. 2109 C. civ. « Mais de quel jour court ce délai ? dit M. Bédarride (n. 631). Est-ce du jour de la liquidation seulement, ou de celui du partage et de la licitation ? La Cour de cassation s'est déterminée dans ce dernier sens ; ce qui motive sa solution, c'est que la liquidation, comme le faisait remarquer M. l'avocat général Delangle, peut se faire attendre pendant dix ou vingt ans ; que, dès lors, l'esprit de la loi, qui veut que le sort des propriétés soit fixé promptement, qu'aucune surprise ne puisse exister à l'égard des tiers, serait méconnu et violé par le système contraire. Cet arrêt, intervenu en matière ordinaire, régit les partages entre associés par une identité de raison incontestable. L'associé créancier d'une soulte doit donc inscrire dans les soixante jours ; ce délai commence à courir de la licitation ou du partage. »

808. — Le partage entre associés peut être attaqué pour cause de lésion, conformément à l'art. 887 C. civ. Aux termes de l'art. 1304 C. civ., cette action dure dix ans du jour du partage,

809. — Le droit qui appartient aux créanciers personnels des associés de se prévaloir de la nullité de la société implique en leur faveur celui de concourir dans la répartition de l'actif d'une société de fait avec les créanciers de celle-ci, sans distinction entre les biens qui avaient été apportés dans la société et ceux qui ont été acquis pendant sa durée (Cass., 22 mars 1843, S. 44.1.759 ; Dalloz, n. 986 ; — 18 mars 1846, S. 46.1.683, D. 46.1.241 ; — 13 fév. 1855, S. 55 1.721, D. 55.1.308 ; — Limoges, 2 juin 18 3, S. 44.2.5, Dalloz, n. 881 ; — 10 mars 1848, S. 48.2.353, D. 48.2.163 ; — Caen, 8 mars 1842, S. 43.2.337, Dalloz, n. 986 ; — Lyon, 24 janv. 1845, S. 46.2.212, D. 46. 2.81 ; — Bordeaux, 15 juin 1847, S. 48.2.745, D. 49.2 36 ; — Delangle, n. 547 ; Troplong, n. 859 ; Bédarride, n. 370. -- V. toutefois : Paris, 8 juill. 1847, S. 48.2.58). En pareil cas, les créanciers de la société de fait ne peuvent réclamer aucun droit de préférence à l'encontre des créanciers personnels des associés (Cass., 13 fév. 1855, précité).

SECTION IV

CLÔTURE DE LA LIQUIDATION

810. — La date de la clôture de la liquidation n'est point indifférente, car c'est à partir de ce moment que la fiction de survie de la personnalité morale cesse et que les pouvoirs du liquidateur prennent fin. La liquidation est terminée lorsque les associés ont reçu le compte de liquidation, mais il s'agit du compte définitif, et non d'un compte partiel et provisoire (Cass., 11 mars 1884, D. 84.1.199 ; — 18 déc. 1883, D. 84.1.402 ; — Nancy, 31 déc. 1896, *R. S.*, 1897.203).

La clôture de la liquidation n'est assujettie par la loi à aucune publicité.

811. — A la fin des opérations de liquidation, le liquidateur rend son compte aux associés. Il porte en recettes tous les produits de la liquidation et en dépenses les dettes et charges sociales qu'il a acquittées et ses honoraires (Saint-Etienne, 7 mars 1899, *J. S.*, 1899.473).

Le liquidateur n'a pas de privilège à l'encontre des créanciers sociaux pour le remboursement de ses frais ou le payement de ses honoraires (Paris, 20 janv. 1842, D. 42.2.131 ; — Lyon, 27 mai 1859, S. 60.2.16 ; — 24 déc. 1860, S. 61.2.557 ; Aix, 31 mai 1871, S. 72.2.47 ; — Pont, n. 1976 ; Lyon-Caen et Renault, n. 398. — *Contrà* : Dijon, 17 mars 1862, S. 63.2.100 ; — Aix, 11 nov. 1871, D. 73.2.78 ; — Lyon, 11 juill. 1873, S. 74.2.73). Mais il peut, si ses avances ont conservé le gage commun des créanciers, invoquer le privilège de l'art. 2103-3° C. civ. (Cass., 8 janv. 1862, D. 63.1.75 ; — Paris, 20 nov. 1894, *J. S.*, 1895.35 ; — Cass., 21 janv. 1908, *J. S.*, 1909.491 ; — Lyon-Caen et Renault, n. 398).

Le liquidateur, étant de ce chef créancier de la société, peut agir non seulement contre elle, mais contre les associés tenus solidairement du paiement du passif (Lyon-Caen et Renault, n. 399. — V. cependant Cass., 5 juill. 1837, S. 37.1.705, et 21 nov. 1848, S. 49.1.263).

812. — Les associés déterminent lequel d'entre eux conservera en fin de liquidation les archives de la société ; à défaut d'entente, le tribunal nomme un dépositaire (Lyon-Caen, n. 406 ; Bruxelles, 9 mai 1897, *J. S*, 1898 507).

813. — Le liquidateur demande aux associés la décharge de son mandat. En cas de refus ou de difficultés, il soumet son compte au tribunal et sollicite quitus par un jugement Il doit mettre en cause les associés.

814. — Le fait par un actionnaire de toucher, sans faire de réserves, le dividende pour solde mis en répartition par les liquidateurs emporte acquiescement et ratification des opérations des liquidateurs (Cass., 16 fév. 1909, *J. S.*, 1909.404).

SECTION V

DE LA PRESCRIPTION

a) Principes de la prescription spéciale de l'art. 64.

815. — L'art. 64 C. com. a créé, en matière de société, une prescription spéciale ; cet article est ainsi conçu : « Toutes actions contre les associés non liquidateurs et leurs veuves, héritiers ou ayants cause, sont prescrites cinq ans après la fin ou la dissolution de la société, si l'acte de société qui en énonce la durée ou l'acte de dissolution a été affiché et enregistré conformément aux art. 42, 43, 44 et 46, et si, depuis cette formalité remplie, la prescription n'a été interrompue à leur égard par aucune poursuite judiciaire. »

816. — « L'exception que cet article consacre au droit commun. en matière de prescription, dit M. Bédarride (n. 648), a été surtout considérée au point de vue de l'intérêt général. Il est certain que les inconvénients qu'on redoutait de la prescription trentenaire n'étaient que trop capables de se réaliser et de nuire au développement du commerce, au succès des sociétés. On aurait hésité à s'associer si, pendant trente ans, on avait été soumis à la responsabilité indéfinie et solidaire, responsabilité que l'insolvabilité de certains associés serait venue aggraver. Comment, dans cette incertitude, se livrer à de nouvelles opérations ? Comment, si on l'osait, se procurer ce crédit qu'un doute de cette nature devait anéantir, ou tout au moins fortement compromettre ?

« La disposition de l'art. 64 répond donc à toute nécessité réelle, et on doit d'autant plus l'approuver que le préjudice que l'on craignait pour les créanciers ne peut jamais se réaliser.

« Ce n'est pas seulement par l'affiche que s'annonce la dissolution de la société, c'est encore par des circulaires, c'est surtout par la notoriété commerciale que ne peuvent ignorer ceux qui sont précisément en relations d'affaires avec la société.

« A côté de cette notoriété se place celle de la solvabilité de la liquidation : les créanciers sont donc à même d'apprécier ce qui lui convient le mieux, et s'ils optent pour un recours contre les associés non liquidateurs, ils ont dans le délai de cinq ans beaucoup plus de temps qu'il ne leur en faut ; il n'est peut-être pas d'exemple qu'un commerçant ait laissé dormir sa créance pendant plus de cinq ans. »

817. — La prescription de l'art. 64 n'a été édictée que pour les sociétés commerciales : elle ne saurait donc être étendue aux sociétés civiles à forme commerciale, sous l'empire de la loi du 24 juillet 1867 et avant la loi de 1893 (Cass., 28 janv. 1884, S. 86.1.465, D. 84.1.145 ; — Houpin, t. 1, n. 215, et t. 2, n. 962 ; Lyon-Caen, note sous Cass., 28 janv. 1884, S. *Ibid.* ; Lyon-Caen et Renault, t. 2, n. 1088. — *Contrà* : Pont, t. 2, n. 2003).

818. — Mais l'art. 64 s'applique-t-il à toutes les sociétés commerciales ? On a soutenu que cette prescription ne pouvait être invoquée que dans les sociétés en nom collectif et dans les sociétés en commandite par les commandités, mais qu'elle était inapplicable aux sociétés anonymes et aux sociétés en commandite pour les commanditaires, de telle sorte que les commanditaires et les actionnaires ne pourraient invoquer que la prescription de trente ans (Trib. com. Seine, 14 mars 1890, en note sous Cass., 24 janv. 1894, S. 95.1. 497, D. 94.1.519. — *Sic* : Demangeat sur Bravard-Veyrières, t. 1, p. 445, note 1 ; Lyon-Caen et Renault, t. 2, n. 429 et 545 ; Laurin, n. 272).

819. — La majorité de la doctrine et la jurisprudence décident au contraire que l'art. 64 doit s'appliquer à toutes les sociétés commerciales. Cette solution résulte du texte de la loi, de ses termes généraux qui ne permettent aucune distinction entre les diverses espèces de sociétés de commerce. Elle résulte également de l'esprit de la loi qui a voulu favoriser, par une prescription de faveur, le crédit commercial et le développement des sociétés (Cass., 21 juill. 1835, S. 36.1.121, Dalloz, *Rép.*, V° *Sociétés*, n. 1439 ; — 24 janv. 1894, précité ; — Trib. com. Seine, 24 mai 1889, *R. S.*, 1889.464. — *Sic* : Alauzet, t. 1, n. 629 ; Bédarride, t. 3, n 659 ; Boistel, n. 390 ; Delangle, t. 2, n. 725 ; Dutruc, V° *Sociétés*, n. 655, et t. 2, n. 962 ; Ledru, *J. S.*, 1880, p. 462 ; Pont, t. 2, n. 2007 ; Thaller, n. 364, et *Ann. dr. comm.*, 1891, *Doctr.*, p. 194 ; A. Wahl, note sous Cass., 24 janv. 1894, précité, S. *Ibid.* ; Vavasseur, t. 1, n. 255, note).

820. — La prescription de l'art. 64 n'est établie qu'après la dissolution (Lyon-Caen et Renault, t. 2, n. 428). Ainsi, elle n'a pas lieu en cas de transformation ou de fusion (Rennes, 31 déc. 1867, D. 70. 2.14 ; — Cass., 14 déc. 1869, S. 70.1.165, D. 70.1.179). Mais elle peut profiter à l'associé qui se retire de la société (Lyon-Caen et Renault, t. 2, n. 430). A son égard, les choses se passeront comme si la société était dissoute.

Il faut qu'il s'agisse d'une dissolution volontaire et la prescription de l'art. 64 n'est pas applicable au cas de faillite de la société, même après dissolution, car il ne peut y avoir dans ce cas d'associés liquidateurs au sens de l'art. 64 (Cass.,27 déc. 1905, *R. S.*, 1906. 147).

821. — Il faut noter aussi que la faillite de la société n'entraînant pas de plein droit la dissolution, les actions contre les associés demeurent soumises à la prescription ordinaire pour le payement soit des dividendes après concordat, soit des dettes intégrales après contrat d'union (Cass., 23 mai 1853, S. 55.1.499, et la note, D. 54.5.714 ; — Paris, 30 janv. 1889, *R. S.*, 1889.248 ; — Trib. com. Seine, 21 avr. 1886,*Ibid.*,1886.399 ; — 14 mars 1890, *Ibid.*, 1890.390. —*Sic :* Alauzet, t.2, n. 629 ; Bédarride, t. 3, n. 667 ; Delangle, t. 2, n. 724 ; Lyon-Caen et Renault, t. 2, n. 430 ; Pardessus, t. 3, n. 1090 ; Pont, t. 2, n. 2004 ; Troplong, t. 2, n. 1052 ; Vavasseur, t. 1, n. 251).

De plus, il faut que la dissolution ait été publiée, et même, d'après certains auteurs, la publication ne suffirait pas pour donner ouverture à la prescription. Il faudrait que la dissolution ait été suivie d'une liquidation (Bédarride, n. 661 et 664. — En sens contraire : Cass., 15 déc. 1880, S. 82.1.5, D. 82.1.393 ; — Seine, 14 janv. 1901, *La Loi*, 1er mai 1901 ; — Grenoble, 30 oct. 1901, *R. S.*. 1902.343 ; — Pont, n. 2004. — *Sic* : Alauzet, t. 1, n. 624 et s. ; Boistel, n. 394 ; Bravard-Veyrières et Demangeat, t. 1, p. 449 et s. ; Dolez, p. 173 et s. ; Dutruc, V° *cit.*, n. 647 ; Lyon-Caen et Renault, t. 2, n. 363 et 431 ; Malepeyre et Jourdain, p. 343 et s. ; Pont, t. 2, n. 2010 ; Ruben de Couder, V° *Soc. en nom collect.*, n. 665).

822. — A la dissolution, il faut assimiler la nullité de la société. La nullité produit en effet, d'après une jurisprudence constante, les mêmes conséquences légales que la dissolution. Elle entraîne cette dissolution pour l'avenir ; mais elle n'empêche pas qu'il ait existé entre les parties une société de fait dont la liquidation doit être soumise aux règles ordinaires des sociétés (Poitiers, 18 juill. 1894, S. 96.2.171, D. 96.2.26 ; — Lyon-Caen et Renault, t. 2, n. 430).

b) Qui peut invoquer la prescription ?

823 — La prescription peut être invoquée par tout associé non liquidateur. Les termes de l'art. 64 sont généraux, et il importe peu que la liquidation ait été confiée à l'un des associés ou à une personne étrangère à la société. Cependant, on a soutenu que la prescription de cinq ans devrait être écartée lorsque le liquidateur est étranger, en se fondant sur ce que ce liquidateur étant le mandataire des associés, ceux-ci doivent être considérés comme les véritables liquidateurs, qui ne peuvent dès lors invoquer que la prescription de trente ans (Rouen. 24 mars 1849, S. 49.2.691, D. 51.2.151 ; — Paris, 27 mai 1856, P. 58.813 ; — 26 avr. 1877, S. 80.2 331, D. 79 2.81 ; — Bordeaux, 10 sept. 1902, *R. S.*, 1903.187 ; — Seine, 14 janv. 1901, *J. S.*, 1901.275 ; — Paris, 19 déc. 1903, *J. S*, 1904.497, *R. S.*, 1904.509 ; Bédarride, t. 3, n. 665 et s. ; Vavasseur, t. 1, n. 254).

824. — Mais cette opinion, que nous avons soutenue dans notre première édition, n'a pas triomphé devant la Cour de cassation. Le liquidateur, a-t-on dit, n'est pas le mandataire des associés ; il est le mandataire de la société dont la personnalité morale subsiste pour les besoins et jusqu'à la fin de la liquidation. Enfin, si l'opinion contraire était adoptée, il faudrait l'appliquer également au cas où la liquidation est confiée à l'un des associés, ce qui enlèverait toute portée à la prescription établie par l'art. 64 (V. en ce sens : Cass., 27 janv. 1880, S. 80.1.165, D. 80.1.104 ; — 16 mars 1897, D. 97.1.320. — *Sic* : Alauzet, t. 2, n. 624 et 627 ; Bravard-Veyrières et Demangeat, t. 1, p. 461 ; Lyon-Caen et Renault, t. 2, n. 435 ; Pont, t. 2, n. 2005).

825. — Lorsque la liquidation a été confiée à l'un des associés, il est certain que les autres associés jouissent du bénéfice de la prescription de cinq ans (Houpin, *loc. cit.* ; Lyon-Caen et Renault, t. 2, n. 436).

Il en serait autrement si l'associé non liquidateur avait participé par divers actes de concours à la liquidation (Cass., 28 mai 1872, S. 73.1.148, D. 72 1.256. — *Sic* : Vavasseur, t. 1, n. 255).

826. — L'associé liquidateur ne peut-il invoquer que la prescription de trente ans ? Un premier système, partant de cette idée que ce liquidateur est en même temps un associé, décide qu'il y a lieu de distinguer ici les actions qui seraient exercées contre lui en tant qu'administrateur devant rendre compte de l'actif social, et les actions dont il pourrait être tenu comme associé en paiement des dettes

sociales : les premières seraient soumises à la prescription de trente
ans ; mais les autres bénéficieraient de la prescription quinquennale
de l'art. 64 (*Sic* : Alauzet, t. 2, n. 624 et s. ; Boistel, n. 394 ; Bravard-
Veyrières et Demangeat, t. 1, p. 464 et 465 ; Dolez, p. 173 et s. ; Dutruc, V° *Sociétés*, n. 647 ; Labbé, note sous Cass., 27 janv. 1873, S. 73.
1.433 ; Lyon-Caen et Renault, t. 2, n. 436 ; Malepeyre et Jourdain,
p. 343 et s. ; Pont, t. 2, n. 2010 ; Ruben de Couder, V° *Soc. en nom
collect.*, n. 665 ; Thaller, n. 365 ; Seine, 21 déc. 1901, *R. S.*, 1902.
392).

827. — Un deuxième système se fonde sur les termes généraux de
l'art. 64 pour décider que l'associé liquidateur ne peut jamais, alors
même qu'il est poursuivi comme associé, invoquer la prescription
de cinq ans (Cass., 28 août 1872, D. 72.1.247 ; Nîmes, 27 janv. 1870,
et sur pourvoi : Cass., 27 janv. 1873 (motifs), S. 73.1.433, D. 73.1.371.
— *Sic* : Bédarride, t. 3, n. 656 ; Pardessus, t. 3, n. 1090 ; Troplong,
t. 2, n. 1051 ; Vincens, t. 1, p. 372).

828. — Jugé que la prescription de cinq ans peut être invoquée
par l'associé qui, après avoir accepté temporairement le mandat de
liquidateur, a été régulièrement remplacé par un liquidateur nouveau auquel il a rendu ses comptes et remis toutes les valeurs sociales ; dans ce cas, la prescription court à partir du jour où la retraite et le payement du liquidateur ont été rendus publics dans les
formes prescrites par la loi, et c'est aussi de ce jour qu'il prend la
qualité d'associé non liquidateur (Cass., 8 août 1849, S 49.1.679, D.
49.1.309 ; — Paris, 20 avr. 1847, S. 47.2.118. — *Sic* : Lyon-Caen et
Renault, t. 2, n. 436 *bis* ; Pont, t. 2, n. 2011)

829. — Il peut arriver que tous les associés soient liquidateurs.
Dans ce cas, les auteurs qui refusent d'appliquer la prescription de
cinq ans aux associés non liquidateurs n'admettent cette prescription au profit d'aucun des associés. Les partisans de l'opinion opposée décident au contraire que chacun des associés pourra opposer
cette prescription aux actions dirigées contre lui en cette qualité
(Lyon-Caen et Renault, t. 2, n. 437).

830. — Le défendeur qui oppose la prescription de l'art. 64 est
tenu de prouver qu'elle était accomplie au moment où l'action a été
introduite (Cass., 16 mars 1897, S. 01.1.22, D. 97.1.320).

c) Actions auxquelles la prescription s'applique.

831. — *Actions des tiers contre les associés non liquidateurs.* — La prescription de l'art. 64 C. com. a été édictée en faveur des associés non liquidateurs. Toute action contre les associés non liquidateurs, dit la loi, dans le sens le plus large, est prescrite, etc.

Il en résulte que la prescription quinquennale peut être invoquée par les associés contre les poursuites qui seraient dirigées contre eux, même s'ils sont poursuivis en exécution d'un jugement rendu contre la société (Cass., 1er fév. 1886, S. 86.1.54; D. 86.1.70; — Paris, 24 mars 1909, J. S., 1909.510; — Lyon-Caen et Renault, n. 433).

La Cour de cassation décide que la prescription de l'art. 64 s'applique à toutes les actions qui peuvent être dirigées par les créanciers sociaux contre l'associé non liquidateur, sans distinction entre les actions ayant pour but de contraindre l'associé à l'exécution des obligations personnelles qu'il aurait contractées comme associé et celles tendant à lui faire restituer les sommes qu'il aurait reçues indûment sur l'actif social (Cass., 27 janv. 1873, S. 73.1.433, D. 73.1.371. — En sens contraire : Lyon-Caen et Renault, n. 438 ; Pont, n. 2009).

832. — La prescription quinquennale est également inapplicable :

Aux actions des tiers contre la société (Houpin, *loc. cit.* ; Lyon-Caen et Renault, t. 2, n. 432 *bis*);

Aux actions de la société contre les tiers (Cass., 7 juill. 1873, D. 74.1 470);

Aux actions des associés contre la liquidation ou contre les anciens gérants de la société (*Sic* : Lyon-Caen et Renault, *loc. cit.*).

833. — De même encore, la disposition de l'art. 64 ne doit pas être étendue aux administrateurs d'une société anonyme poursuivis comme responsables de leur quasi-délit, que la faute par eux commise ait ou non pour sanction la nullité de la société (Cass., 6 mars 1893, S. 95.1.483, D. 94.1.89 ; Lyon-Caen et Renault, t. 2, n. 806 et 833).

834. — Enfin la prescription quinquennale doit être écartée lorsqu'il s'agit non plus d'une action découlant de la qualité d'associé, mais d'une action relative à une obligation personnelle et volontaire, telle qu'une constitution d'hypothèque consentie par l'associé sur ses biens propres (Trib. civ. Bordeaux, 24 fév. 1872, D. 73.3.36).

835. — *Actions entre associés.* — La prescription de l'art. 64 s'applique seulement à l'action que les tiers peuvent exercer contre les associés non liquidateurs. Elle n'est point applicable aux actions que les associés peuvent avoir à exercer les uns contre les autres (Rouen, 8 mars 1871, S. 71.2.269, D. 72.5.418 ; — 27 juin 1892, D. 96.1.382 ; — Paris, 26 avr. 1877, S. 80.2.331, D. 79.2.81 ; — Cass., 22 mars 1905, *R. S.*, 1906.8. — *Sic* : Alauzet, t. 1, n. 604 ; Bédarride, t. 2, n. 680 ; Boistel, n. 393 ; Bravard-Veyrières et Demangeat, t. 1, p. 445 ; Delangle, t. 2, n. 725 ; Dutruc, V° *Sociétés*, n. 659 ; Laurin, n. 271 ; Lyon-Caen et Renault, t. 2, n. 432 *bis* ; Merlin, *Quest.*, V° *Société*, § 11, n. 68 ; Pardessus, t. 3, n. 1090 ; Pont, t. 2, n. 1051 *in fine* ; Vavasseur, t. 1, n. 254. — V. cependant Vavasseur, t. 4, n. 3016, p. 677).

d) Point de départ de la prescription.

836. — Le point de départ de la prescription varie suivant que la société prend fin par l'expiration du terme fixé pour sa durée, ou suivant qu'elle finit par une dissolution anticipée.

Dans le premier cas, il suffit que l'acte de société ait été originairement publié, conformément à la loi. Les tiers sont réputés suffisamment prévenus par cette publication de l'époque où la société doit prendre fin. Mais s'il s'agit d'une dissolution anticipée, les tiers doivent être avertis par la publication de l'acte de dissolution (Pont, n. 2014 ; Lyon-Caen et Renault, n. 439 *bis* ; — Trib. com. Châtillon-sur-Seine, 13 déc. 1880, D. 81.3.47 ; — Cass., 16 mars 1897, *J. S.*, 1897.263 ; — Paris, 28 janv. 1889, *R. S.*, 1889.248).

Lorsqu'un associé en nom collectif cesse de faire partie de la société, c'est également à partir du jour de la publication régulière de cet événement que commence à courir le délai de la prescription de cinq ans (Rouen, 19 juin 1909, *J. S.*, 1910.69).

837. — Il faut d'ailleurs que la publicité soit régulière et il importerait peu à cet égard que les tiers aient eu personnellement connaissance de la dissolution (Cass., 19 avr. 1893, S. 94.1.289).

838. — *Causes d'interruption.* — L'art. 64 énonce comme mode d'interruption de la prescription les poursuites judiciaires intentées contre les associés non liquidateurs postérieurement à la publication de la dissolution de la société. Mais la jurisprudence admet tous autres modes d'interruption de la prescription, conformément aux principes du droit commun (Cass., 19 janv. 1859, S. 60.1.565, D. 59.1.72 ; — Bordeaux, 1er mars 1889, S. 92.2.76, D. 90.1.89 ; — Seine,

3 nov. 1900, *R. S.*, 1901.247 ; — Pont, n. 765 ; Lyon-Caen et Renault, n. 443 *bis*).

839. — Ainsi la prescription serait interrompue par la reconnaissance de la dette faite par le débiteur.

Par contre, la prescription quinquennale n'est suspendue que par les causes qui atteignent les courtes prescriptions. Il n'y aurait donc pas suspension à raison de l'incapacité, et spécialement à raison de la minorité du créancier (Trib. com. Havre, 20 juill. 1886, *R. Havre*, 1886.160 ; — Lyon-Caen et Renault, n. 444).

CHAPITRE VIII

DIVISION DES SOCIÉTÉS COMMERCIALES
DES SOCIÉTÉS EN NOM COLLECTIF

840. — La loi reconnaît trois espèces de sociétés commerciales :

La société en nom collectif ;

La société en commandite ;

La société anonyme (C. com., art. 19).

Cette énumération n'est pas complète. Il faut y ajouter d'abord les sociétés ou associations en participation.

Et les sociétés de crédit agricole, les sociétés de crédit maritime, les sociétés de caution mutuelle et les banques populaires.

Enfin, les sociétés en commandite se divisent en commandite simple ou par intérêts, et en commandite par actions.

Les sociétés à capital variable constituent moins une forme distincte de société qu'une modalité des autres espèces de sociétés.

841. — La société en nom collectif est une société dans laquelle tous les associés sont connus du public et obligés solidairement aux dettes sociales. Telle est l'excellente définition que nous empruntons à M. Boistel (p. 125). — L'art. 20 C. com. la définit en ces termes : « La *société en nom collectif* est celle que contractent deux personnes ou un plus grand nombre, et qui a pour objet de faire le commerce sous une raison sociale. »

Cette société est celle qui emprunte le plus de règles au droit commun. De tous les contrats que le commerce engendre, la société en nom collectif est le plus grave ; il engage le présent, l'avenir, l'honneur des associés. On ne peut donc apporter trop de circonspection et de soin avant de contracter (Delangle, n. 206).

842. — La société en nom collectif est le type le plus parfait de la société de personnes. Elle repose sur la confiance réciproque des associés, puisqu'en cas d'insolvabilité des coassociés, les autres sont exposés au payement intégral des dettes sociales. Aussi a-t-il été très juridiquement décidé qu'un associé en nom collectif ne peut se faire représenter par un mandataire dans l'exercice de ses droits

(Paris, 30 oct. 1889, *R. S.*, 1889.127). — Il est certain d'autre part que la société ne peut exister qu'avec le libre consentement des associés (Cass., 19 fév. 1907, *J. S.*, 1907.427).

Lorsqu'on dit que la société en nom collectif est une société de personnes, ces personnes peuvent-elles être uniquement des personnes physiques ou encore des personnes morales? En d'autres termes, une société en nom collectif peut-elle comprendre parmi ses associés une société anonyme par exemple? La jurisprudence paraît admettre, avec raison, la possibilité pour une société anonyme de faire partie d'une société en nom collectif (Cass. Turin, 20 juill. 1906, *J. S.*, 1907.225. — *Sic* : Wahl, *J. S.*, 1905.295).

On a même soutenu qu'il pouvait y avoir des sociétés en nom collectif par actions, ce qui paraît beaucoup plus douteux.

843. — La société en nom collectif est la société commerciale de droit commun. A défaut de volonté contraire expressément formulée par les contractants, ils sont présumés avoir voulu contracter une société en nom collectif (Paris, 22 nov. 1890, *R. S.*, 1891.86 ; — 22 juin 1891, *R. S.*, 1891.481 ; — Amiens, 2 juill. 1892, D. 93.2.505 ; — Lyon-Caen et Renault, t. 2, n. 150 et 457).

844. — Il n'est pas possible de confondre la société en nom collectif avec la société en commandite ou avec la société anonyme. Les caractères de chacune de ces sociétés sont absolument différents ; mais elle pourrait être plus facilement confondue avec l'association en participation. Nous indiquerons les différences qui les séparent (n. 3737 et s.).

SECTION 1

DE LA RAISON SOCIALE

845. — La société en nom collectif a pour objet de faire le commerce sous une raison sociale. — La raison sociale est le nom de la société, être moral distinct de la personnalité des associés C'est la désignation sous laquelle les tiers connaîtront la société ; ils ne pourront ainsi la confondre avec les associés qui la composent ; c'est en employant la raison sociale que le gérant traitera les affaires de la société.

846. — Le choix d'une raison sociale est donc de l'essence de toute société en nom collectif. Ce choix appartient exclusivement aux intéressés ; ils peuvent y faire figurer soit le nom de tous les associés, soit celui de quelques-uns seulement, ou même celui d'un seul qu'on fait suivre, dans ces deux derniers cas, des mots : *et Compagnie* (Seine, 18 janv. 1902, *R. S.*, 1902.282).

847. — L'obligation de créer une raison sociale n'est cependant pas d'une nature telle que son inexécution empêche la société d'exister. — Les tiers pourront toujours prouver, comme nous l'avons déjà dit, l'existence de la société, et l'obligation prise par telles ou telles personnes entre elles d'être associées (*Suprà*, n. 352) ; seulement lorsqu'il n'y aura pas de raison sociale, surgira la question de savoir si la société ne sera pas une simple participation ; nous renvoyons l'examen de cette question au chapitre spécial aux associations en participation (V. Cass., 10 août 1859, S. 60.1.29 ; — 7 déc. 1875, D. 76.1.173 ; — Lyon-Caen et Renault, n. 164 ; Thaller, n. 248).

848. — Mais notons dès à présent que si l'absence de raison sociale est un des caractères principaux de l'association en participation (*infrà*, n. 3737 et s.), il n'en est pas moins certain qu'une association formée sans raison sociale peut être considérée comme une société en nom collectif, lorsqu'elle a été contractée en vue d'une série d'opérations successives et que les associés se sont déclarés solidaires (Cass., 8 mai 1867, S. 67.1.313, D. 67.1.225 ; — 3 fév. 1869, S. 69.1.217. — *Sic* : Cass., 10 août 1859, S. 60.1.29, D. 59.1.360 ; — Alauzet, n. 280).

849. — Les associés font figurer leurs noms dans la raison sociale suivant l'ordre qui leur convient. Mais si la raison sociale n'a pas été fixée dans l'acte constitutif de la société, il appartient aux tribunaux, appelés à trancher le différend, de rechercher, en tenant compte des services rendus à la société par chacun des associés et de l'ancienneté de ces services, quelle est la raison sociale la plus favorable à l'intérêt de la société (Lyon, 16 juill. 1896, S. 97.2.15, D. 98.2.256).

850. — La raison sociale est souvent une grande ressource pour la société et la cause d'un crédit assuré. C'est ce qui existe, en effet, lorsqu'elle se compose de noms honorablement connus, soit par leur solvabilité, soit par leur moralité, soit encore par leurs grandes capacités commerciales. Aussi le législateur a-t-il dû se prémunir contre un danger qui n'eût pas manqué de susciter la fraude et la mauvaise foi, c'est-à-dire l'adjonction à la raison sociale d'un nom étranger aux associés. L'art. 21 a pour objet de rendre impossible cette combinaison frauduleuse qui pourrait porter au tiers le plus grave préjudice. Les noms seuls des associés, d'après cet article, peuvent faire partie de la raison sociale (Cass., 4 fév. 1852, S. 53.1.213 ; — Lyon, 16 juill. 1896, *J. S.*, 1896.502 ; — Seine, 18 janv. 1902, *R. S.*, 1902.282).

L'associé qui se retire peut demander la suppression de son nom dans la raison sociale (Besançon, 12 mai 1899, S. 03.2.199 ; — Cass., 19 mars 1902, D. 1902.1.494 ; — Marseille, 28 avr. 1904, *J. S.*, 1904 513).

851. — Les associés qui prennent un nom qui ne leur appartient pas commettent une véritable escroquerie. Faire usage d'un faux nom et employer des manœuvres frauduleuses pour persuader l'existence d'un crédit imaginaire, c'est tomber sous l'application de l'art. 405 C. pén. Mais pour que les associés encourussent les sévérités de la loi, il faudrait qu'ils eussent agi avec une intention frauduleuse. Dans le cas, par exemple, où cette fraude aurait été consommée à l'insu de l'un des associés, il est bien entendu que celui-ci ne serait pas pénalement responsable (Malepeyre et Jourdain, p. 28 ; Delangle, p. 223 ; Bédarride, n. 135 ; Alauzet, n. 284)

852. — Quant au tiers, il sera à l'abri de toute réclamation s'il a ignoré la fraude et n'y a participé en quoi que ce soit ; il a même le droit d'exiger que son nom disparaisse immédiatement de la raison sociale (Bordeaux, 17 nov. 1873, S. 74.2.145, D. 75.2.82). Mais s'il a autorisé ou toléré l'usage de son nom, il pourra être, en cas d'intention frauduleuse, complice du délit d'escroquerie, et en tout cas responsable du préjudice éprouvé par les tiers. Il pourra, par exemple, être condamné solidairement avec les associés au payement des dettes sociales, sans pouvoir invoquer la clause, même publiée, de l'acte de société portant qu'il sera affranchi de cette responsabilité (Pardessus, n. 978 ; Troplong, n. 373 ; Bédarride, n. 136 ; Massé, n. 1950 ; Lyon-Caen et Renault, n. 182).

853. — Si, au décès d'un associé entraînant la dissolution de la société, les autres associés majeurs et maîtres de leurs droits ont usé de la faculté qu'ils avaient aux termes de l'acte constitutif de continuer la société, dans laquelle l'héritier de l'associé décédé est venu prendre la place du défunt, la société ainsi continuée a-t-elle pu conserver la raison sociale qui n'a pas cessé d'en être l'expression, et par conséquent, contracter et agir sous cette raison ? En Angleterre cela est très usité. L'art. 30 C. com. hollandais le consacre formellement. La Cour de cassation avait adopté la même doctrine par un important arrêt du 10 janvier 1870 (S. 70.1.157, D. 70.1.160) (V. conf. : Cass., 7 déc. 1858, S. 59.1.619, D. 59 1.135 ; — Alauzet, n. 243, et comme anal. en ce sens : Cass., 16 mai 1838, Dalloz, n. 987, S. 38.1.836 ; — 22 mars 1843, S. 44.1.759, Dalloz, n. 986 ; — 26 juill. 1843, S. 43.1.881, Dalloz, n. 985 ; — Troplong, n. 959, 960 ; — Delangle, n. 581). — Mais depuis, la Cour suprême est revenue sur sa décision et cette doctrine est approuvée par les auteurs modernes : les héritiers de l'associé en nom collectif décédé dont le nom continue à figurer dans la raison sociale, alors qu'en fait ils ne font plus partie de la société, doivent être considérés comme associés ou tout au moins comme tenus de leur faute vis-à-vis des tiers de bonne foi (Cass., 19 mars 1902, D. P. 02.1.494, S. 02 1.351 ; — Bordeaux, 18 nov. 1907, *J. S.*, 1908.456. — *Sic* : Lyon-Caen et Renault, n. 154 ; Thaller et Pic, n. 394).

854. — Une autre question non moins intéressante a été soumise à la Cour de Bordeaux. L'usage et la jurisprudence ont consacré le droit pour le mari de joindre à son nom celui de sa femme et de se servir du nom ainsi composé pour désigner sa maison de commerce (V. Poitiers, 8 déc. 1863, S. 64.2.50).

Mais s'il cède ce nom, sous lequel il a fait le commerce, à une société en nom collectif, les parents de la femme peuvent-ils s'opposer à ce que la société fasse entrer le nom de la femme dans la raison sociale. La Cour de Bordeaux s'est prononcée pour l'affirmative par un arrêt du 17 novembre 1873 (S. 74.2 145).

M. Lyon-Caen critique vivement cet arrêt dans une dissertation reproduite sous l'arrêt précité dans le recueil de Sirey. — Nous approuvons au contraire la doctrine de la Cour de Bordeaux M. Lyon-Caen semble, à notre avis, avoir perdu de vue dans ses critiques qu'il s'agissait dans l'espèce d'une cession du nom de la femme faite par le mari. Sans doute un commerçant peut céder son nom commercial (Paris, 19 mai 1865, S. 65.2.158) ; mais il ne faut pas exagérer ce principe, et décider d'une part, que cette cession pourra porter sur un nom qui n'est pas la propriété du commerçant, et d'autre part, que ce nom pourra, même après la cession, demeurer indéfiniment exposé aux chances d'une exploitation commerciale. Nous avons eu l'honneur de faire triompher cette doctrine devant la Cour de Lyon (Lyon, 12 juin 1873, S 74.2.246).

855. — Mais il a été jugé qu'après le décès du mari qui avait pris son nom personnel pour raison de la société commerciale contractée avec un tiers, la veuve qui prend dans la société, en vertu du pacte social, le lieu et place de son mari décédé, ne peut figurer dans la raison sociale sous le nom de celui-ci. Elle doit faire précéder ce nom du qualificatif de veuve, de manière à éviter toute confusion avec une maison de commerce fondée par un homonyme de son mari (Paris, 21 mars 1887, D. 88.2.165).

856. — Il a été jugé également que le nom du mari employé comme raison sociale d'une maison de commerce exploitée par le mari et la femme ne peut, après la mort du mari et le convol de la femme à de secondes noces, être pris par les époux pour raison sociale de l'association formée entre eux pour la continuation du même établissement commercial (Cass., 28 mars 1838, S. 38.1.304 ; — Dalloz, n. 808 ; Pardessus, n. 978).

857. — Outre la raison sociale, une société de commerce peut avoir une qualification, un *nom* la distinguant d'autres établissements du même genre, par exemple, le *Crédit Lyonnais*. C'est là un accessoire de l'établissement, qui non seulement peut être vendu mais qui suit le fonds de commerce lorsqu'il est cédé (Bédarride, n. 140 ; Pardessus, n. 378 ; Lyon-Caen et Renault, n. 164).

858. — Le nom adopté par une société ne constitue pas en sa faveur une propriété tellement exclusive qu'il ne puisse être pris par une autre compagnie industrielle ayant pour objet une industrie tout à fait différente de la première (Lyon, 9 déc. 1840, S. 41.2.131). Ainsi, il a été jugé qu'une société en nom collectif ne peut prendre une dénomination qui pourrait établir quelque confusion avec celle qui désigne une société anonyme ; mais il n'y a pas lieu à dommages-intérêts s'il n'y a pas eu intention d'établir une concurrence déloyale (Com. Seine, 7 juill. 1862 ; — Paris, 15 janv. 1863, T. C. 12.149).

859. — Il y a concurrence déloyale de la part de celui qui s'adjoint un homonyme dans le seul but de faire croire que sa société continue une société en renom (Cass., 4 fév. 1852, T. C. 1.301 : — Paris, 21 déc. 1860, T. C. 10.118), et on doit forcer la maison nouvelle à modifier sa raison sociale pour éviter la confusion (Paris, 6 fév. 1865, S. 65.2 89 ; — Com. Seine, 14 août 1867 ; — 12 sept. 1867, T. C. 17.21 ; — Paris, 5 juin 1867, T. C. 17.77. — V. aussi : Trib. Seine, 1er juin 1896, J. S., 1897.90).

860. — En cas de dissolution ou de transformation de la société, la raison sociale qui la personnifiait disparaît avec elle, sous peine de porter atteinte au crédit public et à la bonne foi commerciale ; elle ne passe pas à ceux qui succèdent à l'établissement commercial

(Alauzet, t. 2, n. 518 ; Delangle, n. 220 ; Dutruc, V° *Sociétés*, n. 216 ;
Lyon-Caen et Renault, t. 2, n. 154 ; Pardessus, n. 978 ; Troplong,
n. 372 ; Vavasseur, t. 1, n. 274)..

861. — Jugé à cet égard que l'associé qui est devenu seul propriétaire du fonds de commerce n'a pas le droit de conserver l'ancienne raison sociale (Dijon, 13 avr. 1865, S. 66.2.355).

SECTION II

**ADMINISTRATION DE LA SOCIÉTÉ EN NOM COLLECTIF.
USAGE DE LA SIGNATURE SOCIALE.**

§ 1. — Du gérant.

862. — La gestion des sociétés en nom collectif est confiée aux
gérants. Les règles qui leur sont appliquées sont en principe celles
inscrites dans le Code civil. Mais c'est généralement dans le pacte
social que l'on puise la définition des pouvoirs du gérant, et il est
toujours prudent de les déterminer dans l'acte de société.

863. — La société en nom collectif n'a pas nécessairement un
gérant. A défaut de désignation de gérant dans l'acte de société,
tous les associés seraient investis du pouvoir d'administration
(art. 1859 C. civ.). Mais, en fait, la plupart des sociétés en nom collectif ont un ou plusieurs gérants désignés par les statuts ou choisis
par les associés postérieurement à la constitution. Ces gérants peuvent être des associés ou des étrangers.

864. — Au point de vue de la révocation, il est intéressant de distinguer les gérants statutaires des gérants nommés au cours de la
société. Les gérants statutaires sont irrévocables. Au contraire, les
gérants nommés au cours de la société sont révocables *ad nutum*,
comme des mandataires ordinaires. Les mêmes règles président à
la démission des gérants.

865. — Mais il faut bien préciser que le principe de l'irrévocabilité du gérant statutaire ne repose que sur l'interprétation de la
volonté des parties et qu'il n'est pas d'ordre public. Les statuts de
la société peuvent donc stipuler que le gérant, même statutaire,
pourra être révoqué par l'assemblée générale des sociétaires (Cass.,
25 nov. 1872, D. 75.1.479). De même, il pourrait être stipulé dans
les statuts que le gérant nommé pendant le cours de la vie sociale
sera irrévocable.

866. — En principe, les fonctions du gérant sont gratuites (C. civ., art. 1896) ; mais en pratique, les gérants sont presque toujours salariés et reçoivent un traitement fixe, plus une part dans les bénéfices (Lyon-Caen et Renault, n. 258).

867. — Le gérant n'a aucun droit de rétention sur les livres et papiers de la société jusqu'au payement des sommes qu'il peut prétendre lui être dues (Cass., 29 nov. 1871, D. 71.1.209).

868. — Lorsqu'une difficulté existe sur les évaluations des inventaires, ayant déterminé le règlement inexact des droits du gérant comme associé, les tribun aux peuvent rectifier lesdits inventaires (Cass., 21 juill. 1884, D. 85.1.471).

869. — Les fonctions de gérant sont personnelles. Un gérant de société en nom collectif ne peut donc, à moins d'y être autorisé expressément, se substituer un tiers ; une telle substitution serait inefficace au regard de la société, et les tiers ne pourraient l'invoquer en faveur de la validité des engagements qu'ils auraient contractés (Lyon-Caen et Renault, n. 257).

870. — Les pouvoirs du gérant sont, ainsi que nous l'avons dit, définis par le Code civil. A défaut de clause expresse des statuts, ils se déterminent d'après la nature de l'acte, son objet ou son but.

Si l'acte accompli par le gérant se rattache au but de l'entreprise, il est régulier et oblige la société ; si au contraire il dépasse ce but et y est étranger, l'acte n'oblige pas la société.

871. — Il nous paraît inutile de nous appesantir sur ces règles, car, en pratique, les statuts sociaux déterminent toujours les pouvoirs des gérants, et c'est par application ou interprétation de ces statuts qu'il faudrait d écider si le gérant a accompli un acte qu'il avait le droit de faire, ou si au contraire il a outrepassé son pouvoir.

872. — Une question spéciale sur laquelle nous devons dire quelques mots cependant a été agitée : c'est celle de savoir si le gérant, à défaut de clause insérée dans les statuts, pourrait recevoir, pendant la durée dé la société, un mandat spécial d'aliéner ou d'hypothéquer les immeubles sociaux, et si ce mandat, dans le cas de l'affirmative, pourrait émaner de la majorité des associés, ou si, au contraire, il ne serait valable qu'à la condition d'être donné par l'unanimité.

La question est résolue par une distinction. Si l'acte qu'il s'agit d'autoriser est contraire aux statuts, ou s'il est manifestement étranger à l'objet de la société, l'accomplissement devra en être précédé par une modification des statuts, laquelle ne pourrait être l'œuvre que de l'universalité des associés (Trib. com. Marseille, 22 mai 1863, *J. de Marseille*, 1863.1.153 ; — Rouen, 16 juill. 1880, *Rec. du Havre*, 1880.1.236). S'il s'agit au contraire d'un acte excédant les pouvoirs du gérant, mais n'impliquant aucune modification au pacte social, le gérant pourra être autorisé à l'accomplir par une délibération prise par la simple majorité des associés, les associés votant par tête abstraction faite de l'intérêt de chacun dans la société (Lyon-Caen et Renault, n. 267. — V. en ce qui concerne la jurisprudence : Dalloz, n. 508, et notamment Cass., 27 janv. 1868, D. 69.1.410).

873. — Les statuts qui peuvent étendre les pouvoirs du gérant peuvent aussi les restreindre. Ainsi, il peut être convenu que le gérant ne pourra faire tel ou tel acte déterminé sans le consentement unanime des associés, ou sans telle ou telle précaution (Orléans, 11 janv. 1853, D. 53 2.160 ; — Douai, 19 déc. 1877, D. 79.2.32 ; — Lyon-Caen et Renault, n° 287 *bis*). Mais ces clauses ne sont valables à l'égard des tiers qu'à la condition d'avoir fait l'objet d'une publication exempte d'équivoque et d'ambiguïté (Cass., 22 juin 1881, D. 82.1.183).

874. — Si la société a plusieurs gérants, les statuts ou l'assemblée générale, au cours de la vie sociale, peuvent soit assigner à chacun d'eux des fonctions distinctes, soit imposer aux gérants l'obligation de n'agir que conjointement (V. Lyon-Caen et Renault, n. 266).

875. — Si les associés confèrent à l'un d'eux pouvoir de conclure au nom de la société une affaire déterminée, ils doivent, conformément au droit commun en matière de mandat, ratifier et exécuter les engagements pris ainsi (Cass., 8 août 1870, D. 71.1 330).

876. — La loi n'interdit ni aux gérants ni aux associés non gérants de traiter avec la société en leur nom personnel ; elle a, par l'art. 40 de la loi du 24 juillet 1867, apporté une restriction à ce principe en matière de société anonyme (Lyon-Caen et Renault, n. 263).

877. — Les règles relatives à la responsabilité du gérant sont celles du droit commun en matière de mandat (Lyon-Caen et Renault, n. 297 et 297 *bis*).

878. — Le gérant qui commet des détournements au préjudice de la société peut être poursuivi pour abus de confiance : c'est là l'application du principe que la société est un être moral indépendant de la personnalité de chacun des associés.

879. — Deux conditions sont exigées pour que la société soit obligée par les engagements contractés en son nom par les gérants. Il

faut : 1° que celui qui a contracté ait le pouvoir d'obliger la société ; 2° qu'il ait effectivement contracté *pour le compte de la société.*

880. — On s'est demandé s'il était indispensable, pour que la société fût obligée, que le gérant contractant en son nom ait fait usage de la raison sociale. La jurisprudence s'est toujours prononcée dans le sens de la négative (Bordeaux, 30 mai 1834, S. 34.2.469 ; — Cass., 19 nov. 1835, S. 36.1.132 ; — 19 août 1846, S. 47.1.28 ; — 28 juin 1865, D. 65.1.360 ; — 13 juin 1866, D. 68.1.37 ; — Riom, 20 mars 1879, S. 80.2.195 ; — Douai, 24 avr. 1890, D. 91.2.244).

Aux termes de l'art. 22, les engagements contractés par le gérant obligent la société, *pourvu que ce soit sous la raison sociale.* Mais l'article n'ajoute pas : *et non pas autrement.* Aussi en a-t-on conclu qu'il n'est pas indispensable, pour que la société soit obligée, que l'engagement ait été souscrit sous la raison sociale, et que la société est obligée si l'associé gérant n'a apposé que son nom seul, ou s'il résulte implicitement des termes de l'engagement ou de la nature de l'acte que ledit engagement a été contracté non dans l'intérêt propre et pour le compte personnel du signataire, mais dans l'intérêt et pour le compte de la société (Riom, 20 mars 1879, D. 80.2.4 ; — Douai, 24 avr. 1890, D. 91.2 244 ; — Lyon-Caen et Renault, t. 2, n. 290).

881. — Il n'est même pas indispensable que la signature sociale soit donnée sous une forme sacramentelle : elle peut être suppléée par des équivalents. — Spécialement, l'associé qui signe comme « chef de la maison sociale » est censé signer sous la raison sociale elle-même, et oblige ainsi la société en conformité de l'art. 21 C. com. (Cass., 23 avr. 1816 ; — Alauzet, t. 1, n. 515 ; Bédarride, t. 1, n. 138 ; Delangle, t. 1, n. 237 ; Malepeyre et Jourdain, p. 63 ; Massé, t. 3, n. 1958 ; Pont, t. 2, n. 1400 ; Thaller, n. 315). Mais une société n'est pas obligée par l'engagement d'un des associés signant de son nom seul sur du papier portant l'en-tête de la société, alors que cet engagement ne contient aucune mention propre à faire supposer que l'engagement a été contracté dans l'intérêt de la société et que d'ailleurs celle-ci n'en a point profité (Nantes, 19 janv. 1901, *J. S.,* 1902.89).

§ 2. — Usage de la signature sociale.

882. — Le gérant, qu'il soit un associé ou un tiers, oblige la société. Tous les associés sont obligés solidairement par l'emploi de la raison sociale (art. 22 C. com.). Mais les associés peuvent réglementer, ainsi que nous l'avons déjà dit, l'emploi de la raison sociale. Ils peuvent stipuler, par exemple, que les engagements devront être signés par tous les gérants (Malepeyre et Jourdain, p. 129 ; Bédarride, n. 141 ; Alauzet, n. 294).

883. — Les engagements souscrits par la raison sociale engagent de plein droit les associés, alors même que le signataire s'en serait réservé tout le profit ou aurait abusé de la signature sociale pour des affaires personnelles. Tel est le principe rigoureux.

884. — La Cour de cassation a jugé à plusieurs reprises que les engagements contractés sous la signature ou raison sociale par l'un des associés obligent la société, alors même que ces engagements auraient pour seule cause des dettes personnelles à l'associé souscripteur, et que le créancier aurait eu connaissance de cette circonstance. Suivant la Cour suprême, c'est aux associés de s'imputer d'avoir mal placé leur confiance. Le gérant engage la société à l'égard des tiers ; seulement il doit compte à la société du préjudice que lui a causé cet engagement (Cass., 11 mai 1836, S. 36.1.711 ; — 22 avr. 1845, S. 45.1.341, D. 45.1.260 ; — 7 mai 1851, S. 51.1.321, D. 51.1. 234 ; — 28 janv. 1851, D. 51.1.56 ; — 22 fév. 1860, S. 60.1.415 ; — 8 avr. 1889, *R. S.*, 1889.247. — *Sic* : Lyon, 18 nov. 1900, *J. S.*, 1901.92 ; — Aix, 28 nov. 1901, *J. S.*, 1903 264 ; — Marseille, 29 oct. 1902, *R. S.*, 1903.190 ; — Paris, 18 déc. 1902, *R. S.*, 1903.328 ; — Lyon, 9 janv. 1903, *R. S.*, 1903.435).

Cette doctrine est combattue par tous les auteurs (V. Pothier, n. 101 ; Merlin, *Rép.*, V° *Faux*, sect. 1, § 5 ; Pardessus, n. 1023 ; Malepeyre et Jourdain, p. 95 ; Delangle, n. 247 et s. ; Troplong, n. 809 et s. ; Persil, p. 84 ; Massé, t. 5, n. 54 ; Bédarride, n. 161 et s. ; Devilleneuve, dissertation S. 45.1.341).

La Cour de cassation est cependant revenue sur sa première jurisprudence, et aujourd'hui ses arrêts établissent une distinction équitable entre les tiers qui ont reçu de bonne foi l'engagement de l'associé, croyant qu'ils traitaient avec la société, et ceux au contraire qui n'ont pu s'illusionner sur la capacité de leur cocontractant, et qui ont su que l'associé leur donnait la signature sociale pour une affaire personnelle.

Il a donc été jugé, postérieurement aux arrêts cités ci-dessus, que les engagements souscrits sous la signature sociale par l'associé gérant à raison d'une dette qui lui est personnelle, n'obligent pas la société quand le créancier a agi de mauvaise foi (Cass., 24 janv. 1853, S. 53.1.241, D. 53.1.12). Ainsi, la société n'est pas obligée lorsque le créancier avait connaissance, au moment du contrat, de l'abus de la signature sociale que commettait le souscripteur (Paris, 14 août 1852, S. 52.2.495, D. 53.2.84 ; — Trib. com. Seine, 31 janv. 1856, T. C. 5.205 ; — Trib. com. Seine, 1er juill. 1856, *op. cit.*, t. 6, p. 5 ; — Bordeaux, 12 août 1868, S. 69.2.108 ; — Montpellier, 2 juin, 1876, S. 76.2.230 ; — Cass., 31 oct. 1887, S. 90.1.524 ; — Lyon, 20 mars 1895, *R. S.*, 1895.626 ; — Seine, 26 nov. 1901, *R. S.*, 1902.281 ; — Paris, 18 déc. 1902, *R. S.*, 1903.328 ; — Cass., 5 nov. 1900, S. 01. 1.127, D. 02.1.5 et note Thaller ; — Cass. 26 janv. 1903, D. 04.1 391 ; — Trib. com. Lyon, 26 janv. 1906, *J. S.*, 1907.182. — V. sur ces questions : Percerou, *Abus de la raison sociale, Ann. dr. comm.*, 1898, p. 118 et s.).

885. — Du reste, la preuve de la mauvaise foi du créancier est à la charge de la société, et cette preuve peut être faite par tous les moyens admis par la loi, notamment au moyen de présomptions dont l'appréciation est abandonnée aux lumières des juges (Paris, 14 août 1852, S. 52.2.495, D. 53.2.84).

886. — Il a été jugé que le payement d'une dette à lui personnelle faite avec les fonds de la société par l'un des associés en nom collectif, n'est pas valable à l'égard du créancier qui savait qu'il était payé avec les deniers de la société ; ce créancier peut être contraint à restituer à la société les sommes qu'il a ainsi reçues (Lyon, 26 juin 1851, S. 52.2.341, D. 52.2.284 ; — Amiens, 16 fév. 1901, *J. S.*, 1901.368. — Casaregis, *Disc. lég. de comm.*, disc. 39, n. 12 ; Savary, *Parf. négoc.*, parère 15 ; Alauzet, n. 151 ; Bédarride, n. 159). Et dès lors, les billets souscrits par l'un des associés, et revêtus de la signature sociale, pour prix de marchandises à lui vendues personnellement et antérieurement à l'existence de la société, ne sauraient obliger la société, malgré la bonne foi du bénéficiaire (Paris, 12 août 1852, S. 52 2.495, D. 52.2.284).

587. — Il a encore été jugé plus récemment que l'engagement contracté sous la raison sociale par l'un des associés, pour l'acquittement de ses dettes personnelles, n'oblige pas la société si le créancier n'a pu croire de bonne foi que l'associé faisait usage de la signature sociale dans l'intérêt de la société (Montpellier, 2 juin 1876, S. 76.2.320. — *Adde* : Cass., 31 oct. 1887, précité ; — Lyon, 20 mars 1895, *R. S.*, 95.626).

888. — La Cour de cassation, par un arrêt du 22 décembre 1874 (S. 75.1.104, D. 75.1 255), a été plus loin encore : elle a jugé que les billets souscrits par un associé sous la signature sociale, à raison d'une dette qui lui est personnelle, n'obligent pas la société, alors que l'acte social interdit aux associés, à peine de nullité même à l'égard des tiers, de créer des billets et traites pouvant engager la société, et que cette clause a été publiée.

C'est le contre-pied absolu de la première jurisprudence de la Cour suprême. Nous croyons qu'il est plus sage de s'en tenir aux distinctions de bonne ou de mauvaise foi admises par les arrêts que nous venons de citer. Le dernier arrêt de la Cour de cassation sur cette grave question a néanmoins une importance que nul ne peut méconnaître.

889. — La clause d'un acte de société qui interdit aux associés de souscrire des billets autrement que pour achats de marchandises n'est opposable aux tiers que si elle a été publiée (Cass., 16 août 1875, S. 75.1.455. — V. encore sur ce point : Douai, 4 août 1848, D. 50.2.163 ; — Paris, 12 août 1848, S. 48.2.608, D. 51.1.42 ; — Cass., 5 nov. 1900, S. 01.1.127, D. 02.1.5 et note Thaller ; — Trib. com. Seine, 17 avr. 1907, *R. S.*, 1908.254).

Il en serait autrement cependant, même en l'absence de toute publicité, si le tiers qui a traité avec le gérant avait connu, en fait, les restrictions apportées à ses pouvoirs par les statuts sociaux (*Sic* : Pardessus, t. 3, n. 1023 ; Pont, t. 2, n. 1396 ; Percerou, *Des Abus de la raison sociale, Ann. de dr. comm.*, 1898, p. 129, note 2).

De même, la clause aux termes de laquelle la société ne peut être engagée que par la signature de deux associés n'est pas opposable aux tiers lorsqu'elle a reçu des associés une interprétation équivalant à sa suppression (Bordeaux, 22 janv. 1906, *R. S.*, 1906.304).

Mais si le tiers est de bonne foi, s'il a cru qu'il s'agissait d'une affaire sociale, la société est obligée (Paris, 14 août 1852, S. 52.2.475, D. 53.2.84 ; — Paris, 3 juin 1854, T. C. 3.401 ; — *Id.*, Cass., 21 fév. 1860, S. 60.1.415 ; — Le Havre, 4 mars 1902, *J. S.*, 1904.176)

890. — Malgré le défaut de publication des articles des statuts d'une société en nom collectif portant que le gérant ne pourra souscrire des effets de commerce pour aucune valeur excédant 5.000 fr., et interdisant à chaque associé de céder ou transporter ses droits dans la société, en tout ou en partie, sans le consentement de ses coassociés, est nulle la convention par laquelle le gérant : 1° contracte avec un tiers une société en participation ayant pour but les mêmes opérations que la société en nom collectif, et devant partager par moitié les bénéfices et les pertes avec cette dernière ; 2° se fait ouvrir un crédit de 30.000 fr. par ce tiers associé, si celui-ci connaissait la double restriction apportée aux pouvoirs du gérant, dont l'abus ne lui a pas échappé (Cass., 31 oct. 1887, S. 90.1.218).

891. — Le principe en vertu duquel toute restriction apportée par les statuts sociaux aux pouvoirs du gérant devient opposable aux tiers dès sa publication, s'applique même dans le cas où les statuts sociaux auraient interdit au gérant de faire seul aucune opération à crédit. Une pareille clause en effet n'a rien de contraire à l'essence de la société en nom collectif : elle réglemente, sans la supprimer, la responsabilité personnelle des associés, ce qui n'est pas illicite (Cass., 3 déc. 1850, D. 51.1.42 ; — Orléans, 11 janv. 1853, D. 53.2. 160 ; — Douai, 19 déc. 1877, S. 78.2.292, D. 79.2.32 ; Lyon, 8 mai 1903, *Gaz. Lyon*, 1er août 1903 ; — *Sic* : Alauzet, t. 2, n. 528 ; Demangeat sur Bravard, t. 1, p. 212, note 1 ; Lyon-Caen et Renault, t. 2, n. 287 *bis* ; Malepeyre et Jourdain, p. 183 ; Massé, t. 3, n. 1952 : Pont, t. 2, n. 1363 ; Vavasseur, t. 1, n. 276. — *Contrà* : Paris, 12 août 1848, sous Cass., 3 déc. 1850, précité).

892. — Il est admis par la doctrine et la jurisprudence que les engagements souscrits par le gérant obligent la société, bien qu'ils ne soient pas revêtus de la signature sociale, si d'ailleurs il est établi que ces engagements ont été contractés dans l'intérêt et pour le compte de la société (Cass., 19 août 1846, S. 47.1.28, D. 46.1.369 ; — 15 mars 1850, D. 50.1.81 ; — Rennes, 17 fév. 1849, S. 49.1.603, D. 50. 2.5 ; — Bordeaux, 30 mai 1834, S. 34.2.469 ; — Riom, 20 mars 1879, S 80.2.195, D. 80.2.4 ; — Douai, 24 avr. 1890, D. 91.2.244. — *Sic* : Alauzet, t. 2, n. 526 ; Bédarride, n. 148 et s. ; Boistel, n. 193 ; Bravard-Demangeat, p. 214 ; Delangle, n. 140 ; Lyon-Caen et Renault, t. 2, n. 290 ; Massé, t. 3, n. 1958, 1959 ; Pont, t. 2, n. 1480 et s. ; Ruben de Couder, V° *cit.*, n. 236 et s. ; Vavasseur, n. 194. — Comp. Cass., 13 juin 1866, S. 65.1.354, D. 68.1.37).

893. — Il est incontestable que si la société a profité de l'engagement souscrit par l'un des associés, avec ou sans la signature sociale, l'art. 1864 C. civ. est applicable, et la société est obligée. Nul ne peut s'enrichir au détriment d'autrui.

894. — Mais il ne suffirait pas que les choses vendues ou les fonds prêtés par le créancier eussent été versés dans l'actif de la société pour autoriser le tiers à poursuivre la société. Il faut encore que la société en ait tiré profit ; si elle n'a reçu ces marchandises ou ces fonds qu'à titre de payement de pareilles choses qui lui étaient dues, la société ne pourrait être considérée comme s'étant enrichie et ne serait pas obligée. C'est ce que la Cour d'Aix, par un arrêt du 24 mai

1868, et la Cour de cassation, par un arrêt du 8 juin 1869 (S. 69.1.428) ont très bien jugé. Voici dans quelles circonstances de fait sont intervenues ces décisions : Un gérant avait emprunté, en son nom personnel, 5.200 livres sterling et les avait versées dans la caisse sociale ; le prêteur actionna tous les associés, et demanda contre eux une condamnation solidaire au payement de sa créance, qu'il prétendait avoir profité à la société. Mais les associés répondaient que le versement fait par le gérant ne constituait que le payement de son apport, et que la société n'avait ainsi reçu que ce qui lui était dû ; qu'elle n'avait pas à se préoccuper de l'origine des deniers versés par le gérant à titre d'apport. La Cour d'Aix a dit dans son arrêt : « Attendu que si les valeurs prêtées par Baseri à Hallay en son nom personnel ont été versées dans la caisse sociale, elles ne l'ont été que pour acquitter les dettes dudit Hallay envers la société dont il était le gérant, et notamment pour réaliser une partie de la mise de fonds à laquelle il était tenu en sa qualité d'associé ; qu'il en résulte que la société n'a pas profité des titres dont il s'agit dans le sens de l'art. 1864 C. civ., etc. »

Cette interprétation fut dénoncée à la Cour suprême comme violant la disposition de cet art. 1864. Mais par arrêt du 8 juin 1869, la chambre des requêtes rejeta le pourvoi :

« Attendu que si l'arrêt reconnaît que la somme prêtée par Baseri a été versée dans la caisse de la société, il constate en même temps que ce versement a eu lieu pour acquitter les dettes d'Hallay envers la société, et notamment pour réaliser une partie de la mise de fonds à laquelle il était tenu en sa qualité d'associé ; qu'en décidant, par suite, que la société n'en avait pas profité dans le sens de l'art. 1864, l'arrêt n'a fait qu'une juste application de cet article... » (V. encore sur la question du profit qui résulte pour la société des engagements pris par le gérant : Cass., 24 mars 1852, S. 52.1 486, D. 52.1.109 ; — 24 fév. 1860, S. 60.1.415, D. 68.1.121 ; — 7 juill. 1868, S. 68.1.357, D. 69.1.319).

895. — Le créancier peut faire de toute manière la preuve que l'engagement a profité à la société, ou a été réellement contracté pour elle. Il n'est pas nécessaire que cette preuve résulte de l'acte même (Cass., 25 frim. an XIII ; — 30 juill. 1810, S. chr., Dalloz, n. 936 ; — 8 fév. 1816, Dalloz, n. 936 ; — 19 août 1846, S. 47.1.28, Dalloz, n. 1309 ; — Merlin, *Rép.*, V° *Sociétés*, sect. 6, § 1 ; Delangle, n. 237 ; Bédarride, n. 148 et suiv. ; Troplong, n. 813 ; Alauzet, n. 292).

896. — Les actes illicites, délits ou quasi-délits accomplis par le gérant en dehors de sa gérance n'obligent que lui. La société et les associés ne sauraient en être responsables en vertu de l'art. 1864 C. civ. : le gérant est un mandataire, non un préposé (Lyon-Caen et Renault, t. 2, n. 296. — Comp. Rouen, 17 juill, 1892, D. 96.1.382).

897. — Mais il en serait autrement dans le cas où ces actes illicites auraient été autorisés ou ratifiés par les associés, ou s'ils se rattachaient aux opérations spéciales. Dans ce cas, la société est directement et personnellement responsable de ces actes et elle est tenue envers les tiers à l'entière réparation du préjudice causé, conformément à l'art. 1382 C. civ. (Grenoble, 4 fév. 1874, S. 74.2.168. — *Sic* : Lyon-Caen et Renault, *loc. cit.*).

898. — Ce qui revient à dire que si le gérant pratique des manœuvres frauduleuses et s'il commet un dol dans les actes de sa gérance, la société n'en doit pas profiter ; elle est tenue de réparer le préjudice qui en résulte pour les tiers, quelle que soit d'ailleurs la bonne foi personnelle des actionnaires de la société (Cass., 15 janv. 1872, S. 72.1.9, D. 72.1.102).

899. — Il en est de même dans le cas où le gérant, en dehors de toute fraude, a commis des actes ou des omissions révélant le caractère d'une fraude et causant préjudice à autrui : la société que représente le gérant est tenue de réparer ce préjudice (Dijon, 24 juill. 1874, S. 75.2.73, Dalloz, *Rép.*, V° *Sociétés*, n. 700).

900. — Que décider des engagements pris par un associé non-gérant ? Si cet associé agit au nom de la société et sous la raison sociale, il est dans la même situation que le gérant qui dépasse ses pouvoirs ; dès lors la société n'est pas obligée, à moins quelle n'ait ratifié l'acte ainsi passé, ou qu'elle n'en ait profité, et seulement dans les limites de ce profit (Lyon-Caen et Renault, t. 2, n. 294).

901. — Si l'associé non gérant agit en son nom propre dans l'intérêt de la société, la société peut alors être obligée envers lui à concurrence du profit qu'elle en a retiré, et les tiers avec qui il a traité ont incontestablement le droit de la poursuivre de son chef, en vertu de l'art. 116 C. civ., sauf à la société à leur opposer toutes les exceptions qu'elle pouvait opposer à l'associé lui-même (Alauzet, t. 2, n. 526 ; Boistel, n. 193 ; Delamarre et Lepoitvin, *Contrat de commission*, t. 2, n. 50 ; Delangle, n. 233 ; Lyon-Caen et Renault, t. 2, n. 294 ; Massé, t. 3, n. 1959 ; Ruben de Couder, V. *cit.*, n. 285 ; Vavasseur, t. 1, n. 195, 279 ; — Nantes, 17 janv. 1901, *R. S.*, 1902.35 ; — Amiens, 16 fév. 1901, *R. S.*, 1902.61).

902. — Mais les tiers n'ont point d'action directe contre la société en raison de l'enrichissement que lui aurait procuré l'associé agissant en son propre nom (Cass., 17 mars 1834, S. 34.1.237 ; — 14 mai 1834, S. 34.1.838 ; — 12 mars 1850, S. 50.1.257, D. 50.1.86 ; — Besançon, 6 fév. 1865, D. 66.2.51 ; — Lyon, 22 fév. 1882, D. 83.2.43. — *Sic* : Bravard et Demangeat, t. 1, p. 219 ; Delangle, t. 1, n. 232 et s. ; Lyon-Caen et Renault, t. 2, n. 294 ; Pont, t. 2, n. 1393 et s. ; Troplong, t. 2, n. 232 et s. — *Contrà* : Cass., 8 fév. 1816, *Rép.*, V° *cit.*, n. 936).

903. — L'associé gérant qui se démet de ses fonctions de gérant en faveur d'un tiers n'est pas par cela seul présumé se retirer de la société, et il reste responsable vis-à-vis des tiers des dettes sociales postérieures à sa démission, lors même que l'acte qui la constate, ainsi que la nomination du nouveau gérant, ont été légalement publiés. Il est évident, en effet, qu'on ne peut assimiler à une retraite effective une démission de fonctions sans lesquelles la qualité d'associé peut parfaitement continuer de subsister en la personne du démissionnaire (Cass., 1er juill. 1841, S. 41.1.855 ; — Dalloz, n. 1320 ; Pardessus, n. 1088). — Dans une société définitivement constituée, l'abstention du gérant statutaire et son remplacement en réalité par un gérant de fait n'est pas une cause de nullité de la société (Limoges, 14 déc. 1900, D. 01.2.377).

SECTION III

DE LA SOLIDARITÉ

904. — Les associés en nom collectif indiqués dans l'acte de société sont tous solidaires pour les engagements de la société, encore qu'un seul des associés ait signé, pourvu que ce soit de la raison sociale. Cette solidarité est tellement de l'essence des sociétés en nom collectif que les associés ne peuvent s'en affranchir sous aucun prétexte. Ainsi, ils ne pourraient insérer dans l'acte de société une clause expresse portant que chacun ne sera tenu que pour sa part ; une telle stipulation n'aurait aucune valeur, alors même qu'elle aurait été régulièrement publiée (Pardessus, n. 1022 ; Malepeyre et Jourdain, p. 128 ; Delangle, n. 228 ; Molinier, p. 360 ; — Trib. com. Seine, 3 juin 1840, Dalloz, n. 904 ; — Paris, 14 août 1873, T. C. 23.165 ; — Lyon, 18 mai 1900, *J. S.*, 1901.92).

905. — Mais les tiers peuvent très valablement renoncer à la solidarité établie en leur faveur (Bordeaux, 31 août 1831, S. 32.2.19, Dalloz, n. 907). Cette renonciation peut même n'être pas expresse et résulter des circonstances (Trib. com. Seine, 3 juin 1840, Dalloz, n. 907).

906. — La solidarité étant établie entre les associés par la loi elle-même, il est évident qu'elle est attachée à toute condamnation prononcée contre les associés, sans qu'il soit besoin que le jugement s'en explique (Cass., 2 août 1843 et 28 fév. 1859, Dalloz, n. 949), comme aussi à tout engagement pris par un associé pour une dette personnelle, mais sous la raison sociale (Trib. com. Arras, 19 juin 1908, *J. S.*, 1909.237 ; — Douai, 13 nov. 1909, *J. S.*, 1910.262).

907. — L'art. 22 C. com. parle des associés en nom collectif *indiqués dans l'acte de société*. Cette disposition n'est pas restrictive ; si les tiers venaient à prouver, comme ils en ont le droit, l'existence d'une société entre personnes qui n'en auraient dressé aucun acte, ils n'en seraient pas moins fondés à invoquer le principe de la solidarité contre ces associés (Molinier, n. 353 ; Dalloz, n. 909 ; Alauzet, n. 286).

Il convient d'ailleurs de remarquer que la solidarité qui existe entre les associés en nom collectif n'entraîne pas nécessairement entre eux l'indivisibilité de leurs obligations communes. Il en résulte que si la faillite de la société entraîne nécessairement celle de chacun des associés, sans que celle-ci ait besoin d'être prononcée séparément (Paris, 19 déc. 1889, *R. S.*, 1890, 362 ; — Cass., 14 mars 1904, *R. S.*, 1904.277 ; — Douai, 27 mars 1907, *R. S.*, 1908.390 ; — Cass., 12 fév. 1908, *R. S.*, 1908. 422), le bénéfice de la liquidation judiciaire accordée à la société ne s'étend pas de plein droit à tous les associés, notamment à ceux qui ne l'ont pas sollicité ; la liquidation judiciaire est une faveur toute individuelle, qui ne doit pas réagir *ipso facto* sur tous les associés en général. La société et certains associés peuvent donc être déclarés en faillite, tandis que certains autres associés jouissent de la liquidation judiciaire (Paris, 21 mai 1890, D. P. 91.2. 361. — V. en sens contraire, Douai, 27 mars 1907, *R. S.*, 1908. 390).

908. — Les associés nouveaux qui entrent dans une société en nom collectif pendant sa durée sont tenus solidairement, même des engagements contractés par la société avant leur entrée. Il est vrai que les créanciers antérieurs n'ont pu compter sur leur engagement. Mais ces associés n'en font pas moins partie de l'être moral qui constitue la société, et comme tels, ils sont tenus de toutes ses dettes, à moins qu'une convention formelle ne limite leur responsabilité aux dettes postérieures à leur entrée dans la société (Lyon-Caen et Renault, t. 2, n. 277. — *Contrà* : Thaller, 3ᵉ édit., 1904, n. 414 ; — Amiot, *Responsabilité du nouvel associé, Ann. dr. comm.*, 1900, p. 281 et s.).

909. — Du principe que les associés sont solidaires entre eux à raison des dettes sociales, résulte-t-il qu'ils sont codébiteurs solidaires de la société, ou faut-il dire que les associés ne sont tenus vis-à-vis des créanciers sociaux que subsidiairement et à défaut par la société d'acquitter l'obligation ?

Cette question est une de celles qui ont le plus divisé les auteurs et la jurisprudence. On la trouvera traitée aussi complètement qu'il est possible dans une dissertation de M. Boistel, au Dalloz (91.1. 241).

Dans un premier système, on décide que les associés sont codébiteurs solidaires de la société, d'où il suit que les créanciers peuvent les poursuivre directement sans aucune condition préalable. Ce système a été défendu par M. Bravard (t. 1, p. 210). — (*Sic* : Paris, 4 fév. 1886, *R. S.*, 86.211 ; — Cass., 14 mai 1890, S. 92.1.484, D. 91. 2.241.)

D'après un second système, défendu par Dalloz (*Rép.*, n. 910), les créanciers ne peuvent poursuivre les associés personnellement qu'après épuisement complet du fonds social, et il en est ainsi même alors que la société est dissoute et en liquidation (Toulouse, 30 mai 1873, D. 74.1.187 ; — Amiens, 3 avr. 1886, *Rec. d'Amiens*, 87.243 ; — Trib. com. Nantes, 28 fév. 1891, *Rec. de Nantes*, 91.1.109 ; — 17 juill. 1895, *J. S.*, 96.280 ; — Trib. Seine, 20 déc. 1895, *J. S.*, 97.184 ; — Trib. com. Seine, 1ᵉʳ fév. 1898, *R. S.*, 98.262 ; — Delamarre et Lepoitvin, *Contrat de commission*, n. 240 ; Demangeat, t. 1, p. 221 ; Alauzet, n. 130).

D'après un troisième système, les associés poursuivis seraient investis du bénéfice de discussion conféré à la caution sous les conditions déterminées par les art. 2021 et 2024 C. civ. (Trib. com. Havre, 7 déc. 1881, *Rec. du Havre*, 81.1.21).

Ce troisième système doit engendrer de grandes difficultés, puisque le bénéfice de discussion est subordonné à des conditions rigoureuses à accomplir par la caution.

La Cour de cassation a adopté un quatrième système, très favorable aux associés, mais présentant l'avantage pratique incontestable de simplifier la procédure en supprimant toutes les exceptions de discussion admises par les systèmes précédents.

D'après la Cour suprême, les associés peuvent être directement poursuivis par les créanciers sociaux sans être admis à opposer le bénéfice de discussion. Les associés ont uniquement le droit d'exiger que les créanciers justifient contradictoirement avec les représentants de la société que leur créance est bien une dette sociale. En d'autres termes, les associés ne peuvent se refuser au payement en invoquant le prétexte que le fonds social n'aurait pas été préalablement discuté. Mais ils peuvent exiger qu'avant d'être l'objet de poursuites, il soit établi que la société a été reconnue débitrice de la dette dont le payement est réclamé, et condamnée en cette qualité (Cass., 14 août 1858, S. 59.1.332, D. 59.1.179 ; — 10 avr. 1877, D. 77. 1.347 ; — 12 juill. 1888, S. 89.1.309, D. 89.1.148 ; — 14 mai 1890, S. 92. 1.484, D. 91.1.241 et la note de M. Boistel. — *Sic* : Bédarride, t. 1, n. 165 ; Boistel, n. 189 ; Delangle, t. 1, n. 263 ; Malepeyre et Jourdain, p. 131 ; Pardessus, t. 3, n. 1026 ; Pont, t. 2, n. 1406 ; Rodière, *Solidarité et indivisibilité*, n. 257).

Et il importe peu, d'après l'arrêt précité du 12 juillet 1888, que la condamnation prononcée contre la société l'ait été en la présence ou hors la présence des associés. Le gérant est le mandataire des associés comme celui de la société, et tout jugement rendu contre le mandataire doit être considéré comme rendu contre le mandant.

Il en résulte donc que le jugement rendu contre le gérant a de plein droit l'autorité de chose jugée contre les associés (Cass., 12 juill. 1888, précité).

De même, l'associé peut exiger une condamnation préalable de la société, même après sa dissolution, tant que la liquidation n'a pas été opérée ; car la société se survit pour les besoins de sa liquidation (Cass., 10 avr. 1877, précité).

Mais lorsque la société est liquidée, il n'y a plus de représentant légal, la personnalité a disparu, et les créanciers n'ont plus en face d'eux que des associés (Arrêt précité, 10 avr. 1877 ; — Lyon-Caen et Renault, t. 2, p. 191, n. 3).

Enfin plusieurs auteurs ont proposé un cinquième système, d'après lequel les créanciers sociaux pourraient agir contre les associés, sans être tenus de faire condamner au préalable la société comme débitrice principale. Il leur suffirait de justifier de la mise en demeure préalable de la société, non suivie d'effet (Rouen. 18 nov. 1881, *Jurispr. du Havre*, 81.2.256 ; — Molinier, n. 354 ; Lyon-Caen et Renault, t. 2, n. 281 *in fine* ; — Cass., 28 mars 1898, S. 98.1.185).

910. — La solidarité passive n'existe pas d'associé à associé. Cependant une distinction doit être admise. L'associé qui contracte comme tierce personne avec la société doit, de même que s'il y était étranger, être considéré comme un tiers à raison des engagements qu'elle prend envers lui, et a conséquemment une action contre elle et une action solidaire contre ses coassociés, à fin d'exécution de ces engagements (V. Cass., 28 févr. 1859, P. 59.225, D. 59.1.232 ; — 11 avr. 1883, S.83.1.269, D.83.1.318. —*Sic* : Delangle, n. 264 ; Bédarride, n. 167 ; Molinier, n. 349 ; Alauzet, n. 286). En pareil cas, l'associé créancier peut réclamer contre chacun de ses coassociés le montant intégral de sa créance. Mais dans le cas d'insolvabilité de l'un des associés, chaque associé doit supporter sa part de l'insolvabilité de son coassocié. C'est ce qu'explique très bien M. Troplong (n. 612) :

« Si l'un des associés n'était pas solvable, il ne serait pas juste que la perte fût supportée par l'associé créancier ; rien ne serait plus contraire à l'égalité qui doit régner entre associés. Cette perte doit donc être répartie entre lui et ses associés solvables. Par exemple, quatre personnes sont en société, chacune pour un quart. *Primus*, l'une d'elles, est créancier de la société pour 1.200 francs de déboursés ; la part respective est donc de 300 francs, et *Primus* sera fondé à la réclamer de *Secundus*, de *Tertius* et de *Quartus* ; mais si *Quartus* est insolvable, les 300 francs qu'il doit sans pouvoir les payer seront répartis entre ses trois coassociés solvables, *Primus*, *Secúndus* et *Tertius*. *Primus* recouvrera 100 francs par tête sur *Secundus* et *Tertius*. »

Mais un associé n'a pas d'action solidaire contre ses coassociés pour le remboursement des avances qu'il a faites, *comme associé*, à la société. Le recours ne peut être exercé contre chacun des associés que pour la part qui doit définitivement tomber à sa charge (V. Cass., 15 nov. 1831, P. chr., Dalloz, n. 950 ; — Toulouse, 22 janv. 1835, P. chr. ; — Paris, 28 fév. 1850, S. 50.2 649 ; — Cass., 8 janv. 1862, S. 62. 1. 477, D. 63.1.75 ; — 16 fév. 1874, D.74.1.194 ; — 8 juill. 1887, S. 89. 1. 252. — *Sic* : Boistel, n. 189 ; Lyon-Caen et Renault, t. 2, n. 162 ; Delangle, n. 265 ; Bédarride, n. 166 ; Massé, *Dr. comm.*, 2ᵉ édit., t. 3, n. 1960 ; Molinier, n. 359 ; Bravard et Demangeat, t. 1, p 68 ; Alauzet, n. 286). Cependant, l'absence de solidarité, en pareil cas, n'empêche pas que le préjudice résultant de l'insolvabilité de l'un des associés doive se répartir entre tous, proportionnellement à leur part dans la société.

Ainsi, il a été jugé que si l'associé créancier de la société pour avances faites dans l'intérêt commun n'a pas d'action solidaire contre ses coassociés pour le remboursement de sa créance, ceux ci sont tenus de contribuer, proportionnellement à leur part dans la société, à la perte résultant de l'insolvabilité d'un ou plusieurs d'entre eux (Cass., 16 fév. 1874, S. 74.1.301, D. 74.1.195).

911. — D'autre part, s'il n'est pas permis aux associés de stipuler qu'ils ne seront tenus à l'égard des tiers des pertes sociales que sur leurs apports, un associé peut, au contraire, valablement stipuler vis-à-vis de ses coassociés qu'il sera affranchi de toute contribution aux dettes sur les biens qu'il possède en dehors de sa mise (Alauzet, t. 1, n. 107 ; Bédarride, t. 1, n. 37 ; Delangle, t. 1, n. 118 et 124 ; Malepeyre et Jourdain, p.85 ; Molinier, n. 388 et s.; Pardessus, n. 997; Vavasseur, t. 1, n. 282 ; Dutruc, V° *Société en nom collectif*, n. 277).

Et s'il est poursuivi pour le tout, il aura recours contre tous ses coassociés pour tout ce qui excède sa part contributoire, d'après les conventions intervenues entre eux (Paris, 15 mars 1866, S. 66.2.235).

912. — Décidé aussi que l'associé qui a payé de ses deniers, pendant la période de liquidation, la dette de la société en nom collectif dont il faisait partie, a une créance commerciale contre l'associé solidaire au nom duquel il a acquitté cette dette sociale, et cela bien que le coassocié n'ait fait aucun acte de commerce en dehors de sa qualité de membre de la société. Dès lors, faute par l'associé solidaire de rembourser la part lui incombant dans le payement, celui-ci peut être déclaré personnellement en faillite, et cette déclaration est valablement faite moins d'une année après son décès, par un arrêt qui constate expressément sa « cessation de payement » à ce moment, en disant qu'il était à cette époque en état « d'insolvabilité notoire et reconnue » (Cass., 7 nov. 1876, *Gaz. Trib.*, 8 nov. 1876).

La solidarité existe au cas où une société en nom collectif se serait transformée en commandite sans autre objet que de soustraire un des associés à la solidarité de ses engagements (Cass., 30 juin 1902, *R. S.*, 1902.477.— Comp. Trib. com. Seine, 21 nov. 1908, *J. S.*, 1910. 526).

SECTION IV

FORME ET PUBLICATION. — DISSOLUTION. — LIQUIDATION. — PARTAGE

913. — Sur toutes ces questions, voyez les chapitres précédents, qui sont applicables à la société en nom collectif comme à toute autre société commerciale.

Jugé que, dans une société en nom collectif, les apports des associés ne pouvant pas être considérés comme des dettes sociales, puisqu'ils sont devenus la propriété de la société, le reliquat, une fois les dettes payées, doit être réparti entre les associés, proportionnellement à leurs apports (Trib. com. Lyon, 20 fév. 1907, *R. S.*, 1908.388) ·

Que lorsqu'une société en nom collectif a cessé d'exister depuis plusieurs années, le tribunal peut, conformément à l'art. 1871 C. civ., déclarer que les circonstances de la cause ne rendent point nécessaire l'organisation d'une liquidation proprement dite et décider que les comptes des parties seront à moins de frais et plus utilement apurés par des experts (Cass., 31 mars 1908, *R. S.*, 1908.285).

Lorsqu'une société en nom collectif s'est dissoute par le décès de l'associé dont le nom formait la raison sociale, le juge peut, à la demande de l'associé survivant liquidateur de la société, interdire aux fils de l'associé prédécédé de faire usage de ce nom dans leur existence commerciale et prescrire toutes mesures utiles à cet effet pour examiner s'ils ont ou non le droit de le porter (Req., 29 mars 1909, *J. S.*, 1910.349).

CHAPITRE IX

DES SOCIÉTÉS EN COMMANDITE EN GÉNÉRAL. — DES SOCIÉTÉS EN COMMANDITE SIMPLE

914. — La société en nom collectif que nous venons d'étudier est une société de personnes, en ce sens que tous les associés sont indéfiniment obligés pour tous les actes de la société. La société *en commandite* est une société mixte, qui comprend des associés de deux sortes : les uns obligés solidairement sur tous leurs biens ; les autres tenus seulement jusqu'à concurrence de leurs mises dans la société. Les premiers s'appellent associés en nom, *commandités, complémentaires* ou *gérants*, bien qu'ils ne gèrent pas toujours ; les seconds se nomment *commanditaires*, ou *associés bailleurs de fonds*.

915. — La forme de la commandite est extrêmement ancienne. C'est grâce à la commandite que le commerce italien atteignit au xıı^e siècle un développement merveilleux. — En France elle a été pratiquée très anciennement, notamment par le commerce maritime de la Provence et du Languedoc. Elle résultait à cette époque du contrat *de commande*, par lequel une personne confiait à une autre une marchandise ou de l'argent pour l'employer dans le trafic et en partager le bénéfice. L'ordonnance de 1673 réglementa la société en commandite sans la définir ; mais cependant les contemporains s'en faisaient une idée très exacte. « La société en commandite, disait Savary (parère 23), est celle que Pierre et François font ensemble pour faire le commerce, dont François porte son argent, sans agir ni apporter son industrie dans la société, et Pierre, outre l'argent qu'il porte dans la société, y met encore son industrie et tout le commerce se fait en son nom, et est le seul complémentaire de la société, c'est-à-dire qu'il signe lui seul tous les actes d'icelle société. C'est pourquoi il n'y a que lui qui s'oblige ; et il n'oblige son associé que jusqu'à concurrence du fonds capital qu'il a apporté dans la société. »

916. — Les art. 23, 24 et 25 C. com. organisent la société en commandite. En voici le texte :

« ART. 23. — La société en commandite se contracte entre un ou plusieurs associés responsables et solidaires, et un ou plusieurs associés simples bailleurs de fonds, que l'on nomme commanditaires ou associés en commandite.

« Elle est régie sous un nom social qui doit être nécessairement celui d'un ou plusieurs associés responsables et solidaires.

« ART. 24. — Lorsqu'il y a plusieurs associés solidaires et en nom, soit que tous gèrent ensemble, soit qu'un ou plusieurs gèrent pour tous, la société est à la fois société en nom collectif à leur égard et société en commandite à l'égard de simples bailleurs de fonds.

« ART. 25. — Le nom d'un associé commanditaire ne peut faire partie de la raison sociale. »

916. — On distingue deux sortes de sociétés en commandite : la société en commandite simple et la société en commandite par actions.

Dans la première, les commanditaires sont peu nombreux : ce sont généralement des capitalistes qui cherchent un placement pour leurs fonds afin d'en retirer un intérêt plus fort que par un prêt ordinaire.

La société en commandite par actions est destinée à de plus grandes entreprises. Elle est soumise à des règles spéciales, que nous étudierons en détail.

« La société en commandite, dit M. Boistel (*Précis de droit commercial*, p. 135), présente de grands avantages : elle est l'alliance du capital des commanditaires avec l'industrie et le crédit indéfini des associés en nom. Celui qui a des connaissances, de l'activité et du crédit commercial, trouve par là les fonds dont il a besoin ; celui qui a des capitaux trouve à les utiliser fructueusement. La commandite est plus avantageuse que le prêt, parce que le capitaliste a l'espoir de retirer en dividende plus que l'intérêt légal de son argent ; et s'il est exposé aux pertes, du moins il est sûr de ne jamais être tenu au delà de sa mise. Le commerçant en nom y trouve cet avantage qu'au cas de perte il n'est pas engagé à rembourser le capital apporté qui participe à toutes les chances de l'entreprise. C'est aussi un moyen de placement avantageux pour ceux à qui leur profession ne permet pas de faire le commerce : magistrats, avocats, fonctionnaires, militaires, etc. »

SECTION I

CARACTÈRES DE LA SOCIÉTÉ EN COMMANDITE SIMPLE

917. — Une commandite ne s'établit pas sans une stipulation formelle ; elle constitue une exception au droit commun en matière commerciale ; elle ne peut donc se présumer. En cas de doute, on doit plutôt se prononcer pour la société de droit commun, c'est-à-dire la société en nom collectif.

Cette règle est de toute justice. Nous verrons en effet que l'associé commanditaire jouit de nombreux avantages, en ce qui concerne la contribution aux pertes, la faillite, etc. Il est donc indispensable qu'il ne puisse exister aucune incertitude sur la nature de la société que les parties ont entendu contracter (Amiens, 2 juill. 1892, D. 93.2.505 ; Trib. com. Seine, 4 janv. 1897, *R. S.*, 1897.310 ; — Nantes, 13 juill. 1901, *J. S.*, 1902.333 ; — Lyon-Caen et Renault, n. 456).

918. — Dans tous les cas, il faut noter que les dispositions de la loi du 24 juillet 1867 ne sauraient s'appliquer aux commandites simples (Paris, 20 mai 1879, D. 80.2.42 ; — Cass., 22 fév. 1892, *R. S.*, 1892.179).

919. — La forme de la commandite est celle d'une société commerciale. On a cependant admis qu'une société *civile* pouvait être constituée en commandite. Dans ce cas, toutes les formalités de publicité exigées par les art. 55 et suivants de la loi de 1867 doivent être remplies (Lyon-Caen et Renault, n. 1077 *bis* et s.).

Mais l'art. 68, ajouté à la loi de 1867 par la loi du 1ᵉʳ août 1893, a modifié la législation en ce qui concerne les sociétés *civiles* qui empruntent les formes commerciales. « *Quel que soit leur objet,* dit le texte, les *sociétés en commandite* ou anonymes qui se seront constituées dans les formes du Code de commerce ou de la présente loi seront *commerciales* et soumises aux lois et usages du commerce. »

Cette disposition est, à n'en pas douter, applicable aux sociétés en commandite simple. Le texte est formel. Sans doute, la loi de 1893 a été surtout faite pour les sociétés par actions. Mais au point de vue spécial qui nous occupe, quelle raison sérieuse de distinguer entre les sociétés par actions et les sociétés par intérêts ou de personnes? Les principes sont les mêmes (V. *infrà*, n. 1095 et s.; — Douai, 13 mai 1907, *J. S.*, 1907.516. — *Sic* : Bouvier-Bangillon, p. 28 ; Perrin, p. 25 et 26. — *Contrà* : Lyon-Caen et Renault, L. 1893. 27 ; Thaller, n. 782).

920. — Bien qu'il faille une stipulation expresse pour qu'une société ait le caractère de commandite, les contractants ne sont cependant pas soumis à une formule sacramentelle pour exprimer leur intention. Il suffit que les tiers ne puissent se méprendre sur la nature du contrat. Ainsi une commandite que l'acte constitutif ne qualifierait pas pourrait néanmoins être déclarée telle, si elle réunissait les conditions exigées par l'art. 23 C. com. ; réciproquement, la qualification de commandite ne suffirait pas à constituer une société de cette nature si les formalités de l'art. 23 n'avaient pas été observées (Merlin, V° *Sociétés*, sect. 2, § 3, art. 2; Delangle, n. 269 et s. ; Troplong, n. 414 ; Dalloz, n. 1089 ; Bédarride, n. 186).

921. — Ainsi, il faut admettre en premier lieu qu'une société en commandite doit nécessairement être contractée par écrit, acte authentique ou sous seing privé. Comment, en effet, s'il n'y a pas d'écrit, rechercher, avec certitude de ne point commettre d'erreur, quelle est la nature du contrat que les parties ont voulu faire? Et quelle porte ouverte à la fraude et à la mauvaise foi ! (En ce sens : Bédarride, n. 187 et s. ; Delangle, n. 270. — *Contrà* : Malepeyre et Jourdain, p. 248. — Comp. Toulouse, 15 juin 1910, *J. S.*, 1910.518).

Il importerait peu d'ailleurs que les prétendus commanditaires n'eussent pas administré (Mêmes auteurs).

922. — Quand l'acte est sous seing privé, il faut autant d'originaux que de parties ; deux doubles, l'un pour les commandités, l'autre pour les commanditaires, ne suffiraient pas (Lyon-Caen et Renault, n. 524. — Comp. Lyon, 31 juill. 1897, *J. S.*, 98.216) L'acte doit être publié (V. ci-dessus, n. 450).

923. — Il existe entre le commanditaire et le prêteur de sensibles différences : 1° le prêteur a droit à un intérêt fixe, à tant pour cent de la somme prêtée ; le commanditaire a droit à un dividende, qui est une part des bénéfices et peut être très fort ou très faible, sans maximum ni minimum ; 2° le prêteur a toujours droit à son intérêt, même lorsque la société fait des pertes ; le commanditaire ne touche aucun dividende quand la société ne fait pas de profits ; 3° le prêteur a toujours droit à son capital ; le commanditaire n'a droit qu'au partage du fonds social, qui peut être réduit à zéro ; 4° en cas de faillite de la société, le prêteur est créancier dans la faillite et aura au moins tant pour cent ; le commanditaire est au contraire débiteur des créanciers et ne prend rien tant que tous ne sont pas désintéressés intégralement (Boistel, p. 137). — Comp. Toulouse, 15 juin 1910, précité.

924. — La situation de prêteur est, dans certains cas, plus favorable que celle de commanditaire ; par exemple, en cas de faillite, le prêteur est un créancier qui touchera un dividende ; le commanditaire, étant un associé, ne peut produire à la faillite de la société.

Aussi est-il nécessaire de préciser exactement la différence qui existe entre l'un et l'autre.

925. — Il a été jugé par la Cour de Caen, le 27 décembre 1864 (D. 66.2.46), que la clause d'un acte de société, aux termes de laquelle un bailleur de fonds doit rester étranger aux pertes comme aux bénéfices de la société et recevoir seulement l'intérêt légal des fonds par lui apportés, n'empêche pas qu'il puisse être considéré comme un associé commanditaire, par interprétation des diverses stipulations de l'acte de société. Il en est ainsi spécialement si le bailleur de fonds a pris dans les conventions sociales le titre de commanditaire, et a stipulé qu'il aurait la faculté de prendre communication de tous les registres, écritures, journaux et correspondances ; si l'acte de société porte que le décès de l'un des associés en nom collectif ou commanditaires, pendant la durée de la société, ne sera point une cause de dissolution et qu'elle continuera avec la veuve, héritiers ou ayants cause du décédé ; enfin si le bailleur de fonds est intervenu dans un acte fixant l'époque de la dissolution de la société (V. encore Rouen, 11 mars 1908, *J. S.*, 1909. 125 ; — Trib. com. Bordeaux, 20 fév. 1905, *R. S.*, 1907.73).

Mais cette solution ne nous paraît pas juridique. L'un des éléments essentiels de toute société est une participation aux bénéfices et aux pertes. Si une convention exclut formellement, pour une partie, toute participation de cette nature, elle ne peut pas constituer un contrat de société à l'égard du contractant qui ne doit prendre aucune part aux chances de gain ou de perte. Qu'importe que dans cet acte le prêteur ait été qualifié de commanditaire ? Lorsque les caractères essentiels du contrat de société font défaut, les clauses accessoires de ce contrat ne peuvent faire que ce soit réellement une société (Orléans, 18 juin 1838, Dalloz, n. 1096, et sur pourvoi : Cass., 20 avr. 1842, S. 42.1.728, Dalloz, n. 1096).

926. — C'est avec plus de raison, selon nous, qu'il a été jugé par la Cour de cassation, le 8 janvier 1872 (S. 72.1.36, D. 72.1.194), que les conditions essentielles du contrat de société sont l'intention des parties de s'associer, une chose mise en commun, et la participation aux bénéfices et aux pertes de l'entreprise. En conséquence, la convention par laquelle une personne fournit des capitaux pour l'exploitation d'une industrie et stipule, outre l'intérêt légal, une part dans les bénéfices, constitue un prêt, et non une société en commandite, alors qu'il n'y a pas eu mise en commun des capitaux, ni participation aux pertes.

927. — Il a encore été jugé que le contrat par lequel l'une des parties fournit à l'autre, pour l'acquisition d'un fonds de commerce, une somme d'argent remboursable à une époque déterminée, avec stipulation, en sus des intérêts, d'une prime fixe payable par annuités, présente les caractères non d'un contrat de société, mais d'un prêt, alors même qu'il aurait été dit que cette prime était la représentation, à forfait, du bénéfice que la partie à laquelle elle était due aurait eu le droit de partager. En conséquence, un tel contrat doit être non pas annulé comme société formée avec une partie non associée aux chances de l'exploitation sociale, mais maintenu comme prêt entaché d'usure, et il ouvre à l'emprunteur une action, en répétition des intérêts usuraires (Cass., 16 juin 1863, S. 63.1.334, D. 63.1.295).

928. — Le versement d'une certaine somme fait à un commerçant à titre de prêt, sous la condition que l'emprunteur attribuera au porteur, pour lui tenir lieu des intérêts, jusqu'au remboursement du capital, une part des bénéfices nets que ledit emprunteur réalisera dans son commerce, conserve sa nature de prêt, nonobstant cette stipulation aléatoire, et ne constitue pas une société (Cass., 8 janv. 1872, S. 72.1.36, D. 72.1.194 ; — Grenoble, 29 janv. 1870, S. 70.2.217, D. 71.2.76 ; — Aubry et Rau, t. 4, § 377, p. 544 et 545 ; Baudry-Lacantinerie, t. 3, n. 759 ; Colmet de Santerre, t. 8, n. 2 *bis*-VII ; Duranton, t. 17, n. 422 ; Guillouard, n. 77 et 78 ; Laurent, t. 26, n. 152, 155, 295 ; Lyon-Caen et Renault, t. 2, n. 63 ; Malepeyre et Jourdain, p. 82 ; Pont, t. 1, n. 84 et s., 466 et 467 ; Troplong, t. 2, n. 662. — V. cependant en ce qui concerne l'absence de participation aux pertes : Alauzet, t. 1, n. 423 ; Delangle, t. 1, n. 120 ; Delvincourt, t. 3, p. 453 ; Pardessus, t. 3, n. 928).

929. — Spécialement, la stipulation au profit d'un bailleur de fonds d'une part réglée d'avance et à forfait de bénéfices à réaliser dans une société, indépendamment de l'intérêt légal, aux taux du

capital par lui versé, alors que ce capital doit lui être restitué à une époque déterminée, constitue un prêt, non une société en commandite (Cass , 16 juill. 1863, S. 63.1.334, D. 63.1.295 ; — Rouen, 24 juill. 1861, S. 62.2.325).

De même, le versement dans une maison de commerce d'une somme remboursable à une époque déterminée constitue un prêt, bien qu'il ait été stipulé que le bailleur de fonds recevrait, pour lui tenir lieu des intérêts de cette somme, une part de bénéfices à réaliser (Bourges, 10 juill. 1821, S. chr.; Bordeaux, 3 juill. 1860, S. 61.2.190, D. 61.5.458).

930. — Cela dit des similitudes qui existent entre le prêt et la commandite et des principes qui permettent de ne pas les confondre, il faut ajouter que la jurisprudence a été appelée à fixer les différences entre la commandite et d'autres contrats.

Ainsi, un acte, bien que qualifié de société en commandite, doit être réputé ne pas constituer une société, lorsque les prétendus commanditaires, au lieu de verser une mise sociale, s'engagent seulement, comme cautions, à supporter les pertes de la société jusqu'à concurrence d'une certaine somme (Caen, 17 juin 1852, S. 53.2.138 ; — Id., Cass., 6 avr. 1853, S. 53.1.615, D. 53.1.193. — V. à cet égard : Delangle, n. 274).

931. — Nous ne reviendrons pas sur les règles générales relatives à la publication de toutes les sociétés commerciales. Le lecteur voudra bien se reporter, à cet égard, au chapitre que nous leur avons consacré ci-dessus. Il est cependant quelques règles spéciales à la commandite sur lesquelles nous devons insister.

L'acte constatant la constitution d'une société en commandite peut, tant qu'il pas été publié, être annulé par les parties contractantes, sans que les créanciers de l'associé responsable puissent, plus que cet associé lui-même, contraindre les commanditaires au versement de leur mise (Grenoble, 29 janv. 1870, S. 70.2.217). M. Troplong (n. 803) applique cette solution à toutes les sociétés non publiées, qu'elles aient ou non été annulées par les parties.

932. — L'extrait d'un acte de société en commandite, publié dans les journaux, fixe la position du commanditaire vis-à-vis des tiers, quelles que soient les énonciations de l'acte lui-même. Peu importe donc que, dans cet acte, le commanditaire se soit réservé le droit d'effectuer le versement de sa commandite par la liquidation d'une précédente société, si l'extrait publié se borne à mentionner l'obligation de fournir la mise, sans aucune réserve quant au mode de versement (Lyon, 7 avr. 1865, S. 65.2.259, D. 65.2.178 ; — Delangle, n. 559 ; Bédarride, n. 379). Pour les tiers, dit M. Delangle (*loc. cit.*), l'extrait rendu public équivaut à la convention.

Par suite, la clause des statuts conférant au gérant le pouvoir d'aliéner ou d'hypothéquer, étant dérogatoire au droit commun, nécessite à ce titre une publicité spéciale (Paris, 18 juin 1907, *J. S.*, 1908.458).

Mais la société en commandite simple, dont l'objet est civil, constitue une société civile non soumise aux règles de publicité des sociétés commerciales (Alger, 7 nov. 1907, *J. S.*, 1908.366).

933. — Est nulle la société dans laquelle on a omis, lors des publications, de faire connaître le montant de la commandite (Paris, 4 fév. 1869, T. C. 19.48 ; — Trib. com. Seine, 14-19 mai 1868, T. C. 17.449).

934. — Le défaut de publication d'une société en commandite ne saurait autoriser les créanciers de cette société à demander qu'elle soit considérée comme société en nom collectif, de manière à faire comprendre l'associé commanditaire dans la faillite de l'associé en nom, et à le faire déclarer, comme ce dernier, responsable indéfiniment et sur tous ses biens des dettes de la société ; le défaut de publication d'une société ne peut être invoqué par les tiers que comme moyen d'en faire prononcer la nullité d'une manière absolue, lorsqu'ils y ont intérêt (Paris, 16 janv. 1858, S. 58.2.258, D. 59.2.166 ; — *Id.* Cass., 28 fév. 1859, S. 60.1.157, D. 59.1.232 ; — Paris, 29 janv. 1863, T. C. 12.438 ; — Paris, 31 mars 1863, T. C. 12.481 ; — Rouen, 9 juin 1875, S. 77.2.46, D. 75.2.205. — *Sic* : Alauzet, t. I, n. 300 et s. ; Bédarride, t. I, n. 186 et s. ; Delangle, t. I, n. 271 et s. ; Dutruc V° *Société*, n. 770 et s. ; Massé, t. 3, n. 1965 ; Troplong, n. 414 et s.).

De deux choses l'une, en effet : ou les tiers demandent la nullité de la société, et alors ils n'ont pour obligés que les associés avec lesquels ils ont traité, c'est-à-dire les gérants ; ou ils acceptent l'acte de société et alors ils doivent respecter les qualités que cet acte attribue aux associés (*Contrà* : Paris, 30 juin 1860, T. C. 9.398 ; — 12 déc. 1861, T. C. 11.46).

Il n'en serait autrement que si la société avait publiquement fonctionné comme société en nom collectif, de manière que les tiers aient pu être trompés par l'apparence d'une société de fait existant entre l'associé en nom collectif et les associés commanditaires (Cass., 28 fév. 1859, précité).

935. — Sur toutes les autres questions se rattachant au défaut de publications incomplètes, voyez n. 376 et suiv.

SECTION II

ADMINISTRATION DE LA SOCIÉTÉ EN COMMANDITE. — RAISON SOCIALE

936. — Toute société en commandite a une raison sociale comme la société en nom collectif. Mais la raison sociale ne peut comprendre le nom des commanditaires (art. 25 C. com.).

937. — La raison sociale se compose du nom d'un ou de plusieurs des associés responsables et solidaires (art. 23 C. com.). Les associés dont le nom ne figure pas dans la raison sociale sont néanmoins *associés en nom*, parce que leurs noms sont publiés avec l'acte de société, tandis que ceux des commanditaires ne le sont pas.

Il n'est pas nécessaire que le nom de *tous* les commandités figure dans la raison sociale. Le nom d'un commandité ne peut être effacé de la raison sociale sans le consentement des commanditaires (Cass., 29 déc. 1897, S. 98 1.73, D. 98.1.539).

938. — Quelle est la conséquence de l'infraction à l'art. 25, qui défend de faire figurer dans la raison sociale le nom d'un commanditaire? Celui-ci deviendra-t-il *ipso facto* indéfiniment responsable et solidaire? Il faut se prononcer pour l'affirmative. « Il y a incompatibilité radicale, dit M. Troplong (n. 419), entre la position de commanditaire et celle d'associé figurant en nom dans la raison sociale. Celui qui livre son nom à la confiance du public, en le laissant insérer dans la raison sociale, est associé pur et simple, et aucune clause du contrat de société ne pourrait le retenir parmi les commanditaires. »

D'ailleurs, ajoute M. Delangle (n. 335 et suiv.), il n'y a rien de plus dangereux que de tolérer des termes qui dénaturent les conventions (V. dans ce sens : Paris, 13 janv. 1877, T. C. 26.156 ; — Lyon, 29 nov. 1893, *Mon. jud. de Lyon*, 10 mai 1894 ; — Lyon-Caen et Renault, n. 462, 463 ; Thaller, n. 248).

939. — Lorsque la société ne se compose que d'un seul commanditaire et d'un seul commandité, l'addition faite au nom de ce dernier de ces mots : *et compagnie*, ne fait point entrer implicitement le nom du commanditaire dans la raison sociale et ne l'expose pas à la solidarité indéfinie (Merlin, *Rép.*, V° *Soc.*, sect. 2, § 3, art. 2 ; Pardessus, n. 1032 ; Malepeyre et Jourdain, 148 ; Bédarride, n. 201. — *Contrà* : Vincens, *Législ. comm*, p. 317).

940. — La gestion de la société est exercée par les associés commandités. Les commanditaires ne peuvent jamais en être chargés.

941. — Il existe entre la situation juridique des gérants de la société en commandite ou associés commandités, et celle des associés en nom collectif une grande affinité. De même qu'il peut y avoir un ou plusieurs gérants dans une société en nom collectif, il peut y en avoir un ou plusieurs dans une société en commandite ; de même, dans l'une comme dans l'autre société, il n'est pas nécessaire que le nom de tous les gérants figure dans la raison sociale.

942. — S'il n'existe qu'un seul associé commandité, la gestion lui appartient en principe. S'il en existe plusieurs, la gestion appartient à tous également, comme dans les sociétés en nom collectif, sauf les restrictions qui peuvent être apportées dans le pacte constitutif.

943. — Enfin le gérant d'une société en commandite peut ne pas être un commandité. Aucune disposition légale n'interdit de confier la gestion à un tiers (Lyon-Caen et Renault, n. 405).

944. — Les principes relatifs à la révocation du gérant de la société en commandite diffèrent suivant qu'il s'agit d'un gérant statutaire ou d'un gérant non statutaire. Le gérant statutaire n'est pas révocable, ce qui signifie que sa révocation ne peut être prononcée que par justice et pour cause légitime, conformément à l'art. 1856 C. civ. (Cass., 28 avr. 1863, S. 63.1.383, D. 63.1.408. — Besançon, 25 juillet 1900, *J. S.*, 1901.105 ; — Lyon-Caen et Renault, n. 508 *bis*).

On considère comme gérant statutaire, et comme tel irrévocable, non seulement celui qui est nommé par les statuts, mais aussi celui de l'association en nom collectif nommé par un acte de prorogation de la société apportant avec le consentement de tous les associés des modifications proposées au pacte social, et cela alors surtout que les associés ont voulu que ce gérant fût irrévocable (Besançon, 25 juill. 1900, *J. S.*, 1901, p. 105).

Le gérant non statutaire au contraire, c'est-à-dire celui qui est nommé au cours de l'existence de la société, est révocable au gré des commanditaires et sans qu'il soit besoin de causes légitimes de révocation (Cass., 28 avr. 1863, S. 63.1.283, D. 63.408).

945. — Mais ce principe n'est pas d'ordre public, et il peut y être dérogé par les statuts, par des conventions verbales. Ainsi, les statuts peuvent stipuler soit que le gérant statutaire sera toujours révocable *ad nutum*, soit que le gérant non statutaire sera irrévocable (V. Cass., 9 mai 1859, S. 60.1.442, D. 59.1.487 ; — 25 nov. 1872, S. 73.

1.385, D. 75.1.479 ; — 8 mars 1892, D. 92.1.236 ; — Beudant, *R. crit.*, 1867, t. 31, p. 417 ; Mornard, *Soc. en. com.*, p. 105). Sur notre plaidoirie, ces principes ont été encore consacrés par un arrêt de la Cour de Paris du 31 janvier 1901 (*Gaz. Trib.*, 15 juin 1901). Si les statuts stipulent la révocabilité pour incapacité, fraude ou malversation, l'assemblée peut prononcer cette révocation pour cause d'incapacité et de mésintelligence ayant entraîné la décadence de l'entreprise sociale (Paris, 31 déc. 1901, *J. S.*, 1902.220).

946. — Les causes légitimes de révocation sont laissées à l'appréciation souveraine des tribunaux (incapacité, infidélité, fautes lourdes) — (Cass., 9 mai 1859, S. 60.1.442, D. 59.1.497 ; — 28 avr. 1863, S. 63.1.408 ; — 25 nov. 1872, S. 73.1.385, D. 75.1.479 ; — 8 mars 1892, D. 92.1.236). — En cas de pluralité de gérants, s'il n'y a pas entente sur des mesure essentielles, cette preuve de l'incapacité à diriger la société est un motif de révocation (Paris, 31 déc. 1901, précité).

947. — Tout associé, même un commanditaire, peut demander, à moins de convention contraire, la révocation du gérant (Paris, 23 déc. 1848, S. 49.2.34, D. 49.2.242 ; — 28 fév. 1850, S. 50.2.447, D. 50.2.204).

948. — La révocation, lorsqu'elle est possible, est prononcée par l'assemblée générale dans les formes et à la majorité prévues par les statuts ; à défaut d'indication, la révocation sera prononcée à la majorité des voix (Paris, 31 juill. 1861, T. C. 61.455. — V. aussi : Trib. com. Seine, 7 août 1901, *Gaz. Pal.* du 9 août).

949. — Le principe de la révocation du gérant a pour corollaire le droit de démission. Le gérant d'une société en commandite peut donc démissionner dans les conditions où il pourrait être révoqué par les commanditaires.

En conséquence, le gérant ne peut pas renoncer sans cause légitime à son mandat ; mais il le peut lorsque la clause existe (Cass., 8 déc. 1890, D. 91.1.458).

950. — Il y a controverse sur la question de savoir si la révocation du gérant statutaire entraîne de plein droit la dissolution de la société. La doctrine n'est point à cet égard d'accord avec la jurisprudence.

Les auteurs les plus estimés pensent que la révocation du gérant statutaire entraîne nécessairement la dissolution parce qu'on ne peut contraindre les associés qui ont fait confiance au gérant choisi dans l'acte de société à accepter un autre gérant (Duvergier, n. 295 ; Delangle, n. 173 ; Lyon-Caen et Renault, n. 508 ; Pont, n. 503).

La Cour de cassation juge, au contraire, que la révocation du gérant, spécialement dans une comman dite par actions, n'entraîne pas de plein droit la dissolution de la société (Cass., 9 mai 1860, D. 60.1.279).

Dans tous les cas, l'ordre public n'est point ici encore intéressé, et les statuts peuvent stipuler que la révocation du gérant même statutaire n'entraînera pas la dissolution de la société (Cass., 8 mars 1892, D. 92.1.236).

951. — Plusieurs gérants peuvent se succéder au cours de la société (mort, révocation, démission). Comment se règlent alors les obligations de chacun d'eux. Y a-t-il responsabilité solidaire et indéfinie pour le gérant actuel, à raison des obligations de la gérance précédente ? Cette solution est admise généralement à raison des principes mêmes qui régissent les commandites. La signature du gérant oblige la société vis-à-vis des tiers, or le remplacement du gérant ne modifie en rien la personnalité de la société qui demeure responsable des engagements antérieurs. Cette solution protège les tiers contre la diminution de garantie qui pourrait résulter d'un simple changement de gérant (Cass., 23 nov. 1897, D. 98.1.321 ; — Paris, 7 mai 1886, *J. trib. com.*, 1886.428. — *Contrà* : Rouen, 4 juillet 1886, *J. trib. com.*, 88.473). Cette solution a été admise au cas où le nouveau gérant en entrant en fonctions aurait fait dresser un acte constatant la situation de la société (Cass., 27 déc. 1853, S. 54.1.433).

952. — Les pouvoirs du gérant de la société en commandite sont généralement déterminés par les statuts sociaux. S'il en est ainsi, c'est le pacte social qui fait la loi des parties ; et si notamment les statuts ont interdit au gérant d'emprunter, l'interdiction est valable et opposable aux tiers. L'interdiction pouvant être d'ailleurs plus ou moins rigoureuse, suivant les termes des statuts, c'est aux tribunaux qu'il appartient de déterminer les caractères juridiques de la validité de l'engagement (Cass., 18 juin 1872, S. 73.1.19, D. 82.1 268. — V. aussi Cass., 4 janv. 1870. D. 72.1.21 ; — 22 déc. 1874, D. 75.1.155).

953. — Si les statuts ne déterminent pas exactement les pouvoirs du gérant, c'est dans les règles qui président aux pouvoirs des gérants d'une société en nom collectif qu'il faut puiser la détermination de l'étendue et des limites des pouvoirs dont il s'agit.

Ainsi, il faudra décider que le gérant n'a pas le droit de

transformer l'objet social, de se livrer à des opérations qui n'ont pas été prévues par le pacte originaire (Cass., 14 déc. 1874, D. 75.1. 337).

954. — Il est certain que les pouvoirs du gérant sont restreints aux opérations sociales. Il ne pourrait, dès lors, modifier la société, ou la résilier au profit des commanditaires et au préjudice des tiers. Il a été jugé dans ce sens que le gérant n'a pas le pouvoir de dégager l'un des commanditaires de l'association (Req., 16 avr. 1811, Dalloz, n. 1295 ; — Marseille, 12 août 1901, *R. S.*, 1903.290) ; que le gérant d'une société en commandite par actions n'a pas capacité pour délier les souscripteurs d'actions de leurs engagements sociaux envers les tiers et même envers les autres actionnaires ; que, par suite, la transaction sur procès par laquelle le gérant a consenti à la résiliation d'une souscription et au remboursement des acomptes versés par le souscripteur n'est pas opposable aux syndics de la faillite de la société, qui réclament de ce souscripteur, au nom des créanciers et actionnaires, le versement du montant des actions par lui souscrites (Cass., 12 avr. 1842, S. 42.1.417, Dalloz, n. 1295).

955. — Le gérant peut-il aliéner ou hypothéquer les immeubles de la société ? Nous avons déjà examiné (*suprà*, n. 872) cette question à un point de vue général, et nous avons refusé de reconnaître au gérant un droit aussi exorbitant, à moins qu'il ne lui ait été conféré par l'acte social. « Attendu, en droit, dit un arrêt de la Cour de cassation du 21 avril 1841 (S. 41.1.595, Dalloz, n. 1295), qu'aucun article du Code de commerce ne donne expressément au gérant d'une société en commandite le pouvoir de vendre ou d'hypothéquer les immeubles de la société ; que les art. 24, 27 et 28 de ce Code, invoqués par le demandeur, ne parlent que de l'interdiction pour le commanditaire d'administrer, et non des pouvoirs du gérant ; — attendu que dans le silence de la loi spéciale, il faut recourir à la loi générale ; — attendu que les art. 1988 et 2124 C. civ. ne donnent à l'administrateur le droit d'aliéner et d'hypothéquer que lorsqu'il est investi d'un mandat spécial à cet effet.. » (Conf. Delangle, n. 316 ; Bédarride, n. 207 ; Troplong, n. 686.)

956. — Mais l'autorisation d'aliéner ou d'hypothéquer doit-elle être donnée au gérant par l'acte même de société ? Ne pourrait-elle pas émaner, par exemple, d'une assemblée générale des commanditaires ? Si l'unanimité des associés donnait au gérant le pouvoir dont nous nous occupons, il n'y aurait aucune difficulté. Le doute ne peut s'élever que si l'assemblée ne réunit que la majorité des commandi-

taires. Dans ce cas nous reconnaîtrons à la majorité le droit d'autoriser le gérant à aliéner ou hypothéquer, mais à deux conditions :
1º que dans les statuts aucune clause ne prohibe soit la réunion de
l'assemblée, soit tout vote à la majorité ; 2º que ces statuts ne défendent pas l'aliénation des immeubles ou leur hypothèque. Il a été
décidé en ce sens que bien que les statuts sociaux n'autorisent pas
l'hypothèque des immeubles de la société, cependant une hypothèque est valablement consentie par les gérants, lorsqu'ils y ont été
autorisés par l'assemblée générale des actionnaires, alors surtout
que cette hypothèque avait pour but de faciliter les emprunts utiles
à la société (Cass., 21 avr. 1841, S. 41.1 395, Dalloz, n. 1298 ; — 3 mai
1853, S. 53.1.617, D. 53.1.186 ; — 8 nov. 1869, D.72.1.195).

En tout cas, le gérant ne peut pas, seul et sans le concours des
coassociés, donner en nantissement le fonds de commerce qui constitue l'actif social, bien qu'une clause des statuts lui confère le pouvoir d'aliéner et d'hypothéquer, si cette clause n'a pas été l'objet
d'une publicité spéciale (Paris, 18 juin 1907, *R. S.*, 1908.286).

957. — Il a même été jugé que cette délibération est valable même
si elle n'a été prise qu'à la majorité des associés (Cass., 27 janv. 1868,
D. 69.1.410).

958. — Avant la loi du 1er août 1893, la jurisprudence décidait
que tout acte destiné à conférer au gérant le pouvoir d'hypothèque,
même une délibération des actionnaires, devait être passé par-devant
notaire, en vertu du principe que le mandat doit revêtir les mêmes
formes que celles requises pour la validité même de l'acte auquel il
s'applique.

Mais la loi du 1er août 1893 a décidé qu'il pourrait être consenti
hypothèque au nom de toute société commerciale en vertu des
pouvoirs résultant de son acte de formation, même sous seing privé,
ou des délibérations ou autorisations contractées dans les formes
réglées par ledit acte. L'acte sera passé en forme authentique conformément à l'art. 2127.

959. — Pareillement, il a été décidé que la clause de l'acte social
portant que tout achat fait par le gérant autrement qu'au comptant
n'obligera que lui seul et n'engagera en aucune manière la responsabilité de la société, est valable à l'égard des tiers, pourvu qu'elle
ait figuré dans l'extrait dont la publication a dû être faite en exécution des art. 43 et 46 C. com. (Orléans, 1er juin 1852, D. 53.5.427 ; —
11 janv. 1853, D. 53.2.160). MM. Malepeyre et Jourdain (p. 59) re-
poussent la solution consacrée par ces arrêts : « Il est évident, di-

sent-ils, qu'on ne peut pas stipuler, comme cela se pratique quelquefois, que toutes les opérations devant être faites expressément au comptant, les dettes qui résulteraient d'achats faits, même collectivement, ainsi que les effets de commerce, même revêtus de la signature de tous les associés, n'engageront pas la société. C'est une clause captieuse qui ne permettrait pas aux associés de se soustraire à l'action légitime des créanciers. Les associés ne peuvent se priver ainsi d'un droit naturel et se mettre volontairement dans un état d'incapacité durable. » Mais la clause dont il s'agit nous paraît parfaitement valable et opposable aux tiers, lors du moins qu'elle a été publiée. Il a été décidé, dans le même sens, que la clause des statuts qui interdit au gérant de s'engager au delà d'une certaine somme sans le consentement de l'assemblée générale des actionnaires est licite (Cass., 24 mai 1859, S. 59.1.918, D. 59.1.242). Mais il est nécessaire, bien entendu, pour qu'une telle clause soit opposable aux tiers, qu'elle ait été publiée (V. *suprà*, n. 891).

960. — Le gérant a-t-il le pouvoir de transiger et de compromettre ? Il faut appliquer ici ce que nous avons dit (*suprà*, n. 564) du gérant en général (Angers, 28 juin 1904, *Gaz. Trib.*, 24 sept. 1904). Nous ajouterons seulement que dans le cas même où la faculté de transiger résulterait de la convention sociale, la transaction émanée du gérant n'est valable qu'autant que le procès pendant concerne exclusivement la société (Delangle, n. 317).

961. — Le gérant d'une société en commandite a un pouvoir absolu pour le choix et le remplacement du personnel. En conséquence, il peut prononcer la révocation d'un ingénieur de la société, alors même que celui-ci avait été investi de ses fonctions par une clause spéciale des statuts, si d'ailleurs rien ne démontre que cette stipulation doive être obligatoire pour toute la durée de la société (Lyon, 26 août 1857, S. 57.2.703, D. 58.2.59). La faculté de nommer ou révoquer le directeur appartient au gérant seul et l'assemblée générale ne peut avoir de contrôle sur le directeur que par la nomination ou révocation du gérant (Paris, 31 janv. 1901, *Gaz. Trib.*, 18 juin 1901).

Toutefois, l'importance de l'emploi et la difficulté de s'en procurer un autre de même nature doivent faire accorder à l'ingénieur un délai suffisant, et à défaut une indemnité correspondante pour le même temps aux avantages de l'emploi dont il a été brusquement privé (Même arrêt).

962. — Le gérant d'une société en commandite ne répond pas d'une manière absolue, vis-à-vis des commanditaires, des fautes des employés qu'il a choisis ; mais il est responsable des vols et détournements commis au préjudice de la société par un employé, si ces vols et détournements sont le résultat de sa faute et de sa négligence propre (Aix, 23 juin 1857, sous Cass., 23 nov. 1874, S. 76. 1.21. — *Sic* : Lyon, 3 déc. 1857, S. 58.2.471, D. 57.2.171).

963. — Le gérant d'une société en commandite est le représentant légal de la société et la personnifie dans ses rapports avec les tiers. Lors donc qu'il a contracté au nom de celle ci, dans la sphère de ses attributions, c'est la société elle-même qui est réputée avoir contracté. Par suite, la société est directement et personnellement responsable des actes de vol et de fraude commis par son gérant, et elle est tenue envers les tiers à l'entière réparation du préjudice causé, en conformité de l'art. 1382 C. civ. (Cass., 15 janv. 1872, S. 72. 1.9, D. 72.1 165 ; – Grenoble, 4 fév. 1874, S. 74.2.168 ; — Dijon, 24 juill. 1874, S. 75.2.73). « Attendu, dit l'arrêt de cassation précité, que dans la société en commandite, le gérant est le représentant légal de la société ; qu'il la personnifie dans ses rapports avec les tiers ; que lorsqu'il a contracté au nom de celle-ci, dans la sphère de ses attributions, c'est la société elle-même qui a contracté ; que, dès lors, s'il pratique des manœuvres frauduleuses et s'il commet un dol dans un acte de sa gérance, non seulement la société n'en doit pas profiter, mais elle doit, au contraire, réparer en entier le préjudice qui en résulte pour les tiers... » (V. cependant : Bordeaux, 18 août 1841, Dalloz, n. 1303).

Toutefois, lorsque le gérant a, en violation d'un article formel des statuts, souscrit des traites destinées à payer des dettes personnelles et que le montant en a été payé à l'aide des deniers sociaux, le tiers qui a reçu des valeurs en paiement doit restituer la somme reçue, s'il a connu le vice dont elles étaient entachées (Cass., 26 avril 1906, *J. S.*, 1907.72).

964. — Les règles que nous avons examinées en ce qui concerne les gérants des sociétés en nom collectif pour la validité des engagements sociaux au nom du gérant, au nom de la société, etc., sont toutes applicables au gérant de la société en commandite.

La seule observation qui doive prendre place ici, c'est que les associés créanciers sont tenus, comme les associés en nom collectif, solidairement envers les tiers à raison des engagements sociaux. Mais l'obligation solidaire des commandités ne concerne que leurs rapports avec les tiers. Dans leurs rapports respectifs, commanditaires et commandités, étant les uns et les autres des associés, doivent contribuer aux pertes proportionnellement à la part qu'ils prennent dans les bénéfices, avec cette nuance importante que les commanditaires ne sauraient en aucun cas être tenus de contribuer au passif pour une somme supérieure à leurs apports, tandis que les commandités, personnellement obligés, sont tenus à l'acquit de ce passif sur tous leurs biens.

965. — Pour que la société en commandite soit obligée par le gérant, il faut que ce dernier ait signé de la signature sociale. Ce que nous avons dit (*suprà*, n. 882 et s.) en ce qui concerne la société en nom collectif est encore applicable ici.

966. — Lorsque l'administration a été confiée à deux gérants, chacun d'eux est obligé de contrôler les opérations de son co-gérant. Et si, par suite de défaut de surveillance, l'un deux a pu, à l'insu de l'autre, détourner pour les appliquer à ses affaires personnelles des fonds sociaux, l'action en restitution qui appartient aux bailleurs de fonds peut être exercée solidairement contre tous deux (Paris, 21 janv. 1852, D. 52.2.278).

SECTION III

OBLIGATIONS DES COMMANDITÉS

967. — Lorsqu'il n'existe qu'un seul commandité, il est tenu personnellement de toutes les dettes de la société. Lorsqu'il y a plusieurs commandités, la société, dit l'art. 24, est une société en nom collectif à leur égard ; d'où il résulte qu'ils sont tous *solidairement* responsables des dettes sociales, de la même manière que les associés dans les sociétés en nom collectif (Lyon-Caen et Renault, t. 2, n. 456 ; — Cass., 8 avr. 1903, *J. S.*, 1904.420).

Jugé à cet égard que les associés en nom collectif dans une société en commandite ne peuvent être poursuivis individuellement par les créanciers de la société, à raison d'une obligation contractée par celle-ci, qu'après que la société a été condamnée à exécuter l'obligation dont il s'agit dans la personne de son gérant, si cette société existe encore, ou de son liquidateur, si elle est dissoute (Cass., 14 août 1858, S. 59.1.332, D. 59.1.179).

968. — Jugé également que les associés en nom indiqués dans l'acte constitutif d'une société en commandite étant solidaires pour tous les engagements sociaux, il s'ensuit que si l'un deux est poursuivi faute de payement par la société d'une dette sociale, l'associé en cause ne peut opposer à l'action des créanciers sociaux l'exception du bénéfice de discussion, pourvu d'ailleurs que lesdits créanciers aient prouvé contradictoirement avec les représentants de la société qu'il s'agit réellement des dettes sociales (Cass., 14 mai 1890, S. 92.1.484, D. 91.1.241, et la note de M. Boistel ; — Cass., 8 avr. 1903, S. 03.1.352, D. 03.1.298 ; — Amiens, 23 déc. 1899, *J. S.*, 1901.350).

969. — Le gérant d'une société en commandite par actions, qui, en se faisant consentir par un banquier une ouverture de crédit, a déclaré agir tant en son nom personnel que comme gérant de la société par lui représentée, et a en outre, par le même acte, affecté hypothécairement un de ses immeubles propres au remboursement de toutes sommes qui lui seraient remises en exécution de ladite ouverture de crédit, soit sur sa signature personnelle, soit sur la signature sociale, a contracté un engagement dont les termes sont clairs et précis, et il doit être considéré comme s'étant obligé à deux titres : personnellement d'abord, comme gérant de la société ensuite ; mais dans les deux cas à titre principal, et non pas seulement comme caution (Cass., 21 déc. 1891, S. 91.1.486).

970. — Lorsque le gérant primitivement nommé est remplacé par un autre, ce dernier est-il tenu des dettes antérieures à son entrée en fonctions ? « Cette question suppose, dit très justement M. Dalloz (n. 1317), que ce nouveau gérant était jusqu'alors resté étranger à la société. En effet, s'il avait été pris parmi les simples commanditaires, il aurait, par le fait de son acceptation, perdu, même pour le passé, le bénéfice de cette qualité, et serait devenu indéfiniment responsable envers les tiers. » Nous admettons donc que le nouveau gérant était, avant sa nomination, étranger à la société.

En ce cas, la jurisprudence admet la responsabilité indéfinie du nouveau gérant, même pour le cas où il aurait fait inventaire, et où une clause publiée de l'acte de société l'exonérerait de cette responsabilité (Paris, 22 août 1849, S. 49.2.570, D. 49.2.235). En droit : « considérant, dit cet arrêt, que le gérant d'une société en commandite est obligé personnellement aux dettes de la société ; que le gérant qui succède à celui qui s'est obligé assume sur lui-même les obligations contractées par son prédécesseur au nom de la société ; — qu'il ne peut dépendre ni de lui ni de la société qui l'accepte comme successeur de son gérant, de modifier vis-à-vis des tiers une obligation résultant du seul titre de gérant ; — que cette substitution ne peut être assimilée ni à la constitution d'une société nouvelle ni à une liquidation ; — que la dissolution de la société peut seule changer son état, et que dans l'espèce ni N...   a société n'o... ttendu modifier leur existence ni l'interrompre, mais au co.. ..ire la continuer... » (*Sic* : Paris, 18 août 1860, D. 61.2 213 ; — Cass., 23 nov. 1897, D. 98. 1.321.)

971. — L'ancien gérant devient étranger à la société dès le jour de son remplacement. Il n'est pas responsable à l'égard des tiers des dettes créées postérieurement à sa retraite, s'il a été fait une publication régulière de son remplacement (Cass., 5 juill. 1837, S. 37.1. 765, D. 37.1.471 ; — 7 juin 1830, S. 30.1.294, D. 30.1.279 ; — 9 juill. 1833, S. 33.1.538, D. 33.1.259 ; — 12 janv. 1852, S. 52.1.193, D. 53.1. 53 ; — Seine, 18 août 1899, *J. S.*, 1901.228 ; — Lyon, 23 mars 1903, *R. S.*, 1904 243 ; — Pardessus, n. 1088 ; Delangle, n. 584 ; Massé, dissertation dans le recueil de Sirey sous Cass., 12 janv. 1862. — V. aussi *suprà*, n. 903, 908 et suiv.). Ainsi, il a été jugé que l'ancien gérant d'une société en commandite ne saurait être tenu de la dette sociale que celle-ci a contractée par suite d'une émission d'obligations, lors même que ces obligations portent la signature de cet ancien gérant, si cette émission n'a eu lieu que postérieurement à la retraite légalement publiée de ce dernier et était connue du porteur des obligations (Cass., 8 avr. 1872, S. 72.1.212, D. 72.1.107).

972. — Mais pour que le gérant soit ainsi exonéré de la responsabilité des faits postérieurs à sa retraite, il faut qu'il devienne étranger à la société à partir de ce moment. Si, par exemple, il était resté membre de la société collective, il ne serait déchargé d'aucune responsabilité. Ainsi, il a été jugé que l'associé collectif et gérant d'une société en commandite qui, usant de la faculté que lui réserve l'acte social, transmet ses fonctions de gérant à un autre qui se met à ses lieu et place, et fait publier, conformément aux art. 42 et suiv. C. com., un extrait de l'acte constatant sa retraite : mais non le changement de la raison sociale, peut être déclaré ne pas cesser d'être obligé solidairement envers les tiers, comme associé en nom collectif, à l'exécution des engagements de la société postérieurs à cette publication, alors que l'acte ne mentionne sa retraite que comme gérant, et non comme associé collectif, et que d'ailleurs il n'y a eu ni liquidation ni dissolution de la société (Cass., 1er juill. 1841, Dalloz, n. 1320. — V. *suprà*, n. 903).

973. — Lorsque deux sociétés en commandite ont les mêmes gérants, l'identité de leurs personnes permet-elle d'établir la distinction et l'opposition de rôles nécessaires pour la formation d'un contrat entre les deux sociétés ? Un arrêt de la chambre des requêtes du 4 décembre 1854 (S. 56 1.592, D. 55.1.22) s'est prononcé dans le sens de la validité du contrat. MM. Vavasseur (*Formulaire des sociétés civiles et commerciales*, n. 1750) et Boistel (p. 131) sont partisans de cette jurisprudence. Un arrêt de la Cour de Paris du 9 août 1873 (sous Cass., 14 déc. 1874, S. 76 1.209, D. 75 1.337) se prononce au contraire pour la nullité du contrat. Cette dernière doctrine est approuvée par l'arrêtiste du recueil de Sirey dans une dissertation sous l'arrêt de cassation précité.

« Le gérant d'une société en commandite, dit-il, peut être défini de deux manières : ou bien il est une personne avec laquelle la société s'identifie, ou bien il est un mandataire de la société. Dans ces deux manières de voir, la solution de notre question est la même. — Si le gérant est la personnification de la société, celui qui est gérant de deux sociétés ne peut pas faire contracter ensemble les deux sociétés ; car une seule et même personne ne peut jouer à la fois les rôles des deux contractants. — Si le gérant est un mandataire, le mandataire doit agir dans le seul intérêt de son mandant ; il ne peut agir en même temps pour deux personnes dont les intérêts sont divisés et opposés. Le mandataire n'est pas un simple porteur de parole ; il négocie, il détermine les conditions du contrat. Il est investi de pouvoirs ; il doit user de ces pouvoirs avec fidélité, avec dévouement à la cause de celui qui les lui a donnés. Le dévouement ne saurait exister égal à deux causes qui sont en opposition. Le mandataire ne peut donc représenter qu'une seule des deux parties au contrat. — La vérité est que le gérant est plus qu'un mandataire ordinaire, moins que la personnification de la société. Mais qu'importe, puisque sous les deux points de vue, nous arrivons au même résultat. »

974. — Le gérant de la commandite est responsable de sa gestion comme tout gérant de société (*suprà*, n. 877). Mais il faut bien préciser quel est le caractère de cette responsabilité. Les commanditaires ne pourraient faire retomber sur le gérant la responsabilité de toutes pertes subies pendant la gestion de la société. Il ne suffit pas qu'une perte soit constatée pour qu'on puisse en rendre responsable le gérant.

« Il faut distinguer, dit M. Delangle (n. 161), entre le mauvais succès et la faute. Si le gérant, rassuré par l'apparence, a fait ce que cent autres auraient fait à sa place, si l'événement trompe ses prévisions, il n'est pas responsable ; il n'y a pas de spéculation commerciale exempte de périls. — Par exemple, ajoute-t-il, un négociant inspire une confiance sans borne : soigneux, réservé, circonspect, il a toujours et sans retard fait honneur à ses engagements, et cependant il y a sous cette apparence de crédit une incurable insolvabilité ; c'est un abîme qui se creuse chaque jour davantage. Si le gérant lui prête de l'argent, et que la faillite éclate avant le remboursement du prêt, en sera-t-il responsable ? Non assurément. Il n'y a pas de faute en ce cas ; il n'y a qu'un malheur. L'apparence dans le commerce équivaut pour ainsi dire à la réalité. »

Il y aurait faute, au contraire, si le gérant accordait crédit à des gens d'une solvabilité douteuse. Ainsi, il a été jugé que le gérant n'est pas responsable des pertes résultant pour la société d'avances d'argent et d'ouvertures de crédit faites par lui, lors même qu'il n'aurait pas apporté l'expérience et l'attention nécessaires à un commerce d'ailleurs nouveau pour lui, si ses imprudences n'ont pas la gravité de fautes pouvant entraîner sa responsabilité envers les commanditaires (Cass., 23 nov. 1875, S. 76.1.21).

975. — Le gérant de la commandite peut abuser de ses fonctions plus facilement encore que celui de la société en nom collectif. On s'est demandé, pour l'une et l'autre de ces sociétés, si le gérant qui a appliqué les fonds sociaux à ses affaires propres et personnelles commettait le délit d'abus de confiance prévu et réprimé par l'art. 408 C. pén. La question se résout en des termes très simples : Le gérant est-il ou non le mandataire de l'être moral, la société ? La jurisprudence, après quelques hésitations, est aujourd'hui unanime à reconnaître que le gérant d'une société en commandite est un mandataire, et qu'il se rend coupable, par conséquent, du délit d'abus de confiance prévu et puni par l'art. 408 C. pén., s'il détourne des fonds de la société pour les appliquer à ses besoins personnels (Paris, 23 avril 1845, S. 45 2.331 ; — Cass., 8 août 1845, S. 46.1.59, D. 45.1.366 ; — Cass., 14 mars 1862, *J. P.*, 63.98, D. 66.1.364 : — Cass., 10 déc. 1858, *Bull.*, n. 299, D 65.5 5 ; — 27 fév. 1863, *Bull.*, n. 71, D. 64.5 4 ; — Seine, 16 juill. 1903, *J. S.*, 1904. 440. — En ce sens : Chauveau et Hélie, t. 5, n. 2076 ; Morin, *Rép. dr. crim.*, V° *Abus de confiance*, n. 21 ; Delangle, n. 322. — *Contrà* : Bédarride, n. 213).

976. — Il en est de même du gérant qui, dans son intérêt personnel, transporte à un tiers ou lui donne le pouvoir de toucher des valeurs sociales dont il ne rend point compte à la société (Cass., 31 juil.

1851, S. 52.1.286, D. 52.5.2) ; du gérant de la société qui abuse de la signature sociale pour se faire remettre des fonds au préjudice de la société (Cass , 10 déc. 1858, précité) ; du gérant d'une association en participation qui, ayant liquidé l'opération au nom de tous les associés, n'a pas tenu compte à ses cointéressés de l'indemnité qu'il a touchée comme représentant les intérêts communs (Cass., 12 janv. 1866, S. 66.1.82). Il a été également jugé que le fait par le gérant d'une société de présenter comme prospère, à l'aide d'inventaires frauduleux, l'état de cette société, et de se faire attribuer une certaine somme pour sa part dans les bénéfices ainsi supposés, constitue le délit d'escroquerie (Cass., 26 janv. 1871, S. 72.1.75).

977. — Le jugement correctionnel qui a condamné le gérant d'une société comme coupable d'abus de confiance pour avoir détourné de sa destination le fonds de roulement de la société en l'employant à des achats d'actions ne met pas obstacle à ce qu'un jugement ultérieur, rendu au civil, condamne cette société au paiement de sommes dues à raison d'opérations de Bourse qu'il déclare constituer des emprunts faits par le gérant sous forme de rapports, pour le compte de la société. En vain dirait-on que le second jugement viole la chose jugée par le premier (Cass., 18 juin 1872, S. 73.1.19, D. 72.1.268).

SECTION IV

OBLIGATIONS ET DROITS DES COMMANDITAIRES

§ 1er. — Obligations des commanditaires.

978. — Le commanditaire n'est passible des pertes éprouvées par la société que jusqu'à concurrence de la mise sociale (art. 26 C. com.). C'est là le caractère exceptionnel de la société en commandite. Ainsi, le commanditaire peut participer aux bénéfices dans des proportions égales avec l'associé en nom collectif ; mais quels que soient le sort de la société ou la somme à laquelle s'élèvent les pertes, le commanditaire est libéré envers tous par l'abandon de sa mise.

979. — La première obligation du commanditaire doit donc être de verser sa mise. Les créanciers ont le droit de contester le caractère du versement. S'ils ne peuvent élever aucune discussion quant à la situation favorable de l'associé commanditaire, ils ont du moins le droit incontestable d'exiger un versement réel. Ils pourraient donc contester la sincérité de la quittance qui constaterait le versement de la mise, et s'ils prouvaient la simulation, le commanditaire serait tenu au versement (Paris, 20 mai 1879, S. 79.2.109 ; — Cass., 27 janv. 1 80, S. 80.1.121 ; — Paris, 24 avril 1901 *R. S* , 1902. 217).

980. — Les intérêts de la mise courent de plein droit à partir de l'époque fixée pour le versement (Lyon, 7 avr. 1865, D. 65.2.178 ; — Cass , 25 juin 1902, *J. S.*, 1902.501).

La faillite de la société rend exigible le versement de la mise (Paris, 27 juin 1857, S. 60.2.128 ; — Cass., 6 août 1862, S. 62.1.783 ; — Aix, 1er mars 1869, S. 70.2.13 ; — Paris, 15 juill. 1871, D. 71.2. 142).

981. — Le commanditaire ne pourrait pas se prévaloir de la contre-lettre signée par le gérant, et constatant que malgré l'apposition de sa signature sur l'acte de société, il n'a jamais été associé. Cela est incontestable en présence des termes de l'art. 1321 C. civ. : « Les contre-lettres, dit cet article, ne peuvent avoir leur effet qu'entre les parties contractantes ; elles n'ont point d'effet contre les tiers. » (*Sic* : Bédarride, n. 216.)

982. — Jugé que la reconnaissance par un associé, dans une lettre missive, qu'un des associés ne figure que nominativement dans la société et que la société a été en réalité formée avec une autre personne, constitue une contre-lettre et peut être opposée par cet associé nominal à celui de qui émane la reconnaissance, mais non aux tiers (Cass., 20 déc. 1852, S. 53.1.27, D. 53.1.96 ; — 6 nov. 1865, S. 66.1. 109 ; — 18 fév. 1868, S. 68.1.124 ; — 14 déc. 1869, S. 70.1.165 ; — Paris, 2 juin 1876, S. 79.2.33 ; — Lyon-Caen et Renault, n. 477 et suiv.).

983. — Mais une contre-lettre est opposable aux créanciers de celui qui l'a souscrite, alors que ces créanciers agissent comme exerçant les droits et actions de leur débiteur. Spécialement, le commanditaire qui s'était engagé à faire à la société toutes les avances nécessaires à celle-ci, mais dont l'obligation a été limitée par une contre-lettre, peut opposer cette contre-lettre aux créanciers personnels de son associé qui lui réclament, comme exerçant les droits de leur débiteur, des dommages-intérêts pour inexécution de son engagement (Cass., 23 mai 1870, S. 71.1.151).

984. — Le payement de la mise du commanditaire doit être effectif et réel. Cependant le commanditaire pourrait-il compenser sa mise avec la créance qui lui est due par le gérant personnellement ?

« L'affirmative, dit M. Bédarride (n. 218), ne pourrait être accueillie que dans une seule hypothèse, à savoir si la compensation étant formellement stipulée dans l'acte, cette clause avait été légalement publiée. Cette formalité est une indication de la nature des valeurs fournies et à fournir ; elle indique aux tiers le caractère des ressources que présente la société ; ils seront donc à même de juger de la confiance qu'ils doivent accorder. Mais si, au lieu de publier cette clause, l'extrait déposé au greffe énonce seulement que chaque associé s'oblige à verser une somme déterminée, les tiers ont dû compter sur la réalisation de cette promesse et mesurer leur confiance sur son importance ; il faut donc que chaque somme soit réellement entrée dans la caisse sociale. Tout mode n'ayant pas déterminé ce résultat, et conséquemment la compensation entre la mise et ce qui est privativement et personnellement dû par le gérant, ne saurait avoir pour effet de libérer le commanditaire de son obligation. Comment pourrait-on tolérer qu'on fît luire aux yeux du public un avoir offrant des garanties certaines, alors qu'en fait cet avoir se trouverait absorbé par le passif antérieur du gérant ?

« Il est légalement et loyalement impossible que les commanditaires puissent directement ou indirectement concourir à tromper les tiers. Ceux-là donc d'entre eux qui voudront compenser leur mise avec leur créance doivent non seulement le stipuler expressément, mais encore veiller à ce que cette stipulation reçoive toute la publicité requise ; à défaut de celle-ci, ils seraient contraints, malgré toute compensation, à verser réellement leur mise. Ce qui doit le faire décider ainsi, c'est que la dette étant due à la société, et la créance par la personne privée du gérant, il n'y a pas identité de personnes entre le créancier et le débiteur, ce qui empêche toute compensation. »

M. Bédarride cite à l'appui de son opinion un arrêt de la Cour d'Aix de 1844, et un arrêt de la Cour de cassation du 14 février 1838, n. 219 (*Contrà* : Dalloz, n. 1326).

Mais M. Dalloz (*loc. cit.*) admet que la compensation pourrait s'établir entre le commanditaire et la société, si cette dernière était débitrice (*Sic* : Alauzet, n. 308). Au contraire, il perdrait ce droit si la société avait été déclarée en faillite (Cass., 28 fév. 1844, S. 44.1. 644 et 701, Dalloz, n. 1335), ou même si elle se trouvait en état de cessation de payements (Cass., 8 avr. 1845, S. 45.1.389, D. 45.1.248).

985. — Le commanditaire qui, après avoir fourni en valeurs négociables le montant de sa mise, au lieu de la payer en argent, a fait des avances à la société, peut, en cas de faillite de celle-ci, opposer en compensation des intérêts et frais de négociation des valeurs par lui fournies, les sommes qui lui sont dues pour avances, alors surtout qu'il ne lui a été ouvert qu'un seul compte sur les livres de la société (Cass., 8 juill. 1862, S. 63 1.196, D. 62.1.511)

Mais l'associé commanditaire ne pourrait, après la déclaration de faillite de la société, opposer en compensation de la mise qu'il doit pour sa commandite les sommes qui lui sont dues à lui-même en compte courant par la société (V. Cass., 28 fév. 1844, S. 44.1.692, Dalloz, n. 1335, et 8 avr. 1845, S. 45 1.589, D. 45 1.248 ; — Aix, 15 juin 1855, S. 57.2.94).

986. — L'associé qui s'est engagé à faire l'apport d'un immeuble franc et libre est valablement libéré de son engagement lorsque, cet immeuble ayant été acheté directement du propriétaire par la société, il a versé entre les mains du gérant le prix d'acquisition. Dès lors, il n'est tenu à aucune garantie si, faute par le gérant d'avoir désintéressé le vendeur, celui-ci vient à exercer son privilège. On prétendrait vainement que le versement en argent opéré par l'associé commanditaire a constitué une modification aux statuts, qui ne pouvait avoir lieu après la publication de l'acte de société (Cass , 9 déc. 1863, S. 64.1.405, D. 64.1.460).

987 — Le commanditaire qui, pour opérer le versement de sa mise dans la société, a souscrit au profit d'un tiers des billets à ordre que le gérant a revêtus d'un aval de garantie, est tenu, dans le cas où ce dernier a été obligé d'en payer le montant au porteur, de rembourser à la société ce qui a été ainsi payé à sa décharge, alors même que depuis ce payement la société aurait été déclarée nulle comme contraire à l'ordre public, cette nullité ne pouvant atteindre des billets dont la souscription était indépendante des conventions sociales (Cass., 14 août 1862, S. 63.1.197, D. 62.1.458).

988 . — La mise versée dans la société devient la propriété de cette dernière et le gage exclusif des créanciers. Elle ne peut donc être retirée en tout ou en partie qu'après le paiement intégral de ces derniers. La jurisprudence a été souvent appelée à faire application de ce principe. Ainsi, il a été jugé par la Cour de Paris, le 22 mai 1841 (J. P., 49.2.45, Dalloz, n. 1342), que l'associé commanditaire qui, après la dissolution de la société, et avant l'établissement d'aucun compte de liquidation régulier, s'est fait remettre sa commandite, est responsable envers les créanciers de la société non désintéressée du montant de sa commandite et des intérêts qu'il en a retirés indûment ; par la Cour d'Angers, le 18 février 1843 (S. 43. 2.390, Dalloz, n. 1342), que la mise du commanditaire étant, ainsi que les intérêts et les bénéfices qu'elle a pu produire et qui chaque année sont venus la grossir du consentement du commanditaire, affectée au payement des dettes de la société, celui-ci ne peut en opérer le retrait, même après la dissolution de la société, que sauf l'acquittement des dettes sociales ; par la Cour de Douai enfin, le 14 décembre 1 43 (S. 44.2.313, Dalloz, n. 1342), que le commandi-taire qui veut obtenir du gérant la restitution de la mise qu'il a ver-sée ne peut le faire, vis-à-vis des créanciers de la société, qu'après liquidation régulière de celle-ci ; dès lors, doit être considérée comme nulle et non avenue, à l'endroit de ceux-ci, l'obligation qu'avant toute liquidation le gérant, à la veille de faillir, aurait souscrite au profit du commanditaire pour le rembourser de sa mise (Dans le même sens : Bédarride, n. 221 ; Alauzet, n. 311 ; Dalloz, n. 1342).

989. — Mais le principe que le capital d'une commandite doit être entièrement engagé à l'égard des tiers ne s'oppose pas à ce que la contribution de l'associé commanditaire dans les pertes soit, dans ses rapports avec les associés, réglée par une stipulation du pacte social ; par suite, si après la liquidation du passif de la so-ciété les fonds de la commandite totalement perdus excèdent, au détriment du commanditaire, la part contributive convenue entre lui et ses associés, il a nécessairement contre eux une action en répétition pour faire réduire sa perte d'après leur convention par-ticulière (Cass., 11 juill. 1892. S. 96.1.79, D. 92.1.585 ; — 25 juin 1902, *Gaz. Trib.*, 9 oct. 1902, S. 04.1.188).

990. — Le gérant d'une société en commandite n'a pas le droit de consentir, sous une forme quelconque, même par voie de transac-tion, la retraite d'un commanditaire ou la reprise de sa comman-dite (V. *suprà*, n. 954). Par suite, les syndics de la société tombée en faillite sont fondés à exercer contre ces commanditaires une action en rapport de sommes qui leur ont été remboursées, ainsi qu'en payement de celles restant dues sur le montant de la com-mandite (Cass., 6 nov. 1865, S. 66.1.109, D. 65.1.480 ; — Delangle, n. 317 et suiv. ; Alauzet, n. 139 ; Bédarride, n. 205 ; — Cass., 12 avr. 1842, S. 42.1.417, Dalloz, *Rép.*, V° *cit.*, n. 1295-2° ; — 6 nov. 1865, S. 66.1.109, D. 65.1 479 ; — 18 fév. 1868, S. 68.1.241, D. 68.1.503, et

sur renvoi, Riom, 22 fév. 1870, S. 70.2.210, D. 71.2.66 ; — 14 déc.
1869, S. 70.1.165, D. 70.1.179 ; — Paris, 22 mai 1841, S. 56.2.641,
ad notam, Dalloz, *Rép.*, Vº *cit.*, n. 1342-3º ; — 3 juin et 9 juill.
1856, S. 56 2.641 ; — 2 juin 1876, D. 78.2 134 ; — 13 nov. 1880, S. 82.
2.175, D. 82.2.143 ; — Angers, 18 fév. 1843, S. 43.2,390, Dalloz, *Rép.*,
Vº *cit*, n. 1342-4º ; — Douai, 14 déc. 1843, S. 43.2.313, P. 44.1.212,
Dalloz, *Rép.*, Vº *cit*, n. 1342-2º ; — Bourges, 26 déc. 1870, D. 72.2.
222 ; — Grenoble, 26 janv. 1881, S. 82.2.175, D. 82.2.143 ; — Orléans,
5 août 1882, S. 84.2.57, D. 84.2.31).

991. — Le commanditaire qui a indûment retiré sa mise en doit
le rapport et le droit de l'y contraindre appartient non seulement
aux créanciers, mais encore à tous les autres commanditaires. Ils
peuvent avoir intérêt, en effet, à ce que l'actif social soit élevé, car
la proportion de pertes qu'ils auront à supporter sera d'autant moindre qu'il y aura un plus grand nombre d'obligés (Bédarride, n. 222).

992. — La stipulation dans l'acte social que la mise produira
intérêts est valable. A défaut de stipulation, il ne serait dû aucun
intérêt. — C'est ce qu'a décidé la Cour de Rouen par arrêt du
30 mars 1841 (*J. P.*, 41.1.473, Dalloz, n. 1396). « Une pareille clause,
dit M. Bédarride (n. 223), n'est que l'exercice de la faculté qui leur
est laissée (aux associés) de ne jamais courir d'autres risques que
ceux qu'ils ont bien voulu s'imposer. Elle constitue une condition
sans laquelle ils n'auraient pas engagé le capital. Elle est donc valable à l'endroit des tiers comme des associés eux-mêmes. D'ailleurs,
assurer aux commanditaires l'intérêt annuel ou semestriel de leurs
fonds, c'est, en réalité, leur concéder une plus grande part dans les
bénéfices. Or, comme le droit qu'ils ont de participer à ceux ci n'a
reçu aucune limite, il est évident qu'on n'aurait aucun motif plau-
sible pour faire révoquer cette concession. »

993. — Mais ces intérêts ne peuvent-ils être touchés par le commanditaire à titre de bénéfices. L'existence de bénéfices sociaux
est-elle la condition nécessaire de ce prélèvement, l'intérêt de la
commandite qui ne serait pas pris sur les bénéfices serait-il illicite?
Cette question n'est pas spéciale à la société en commandite. Elle
se pose également en matière de sociétés par actions, et on en trouvera l'examen *infrà*, n. 1442, 1576 et suiv.

994. — Les commanditaires qui ont perçu des bénéfices alors
que la société était en perte sont-ils tenus de les restituer ? La question a été autrefois discutée. On disait qu'elle devait être résolue
par la distinction de bonne ou de mauvaise foi du commanditaire.

Cependant la Cour de Rouen a consacré la proposition contraire, c'est-à-dire l'obligation absolue pour le commanditaire de rapporter les bénéfices perçus pendant l'existence de la société (Rouen, 14 déc. 1807). Cet arrêt fut cassé par la Cour de Cassation le 14 février 1810 (Dalloz, n. 1395 et 1396). Mais sur le renvoi, la Cour de Paris résolut la difficulté dans le même sens que la Cour de Rouen (Bédarride, n. 226).

La doctrine de la Cour de cassation est fondée sur ce que, tant que la société n'est pas liquidée, on ne peut savoir exactement s'il y a des bénéfices ou des pertes. Le gain d'aujourd'hui peut être absorbé demain. Si donc, avant l'événement de la liquidation, le commanditaire pouvait retenir ce qu'il a perçu, il ne perdrait pas, selon le vœu de la loi, le montant intégral de sa commandite.

995. — Cette doctrine a été contestée. « L'assertion de l'arrêt, dit M. Bédarride (n. 227) à propos de l'arrêt de Paris précité, n'a aucun fondement légal, et sa doctrine n'a rien de juridique. » Ajoutons qu'au point de vue de l'équité, cette doctrine n'est rien moins que fondée. Sans doute, il ne faut pas que les tiers deviennent les victimes de trompeuses, de fallacieuses promesses. Mais si, en réalité, chaque commanditaire perd le capital par lui versé, comment exiger davantage ? S'est-il engagé à ajouter à ce capital les fruits et revenus qu'il est susceptible de produire ? « L'art. 26, dit M. Troplong, est décisif. En limitant la perte aux fonds que chaque actionnaire a versés ou doit verser, exclut-elle des bénéfices qu'on a stipulé devoir être annuellement distribués ? Or, ce qui dans la commandite doit rester intact, c'est le capital, parce que là est le gage inaltérable des créanciers. Mais les bénéfices périodiques sont faits pour être distribués et consommés ; telle est leur destination, à moins que l'acte de société n'en dispose autrement, et les créanciers n'ont pas dû s'attendre à les trouver capitalisés pour augmenter le fonds social. Qu'ils se plaignent de fraude dans la répartition ; qu'ils accusent les calculs de mauvaise foi ou d'erreur ; qu'ils prouvent que ce qui a été coloré du nom de bénéfice n'était qu'une soustraction du capital : c'est leur droit, ils seront écoutés ; mais ils échoueront toutes les fois que les livres démontreront que les distributions, aux époques convenues ou usuelles, n'ont entamé que les bénéfices, c'est-à-dire ce qui reste libre quand les pertes ont été couvertes. » Ainsi, la censure que la Cour de cassation a faite du système des Cours de Rouen et de Paris est justifiée en droit par le texte et l'esprit de l'art. 36 ; elle réunit presque l'unanimité de la doctrine, et à l'autorité de M. Persil fils, nous opposons MM. Locré, Troplong, Delangle, auxquels viennent se joindre MM. Delvincourt, Malepeyre et Jourdain.

996. — La jurisprudence est aujourd'hui fixée en sens contraire. Il ne s'agit pas ici, dit-elle, d'une société par actions régie par l'art. 10 de la loi de 1867. Il en résulte que si en fait des dividendes ont été distribués, sans qu'il y ait des bénéfices réalisés, ils ne sont pas acquis, et les associés en doivent la restitution, qu'ils soient de bonne ou de mauvaise foi (Cass., 25 nov. 1861, S. 62.1.189, D. 62.1.166 ; — 3 mars 1863, S. 63.1.137, D. 63.1.125 ; — 15 nov. 1869, S. 70.1.216, D. 71.1.311 ; — 3 août 1875, S. 75.1.425, D. 76.1.116 ; — 22 juin 1880, S. 82.1.425, D. 81.1.18 ; — 21 juill. 1884, S. 86,1.291, D. 86.1.443 ; — 1er juill. 1896, S. 96.1.452, D. 98.1.335 ; — Caen, 16 août 1864, S. 65.2.33, D. 65.2.192 ; — Angers, 18 janv. 1865, S. 65.2.211, D. 65.2.67 ; — Pau, 18 déc. 1865, S. 66.2.178 ; — Bourges, 21 août 1871, S. 71.1.257, D. 73.2.34 ; — Limoges, 28 janv. 1898, D. 99.2.353 ; — Orléans, 19 janv. 1898, D. 1903.5.697).

997. — Les commanditaires doivent même les intérêts des sommes indûment perçues à partir du jour où ils les ont encaissées (Cass., 21 juill. 1884, précité). Ils en doivent la restitution intégrale perçue, encore que ces dividendes excéderaient le montant de leur commandite, et l'exercice de l'action est soumis à la prescription de trente ans (Douai, 21 mars 1879, S. 82.1.425 ; — Cass., 22 juin 1880, précité ; — Lyon-Caen et Renault, n. 539, 539 *bis* et 540).

Une distribution de dividendes fictifs, étant, en réalité, un remboursement total ou partiel fait aux associés de leur mise sociale, qui est le gage des créanciers constitue un paiement de l'indû auquel s'appliquent les art. 1376 et suiv. C. civ.

Lorsque, dans une société en commandite simple, des dividendes fictifs ont été distribués aux commanditaires, le syndic de la société déclarée en faillite, est fondé à en poursuivre la restitution.

Et il en est ainsi, alors même qu'un article des statuts porterait que « les dividendes, en aucun cas, ne pourront être répétés », une pareille clause ayant uniquement en vue les dividendes légitimement distribués.

La stipulation des statuts d'une société, d'après laquelle les intérêts du fonds social sont compris dans les frais généraux et versés aux commanditaires sans pouvoir être répétés, même s'il n'existe pas de bénéfices sociaux, n'est pas nécessairement assujettie aux règles de publicité édictées par les art. 56, 57, 58 de la loi du 24 juillet 1867 pour les actes de société en commandite simple.

Cette clause peut, selon les circonstances, être considérée comme constituant, non une diminution déguisée du montant du capital, mais une des charges sociales dont la loi n'exige pas la mention dans l'extrait prescrit par les art. 56 et suiv. (Cass., 15 nov. 1910, *Gaz. Soc.*, 1912.215).

998. — Nous arrivons à l'examen d'une question très grave, celle de savoir si les tiers créanciers de la société ont action contre les commanditaires pour les contraindre au versement de leur mise sociale. Il est certain qu'ils peuvent exercer, en vertu de l'art. 1166, les droits de la société débitrice ; mais ont-ils une action directe contre les commanditaires ?

Avant le Code de commerce, sous l'empire de l'ordonnance de 1673, tous les jurisconsultes, sans exception, s'accordaient à déclarer que, pendant l'existence de la société, le contrat n'engendrait de rapports qu'entre les commanditaires et le gérant ; que, par conséquent, des commanditaires aux tiers ou créanciers, il n'existait aucune action directe, ni active ni passive (V. Casaregis, *Disc.* 29, n. 24, 25, 33, 34, 38 ; *Disc.* 39, n. 30, 31, 32 ; Pothier, n. 101 et 102 ; Savary, *Parf. négoc.*, t. I, 2ᵉ part., liv. 1, ch. 1, p. 25, 26, 28 ; ch. 2, p. 56 et 59 ; Bornier, sur l'art. 7, tit. 4, de l'ord. de 1673 ; Bourjon, t. 1, p. 500, n. 13 ; Jousse, sur l'ord. de 1673, not. prélim. au tit. 4. — V. aussi la consultation de M. Cresp sur l'affaire Loubon, p. 26 et suiv., 38 et suiv., où les précédents historiques de la question, tant en Italie qu'en France, se trouvent savamment exposés).

999. — Sous le régime du Code de commerce la question n'est pas moins controversée. — Pour repousser l'action directe, on invoque principalement ces considérations que c'est le gérant seul qui représente la société ; que les commanditaires n'ont contracté aucun engagement envers les créanciers ; que les tiers ne connaissent pas la personne des commanditaires ; qu'il n'existe aucun lien de droit entre eux. Il faut, ajoute-t-on, se garder de confondre la personne et les capitaux. La personne du commanditaire n'entre pas dans la société ; ses capitaux seuls y figurent ; voilà pourquoi il ne peut pas administrer, pourquoi encore son nom ne figure pas dans la raison sociale ; pourquoi enfin il n'est passible des pertes que jusqu'à concurrence de sa mise. — On argumente encore de la différence qui existe entre le texte de l'ordonnance de 1673 et celui du Code de commerce. Tandis que l'art. 6 du titre 4 de l'ordonnance porte que les associés en commandite ne sont *obligés* que jusqu'à concurrence de leur mise, l'art. 26 C. com. dit que le « commanditaire *n'est passible des pertes* que jusqu'à concurrence des fonds qu'il a mis, etc. ». Sous l'empire de l'ordonnance, on pouvait donc admettre l'action des tiers contre les commanditaires ; le texte du Code de commerce ne le permet plus aujourd'hui.

Cette opinion a été soutenue dans une consultation délibérée en juin 1832 et signée par d'éminents jurisconsultes, MM. de Vatimesnil, Gairal, Ph. Dupin, Mollot. Merlin adhéra à la consultation (Dans le même sens : Delvincourt, *Int.*, *de dr. comm.*, t. 2, p. 56 ; Favart, V° *Société*, p. 262 , Delangle, n. 279 et s. ; Molinier, n. 547 ; Foureix, n. 129. — Paris, 24 août 1833, S. 33.2.510, Dalloz, n. 1338 ; — Douai, 11 juill. 1846, S. 46.2.453, D. 46.2.170).

1000. — L'opinion contraire compte de nombreux partisans. Voici en substance comment elle se soutient. La commandite doit avoir une raison sociale : c'est assez indiquer aux tiers que le gérant ne fait pas le commerce pour lui seul, mais que les tiers peuvent compter, en même temps que sur le crédit du gérant, sur un crédit social, sur un esociété dont l'actif sera leur gage. Et telle a bien été l'intention du législateur. Sinon pourquoi aurait-il soumis à la publicité la société en commandite ? Sans doute le nom du commanditaire ne figure ni dans la raison sociale ni dans la publication ; mais cette dernière formalité ne doit-elle pas comprendre le montant de la commandite ? Ce serait une exigence incompréhensible si les tiers ne devaient pas en profiter le cas échéant. Enfin les partisans de ce système s'appuient sur la discussion préliminaire devant le Conseil d'État (Cass., 28 fév. 1844, S. 44.1.692, D. 44.1.145 ; — 25 juin 1846, S. 46.1.777, D. 46.1.308 ; — 6 nov. 1865, S. 66.1.109, D. 65.1.479 ; — 4 mars 1867, S. 67.1 254, D. 67.1.425 ; — 10 fév. 1868, S. 68.1.149, D. 68.1.378 ; — 4 janv. 1887, S. 90.1 387, D. 87.1.124 ; — Aix, 10 mai 1820, S. chr., Dalloz, *Rép.*, V° *cit.*, n. 1335-1° ; — Paris, 23 fév. 1833, S. 33.2.303, Dalloz, *Rép.*, V° *cit.*, n. 1335-2° ; — 6 déc. 1850, S. 50.2.638, D. 51.2.20 ; — 26 avr. et 9 mai 1877, D. 79.2.80 ; — Rouen, 21 déc. 1841, S. 42.2.100, Dalloz, *Rép.*, *loc. cit.* ; — Grenoble, 19 janv. 1854, D. 55.2.291 ; — Aix, 13 août 1860, S. 61.2.147, D. 60.2 223. — *Sic* : Boistel, n. 210 ; Bravard-Veyrières et Demangeat, p. 253 ; Lyon-Caen et Renault, t. 2, n. 473 et s. ; Malepeyre et Jourdain, p. 156 ; Massé, t. 2, n. 1034 ; Pardessus, t. 4, n. 1034 ; Pont, t. 2, n. 1450 ; Rivière, p. 82 et s. ; Ruben de Couder, V° *Soc. en comm.*, n. 430).

1001. — Voici le texte de l'arrêt de la Cour de cassation du 28 février 1844 qui a statué le premier sur la question, et qui fut rendu après sept heures de délibéré :

« Attendu que, d'après l'art. 23, § 2, C. com., la société en commandite ne peut exister que sous une raison sociale ; que, d'après l'art. 42, elle doit être publiée par extrait de l'acte constitutif, tout comme la société en nom collectif, et que l'extrait rendu public doit, selon l'art. 43, indiquer le montant des valeurs fournies et à fournir par les associés commanditaires ;

« Attendu que les tiers qui traitent avec la société sont censés suivre non seulement la foi personnelle des associés responsables et solidaires, mais encore celle des capitaux engagés à titre de commandite ; qu'un tel contrat renferme virtuelle ment de la part des commanditaires auxquels tout acte de gestion est interdit, un mandat donné aux associés gérants de les obliger envers les tiers, jusqu'à concurrence des fonds qu'ils ont mis, ou qu'ils se sont engagés à mettre dans la société ;

« Attendu que les tiers qui contractent avec la raison sociale ont réellement la société pour débitrice, savoir ; les associés gérants indéfiniment et les associés commanditaires jusqu'à concurrence du montant de la commandite, et que l'obligation ainsi limitée à l'égard de ces derniers engendre nécessairement un droit, et par conséquent une action utile au profit des tiers ;

« Attendu que la faillite de la société ayant fait cesser en la personne du gérant la représentation de la société, l'action en versement des mises commanditaires a pu et a dû nécessairement être intentée directement par les créanciers ou les mandataires légaux de ceux-ci contre les associés commanditaires ;

« Attendu qu'il suffit que cette action intéresse des tiers pour qu'elle échappe à l'application de l'art. 51 C. com., qui ne soumet à l'arbitrage forcé que les contestations entre les associés pour raison de la société ;

« Attendu dès lors que, en décidant que les syndics de la faillite Loubon aîné, soit comme subrogés par suite d'un mandat légal, au droit qu'avait eu le gérant failli d'exiger des commanditaires le versement des mises sociales, soit comme représentant les créanciers de la société en commandite, avaient qualité pour exercer l'action sur laquelle a prononcé l'arrêt attaqué, cet arrêt, loin d'avoir violé les textes de loi invoqués à l'appui du pourvoi, en a fait, au contraire, une juste application... »

1002. — Parmi les auteurs qui adoptent cette dernière opinion, il en est qui enseignent que l'action directe peut être exercée aussi bien pendant que la société fait honneur à ses affaires, autrement dit quand elle est *debout*, que lorsqu'elle est en faillite ou en liquidation (Troplong, Bédarride, Alauzet, *loc. cit.*) D'autres sont d'avis, au contraire, que les créanciers ne peuvent exercer leur action qu'après la faillite ou la dissolution de la société (Dalloz, n. 1334). M. Pont, dans une dissertation insérée dans la *Revue critique de jurisprudence* (année 1851, p. 394), combat cette restriction :

« La circonstance de la faillite où serait tombée la société, dit cet auteur, ne nous paraît pas susceptible de conférer aux créanciers une action directe contre les commanditaires, si, en principe, cette action ne leur appartenait pas auparavant ; car c'est un principe certain que la faillite ne donne par elle-même aucune action nouvelle aux créanciers ; elle rend exigibles des actions qui ne l'étaient pas encore, mais elle ne crée pas des droits qui n'avaient pas auparavant une existence certaine. Le failli se trouve dessaisi par la faillite de l'administration de ses biens et de l'exercice de ses actions, et la masse des créanciers représentée par les syndics s'en trouve saisie ; mais elle acquiert seulement par là les droits et les privilèges que pouvait avoir le failli, rien de plus, rien de moins.

« Si donc on admet que les créanciers pouvaient agir directement contre les mandataires après la faillite de la société, ce ne peut être à cause d'un nouveau droit que la faillite aurait fait naître, puisque, encore une fois, la faillite ne crée pas des droits nouveaux ; c'est parce que l'action dérivait d'un droit propre aux créanciers, droit antérieur à la faillite, et que la faillite, qui ne supprime pas plus les droits existants qu'elle n'en crée de nouveaux, laisse subsister. Dans ce système, la faillite serait un événement secondaire dont la réalisation devrait, *à fortiori*, mettre en mouvement l'action directe des créanciers, mais elle ne serait pas elle-même la cause qui donnerait naissance à cette action. »

Aucune distinction ne résulte des arrêts que nous avons cités. Mais il faut remarquer que tous les arrêts qui ont admis l'action directe, à l'exception de celui de la Cour d'Aix du 10 mars 1820 (Dalloz, n. 1335), ont été rendus après la faillite ou la mise en liquidation de la société.

1003. — Les créanciers conservent le droit d'intenter l'action directe contre les commanditaires pour les contraindre au versement de leur mise sociale même après avoir consenti au profit de la société un concordat par abandon d'actif (Cass., 30 juill. 1851, S. 51. 1.696, D. 51.1.21, rejetant un pourvoi contre Paris, 6 déc. 1850, S. 50.2.638, D. 51.2.20).

Admettre l'action directe, c'est admettre en même temps que les commanditaires ne pourront opposer aux créanciers les exceptions qu'ils eussent pu opposer au gérant personnellement : par exemple, la compensation avec une dette personnelle du gérant. Mais les commanditaires pourraient opposer toutes les exceptions tirées du pacte social, en supposant, bien entendu, que ces stipulations aient été publiées (Dalloz, n. 1340).

1004. — Les commanditaires ne peuvent non plus demander la discussion préalable de l'actif social ou de celui des commandités (Cass , 20 oct. 1886, D. 87.1.117 ; — Lyon-Caen et Renault, n. 474).

1005. — Le syndic de la société représentant les créanciers a, bien entendu, le droit d'intenter contre les commanditaires l'action directe (Dalloz, n. 1340). Il en est de même du liquidateur (Lyon, 2 fév. 1864 et 7 avr. 1865, S. 65.2.259, D. 65.2.178. — V. *suprà*, n.738 ; *infrà*, n. 1724 et suiv. — *Adde* : Cass., 20 oct. 1886, D. 87.1.117).

1006. — Le commanditaire d'une société nulle défaut de publication n'a pas le droit, comme le commanditaire d'une société légalement formée, de prélever sur l'actif social, par préférence aux créanciers personnels du gérant, le montant des sommes qu'il a fournies pour sa commandite ; il ne peut que concourir avec eux au marc le franc. Mais il n'a pas le droit de concourir avec les créanciers mêmes de la société, lesquels ne supportent que le concours des créanciers personnels du gérant (Lyón, 24 janv. 1845, S. 46.2.211, D. 46.2.81). Si donc, il a été stipulé entre les associés que les pertes seraient réparties dans des proportions telles que la mise du commanditaire n'en serait passible que pour une certaine portion, la stipulation, valable entre les parties contractantes, n'est susceptible d'aucun effet contre les créanciers sociaux. Elle n'est susceptible d'aucun effet, c'est-à-dire que non seulement le commanditaire ne doit reprendre aucune partie de la commandite sur l'actif social, qui reste le gage exclusif de ses créanciers, mais encore que toute action en pétition lui reste interdite sur les biens même personnels de l'associé ou des associés en nom collectif, à raison de la répartition des pertes, telle qu'elle a été convenue, aussi longtemps que les dettes sociales restent incomplètement payées (Même arrêt).

1007. — Il a été jugé que toute stipulation entre associés, qui, par dérogation à l'art. 26 C. com., affranchirait dans une certaine proportion la mise sociale d'un commanditaire de la contribution aux dettes de la société, est sans effet à l'égard des tiers. Par suite, le commanditaire n'a pas le droit de poursuivre en concours et par contribution avec les créanciers de la société, sur les biens personnels des associés en nom, le recouvrement de la portion de son apport qui, d'après l'acte social, était entre les associés exempte de toute perte, et qui a été absorbée avec le capital social par le passif de la société ; toute action en répétition contre les associés en nom collectif est non recevable de sa part, tant que les créanciers sociaux n'ont pas été désintéressés (Cass., 9 mai 1865, S. 66.1.348, D. 65.1.277. — *Sic* : Cass., 1ᵉʳ déc. 1856, S. 57.1.519, D. 56.1.451).

1008. — Les associés commanditaires ont droit à une portion des bénéfices et doivent supporter une portion des pertes, conformément aux stipulations des statuts et aux dispositions générales du Code civil (Cass., 11 juill. 1892, *R. S.*, 1892.450 ; — 25 juin 1902, *R. S.*, 1902.424).

Toute diminution d'actif subie par la société, même au cours de sa liquidation, doit être supportée par les associés dans la proportion déterminée par la contribution aux pertes (Cass., 28 juill. 1896, *J. S.*, 1896.486).

1009. — Les commanditaires qui laissent dans la société les bénéfices acquis en compte courant deviennent·créanciers de la société, et si des pertes surviennent, ils sont, pour ces sommes, considérés comme des tiers prêteurs envers l'être moral, et non comme des associés (Delangle, n. 364 ; Pont, n. 1482). Mais cette solution intervient toujours par appréciation des faits de la cause, et il pourrait résulter des circonstances que les bénéfices n'ont pas été laissés dans "actif social par le commanditaire en qualité de créancier, mais pour augmenter le chiffre de la commandite, auquel cas le commanditaire ne pourrait pas en poursuivre le remboursement (Cass., 5 août 1873, D. 74 1.127).

1010. — Ainsi que nous l'avons vu plus haut, les associés en nom collectif sont solidairement responsables et indéfiniment du passif social. Les commanditaires, au contraire, ne sont passibles des pertes et des dettes sociales que jusqu'à concurrence du montant de leur commandite (art. 26 C. com.), à la condition qu'ils n'aient pas commis d'actes d'immixtion (V. n. 1018 et suiv.).

Il serait cependant permis de stipuler dans le pacte social que les commanditaires seront responsables du passif pour une somme supérieure au montant de leur commandite (Lyon-Caen et Renault, n. 538 *bis*).

1011. — La société ne peut sous aucune forme prendre un

engagement valable à l'effet de garantir les commanditaires de toute participation aux pertes ; cet engagement serait d'une nullité absolue (Cass., 11 juillet 1894, *R. S.*, 1894.475). Il a cependant été jugé (Cass., 9 juill. 1890, *R. S.*, 1890.416) que l'associé gérant peut contracter une assurance sur la vie payable à son décès pour garantir aux commanditaires le remboursement de la commandite ; mais cette jurisprudence est vivement critiquée par MM. Planiol, au Dalloz (90.1,409), et Thaller (*Ann. dr. comm.*, 1892.2.497).

1012. — Nous avons examiné (n. 988) le droit des créanciers sociaux contre les commanditaires ; nous n'avons point à y revenir, tout en rappelant ce principe que le commanditaire ne peut pas être tenu au delà de sa mise.

Enfin notons que si, à l'égard des tiers, le commanditaire doit être tenu des dettes jusqu'à concurrence de sa commandite, sa contribution définitive à ces dettes dans ses rapports avec ses coassociés doit être réglée par les conventions intervenues entre eux (Lyon, 8 mai 1891, *R. S.*, 91.547 ; — Cass., 11 juillet 1892, *R. S.*, 92.450).

§ 2. — Droits des commanditaires.

1013. — Le droit de contrôle et de surveillance sur la gestion des commandités est implicitement reconnu par l'art. 28, al. 2, C. com., aux termes duquel « les actes de contrôle et de surveillance n'engagent point l'associé commanditaire ». Il doit être considéré comme étant d'ordre public. En conséquence, les obstacles que le gérant apporterait à son exercice constitueraient une juste cause de dissolution de la société (Lyon, 18 mai 1893, sous Cass., 4 fév. 1895, D. 95.1.183. — V. *infrà*, en quoi consiste le contrôle).

Il a été jugé cependant que l'exercice du droit d'examiner les opérations sociales reconnu par la loi aux commanditaires peut être restreint par une clause de l'acte social et que, s'agissant d'un journal politique, il n'y a rien d'illégal ni de prohibé dans les clauses du pacte social retirant volontairement à chaque associé commanditaire qui, par le fait de fluctuations de propriété, peut devenir un ennemi politique, le droit de puiser à sa volonté dans les documents sociaux, alors que le même pacte social a déterminé d'avance le mode de constitution du conseil des intéressés qui aurait seul le droit de communication, d'ailleurs fort étendu (Com. Seine, 9 déc. 1905, *R. S.*, 1906.248).

1014. — A la différence de ce qui a lieu pour les sociétés en commandite par actions, la loi n'a réglementé nulle part la surveillance des sociétés en commandite simple. La loi de 1867 n'a été faite que pour les commandites par actions ; ses dispositions ne s'appliquent donc pas aux commandites par intérêts. Ainsi la responsabilité des membres du conseil de surveillance envers les créanciers sociaux, qui découle de la loi de 1867, est une exception aux règles du droit commun ; les membres du conseil sont, en effet, des mandataires, et en principe, le mandataire n'est responsable de ses fautes qu'envers son mandant. La loi de 1867 a édicté une responsabilité envers les tiers parce qu'elle a exigé précisément l'installation d'un conseil de surveillance pour sauvegarder le droit des tiers ; mais dans les sociétés en commandite par intérêts, la loi n'exige pas la constitution d'un conseil de surveillance ; s'il en existe un, ce n'est qu'en vertu d'une clause spéciale des statuts, et on ne peut faire découler une responsabilité envers les tiers d'un texte de loi qui a visé une situation toute différente.

1015. — Mais cela n'empêche pas les associés d'organiser la surveillance de la société comme ils l'entendent, et ce soin peut être laissé soit à tous, soit à quelques-uns, soit à l'un d'entre eux (Cass., 27 janv. 1880, S. 80.1.121, D. 80.1.247 ; — Bordeaux, 3 juill. 1895, J. S., 1896.228 ; — Seine, 10 août 1903, *Gaz. Pal.*, 11 sept. 1903). De même les associés sont libres de déterminer comme ils l'entendent les pouvoirs des commanditaires chargés de la surveillance de la gestion.

1016. — MM. Lyon-Caen et Renault (t. 2, n. 533, p. 340, n. 2) enseignent que le droit de surveillance ne pourrait pas être délégué à un tiers choisi comme mandataire par un ou plusieurs commanditaires. D'après l'art. 5, al. 1er, de la loi du 24 juillet 1867, les membres du conseil de surveillance ne peuvent être choisis que parmi les actionnaires dans les commandites par actions ; à plus forte raison doit-il en être de même dans les commandites simples, où la personne des commanditaires joue un plus grand rôle et où par suite on ne saurait permettre à un étranger de s'immiscer à un titre quelconque dans la gestion des affaires sociales.

1017. — Mais la jurisprudence se prononce en sens contraire et décide que le commanditaire a le droit de constituer un mandataire étranger à la société à l'effet de prendre communication des livres, comptes et bilans, lorsqu'il n'existe à cet égard aucune interdiction dans les statuts (Poitiers, 22 mars 1854, S. 55.2.532, D. 55.2.133 ; — Trib. com. Seine, 6 déc. 1889, T. C. 91.63 ; — 25 fév. 1890, T. C. 90.548 ;

— Seine, 1er déc. 1902, *R. S.*, 1903.173 ; — 10 août 1903, *Gaz. Pal*, 9 sept. 1903 ; — Paris, 29 juin 1903, *R. S.*, 1904.102. — *Sic* : Pont, n. 501 ; Houpin, n. 268).

SECTION

DE L'IMMIXTION DES COMMANDITAIRES.

a) Immixtion.

1018. — Comme condition essentielle de la situation privilégiée conférée au commanditaire de l'art. 27 C. com., l'art. 27 lui défend de se livrer à tout acte de nature à désigner sa personne à la confiance du public. S'il gère les affaires sociales, il est tenu au même titre que l'associé en nom, c'est-à-dire indéfiniment. Avant d'expliquer le sens et la portée de l'art. 27, il est nécessaire d'en retracer l'origine. Sous le régime antérieur du Code de commerce, l'immixtion des commanditaires n'était pas prohibée ; de graves abus en étaient résultés. Les tiers avaient été souvent victimes d'indignes tromperies de la part de ceux qui traitaient avec eux, laissant croire qu'ils étaient associés en nom et se retranchant, le cas échéant, derrière leur qualité de commanditaires. Les rédacteurs du Code de commerce se proposèrent d'y mettre un terme, et voici le texte de la disposition qui fut adoptée primitivement par le Conseil d'Etat : « L'associé commanditaire ne peut concourir comme gérant aux achats, ventes, obligations et engagements concernant la société. »

Cette disposition communiquée aux cours et tribunaux et aux chambres de commerce souleva des observations contradictoires ; quelques-uns, le Tribunal de cassation notamment, trouvèrent que la loi n'allait pas assez loin, et proposèrent d'étendre le cercle des prohibitions, notamment d'interdire au commanditaire d'assister aux assemblées et de prendre part aux délibérations. D'autres tribunaux, au contraire (Trib. d'appel de Douai et d'Orléans ; Trib. du Havre, Clermont-Ferrand, Genève, Lyon, Strasbourg, Toulouse), s'élevèrent contre la prohibition qui privait les commanditaires de la faculté de surveiller la gestion. « Quel commanditaire, disait notamment le tribunal de commerce de Genève, osera entrer dans le bureau ou dans les magasins de la société ? Il craindrait d'y proférer un mot, une parole, qui pût donner lieu contre lui à une action en garantie comme solidaire pour toutes les dettes de la société. »

1019. — Lorsque le Tribunal fut appelé à donner son avis, le mot *concourir* lui parut resteindre dans des limites trop étroites les droits du commanditaire. « Un des droits du commanditaire, dit-il, est de participer aux délibérations générales de la société, et ces délibérations ont souvent pour but d'en approuver les opérations ou d'en autoriser les engagements, en sorte que, sous ce rapport, le commanditaire y concourt et doit y concourir, au moins par son consentement. »

Le Conseil d'Etat admit ces observations, et les art. 27 et 28 furent ainsi rédigés :

« ART. 27. — L'associé commanditaire ne peut faire aucun acte de gestion, ni être employé pour les affaires de la société, même en vertu de procuration.

« ART. 28. — En cas de contravention à la prohibition mentionnée dans l'article précédent, l'associé commanditaire est obligé solidairement avec les associés en nom collectif pour toutes les dettes et engagements de la société. »

1020. — Le motif de la prohibition est l'intérêt des tiers :

« Si on ne maintenait pas cette disposition, disait-on, quelque sévère qu'elle paraisse, les commanditaires pourraient abuser de leur qualité sans courir aucun risque. Cette espèce de société deviendrait un moyen de fraude ; nous allons le prouver par un exemple. En admettant qu'un commanditaire puisse gérer et administrer, même en vertu d'une procuration, sans perdre son caractère, celui qui voudra en abuser en trouvera facilement les moyens. Il versera 20.000 francs dans la société en commandite ; il ne peut être garant de plus forte somme et il n'est solidaire que jusqu'à concurrence. Il gère le commerce ; il achète ou vend pour le compte de la société. Ses entreprises sont d'autant plus hardies, d'autant plus hasardeuses qu'en cas de faillite sa fortune et sa réputation ne seront pas compromises.

« Aussi que lui importent les hasards et les chances du commerce ! Ils sont tous pour lui, il les brave tous ; s'il réussit, il partage les profits ; s'il échoue, il ne perdra que sa mise de fonds et se croira quitte envers les créanciers, même envers l'honneur. » (*Analyse raisonnée des observations des Cours et tribunaux*, p. 22 et 23.) Voilà ce que les art. 27 et 28 ont eu pour but, l'un de prévenir, l'autre de réprimer.

1021. — Mais cette disposition parut trop rigoureuse dans la pratique : « Un acte de gestion, sans conséquence nuisible, dit M. Lescœur (p. 135), complètement isolé, fût-il l'effet d'un zèle irréfléchi ou d'une inexpérience bien constatée, créait la responsabilité solidaire et indéfinie, tout autant que des actes graves, nombreux, prémédités, accomplis dans l'intention frauduleuse de s'emparer de la gérance.. Cette règle inflexible s'imposait aux tribunaux qui ne pouvaient en tempérer les effets suivant les inspirations de leur conscience. Ce qui en était résulté, c'est que, comme le constate l'exposé des motifs de la loi nouvelle, dans plus d'une occasion, on hésitait à l'appliquer, et que sa rigueur pouvait quelquefois fournir des armes à la fraude par la crainte qu'elle inspirait. Ce résultat était réellement déplorable, et ce qui a lieu de surprendre, c'est qu'on est resté cinquante ans sans s'en apercevoir. Enfin mieux vaut tard que jamais. »

1022. — Le gouvernement, déterminé à remédier à cet état de choses, proposa et fit adopter la loi du 6 mai 1863, modifiant les art. 27 et 28 C. com. Voici le texte des nouveaux articles :

« ART. 27. — L'associé commanditaire ne peut faire aucun acte de gestion, même en vertu de procuration.

« ART. 28. — En cas de contravention à la prohibition mentionnée en l'article précédent, l'associé commanditaire est obligé solidairement avec les associés en nom collectif pour les cettes et engagements de la société qui dérivent des actes de gestion qu'il a faits, et il peut, suivant le nombre et la gravité de ces actes, être déclaré solidairement responsable pour tous les engagements de la société, ou pour quelques-uns seulement. Les avis et conseils, les actes de contrôle et de surveillance n'engagent point l'associé commanditaire. »

1023. — Des auteurs enseignent que la prohibition édictée par la loi est établie à la fois dans l'intérêt des tiers, qui pourraient être trompés sur la véritable qualité du commanditaire et croire à sa responsabilité illimitée, et dans l'intérêt de la société elle-même, que les commanditaires pourraient entraîner dans des spéculations hasardeuses. D'où ils concluent qu'il faut considérer comme des actes d'immixtion tout à la fois les actes de nature à faire croire aux tiers que les commanditaires sont des gérants, et d'autre part, les actes impliquant qu'ils ont une influence décisive et prépondérante sur la marche des affaires sociales (*Sic* : Bravard-Veyrières et Demangeat, t. 1, p. 251 et s. ; — Lyon-Caen et Renault, t. 2, n. 487 et 496).

D'autres auteurs et la jurisprudence décident que la prohibition ne saurait s'appliquer qu'aux seuls actes de gestion extérieure, c'est-à-dire aux actes passés par un commanditaire avec les tiers. Cette prohibition, en effet, se justifie très bien vis-à-vis des tiers qui pourraient être induits en erreur sur la qualité réelle du commanditaire qui traite avec eux. Mais elle n'aurait plus de raison d'être vis-à-vis des autres associés, qui n'ont en définitive qu'à s'en prendre à eux-mêmes s'ils ont laissé tel ou tel commanditaire s'emparer d'une influence trop prépondérante dans la gestion intérieure de la société. Ce système est formellement consacré par un avis du Conseil d'Etat du 20 avril 1809, approuvé le 17 mai qui porte que « les art. 27 et 28 C. com. ne sont applicables qu'aux actes que les associés commanditaires font en représentant comme gérants la maison commanditée même par procuration » (*Sic* : Alauzet, t. 1, n. 161 ; Bédarride, t. 1, n. 251 et 252 ; Fourcix, n. 127 ; Pont, t. 2, n. 1461. — Paris, 15 juill. 1862, et Cass., 21 déc. 1863, S. 64.1.229, D. 64.1.166 ; — Douai, 21 fév. 1861, S. 61.2.289.

1024. — Examinons maintenant les actes permis et ceux défendus. Commençons par les actes autorisés (V. *Du droit de contrôle du commanditaire dans la commandite par intérêt*, Article de M. Demogue, *Ann. de dr. comm.*, 1901, p. 121).

Avis et conseils. — Aux termes de l'art. 28, les avis et conseils ne constituent pas des actes de gestion et ne sont pas interdits au commanditaire (Cass., 21 déc. 1863, S. 64.1.229, D.64.1.156).

Mais ces avis et conseils ne pourraient se transformer en ordres donnés au gérant, de telle sorte que sa gérance serait purement nominale et remplacée en fait par la gérance effective du commanditaire. — Jugé qu'il y a immixtion lorsque le commanditaire ne s'est pas borné à donner de simples conseils au gérant, mais a usé de son influence pour diriger les opérations de la société et a fait des actes et démarches de nature à tromper les tiers sur sa qualité et à lui donner l'apparence d'un cogérant (Caen, 16 août 1864, S. 65.2.33, D. 65.2.194).

1025. — *Actes de contrôle et de surveillance.* — Aux termes de l'art. 28, al. 2, ces actes ne constituent pas non plus des actes d'immixtion (Lyon-Caen et Renault, t. 2, n. 490 ; — Nantes 2 oct. 1901, J. S., 1902.523).

1026. — L'associé commanditaire a le droit d'examiner les écritures, de contrôler les livres de la société ; il peut déléguer ce soin à un tiers (Poitiers, 22 mars 1854, S. 55.2.532, D. 55.2.133 ; — Seine, 1ᵉʳ déc. 1902, J. S., 1903.325).

Il peut visiter les chantiers ou magasins, demander des états de la situation hebdomadaire de la société en ce qui concerne les achats ventes, payements, recouvrements, etc. (Rouen, 9 juin 1875, S. 77.2. 47, D. 75.2.205). Il peut s'opposer à ce que le gérant alloue des intérêts pour des sommes déposées en compte courant dans la caisse sociale par l'un des associés si les statuts ne prévoient pas cette faculté et si la société n'avait pas besoin de recourir à l'emprunt (Seine, 16 juillet 1902, *Gaz. Trib.*, 2 oct. 1902).

Mais, lorsque toutes les affaires de la société passant par les mains du commanditaire sont étudiées et vérifiées par lui, qu'il traite directement la plupart d'entre elles, qu'il se comporte comme un véritable associé en nom collectif et que ses agissements sont de nature à faire croire aux tiers qu'il a en réalité cette qualité, il y a immixtion de sa part (Cass., 30 déc. 1907, *R. S.*, 1908.234).

1027. — L'assemblée générale des commanditaires peut, au cas de changement de gérance, recevoir directement le compte des anciens gérants, sans qu'en cela il y ait acte de gestion interdit à ces commanditaires ; et il en est ainsi, alors même que ce droit aurait été délégué antérieurement au nouveau gérant lors de sa nomination, une telle délégation ne constituant qu'un mandat révocable tant qu'il n'a pas été exécuté (Cass., 5 janv. 1859, S. 60.1.444, D. 59.1.174).

1028. — Le droit de contrôle et de surveillance des commanditaires doit même être considéré comme étant d'ordre public et les obstacles apportés par le gérant à l'exercice de ce droit constituent une juste cause de dissolution de la société (Lyon, 18 mai 1893, sous Cass., 4 fév. 1895, D. 95.1.183).

1029. — Les commanditaires peuvent même prendre part à l'administration de la société sans commettre d'immixtion, à la condition que leur intervention se renferme dans l'intérieur de la société et n'engendre aucune relation juridique entre eux et les tiers (Cass., 29 juin 1858, S. 59.1.483 ; — 24 mai 1859, S. 59.1.918, D. 59.1.242 ; — 28 fév. 1888, S. 91.1.298, D. 88.1.427).

Des délibérations pourraient aussi intervenir sous la forme d'une véritable autorisation donnée au gérant pour accomplir des actes dépassant ses pouvoirs normaux, comme la résiliation d'un emprunt, la constitution d'une hypothèque ; dans ce cas, la jurisprudence et les auteurs sont unanimes à décider que ces autorisations ne constituent pas à la charge des commanditaires des actes d'immixtion (Cass., 22 déc. 1845, D. 46.1.30 ; — 23 mars 1846, S. 46.1. 770, D. 46.1.308 ; — 29 juin 1858, D. 58.1.455 ; — 5 janv. 1859, S. 60.

1. 444, D. 59.1.174 ; — 24 mai 1859, S. 59.1.918, D. 59.1.242 ; — 9 mai 1860, S. 60.1.621, D. 60.1.279 ; — 30 avr. 1862, S. 63.1.195, D. 62,1. 527 ; — 25 nov. 1872, S. 73.1.385, D. 75.1.479 ; — 28 fév. 1888, D. 88.1.427 ; Bédarride, n. 245 ; Troplong, n. 424 ; Pont, n. 1461 ; Lyon-Caen et Renault, n. 496).

Cette solution a cependant été l'objet de quelques contestations. On a dit que lorsque les commanditaires sont appelés à donner leur adhésion à des actes qui constituent en réalité des actes de gestion, ils participent à la gestion elle-même et sortent de leur rôle de commanditaires (Malepeyre et Jourdain, p. 152 ; Delangle, n. 589 ; — Paris, 26 mars 1840, S. 40.2.250, D. 40.4.188 ; — Trib. com. Seine, 7 mars 1908, *J. S.*, 1908.323).

Nous pensons cependant que cette doctrine ne peut être accueillie. Les délibérations n'interviennent que sur la proposition du gérant qui en prend l'initiative, et les commanditaires sont appelés à donner une simple adhésion, ou autrement dit à étendre les pouvoirs du gérant. Un acte d'adhésion ou une extension de pouvoirs au gérant de la société ne peuvent être considérés comme des actes d'immixtion. Les tiers, d'ailleurs, ne subissent aucun préjudice, puisqu'ils savent, par la publication des statuts originaires, que les commanditaires n'interviennent en l'espèce que pour donner une autorisation nécessaire (Paris, 4 janv. 1844, S. 44.2.61, D. 44.2. 177. — *Sic* : Pardessus, n. 1031 ; Troplong, n. 424 ; Pont, n. 1461 ; Lyon-Caen et Renault, n. 496 ; — V. aussi : Rouen, 9 juin 1875, S. 77.2.47, D. 75.2.205).

1030. — Un commanditaire peut garantir personnellement un crédit déterminé ouvert à la société par un banquier (Cass., 9 juill. 1891, S. 93.1.300, D. 94.1.173 ; Bordeaux, 10 mai 1899, S. 01.2.94).

1031. — Pas d'acte d'immixtion non plus dans le fait par des commanditaires, après suspension ou révocation du gérant, à déléguer l'un d'eux pour en remplir les fonctions ; le nouveau gérant est seul indéfiniment responsable des dettes sociales, et il ne peut prétendre que les autres membres du conseil de surveillance en soient tenus solidairement avec lui ; la délégation rendue nécessaire par la suspension du gérant rentre essentiellement dans ses fonctions ; en tout cas, c'est un acte d'administration intérieure (Cass., 30 avr. 1862, S 63.1.195, D. 62.1.527).

1032. — Jugé encore qu'il n'y a pas acte d'immixtion dans la décision prise en assemblée générale que le gérant ne fera aucune acquisition importante sans le consentement préalable du conseil de surveillance (Besançon, 28 mai 1890, sous Cass., 9 juill. 1891, S. 93.1.300, D. 94.1.173).

Car les statuts peuvent circonscrire dans certaines limites les pouvoirs des gérants et imposer à ceux-ci, notamment, l'obligation de se munir de certaines autorisations avant de pouvoir accomplir tels ou tels actes déterminés. Ainsi, les statuts d'une société en commandite peuvent interdire aux gérants certains engagements en dehors de l'approbation des commanditaires, sans que ceux-ci soient engagés vis-à-vis des tiers (Cass., 24 mai 1859, S. 59.1.918, D. 59.1.242. — *Contrà* : Paris, 26 mars 1840, S. 40.2.250, P. 40.1.704, Dalloz, *Rép.*, V° *cit.*, n. 1362. — V. aussi sur les mêmes principes : Cass., 29 juin 1858, S. 59.1.483 ; — Rouen, 9 juin 1875, S. 77.2.46, D. 75.2.205).

Mais le fait par un commanditaire de commander ou de faire commander à un constructeur un matériel destiné à l'usine de la société, en présentant le gérant comme son ingénieur, en sorte que le constructeur a cru ne traiter qu'avec le commanditaire, constitue un acte d'immixtion (Cass., 7 août 1907, *J. S.*, 1908.255 ; *R. S.*, 1908.7).

1033. — Un arrêt a appliqué les peines de l'immixtion à un commanditaire qui s'était réservé par une contre-lettre la haute main dans la direction des affaires sociales et qui, dans ce but, avait imposé au gérant l'obligation de lui communiquer tous les ordres d'achat et de subir la révision de ces ordres, lui promettant de mettre à sa disposition les frais de premier établissement, et qui enfin s'était révélé au dehors par ses agissements comme le véritable destinataire des fournitures faites audit gérant (Cass., 9 janv. 1893, *R. S.*, 1893.265).

1034. — Nous avons vu plus haut que la loi de 1863 autorise le commanditaire à être employé de la société ; le commanditaire peut donc remplir un emploi quelconque dans la société, par exemple, comme caissier, teneur de livres, employé aux écritures, etc., pourvu qu'il ne se présente pas aux tiers comme gérant les affaires sociales et comme représentant de la société (Paris, 16 avr. 1866, T. C. 66.101).

1035. — De même, le commanditaire peut agir comme commissionnaire pour la société et faire des opérations en son nom propre pour le compte de celle-ci (Lyon-Caen et Renault, t. 2, n. 404).

Il n'y a pas immixtion de la part d'un commanditaire d'une société d'assurances qui s'est chargé, à titre de correspondant, d'étendre parmi sa clientèle les relations de la société, lorsqu'il ne s'est jamais attribué les pouvoirs d'un gérant, et que, d'autre part, les tiers n'ont jamais vu en lui qu'un simple agent ou intermédiaire (Cass., 9 fév. 1864, S. 64.189, D. 64.1.138).

1036. — Aux termes de l'avis du Conseil d'Etat du 29 avril 1809, « les art. 27 et 28 ne s'appliquent pas aux transactions commerciales que la maison commanditée peut faire pour son compte avec le commanditaire, et réciproquement le commanditaire avec la maison commanditée, comme avec toute autre maison de commerce » (*Sic* : Boistel, n. 204 ; Delangle, n. 382 ; Dutruc, V° *Société*, n. 879 ; Malepeyre et Jourdain, p. 250 ; Lyon-Caen et Renault, t. 2, n. 493 ; Pardessus, t. 4, n. 1030 ; Pont, t. 2, n. 1468).

Spécialement, le commanditaire peut acheter à la société des produits faisant l'objet de son exploitation (Cass., 13 déc. 1841, S. 42.1.143, Dalloz, *Rép.*, V° *cit.*, n. 1374 ; — Bordeaux, 16 av. 1832, S. chr., Dalloz, *Ibid.*, n. 1361- 2° ; — 28 août 1838, S. 39.2.43 ; Dalloz, *Ibid.*).

1037. — Le commanditaire peut pareillement consentir des prêts à la société et devenir ainsi son créancier. Et ces prêts, ainsi que les garanties et privilèges qui y sont attachés, produisent leurs effets à l'égard des tiers créanciers de la société, comme à l'égard de la société elle-même (Lyon, 5 juill. 1845, S. 46.2.317, D. P. 46. 2.228 ; — Lyon, 31 août 1903, *R. Soc.*, 1904.245).

1038. — La prohibition d'immixtion ne vise pas les sociétés dissoutes. En conséquence, les commanditaires qui, après la dissolution de la société, sont chargés de la liquidation, et en même temps de la continuation, jusqu'à la fin de la liquidation, des opérations sociales, ne peuvent être considérés comme ayant fait en cela acte d'administration qui les rende solidairement et indéfiniment responsables, alors surtout que ceux avec lesquels ils ont traité connaissaient leur qualité de liquidateurs (Cass., 17 avr. 1843, S. 43.1. 755, Dalloz, *Rép.*, n. 1371-2° ; — Paris, 23 fév. 1829, Dalloz, *Ibid.*, n. 1371-1°. — *Sic* : Lyon-Caen et Renault, t. 2, n. 499).

1039. — De même, le fait, de la part d'associés commanditaires, de prendre part aux actes ayant pour objet la dissolution de la société et la reconstitution d'une société nouvelle, ne constitue pas un acte d'administration les rendant solidairement responsables (Cass., 26 déc. 1842, S. 42.1.404, Dalloz, *Rép.*, V° *cit.*, n. 1371-4°).

1040. — De même encore, il n'y a pas immixtion dans la gestion de la part des commanditaires qui, ayant consenti à la transformation de la commandite en société anonyme, ont donné mandat à

la société nouvelle de liquider l'ancienne, et ont accepté en échange
de leur commandite des actions libérées de la nouvelle société ;
l'acte de gestion est possible seulement lorsque la société existe encore, et non lorsqu'elle est dissoute (Nancy, 29 janv. 1887, sous
Cass., 9 janv. 1888, S. 90.1.121, D. 89 1.201).

b) Preuve et conséquences de l'immixtion des commanditaires.

1041. — Tout intéressé peut prouver les faits d'immixtion par
tous moyens. La preuve peut donc résulter non seulement des écrits,
mais encore elle peut être établie par témoins et par présomptions,
conformément à l'art. 109 C. com. (Cass., 6 fév. 1843, S. 43.1.346 ;
— 10 juill. 1900, S. 01.1.173, D. 01.1.436 ; — *Sic* : Delangle, n. 401 ;
Delvincourt, t. 2, p. 50, note 5 ; Lyon-Caen et Renault, t. 2, n. 498 ;
Malepeyre et Jourdain, p. 164 ; Molinier, p. 210 ; Pardessus, t. 3,
n. 1037 ; Persil, sur l'art. 27, n. **2** ; Pont, t. 2, n. 1463 ; Ruben de
Couder, V° *Soc. en com.*, n. 477).

Les juges du fond ont un pouvoir d'appréciation souverain (Cass.,
6 mai 1835, S. 36.1.40 ; — 6 fév. 1843, précité ; — 17 janv. 1855, S.
55.1.90, D. 55.1.259 ; — 9 janv. 1888, S. 90.1.121, D. 89.1.201 ; —
28 fév. 1888, S. 91.1.298, D. 88.1.427 ; — 9 juill. 1893, S. 93.1.300,
D. 94.1.73 ; — Cass., 10 juill. 1900, précité).

1042. — La responsabilité peut-elle être invoquée par les tiers
seulement, ou peut-elle l'être aussi par les autres associés solidaires
et le gérant ?

D'après l'opinion dominante, les tiers seuls qui ont traité avec la
société ont qualité pour invoquer les actes d'immixtion ; ce droit
n'appartient pas aux associés (Lyon, 27 mai 1859, S. 60.2.16 ; —
Bordeaux, 4 déc. 1860, S. 61.2.190, D. 61.4.462 ; — Caen, 16 août
1864, S. 65.2.33, D. 65.2.192 ; — Paris, 6 juill. 1865, S. 66.2.219, D.
66.5.443 ; — Cass., 25 oct. 1898, S. 1900.1.65).

Les raisons de décider ainsi sont que la responsabilité du commanditaire, en cas d'immixtion, n'a été édictée que dans l'intérêt
du commerce. On ne peut donc dire que la loi ait voulu assimiler
complètement le commanditaire coupable d'immixtion à un associé en nom collectif. Si les tiers ont pu être trompés par l'attitude
du commanditaire, il n'en est pas de même des associés, qui savaient fort bien à quoi s'en tenir à cet égard.

Cette doctrine est cependant combattue par certains auteurs, répondant à l'argumentation ci-dessus que si l'on admettait que les
associés ne peuvent pas agir pour cause d'immixtion contre le com-

manditaire, ce dernier, après avoir payé les dettes sociales, pourrait se retourner contre le gérant, ce qui permettrait au commanditaire de faire retomber sur autrui le résultat de sa faute.

Ces auteurs contestent également ce principe, précisément dans l'intérêt unique des tiers, que la pénalité pour cause d'immixtion frappe le commanditaire, et ils pensent que la même responsabilité existe à l'égard des autres associés (Delangle, n. 412; Bédarride, n. 259; Pont, n. 1472; Lyon-Caen et Renault, n. 504 et 505; — Paris, 9 janv. 1836, S. 36.2.123, D. 36.1.4).

1043. — Examinons maintenant quelles sont les conséquences de l'immixtion. Rappelons à cet égard le texte de l'art. 28 : « En cas de contravention à la prohibition mentionnée dans l'article précédent, l'associé commanditaire est obligé solidairement avec les associés en nom collectif, pour les dettes et engagements de la société qui dérivent des actes de gestion qu'il a faits, et il peut, suivant le nombre ou la gravité de ces actes, être déclaré solidairement obligé pour tous les engagements de la société, ou pour quelques-uns seulement. — Les avis et conseils, les actes de contrôle et de surveillance n'engagent point l'associé commanditaire. »

L'ancien art. 28 consacrait comme sanction de la prohibition de l'art. 27 la solidarité absolue du commanditaire pour *toutes les dettes et engagements* de la société. Le nouveau texte établit au contraire deux sortes de responsabilités : l'une *forcée*, pour les dettes et engagements de la société qui dérivent des actes de gestion faits par le commanditaire ; mais il faut un lien entre le passif et l'acte d'immixtion (Cass., 10 juillet 1900, S. 01.1.173, D. 01.1.436); l'autre *facultative*, pour la *totalité* ou une partie seulement des engagements sociaux. Dans tous les cas l'immixtion engageant la responsabilité du commanditaire ne peut frapper de nullité les actes de gérance (Nice, 26 déc. 1900, *J. S*, 1901.204).

Le texte nouveau a soulevé malgré sa clarté quelques difficultés.

1044. — La responsabilité du commanditaire comprend-elle d'abord le passif antérieur à l'immixtion comme celui qui lui est postérieur? «L'affirmative a été universellement admise, dit M. Bédarride (n. 258). Il était difficile qu'il en fût autrement. Devenu associé en nom collectif, le commanditaire était par cela même tenu de payer, sans distinction, toutes les dettes sociales constituant la perte. »

1045. — Le commanditaire déchu de sa qualité à l'égard des tiers la conserve-t-il à l'égard du gérant ? Pourrait-il répéter contre l'associé en nom collectif ce qu'il a payé au delà de sa mise ?

L'affirmative est généralement enseignée. « L'art. 28 C. com., dit M. Troplong (n. 440), ne dit pas que l'associé qui s'est immiscé sera déchu de sa qualité de commanditaire ; au contraire, il continue à l'appeler de ce nom ; seulement il veut qu'il soit obligé solidairement pour toutes les dettes et engagements de la société : ce qui est bien mettre l'associé en présence des tiers et le frapper d'une peine sévère dans l'intérêt de ces derniers. Et l'on en conçoit la raison : les tiers ont pu être trompés, les actes de l'associé coupable d'immixtion ont pu les induire en erreur et leur faire croire qu'il était associé pur et simple, puisqu'il en a pris les couleurs et les droits. Mais d'associé à associé, est-ce que l'erreur est possible ? Le contrat n'a-t-il pas fixé les positions sans équivoque, sans sujet de méprise ? N'a-t-il pas établi un commanditaire et un gérant ? Et de quoi donc ce dernier se plaindrait-il ? Mais pourquoi n'a-t-il pas fait cesser cette usurpation ? N'en avait-il pas les moyens ? Et s'il ne l'a pas fait, ne serait-ce pas parce qu'il a approuvé des actes utiles et qui ont tourné au profit commun ? — L'art. 27 fournit un argument irrésistible. Il suppose que l'immixtion peut avoir lieu avec un mandat du gérant ; il fait peser sur le commanditaire la responsabilité et la solidarité. Or, je le demande, peut-il venir dans la pensée d'admettre que cette peine doive profiter au gérant qui a donné le mandat, qui a été l'instigateur et le complice de l'immixtion ? »

La jurisprudence s'est prononcée dans le même sens. Ainsi, il a été jugé que les tiers ont seuls qualité, à l'exclusion des associés, pour faire déclarer le commanditaire qui s'est immiscé dans la gestion de la société solidairement responsable des dettes de celles-ci (Lyon, 27 mai 1859, S. 60.2.16 ; — Bordeaux, 4 déc. 1860, S. 61.2.190, D. 61. 5.463 ; — Caen, 16 août 1864, S. 65.2 33, D. 65.2 194 ; — Paris, 6 juill. 1865, S. 66.2 219, D. 66.5.443, T. C. 15.257. — *Sic* : Pardessus, n. 1038 ; Malepeyre et Jourdain, p. 167 ; Persil, sur l'art. 28, n. 3 ; Molinier, t. 1, p. 505 ; Foureix, n. 122 ; Troplong, *ub. cit.* — *Contrà* : Bédarride, n. 259 et s. ; Demangeat sur Bravard-Veyrières, t. 1, p. 249, note ; Delangle, n. 412 et s. ; — Paris, 9 janv. 1836, S. 36.2.133, Dalloz, n. 1381).

1046. — Le liquidateur de la société, qui représente les associés, et non les tiers, n'est pas recevable à faire déclarer le commanditaire solidairement responsable des dettes de la société pour cause d'immixtion, et à le faire condamner en conséquence au payement de la somme nécessaire à l'acquittement des dettes sociales (Lyon, 27 mai 1859, précité).

1047. — Si, au contraire, la société a été déclarée en faillite, le syndic de la faillite a qualité, comme représentant des créanciers, pour exercer contre les commanditaires l'action en responsabilité solidaire à raison de leurs actes d'immixtion (Cass., 16 fév. 1864, S. 64. 1.65, D. 64.1.89 ; — Paris, 26 mars 1840, S. 40.2.250 ; — Lyon, 22 fév. 1866, S. 67.2.22).

1048. — Une autre difficulté a été soulevée. Les créanciers peuvent-ils faire déclarer la faillite du commanditaire qui s'est immiscé ? Rien n'est plus grave à la vérité pour le commanditaire que d'être déclaré en faillite parce qu'il a fait un acte de gestion, et d'être non seulement tenu au payement de tout l'actif social, mais encore de supporter toutes les incapacités du failli. Aussi beaucoup d'auteurs, estimant que cette situation est incompatible avec le caractère de la commandite, dénient-ils aux créanciers le droit de demander la déclaration de faillite du commanditaire qui s'est immiscé (Pardessus, n. 1037 ; Troplong, n. 438 ; Persil, sur l'art. 28, n. 3 ; Dalloz, n. 1832 ; — Bourges, 2 août 1828, S. chr.).

1049. — Mais avec M. Bravard (p. 250) nous pensons que les tiers ont incontestablement le droit de provoquer la mise en faillite du commanditaire qui s'est immiscé.

« Je voudrais bien, pour mon compte, dit l'éminent professeur, adopter cette solution (celle que nous venons d'exposer). Mais elle me parait complètement inconciliable avec les termes et avec l'esprit de l'art. 28. Avec ses termes, car il n'admet aucune distinction entre les commanditaires et les associés en nom ; avec son esprit, car, comme je l'ai fait remarquer, il soumet le commanditaire à la responsabilité solidaire envers les créanciers même antérieurs à l'acte qu'il a fait ; et cela ne peut s'expliquer que d'une seule manière, ne peut tenir qu'à une seule cause, c'est que le commanditaire est considéré comme un associé en nom qui s'est déguisé, qui s'était affublé faussement du titre de commanditaire, mais qui s'est trahi, qui s'est révélé par l'acte de gestion qu'il a fait. De sorte que cet acte dévoilé fait apparaître une qualité inconnue jusque-là, mais concomitante à la formation de la société, et par conséquent emportant la responsabilité de tous les engagements sociaux.

« Qu'ils aient été contractés plus ou moins longtemps après la formation de la société, avant ou après l'acte qui a révélé la véritable opinion du commanditaire, c'est indifférent ; car ce n'est plus un commanditaire, mais un associé en nom.

« Si l'on admet cette donnée, la question que j'ai posée est par cela même résolue ; car il est évidemment impossible d'admettre que l'associé en nom qui a voulu commettre une faute, qui a dissimulé sa qualité, sera traité moins rigoureusement que celui qui a avoué sa qualité, qui l'a prise ostensiblement, qui n'a voulu tromper personne, qui a agi loyalement et au grand jour. » (V. en ce sens un article publié par M. Delangle dans la *Revue étrangère et française de législation*, t. 10, 1843, p. 89 ; Dalloz, V° *Sociétés*, n. 407. — V. aussi MM. Molinier, n. 504, et Bédarride, t. 1er, n. 262.)

Telle est aussi l'opinion professée par MM. Malepeyre et Jourdain (p. 154 et suiv.) et Houpin (t. 1, n. 277).

1050. — Une autre opinion décide au contraire que la responsabilité illimitée d'un commanditaire pour toutes les dettes sociales ne suffit pas, à elle seule, pour lui attribuer nécessairement la qualité de commerçant. Il faut en outre rechercher si les actes de gestion accomplis par ce commanditaire sont assez réitérés pour constituer de sa part une profession habituelle : ce n'est que dans ce cas et à cette condition que ce commanditaire peut être réputé commerçant (Bourges, 2 août 1828, S. chr. — *Sic* : Alauzet, t. 2, n. 561 ; Dutruc, V° *cit.*, n. 886 ; Lyon-Caen et Renault, t. 2, n. 506 ; Pardessus, t. 3, n. 1037 ; Troplong, t. 1, n. 438).

1051. — L'associé commanditaire solidairement tenu, pour cause d'immixtion, de tous les engagements de la société, ne cesse pas pour cela d'avoir une action contre la société, à raison des sommes qui lui sont dues par suite d'opérations personnelles et distinctes qu'il a faites avec elle. Il peut donc être admis au passif de la société pour le montant de ses créances personnelles (Cass., 25 juin 1862, S. 62.1. 995, D. 62.1.417).

1052. — Le concordat obtenu par une société en commandite tombée en faillite profite, à défaut de réserves contraires, aux associés commanditaires qui, par immixtion dans la gestion de la société, avaient encouru la responsabilité solidaire du passif social, aussi bien qu'aux associés en nom collectif (Cass., 5 déc. 1864, S. 65.1.29). Il en est ainsi, alors même que ces associés commanditaires n'ont pas concouru aux sacrifices faits par la société pour obtenir le concordat qui l'a libérée ; cette circonstance, soit que l'immixtion ait été connue, soit qu'elle ait été ignorée des créanciers, n'est pas de nature à faire obstacle aux effets du concordat, qui n'est jamais attaquable que pour cause de dol, et dans le cas où ce dol a été découvert depuis l'homologation du concordat (Même arrêt. — *Sic* : Laroque-Saysinnel, *Faillites et banqueroutes*, sur l'art. 531, n. 9).

1053. — Le fait de souscrire une commandite constitue-t-il un acte de commerce

Cette question, qui, avant la suppression de la contrainte par corps, avait une importance considérable, n'a pas perdu cependant de son intérêt, par cette raison que de la commercialité ou de la non-commercialité de la souscription de la commandite dépend la compétence ou l'incompétence des tribunaux consulaires. De même, au point de vue des intérêts moratoires, il est intéressant de savoir si la commandite est ou non un acte commercial. Si l'obligation est civile, le taux de l'intérêt légal est de 4 0/0 (L. 19 avr. 1900); si l'obligation est commerciale, le taux légal est de 5 0/0.

1054. — La jurisprudence paraît fixée en ce sens que l'obligation du commanditaire présente un caractère commercia l (V. Cass., 28 fév. 1844, S. 44.1.692, D. 44.1 145; — Paris, 27 fév. 1847, S. 47.2.131, D. 47.2.51; — Cass., 13 août 1856, S. 56.1.769, D. 56.1.343; — 3 mars 1863, S. 63 1.137; — 15 juill. 1863, S. 63.1.485; — Paris, 21 mai 1884, D. 85.1.277. — En ce sens : Malepeyre et Jourdain, p. 138, n. 491 et 541; Mornard, p. 156; Bravard et Demangeat, t. 1, p. 254, note 3; Lyon-Caen et Renault, n. 470. — V. en sens contraire : Paris, 28 fé v. 1842, D. 42.2.223; — Paris, 22 déc. 1846, S. 49.2.219, D. 47.2 52; — Lyon, 7 fév. 1850, S. 50.2.569; — Dijon. 20 mars 1851, S. 51.2.764; — Angers, 18 janv. 1865, S. 65.2.211, D. 65 2.67; — Pardessus, n. 510; Delangle, n. 314; Pont, n. 1424, et *R. législ.*, 1844, t. 20, p. 362; Ballot, *R. Dr. franç.*, t. 4, p. 485; Thaller, n. 242).

SECTION VI

DISSOLUTION. — LIQUIDATION

1055. — Les causes de dissolution de la société en commandite simple sont les mêmes que les causes de dissolution de la société en nom collectif Il n'y a même pas lieu de distinguer, en ce qui concerne la mort ou les incapacités personnelles, entre celles qui atteindraient les associés en nom collectif ou les commanditaires; à moins d'une stipulation contraire, la mort, la faillite, la déconfiture, l'interdiction du commanditaire entraîneraient la dissolution de la société, aussi bien que ces événements survenant à un commandité. La société dont nous nous occupons est une société de personnes, dans laquelle le caractère personnel des contractants joue un rôle.

prépondérant (Pardessus, n. 1057 ; Malepeyre et Jourdain, n. 499 ;
Delangle, n. 644 ; Bravard et Demangeat, t. 1, p. 413 ; Pont, n. 1895).

1056. — Quel sera l'effet du décès du gérant sur l'existence de la
société ?

Si le gérant a été nommé par acte postérieur à la constitution et
s'il a été stipulé que le décès d'un associé ne met pas fin à la société,
la mort du gérant n'aura aucune influence. Si, au contraire, il s'agit
d'un gérant statutaire, dont la présence à la tête de la société a été
la cause déterminante et essentielle de l'adhésion des autres associés, sa mort entraînera la dissolution ; la société ne pourrait être
maintenue que si tous les associés se mettaient d'accord pour remplacer le gérant (Paris, 28 fév. 1850, S. 50.2.447 ; — Cass , 9 mai
1860, S. 60.1.621, D. 60.1.279. — Pont, n. 1900 ; Lyon-Caen et Renault, n. 508 et 509).

Jugé que la faillite personnelle du gérant ne peut entraîner celle
de la société qui possède une personnalité et un patrimoine distincts
(Trib. com. Bordeaux, 27 avr. 1905, *R. S.*, 1907.74).

1057. — L'inexécution des obligations contractées par le gérant
ou par les associés peut être, conformément aux règles du droit
commun, une cause de dissolution.

Ainsi, il a été décidé que le fait par le gérant de se refuser à communiquer la comptabilité à un commanditaire, malgré la prescription des statuts, ne peut pas constituer un manquement de nature
à entraîner la dissolution, lorsque ce refus s'est produit au cours
d'un procès engagé entre le gérant et le commanditaire (Cass.,
15 mars 1881, S. 81.1.221, D. 82.1.421).

1058. — Une société en commandite ne peut être dissoute par la
seule volonté des commanditaires (Lyon, 7 fév. 1849, D. 49.2.173).

1059. — La mésintelligence grave entre les associés peut être
une cause de dissolution de la société en commandite, comme elle
est une cause de dissolution des sociétés en nom collectif. Les tribunaux ont à cet égard un pouvoir souverain d'apprécier, quant à
la gravité des faits allégués (V. *suprà*, n. 697).

1060. — La nomination du liquidateur d'une société en commandite se réalise dans les mêmes conditions que celles que nous
avons indiquées (n. 718) pour la société en nom collectif, que le
liquidateur soit désigné par le pacte social ou qu'il soit choisi par
les associés ou par justice. Il faut observer cependant qu'un commanditaire peut être choisi comme liquidateur, et qu'il pourra en
cette qualité terminer les affaires sociales sans encourir la respon-

sabilité pour immixtion (Cass., 17 avr. 1843, S. 43.1.795, D. 43.1. 251 ; — Lyon-Caen et Renault, n. 499).

1061. — Les tribunaux sont souverains appréciateurs de la question de savoir s'il y a lieu, en raison des irrégularités de gestion attribuées au gérant d'une société, de le maintenir dans les fonctions de liquidateur à lui attribuées par les statuts sociaux, ou de nommer à sa place un liquidateur étranger (Cass., 30 avr. 1873, S. 74.1.123, D. 75.1.32).

1062. — Les pouvoirs des liquidateurs sont, en principe, les mêmes que dans le cas de liquidation de la société en nom collectif. Rappelons qu'ils ont le droit de poursuivre les associés commanditaires en versement de leurs apports (Lyon, 2 fév. 1864, S. 65.2 259, D. 65.2.177 ; — 7 avr. 1865, *id.* ; — Cass., 16 mai 1877, S. 77.1.356, D. 78.1.81).

1063. — Le liquidateur peut faire tous les actes nécessaires à la liquidation, et il engage de ce chef la société. Mais les commanditaires continueront à n'être responsables des actes ainsi accomplis que dans la limite du montant de leurs apports (Lyon-Caen et Renault, n. 544 ; Houpin, n. 230).

1064. — Jugé que les commanditaires ou actionnaires qui, sans attendre la fin de la liquidation de la société en nom collectif ou anonyme, se répartissent entre eux, comme remboursement de la commandite, les parties de l'actif social, sont tenus solidairement envers les créanciers qui n'ont pas été remboursés, jusqu'à concurrence de la somme qu'ils ont ainsi prélevée sur l'actif social (Cass., 9 fév. 1864, S. 64.1.137, D. 64.1.138).

Le commanditaire doit en effet, à la différence d'un prêteur, concourir aux pertes et il ne peut par suite être admis au passif de la société tant que les créanciers ne sont pas désintéressés (Amiens, 26 mai 1906, J. S., 1908.228).

1065 — Jugé également que dans une société en commandite comprenant deux associés en nom collectif et un associé commanditaire, si l'un des associés en nom collectif est insolvable, l'excédent de perte résultant de son insolvabilité doit peser à la fois sur l'autre associé en nom collectif et sur le commanditaire, proportionnellement à leurs apports sociaux, alors d'ailleurs que la commandite de ce dernier n'est pas absorbée par la part mise à sa charge dans les dettes sociales (Cass., 2 juill. 1884, S. 86.1.169, D. 85.1.148).

DEUXIÈME PARTIE

DES SOCIÉTÉS PAR ACTIONS

1066. — Les sociétés par actions sont appelées sociétés de *capitaux*, par opposition aux sociétés de *personnes*. Dans ces dernières sociétés, la personnalité des associés joue un rôle prépondérant : leur présence ou leur disparition de la société constitue une condition essentielle de vie ou de mort de l'être moral. Dans les sociétés par actions (sauf la commandite par actions qui peut être appelée *mixte*), au contraire, le capital seul est envisagé ; l'obligation personnelle de l'associé consiste dans la tradition de l'apport convenu. Le capital, divisé et réparti entre un nombre généralement assez considérable d'associés, peut passer de main en main sans que le pacte social en soit affecté (V. sur les sociétés par actions dans l'ancienne France, la conférence faite aux étudiants à la Sorbonne, le 9 fév. 1901, par M. le professeur Thaller, *Annales de droit commercial*, 1901, p. 185).

CHAPITRE PREMIER

DES ACTIONS. — DES PARTS D'INTÉRÊTS

1067. — Avant tout, il faut étudier ce que l'on entend par une *action* et quelle différence existe entre l'*action* et l'*intérêt*. Cette question n'est pas uniquement théorique, comme on pourrait le croire : elle a, au contraire, une grande importance pratique. Les sociétés par *intérêts* sont régies par le droit commun. Les sociétés par actions sont soumises aux prescriptions de lois spéciales. La distinction a aussi son utilité au point de vue fiscal. Enfin, des sociétés en commandite sont créées avec division de leur capital en parts ; il est indispensable de savoir si ce sont des sociétés par *actions* ou des sociétés par parts d'intérêts. Dans le premier cas, les formalités de la loi de 1867 sont applicables ; les sociétés y échappent dans le second.

1068. — Il est peu de questions aussi controversées que celle de savoir ce qui distingue l'*intérêt* de l'*action*.

Le mot *intérêt* s'entend de toute part possédée dans une société, quelle qu'elle soit, et le mot *action* s'applique tantôt au *droit* dans la société à la *part sociale*, à l'INTÉRÊT ; tantôt il désigne le *titre* représentatif du droit.

Le législateur n'a donné aucune définition. En 1884, lors de la discussion au Sénat du projet destiné à remplacer la loi de 1867, projet qui, on le sait, n'a pas abouti, M. Batbie demanda l'insertion d'une définition au texte de la loi. M. Bozérian, rapporteur, s'y opposa « de peur que les fondateurs de sociétés n'arrivassent à imaginer des combinaisons ne rentrant point dans les termes de la définition, et par suite à éluder les dispositions de la loi ».

1069. — On a voulu trouver la solution du problème dans cette affirmation que l'intérêt est la part d'un associé dans les sociétés en nom collectif et en commandite simple, et que l'action est la part d'un associé dans les sociétés en commandite par actions ou dans les sociétés anonymes (Aubry et Rau, t. 2, note 20, § 165). Mais c'est résoudre la question par la question, puisque la difficulté principale est de savoir quand on se trouve en présence d'une société par actions, quand, d'une société par intérêts.

Un arrêt isolé (Cass., 8 juill. 1868, D. 68.1.480) a jugé que la dénomination adoptée par les statuts devait servir de critérium et que si les associés avaient déclaré expressément ne pas vouloir forme r une société par actions, il fallait s'en tenir à cette expression de volonté.

Cela ne se peut. Il est de règle, en effet, que le caractère d'un ac te juridique ne doit pas être interprété uniquement d'après les expres sions employées et que les tribunaux peuvent rétablir l'exactitude de la qualification, surtout quand il s'agit, comme pour les sociétés par actions, d'une matière qui intéresse l'ordre public (Lyon-Cae n et Renault, n. 515. — V. les conclusions de M. l'avocat général Desjardins sous Cass., 10 août 1887, S. 89 4.33 ; — Rapport de M. le conseiller Voisin, Cass., 5 nov. 1889, S. 89.1.437 ; — Paris, 22 nov. 1890, *R. S.*, 1891.86 ; — 30 déc. 1890, *R. S.*, 1891.95 ; — Douai, 4 avr. 1898, *J. S.*, 1899.114).

1070. — D'après d'autres auteurs et quelques décisions de jurisprudence, la caractéristique de la distinction serait la forme extérieure du titre qui consacre le droit des associés. Il y a société par actions quand chacun des associés est mis en possession d'un titre négociable par les voies commerciales (transfert, endossement, tradition au porteur). Il y a société par intérêts dans le cas contraire, même si le droit de l'associé est représenté par un titre, quand ce titre n'est pas commercialement négociable (Vavasseur, n 332 et s. ; Deloison, t. 2, n. 258 ; — Trib. com. Seine, 22 juin 1883, *R. S.*, 1883.505 ; — Trib. corr. Seine, 30 nov. 1886, *J. S.*, 1887.785 ; — Paris, 22 nov. 1898, *R. S.*, 1891.86 ; — Douai, 30 déc. 1809, *R. S.*, 1891. 95 ; — Douai, 4 avr. 1890, *J. S.*, 1899.114 ; —Nantes, 13 juill. 1901, *R. S.*, 1902 37 ; — Seine, 25 mai 1903, *R. S*, 1904.105).

MM. Beudant (*R. crit.*, 1869, t. 34. p. 152), Lyon-Caen et Renault (n. 518) combattent cette théorie. Ils font remarquer qu'il y a des *actions* qui ne sont pas négociables, comme les actions de garantie de la gestion des administrateurs (art. 26, L. 1867), ou les actions d'apports (art. 3, L. 1er août 1893), les actions qui ne sont libérées que du quart. Puis desdispositions légales visent la négociation des *parts d'intérêts*. Telle est la loi du 29 mai 1863 sur le gage commercial, qui permet de constituer un gage sur des parts d'intérêts transmissibles par voie de transfert. D'autre part, la loi du 5 juin 1850 reconnaît l'existence d'actions dont la cession n'est parfaite à l'égard des tiers qu'au moyen des conditions déterminées par l'art. 1690 C. civ.

1071. — Un autre système s'attache, pour la solution de la difficulté, à l'égalité des coupures : une société serait par actions ou par intérêts, suivant que son capital serait divisé en parts de valeur égale ou inégale (Demante. *Cours ann. Code civ.*, t. 2, p. 357 ; Malepeyre et Jourdain, p. 199 ; Troplong, n. 128).

1072. — D'autres auteurs estiment que le critérium de la distinction réside dans une question de fond, non de forme. Ainsi, la part sociale constitue un intérêt quand l'associé est tenu des dettes sociales sur tous ces biens ; c'est une action quand l'associé n'est pas tenu au delà de son apport (Demolombe, t. 9, n. 411 ; Huc, t. 4, n. 42, t. 11, n. 49).

La réponse à cette opinion est trop facile, puisque dans les commandites simples les parts de commanditaire sont incontestablement des intérêts ; cependant les commanditaires ne sont pas tenus au delà de leurs apports (Lyon Caen et Renault, n. 517).

1073. — Arrivons au système qui est admis par la majorité des auteurs et la jurisprudence de la Cour de cassation.

Dans son *Traité du contrat de société* (t. 1er, n. 599), M. Pont s'exprime ainsi : « Ce qui distingue l'action de l'intérêt, ce qui constitue l'action, c'est la *cessibilité*. L'action est cessible, puisqu'elle représente une part d'associé dans une société où l'élément personnel s'efface et fait place à de simples rapports d'affaires ou d'argent. Au contraire, l'intérêt est de nature incessible, puisqu'il est la part d'un associé dans une société dont le caractère essentiel et fondamental est d'être formée par la confiance réciproque des parties et basée sur la considération de la personne. »

Plus loin, M. Pont ajoute : « L'action laisse l'associé libre de céder à la fois son droit et sa qualité et de sortir ainsi, s'il le veut, de la société, en y mettant à sa place un tiers auquel il transmet ses obligations aussi bien que ses droits. »

C'est la même doctrine que M. le professeur Bravard-Veyrières exprime dans son *Traité de droit commercial* (t. 1er, p. 258) : « Le caractère de l'intérêt, dit-il, qui établit la ligne de démarcation entre l'intérêt et l'action, c'est que l'intérêt est incessible : en cela, il diffère essentiellement de la créance (l'action), qui est toujours cessible, qui n'est point attachée à la personne du créancier. Ce qui constitue l'action, ce qui la distingue de l'intérêt, c'est la cessibilité. Pour reconnaître s'il y a intérêt ou action, il n'y a donc qu'une

seule chose à examiner : savoir si le droit est cessible, ou s'il ne
l'est pas ; en d'autres termes, s'il y a des rapports de choses ou des
rapports de personnes. Partout donc où la cessibilité existera, se
rencontrera, il y aura une action ; partout où elle n'existera pas, il
n'y aura qu'un intérêt. Voilà le véritable et le seul caractère distinctif de l'action et de l'intérêt. Je ne saurais trop insister sur ce point
qui est fondamental. » — (V. en ce sens : Beudant, *R. crit.*, t. 45,
p. 134 et s. ; Lyon-Caen et Renault, n. 100 et 520 ; Thaller, n. 188 et
487 ; Desjardins, avoc. gén., concl. cit., *infrà*, n. 1075. — Rapport
de M. Voisin, sous Cass., 5 nov 1888, S. 89.1.437.)

1074. — La Cour de cassation a été surtout appelée à juger la
question au point de vue fiscal, mais les principes qu'elle a posés
dans ses arrêts dominent toute la matière.

Un arrêt de la chambre civile, du 28 juillet 1868, avait décidé qu'il
suffisait de rencontrer dans un acte de société la déclaration que
les contractants n'entendaient pas former une société par actions
pour qu'il n'y eût pas lieu d'appliquer la loi du 17 juillet 1856, alors
en vigueur.

Cette thèse ne prévalut pas.

Le 27 mars 1878 (S. 78.1.277, D. 78.1.308), la Cour de cassation
jugeait que la société en commandite de la Belle-Jardinière, dont le
capital est divisé en parts égales, au nombre de 60, représentées par
une seule série de titres de 40.000 francs chacun, ayant chacun un
numéro et une individualité distincte, et transmissibles au moyen
d'un transfert sur les registres de la société tant aux associés qu'aux
tiers, a le caractère d'une société en commandite par actions, et non
d'une société en commandite simple, alors même que la transmission des parts à des tiers serait subordonnée à l'approbation de
l'assemblée générale.

Le 13 mars 1882 (S. 83.1.327, D. 84.1.83), arrêt analogue. La Cour
de cassation a vu une société en commandite par actions dans une
société dont le capital était divisé en actions nominatives, ayant
chacune une individualité, transmissibles tant aux associés qu'aux
tiers au moyen d'un transfert sur les registres de la société. La Cour
de cassation ne s'était d'ailleurs pas arrêtée à cette circonstance que
les statuts attribuaient au gérant le droit de retirer dans un délai,
et moyennant un prix déterminé, les actions cédées.

Le 2 août 1886 (S. 87.1.329, D. 87.1.167), la Cour suprême reconnaissait encore le caractère de société en commandite par actions à
une société Dédée, dans laquelle l'avoir social était divisé en 9.000

parts, dont chacune représentait un neuf millième dudit avoir, dont chacune se résumait dans un chiffre unitaire conservant un caractère individuel et distinct, et dans laquelle, aux termes des statuts, chaque associé pouvait céder à un tiers tout ou partie de ses droits sociaux, suivant les règles du droit civil. La Cour suprême jugeait qu'il y avait là une société de capitaux, par conséquent une société par actions, et c'est dans cet arrêt que, pour la première fois, elle a inséré en termes exprès le principe qui était en germe dans les arrêts antérieurs, à savoir : que la cessibilité est le véritable caractère distinctif de l'action :

« Attendu, dit l'arrêt, que pour échapper à l'application de l'art. 2, § 1er, de la loi du 29 juin 1872, la société demanderesse argumente vainement de l'art. 9 des statuts, qui n'autoriserait la cession des droits de chacun des associés que suivant les règles du droit civil ; que ce mode de cession, qui peut être une entrave apportée à la négociabilité des titres, ne fait nul obstacle à leur cessibilité, véritable caractère distinctif de l'action... »

Le 9 février 1887 (S. 88.1.77, D. 87.1.439), le même principe est consacré dans les termes suivants :

« Attendu, en droit, que les sociétés par actions se distinguent des sociétés avec parts d'intérêts en ce que les premières constituent une association de capitaux, tandis que les secondes sont formées *intuitu personæ* ; que le véritable caractère des actions, c'est leur cessibilité... »

Enfin, le 5 novembre 1888 (S. 89.1.437, D. 89.1.453), la Cour de cassation était appelée à statuer dans les mêmes conditions :

« Attendu, dit cet arrêt, qu'aux termes des statuts de la société Vuafflard et Cie en vigueur au moment de la loi du 29 juin 1872, le fonds social était fixé à la somme de 2.200 000 francs et divisé en 440 parts de 5.000 francs chacune, nominatives et indivisibles ; — qu'aux termes desdits statuts, modifiés le 20 octobre 1877, le fonds social fut fixé à 4 millions 200 000 francs et divisé en 2.000 parts de 4.200 francs chacune, numérotées de 1 à 2.000, attribuées aux 440 parts anciennes, à raison de deux parts nouvelles pour une ancienne ; — qu'ainsi lesdits statuts ont toujours prescrit la délivrance de titres individuels séparés du pacte social pour les parts d'intérêts des associés ; — attendu qu'aux termes des mêmes statuts la transmission de ces titres se faisait librement par voie de transport (art. 1690 C. civ.), tant aux associés qu'aux tiers étrangers à la société et sans que le consentement des coassociés fût nécessaire ;

d'où il suit qu'en décidant, dans ces circonstances, que la société Vuafflard était une société en commandite par actions, et que, dès lors, la réception de la taxe de 3 p. 100, etc., etc. »

Cet arrêt a été rendu au rapport de M. le conseiller Voisin, sous la présidence de M. Bédarride (En ce sens : Cass., 21 janv. 1893, S. 93.1.32, D. 93.1.356 ; — 14 mai 1895, S. 99.1.397, D. 95.1.497).

1075. — M. l'avocat général Desjardins concluant, devant la Cour de cassation, dans les procès qui ont abouti à l'arrêt du 10 août 1887, s'est refusé à considérer la cessibilité comme le caractère distinctif de l'action ; mais il arrivait à une conclusion à peu près identique, en s'appropriant l'opinion de MM. Lyon-Caen et Renault, qui s'expriment ainsi :

« Il ne faudrait pas s'attacher à la cessibilité d'une manière trop absolue. Tout ce qu'on peut dire, c'est qu'il y a lieu de rechercher si la cession des parts d'associés a été considérée comme quelque chose d'exceptionnel ou, au contraire, comme un acte normal et ordinaire. Dans le premier cas, ce sont des intérêts : dans le second, ce sont des actions. »

« Les actions constitueront des parts d'intérêts, dit encore M. Batbie (*R. crit. législ.*, 1869, p. 335), lorsque, d'après le pacte social, elles ne pourront être cédées sans le consentement des autres associés, et quels que soient les termes de l'acte de société. Il y aura société par actions si les associés ont le droit de substituer d'autres personnes sans le consentement des coassociés. »

1076. — Dalloz (*Supp.*, V° *Sociétés*, n. 849) résume la jurisprudence récente dans cette formule : l'idée de cessibilité doit être considérée comme la base de la distinction entre l'action et l'intérêt ; mais cette idée doit être combinée avec la recherche, dans chaque espèce de l'intention des parties. Il ne suffit donc pas que les parts d'associés soient cessibles pour être qualifiées d'actions, il faut encore que les dispositions du pacte social, interprétées dans leur ensemble, fassent ressortir l'intention d'établir simplement une association de capitaux, et non une société constituée *intuitu personæ*. Si la cession est quelque chose d'exceptionnel, ce sont des intérêts ; si c'est un pacte normal et ordinaire, ce sont des actions (Cass., 2 août 1886, S. 87.1.329, D. 87.1.167 ; — 10 août 1887, S.89.1. 32, D 87.1.440 ; — 5 nov. 1888, S. 89.1.437, D. 89.1.453 ; — 22 fév. 1892, D. 94.1.147 ; — Fauchille, dissertation, *Ann. dr. comm.*, 1886.2. 86 ; Mahoudeau, dissertation sous Paris, 22 nov. 1890, *Ann.*, 1891.1. 77 ; Lyon-Caen et Renault, n. 520 ; Houpin, n. 311).

1077. — Nous croyons utile, pour terminer sur ce point, de synthétiser les décisions de jurisprudence auxquelles dans les développements qui précèdent, nous avons déjà donné leur portée juridique. Cet exposé ne peut que servir au point de vue pratique.

Décidé, par application des principes qui précèdent, que la cessibilité de l'action et la non-cessibilité de la part d'intérêt n'étant pas un critérium absolu de la distinction entre l'action et l'intérêt, les juges du fait ont pu s'attacher pour reconnaître à une société le caractère de commandite par intérêts, aux considérations suivantes : 1° que la société avait le caractère d'une association de personnes et non de capitaux ; 2° que les parts n'étaient pas représentées par des titres individuels ou séparés du pacte social ; 3° que le transport de ces parts exigeait l'agrément des gérants (Cass., 10 août 1887, précité).

1078. — Une société doit être considérée comme commandite par actions, bien que ses statuts la qualifient de commandite simple, lorsque le fonds social est divisé en un très grand nombre de parts individualisées par des titres de même quotité, séparées du pacte social, transmissibles par voies de transport, conformément à l'art. 1690 C. civ., aux tiers aussi bien qu'aux associés, sans le consentement des coassociés (Cass., 2 août 1886, S. 87.1.329, D. 87. 1.167 ; — 5 nov. 1888, S. 89.1.453).

1079. — Une société peut être jugée comme ne constituant pas une commandite par actions, lorsqu'il est constaté par les juges du fait que, pour les fonds nécessaires au fonctionnement de la société, les fondateurs ne s'étaient adressés ni au public ni à des étrangers ; que les parts nominatives attribuées à chaque sociétaire n'étaient pas représentées par des titres extraits d'un livre à souche et constituant un droit négociable à volonté, mais par un extrait succinct de l'acte de société délivré par le notaire dépositaire des statuts ; que le transport des parts était soumis à des conditions rigoureuses telles que délibération de la société, autorisation de céder, etc. (Cass., 22 fév. 1892, D. 94.1.147).

1080. — Mais on doit considérer comme une société en commandite par actions celle dont le fonds social est divisé en parts nominatives égales, représentées par des titres individuels distincts, transmissibles par voie de transfert aux tiers aussi bien qu'aux associés, sans que le consentement des associés soit nécessaire, bien que les titres délivrés aux gérants en représentation de leurs apports doivent être frappés d'incessibilité et déposés à la Banque de

France pendant toute la durée de leur gestion (Cass., 31 janv. 1893, S. 93.1.32, D. 93.1.356).

1081. — Jugé encore qu'une société qualifiée par les statuts de commandite simple, divisée en un certain nombre de parts sous-crites par tous les associés *intuitu personæ*, en raison de leurs apti-tudes techniques, de leur solvabilité ou de leur honorabilité, parts incessibles sans l'approbation de l'assemblée générale, ne saurait dégénérer en une commandite par actions en raison de cette seule circonstance que les statuts auraient institué un conseil de surveil-lance ou que les associés se seraient qualifiés d'actionnaires (Douai, 13 mai 1887, Dalloz, *Supp.*, V° *Sociétés*, n. 851).

1082. — Jugé encore que les parts d'associés ne constituent pas des actions, mais des parts d'intérêts lorsqu'elles n'ont, d'après les statuts, aucune valeur nominale ; que le public n'a point été appelé à concourir à leur émission, et que leur cession n'est autorisée que dans les formes de la loi civile (Paris, 22 nov. 1890, *Ann. dr. comm.*, 1891.177 et la dissertation de M. Mahoudeau, *loc. cit.*).

1083. — Les parts d'associés sont des intérêts, et non des actions lorsque les statuts n'en autorisent la cession que suivant le mode du droit civil : qu'il est stipulé que les cessions seront subordon-nées à l'approbation du directeur-gérant ; qu'enfin, d'après les ter-mes du pacte social, dans la pensée de ses fondateurs, la société était constituée *intuitu personæ* (Paris, 30 déc. 1890, *Ann. dr. comm.*, 1891.1.53).

1084. — On voit, par cet exposé de la jurisprudence qu'il est un point sur lequel l'hésitation n'a pas encore complètement dis-paru : celui de savoir si le véritable signe distinctif de la part d'in-térêt et de l'action réside dans l'individualité du titre, et si l'action ne se conçoit pas en l'absence d'un titre individualisé. La plupart des arrêts de la Cour de Cassation semblent ne considérer comme des actions véritables que les parts d'associés représentées par des titres individuels et séparés (V. notamment : 27 mars 1878 ; 9 fév. 1887 ; 5 nov. 1888 ; 10 août 1887 ; 22 fév. 1892, précités).

1085. — Dans l'arrêt du 2 août 1886 se trouve l'indication d'une doctrine un peu différente. D'après cet arrêt, la délivrance de titres individuels, distincts du pacte social, ne serait pas absolument in-dispensable : tant qu'elles doivent rester nominatives, les actions sont suffisamment individualisées par le numérotage des parts, chaque part représentant une fraction égale du capital social (V. aussi : Paris, 28 avril 1887, D. 88 2.105).

1086. — Jugé que dans le cas où une société par actions a déclaré se transformer en commandite simple, et a en conséquence revisé ses statuts, la Régie ne saurait contester la réalité de cette transformation en invoquant certaines clauses des statuts, relatives au nombre, à la forme et à la transmissibilité des parts d'intérêts, suffisantes selon elle pour lui imprimer le caractère d'une société de capitaux et non de personnes, si les circonstances relevées par l'administration ne sont pas de nature à prévaloir nécessairement contre la dénomination donnée à la société par les parties. — Il en est ainsi, notamment, lorsque les statuts ne prescrivent pour ces parts la délivrance d'aucun titre individuel séparé du pacte social, et sur lequel puisse être apposée l'empreinte du timbre ; il importe peu que par ses statuts nouveaux, la société ait autorisé le transport des parts d'intérêts par acte notarié, si elle ne l'a fait qu'en exigeant l'agrément des gérants institués mandataires des associés, le consentement des gérants équivalant ainsi à celui des associés eux-mêmes (Cass., 10 août 1887, et les conclusions de M. l'avocat général Desjardins, S. 89.1.33).

En réalité, comme le fait remarquer très justement M. Pic (*Sociétés commerciales*, n. 715 et suiv.), l'action n'est caractérisée spécialement par aucun des signes relevés, mais par un *ensemble de signes* qui, rapprochés, éclairent l'intention présumée des fondateurs et permettent d'assigner à la société son véritable caractère juridique.

CHAPITRE II

DES CLAUSES RESTRICTIVES DE LA LIBRE TRANSMISSION DES ACTIONS (1).

1087. — Peut-on insérer dans les statuts des clauses restrictives de la libre transmission des actions ?

Il existe un grand nombre d'entreprises, a écrit M. le conseiller Cotelle dans un rapport à la Cour de cassation (Cass. Req., 14 mai 1895, D. 95.1.467), pour lesquelles il ne saurait être indifférent de voir leurs actions transmises à des individualités dont l'esprit hostile ou inquiet deviendrait une cause de trouble dans leurs réunions. On veut évincer les concurrents industriels entre l'agiotage, ou bien ce sont des sociétés de famille auxquelles on désire maintenir ce caractère. Le principe dans notre droit est la libre circulation des titres. Il faut donc, pour en éviter l'application, insérer dans les statuts des clauses restrictives du droit pour les actionnaires de choisir leurs cessionnaires. L'art. 56-3° de la loi de 1867 applicable aux sociétés à capital variable permet au conseil d'administration ou à l'assemblée générale de s'opposer au transfert des actions. Rien ne s'oppose, malgré le silence de la loi, à ce que cette disposition de l'art. 56 soit étendue aux autres sociétés par actions.

1088. — Précisons tout d'abord qu'une clause d'inaliénabilité absolue serait déclarée nulle par les tribunaux comme contraire à l'ordre public. Nous croyons d'ailleurs qu'en fait on ne la pourrait rencontrer dans aucun statut.

1089. — Examinons les clauses légales. Elles se ramènent à deux catégories : *Clauses d'agrément* (droit de veto de la société), *clauses de préemption* (droit de veto atténué par la faculté de rachat du titre au profit de telles personnes à telles conditions).

Dans les clauses d'agrément les statuts font intervenir soit le conseil d'administration, soit l'assemblée générale. On rencontre rarement l'obligation de l'adhésion de l'unanimité des associés au

(1) Consultez Jean Escarra, *Gaz. Soc.*, 1912, p. 37.

transfert (V. Lyon, 2 mai 1894, *J. Soc.*, 1895.113). — Plus fréquente est la clause qui impose le consentement de la majorité (Cass. Req., 27 mars 1878, D. 78.1.308). — Plus fréquentes sont les clauses réservant un droit de veto au conseil d'administration décidant soit à la majorité soit à l'unanimité (Cass., 29 mars 1902, D. 1904. 1.49).

1090. — Les clauses de préemption soulèvent de plus grosses difficultés. Elles peuvent être rédigées d'après des formules différentes. — La faculté de préemption peut être attribuée aux administrateurs ou aux gérants (Cass , 13 mars 1882, D. 83.1.83), ou bien à la société (Trib. Seine, 9 avril 1894, *J. S.*, 1895, p. 224), ou (c'est le cas le plus fréquent) aux actionnaires.

Les statuts doivent contenir à cet égard des dispositions pratiques pour l'exercice de ce droit (V. Formule au tome 2 de cet ouvrage).

Mais pour que s'exerce ce droit de restriction les actions doivent demeurer nominatives. Si les actions sont au porteur l'exercice du droit de préemption paraît impraticable.

1091. — On a imaginé les constitutions de syndicats pour *bloquer* des actions au porteur, mais ces combinaisons sont indépendantes de la question examinée ici. Quelles sont les conséquences des clauses que nous examinons. — D'abord ces clauses n'intéressent aucunement les tiers. Examinons les situations juridiques entre associés.

La Cour de cassation s'est prononcée pour la validité de la clause d'agrément des cessionnaires, par les administrateurs en exercice d'abord en matière de société en commandite par actions (27 mars 1878, D. 78.1 308). Puis en matière de société anonyme (Cass., 19 fév.1879 et 4 janv. 1888,D. 79.1.332, S.88.1.37. ; — 14 mai 1895,D. 95.1.467 ; — 29 mai 1902, D. 04.1.49). — Mais les tribunaux de commerce résistent à cette interprétation jurisprudentielle (V. Trib. com. Seine, 9 mars 1903, *J. S.*, 1903.376 ; — 9 avr. 1894, *J. S.*, 1895. 225). La juridiction consulaire de la Seine n'admet pas qu'on porte atteinte au principe de la libre cessibilité ou négociabilité de l'action.

1092. — Mais la clause de préemption est stipulée en faveur de la société, la difficulté est grande. La société ne peut pas être propriétaire de ses propres actions. Elle peut les racheter pour les annuler et ainsi diminuer son capital. Mais elle ne peut conserver ses titres en portefeuille.

Il faut donc que la société exerçant le droit de préemption joue le rôle d'intermédiaire et cède à de nouveaux actionnaires les titres objet de la préemption. V. sur ce droit de la société de jouer le rôle d'intermédiaire n° 3296 et suiv. (Cass., 13 fév. 1911, *Gaz. Soc.*, 1911.72).

1093. — La clause doit stipuler un délai pour l'exercice du droit et aussi ce qui est plus important, le *taux* auquel le droit de préemption doit fonctionner (Cass., 13 mars 1882, D. 83.1.327 ; — 14 mai 1895, D. 95.1.467.

1094. — Les mutations par décès doivent être expressément prévues par les statuts (Paris, 1er fév. 1905, *J. S.*, 1905.506).

CHAPITRE III

DES SOCIÉTÉS CIVILES PAR ACTIONS

1095. — Nous avons vu (n. 292 et n. 1069) que la forme adoptée pour la constitution d'une société n'avait aucune influence sur le caractère civil ou commercial de la société. Ce caractère se détermine par la nature des opérations sociales. Depuis longtemps, des sociétés incontestablement civiles ont trouvé avantageux d'emprunter pour leur constitution la forme des sociétés commerciales. La jurisprudence a reconnu la validité de cet emprunt (V entre les nombreux arrêts qui ont statué sur ces questions : Cass., 27 mars 1866, S. 66.1 211, D. 66.1.428 ; — Lyon, 8 août 1873, S. 74 2.105, D. 74.2 201 ; — Cass., 28 janv. 1884, S. 86.1 465, D. 85.1.145 ; — Toulouse, 23 mars 1887, D. 87.2.233 ; — Béthune, 20 mai 1903, *J. S.*, 1904. 254 ; — Paris, 6 juill. 1904, *J. S.*, 1905.39 ; — Troplong n. 143 du tome 1 et 1074 du tome 2 ; Lyon-Caen et Renault, 4ᵉ éd., n. 679 *ter* ; Thaller, n. 748 ; Houpin, *J. S.*, 1891. 512 ; — V. toutefois : Tiercecelin, note D. 68 2.244 ; Labbé, note S. 84.1.301)

1096. — La loi du 1ᵉʳ août 1893 a, ainsi que nous l'expliquerons plus loin, réglementé la question en décidant que toutes les sociétés, quel que soit leur objet, qui prendraient la forme des sociétés en commandite ou anonymes, c'est-à-dire la forme des sociétés par actions, sont commerciales et soumises aux lois et usages du commerce.

Mais le Sénat a refusé de donner à cette disposition un effet rétroactif (Seine, 31 déc. 1900, *R. S.*, 1901.136 ; — 14 fév. 1901 *La Loi*, 22 mars 1901 ; — Béthune, 12 juill. 1900, *R. S.*, 1901.181), aussi ne sommes-nous pas dispensé de l'examen des questions qui peuvent intéresser des sociétés existant sous l'empire de l'ancienne législation.

1097. — *Les sociétés civiles à forme commerciale sont-elles astreintes à l'accomplissement des formalités établies par la loi pour les sociétés de commerce et notamment aux formalités de publicité ?* (1) — Il ne

(1) Tous les développements qui suivent visent uniquement les sociétés constituées antérieurement à 1893 et qui n'ont pas usé de la faculté de transformation créée par cette loi. — V. *infrà*, n. 1113.

faut pas perdre de vue que le caractère civil ou commercial d'une société se détermine par la nature de ses opérations et non par la forme qu'elle a adoptée ; aussi, lors même qu'une société civile se serait constituée en la forme commerciale, elle n'est pas justiciable des tribunaux de commerce, elle ne peut être déclarée en faillite, elle n'est pas soumise à l'obligation de la comptabilité commerciale, ses membres ne deviennent pas commerçants ; mais il est pour les sociétés de commerce une règle essentielle : celle de la publicité. Les sociétés civiles qui empruntent la forme commerciale doivent-elles obéir aux prescriptions de publicité édictées pour les sociétés de commerce ? L'affirmative paraît incontestable. Ces formalités sont imposées aux sociétés commerciales à raison même des avantages qu'elles tirent de leur forme ; l'équité serait violée si les sociétés civiles pouvaient profiter des avantages attachés aux formes commerciales sans être assujetties à l'exécution des charges et obligations qui leur sont inhérentes et que la loi considère comme des garanties essentielles pour les tiers. Les sociétés civiles à forme commerciale sont donc tenues d'accomplir les formalités de publicité énumérées dans les art. 55 et suivants de la loi du 24 juillet 1867 (Toulouse, 23 mars 1887, D. 87.2.233 ; — Pont, t. 1, n. 123 ; Ledru, *J. S.*, 1880, p. 464 ; Houpin, dissertation précitée : Lyon-Caen et Renault, n. 1083). Il faut même aller jusqu'à dire que le dépôt de l'acte de commerce devra être fait au greffe du tribunal de commerce. Il n'y a pas lieu de s'arrêter à cette considération que la société civile n'est pas justiciable du tribunal de commerce : c'est au tribunal de commerce que sont centralisés tous les dépôts des actes de société, et c'est là même que la société civile à forme commerciale devra opérer le dépôt de ses statuts.

1098. — Mais il faut examiner une autre question : Les sociétés civiles par actions sont-elles soumises à l'observation des formalités de la loi du 24 juillet 1867 ?

Si l'on consulte les travaux préparatoires de la loi de 1867, on voit que huit députés avaient proposé un article additionnel tendant à appliquer les dispositions de la loi aux sociétés par actions. Repoussé par la commission, cet article fut définitivement écarté par le Corps législatif, après discussion publique, sur la promesse formelle faite par le gouvernement qu'un projet de loi sur les sociétés civiles par actions serait bientôt présenté. Ce projet de loi n'a jamais vu le jour. Si l'on s'arrête à ces travaux préparatoires, il est permis de conclure logiquement que la loi de 1867 ne s'applique aucunement aux sociétés civiles par actions. C'est en ce sens que se prononce M. Labbé (dissertation au Sirey, 84.1.363); mais en même temps le savant professeur dénie aux sociétés la faculté de diviser leur capital en actions. Il faut cependant être logique Si l'on admet que les sociétés civiles peuvent emprunter la forme des sociétés commerciales, ce ne peut être, évidemment. qu'à la condition d'obéir complètement aux prescriptions de la loi commerciale. M. Lyon-Caen (note au Sirey, 75.4.271) estime qu'il faut appliquer aux sociétés civiles par actions les responsabilités, même pénales, établies par la loi de 1867. La Cour de cassation n'a point admis cette opinion ; elle a repoussé l'application des pénalités de la loi de 1867 aux sociétés civiles par arrêt du 28 novembre 1873 (S. 75.1. 281, D. 74.1.441). — (Dans le même sens, Orléans, 28 juill. 1887, *Gaz. Pal.*, 6 oct. 1887).

1099. — En ce qui touche plus généralement l'extension de la loi du 24 juillet 1867 aux sociétés civiles, l'arrêt précité de 1873 ne statue pas d'une façon expresse. Dans un rapport présenté devant la chambre des requêtes en 1884, M. le conseiller Féraud-Giraud se prononçait dans le sens de la négative. L'arrêt du 28 janvier 1884, rendu à la suite de ce rapport, n'a pas tranché la question (D. 85.1. 145) ; mais le 7 avril 1885 la chambre civile, cassant un arrêt de la Cour de Bourges du 22 décembre 1884 (D. 86.1.420), consacre implicitement l'application aux sociétés civiles anonymes des dispositions de la loi de 1867 qui édictent la responsabilité solidaire des fondateurs et administrateurs. La Cour d'Orléans s'est prononcée pour la négative. Par les termes de son arrêt du 28 juillet 1887 (*Gaz. Pal.*, 6 oct. 1887), elle décide que la loi du 24 juillet 1867, dans son ensemble, est étrangère aux sociétés civiles constituées sous la forme anonyme. Au contraire, par arrêt du 11 janvier 1887, la Cour d'Aix a jugé formellement que les dispositions de la loi du 24 juillet 1867, spécialement celles qui exigent, à peine de nullité de la société. le versement préalable du quart du capital social, sont applicables aux sociétés civiles anonymes (*Rec. arr. Cour d'Aix*, 1887.1.74). La Cour d'appel de Toulouse a, le 23 mars 1887, rendu un arrêt diamétralement opposé à celui d'Orléans, jugeant que les sociétés anonymes sont soumises à l'observation stricte de toutes dispositions de la loi 24 juillet 1867, spécialement à celles qui sont relatives à la souscription intégrale du capital social, au versement du quart pour chaque action et à la nomination de commissaires

par la première assemblée générale des actionnaires (*R. S.*, p. 315).
Le tribunal civil de la Seine s'est prononcé dans le même sens par
jugement en date du 20 juillet 1888.

1100. — L'arrêt précité de Toulouse décide, contrairement à l'arrêt d'Orléans, que la responsabilité solidaire de l'art. 42 atteint les fondateurs et administrateurs responsables de l'inaccomplissement des formalités essentielles à la validité de la société civile anonyme. Il faut donc s'attendre à ce que la Cour suprême prononce souverainement sur la question. Mais n'est-il pas étrange d'admettre qu'une société civile pourrait emprunter à la loi commerciale certains avantages sans obéir aux prescriptions que cette loi a édictées comme corollaire nécessaire des avantages qu'elle accorde ?

1101. — *Quelle est la responsabilité des actionnaires, quant aux dettes sociales, dans une société civile à forme anonyme ?* — Aux termes des art. 1863 et suiv. C. civ., la contribution et l'obligation aux dettes des associés sont déterminées d'une façon très nette. Dans les rapports des associés avec les tiers, les seuls qui nous intéressent ici, il faut distinguer : 1° si tous les associés ont contracté l'engagement, ils sont tenus *pro parte virili* (art. 1863) (Cass , 26 juin 1900, *J. S.*, 1901.1 — 13 juin 1904, *Gaz. Pal.*, 7 juil. 1904, *Gaz. Trib.*, 2 oct. 1904, *J. S.*, 1905.19, note Wahl) ; 2° l'un des associés a seul traité pour le compte de la société ; il est seul obligé s'il n'avait point pouvoir pour contracter au nom de la société ; il oblige au contraire tous les associés, s'il était muni d'une procuration expresse ou tacite (art. 1862, 1864) ; 3° les associés civils ne sont point responsables solidairement du payement des dettes sociales (art. 1862). Ces règles seraient modifiées par les conventions des associés, qui peuvent stipuler dans leur acte de société qu'ils seront solidaires (Bordeaux, 14 janv. 1884, *Gaz. Pal.*, 1885.2.61). A l'inverse ils peuvent stipuler l'exonération, pour eux ou plusieurs d'entre eux, de toute responsabilité à l'égard des tiers (art. 1855 C. civ.). Mais les associés peuvent limiter leurs engagements à l'égard des tiers aux sommes ou effets mis dans le fonds de société. A quelle condition cette stipulation est-elle valable ? La Cour de cassation, par un arrêt célèbre du 21 février 1883, rendu sur le rapport de M. le conseiller Lemaire, a décidé que les membres d'une société civile ne sauraient être affranchis par une clause de l'acte social de l'obligation, imposée par l'art. 1863 C. civ., d'acquitter chacun pour sa part les dettes sociales. Une clause stipulant que les créanciers n'auraient pour gage quelques biens dépendant de la société n'est pas opposable aux

tiers. Mais un créancier peut, en contractant avec les administrateurs de la société civile, renoncer au bénéfice de l'art. 1863 C. civ.,
et faire remise aux associés de leur responsabilité personnelle (Cass.,
21 fév. 1883, S. 84.1.361, D. 83.1.217 ; — 21 oct. 1895, S. 98.1.43, D.
96.1.417 ; — 26 juin 1900, S. 1900.1.327).

Ainsi, d'après cès arrêts, il faut, pour que la renonciation soit
valable, qu'elle soit stipulée et consentie dans un contrat particulier, restreinte à ce contrat et applicable seulement entre les parties
contractantes (Dans le même sens : Douai, 23 mars 1878, S. 78.2.305,
D. 79. 2. 109 ; — Rouen, 16 juin 1890, *R. S.*, 1890.261 ; — Seine,
26 juin 1896, *Gaz. Trib.*, 24 oct. 1896 ; — Cass., 18 nov. 1902, D. 04.1.
4 17 ; — 13 juin 1904, *Gaz. Pal.* 7 juill. 1904, *Gaz. Trib.*, 2 oct. 1904, *R.
S.*, 1904.496 ; — Trib. civ. Béthune, 12 juillet 1900, *R. S.*, 1901.180 ;
— Montpellier, 20 mai 1903, *Gaz. Pal.*, 2 sept. 1903. — *Sic* : Dreyfus,
p. 170 ; Guillouard, n. 242 ; Pont, t. 1, n. 656 et s., et *R. crit.*, 1884,
p. 524 et s. ; Vavasseur, t. 1. n. 345, et *R. S.*, 1883, p. 393 et s. —
Contrà : Labbé, note sous Cass., 21 fév. 1883, précité ; — Douai,
23 mars 1882, D. 85.2.105 ; — Paris, 18 juin 1900, *J. S.*, 1901.75 ; —
Lyon-Caen et Renault, t. 2, n. 1078).

1102. — La Cour de cassation refuse donc toute efficacité juridique, à l'égard des tiers, à la clause du pacte social qui limiterait
d'une manière générale la responsabilité des associés aux biens
dépendant de la société pour le payement des dettes sociales.

1103. — Il faut donc conclure de la jurisprudence qu'une stipulation, dans les statuts sociaux, de l'irresponsabilité des associés
au delà de leur mise ne peut valoir au profit d'une société civile.
Dans tous les cas, cette stipulation ne pourrait être efficace, d'a-
près certains auteurs, qu'à la condition d'avoir été régulièrement
portée à la connaissance des tiers par une publicité régulière (Toulouse, 23 mars 1887, D. 87.2.233 ; — Cass., 14 janv. 1905, *J. S.*, 1905.
45. — *Sic* : Alauzet, t. 1, p. 332 ; Dreyfus, p. 110 et s. ; Labbé, note
sous Cass., 21 fév. 1883, S. 84.1.341 ; Laurent, *Princ. Dr. civ. franç.*,
t. 26, n. 218 ; Lyon-Caen et Renault, t. 2, n. 1077 *bis* ; Pont, t. 1,
n. 123 ; Vavasseur, t. 1, n. 352, et *R. S.*, 1889, p. 540 et suiv.).

1104. — Mais, en sens contraire, on dit que les créanciers d'une
société civile, quelle que soit sa forme, sont investis par l'art. 1863
C. civ. d'une action personnelle et divise contre les associés, et
qu'ainsi ils n'ont pas à examiner les clauses des statuts qui viendraient restreindre l'étendue légale de leurs droits. Tant que les
associés n'ont pas porté ces clauses à leur connaissance en traitant

avec eux, elles ne peuvent pas leur être opposées, alors même qu'elles auraient été publiées conformément à la loi de 1867 : la publication des statuts, qui n'est pas d'ailleurs prescrite pour les sociétés civiles, ne saurait modifier les droits des tiers au regard des associés (Cass., 21 oct. 1895, S. 98.1.43, D. 96.1.417 ; — Rouen, 16 juin 1890 ; — Trib. civ. Seine, 9 avr. 1886, *R. S.*, 1886.505). La Cour de cassation (26 juin 1900, *R. S.*, 1901.8) a admis que les tiers pouvaient renoncer tacitement à l'art. 1863 et que cette renonciation résulterait du fait que le tiers qui intente l'action judiciaire a eu connaissance des circonstances dans lesquelles la société s'était constituée sous la forme anonyme (*Adde* : Montpellier, 20 mars 1903, *Gaz. Pal.*, 2 juill. 1903).

1105. — La loi de 1893 s'est approprié cette solution, et l'art. 68 de la loi de 1867 a été complété par la disposition suivante : « Quel que soit leur objet, les sociétés en commandite ou anonymes, constituées dans la forme du Code de commerce ou de la présente loi, seront commerciales et soumises aux lois et usages du commerce. »

1106. — A quelles sociétés s'appliquent les règles nouvelles de la loi de 1893 ? Aucun doute, d'après le texte : elles visent toutes les sociétés, même civiles de leur nature, qui adoptent la forme de l'anonymat ou de la commandite. Il faut même décider, malgré l'opinion de MM. Lyon-Caen et Renault (Appendice, n. 51), que le texte est assez général pour comprendre les sociétés en commandite *constituées* dans la forme du Code de commerce.

Nous ne pensons pas que des sociétés civiles puissent se constituer sous la forme de *sociétés par actions* sans observer les dispositions de la loi de 1867 et de la loi de 1893. Le texte de l'art. 68 nous paraît clair et précis ; si on se reporte aux travaux préparatoires, on demeure convaincu que le législateur a voulu que toute société qui emprunte à la loi commerciale ses faveurs en assume les charges et soit obligée de se conformer aux prescriptions de constitution commerciale de cette loi. Les discussions engagées au Congrès international de 1889 démontrent les mêmes vérités, et nous croyons savoir que le législateur de 1893 s'est inspiré des résolutions du Congrès de 1889. A notre avis, depuis 1893 il ne peut donc plus se constituer de sociétés civiles *par actions* échappant aux lois de 1867 et 1893. *L'action* qui permet à l'associé de limiter son risque dans la société est la *forme* par excellence de la société de commerce ; nous l'avons fait admettre au Congrès de 1889 (V. Compte rendu sténographique, p 58). Nous n'avons pas changé d'opinion. Toute société *civile* qui emprunte la forme de société par actions est donc soumise aux lois commerciales. Si elle se constitue irrégulièrement, elle encourt les sanctions civiles et pénales de la loi de 1867. Ses actionnaires sont régis par la même loi.

M. Wahl, dans une étude publiée au *Journal des Sociétés* (1891, p. 241), soutient l'opinion contraire. D'après l'éminent auteur, il peut, depuis 1893, exister des sociétés civiles par actions échappant aux prescriptions de cette loi. Ce sont celles qui ne *veulent* pas se soumettre à ses prescriptions et celles qui négligent de les observer. — Nous ne pouvons nous ranger à cette doctrine. Par cela seul que la société crée des actions, elle se soumet à la loi commerciale (V. en ce sens : Trib. com. Nantes, 27 mars 1899, *Rec. Nantes*, 1900.1.110 ; — Seine, 25 mai 1903, *R. S*, 1904.105 ; — Montpellier, 20 mai 1903, *J. S.*, 1904.954, D. 04.2.241 ; — Besançon, 24 mars 1903, D. 04.2.241 (note de M. Percerou) ; — Cass., 14 janvier 1905, *Gaz. Trib.*, 25 mai 1905 ; — Cass., 22 oct. 1906, *J. S.*. 1907.307 ; — Cass., 17 juin 1907, *J. S.*, 1908.354 ; — Cass., 7 janv. 1908, *J. S.*, 1908.176. — *Contrà* : Trib. com. Saint-Etienne, 5 déc. 1908, *J. S.*, 1909.178 et la note).

1107. — La disposition nouvelle vise également les sociétés à capital variable qui adoptent la forme prévue par l'art. 68 (Marseille, 13 mars 1901, *R. S.*, 1902.35 ; — 26 juin 1901, *J. S.*, 1902.167).

1108. — Resteront civiles, au contraire, les sociétés qui auront adopté la forme de la société en nom collectif, en participation, ainsi que celles constituées à capital variable, sous la forme anonyme ou en commandite, les sociétés civiles créées sous ces dernières formes antérieurement à la loi de 1893 et qui n'useront pas du droit de conversion que leur réserve l'art. 7. Il est certain, en effet, que l'intention du législateur a été de ne pas faire rétroagir la loi à l'égard des sociétés déjà existantes. » Les sociétés civiles existantes ou qui se créeront par la suite en divisant leur capital en actions sans revêtir la forme de l'anonymat ou de la commandite ne seront pas comprises parmi les sociétés commerciales, car ces sociétés n'emploieront pas les formes du Code de commerce (Lyon-Caen et Renault, Appendice, n. 64 ; Faure, *La Nouvelle loi sur les sociétés*, p. 144 et 145).

Une société en commandite simple qui, succédant à une autre, en diffère par son objet, son capital, son gérant, ses commanditaires, sa raison sociale et sa durée, ne doit pas être considérée comme la continuation de celle-ci, mais comme une société nouvelle.

La loi du 1er août 1893 ne s'applique qu'aux sociétés par actions.

Il en résulte que, si elle a un objet civil, une société en commandite simple constituée postérieurement à la loi du 1er août 1913, dans les formes du Code de commerce, est civile et ne peut pas être déclarée en faillite (Cass., 3 janv. 1912, *Gaz. Soc.*, 1912.165).

1109. — Mais, peut-on se demander, les actes accomplis par ces sociétés doivent-ils être considérés comme des actes de commerce, ou bien restent-ils des actes civils ? La question présente une importance pratique considérable. 1° Les actions exercées par les tiers contre la société devront-elles être portées devant les tribunaux de commerce ou devant les tribunaux civils ? 2° La preuve pourra-t-elle être administrée par les modes commerciaux de l'article 109 C. com., ou seulement par écrit et dans les termes des art. 1341 et s. C. civ. ? 3° Le taux de l'intérêt des emprunts effectués par la société est-il libre, conformément à la loi du 12 janvier 1886, ou faut-il appliquer la loi du 3 septembre 1807, limitant ce taux à 5 p. 100 ? 4° Le gage constitué par la société est-il régi par les dispositions des art. 2073 et s. C. civ., ou par celles des art. 91 et s. C. com. ? 5° Enfin, les ventes mobilières et marchés de travaux doivent-ils être enregistrés, en cas de procès, au droit proportionnel, ou simplement au droit fixe établi par l'art. 22 de la loi du 11 juin 1859 ? (V. Lacour, note sous Paris, 10 juill. 1894, D. 95.2.108).

1110. — D'après une première opinion, les actes des sociétés commercialisées par la loi de 1893 sont civils. Les sociétés ont seules été déclarées commerciales par la loi nouvelle. Le législateur ne s'est pas occupé du caractère des actes de ces sociétés considérés en eux-mêmes : ces actes conservent donc leur caractère civil (*Sic* : Bouvier-Bangillon, p. 20 et 29, et *J. S.*, 1895, p. 291 et s. ; Goirand, n. 35 ; Lamarche, *R. légis. min.*, 1895, p. 265 ; de Casteras, p. 106 et s. ; Lyon-Caen et Renault, *loc. cit.*, n. 49 ; Lyon-Caen, *R. comm. et ind.*, 1894, p. 148 ; — Menton, 22 avr. 1902, *J. S.*, 1902.821).

1111. — On répond, dans un second système, que la commercialisation des sociétés à objet civil, anonymes ou en commandite, s'étend par la force même des choses aux actes accomplis par ces sociétés, de telle sorte que ces actes doivent être considérés comme des actes de commerce. On s'appuie sur les travaux préparatoires de la loi de 1893, et notamment sur les rapports au Sénat et à la Chambre des députés qui paraissent s'être prononcés pour la compétence absolue des tribunaux de commerce. L'esprit de la loi nouvelle, ajoute-t-on, qui est de favoriser le crédit des sociétés et d'em-

pêcher que les tiers ne soient trompés par la forme commerciale
par elles adoptée, conduit à la même solution. Le crédit des sociétés
ne peut que gagner à la commercialisation de tous leurs actes, et ce
serait tromper les tiers qui traitent avec une société commerciale
que de leur enlever le bénéfice de la juridiction consulaire sur lequel ils avaient pu compter (Trib. com. Seine, 28 oct. 1896, T. C.
98.138; — Aix, 30 avr. 1902, *R. S.*, 1903.339. — *Sic*: Arthuys,
R. crit., 1897, p. 283; Faure, p. 42 et s.; Lacour, note sous Paris,
10 juill. 1894, D. 95.2.107; Wahl, note sous Paris, 10 juill. 1894, S.
96.2.59).

1112. — Enfin, dans une troisième opinion, on admet le caractère
commercial des actes accomplis par une société commercialisée,
mais à l'exception des achats et ventes d'immeubles qui sont nécessairement civils : la qualité de la chose même s'oppose à la commercialité et le titre de commerçant de celui qui en trafique ne peut
rien y changer (*Sic* : Thaller, *Ann. dr. comm.*, 1894, 2ᵉ part., p. 129.
— *Contrà* : Lacour, *loc. cit.*).

1113. — La loi de 1893 contient, en outre, une disposition transitoire (art. 7, § 6) :

« Les sociétés civiles, dit-elle, actuellement constituées sous d'autres formes pourront, si leurs statuts ne s'y opposent pas, se transformer en sociétés en commandite ou en sociétés anonymes, par
décision d'une assemblée générale spécialement convoquée et réunissant les conditions tant de l'acte social que de l'art. 31 ci-dessus.

L'art. 31 est relatif à la composition des assemblées générales qui
ont à délibérer sur les propositions de dissolution de la société ou
de transformation au cours de la vie sociale.

1114. — Toute société civile, quelle que soit sa forme, peut bénéficier du paragraphe 6 de l'art. 7 ci-dessus, sans qu'il y ait lieu de
distinguer entre les sociétés de personnes ou les sociétés de capitaux (Paris, 10 juill. 1895, S. 96.2.57 et la note de M. Wahl, D. 95 2.
105 et la note de M. Lacour. — *Sic* : Bouvier-Bangillon, p. 30 et s.;
Genevois, p. 191; Houpin, *J. S.*, 1894, p. 27; Mack, *R. S.*, 1894,
p. 267 et s.; Thaller, *Ann. dr. comm.*, 1894, 2ᵒ part., p. 132).

1115. — Deux conditions sont indispensables pour que la société
civile puisse se commercialiser. Il faut que les statuts sociaux ne
s'opposent pas à cette commercialisation. Il n'est pas nécessaire
d'ailleurs qu'ils la prévoient et l'autorisent; il suffit qu'ils ne contiennent aucune interdiction à cet égard (*Sic* : Bouvier-Bangillon,
p. 37).

1116. — Si les statuts s'opposaient à la commercialisation, les associés ne pourraient les modifier qu'à l'unanimité des actionnaires. La disposition finale du paragraphe 6, qui se contente, pour la commercialisation de la société, d'une assemblée réunissant les conditions de l'art 31, c'est-à dire la moitié du capital social, ne s'applique pas dans le cas où les statuts sociaux s'opposent à cette commercialisation, car il s'agit ici de modifications aux bases essentielles des statuts sociaux.

1117. — Il faut en outre qu'une assemblée générale soit spécialement convoquée à l'effet de délibérer sur la commercialisation de la société, et que cette assemblée remplisse les conditions de l'art. 31 de la loi de 1867 (représentant alors la moitié au moins du capital social), ou même les conditions plus rigoureuses qui pourraient être requises par les statuts.

1118. — On a contesté l'application de cette dernière condition aux sociétés en commandite par actions.

Il se peut qu'en matière de société en commandite, l'assemblée soit régie par l'art. 31 de la loi de 1867. Il est de principe, en effet, que les statuts sont libres de réglementer comme ils l'entendent les assemblées générales de la commandite, à l'exception toutefois de l'assemblée constitutive de la société, et le paragraphe 6 ne contient pas une disposition assez formelle pour déroger à ce principe. Il faut donc décider que la commercialisation de la société pourra être valablement votée par une assemblée tenue dans les conditions des statuts sociaux, et en cas de silence des statuts, par une assemblée réunissant un nombre quelconque d'actionnaires (*Sic* : Bouvier-Bangillon, p. 35 et suiv. — *Contrà* : Houpin, t. II, n. 821).

1119. — De même, l'art. 31 de la loi de 1867 ne saurait recevoir son application en matière de sociétés civiles constituées sous forme de sociétés en nom collectif. Il ne saurait être question pour ces sociétés d'assemblées d'actionnaires, et dès lors, il faut revenir au droit commun, d'après lequel les statuts ne peuvent être modifiés que par l'unanimité des sociétés (*Sic* : Bouvier-Bangillon, p. 41. — *Contrà* : Faure, p. 206).

1120. — Les sociétés qui veulent se commercialiser doivent remplir en outre toutes les conditions prescrites par les lois de 1867 et de 1893 pour la constitution des sociétés anonymes ou en commandite, et notamment les conditions de publicité (Bouvier-Bangillon, p. 41).

1121. — Les dispositions ci-dessus ont donné naissance à un intéressant procès et permis d'agiter la question de savoir jusqu'à quelle époque les assemblées générales pouvaient voter la transformation d'une société civile en société de commerce.

1122. — La Cour de Paris a été saisie, sur l'appel interjeté d'un jugement du tribunal de commerce de la Seine du 11 mai 1894, de la question de savoir si une société civile constituée sous la forme anonyme a le droit de revendiquer le bénéfice de la loi du 1er août 1893 et de se commercialiser, en vertu d'une délibération de l'assemblée générale de ses actionnaires, au moment où se trouvant dans une situation d'affaires embarrassée, elle n'a voté cette transformation que pour arriver à obtenir le bénéfice de la loi sur la liquidation judiciaire.

1123. — Le tribunal de commerce de la Seine avait décidé qu'une société civile se trouvant dans les conditions de fait que nous venons d'indiquer ne pouvait pas voter, en conformité de l'art. 7 de la loi du 1er août 1893, sa transformation en société commerciale. Mais par arrêt du 18 juillet 1894, la Cour de Paris, infirmant la décision du tribunal de commerce de la Seine, a jugé, au contraire, en termes exprès, que la société civile constituée sous la forme anonyme a le droit de revendiquer le bénéfice de l'art. 7 de la loi du 1er août 1893 et de se commercialiser pour se soumettre aux lois et usages du commerce, alors que ses statuts l'autorisent à apporter, par délibération d'une assemblée générale spécialement convoquée et représentant la moitié au moins du capital social, toutes modifications au pacte social, et par conséquent la transformation de la société civile en société commerciale. L'arrêt ajoute qu'on objecterait vainement que ladite société ne peut user de ce droit en vue de soumettre seulement sa liquidation, rendue nécessaire et inévitable, aux principes et aux règles de la liquidation des sociétés constituées à l'aide de capitaux considérables répartis entre un grand nombre de souscripteurs pour lesquelles a été édictée la loi du 1er août 1893, et qu'au surplus, la loi n'établissant aucune distinction entre les buts divers qui peuvent être poursuivis par les sociétés voulant se commercialiser et les époques de leur existence où elles peuvent exercer ce droit, il ne saurait appartenir aux tribunaux de faire une distinction que la loi n'a pas faite. D'où l'arrêt conclut que la société civile qui, par la décision d'une assemblée générale délibérée conformément aux statuts, s'est transformée en société commerciale, peut être admise au bénéfice de la liquidation judiciaire (S. 86.2.59).

1124. — Cette question a fait l'objet d'une étude spéciale de

M. Thaller dans les *Annales de droit commercial* (1894, p. 81). M. Thaller, à la fin de son étude, après avoir reconnu que l'arrêt précité faisait une application exacte des règles du droit, a développé cependant cette idée que la déclaration de faillite ne pouvant être prononcée que pour des dettes commerciales, le passif commercial de la société ne pouvait naître que du jour où elle s'était commercialisée, et que, dès lors, le bénéfice de la liquidation judiciaire aurait dû être refusé, en raison de cette considération que le passif commercial n'était né que du jour où la société civile s'était transformée en société de commerce (V. aussi Lyon-Caen et Renault, *R. comm. et ind.*, 1894, p. 148 ; Wahl, note sous l'arrêt précité).

1125. — M. Wahl (note sous Paris, 18 juill. 1894, S. 96.2.57) soutient que même après sa dissolution et tant qu'elle est en liquidation, la société peut se transformer en société commerciale ; une société en liquidation en effet subsiste pour les besoins de cette liquidation ; or, c'est précisément en vue de favoriser leur liquidation que la loi autorise la transformation des sociétés civiles en sociétés commerciales.

CHAPITRE IV

DES ASSOCIATIONS EN PARTICIPATION AVEC ACTIONS

1126. — Peut-on constituer des associations en participation avec un capital divisé en actions? On a soutenu que rien ne s'y oppose en vertu du principe de la liberté des conventions (V. Vavasseur, n. 282; Wahl, S. 1903.2.185 et 1907.2.153. — Comp. Paris, 24 déc. 1898, *J. S.*, 1899.363 ; — 9 janv. 1907, S. 1907.2.153). — Mais ces décisions paraissent avoir solutionné des espèces où il s'agissait plutôt de parts bénéficiaires que d'actions.

Au contraire, une jurisprudence considérable qu'on peut affirmer constante aujourd'hui se prononce pour la négative. Jurisprudence civile et pénale (Cass., 30 juill. 1907 et 28 mars 1908, *J. S.*, 1908. 350 et 352; — Paris, 8 janv. 1900, S. 1903.2.185; — Paris, 27 juin 1905, S. 1907.2.153 ; — Lyon, 16 déc. 1910, *J. S.*, 1911.516 ; — Paris, 4 avr. 1912, *Gaz. Soc.*, 1912.257 ; — Trib. com. Seine, 28 oct. 1912, *Gaz. Soc.*, 1913.47. — V. conf. Thaller, *Ann. dr. com.*, 1896. 398 et 1901 333; Lyon-Caen et Renault, n. 1058; Lacour, note D. 1902.2.105 et 1908.2.293; Hémard, *Sociétés de fait*, p. 92, note 2).

CHAPITRE V

PEUT-IL EXISTER DES SOCIÉTÉS EN NOM COLLECTIF PAR ACTIONS ?

1127. — Il existe en Allemagne et en Angleterre des sociétés dans lesquelles les associés sont tenus personnellement et solidairement des dettes sociales, et leurs droits sont représentés par des actions librement cessibles. En Angleterre, ces sociétés s'appellent *Companies unlimited with shars*. On s'est demandé si cette forme de société était conforme à la loi française. Certains auteurs ont pensé que ces sociétés ne sont autre chose que des sociétés en nom collectif à capital variable (Vavasseur, n. 354. — En sens contraire, Lacour, *R. crit.*, 1885, p. 459). D'autres les rangent dans la catégorie des sociétés anonymes et leur imposent le respect des dispositions de la loi de 1867 (Lyon-Caen et Renault, n. 270 et 679 *ter* ; Dalloz, *Supp.*, V° *Sociétés*, n. 1166 ; Wahl, S. 1909.1.577).

Enfin, d'après d'autres auteurs, il y a incompatibilité juridique entre une société en nom collectif et une division en actions. Cela est contraire à tous les principes (Daniel de Folleville, *Traité de la possession des meubles et des titres au porteur*, n. 514 ; Wahl, *Titres au porteur*, 514 ; Thaller et Pic, 695. 697 ; Percerou, D. 1904.2.241).

Nous nous rangeons fermement à cette dernière opinion. Sans doute, une société en nom collectif peut se constituer à capital variable, dans les conditions déterminées par les art. 48 et suivants de la loi de 1867. Mais nous ne pouvons comprendre que le capital d'une société en nom collectif puisse être divisé en actions. Il y a incompatibilité absolue entre une société en nom collectif dans laquelle les associés sont indéfiniment responsables du passif social, dont la publicité doit contenir le nom des associés, ainsi que tout changement ou retraite d'associés, et une société par actions dans laquelle le changement d'associés en nom collectif résulterait de la cessibilité des actions ou d'un transfert toujours facilement réalisable.

Ces idées répugnent à tout notre système juridique, et nous ne croyons pas d'ailleurs qu'il existe en France un seul type de société semblable. — (V. au Compte rendu sténographique du Congrès des sociétés de 1900, le mémoire de M. Consonni sur la question.)

CHAPITRE VI

DES DIFFÉRENTES ESPÈCES D'ACTIONS

§ 1. — Des actions en général.

1128. — Nous avons défini l'*action* ; revenons-y d'un mot à un point de vue spécial, c'est-à-dire la division *en portions égales* du capital d'une société. C'est la définition de l'art. 34 C. com.

Les membres de cette espèce de société s'appellent actionnaires ou porteurs d'actions.

1129. — Les actions peuvent même être divisées en fractions que l'on appelle coupons d'actions (art. 34 C. com.), et il faut entendre par ce nom de *coupons* tous les fractionnements qui sont séparément négociables, quel que soit le nom qu'on leur donne.

Les coupons d'actions, comme les actions, doivent être d'égale valeur.

1130. — L'égalité de la valeur des actions est-elle une condition indispensable? On s'appuie, pour le soutenir, sur le texte de l'art. 34 C. com., aux termes duquel le capital de la société anonyme se divise en actions et même en coupons d'actions *d'une valeur égale* (Troplong, n. 128). Cette interprétation restrictive de l'art. 34 est aujourd'hui généralement abandonnée.

1131. — Le mode de fractionnement du capital social par coupures d'égale valeur présente le double avantage de faciliter la circulation des titres et la répartition des bénéfices ; mais il ne s'ensuit pas qu'il soit obligatoire et que la loi déroge pour les actions à la faculté de créer des parts d'associés inégales, inscrite dans l'art. 1853 C. civ.

1132. — Il arrive souvent, d'ailleurs, que les actions sont inégales, dans les sociétés minières, par exemple, dont le capital se divise en actions de quotité. Sans doute, l'art. 34 parle d'actions d'une valeur égale ; mais il résulte de l'interprétation législative donnée à ce texte en 1850 et 1857 que le législateur de 1807 a simplement entendu indiquer l'un des caractères ordinaires de l'action. La loi du 5 juillet 1850, dans son art. 14, reconnaît expressément la validité des actions de quotité, et au cours de la discussion de la loi de 1867 au Corps législatif, dans la séance du 9 juin 1867, M. Rouher, parlant au nom du gouvernement, a affirmé que l'art. 34 n'avait rien d'impératif. De même, en cas d'augmentation du capital, la société pourra avoir des actions de valeur différente (V. Paris, 19 avr. 1875, D. 75.2.161 ; — Alauzet, n. 529, 531 ; Hémar, Concl. devant la Cour de Paris, 19 avr. 1875, D. 75.2.161 ; — Lyon-Caen et Renault, n. 519 ; Thaller, dissertation, D. 93.1.110. — V. encore : Paris, 4 avr. 1884, J. S., 1886.366 ; — 28 mai 1884, J. S., 1884.428).

1133. — Le droit pour les fondateurs d'une société de diviser le capital en actions inégales emporte le droit de création de diverses catégories d'actions ayant des droits et des avantages distincts, telles que des actions d'apport, des actions de capital ; ces dernières devant être remplacées au fur et à mesure des amortissements par des actions de jouissance, on peut aussi créer des actions de priorité dont les porteurs ont le droit, avant tous les autres, de prélever une quote-part des bénéfices. — V. *infrà*, en ce qui concerne l'action de priorité, n. 1155.

1134. — Ainsi, il a été jugé qu'aucune disposition législative n'interdit de créer dans les statuts d'une société anonyme diverses catégories d'actions conférant des droits différents. Est donc licite la société dont les statuts comportent la répartition suivante des bénéfices sociaux : 6 p. 100 au capital numéraire ; formation d'une réserve ; formation d'un fonds d'amortissement destiné au remboursement des actions de capital et à leur remplacement par des actions de jouissance ; distribution du surplus du produit net d'après les bases suivantes : 5 p. 100 aux administrateurs, 10 p. 100 aux actions de capital, 10 p. 100 aux actions d'apport, 10 p. 100 à un actionnaire en raison d'un apport en industrie, le surplus à certaines parts bénéficiaires, et le reliquat devant se répartir également entre les parts bénéficiaires et les fondateurs (Lyon, 4 mars 1891, *Monit. jud. Lyon*, 25 juin 1891).

1135. — Nous verrons plus loin quel doit être le taux des actions.

1136. — L'action, tant que la société dure ou tant que dure la liquidation, est un pur droit mobilier, une créance de dividende contre la société, mais non un droit de copropriété dont la nature mobilière, immobilière ou mixte dépende de la consistance du fonds social. Elle est indivisible à l'égard de la société. D'où la conséquence que les représentants d'un actionnaire décédé ne laissant qu'un seul titre, ou les coacquéreurs d'une seule action, ne peuvent exercer divisément contre la société les droits attachés à l'action, et notamment réclamer individuellement la part qui appartient à chacun d'eux dans les intérêts et dividendes, lesquels ne sont dus qu'à l'action.

1137. — Si la loi n'a pas donné d'autre définition de l'action que celle que nous venons de rappeler, la pratique a créé différentes formes que nous devons énumérer.

On distingue, par exemple, les actions *nominatives* et les actions *au porteur*.

1138. — Les actions *nominatives* sont celles dont le titre porte le nom et le droit de propriété de l'actionnaire, mentionnés également sur les registres de la société. Nous verrons comment la transmission des actions nominatives s'opère au moyen d'un transfert sur les registres de la société.

1139. — L'action *au porteur* est le titre qui ne contient pas le nom de l'actionnaire. Celui qui l'a en sa possession doit être considéré par la société et les tiers comme en étant propriétaire. Dans un chapitre spécial, nous indiquerons les règles relatives aux titres au porteur.

1140. — L'action *mixte* est un titre nominatif par le nom du titulaire, mais muni de coupons de dividendes à détacher au fur et à mesure de leur échéance.

1141. — L'action *à ordre* est un titre transmissible par voie d'ordre, conformément aux dispositions du Code de commerce. Sa validité est reconnue par les auteurs (Lyon-Caen et Renault, n. 379 *bis* ; Pont, n. 911 ; Wahl, *Des Titres au porteur*, n. 137).

1142. — Les actions sont libérées ou non libérées, c'est-à-dire, dans le premier cas, que tous les versements ont été effectués sur les actions ; dans le second cas, que les versements n'ont pas été effectués.

Il y a également les actions partiellement libérées, c'est-à-dire celles sur lesquelles les versements n'ont pas été complétés, soit parce que le débiteur est en retard, soit parce que la société n'a pas appelé sur ces titres la totalité des versements. La loi de 1893 n'a rien modifié à cet égard.

1143. — Le type normal ordinaire de l'action est *l'action de capital*. On entend par actions de capital, ou pour parler plus exactement, par actions, sans aucune autre addition, sauf lorsqu'il s'agit de les opposer à d'autres types, l'ensemble des parts égales représentées par une seule série de titres ayant chacune un numéro et une individualité distincte, dont l'ensemble constitue le capital social et dont le montant a été versé en espèces intégralement ou partiellement. Nous verrons aux numéros suivants quels droits confère aux porteurs de ces titres leur qualité d'actionnaires ; droit aux dividendes, droit d'assister aux assemblées générales, etc., etc.

Aux actions de capital, qui constituent le type, on oppose soit les actions d'apport, soit les actions industrielles, soit les actions de jouissance, soit les actions de priorité, de primes, les parts de fondateur, etc.

1144. — On désigne sous le nom d'actions d'apport ou actions de fondation les titres représentatifs des apports en nature, mobiliers ou immobiliers, apports évalués et approuvés par les assemblées générales constitutives dans les formes déterminées par la loi.

1145. — Lorsque l'apport consiste en *industrie*, c'est à-dire sil'apporteur, au lieu de verser dans le fonds social des valeurs susceptibles d'évaluation pécuniaire, apporte seulement sa compétence technique, son crédit, etc., les titres qui lui sont remis prennent le qualificatif d'actions industrielles. On appelle aussi quelquefois ces actions, actions non payantes, par opposition à celles de capital, qui prennent le nom d'actions payantes. Quelques auteurs (Pic, n. 799) distinguent même entre les *actions industrielles*, titres attribués en représentation d'un apport en industrie, et les *actions de prime*, titres remis en rémunération de soins et de démarches sans aucun apport en industrie ou autrement. On admet en général la nullité des actions de prime, comme contraires au principe posé par l'art 1843 C. civ., « chaque associé doit apporter dans la société ou de l'argent, ou d'autres biens ou son industrie » (Pic, n 800 ; Lecouturier, *Rev. crit.*, 1897. 150). Les actions industrielles sont au contraire valables.

1146. — Il est indispensable de distinguer l'action d'apport de l'action industrielle.

L'action d'apport correspond à un apport matériellement effectué, susceptible d'évaluation, faisant corps avec le capital social et conférant au porteur les mêmes droits qu'au porteur d'actions de capital. L'action industrielle, au contraire, n'ayant pas contribué à la formation du capital, ne donne droit qu'à une part dans les dividendes, et nullement à une quote-part du fonds social (Lyon-Caen et Renault, n. 560). D'où il résulte qu'au moment de la liquidation les porteurs d'actions industrielles n'ont pas droit au partage du fonds social. Cependant il faudrait reconnaître que si les statuts conféraient aux porteurs d'actions industrielles ce droit de partage il n'y aurait rien d'illicite (Dalloz, *Supp.*, V° *Sociétés*, n° 860).

1147. — Depuis la loi du 1ᵉʳ août 1893, l'assimilation des actions d'apport aux actions de capital comporte une exception. Tandis que les actions de capital sont négociables immédiatement après le versement du quart, les actions d'apport, qui doivent toujours être intégralement libérées, ne peuvent être détachées de la souche et ne sont négociables que deux ans après la constitution définitive de la société (V. n. 1780 et s.). Cette disposition dérogeant au droit commun doit être renfermée dans ses termes étroits. Il a été reconnu au cours de la discussion qu'elle devait être appliquée restrictivement : elle est donc inapplicable aux actions industrielles, lesquelles restent négociables aussitôt après la constitution de la société (Dalloz, *Supp.*, V° *Sociétés*, n. 862).

§ 2. — Actions de capital et de jouissance.

1148. — On distingue encore les actions de *capital* et les actions de *jouissance.*

1149. — *Actions de jouissance.* — En thèse générale, les fonds apportés par les actionnaires à titre de souscription d'actions ne sont pas remboursables ; ils doivent rester dans la caisse de la société jusqu'à la fin de la vie sociale. A cette époque, les actionnaires partagent les fonds sociaux. Si avant cette date il leur convient de rentrer dans leur argent ils n'ont qu'à vendre leurs titres ; c'est le seul moyen que la loi leur concède. Cependant il est beaucoup de sociétés qui remboursent au cours de l'existence sociale à leurs actionnaires le capital par eux apporté, qui, en d'autres termes, pratiquent l'amortissement de leurs actions graduellement par tirages au sort annuels, comme on amortit les obligations. Cette assimilation aux obligations comporte cependant une observation : le remboursement du capital d'une action ne peut entraîner droit à aucune prime de remboursement. Puis l'obligataire remboursé n'a plus avec la société aucun lien de droit tandis que nous allons voir l'actionnaire remboursé conserver avec le société des relations juridiques. En effet, les statuts qui prévoient l'amortissement des actions stipulent — il ne peut pas en être autrement — qu'il sera prélevé chaque année une portion des bénéfices sociaux pour la constitution d'un fonds d'amortissement, et comme les actions par voie de tirage au sort ou par un remboursement égal sur chaque action seront, une fois leur capital nominal remboursé, remplacées par des actions de jouissance, ce sont ces titres « actions de jouissance » qu'il convient d'étudier d'un peu près. — V. Valéry, *Les actions de jouissance*.

L'action de jouissance est donc celle qui remplace l'action de capital, une fois l'amortissement opéré.

Une première observation doit être faite: le capital ne peut être amorti et par conséquent l'action de capital ne peut être remplacée par une action de jouissance qu'à la condition que les statuts le prévoient. Si les statuts étaient muets à cet égard, on ne pourrait, au cours de l'existence de la société, les modifier pour autoriser l'amortissement du capital et imposer ainsi à tout porteur de titres un échange d'actions sur lequel il n'a pas compté.

Voici les vérités qu'il faut mettre en lumière en ce qui concerne les actions de jouissance : 1° l'amortissement des actions ne peut se faire régulièrement, même les statuts l'ayant prévu, qu'au moyen de bénéfices.

2° L'actionnaire remboursé n'est pas exclu de la société ; ses droits lui sont au contraire maintenus sauf certaines restrictions.

Enfin, il faut examiner si l'action remboursée peut conserver, quelle que soit la fortune de la société, les sommes qui ont servi à son remboursement.

Lorsque les statuts prévoient l'amortissement des actions, ils indiquent toujours que cet amortissement se fera au moyen de bénéfices ; c'est là une règle qui ne paraît pas pouvoir être contestée. L'amortissement ne peut être opéré au moyen de valeurs prises sur le capital ; il ne peut donc se faire qu'au moyen de bénéfices ; il s'opère suivant divers modes de prélèvement de bénéfices : certaines sociétés constituent leur fonds d'amortissement et amortissent leurs actions au moyen d'un prélèvement fixe annuel ; d'autres décident que chaque année une somme fixe sera affectée à l'amortissement ; d'autres sociétés adoptent un autre mode de prélèvement consistant à affecter un tant pour cent de bénéfices annuels au fonds d'amortissement. Chez les unes ce tant pour cent est fixe ; chez les autres il constitue un minimum. Le calcul d'ailleurs s'effectue différemment dans les sociétés. La clause statutaire la plus répandue est celle qui consiste à stipuler qu'il sera fait un prélèvement destiné à constituer le fonds d'amortissement calculé de telle sorte que le capital nominal des actions soit complètement amorti à l'expiration de la société ou à une date déterminée.

Le fonds d'amortissement constitué par l'un des modes que nous venons d'examiner, voici comment on procède en pratique : ou bien on verse à chaque action une certaine somme, la même pour toutes, et cela plusieurs fois jusqu'à concurrence du chiffre auquel on a décidé de porter l'amortissement ; ou bien on procède à un tirage au sort d'actions auxquelles on verse la totalité de la somme fixée. Le premier moyen est aussi employé que le second. La raison en est que ce second mode d'amortissement met entre les mains des actionnaires désignés par le sort des capitaux dont ils peuvent faire emploi. Ils préfèrent cela à un remboursement nécessairement moins important et dont l'emploi est moins facile.

Quoi qu'il en soit de l'adoption de l'un ou de l'autre mode, lorsque l'action a reçu la somme fixée pour son amortissement, c'est-à-dire celle représentative du capital nominal, on remet à l'actionnaire un nouveau titre qui est ce qu'on appelle l'action de jouissance. Il existe un certain nombre de sociétés fonctionnant encore à l'heure actuelle, dont le capital intégral a été amorti et qui ne fonctionnent plus qu'avec des actions de jouissance.

Quels sont les droits de ces nouveaux titres appelés actions de jouissance ? D'après MM. Lyon-Caen et Renault, ces droits se réduisent à quatre : 1° le droit de prendre dans les bénéfices nets de la société une part proportionnelle au nombre des actions, c'est-à-dire de toucher un dividende ; 2° le droit à une partie de l'actif social ; 3° le droit de prendre part aux assemblées générales des actionnaires ; 4° le droit pour chaque actionnaire de céder sa part à des tiers et de se les substituer ainsi dans la société sans le consentement des autres actionnaires.

Il ne peut y avoir en réalité d'hésitation sur ces solutions qu'en ce qui concerne le droit pour les porteurs d'actions de jouissance d'assister aux assemblées générales. Il en est qui ont voulu jouer sur les mots ; on ne trouve en effet dans la loi de 1867 dans aucun article l'expression : actions de jouissance. Les articles 29 et 31 qui s'occupent de la composition des assemblées générales disent que les actionnaires doivent représenter au moins la moitié ou le quart du capital social. Or, dit-on, les actionnaires dont les titres sont amortis ne font plus partie du capital social. Les actions de capital social ont droit à l'intérêt généralement stipulé par les statuts ; les actions de jouissance n'ont droit qu'aux bénéfices. Par conséquent elles ne devraient pas pouvoir faire partie en droit des assemblées générales.

Dans la pratique cette difficulté n'a pas pris corps. Tous les statuts prévoyant l'amortissement du capital au moyen des bénéfices et le remplacement du titre de capital par un titre de jouissance prévoient l'assistance des porteurs d'actions de jouissance aux assemblées générales.

Une difficulté théorique a été soulevée, celle de savoir si l'actionnaire est, par le remboursement de son capital, exclu ou non de la société, en d'autres termes, s'il y a remboursement ou reprise de la mise de fonds. Nous ne croyons pas devoir entrer ici dans ces discussions purement théoriques et un peu subtiles ; nous renvoyons à l'ouvrage de M. Morel : *Les actions de jouissance dans les sociétés par actions.*

Reste une question à examiner, celle de savoir si le remboursement est définitif, en d'autres termes, si l'actionnaire qui a reçu sa mise ne sera jamais obligé de la rapporter. Cette question se présente à l'égard de deux catégories de personnes : 1° les autres actionnaires ; 2° les créanciers.

Supposons, par exemple, qu'au moment de la dissolution l'actif social soit insuffisant pour permettre le remboursement de toutes les actions de capital encore existantes ; les actionnaires non remboursés peuvent-ils réclamer leur apport sur le remboursement effectué ? Un seul auteur, M. Thaller, *Traité de droit commercial*, n° 594, s'occupe de cette question à l'égard des actionnaires seuls. M. Thaller raisonne dans l'hypothèse d'une société concessionnaire. Son raisonnement s'applique aux sociétés ordinaires sous certaines réserves qu'il est inutile même d'indiquer.

« Le compte d'établissement d'une Compagnie concessionnaire, dit-il, se trouve chaque année subir un rabais d'estimation. Ce rabais tient à ce que les travaux se rapprochent du moment où l'État les reprendra sans bourse délier. A 10 ans de son expiration une concession vaut moitié moins que 10 ans auparavant. Or, c'est ce compte d'établissement qui est représentatif du capital. Les sommes prises sur les recettes d'exploitation pour les besoins de l'amortissement devraient donc régulièrement être mises à la réserve et rendues indisponibles ; comme elles forment l'équivalent de ce dont s'appauvrit le capital par l'approche de la fin de la concession, ce capital conserverait ainsi sa permanence : en supposant qu'elle continue à prospérer, il y aura après la dissolution valeur suffisante pour procurer aux actionnaires par voie de partage le montant nominal des actions. L'amortissement est le contre-pied de cette manière de faire ; il est en réalité une restitution de mise, une atteinte au gage des créanciers. S'ensuit-il que cette pratique soit irrégulière ? On peut à la rigueur justifier le raisonnement comme suit : il a été convenu qu'après la réalisation du capital et généralement longtemps après cette époque les versements des actionnaires leur seraient restitués sous la condition d'un tirage au sort ; cette restitution une fois faite placera le bénéficiaire dans une situation comparable à celle des porteurs d'actions qui ne seraient libérées d'aucune manière ; elle leur maintiendra pour l'avenir les droits acquis sur les bénéfices, déduction faite de l'intérêt de la somme qui leur est rendue. Sans doute il est indispensable, pour qu'une cession soit valable, qu'on libère les actions au moins du quart, mais si ce quart est versé au début, est-il interdit de prévoir qu'il sera remboursé ultérieurement dans des circonstances déterminées ? Cela n'est point sûr ; la combinaison ne pèche point contre la loi du moment que la société ne renonce pas à l'apport de l'actionnaire et qu'elle considère cet apport comme faisant toujours partie du capital ; il n'est plus réalisé ; il renaît à l'état de non versé. De là ces conséquences qui concordent avec la pratique des Compagnies de chemins de fer :

« *a*) — Il n'est pas besoin de publier chaque année les sommes consacrées à ces amortissements, bien qu'elles soient prises en apparence sur le capital ; en réalité, et ceci est plus qu'une nuance, le capital n'est point réduit ; les versements ont été rendus sous la réserve d'en exercer le rappel le cas échéant, mais précisément parce qu'il en est ainsi, le montant de l'action remboursée est toujours sujet à être rapporté au siège social au cas où la Compagnie cesserait d'être en état de payer les créanciers au moyen de ses autres ressources. Cette obligation de rapport pèse, selon nous, sur le porteur actuel de l'action de jouissance correspondante ; son titre sans doute ne fait pas mention d'une dette de non versé à sa charge, mais c'est à lui de s'assurer, lorsqu'il achète l'action, que l'amortissement a eu lieu au moyen des bénéfices, sinon il sait qu'il s'est procuré une action non libérée avec des risques.

« *b*) — D'autre part, les porteurs des actions de jouissance font partie de l'assemblée générale avec même le droit de vote que les porteurs d'actions de capital. C'est ce qu'on admettra lorsque les statuts l'auront décidé de la sorte et même lorsqu'ils n'auront rien décidé du tout, autrement le personnel des votants irait chaque année décroissant au point de rendre la tenue d'une assemblée générale impossible aux approches du terme de la concession ; mais pour en venir à nu pareil résultat, il fallait bien décomposer l'opération ainsi que nous l'avons fait. S'il y avait eu reprise définitive d'apports l'actionnaire aurait cessé d'être partie au capital ; or, il résulte de la loi sur les sociétés que c'est sur l'ensemble des parts donnant droit au capital que se règlent les conditions de quorum et de majorité des voix ; c'est dire que quiconque n'a plus son apport représenté dans le capital est par là même exclu de l'assemblée ; cependant, nos actionnaires ne le sont pas ; il convenait d'expliquer l'anomalie. »

Le système de M. Thaller admet donc le rappel des sommes remboursées si on ne retrouve pas à la liquidation de la société un actif suffisant pour donner un équivalent aux actionnaires non favorisés par le sort. Ce système, nous semble-t-il, est à l'abri de toute critique juridique ; il faut, au moment de la liquidation, que chaque actionnaire reçoive la même part dans la répartition de l'actif ou subisse la même part du déficit total. Le principe donc exige d'admettre qu'au moment de la liquidation on fasse rapporter par les actionnaires somme suffisante pour rétablir entre eux tous l'égalité dans les bénéfices comme dans les pertes.

L'objection principale faite à ce système consiste dans les difficultés pratiques qu'on va rencontrer pour faire rapporter par les actionnaires les sommes versées par la société. Les difficultés pratiques ne sont pas de celles qui peuvent porter atteinte à une règle juridique. Sans doute, ces difficultés sont considérables : si le titre est au porteur, il sera difficile de l'atteindre, mais peu importe, le principe doit subsister, quelques difficultés que sa pratique impose.

Dans son savant *Traité des actions en jouissance*, M. Jules Morel soutient que les actions amorties ne peuvent jamais être exposées à un rapport à moins que l'amortissement n'ait été opéré avec des bénéfices fictifs. Pour défendre sa théorie, il soutient que l'amortissement est une répartition importante de bénéfices et non point un remboursement de capital. Il paraît difficile cependant de dire qu'il n'y a pas un remboursement de capital opéré au moyen des bénéfices puisqu'il y a changement de titre et qu'à partir du jour où l'amortissement est opéré, le porteur de l'action n'a plus droit aux intérêts de son capital.

Quoi qu'il en soit, la question reste délicate, mais nous persistons à penser qu'au moment de la liquidation la règle absolue d'égalité entre tous les actionnaires s'impose, quelques difficultés qu'on puisse éprouver à la réaliser.

Reste maintenant à examiner la situation des actions de jouissance à l'égard des créanciers de la société. Le capital social est dans son intégrité le gage des créanciers sociaux. Dans les commandites par actions en dehors du capital les créanciers ont pour garantie l'obligation personnelle du commandité. La société doit donc conserver son capital intact pour faire face à ses engagements ; le remboursement des actions ne peut donc s'opérer qu'à la condition que les créanciers ne soient pas lésés et c'est pour cela qu'il doit être opéré sur les bénéfices. Or, les bénéfices de la société sont à la disposition de cette société et elle en peut, dans les conditions que la loi détermine, faire l'attribution.

Supposons tout d'abord que les bénéfices au moyen desquels l'amortissement du capital a été opéré soient des bénéfices fictifs. L'art. 10, § 3 de la loi du 24 juillet 1867 permettra la solution ; les créanciers auront droit, pendant 5 années, de poursuivre la restitution des bénéfices distribués. Si au contraire les bénéfices sont de ceux dont la loi autorise la répartition aux actionnaires, aucune restitution ne pourra être poursuivie au nom des créanciers.

Qu'on ne dise pas que le remboursement des actions au moyen de bénéfices fictifs est un remboursement réellement ait au moyen du capital et qu'alors l'art. 10 ne s'appliquerait pas. Ce serait là une erreur de raisonnement. En effet, tout bénéfice inexistant ou fictif qui est distribué est certainement pris sur le capital ; mais la loi a voulu préciser la situation juridique de cette somme prise sur le capital et faussement qualifiée de bénéfice, elle appelle cela : un bénéfice fictif ; elle détermine le sort et il est impossible de ne pas appliquer à la matière l'art. 10 de la loi de 1867.

Une autre question intéressante a été soulevée : des actionnaires désignés par le sort pour l'amortissement de leurs actions ne se sont pas fait payer avant la faillite de la société ; quelle est leur situation juridique ? Le tribunal de commerce de la Seine, par un jugement du 21 avril 1886 (*J. S.*, 1886.674), décide que les actionnaires ne peuvent exiger l'amortissement des actions que pendant que la société est *in bonis* et que, s'ils négligent d'exercer leur droit avant la faillite, ils sont forclos. Cette solution nous paraît à l'abri de toute critique ; aucune raison de droit n'autoriserait l'actionnaire à invoquer un privilège qui n'existe pas.

§ 3. — Actions de prime.

1150. — On rencontre aussi quelquefois des actions de *prime* qui confèrent un droit dans les bénéfices, et quelquefois aussi dans le capital social. La légalité des actions de prime est douteuse, nous l'avons déjà dit (V. *suprà*, nº 1145) en raison des conditions exigées par la loi pour la constitution des sociétés (Beudant, *Rev. crit.*, t. 37, p. 116 ; Lecouturier, *Rev. crit.*, 1897.150 ; Maria, *S. com. par actions*, n. 10).

1151. — Les parts de fondateur ne doivent pas être confondues avec les *actions de prime*, bien que ces deux sortes de titres soient créées l'une et l'autre pour rémunérer les fondateurs ou les tiers des services rendus au moment de la constitution de la société.

1152. — Tandis que les parts de fondateur ne donnent droit qu'à une portion des bénéfices, les actions de prime, par cela seul qu'elles sont des actions, confèrent à leurs porteurs les mêmes droits qu'à tous les actionnaires.

1153. — Mais la question de légalité des actions de primes a été vivement discutée. M. Pont estime qu'elles sont illégales. « Lorsque les services rendus à la société méritent rémunération, dit-il, ils doivent consister dans des apports en nature ou dans des avantages particuliers, ou ils doivent être rémunérés en argent ou par l'attribution de parts de fondateur, mais ils ne peuvent l'être par la remise gratuite d'actions libérées. » C'est dans le même sens que se prononcent MM. Vavasseur (n. 529), Beudant (*R. crit.*, t. 36, p. 116).

1154. — Cette doctrine paraît trop absolue à Dalloz (Vº *Société*, n. 875), à MM. Lyon-Caen et Renault et Ruben de Couder. Ces auteurs se prononcent pour la validité des actions de prime suivant une distinction. Si la création des actions de prime à l'origine de la société ne porte pas atteinte au capital social, c'est-à-dire si les actions sont créées en sus du capital social, elles sont valables ; elles sont nulles, au contraire, si elles sont prises sur le capital de manière à produire *ab initio* un déficit dans la caisse sociale (Lyon-Caen et Renault, n. 560 et 690 ; Ruben de Couder, Vº *Sociétés anonymes*, n. 105).

§ 4. — Des actions de priorité ou actions privilégiées.
Lois du 9 juillet 1902 et du 16 novembre 1903.

1155. — Depuis longtemps, en Angleterre, en Italie, en Autriche, en Belgique et aux Etats-Unis, il existe deux catégories d'actions ordinaires et des actions privilégiées ou de priorité.

Nous avons vu plus haut que l'art. 34 C. com. n'impose pas d'une façon absolue l'égalité de valeur des actions. Le principe donc d'existence d'actions de priorité ne pouvait être contesté ; aussi a-t-il été reconnu de tout temps qu'une société peut, au moment de sa constitution, créer des actions de priorité. Les dispositions des statuts à cet égard n'ont jamais donné lieu à une critique sérieuse et il a été reconnu bien antérieurement à 1902 qu'il pouvait être créé à l'origine de la société des actions de priorité donnant droit à un premier dividende fixe prélevé sur les bénéfices avant la répartition aux actions ordinaires et avant le remboursement du capital, soit au cours de la société, soit lors de la liquidation (Pont, n. 1585 ; Frèrejouan du Saint, *J. S.*, 1867.64 ; Lyon-Caen et Renault, n. 558 et suiv. ; Wahl, *Etude sur l'augmentation du capital*, n. 34 ; Levillain, dissertation au Dalloz, 86.2.117 ; Percerou, p. 142 ; Thaller, note D. 93.1.110 ; Genevois, *R. trim. du nouveau régime des sociétés*, 1897.7 ; Houpin, *J. S.*, 1899 47 et suiv. — Decugis, Situation des parts de fondateur vis-à-vis des actions de priorité, *J. S.*, 1904.481 ; — Paris, 15 janv. 1866, S. 66.2.235 ; — 10 janv. 1867, D. 69.2.239 ; — 27 juill. 1869, S. 70.2.47 ; — 19 avr. 1875, D. 75.2.101 ; — Cass., 12 déc. 1885, *R. S*, 1886.283 ; — Lyon, 4 mars 1891, *J. S.*, 1891.343 ; — Trib. com. Bruxelles, 15 fév. 1897, *J. S.*, 1897.285).

1156. — D'autres combinaisons sont encore possibles. On peut stipuler l'amortissement des actions de priorité au moyen d'un prélèvement à faire sur les bénéfices de la société, entièrement affecté à servir aux actions de priorité un dividende déterminé et ensuite au remboursement du capital de ces actions, pour les bénéfices ultérieurs être distribués entre toutes les actions, etc. (V. Paris, 26 mai 1884, *J. S.*, 1884).

Mais si aucun principe n'interdisait la création des actions de priorité au début de la société en vertu d'une stipulation statutaire, il était, d'après la jurisprudence et la doctrine, impossible au cours de la société de décider la création de semblables actions, car c'était là une disposition portant atteinte aux bases essentielles de la société (V. Paris, 19 avr. 1875, S. 76.2.113, D. 75.2.161).

1157. — La création d'actions de cette nature était réglementée depuis longtemps en France. M. Millerand déposa en qualité de député, en 1889, un projet de loi autorisant la création, même au cours de la vie sociale, d'actions de priorité ; ce projet devint après amendement la loi du 9 juillet 1902.

1158. — A peine cette loi était-elle promulguée qu'une difficulté considérable prit naissance : il s'agissait de savoir si elle avait ou non un effet rétroactif. Une polémique à laquelle prirent part M. Théodore Girard, rapporteur de la loi au Sénat, M. Chastenet, rapporteur de la loi à la Chambre des députés et l'auteur de ce livre s'engagea dans les journaux. Nous soutînmes, contre les deux rapporteurs, que la loi du 9 juillet 1902 n'avait aucun effet rétroactif et qu'elle devenait par là même inutile puisqu'elle ne pouvait avoir aucun intérêt pour les sociétés qui viendraient à se créer ; elle était au contraire réclamée impérieusement dans l'intérêt des sociétés préexistantes. Le tribunal de commerce de la Seine, saisi de la question, rendit à la date du 10 décembre 1902, *R. S.*, 1904, *J. S*, 1903.24) un jugement dans l'affaire des Messageries maritimes qui eut un retentissement considérable et qui décida qu'en effet la loi du 9 juillet 1902 n'était pas rétroactive.

1159. — De suite, M. Théodore Girard déposa au Sénat un nouveau projet pour rendre rétroactive la loi du 9 juillet 1902. En même temps la commission du Sénat, tenant compte des critiques multiples dirigées contre le texte même de la loi du 9 juillet 1902, obscur pour certaines parties, incomplet pour d'autres, modifia la rédaction et enfin le projet adopté par le Sénat et la Chambre des députés devint la loi nouvelle du 16 novembre 1903 (Le 16 décembre 1903 la Cour de Paris infirma le jugement précité : *Gaz. Trib.*, 28 janvier 1904).

1160. — Voici le texte de la loi de 1903 :

ARTICLE 1er. — Les articles 1 et 2 de la loi du 9 juillet 1902 sont modifiés ainsi qu'il suit :

Art. 1er. — L'article 34 du Code de commerce est ainsi complété :

« Le capital *social* des sociétés par actions se divise en actions et même en coupons d'actions d'une valeur *nominale* égale. »

Toute société par actions peut, par délibération de l'assemblée générale constituée dans les conditions prévues par l'article 31 de la loi du 24 juillet 1867, créer des actions de priorité, jouissant de certains avantages sur les autres actions ou conférant des droits d'antériorité, soit sur les bénéfices, soit sur l'actif social, soit sur les deux, si les statuts n'interdisent point, par une prohibition directe et expresse, la création d'actions de cette nature.

Sauf dispositions contraires des statuts, les actions de priorité et les autres actions ont, dans les assemblées, un droit de vote égal.

Dans le cas où une décision de l'assemblée générale comporterait une modification dans les droits attachés à une catégorie d'actions, cette décision ne sera définitive qu'après avoir été ratifiée par une assemblée spéciale des actionnaires de la catégorie visée.

Cette assemblée spéciale, pour délibérer valablement, doit réunir au moins la moitié du capital représenté par les actions dont il s'agit, à moins que les statuts ne prescrivent un minimum plus élevé.

En cas de fusion de sociétés par voie d'absorption ou de création d'une société nouvelle englobant une ou plusieurs sociétés préexistantes, l'interdiction de détacher les actions de la souche et de les négocier ne s'applique pas aux actions d'apport attribuées à une société par actions ayant, lors de la fusion, plus de deux ans d'existence.

Art. 2. — La présente loi est applicable aux sociétés fondées antérieurement ou postérieurement à la présente loi .

1161. — Nous ne noterons que le principe des actions de priorité. Ce qui est relatif aux assemblées spéciales fera l'objet d'un examen au chapitre des assemblées générales extraordinaires, et ce qui se rapporte à la fusion, au paragraphe relatif à la négociation des actions d'apport.

1162. — Ainsi aux termes de la loi de 1903 *toutes* les sociétés par actions peuvent créer des actions de *priorité*. Cette disposition s'applique donc aux sociétés en commandite par actions. Elle s'applique également aux sociétés par actions ayant un objet civil, qui ont adopté la forme commerciale (art. 68, L. 24 juillet 1867, complétée par la loi du 1er août 1893). De même aux sociétés à capital variable constituées sous forme de sociétés anonymes ou en commandite. Et notons dès à présent que les sociétés en commandite par actions délibèrent pour la création d'actions de priorité dans les conditions prévues par l'article 31 de la loi du 24 juillet 1867, article placé au titre des sociétés anonymes.

1163. — L'article 2 déclare la loi applicable à toutes les sociétés formées antérieurement au 16 novembre 1903.

1164. — L'innovation capitale de la loi de 1903 consiste dans la création d'actions de priorité au cours de l'existence sociale, par une assemblée générale délibérant avec la moitié du capital représenté (art. 31, L. 1867). La loi du 22 novembre 1913 a inauguré un système de quorum auquel il faut se reporter (V. le chapitre *Assemblées extraordinaires*. Loi du 22 novembre 1913).

1165. — La création d'actions de priorité porte atteinte au principe de la répartition des bénéfices. C'est la première disposition avant 1913 qui a touché à ce principe que certains auteurs considéraient comme immuable. Nous y reviendrons au chapitre du commentaire de la loi de 1913.

1166. — La faculté de créer des actions de priorité ne peut être entravée que par une prohibition *directe* et *expresse* des statuts

1167. — L'article 34 du Code de commerce stipule que toutes les actions d'une même société doivent avoir une valeur nominale égale. Mais cette règle est de celles auxquelles on peut également déroger (Nᵒˢ 1130 et suiv.). Les actions de priorité peuvent donc avoir une valeur inégale de celle des actions ordinaires.

1168. — En autorisant la créaction d'actions de priorité on permet de conférer au profit de ces titres des droits d'antériorité, soit sur les bénéfices, soit sur l'actif social, soit sur les deux. Nous allons étudier ces diverses hypothèses.

1169. — Le type le plus ordinairement admis d'actions de priorité est celui qui confère au porteur un bénéfice déterminé à prélever annuellement sur les bénéfices, avant toute répartition aux actions ordinaires — généralement le taux de ce bénéfice est calculé pour permettre aux porteurs d'actions ordinaires de toucher un dividende ; — on peut aussi convenir que les actions de priorité ne toucheront pas un dividende supérieur à *tant*.

On dit alors que les actions de priorité sont à *dividende fixe*.

1170. — On crée aussi des actions à dividende *mixte*, c'est-à-dire que le porteur a droit d'abord à un dividende fixe et ensuite, en concours avec les autres actionnaires, à un superdividende.

1171. — Les termes de la loi de 1903 permettent d'adopter les modalité les plus diverses d'actions de priorité. Les statuts à l'origine, ou les délibérations d'assemblées générales peuvent conférer aux actions de priorité tous droits, tous avantages sur les actions ordinaires ; elles peuvent créer toutes inégalités. Une seule restriction à préciser, on ne peut violer l'art. 1855 C. civ. qui interdit d'attribuer tous les bénéfices à un associé, ou de l'affranchir de toute contribution aux pertes (Thaller et Pic, n. 813).

Ainsi on peut accorder aux actions privilégiées un dividende fixe, à condition bien entendu que la société réalise des bénéfices, un dividende cumulatif, c'est-à dire qu'en cas d'insuffisance de bénéfices dans un exercice, les exercices ultérieurs bénéficiaires combleront le déficit.

On peut stipuler également que les dividendes arriérés seront distribués aux actions de priorité en cas de liquidation ou à l'expiration de la société, après paiement du passif avant toute répartition aux actions ordinaires (Decugis, *Actions de priorité*, p. 38).

En un mot les combinaisons les plus multiples sont légales, qu'elles portent sur les bénéfices ou sur le capital, ou même sur les deux cumulés.

La loi permet également d'attribuer aux actions de priorité *certains avantages* sur les autres actions, tels qu'un droit de souscription à une augmentation de capital, à une émission d'obligations,etc.,et le droit de choisir un administrateur, un commissaire aux comptes, mandataires soumis d'ailleurs aux règles ordinaires quant à leur révocation par l'assemblée générale de tous les actionnaires.

La loi décide que sauf dispositions contraires des statuts, les actions de priorité et les autres actions ont dans les assemblées un droit de vote égal. On peut décider que les actions de priorité auront le droit d'assister aux assemblées avec un nombre d'actions différent de celui imposé aux autres actionnaires, ou disposer d'un nombre de voix également différent, sauf bien entendu le respect des dispositions de l'art. 31 nouveau de la loi de 1867 (V. n. 3156 et 3167).

1172. — Si grande que soit la liberté conférée par la loi de 1913, elle ne va pas jusqu'à autoriser des combinaisons portant atteinte à l'ordre public. Telles sont les règles relatives à la révocation des administrateurs, à la représentation des petits actionnaires (L. 1er avril 1893). On ne pourrait non plus interdire à un groupe d'actionnaires l'entrée aux assemblées générales.

Enfin la loi dans son dernier alinéa prévoit que la création d'actions privilégiées peut avoir pour conséquence d'entraîner des modifications dans les droits attachés à une catégorie d'actions. Dans ce cas il y a lieu d'obtenir le consentement des porteurs d'actions de cette catégorie (V. le chapitre *Assemblées générales extraordinaires, assemblées spéciales*).

§ 4. — Règles diverses.

1173. — Les actions ou coupures d'actions sont indivisibles ; les statuts contiennent ordinairement une clause en ce sens ; mais même dans le silence des statuts, il faut admettre cette solution. Cela signifie que chaque action ou coupure d'action est une division qui n'est pas elle-même susceptible de subdivision.

1174. — La division des actions entre les héritiers d'un actionnaire compliquerait la marche de la société. Chacun des héritiers d'un actionnaire ne peut donc réclamer un titre distinct pour sa part, ni exiger le payement de la part qui lui revient dans les dividendes ; ils doivent s'entendre pour se faire délivrer un seul titre et pour en exercer les droits au nom d'une seule personne.

1175. — Comme conséquence, il faut aussi déduire que lorsque l'action n'est pas libérée, la société peut refuser de recevoir de l'un des héritiers sa part dans la dette, l'obligation étant indivisible. Si un actionnaire a vendu son titre à plusieurs personnes, les acquéreurs doivent aussi s'entendre pour réaliser la vente sans pouvo r demander chacun une portion de titre (V. sur l'application, Paris, 5e ch., 6 août 1875, *Gaz. Pal.*, 15 janv. 1896).

1176. — Les statuts déterminent les signatures qui doivent être apposées sur les titres nominatifs ou au porteur. Dans la pratique, les statuts exigent que les titres des sociétés anonymes soient signés par deux administrateurs, ceux des sociétés en commandite par le gérant et un membre du conseil de surveillance. La signature doit être manuscrite et ne saurait être remplacée par un fac-similé (Cass., 20 janv. 1897, S. 97.1.513. — V. cependant Wahl, *Traité des titres au porteur*, n. 393).

1177. — Certains actes de la vie sociale nécessitent l'échange de titres entre associés : par exemple, lorsque des actions sont entièrement libérées et qu'il s'agit de remplacer par des titres les certificats provisoires, ou encore en cas d'augmentation ou de réduction du capital social, de modification statutaire, etc. On s'est demandé si, dans ces hypothèses, la société se trouvait dans l'obligation absolue de remettre aux nouveaux porteurs des titres portant les mêmes numéros que les anciens. Dans la pratique, on ne s'attache point à la parité des numéros, même lorsque, par suite des dispositions statutaires, les titres peuvent être amortis par voie de tirage au sort. Nous estimons qu'en réalité il n'y a pas lieu de se préoccuper de remettre aux actionnaires des titres nouveaux portant exactement les mêmes numéros que les anciens. Mais pour prévenir toute difficulté, il est sage d'insérer dans les statuts, ou dans la délibération qui donne naissance à l'échange des titres, qu'il sera délivré de nouveaux titres sans parité de numéros, et d'indiquer sur les nouveaux titres la date de leur délivrance, afin d'éviter toute espèce de confusion avec les anciens titres. Il sera également prudent de mentionner sur les reçus que la société se fera délivrer par les actionnaires, au moment de la remise des nouveaux titres, qu'ils

sont donnés en échange des titres anciens portant des numéros déterminés.

1178. — Dans la pratique, il n'existe dans les sociétés que deux
sortes de titres : les titres nominatifs et les titres au porteur. Les
titres au porteur se transmettent facilement, mais ils sont exposés
à des risques de perte et les impôts qui les grèvent sont plus élevés
que ceux qui affectent les titres nominatifs. Un titre nominatif, en
revanche, nécessite de la part du conseil d'administration une attention soutenue, la société pouvant engager sa responsabilité dans
certaines circonstances, en ce qui concerne les transferts irréguliers
ou de titres appartenant à des incapables.

1179. — Il se peut que des titres d'une société soient nécessairement nominatifs ; il en est ainsi, notamment, lorsque les statuts
contiennent une clause de préemption pour la transmission des
titres (V. n.1482). Il y a également dans chaque société des titres
nécessairement nominatifs, ce sont ceux qui sont affectés à la garantie de la gestion des administrateurs (V. n. 3042 et s.).

1180. — Les statuts stipulent d'ordinaire que les titres seront nominatifs ou au porteur, au choix de l'actionnaire. C'est à lui en ce
cas à choisir la forme qui lui convient. Mais il peut être également
stipulé dans les statuts que tous les titres seront et resteront nominatifs, ou qu'ils sont ou seront au porteur, sauf les titres garantis-
sant l'administration (V. Wahl, n. 577 et s., et *J. S.*, 1900.260).

1181. — En cas de silence des statuts, tous les titres doivent être
nominatifs, la conversion au porteur ne pouvant être autorisée,
même après libération intégrale, qu'en vertu d'une stipulation formelle des statuts (Bouvier-Bangillon, p. 55 et 56 ; Thaller, n. 617.
— V. toutefois, Wahl, *J. S.*, 1897, p. 193).

§ 5. — Caractère juridique des actions.

1182. — Aux termes de l'art. 529 C. civ., les actions et intérêts
dans les sociétés sont des meubles par la détermination de la loi.

1183. — La question de savoir si les parts d'associés, actions ou
intérêts, doivent être considérées comme des droits réels ou des
droits personnels, est controversée. Un premier système soutient que
le droit des associés est un droit de copropriété destiné à se transformer en propriété individuelle et spéciale à chaque associé après la
dissolution de la société (Cass., 1er vent. an X, S. et P. chr., Dalloz,
Rép., V° *Sociétés*, n. 584 ; — Paris, 11 janv. 1895, S. 97.2.241, D. 96.

2.187. — *Sic* : Beslay et Lauras, t. 5, n. 31 et s. ; Pardessus, t. 3, n. 992 et s. ; Bataille, *R. législ. et jurispr.*, 1846, t. 1, p. 212 et s. ; Troplong, t. 1, n. 70 et 140).

1184. — D'autres ont dit que l'action constituait un droit *sui generis*, participant à la fois du droit de créance et du droit de propriété.

1185. — En sens inverse, on a soutenu que l'action n'était ni un droit de propriété ni un droit de créance, et on en a conclu que les dispositions des art. 1690 et 2075 C. civ. étaient inapplicables aux cessions et aux constitutions en gage des parts d'associés (Beudant, *R. crit. législ.*, 1869, t. 34, p. 135 et s.).

1186. — Mais d'après l'opinion le plus généralement admise, le droit des associés doit être considéré comme un simple droit de créance tant que dure la société. La loi déclarant que ce droit est mobilier alors même que la société posséderait des immeubles, c'est dire qu'elle ne reconnaît pas aux associés la copropriété du fonds social. Le droit se réduit à une créance ayant pour objet les dividendes qui proviennent des bénéfices réalisés chaque année par la société (*Sic* : Aubry et Rau, t. 1, p. 605, § 432, et p. 709, § 433 ; Boistel, n. 165 ; Lyon-Caen et Renault, t. 2, n. 141 et s. ; Lyon-Caen, note sous Paris, 18 août 1881, S. 82.2.25 ; A. Tissier, note sous Paris, 11 janv. 1895, S. 97.2.241).

1187. — Jugé en ce sens, avant la loi du 23 mai 1863, modifiant les art. 91 et suiv. C. com., que l'art. 2075 C civ., aux termes duquel le gage ne s'établit sur les meubles incorporels que par acte public ou sous seing privé, enregistré et signifié au débiteur de la créance donnée en gage, était applicable au gage commercial ayant pour objet des actions nominatives ou au porteur (Cass., 23 janv. 1860. S. 60.1.543, D. 60.1.123 ; — 30 nov. 1864, S. 64.1.503, D. 65.1. 55 ; — Montpellier, 4 janv. 1853, S. 53.2.266, D. 54.2.171).

1188. — Les créanciers des actionnaires peuvent-ils pratiquer des saisies-arrêts sur les actions de la société ?

La question doit être résolue par l'affirmative. Il n'y a pas de raison pour que les créanciers de l'actionnaire ne puissent pratiquer entre les mains de la compagnie, au préjudice de l'actionnaire. leur débiteur, une saisie-arrêt qui empêchera soit le payement des dividendes ou des intérêts, soit le remboursement, le cas échéant, de l'action, ou enfin son transfert, si l'action est nominative.

1189 — La procédure consiste, pour réaliser le titre, à solliciter du tribunal l'autorisation de faire procéder à la vente en Bourse, s'il est coté, par agent de change, ou par notaire, si le titre n'est pas coté en Bourse (V. Rousseau et Laisney, *Dict. de proc.*, V° *Saisie de rente*, n. 8 *bis* et 9).

1190. — Il ne faut pas voir une solution contraire dans un arrêt de la Cour de Paris du 11 janvier 1895 (*J. S.*, 1895.401), arrêt qui a décidé qu'une saisie-arrêt ne peut utilement frapper, entre les mains de la société, les actions nominatives dont on remet les titres à l'associé ; que celui-ci, propriétaire des actions, peut en disposer, malgré la saisie-arrêt, et que la société ne peut se refuser ni à effectuer le transfert, ni à remettre au cessionnaire les titres nouveaux en échange des anciens. Dans cette espèce, en effet, au moment de la saisie-arrêt, les actions nominatives n'étaient plus en la possession de la société, et elle était impuissante à empêcher la cession que pouvait en faire en dehors d'elle le propriétaire. Mais si les actions avaient été détenues par la société, elles eussent été valablement touchées par la saisie-arrêt. Nous aurons à revenir sur ce qui concerne la saisie des actions d'apport.

CHAPITRE VII

DES PARTS DE FONDATEUR

SECTION I

GÉNÉRALITÉS.

1191. — Les fondateurs de sociétés doivent nécessairement faire appel aux concours les plus divers. Beaucoup de ces concours sont d'une rémunération difficile. Ils se traduisent, en effet, sous forme de services dont l'utilité ne se révélera que plus tard, ou sous forme d'apports qui ne sont pas évaluables en argent ou en actions. La part de fondateur a été inventée pour les rémunérer. Elle offre aux personnes qui ont aidé à la création de la société ou participé à sa constitution, et qui cependant ne réalisent pas un apport rémunérable dans les termes de l'art. 4 de la loi de 1867, une part dans les bénéfices éventuels de la société. — Sur la définition du mot fondateur, V. n. 1959 et s.

On attribue aussi quelquefois ces titres à de véritables apporteurs, qui préfèrent aux actions d'apport prévues par la loi, des parts de fondateur ou parts bénéficiaires, dont ils auront la libre disposition dès le jour de la constitution de la société, tandis que les actions d'apport sont, aux termes de la loi de 1893, frappées d'innégociabilité sociale. La part de fondateur assure ainsi l'équation de la rémunération et du service rendu. Elle est, comme nous le montrerons plus complètement tout à l'heure, une des plus équitables, en même temps qu'une des plus ingénieuses combinaisons financières de nos jours.

En usage depuis environ quarante ans, elle a pris dans la pratique une importance sans cesse croissante. Ce succès est dû à plusieurs causes.

1192. — La première raison du développement des parts de fondateur réside dans la multiplication toujours plus grande des sociétés par actions. Pour exploiter, en effet, d'une façon intensive et économique les grandes inventions modernes de la vapeur, de l'électricité, etc., il a fallu installer des forces motrices ou un outillage nouveau dans les grands ateliers. Or, pour créer ces vastes usines de métallurgie, de filature, de tissage, pour développer la production des mines, pour construire des voies ferrées, des lignes télé-graphiques nationales ou internationales, pour fonder des compagnies puissantes de navigation, de gros capitaux étaient nécessaires, et c'est en vue de les réunir, en faisant appel aux grosses comme aux petites bourses, que les sociétés par actions se sont multipliées. Une fois l'œuvre de l'outillage industriel ou commercial achevée, on a dû adapter aux besoins du milieu nouveau ainsi transformé les organes anciens de transport, de crédit, etc. De là le développement de nouvelles sociétés par actions destinées à la construction, à l'aménagement des ports de commerce, au creusement de canaux, à l'établissement de grandes banques, de grands intruments de crédit, aidant, en un mot, au progrès intérieur de l'industrie nationale et à sa lutte contre la concurrence étrangère, par le perfectionnement de la qualité des produits et l'abaissement du prix de revient.

Les exigences de la vie moderne augmentaient donc dans une mesure considérable les occasions d'employer les parts de fondateur à la rémunération des concours apportés à la société naissante. Mais pour expliquer le succès de ces valeurs, il ne suffit pas de constater l'intérêt que les sociétés ont à les émettre, on doit aussi rechercher l'intérêt que les bénéficiaires ont à les accepter.

1193. — Le goût des capitalistes pour les parts de fondateur a tenu, au début, à la hausse prodigieuse des titres de cette nature créés par certaines grandes entreprises. C'est ainsi que les parts de fondateur de la Compagnie de Suez permettent à leurs porteurs de réaliser des bénéfices importants : elles valent en effet aujourd'hui 1.200 000 fr. (Wahl, *Les Parts de fondateur*, p. 1).

La perspective de gains illimités offerte par ce mode de rémunération et confirmée par l'expérience détermina le public à acquérir ces titres et à en faire des valeurs de portefeuille. Ils sont un moyen aléatoire, mais possible d'enrichissement considérable.

1194. — Tout récemment, en France, une raison nouvelle s'ajouta aux causes de cette fortune.

L'art. 2 de la loi du 1ᵉʳ août 1893, relative aux sociétés par actions, interdit de négocier commercialement lesactions d'apport pendant deux ans depuis la constitution de la société. Les actions d'apport, frappées d'incessibilité commerciale temporaire, ont, dès lors, perdu un de leurs principaux avantages : les personnes désireuses de tirer immédiatement ressource du concours direct ou indirect fourni à une société n'acceptent plus qu'avec difficulté des actions d'apport. A quoi leur seraient-elles utiles, puisqu'elles sont indisponibles pendant un temps assez prolongé ?

Il n'existe plus qu'un procédé vraiment pratique de rémunérer les services rendus lors de l'établissement d'une entreprise : c'est la création de parts de fondateur.

1195. — Ainsi débarrassée de la concurrence des actions d'apport, placée par la loi dans un état de supériorité économique sur elles, la part de fondateur devait prendre et a pris, depuis 1893, un immense essor. Le monde des affaires, mis en émoi par l'art. 2, a vu en elle l'instrument le plus conforme à ses besoins et à ses aspirations. Il a été encore poussé dans cette voie par un jugement rendu par la 1re chambre du tribunal de la Seine, le 6 novembre 1895, qui, malgré tous nos efforts, a étendu le principe de la loi de 1893 sur l'innégociabilité des actions d'apport au cas de fusion de deux sociétés. Quand deux ou plusieurs sociétés fusionnent, la société unitaire qui en résulte est considérée comme une société nouvelle, et dès lors, les actions d'apport distribuées à cette occasion ne peuvent être négociées commercialement pendant deux ans.

La gêne créée par la loi de 1893 était donc aggravée. Le projet déposé à la Chambre des députés, pour briser ces entraves et rendre immédiatement cessibles les titres attribués à la société en liquidation comme représentation de ses apports, n'a pas été voté (Ledru, *J. S.*, janv. 1897 ; Houpin, *eodem loco*, fév. 1898).

1196. — En résumé, immense développement des sociétés par actions ; gros bénéfices distribués aux parts de fondateur d'un grand nombre d'établissements importants ; innégociabilité des actions d'apport établie par le législateur en 1893 et étendue par la jurisprudence à la fusion de sociétés : telles sont les causes du succès des parts de fondateur et la preuve de l'intérêt qui s'attache à l'étude de leur réglementation.

Connaissant ainsi l'origine de l'importance de cette institution, nous pouvons en aborder utilement l'étude. C'est ce que nous ferons en recherchant successivement, dans une première partie, quels sont les services rendus par les parts de fondateur ; dans une seconde, à quelle réglementation elles sont soumises.

SECTION II

RÔLE DE LA PART DE FONDATEUR. — FONCTIONS NORMALES ET LÉGITI-
MES. — RÉMUNÉRATION DU TRAVAIL. — RÉMUNÉRATION DU CAPITAL.
— PAYEMENT DES DETTES SOCIALES.

1197. — Les administrateurs des sociétés qui comportent des parts de fondateur, c'est-à-dire des sociétés anonymes et des sociétés en commandite par actions, peuvent employer ces titres à rémunérer les personnes qui facilitent la constitution de la société soit par leur travail, soit par leur capital, soit par du crédit. De là les trois grandes fonctions de la part du fondateur.

1198. — Première fonction. — D'abord, elle peut servir à rémunérer un travail très utile, mais difficile à apprécier au début de la société : je fais allusion au service rendu par le fondateur proprement dit.

Il revêt les formes les plus diverses : parfois il consiste à s'interposer auprès des pouvoirs publics et à faciliter l'obtention d'une concession légale, d'une autorisation administrative, d'une exemption fiscale. D'autres fois, il s'agira de démarches faites près d'un établissement de crédit pour faciliter l'émission des titres de l'entreprise en formation. Le fondateur ne se préoccupe pas seulement de lui assurer, s'il y a lieu, les faveurs gouvernementales ou les sympathies du public et des banquiers ; il donne au directeur des conseils sur l'emplacement, l'installation industrielle, l'aménagement des locaux, le choix de l'outillage, le recrutement de la main-d'œuvre, l'achat des matières premières, la création des premiers débouchés, la rédaction des prospectus-réclames, etc. Cet ensemble de services (nom, marque, brevet, clientèle, plans, études, etc.) est assurément des plus nécessaire au développement des entreprises. C'est, en effet, de l'habileté avec laquelle une affaire est lancée, une usine organisée, que dépend tout le succès futur. Il faut donc rémunérer le plus largement et le plus équitablement possible celui qui aide à son établissement rationnel. En lui attribuant une part négociable de bénéfices éventuels, on le récompense immédiatement et en proportion même du service rendu, puisque son gain s'élèvera au cas de prospérité de la société, c'est-à-dire si ces conseils ont été bons et ses démarches fructueuses, puisqu'à l'inverse il verra diminuer ses revenus si l'affaire ne prend pas d'**essor**, c'est à-dire si son intervention dans la direction ou l'organisation n'a pas donné de résultats heureux.

Rien de plus nécessaire, rien de plus rare aussi qu'un entrepreneur capable de fournir un concours efficace à la création d'une société, et il est assurément utile et légitime d'assurer au fondateur une ample et immédiate rémunération (Paris, 18 mars 1882, *R. S.*, 1883. 498 ; — Trib. com. Seine, 5 nov. 1894, S. 95 2.85, D. 95.2.297).

Mais, dira-t-on, pourquoi recourir aux parts de fondateur ? Pourquoi ne pas attribuer des actions d'apport ou des obligations ? Quelle est l'utilité des parts de fondateur en présence des actions d'apport ou des obligations ?

La part de fondateur, comparée à l'action d'apport, présente de multiples avantages, soit pour la société, soit pour les actionnaires, soit pour le fondateur lui-même.

La part offre à la société cet avantage qu'elle peut, d'abord, rémunérer des services même non appréciables en argent, et qu'ensuite elle ne coûte rien à créer, ce qui doit être particulièrement apprécié à un moment où les directeurs de sociétés ne possèdent encore guère de capitaux.

La part est aussi avantageuse pour les porteurs d'actions. Elle tient compte de leurs désirs et respecte leurs droits ; car le fondateur ne peut en fait, exiger sa part de bénéfice qu'après le payement d'un intérêt aux actionnaires ; il est dépourvu des droits de direction, il ne participe pas, en principe, à l'assemblée générale ; si les statuts lui en ouvrent la porte, il n'a pas, d'après certains, voix délibérative, ni même, d'après d'autres, voix consultative.

1199. — Enfin, est-il besoin d'insister sur l'avantage conféré au fondateur lui-même ? Cet avantage consiste en ce que la part est librement négociable dans les conditions que nous rappellerons plus tard.

L'action, à tous ces égards, se trouve placée dans un état évident d'infériorité. Elle suppose, en effet, une évaluation précise de l'apport auquel elle correspond, ce qui est à peu près impossible pour les services dont nous parlons. En outre, elle porte préjudice aux actions ordinaires, auxquelles elle est assimilée, et dont les bénéfices sont restreints par là même. Enfin, elle n'est pas susceptible de négociation commerciale pendant les deux années qui suivent la constitution de la société.

1200. — Soit, dira-t-on, la part est un mode de rémunération plus perfectionné que l'action d'apport, mais n'est-elle pas moins commode que les obligations? Pourquoi ne pas se servir de celles-ci pour payer le fondateur? Il désire pouvoir céder les titres qu'on lui attribue. L'obligation est précisément immédiatement négociable. Il ne veut pas répondre des dettes sociales tout en possédant contre la société le moyen d'obtenir le payement d'un revenu périodique. Or, telle est encore la condition de l'obligataire.

Comment comprendre, dès lors, la préférence en faveur des parts de fondateur?

Cela tient d'abord à ce que l'émission d'obligations porterait à la société, aux obligataires et aux actionnaires, un préjudice plus grave que l'émission de parts. L'obligation, en effet, se résume en une créance donnant droit au porteur de toucher, pendant toute la durée de son titre, une somme fixe, qu'il y ait ou non des bénéfices. Si donc on distribuait des obligations à ceux qui concourent à la formation de la société, on grèverait celle-ci d'une charge bien lourde; la société serait débitrice des fondateurs, même si l'affaire n'avait pas été heureuse. En outre, l'obligataire prélève ses intérêts soustraits à tout aléa avant que, du moins en principe, les actionnaires aient le droit de recevoir leurs dividendes.

Dès lors, l'attribution d'obligations aux fondateurs porte préjudice indirectement aux porteurs de titres, en diminuant éventuellement leur rémunération. De plus, la distribution d'obligations lèserait aussi les autres obligataires, contraints, en cas de faillite, de subir le concours des fondateurs, venant sur le même pied qu'eux-mêmes réclamer le payement de leurs intérêts. Ajoutons enfin qu'au moment de la liquidation sociale, les obligataires, en tout cas, ont droit à réclamer la restitution du capital avancé, et cette faculté reconnue aux fondateurs serait une nouvelle cause de dommage pour les autres obligataires et pour les actionnaires.

1201. — En résumé, la situation faite à ceux qui fournissent leur concours intellectuel lors de l'établissement de la société serait, s'ils étaient payés en obligations, préjudiciable à ses intérêts, aux intérêts de ses membres associés et de ses prêteurs. Voilà pourquoi on préfère recourir aux parts de fondateur, ou créances de bénéfices éventuels. Les obligataires n'ont pas alors à craindre le concours des titulaires de parts; les actionnaires savent que les revenus payables à ceux-ci ne sont exigibles que si la société prospère, et qu'à la dissolution de la société les titulaires de parts ne pourront exiger le remboursement d'un capital, qu'après tout ils n'ont pas versé.

1202. — DEUXIÈME FONCTION. — La part de fondateur ne sert pas seulement à rémunérer le travail ; elle sert aussi à récompenser le capital qui prête son concours à l'établissement en formation.

L'entrepreneur désireux d'organiser ou d'étendre une exploitation peut faire appel à des souscripteurs nouveaux, ou aux actionnaires anciens. Par quels procédés les encourager à apporter des capitaux ou à compléter ceux qui ont déjà été fournis ? Comment obtenir ces concours pécuniaires ?

L'entrepreneur peut offrir soit aux premiers souscripteurs, soit aux souscripteurs d'un nombre minimum d'actions, soit à tous les souscripteurs indistinctement, une prime déterminée. Il peut aussi donner cette prime aux actionnaires anciens, comme compensation de la restriction des droits qui leur appartiennent sur l'actif social ou la réserve constituée (V. notamment un jugement du tribunal de commerce de la Seine en date du 18 avril 1898, rendu sous la présidence de M. Goy, *Gaz. Pal.*, 27 mai 1898).

Lorsqu'on augmente le capital d'une société par la création d'actions nouvelles, cette opération ne peut être réalisée qu'à la condition de ne porter aucune atteinte aux conditions essentielles des statuts, ni aux droits des actionnaires primitifs de la société (V. sur ce point, qui est constant en doctrine et en jurisprudence, *infrà*, n. 3266 et s.).

Mais la rigueur de ces principes n'empêche pas la création, au cours de l'existence sociale, de parts de fondateur à attribuer aux souscripteurs auxquels on demande de nouveaux capitaux (Lyon-Caen et Renault, n. 560 *bis* ; — Paris, 4 juin 1885 et 19 avr. 1886, *J. S.*, 1887, n. 17 et 193). Il suffit pour cela que les statuts originels ne prohibent pas l'opération, ou que, par les combinaisons arrêtées pendant la société, elle ne lèse pas les intérêts des actionnaires anciens.

La création, même au cours de la société, de parts de fondateur constitue donc un moyen pratique de se procurer les sommes utiles au développement de l'industrie ; comme mode d'encouragement en faveur des nouveaux souscripteurs, ou comme compensation au profit des associés primitifs, la part de fondateur, qui dispense la société de verser de l'argent, est essentiellement économique.

Telle est l'utilité des parts de fondateur.

1203. — On a soutenu que la création de parts de fondateur attribuées aux souscripteurs en espèces en dehors des actions de capital, objet de cette souscription, serait illégale. Les partisans de cette opinion disent qu'il est impossible d'attribuer pour la même action un second titre dont le droit est manifestement inférieur à celui fixé par la loi, puisqu'il ne porte que sur des bénéfices futurs et aléatoires. Suivant eux, la légalité n'existerait que dans le cas où les deux titres seraient indivisibles et ne pourraient être négociés l'un sans l'autre (Vavasseur, *R. S.*, 1890.543 ; 1895.129 ; — Trib. Seine, 29 déc. 1881 ; — Genevois, p. 199).

Nous ne sommes pas de cet avis. Il faut écarter tout d'abord l'objection tirée de l'art. 1er de la loi de 1876, puisque, suivant nous, les parts de fondateur ne constituent pas des actions et que l'art. 1er n'est applicable qu'aux actions (*Sic* : Wahl, n. 157-160 ; Lecouturier, n. 167 ; Percerou, n. 173). Rien ne s'oppose à ce que l'on remette aux souscripteurs d'actions des parts de fondateur au moment de la souscription et comme prime de cette souscription.

Nous pensons également qu'il serait possible, au cours de l'existence de la société, de voter l'attribution de parts de fondateur au profit des propriétaires des actions primitives, soit pour les récompenser de la confiance qu'ils ont manifestée au début de l'entreprise en faveur de la société, soit pour rémunérer le consentement qu'ils donnent à la souscription d'actions nouvelles, soit à cause de la valeur supérieure du capital ou de l'actif social (Wahl, n. 160 ; Lecouturier, n. 118, 167 ; Chavegrin, note S. 89.1.417 ; — Trib. Seine, 28 juill. 1884, *J. S.*, 1885.363 ; — Paris, 4 juin 1885, *J. S.*, 1887, 193 ; — 19 avr. 1886, *Id.*, 1887.17 ; — Trib. com. Seine, 12 août 1891, *R. S.*, 1891.558 ; — 20 déc. 1894, *J. S.*, 1895.130).

1204. — Troisième fonction. — Pour créer une société, l'esprit d'entreprise et l'argent ne suffisent pas toujours : il faut parfois acquérir certains objets, certains instruments de travail. Comment solder sans débours immédiats ces dettes inhérentes à la formation de l'établissement ?

On peut encore avoir recours ici à la création de parts de fondateur. Elles ne coûtent rien à la société et elles proportionnent la rémunération à la valeur incertaine *ab initio* des concours en nature qu'il s'agit de s'assurer.

C'est ainsi, par exemple, que le fonds de commerce du nouveau Comptoir d'Escompte a été payé avec 60.000 parts. Si on avait employé les actions d'apport, on eût, au contraire, rencontré de grosses difficultés à fixer équitablement et par un chiffre précis l'importance de l'acquisition.

Tels sont les trois principaux services rendus par la part de fondateur. Malheureusement, les parts de fondateur peuvent être l'objet de graves abus que nous devons signaler.

1205. — Certaines sociétés ont employé la part de fondateur comme moyen de soustraire à toute responsabilité effective les lanceurs d'affaires véreuses. Une entreprise se crée, dont l'objet n'offre pas d'existence réelle, dont les organisateurs manquent de capacité et d'honnêteté ; peu leur importe de tromper le public, pourvu qu'ils arrivent à drainer les capitaux. Les fondateurs publient des prospectus erronés, faussent le caractère des apports et des versements effectivement réalisés ; ils en exagèrent l'étendue, les détournent de leur emploi, et pour se payer ainsi que leurs complices, ils s'attribuent et attribuent à leurs auxiliaires des parts de fondateur dont une habile publicité provoquera la hausse croissante. Ces titres librement négociables seront alors vendus avec prime sur le marché, et quand les actionnaires ou les créanciers, ouvrant un peu tard les yeux, voudront se retourner contre les fondateurs ils ne trouveront plus que des hommes insolvables, contre lesquels toute condamnation sera dépourvue de sanction.

1206. — Les parts de fondateur peuvent donc être un instrument de fraude. Mais il faut reconnaître que les mêmes tromperies, les mêmes manœuvres sont accomplies au moyen d'actions, et s'il a été permis de constater quelquefois de graves abus résultant de l'usage délictueux des parts de fondateur, il ne faut point généraliser la critique ni raisonner du particulier au général. La fraude vicie tout, et il n'est rien qui puisse l'empêcher, si ce n'est l'action pénale, qui ne peut s'exercer d'ailleurs qu'après l'accomplissement du délit.

Ce n'est donc pas une raison parce que certains chevaliers d'industrie ont abusé des parts de fondateur pour que les avantages signalés plus haut soient méconnus.

1207. — Si d'ordinaire les parts de fondateur sont attribuées aux fondateurs dès la constitution de la société, il peut cependant arriver que des parts soient mises en réserve par la société, pour faciliter la rémunération ultérieure de services rendus à la société au cours de la vie sociale.

Cette combinaison ne peut, à notre avis, être critiquée. M. Houpin (n. 435 et 573) pense au contraire que si cette combinaison est légitime en équité, elle soulève en droit des objections ; il estime que l'attribution de parts de fondateur constitue un avantage particulier, sujet à vérification et à approbation, dans les termes de l'art. 4 de la loi de 1867, et il se demande comment l'assemblée générale pourra apprécier la cause et la légitimité d'une attribution qui n'est pas encore faite, lorsque les parts ne doivent être remises, après la constitution de la société, que pour rémunérer des services futurs. Il ajoute qu'autoriser une semblable combinaison, c'est permettre d'éluder les dispositions de la loi en ce qui concerne la vérification des avantages particuliers : on créera des parts de fondateur ; on les remettra ensuite sans vérification et sans contrôle au cours de la société. Il conclut que pour procéder régulièrement, il faut autoriser dans les statuts la création de parts de fondateur au cours de l'existence sociale. sauf à la société à ne les distribuer qu'après l'approbation, conformément à l'art. 4 de la loi de 1867.

1208. — Ces considérations ne nous touchent pas. Nous estimons qu'il est possible de stipuler dans les statuts que des parts de fondateur seront laissées à la disposition du conseil d'administration, qui, sous sa responsabilité et sauf à en rendre compte à l'assemblée générale, en fera tel emploi que bon lui semblera. Ces conventions figurent dans beaucoup de sociétés, à notre connaissance. Les assemblées constitutives, en décidant ainsi, exercent un droit souverain, et les dispositions de l'art. 4 se trouvent observées, par cela seul que le rapport du commissaire-vérificateur se sera expliqué sur l'attribution de ces parts au conseil d'administration.

1209. — Dans certains cas, les parts de fondateur ne sont pas attribuées au début de la société, mais réservées pour être émises au cours de la vie sociale contre espèces et dans l'intérêt social. Nous ne pensons pas que juridiquement de telles combinaisons puissent être condamnées. Les parts de fondateur jouissent quant à leur création et à leur émission d'une liberté absolue, mais bien entendu nous réservons toujours le cas de fraude. Si ces aliénations de parts servaient à des combinaisons illicites, les tribunaux pourraient être appelés à les réprimer.

1210. — M. Wahl (p. 148) écrit que les parts de fondateur ne doivent jamais être délivrées en échange d'une somme d'argent et n'entrent pas dans le capital social formé de la réunion des actions. Il y a dans ces expressions une exagération, car le même auteur a reconnu formellement que la part de fondateur peut être attribuée en échange d'un versement en espèces. Nous avons d'ailleurs démontré que la part de fondateur ne peut être confondue avec l'action (V. Wahl, note sous Paris, 16 juill. 1896, S. 98.2.89).

SECTION III

CARACTÈRE JURIDIQUE DE LA PART DE FONDATEUR.

1211. — La part de fondateur est un titre attribué tantôt gratuitement, tantôt en échange de concours en travail, en capital, ou exceptionnellement en nature, et qui donne droit à une part des bénéfices nets de la société sans participation aux pertes. La part présente donc une analogie frappante avec la participation aux bénéfices des ouvriers et employés (1). Le porteur de part, comme l'ouvrier, est rémunéré par une quotité des produits nets et exempt de toute contribution aux pertes.

Dès lors, pour connaître le caractère de la part de fondateur, il est nécessaire de rappeler brièvement les solutions admises en matière de participation aux bénéfices. Nous serons ainsi éclairés sur les parties obscures de cette institution et notamment nous pourrons plus résolument émettre une doctrine raisonnée sur la question fondamentale qui se présente à nous au seuil même de cette étude, et qui consiste à savoir si la part de fondateur est un droit d'associé ou un droit de créance.

Le problème a donné lieu à de vifs débats, qui peut-être eussent été simplifiés si on avait songé au rapprochement que nous indiquons, si on s'était demandé quelle est la doctrine appliquée dans la matière connexe de la participation aux bénéfices.

Ici, en effet, il ne saurait s'élever aucun doute. La jurisprudence a toujours vu dans l'employé ou l'ouvrier intéressé à une entreprise sans participation aux pertes un simple créancier, et non un associé (Cass., 17 avr. 1893, S. 93.1 299). Il en doit donc être de même du titulaire de part (En faveur de la doctrine que la part est une créance : Arthuys, *R. crit.*, 1897, p. 273 ; Lecouturier, *R. crit.*, 1897, p. 164 et *passim* ; Wahl, *loc. cit.*, et aussi note au Sirey, sous Paris, 16 juill. 1896, S. 98.2.89. — En faveur de la doctrine que la part est une action : V. Thaller, *R. crit.*, 1881 ; Lyon-Caen et Renault, t. 2 du *Traité de droit commercial* ; Chavegrin, note au Sirey, 89.1. 417 ; Valéry, note au Dalloz, 95 1.297 ; Vavasseur, *R. S.*, 1895, p. 127. — En ce sens Cass., 16 nov. 1904, S. 1906.1.49, D. 1906.1.491,

(1) Voir sur la participation aux bénéfices l'ouvrage de M. Maurice Vanlaer. Rousseau, édit., 1898.

arrêt en matière fiscale). — On a aussi décidé que la nature de la part de fondateur serait variable suivant l'étendue du lien contractuel qui les attache à la société (Paris, 8 juin 1901, S. 03.2.25).

Ajoutons que si la part de fondateur n'était pas un droit de créance, un *jus ad rem*, un droit contre la société, il faudrait classer le titre dans la catégorie des parts sociales, des *jura in re*, des droits de propriété sur l'actif social. Or cette solution ne serait conforme ni à la nature des parts sociales, ni à l'intention des parties.

1212. — Si l'on rangeait les parts de fondateur parmi les parts sociales, on méconnaîtrait d'abord cette règle essentielle, formulée par l'art. 1855 C. civ., suivant laquelle tout associé doit participer aux aléas de la société. Ce principe est évidemment inapplicable au porteur de part. Ce porteur touche bien une portion des bénéfices, mais il est soustrait aux chances de pertes. On ne peut, par conséquent, le considérer comme un associé. En vain objecterait-on que le porteur de part peut perdre la valeur entière de son titre et, au moment de la liquidation de l'entreprise, ne rien recevoir en échange de ses services, dans le cas où la société se dissout après avoir perdu son actif par de mauvaises affaires. Le bénéficiaire de part est dans ce cas, dit-on, dans une situation égale à l'actionnaire : tous deux ont réalisé un apport dont ils ne retrouvent pas l'équivalent ; tous deux, après le naufrage, échappent aux poursuites des créanciers.

1213. — L'argument n'est que spécieux. Il existe une grande différence entre les deux situations. L'actionnaire contribue aux dettes de la société dans la mesure de son apport, et on peut voir, comme dans notre hypothèse, celui-ci absorbé par celles-là. Le fondateur, au contraire, ne perd aucun capital, puisqu'il n'a, en général [du moins, rien apporté de tangible et de matériel. Il ne touche pas les profits attendus, voilà tout. Son patrimoine ne s'accroît pas, mais il n'est pas diminué.

1214. — Nos adversaires insistent néanmoins, et disent : Le propre des créanciers sans garantie spéciale est de concourir les uns avec les autres. Le propre des actionnaires est de laisser les créanciers se payer avant eux. Or, le titulaire d'une part de fondateur ne concourt pas avec les obligataires ; il ne vient à la répartition qu'après que ceux-ci ont prélevé leurs intérêts. Le porteur de part est donc un associé (Cass., 16 nov. 1904, *J. S.*, 1905.114).

1215. — Il est facile ici encore de répondre. D'abord, la raison alléguée ne prouve rien, parce qu'elle prouve trop. Si elle était exacte, elle conduirait à faire de l'ouvrier intéressé aux bénéfices un associé. Or, c'est une solution que personne ne soutient. D'ailleurs, les partisans de l'opinion que nous combattons oublient qu'est les obligataires se payent avant le fondateur, cela tient à la nature même de la part de fondateur, qui se résume en un droit sur les bénéfices éventuels ; un droit sur une fraction des bénéfices nets ne peut évidemment s'exercer qu'après le payement des frais généraux, qu'après notamment le payement de l'intérêt du prêt consenti par des capitalistes créanciers. Ainsi donc, la part de fondateur manque des caractères essentiels au droit d'associé, à l'action.

1216. — Traiter la part de fondateur comme une action, ce n'est pas seulement confondre des valeurs mobilières profondément distinctes, c'est méconnaître l'intention des parties, la volonté de ceux qui reçoivent et de ceux qui émettent des parts. Quand les directeurs d'une société distribuent ces titres, ils n'entendent en aucune façon conférer à leurs porteurs un droit sur le capital social ou la faculté de concourir à l'administration de l'entreprise. Telle serait cependant la conséquence de l'assimilation des parts de fondateur à des actions. Si elles constituent, comme on le soutient, de véritables actions, elles doivent faire naître au profit de leur titulaire, au moment de la dissolution de la société, un droit de copropriété sur l'actif, et par conséquent la faculté de prélever, même en l'absence de clause spéciale sur ce point, un capital déterminé en concours avec les actionnaires.

1217. — Or, comme nous le verrons, ces prérogatives, en principe, ne leur sont pas reconnues ; les actionnaires obtiennent le remboursement de leurs actions avant qu'on répartisse les bénéfices entre eux et les porteurs de parts, et cela se comprend à merveille. Quel capital, au contraire, les fondateurs peuvent-ils songer à réclamer alors qu'ils n'en ont presque jamais versé aucun, ou que le capital par eux versé a échappé plus ou moins complètement aux formalités exigées dans l'intérêt des tiers ?

On essaye, il est vrai, d'écarter cet argument en soutenant que le droit au partage du fonds social n'est pas de l'essence de l'action (Lyon-Caen et Renault, t. 2, n. 366). Ainsi, des actions comme les actions industrielles, attribuées aux associés qui apportent leur compétence technique ou leur crédit, sont privées, dit-on, de tout droit sur le capital social qu'elles n'ont pas contribué à former. Mais cette doctrine est une pure affirmation dénuée de preuve. Les actions industrielles nous paraissent des parts de fondateur. Tel est l'avis de M. Houpin (*Traité des Sociétés*, n. 318).

1218. — L'art. 1er de la loi de 1867 nous dit, du reste, que le capital social est composé par l'ensemble des actions. Or, toute action suppose un versement en nature on en argent. Dès lors, la part de fondateur, qui le plus souvent ne représente un apport ni en argent ni en nature, ne peut être considérée comme une action.

Ce versement présente, en effet, un caractère accidentel. Il n'est pas obligatoire pour le porteur ; il n'est pas de la nature de la part. Le plus souvent, du reste, des titres distincts des parts sont remis en représentation des versements en argent, et enfin, comme l'a justement remarqué M. Wahl (Note précitée sur S. 98.2.89), à supposer même que le versement ait eu lieu et que les parts aient été remises en représentation de ce versement, il ne rentre cependant point, pas plus que les fonds donnés par les obligataires, dans le capital social ; celui-ci comprend exclusivement les actions.

1219. — Ce n'est pas tout. Si les porteurs de parts étaient des actionnaires, ils auraient le droit de participer à la gestion, ils pourraient être admis à l'assemblée générale avec voix délibérative. Les statuts, ainsi que l'autorise l'art. 27 de la loi du 24 juillet 1867, peuvent sans doute exclure des assemblées générales les petits actionnaires, mais il leur est permis en tout cas d'assister aux assemblées constitutives (art. 27), et la loi du 1er août 1893, dans un paragraphe ajouté au même article, décide que les propriétaires d'un nombre d'actions inférieur à celui déterminé pour être admis dans l'assemblée, pourront se grouper afin de former, le nombre nécessaire et se faire représenter à l'assemblée générale.

Le droit d'assister avec voix délibérative constitue donc une prérogative essentielle des actions. Or, nous le verrons, la doctrine et la jurisprudence la refusent unanimement aux titulaires de parts. Ils ne sont donc pas des associés actionnaires (Lyon, 14 mars 1901, *R. S.*, 1903.9).

1220. — Peut-on soutenir que la part de fondateur offre quelque analogie avec le droit des associés en nom collectif ? Cela nous paraîtrait dénué de fondement. L'associé en nom est, en effet, responsable des dettes sociales *in infinitum*, alors que le fondateur, on le sait, ne participe même pas aux pertes.

Son titre diffère donc à tous points de vue des parts d'associé. On ne peut pas davantage l'assimiler aux obligations.

Sans doute, comme nous avons eu l'occasion de le dire, l'obligation ressemble à la part en ce qu'elle est une créance donnant un revenu périodique et ne répondant pas des dettes de la société, mais elle en diffère notamment par le caractère fixe de la rémunération (l'intérêt) assurée à l'obligation.

En résumé, la part de fondateur ne se confond ni avec l'action ni avec l'obligation. Elle présente un rapport très étroit avec le droit des ouvriers ou employés soumis à la participation aux bénéfices. Elle se résume en une créance de bénéfices éventuels. Telle est aussi, du reste, le plus souvent, la qualification employée par les statuts de société, pour désigner cette institution.

Dans le sens du droit de créance (V. Wahl, n. 4, p. 6, *Tr. des titres au porteur*, n. 292 ; *J. S.*, 1897, p. 149 et 155 ; note sous Paris, 16 juill. 1896, S. 98.2.89 ; Bouvier-Bangillon, n. 150 ; Lecouturier, n. 164 ; Godin, n. 153 ; — Lyon, 12 nov. 1900, S. 02.2.6 ; — 14 mai 1901, *J. S.*, 1902.29 ; — Paris, 18 janv. 1901, *R. S.*, 02.2.19).

Opinion qui conteste le droit de créance et l'assimilation avec la situation de l'employé intéressé ; Houpin, n. 378 ; Percerou, n. 177 ; Génevois, *Rev. trim.*, 1897, p. 14 ; Lyon-Caen et Renault, n. 560 *bis* ; Vavasseur, n. 534.

Opinion qui estime que les parts de fondateur sont des actions : Thaller, *R. crit.*, 1881, p. 534 et 1877, p. 220 ; *Tr. élém.*, n. 520 ; Bousquet, *J. S.*, 1885, p. 748 ; Chavegrin, note S. 89.1.417 : Valéry, note D. 95.2.302 : Duranty, *Les Assemblées d'actionnaires dans les sociétés anonymes*, 233 : Percerou, p. 177.

Opinion qui voit dans le porteur de parts un associé *sui generis*, ayant droit à des bénéfices sans participer à la formation du capital ni à la gestion : Houpin, n. 371, et *J. S.*, 1894, p. 184 ; Percerou, 179.

1221. — La Cour de cassation s'est prononcée sur la question et on a prétendu qu'elle l'avait tranchée dans le sens de la théorie de l'action (Lyon-Caen et Renault, n. 560 *bis*) par la généralité de ses termes. Nous croyons que l'arrêt de la Cour suprême ne met pas fin à la controverse, car ses motifs ne paraissent pas convaincants. Dans son arrêt du 16 novembre 1904 (S. 06.1.49 ; D. 06.1.49, *J. S.*, 1905.114), la Chambre des requêtes, statuant sur une question de droit fiscal, décide que les parts de fondateur constituent de véritables actions et non des titres de créances, les seuls caractères essentiels de l'action étant la participation aux bénéfices et la libre cessibilité à des tiers : voilà l'argument. — L'arrêt, remarquons-le, est rendu en matière fiscale : la solution de la Cour aurait été peut-être autre s'il s'était agi de statuer en droit commun. Mais peu importe ! La Cour ramène les droits des associés à deux prérogatives : celui de toucher les dividendes ; celui de pouvoir céder son titre. On avouera que c'est peu et que c'est faire bon marché de deux caractéristiques essentielles de l'actionnaire : l'entrée aux assemblées générales et le droit à l'actif social.

La Chambre des requêtes l'a si bien senti qu'elle a cherché à réfuter d'avance cette double objection. — L'entrée à l'assemblée générale, dit-elle, n'est pas caractéristique du droit de l'actionnaire, puisque les statuts peuvent l'en exclure : c'est oublier que, depuis la loi de 1893, les actionnaires exclus de l'assemblée générale y entrent néanmoins grâce à la faculté de groupement que leur a reconnue cette loi. — Le droit à l'actif social n'est pas non plus, dit-elle, caractéristique du droit de l'actionnaire, puisque le titulaire de l'action de jouissance ne le possède plus : c'est oublier encore que le titulaire de l'action de jouissance a déjà reçu sa part d'actif social, par anticipation.

La controverse ne nous semble donc pas tranchée et pour nous elle subsiste entière.

SECTION IV

ÉMISSION DES PARTS DE FONDATEUR

1222. — *L'émission est-elle possible ?* — La solution affirmative doit être admise sans difficulté dans la doctrine qui est la nôtre, suivant laquelle la part constitue un droit de créance. Il n'existe, en effet, aucune restriction à l'endettement d'une société. Un établissement reste libre d'accroître aussi bien ses parts que ses obligations.

Des doutes sur la validité de cette émission pourraient au contraire s'élever, si on considérait la part comme une action. L'action, en effet, est nulle lorsqu'elle n'est pas attribuée en échange d'un apport en argent ou appréciable en argent, car alors elle n'ajoute rien au capital social ni au gage des créanciers. Or, la part de fondateur n'est presque jamais destinée à rémunérer un apport en argent ou en nature. Elle doit donc être frappée de nullité comme l'action elle-même dont elle est une variété. Et l'argument tiré de l'analogie de ce qui se passe pour l'action est d'autant plus fort que la part de fondateur fait courir aux créanciers et aux associés des risques plus étendus que ce dernier titre. La condition du porteur de part est en effet bien moins digne d'intérêt, pourrait-on dire, que celle de l'actionnaire. Si celui-ci est responsable d'une façon limitée des dettes sociales, il doit verser immédiatement tout ou partie du capital ; il ne peut convertir ses titres nominatifs en titres au porteur qu'après un certain temps. Le bénéficiaire d'une part échappe au contraire à toutes ces obligations. Il ne fournit aucune garantie. Il doit donc être traité au moins aussi durement, et les règles applicables à l'action doivent *à fortiori* s'étendre à la part de fondateur.

Ces conséquences du système qui voit en la part de fondateur une action sont, il est vrai, écartées par nos adversaires (Lyon-Caen, *Tr. dr. comm.*, t. 2, *loc. cit.* ; Chavegrin, note sous S. 89.1 417) ; mais n'est-ce pas au prix d'une entorse donnée à la logique.

1223. — *Au profit de qui l'émission peut-elle avoir lieu ?* — Nous avons déjà répondu à cette question en exposant le rôle des parts, Elles peuvent servir à rémunérer le travail de l'entrepreneur, le concours financier des souscripteurs ou des actionnaires. Exceptionnellement, on les emploie aussi à payer des apports en nature difficiles à apprécier, par exemple un fonds de commerce (Paris, 14 janv. 1895, *J. S.*, 1895.77).

1224. — Une question relative aux distributions de parts faites aux actionnaires mérite d'être signalée (V. *suprà*, n. 1202). On peut se demander s'il convient d'admettre la légalité de l'émission lorsque le nombre de parts attribué aux actionnaires est proportionnel au nombre de leurs actions. Alors, en effet, on ne voit pas, au premier abord, l'utilité d'un tel titre. Qu'importe que les actionnaires viennent à une portion de bénéfices comme actionnaires ou comme porteurs de parts? Dans tous les cas, le revenu reste identique, et ce qu'ils ne touchent pas à titre de dividende, ils le perçoivent à titre de parts. En tout cas, les garanties qu'ils possèdent sont les mêmes. Ils participent à la gestion, en assistant ou en étant représentés à l'assemblée générale. Ils peuvent se faire communiquer le bilan, l'inventaire, les livres, bref tous les documents de nature à renseigner sur l'administration de la société.

Etant donnée cette inutilité apparente des parts de fondateur, on comprendrait que les jurisconsultes, du moins ceux qui les considèrent comme des actions, revinssent ici à la logique de leur système en proclamant la nullité de ces titres. Nous connaissons déjà leurs raisons. La principale est que toute action suppose un versement et doit être sans efficacité lorsqu'il n'a pas eu lieu. Subsidiairement, on ajoute que la part de fondateur, parce qu'elle ne correspond pas à un capital versé, viole encore la règle de l'art. 1er de la loi de 1867, exigeant un minimum au montant des actions, minimum que ne peut atteindre la part, puisqu'elle n'est évaluée à aucune valeur chiffrée.

1225. — Un auteur s'est effectivement rangé à cette doctrine (Vavasseur, *R. S.*, 1895, p. 129). Il semble, il est vrai, faire une restriction et n'admettre la nullité que lorsque la part est séparée de l'action et cessible sans elle.

Mais cette réserve, outre qu'elle nous paraît en contradiction avec le principe posé, est pratiquement sans valeur ; car, comme le prouvent, par exemple, les statuts de la Compagnie du Nord-Est cités dans le jugement du tribunal de la Seine du 19 décembre 1811 (rapporté dans notre *Traité des parts de fondateur*, p. 129), les parts de fondateur distribuées parfois aux actionnaires sous le nom d'actions de dividende sont toujours en fait négociables indépendamment de l'action ordinaire ou action de capital à laquelle elles se rattachent, et cela, même quand le titre de capital et le titre de dividende ont été déclarés indivisibles, même quand la société ne reconnaît qu'un propriétaire pour l'un et l'autre titre.

Quel est, en effet, le but que vise la clause des statuts disposant que la société ne reconnaît qu'un propriétaire ? Elle signifie simplement que le porteur du titre de capital possède seul la qualité d'actionnaire, et que, s'il cède son titre de dividende, il ne peut attribuer à l'acquéreur une qualité qui ne réside que dans l'action de capital.

Cette clause n'a nullement pour objet d'interdire l'aliénation distincte des parts de fondateur. Celle-là reste en tout cas possible.

1226. — On voit donc que si les parts de fondateur sont frappées de nullité lorsqu'elles sont négociables indépendamment de l'action de capital à laquelle on les a jointes, elles n'auront jamais de valeur.

Or, cette solution, en harmonie avec l'ensemble du système qui voit dans la part une vraie action, nous paraît bien absolue. Les parts rendent de grands services, même quand leur nombre est proportionnel au nombre des actions dont les titulaires sont gratifiés. Ceux-ci n'acquièrent sans doute aucun droit nouveau, puisqu'il leur aurait été versé à titre d'actionnaires la portion des bénéfices qu'ils toucheront désormais à titre de porteurs de parts. Mais ils jouissent tout au moins d'un avantage : la faculté d'aliéner une partie de leurs bénéfices éventuels sans perdre une parcelle quelconque de leur qualité d'actionnaires, sans diminuer, par conséquent, leur droit de contrôle sur la gestion commune, sans ouvrir à des étrangers les portes de l'assemblée générale, sans leur livrer les documents sociaux.

En présence de cette utilité, il semble plus conforme aux nécessités de la pratique d'admettre la légalité de l'émission.

1227. — *Sous quelles formes l'émission peut-elle se produire ?* — Le titre peut, ce qui sera rare, être intransmissible. Le plus souvent, et nous savons pourquoi, il adoptera la forme négociable, soit nominative, soit à ordre, soit au porteur.

La distinction de ces trois espèces de titres cessibles présente d'abord un intérêt fiscal que nous exposerons en traitant des impôts auxquels ils sont soumis. Elle offre aussi une grande importance pratique au point de vue des modes de transmission dont les parts sont susceptibles, des droits du propriétaire dépossédé, des droits de remboursement du capital.

1228. — Du principe admis par nous que les parts de fondateur ne constituent pas des actions, il faut conclure que les dispositions de la loi de 1867 relatives à l'émission des actions, à leur négociation, etc., ne s'appliquent pas aux parts de fondateur. Les parts sont régies uniquement par les statuts sociaux et le droit commun (Trib. com. Seine, 5 nov. 1894, S. 95.2.85, D. 94.2.297 ; — Paris, 14 janv. 1895, S. 95.2.180 ; —Wahl, n. 11 et 13 ; Thaller, *R. crit.*, 1881, p.534 ; Lecouturier, n. 178, et *J. S.*, 1880, p. 604 ; Percerou, p. 197).

1229. — La part de fondateur n'étant assujettie à aucune forme peut revêtir toutes celles autorisées par le droit commun. Elle peut être négociable ou transmissible seulement suivant les voies civiles ; elle peut être négociable ou transmissible suivant les modes commerciaux ; elle peut être à ordre ; elle peut être nominative. Les statuts déterminent tous ces détails. Les parts peuvent être mises au porteur aussitôt après la constitution de la société et alors même que les actions ne sont pas entièrement libérées. Cela découle toujours du principe aux termes duquel les parts de fondateur ne sont pas des actions. L'article 3 de la loi de 1867, qui interdit pour les actions la forme au porteur avant leur entière libération, n'est donc pas applicable aux parts (Thaller, *R. crit.*, 1881.534).

Les parts pourraient être mises au porteur, même si, en vertu des statuts, les bénéficiaires des parts de fondateur devaient opérer un versement sur les titres (Wahl, 194). Les statuts pourraient stipuler que les titres seront déposés pendant un temps déterminé dans la caisse sociale, à la garantie d'engagements déterminés pris envers la société par ceux auxquels les parts sont attribuées. Mais il a été jugé par le tribunal de la Seine, le 4 octobre 1883 (*La Loi*, 26 oct. 1883), que la société est directement obligée envers les porteurs cessionnaires, malgré l'indication faite sur les titres que les droits des porteurs seront exercés par le bénéficiaire originaire, si celui-ci refuse de les exercer.

1230. — Toujours en vertu du principe que les parts ne sont pas des actions, il faut dire que l'art. 1er de la loi de 1867, qui fixe le taux minimum des actions, n'est pas applicable aux parts (Wahl, *J. S.*, 1896. 157 et 160).

1231. — Les droits attachés aux parts de fondateur peuvent être divisés en un nombre de titres déterminé par les statuts ou par le conseil d'administration ; la convention fait la loi en cette matière.

1232. — Un arrêt de la Cour de Lyon, du 12 novembre 1900 (S. 02.2.6) est rapporté dans les recueils avec ce sommaire erroné :

« *Constituent de simples créances contre la société des parts de fondateur* qui ne confèrent aucun droit d'assistance, ou tout au moins de vote aux assemblées générales, ni surtout aucun droit de priorité sur le fonds social, mais seulement un droit de participation aux bénéfices.

« Elles ne peuvent, dès lors, faire l'objet d'une cession valable au regard des tiers *que si les parties ont recours aux formalités imposées par l'article 1690 C. civ. pour les transports de créances.*

« Si, à la vérité, les parts *de fondateur au porteur,* comme tous les autres titres de cette nature, sont négociables, c'est-à-dire transmissibles à l'égard de tous par la voie commerciale, il n'en est ainsi que lorsque les titres représentant les parts ont été matériellement créés de telle sorte que la tradition en puisse être opérée. »

Mais il faut noter que, dans l'espèce, les titres n'étaient pas créés, ce qui résulte du passage suivant de l'arrêt :

« Attendu que si, à la vérité, les parts de fondateur au porteur, comme tous les autres titres de cette nature, sont négociables, c'est-à-dire transmissibles à l'égard de tous par la voie commerciale, il n'en est ainsi que lorsque les titres représentant les parts ont été matériellement créés de telle sorte que la tradition en puisse être opérée ; que, jusque-là, ces parts, simples créances, ne peuvent être valablement cédées, en ce qui concerne les tiers, que par les modes de transmission du droit civil ; attendu que les titres représentant les parts de fondateurs prévues par les statuts et approuvées par l'assemblée générale n'ont été remis à la Société Pile-Bloc par la Compagnie lyonnaise d'exploitation et de banque, chargée de leur exécution, que le 7 octobre 1899, c'est-à-dire après la constitution, en date du 4 octobre, de la société civile des porteurs de parts ; attendu, dans ces conditions, qu'en juin, Mermet, cessionnaire d'une créance de Carron contre la Société Pile-Bloc, ne pouvait être valablement saisi à l'égard des tiers que par l'accomplissement des formalités prescrites par l'art. 1690... »

Cet arrêt ne contredit donc rien de ce qui précède.

1233. — L'aliénation des titres au porteur s'effectue par tradition de la main à la main. La cession du titre nominatif s'opère (art. 37 C. com.) par un transfert écrit sur les registres de la société et signé par l'auteur du transfert ou son chargé de pouvoir. Les parts de fondateur revêtant la forme à ordre sont transmissibles par voie d'endossement, par une simple mention au dos du titre.

1234. — Le propriétaire de part peut en être dépossédé à la suite d'un abus de confiance, escroquerie, vol, perte, etc. Dans quelles conditions arrivera-t-il à percevoir sa portion de bénéfice, à obtenir le remboursement du capital exigible, ou la délivrance d'un nouveau titre ? Comment se régleront les rapports du propriétaire dépossédé et du tiers acquéreur de bonne foi ? Voilà de nouveaux problèmes dont la solution variera avec la forme de la part, et notamment suivant qu'il s'agit de titres nominatifs ou de titres au porteur.

1235. — Il resterait à déterminer les précautions prises par la loi pour prévenir les fraudes au moment de l'émission, pour protéger les droits des actionnaires, de la société et du public. C'est un point que nous étudierons dans le dernier paragraphe de cet exposé, en même temps que les obligations des porteurs de parts.

SECTION V

DROITS DU PORTEUR

1236. — Le porteur possède trois prérogatives principales. Il a le droit de modifier la forme de son titre. Il a le droit de participer aux bénéfices de la société. Il a le droit de réaliser sa part.

Examinons successivement ces divers points.

a) Droit de modifier la forme du titre par la conversion.

1237. — Le propriétaire peut désirer transformer ses parts nominatives en parts au porteur afin d'en faciliter la transmission rapide, ou ses parts au porteur en parts nominatives afin d'en entraver l'aliénation. Il en a le droit. L'administration, en effet, applique, comme on verra, aux parts de fondateur l'impôt de transmission établi par la loi des 23-27 juin 1857. Par voie de conséquence, les droits conférés par cette loi aux propriétaires d'actions et d'obligations, et notamment la faculté de conversion, doivent appartenir aux porteurs de parts. Il faut étendre les faveurs en même temps que les charges.

Cette liberté de transformation, du reste, offre des avantages à tous : aux propriétaires, qui peuvent ainsi modifier les titres à leur convenance ; à l'État, qui voit ses ressources fiscales s'accroître, en même temps que les circonstances rendant la taxe exigible ; à la société enfin, dont les parts sont d'autant plus recherchées qu'elles peuvent mieux se plier aux besoins divers des porteurs.

1238. — A partir de quel moment les porteurs pourront-ils user du droit de conversion ? Devra-t-on appliquer l'art. 3 de la loi de 1867, d'après lequel la mise au porteur des actions ne peut avoir lieu qu'après complète libération ? Ou reconnaîtra-t-on au porteur le droit de modifier la forme de son titre dès le jour où il le détient ? C'est cette dernière solution qu'adoptent tous les auteurs, même les partisans de la théorie suivant laquelle les parts constituent des actions. La part de fondateur ne suppose, en effet, aucun versement. Elle ne peut donc pas être plus rigoureusement traitée que l'action libérée, à laquelle, tout au moins sur ce point, elle ressemble. Comme elle, elle est immédiatement convertible.

Quant aux conditions exigées pour la validité de la conversion, elles offrent la plus grande analogie avec ce qui se passe pour les titres ordinaires. Qu'il nous soit permis, dès lors, de renvoyer le lecteur aux explications fournies plus loin à ce sujet.

b) Droit de participer aux bénéfices nets de la société.

1239. — C'est ce droit qui caractérise la part de fondateur et la différencie des autres créances mobilières.

1240. — Les statuts stipulent ordinairement que sur les bénéfices nets de la société il sera prélevé 5 p. 100 pour la réserve légale, puis la somme nécessaire pour servir aux actionnaires un premier dividende, et que le surplus sera réparti entre le conseil d'administration, les actionnaires et les porteurs de parts dans des proportions déterminées.

Parfois, les statuts affectent une partie des bénéfices à l'amortissement du capital-actions, ou stipulent qu'après le prélèvement de la réserve légale et du premier dividende à servir aux actionnaires, tous les bénéfices seront affectés à l'amortissement des actions, lesquelles seront ensuite remplacées par des actions de jouissance. Dans ce cas, après l'amortissement de toutes les actions de capital, les bénéfices peuvent être répartis entre les actions de jouissance et les parts de fondateur.

Suivant d'autres statuts, les parts de fondateur n'ont droit qu'à une somme fixe sur les bénéfices, après prélèvement de la réserve légale et payement, s'il y a lieu, d'un premier dividende aux actionnaires.

Ailleurs, les parts de fondateur reçoivent leur portion de bénéfice avant même les actionnaires.

Toutes ces stipulations sont régulières, la convention faisant, comme nous l'avons déjà dit, la loi des parties.

1241. — Sur quels bénéfices le prélèvement du porteur de parts s'exerce-t-il ? Sur les bénéfices annuels et nets.

Les bénéfices seront nets lorsqu'on aura déduit du produit brut les frais généraux, les sommes destinées à laréserve ou consacrées à l'amortissement du matériel, des actions, des obligations, l'intérêt servi aux obligataires, la rémunération des ouvriers et du directeur de l'entreprise.

1242. — Il y a cependant difficulté sur un point. Faut-il, en l'absence de clauses à ce sujet, reconnaître aux actionnaires le droit, avant toute répartition de bénéfices sociaux entre actionnaires et porteurs de parts, de prélever l'intérêt des capitaux versés par eux ? Entre d'autres termes, la rémunération normale du capital versé par les actionnaires rentre-t-elle dans les frais généraux, dans le coût de production, ou est-elle comprise dans le passif qu'il faut déduire du revenu brut pour déterminer les bénéfices nets ?

1243. — Deux théories se partagent la doctrine. Nous les exposons sans prendre parti sur une question qui nous paraît être toute de fait et d'intention.

D'après un premier système (Wahl, *Les Parts de fondateur*, p. 24), le droit de prélever, avant tout partage de bénéfices, l'intérêt du capital de ce titre appartient à tout actionnaire, même dans le silence des statuts. Ce prélèvement est, en effet, dit-on, conforme à l'usage et à la justice. De plus, il constitue une dette sociale, puisque le capital dont il forme la rémunération figure au passif tel qu'il est exprimé dans le bilan de la société.

1244. — D'autres auteurs refusent, au contraire, l'exercice de ce prélèvement aux actionnaires qui ne peuvent se prévaloir d'une clause formelle de l'acte de société (Houpin, *J. S.*, 1898. p. 7, et *Traité*, n. 381, 395). L'action, en principe, ne confère qu'un droit : le droit aux dividendes. Dès lors, tant que la loi ou des conventions n'interviennent pas pour déroger à cette règle, pour ajouter à ce revenu indéterminé un revenu fixe, il n'y a pas lieu d'en admettre le bénéfice au profit des actionnaires, car ce serait violer à la fois le Code et les statuts qui ne prévoient pas ce prélèvement. En vain soutient-on qu'il constitue la rémunération d'une dette sociale. Quoique le capital versé par les actionnaires figure au bilan, le revenu qui lui est assigné n'est pas compris dans le passif social. Pourquoi ? Parce que ce revenu se résume toujours, même quand il se présente sous la forme d'intérêt, en une part de bénéfice net. La qualification d'intérêt est tout à fait impropre, car qui dit intérêt dit créance due en tout cas. Quand on stipule dans les statuts qu'il sera prélevé un intérêt à servir aux actionnaires, cette rémunération ne constitue qu'un premier dividende fixe. Il ne peut être réclamé que s'il y a des bénéfices suffisants. Donc la dette de prélèvement n'est pas une dette sociale. Elle suppose, en effet, pour naître, l'existence de bénéfices. Elle est une dette éventuelle. En d'autres termes, les actionnaires en avançant leurs capitaux sous forme d'achat d'actions ont renoncé tacitement à une rémunération autre qu'une quote-part de profits. Ils ne sont donc créanciers qu'éventuellement. Dès, lors, il ne peut s'agir, avant toute fixation et répartition de bénéfices, d'inscrire leur rémunération dans les frais généraux de la société, leur créance dans le passif normal. Ce prélèvement et cette inscription ne sont autorisés que dans des conditions tout exceptionnelles, en vertu d'une clause statutaire expresse, pour une période restreinte s'appliquant au début de la société (Voyez *infrà*, n. 1249).

1245. — La détermination des bénéfices est une œuvre fort délicate. Elle met en jeu des intérêts contraires Elle suppose une bonne foi, une attention, une honnêteté scrupuleuses. Parfois l'assemblée générale chargée de faire cette évaluation peut être prise en défaut. Nous verrons plus loin les actions qui protègent les porteurs de parts contre ces erreurs ou ces fraudes.

1246. — Voilà donc sur quels bénéfices s'opère le prélèvement des porteurs de parts, dont l'étendue naturellement déterminée par les statuts. Mais des événements peuvent survenir qui influent considérablement sur cette quote-part, et tantôt l'augmentent, tantôt la diminuent. Elle tendra à s'augmenter si le capital social est accru, car cet accroissement de capital amène le plus souvent un accroissement de bénéfices. Elle tendra, au contraire, à se réduire s'il y a diminution du capital.

Devra-t-on laisser ces résultats se produire, on ne devra-t-on pas assurer la fixité du prélèvement, en protégeant dans le premier cas les actionnaires contre les porteurs de parts, et dansle second cas les porteurs de parts contre les actionnaires ? C'est ce que nous examinerons dans la partie de notre étude consacrée aux garanties judiciaires des parts de fondateur.

1247. — Quelle est la durée des droits du titulaire de part ? Ils s'éteignent et se liquident au jour de la dissolution. En un mot, ils naissent et meurent avec la société dont ils dépendent. Dès lors, il paraît assez naturel, dans le silence des statuts, de décider que les prérogatives attachées aux parts de fondateur disparaissent si la dissolution avant terme est votée par les actionnaires, et subsistent si la société est prorogée au delà du temps fixé par les statuts.

La solution que nous proposons laisse, du reste, intacte une autre question que nous renvoyons à plus tard : celle de savoir si les porteurs de parts auront ou non droit à des dommages-intérêts en cas de dissolution avant terme, et s'ils pourront, sans fournir une compensation en retour, profiter de la prorogation.

1248. — La part dure donc jusqu'à la fin de la société. Comment le jour de la dissolution, procédera-t-on pour liquider le droit du fondateur et en quoi consistera-t-il exactement ?

Le titre de fondateur est une part de bénéfice, lequel ne peut donc être prélevé que sur l'actif net et après acquittement de tout le passif : engagements vis-à-vis des tiers, capital des obligations non amorties. etc. Rien de plus naturel. Une créance de bénéfice éventuel doit être primée par une créance de somme fixe, à revenu limité et déterminé d'avance.

Dans le passif qu'il faut déduire avant d'estimer les bénéfices nets provenant de la réalisation de l'actif social, doit-on compter le capital des actions ? Les actionnaires peuvent-ils, avant tout partage entre eux et les porteurs de parts, prélever le montant nominal de leur titre ? On l'admet généralement, et non sans raison suivant nous, car ainsi d'abord le veut la justice. Les actionnaires ont versé une somme d'argent, et il est équitable qu'ils rentrent dans leurs fonds avant d'avoir à subir le concours des fondateurs, qui, au contraire, n'ont rien déboursé.

Cette pratique est, du reste, conforme à l'usage des sociétés par, actions. Elle est consacrée par presque tous les statuts. C'est donc répondre à la volonté tacite des parties que de souscrire à une clause aussi habituelle.

1249. — Mais on s'est demandé si cette interprétation pouvait être écartée par les statuts. Est-il permis, par une convention formelle sur ce point, d'enlever aux actionnaires le droit de prélever, avant tout partage, le capital nominal de leurs actions, et de déclarer que la masse résultant de l'actif social net sera intégralement partagée entre les porteurs de parts et les actionnaires ?

Sur cette matière de graves dissentiments se sont produits.

Dans une première doctrine (En ce sens : Génevois, p. 167 ; Wahl, p. 26 ; Godin, *Des titres attribués aux fondateurs dans les sociétés anonymes*, p. 163), la clause portant renonciation des actionnaires au droit de prélever le capital nominal de leurs actions serait licite. On peut invoquer, d'abord, la liberté des conventions qui ne sont pas contraires à l'ordre public. Chaque homme peut renoncer aux droits consacrés à son profit, car ainsi il ne fait qu'user de sa liberté sans porter préjudice à autrui. Telle est précisément la situation des actionnaires. En abdiquant une partie des prérogatives attachées à leurs titres, ils exercent la liberté de disposition reconnue à tout propriétaire, sans causer de dommage, du reste, aux créanciers de la société qui seront toujours payés avant tout partage. Et, ajoute-t-on, la preuve que les actionnaires possèdent bien ce droit, c'est que pendant la duré de la société, ils usent d'un droit analogue. Tout le monde leur accorde la faculté de renoncer à prélever avant tout partage les intérêts de leur capital. Pourquoi leur refuserait-on celle de s'interdire le prélèvement de ce capital lors de la dissolution ? On n'aperçoit pas une raison suffisante de distinguer entre les deux hypothèses, car, dans les deux cas, la clause aboutit, dit-on, au même résultat favorable à la prospérité de l'entreprise, et qui consiste à augmenter les profits des fondateurs en restreignant ceux des actionnaires, avec le consentement de ces derniers, d'ailleurs.

On peut encore, en faveur de la validité de cette clause de renonciation, tirer un argument d'analogie de ce qui se passe dans la matière voisine des actions industrielles attribuées en représentation d'un apport industriel (crédit commercial, compétence technique). Ces titres n'ayant pas contribué à la formation du capital social, n'ont en principe, comme les parts de fondateur, droit qu'à une fraction de dividende, et non à une partie du capital de la société.

1250. — Cependant on admet qu'il en serait autrement en cas de clause contraire. Puisque, dès lors, les actionnaires peuvent admettre les actions industrielles au partage du fonds social pourquoi ne pourraient-ils traiter de la même manière les porteurs de parts ? L'argument semble d'autant plus probant que les actions industrielles peuvent, suivant une opinion vers laquelle nous penchons, être considérées comme de vraies parts de fondateur, ne différant de celles-ci que par la qualification employée.

Une objection, il est vrai, se dresse devant les auteurs dont nous résumons la doctrine. La clause de renonciation, peut-on dire, aboutit à reconnaître aux porteurs le droit au partage du fonds social. Or, c'est une faculté qui ne peut appartenir qu'aux actionnaires. La stipulation qui la consacre au profit de simples créanciers est donc frappée de nullité. Nos auteurs répondent en observant que la clause augmente seulement l'importance des bénéfices et de l'actif net, et ainsi accroît bien l'étendue de la créance ou part, mais sans en modifier la nature.

Voilà la première opinion.

1251. — Venons maintenant aux arguments invoqués pour établir la nullité de la convention par laquelle les actionnaires renoncent au droit de prélever, après la dissolution, le capital de leurs actions (Houpin, *Tr. des soc. civ. et comm.*, n. 451, et *R. S.*, janv. 1898, p. 9).

Il existe, dit-on, une grande différence entre cette convention et la clause par laquelle les actionnaires renoncent à prélever pendant le cours de la société les intérêts de leur capital. La renonciation n'est alors relative qu'à la distribution des bénéfices. Dans le premier cas, au contraire, elle touche à la répartition du capital social, et non plus seulement à ce qui excède ce capital.

Est-ce à dire cependant que la convention soit toujours inefficace ? Non : on en devra admettre la validité si elle laisse aux actionnaires une somme égale à leurs apports, accrue d'une portion de bénéfices.

Par exemple, la société a été fondée au capital de 500.000 francs. L'actif net comprend 800.000 francs. Les bénéfices doivent aller dans la mesure des trois quarts aux actionnaires, et du quart aux porteurs de parts. Les actionnaires, quoique ayant renoncé au droit de reprendre leur mise, touchent néanmoins une valeur (600.000 fr.) supérieure à leurs apports (500 000 fr.). La clause d'abandon du droit aux reprises est alors valable. Quoique relative en apparence à la répartition du capital, elle se trouve, en réalité, ne concerner que la répartition des bénéfices. Les résultats seraient différents et la solution opposée si l'actif était, au jour de la dissolution, égal ou inférieur aux apports. La convention aboutirait alors à permettre aux porteurs de participer au partage du capital social. Elle ne se présente, pas plus dans le fait que dans le droit, comme une clause de répartition de bénéfices. Elle est nulle.

Ce système de la nullité, admis dans le cas où la société n'est pas assez prospère pour assurer aux actionnaires une part supérieure à leurs apports, se heurte, il est vrai, à l'art. 1853 C. civ., qui décide en matière de société que les associés ayant fait un apport industriel peuvent, lors de la dissolution, participer avec les autres associés au partage du fonds social.

Mais on fait observer que les porteurs de parts ne sont pas des associés, ils sont de simples créanciers. L'art. 1853 n'a donc pas ici d'application. Il serait, du reste, injuste d'attribuer dans tous les cas une portion du capital social aux parts de fondateur. Si la société n'est pas prospère et n'a pas réalisé de bénéfices, c'est souvent que leurs services ont été peu utiles, leurs conseils maladroits, leur intervention molle et désordonnée. Ils ne méritent pas de récompense. D'ailleurs, on ne demande pas aux porteurs de parts de supporter les pertes. Il est inadmissible qu'on leur permette d'en profiter. Ils ne possèdent qu'un droit : le droit aux bénéfices éventuels. Le capital social, tant qu'il ne dépasse par les apports, n'est pas un gain, mais un objet dû aux actionnaires : il représente leurs apports, il leur appartient en toute propriété, dès le jour de la dissolution.

Enfin, la reconnaissance du droit au partage social au profit des porteurs de parts serait très dangereuse. Les parts de fondateur se créent bien plus facilement que les actions. Elles sont notamment affranchies de la plupart des règles des lois de 1867 et 1893. Est-il possible alors d'attacher aux parts une prérogative essentielle de l'action ? Non ; car ce serait permettre de tourner les lois dont nous parlons.

1252. — Nous pensons, quant à nous ; qu'il n'y a rien d'illicite à convenir dans le pacte social qu'en cas de dissolution les actionnaires et les porteurs de parts de fondateur viendront au partage de l'actif social. M. Houpin est revenu sur son opinion première, dans l'article qu'il a publié en 1899 au *Journal des Sociétés* (page 145), à l'occasion d'une affaire dans laquelle les statuts avaient prévu la possibilité pour l'assemblée générale des actionnaires de prononcer la dissolution anticipée de la société, et réglé dans ce cas les droits des porteurs de parts de fondateur, les fixant, pour éviter toute difficulté, à 15 0/0 du fonds social. M. Houpin a reconnu la validité d'une telle convention. La question a été d'ailleurs portée devant la Cour d'appel de Paris, qui a statué par un arrêt en date du 13 mars 1901 (*R. S.*, 1901.326).

c) Droit de négocier le titre.

1253. — Les formes de la négociation varient suivant que le titre est nominatif, à ordre ou au porteur.

Dans le premier cas, il se transmet par la voie du transfert, ou inscriptions apposées sur les registres de la société.

Dans le second cas, le procédé de cession est l'endossement, ou mention mise au dos du titre.

Enfin, quand il est au porteur, une simple tradition de la main à la main suffit pour en faire passer la propriété sur la tête du cessionnaire.

La négociation des parts, comme toute cession de valeurs mobilières, est grevée de taxes variables, sur lesquelles nous fournissons plus loin des renseignements.

Depuis la loi du 13 avril 1898 (art. 14), les parts de fondateur admises à la cote officielle sont enlevées à la coulisse ; elles ne peuvent être négociées que par des agents ne change.

1254. — Deux questions ont donné lieu à des controverses assez vives ; la première est relative aux effets de la négociation ; la seconde au moment à partir duquel elle est possible.

Passons successivement ces deux points en revue.

1255. — 1° *Quels sont des effets de l'aliénation ?* — Un titre est transmis ; les conséquences de ce transfert ne soulèvent pas de difficulté, lorsqu'il a pour objet des valeurs dont l'existence, la validité sont certaines. Alors, on applique les principes du droit commun sur la vente, la donation ou le legs.

Le problème devient plus délicat lorsqu'il s'agit d'une mutation à titre onéreux, antérieure à la formation d'une société qui plus tard ne se constitue pas comme on l'espérait. Quels sont alors les droits de l'acquéreur ? Aura-t-il droit au remboursement de la somme payée ?

Une série de distinctions nous paraît ici nécessaire. Plaçons-nous d'abord dans l'opinion de ceux qui considèrent la part comme une action. Ils doivent bien évidemment se prononcer pour la nullité de la négociation et pour le droit de l'acheteur à la restitution du prix payé ; car tant que la société n'est pas constituée, les titres ne peuvent en être valablement cédés (arg. des art. 1 et 2, L. de 1867).

Mais la part de fondateur n'est pas, à nos yeux, une action. C'est un simple droit de créance. On peut, dès lors, se demander s'il est possible de la vendre dès le jour où elle existe, et si l'aliénation restera valable dans le cas où la société ne se constituerait pas.

A la question ainsi posée, le tribunal de commerce de la Seine a répondu le 10 décembre 1895 (*J. S.*, 1898.542) par l'affirmative sans aucune distinction. C'est qu'en effet, comme nous allons le voir, la vente de la part de fondateur, considérée comme une créance de bénéfices éventuels, est permise à partir du moment même de sa création. Or, il n'est pas admissible qu'un acte pleinement efficace au jour de sa confection puisse être anéanti par un événement postérieur, que ni la loi ni la convention des parties n'ont érigé en condition résolutoire et en cause de nullité. Il est toujours permis de vendre une créance, et c'est bien là le caractère de la part de fondateur, laquelle, nous le répétons, constitue un droit sur des revenus éventuels. Ainsi pourrait se justifier le jugement du tribunal de la Seine.

1256. — La doctrine qu'il consacre n'est pas néanmoins unanimement admise. Des auteurs la considèrent comme trop absolue. Ils proposent une distinction, qui peut-être a le défaut d'ouvrir la porte à un pouvoir d'appréciation un peu trop arbitraire. Voici comment on la formule (Wahl, p. 21).

La validité de la vente de part est, dit-on, une question d'intention. La part, dans une société à établir, constitue en effet une chose future. Et il est bien certain qu'une chose future peut être cédée à titre onéreux. Mais on peut comprendre cette cession de deux façons différentes. La vente peut comporter plus ou moins d'aléas. Elle peut porter ou bien sur une pure chance, sur la chance à la fois de voir fonder la société, et de participer aux bénéfices si elle prospère ; ou bien seulement sur le droit aux bénéfices essentiellement aléatoires de la société une fois constituée.

Dans le premier cas, on court et on accepte la chance à la fois de ne pas voir naître la société et de ne pas la voir distribuer des bénéfices. On achète alors une *spes*. Dans le second cas, on subordonne tacitement la validité de la vente à l'existence de la société et on n'entend ne s'exposer qu'à une chance, à la chance de revenus nuls ou inférieurs à ceux qu'on attendait. On achète une *res sperata*.

Dans la première hypothèse, la vente de part sera valable si la société ne se constitue pas. L'acquéreur aura consenti à se soumettre au double risque de l'inexistence de la société et de l'inexistence des bénéfices. Il ne peut réclamer le remboursement du prix payé au porteur de part. Dans la seconde hypothèse, la vente est nulle. Elle était subordonnée à une condition tacite qui ne s'est pas réalisée. L'acheteur voulait bien s'exposer à ne pas toucher les revenus espérés, mais il n'entendait pas courir la chance de l'inexistence de l'établissement social. Lorsque cet événement se produira, cessionnaire pourra demander la restitution du prix touché à son cédant qui sans cela pourrait être accusé de le détenir sans cause.

1257. — Dans quel cas la vente de part dans une société future qui ne se constitue pas est-elle valable ? Dans quel cas est-elle nulle ? On ne peut, dans le système que nous exposons, donner de réponse absolue. C'est un problème de fait laissé à la libre appréciation des tribunaux. Cependant certaines circonstances nous paraissent devoir agir sur l'esprit des juges et attirer spécialement leur attention. Nous nous permettons de signaler notamment les suivantes, en les mentionnant sous toutes réserves.

Il nous semble, d'abord, que les juges devront, dans le cas où ils admettront la doctrine qui vient d'être exposée, se prononcer plus volontiers pour la validité de la vente lorsqu'elle a eu lieu à un prix très bas et notamment au-dessous du prix du marché révélé par la cote. La modicité même du prix touché constitue une présomption favorable au vendeur, et démontre chez le cessionnaire l'intention de courir le risque que la société ne se fonde pas.

Lorsqu'au contraire la part est vendue à un prix élevé, il paraît plus juste d'admettre que dans la commune intention des parties sa validité est subordonnée à la création de l'établissement projeté. C'est parce que l'acquéreur a entendu limiter sa mauvaise chance, c'est afin de s'assurer contre le risque de non-réalisation du projet de société qu'il a consenti à donner une somme égale ou supérieure au cours des titres cotés en Bourse ou en banque. Ce prix lui sera restitué si l'événement à l'accomplissement duquel il rattache l'existence de la vente ne se produit pas.

Une autre circonstance de fait devra influer, suivant nous, sur la décision des tribunaux qui adhéreraient à la doctrine éclectique dont nous résumons les conséquences. Ils auront à rechercher si l'acquéreur de parts de fondateur est un spéculateur, un professionnel, ou bien, au contraire, un homme du monde cherchant un placement.

Si la vente des titres a été faite à une personne dont la profession consiste à acheter des valeurs mobilières pour les revendre avec bénéfice, la négociation sera, toutes choses égales d'ailleurs, considérée comme valable.

Le spéculateur, en effet, à cause de sa profession même, doit être réputé vouloir s'exposer à tous les risques et les accepter. D'autre part, il est instruit du caractère absolument aléatoire de l'opération Il connaît tous les risques et les dangers de la Bourse ; il sait que la société créatrice des parts achetées peut ne pas se fonder. Aussi n'est-il pas téméraire de penser qu'il a voulu courir toutes les chances. Mais si, au contraire, l'acquéreur de parts dans une société future est une personne étrangère aux combinaisons financières, il faudra se montrer plus large dans l'admission de l'action en restitution du prix. Le simple particulier n'a pas, en effet, l'habitude des opérations aléatoires, et on ne doit pas admettre aisément son intention de se soumettre à de gros risques. On doit l'admettre d'autant moins qu'il les ignorera le plus souvent. La plupart du temps, on lui aura vendu un titre dont il ne connaissait pas exactement la nature, dont il ignorait même les conditions de constitution.

Mais toutes ces circonstances varient dans chaque cas, et il est impossible, ainsi que nous le disions plus haut, de formuler à cet égard une règle fixe. L'appréciation des tribunaux devra différer suivant les espèces qui lui seront soumises. Les raisons que nous venons d'indiquer ne peuvent servir que de guide, et nous ne saurions formuler trop de réserves sur la portée qu'il convient de leur attribuer.

Espèce spéciale : Il y a lieu au remboursement des parts si la société, ayant obligé un préposé, lors de son entrée en fonctions, à acheter un certain nombre de parts, en lui réservant le droit de présenter son successeur, met le préposé dans l'impossibilité de vendre ses titres à son successeur, en supprimant l'emploi alors que ces titres sont invendables sur le marché (Cass., 4 nov. 1901, *J. S.*, 1903, 208).

1258. — 2° *A partir de quel moment la négociation peut-elle avoir lieu ?* — Les parts sont-elles transmissibles avant la constitution de la société ? Sont-elles transmissibles avant le versement ? Sont-elles transmissibles avant que deux ans se soient écoulés depuis la création de la société ?

Ces trois questions, qu'il faut soigneusement séparer, présentent cependant ce point commun : elles doivent toutes, suivant nous, être résolues par l'affirmative.

D'abord, les parts peuvent être négociées sans qu'il soit besoin d'attendre que la société soit constituée. C'est l'opinion que nous avons par avance admise implicitement. Elle est la conséquence du caractère de créance que nous reconnaissons à la part de fondateur. Toute créance peut en effet être, suivant les procédés imposés par la forme qu'elle revêt, nominative, à ordre ou au porteur, aliénée du jour même de sa naissance. La doctrine contraire ne peut être soutenue que par ceux qui voient dans la part une variété de l'action.

1259. — Il est à peine nécessaire de noter que les parts peuvent être négociées sans qu'il y ait à se demander si un versement a eu lieu. La loi de 1867, subordonnant la transmission d'une action par les moyens autres que ceux de la cession civile au versement de la totalité si elle n'excède pas 25 francs (art. 1er), au versement du quart dans les autres cas (art. 2), ne saurait recevoir d'application ici. Les parts de fondateur, en effet, ne supposent pour leur existence et leur validité aucun versement ; elles n'ont pas de valeur chiffrée.

Reste une question fort délicate et fort importante : celle de savoir si la part de fondateur doit être assimilée à l'action d'apport, et s'il faut étendre à la part l'interdiction de négociation pendant deux ans à partir de la constitution de la société, qu'édicte pour l'action l'art. 2 de la loi du 1er août 1893.

La jurisprudence du tribunal de la Seine et de la Cour de Paris s'est avec raison prononcée en faveur de la négociabilité immédiate des parts de fondateur. La plupart des auteurs qui ont étudié la question se prononcent dans le même sens (Génevois, p. 185 et suiv. ; Faure, *Loi du 1er août 1893*, p. 65 ; Bouvier-Bangillon, *Législation nouvelle sur les sociétés*, p. 149 ; Vavasseur, *R. S.*, fév. 1895).

Enfin, les pratiques de deux grands services publics se déclarent implicitement favorables à la liberté de transmettre les titres sans délai. Nous voulons parler de la compagnie des agents de change et de l'administration de l'enregistrement.

1260. — Les agents de change prêtent leur ministère à la négociation immédiate. L'enregistrement, qui ne réclame pas *ab initio* l'impôt de transmission sur les actions d'apport créées depuis la loi du 1er août 1893, parce qu'elles ne peuvent être cédées avant deux ans, a exigé, au contraire, dès le début, la taxe d'abonnement sur les parts de fondateur. C'est donc que l'administration, aussi bien

que le parquet des agents de change, considère la négociation immédiate des parts comme régulière et légitime.

1261. — Cette opinion est-elle fondée ? Est-elle conforme au droit
et aux besoins pratiques ? Nous n'hésitons pas à répondre affirma-
tivement. Elle est d'abord conforme au texte. L'art. 2 de la loi de
1893 établit, en effet, un principe qui offre un caractère exceptionnel. L'interdiction de négocier constitue une dérogation au droit
commun, car elle porte atteinte au principe de la libre circulation
des biens. Cette disposition doit donc être interprétée littéralement,
*Exceptio est strictissimæ interpretationis. Pœnalia non sunt exten-
denda.*

Or, de quels titres parle-t-elle ? Voici les termes de l'article :

« Ces actions (représentant des apports) ne peuvent être détachées
de la souche et ne sont négociables que deux ans après la constitution définitive de la société. »

« Ces actions » : le législateur n'a donc pas pensé aux parts de fondateur. La part de fondateur, par conséquent, reste sous l'empire
du droit commun et des principes généraux. Elle est librement cessible.

Objectera-t-on que le terme « actions » embrasse aussi les parts ?
Nous avons déjà montré les différences essentielles qui séparent ces
deux valeurs mobilières. Dans le langage courant, du reste, la confusion qu'on prétend établir n'existe pas. Jamais on n'emploie une
expression pour l'autre. L'action ne désigne pas une part ; la part
ne désigne pas une action. Puisque l'art. 2 ne parle que des actions,
il est inapplicable aux parts, et celles-ci restent librement négociables, leur négociation n'étant interdite par aucun texte.

Ajoutons que la distinction posée par le texte est justifiée et s'explique admirablement. L'action, en effet, représente une fraction déterminée du capital social. Le souscription peut, dès lors, se plaindre si la valeur nominale de l'action qu'on lui vend 100 francs,
500 francs, 1.000 francs, ne répond pas à sa valeur intrinsèque.
Pour protéger les acquéreurs de titres négociables portant la mention d'une valeur chiffrée et présentée comme une portion du capital social réel, on comprend que le législateur intervienne et en
réglemente les conditions de négociabilité. Le petit capitaliste est
presque toujours porté à considérer les actions comme ayant une
valeur réelle égale à leur valeur sur le marché. La part de fondateur
ne porte pas, au contraire, sur le titre qui la matérialise, la mention
chiffrée de sa valeur intrinsèque. Cette incertitude des revenus

pousse l'acquéreur à s'informer de la valeur réelle et équivaut à une garantie contre des estimations frauduleuses. Le porteur de part court beaucoup moins de risques d'être trompé. Il n'a donc pas droit à une protection légale aussi vigilante.

1262. — Il existe une autre raison qui invite le législateur à se préoccuper des actions et qui ne se retrouve pas, au contraire, en ce qui concerne les parts de fondateur. Cette raison, c'est que le capital fourni par les actionnaires constitue dans les sociétés anonymes la garantie unique des tiers. Les tiers qui traitent avec la société comptent sur ce gage. C'est pourquoi on publie le montant de ce capital et celui des titres qui en représentent les fractions, les subdivisions.

La part ne fait pas, au contraire, partie du fonds social. Aussi n'est-elle pas soumise aux mêmes mesures de publicité. La répartition des bénéfices n'est pas obligatoirement portée à la connaissance des tiers, à la différence de ce qui se passe pour la répartition du capital. L'intérêt des tiers, ainsi que celui des souscripteurs, est donc beaucoup moins gravement menacé par les parts. On comprend, à ce point de vue encore, que la négociation de celles-ci soit entourée de précautions moins minutieuses.

1263. — On objecte qu'en permettant de négocier immédiatement les parts de fondateur, on fournit à la spéculation le moyen de tourner la disposition contre la négociabilité des actions d'apport pendant les deux années qui suivent la constitution de la société. On laisserait ainsi, dit-on, toute liberté à la double pratique des majorations d'apports et des cours surfaits, que la loi de 1893 avait pour but de prévenir. Les fondateurs pourraient aussi bien que par le passé tromper les créanciers et la société. Il ne leur est plus permis de se payer en actions d'apport ; ils demanderont alors le prix de leurs services en parts de fondateur d'une valeur supérieure à celle de leurs prestations réellement fournies ; et ensuite, après avoir, grâce à ce biais nouveau, majoré leurs apports et fait monter la part à des prix surfaits, ils s'empresseront d'écouler ces titres dans le public, avant que les actionnaires et les créanciers aient eu le temps d'agir en responsabilité et de demander la réparation du préjudice causé à la société et aux tiers par les agissements frauduleux des fondateurs.

Or, est-il possible que le législateur de 1893 n'ait pas songé à ce danger ? Il faut donc, à peine de le rendre illusoire en pratique, étendre l'art. 2 aux parts de fondateur.

1264. — Nous ne croyons pas cette objection fondée. Ce que la loi de 1893 a voulu empêcher, c'est l'exagération de la valeur des apports, c'est aussi que l'apporteur perde, au lendemain de la constitution de la société, tout intérêt personnel dans cette société. La majoration aboutit pour la société à la création d'un capital fictif et improductif qu'il faut néanmoins rémunérer, et pour les tiers à la constitution de titres traités et présentés à tort comme libérés en espèces, puisqu'ils sont, comme l'action, vérifiés par les assemblées constitutives.

Il ne nous paraît pas que la part de fondateur offre l'un ou l'autre de ces dangers. Quand on reçoit des parts de fondateur d'une valeur supérieure au chiffre réel, il n'y a pas à vrai dire majoration d'apport ; car ce n'est pas un capital qu'on reçoit, mais une simple part dans les bénéfices éventuels. Or, la répartition des bénéfices n'intéresse ni ne peut léser en principe les tiers ou créanciers sociaux, puisqu'ils ont droit à un revenu fixe et au remboursement de leur capital avant tout prélèvement exercé au profit des parts de fondateur. L'intérêt des actionnaires n'est pas davantage en jeu, il n'est pas compromis ; en effet, les parts ne sont bien souvent appelées à recevoir des bénéfices qu'après un prélèvement parfois fort élevé au profit des porteurs d'actions ; en outre, elles ne font pas partie du fonds social et ne grèvent pas la société d'un capital plus ou moins complètement fictif.

1265. — Soit, dira-t-on, le péril des majorations d'apports n'est pas à craindre, mais un autre abus est possible : il consiste dans la négociation de parts à des prix surfaits.

Nous répondrons d'abord que le péril ne présente peut-être pas toute la gravité qu'on affecte de lui reconnaître. La vente de parts à des prix surfaits sera beaucoup moins facile et moins fréquente que la vente d'actions. La valeur fixée à la part ne trouve pas, en effet, son point de départ et son appui, comme celle des actions, dans l'estimation officielle et chiffrée de l'assemblée constitutive. Les acquéreurs se laisseront moins aisément tromper, parce qu'ils savent que la valeur attribuée aux titres qu'ils achètent n'a pas été contrôlée au début par la réunion des actionnaires intéressés à ne pas l'élever au delà des bornes raisonnables.

Ce qui préviendra encore la hausse artificielle des parts, c'est qu'elles ne portent pas imprimée la mention du chiffre auquel elles ont été émises. L'acheteur considère toujours avec plus de méfiance et paye moins cher les titres à valeur anonyme et incertaine, les titres sans valeur nominale.

Le danger de négociations à prix surfaits est limité enfin parce que les parts, ne donnant droit qu'à des revenus fort aléatoires, payés seulement après l'intérêt des obligataires et généralement le prélèvement fixe des actionnaires, sont peu recherchées au début de la société.

Pour toutes ces raisons, il convient de ne pas exagérer le risque des négociations à prix surfaits.

Nous reconnaissons néanmoins qu'elles peuvent se présenter. Est-ce à dire que notre doctrine aboutisse à les déclarer légitimes ? Tel n'est pas notre sentiment. Si, à nos yeux, la loi de 1893 ne réprime pas cet abus, il paraît tomber cependant sous les dispositions du Code qui frappent toutes les manœuvres frauduleuses. On rentre ici dans le droit commun.

Contre la doctrine de la négociabilité immédiate des parts de fondateur, on objecte encore qu'un apporteur trouve dans cette faculté de cession sans délai un moyen commode de se soustraire à ses obligations. Ainsi, il peut s'abstenir de fournir les services qu'on attendait de lui et se désintéresser de la société avant même qu'elle ait été constituée. Pour cela, il lui suffit de vendre ses parts.

Nous estimons qu'ici encore l'objection ne porte pas. Pour qu'elle fût probante, il faudrait supposer que le porteur de part possède de plein droit des pouvoirs de direction et de contrôle sur les affaires sociales. Or, il n'en est rien, tout au moins aux yeux de la doctrine la plus générale et de la jurisprudence. Le fondateur est en principe dépourvu de tout droit d'immixtion dans la conduite de la société. Lorsqu'il la quitte, on ne peut lui reprocher de se soustraire à une tâche qui ne lui est pas imposée, de refuser un concours qui ne lui est pas demandé.

Nous raisonnons, bien entendu, au point de vue strict de la qualité de *fondateur* et en dehors de toute stipulation des statuts qui l'obligerait à un concours personnel dont la durée serait déterminée.

1266. — Il n'existe donc pas d'inconvénient sérieux à la négociabilité des parts de fondateur. Aucun texte ne l'interdit. Elle doit, par conséquent, être reconnue. Elle offre une grande utilité pratique ; car elle permet ainsi au fondateur pauvre de tirer immédiatement parti des titres rémunérant les services rendus à la société.

Du reste, serait-il logique de proclamer incessible la part de fon-

dateur matérialisée dans un titre, alors que tout le monde admet
(Génevois, p. 192) la négociabilité immédiate du droit à une part de
bénéfices éventuels lorsque ce droit n'est pas représenté par un titre.
Un droit, négociable tant qu'il n'est pas incarné dans un morceau
de papier, cesserait de l'être dès qu'il est représenté par un titre
matériel ! Est-ce soutenable ?

1267. — A quoi bon, d'ailleurs, défendre aux fondateurs de transmettre leurs droits dès le début même de la société ? Si cette interdiction était consacrée, ils auraient inévitablement, pour tirer sans
délai argent de leurs apports, recours à un procédé qu'on ne peut
condamner, puisqu'il est conforme à la loi. Ils demanderaient la
rémunération de leurs services en obligations, lesquelles sont, tout
le monde l'admet, immédiatement négociables.

SECTION VI

GARANTIES OU SANCTIONS DES DROITS DU PORTEUR.

1268. — Le fondateur jouit de droits étendus. Comment en assu-
rera-t-il le respect ? Quels procédés emploiera-t-il pour faire valoir
et exercer ses prérogatives ? Les bénéfices qu'il prélève sont fixés par
l'assemblée générale des actionnaires. Pourra-t-il y prendre part, ou
tout au moins y assister, et avec quels droits ? La détermination des
bénéfices repose sur les chiffres de l'inventaire et du bilan. Le porteur de part soucieux de ses intérêts aura-t-il la faculté d'exiger la
communication des livres, ou du moins de demander aux tribunaux
la nomination d'experts chargés de les vérifier ? Le montant des
bénéfices attribués au titulaire de part varie avec la durée de la
société et dépend de la façon dont les revenus ont été distribués.
Sera-t-il, au cas d'irrégularité, admis à agir contre la société, contre
les administrateurs, contre les délibérations de l'assemblée, et par
quelles actions ? Voilà les trois ordres de questions que nous devons
étudier.

a) Le porteur de part peut-il être admis à l'assemblée générale ?

1269. — Il est permis d'abord de reconnaître au porteur le droit
d'assistance pure et simple, sans voix consultative ni délibérative.
On peut aller plus loin et songer à lui attribuer le droit d'assister à
l'assemblée générale avec voix consultative ; et enfin, augmentant

encore ses pouvoirs de contrôle, on peut vouloir l'admettre à l'assemblée en lui donnant le droit de vote, ou voix délibérative.

1270. — Ces diverses faveurs n'existent pas de plein droit au
profit des fondateurs (Paris, 14 janv. 1895, S. 95.2.180 ; — 16 juill.
1896, S. 98.2.89, D. 99.2.361 ; — Lyon, 12 nov. 1900, *Le Droit*, 24 fév.
1901 ; Thaller, *R. crit.*, 1887, p. 219 ; Lyon-Caen et Renault,
n. 660 *bis* ; Wahl, n. 16). Mais peuvent-elles du moins leur être
accordées par les statuts? Est-il possible d'ouvrir aux porteurs de
parts les portes de l'assemblée, soit purement et simplement, sans
voix consultative ou délibérative, soit avec voix consultative, soit
avec voix délibérative?

1271. — Tout le monde reconnaît la légitimité de la première
mesure : une assemblée générale n'est en aucune manière secrète, et
les divers intéressés peuvent y être admis comme assistants purs et
simples. La présence des bénéficiaires de parts forcera l'assemblée
des actionnaires et son président à délibérer plus impartialement,
plus froidement, et permettra en même temps aux fondateurs de
mieux connaître, comprendre et contrôler les changements dans les
statuts, les décisions des administrateurs, les actes de la société.
C'est une garantie qui s'ajoute aux moyens d'investigation mis par
la loi de 1867 à la disposition de toute personne, c'est-à-dire aux
annonces publiées dans les journaux, aux documents déposés dans
les greffes, au droit d'obtenir copie des statuts et communication
des feuilles de présence.

La clause accordant voix consultative aux bénéficiaires de parts
est-elle légitime? Nous penchons pour l'affirmative. La faculté d'assister à l'assemblée générale ne constitue qu'un moyen de contrôle
fort imparfait, tant qu'on n'y joint pas la faculté de prendre part à
la discussion, de présenter des observations (*Contrà* : Génevois, *R.
trim.*, 1897, p. 46 ; Percerou, p. 209).

C'est un droit insuffisant, d'abord, pour les bénéficiaires de parts,
car ils se trouvent dans l'impossibilité de combattre par la parole les
motions dangereuses pour leurs intérêts et l'avenir de l'entreprise. Le
droit d'assistance pure et simple constitue aussi un droit insuffisant
pour la société, puisque la société ne peut, sur les points mêmes où
la compétence des porteurs de parts est le plus parfaitement établie,
faire appel à leurs lumières. Ils sont condamnés, spectateurs im-
puissants, à voir l'erreur, l'ignorance ou la mauvaise foi se déchaîner
et se donner libre carrière sans pouvoir opposer leurs réflexions
comme une digue à ces débordements.

1272. — Ce système ne cause pas seulement préjudice à la société et aux fondateurs. Il pèche contre la logique à un double point de vue. Un des principaux services rendus par les titulaires de parts consiste, en effet, dans les conseils fournis au directeur de la société. Le lecteur aperçoit, dès lors, la contradiction qui résulterait du refus de la voix consultative aux bénéficiaires de parts. On aboutirait ainsi à leur permettre d'aider par leurs indications les administrateurs, tant qu'ils n'ont pas encore pénétré dans l'assemblée générale et jusqu'à la porte de la salle où elle se réunit ; mais, aussitôt le seuil franchi, les conseils devraient s'arrêter, ou du moins n'être plus prononcés qu'à voix basse. Ainsi : conseils dans la rue, pratique louable ; conseils dans la salle, pratique illégale ; conseils dans la salle à voix basse, pratique tolérée ; conseils à voix haute, profitables à tous, par conséquent, pratique condamnée !

N'avions-nous pas raison de ne voir qu'un tissu de contradictions ? Ajoutons que les statuts ou l'assemblée générale convoquent souvent des tiers à la réunion en leur donnant voix consultative. Est-il logique d'admettre les étrangers et d'écarter les porteurs de parts ? L'avis de ceux-ci n'est-il pas souvent fort important à connaître ?

1273. — Cette doctrine autorisant la participation des porteurs de parts aux délibérations de l'assemblée générale rencontre cependant des adversaires (Génevois, p. 173). Pour eux, elle aboutit à établir une confusion entre les prérogatives des actions et celles des parts, et à permettre aux titulaires de ces dernières de s'immiscer complètement dans la direction de la société. Le vote et l'avis « sont sinon indivisibles, du moins tellement mélangés, la pression des porteurs de parts pourrait agir si fort sur la décision finale, qu'il n'y a nulle exagération à dire que l'admission des parts aux assemblées avec voix consultative empiéterait sur le droit exclusivement réservé aux actions. Prendre part, en vertu d'un droit statutaire, aux travaux et aux discussions de l'assemblée même en s'abstenant de voter, constituerait une immixtion contraire à l'esprit et à la lettre de la loi de 1867 » (Génevois, p. 173).

1274. — Nous pensons toujours, conformément à l'opinion que nous avons émise dans notre *Traité des parts de fondateur*, que les porteurs de parts de fondateur peuvent être admis, en vertu d'une clause des statuts et aux conditions déterminées par le pacte social, à participer aux délibérations des assemblées générales, de même que les statuts pourraient autoriser les obligataires à prendre part aux assemblées avec voix consultative et même voix délibérative (Lyon-Caen et Renault, n. 844).

Il n'y a rien là de contraire à des dispositions d'ordre public.

M. Houpin, dans l'opinion contraire, soutient que notre doctrine méconnaît le caractère des dispositions de la loi de 1867, aux termes desquelles les assemblées générales doivent être composées d'actionnaires, c'est-à-dire de ceux qui ont contribué à la formation du capital.

« La loi parle d'actionnaires, dit-il, et fixe la quotité du capital qu'ils doivent représenter pour la validité des assemblées ordinaires et extraordinaires. Elle n'a donc en vue que la représentation du capital social. La qualité d'actionnaire est donc nécessaire pour être admis à faire partie de l'assemblée générale. La présence d'étrangers pourrait déplacer la majorité et la combinaison de la loi serait entièrement détruite. Donc, les porteurs de parts de fondateur n'étant pas des actionnaires ne peuvent, pas plus que les obligataires, faire partie des assemblées générales. » (Conf. Wahl, *J. S.*, 1897.199 ; Lecouturier, p. 256 ; Thaller, n. 644 ; Génevois, *Nouveau régime des sociétés*, p. 162.)

M. Houpin (*J. S.*, 1900.145) ajoute que les porteurs de parts ne pourraient avoir le droit d'assister aux assemblées générales, même comme conséquence de la conversion des parts en actions de jouissance, après l'amortissement des actions de capital.

M. Wahl (*J. S.*, 1899.200) admet cependant un tempérament à la rigueur de sa doctrine et il reconnaît qu'on pourrait accepter la présence des porteurs de parts aux assemblées générales en leur accordant voix consultative.

Génevois (p. 172), Gaudin (n. 168), Percerou (n. 209) poussent leur doctrine jusqu'à la plus extrême limite et trouvent dangereuse l'ingérence des parts de fondateur dans les assemblées générales et dans le contrôle de l'administration de la société.

1275. — Pour nous, la solution favorable à la participation des fondateurs aux décisions de l'assemblée générale semble conciliable avec la doctrine suivant laquelle la part constitue un droit de créance. Il suffit pour cela de remarquer que la loi n'interdit pas d'ouvrir la porte d'une assemblée générale à des tiers qui ne sont pas actionnaires.

1276. — C'est ainsi que des auteurs fort estimés reconnaissent que les obligataires pourraient, en vertu d'une clause formelle des statuts, participer avec voix délibérative ou consultative à ces assemblées. Il en doit, suivant nous, être de même en ce qui concerne les fondateurs. Les parts sont souvent remises aux entrepreneurs, aux inventeurs, aux organisateurs qui prêtent leur concours à l'établissement de la société. N'est-il pas souvent utile de leur laisser une place dans la direction ? Ne faut-il pas leur fournir un moyen d'opposer aux influences sans raison l'influence de la raison et de prévenir l'adoption de mesures désastreuses ?

1277. — La faculté reconnue aux statuts d'attribuer le droit de vote aux porteurs de parts permet ainsi de contrebalancer les tendances des spéculateurs, souvent fort dangereuses pour la bonne gestion des affaires sociales, par l'action des ingénieurs et des techniciens, presque toujours plus pondérée, plus froide.

1278. — On soutient, il est vrai, qu'il serait périlleux de donner aux porteurs de parts une place dans les assemblées générales, car, dit-on, « quoiqu'ils aient, d'après l'opinion générale, le droit de concourir, après la dissolution de la société, à la répartition de l'actif social, ils ont intérêt à obtenir, lors des répartitions annuelles, la plus grande part possible des bénéfices, et par suite, à enfler les sommes à répartir au détriment des réserves et au préjudice de la bonne administration ; car, lors de la dissolution de la société, les actionnaires, avant tout partage avec les porteurs de parts, prélèvent le capital de leurs actions, et ce prélèvement est lui-même précédé par le remboursement des créances des obligataires ». (Wahl, note précitée, sous Paris, dans Sirey, 98.2.91, 3ᵉ col)

1279. — Cette objection est sans doute très sérieuse en apparence. Mais elle perd sa force si on se rappelle que le droit de voter n'est accordé aux porteurs de parts de fondateur que si ce droit n'a pas paru dangereux aux rédacteurs des statuts.

1280. — Un autre avantage de la doctrine autorisant la stipulation statutaire du droit de vote au profit des bénéficiaires de parts, c'est que celles-ci seront de plus en plus recherchées et estimées. Leur utilité déjà si considérable pour la société qui trouve ainsi le moyen de payer des services sans rien débourser, est dès lors doublée.

1281. — Objectera-t-on à notre système que la part de fondateur n'est pas comprise dans l'actif social et n'a pas contribué à le former, et que, dès lors, il est inadmissible que des personnes étrangères à toute responsabilité puissent agir directement sur l'administration ? Nous remarquons d'abord que cette objection nous est présentée par des auteurs qui permettent aux statuts ou à l'assemblée générale d'y convoquer les porteurs de parts en leur donnant voix consultative.

Or la concession du droit de prendre part à la discussion n'entraîne-t-elle pas nécessairement celle du droit de prendre part au vote ? La discussion et le vote constituent, nous l'avons déjà observé, des opérations indivisibles. Il y aurait défaut de logique à admettre le premier point et à repousser l'autre.

1282. — Du reste, des commentateurs très estimés reconnaissent, ainsi qu'il a été dit, que les obligataires peuvent être admis par les statuts à voter dans l'assemblée générale. Pourquoi ne pas étendre la même solution aux porteurs de parts ? La distinction sur ce point serait d'autant moins explicable que les porteurs de parts courent des risques plus grands et offrent souvent des garanties de compétence plus profonde que les porteurs d'obligations. Les intérêts des porteurs de parts sont plus exposés, puisqu'ils sont simplement créanciers de bénéfices éventuels. Ils ne jouissent pas, comme les obligataires, d'un revenu fixe, indépendamment de tous les aléas de l'entreprise. À un second point de vue, leur droit de vote se justifie encore plus pleinement que celui des créanciers ordinaires. Mêlés, en effet, à la fondation de la société, les porteurs de parts sont en excellente posture pour agir sur sa direction. Ils possèdent une capacité financière ou technique souvent très supérieure à celle des obligataires. C'est donc par *a fortiori* qu'il faut étendre aux bénéficiaires de parts la prérogative admise pour les obligataires.

1283. — La jurisprudence tend à reconnaître, en tout cas, que le fait par le fondateur d'une société anonyme de rémunérer le concours de certains actionnaires en disposant en leur faveur d'une partie des parts de fondateur à lui attribuées personnellement, ne peut faire considérer ces actionnaires comme privés de voix délibérative pour l'approbation des apports (Trib. com. Seine, 18 avr. 1898, *La Loi*, 12 mai 1898).

1284. — Nos adversaires prétendent, il est vrai, que nous aboutissons ainsi sur ce point spécial à confondre l'action et la part. C'est une erreur ; car ce n'est pas à titre de droit *légal*, mais à titre de droit *conventionnel* que nous attribuons le vote aux porteurs de parts. Dans le silence des statuts, le droit de vote leur est refusé ; il n'existe que lorsqu'une clause formelle le consacre. La différence entre l'action et la part, même dans la question de la participation à l'assemblée générale, subsiste donc très profonde.

1285. — Ce caractère conventionnel de la faculté de vote admise au profit des bénéficiaires de parts nous donne aussi la solution d'une difficulté que les partisans de l'opinion contraire ont fait valoir contre nous. On dit : Le système autorisant la concession du droit de vote aux porteurs de parts de fondateur ne saurait fonctionner en pratique. Les délibérations sont prises à la majorité, et la majorité se calcule à la fois sur le nombre des actionnaires et sur le nombre des actions. Or, comment établir le montant d'une part de fondateur, puisqu'elle n'a pas de valeur nominale, comment calculer la majorité nécessaire à la validité des opérations ? (Wahl, p. 22, et note précitée, sous Paris, S. 98.2.91.)

Mais on oublie, nous semble-t-il, que la difficulté sera précisément résolue par la clause des statuts qui accorde voix délibérative aux porteurs de parts. L'objection ne porterait que si cette prérogative leur était conférée de plein droit. Or, il n'en est rien, et nous ne l'admettons qu'en vertu d'une stipulation expresse des statuts sociaux.

b) Le porteur de part peut-il obtenir la communication ou la vérification judiciaire des documents sociaux ?

1286. — Le porteur de part est rétribué par une fraction des bénéfices sociaux. Comment connaître le montant de ceux-ci ? Comment savoir si la détermination en a été faite sur des bases rationnelles, s'ils n'ont pas été diminués de mauvaise foi par une dissolution anticipée et sans raison, par une délibération exagérant les frais généraux, etc. ?

Pour être renseigné sur tous ces points, il faut recourir aux livres de la société, ou à leur résumé plus ou moins étendu résultant de l'inventaire et du bilan. Tout porteur de part peut-il prendre connaissance de ces documents sociaux, et par quels procédés ?

1287. — Deux conceptions sont en présence. D'après l'une, le porteur aurait le droit d'exiger la communication personnelle des écrits qui l'intéressent. D'après l'autre, il lui serait seulement permis d'en demander la communication au profit des arbitres chargés par les tribunaux de vérifier le chiffre des bénéfices.

1288. — Le premier système est généralement écarté par ceux du moins qui voient dans le porteur de part un créancier. Il ne doit pas, dit-on, avoir une situation meilleure que celle de l'obligataire. Or, l'obligataire ne peut exiger la communication.

A cet argument d'analogie tiré des règles applicables à l'obligataire, on ajoute un autre argument d'analogie tiré de ce qui se passe pour l'ouvrier ou employé admis à participer aux bénéfices du patron. La Cour de cassation lui refuse la communication des livres du patron (Cass., 26 déc. 1866, S. 67.1.307).

Enfin, on ajoute qu'un créancier ne peut pas, en règle générale, prétendre avoir le droit de compulser les livres de son débiteur. Décider le contraire, c'est porter atteinte au principe de l'inviolabilité de la propriété, c'est forcer le commerçant ou l'industriel à renseigner le premier venu sur l'état de ses affaires. Ce serait là une mesure d'inquisition vexatoire. Le bénéficiaire de part ne possède qu'un moyen de contrôle sur la marche de la société : c'est le droit d'obtenir des tribunaux la nomination d'experts qui examineront les documents.

1289. — Tel n'est pas cependant l'avis de quelques auteurs (Génevois, p. 172). Suivant eux, le porteur aurait le droit d'exiger la remise entre ses mains des bilans, des comptes de profits et pertes, enfin des résolutions de l'assemblée générale. Ce droit ne dérive pas de la loi de 1867. Il est, dit on, le corollaire de l'action en reddition de comptes, et de là il résulte qu'à la différence des actionnaires, le porteur de part ne peut exiger la communication des livres qu'après l'assemblée générale annuelle. Ensuite, ce n'est pas par une simple ordonnance de référé, c'est par un vrai jugement que les tribunaux devront statuer sur sa demande. Enfin la question de savoir quelles sont les pièces à communiquer est remise au pouvoir discrétionnaire des juges. Cette doctrine, très favorable au porteur de part, s'appuie sur la différence très profonde existant entre les créanciers ordinaires et le créancier de bénéfices éventuels. La personne dont la rémunération est proportionnelle aux revenus de l'entreprise doit posséder des garanties plus étendues sur le point qui la concerne qu'un obligataire dont le profit fixe ne dépend en aucune façon du résultat des affaires sociales ; car la fraude relative à la détermination des bénéfices entraînerait des conséquences particulièrement graves pour le porteur de part, et même pourrait aboutir à la suppression complète du gain sur lequel il est en droit de compter comme récompense de ses efforts. Voilà pourquoi on est conduit à faire au créancier de bénéfices éventuels une condition plus favorable qu'à l'obligataire ou créancier de revenus fixes.

c) Le porteur de part peut-il agir contre la société ou ses représentants ?

1290. — La participation à l'assemblée générale permet au porteur de part de défendre ses intérêts. La vérification par des experts ou la consultation personnelle des documents sociaux facilite la connaissance des bénéfices de l'entreprise. Ces garanties sont-elles les seules ? Non. Il ne suffit pas que le bénéficiaire de part puisse prévenir l'atteinte préjudiciable à ses droits ou établir l'étendue de ceux-ci. Il faut au procédé préventif de l'assistance à l'assemblée générale, au procédé de contrôle résultant de l'examen personnel ou par intermédiaire des livres, joindre un procédé répressif ; il faut mettre à la disposition du porteur les actions nécessaires pour obtenir la réparation du préjudice qui lui est causé par la constitution irrégulière de la société, par les délibérations des assemblées d'actionnaires, par les agissements des administrateurs. De là trois espèces d'actions : l'une ayant pour objet d'obtenir la nullité de la société ; l'autre tendant à contraindre les administrateurs au payement d'indemnités compensatrices du préjudice causé aux bénéficiaires de parts ; la dernière enfin, visant soit à réclamer des dommages-intérêts aux associés coupables d'avoir supprimé ou réduit par leurs délibérations la part des porteurs soit même à annuler ces délibérations.

Nous allons étudier successivement ces trois actions

1291. — a) *Action en nullité de la société.* — La société est constituée irrégulièrement : par exemple, les règles de la loi relatives à l'approbation des apports n'ont pas été observées ; le porteur de part même postérieur à la constitution, pourra-t-il demander la nullité ? Oui a répondu avec raison le tribunal de commerce de la Seine, le 12 août 1891 (*R. S.*, 1891.558). Le jugement, il est vrai, a été infirmé le 3 mars 1896 par la Cour (V. notre *Traité des parts de fondateur*, p. 144) ; mais l'arrêt ne s'est point fondé sur l'irrecevabilité de l'action : il porte que l'irrégularité sur laquelle cette action était basée n'existait point. L'argument décisif établissant le droit pour le porteur à l'action en nullité se déduit de l'art. 41 de la loi de 1867, concédant cette action à tous les intéressés sans distinction.

Des fins de non-recevoir peuvent du reste se présenter, qui feront tomber l'action en nullité. Celle-ci cesse d'appartenir au porteur de part (art. 8) si la cause de nullité résidant dans le vice de constitution n'existe plus au jour de la poursuite.

On s'est demandé s'il n'y aurait pas lieu d'admettre une autre cause de déchéance, et s'il ne faudrait pas refuser l'action en nullité contre une société en liquidation, lorsqu'il est établi que la ruine de l'entreprise n'est pas due au vice constitutif de la nullité.

M. Wahl (p. 28) estime que le porteur conserve le droit d'agir quoique l'événement ou l'irrégularité qu'on invoque comme cause de nullité n'ait pas eu d'influence sur l'insuccès de la société. La nullité une fois prononcée, le porteur pourra en effet, réclamer des dommages-intérêts aux auteurs du fait entraînant l'annulation. L'action en nullité lui est donc utile. Elle doit lui être reconnue.

La Cour de Paris, dans l'arrêt précité du 3 mars 1896, a refusé l'action au porteur de part alors qu'il était établi : 1° que la société était dissoute ; 2° que la nullité était étrangère à la ruine de la société. La Cour a pensé qu'en pareil cas le porteur n'avait aucun intérêt à faire prononcer la nullité. On objecte cependant que l'exercice de l'action en nullité offre l'avantage de permettre d'agir plus tard en responsabilité contre les administrateurs. Mais cet argument est-il vraiment décisif ? L'action en responsabilité n'existe quesi on peut établir une relation de cause à effet entre la fraude et le préjudice causé. Elle existe uniquement dans le cas où cette preuve peut être administrée. Ceci admis, nous ne voyons pas quelle facilité nouvelle l'exercice de l'action en nullité procure au porteur sur le point d'intenter l'action en responsabilité ; car, de deux choses l'une ; ou bien il peut établir l'existence d'un préjudice subi du fait de l'administration, et alors le porteur peut agir sans avoir besoin d'intenter auparavant une action en nullité ; ou bien il n'y a pas de dommage causé, et le porteur ne peut poursuivre, même quand il aurait fait déclarer la société nulle et de nul effet. On ne peut pas, en effet, réclamer une indemnité à un administrateur dont la faute, consistant dans une irrégularité commise au moment de la constitution, n'a produit — et c'est le cas ici — aucun résultat dommageable, puisque ce n'est pas à elle que remonte l'échec de la société.

1292. — b) *Action en indemnité contre les représentants de la société.* — Une société est annulée. La cause de nullité est imputable aux administrateurs. Il y a là un préjudice causé aux porteurs de parts. Ils sont privés de bénéfices sur lesquels ils pouvaient compter. Le représentant de la société doit porter la peine de sa faute. Il sera condamné à des dommages-intérêts. Le porteur puise son droit d'action dans le texte très formel à cet égard de l'art. 42 de la loi de 1867, qui l'accorde aux tiers. Ce recours en responsabilité, depuis la loi du 1ᵉʳ août 1893, se limite aux dommages causés par l'annulation. L'étendue de ce préjudice sera évaluée d'après des règles que nous nous réservons de développer en parlant des actions dirigées contre les délibérations de l'assemblée ayant supprimé ou réduit injustement la part des bénéfices éventuels des porteurs. L'action en indemnité est soumise aux causes de déchéance des art. 8 et 42.

1293. — c) *Actions en dommages-intérêts contre les actionnaires.*
— Les parts de fondateur ne constituant pas des actions, les porteurs n'ont pas le droit de s'immiscer dans l'administration des affaires sociales, ni, *en principe*, de prendre part aux délibérations
des assemblées générales. C'est aux actionnaires qui représentent
l'être moral qu'appartient le droit d'administrer par leurs mandataires et de contrôler par eux-mêmes les actes de ces mandataires.

1294. — Mais si, en principe, les résolutions votées par l'assemblée générale sont opposables aux parts de fondateur, il faut immédiatement ajouter que les actionnaires n'ont pas le droit de porter
atteinte aux stipulations des statuts et, par voie de conséquence, aux
droits que puisent dans les statuts les porteurs de parts de fondateur.

1295. — Si l'assemblée générale, méconnaissant les termes de la
charte sociale, prend des résolutions portant atteinte aux droits statutaires des porteurs de parts de fondateur, ceux-ci peuvent s'adresser à la justice pour obtenir la réparation du préjudice qu'ils éprouvent (V. Paris, 16 juill. 1896, *J. S.*, 1896.414 ; — Trib. com. Seine,
8 fév. 1908, *R. S.*, 1909.111).

Il faut aller plus loin et dire que les porteurs de parts ont le droit
en leur qualité d'intéressés et par application de l'art. 41 de la loi de
1867, de demander la nullité des délibérations des assemblées générales des actionnaires qui seraient viciées, soit en la forme, par
exemple par défaut de quorum, soit au fond, comme ayant violé
les statuts ou la loi (V. Wahl, note S. 98.2 91 ; — Cass., 3 avr. 1892,
S. 93.1.33, et la note de M. Meynial).

Voir sur ce point l'arrêt magistral rendu par la Cour de Paris le
8 juin 1901, sous la présidence de M. Berr (S. 02.3.25, note Wahl ;
— Cass , 8 déc. 1902, rejetant le pourvoi formé contre cet arrêt, D.
03.1.43.

Si l'assemblée a approuvé la distribution de dividendes fictifs sur
le vu d'écritures émanées du conseil d'administration et vérifiées
par les commissaires aux comptes, la responsabilité en retombe sur
ceux qui ont dressé les bilans, vérifié les écritures et rendu les
rapports (Seine, 26 juill. 1902, *R. S.*, 1903.113).

1296. — L'assemblée générale des actionnaires a le droit de modifier les statuts de la société d'une façon très large, depuis la loi
du 22 nov. 1913. — Déjà la loi du 16 nov. 1903 avait conféré à
l'assemblée générale des droits étendus.

Mais, même depuis ces lois, nous persistons à croire qu'elle ne peut, par ses délibérations, porter atteinte aux droits résultant des statuts au profit des parts de fondateur, et notamment réduire ou anéantir la fraction attribuée à ces parts dans les bénéfices (13 nov. 1899, *J. S.*, 1900.135 ; Trib. com. Seine, 8 fév. 1908, *J. S.*, 1908.518).

Elle ne pourrait, par exemple, d'après cette dernière décision, anéantir le droit qui appartient aux parts de fondateur de souscrire des actions au pair. Des délibérations ainsi prises n'auraient aucun effet juridique.

1297. — Mais lorsque les statuts ont expressément prévu que les porteurs de parts de fondateur n'auront droit aux bénéfices qu'après un prélèvement sur ces bénéfices pour la constitution d'un fonds de prévoyance dont l'assemblée générale a la libre disposition, les sommes ainsi versées à ce fonds de prévoyance représentent des bénéfices réservés sur lesquels les porteurs de parts n'ont aucun droit même éventuel ; par suite, un porteur de parts est mal fondé à critiquer la délibération de l'assemblée générale qui a voté ce prélèvement (Paris, 7 août 1907, *J. S.*, 1909.60).

Jugé que les porteurs de parts de fondateur ont en principe, comme les actionnaires, le droit de demander la nullité des délibérations qui excèdent les pouvoirs de l'assemblée générale.

Est donc recevable la demande d'un porteur de parts de fondateur tendant à l'annulation d'une délibération de l'assemblée générale excédant d'après lui, les pouvoirs de celle-ci et constituant une modification des statuts portant atteinte au droit des porteurs de parts dans la répartition des bénéfices, alors d'ailleurs qu'aux termes du pacte social les porteurs de parts peuvent s'opposer aux modifications statutaires présentant ce caractère.

On doit considérer qu'il y a atteinte au droit des porteurs de parts dans la répartition des bénéfices, du fait du changement apporté aux statuts, quand bien même la part bénéficiaire resterait fixée au même pourcentage et que la proportion demeurerait la même, dès l'instant où le capital sur lequel cette proportion doit être calculée est complètement modifiée. — Vainement la société défenderesse soutiendrait que l'assemblée générale avait le droit d'opérer les modifications critiquées, sous prétexte que celles-ci ne touchaient pas à l'objet essentiel de la société et étaient commandées par des circonstances exceptionnelles.

D'une part, et en admettant, malgré l'interdiction formelle spécifiée au pacte statutaire et les dispositions de l'art. 1134 C. civ., ce principe, celui-ci ne pourrait être invoqué qui si les nouvelles mesures adoptées étaient imposées par des circonstances exceptionnelles. Or, celles-ci, à défaut de preuve, ne peuvent être présumées exister, alors surtout que la situation prospère de la société résulte des constatations du rapport du conseil d'administration lu à l'assemblée générale dont la délibération est attaquée.

D'autre part, il est de principe que le mode de répartition des bénéfices touche aux bases essentielles de la Société et ne peut être modifié sans l'assentiment unanime des intéressés.

Vainement encore la Société défenderesse allègue que la délibération critiquée n'a pas rompu l'égalité entre les actionnaires et les porteurs de parts. Il est sans intérêt de rechercher si les actionnaires ont été ou non avantagés au détriment de ces derniers. Il suffit de constater que ceux-ci sont lésés.

Cette lésion existe dès lors que le fonds de réserve constitué par prélèvement sur les bénéfices est porté, comme en l'espèce, de 5 à 10 p. 100 ; puisque si les actionnaires, copropriétaires du fonds social, profitent de l'augmentation de ce fonds, les porteurs de parts n'ayant droit qu'à une portion des bénéfices, leur titre devient illusoire s'ils ne reçoivent pas les bénéfices auxquels ils ont droit.

Doit être également considérée comme changement à la répartition des bénéfices et dès lors comme modification à la situation des porteurs de parts, la délibération de l'assemblée générale portant pour l'avenir attribution au directeur d'un tant pour cent sur les bénéfices, avant tous prélèvements et amortissements. Cette clause, devenue disposition statutaire, ne saurait être envisagée comme simple article de frais généraux (Besançon, 4 fév. 1914, *Gaz. Soc.*, 1914, p. 200).

1298. — Lorsqu'aux termes des statuts d'une société anonyme, l'assemblée générale a la faculté de réaliser les modifications dont l'utilité serait reconnue, qu'elle peut décider notamment l'augmentation du capital social, l'émission d'actions privilégiées, l'amortissement total ou partiel du capital, etc., la délibération de l'assemblée extraordinaire qui augmente le traitement des membres du conseil d'administration ne saurait être considérée comme ayant modifié le mode et le taux de répartition des bénéfices, et de la proportionnalité entre les deux groupes, actions et parts de fondateur.

En conséquence, les porteurs de parts de fondateur ne sont pas fondés à demander la nullité de cette délibération, alors que les statuts stipulent que les porteurs de parts de fondateur ne pourront critiquer aucune décision du conseil d'administration ni de l'assemblée générale, soit à raison de la dissolution anticipée de la société ou du prélèvement sur les bénéfices (Bordeaux, 14 oct. 1912, *Gaz. Soc.*, 1913.196).

d) Dissolution anticipée.

1299. — Les statuts sociaux prévoient le plus ordinairement que les actionnaires délibérant, si la société est anonyme, dans les condi·tions déterminées par la loi de 1867 (art.31), sont autorisés à pro-noncer la dissolution anticipée de la société. La dissolution ainsi votée est opposable aux porteurs de parts de fondateur, à la condi-tion que cette dissolution soit inspirée par des motifs légitimes (Paris, 14 janv. 1886, *J. S.*, 1886.566 ; — Cass., 29 fév. 1888, S. 89. 1.417, D. 88.1 424 ; — 4 juill. 1893, S. 93.1.373 ; — Paris, 20 juill. 1897, *J. S.*, 1899.158 ; — Seine, 29 mai 1899, D. 02 2.1 ; — Lyon, 14 mai 1901, *R. S.*, 1903.9 ; — Cass., 24 mars 1903, *R. S.*, 1903.322, D. 04.1.481 (note Percerou) ; — 9 mars 1903, *R. S.*, 1903.375, D. 04 1.89 (note Percerou) ; — Paris, 18 juill. 1901, *R. S.*, 1902.219 ; Thaller, *Rev. crit.*, 1881, p. 533 ; Wahl, n. 25 ; — Trib. com. Marseille, 4 août 1905, *J. S.*, 1907.455).

1300. — La jurisprudence admet même que si la dissolution était frauduleuse, cette dissolution ne serait pas moins opposable aux porteurs de parts de fondateur, sauf à eux à obtenir, ainsi que nous le verrons plus loin, contre la société, des dommages-intérêts en réparation du préjudice que leur cause cette dissolution (Cass., 4 juill. 1893, S. 93.1.373 ; — Paris, 20 juill. 1897, *J. S.*, 1899.158 ; — 13 juin 1898, *J. S.*, 1899.151 ; — Wahl, *J. S.*, 1899.245. — Mais voyez Thaller, note sous Cass., D. 99.1.553). C'est une action indivi-duelle : Paris, 13 mars 1901, D. 02.2.1, et note Percerou.

1301. — Si la question peut se discuter de savoir quels sont les droits des porteurs de parts de fondateur en cas de dissolution anti-cipée de la société, — la dissolution ayant pour but de les priver pour l'avenir des bénéfices sociaux auxquels ils ont statutairement droit, — il n'y a au contraire place à aucune discussion lorsque les statuts déterminent à la fois les droits des porteurs de parts au cours de l'existence sociale et en cas de dissolution de la société. En pareil cas, le pacte social lie toutes les parties entre elles, la société envers les porteurs de parts, et réciproquement les porteurs de parts envers la société, et les tribunaux ne peuvent qu'appliquer

cette loi commune aux parties, sans la modifier ni y ajouter. C'est
ce qu'a décidé la Cour de Paris (3e chambre) dans un arrêt récent
(13 mars 1901), infirmant un jugement du Tribunal de commerce de
la Seine du 29 mai 1899, et rendu entre : d'une part, la manufacture
parisienne des biscuits Olibet, société anonyme en liquidation et
d'autre part, Chibert père et fils et veuve Bory, porteurs de parts de
fondateur de ladite société. En fait, la société des biscuits Olibet,
constituée en 1881 pour une durée de vingt-cinq années, s'était
dissoute par anticipation en 1890, après cession de son actif à la
Banque spéciale des valeurs industrielles. La question se posait,
en présence de cette dissolution anticipée, de savoir quels étaient
les droits des porteurs de parts de fondateur. Les liquidateurs de
la société affirmaient que ces droits étaient ceux-là mêmes que les
statuts sociaux déterminaient, lorsque, dans un article spécial, ils
autorisaient la dissolution anticipée et attribuaient aux porteurs
de parts une créance de 15 p. 100 sur le produit de la liquidation,
après l'acquit du passif et le remboursement du capital versé. Les
porteurs de parts prétendaient qu'outre leur droit à la répartition
des valeurs de liquidation, ils pouvaient encore réclamer des dommages-intérêts pour réparation du préjudice que la dissolution
leur avait causé. Sur cette instance, la Cour de Paris, faisant droit
aux conclusions de la société, et consacrant un système opposé à
celui du tribunal de commerce a très juridiquement et très nettement posé les principes suivants : Les statuts sociaux peuvent conventionnellement attribuer aux porteurs de parts de fondateur non
seulement une part de bénéfices pendant l'existence sociale, mais
encore une créance en indemnité pour le cas où la société prend
fin avant le terme imparti (dissolution anticipée) ; et ils peuvent
déterminer par avance le coefficient de l'une et de l'autre. Or, c'est
ce que font les statuts lorsque, autorisant l'assemblée des actionnaires à voter la dissolution anticipée de la société, ils fixent les
droits que pourront réclamer les porteurs de parts dans la répartition des valeurs de liquidation. Il y a là tout à la fois la reconnaissance au profit des porteurs de parts du droit à une indemnité,
au cas où la société userait de la faculté qu'elle s'est réservée de se
dissoudre avant terme, et l'évaluation conventionnelle de cette
indemnité. Les tribunaux ne peuvent que faire l'application aux
parties de la stipulation librement consentie par elles, sans en
diminuer ni en accroître l'étendue. Ajoutons que dans l'espèce soumise à la Cour, la situation se compliquait par ce fait que les fonda-

teurs originaires avaient morcelé, au cours de l'existence sociale, pour les monnayer plus rapidement, les droits attachés à leur qualité de fondateurs; qu'ils avaient créé des titres distincts, nominatifs, représentant les uns une créance sur les bénéfices sociaux, les autres un droit sur les valeurs de liquidation ; que ces titres étaient passés dans des mains diverses, et que les porteurs de parts de bénéfices (séparées des parts de liquidation) réclamaient contre la société la réparation du préjudice que leur causait la dissolution anticipée en réduisant à néant leur droit de créance. Très juridiquement encore, la Cour rejeta, dans l'arrêt précité, les prétentions des porteurs de parts de bénéfices, en décidant que la séparation des droits accordés aux fondateurs originaires, postérieure à la constitution de la société, était l'œuvre de ces fondateurs et qu'elle ne saurait autoriser les porteurs actuels de parts à exiger de la société des droits supérieurs à ceux que les fondateurs eux-mêmes avaient stipulés à leur profit dans les statuts sociaux (V. le texte de cet arrêt, *R. S.*, 1901. 326).

1302. — *Commen sera évalué le chiffre des dommages-intérêts qui seront alloués aux porteurs de parts?* — Ces dommages-intérêts doivent égaler la part de bénéfices qui leur auraient été attribués dans les exercices ultérieurs. Mais le montant des revenus futurs de l'exploitation est difficile à prévoir. De là les systèmes les plus divers.

La Cour de Paris, dans un arrêt du 17 juin 1891, rapporté *loc. cit.*, nous semble avoir sagement statué en déterminant la part des porteurs dans les bénéfices futurs d'après la moyenne des sommes payées depuis le commencement de la société, mais sous la déduction d'une prime représentant les risques auxquels ils échappent pour l'avenir.

Bien entendu, il faudrait aussi, suivant nous, tenir compte pour la fixation de cette prime des chances plus ou moins grandes qui s'offraient à la société de voir augmenter ses bénéfices annuels.

1303. — On a proposé un autre procédé d'évaluation (Wahl, p. 32). Le montant de l'indemnité due au porteur de part devrait être égal dans ce système au prix de vente courant tel qu'il est fourni par la cote des agents de change ou de la coulisse. Mais cette somme risque d'être souvent supérieure au préjudice causé, car le porteur ne perd pas nécessairement la valeur intégrale de ses titres. Au moment de la liquidation, il peut, en effet, prélever sa quote-part sur la différence entre l'actif net et le montant nominal des actions. Donc la dissolution anticipée ne se traduit pas toujours par la perte complète du capital représentatif des parts de fondateur. Le prix de vente courant dépasse donc souvent le dommage subi.

Parfois, à l'inverse, il lui sera inférieur. Supposons que la liquidation de l'actif ne rapporte rien aux bénéficiaires de parts. Nous soutenons que l'attribution qu'on leur fait d'une somme simplement égale au prix qu'ils auraient obtenu en négociant leurs titres, la veille de la dissolution, ne suffit pas à les indemniser ; car il peut arriver que le capital produise des bénéfices supérieurs à l'intérêt sur le marché.

Vous m'expropriez d'un titre qui se vend 1.000 francs à la Bourse et vous me remboursez le prix. Vous ne m'avez pas sérieusement indemnisé si les revenus produits par cette valeur étaient supérieurs aux revenus donnés par les capitaux ordinaires. Vous ne m'avez pas indemnisé si mon titre me rapportait, par exemple, 7 ou 8 p. 100 de bénéfices ; car c'est en vain que je chercherai pour les 1.000 francs qui me sont attribués en réparation du dommage subi un placement aussi rémunérateur ; je ne le trouverai pas.

1304. — Il nous semble donc qu'il est préférable de se rallier à la doctrine de la Cour de Paris. Après tout, la part de fondateur est une part de bénéfices éventuels. Pour en apprécier la valeur, il paraît plus logique, en même temps que plus juste, d'avoir égard moins à la cote du prix de vente qu'à la moyenne des bénéfices distribués.

e) **Décisions diverses.** — **Bénéfices, amortissements, augmentation ou réduction du capital.**

1305. — A côté des délibérations prononçant la dissolution anticipée de la société se placent les délibérations prises sans doute conformément aux statuts, mais réduisant illégitimement les bénéfices distribuables pour favoriser les actionnaires.

Ici, on devra, nous semble-t-il, se montrer moins large dans les facilités de poursuite accordées aux porteurs de parts. Le principe même est non pas l'action comme au cas de dissolution anticipée, mais l'absence d'action. C'est qu'en effet le premier devoir pour une société est de se conserver et de se développer. Dans ce but, le patrimoine social doit être consolidé. Pour cela, les autorités directrices de la société éviteront de distribuer tous les bénéfices et doteront largement les réserves et les amortissements. Il faut préférer l'intérêt supérieur et permanent de l'entreprise aux appétits, à l'avidité d'actionnaires plus ou moins passagers, qui se préoccupent fort peu du progrès de la société et s'attachent exclusivement à l'encaissement de gros dividendes.

Le principe réside donc dans la souveraineté des assemblées dont les décisions sur ce point obligent les intéressés. Cette règle est posée par le jugement du tribunal de commerce de la Seine du 24 juin 1886 (affaire de la Rente foncière) rapporté *ubi suprà*.

1306. — Est-ce à dire que la société puisse réduire arbitrairement les bénéfices des porteurs de parts ? Non. Quatre décisions, dont on trouvera le texte dans notre *Traité des parts de fondateur* (p. 175 — affaires des Mines du Laurium, Comptoir d'Escompte, Aciéries de France), reconnaissent aux tribunaux un droit de contrôle sur les délibérations fixant les réserves ou les amortissements et reportant à des exercices ultérieurs les revenus réalisés. Dans le cas où les prélèvements seraient exagérés, supérieurs à ceux qu'exige la situation commerciale et pécuniaire de la société, le tribunal pourrait voir dans cette délibération une faute, source d'une obligation pour les actionnaires de réparer le préjudice causé aux porteurs (V. *suprà*, n. 1297).

1307. — Le fondement de l'action en responsabilité repose sur l'art. 1382 C. civ. Toute solution appliquée dans les rapports des porteurs de parts avec la société n'est, du reste, que l'imitation et l'extension des décisions rendues pour les rapports entre le patron et l'ouvrier intéressé. Celui-ci peut recourir à la justice pour obtenir une indemnité égale à la diminution qu'a fait subir à son droit l'évaluation fantaisiste du patron (Aix, 6 déc. 1888, S. 89.2.219).

Nous pouvons invoquer encore l'analogie avec ce qui se passe au cas de dividendes fictifs. Il n'est pas permis de distribuer des dividendes fictifs. Donc il ne doit pas davantage être permis de déclarer fictifs des bénéfices réels. La règle sur l'actif fictif doit dans son esprit être étendue au passif fictif.

Si l'accord tend à se faire sur l'idée (1), les dissentiments subsistent relativement à son application. Rien, en effet, comme l'ont montré les économistes traitant de la participation aux bénéfices, n'est plus difficile à déterminer que les bénéfices industriels ou commerciaux ; rien aussi n'est plus délicat que d'établir le chiffre des réserves et des amortissements et de savoir dans quels cas on

---

(1) C'est là une simple tendance, la jurisprudence est loin être concordante. La Cour de Paris (arrêt précité, S. 98.2.89), se fondant sur ce que les porteurs n'ont pas le droit de s'immiscer dans la gestion, leur refuse tout droit d'attaquer une délibération régulièrement prise dans le but de leur nuire et consistant à augmenter à l'excès les réserves ; lorsqu'il s'agit d'une délibération qui dissout par anticipation la société sans que cette dissolution soit nécessitée par le mauvais état des affaires, les porteurs peuvent agir en indemnité.

pourra considérer le report de bénéfices actuels ou de bénéfices ultérieurs comme préjudiciable pour les porteurs.

1308. — Certains tribunaux paraissent se réserver le droit d'appréciation le plus complet, et en faveur de cette solution, on invoque l'impossibilité de chiffrer d'avance le montant des réserves et amortissements. Comme il ne peut plus être paré aux dépenses prévues et imprévues, leur étendue varie suivant les circonstances et les entreprises. Elle dépend notamment des événements qui peuvent restreindre ou accroître les débouchés, diminuer ou accroître le prix de revient soit des matières premières, soit de la main-d'œuvre, soit du transport.

1309. — D'autres estiment qu'à raison de cette complexité même de la question, il est dangereux de laisser les tribunaux sans guide et sans boussole. Comment se dirigeront-ils au milieu de tant de difficultés ? Possèdent-ils la compétence technique nécessaire pour tenir compte des faits de nature à influer sur les bénéfices futurs et à rendre nécessaire un plus large amortissement ? Mieux vaut donc limiter les pouvoirs discrétionnaires ou arbitraires des juges par quelques règles fixes et simples.

1310. — Voici celles qu'après beaucoup de tâtonnements, qui sont loin d'avoir pris fin, la pratique ou la doctrine ont commencé à dégager :

Un tribunal décide que l'amortissement ne peut dépasser la moins-value d'un bilan sur l'autre. Amortir, quelquefois, c'est préparer le renouvellement de ce qui dépérit. La cause de l'amortissement doit en être aussi la mesure. Et il doit être limité à ce qui est nécessaire pour réparer les pertes subies.

Cette dernière proposition est vraie sans doute, mais elle conduit à élargir la solution qui doit être donnée par le jugement que nous commentons.

L'amortissement doit parer non seulement aux moins-values ou pertes actuelles, mais aux pertes ou moins-values futures. Il peut donc être légitimement formé même pour un objet ou une société qui bénéficie d'une plus-value.

Ainsi étendue, la doctrine proposée est acceptable, mais le critérium offert aux juges redevient fort vague. Il n'est pas facile de savoir dans quel cas et dans quelle mesure l'amortissement sera légitime de la part d'une société dont le bilan révèle des plus-values.

1311. — Certains auteurs se sont alors efforcés de préciser avec plus de netteté et de rigueur les principes permettant de déterminer les limites des prélèvements réguliers et de dire s'ils sont ou non exagérés.

1312. — On distingue entre les réserves et les amortissements. Pour l'amortissement il sera légitime dans la mesure où il permettra de reconstituer la valeur soit du matériel, soit des richesses mobilières, sujets au dépérissement, pour le moment où ces objets seront détruits ou dépréciés.

Si les actionnaires portent l'amortissement à un chiffre plus élevé, leur délibération sera sans doute valable, mais les porteurs de parts pourront agir en indemnité (V. Trib. civ. Seine, 20 déc. 1895, *J. S.*, 95. 130).

1313. — Quant à la réserve, elle est inattaquable tant qu'elle reste dans la limite de la loi et des statuts. La loi de 1867, dans son art. 36, oblige à constituer un fonds de réserve d'un vingtième des bénéfices au moins et qui devra être entretenu jusqu'au moment où il aura atteint le dixième du capital social. Les porteurs de parts ne pourront pas évidemment se plaindre des décisions faisant passer à la réserve un chiffre de revenus égal à celui imposé par la loi. Il ne leur sera pas davantage permis d'agir si la réserve, quoique excédant le maximum légal, ne dépasse pas le maximum statutaire. En entrant dans la société, ils ont accepté de se soumettre aux prescriptions de l'acte constitutif de l'entreprise. Mais si le chiffre de la réserve obligatoire ou conventionnelle est dépassé, les mêmes auteurs, s'appuyant surtout sur la jurisprudence, estiment que la délibération pourra, suivant les cas, donner naissance à des actions (n. 1297).

1314. — La réduction du bénéfice du porteur de parts peut aussi provenir du report à un exercice ultérieur d'une partie plus ou moins importante de bénéfices. Ici la délibération est sans doute valable, mais elle entraînera souvent un préjudice injustifié pour les bénéficiaires de parts. Ce préjudice existera lorsque le porteur ayant droit à une fraction des bénéfices pendant la durée de la société, et à une fraction du capital après prélèvement de leurs versements par les actionnaires à la dissolution de la société, le report à un exercice ultérieur de revenus distribuables a pour effet de rendre possible le prélèvement des actionnaires qui n'aurait pu se réaliser sans cela. Et ainsi les porteurs de parts se trouvent avoir en partie payé les frais d'une opération exclusivement profitable aux associés. Une action en indemnité sera, dès lors, donnée contre la société. Les porteurs pourront réclamer leur quote-part dans les revenus reportés. Ils n'auront pas ce droit si le report n'a entraîné qu'un simple retard, qu'une simple consolidation de bénéfices dont la répartition, quoique retardée, continue à avoir lieu pendant la durée de la société.

1315. — Les bénéfices distribuables peuvent encore être réduits par les délibérations qui, ou bien diminuent le capital, ou bien augmentent le nombre des ayants droit, par exemple des bénéficiaires de parts. Dans ces divers cas, les porteurs qui voient leurs revenus effectifs restreints sans cause légitime, sans que la réduction soit expliquée par la crise où se débat l'entreprise, pourraient réclamer comme dommages-intérêts le payement d'une valeur égale à la réduction subie.

1316. — Nous n'avons jusqu'ici traité que des délibérations causant un dommage aux porteurs de parts. Il est sans difficulté qu'ils pourraient provoquer la nullité des délibérations affectées non pas par un vice de fond, mais par un vice de forme. La nullité d'une délibération irrégulière, parce que notamment elle porte sur un objet interdit par les statuts, ou qu'elle n'est pas prise dans une assemblée à une majorité réunissant la quotité du capital fixé par les statuts, peut, en effet, être invoquée par tous les intéressés (art. 41 et 42, L. 1867; — Cass , 3 avr. 1892, S. 93.1.33 : note de M. Meynial ; — Wahl, note précitée, p. 92, col. 2).

1317. — Les statuts pourraient-ils stipuler une interdiction aux porteurs de parts de critiquer les délibérations de l'assemblée générale, quelles qu'elles soient ?

D'après M. Wahl (*J. S.*, 1897.242), les statuts peuvent autoriser formellement les assemblées générales à agir, même au détriment des porteurs de parts.

Cependant l'auteur considère comme nulle la clause qui, en toute hypothèse, priverait les porteurs de parts de toute indemnité en raison des amortissements décidés par le conseil d'administration ou l'assemblée générale, puisqu'elle consisterait à subordonner la dette de la société à une condition potestative.

Nous sommes d'avis qu'une telle stipulation ne peut produire un effet absolu et ne saurait recevoir d'application au cas où l'assemblée générale agirait en fraude des droits des porteurs. Une clause qui protégerait la fraude serait contraire à l'ordre public.

1318. — Les porteurs de parts peuvent intenter une action en indemnité bien qu'ils aient acquis leurs titres postérieurement aux amortissements et aux prélèvements illégalement opérés par l'assemblée générale. L'acheteur acquiert les titres avec tous les droits qui y sont attachés (Trib. Seine, 20 déc. 1894, *J. S.*, 1895.130).

1319. — La société peut se réserver le droit d'augmenter son capital. Si cette éventualité prévue par les statuts a réglé le droit des parts de fondateur en le limitant à la proportion du capital initial, nul doute que la convention sociale doive être respectée (Trib. Seine, 21 nov 1892, *J. S.*, 1893.129).

1320. — Mais que décider en cas de silence des statuts sur le droit des porteurs de parts ?

La question est vivement controversée. MM. Lecouturier (p. 259), Wahl (p. 254), Godin (p. 182) professent que la part de bénéfice doit être limitée au produit du capital initial. Si l'augmentation du capital doit amener une augmentation de bénéfice, il n'y a, d'après ces auteurs, aucune raison pour augmenter proportionnellement les parts attribuées aux fondateurs. Ce serait leur attribuer un droit sur lequel ils n'ont pas compté, et la conséquence pourrait être que la société ne produirait plus de bénéfices suffisants pour rémunérer les actionnaires qui on fourni les fonds du capital augmenté.

1321. — Cette solution, proposée en cas de silence des statuts, — ce qu'il ne faut pas oublier, — ne nous paraît pas juridique. Les statuts accordent aux porteurs de parts de fondateur une fraction déterminée des bénéfices qui seront réalisés par la société pendant toute sa durée. Cette fraction de bénéfices ne peut être arbitrairement diminuée par suite de l'augmentation du capital social ; peu importe la manière dont cette augmentation est réalisée, qu'il s'agisse d'une augmentation en numéraire ou d'une augmentation par voie d'apports.

1322. — Si la durée de la société déterminée par les statuts est prorogée par l'assemblée générale des actionnaires, les propriétaires de parts de fondateur sont-ils fondés à demander la continuation des droits qui leur ont été conférés pour la période d'existence nouvelle de la société ?

On a soutenu la négative (Chavegrin, S. 89.1.417), en s'appuyant sur un arrêt qui a décidé que les avantages et bénéfices attribués pour la durée de la société ne peuvent être revendiqués par les bénéficiaires que pour la durée de cette société, et non pour la période d'existence ultérieure pouvant résulter de la prorogation de la société (Paris, 8 juill. 1886, *J. S.*, 1887.69).

Il nous semble que cette question ne peut être tranchée en principe. La convention sociale doit avoir sur la solution une importance dominante. Mais nous pensons que dans le silence des statuts, il faut décider que les porteurs de parts de fondateur ont le droit de participer aux bénéfices jusqu'à l'expiration de la société, cette durée fût-elle prorogée. Il y a là un avantage qui constitue le corollaire du droit pour la société de prononcer sa dissolution anticipée (En ce sens : Génevois, p. 47).

SECTION VII

OBLIGATIONS DU PORTEUR

1323. — Nous venons de passer en revue les droits du porteur et ses garanties. Étudions ses obligations.

Le porteur est soumis, du moins suivant l'opinion générale, à une double obligation : celle, contestable, suivant nous, de soumettre son titre à certaines vérifications ; celle de payer les impôts sur les valeurs mobilières.

1324. — 1° *Obligation de soumettre la part à certaines vérifications.* — Le porteur reçoit un titre qui donne droit à percevoir une fraction quelquefois importante des bénéfices. Les associés au détriment desquels ce prélèvement va s'opérer doivent pouvoir s'assurer de l'étendue ou de la nature des services rendus par les fondateurs, comme contre-partie des prérogatives qui leur sont reconnues. De là l'extension admise généralement de la loi de 1867 à l'attribution des parts de fondateur (Génevois, p. 160 ; Wahl, p. 14).

Mais pour que ces articles s'appliquent, il faut supposer des avantages de nature à diminuer les revenus des actionnaires. Les formalités de vérification devront, dès lors, être accomplies lorsque les parts seront attribuées au fondateur, à des apporteurs en nature, à quelques actionnaires, même à tous les actionnaires quand le nombre de parts est en disproportion avec le nombre des actions. Mais lorsque l'attribution de parts de fondateur n'entraîne pas d'avantages particuliers au profit de certains bénéficiaires et au détriment des autres ou des associés, lorsque, par exemple, le nombre des parts distribuées aux actionnaires est proportionnel au nombre de leurs actions, alors l'opération ne change rien à la situation pécuniaire respective des divers intéressés. Elle sera soustraite aux formalités de vérification.

Nous avons ainsi exposé l'opinion généralement suivie en doctrine et en jurisprudence. Ses fondements nous paraissent cependant mal établis, et nous continuons à croire que la part, étant un droit de créance, n'est pas soumise aux dispositions de l'art. 4, relatif à la vérification des apports.

1325. — 2° *Obligation de payer les impôts sur les valeurs mobilières.* — V. *infrà*, le chapitre Régime fiscal, p. 4007 et s.

SECTION VIII

RACHAT DES PARTS

1326. — Les droits des porteurs de parts de fondateur ne peuvent être anéantis sans leur consentement pendant la durée de la société. Ainsi, la société ne peut imposer aux porteurs de parts ni le rachat, ni la conversion des parts en obligations ou en actions de la société.

Cette solution nous paraît certaine, à moins, bien entendu, qu'il n'existe dans les statuts une clause autorisant le rachat et en déterminant les phases, car la convention sociale à cet égard devrait recevoir son application (Génevois, *Nouveau régime des sociétés,* p. 170 ; — Houpin, *J. S.*, 1904.5, et Houpin et Bosvieux, 452).

1327. — Dans la pratique on constitue une société civile des porteurs de parts avec laquelle peut être traitée la question du rachat.

Si le rachat a été autorisé par les statuts, avec quels fonds peut-il être opéré ? A coup sûr, on ne peut employer à ce rachat une partie du capital social, car le capital-actions est destiné à être employé à la réalisation de l'objet de la société, et non à éteindre un droit à des bénéfices.

Mais la société, toujours en exécution d'une clause des statuts prévoyant le cas, pourrait créer un fonds de réserve spécial, constitué par un prélèvement sur les bénéfices, pour procéder au rachat des parts de fondateur. V. Le chapitre des assemblées générales extraordinaires. Paris, 8 juin 1901, S. 1903.2.25, D. 1902.2.5. Note Wahl ds. S. et Percerou ds. D.

1328. — En ce qui concerne la conversion des parts de fondateur en actions, V. n. 3293.

SECTION IX

SYNDICATS

1329. — Il est permis aux porteurs d'obligations hypothécaires ou ordinaires émises par une société de se constituer en société civile ou en syndicat pour l'exercice de leurs droits et la défense de leurs intérêts (*infrà*, n. 1386). Il faut adopter la même solution en faveur des porteurs de parts de fondateur. Aucune raison juridique ne pourrait empêcher la constitution d'une société civile ou d'un syndicat en cette matière. Ajoutons que les porteurs de parts peuvent puiser dans cette association des facilités très grandes pour la défense de leurs intérêts (V. *Rev. trim. du nouveau régime des sociétés*, 1897, p. 47).

CHAPITRE VIII

DES OBLIGATIONS

1330. — On appelle obligation le *droit* qui appartient aux personnes qui ont prêté à une société. On appelle de même le titre créé pour constater ce droit. En pratique, le nom d'obligation est donné au *titre*, comme on appelle action le titre constatant le droit de l'actionnaire. Le prêteur auquel on remet cette obligation s'appelle obligataire.

1331. — Une société par actions qui, par suite du développement de ses affaires ou de pertes subies, a besoin de ressources, peut recourir à deux moyens : ou bien augmenter son capital social, ou créer des obligations. Comme les sommes dont les sociétés par actions ont besoin sont souvent considérables, il est rare qu'elles puissent les demander à une seule bourse : elles sont obligées de faire appel au public par voie d'émission soit d'actions, soit d'obligations. Sur l'autorisation pour les Compagnies de chemins de fer d'émettre des obligations : V. Cass., 13 mars 1901, S. 03.1.67, D. 01.1.398. — De même dans une affaire en plein succès, les actionnaires ont avantage à créer des obligations dont l'intérêt fixe n'abordera qu'une faible partie des bénéfices escomptés.

1332. — Dans la pratique, les versements sollicités des prêteurs ou obligataires ne s'effectuent pas en une fois ; il sont, au contraire, fractionnés suivant les besoins de la société et pour faciliter la souscription. C'est, en effet, de ce mot « souscription » que l'on appelle les engagements pris par les prêteurs. La souscription crée un contrat entre l'obligataire et l'emprunteur, contrat qui porte sur toutes les conditions de l'emprunt généralement indiquées dans un prospectus ou dans un cahier de charges, et qui s'applique non seulement aux avantages stipulés au profit des obligataires, mais aussi à toutes les clauses accessoires, telles, par exemple, que celles relatives à la compétence en cas de difficultés.

1333. — Quand une société a émis des obligations, on dit qu'elle a un capital-actions et un capital-obligations.

Il y a, entre les obligations et les actions, certaines ressemblances : les unes et les autres sont indivisibles ; les titres délivrés aux obligataires et aux actionnaires revêtent les mêmes formes et se transmettent de la même manière ; les actions et les obligations sont soumises aux mêmes impôts ; en cas de dépossession, actionnaires et obligataires ont à remplir les mêmes formalités ; les mêmes règles d'amortissement leur sont généralement applicables. Cependant il ne faut pas confondre les obligations et les actions : l'obligation est une créance contre la société, et l'actionnaire est, pour partie, débiteur de cette créance.

1334. — Il ne peut pas y avoir d'actions sans société ; on comprend, au contraire, des obligations en dehors de tout être social : c'est ainsi qu'il y a des obligations d'État, de département, de commune, etc.

1335. — Les actionnaires ne peuvent partager le fonds social avant le payement des créanciers ; c'est dire que les obligataires ont droit d'être payés avant tout partage, ce qui aboutit à cette formule pratique : le capital-actions sert de gage au capital-obligations.

1336. — Les revenus des actions sont variables, puisqu'ils dépendent de la prospérité plus ou moins grande des affaires sociales. Le revenu des obligations est fixe, au contraire, puisqu'il consiste dans le taux de l'intérêt. — Sur les obligations à coupons variable : V. Lecouturier, « Examen de doctrine et de jurisprudence », *La Loi*, 10 et 11 juillet 1903.

1337. — Souvent aux revenus des obligations sont ajoutés des primes et lots. Nous en reparlerons spécialement.

1338. — L'amortissement des actions n'est pas une nécessité ; au contraire, le remboursement des obligations par voie d'amortissement s'impose, puisque ce sont des créances qu'il faut éteindre.

1339. — L'obligataire remboursé n'a plus droit à rien, tandis que, nous l'avons vu, l'actionnaire dont le titre est amorti possède encore une action de jouissance.

1340. — Les actionnaires participent à l'administration des affaires sociales, auxquelles restent étrangers les obligataires, du moins dans notre pays. La société est représentée par les mandataires des actionnaires, mais les obligataires ne sont pas représentés par eux.

1341. — Il ne faut pas confondre les obligations avec les actions de priorité : l'action de priorité, dont nous avons parlé ci-dessus (n. 1155), ne constitue pas une créance contre la société, mais seulement un droit de préférence dans le partage des bénéfices à l'égard des autres actions ; dans leurs rapports avec les obligations, les actions de priorité doivent en supporter le payement, à titre de créances.

1342. — Les obligations sont comme les actions représentées par des titres nominatifs ou au porteur transmissibles suivant leur nature. Elles sont indivisibles ; elles ont un caractère mobilier, même lorsque leur gage réside dans un droit hypothécaire.

La loi du 15 juin 1872 sur la perte ou le vol des titres au porteur est applicable aux obligations.

L'article 70 de la loi de 1867, ajouté par la loi du 1er août 1893, sur les conséquences du payement des intérêts ou dividendes postérieurs à l'amortissement des titres par voie de tirage au sort, s'applique aux obligations comme aux actions.

1343. — Le législateur de 1867, aussi bien que celui de 1893, ne s'est pas préoccupé des obligations, soit parce qu'en 1867 les obligations étaient infiniment moins nombreuses qu'elles ne le sont devenues depuis, soit parce que le trafic des obligations n'a pas été une cause de fraudes comme celui qui a frappé les actions. Cependant, l'émission des obligations a donné naissance à de telles spéculations éhontées, et engendré des difficultés tellement nombreuses que les législateurs étrangers ont cru nécessaire d'introduire, dans les lois sur les sociétés, des dispositions spéciales aux obligations. Quoi qu'il en soit, notre législation est muette sur ce point, et c'est en nous éclairant des principes généraux du droit qu'il faut résoudre les difficultés qui peuvent naître soit de l'émission des obligations, soit de l'exercice des droits des obligataires.

1344. — La loi de 1867 régit l'émission des actions. Aucune disposition ne vise les émissions d'obligations. Il en résulte que l'émission des obligations est soumise aux règles du droit commun.

Aucune autorisation gouvernementale n'est prescrite, sauf en ce qui concerne la création d'obligations par les compagnies exploitant des voies ferrées d'intérêt local. Loi du 31 juillet 1913, v. n° 149.

Une société ne peut émettre d'obligations que si elle y est autorisée par ses statuts ou une assemblée d'actionnaires délibérant valablement.

Une société peut racheter ses obligations et en émettre de nouvelles en observant les règles ci-dessus.

1345. — Le porteur de bonne foi d'une obligation au porteur étant investi d'un droit qui lui est propre et n'étant passible que des exceptions qui lui sont personnelles ou qui résultent de la teneur du titre, le syndic de la faillite d'une société qui a émis des obligations ne peut valablemeut opposer à un porteur de titres une exception tirée d'un défaut de cause résultant soit de ce que la société ne serait pas devenue propriétaire d'une concession en vue de laquelle ces obligations avaient été créées, soit de ce que l'émission de ces titres n'aurait pas eu lieu régulièrement. En conséquence, la faillite doit être condamnée à payer le montant des coupons échus au porteur, qui ne peut être tenu de remettre ses titres entre les mains du syndic (Cass., 27 mai 1913, *Gaz. Soc.*, 1913.442).

§ 1. — Versements.

1346. — L'émission des obligations est régulière alors même que le chiffre de l'emprunt excéderait le montant des actions. Il n'y a pas de rapport *obligatoire* entre le capital-actions et le capital-obligations, sauf pour les compagnies de chemins de fer d'intérêt local et les tramways (V. Loi du 31 juillet 1913, *suprà*, n.149).

1347. — Les souscripteurs d'obligations ne sont pas, comme les souscripteurs d'actions, obligés d'effectuer les versements envers les créanciers sociaux. Ces derniers ne peuvent agir contre eux, pour faire opérer ces versements, qu'en conformité de l'article 1166 C. civ. (Lyon-Caen et Renault, n. 565).

1348. — Lorsqu'une société émet des actions, l'opération n'est légale qu'à la condition que la totalité des actions soit souscrite. On ne peut, en principe, adopter la même règle pour l'émission d'obligations, mais on peut en inférer la solution des termes du prospectus et des conditions d'émission. Il paraît conforme à l'intention probable des parties de supposer qu'elles ont voulu faire dépendre leur jugement de la souscription totale (Trib. civ. Seine, 26 juill. 1885, *La Loi*, 30 oct. 1885 ; — Lyon-Caen et Renault, n. 570).

1349. — Les obligations non émises peuvent-elles être données en nantissement ? Une société, pour se procurer des fonds, demande à un banquier une ouverture de crédit et lui donne en garantie un certain nombre de titres de ses propres obligations non encore émises. Cette opération est-elle valable ? La raison de douter est la suivante : Les obligations données en nantissement constituent des titres de créance contre la société elle-même. Cette créance existera lorsque les obligations auront été placées. Comment concevoir un nantissement valable consenti par la société emprunteuse portant sur des titres de la même société ? Cette question est vivement controversée. La Cour de Bordeaux (28 nov. 1900 sous Cass., 13 juin

1903, S. 1905.1.497, note Wahl), la Cour de Douai (29 nov. 1904, S. 1905, 2.294) et sur pourvoi Cass Req., 1er août 1906, S. 1908.1.68) ; la Cour de Paris (28 juin 1906, sous Cass., 23 fév. 1909, S. 1908.1 58), se sont prononcées pour la validité de ce nantissement. La Cour de Besançon (5 août 1903, D. 1904.2.465), celle de Lyon (2 juill. 1906, J. S., 1907.301) se sont au contraire prononcées nettement dans le sens de la nullité du nantissement. Mais la Cour de cassation par arrêt du 9 novembre 1911 dont le texte est rapporté *Gazette des Sociétés*, 1912, p. 83, a cassé l'arrêt de la Cour de Lyon précité. Cet arrêt de la Cour de cassation ne faisait que confirmer les décisions citées plus haut. Tel est l'état de la jurisprudence sur cette question.

M. Prelle, docteur en droit, avocat à la Cour d'appel de Lyon, a étudié dans tous les détails les différents arguments de part et d'autre (Voyez dissertation *Gaz. Soc.*, 1912, p. 79 et 105).

1350. — Les obligations sont cessibles comme les actions. A la différence des actions, la négociation en est possible avant libération.

1351. — On se demande si les souscripteurs originaires des obligations restent tenus, malgré la cession qu'ils ont faite de leurs obligations, d'opérer les versements non effectués. Les cessionnaires successifs sont-ils obligés, ou, au contraire, ne peut-on réclamer le complément du titre qu'au porteur actuel de l'obligation ? La loi est absolument muette à cet égard ; mais il y a entre les actions et les obligations une si profonde différence de nature, ainsi que nous l'avons dit, qu'on ne peut étendre aux obligations les règles que la loi a posées pour les actions ; c'est au moyen des principes généraux du droit que la question doit être résolue, et il en faut conclure : 1° que les titres d'obligations peuvent être indifféremment au porteur ou nominatifs dès l'origine, sans qu'il soit nécessaire que la libération en ait eu lieu, soit pour moitié, soit pour une autre quotité ; la loi des statuts à cet égard est souveraine ; 2° que les statuts peuvent régler les conditions d'engagements des porteurs successifs d'obligations, et dans le silence des statuts, il faut admettre, par analogie avec la jurisprudence antérieure à la loi de 1867 qui réglait la responsabilité des souscripteurs d'actions à défaut de dispositions législatives, que les souscripteurs d'obligations se trouvent libérés par la cession de leurs titres (Paris, 22 mai 1852, S. 55.2.265 ; — Lyon-Caen et Renault, n. 768).

1352. — Les obligataires en retard d'opérer les versements ne doivent, en principe, les intérêts qu'à partir d'une demande en justice ; mais il peut être stipulé, lors de l'émission, que les intérêts sont dus de plein droit à partir du jour de la mise en demeure (Trib, civ. Seine, 21 juill. 1885, *La Loi*, 30 oct. 1885).

1353. — S'il s'agit d'obligations à lots, le retard apporté par le souscripteur dans ses versements peut avoir pour conséquence la déchéance de son droit à l'attribution des lots (Paris, 9 janv. 1890, D. 90.2.204). Il est de même décidé par cet arrêt qu'aucune mise en demeure n'est nécessaire pour faire encourir aux porteurs d'obligations cette déchéance.

1354. — La clause statutaire qui accorde à la société le droit d'exécuter en Bourse les obligataires qui n'ont pas effectué leurs versements aux échéances est licite (Cass., 11 juill. 1895, S. 95.1.329 ; — Lyon-Caen et Renault, n. 568 ; Bouvier-Bangillon, *Pand. franç.*, 1896.1.369).

Du même arrêt, il résulte qu'une société anonyme peut racheter, pour les annuler, les obligations qu'elle met en vente à la Bourse, en vertu de la disposition des statuts qui permet l'exécution.

1355. — On s'est posé la question de savoir si la stipulation des statuts est opposable aux souscripteurs d'obligations lors qu'elle ne figure pas dans les prospectus d'émission. L'arrêt précité du 11 juillet 1895 décide que les juges peuvent faire résulter l'acceptation du souscripteur d'un ensemble de circonstances, parmi lesquelles le fait de versements par lui effectués contre remise du titre sur lequel cette clause se trouve inscrite.

1355 *bis*. — Les clauses statutaires d'exécution comportent généralement que la société qui exécutera les obligations, faute de versement par le souscripteur, conservera, à titre d indemnité, le montant des versements opérés. On a soutenu que cette stipulation était contraire à la règle formulée par l'art. 1153, C. civ., d'après lequel le débiteur en retard ne doit jamais que les intérêts moratoires fixés par la loi. L'arrêt précité du 11 juillet 1895 répond à cet argument qu'en cas d'exécution en Bourse des obligations faute de versement par le souscripteur, le préjudice à réparer n'est pas seulement celui qui résulte d'un retard dans l'exécution, mais celui que la société éprouve des conséquences de la vente en Bourse, de la résolution du contrat et de la dépréciation que cette vente peut imposer à ses titres (Bernard, « Etude sur l'exécution en Bourse d'actions ou obligations », *Ann. de dr. comm.*, 1903).

1356. — Lorsque les obligations émises par une société ne sont pas immédiatement libérées en totalité, les souscripteurs sont-ils

tenus d'opérer les versements si la société est tombée en faillite ?
Le syndic a-t-il les mêmes droits que la société ? L'état de déconfiture a-t-il anéanti les engagements contractés par les obligataires ?
M. de Chauveron, dans une brochure publiée en 1889 (*Des Obligations non libérées*), résout la question négativement. La souscription
à des titres d'obligations, dit-il en substance, contient des engagements réciproques. L'obligataire est un prêteur qui, au moment où
la convention prend naissance, verse une partie du prêt et s'oblige
à verser ultérieurement le complément. En échange de cet engagement, la société s'engage, de son côté, au payement des intérêts et
au remboursement du capital dans des conditions déterminées. C'est
un contrat synallagmatique auquel il y a lieu d'appliquer la condition résolutoire de l'art. 1184, C. civ. Or, par suite de son état de
faillite, la société ne peut plus faire face à ses engagements ; l'exigibilité de la créance à naître rend impossible l'exécution de l'engagement de prêter : le contrat se trouve donc résolu. C'est en vertu de
ce principe que le syndic ne peut contraindre un banquier à verser
le solde d'un crédit ouvert au failli ; que le vendeur de marchandises vendues à un commerçant déclaré en faillite avant d'en avoir
reçu livraison n'est pas tenu de délivrer ; que le syndic ne peut exiger l'exécution de marchés qu'en payant intégralement le prix convenu.

1357. — Même solution en ce qui concerne la liquidation. Les
obligataires ne sont pas tenus de compléter leurs versements (V.
Trib. Seine, 26 juill. 1889 et 6 déc. 1889, *R. S.*, 1889.509 et 1890.427).

1358. — La souscription aux obligations peut être considérée
comme nulle lorsque la compagnie se refuse à livrer les titres promis (Paris, 11 juill. 1885, *J. S.*, 1886.676), ou dans le cas où des
obligations ont été émises par fraude, au nom de la société, par des
personnes qui avaient usurpé les pouvoirs du conseil d'administration (Cass., 4 juin 1878, D. 79.1.132).

1359. — La nullité résulterait encore du cas où la souscription
des obligations aurait été déterminée par des manœuvres dolosives
de la société, manœuvres résultant soit de la forme des prospectus
d'émission, soit des énonciations mensongères de cette publicité
(Alger, 17 janv. 1888, *Rev. algér.*, 1888.195). Dans cette hypothèse,
l'action en nullité et en restitution des sommes versées sur les titres
doit être intentée contre la société elle-même ; mais elle peut aussi
être intentée contre les administrateurs, s'il résulte des faits de la
cause qu'ils sont responsables, en raison de leurs agissements per-

sonnels, de la fraude commise par la société elle-même ; elle peut
même être intentée contre le banquier qui a sciemment prêté son
concours à la réalisation de la fraude. Mais la responsabilité du
banquier qui a participé à l'émission ne peut exister que s'il s'est
rendu complice du dol ou de la fraude caractérisés lors de cette
émission (Paris, 5 déc. 1887, D. 88.2.185. — V. aussi : Paris, 22 mars
1877 et 25 juin 1877, D, 79 2.40 et 157).

1360. — Les causes qui engagent la responsabilité des administrateurs à l'égard des obligataires rentrent dans l'application des
principes de l'art. 1382, C. civ. C'est donc quand il existe une faute à
la charge des administrateurs que leur responsabilité est engagée.
La constatation de cette faute est indispensable ; il faut, de plus,
que l'on précise les rapports existant entre la faute et le préjudice :
aucune condamnation ne pourrait intervenir si le préjudice causé
ne prenait pas sa base dans la faute (Paris, 23 mars 1887, D. 87.2.
151).

1361. — Lorsqu'il ne s'agit pas d'une simple faute, mais que la
fraude revêt les caractères d'un délit, les administrateurs peuvent
être poursuivis et condamnés pour escroquerie, par application de
l'art. 15 de la loi du 24 juillet 1867 (Cass., 30 avr. 1887, S. 87.1,393,
D. 88.1.334. — V. le chap. des *Pénalités*).

§ 2. — Intérêts.

1362. — Peut-on stipuler, au profit des obligataires, un intérêt
d'un taux quelconque ? Cette question était agitée avant la loi du
12 janvier 1886, qui a admis la liberté du taux de l'intérêt en matière de commerce. Depuis cette dernière loi, la question n'a plus
d'utilité qu'en ce qui concerne les sociétés qui ont émis des obligations antérieurement à la loi de 1886.

1363. — La jurisprudence admettait généralement que les lois
limitatives du taux de l'intérêt n'étaient pas applicables aux obligations émises par les sociétés et remboursables en un long terme,
par voie de tirages au sort, en raison de cette considération que
l'emprunt réalisé de cette façon est un prêt aléatoire (Douai, 24 janv.
1873, S. 73.2.244 ; — Lyon, 8 août 1873, S. 74.2.105 ; — Cass., 18 avr.
1883, S. 83.1.361). Cette doctrine est combattue par MM. Lyon-Caen
et Renault (n. 569).

1364. — Voir en ce qui concerne la continuation du payement
des intérêts après la sortie de l'obligation, n. 1352 et suiv.

On peut créer aussi des obligations à revenu variable. Nous étudierons cette variété d'obligations, très intéressante, dans notre tome II, cinquième partie, *Faillite des Sociétés*, car c'est surtout à la suite d'un concordat que cette combinaison est utilisée.

§ 3. — Du remboursement ou amortissement. — Primes. — Lots.

1365. — Les sociétés qui émettent des obligations sont tenues de les rembourser.

Les obligations ne sont pas nécessairement remboursables toutes ensemble à une date fixée, il est généralement stipulé que ce remboursement est échelonné en un certain nombre d'années par voie de tirages au sort opérés par la société. C'est ce qu'on appelle tableau d'amortissement. La somme à rembourser est, comme dans tout prêt, la somme prêtée elle-même ; mais pour attirer les capitalistes au moment de l'émission, la société confère généralement des avantages spéciaux en dehors du payement des intérêts ; ce sont des primes et des lots. La société promet souvent de rembourser à tous les obligataires une somme supérieure à celle qui a été versée ; cette somme est égale pour tous. La somme versée est le *taux d'émission*, la différence entre le *taux d'émission* et la somme à rembourser est la *prime*. On appelle *capital nominal* la somme à rembourser, précisément parce qu'elle n'est pas la représentation du capital effectivement versé.

1366. — Le lot résulte d'une autre combinaison : il consiste dans une somme d'argent plus ou moins importante, attribuée aux obligations qui, lors d'un tirage au sort, sortent dans un ordre déterminé.

1367. — Les sociétés qui émettent des obligations doivent donc, dans leurs combinaisons financières, faire face à deux engagements : 1° payer les intérêts stipulés au profit des obligataires ; 2° pourvoir à l'amortissement des obligations et au payement des primes et des lots. La loi est muette sur les conditions de l'amortissement des obligations et laisse par là même aux sociétés la liberté de combiner leur amortissement dans les conditions qui leur paraissent le plus avantageuses.

La société pourrait-elle toutefois stipuler que l'amortissement de chaque obligation sera fait, soit par l'attribution d'une action, soit à la fois par un remboursement en argent pour partie et l'attribution d'une action pour une autre partie ? La question semble devoir être résolue par l'affirmative, la combinaison n'ayant rien d'illicite en soi. Toutefois, comme elle aboutit, en définitive, en une création d'actions, elle constitue une augmentation de capital qui sera soumise, comme telle, aux conditions de forme et de fond de ces augmentations : cette exigence pourra rendre, en pratique, difficile et parfois même irréalisable l'opération (V. l'étude parue, *J. S.*, 1908. 186).

1368. — L'amortissement constitue un paiement effectué par le débiteur au créancier. Les règles du paiement quant à la capacité du créancier pour recevoir sont ici applicables.

En ce qui concerne les obligations soumises à usufruit, la doctrine décide que la prime ou le lot accroît au capital et que si l'usufruitier en a fait perception, il en devra la restitution lors de l'extinction de l'usufruit (V. Labbé, note au S. 78.1.5 ; Thaller, n. 724, note).

1369. — On s'est demandé si la création d'obligations à primes ou à lots n'était pas contraire à la loi du 31 décembre 1807 qui limite le taux de l'intérêt, et si elle ne violait pas la loi du 21 mai 1836 sur les loteries. La question relative à la loi de 1807 ne peut plus, comme nous l'avons dit plus haut, se poser pour les sociétés postérieures à la loi du 12 janvier 1886 ; mais on peut encore l'élever pour les obligations à primes émises antérieurement à la loi. Indiquons en deux mots la solution généralement admise. La doctrine et la jurisprudence résolvaient la question dans les termes suivants : L'opération était considérée comme parfaitement légitime et licite toutes les fois qu'il n'y avait pas trop grande disproportion entre le capital réel et le capital nominal. Ainsi, dans l'exemple d'obligations nominales de 500 francs à 3 p. 100 émises à 300 francs, les obligataires ne touchent que 5 p. 100 d'intérêts de leurs avances ; la société étant commerçante peut emprunter à 6 p. 100 : elle économise donc 1 p. 100 ; il n'y a là qu'un prêt à 6 p. 100, prêt parfaitement régulier (Lyon-Caen et Renault, n. 573). Au contraire, l'opération était considérée comme illicite et entachée d'usure au cas de trop grande disproportion entre le capital nominal et le capital réel. En supposant des obligations de 500 francs, produisant 15 francs d'intérêts annuels, émises à 250 francs, les obligataires touchent en réalité 6 p. 100 de leurs avances ; tout ce qu'on leur donne en plus est usuraire. La prime de remboursement, dans ce cas, constituerait une violation de la loi de 1807 (V. sur cette question : Lyon, 8 août 1873, S. 74.2.105 ; — Cass., 18 avr. 1883, S. 83.1.361, D. 84.1.25).

1370. — L'émission d'emprunts à lots ou à primes est-elle prohibée par la loi du 21 mai 1836 ? Aux termes de cette loi, les loteries de toute espèce sont prohibées (art. 1er). Sont réputées loteries et interdites (art. 2), généralement toutes opérations offertes au public pour faire naître l'espérance d'un gain qui serait acquis par la voie du tirage au sort. L'émission d'obligations à lots présente bien les caractères des opérations de loterie (Cass., 14 janv. 1876, S. 76. 1.433). Mais il n'en est pas de même d'émissions d'obligations à primes. Dans les loteries, il y a des personnes favorisées qui reçoivent un gain supérieur à celui des autres ; dans les obligations à primes, le gain est égal pour tous (V. Cass., 14 janv. 1876, précité. (La même solution doit être adoptée lorsque les obligations à primes sont émises sans stipulation d'intérêt (Lyon Caen et Renault, n. 575.)

1371. — Si l'on considère que les obligations à lots constituent des billets de loterie, il est certain que ces émissions ne sont licites que si elles sont autorisées par le législateur. C'est en vertu de lois que le Crédit foncier a été autorisé à émettre des obligations à lots ; de même la Compagnie du canal de Suez ; de même également pour l'emprunt mexicain. La loi du 16 juillet 1860 a autorisé les villes de Tourcoing et de Roubaix à émettre des obligations avec lots sans intérêt. La loi du 15 juillet 1889 a autorisé dans les mêmes conditions la Compagnie du canal de Panama.

1472. — La société peut avoir avantage à se libérer par anticipation : le taux de l'intérêt de l'argent peut baisser ; la société peut faire des bénéfices dont l'emploi naturel consiste dans l'extinction des dettes, etc. De là naît la question de savoir si la société a le droit d'imposer aux porteurs le remboursement anticipé des obligations. Les obligations sont des créances à terme : il faut appliquer les règles générales du droit civil sur le payement des dettes à terme. D'abord, le doute ne peut exister qu'autant qu'aucune clause du cahier des charges de l'emprunt n'autorise le remboursement anticipé. Dans le cas de silence du cahier des charges, on a soutenu que le remboursement anticipé peut être imposé aux obligataires, par application de cette règle que le terme est réputé stipulé en faveur du débiteur, qui, par suite, a la faculté d'y renoncer (En ce sens : Bordeaux, 21 août 1877, S. 80.1.109, et sur le pourvoi, Cass., 19 juill. 1879, S. 80.1.409). Cet arrêt statue « en fait », mais il est plus généralement admis que le remboursement anticipé n'est pas possible contre la volonté des obligataires (V. aussi affaire des obligataires de la Compagnie de l'Est, Cass., 21 avr. 1896, S. 97.1. 481 et la note de M. Chavegrin ; — 20 juill. 1904, *Gaz. Pal.*, 29 oct. 1904 ; — Toulouse, 7 déc. 1897, *J. S*, 1898.221).

La société qui, étant solvable, entend imposer à ses obligataires un remboursement immédiat avant l'échéance de la date prévue, renonçant ainsi au bénéfice du terme, est tenue, comme si le terme était expiré, de rembourser à chaque obligataire la valeur nominale de ses titres conformément à l'engagement qu'elle a pris lors de l'émission.

En cet état, ainsi le contrat ne réservant point à la société le droit de résoudre le contrat par anticipation, la résolution doit être prononcée avec dommages-intérêts (Cass., 20 juill. 1904, *Gaz. Pal.*, 29 oct. 1904, *Gaz. Trib.*, 1er déc. 1904).

La société est tenue au remboursement des obligations émises, alors même que l'administrateur délégué n'a pas entièrement affecté le produit de la souscription conformément aux statuts (Bruxelles, 18 janv. 1906, *J. S.*, 1907.350).

Jugé qu'est valable, bien que prise à la majorité, et ne porte pas atteinte aux bases essentielles de la société et ne crée pas entre les associés une inégalité de traitement, la délibération d'une assemblée générale extraordinaire des membres d'une société civile d'amortissement d'obligations, qui a décidé la réduction du capital de la société par voie de remboursement aux obligataires qui en feraient la demande de leur part proportionnelle dans l'actif social, à la condition que les titres restant dans la société ne soient pas inférieurs au minimum jugé nécessaire pour que l'amortissement prévu par les statuts pût fonctionner au profit des obligataires voulant demeurer associés (Cass., 23 oct. 1905, *R. S.*, 1906.56).

1373. — Le remboursement anticipé est accepté très facilement quand il s'agit d'obligations bénéficiant d'une prime. Dans ce cas, toutes les obligations doivent être remboursées au chiffre fixé. Mais lorsqu'il s'agit d'obligations à lots, le porteur peut invoquer les chances qui sont attachées à son titre, et on ne peut pas l'en priver. On procède alors de façon différente. On peut immédiatement opérer tous les tirages, sauf aux obligataires à ne toucher les lots qui leur échoient qu'aux époques où ils auraient dû être payés sans le remboursement anticipé. Mais ces opérations présentent des difficultés considérables.

1374. — La société peut racheter ses obligations en bourse, ou par conventions spéciales avec les porteurs (Paris, 16 juin 1893. *Gaz. Pal.*, 13 août. — Lyon-Caen et Renault, t. I., p. 474, note 1).

1375. — Lorsque les parties sont d'accord, le remboursement s'effectue au chiffre du capital nominal. En ce qui concerne la répartition des lots, elle est opérée, s'il y a lieu, suivant le mode que nous venons d'indiquer : tirage immédiat, sous réserve du payement à l'échéance fixée. C'est ce qui a été établi pour le Crédit foncier par une jurisprudence qui paraît constante (V. notamment : Trib. Seine, 15 fév. 1893, *Gaz. Pal.*, 1893.1.298 ; — 13 mai 1896, *id.*, 1896.2.19 ; — 27 juin 1898, *id.*, 4 nov. 1898).

1376. — Le remboursement des obligations, en cas de faillite ou de déconfiture de la société, a donné naissance aux controverses les plus vives. (V. sur cette question : Chollet et Hamon, *Du droit des obligataires en cas de faillite*, etc.)

Il nous paraît suffisant de synthétiser les solutions admises par la jurisprudence.

En cas de faillite ou de liquidation judiciaire d'une société qui a émis des obligations remboursables à un taux supérieur au taux d'émission dans un certain délai, d'après un tableau d'amortissement et par voie de tirage au sort, les porteurs d'obligations doivent être admis simplement pour le prix d'émission augmenté de la portion requise de la prime de remboursement. Pour apprécier la somme qui doit, à ce dernier titre, être attribuée aux obligataires, il y a lieu, d'une part, de rechercher le moment où, d'après le tableau d'amortissement, il y aurait autant d'obligations remboursées que d'obligations à rembourser, de manière à établir le temps moyen où tous les porteurs actuels se trouveraient, au jour de la faillite, avoir des chances égales de remboursement. Il convient, d'autre part, de déterminer la somme qui, sur une capitalisation annuelle d'intérêts conduite jusqu'au temps moyen, produirait une somme égale au montant de la prime (Cass., 10 août 1863, S. 63.1. 428 ; — Paris, 25 mars 1867, S. 68.2.285 ; — Douai, 24 janv. 1873, S. 73.2.244 ; — Lyon, 8 août 1873, S. 74.2.105 ; — Paris, 16 mai 1878, D. 83.1.106 ; — 28 janv. 1879, D. 80.2.25 ; — Cass., 25 mai 1891. *J. S.*, 1894 246 ; — Paris, 3 août 1895, D. 97.2.73. — V. Lyon-Caen et Renault, t. 2, n. 581, et t. 8, n. 1178 ; Pic, *Faill. des soc.*, 107 ; Lacour, *Ann. de. dr. com.*, 1889.1.65 ; Levillain, note D. 80 2.65 ; Buchère, *J. S.*, 1895, n. 44 et suiv.). — *Contrà* : Trib. com. Seine, 11 juin 1903, *R. S.*, 1906.244.

1377. — Que décider dans le cas où il ne s'agit pas de faillite ou de déconfiture, mais simplement de dissolution anticipée de la société? La dissolution de la société n'entraîne pas, comme la faillite, l'exigibilité de toutes les créances. En cas de dissolution, les obligataires peuvent-ils demander que somme suffisante pour assurer l'amortissement soit placée? Peuvent-ils exiger le remboursement immédiat? A quel taux doit être effectué ce remboursement?(Cass., 20 juill. 1904, *J. S.*, 1905. 28.)

1378.— On a dit que la liquidation anticipée de la société privait la société débitrice du bénéfice du terme (Paris, 17 mars 1883, D. 84.2.100 ; Rennes. 25 juill. 1887, D. 88.2.253 ; — Trib. civ. Seine, 28 nov. 1888, *Gaz. Pal.*. 89.1.28 ; — Paris, 5 déc. 1901, *J. S.*, 1902. 211). On s'appuie sur l'art. 1188 C. civ. pour dire qu'il y a diminution de sûretés ; mais on répond que la diminution de sûreté, prévue par l'art. 1188, ne s'entend que des sûretés spéciales promises par le contrat et qu'on ne peut assimiler à ces sûretés le fait de l'existence ou de la durée de la société. V. *infrà*, n° 1382.

1379. — Quant aux taux de remboursement, on applique les principes rappelés ci-dessus, en matière de faillite (Paris, 17 mai 1883, D. 84.2.100 ; — Rennes, 25 juill. 1887, D. 88.1.153 ; — Lyon, 13 mars 1901, *J. S.*, 01.16).

§ 4. — Diminution des sûretés.

1380. — Par arrêt du 10 mai 1881, la Cour de cassation a décidé que si l'émission d'obligations par une compagnie de chemins de fer n'avait été accompagnée dans le contrat d'émission d'aucune sûreté spéciale, les obligataires, au cours de l'exécution du contrat, ne pouvaient se prévaloir de la rétrocession faite à l'État par la compagnie débitrice des lignes de son réseau, pour provoquer dans leur intérêt des mesures de sauvegarde, telles que le dépôt entre les mains d'un séquestre des valeurs destinées à servir de garantie aux obligations, et cela en vertu du principe que l'exigibilité de la dette ne pouvait être encourue que lorsque les sûretés qui se trouvent diminuées avaient été spécialement prévues par le contrat. L'arrêt du 10 mai 1881, prononçant cassation, avait renvoyé les parties devant la Cour d'appel de Caen. Devant la Cour de renvoi, les obligataires soutinrent que leur situation s'était trouvée modifiée depuis l'arrêt de cassation. En effet, dans l'intervalle des deux arrêts, la société débitrice avait été mise en liquidation, et les obligataires pensaient trouver dans ce changement d'état de la société le moyen d'échapper à l'autorité de l'arrêt du 10 mai 1881 ; ils appuyaient leur système sur une consultation de M. Demolombe. La dissolution, disaient-ils, la mise en liquidation met fin aux opérations sociales ; mais elle laisse subsister à la charge de la société l'obligation d'exécuter les engagements pris envers les créanciers ; l'actif social demeure le gage de ces créanciers. Ce droit de gage, dit M. Demolombe dans sa consultation, qui planait sur l'ensemble du patrimoine présent et futur de la société tant qu'elle existait, s'est conservé pour ainsi dire et réalisé au moment de la dissolution, sur les valeurs de la liquidation ; il n'y a plus de débiteur dont il faut suivre la foi ; il y a une masse indéterminée et indivise de valeurs formant le gage privilégié des créanciers et affectées par préférence, avant leur partage entre les actionnaires, à l'acquit des obligations sociales. Les créanciers qui ne pouvaient intervenir dans l'administration de la société ont le droit d'intervenir dans la liquidation, d'en contrôler la marche, et par suite de s'adresser à la justice pour en assurer la bonne direction. La dissolution de la société suffit donc pour autoriser la demande de mesures conservatoires. Ce principe proclamé, on en tirait cette conséquence que les mesures conservatoires devaient consister dans l'emploi de fonds suffisants pour assurer le service des intérêts et le remboursement des obligations. On s'appuyait sur l'art. 1978 C. civ. qui stipule qu'en cas de non-payement des arrérages de rentes viagères, le crédi-rentier peut faire vendre les biens de son débiteur et faire ordonner sur le produit de la vente l'emploi d'une somme suffisante pour le produit des arrérages. Les porteurs d'obligations, ajoutait-on, doivent être assimilés aux créanciers d'une rente viagère, et la société, depuis la liquidation, ayant cessé de procéder aux tirages aux sort, conformément aux statuts, il est permis de demander, dans l'intérêt des obligataires, des mesures analogues à celles prescrites par l'art. 1978 C. civ. dans l'intérêt du crédi-rentier.

1381.— La Cour de Caen, par arrêt du 16 août 1882, avait accueilli ce système (S. 83.2.115) ; mais la Cour de cassation a maintenu sur le pourvoi la doctrine de l'arrêt du 10 mai 1881, et elle a décidé que la mise en liquidation n'apportait aucune modification à la théorie du droit proclamée par les précédents arrêts (Cass., 6 janv. 1885, S. 88.1.67).

1382. — La Cour suprême a statué, à la date des 2 février et 10 mai 1889, sur une autre difficulté. Une compagnie de chemins de fer a émis des obligations pour l'exécution des lignes dont elle a la concession ; ces obligations sont remboursables à un taux supérieur au taux d'émission, par voie de tirage au sort et d'après un tableau d'amortissement. Cette compagnie, avant l'expiration du terme fixé pour la concession et avant l'amortissement complet de ses obligations, rétrocède ses lignes à l'État moyennant un prix de cession. La compagnie n'ayant plus d'objet se met en liquidation. Les obligataires qui n'ont pas encore reçu de remboursement dans les tirages au sort déjà effectués peuvent-ils contraindre la société dissoute à exécuter ses engagements dans les termes du contrat d'émission, c'est-à-dire à continuer le service des intérêts et des tirages au sort suivis de remboursement jusqu'à complet amortissement ? Si la compagnie était en faillite, le droit des obligataires serait facile à déterminer ; car il est aujourd'hui admis sans conteste qu'en cas de faillite de la société, les obligataires n'ont d'autre droit que de réclamer leur admission au passif pour le montant du prix d'émission augmenté seulement d'une indemnité représentative de la portion acquise de la prime de remboursemeut (V. Cass., 18 avr. 1883, S. 83.1.441). Mais la société n'est pas en faillite, elle est en liquidation ; que décider ? On a soutenu que malgré l'état de liquidation, le contrat intervenu entre les obligataires et la société devait recevoir sa pleine et entière exécution. La société continue d'exister pour les besoins de sa liquidation ; la rétrocession de ses lignes à l'État n'est pas un cas de force majeure ; les obligataires ne doivent donc pas supporter les conséquences d'un événement qui ne peut leur être imposé. La Cour de cassation, par les arrêts précités, ne s'est pas rangée à cette doctrine, et voici comment elle a statué sur la question :

« La Cour : — sur le premier moyen : — vu l'art. 1134 C. civ. ; — attendu que si une société en liquidation est tenue de remplir ses engagements envers les tiers, dans les termes mêmes où ils ont été contractés, il ne saurait en être ainsi lorsque cette exécution implique nécessairement le fonctionnement régulier et continu de la société dissoute, et est par suite inconciliable avec le fait de la liquidation dont l'objet est d'opérer le plus promptement possible la réalisation de l'actif et l'extinction du passif ; que notamment, alors que comme dans l'espèce une compagnie de chemins de fer s'est mise en liquidation, ainsi qu'elle y était autorisée par ses statuts, après avoir obtenu de l'État le rachat de sa concession, elle ne saurait être contrainte à rembourser ses obligataires au moyen de tirages annuels, conformément au tableau d'amortissement inséré au verso des titres d'obligations ; que le mécanisme et la durée de ces opérations supposent comme condition nécessaire l'existence d'une société qui fonctionne normalement, et sont incompatibles avec l'état de liquidation, essentiellement temporaire ; que, dans ce cas, les obligataires ont seulement le droit, conformément aux art. 1184 et 1188 C. civ. , de demander, suivant les circonstances, la déchéance du terme ou la résolution du contrat avec dommages-intérêts ;

« Attendu, néanmoins, que contrairement à ces principes, la Cour d'appel de Rennes a ordonné que la Compagnie des chemins de fer nantais devra justifier, dans le délai de quinze jours, de l'accomplissement du tirage au sort de soixante obligations pour 1881, soixante-deux pour 1882, soixante-trois pour 1883, et ensuite chaque année successivement et conformément en tout cas au tableau d'amortissement ; qu'en le décidant ainsi, elle a faussement appliqué et par suite violé la disposition de loi susvisée ; sans qu'il soit besoin de statuer sur les autres moyens du pourvoi ; — casse, etc. »

Voir au Sirey la dissertation de M. Labbé en note de ces arrêts.

1383. — Dans cet ordre d'idées, il a été jugé que la vente par les liquidateurs d'une société anonyme de l'établissement industriel qu'exploitait cette société n'a pas pour effet d'entraîner la déchéance du bénéfice du terme et d'autoriser les obligataires remboursables par voie de tirage au sort dans un délai déterminé, à exiger le remboursement immédiat de leurs obligations, dès lors qu'il n'est pas justifié qu'ils aient obtenu de la société aucune sûreté particulière en dehors du gage général constitué par le patrimoine social et lorsque, ce gage subsistant dans son intégralité, la réalisation de l'actif, qui ne saurait par elle seule entraîner l'exigibilité des obligations, n'a pas eu pour conséquence l'appauvrissement de la société (Trib. com. Seine, 24 juin 1907, *J. Soc.*, 1907, 452)

§ 5. — Publication de faits faux.

1384. — La disposition de l'art. 15, § 1er, de la loi du 24 juillet 1867 est générale et absolue et s'applique aussi bien aux souscripteurs d'obligations qu'aux souscripteurs d'actions ; en conséquence, commet le délit prévu par cet article celui qui a obtenu ou tenté d'obtenir des souscriptions ou versements d'obligations par publication de faits faux, faite de mauvaise foi (Paris, 18 fév. 1881 ; Cass., 16 déc. 1886 ; 30 avr. 1887, *J. S.*, 1887.561).

§ 6. — Protection et représentation des obligations. Groupements Sociétés civiles.

1385. — Aucun texte législatif, dans notre droit français, ne réglemente l'étendue ni l'exercice des droits des obligataires, et aucun ne prévoit la constitution d'une représentation spéciale destinée à assurer la défense des intérêts communs.

Au point de vue des pouvoirs pouvant appartenir aux obligataires, pris individuellement, notre loi est absolument muette, et dans son silence, ces pouvoirs se trouvent infiniment restreints. Les obligataires ne peuvent ni assister, en cette qualité, aux assemblées d'actionnaires, même d'une façon purement passive, ni obtenir communication de la comptabilité sociale, ni surveiller l'administration de la société, ni constater l'accroissement ou le dépérissement de l'actif qui constitue le gage de leur créance.

1386. — En ce qui touche la représentation collective des obligataires pour la défense de leurs droits, la question s'est posée de savoir si une société civile ou une association syndicale pouvait se constituer entre eux pour cet objet. A cette constitution nous ne voyons aucune impossibilité juridique (*infrà*, n° 1389, en ce qui concerne l'obligation hypothécaire). En l'absence de droits de contrôle ou de surveillance existant au profit des obligataires, l'administration sociale ou syndicataire aura du moins la mission de prendre et conserver des sûretés attachées par la société débitrice à la créance commune, d'exercer les droits des obligataires contre la société, d'intervenir au concordat proposé par elle et d'en poursuivre l'exécution. Une telle société ou association syndicale devra seulement se constituer antérieurement à l'émission des obligations et comme condition de cette émission, sa constitution après la souscription devenant fort difficile, puisqu'elle exigerait l'adhésion de tous les intéressés.

1387. — Dans la pratique, d'ailleurs, de tels groupements d'obligataires se sont déjà produits, notamment une société civile entre obligataires de la Compagnie du canal de Panama, et un syndicat d'obligataires en vue du concordat de la Compagnie des chemins de fer de Santa-Fé (Bordeaux, 14 août 1902 et 25 mai 1903). — La société civile d'obligataires peut décider qu'il ne sera intenté aucune action individuelle (Fuzier-Hermann, *Répertoire*, V° *Société*, n. 2735 et suiv.).

Ajoutons toutefois que la Cour de cassation, par arrêt du 26 mars 1878 (S. 79.1.17), a refusé à des obligataires le droit de charger un ou plusieurs mandataires de soutenir à frais communs un procès contre la société.

Jugé cependant que l'action en responsabilité contre les administrateurs peut être intentée par des obligataires dans un intérêt commun (Lyon, 20 juill. 1903, *R. S.*, 1904.26).

Jugé encore que l'association formée entre les obligataires pour défendre leurs intérêts et surveiller leur débitrice n'est pas illicite ; et par exemple la société qui consent à ses créanciers un droit de contrôle sur ses opérations auquel elle n'est pas tenue peut valablement stipuler que ce contrôle sera exercé par une association prévue à la convention, à l'exclusion de tous autres groupements (Seine, 22 avr. 1901, *R. S.*, 1902.278),

Le tribunal de la Seine, le 3 août 1901 (*R. S.*, 1902.29), a reconnu valable la société qui s'était formée entre les obligataires du Jardin d'Acclimatation de Paris, pour percevoir les entrées, du moins en partie. Cette convention a été jugée comme devant cesser ses effets au cas de faillite, et on a décidé que les obligataires ne pouvaient demander la nomination d'un séquestre à l'effet de recevoir les recettes affectées par privilège au paiement des obligataires.

La Cour de cassation est elle-même revenue sur sa jurisprudence. Elle a jugé que la société formée entre les obligataires d'une société anonyme anglaise pour la défense de leurs intérêts communs peut être valablement représentée en France par des *trustees* ; pareil contrat n'a en soi rien de contraire à l'ordre public en France et, par conséquent, la clause de ce contrat contenant renonciation pour les obligataires au droit d'agir individuellement contre la société est obligatoire et irrévocable, dès lors que les *trustees* ont été établis par un contrat synallagmatique, aussi bien dans l'intérêt de la société que dans celui des obligataires (Cass., 19 fév. 1908, *J. S.*, 1909.200, *R. S*, 1908.373).

En tout cas, une assemblée générale de porteurs de bons et la transaction qu'elle a autorisée sont *res inter alios acta* à l'égard des porteurs de bons qui n'y ont pas adhéré, lorsqu'il est établi que la majorité ayant approuvé la transaction n'a été, pour la plus grande part, obtenue que par le vote de tiers placés sous la dépendance morale et pécuniaire de la compagnie ayant bénéficié de la transaction et qui, en réalité, étaient des prête-noms (Cass., 21 oct. 1907, *J. S*, 1909.105).

1388. — On le voit, les droits de protection des obligataires sont, à l'heure actuelle, très restreints en France, et leur représentation collective est chose assez malaisée, malgré cette importante évolution de la Cour de cassation. Le projet de réforme des sociétés, qui est devenu la loi du 1er août 1893, renfermait plusieurs dispositions à cet égard, mais il n'en est subsisté qu'un unique article (l'art. 69), qui traite spécialement des obligations hypothécaires, et que nous étudierons plus loin.

Le Congrès international des sociétés de 1900 a discuté la question et émis, sous forme de résolution, ce desideratum que tout obligataire devrait pouvoir prendre part aux assemblées générales d'actionnaires avec voix seulement consultative (V. Compte rendu du Congrès intern. des soc. par actions de 1900, 13ᵉ résol., et disc. de la 4ᵉ séance). La Commission extra-parlementaire de 1902 avait organisé un système de protection des obligataires. Rapport Rodolphe Rousseau.

Quelques législations étrangères nous ont précédés dans la voie de la protection des obligataires. La loi belge du 18 mai 1873 (art. 70) leur accorde un commencement de contrôle, en leur donnant les mêmes droits de communication de pièces comptables qu'aux actionnaires, et en leur permettant d'assister aux assemblées générales avec voix consultative. Toutefois, cette mesure ne semble pas avoir donné de résultats pratiques : le défaut de groupement des obligataires empêche toute initiative sérieuse de leur part ; aussi un nouveau projet gouvernemental, datant de décembre 1895, propose-t-il la création d'une association obligatoire entre obligataires, naissant *ipso facto* dès que l'émission est souscrite, ayant une personnalité distincte, une représentation propre et des attributions nettement définies. Nous ne pouvons entrer dans le détail d'un projet qui n'est pas encore prêt sans doute à s'incorporer au Code belge des sociétés, et nous nous contentons de renvoyer à 'intéressant opuscule de M. Lévy-Alvarez (*Communication sur la protection des obligataires dans les sociétés belges*, 1901),

La loi allemande du 4 décembre 1879 impose aussi la réunion obligatoire d'assemblées d'obligataires, avec faculté de nommer un ou plusieurs représentants, du moins lorsque l'émission comporte un certain nombre de titres et atteint un chiffre donné. — V. en outre sur la représentation des obligataires, l'article paru dans l'*Economiste français*, du 5 nov. 1910, p. 674.

§ 7. — **Obligations hypothécaires et obligations privilégiées et de priorité.**

1389. — D'ordinaire, les obligataires sont des créanciers simplement chirographaires ; il peut arriver pourtant qu'afin d'attirer plus aisément les capitaux qui lui sont nécessaires, une société émette des obligations négociables garanties soit par un droit de priorité provenant d'un privilège, tel que celui du créancier gagiste, soit par une hypothèque sur ses immeubles. C'est même, en ce qui concerne cette dernière combinaison, du moins depuis la loi du

1er août 1893, un procédé qui tend à se répandre dans la pratique.

A. — *Obligations hypothécaires*. — La faculté, pour une société, de constituer une hypothèque sur ses immeubles, peut découler soit d'une autorisation insérée au pacte social, soit d'une délibération de l'assemblée des actionnaires.

1390. — La création d'obligations hypothécaires négociables suppose résolue la double question de savoir si une hypothèque peut être valablement attachée à un titre soit nominatif, soit surtout au porteur — étant donné que les obligations sont le plus souvent émises sous cette dernière forme, ou que, tout au moins, les obligataires ont toujours la faculté de convertir leurs titres au porteur, — et si l'hypothèque attachée à une créance au porteur ou à ordre se transmet de plein droit avec la créance elle-même. Or, sur l'un et l'autre point, la doctrine et la jurisprudence se sont à peu près uniformément prononcées pour l'affirmative (Sur la validité de l'hypothèque attachée à un billet à ordre notarié : V. Cass., 8 mai 1878 et 7 mai 1879, *J. Not.*, art. 21.896 et 22.196. — Sur la validité de l'hypothèque attachée à un titre au porteur : V. Douai, 13 mai 1880, D. 82.2.243. — Sur la transmission de l'hypothèque attachée à un titre à ordre ou au porteur : V. Cass., 21 fév. 1838 et 11 juill. 1839 : — Alger, 5 juill. 1870, *J. Not.*, art. 10.165, et 287. — V. dans le même sens : Wahl, *Etude sur les titres hypothécaires négociables*, *J. S.*, 1898, art. 512, 525, 536, 562 : Carnot, *Des Oblig. hypoth. au porteur en droit français*).

Donc, une fois établie, l'hypothèque s'attache aux obligations et profite à ceux qui en deviennent propriétaires (En ce sens : Paris, 15 mai 1878, S. 83.2.218 ; — Douai, 20 janv. 1881, D. 82.2.21 ; — Cass., 19 fév. 1884, *J. S.*, 1884.480, et 3 déc. 1889, *J. S.*, 1891.107 ; — Douai, 10 mars 1904, *J. S.*, 1905.37).

1391. — Etant résolues ces questions primordiales, reste à savoir de quelle manière et en quelle forme l'hypothèque peut être constituée au nom des sociétés. Avant la loi de 1893, ni le Code de commerce ni aucune loi sur les sociétés ne contenaient de dispositions à cet égard. Le législateur laissait aux statuts le soin de régler ce point conformément aux prescriptions du Code civil.

1392. — Il en résultait une difficulté. En effet, aux termes de l'art. 2127 C. civ., l'hypothèque ne peut être consentie que par un acte passé en la forme authentique, d'où cette conséquence, tirée par la jurisprudence, que pour obtenir l'authenticité complète du titre, il fallait que fussent authentiques non seulement l'acte constitutif proprement dit, mais aussi les pouvoirs pour y concourir. Or, l'application de cette jurisprudence aux sociétés avait pour effet de rendre obligatoire la rédaction en la forme authentique des statuts sociaux, des délibérations du conseil d'administration ou de surveillance ou de l'assemblée générale, et même des pouvoirs pour y prendre part (V. à cet égard : *Questions nouvelles sur les sociétés commerciales*, p. 151 ; — *Répertoire de Dix années*, V° *Hypothèques*, n. 3 et suiv., et la jurisprudence rapportée *ibid.* ; notamment un arrêt de Cass., 22 déc. 1885, et les conclusions de M. l'avocat général Desjardins). L'ensemble de ces formalités était gênant et coûteux,

1393. — Le projet législatif qui, très restreint, est devenu la loi du 1er août 1893, s'occupait d'une façon très complète des obligations de sociétés, et plus spécialement des porteurs d'obligations hypothécaires ; il organisait même leur représentation collective. Une seule disposition a survécu, qui forme le texte de l'art. 6, § 2 (art. 69) de la loi de 1893. Elle est ainsi conçue : « Il pourra être consenti hypothèque au nom de toute société commerciale, en vertu des pouvoirs résultant de son acte de formation, même sous seing privé, ou des délibérations ou autorisations constatées dans les formes réglées par ledit acte. L'acte d'hypothèque sera passé en forme authentique, conformément à l'art. 2127 C. civ. »

1394. — L'art. 69 nouveau apporte donc une dérogation complète aux principes consacrés par la jurisprudence antérieure, d'après laquelle l'hypothèque ne pouvait être valablement consentie par un mandataire du débiteur muni seulement d'un pouvoir sous seing privé. Il n'y a plus nécessité, avec la loi nouvelle, de recourir à la forme authentique que pour l'acte constitutif de l'hypothèque, conformément aux prescriptions de l'art. 2127 C. civ. Les statuts, procès-verbaux de délibérations et mandats de représentation peuvent être rédigés sous seing privé. La règle est générale et s'étend à toutes les sociétés commerciales, quelles qu'elles soient.

1395. — Une difficulté subsiste toutefois. L'hypothèque qu'une société consent sur ses immeubles doit garantir le montant tout entier de l'emprunt qu'elle émet sous forme d'obligations remboursables. Or, ces obligations seront souscrites certainement par des personnes diverses et probablement à des époque successives. Comment alors et à quelle date l'hypothèque prendra-t-elle naissance ? Elle ne peut résulter de l'offre seule émanant de la société, ni même de la promesse de constitution contenue, par exemple, dans les prospectus d'émission ; car l'offre, à elle seule, ne produit aucun effet et peut être rétractée jusqu'à son acceptation ; comme aussi la promesse de constituer hypothèque n'équivaut pas à l'hypothèque et ne donne à ceux qui l'ont reçue que le droit d'en poursuivre l'exécution en justice (Paris, 14 déc. 1893, *G. Trib.*, 23 déc. 1893). L'hypothèque ne peut naître que lorsque l'offre de sa constitution a été acceptée, car elle est *conventionnelle* (V. Wahl, *J. S.*, 1898, art. 512, p. 189), et elle ne peut produire d'effet que du jour où elle est inscrite, ce qui suppose qu'elle a un bénéficiaire certain. Sans doute, l'acceptation de l'hypothèque est chose aisée ; elle n'a pas besoin d'être authentique, elle peut même n'être que tacite (Cass., 4 déc. 1867, S. 68.1.252 ; — Chambéry, 20 janv. 1872, S. 72.2.125) et résulte du seul fait de la souscription (Wahl, *loc. cit.*, p. 200). Mais alors l'hypothèque ne naîtra que postérieurement à la souscription, ou au plus tôt au moment même de cette souscription, puisque son acceptation ne saurait rétroagir vis-à-vis des tiers (Wahl, *loc. cit.*). Et de là un double inconvénient : d'une part, pour les souscripteurs d'obligations, qui pourront se voir opposer toutes les créances hypothécaires nées et inscrites depuis l'émission et avant la clôture de la souscription ; et d'autre part, pour la société, intéressée en vue du succès de son emprunt à assurer à ses futurs obligataires un rang hypothécaire certain et invariable à dater du jour de l'émission. D'où nécessité de constituer un ou plusieurs représentants légaux des obligataires à venir, qui interviendront dès la création des obligations hypothécaires et dès ce moment seront munis des pouvoirs nécessaires pour acquérir et conserver les droits de tous. La raison impose ce procédé. Seulement il reste à déterminer quel représentant pourra agir ainsi au nom et dans l'intérêt des futurs souscripteurs d'obligations, et de quel mandat il devra être pourvu pour assurer la conservation de leurs droits.

1396. — Il peut se présenter un premier cas, dans lequel la constitution de l'hypothèque au profit des obligataires ne souffrira aucune difficulté : c'est lorsque les titres émis par la société seront souscrits en bloc par un établissement de crédit, qui les mettra ensuite, à ses risques et périls, en circulation dans le public. Un acte authentique sera alors dressé, qui constatera la souscription des obligations et la constitution de l'hypothèque au profit de l'établissement de crédit ; l'inscription sera prise en son nom ; de cette façon, l'hypothèque se transmettra par la suite, avec son rang immuable, avec tous les droits dépendant des titres, aux divers acqué-reurs successifs de ces titres (En ce sens : Wahl, *loc.cit.*, p.196,n.3).

1397. — Mais ce procédé ne saurait être qu'exceptionnel ; le véritable moyen, le seul qui remplisse les divers desiderata que nous avons précédemment indiqués, et que la pratique a déjà consacré, c'est celui de la *gestion d'affaires*. Il est aussi essentiellement juridique (Lyon-Caen et Renault, n. 591 ; Thaller, n. 713 ; Wahl, *loc. cit.*, p. 206 et suiv).

1398. — En fait, le procédé est simple : un tiers quelconque — par exemple, un employé de la société ou un des banquiers chargés de l'émission des titres — comparaît à l'acte par lequel la société déclare constituer hypothèque sur ses biens; il déclare accepter cette hypothèque au nom de souscripteurs futurs d'obligations. L'inscription est prise immédiatement en son nom. Dès lors l'inscription pourra être mentionnée dans les propectus d'émission, avec le certificat du conservateur constatant qu'il n'existe pas d'inscriptions antérieures.

Par ce moyen, les obligataires acquièrent d'une manière certaine et définitive l'hypothèque que la société se propose de leur conférer, et cette hypothèque peut prendre rang du jour même de l'émission,

1399. — On a objecté qu'aux termes de l'art. 2148 C. civ., l'inscription hypothécaire doit contenir les noms, prénoms, profession et domicile du créancier ; elle ne pourrait donc être prise au nom du représentant des porteurs d'obligations, qui sont de véritables créanciers. L'objection n'a pas triomphé. S'il faut, en effet, que l'inscrivant se fasse connaître, afin que les intéressés sachent à qui adresser la demande en radiation, s'il y a lieu, il n'est pas nécessaire que l'inscrivant désigné dans l'inscription soit le véritable créancier. Il s 'ensuit qu'un mandataire peut prendre inscription en son nom et passer sous silence le nom de son mandant, le véritable créancier (V. Cass., 6 juill. 1842, S. 42.1.802). C'est pour cela qu'une hypothèque peut valablement être attachée à une créance à ordre ou au porteur (Aix, 30 avr. 1878, S. 79.2.313). La loi, d'ailleurs, prescrit au créancier de se faire connaître dans son intérêt et non dans l'intérêt des tiers. Ajoutons que la désignation du créancier n'est pas substantielle et que son absence ou son insuffisance ne peut être une cause de nullité de l'inscription ; la jurisprudence est absolument formelle à cet égard (V. notamment Poitiers, 10 juin 1879, S. 79.2.109 ; — Lyon, 6 mai 1876, *R. S.*, 1886.594).

1400. — A l'objection tirée de ce que la gestion d'affaires ne saurait être entreprise au profit de tiers auxquels aucun lien de droit ne lierait le gérant, la Cour de cassation a répondu (20 oct. 1897, S. 97.1.469) que le propre du gérant d'affaires est précisément d'agir pour le compte de gens auxquels il est entièrement étranger.

Enfin, il serait encore inexact d'invoquer la non-rétroactivité de la ratification des actes du gérant d'affaires, ce qui aurait pour effet de reporter la naissance de l'hypothèque au jour de la souscription, où s'opère la ratification des obligations. Car ainsi que l'a fort justement fait remarquer M. Wahl (*loc. cit.*, n. 12, p. 208 et 209), il n'y a pas lieu en l'espèce à ratification, « les actes du gérant étant censés être l'œuvre du maître, dès lors qu'ils sont utiles et n'engagent pas son patrimoine » (V. une application de cette idée dans la disposition de l'art. 1375 C. civ.).

1401. — Une objection plus sérieuse subsiste. La créance que les obligataires doivent acquérir contre la société à laquelle ils consentent à prêter leurs fonds n'existe pas encore au jour de la constitution de l'hypothèque au nom d'un gérant d'affaires ; elle ne prendra naissance que dans la suite, une fois l'emprunt réalisé, c'està-dire au moment de la souscription. Ce n'est donc qu'une *créance future* ; or, est-il bien certain que l'hypothèque peut être constituée comme garantie d'une créance future.

1402. — En l'absence d'une jurisprudence bien formelle sur cette question, quelques auteurs (V. Garnot, *Des Oblig. hypoth.*, p. 141 ; et Houpin, n. 498 *in fine*) ont émis des doutes sur l'efficacité de l'hypothèque ainsi constituée. Aussi M. Houpin conseille-t-il, quant à présent, au point de vue pratique, « soit de faire consentir l'hypothèque et de prendre l'inscription après la souscription des obligations, soit, si l'hypothèque été consentie avant la souscription, de la faire réitérer après cette souscription et de prendre une inscription nouvelle (en tant que de besoin) et en renouvellement de la première, avec réquisition d'un état complémentaire d'inscriptions ».

1403. — Nous croyons, au contraire, avec la majorité de la doctrine, qu'une hypothèque peut être constituée en garantie d'une créance future (V. en ce sens : Baudry-Lacantinerie, *Hypothèques*, t. 2, n. 1280 ; Lyon-Caen et Renault, n. 589 ; Goirand, *Soc. par actions*, n. 71, etc). En droit, cela semble découler des termes de l'art. 1120 C. civ., d'après lequel les choses futures peuvent faire l'objet d'une obligation, donc d'une obligation accessoire aussi bien que principale ; la loi ne distinguant pas (V. en ce sens : Wahl, *loc. cit.*, n. 11, p. 206-207). La loi applique elle-même ces principes aux hypothèques légales, lorsqu'elle décide que les créances du pupille contre son tuteur, de la femme mariée contre son mari, de l'État et des établissements publics, qui sont souvent des créances futures, parfois même seulement éventuelles, sont garanties par des hypothèques qui prennent rang, par ordonnance, par exemple du jour de la tutelle ou du mariage (V. Baudry-Lacantinerie, *loc. cit.*, n. 1280 *in fine*). Pourquoi n'en serait-il pas de même de l'hypothèque conventionnelle

1404. — La jurisprudence nous paraît être favorable aussi à cette idée. Elle a, en effet, décidé que le cautionnement peut valablement porter sur des dettes futures (Cass., 13 nov. 1867, S. 68.1.202). Elle admet aussi, d'une façon constante, la validité de l'hypothèque constituée pour sûreté d'une ouverture de crédit (V. notamment : Cass., 21 nov. 1849, S. 50.1.91. — En ce sens ; Baudry-Lacantinerie, *loc. cit.*, n. 1283) ; or, il nous paraît certain que la créance qui résultera des avances du créditeur n'a, au moment de l'ouverture de crédit, aucune existence encore, même conditionnelle (Wahl, *loc. cit.*, n. 11, p. 207). Une hypothèque constituée au profit des futures obligations d'une société, et avant la souscription des obligations, a même été validée, par le motif qu'aucun texte ne défend de constituer une hypothèque pour sûreté d'une obligation future (Trib, Bourges, 8 mars 1888, *J. S.*, 1891.252). — Voir pourtant en sens contraire un jugement du tribunal de la Seine, du 22 avril 1886 (*J. S.*, 1888.562), rendu, il est vrai, contrairement aux conclusions de M. Duval, substitut.

1405. — Nous concluons donc que l'hypothèque peut être valablement constituée au profit du gérant d'affaires des futurs obligataires ; que son inscription peut être prise au nom dudit gérant dès la constitution, c'est-à-dire avant la souscription des obligations, et qu'elle n'en sera pas moins acquise de ce jour, d'une manière certaine et définitive, à tous les obligataires à venir. L'inscription prise dans ces condition devant, d'après nous, produire tous ses effets, il nous paraît inutile de la réitérer après la clôture de la souscription.

Mais si ce souscripteur, dont l'engagement est conditionnel n'a fait aucun versement, l'obligation hypothécaire est nulle et cette nullité atteint également l'hypothèque attachée aux obligations, ainsi que le nantissement qui aurait été donné par la société sur ces obligations (Lyon, 12 juill. 1906, *J. S.*, 1906 429, *R. S.*, 1908.301).

1406. — Nous avons vu que la multiplicité des porteurs d'obligations rend nécessaire, dès le début, la constitution d'un ou plusieurs représentants, chargés d'acquérir et de conserver, dans l'intérêt de tous, le droit hypothécaire appelé à garantir l'emprunt contracté par la société. Nous avons dit que cette représentation n'a rien que de très juridique et qu'elle produit ses effets les plus complets quand elle se présente sous l'aspect d'une gestion d'affaires. Nous devons ajouter que pendant toute la durée de l'emprunt et jusqu'à son entier remboursement, les obligataires auront ou pourront avoir à exercer des droits, que leur grand nombre et leur dispersion ne leur permettraient pas de mettre facilement en œuvre. Le même besoin se fait donc sentir pour les obligataires, à tout instant, depuis la naissance de leur créance jusqu'à son extinction, et notamment pour les actions judiciaires à engager contre la société, pour les renouvellements d'inscriptions, les saisies, les surenchères, etc,

1407. — Quelle que soit la qualité du représentant des obligataires, il est indispensable que les conditions et l'étendue de cette représentation soient déterminées dans l'acte même de constitution de l'hypothèque. Sans cela, en effet, elle deviendrait impossible, ou tout ou moins fort difficile à établir, car elle exigerait une manifestation des volontés de tous les obligataires et le concours de toutes ces volontés (Wahl, *loc. cit.*, art. 536, p. 291).

Pour la même raison, les pouvoirs attribués dans l'acte aux représentants des obligataires devront être aussi larges que possible et leur permettre d'exercer tous les droits attachés aux obligations : droit d'accepter l'hypothèque, de prendre inscription au profit commun, de donner mainlevée de cette inscription, d'en consentir la radiation ou la réduction après amortissement total ou partiel des obligations, de recevoir toutes notifications, de poursuivre en délaissement tous tiers détenteurs, d'exercer toutes poursuites et actions judiciaires, etc.

Il y aura même lieu, pour éviter toute difficulté, d'indiquer dans les contrats portant constitution de mandataires que les actes de ces mandataires seront opposables même aux incapables. Une telle convention nous paraît lier de plein droit les souscripteurs incapables, car elle n'est qu'une disposition accessoire de la souscription des titres, et dès lors participe de la même validité que celle-ci (V. Wahl, *loc cit.*, art 536, p. 287, 298).

1408. — Le représentant des obligataires pourra être unique. Il vaut mieux cependant en désigner plusieurs, pour que l'un d'eux soit toujours en état d'exercer le mandat commun. Il sera bon également de prévoir les cas de décès ou d'empêchements des représentants ; on pourra, pour ces cas, confier le choix des mandataires nouveaux soit aux premiers désignés, soit à l'assemblée des obligataires, statuant à la majorité. La Cour de cassation, pour éviter ces inconvénients, a décidé qu'il appartient aux tribunaux de nommer, sur la demande d'un obligataire, un représentant nouveau en remplacement des représentants disparus (Cass., 19 févr. 1884, S. 86.2.69). Mais M. Wahl critique vivement cette décision (*loc. cit.*, art. 562, p. 343, 344), en faisant remarquer d'une part, que les attributions des tribunaux en matière gracieuse n'existent qu'en vertu d'un texte, et d'autre part, que la nomination d'un nouveau représentant ne serait pas opposable aux obligataires qui ne l'auraient pas sollicitée.

1409. — Il n'est pas nécessaire que les mandataires ou gérants désignés soient des obligataires. Il n'y a même aucune impossibilité juridique à ce qu'ils soient choisis parmi les administrateurs de la société qui émet les titres. Toutefois, les mêmes administrateurs ne pourraient évidemment représenter à la fois la société et les obligations dans l'acte d'hypothèque (V. Wahl, *loc. cit.*, art. 536, p. 298).

1410. — Enfin, il est encore évident que le représentant des obligataires peut être le gérant d'affaires même qui a procédé à la constitution d'hypothèque et pris l'inscription. C'est même ce qui se produit le plus souvent dans la pratique, et cela dans un but de simplification. Il pourrait, par contre, être une tout autre personne, les fonctions du gérant expirant après la prise d'inscription.

1411. — Peut-on, au lieu de confier à un ou plusieurs représentants la défense des droits des porteurs d'obligations hypothécaires, constituer dans le même but une *société civile* des obligataires ? Au point de vue pratique, l'existence de cette société serait mentionnée dans l'acte de constitution d'hypothèque, l'inscription serait prise en son nom et les droits des obligataires seraient exercés par ses administrateurs ou gérants.

1412. — La légalité d'une telle société a été contestée, sous le prétexte qu'elle ne comporte pas la mise en commun d'une chose pour en récolter et partager les bénéfices, ce qui constitue le caractère essentiel des sociétés (V. Labbé, note, S. 79.2.214 ; Guillouard, *Sociétés*, n. 54 ; Duval, concl., Trib. Seine, 22 avr. 1886, *R. S.*, 1886.

402), Le tribunal civil de Lyon, par jugement du 6 mai 1884 (*R. S.*, 1886.594), s'est également prononcé dans le sens de la nullité de ces sociétés civiles.

Cependant la majorité de la doctrine et de la jurisprudence tend à proclamer leur validité. Par arrêt du 5 décembre 1885 (*R. S.*, 1886.95), la Cour de Paris a statué dans ce sens, à l'occasion d'une société contractée entre porteurs d'obligations se portant forts pour les autres souscripteurs actuels et futurs, ayant pour objet de centraliser la conservation, la protection et la défense des intérêts communs à tous les obligataires. Elle a jugé, en même temps, que le directeur de cette société avait qualité pour accepter l'hypothèque conférée à la suite des obligations (Conf. Trib. Bourges, 8 mars 1888, *J. S.*, 1891.252). La Cour de cassation (3 déc. 1889, D. 90.1.105) a souverainement reconnu la légalité de ce mode de procéder, en rejetant le pourvoi formé contre la décision de la Cour de Paris du 5 décembre 1885. Il est vrai de dire que la Cour de cassation n'a pas recherché si une telle association présente tous les caractères d'une société civile ; elle lui a même refusé la personnalité morale ; mais elle a du moins proclamé, et c'est l'essentiel, que l'acte constitutif d'une telle société peut valablement conférer à son directeur le mandat de représenter les obligataires associés, de mettre en jeu leurs intérêts communs, d'accepter l'hypothèque et d'en prendre inscription (V. également : Nantes, 10 août 1898, *J. S.*, 1899.439 ; — Trib. Seine, 22 juin 1898, *J. S.*, 1898.524). Aussi concluons-nous sans hésitation à la possibilité de la constitution d'une société civile des obligataires, dans ces conditions (V. en ce sens : Vavasseur, n. 542 et 550 ; Garnot, *loc. cit.*, p. 125 ; Goirand, *loc. cit.*, n. 73 ; Thaller, *Ann. dr. comm.*, 1894, p. 65 et suiv. ; — Paris, 31 juill. 1905, *R. S.*, 1906 193).

1413. — A défaut d'une société civile proprement dite, quelques auteurs pensent qu'on pourrait tout au moins organiser une association syndicale des obligataires, qui serait valable en vertu du principe de la liberté des conventions.

1414. — Bien entendu, il n'y aurait plus de difficulté, et la société civile sera valable comme telle et produirait tous ses effets, si les titres mêmes d'obligations étaient mis en commun et apportés dans la société (Trib. Seine, 30 mars 1893, *J. S.*, 1894.161).

1415. — Les pouvoirs des administrateurs de la société civile, ainsi que ceux de l'assemblée des obligataires, sont déterminés dans les statuts sociaux. Les pouvoirs des administrateurs sont en principe les mêmes que ceux attribués aux représentants des obligatai-res non constitués en société. L'assemblée est chargée de remplacer les administrateurs décédés ou démissionnaires.— Sur les pouvoirs, V. Paris, 31 juill. 1905, *R. S.*, 1906.193.

La Cour de Paris a jugé (3 nov. 1887, *J. S.*, 1890.319) que les délibérations prises conformément aux statuts, par l'assemblée des obligataires, lient tous les porteurs d'obligations.

1416. — En quel nom et à quel moment l'inscription hypothé-caire, destinée à garantir les droits des porteurs d'obligations, peut-elle être prise, et quel est le point de départ de ses effets? Nous avons par avance répondu à toutes ces questions.

L'inscription peut être prise évidemment par chaque obligataire agissant isolément en son nom propre (V. sur ce point : Cass.; 1er août 1906, *J. S.*, 1907.500) Mais ce système a de graves incon-vénients, au point de vue des obligataires, parce que les droits atta-chés aux différents titres dépendant de la même émission ne seront pas identiques, la priorité en matière d'hypothèque appartenant au premier inscrit ; au point de vue de la société, parce que les pros-pectus d'émission ne pourront assurer aux futurs obligataires la préexistence d'un droit hypothécaire certain à leur profit (Wahl, *loc. cit.*, art. 525, p. 242, 243).

1417. — Mais l'inscription peut être prise aussi au nom des repré-sentants des obligataires, ou au nom de la société civile existant entre eux et agissant par l'entremise de ses administrateurs ou de son directeur, et cela sans que l'indication des noms des obligatai-res soit utile (En ce sens : Paris, 15 mai 1878, S. 83 1.218 ; — Lille, 30 juill. 1889, *J. S.*, 1889.92 ; — Douai, 12 août 1880, *J. S.*, 1882.521 ; — Trib. Lyon, 6 mai 1886, *R. S.*, 1886.594 ; — Cass., 20 oct. 1897, *J. S.*, 1898.101). Dans l'arrêt précité de 1897, la Cour de cassation con-sacre cette solution que l'inscription peut être prise « au nom des porteurs d'obligations émises sous tels numéros », — ce qui revient à dire que la désignation du titre de la créance tient lieu, en vue de l'inscription hypothécaire, de la désignation du créancier.

1418. — Si un gérant d'affaires est intervenu, au nom des obliga-taires futurs, dans l'acte de constitution de l'hypothèque, il est tenu, sous sa responsabilité, de requérir l'inscription. Mais les obligataires peuvent confier à d'autres personnes la mission de les représenter, et charger ces nouveaux mandataires de l'accomplissement des for-malités hypothécaires. Ces formalités sont celles-là mêmes qu'édicte de façon très générale l'art. 2148 C. civ. Quant aux effets de l'hypothèque, ils commencent à se produire du jour de son inscription.

1419. — Nous avons précisé précédemment à partir de quelle date l'inscription pourrait être prise : seulement après la souscription, si la société s'est bornée à une promesse ou à une offre de constituer l'hypothèque ; avant même l'émission, si un gérant d'affaires s'est fait constituer l'hypothèque et a pris l'inscription pour le compte des obligataires (Wahl, *loc. cit.*, art. 512, p. 198 et suiv.).

1420. — Rappelons que les pouvoirs des représentants des obligataires ou des administrateurs de la société formée entre eux sont déterminés par la convention.

A défaut de stipulation précise à cet égard, ils n'en peuvent et doivent pas moins agir, conformément aux principes généraux en matière de mandat et de société, dans la limite des actes rentrant dans leur mission. La seule faculté qui leur soit refusée est de rendre adjudicataires de l'immeuble hypothéqué, et dès lors de surenchérir, en cas de saisie ou de partage, une adjudication ne pouvant être prononcée au profit de la collectivité des obligataires (Wahl, *loc. cit.*, art. 562, p. 339, 340).

1421. — Reste une difficulté : en cas d'instance judiciaire, les représentants des obligataires pourront-ils agir au nom de ceux-ci, soit comme demandeurs, soit comme défendeurs, et malgré la maxime connue : « Nul ne plaide en France par procureur » ? Nous nous prononçons pour l'affirmative. La jurisprudence, en effet, reconnaît que cette règle n'est pas d'ordre public (Cass., 22 janv. 1894, *R. S.*. 1894.177 ; — Paris, 10 nov. 1894, *R. S.*, 1895.97 ; — Cass., 31 nov. 1895, *R. S.*, 1896.103), et que les intéressés peuvent renoncer expressément ou tacitement à s'en prévaloir (Cass., 19 nov. 1879, S. 80.1.56 ; — 27 janv. 1890, *R. S.*, 1890.234). La Cour de cassation a même jugé (19 fév. 1884, S. 87.1 69) que lorsque l'acte de création d'obligations hypothécaires a nommé un représentant des obligataires et l'a chargé d'exercer pour ceux-ci toutes actions en justice, la société débitrice et les obligataires ayant accepté cette clause ne peuvent se prévaloir de la maxime « Nul ne plaide en France par procureur » (V. dans le même sens : Lyon-Caen et Renault, n. 593, 593 *bis* ; Wahl, *loc. cit.*, art. 562, p. 338 et suiv.).

1422. — Il n'existe aucune solidarité entre porteurs d'obligations hypothécaires, relativement aux actes accomplis par leurs représentants. S'il y a société entre eux, cela résulte des termes mêmes de l'art. 1862 C. civ. S'il y a eu mandat, cela découle de l'intention présumée des parties, l'art. 2002 C. civ., qui édite cette solidarité, reposant sur une volonté commune que l'on ne peut prêter à la masse des obligataires (En ce sens : Wahl, *loc. cit.*, art. 562, p. 338).

1423. — Au point de vue des titres mêmes, délivrés aux porteurs hypothécaires de la société, et que la pratique qualifie d' « obligations hypothécaires négociables », nous n'avons que peu de chose à dire. Comme les titres d'obligations, ils sont soit nominatifs, soit au porteur. Ils doivent mentionner l'acte constitutif de la créance, dont ordinairement même ils reproduisent les dispositions essentielles. Ainsi libellés, ils circulent comme tous les autres titres, conférant à leurs porteurs successifs les mêmes droits à la créance qu'ils représentent, ainsi qu'à la garantie hypothécaire qui s'y rattache, et ce sans l'accomplissement d'aucunes formalités spéciales, puisqu'aussi bien la créance et l'hypothèque sont nées en l'absence d'une désignation spéciale de leurs premiers bénéficiaires.

1424. — B. *Obligations privilégiées et de priorité.* — Il arrive parfois, mais plus rarement, que des sociétés créent des obligations de priorité analogues aux actions de priorité, en ce qu'elles jouissent de certains avantages tenant soit au taux de l'intérêt, soit aux modalités de remboursement, etc. La création de pareilles obligations ne nous paraît devoir soulever en principe aucune difficulté, surtout depuis la loi de 1903 sur les actions de priorité : elles n'ont rien d'illicite et nous semblent parfaitement légales (Paris, 2 fév. 1888, *R. S.*, 1888.191 ; Trib. com. Seine, 5 mars 1906 *R. S.*, 1908. 252).

Mais ces obligations ne sauraient conférer à leurs porteurs aucun privilège ou droit de préférence dérogeant à la disposition de l'art. 2093 C. civ. ; on se trouverait en effet alors en présence d'un droit de préférence qui ne pourrait s'exercer, notamment en cas de faillite ou de liquidation judiciaire de la société, que si les formalités requises par la loi pour la validité de ce droit de préférence à l'égard des tiers (hypothèque, nantissement, délégation, etc.) avaient été remplies.

C'est ainsi que les obligations émises par une compagnie de chemins de fer ne jouissent d'aucun privilège sur les produits de l'exploitation, à moins qu'il n'ait été fait, au profit des obligataires, soit une cession régulière des produits en garantie de leurs créances, conformément à l'art. 1690 C. civ., soit une constitution régulière de gage sur ces produits (Paris, 2 fév. 1888, *R. S.*, 1888.191).

Jugé même que, en cas de mise en liquidation judiciaire d'une société, les porteurs d'obligations de priorité ne peuvent se prévaloir, à l'encontre de la masse créancière, des effets de la délégation avec affectation spéciale qui devait assurer le service de leurs obligations ; en conséquence, ils ne jouissent sur les sommes dues à la société d'aucun droit de préférence opposable aux autres créanciers de la société (Trib. com. Seine, 5 mars 1906, *R. S.*, 190 3.252).— Cette solution n'infirme en rien celle que nous venons de donner, car la décision constatait, en fait, que les obligations privilégiées ne pouvaient justifier le droit de gage spécial qu'ils prétendaient avoir sur certains titres spéciaux et qu'au surplus les formalités du nantissement des valeurs incorporelles n'avaient pas été observées.

Depuis la loi du 17 mars 1909 sur le nantissement des fonds de commerce, on peut créer des obligations privilégiées par un nantissement sur un fonds de commerce. Le fonctionnement pratique de ces obligations peut être assuré par la création d'une société civile d'obligataires, en s'inspirant de ce que nous venons de dire pour les obligations hypothécaires. L'acte passé avec les représentants de ladite société contiendra la constitution de gage par la société emprunteuse, ainsi que toutes les clauses relatives à l'émission des obligations, au paiement des intérêts et au remboursement du capital. — V. Decugis, *Les obligations privilégiées*, dans *J. S.*, 1911, p. 49.

§ 8. — De la convention des obligations en actions.

1425. — V. le chapitre des assemblées générales extraordinaires.

§ 9. — Bons d'amortissement.

1426. — Certaines sociétés, notamment des sociétés de capitalisation, ont créé parfois des titres spéciaux sous la dénomination de bons d'amortissement. Ces titres donnent droit à un intérêt fixe et au remboursement au pair, suivant un tableau d'amortissement transcrit sur les titres, mais seulement dans le cas où les bénéfices nets de la compagnie suffiraient à parfaire l'annuité représentative des intérêts et de l'amortissement des bons émis. En cas d'insuffisance des bénéfices nets, le solde non amorti et ses intérêts sont reportés de droit aux exercices suivants et prélevés en plus des sommes afférentes à ces années, si les bénéfices nets desdites années permettent ce prélèvement cumulatif. Mais en aucun cas les porteurs de bons ne peuvent prétendre au remboursement, à l'expiration de la société, sur le fonds social, en cas d'insuffisance des bénéfices nets révélés par la liquidation pour couvrir l'amortissement. Ces titres ne peuvent être considérés ni comme des actions, puisque les annuités représentant l'intérêt de l'amortissement desdits titres doivent être prélevées sur les bénéfices nets, avant tout prélèvement d'intérêt ou de dividende aux actionnaires ; ni comme des obligations, puisque l'amortissement des bons est subordonné à l'existence de bénéfices ; ni comme des parts bénéficiaires ou de fondateur, puisque les porteurs de bons sont payés avant tout prélèvement, même d'intérêts, au profit des actionnaires (Paris, 10 août 1893, *J. S.*, 94.1.25 ; — Seine, 19 janv. 1903, *R. S.*, 1903.176 ; — Paris, 16 mars 1904, *Gaz. Pal.*, 22 avr. 1904) (Caisse des Familles).

Ce sont donc des titres, *sui generis*, dont les droits ne peuvent être appréciés que d'après la convention statutaire.

C'est ainsi qu'il a été jugé que les porteurs de bons d'amortissement ne sauraient être admis à critiquer un changement de comptabilité de la compagnie, d'où est résultée une diminution des bénéfices nets, et par suite une insuffisance des annuités afférentes aux intérêts et à l'amortissement prévus sur les titres, s'il résulte d'ailleurs des statuts que la compagnie n'avait jamais pris l'engagement d'établir ses bilans sur des bases invariables (Paris, 10 août 1893, précité).

Dalloz (*Supp.*, n. 884), après avoir reconnu que les bons d'amortissement ne constituent ni des actions ni des parts de fondateur, pense que ces titres réunissent tous les caractères distinctifs des actions de priorité.

Quoi qu'il en soit, la liberté de la convention peut seule, comme nous l'avons dit, réglementer ces titres, sous réserve aujourd'hui des dispositions de la loi du 19 décembre 1907 sur le contrôle des entreprises de capitalisation.

CHAPITRE IX

DROITS ET OBLIGATIONS DES ACTIONNAIRES

SECTION I

DROITS DES ACTIONNAIRES

1427. — Les actions qui constituent les titres dont nous venons d'examiner la nature créent, au profit des actionnaires, des droits envers la société, et aussi, à leur charge, des devoirs envers cette société.

1428. — Les droits de l'actionnaire possesseur d'un titre nominatif ou au porteur consistent dans :

1° Le droit de prendre dans les bénéfices nets de la société une part proportionnelle au nombre de ses actions : c'est ce qu'on appelle le dividende ; ou bien de toucher les intérêts dans le cas où les statuts l'ont prévu ;

2° Le droit à une partie de l'actif social à répartir entre tous les actionnaires au moment de la dissolution de la société, sauf le remboursement des actions commencé au cours de l'existence sociale ;

3° Le droit d'assister aux assemblées générales ;

4° Le droit de céder sa part à des tiers ;

5° Le droit de renouveler, le cas échéant, le titre ou les coupons.

Les devoirs du porteur consistent dans l'acquittement des versements.

§ 1er. — Droit d'assister aux assemblées générales.

1429. — Le droit d'assister auxassemblées générales est réglementé par la loi et par les statuts. Il est différent, suivant qu'il s'agit d'assister aux assemblées générales constitutives, aux assemblées générales ordinaires, ou aux assemblées générales extraordinaires de la société. Nous ne pouvons ici que fixer le principe, en renvoyant le lecteur au chapitre spécial traitant des assemblées générales diverses qui peuvent être réunies au cours de l'existence sociale.

1430. — Le propriétaire du titre, ou son représentant, seul peut assister aux assemblées générales : c'est ce qu'exige la loi de 1867. Les administrateurs d'une société peuvent donc refuser l'entrée d'une assemblée aux porteurs d'actions nominatives qui ne justifient pas de leur capacité.

1431. — De même, nous verrons au chapitre des pénalités que ceux qui se présentent aux assemblées comme propriétaires d'actions qui ne leur appartiennent pas peuvent être poursuivis pénalement.

§ 2. — Renouvellement des titres et des coupons.

1432. — Certaines circonstances peuvent entraîner la nécessité de renouveler le titre ou les coupons :

1° Si le titre est détruit ou altéré ;

2° Si le titre primitif était provisoire et s'il a été stipulé qu'il serait échangé contre un titre définitif ;

3° Si le titre n'était pas, au moment de sa délivrance, entièrement libéré, et si les statuts ont stipulé qu'après libération intégrale un nouveau titre serait délivré ;

4° Si les coupons adhérents au titre et servant au payement périodique des intérêts ou des dividendes sont épuisés.

1433. — Lorsqu'un titre au porteur destiné à la circulation publique est endommagé et dans un état tel qu'il ne peut plus circuler à la Bourse, le porteur peut-il exiger un nouveau titre ? La loi française est muette à cet égard. La Cour de cassation, devant laquelle la question a été portée, ne l'a pas tranchée expressément, mais elle paraît l'avoir résolue implicitement dans le sens de l'affirmative (Cass., 31 mai 1881, S. 81. 1.65). La Cour de Paris, par arrêt du 14 novembre 1879 (rapporté sous Cass., 31 mai 1881), a condamné la société à délivrer un nouveau titre. Le tribunal de Lyon, par un jugement du 20 janvier 1880, a décidé le contraire (Sous Cass., 31 mai 1881, S. 82.1.65).

1434. — Dans le premier système, on soutient que le titre n'a plus de raison d'être s'il ne peut plus circuler ; que la circulabilité disparue, ce n'est plus un titre que le détenteur a entre les mains ; qu'il n'y a pas de raison sérieuse pour l'empêcher de s'en procurer un nouveau ; que la société n'a aucun motif valable pour s'y refuser et qu'elle n'en éprouve aucun préjudice.

1435. — Le second système répond que l'émettant n'a promis qu'un seul titre, qu'on ne peut l'obliger à en fournir un nouveau, ce qui pourrait donner ouverture à des abus.

1436. — M. Wahl (*Traité des titres au porteur*, n. 1211) examine la question à son tour et arrive à cette conclusion que le titre étant un instrument de créance, le créancier dont le titre est méconnaissable peut réclamer au débiteur un nouveau titre, et que si le débiteur refuse de le fournir, il doit intervenir une décision de justice qui l'y contraindra. Mais cette solution n'est valable, bien entendu, que si le titre, même en mauvais état, est entier. S'il manque une portion très importante, on ne peut considérer le titre comme simplement endommagé. La moitié, par exemple, qui aurait disparu, devrait être considérée comme perdue, et ce serait la procédure de la perte et non celle de la destruction qu'il faut suivre.

1437. — Si le titre a été détruit, le propriétaire a le droit de réclamer de la société débitrice soit un duplicata du titre si le droit n'est pas échu, soit, dans le cas contraire, la part qui revient au titre.

Cette question a fait l'objet de beaucoup de controverses, surtout à l'étranger, et M. Wahl (*loc. cit.*, n. 1222) en reproduit tous les éléments et les discute à fond. Après avoir admis le principe, il établit très juridiquement que le demandeur en remplacement du titre détruit devra être assujetti à la preuve :

1° Que le titre portant tel numéro était détenu par lui ;

2° Que ce titre existait dans tel immeuble ou dans tel objet mobilier détruit ;

3° Qu'il a été détruit en même temps que cet objet et n'a été ni volé pendant l'organisation des secours ni ramassé par un tiers.

Quelques auteurs exigent même que le demandeur prouve la propriété du titre. Cela paraît excessif, puisqu'il s'agit simplement pour le possesseur de remettre les choses au même et semblable état qu'avant l'accident (V. Trib. Annecy, 10 mars 1888, *La Loi*, 26 avr. 1888 ; — Larombière, sous l'art. 1348, n. 46).

§ 3. — Payement des intérêts (1).

1438. — L'actionnaire a droit au payement des intérêts et des dividendes.

1439. — Le montant des intérêts dus au porteur du coupon se calcule suivant les règles ordinaires et d'après les stipulations des

(1) En ce qui concerne la répartition des bénéfices, V. n. 3391 et suiv.

statuts ; mais il faut tenir compte des impôts qui grèvent les valeurs mobilières.

Les intérêts sont payables aux époques et au lieu fixés par les statuts.

Les intérêts sont payables au porteur du titre.

Il suffit, pour toucher les intérêts, de présenter le coupon, et la société ne peut exiger une preuve quelconque de propriété ou la présentation du titre, à moins de stipulations formelles des statuts (Wahl, n. 664).

Quand le coupon est acquitté en retard, c'est toujours le porteur du titre qui y a droit.

Si la négociation du titre principal s'est opérée avec tous les coupons y attachés, même ceux restés en souffrance, c'est le nouveau propriétaire qui a droit à ces coupons.

Il faut décider de même pour les coupons de dividendes qui étaient échus partiellement au moment de la cession du titre (Wahl, n. 669).

1440. — La prescription des coupons est celle des intérêts ordinaires. La prescription des intérêts est de cinq ans.

1441. — Les actionnaires ont-ils droit aux intérêts de leur mise lorsque ces intérêts sont pris non sur les bénéfices réalisés, mais sur le capital de la société ? Il est absolument certain, tout d'abord, que le droit aux intérêts ne peut être revendiqué par l'actionnaire dans le silence des statuts ; les actionnaires ne sont pas des prêteurs ; mais il peut être stipulé par les statuts que les actionnaires, sans attendre l'inventaire, recevront chaque année les intérêts de leur apport à un certain taux, lequel sera imputable sur les dividendes annuels. Pas de difficulté non plus sur ce point. Mais s'il n'y a pas de dividende, les intérêts doivent être rapportés (Cass., 15 janv. 1862, S. 62.1.133, D. 62.1.128).

1442. — Les statuts peuvent-ils stipuler que les intérêts à un certain taux seront payés aux actionnaires, même en l'absence de bénéfices, et portés au compte de frais généraux ? Question importante, car si la clause est nulle, les intérêts qui seraient payés dans de semblables conditions constitueraient des dividendes fictifs.

La jurisprudence ancienne admettait la nullité de cette clause, qui aurait pour conséquence, disait-elle, de confondre les actionnaires avec des prêteurs (Paris, 14 août 1868, S. 68.2.248, D. 68.5. 376. — Trib. com. Seine, 27 oct. 1858, et Marseille, 30 mai 1859, D. 69.3. 24 et 67. — *Sic* : Alauzet, t. 2, n. 686 ; Bédarride, t. 1, n. 224 ;

Beudant, note sous Cass., 8 mai 1867, D. 67.1.193 ; Boistel, n. 295 ;
de Courcy, *Soc. anon.*, p. 156 et suiv. ; Delangle, t. 1, n. 361 et s. ;
Demangeat, sur Bravard-Veyrières, t. 1, p. 371 et s., note 1; Deman
geat, note sous Cass., 8 mars 1881, S. 81.1.357, D. 81.1.619 ; Rivière, *Loi de 1867*, n. 104 ; Pardessus, t. 3, p. 1035).

Dans les *Questions nouvelles sur les sociétés* (p. 84), nous avons
développé cette thèse très longuement. Dans les premières éditions
de ce traité, ces développements ont été reproduits. Mais ils sont
devenus sans utilité en présence de la jurisprudence, aujourd'hui
constante, de la Cour de cassation.

En effet, la jurisprudence décide unanimement que la stipulation
qui nous occupe n'a rien de contraire aux principes essentiels des
sociétés, c'est une charge de l'entreprise qui peut sans doute avoir
pour conséquence de réduire le capital social ; mais la réduction
du capital social n'a rien d'illicite, pourvu qu'elle se fasse conformément aux dispositions des statuts sociaux. Cette stipulation doit
donc s'exécuter alors même que la société n'a pas réalisé de bénéfices
(Cass., 19 mai 1847, S. 47.1.585, D. 47.1.199 ; 8 mars 1881, deux
arrêts, S. 81.1.257, D. 81.1.198 ; — 15 nov. 1910, S. 1910.1.5, D. 1912.
1.97 ; — Rouen, 26 janv. 1841, Dalloz, *Rép.*, V° cit., n. 1394-2° ; —
Paris, 2 août 1855, S. 55.2.633, D. 56.2.31 ; — Lyon, 8 juin 1864, S.
65.2.38, D. 65.2.197 ; — Paris, 1ᵉʳ juin 1876 et 9 août 1877, S. 78.2.
225, D. 79.2.193 ; — Rouen, 15 juin 1882, S. 82.2.92, D. 84.2.61 ; —
Paris, 5 déc. 1882, S. 83.2.92, D. 84.2.78.79 ; — Cour supr. de just.
de Luxembourg, 3 août 1882, S. 83.4.30, Dalloz, *Supp.*, n. 1784 ; —
Cass. Belgique, 15 fév. 1906, *J. S.*, 1907.261. — *Sic* : Deloison, t. 1,
n. 223 ; Labbé, note sous Paris, 1ᵉʳ juin 1876, S. 78.2.225, D. 1878.2.
966 ; Lyon-Caen et Renault, t. 2, n. 553 ; Malepeyre et Jourdain,
n. 115 ; Mathieu et Bourguignat, n. 92 ; Molinier, n. 376 ; Pannier,
R. prat., 1880, t. 47, p. 474 et s. ; Pont, t. 2, n. 1456 et 1490 ; Ruben
de Couder, V° cit., n. 402 ; Vavasseur, t. 1, n. 659).

1443. — Cette stipulation d'intérêts doit produire effet même
après la dissolution de la société et pendant la durée de sa liquidation, en vertu du principe en effet qu'une société de commerce, bien
que dissoute, est réputée subsister pour les besoins de sa liquidation
(Cass., juill. 1896, D. 97.1.147).

Il a aussi été jugé qu'en cas de faillite il y a lieu de déduire ces
intérêts de la somme que le syndic peut réclamer au commanditaire
à titre d'apport (Cass., 7 mai 1878, S. 80.1.107, D. 79.1.134 ; — Paris,
5 déc. 1882, cité *suprà*).

1444. — Comme conséquence également, il a été jugé que les commanditaires ne sont pas tenus à la restitution des sommes qui leur ont été payées à titre d'intérêts annuels de leurs mises, alors que ce payement était autorisé comme charge sociale par les statuts (Cass., 19 mai 1847, précité ; 8 mai 1867, S. 67.1.253, D. 67.4.193 ; — Caen, 16 août 1864, S. 65.2.33, D. 65.2.194 ; — Angers, 18 janv. 1865, S. 65.2.211, D. 65.2.67).

Mais cette perception d'intérêts n'est légitime que lorsque le commanditaire l'a faite de bonne foi, dans l'ignorance de l'état désespéré de la société et de l'insolvabilité du gérant (Cass., 6 mai 1868, S. 68. 1.243, D. 69.1.232 ; Alauzet, t. 1, n. 439 ; Mathieu et Bourguignat, n. 91 ; Vavasseur, n. 179).

1445. — Est-il nécessaire que la clause de prélèvement soit publiée pour être opposable aux tiers ? Nous pensons que la publicité est indispensable : la loi exige que le capital social soit indiqué au tiers ; il faut donc nécessairement porter à leur connaissance toutes les charges qui sont de nature à le réduire (Rennes, 25 août 1863, S. 64.2.63 ; — Caen, 16 août 1864, précité ; — Limoges, 2 juil. 1897, sous Cass., 7 nov. 1899, S. 1901.1.513, note de M. Wahl ; — Mathieu et Bourguignat, n. 192 ; Labbé, sous Paris, 9 août 1877, S. 78.2.225 ; Lyon-Caen et Renault, t. 2, n. 557 ; Pont, t. 2 n. 1100 ; Vavasseur, t. 1, n. 1017. — Cependant la Cour de cassation par un premier arrêt en date du 15 nov. 1910, S. 1911.1.5, D. 1912.1.97 et par un dernier arrêt du 5 mai 1915, S 1914.1.65, *Gaz. Soc.*, 1915, p. 86, a décidé que les articles 56, 57 et 58 de la loi du 24 juillet 1867 n'assujettissent pas nécessairement aux règles de publicité qu'ils édictent les stipulations des statuts d'après lesquels les intérêts du fonds social sont compris dans les frais généraux, sans pouvoir être répétés, même s'il n'existe pas de bénéfices sociaux.

L'arrêt ajoute que cette clause peut, selon *les circonstances de la cause*, être considérée comme constituant, non une diminution déguisée du montant du capital, mais une des charges sociales dont la loi n'exige pas la mention dans l'extrait, par les articles 56 et suivants et la Cour de cassation a cassé l'arrêt qui lui était déféré parce que la Cour d'appel, tout en reconnaissant la validité de la clause « d'attribution des intérêts », avait ordonné la restitution de ces intérêts par l'unique motif que la clause n'avait pas été publiée. V. la dissertation de M. Lyon-Caen sous cet arrêt, S. 1911, p. 5, et celle de M. Percerou, aux *Annales de Droit commercial*, 1911, p. 69. Nous sommes en droit de dire que la distinction de la Cour suprême peut engendrer de sérieuses difficultés et qu'en fait, il est d'une extrême prudence de publier les clauses statutaires de cette nature.

SECTION II

DEVOIRS DES ACTIONNAIRES. — VERSEMENTS SUR LES ACTIONS SOUSCRITES OU CÉDÉES. — RENVOI

1446. — La principale obligation de l'actionnaire envers la société est d'opérer le versement de la somme qu'il a promise en souscrivant. L'engagement résultant de la souscription est définitif et irrévocable. On en a conclu très justement que la clause de l'acte de société qui réserverait à un souscripteur la faculté de se libérer de son engagement en abandonnant la somme qu'il aurait déjà versée ne serait opposable ni aux autres associés ni à la société (Cass., 13 août 1856, S 56.1.769 ; — Pont, n. 882); de même toute convention faite avec le gérant, qui aurait pour résultat d'affranchir un actionnaire de l'obligation de verser sa mise ou de lui rembourser les mises effectuées. Si le remboursement avait eu lieu, les souscripteurs seraient tenus à restitution (Cass., 18 fév, 1868, S. 68.1. 241. — Bourges, 26 déc. 1870, S.70.2.318 ; — Pont, n. 883).

1447. — L'obligation aux versements sur les titres nominatifs ou au porteur a engendré des difficultés d'interprétation de l'art. 3 de la loi du 14 juillet 1867, sur la conversion au porteur des actions nominatives. Nous les examinerons *infrà*, n. 1700 et suivants.

SECTION III

TITRES NOMINATIFS ET TITRES AU PORTEUR

1448. — On donne souvent, dans le langage usuel, le nom d'actions ou d'obligations aux titres destinés à consacrer le droit des actionnaires ou des obligataires.

Ces titres se présentent sous des formes diverses dont l'influence est très grande sur les modes de transmission. Ils sont, en général, au porteur ou nominatifs, mais ils pourraient aussi être à ordre, ils seraient alors transmissibles par voie d'endossement. L'endossement est moins compliqué que le transfert d'un titre nominatif, et il présente une sécurité de tradition plus grande que le titre au porteur (Lyon-Caen et Renault, n. 597, et *Traité des sociétés comm.*, t. 2, n. 98 ; Wahl, *Titres au porteur*).

1449. — Les actions dont les titres sont au porteur, nominatifs ou à ordre sont négociables suivant des règles différentes.

1450. — L'action est au porteur quand le nom de l'actionnaire ou de l'obligataire ne figure pas sur le titre, de telle sorte que toute personne entre les mains de laquelle passe le titre *qui est au porteur* doit être considérée comme actionnaire. L'action est au contraire nominative quand le nom du titulaire figure sur le titre et sur les registres de la société, de telle sorte que celui dont le nom figure sur le titre et les registres est seul considéré comme actionnaire.

Le titre au porteur porte un numéro, qui sert à l'individualiser. Il arrive souvent qu'une société soit amenée, à la suite de circonstances diverses, à échanger des titres nouveaux contre des titres anciens ; le plus souvent, la société prend la précaution de conserver au titre nouveau le même numéro qu'au titre ancien ; c'est une précaution sage qui lui permettra d'éviter des récriminations de la part de ses actionnaires. Si toutefois elle effectuait le changement sans tenir compte de la parité de numéros, nous croyons qu'elle ne s'exposerait pas de ce chef à des dommages-intérêts au profit des actionnaires : les numéros des titres sont indifférents au point de vue des droits attachés aux actions (Wahl, n. 635 ; Houpin, *Gaz. Trib.*, 6 avr. 1893). Pour éviter toutefois toutes difficultés, il est prudent de porter cette pratique à la connaissance des actionnaires, comme aussi d'énoncer, sur le reçu que la société se fait délivrer, les numéros des anciens et des nouveaux titres.

1451. — Il y a des titres nominatifs dans toutes les sociétés, mais il n'y a pas dans toutes les sociétés des titres au porteur.

1452. — La loi a déterminé les conditions dans lesquelles les titres, nominatifs à l'origine de la société, pourraient devenir des titres au porteur (V. *infrà*, C). Depuis la loi du 1er août 1893, les titres ne peuvent être au porteur qu'après libération intégrale. D'après la loi du 24 juillet 1867 (art. 3), certaines conditions que nous rappellerons doivent être observées. Dans certaines sociétés, comme la Banque de France, il ne peut y avoir que des titres nominatifs.

1453. — Tout actionnaire ou obligataire qui a des titres nominatifs et des titres au porteur peut, en principe, librement choisir entre les deux espèces de formes ; il peut transformer son titre au porteur en titre nominatif et réciproquement : cela s'appelle une conversion (V. *infrà*, B,C). Mais le principe souffre des exceptions : par exemple, en ce qui concerne les titres appartenant aux mineurs ou aux femmes mariées.

1454. — Il y a grand intérêt à distinguer les titres nominatifs et les titres au porteur, notamment au point de vue du mode de transmission, de l'impôt, des droits du propriétaire dépossédé par perte, vol, abus de confiance, etc., et du remboursement du capital. La distinction n'a pas d'utilité en ce qui concerne le payement des intérêts ou des dividendes réclamés par des personnes qui peuvent valablement les recevoir : ces intérêts ou dividendes sont payables au porteur, même quand il s'agit de titres nominatifs, c'est-à-dire que la personne qui se présente pour les toucher n'a pas à justifier qu'elle est le titulaire du titre ou qu'elle a reçu mandat du titulaire ; mais dans la pratique, le payement des intérêts et des dividendes ne se constate pas de la même manière pour les deux espèces de titres. Les titres au porteur sont revêtus de *coupons* dont chacun correspond à une échéance ; il suffit de remettre à la caisse de la société un coupon détaché du titre pour toucher les intérêts ou les dividendes. Les titres nominatifs ne sont pas munis de coupons : il faut présenter le titre lui-même, sur lequel est apposé un timbre constatant le payement.

1455. — Dans la pratique, pour indiquer que les intérêts ou les dividendes sont échus, ou que les acheteurs n'y ont plus droit, on dit que le coupon est *détaché*. Cette expression n'est pas exactement conforme à la réalité pour les titres nominatifs.

1456. — On rencontre aussi des titres mixtes, c'est-à-dire des titres qui sont nominatifs en ce sens qu'ils portent le nom du titulaire et ne peuvent se transmettre que comme des titres nominatifs, mais qui sont au porteur en ce qui concerne les coupons qu'on détache aux diverses échéances.

1457. — Toute personne munie d'un titre au porteur peut recevoir le capital devenu exigible ; mais le titulaire d'un titre nominatif peut seul toucher ce capital.

1458. — Les titres nominatifs peuvent être l'objet d'une saisie-arrêt entre les mains de la société. Une pratique depuis longtemps établie et facile à justifier admet cette saisie. La loi n'en a pas réglé les formes, mais voici, suivant M. Garsonnet (*Traité de procédure*, t. 4, p. 465, § 775), comment il convient d'agir : « On fait défense à la compagnie de payer les intérêts et dividendes et de rembourser, le cas échéant, le capital de l'action ou de l'obligation ; puis on demande au tribunal, en même temps qu'il prononcera sur la validité de cette saisie, d'ordonner la vente du titre à la bourse s'il y est coté et, dans le cas contraire, par un agent de change. » Sur la validité de cette pratique, V. les nombreuses autorités citées par M. Tissier, note au S. 97.2.242, 2° col. *Adde* : Trib. civ. Lyon, 19 mai 1905, *R. S.*, 1907.205. Une seule décision, à notre connaissance, a déclaré que le droit de l'actionnaire n'était pas susceptible d'être saisi-arrêté : Paris 11 janv. 1895, S. 97.2.242 ; mais cette décision a été, avec raison, critiquée (V. la note précitée de M. Tissier).

Les actions d'apport elles-mêmes peuvent être l'objet d'une saisie-arrêt ; mais l'acquéreur ne pourra se faire délivrer les titres, s'ils sont au porteur, ou demander la régularisation des tranferts, s'ils sont nominatifs, qu'à l'expiration du délai de deux ans (Genevois, n. 15. — Trib. Seine, 2 juill. 1898, *J. S.*, 1899.34).

1459. — Jugé qu'à la différence du certificat nominatif d'obligation qui constitue un titre de créance contre la société, le certificat nominatif d'action n'est autre chose qu'un document constatant, au profit du titulaire, la propriété d'une part de l'actif social. Pour que la saisie-arrêt d'actions nominatives soit régulière et qu'elle puisse être validée, il faut qu'elle ait été pratiquée entre les mains des représentants légaux de la société considérée comme débitrice du titulaire des actions et qu'elle soit suivie, lorsqu'elle a été validée, de la vente des actions saisies et de la distribution du prix, conformément à l'art. 579 C. proc. civ. En conséquence une saisie-arrêt d'actions nominatives est nulle lorsqu'elle est faite entre ses propres mains par le détenteur d'un certificat nominatif de ces actions, puisque ce titre ne fait que constater l'existence d'un droit et qu'il n'est pas plus en soi une chose saisissable que ne le sont les titres de créance ou de propriété, un tel titre ne matérialisant pas le droit dont il n'est que la preuve écrite et ne pouvant dès lors être saisi comme pourrait l'être un titre au porteur (Trib. civ. Lyon, 19 mai 1905, *R. S.*, 1907.205).

a) Modes de transmission.

1460. — Aux termes de l'art. 35 C. com. la cession des titres au porteur s'opère par la tradition, ce qui ne signifie pas que les actions ou obligations au porteur échappent à l'application du principe de notre droit aux termes duquel la propriété se transmet par la seule convention (art. 1138 C. civ.) ; mais les titres au porteur sont assimilés aux meubles corporels ; on leur applique le principe de l'article 2279 C. civ. : En fait de meubles, possession vaut titre. Si donc l'accord des volontés suffit pour opérer la transmission, en principe le porteur n'a sa situation valablement assise que quand il est en possesion du titre. La tradition seule garantit sa propriété, notamment à l'égard des tiers (Cass., 2 niv. an XII ; — 15 avr. 1863, S. 63. 1.387, D. 63.1.396 ; — 4 juill. 1876, D. 77.1.33 ; — 5 déc. 1876, S. 77. 1.201, D. 77. 1.166 ; — 14 fév. 1877, S. 78.1.72, D. 77.1.320 ; — 10 déc. 1877, D. 78.1.476 ; — 20 juin 1881, S. 83.1.447, D. 82.1.111 ; — 28 mars 1888, S. 88.1.265, D. 88.1.253 ; — 27 mars 1889, S. 89.1.199, D. 90.1. 413 ; — 15 avr. 1890, S. 91.1.342, D. 91.1.388 ; — 25 mars 1891, S. 91. 1.409, D. 92.1.301 ; — 12 août 1891, S. 92.1.245, D. 92.1.623 ; — 18 déc. 1891, S. 92.1.246, D. 92.1.510 ; — 18 déc. 1894, S. 95.1.136, D. 95.1. 364 ; — Paris, 7 mars 1851, S. 52.2.38, D. 52.5.427 ; — 10 déc. 1890, sous Cass., 22 déc. 1891, précité. — Douai, 3 janv. 1873. sous Cass., 17 déc. 1873, S. 74 1.409 et la note de M. Labbé ; — 20 juin 1892, S. 92.2.167, D. 92.2 379 ; — Aix, 5 fév. 1879, S. 79.2.176, D. 80.2 211 ; — Pau, 6 avr. 1886, S. 88.2 14, D. 88.2.230 ; — Nancy, 8 juill. 1893, S. 94.2.95, D. 94 2.13 ; — Dijon, 11 août 1893, S. *Ibid.*, D. *Ibid.* ; — Aubry et Rau, t. 2, p. 152, § 193 ; Baudry-Lacantineric et Tissier, n. 841 ; Colmet de Santerre, t. 8, n. 383 *bis*-IV ; Laurent, t. 32, n. 568 et 569 ; Lyon-Caen et Renault, t. 2, n. 604 ; Marcadé, sur les art, 2279 et 2280, n. 4 ; Massé et Vergé, sur Zachariæ, t. 5, p. 507, note 6, § 849 ; Thaller, n. 484 ; Wahl, t. 2. n. 1416 et suiv.).

1461. — Le titre nominatif ne peut se céder, aux termes de l'art. 36 C. com., qu'en vertu d'un transfert inscrit sur les registres de la société et signé de celui qui fait le transfert ou d'un fondé de pouvoir. Même observation que plus haut en ce qui concerne l'accord des volontés pour transférer le titre.

1462. — Ces modes de tranfert supposent que la société est entrée dans la période de ses opérations. Notons du reste que si, en vertu de l'art. 2 de la loi de 1867, il est défendu de négocier les actions d'une société anonyme avant sa constitution définitive, cette prohibition est spéciale aux modes de transmission uniquement créés par la loi commerciale (transferts, endossements, opérations de Bourses), mais ne s'applique pas aux aliénations qu'autorise le droit civil (ventes, donations). — Lyon, 13 juillet 1884, S. 84.2.49, note Lyon-Caen ; — Orléans, 14 juillet 1890, S. 99.2,54 ; — Bordeaux, 14 mars 1904, *R. S.*, 1905.114.

1463. — La vente d'actions *à l'émission* peut être considérée comme une vente conditionnelle, subordonnée à la réalisation de l'émission ; lors donc que, par suite de l'annulation de l'émission, le vendeur a été mis dans l'impossibilité de livrer les titres à l'agent de change chargé de la vente, il ne peut exiger le prix de celui-ci sous prétexte qu'il aurait seulement vendu le droit aux actions (Cass., 24 nov. 1886 et 6 juill. 1887, S. 87.1.72 et 294). — De même, la vente à l'émission est à bon droit considérée comme caduque et sans objet et le vendeur est valablement condamné à restituer le prix desdites actions comme indûment perçu par lui lorsqu'il est constaté : 1° que la vente était subordonnée à la condition que la société ferait l'émission de ces actions, projetée lors de la vente ; 2° que, par *émission*, les parties ont entendu, non pas la constitution de la société transformée, mais la délivrance aux actionnaires de titres négociables dans la forme déterminée par les statuts, titres que le vendeur aurait à fournir à son acheteur ; 3° que la condition de la vente ainsi comprise n'a pas été réalisée et ne peut plus l'être (Cass., 22 déc. 1885, S. 87.1.163 ; — 24 nov. 1886, S. 87.1.72 ; — 6 juill. 1887, D. 87.1.452 ; — Paris, 1er juill. 1886, S. 88.2.182).

1464. — Si la propriété des titres au porteur est transmise *erga omnes* par le seul effet du consentement, la tradition de ces titres et la possession qui en est la conséquence n'ont pas moins des effets très importants. Ainsi, la société est fondée à se refuser à laisser exercer les droits inhérents aux actions par le cessionnaire de titres au porteur qui n'en a pas reçu la tradition et n'en est pas nanti (*Sic* : de Folleville, n. 284 ; Guillouard, *De la Vente*, t. 2, n. 793 ; Lyon-Caen et Renault, t. 2, n. 604 ; Wahl, t. 2, n. 944).

La déclaration de transfert n'est une condition essentielle du contrat de transmission qu'à l'égard des tiers (Lyon-Caen et Renault, n. 605 ; — Trib. com. Seine, 15 av. 1905, *J. S.*, 1907.333 ; — Paris, 28 déc. 1904, *R. S.*, 1906.12 ; — *infrà*, n. 1465). — Entre cédant et cessionnaire, la propriété d'une action nominative s'opère par le seul fait de la convention (Cass., 29 juin 1885, S. 86.1.17, D. 86.1.245 ; — Paris, 23 mai 1887, et sur pourvoi, Cass., 20 mai 1889, D. 90.1.250 ; — Lyon, 20 mai 1901, *R. S.*, 1902.77 ; — Lille, 17 nov. 1901, *J. S.*, 1903.361). Mais à l'égard des tiers ou de la société, le cessionnaire n'est investi de la propriété que si les formalités prescrites par l'art. 36 C. com., relatives au transfert, ont été accomplies (Buchère, *Valeurs mobilières*, n. 66 et 1249 ; Lyon-Caen et Renault, t. 2, n. 606).

1465. — La société est tenue, sans pouvoir exiger de justifications ni garanties d'aucune sorte, de procéder à la conversion des titres nominatifs, à la délivrance de nouvelles feuilles de coupons, au payement de ces coupons ou au remboursement du capital des titres sortis aux tirages trimestriels (Cass., 31 mai 1881, S. 82.1.65, D. 81.1.289).

1466. — La société ne saurait se fonder sur les cotes et paraphes d'inventaire, pour consentir à la conversion des titres au porteur en titres nominatifs, que sous la réserve de restituer au demandeur en cas de conversion nouvelle, identiquement les mêmes titres au porteur, revêtus de la même mention (Cass., 31 mai 1881, précité).

1467. — La société débitrice, qui résiste à tort à une demande de conversion, de délivrance de nouvelles feuilles de coupons, ou de remboursement de titres sortis au tirage, doit être condamnée aux dépens (Trib. Seine, 19 mars 1879, sous Cass., 31 mai 1881 ; — Paris, 14 nov. 1879, sous Cass., 31 mai 1881, précité).

Mais le possesseur d'un titre au porteur, marqué ou maculé, ne peut réclamer à la société débitrice le remplacement de ce titre et la délivrance d'un nouveau titre intact en échange (Trib. Lyon, 30 janv. 1880, sous Cass., 31 mai 1881, précité).

1468. — La jurisprudence interprétative de la loi n'érige pas en règle absolue la forme des transferts : ils peuvent être mentionnés sur un registre ou même sur des feuilles volantes (Lyon-Caen et Renault, p. 409, note 2).

Un arrêt de la Cour de Lyon décide même qu'un transfert peut être valable si la signature du cédant est remplacée par une lettre de lui autorisant le transfert (Lyon, 8 août 1874, D. 74.2 201).

1469. — Le transfert régulier établit au profit et contre le cessionnaire une présomption de propriété (Lyon, 8 août 1874, précité).

Ainsi, l'actionnaire d'une société anonyme à qui les versements sont réclamés ne peut opposer à l'action une contre-lettre qui détruirait l'effet de sa souscription (Cass., 12 juill. 1880, D. 82.1.36).

1470. — Toutefois, la preuve résultant du transfert peut être détruite par la preuve contraire (Cass., 17 déc. 1873, S. 74.1.409 et la note de M. Labbé, D. 73.1.145 ; — Paris, 16 juin 1842, S. 42.2.361 ; — Orléans, 9 juill. 1845, S. 46.2.108, D. 46.2.31 ; — Paris, 9 mars 1860, D. 61.5.123 ; — Cass., 31 oct. 1900, J. S., 1901.54). Pour produire ses effets, il faut que le transfert soit complet, c'est-à-dire qu'il ne soit pas en blanc. Un acte de transfert en blanc ne vaut rien tant qu'il n'a pas été régularisé (Cass., 4 juill. 1876, D. 77.1 33).

Cependant il a été jugé, en cas de transfert irrégulier ou en blanc, qu'il est permis, pour prouver la qualité d'associé, de compléter les énonciations du transfert au moyen d'autres preuves (Paris, 5 déc. 1882, D. 84.2.78. — V. aussi Cass., 29 juin 1885, S. 86.1.17. D. 86.1. 245 ; — 21 juill. 1887, D. 87.1.469).

1471. — Jugé que lorsque les statuts d'une société anonyme subordonnent le transfert des titres nominatifs à l'inscription du nom des nouveaux titulaires sur les registres de la société, ainsi que sur les titres, avec la mention de l'agrément du conseil d'administration représenté par la signature de deux administrateurs, la signature apposée sur les actions suffit pour rendre les acquéreurs légitimes propriétaires ; peu importe que le transfert n'ait pas été signé sur les registres par suite de la négligence des administrateurs. En conséquence, les acquéreurs votent valablement à l'assemblée générale des actionnaires, et l'administrateur révoqué en vertu de l'art. 22 de la loi du 24 juillet 1867 ne peut demander la nullité de la délibération de cette assemblée pour irrégularité de sa composition (Cass., 21 juill. 1887, S. 88.1.307, D. 87.1.469).

1472. — Les certificats collectifs signés des administrateurs de la société et remis aux souscripteurs primitifs, avec indication tant de leur nom que des numéros des actions, sont susceptibles de transfert de la part de ceux qui les tiennent des premiers souscripteurs, bien que les noms des cédants intermédiaires n'y soient pas mentionnés : il suffit que les numéros de transferts intermédiaires y soient énoncés (Paris, 20 avr. 1887, D. 88.2.105).

1473. — On distingue plusieurs sortes de transferts : le transfert réel ; le transfert de forme ; le transfert d'ordre ; le transfert à titre de garantie.

Le transfert réel est celui dont nous venons de parler, qui a pour effet de faire passer la propriété du titre de la personne du vendeur à celle de l'acheteur, et au regard de tous, société et tiers.

On appelle transfert de forme celui qui est effectué en vertu d'une mutation autre qu'une vente, telle que donation, hérédité, etc.

Le transfert à titre de garantie n'est autre que la réalisation d'un gage.

On appelle transfert d'ordre celui que réalisent les agents de change à titre provisoire, lorsqu'une négociation d'actions nominatives a lieu par leur intermédiaire.

Les agents de change, en effet, tenus au secret professionnel, ne peuvent faire connaître le nom du vendeur et de l'acheteur, et pour éviter que ces deux contractants ne se connaissent, ils opèrent un transfert en leur nom.

Ce transfert provisoire ne donne lieu à aucun droit d'enregistrement, à la condition qu'il soit suivi d'un transfert définitif dans un délai de dix jours. Après ce délai, le transfert est considéré comme définitivement opéré au nom et au profit de l'agent de change.

1474. — Par application des principes relatifs au transfert d'ordre, il a été jugé que si l'agent de change meurt dans le délai de dix jours avant d'avoir transféré les titres à son client, le client n'en est pas moins propriétaire, et l'agent n'est pas responsable des versements qui restent à faire sur les actions (Paris, 6 juill. 1870, S. 70.2. 234 ; — 2 juin 1876, S. 79.2.33 ; — 5 mai 1883, D. 84.2.9).

1475. — Jugé également que l'agent de change qui n'a pas régularisé le transfert définitif dans le délai de dix jours, étant réputé propriétaire des titres, est responsable des versements restant à faire pour la libération de ces titres (Paris, 5 mai 1883, D. 84.2.9 ; — 19 nov. 1883, *J. S.*, 1884.350 ; — Lyon-Caen et Renault, n. 606).

1476. — Le transfert d'ordre est seulement utilisé pour les titres qui doivent être nominatifs en vertu de la loi ou des statuts de la société. Pour les autres titres, les agents ne se livrant entre eux que des titres au porteur, font convertir les actions nominatives en actions au porteur pour en faciliter la vente, et si l'acheteur veut avoir un titre nominatif, il fait opérer une nouvelle conversion. L'Etat perçoit sur cette double opération un droit de 90 centimes.

1477. — Le transfert intermédiaire n'est valable que pendant dix jours ; après ce délai, le transfert est considéré comme définitif. au nom de l'agent de change. Jugé, par application, que l'agent de change qui, dans les dix jours, a fait connaître à la société le nom de l'acheteur, ne peut, s'il s'agit d'actions non libérées, être tenu de compléter les versements comme cessionnaire ; tandis que s'il a laissé s'écouler le délai de dix jours, il est tenu aux versements comme cessionnaire des titres (Paris, 5 mai 1883, D. 84.2.9).

1478. — Les actions nominatives peuvent être créées à ordre ; elles sont en ce cas négociables par la voie de l'endossement. L'endos opère la transmission de la propriété. Certains statuts prévoient que l'endos doit être visé sur les livres de la société (Cass. 26 janv. 1869, S. 69.1.322 D. 69.1.354 ; — Boistel, n. 238 ; Bravard-Veyrières et Demangeat, t. 1, p. 277 ; Lyon-Caen et Renault, t. 2, n. 597 et 607 ; Pont, t. 2, n. 911 et 1588 ; Rivière, n. 41 ; Ruben de Couder, V° *Soc. anon.*, n. 123 ; Troplong, n. 146).

1479. — Dans ce cas, la question de savoir à quel moment s'opère la transmission de la propriété à l'égard de la société et des tiers doit être résolue par une distinction. Si les statuts considèrent l'inscription sur les registres de la société comme une formalité essentielle et comme un élément indispensable de l'acquisition des titres, l'endossement ne suffit pas, et la transmission de propriété n'opère qu'à partir de ladite inscription. Mais si, au contraire, cette inscription peut être considérée comme une mesure d'ordre purement intérieur, uniquement destinée à faire connaître à la société les nouveaux titulaires des actions déjà cédées en vertu d'un endossement, cet endossement suffit alors à la transmission de la propriété des actions (Cass., 26 janv. 1869, S. 69.1.322, D. 69.1.354. — Comp. 5 mars 1867, deux arrêts, S. 67.1.136, D. 67.1.113).

1480. — Lorsqu'un titre nominatif est donné en gage, la constitution peut être réalisée au moyen d'un transfert à titre de garantie.

Le simple dépôt de titres ayant fait l'objet d'un nantissement, dans les bureaux de la société, pour y recevoir l'estampille en vue d'une émission nouvelle assurant un droit de préférence aux actionnaires anciens, ne peut être considéré comme une remise des titres au débiteur lui-même, et le créancier gagiste peut être tenu d'effectuer lui-même ce dépôt à la requête du débiteur (Paris, 17 mars 1908, *R. S.*, 1909.103).

1481. — Quand les titres sont transmissibles par voie d'ordre, on peut combiner l'endossement avec une inscription de transfert sur les registres de la société. Ce transfert n'est qu'une mesure d'ordre intérieur et n'est pas, en principe, essentiel pour la transmission, à moins que les statuts ne l'imposent formellement (Cass., 26 janv. 1869, S. 69.1.322).

1482. — Les statuts de la société stipulent souvent (c'est une clause que l'on rencontre notamment dans les statuts des grandes sociétés d'assurances sur la vie) que l'action ne pourra être cédée qu'avec l'autorisation du gérant, du conseil d'administration ou de l'assemblée générale, qui pourra même être appelé à agréer le cessionnaire ; ou bien encore les statuts réservent un droit de préemption aux actionnaires. Cette restriction à la liberté de cession, qui ne se comprend du reste qu'à l'égard des actions nominatives, est licite en principe, sauf si elle aboutissait en fait à rendre l'action incessible (Cass., 14 mai 1895, D. 95.1.467 ; — 29 oct. 1902, *J. S.*, 1904.391. — V. *Ann. dr. comm.*, 1903 303).

Cette clause, dérogatoire au principe général de la liberté de cession des actions, doit être interprétée restrictivement : ainsi la clause des statuts visant les souscripteurs d'actions ne saurait être appliquée aux cessionnaires (*Sic.* : Cass., 6 août 1907, *J. S.*, 1908. 349). Mais ici encore il ne faut rien exagérer, et il est certain que la restriction visant le cas de cession s'applique aussi bien à la cession judiciaire qu'à la cession amiable (Douai, 11 mai 1906, *J. S.*, 1907.274), à la négociation dans les formes commerciales qu'à la cession civile (Trib. civ. Bernay, 6 déc. 1910, *Gaz. Pal.*, 22 fév. 1911).

b) Conversion en général.

1483. — La conversion consiste dans le changement de forme du titre. Ainsi, il y a conversion d'un titre nominatif en titre au porteur, ou d'un titre au porteur en titre nominatif.

La conversion peut être le résultat d'une aliénation, mais aussi elle peut avoir été inspirée par des motifs de convenance du propriétaire du titre.

1484. — La conversion des titres nominatifs appartenant à un incapable en titres au porteur est soumise aux mêmes conditions et formalités que l'aliénation de ces titres. La conversion ne peut en effet, d'après l'opinion aujourd'hui généralement admise, être considérée comme un acte d'administration ; on doit la comprendre comme un acte de disposition. D'où il résulte que la conversion nécessitant une capacité d'aliénation ne peut être demandée par l'exécuteur testamentaire (Paris, 26 juin 1878, S. 80.2.245), par l'usufruitier (Lyon, 30 janv. 1882, S. 84.2.205), par le mari commun pour les titres de sa femme, par la femme séparée pour ses propres titres, par le tuteur, etc., etc.

1485. — L'usufruit ne conférant à l'usufruitier le droit de jouir de la chose, comme en jouirait le propriétaire « qu'à la charge d'en conserver la substance », on en a justement déduit cette conséquence, que l'usufruitier ne peut, sans le concours du nu propriétaire, opérer la conversion de titres nominatifs en titres au porteur : une pareille conversion étant, aux termes de l'art. 10 de la loi du 27 février 1880, assimilée à un acte d'aliénation (Lyon, 20 janv. 1882, S. 84.2.205. — *Sic* : Buchère, *Tr. théor. et prat. des val. mob.* (2ᵉ édit.), n. 833, et *Comment. de la loi du 27 févr. 1880* ; — Audier, *Étude sur les tit. au porteur*, n. 453 ; — Albert Wahl, *Tr. théor. et prat. des titres au porteur*, t. 1ᵉʳ, n. 573 et 574, et note sous Cass., 7 déc. 1891, S. 92.1. 353. — *Contrà*, de Folleville, *Tr. de la possess. des meubles et des titres*, n. 278).

Par ailleurs, si l'usufruitier peut disposer des choses fongibles à charge d'en rendre pareille quantité et valeur à la fin de l'usufruit (art. 587), ce caractère ne saurait être reconnu aux titres au porteur, qui produisent périodiquement des intérêts, parfois même des dividendes, et qui constituent des corps certains, puisqu'ils sont spécialisés par le numéro d'ordre dont ils sont timbrés, et par l'indication de leur valeur représentative. En conséquence, non seulement l'usufruitier ne peut pas les vendre, mais il ne saurait même, sans le concours du nu propriétaire,… ni les échanger contre d'autres titres, de même nature, mais revêtus d'un autre numéro d'ordre, encore bien que, les coupons à détacher étant épuisés, le renouvellement du titre serait devenu nécessaire… (Trib. de Saint-Omer, 15 avr. 1892, D. 93.2.433).

1486. — Sous le régime de la communauté, le mari aliène seul les meubles et valeurs mobilières de la femme ; mais sous l'influence du développement des valeurs mobilières, la jurisprudence a apporté à ce principe des tempéraments (Wahl, t. 2, n. 1174).

1487. — La femme seule ne peut disposer d'un meuble, ni par conséquent d'un titre au porteur (Paris, 26 août 1884, *Journ. des trib. de comm.*, t. 14, p. 253).

1488. — Le mari, aux termes de l'art. 1422 C. civ., peut disposer seul, à titre gratuit et particulier, au profit de toute personne, des meubles de la communauté, pourvu qu'il ne s'en réserve pas l'usufruit. A titre onéreux, il peut les aliéner sans restriction.

1489. — La situation de la femme séparée de biens est nettement définie par la jurisprudence. L'art. 1449 lui permet d'aliéner les meubles sans restriction. Elle peut donc vendre ses titres au porteur, et convertir par là même ses titres nominatifs en titres au porteur (Cass., 15 juin 1876, D. 78.1.181 ; — Laurent, t. 22, n. 34 ; Buchère, *Valeurs mobilières*, n. 1438 ; Wahl, n. 1176).

1490. — La loi du 27 février 1880 contient un ensemble de dispositions relatives aux titres au porteur des mineurs en tutelle ou en curatelle. Avant la loi de 1880, le tuteur pouvait aliéner seul les valeurs mobilières du mineur ; aujourd'hui, le tuteur ne peut aliéner, sans y être autorisé par le conseil de famille, les rentes, actions, parts d'intérêts, obligations et autres meubles incorporels quelconques appartenant au mineur ou à l'interdit (art. 1er, L. 27 fév. 1880). Cette disposition s'applique donc à tous les titres au porteur du mineur et de l'interdit, soit que le conseil ait donné l'autorisation de les conserver, soit pendant le délai de trois mois où les titres peuvent conserver leur forme, soit que le tuteur, désobéissant aux injonctions du conseil de famille, ou ne le consultant pas, n'ait pas opéré la conversion. La conversion, valable quand le tuteur est autorisé par le conseil de famille, est nulle lorsqu'il n'a pas cette autorisation, et le mineur pourrait revendiquer entre les mains d'un tiers les titres indûment aliénés.

1491. — Le retrait de titres au porteur opéré dans un établissement de dépôts doit-il être assimilé à une aliénation nécessitant l'autorisation du conseil de famille ? La négative paraît admise, car le retrait de ces titres ne peut pas être considéré comme une aliénation (Wahl, n. 1186).

1492. — La conversion des titres au porteur est un des objets principaux de la loi de 1880. Le tuteur doit, dans les trois mois qui suivent l'ouverture de la tutelle, convertir en titres nominatifs les titres au porteur appartenant au mineur ou à l'interdit et dont le conseil de famille n'aurait pas jugé l'aliénation nécessaire ou utile. Il devra également convertir en titres nominatifs les titres au porteur qui adviendraient au mineur ou à l'interdit, de quelque manière que ce fût, et ce dans le délai de trois mois de l'attribution définitive ou de la mise en possession de ces valeurs. Le conseil de famille peut fixer pour la conversion un temps plus long.

1493. — Lorsque soit par leur nature, soit à raison de conventions, les valeurs au porteur ne seront pas susceptibles d'être converties en titres nominatifs, le tuteur devra, dans les trois mois, obtenir du conseil de famille l'autorisation soit de les aliéner avec emploi, soit de les conserver. Dans ce dernier cas, comme dans celui prévu dans le paragraphe précédent, le conseil pourra prescrire le dépôt des titres au porteur au nom du mineur ou de l'interdit à la Caisse des dépôts et consignations, ou entre les mains d'une société spécialement désignée. Les délais ci-dessus ne seront applicables que sous la réserve des droits des tiers et des conversions préexistantes (L. 28 fév. 1880, art. 5).

1494. — Certains mineurs ne sont pas régis par la loi de 1880 : il y a d'abord ceux qui sont soumis à l'administration légale de leur père (Trib. Seine, 27 avr. 1882, D. 83.3.141 ; — Circ. du ministre de la justice, 20 mai 1880, D. 81.3.76) ; il y a ensuite les mineurs émancipés par leurs père et mère, les mineurs émancipés par le mariage. Les lois antérieures à 1880 subsistent donc pour ces deux catégories de mineurs.

1495. — On reconnaît au père, administrateur légal des biens de son enfant mineur, le droit de disposition absolue, ce qui comporte la faculté de convertir les titres au porteur en titres nominatifs, et inversement, et même de vendre les titres au porteur, etc. (Paris 17 fév. 1878, *Gaz. Trib.*, 8 mars 1879 ; — Trib. Seine, 17 avr. 1882, S. 82.2.207 ; — Trib. Seine, 3 fév. 1886, *Gaz. Pal*, 1886.2, *Supp.* 83 ; — Circ. du Trésor, 10 mars 1880 ; Circ. du ministre de la justice, 20 mars 1880 ; — Wahl, n. 1180).

1496. — L'individu pourvu d'un conseil judiciaire est, comme le mineur émancipé, dans l'impossibilité d'aliéner ses valeurs mobilières.

1497. — La conversion au porteur ne peut être imposée à la société sans son consentement, c'est-à-dire sans une disposition de ses statuts ou un texte législatif. Très souvent les statuts des sociétés, en autorisant la forme au porteur des titres, décident en outre que ces titres pourront être au porteur si les souscripteurs ou les ayants droit le demandent ; ils ajoutent quelquefois qu'en l'absence d'une demande formelle les titres délivrés seront nominatifs.

1498. — Les formes de la conversion dépendent de la volonté des parties. On exige le dépôt préalable dans la caisse de l'émettant du titre à convertir ; le dépôt effectué, la conversion s'opère dans les bureaux de l'émettant ; puis, dans un délai moralement normal, la remise du titre est faite au demandeur ou à son fondé de pouvoir.

1499. — En ce qui concerne la conversion des rentes, des dispositions spéciales sont indiquées par l'ordonnance du 20 avril 1831. Un agent comptable est chargé de recevoir les demandes de conversion.

1500. — La conversion des titres entraîne, au profit du Trésor, la perception d'impôts sur la quotité desquels on trouvera ci-après un chapitre spécial.

c) Conversion des actions nominatives en actions au porteur, d'après l'art. 4 de la loi 1867 et de la loi du 1ᵉʳ août 1893.

1501. — D'après la loi du 24 juillet 1867, toutes les sociétés par actions, en commandite ou anonymes, étaient soumises à des conditions rigoureuses pour la validité de la conversion des titres nominatifs en titres au porteur. Ces dispositions ont été modifiées par la loi de 1893, mais l'art. 7 de la loi nouvelle ayant expressément maintenu les dispositions de la loi de 1867 en ce qui concerne les sociétés antérieures à sa promulgation, il convient de présenter tout à la fois le commentaire de la loi de 1867 et celui de la loi de 1893.

1502. — *Loi de 1867.* — Les actions d'une société en commandite ou anonyme ne peuvent être créées ou émises que sous la forme d'actions nominatives. On a même soutenu que cette obligation de créer et d'émettre des actions sous la forme nominative était absolue, même dans le cas où ces actions se trouveraient placées dans des conditions de libération qui, aux termes de l'art. 3, les rendent susceptibles d'être converties en actions au porteur, et où les statuts auraient stipulé en outre la faculté de conversion prévue par cet article (Paris, 12 août 1885, *R. S.*, 1885.697 ; — 27 nov. 1885, *R. S.*, 1886.93 ; — Paris, 26 juill. 1887, D. 88.2.145 ; — 22 avr. 1891, D. 93.2.65).

Il en résulterait qu'on ne pourrait, au début d'une société, ou lors de l'augmentation du capital, mettre immédiatement au porteur des actions, même lorsqu'elles remplissent, dès leur émission, la condition de conversion prescrite par la loi.

M. Boistel, D. 93.2.65, critique à bon droit cette conclusion. Quand les statuts stipulent que les actions sont nominatives ou au porteur au nom de l'actionnaire, il n'y a aucune raison pour ne pas délivrer dès la constitution à l'actionnaire qui le désire des actions au porteur entièrement libérées. V. nos questions nouvelles, p. 162.

1503. — Pour que les actions, nominatives à l'origine, puissent être valablement converties en actions au porteur, il faut se conformer à des conditions précises. La première est que les statuts constitutifs prévoient la conversion. Cette condition est exigée dans l'intérêt des tiers, afin de les prévenir que le capital nominal de la société n'est réalisé que pour moitié et que la réalisation de l'autre moitié est soumise à des aléas.

Nous disons : statuts constitutifs. On ne pourrait pas, en modifiant les statuts originaires qui seraient muets sur la conversion, prévoir au cours de l'existence sociale cette possibilité de conversion (Cass., 30 nov, 1892, S. 93.1.469, D. 93.1.481. — *Sic* : Alauzet, t. 2, n. 646 ; Bédarride, *La loi de 1867*, n. 79 ; Beslay et Lauras, t. 5, n. 333 ; Beudant, *Rev. crit. de législ.*, t. 33, 3.29 ; Boistel, n. 264 et 269 ; Lyon-Caen et Renault, t. 2, n. 646 *ter* ; Mathieu et Bourguignat, n. 30 ; Pont, t. 2, n. 918 et 944 ; Vavasseur, t. 1, n. 487 ; Wahl, t. 1, n. 503. — *Contrà* : Rivière, *La loi de 1867*, p. 97).

1504. — La Cour de cassation a jugé que par cette expression « statuts constitutifs », on doit entendre non pas seulement l'acte primitif par lequel une société a été fondée avec un faible capital simplement destiné à des études préparatoires, mais les statuts qui, à la suite de ces études, l'ont définitivement établie et l'ont mise réellement en activité (Cass., 20 janv. 1885, S. 86.1.52, D. 85.1.453). Cette solution a été critiquée (Dalloz, *Supp.*, n. 1038).

Il a été jugé qu'une délibération d'une assemblée générale, même prise à l'unanimité des membres présents, autorisant la conversion des actions, est nulle si les statuts constitutifs ne contiennent aucune clause à cet égard (Paris, 17 août 1878, S. 79.2.33 ; — Cass., 20 janv. 1885, précité).

1505. — L'insertion de la faculté de conversion dans les statuts étant exigée dans l'intérêt des tiers, cette clause doit être portée à la connaissance du public par voie d'extraits publiés dans les journaux, conformément aux art. 55 et suivants de la loi de 1867.

1506. — Une seconde condition exigée par la loi consiste dans la nécessité d'une libération préalable de toutes les actions jusqu'à concurrence de la moitié du montant de chacune d'elles. Il ne suffit donc pas, pour que la conversion soit régulière, que la moitié du capital soit intégralement versée : il faut que la libération de moitié porte sur chacune des actions, et que cette libération précède la délibération de l'assemblée générale dont il va être parlé. Ainsi, l'assemblée générale ne pourrait pas autoriser la conversion pour l'époque à venir où toutes les actions se trouveraient libérées de moitié ; l'assemblée générale doit constater que chacune des actions est libérée de moitié (Cass., 21 juill. 1879, S. 80.1.4, D. 79.1.321 ; — Paris, 17 août 1877, S. 79.2.33, D. 79.1.324 ; — 18 fév. 1881, S. 81.2.97, D. 84.2.1 ; — 8 juill. 1881, sous Cass., 8 août 1882, S. 83.1.49. — *Sic* : Bédarride, *op. cit.*, n. 69 et s. ; Beslay et Lauras, t. 5, n. 298 ; Beudant, *loc. cit.* ; Boistel, n. 264, et note sous Cass., 30 nov. 1892, D. 93.1.481 ; Labbé, notes sous Paris, 17 août 1878, S. 79.2.33, sous Cass., 21 juill. 1879, S. 80.1.5, et sous Paris, 8 juill. 1881, sous Cass., 8 août 1882, S. 83.1.48 ; Lyon-Caen, note sous Paris, 18 fév. 1881, S. 81.2.97, et *R. crit. de législ.*, 1881, p. 270 ; Lyon-Caen et Renault, t. 2, n. 749 ; Pont, t. 1, n. 906 ; Thaller, *R. crit. de législ.*, 1883, p. 344 ; Wahl, t. 1, n. 501).

1507. — Ces règles restrictives doivent-elles être appliquées aux actions entièrement libérées ? L'art. 3 de la loi de 1867 ne parle pas des actions complètement libérées ; cela signifie-t-il que leur transformation en actions au porteur n'est possible que dans le cas où elle le serait également pour les actions libérées de moitié, c'est-à-dire après l'accomplissement des trois conditions dont il vient d'être parlé ? Faut-il admettre, au contraire, que ces actions peuvent revêtir la forme au porteur, alors même que les statuts constitutifs n'auraient pas prévu la transformation, et en cas d'affirmative peut-on décider que les actions pourront être transformées en titres au porteur au fur et à mesure de leur libération ?

On conclut généralement que les prescriptions de l'art. 3 n'ont pas trait aux titres entièrement versés et qu'elles visent seulement les actions partiellement libérées ; et on admet que la conversion des actions nominatives en actions au porteur est possible après le versement intégral du capital social, alors même que les statuts sont muets sur la question de conversion, pourvu toutefois qu'ils ne l'interdisent pas (V. nos *Questions nouvelles sur les sociétés*, p. 162 ; Lyon-Caen et Renault, t. 2, p. 548, note 4).

1508. — On a soutenu que la conversion des actions au fur et à mesure de leur entière libération n'est pas possible (Buchère, *J. des valeurs mobil.*, 1882, p. 385). La jurisprudence et la majorité des auteurs se prononcent dans un sens contraire et estiment que les actions d'une société anonyme ou en commandite peuvent être converties en titres au porteur dès qu'elles sont complètement libérées ; il n'est donc pas nécessaire que les autres actions soient également libérées ni qu'une assemblée générale des actionnaires ait autorisé la conversion (Paris, 30 janv. 1882, S. 83.2.41, D. 86.2.125 ; — Trib. com. Lyon, 13 juill. 1882, *R. S.*, 1883.43 ; — Pont, t. 2, n. 924 et 925 ; Lyon-Caen et Renault, t. 2, n. 750).

1509. — On sait que la loi exige que le versement du premier quart requis pour la validité de la constitution même de la société soit effectué en espèces. La jurisprudence est moins rigoureuse pour le second versement préalable à la conversion : pourvu que la libération de moitié soit réelle et sincère, le vœu de la loi est rempli. On peut donc admettre la libération sous forme de compensation, de dation en payement, si les valeurs remises en payement sont des valeurs de repos et d'une réalisation certaine (Cass., 20 janv. 1885, S. 85.1.52, D. 85.1.453 ; — Trib. Seine, 24 mars 1888, *J. S.*, 1889. 262 ; — Thaller, *Ann. dr. comm.*, 1886-1887, p. 168).

1510. — Enfin, il ne suffit pas, pour que la conversion soit régulière, que les statuts contiennent une clause formelle à cet égard et que chaque action soit libérée : il faut encore que cette conversion fasse l'objet d'une délibération spéciale de l'assemblée générale des actionnaires, favorable à la conversion. La nécessité de la délibération de l'assemblée générale s'impose, même dans le cas où toutes les actions seraient libérées de moitié au moment de la constitution de la société. Sans doute, dans ce cas, l'assemblée générale n'a plus qu'à constater le fait de la libération ; mais elle a à se prononcer sur l'opportunité de la conversion (Paris, 19 fév. 1885, D. 85.2 181 ; — 27 nov. 1885, *R. S.*, 1886.93).

1511. — Comment doit être composée l'assemblée appelée à voter sur la conversion ? D'après certains auteurs, cette assemblée doit être assimilée à une assemblée constitutive et satisfaire aux conditions requises par les art. 27 et 30 de la loi de 1867, relatifs à l'admission de tous les actionnaires, quel que soit le nombre des titres possédés par eux, et à la représentation à l'assemblée de la moitié du capital (Pont, n. 920 ; Deloison, n. 274). D'autres auteurs assimilent cette assemblée à une assemblée extraordinaire appelée à modifier les statuts. Dalloz (*Supp.*, V° *Sociétés*, n. 1053) n'accepte ni l'un ni l'autre de ces systèmes : il estime qu'il y a dans le vote de l'assemblée relatif à la conversion une simple mesure d'ordre intérieur se rattachant au fonctionnement de la société, et il pense qu'il suffit de composer cette assemblée conformément à l'art. 27 de la loi de 1867 (En ce sens : Lyon-Caen et Renault, n. 751 ; Wahl, t. 1, n. 499).

1512. — Dans tous les cas, la conversion doit être portée à l'ordre du jour de l'assemblée, sans qu'il soit nécessaire pour cela d'employer des expressions sacramentelles, non plus que de réunir une assemblée exclusivement en vue de cette conversion. Jugé en ce sens que l'ordre du jour, joint à la convocation adressée aux actionnaires pour une assemblée générale, en mentionnant la vérification à faire du versement des deux premiers quarts sur le montant des actions et les modifications qui pourraient être apportées aux statuts, appelle suffisamment leur attention sur la mesure de la conversion des titres que doit être soumise à l'assemblée (Cass.,20 janv. 1885, S. 86.1.52, D. 85.1.413).

1513. — *Loi de 1893.* — La loi du 1ᵉʳ août 1893 modifie en ces termes l'art. 3 de la loi de 1867 : « Les actions sont nominatives jusqu'à leur entière libération. » Le texte de la loi est précis : il en faut conclure que toute société constituée contrairement à ses prescriptions serait frappée de nullité.

On ne peut déroger à l'interdiction de l'art. 3 : les actions doivent rester nominatives jusqu'à leur entière libération.

1514. — Mais que décider au point de vue du principe même de la conversion ? Faut-il, pour que les actions puissent après leur libération entière être converties en actions au porteur, que les statuts l'autorisent ? Ou bien cette conversion peut-elle avoir lieu *de* *plano*, aussitôt la libération intégrale? Le législateur de 1893 ne s'est pas prononcée sur ces questions ; il faut donc les résoudre par voie de raisonnement. La nécessité d'une clause dans les statuts, autorisant la conversion, ne nous paraît pas douteuse. Sans doute, cette clause n'a plus pour but d'informer les tiers des aléas que peut courir la société pour le recouvrement de la moitié de son capital ; mais la conversion, même après la libération intégrale, peut encourager l'agiotage ; elle ne doit donc être considérée comme licite qu'autant que les statuts l'autorisent (Bouvier-Bangillon, p. 55). Mais il n'est pas indispensable que cette clause figure dans les statuts constitutifs ; elle pourrait être insérée après coup, en vertu d'une délibération de l'assemblée générale modifiant les statuts.

1515. — Mais faut-il qu'une assemblée générale intervienne pour statuer sur la conversion ? Nous ne le pensons pas. Déjà, sous l'empire de la loi de 1867, ainsi que nous l'avons expliqué, la jurisprudence reconnaissait que toute action entièrement libérée peut être mise au porteur, si les statuts l'autorisent, sans qu'il soit nécessaire de faire intervenir l'assemblée générale. Ce principe admis, la délibération de l'assemblée avait pour but unique de donner effet à la clause des statuts autorisant la conversion avant libération intégrale ; du moment où les actions ne peuvent plus être mises au porteur qu'après libération intégrale, il ne nous paraît pas qu'il y ait lieu de recourir à une assemblée générale.

1516. — L'art. 7 de la loi de 1867, qui prononce la nullité des sociétés constituées contrairement aux prescriptions de l'art. 3, demeure toujours en vigueur. Sous l'empire de la loi de 1867, il a été jugé qu'en cas de nullité de conversion d'actions avant libération de moitié, alors que les statuts l'autorisaient, la conversion entraînait non pas la nullité de la société, mais seulement la nullité de la conversion, et que les actions redevenaient nominatives comme s'il n'y avait pas eu de conversion (Lyon, 11 août 1882, D. 83.2.121 ; — Paris, 23 avr. 1884, D. 84.2.206).

1517. — Sous l'empire de la loi de 1893, on peut envisager deux hypothèses dans lesquelles la nullité serait encourue ; ce sont les suivantes : 1º le cas où la société autoriserait la conversion des titres libérés, alors que les statuts ne contiennent aucune clause à cet égard ; 2º le cas où les statuts contiendraient une clause autorisant, contrairement aux prescriptions de l'art. 3, la conversion des titres après libération de moitié seulement.

1518. — Aux termes de l'art. 7 de la loi de 1893, il n'est pas dérogé, pour les sociétés en commandite ou anonymes par actions, sans distinction entre celles antérieures à la loi du 24 juillet 1867 et celles postérieures, à la faculté qu'elles peuvent avoir de convertir leurs actions en titres au porteur avant libération intégrale : c'est une application du principe général de la non-rétroactivité des lois.

SECTION IV

DE LA DÉPOSSESSION INVOLONTAIRE DES TITRES, PERTE, VOL, ETC.

1519. — Le propriétaire de titres d'actions ou d'obligations peut en être dépossédé à la suite de perte, vol, abus de confiance, escroquerie, etc. A quelles conditions peut-il toucher de la société les intérêts ou les dividendes, ou se faire rembourser le capital exigible, ou se faire délivrer un nouveau titre ? Est-il exposé à ce que le titre dont il a été dépossédé passe entre les mains d'un tiers acquéreur de bonne foi qui pourra s'opposer à la revendication de ce titre ? Pour résoudre ces questions, il faut distinguer entre les titres nominatifs et les titres au porteur (1).

a) Titres nominatifs.

1520. — Le propriétaire d'un titre nominatif qui s'en trouve dépossédé forme opposition au payement des intérêts ou des dividendes et au remboursement du capital entre les mains de la société. Dès lors, aucun tiers ne peut exercer envers la société les droits d'actionnaire ou d'obligataire. Le propriétaire dépossédé peut ensuite exiger le payement des intérêts, des dividendes, et même la délivrance d'un nouveau titre. La société n'est d'ailleurs exposée à aucun danger, car si un tiers venait à se présenter

______

(1) La banque étrangère, qui de bonne foi achète régulièrement à la Bourse de Londres un titre volé en France, peut invoquer le bénéfice de l'art. 2280 C. civ.

La remise du titre que fait cette banque, après connaissance du vice, aux mains de ses vendeurs en se faisant verser comme garantie le prix qu'elle avait payé est conforme aux usages de la Bourse de Londres.

La reprise qu'elle en fait après la décision du Stock-Exchange et la tenue de ses écritures qui indiquaient le caractère provisoire de la remise aux vendeurs ne modifient pas la nature de ses droits de propriété. — Paris, 16 janv. 1912, *Gaz. Soc.*, 1913.154.

en vertu du titre, ce tiers ne pourrait être ou bien que le voleur, ou bien qu'un cessionnaire qui ne serait pas investi de la propriété par un transfert régulier. Quant au propriétaire, il ne pourrait par fraude se faire considérer comme ayant perdu son titre après l'avoir cédé, car cette cession n'existerait régulièrement qu'en vertu d'un transfert.

1521. — Il faut admettre la même solution en ce qui concerne les titres mixtes ; mais en ce qui concerne les coupons joints aux titres mixtes, le propriétaire dépossédé devra observer les formalités exigées à propos de la dépossession des titres au porteur.

Le propriétaire dépossédé peut aussi se faire délivrer un duplicata lui tenant lieu de son titre primitif (Trib. com. Seine, 14 fév. 1853, S. 53.2.250).

1522. — Mais *quid* si l'acquéreur du titre est de bonne foi ? La jurisprudence refuse au propriétaire dépossédé le droit de revendication du titre. Elle ne lui laisse qu'une action en dommages-intérêts soit contre la société si elle n'a pas exigé de justification suffisante, soit contre[l'agent de change imprudent (Cass., 20 juin 1876, S. 77.1.450 ; 4 août 1879, S. 81.1.299 ; — Paris, 21 fév. 1896, S. 98.2.289 ; — Cass.; 18 juill. 1898, S. 99.1.73. — Wahl, note S. 98.2.289).

b) Titres au porteur.

1523. — Si la dépossession porte sur un titre au porteur, les droits de l'actionnaire ou de l'obligataire sont réglés par une loi spéciale du 15 juin 1872 (1), modifiée par la loi du 8 février 1902, mais il n'est pas sans intérêt de connaître les dispositions antérieures à la loi du 15 juin 1872, par la raison qu'elles restent applicables quand les formalités prescrites par ladite loi n'ont pas été remplies (art. 14, L. 15 juin 1872 ; — Cass., 14 juill. 1874, S. 75.1.23).

1524. — Avant 1872, aucune loi ne réglementait les conséquences

---

(1) La loi du 15 juin 1872, relative aux titres au porteur, est une loi de police et de sûreté, dont les dispositions sont d'ordre public et applicables aux titres trouvés en France, quel qu'ait été le lieu de leur négociation.

La loi du 15 juin 1872 a créé en faveur du propriétaire des titres au porteur un un droit spécial qui a pour but de remédier à l'insuffisance et aux lacunes qu'ont paru présenter au législateur les dispositions des art, 2279 et 2280 C. civ.

Lorsque la personne, fondée à se prévaloir de la loi de 1872, s'est conformée à ses dispositions, son droit de revendication n'est pas soumis aux conditions étroites prévues par les art. 2279 et 2280 C. civ., ainsi d'ailleurs que le dit expressément l'art. 14 de la loi de 1872. — Trib. civ. Seine, 12 déc. 1913, *Gaz. Soc.*, 1913.157,

de la dépossession des titres au porteur. La jurisprudence avait déterminé la situation en appliquant les principes généraux dans les
rapports entre les propriétaires dépossédés et les tiers possesseurs,
énoncés dans les art. 2279 et 2280 C. civ., assimilant les titres au
porteur aux choses mobilières personnelles. Ainsi, la revendication
n'était pas admise contre un tiers acquéreur de bonne foi (Cass.,
15 avr. 1863, S. 63.1.387). Il en était autrement quand la dépossession
provenait d'une perte ou d'un vol, mais non dans les cas d'abus de
confiance ou d'escroquerie (Paris, 10 déc. 1904, *R. S.*, 1906.405).

La revendication, en cas de vol, ne durait que trois ans. Le revendiquant devait rembourser au possesseur le prix payé par lui, si
l'acquisition avait eu lieu dans une Bourse ou d'un marchand vendant des choses pareilles (art. 2280).

Les propriétaires dépossédés, pour empêcher l'acquisition par des
hommes de bonne foi, faisaient opposition, entre les mains des
agents de change, à la négociation des titres dont ils indiquaient les
numéros. Si la négociation avait lieu malgré l'opposition, l'art. 2279
ne s'en appliquait pas moins au profit des acquéreurs ; mais l'agent
de change encourait une responsabilité.

La prescription de l'action basée sur les art. 2279 et 2280 était la
prescription trentenaire contre les acquéreurs de mauvaise foi.

1525. — Dans les rapports du propriétaire dépossédé et de l'établissement émettant, la législation antérieure laissait place à de
nombreuses difficultés. Les établissements soutenaient que le propriétaire dépossédé ne pouvait exiger ni le payement des intérêts ou
dividendes, ni le remboursement du capital exigible, ni la délivrance
d'un duplicata du titre. Un tiers possesseur, disaient-ils, peut se
présenter ; nous ne pouvons pas être exposés à payer deux fois ; d'ailleurs, ajoutaient-ils, ils ne devaient qu'un titre et ne pouvaient pas
s'exposer à en voir circuler plusieurs.

1526. — La jurisprudence avait réagi contre ces prétentions ex-
cessives, tout au moins en ce qui concerne le payement des intérêts
et des dividendes.

1527. — Le propriétaire dépossédé, pour arriver à toucher intérêts et dividendes, faisait notifier à la société une opposition au
payement ; justifiant de son droit de propriété, il faisait déposer les
intérêts et dividendes échus à la Caisse des dépôts et consignations,
et cinq ans après l'échéance, il pouvait les toucher (Paris, 13 mai
1865, S. 65.2.153). Les intérêts et dividendes se prescrivant par cinq

ans (art. 2277 C. civ.), l'établissement débiteur ne pouvait craindre des réclamations d'un tiers possesseur de bonne foi.

1528. — D'autres arrêts appliquaient les mêmes principes en ce qui concerne le payement du capital ; mais le dépôt à la Caisse devait rester intact pendant trente ans (Paris, 21 juill. 1856, *Gaz. Pal.*, 1858.1095). La jurisprudence refusait toutefois au propriétaire dépossédé le droit d'exiger un duplicata de son titre, car la société ne pouvait se trouver exposée à voir deux titres en circulation.

1529. — C'est dans cet état qu'intervint la loi de 1872, à la suite des déprédations de la Commune. Les vols firent disparaître, en 1871, un nombre considérable de titres au porteur ; les incendies en détruisirent une grande quantité. La loi du 19 mai 1871, qui soustrayait à la prescription les biens enlevés pendant la Commune, ne pouvait être un remède souverain, et c'est dans ces conditions que fut promulguée la loi du 15 juin 1872, adoptée sans discussion, loi des plus claires, qualité rare au temps où nous vivons. Un décret du 10 avril 1873 l'a complétée et en a réglé l'exécution.

1530. — La loi de 1872 apporte les modifications suivantes :

1° Elle abrège les délais pendant lesquels le porteur dépossédé peut toucher les intérêts et les dividendes échus ;

2° Elle abrège les délais après lesquels il a le droit de se faire rembourser le capital exigible ;

3° Elle donne des facilités pour la délivrance de duplicata ;

4° Elle accorde au porteur dépossédé la revendication, même contre le possesseur de bonne foi, qui n'est acquéreur qu'après l'accomplissement de certaines formalités ayant pour but d'empêcher la négociation du titre ;

5° Elle n'astreint pas le revendiquant au remboursement du prix d'acquisition.

1531. — La loi du 8 février 1902 a maintenu, dans ses grandes lignes, le système de la loi de 1872.

Cependant, elle ne permet plus de faire une distinction entre les titres qui rapportent des intérêts ou dividendes et ceux qui n'en donnent pas (art. 3). Mais la réforme la plus importante se réfère à la question de savoir à quel moment la négociation doit être réputée accomplie, c'est-à-dire quand les oppositions seront considérées comme tardives (art. 13).

1532. — Pour profiter des dispositions de la loi de 1872, le propriétaire dépossédé doit faire notifier par huissier une opposition à l'établissement débiteur, opposition tendant à empêcher le payement des coupons ou du capital devenu exigible, et au syndicat des agents de change.

1533. — L'opposition dont les formes sont réglées par l'art. 2 de la loi doit :

1º Être faite par le ministère d'un huissier ;

2º Contenir les diverses indications destinées à distinguer le titre.

Les agents de change sont tenu d'inscrire sur un livre les numéros des titres qu'ils vendent ou achètent (art. 13 de la loi de 1872). Quant aux autres énonciations, M. Wahl (n. 1269) et quelques auteurs les considèrent comme facultatives et comme n'ayant point pour conséquence d'entraîner la nullité de l'opposition.

3º Indiquer l'époque et le lieu où l'on est devenu propriétaire, ainsi que le mode d'acquisition ;

4º Indiquer l'époque et le lieu de réception des derniers intérêts ou dividendes ;

5º Enoncer les circonstances qui ont accompagné la dépossession ;

6º Faire élection de domicile dans la commune du siège de l'établissement débiteur.

L'opposition est publiée le surlendemain au plus tard par les soins et sous la responsabilité du syndicat des agents de change dans le *Bulletin officiel des oppositions* sur titres au porteur (Décret du 10 avr. 1873, art. 2).

L'opposition à l'établissement débiteur doit reproduire les mêmes indications que celle du syndicat des agents de change. Les deux oppositions sont connexes. Si l'une disparaît, l'autre suit le même sort.

1534. — Cette notification emporte opposition au payement tant du capital que des intérêts ou dividendes échus ou à échoir. L'opposition est nulle si elle ne mentionne pas tous les signes distinctifs du titre, tels que les indique l'art. 2.

1535. — L'opposition produit un double effet : 1º elle empêche le payement du titre et des coupons, ainsi que toute opération sur le titre ; 2º elle fait courir les délais à l'expiration desquels l'opposant rentrera dans la jouissance de ses droits.

1536. — Ainsi, l'établissement débiteur ne peut, au mépris de l'opposition, payer au tiers le coupon et le capital : ce payement serait nul vis-à-vis de l'opposant (Jurisprudence constante, voyez notamment : Cass., 29 déc. 1872, S. 75.1.289, et les nombreuses autorités citées par Wahl, *Traité des titres au porteur*, n. 1271).

1537. — L'opposant n'aurait pas même besoin d'exercer contre le tiers une action en revendication en cas de payement du capital, la compagnie ayant eu le tort de le payer (Cass., 29 déc. 1874, précité ; — Trib. Com. Seine, 2 nov. 1904, *R. S.*, 1906.403 ; — Paris, 7 août 1905, *R. S.*, 1906.401).

1538. — A partir de l'opposition, la compagnie est également dans l'obligation de retenir les titres qui seraient déposés à ses guichets pour une opération quelconque ; elle fournit aux tiers un récépissé et elle avertit l'opposant ; les effets de l'opposition sont suspendus jusqu'à ce que la justice ait prononcé entre l'opposant et le tiers porteur.

1539. — Une question s'est présentée : l'agent de change s'apercevant que le titre est frappé d'opposition est-il tenu de le restituer à son commettant, ou au contraire son devoir est-il de le remettre à l'émettant pour que le procès sur la propriété puisse être jugé ? La Cour de cassation a jugé que l'agent de change n'est pas tenu de le restituer à son commettant, et que son devoir, au contraire, est de le remettre à l'émettant pour faire juger la question de propriété ; mais dans tous les cas, il est certain que l'agent de change *n'est pas obligé* de retenir le titre (Cass., 13 fév. 1884, S. 84.1.225. — V. Wahl, n. 1058. — Voir cependant : Seine, 8 fév. 1902, *Gaz. Trib.*, 19 mars 1902).

1540. — La loi de 1872 impose à l'opposant désireux de recouvrer son capital les conditions suivantes, en dehors de la nécessité d'une opposition régulière :

1° L'opposant doit attendre un an depuis l'opposition non contredite. Pendant le cours de cette année, il n'est pas permis à l'opposant de toucher les coupons, même en fournissant un cautionnement (art. 3 de la loi ; — Trib. Seine, 29 janv. 1875, *Gaz. Trib.*, 11 mars 1875).

2° Dans cet intervalle, il faut que deux termes au moins d'intérêts ou de dividendes aient été mis en distribution (art. 3).

3° Il faut que dans le même délai l'opposition n'ait pas été contredite. La loi de 1902 dans son art. 3 a défini la *contradiction*. Elle existera quand un tiers se prétendra propriétaire du titre frappé d'opposition.

4° Il faut qu'après le délai l'opposant se pourvoie auprès du président du tribunal civil du lieu de son domicile, afin d'obtenir l'autorisation de toucher les intérêts ou dividendes échus ou à échoir au fur et à mesure de leur exigibilité, et même le capital des titres frappés d'opposition, dans le cas où leur capital serait ou deviendrait exigible. Cette demande est formulée par requête, par ministère d'avoué ; elle doit être accompagnée de l'original de l'opposition et d'un certificat de la compagnie, attestant qu'il n'y a pas contradiction. Cependant M. Sarrut, dans ses conclusions, sous un arrêt de Paris du 5 avril 1887 (*La Loi*, 1er mai 1887), critique cette expression en disant qu'il n'appartient pas à la compagnie de décider s'il y a eu contradiction.

La loi de 1902 accorde les mêmes droits au porteur dépossédé de titres ne donnant pas lieu à des intérêts ou dividendes ou à l'égard desquels il y a eu cessation des distributions périodiques. Mais l'art. 3 déclare qu'il ne pourra agir qu'après trois ans à dater de l'opposition non contredite (Seine, 19 nov. 1903, *Le Droit financier*, 1904.453).

1541. — L'autorisation est accordée par le président ; si elle est refusée, l'opposant peut saisir le tribunal par voie de requête ; le tribunal statuera après avoir entendu le ministère public. Le jugement produira les effets attachés à l'ordonnance d'autorisation.

Ce jugement serait-il susceptible d'appel ? MM. Lyon-Caen et Renault (n. 634), Buchère (n. 986) soutiennent l'affirmative ; M. Wahl (n. 1276) se prononce, au contraire, pour la négative.

1542. — L'autorisation accordée, l'opposant doit fournir une caution qui s'étend, pour les coupons, au montant de ceux exigibles, plus à une valeur double de la dernière annuité échue, et pour le capital, à son montant (art. 4 et 5).

La solvabilité de la caution s'apprécie comme en matière commerciale (art. 6). En cas de difficulté, il est statué en référé par le président du tribunal du domicile de l'établissement émetteur.

Le cautionnement peut être remplacé par un nantissement en titre de rentes sur l'État.

Si la caution ou le nantissement sont fournis, l'opposant peut immédiatement toucher les coupons et le capital échus.

La caution est déchargée ou le nantissement peut être retiré deux ans après l'autorisation judiciaire, s'il s'agit de coupons (art. 4), et dix ans depuis l'exigibilité ou cinq ans au moins à partir de l'autorisation, s'il s'agit du capital (art. 5).

L'opposant, au lieu de fournir caution, peut exiger que le capital soit déposé à la Caisse des dépôts et consignations. Dans ce cas, le capital pourra être retiré dans les délais qui viennent d'être indiqués.

1543. — L'ordonnance ni le jugement ne confèrent au propriétaire un droit définitif (Trib. Seine, 24 mars 1881, *J. des val. mobil.*, 1882, p. 177) ; ils constituent simplement un préjugé pour l'avenir. Lorsque l'opposant se présentera pour obtenir un duplicata, le tribunal aura à examiner le fondement de la propriété sans être lié par l'ordonnance ou le premier jugement.

1544. — Lorsque les diverses conditions sont remplies, la société, en payant l'opposant, est libérée (art. 9, L. 15 juin 1872 ; les tiers porteurs qui se présenteraient ultérieurement n'auraient d'action que contre l'opposant et contre la caution s'ils se présentaient avant la libération ; la société ayant payé après l'accomplissement des formalités légales ne peut être l'objet d'aucune réclamation ; ce ne serait donc point elle qui aurait à supporter l'insolvabilité de l'opposant ou de la caution.

1545. — *Revendication contre les tiers acquéreurs.* — Le tiers porteur, dit l'art. 9, au préjudice duquel les payements auraient été faits, conserve seulement son action personnelle contre l'opposant qui aurait formé son opposition sans cause.

1546. — Le porteur dépossédé peut, dans le système de la loi de 1872, revendiquer ses titres contre les tiers acquéreurs. Pour parvenir à ce but, l'opposant doit former une opposition entre les mains du syndic des agents de change de Paris, même quand la dépossession a eu lieu dans un département ; Paris est considéré comme le centre de négociations de valeurs mobilières. Cette opposition contient, outre les énonciations mentionnées ci-dessus, réquisition de faire publier les numéros des titres (art. 11). Cette publication est faite un jour franc au plus tard après l'opposition, dans un journal spécial publié par la Compagnie des agents de change de Paris, dont la loi de 1872 a prescrit la création. Ce journal est le *Bulletin officiel des oppositions*. Un règlement d'administration publique du 6 avril 1873, rendu en vertu de l'art. 11 de la loi du 15 juin 1872, a réglé tout ce qui concerne la publication de ce Bulletin. Toute personne intéressée peut s'abonner au Bulletin ou l'acheter au numéro. La loi du 8 février 1902 exige que cette opposition à la chambre syndicale *précède* celle qui doit être faite à l'établissement débiteur ; l'opposition à négociateur et l'opposition à paiement se trouvent ainsi solidarisées (art. 2). S'il s'agit de coupons détachés du titre, il n'y a pas lieu à notification au syndicat des agents de change, ni à l'insertion au Bulletin quotidien. Le porteur dépossédé ne sera tenu que de l'opposition à l'établissement débiteur (art. 2, al. final).

1547. — Le syndicat des agents de change est tenu de donner à tout requérant communication gratuite, mais sans déplacement, des numéros du Bulletin dont le tirage est épuisé.

1548. — L'opposant et le tiers porteur du titre frappé d'opposition, ou leurs ayants cause, peuvent obtenir, moyennant le droit de 1 franc en sus du timbre, une copie certifiée ou un extrait des actes d'opposition ou de mainlevée qui les intéressent. Enfin toute personne, moyennant un droit de 50 centimes, peut obtenir l'indication du nom et du domicile de l'opposant, ainsi que la date de l'opposition. Il est donc facile de connaître quels sont les titres frappés d'opposition.

1549. — Aux termes de l'art. 12 de la loi de 1872, toute négociation faite à la Bourse et même hors de la Bourse postérieurement au jour où le Bulletin spécial est parvenu ou a dû parvenir par la voie de la poste dans le lieu où elle a été faite, est considérée comme non avenue à l'égard de l'opposant qui peut revendiquer son titre. Donc, pour apprécier la légalité de la négociation d'un titre au porteur, il faut se placer à deux points de vue : ou bien la négociation est antérieure à la publication du Bulletin, ou elle est postérieure. Si la négociation est antérieure à la connaissance par le public du Bulletin officiel spécial, la négociation est valable, et le possesseur de bonne foi n'est soumis qu'à l'application des art. 2279 et 2280 C. civ. (Seine, 8 fév. 1902, *R. S.*, 1904.186 ; — 2 déc. 1904, *Gaz. Trib.*, 4 déc. 1904 ; — Paris, 10 déc. 1904, *Dall.*, 11 fév. 1905). Si la négociation est postérieure, elle est réputée inexistante à l'égard du porteur dépossédé.

1550. — Le tiers porteur est fondé à exercer tous les droits de son cédant ; si ce dernier est tiers acquéreur lui-même et avait acheté les titres avant la publication de l'opposition, son cessionnaire, bien que n'ayant traité qu'à une époque où l'opposition pouvait être connue, n'en sera pas moins recevable à combattre l'action du revendiquant, au même titre que son vendeur l'aurait été lui-même (Rapport de la loi de 1872).

1551. — Une question utile à préciser est celle de savoir quand la *négociation* doit être considérée comme effectuée. Aux termes du décret du 7 octobre 1890 (art. 46), les négociations entre agents de change ne portent que sur des quantités, sans aucune spécification, par voie d'indication de numéros ou autrement, des titres négociés ; c'est dire que l'individualisation des titres objet du contrat ne s'opère qu'après la vente.

1552. — L'agent de change chargé d'opérer la vente des titres les vend sans indication de numéros ; de même, celui chargé d'en acheter les achète également sans indication de numéros. Ce n'est qu'au moment de la réalisation que les titres sont individualisés. La négociation doit être considérée comme opérée du moment où il y a individualisation ; jusqu'à ce moment il n'y a pas transmission de propriété, et une opposition peut intervenir utilement de la part du propriétaire dépossédé (Cass., 17 déc. 1878, S. 80.1.49 ; — Trib. Seine, 5ᵉ ch., 23 fév. 1883, *J. des val. mobil.*, 1884, p. 428 ; — Paris, 3 déc. 1902, *Gaz. Trib.*, 5 déc. 1902. — V. la note de M. Labbé au Recueil de Sirey, sous Cass., précité, et celle de M. Wahl sous Paris, 26 juill. 1895, S. 97.2.305). Cette solution, contestée par beaucoup d'auteurs, a été modifiée par la loi du 8 février 1902 qui a précisé le moment où la négociation serait censée faite pour les titres remis à un agent de change avec ordre de les vendre. L'art. 13 dit à ce sujet : « La négociation qui rend sans effet toute publication postérieure de l'opposition sera réputée accomplie dès le moment où aura été opérée, sur les livres de l'agent de change, l'inscription des numéros des titres vendus pour le compte du donneur d'ordre et livrés par lui. » Donc le moment de la négociation n'est arrivé que lorsque l'inscription des titres a été effectuée sur les livres d'ordre de vente de l'agent de change vendeur et que deux faits se sont passés : 1° vente des titres et 2° livraison de ces titres à l'agent vendeur par son client (Cf. rapport Grivart au Sénat ; rapport Cruppi à la Chambre).

Un règlement d'administration publique du 8 mai 1902 contient des prescriptions relatives à la tenue des livres contenant la date d'entrée des titres à l'agence.

La loi de 1902 n'a pas un caractère interprétatif. Elle n'est donc pas rétroactive (Seine, 15 mai 1902, *Gaz. Trib.*, 1902, 2ᵉ semestre, 2.263 ; — Paris, 3 déc. 1902, *Gaz. Trib.*, 15 déc. 1902 ; — Seine, 19 mai 1903, *Rec. Gaz. Trib.*, 1904 ; — Paris, 7 août 1905, *R. S.*, 1906. 401 ; — Cass., 1ᵉʳ mai 1911, *Gaz. Pal.*, n° du 23 mai 1911). Cependant les dispositions de compétence de cette loi de 1902 (art. 17-18) rétroagissent (Seine, 26 avr. 1904, *Gaz. Trib.*, 5 mai 1904).

1553. — Une opposition régulière qui n'indique pas clairement les titres qu'on a voulu frapper d'opposition est nulle, et ce cas doit être assimilé à celui où il n'y a pas d'opposition. Le propriétaire dépossédé ne peut, dans cette hypothèse, revendiquer les titres en se fondant sur la nullité des négociations (Trib. Seine, 10 août 1887,

Le Droit, 21 sept. 1887); mais il peut agir, s'il y a lieu, en responsabilité contre l'huissier auteur de l'irrégularité (Trib. Seine, 22 juin 1883, *La Loi*, 21 nov. 1883), ou exercer les actions en responsabilité dont nous parlerons ci-après.

1554. — *Délivrance d'un duplicata.* — Le porteur dépossédé peut désirer obtenir la délivrance d'un duplicata de son titre.

L'art. 15 soumet la délivrance d'un duplicata de la part de la compagnie au profit de l'opposant aux conditions suivantes :

1° L'opposant doit avoir obtenu l'autorisation dont il a été ci-dessus question ;

2° Dix ans doivent s'être écoulés depuis cette autorisation, et par conséquent onze ans depuis la disparition du titre ;

3° Personne n'a élevé de contradiction dans ce délai.

Pendant tout ce temps l'opposition à négociation devra avoir été publiée au Bulletin ;

4° L'opposant paye les frais du duplicata ;

5° Il doit garantir, par un dépôt ou par une caution, que le numéro du titre frappé de déchéance sera publié pendant dix ans avec une mention spéciale au Bulletin quotidien.

6° Dans la loi de 1872, le délai de dix ans était suspendu pendant les années où il n'avait pas été distribué d'intérêts ou de dividendes. La loi de 1902 a supprimé cette disposition qui retardait souvent o utre mesure la délivrance du duplicata à cause de l'improduction d e la société débitrice (Garassus, *Revendication des titres perdus ou volés*, n. 203).

1555. — La loi est donc plus sévère pour la délivrance d'un duplicata que pour le payement du capital : la raison en est que le titre primitif reste en circulation et peut être acquis par des tiers de bonne foi.

1556. — La procédure tendant à la délivrance d'un duplicata est ainsi spécifiée par l'art. 15 : « L'opposant pourra exiger de l'établissement débiteur qu'il lui soit remis un titre semblable et subrogé au premier. Ce titre devra porter le même numéro que le titre originaire avec la mention qu'il est délivré par duplicata. — Le titre délivré en duplicata conférera les mêmes droits que le titre primitif et sera négociable dans les mêmes conditions. »

1557. — La loi adopte donc la règle d'après laquelle le duplicata est une simple reproduction du titre principal subrogé à lui. « Dans le cas du présent article, ajoute l'art. 15, le titre primitif sera frappé de déchéance, et le tiers porteur qui le représentera après la remise du nouveau titre à l'opposant n'aura qu'une action personnelle contre celui-ci, au cas où l'opposition aurait été faite sans droit. »

1558. — *A quels titres s'applique la loi de 1872 ?* — L'art. 16 détermine à quels titres s'applique la loi : « Ces dispositions, dit-il, sont applicables aux titres au porteur émis par les départements, les communes et les établissements publics, mais elles ne sont pas applicables aux billets de la Banque de France, ni aux billets de même nature émis par les établissements légalement autorisés, ni aux rentes, ni aux titres au porteur émis par l'Etat, lesquels continueront à être régis par les lois, décrets et règlements en vigueur. »

1559. — La loi s'applique donc à toutes les valeurs de Bourse ; on ne concevrait pas sans cela l'opposition insérée au Bulletin du syndicat des agents de change. Il importe peu que les titres soient ou non cotés ; il suffit que les titres soient au porteur au moment de l'opposition. La conversion en titres nominatifs postérieurement à l'opposition ne crée aucun obstacle à la revendication (Lyon. 27 mars 1885, *Gaz. Trib.*, 21 août 1885 ; — Lyon-Caen et Renault, n. 645 *bis*).

1560. — La loi de 1872 n'est pas applicable aux chèques au porteur, aux billets au porteur, aux connaissements, polices d'assurances au porteur, aux reconnaissances du Mont-de-Piété (V. cependant en sens contraire pour les reconnaissances du Mont-de-Piété : Paris, 12 août 1876, *Le Droit*, 5 oct. 1876). Pour ces titres, les art. 2279 et 2280 restent absolument applicables.

1561. — Les rentes sur l'Etat ne bénéficient pas de la loi du 15 juin 1872 pour des raisons spéciales. Ces rentes ne sont passibles d'aucune opposition (LL. 8 niv. an VI, art. 4, et 22 flor. an VII, art. 7), le Trésor accepte officieusement note des déclarations qui lui sont adressées par les porteurs ; il leur délivre même un duplicata, moyennant le dépôt de valeurs nominatives ou d'une somme égale au capital du titre augmentée de cinq années d'arrérages ; mais les rentes sur l'Etat étant imprescriptibles, le cautionnement était retenu à perpétuité par le Trésor avant la loi de 1872. D'après l'art. 16 de cette loi, une importante innovation a été introduite, qui permet au propriétaire dépossédé de réclamer son cautionnement vingt ans après le jour où il a été déposé, si aucune demande n'a été faite de la part des tiers porteurs, soit pour les arrérages, soit pour le capital. Aux rentes sur l'État, l'art. 16, § 1er, assimile les autres titres au porteur émis par l'État : tels sont les bons du Trésor.

1562. — En obligeant le Trésor à restituer le cautionnement, l'art. 16 le force implicitement à l'accepter. Le ministre des finances n'a donc plus de liberté d'appréciation que pour l'obéissance aux oppositions et l'infirmation des opérations faites par le porteur ; il ne peut plus refuser, comme avant la loi de 1872, suivant les circonstances, le payement du capital ou la délivrance d'un duplicata.

1563. — *Radiation.* — Un mois après l'échéance de la publication non renouvelée, la chambre syndicale informe l'établissement émetteur et cette notification vaut mainlevée (art. 11, al. 4). Elle a lieu par lettre recommandée (Décr. 8 mai 1902, art. 1).

1564. — *Mainlevée de l'opposition.* — La loi de 1902 prend des précautions pour faire disparaître rapidement les oppositions formées sans motifs sérieux, et, à cet effet, simplifie la procédure de mainlevée. Les art. 17 et 18 permettent l'emploi du référé. Ces dispositions sont rétroactives, car elles ne prévoient que la compétence et la procédure (Seine, 26 avr. 1904, *Gaz. Trib.*, 5 mai 1904).

L'art. 17 ne vise que le cas du possesseur de valeurs frappées d'opposition qui veut les libérer par la procédure rapide et spéciale de la loi ; ses prescriptions laissent subsister les règles générales de procédure et de compétence pour tout ce qui est resté en dehors de ses prévisions. En conséquence, s'il ne s'agit pas du cas d'une mainlevée d'opposition poursuivie par le porteur du titre, mais d'une revendication spontanément formée par l'opposant, il convient d'appliquer les règles de compétence établies par l'art. 59, § 2, C. proc. civ., qui, dans le cas où il y a plusieurs défenseurs en cause, permet au demandeur d'assigner devant le tribunal du domicile de l'un d'eux à son choix (Paris, 7 déc. 1904, *R. S.*, 1906.400).

1565. — *Droit international.* — La loi de 1872 régit les titres français négociés en France, mais régit-elle les titres français négociés en pays étranger, ou les titres étrangers négociés en France ? — V. Surville et Arthuys, *Droit. intern. privé*, 5e éd., n° 468, I, p. 634 et suiv.

Il est une solution qui domine la question. Certainement la loi de 1872 ne régit pas les titres étrangers en ce qui concerne les rapports du propriétaire dépossédé avec l'établissement débiteur. Si notre loi a pu imposer aux sociétés françaises certaines obligations, elle ne peut imposer ces dispositions à des sociétés étrangères qui ne sont pas soumises, en raison de leur extranéité, à la loi de notre pays (Trib. civ. Seine, 3 juin 1890, *Le Droit*, 19 juin 1890). Mais une controverse naît en ce qui concerne la question de savoir si les dispositions de la loi de 1872 relatives aux rapports du propriétaire dépossédé avec les tiers s'appliquent soit à des titres étrangers négociés en France, soit à des titres étrangers négociés en pays étranger.

1566. — On a soutenu que les titres étrangers, même lorsqu'ils sont négociés en France, ne tombent pas sous l'application de la loi de 1872. On a dit en ce sens que les dispositions de la loi de 1872 relatives à l'opposition à payement ne pouvant s'appliquer aux titres au porteur étrangers, on ne pouvait appliquer les dispositions relatives à l'opposition à négociation.

La jurisprudence a décidé, au contraire, que les oppositions à négociation et les oppositions à payement n'étaient point liées par un lien intime, et qu'on pouvait appliquer l'une indépendamment de l'autre. En conséquence, en vertu de la loi de 1872, on peut s'opposer à la négociation en France de titres au porteur étrangers (Paris, 21 août 1882, S. 83.2.117 ; — Cass., 13 fév. 1884, S. 84.1.225 ; — Aix, 15 mars 1888, *La Loi*, 16-17 nov. 1888 ; — Aix, 15 mars 1888, *La Loi*, 8 mai 1888 ; — Crépon, *Négociation des effets publics*, n. 153 et suiv. ; Lyon-Caen et Renault, n. 653). Mais la loi du 8 février 1902 a solidarisé les deux oppositions. On peut se demander si la jurisprudence pourra désormais maintenir cette protection obtenue en rendant le titre inaliénable sur le marché français (Thaller, *Ann. dr. comm.*, 1902, p. 44).

Lorsqu'il s'agit de titres étrangers frappés d'opposition en France, entre les mains d'un établissement français et retenus par lui, les art. 17 et 18 de la loi du 8 février 1902, qui est une loi de police, comme celle de 1872, sont seuls applicables et le tiers porteur doit se conformer à la procédure de mainlevée prescrite par ces articles, c'est-à-dire faire sommation à l'opposant d'avoir à introduire sa demande en revendication avec assignation en référé pour la mainlevée (Lyon, 19 nov. 1902, *R. S.*, 1904, p. 84).

1567. — La loi de 1872 s'applique même aux titres étrangers déclarés insaisissables par leur loi nationale. Le caractère de saisissabilité ou d'insaisissabilité d'un titre ne peut être régi que par la législation du pays où il se trouve. La loi étrangère qui déclare des titres insaisissables n'est donc pas applicable en France où les mêmes titres ne jouissent pas du même privilège (Cass., 13 fév. 1884, S. 84.1.225).

1568. — La jurisprudence décide que la loi de 1872 est applicable dans toutes ses dispositions aux titres français négociés en pays étranger. Le débiteur, dit-on, est une société ayant son siège en

France, les actions et les obligations émises par ce débiteur, en quelque pays qu'elles se trouvent, sont réputées être sur notre territoire. Si, d'ailleurs, la loi de 1872 ne devait pas s'appliquer à cette catégorie de valeurs, elle deviendrait lettre morte ; car rien ne serait plus facile à un voleur que d'aller négocier ces titres dans un pays voisin (Trib. Seine, 2 juill. 1879 ; — 2 fév. 1883, *J. dr. intern. priv.*, 1880, p. 196, et 1883, p. 633 ; — 8 août 1885, *Le Droit*, 23 août 1885 ; — 6 août 1885, *Le Droit*, 22 déc. 1885 ; — Crépon, n. 757).

Cette opinion est vivement combattue par MM. Lyon-Caen et Renault (n. 655), M. Thaller, n. 902 et par M. Wahl (p. 347). Ces auteurs la considèrent comme contraire aux principes du droit international privé.

1569. — En ce qui concerne les titres étrangers négociés à l'étranger, il est certain qu'il n'y a pas lieu à application de la loi de 1872 ; car si l'extranéité du titre et du pays de la négociation se rencontrent, on ne pourrait pas comprendre comment une loi de notre pays pourrait être appliquée dans un pays voisin (V. cependant en sens contraire : Trib. civ. Seine, 15 juill. 1885, *J. dr. intern. priv.*, 1885, p. 450).

1570. — *Perte ou vol de coupons.* — Il est possible que la dépossession s'applique non au titre lui-même, mais aux coupons détachés du titre. La loi du 15 juin 1872 (art. 8) autorise l'opposant à réclamer le montant de ses coupons à la société débitrice trois ans après l'opposition, sans que l'autorisation de justice soit nécessaire et sans que l'opposant soit astreint à fournir une garantie quelconque.

1571. — *Quid* si après la perte ou le vol des coupons, il n'a pas été formé d'opposition ; le porteur dépossédé peut-il revendiquer pendant trois ans ? La jurisprudence se prononce pour l'affirmative (Paris, 23 déc. 1858, S. 59.2.25 ; — Trib. Seine, 21 juin 1873 et 19 mai 1874, *Le Droit*, 25 août 1873 et 25 juin 1874 ; — Trib. Seine, 2 déc. 1887, *La Loi*, 10 fév. 1888).

1572. — *Responsabilité.* — La loi de 1872 a tranché certains cas de responsabilité résultant de ces dispositions :

1° Lorsque l'opposition existait au moment de l'attribution du titre par l'agent de change à son client, ce dernier peut refuser de recevoir le titre et réclamer à son agent soit un nouveau titre libre, soit la valeur. L'agent peut recourir contre son confrère, lequel se retourne contre son client, et ainsi de suite (art. 12, L. 15 juin 1872).

Il faudrait adopter la même solution en cas de mauvaise foi de la part de l'agent. En dehors de cette hypothèse, l'acheteur évincé d'un titre au porteur ne peut exercer aucun recours contre son agent.

1573. — Si au moment de l'attribution du titre, il n'y avait pas d'opposition, ou si l'opposition était irrégulière, l'agent n'est soumis à aucun recours de la part de son client.

1574. — L'art. 12 a été édicté pour délimiter la responsabilité des agents de change ; il ne s'applique pas aux négociations faites par des changeurs ou banquiers : ceux-ci peuvent donc être déclarés responsables, en dehors même des cas d'opposition antérieure ou de connivence, toutes les fois qu'il y a imprudence ou négligence à leur reprocher. Les tribunaux appliquent chaque jour ce principe aux négociations faites notamment par les changeurs (V. à titre d'exemple : Tours, 3 juill. 1902, *R. S.*, 1904.190).

Le propriétaire dépossédé n'a pas seulement le droit de revendication ; il peut agir parfois en dommages et intérêts contre les intermédiaires, agents de change ou autres, qui n'ont pas les titres entre les mains.

1575. — L'art. 12, dernier alinéa, précise les conditions de cette action en responsabilité, mais ne s'applique, bien entendu, qu'aux agents de change, laissant sous l'empire du droit commun tous les autres négociateurs.

1576. — L'action en responsabilité n'est possible contre un agent de change, d'après la loi, que lorsqu'il y a preuve de sa mauvaise foi, ou lorsqu'une opposition lui a été signifiée personnellement, ou a été publiée dans le Bulletin des oppositions (Lyon, 9 nov. 1902, *Gaz. Pal.*, 18 déc. 1902). Cette action en dommages et intérêts peut être cumulée avec l'action en revendication, si la restitution des titres ne suffit pas pour rendre indemne le propriétaire dépossédé.

SECTION V

CONTINUATION DU PAYEMENT DES INTÉRÊTS OU DES DIVIDENDES APRÈS LE REMBOURSEMENT D'UNE ACTION OU D'UNE OBLIGATION

1577. — L'art. 70 de la loi du 1er août 1893 est conçu dans les termes suivants : « Dans le cas où les sociétés ont continué à payer les intérêts ou dividendes des actions, obligations ou tous autres titres remboursables, par suite d'un tirage au sort, elles ne peuvent répéter ces sommes lorsque le titre est présenté au remboursement. »

Cette disposition nouvelle a été inscrite dans la loi pour remédier aux inconvénients créés par une jurisprudencce rigoureuse.

Voici comment la difficulté a pris naissance :

Par suite de la création de plus en plus fréquente d'actions ou d'obligations remboursables par voie de tirage au sort, suivant un tableau d'amortissement dressé au moment de l'émission, beaucoup de porteurs de titres, négligeant de consulter le résultat du tirage annoncé par les journaux financiers, ne réclamaient pas le remboursement des titres amortis dans le délai d'exigibilité fixé. Il est du devoir strict des établissements débiteurs, lorsqu'on présente à leur guichet le coupon de dividendes ou d'intérêts, de prévenir le porteur que son titre est sorti au tirage et se trouve remboursable ; que dès lors, il n'a plus droit aux intérêts ou aux dividendes. Mais il est arrivé que les employés préposés au payement des coupons ont négligé de fournir cet avertissement, et quand, plus tard, l'erreur s'est découverte, des sociétés ont émis la prétention de retenir, sur le capital à rembourser, les intérêts ou dividendes payés depuis le tirage où ce titre était sorti, et de ne remettre au propriétaire qui avait ignoré son droit qu'une fraction de la somme due.

Les auteurs ont condamné cette pratique (V. Buchère, article dans *La Loi*, 21 juin 1890 ; Léchopié, *R. S.*, 1885, p. 298, et 1886, p. 117), faisant observer à juste raison que le débiteur qui paye les intérêts d'un capital dont il a conservé la libre disposition après l'époque fixée pour le remboursement, n'acquitte pas une somme qu'il ne devait pas ; que l'art. 1096 C. civ. interdit à l'emprunteur qui a payé des intérêts qui n'étaient pàs dus, de les répéter ou de les imputer sur le capital ; qu'à plus forte raison, le débiteur qui n'est pas libéré au terme fixé doit toujours les intérêts ; que si l'on déclare que c'est au porteur du titre à vérifier les listes des tirages et à réclamer le remboursement en temps utile, on peut répondre qu'aucune loi n'oblige le porteur à cette vérification, et que c'est au débiteur à offrir le payement à l'échéance du terme, alors qu'il lui est facile de prévenir le créancier que ce terme est arrivé.

La jurisprudence ne s'est pas rangée à la doctrine. Par deux arrêts, la Cour de cassation a décidé en faveur des compagnies. Il s'agissait de titres émis par le gouvernement russe ou par le Crédit foncier de Russie, et la gravité du débat était d'autant plus frappante que la continuation du payement des coupons avait eu pour conséquence d'entraîner la déchéance du droit au remboursement au capital, d'après les termes des statuts de la société débitrice. Le remboursement des titres amortis n'ayant pas été effectué, le Crédit foncier de Russie avait continué à payer les coupons d'intérêts présentés par les porteurs de ces titres pendant dix ans. A l'expiration de ce délai, il avait fait connaître l'erreur commise, et il opposait la déchéance du droit au remboursement. On juge de l'étonnement du porteur de titres qui, pendant un aussi long délai, avait continué de toucher ses intérêts sans être prévenu que son titre était sorti au tirage. La Cour de cassation a néanmoins décidé que la déchéance, stipulée dans les termes que nous venons d'indiquer, était encourue, et elle a décidé en outre que les coupons étaient sujets à restitution.

Il est vrai de dire que ces décisions se basent non pas sur le principe, mais sur les stipulations contenues dans les statuts ou sur la rédaction des bordereaux ou quittances qui imposaient au porteur la vérification des listes de tirages et la garantie de la restitution des coupons en cas d'amortissement (V. Cass., 13 mai 1889, S 91.1.17, D. 90 1.277 ; — 14 janv. 1890, D. 90.1.326 ; — Nancy, 28 oct. 1890, D. 91.2.365 ; — Comp. Paris, 2 juill. 1891, D. 92.2.257 ; — Laurent, *Des obligations émises par les sociétés*, p. 140).

1578. — Ces résultats étaient choquants pour l'équité et créaient pour les porteurs de titres une situation trop périlleuse pour ne point amener une modification dans la législation (Bouvier-Bangillon, p. 187 et s. ; Buchère, n. 311 et s. ; de Folleville, *Traité de la possession des meubles*, n. 366 ; Lyon-Caen et Renault, t. 2, n. 661 et s. ; Montagnon, *Ann. de dr. com.*, 1887, p. 75 et s. ; Guillard, *R. prat. de dr. fr.*, 1860, p. 401 ; Chavegrin, note sous Cass., 13 mai 1889, S. 91.1.17, P. 91.1.25 ; Léchopié, *R. S.*, 1885, p. 298 et 640 ; Vavasseur, *R. S.*, 1889, p. 473 et s. ; Ruben de Couder, *Supp.*, V° *Soc. anon.*, n. 117). Déjà, en 1883, le projet sénatorial disposait que « dans le cas où les sociétés ont continué à payer les intérêts ou dividendes des actions, obligations ou tous autres titres remboursables par suite d'un tirage au sort, elles ne peuvent répéter ces sommes lorsque le titre est présenté au remboursement (art. 31) ». Aucune discussion ne s'était élevée au Sénat sur cette disposition.

Le Congrès international de 1889 adopta à l'unanimité une résolution semblable avec l'addition des mots : « nonobstant toute convention contraire ». Cependant le projet qui a abouti à la loi du 1er août 1893 ne contenait aucune disposition sur la matière. Mais lorsque la nouvelle loi est venue en discussion au Sénat, M. Poirrier reprit, à titre d'amendement, le texte de l'ancien art. 31

du projet de 1883, en l'ajoutant aux *dispositions diverses* ; cet amendement forma l'art. 70. D'abord repoussée par la commission, qui estimait que cet amendement n'était pas conforme à l'équité, la disposition a été néanmoins votée dans la séance du 3 juillet 1893, après une assez vive discussion entre l'auteur de l'amendement et M. le commissaire du gouvernement (V. pour les détails notre *Commentaire de la loi du 1er août 1893*).

1579. — Une première observation en ce qui concerne le texte nouveau : la disposition ne s'applique pas à tous les titres amortissables par voie de tirage au sort, mais uniquement à ceux émis par les sociétés, quelle que soit d'ailleurs la forme adoptée par ces sociétés, commandite, anonymat, ou même société en nom collectif. En effet, c'est dans une loi sur les sociétés que l'art. 70 a été introduit, et ne visant que les sociétés, le législateur laisse en dehors de ses prescriptions toutes les administrations publiques : État, départements, communes, et même les établissements privés qui ne sont pas constitués sous la forme de sociétés (Antoine Faure, *La loi nouvelle sur les sociétés par actions*, n. 166).

1580. — Il faut noter également que l'art. 70 ne peut s'appliquer aux titres émis par les sociétés étrangères. Il suffit de se reporter, en ce qui concerne cette question, à ce que nous avons dit plus haut concernant l'application de la loi de 1872 aux sociétés étrangères. S'il s'agit d'une société ayant son siège à l'étranger et dont les titres sont remboursables à l'étranger, comment pourrait-on obliger cette société à respecter une loi française ?

1581. — S'il s'agit d'actions ou d'obligations étrangères remboursables en France, il faut, pensons-nous avec M. Faure (*loc. cit.*, p. 167), faire une distinction. Si la répétition des intérêts n'est ni autorisée par la loi nationale de la société, ni prévue par ses statuts ou par les stipulations de l'émission, la société ne pourra y prétendre. De même, lorsque la répétition se fondera sur une mention apposée sur les bordereaux ou quittances de coupons touchés en France ; c'est l'application du principe que les conventions doivent être régies par la loi du lieu où elles ont été formées.

1582. — Mais si la société s'appuie, pour exercer l'action en répétition, sur une disposition de sa propre loi ou sur une clause de ses statuts ou du pacte d'émission, on ne pourra lui opposer l'art. 70, qui ne constitue pas une loi de police ou de sûreté applicable à tous les étrangers.

1583. — L'art. 70 contient-il une disposition qui ne puisse être éludée par une convention contraire? M. le commissaire du gouvernement, combattant au Sénat l'amendement de M. Poirrier, disait :

« Cet amendement ne va pas remédier au danger, et voici pourquoi : lorsqu'on présente à l'encaissement des coupons d'actions ou d'obligations et qu'on dresse avant de toucher un bordereau récapitulatif des coupons qu'on va présenter au guichet, inévitablement, dans tous les établissements de crédit qui font le service de coupons d'actions, se trouve sur le bordereau que le créancier remplit et signe, cette mention expresse : « Je déclare avoir pris connaissance des listes de tirage, et je m'engage à rembourser les intérêts qui m'auraient été payés indûment. » Il y a là, messieurs, un accord, et permettez-moi de vous dire que si vous vouliez aboutir à un résultat utile, il faudrait ajouter à l'amendement de M. Poirrier ces mots : « nonobstant toute stipulation contraire ». Or, pour ajouter au texte de la loi les mots qui prohiberaient toute stipulation contraire, il faudrait reconnaître à cette stipulation le caractère d'une stipulation contraire aux lois ou bonnes mœurs. En effet, il y a un principe inscrit dans l'art. 6 C. civ. : c'est qu'il n'est pas permis de déroger par des conventions particulières aux lois qui intéressent l'ordre public et les bonnes mœurs; mais on peut déroger par une convention particulière à toutes les autres. Je mets en fait qu'il est absolument impossible d'affirmer que la stipulation que je vous signale présente un caractère permettant de l'exclure et de la déclarer illicite ; si vous ne vous reconnaissez pas le droit de proscrire cette stipulation, comme elle deviendra pour ainsi dire de style, l'amendement qui vous est présenté ne produira aucune espèce d'effet. »

Aucune réponse ne fut faite à cette argumentation ; néanmoins, le Sénat vota la disposition qui lui était proposée sans ajouter les mots « nonobstant toute stipulation contraire ». Il a pensé, et nous croyons qu'il ne s'est pas trompé, que si M. le commissaire du gouvernement avait raison de prévoir que les sociétés essayeraient d'échapper aux stipulations de la loi, il confondait cependant le devoir du juge et celui du législateur. Si le juge ne peut, en effet, enserré par ses devoirs, constater le caractère illicite d'une convention que dans le cas où cette convention est contraire à l'ordre public et aux bonnes mœurs, le législateur n'est point enfermé dans un cercle aussi étroit, et il peut ajouter une prohibition de convention à un texte qui apporte une modification à la législation, modification inspirée par l'intérêt général (*Sic* : Lyon-Caen et Renault, Appendice, n° 36).

1584. — S'il fallait développer cette idée, ne trouverait-on pas dans beaucoup de nos lois, et particulièrement dans la loi sur les sociétés, des prohibitions édictées par le législateur concernant des conventions qui n'ont rien de contraire à l'ordre public et aux bonnes mœurs ? Quoi qu'il en soit, le Sénat n'a pas voté l'addition proposée par M. le commissaire du gouvernement ; il faut le regretter, puisque cette addition aurait supprimé toute difficulté. Mais faut-il en conclure que les sociétés ont le champ libre pour s'assurer, par des stipulations dérogatoires à l'art. 70, le moyen de le rendre inefficace ? Ou bien faut-il penser que le Sénat a considéré cette addition comme inutile, et que la proscription de toute stipulation contraire résultait suffisamment du texte de la loi ? Nous pensons que l'art. 70 ne permet aucune stipulation dérogatoire. Notre opinion est fondée sur ce que le Sénat n'a pas adopté la proposition de M. le commissaire du gouvernement. De plus, dans tous les travaux préparatoires, en 1883, en 1893, dans l'exposé de l'amendement de M. Poirrier, on a toujours présenté la disposition comme destinée à mettre un terme à de véritables abus. S'il en est ainsi, il faut déclarer qu'une convention dérogatoire à l'art. 70 est contraire au vœu du législateur.

1585. — Mais, dit-on, on peut déroger par un contrat à toute disposition légale qui n'est pas d'ordre public ; or, la disposition de l'art. 70 n'est pas, de l'avis unanime, d'ordre public ; dès lors on peut y déroger par convention. Il ne faut pas exagérer ce principe : « Toute convention par laquelle on stipule qu'on ne fera pas une chose commandée par la loi a une cause illicite. » (Dalloz, *Obligations*, 553.) — « Quant aux lois d'intérêt privé, disent MM. Aubry et Rau (t. 1, p. 120), qu'elles aient en vue de protéger les tiers ou les parties elles-mêmes, la contravention à leurs préceptes entraîne le nullité virtuelle, lorsque cette contravention porte sur des conditions ou des formalités dont l'accomplissement est indispensable à la réalisation du but que le législateur s'est proposé d'atteindre, et ne l'entraîne que dans cette supposition. »

1586. — Tel est le véritable sens qu'il faut attribuer à la règle qu'on ne peut déroger par des conventions particulières aux lois qui intéressent l'ordre public et les bonnes mœurs. Or, reconnaître la droit de déroger à l'art. 70, c'est anéantir absolument cet article ; car il n'est pas douteux que si elles le pouvaient, toutes les sociétés s'empresseraient d'insérer dans leurs statuts une clause dérogatoire. Le législateur aurait donc créé une prohibition purement platonique et inutile.

1587. — Il faut donc conclure qu'en aucun cas les sociétés qui auront continué à payer les intérêts ou dividendes de titres remboursables par voie de tirage au sort ne pourront répéter ces sommes lorsque le titre sera présenté au remboursement, alors même que soit dans leurs statuts, soit par des mentions insérées dans les titres, bordereaux, quittances ou autres pièces, elles auraient pris soin d'imposer aux actionnaires ou obligataires l'obligation de vérifier les listes de tirages et l'engagement de restituer les intérêts ou dividendes payés depuis la sortie des titres au tirage, toute stipulation de ce genre devant être considérée comme nulle et non avenue. En ce sens : Antoine Faure, *loc. cit.*, p. 177 ; Vavasseur, *Comment. de la loi du 1er août 1893*, p. 38. — *Contrà* : Lyon-Caen et Renault, Appendice, n. 36).

1588. — Remarquons en terminant que l'art. 70 ne doit être appliqué aux sociétés que dans leurs rapports avec les actionnaires ou obligataires, porteurs de leurs propres titres. Il est bien entendu que s'il s'agissait d'autres titres, dont les coupons seraient payés par une société financière autre que l'établissement débiteur, la disposition de la loi de 1893 ne serait pas applicable.

CHAPITRE X

CONDITIONS DE FOND REQUISES POUR LA CONSTITUTION DÉFINITIVE DES SOCIÉTÉS PAR ACTIONS. — COMMANDITES PAR ACTIONS. — SOCIÉTÉS ANONYMES

1589. — Les sociétés par actions sont placées sur un pied d'égalité au point de vue des conditions de fond nécessaires à leur constitution. La législation est contenue dans la loi du 24 juillet 1867, modifiée par la loi du 1er août 1893, et dans la loi du 22 novembre 1913 qui a modifié l'art. 31 de la loi de 1867.

Des lois spéciales, telles que la loi du 19 mars 1919 sur le registre du commerce ou du 2 juillet 1919 sur le réglement transactionnel entre les commerçants et leurs créanciers pour cause générale de guerre visent aussi les sociétés par actions. Nous devons aussi mentionner les lois fiscales.

SECTION I

DES STATUTS

1590. — La constitution d'une société est une œuvre difficile ; elle appelle l'attention de tous ceux qui ont à donner des conseils ou à rédiger des actes ; une simple irrégularité de forme peut entraîner la nullité de la société ; les conséquences de cette nullité sont, il est vrai, moins rigoureuses depuis la loi du 1er août 1893 que sous l'empire de la loi de 1867 ; elles sont cependant encore assez graves pour que l'on doive prêter la plus sévère attention à l'exécution des dispositions de la loi. L'interprétation des statuts rentre dans les pouvoirs souverains d'appréciation des juges du fond et échappe au contrôle de la Cour de cassation (Cass., 23 mars 1903, D. 03.1. 407).

1591. — Le premier acte consiste dans la rédaction des statuts, c'est-à-dire la charte d'existence de la société. Les explications qui suivent indiqueront par elles-mêmes ce que les statuts doivent contenir.

1592. — Les sociétés commerciales doivent être constituées par acte public ou sous signatures privées (C. com., art. 39, *suprà*, n. 346 et suiv.). Sous l'empire du Code de commerce (art. 40), les sociétés anonymes ne pouvaient être constituées qu'en la forme authentique, mais les art. 1er et 21 de la loi du 24 juillet 1867 autorisent les sociétés par actions, en commandite ou anonymes, à dresser leurs statuts soit par acte authentique, soit par acte sous seing privé. V. en ce qui concerne les constitutions d'hypothèques, la loi du 1er août 1893, et n° 1389.

1593. — Les actes de société sous seing privé doivent être faits, comme tous les actes synallagmatiques, en autant d'originaux qu'il y a de parties ayant un intérêt distinct. Cependant la loi du 24 juillet 1867 a apporté au bénéfice des sociétés par actions une dérogation à la règle de l'art. 1325 C. civ., en disposant que l'acte contenant les statuts de ces sociétés, s'il est sous seing privé, peut être fait en *double original,* quel que soit le nombre des associés ; l'un des originaux est annexé à l'acte notarié de déclaration de souscription et de versement, l'autre reste déposé au siège social (art. 1 et 24, L. 1867). Nous avons vu, toutefois, en traitant des publications, qu'il faut déposer un double de l'acte constitutif aux greffes de la justice de paix et du tribunal de commerce du lieu du siège social et même des succursales de la société ; il faut donc, dans ce cas, plus de deux originaux, à moins qu'on ne dépose des extraits délivrés par le notaire qui a reçu l'acte de souscription et de versement. De plus, la loi du 29 juin 1918, art. 14, exige pour le fisc un double de tout acte sous seing privé.

1594. — Lorsque la société se constitue entre copropriétaires d'apports en nature et sans appel aux souscriptions en numéraire, le dépôt de l'acte chez un notaire est inutile (Cass., 26 avr. 1880, S. 81.1.15 ; — Trib. Seine, 29 juill. 1899, *J. S.*, 1900.2.73. — *Contrà* : Labbé, S. 81.1.57 ; Dalloz, *Supp.*, n. 1223 et suiv. ; Arthuys, n. 55).

1595. — Par application des principes généraux du droit, il faut décider qu'un notaire ne peut recevoir ni les statuts d'une société par actions, ni la déclaration de souscription et de versement, si parmi les fondateurs figure un de ses parents ou alliés au degré prohibé, car les fondateurs sont parties à l'acte. Même solution quand le notaire a souscrit des actions, ou que des parents au degré prohibé figurent parmi les actionnaires. Il a même été décidé

(Cass., 11 déc. 1888, *R. S.*, 1889.119) qu'une société est nulle lorsque son acte constitutif a été reçu par un notaire souscripteur d'actions par l'intermédiaire d'un prête-nom (*Sic* : Lyon, 14 juin 1895, *J. S.*, 1895.499 ; — Cass., 10 nov. 1897, *J. S.*, 1898.12 — V. cependant : Orléans, 15 fév. 1888, *R. S.*, 1888.307 ; — Rouen, 15 déc. 1875, S. 76 2.69. — V. aussi Cass., 18 nov. 1888, *Le Droit*, 10 déc. 1888).

1596. — Avant les formalités prescrites par la loi pour la constitution de l'être moral, la société n'a aucune existence légale. Il en est ainsi non seulement envers les tiers, mais également dans les rapports des fondateurs et souscripteurs. Lyon-Caen et Renault, n° 686 *bis* ; Percerou, *Des fondateurs de sociétés anonymes*, p. 36 ; Arthuys, n. 339 ; Gorflon, *De la condition de la société anonyme pendant la période constitutive*, p. 167 ; Houpin et Bosvieux, n. 506. — M. Thaller et Pic, n. 841, imaginent pour la société dès le début des formalités de constitution une personnalité juridique *interne* non opposable aux tiers mais faisant des fondateurs des gérants d'affaires. — Nous pensons au contraire avec les auteurs cités plus haut que tant que toutes les formalités ne sont pas remplies, il n'y a pas de société, et qu'aucun acte juridique n'a pu être accompli au nom d'un être moral inexistant. V. Poitiers 25 juillet 1912, *J. S.*, 1913.433. La société n'a jamais existé même de fait. Heinard, *Des sociétés de fait*, n. 156. — Consultez aussi Rouen, 4 janvier 1911, *J. S.*, 1912.59. Ce dernier arrêt décide en cas d'augmentation de capital, mais le principe est le même.

1597. — Les assemblées constitutives ont-elles le droit de modifier les statuts rédigés par le fondateur et sur lesquels les souscriptions ont été recueillies ? MM. Lyon-Caen et Renault (t. 2, n° 717) se prononcent pour la négative, et ils sont, selon nous, dans la vérité, car au moment où se réunit l'assemblée constitutive, la société n'est pas encore constituée. Les souscripteurs ont donné leur adhésion sur les statuts qui leur ont été proposés, et il est impossible d'admettre que l'on puisse modifier ces statuts à la majorité c'est-à-dire sans le consentement unanime de tous les souscripteurs.

Ce n'est que quand la société a été constituée qu'une assemblée peut à la majorité modifier les statuts. Jusque-là il y a des assemblées de souscripteurs et non des assemblées d'actionnaires. MM. Thaller et Pic (n° 950) se prononcent en sens contraire, et ils estiment que des modifications aux statuts peuvent intervenir dans une assemblée constitutive, aux mêmes conditions de quorum ou de majorité que si elles devaient être prises par l'assemblée extraordinaire au cours de l'existence sociale (Voyez dans le même sens Thaller, *Traité élémentaire*, n° 542, et note au Dalloz, 1905.1.245). V. dans le même sens Houpin et Bosvieux, n. 510. V. aussi Trib. Seine, 16 mai 1887, *J. S.*, 1888.206 ; 20 janvier 1883, *R. S.*, 1883.464 ; Lyon, 16 déc. 1902, *R. S.*, 1903.484.

1598. — Les frais et honoraires des statuts et des autres formalités relatives à la constitution demeurent à la charge de la société ; mais en vertu des principes qui régissent le notariat, le notaire rédacteur de l'acte a une action solidaire contre ceux qui y sont parties (Amiaud, *Tr. form. du not.*, V° *Honoraires*, n. 69). Cette action vise donc les fondateurs de la société qui ont signé les statuts et l'acte notarié de déclaration de souscription et de versement.

1599. — Il a été jugé que lorsqu'un projet de société n'est pas réalisé, ceux qui en ont été les instigateurs et se sont révélés comme fondateurs, de même que ceux qui ont assisté aux réunions dans lesquelles la création du passif a été décidée ou approuvée, sont responsables des frais effectués pour les travaux destinés à la création de la société ; mais ceux qui se sont bornés à promettre une adhésion n'en sont pas tenus (Lyon, 28 oct. 1891, *J. S.*, 1893.220).

1600. — Si la société ne se fonde pas pour une raison quelconque, les frais faits en vue de la constitution restent à la charge des fondateurs (Lyon-Caen et Renault, n. 694). Les souscripteurs peuvent réclamer la restitution intégrale de leurs versements, à moins de convention contraire (Trib. Seine, 23 fév. 1900, *J. S.*, 1900.315).

1601. — Les frais de premier établissement d'une société par actions s'entendent des frais de constitution et des commissions qui ont pu être payées aux banquiers, courtiers, etc., chargés de l'émission des actions (Paris, 1er août 1888, *R. S.*, 1889.10 ; — 16 août 1888, *R. S.*, 1889.13 ; — 1er juin 1889, *R. S.*, 1889.573 ; — Pont, n. 1020 ; Percerou, p. 155).

SECTION II

DIVISION DU CAPITAL SOCIAL ET TAUX DES ACTIONS

1602. — Comme première condition de fond exigée par le législateur pour la constitution régulière d'une société par actions, on rencontre le minimum obligatoire auquel est fixé le taux d'émission des actions ou coupures d'actions.

1603. — La loi du 24 juillet 1867 dispose que les sociétés en commandite et anonymes ne peuvent diviser leur capital en actions ou coupures d'actions de moins de 100 francs lorsque ce capital n'excède pas 200.000 francs, et de moins de 500 francs lorsqu'il est supérieur (art. 1er, § 1er, et art. 24). Ce n'est point sans difficulté que fut voté, en 1867, ce principe que l'on considérait comme contraire à la liberté des conventions. On l'admit après de vives discussions, dans le but, disait-on, d'éviter la spéculation qui porterait sur des coupures d'actions d'un chiffre infime, et de voir se renouveler des scandales qui s'étaient produits vingt-cinq ou trente ans auparavant. Cependant, on n'avait pas manqué de signaler les récentes modifications apportées dans la législation de pays voisins, et la faculté, notamment, de la création d'actions de 100 francs, permettant de constituer de petites sociétés dignes d'un sérieux intérêt. Aussi songea-t-on, dès 1883, à modifier les dispositions de la loi de 1867, relativement au taux minimun des actions. Cette opinion fit de rapides progrès, et lorsqu'en 1890, le gouvernement soumit à la Chambre des députés le projet du Sénat, adopté en 1883, on vit surgir, à la Chambre des députés, de nombreuses propositions tendant à octroyer aux sociétés par actions la faculté de diviser leur capital, quel qu'en fût le chiffre, en actions ou coupures d'actions de 50 francs.

1604. — Deux propositions notamment, de MM. Georges Graux et Thellier de Poncheville, signalaient la nécessité de cette modification législative, pour faire disparaître les entraves qui empêchent ou contrarient l'entente entre les ouvriers et les patrons, pour réconcilier le capital et le travail, en fusionnant leurs intérêts, et en rendant accessible aux ouvriers la possession d'une partie du capital industriel. On ajoutait que les spéculations auxquelles on avait voulu remédier en 1867, au moyen du taux des actions, n'avaient point été enrayées et n'avaient eu pour conséquence que d'arrêter le développement des sociétés. On signalait, en outre, l'exemple des législations étrangères.

Ces idées furent accueillies par la commission de la Chambre. M. Clausel de Coussergues, dans son rapport (reproduit dans notre *Commentaire de la loi du 1er août 1893*), insista sur le mouvement d'opinion publique qui s'était affirmé à cet égard, et la réforme fut votée. C'est ainsi qu'entra dans notre législation le nouvel art. 1er, ainsi conçu : « Les sociétés en commandite (lisez : sociétés par actions) ne peuvent diviser leur capital en actions ou coupures d'actions de moins de 25 francs, lorsque le capital n'excède pas 200.000 francs, de moins de 100 francs, lorsque le capital est supérieur à 200.000 francs. »

1605. — Pour déterminer le taux des actions, le législateur se place au moment où la société se forme, et il entend que le capital social sur lequel doit être calculé le taux des actions soit le capital déterminé par les statuts. Le capital statutaire doit être pris dans son ensemble ; par conséquent on ne pourrait, dans les statuts, stipuler qu'une portion seulement de ce capital serait émise d'abord, sauf à émettre ultérieurement, à mesure des besoins sociaux, de nouvelles actions. Ce qui constitue le capital que la loi envisage, c'est la somme totale des apports faits à la société, qu'ils consistent en argent ou qu'ils se composent de biens ou d'objets autres que du numéraire.

1606. — D'après une décision, dans le cas où l'assemblée générale d'une société anonyme dont le capital est inférieur à 200.000 francs a donné mandat à ses administrateurs de porter ce capital jusqu'à 500.000 francs quand ils le jugeraient opportun, le chiffre minimum des actions doit se déterminer uniquement par le capital réellement émis à l'origine ; en conséquence, sous l'empire de la loi de 1867, ce capital a pu valablement être divisé en actions de 100 francs (Cass., 2 fév. 1892, S. 92.1.409, D. 92.1.225 et la note de M. Boistel).

1607. — Si le fonds commun, composé d'apports en nature et d'apports en numéraire n'est pas totalisé, il suffira d'additionner les sommes représentées par toutes les actions remises ou à remettre aux associés présents et futurs. Si les apports ne sont pas évalués à une somme fixe, et qu'au lieu d'estimer les apports en argent, on les estime par la simple indication du nombre des actions auxquelles chacun d'eux donne droit, il appartiendra aux tribunaux de faire l'évaluation.

1608. — Les actions ou coupures d'actions ont un taux déterminé ainsi qu'il vient d'être dit, mais le législateur n'entend réglementer que les titres qui représentent une partie du capital. Ainsi, le minimum ne serait pas applicable aux actions dites de jouissance, car, comme nous l'avons vu plus haut, ces actions ne donnent droit qu'à une part quelconque dans les résultats définitifs de la société. Mais dès qu'il s'agit d'actions faisant partie du capital social, le minimum s'impose, aussi bien pour les actions qui sont représentées par des valeurs autres que du numéraire, que pour celles qui sont soldées en argent, appelées quelquefois actions payantes.

34

1609. — La règle du minimum est applicable aux coupures d'actions comme aux actions elles-mêmes ; le texte est précis à cet égard. La Cour de cassation a cependant jugé que des coupures d'actions de moindre valeur que le taux légal ne seraient pas en contravention avec la loi, si l'action fractionnée étant d'ailleurs régulière, il était entendu que les coupures ne seraient émises qu'en nombre et de manière à former ensemble le montant de cette action (Cass., 19 mars 1864, S. 64.1.489).

1610. — L'égalité des actions est un des caractères des sociétés anonymes ; mais on décide généralement qu'elle n'est de l'essence d'aucune société, et l'art. 34 C. com. n'édicte pas une disposition d'ordre public et n'a pas de sanction (V. Lyon-Caen et Renault, n. 519 et 679 *bis* ; Thaller, note D. 93.1.110 ; Hémar, dans ses conclusions. — Paris, 19 avr. 1875, D. 75 2.161 ; — 28 mai 1884, *J. S.*, 1884.428). Ce principe résulte également de la loi de 1903 sur les actions de priorité.

1611. — Lorsqu'une société augmente son capital, c'est le capital social nouveau dans son ensemble, et non pas seulement le montant nominal des actions nouvelles émises, qui doit servir de base à la détermination du taux minimum des actions.

1612. — La violation des prescriptions de l'art. 1er sur le taux des actions a pour sanction la nullité de la société, lorsqu'il s'agit du capital initial. La même sanction doit être adoptée lorsqu'il s'agit d'un capital augmenté (Lyon, 12 janv. 1872, D. 72.2.175).

SECTION III

SOUSCRIPTION DU CAPITAL ET VERSEMENT DU QUART

§ 1er. — Souscription.

1613. — Le contrat de souscription est un contrat synallagmatique (Paris, 25 mars 1896, *J. S.*, 1896.488 ; — Cass., 14 mars 1860, D. 60.1.258 ; — Cass., 12 nov. 1867, D. 68.1.408 ; — Lyon, 12 fév. 1900, *R. S.*, 1900.303), les fondateurs s'obligeant : 1° en leur nom personnel, à attribuer à chaque souscripteur sinon toutes les actions souscrites, au moins un nombre proportionnel à la souscription ; 2° au nom de la société future pour laquelle ils contractent, à satisfaire aux engagements-statutaires (Trib. com. Seine, 2 mai 1894, *R. S.*, 1894.456 ; —

Trib.com.Lyon,12 fév.1900,*R S.*,1900.303 ; — Lyon-Caen et Renault, n. 686 *bis* ; Boistel, n. 224 ; Pont, n. 880). Au contraire, M. Thaller (n. 402) estime que ce contrat est unilatéral, ce qui entraînerait pour la validité de l'engagement la réalisation des formalités prescrites par l'art. 1326 C civ. (*bon* ou *approuvé*).

1614. — Il n'est plus contesté sérieusement aujourd'hui que la souscription d'actions dans une société commerciale constitue un acte de commerce, ce qui entraîne la compétence du tribunal de commerce, même à l'égard du souscripteur ñon commerçant, en même temps que l'application du taux de l'intérêt commercial contre les actionnaires en retard de versements (Cass., 28 fév. 1844, S. 44.1.692, D. 44.1.145 ; — Paris, 27 fév. 1847, S. 47.2.133, D. 47.2. 252 ; — 20 nov. 1847, S. 48.2.219 ; — 31 déc. 1847, S. 49.2.219, D. 47.2.450 ; — 3 oct. 1850, S. 50.2.607 ; — 22 janv. 1853, D. 54.2. 258 ; — 3 juin 1856, S. 56.2.641 ; — Cass., 13 août 1856, S. 56.1.769, D. 56.1.343 ; — Lyon, 21 juill. 1858, S. 60.2.247 ; — Paris, 23 juin 1859, S. 60.2 128 ; — Rouen, 25 juin 1859, S. 60.2.247 ; — Paris, 10 janv. 1861, S. 61.2.188, D. 61.5 462 ; — Cass., 3 mars 1863, S. 63.1 137 ; — 8 mai 1867, S. 67.1.253, D. 67.1.193 ; — Bourges, 26 déc 1870, S. 70 5.318 ; — Paris, 21 mai 1884, S. 85.2 97 ; — Paris, 8 déc. 1885, *R. S.*, 1886 201 ; — Cass., 25 oct. 1899, S. 1900.1.65 ; — Limoges, 2 juill. 1897, sous Cass., 7 nov. 1899, S. 1901.1.513 ; — Paris, 31 janv. 1908, *R. S.*, 1908.431. — *Sic* : Malepeyre et Jourdain, p. 138 ; Molinier, n. 491 ; Bédarride, n. 241. Mornard, p. 156 ; Bravard-Veyrières et Demangeat, t. I, p. 254, note 8 ; Lyon-Caen et Renault, n. 470 et 686 *bis* ; Lyon-Caen, note S. 85.2.97 et S.1900.1.65) (*infrà*, actions en justice — Compétence — n. 3485 et suiv.).

On a dit qu'une distinction s'imposait entre le cas où le souscripteur entendait faire un placement et celui où le même souscripteur souscrivait pour revendre (Buchère, *Val. mobil.*, n. 373 et suiv. ; — Cass., 3 juin 1885, S. 85.1.259, D. 86.1.25). M. Lyon-Caen combat cette distinction en tant qu'elle s'applique à la souscription d'actions, l'intention de revente n'étant prise en considération par l'art. 632 C. com. qu'en ce qui concerne l'achat ; la souscription n'est pas un achat (V. dissertations précitées). S'il s'agit d'un *achat* d'actions au contraire, l'intention de revendre doit être prise en considération pour déterminer la nature de l'acte (Lyon-Caen et Renault, n. 473).

1615. — Les sociétés par actions ne peuvent être définitivement constituées, d'après la souscription de la totalité du capital social et le versement par chaque actionnaire du quart au moins du montant des actions par lui souscrites.

Cette disposition de la loi rend impossible l'émission d'actions par séries successives, comme cela s'est quelquefois pratiqué, que cette émission par séries ait été prévue par les statuts sociaux, ou décidée à une époque ultérieure sous forme d'augmentation de capital (Cass., 27 janv. 1873, S. 73.1.163, D. 73.1.331). Mais les statuts peuvent autoriser l'assemblée générale des actionnaires à augmenter le capital social en une ou plusieurs fois au cours de la société. Les statuts peuvent aussi donner le pouvoir au conseil d'administration ou au gérant d'augmenter le capital social dans des circonstances déterminées (Paris, 7 mai 1885, *R. Soc.*, 1885.527 ; — 14 janv. 1891, *J.S.*, 1891.529 ; — Lyon-Caen et Renault, n. 692). Nous verrons, au chapitre traitant de l'augmentation du capital social, que la disposition relative à la souscription du capital et au versement du quart est également exigée en cas d'augmentation du capital au cours de l'existence de la société.

1616. — L'actionnaire, par le seul effet de sa souscription, s'oblige à libérer les titres souscrits (V. n. 1700 et suiv.) et adhère aux statuts (Lyon-Caen et Renault, n. 686 *bis* ; — Trib. Seine, 25 avr. 1891, *La Loi*, 6 juin 1891).

1617. — Lorsque le fondateur recourt à la publicité pour recueillir des souscriptions il doit avant tout faire insérer dans le *Bulletin des annonces légales* (Journal officiel), conformément à la loi du 30 janvier 1907, toutes les indications prescrites par cette loi. V.*suprà*, n. 522 et suiv. L'inobservation de cette prescription entraîne une pénalité, mais ne saurait affecter la validité de la société.

1618. — La souscription doit être *intégrale*. Si le capital social prévu aux statuts n'est pas souscrit intégralement, ce capital ne peut, sans le consentement unanime des souscripteurs et des fondateurs, être réduit au montant des souscriptions ; il faut, dans ce cas annuler les souscriptions et constituer une autre société (Paris, 24 mars 1859, S. 59.2 437 ; — 28 mai 1872, inédit ; — Cass., 10 avr. 1889, *R. S.*, 1889.386 ; — Bordeaux 16 février 1903, *J. S.*, 1903.348 ; — Lyon-Caen et Renault, n. 691).

1619. — Les statuts pourraient toutefois, prévoyant l'insuccès de la souscription, stipuler que la société sera constituée au capital des souscriptions réellement effectuées (Beudant, *Rev. crit.*, t. XXXVII, p. 114 ; Lyon-Caen et Renault, n. 691 ; Wahl, *Augmentation du capital*, n. 43 ; Thaller et Pic, n. 886 ; Seine, 7 janv. 1885. *R. S.*,

1885.359 ; — Houpin, *J. S.*, 1905.358. — V. aussi Cass., 13 nov. 1907, *J. S.*, 1908.345 ; — 6 mars 1910, *J. S.*, 1911.154. — *Contrà* : Nancy, 5 nov. 1875, *Gaz. Trib.* du 11 nov. — Pont, 886 ; Worms, *J. S.*, 1880.193. — Voyez en ce qui concerne l'augmentation du capital *infrà*, n. 3266 et suiv.

1620. — Pour souscrire des actions d'une société, il faut avoir la capacité nécessaire et c'est une grave question, car la nullité d'une souscription peut entraîner la nullité de la société. La capacité des souscripteurs doit être appréciée d'après les règles du droit commun. Si les actions sont entièrement libérées à l'origine, la souscription prend les caractères d'un acte d'administration, et il suffit que le souscripteur ait les pouvoirs d'administration. Aussi a-t-il été jugé que la femme mariée séparée de biens peut, sans l'autorisation de son mari, souscrire des actions dans une société (Toulouse, 6 juin 1883, *J. S.*, 1886 129 ; — Lyon-Caen et Renault, n. 76). De même le mineur émancipé peut, sans l'assistance de son curateur, s'il s'agit du placement de capitaux, souscrire des actions (Pont, n. 28).

1621. — Malgré la prohibition de la loi relative aux sociétés entre époux, on décide généralement que deux époux peuvent se rencontrer comme actionnaires d'une société anonyme (Lacointa, note au Sirey, 88.1.305 ; Baudry-Lacantinerie et Wahl, *Sociétés*, n. 52). Cette solution devient plus douteuse dans le cas où chacun des époux, au lieu de souscrire des actions de numéraire, ferait un apport en nature de biens lui appartenant contre l'attribution d'actions, à cause de la contrariété d'intérêts qui pourra exister entre les deux époux (V. la note sous trib. civ. Seine, 14 juin 1906, dans *J. S.*, 1907.277).

1622. — Mais si les actions ne sont pas intégralement libérées à l'origine, la capacité nécessaire pour les souscrire valablement doit comporter le droit de s'obliger, puisque la souscription engage le souscripteur à opérer des versements ultérieurs. Aussi décide-t-on dans ce cas que le mineur ne peut pas souscrire (Trib. Seine, 5 déc. 1885, *J. S.*, 1891.334), ni le tuteur, ni le mineur émancipé, sans l'autorisation du conseil de famille (Paris, 21 mai 1884, précité ; — 13 janv. 1885, *J. des not.*, art. 23.412), ni la femme mariée, même séparée de biens, sans l'autorisation de son mari (Douai, 15 mai 1882, *J. des not.*, art. 23.813 ; — Toulouse, 6 juin 1883, *J. S.*, 1886.129 ; — Trib. Seine, 6 nov. 1884, *J. S.*, 1885.342 ; — Paris, 7 juill. 1885, *R. S.*, 1885.359 ; — Trib. Seine, 1er déc. 1885, *J. S.*, 1891.334, et 20 mars 1886, *J. S.*, 1891.333 ; — Cass., 25 mai 1886, S. 87.1.568, et 6 fév. 1888,

D. 88.1.401 ; — Douai, 20 nov. 1890, *J. S.*, 1893.329 ; — Trib. Seine, 6 oct. 1897, *J. S.*, 1898.227. — V. aussi Paris, 7 déc. 1883, *J. S.*, 1891. 143, et 18 nov. 1884, *J. S.*, 1891.142. — Cass., 28 mars 1892, D. 92. 1.265. — V. Lyon-Caen, note au S. 85.2 97). Il a été jugé que si la femme mariée souscrit des actions sous son nom de fille, dissimulant ainsi sa qualité de femme mariée, elle doit réparation du préjudice causé (Trib. Seine, 28 sept. 1887, *J. S.*, 1891.331).

1623. — Depuis la loi du 6 février 1893, la femme séparée de corps, jouissant de la capacité civile, peut, sans autorisation de son mari ou de justice, valablement souscrire des actions.

1624. — Une société peut aussi devenir actionnaire dans une autre société, à la condition que les statuts en donnent le pouvoir au gérant (Cass., 10 déc. 1870, S. 71.1.5 ; — Cass., 10 déc. 1878, D. 79.1.5 ; — Lyon, 16 fév. 1909, *J. S.*, 1909.499 ; — Alger, 16 fév. 1911, *J. S.*, 1914.414. — Thaller et Pic, n. 883 et 974).

1625. — L'erreur dans une déclaration de souscription et de versement sur l'identité d'un souscripteur, provenant de confusion entre plusieurs homonymes, ne saurait constituer une cause de nullité de la société, dès lors qu'il est prouvé qu'avant la réunion de la première assemblée générale constitutive, les actions attribuées par erreur à ce souscripteur avaient été régulièrement souscrites et libérées du quart (Trib. com. Lyon, 9 mars 1906, *J. S.*, 1907.175). — Comp. Req., 22 oct. 1905, *J. S.*, 1907.305).

1626. — Lorsque la souscription est consentie par un mandataire, ce qui en principe est parfaitement régulier, le pouvoir doit être suffisamment explicite pour ne laisser prise à aucune équivoque (Cass., 14 mars 1860, D. 60.1.258 ; — 12 nov. 1867, D. 67.1.408). Le mandataire qui souscrit pour son mandant n'est pas tenu personnellement à la libération des actions ; il en a été ainsi jugé en ce qui concerne le banquier, lequel n'est point obligé à la libération des actions qu'il s'est engagé à placer, pourvu qu'il justifie des engagements fermes contractés par les souscripteurs (Orléans, 16 août 1882, D. 84.2.36).

1627. — La souscription par un prête-nom entraîne la responsabilité personnelle du prête-nom (Toulouse, 18 janv. 1887, D. 87.2. 131). Mais la souscription par un prête-nom constitue le danger que le prête-nom peut être considéré comme un souscripteur fictif (Seine, 27 juillet 1910, *R. S.*, 1910.429). — V. *infrà*, n. 1629.

Le gérant a capacité pour souscrire en son nom personnel des actions de la société (Dalloz, n. 1162 ; Delangle, n. 505 ; Bédarride, n. 144 ; Lyon-Caen et Renault, *Précis*, n. 412 ; Beudant, *R. crit.*, t. 36,

p. 127 ; Pont, n. 1444 ; — Trib. Nantes, 28 janv. 1888, *J. S.*, 1890 87,
— *Contrà* : Molinier, n. 254 ; Alauzet, n. 641 ; Monard, *Soc. par act.*,
p. 53 ; Ruben de Couder, V° *Soc. en comm.*, n. 91). D'après M. Vavasseur (n. 379), le gérant ne peut souscrire que des actions entièrement libérées pour garantir les faits de sa gestion.

1628. — La souscription doit être pure et simple, définitive et
irrévocable, c'est-à-dire qu'elle ne peut être affectée d'aucun terme
ni d'aucune condition de quelque nature qu'elle soit. La souscription n'est subordonnée qu'à la condition de la constitution régulière
de la société. La jurisprudence est formelle sur ce point (Paris,
11 mars 1885, *J. S.*, 1887.177, et 6 déc. 1886, *J. S.*, 1887.606. —
Comp. Amiens, 12 juill. 1883, *J. S.*, 1884.35 ; — Cass., 10 avr. 1884,
R. S., 1885.6 ; — Bordeaux, 3 mars 1885, *R. S.*, 1885.405 ; —
Paris, 26 nov. 1885, *J. S.*, 1886.300, et 3 janv. 1888, *J. S.*, 1888. 307 ;
— Lyon, 30 juin 1900, *J. S.*, 1901.62 ; — 26 juill. 1902, *J. S.*, 1903.
280). — Toutefois, la souscription ne doit pas être considérée comme conditionnelle par le seul fait que le bulletin qui la constate
porte la mention qu'elle a été faite en reconnaissance d'une promesse d'emploi dans la société ; pareille promesse en effet, à supposer qu'elle constitue bien une condition, n'est opposable ni à la
société ni aux tiers et ne peut pas invalider la souscription (Trib.
com, Lyon, 9 mars 1906, *J. S.*, 1907.175). — Elle n'a pas non plus le
caractère conditionnel, lorsqu'elle est faite sous la condition que le
souscripteur sera choisi comme entrepreneur général de la société et
effectuera un chiffre minimum de travaux (Bordeaux, 30 mars 1908,
J. S., 1908 418).

Si la société n'est pas régulièrement constituée, l'engagement des
souscripteurs tombe, mais seulement dans les rapports des sociétaires entre eux ; car nous verrons que les souscripteurs d'actions
d'une société nulle sont néanmoins obligés de libérer les titres
qu'ils ont souscrits, lorsqu'il existe des créanciers sociaux (V.
n. 1726. — V Paris, 10 janv. 1861, S. 61.2.188 ; — 16 janv. 1862,
D. 62.2.84, et 9 mai 1868. D. 68.2.173 ; — Cass., 6 nov. 1865,
S. 66 1.109 ; — 14 déc. 1869, S. 70.1.165 ; — Amiens, 12 juill.
1883, *R. S.*, 1884.473 ; — Poitiers, 26 juill. 1888, D. 89.2 245 ;
— Toulouse, 5 juill. 1887, D. 88.2 231 ; — Pont, n. 881 et suiv. ;
Goirand, n. 101 et 102 ; Levillain, note D. 90.1.266. — V. aussi Lyon,
24 nov. 1896, *J. S.*, 1898.505 ; — Douai, 24 fév. 1898 et note, *J. S.*,
1898 346. — Cass., 28 déc. 1910, *Gaz. Trib.*, 26-27 mai 1911).

1629. — Les souscripteurs doivent être sérieux et leur engagement formel. L'existence de souscriptions fictives entraîne la nullité de la société (Cass., 29 août 1859, D. 60.1.385 ; — Paris, 2 avr. 1886, *J. S.*, 1886.717 ; — Cass., 20 nov. 1888, *J. S.*, 1889.10. — V. aussi Aix, 16 mai 1860, et Cass., 24 avr. 1861, S. 61.1.428, D. 60.2.118 ; — Paris, 19 mars 1883, *R. S.*, 1883.289 ; — Trib. Seine, 1er déc. 1886, *J. S.*, 1890.61 ; — Amiens, 24 déc. 1886, *J. S.*, 1890.51 ; — Paris, 18 mars 1887, *J. S.*, 1889.207 ; — 18 juill. 1887, *R. S.*, 1887.566 ; — 28 juin 1888, *R. S*, 1888.470, *J. S.*, 1890 293 ; — 5 juill. et 8 août 1889, *J. S.*, 1889.513 ; — 17 juin 1890, *R. S.*, 1890.418, *J. S.*, 1890 439 ; — 14 janv. 1891, *J. S.*, 1891.529 ; — 22 avr. 1891, *J. S.*, 1891 289 ; — Cass., 9 juin 1891, *J. S.*, 1891.501 et 17 déc. 1894, *J. S.*, 1895.202 ; — Paris, 14 avr. 1892, *J. S.*, 1892.356 ; — Nantes, 11 déc. 1897, *J. S.*, 1898.130 ; — Lyon-Caen et Renault, n. 688 et 693). La simulation de souscriptions ou de versements est punie par l'art. 15 de la loi de 1867 (Cass., 11 juin 1887, *R. S.*, 1887.505 ; — Orléans, 28 avr. 1887, *R. S.*, 1888.34 ; — Lyon, 7 juin 1901, *J. S.*, 1902.37 ; — Paris, 25 juin 1902, *J. S.*, 1902.451 ; — Lyon, 6 mars 1902, *Gaz. Trib.*, 28 mai 1902, *R. S.*, 1903.69 ; — Paris, 10 déc. 1902, *R. S.*, 1903.109 ; — Nîmes, 20 mars 1902, *J. S.*, 1903.495 ; — Cass., 26 fév. 1904, *Gaz. Pal.*, 6 mai 1904 ; — Paris, 22 déc. 1905, *R. S.*, 1907.374 ; — Paris, 29 juin 1907, *R. S.*, 1908.110).

1630. — On a considéré comme fictives les souscriptions émanant de souscripteurs complaisants auxquels devaient être substitués ultérieurement des souscripteurs sérieux (Cass., 24 avr. 1861 précité) ; la souscription par des employés, des domestiques n'ayant aucun intérêt réel dans l'entreprise (Cass., 9 juin 1891 précité).

1631. — Il ne suffit pas pour faire présumer et établir la simulation de souscription que les lanceurs de l'affaire aient été dans l'impossibilité de libérer leurs actions et soient considérés comme insolvables. Marseille, 14 fév. 1901, *J. S.*, 1902 513 ; — Seine, 21 juin 1901, *J. S.*, 1902 175 ; — Paris, 1er avr. 1903, *R. S.*, 1903.333 ; — Nîmes, 20 mars 1903, *J. S.*, 1903.495 ; — Lyon, 19 janv. 1903, *J. S*, 1903.334 (déclarations mensongères de prospectus d'émission) ; — Seine, 25 fév. 1902, *J. S.*, 1903.171 (souscription obtenue d'un mineur par des manœuvres de nature à léser ses intérêts).

De même, la lettre d'un souscripteur affirmant qu'il n'a pas réellement souscrit des actions ne peut attribuer à sa souscription un caractère fictif, dès lors qu'elle n'a été écrite qu'après le versement du premier quart et que le montant des actions a été, depuis lors, intégralement versé (Bordeaux, 30 mars 1908, *J. S.*, 1908.418).

1632. — Mais bien qu'en principe les souscriptions soient irrévocables, elle peuvent être annulées pour cause de dol, de fraude, de manœuvres employées pour obtenir la souscription. Les manœuvres ainsi reconnues par les tribunaux peuvent avoir pour conséquence la nullité de la société (Cass., 14 juill. 1862, D. 62.1.428 ; — Cass., 12 fév. 1868, D. 68.1.380 ; — Toulouse, 24 fév. 1885, *R. S.*, 1885.343 ; — Paris, 28 juin 1888, *loc. cit.*, — V. Orléans, 21 mai 1883, *J. S.*, 1892.284 ; — Seine, 3 mai 1886, *J. S.*, 1890.8 ; — 12 juin 1897, *J. S.*, 1897.469, et 20 fév. 1899, *J. S.*, 1899.372 ; — Lyon, 19 janv. 1903, *Gaz. Lyon*, 1903.126 ; — *R. S.*, 1903.191 ; — Trib. com. Seine, 13 janv. 1908, *R. S.* 1909.110).

1633. — La nullité pour cause de dol ne peut être invoquée que contre la société, et non contre les tiers. — Si donc les commanditaires ou actionnaires d'une société, qui ont fait constater l'existence de manœuvres sans lesquelles ils n'auraient pas contracté, sont autorisés, au regard de la société, soit à refuser le versement de leurs mises, soit à poursuivre la restitution des versements déjà opérés, leurs souscriptions n'en sont pas moins obligatoires envers les créanciers qui ont traité avec la société et qui n'ont point à subir les conséquences du dol auquel ils sont restés étrangers (Cass., 10 fév. 1868, S. 68.1.149, D. 68.1.379 ; — 25 mai 1886, S. 87.1.268, D. 87.1.379 ; — Lyon, 31 janv. 1840, S. 40.2.343 ; — Paris, 30 juill. 1859, D. 59.2.165 ; — 26 avr. 1877, S. 80.2.331, D. 79.2.81 ; — 9 mai 1877, S. *ibid.*, D. *ibid.* — *Sic* : Bédarride, *Tr. du dol et de la fraude*, t. 3, n. 1062 ; Boistel, n. 226 ; — Cass., 8 nov. 1904, *Gaz. Trib.*, 21 janv. 1905 ; Lyon, 2 juin 1904, *J. S.*, 1905.233 ; — Larombière, *Théor. et prat. des oblig*, art. 1116, n. 10).

1634. — Les allégations mensongères, contenues dans des prospectus destinés à annoncer une souscription à des actions dans une société ou compagnie industrielle, ne sont une cause de nullité des souscriptions qu'autant que ces allégations ont exercé une influence décisive sur l'esprit des souscripteurs, qui sans ces allégations n'auraient pas contracté (Cass., 14 juill. 1862, S. 62.1.849, D. 62.1. 429 ; — Trib. Seine, 12 juin 1897, D. 97.2.429 ; — Lyon, 6 mars 1902, *J. S.*, 1903.171. — *Sic* : Lyon Caen et Renault, *loc. cit.* ; Wahl, t. 1, n. 364).

1635. — Jugé également qu'il n'y a pas dol pouvant entraîner l'annulation des souscriptions par le seul fait que les statuts contiennent des énonciations insuffisantes sur l'objet de la société et l'étendue de son exploitation, si ces énonciations, rapprochées des cir constances de la cause, étaient cependant assez explicites pour renseigner les souscripteurs sur la fragilité de leurs droits et sur leur caractère aléatoire (Paris, 27 juin 1888, *R. S.*, 1888.483).

1636. — D'autre part, la nullité ne peut être invoquée qu'autant que les manœuvres frauduleuses émanent de la société ou de ses représentants. — Jugé à cet égard, par application du principe en vertu duquel le mandant est tenu envers les tiers du dol commis dans un contrat par son mandataire, que lorsque les administrateurs représentants légaux d'une société anonyme ont, dans l'exercice de leurs attributions, pratiqué des manœuvres frauduleuses et commis un dol, la société n'en doit pas profiter, mais doit au contraire réparer le préjudice qui en résulte pour les tiers de bonne foi (Cass , 30 juill. 1895, S. 96.1.288, D. 96.1.33).

1637. — Il résulte du même principe que l'engagement par lequel le souscripteur se réserverait le droit de se libérer de sa souscription en abandonnant les sommes qu'il aurait versées serait nul. De même, toute convention avec le gérant qui aurait pour résultat d'affranchir un actionnaire de l'obligation de verser sa mise ou de lui rembourser la mise effectuée.

De nombreuses décisions judiciaires ont annulé des conventions aux termes desquelles les gérants consentaient à un actionnaire la restitution de sa mise, ou le dispensaient de répondre aux appels de fonds (Bédarride, n. 12 ; Beudant, *loc. cit.*, p. 117 ; Boistel, n. 249 ; Lyon-Caen et Renault, t. , n. 692 ; Mathieu et Bourguignat, n. 12 ; Pont, t. 2, n. 887 ; Rivière, *Comment. de la loi de 1867*, n. 141 ; — V. *suprà*, n. 990).

1638. — Les souscriptions ne peuvent donc être affectées d'aucune modalité de nature à empêcher, en se réalisant, que le capital soit entièrement souscrit (Paris, 10 janv. 1861, S. 61.2.188 ; — 16 janv. 1862. D 62.2 184 ; — Cass., 15 juill. 1863, S. 63.1.485 ; — Paris, 9 mai 1868, S. 68.2.229, D. 68.2.173 ; — Cass., 14 déc. 1869, D. 70.1.179 ; — Cass., 9 avr. 1888, S. 88.1.207, D. 89.1.245 ; — Lyon, 26 juill. 1902, *R. S.*, 1903.29 ; — Lyon-Caen et Renault, n. 689 ; Levillain, note D. 90.1.262 ; Thaller, n. 408).

Ainsi est nulle la convention intervenue entre le fondateur et un souscripteur et ratifiée par le conseil d'administration, aux termes de laquelle ce souscripteur s'est engagé à souscrire un certain nombre d'actions devant être considérées comme un cautionnement affecté à la garantie de fonctions que ce fondateur s'est engagé à lui confier dans la société et avec cette condition que les actions ainsi souscrites devraient être rachetées par la société, aux taux d'émission, le jour où ses fonctions viendraient à être retirées à ce souscripteur (Trib. civ. Seine, 30 déc. 1907, *J. S.*, 1908.81).

1639. — Ainsi, une souscription ne pourrait être consentie. sous la condition que l'entreprise donnera un chiffre de bénéfices déterminé (Thaller, n. 408 : — Paris, 16 janv. 1862, précité).

Ou que les souscripteurs auraient tel ou tel compte dans la société (Cass., 15 juill. 1863 ; — Paris, 9 mai 1868, précité ; — 9 août 1869, D. 69.2.404).

La souscription ne peut non plus être affectée de la condition résolutoire (Auteurs et jurisprudence précités).

1640. — Mais la condition apposée à une souscription ne la rend pas nulle, ce qui annulerait la société ; la souscription vaut alors comme souscription pure et simple (Cass , 6 nov. 1865, S. 66.1 109 ; Trib. Lyon, 26 juillet 1902, *J. S.*, 1903.280 ; Lyon, 12 nov. 1907, *Gaz. Jud. de Lyon*, 1908 513. — MM. Hémard, n. 162, Thaller et Pic, n. 891, pensent que si la condition affectait la totalité des souscriptions, la société serait nulle. Thaller, n. 40). La condition pourra servir de base à un recours contre le fondateur personnellement (Paris, 17 juill. 1882, *R. S.*, 1883.67). Ainsi, il a été jugé que le fondateur peut valablement garantir à un souscripteur que le produit des actions ne sera pas, pendant telle période, inférieur à *tant* (Paris, 26 nov. 1881, *Gaz. Pal.*, 1882.1.223).

1641. — Doit être considérée comme nulle et à ce titre pouvant entraîner la nullité de la société, toute souscription affectée de cette condition que le souscripteur ne sera pas engagé à libérer des actions, ou que la société s'engagera à racheter les actions (Cass., 6 nov. 1865 précité ; — 22 nov. 1869, S. 70.1.55 ; — 8 nov. 1904. *J. S.*, 1905.351).

1642. — La souscription est cependant soumise à une condition, qui se comprend, du reste : celle de la formation de la société. Ainsi, les souscripteurs sont dégagés de leurs souscriptions si la société n'est pas constituée, par exemple, faute de souscription intégrale du capital (Paris, 11 mars 1885, *J. S.*, 1887.177 ; — Cass., 10 avr. 1884, *R S.*, 1885.6 ; — Paris 26 mai 1885, *J. S.*, 86.300 ; — 3 janv 1888, *J S.*, 1889 307 ; — 6 déc. 1886, *R. S.*, 1887.252 ; — Toulouse, 5 juill. 1887, D. 88 2.231 ; — 9 déc. 1885, *R. S.*, 1886.456 ; — Cass., 10 avr. 1889, S. 90. 1.25, D. 90.1.305).

1643. — Il faut même ajouter, en revenant sur le principe exposé *suprà* (n. 1633), que l'engagement des souscripteurs est nul *à l'é-*

gard de la société si celle-ci est *irrégulièrement* constituée. Il n'y a pas en ce cas de lien de droit entre l'*être moral* qui ne s'est pas formé et les souscripteurs. Ceux-ci ne peuvent donc être tenus aux versements. Mais le même raisonnement ne peut pas être opposé aux créanciers de la société, si nulle soit-elle (Cass., 10 avr. 1881, *R. S.*, 1885.6 : — Bordeaux, 3 mars 1885, *id.*, 1885.405 ; — Paris, 11 mars 1885, *suprà* ; — 6 déc. 1886, *suprà* ; — 3 janv. 1888, *J. faillites.* 1888.465).

1644. — Est-il permis d'émettre des actions au-dessus ou au-dessous du pair ?

L'émission d'actions au-dessous du pair ne peut avoir aucune utilité au début de l'entreprise, mais il n'en est pas de même lors des augmentations du capital ; car à cette époque, elle serait destinée à donner aux actionnaires nouveaux une supériorité sur les actionnaires anciens. Sans hésitation donc, il faut décider que l'émission d'actions au-dessous du pair doit être prohibée, aussi bien au cours de l'existence sociale qu'au moment de la constitution (Wahl, n. 35 et 151). V. n. 1657 et suiv. sur le caractère de la prime d'émission.

1645. — Mais l'émission des actions au-dessus du pair est absolument régulière. En ce qui concerne l'émission au début de la société, la question a été controversée ; elle est d'ailleurs sans beaucoup d'intérêt ; M. Wahl estime comme nous qu'on peut émettre au-dessus du pair, même au début de la société. En tout cas, pour les actions émises en augmentation du capital, on peut sans aucun doute émettre au-dessus du pair. La raison en est facile à déterminer. Les porteurs d'actions anciennes ont subi un aléa ; il peut exister des réserves dans lesquelles les actionnaires nouveaux auront droit. C'est peut-être là une porte ouverte à la fraude, mais c'est aux capitaux sollicités à se renseigner et à ne pas se laisser tromper.

1646. — Pour éviter toute difficulté, il serait prudent de dresser un double original des bulletins de souscription sur lesquels souscripteurs et fondateurs apposent leur signature (Pont, n. 880 ; — Paris, 22 janv. 1853, D. 54.2.258). Mais bien que le contrat soit synallagmatique, la formalité des doubles n'est point exigée à peine de nullité ; car la souscription d'actions dans une société commerciale constitue un acte de commerce (Lyon-Caen et Renault, n. 687 ; Lyon-Caen, not e S. 1900.1.65).

1647. — Dans la pratique, les fondateurs remettent au souscripteur des bulletins sur lesquels le souscripteur écrit de sa main :

« Bon pour tant d'actions ». La mention du « Bon pour » n'est pas d'ailleurs exigée à peine de nullité, et le bulletin qui ne contient pas ce mot pourrait servir de commencement de preuve par écrit (Trib. Nantes. 28 juin 1879, *J. S.*, 1883.745 ; — Trib. Seine. 2 mars 1894, *R. S.*, 1894.456).

1648. — Mais il faut noter que la loi n'exige pas impérativement la souscription par bulletins ; et la jurisprudence reconnaît que la preuve de la souscription d'actions peut résulter de multiples circonstances, notamment de l'inscription sur la liste déposée chez le notaire sans protestation de la part des autres souscripteurs (Paris, 3 août 1878, *J. S*, 1891.144 ; — Trib. Seine, 4 août 1886, *J. S.*, 1890.214 ; — Paris, 18 mars 1887, *J. S.*, 1890.207 ; — Douai, 18 juill. 1895, *J. S.*, 1899.111. — V. aussi Cass., 25 oct. 1899, S. 1900.1.65, et la note de M. Lyon-Caen).

1649. — La jurisprudence a également fait résulter la preuve de la souscription de la présence du souscripteur à l'assemblée générale constitutive et de sa signature sur la feuille de présence (Trib. Seine. 29 nov. 1883, *J. S.*, 1886.247 ; — Poitiers, 24 fév. 1886, *R. S.*, 1886.265 ; — Cass., 25 mai 1897, *R. S.*, 1897.501).

1650. — La preuve peut résulter également de la correspondance (Paris, 3 août 1868) ; de l'indication du nom des souscripteurs sur les livres jointe à la délivrance de certificats en leur nom (Bordeaux, 3 mars 1884, *J. S*, 1885.461 ; — Trib. Seine, 4 août 1886, *R. S.*, 1887.22) ; ou enfin de présomptions graves, précises et concordantes, jointes à un commencement de preuve par écrit (Cass., 25 oct. 1899, S. 1900.65). Il faut même ajouter que la souscription d'actions constituant un acte de commerce (V. n. 1614), la preuve de la souscription pourra être faite conformément à l'art. 109, C. com.

1651. — Mais on ne pourrait pas puiser la preuve de la souscription dans une lettre écrite au prétendu souscripteur et restée sans réponse (Cass., 25 mai 1870, D. 70.1.257).

1652. — C'est à la société qu'incombe la preuve de la souscription (Trib. Seine, 16 mai 1896, *J. S.*, 1896.452 ; — Cass., 25 nov. 1899, S. 1900.1.65 et note Lyon-Caen).

1653. — A défaut de stipulation dans les statuts, il faut reconnaître que les souscripteurs ne peuvent pas être tenus d'attendre indéfiniment que le capital soit souscrit, et lorsqu'il s'est écoulé un temps suffisant, ils peuvent demander la nullité de leur souscription et la restitution des fonds versés (Trib. Seine, 29 mai 1880, *J. S.*, 1891.327 ; — Cass., 11 juin 1887, *R. S.*, 1887.428 ; — Lyon-Caen et Renault, n. 694). Pic, n° 875.

Et cela alors même que la société ne pourrait se constituer par la faute des souscripteurs eux-mêmes, en s'abstenant, par exemple, de prendre part aux assemblées constitutives chargées de vérifier les apports en nature, de telle sorte que le quorum nécessaire pour la validité de ces assemblées ne puisse être atteint (Beudant, *R. crit.*, t. 36, p. 154 ; Mathieu et Bourguignat, n. 51. — *Contrà* : Alauzet, n. 461 ; Vavasseur, n. 323).

§ 2. — Des syndicats (1).

1654. — Il est rare que le contrat de souscription aux actions d'une société ou à l'émission d'obligations soit directement conclu entre les parties contractantes, c'est-à-dire entre la société et les capitalistes. Souvent, pour ne pas dire presque toujours, les fondateurs ont besoin de l'intermédiaire d'une banque ou d'une société financière qui possède une clientèle ayant des épargnes disponibles et à laquelle elle inspire confiance. Ces banquiers se chargent de faire accepter par cette clientèle, au moyen de réclames ou par des propositions individuelles, la souscription aux titres émis par la société.

1655. — Cette association entre les fondateurs d'une société, les banquiers ou établissements de crédit émetteurs, principaux actionnaires généralement, et toute personne ayant un intérêt plus ou moins considérable au succès d'une émission, est connue sous le nom de syndicat d'émission.

1656. — Il est incontestable qu'il serait impossible de réaliser de grandes opérations industrielles ou financières sans syndicats. Aussi l'usage des syndicats est-il répandu dans le monde entier, et dans beaucoup de législations, on les a réglementés. Chez nous, il n'en est pas ainsi, et c'est en recourant aux principes généraux du droit et à des décisions de jurisprudence sur la matière qu'il faut déterminer les conditions juridiques de ces contrats, les obligations qu'ils entraînent et les responsabilités qu'encourent ceux qui y participent.

1657. — Comment définir le syndicat d'émission ? D'une manière générale, dit M. Dalloz (n. 1225), on peut définir un syndicat d'émission : une association *sui generis* formée entre les fondateurs d'une société nouvelle ou de concert avec eux, à l'effet de souscrire tout

_____

(1) Consultez l'ouvrage excellent de M. Leroy, *Les syndicats d'émission* (Librairie Rousseau et Cie).

l'actif social, et aussitôt les formalités constitutives accomplies, de revendre au public *avec bénéfice* tout ou partie des titres souscrits (d'où le nom d'émission d'actions à primes donné à cette combinaison).

M. Thaller, dans un rapport au Congrès des sociétés de Bruxelles en 1910, a écrit : Le syndicat est « une association formée entre divers banquiers pour prendre en bloc et pour introduire ensuite en détail dans le public suivant les proportions arrêtées entre eux, le capital actions ou le capital obligations d'une société ».

1658. — On comprend à merveille qu'une société qui fait de grosses émissions s'assure, à l'aide de syndicats, le placement des titres difficiles à écouler dans le public. L'idée est excellente en elle-même et a donné de très heureux résultats. L'objet principal de ces syndicats d'émission est de garantir à la société le placement de ses titres et d'assurer aux participants, en échange, le bénéfice résultant de la revente avec prime des titres au public, si le syndicat a acheté en bloc les valeurs émises, ou du courtage stipulé, si le syndicat est simplement intermédiaire entre le public et la société.

1659. — Le syndicat fonctionne donc, comme nous allons le voir, de deux façons : soit comme acheteur des titres, soit comme courtier.

1660. — Quelle est la nature juridique de ce syndicat ? Le syndicat est une participation, quels que soient les types divers que l'on rencontre dans la pratique (Cass., 26 août 1879, D. 80.1.120 ; — Paris, 28 avr. 1887, S. 91.2.321 ; — 12 déc. 1893, D. 96.2.481. — Lyon-Caen et Renault, 1053). C'est une participation *sui generis*, constituée entre les principaux intéressés à l'effet de garantir à la société le placement de ses titres et de répartir entre les syndicataires le bénéfice éventuel de l'opération suivant les intérêts de chacun. Aussi doit-on dire que les syndicats ne sont pas à proprement parler des sociétés, et que, comme toutes les participations, ils sont dépourvus de personnalité civile. D'où il résulte que les syndicats n'ont ni fonds commun ni capital social, que l'association est occulte, et que les tiers ne connaissent ou ne sont censés connaître que le gérant de l'association, lequel opère en son nom personnel, et en apparence uniquement pour son compte personnel, sauf à rendre compte à ses coassociés.

1661. — Du principe que le syndicat est une association en participation, et comme telle soumis à toutes les règles de la participation, résulte cette conséquence juridique qu'au regard de la société et des tiers, les membres du syndicat qui ont souscrit en leur nom, ou au nom desquels le gérant a souscrit en vertu d'une procuration, sont personnellement tenus à la libération des titres et ont le droit d'assister aux assemblées générales, en un mot sont astreints à toutes les obligations mais peuvent revendiquer tous les droit d'actionnaires (V. Paris, 27 janv. 1876, D. 79.2.74 ; — Cass., 26 août 1879, D. 80.1.120 ; — 27 fév. 1883, D. 84.1.29 ; — 30 mars 1885, D. 86.1 110 ; — Orléans, 16 août 1882, *J. S.*, 1885.605 ; — Paris, 28 avr. 1887, *J. S.*, 1889 372 ; — 9 fév. 1888, D. 90.2.265 ; — 24 avr. 1888, D. 88.2.288).

1662 — Un autre caractère commun à tous les syndicats doit être précisé. Tout syndicat d'émission est un syndicat de garantie, car il doit s'engager envers la société à trouver preneurs pour les titres émis. Il joue ainsi vis-à-vis de la société le rôle d'un assureur, en échange du service qu'il rend à la société ou à ses fondateurs il stipule une rémunération qui constitue le bénéfice des syndicataires.

1663. — Mais à côté de ces principes communs, il en est de particuliers ; car tous les syndicats ne fonctionnent pas de la même façon, et les avantages attachés à la qualité de syndicataire, ainsi que le mode de réalisation de la garantie promise par tout syndicat, sont différents suivant la nature des opérations. Si l'on veut établir une classification en cette matière, où les modes d'opérer en pratique sont variables et infinis, il faut distinguer :

1° Les syndicats dans lesquels les associés achètent en bloc tous les titres à un taux assez bas, se réservant de les placer dans le public avec prime ;

2° Les syndicats dans lesquels les titres sont répartis immédiatement entre les syndicataires au prorata de leur mise, le syndicat ayant alors pour objet unique de faire souscrire par le public des titres provisoirement souscrits par les participants ;

3° Les syndicats qui ne jouent que le rôle de courtier entre la société et les souscripteurs, et ne s'obligent que subsidiairement à l'achat des titres non placés dans un certain délai.

1664. — Le premier mode de syndicat, c'est-à-dire celui dans lequel les participants, par l'intermédiaire d'un gérant ou d'un directeur, achètent en bloc à un taux déterminé tout le stock de titres pour les revendre avec prime et répartir ensuite le bénéfice de l'opération entre les ayants droit, est celui dont le fonctionnement est le plus simple. C'est une opération d'achat et de revente opérée par une association occulte en participation, représentée par le gérant, seul connu des tiers. Ce gérant doit être considéré comme souscripteur des actions ou obligations émises, et c'est également lui qui est considéré comme vendeur de ces titres en son nom personnel, avec tous les droits et toutes les obligations inhérents à ces deux qualités d'acheteur et de vendeur (Dalloz, *Supp.*, n. 1225 ; Thaller, *Ann. de dr. comm.*, 1887, t. 1, p. 168 ; Pic, dissertation sous Paris, 12 déc. 1893, D. 96 2.483 ; Lyon-Caen et Renault, t. 2, n. 725).

1665. — Dans le second type de syndicat, des relations juridiques s'établissent entre les syndicataires et la société. Le gérant ou directeur du syndicat ne joue plus alors que le rôle d'intermédiaire entre la société et chacun des participants, d'une part, et entre les participants et le public, d'autre part.

1666. — Le syndicat, dépourvu de personnalité juridique, ne peut devenir propriétaire des actions ou obligations objet de la souscription. Ces titres ne peuvent donc appartenir qu'aux membres du syndicat et dans la proportion des sommes versées par chacun d'eux dans la caisse syndicale. C'est dans ce sens que la jurisprudence s'est toujours prononcée pour apprécier les relations juridiques créées entre les parties, en l'absence de tout texte de loi.

1667. — Ainsi, il a été jugé que le syndicat formé entre capitalistes qui ont chargé une maison de banque ou de crédit de souscrire en leur nom et à l'aide de capitaux composant leurs apports respectifs, à une émission d'actions en vue d'en assurer le placement, d'en soutenir les cours et de réaliser des bénéfices par la revente des mêmes actions, ne constitue pas un être moral qui aurait pour gérant la maison à laquelle les syndicataires ont donné un tel mandat. Chaque syndicataire est obligé directement envers la société qui émet les actions, pour le montant desdites actions correspondant au capital par lui remis au gérant du syndicat (Paris, 17 fév. 1885, D. 85.2.181 ; — 28 avr. 1887, D. 88.2.105 ; — 24 avr. 1888, S. 88.2.488 ; — Bruxelles, 11 mai 1889, rapporté en note, *Supp.*, Dalloz, n. 1226).

1668. — Il résulte de ces décisions que c'est au juge du fond qu'il appartient d'apprécier dans chaque espèce, d'après les circonstances de la cause et le texte des conventions intervenues, si la participation porte effectivement sur la souscription et sur la revente, auquel cas on se trouve en présence du syndicat du premier type, examiné plus haut, ou si la participation a été uniquement conclue pour la revente de titres devenus *ab initio* la propriété distincte de chacun des syndicataires dans la mesure de sa mise.

1669. — Arrivons au troisième type de syndicat. C'est celui dans lequel les participants remplissent uniquement le rôle de courtier, c'est-à-dire celui d'intermédiaire entre la société et les souscripteurs. Le contrat de souscription naissant ainsi entre la société et le souscripteur, la propriété des titres ne reposant à aucun moment sur la tête des syndicataires, ceux-ci ne seraient obligés de souscrire personnellement les titres qu'autant que l'émission n'ayant pas réussi, la société exciperait, à l'encontre des participants de l'obligation de garantie prise par le syndicat ; en effet, tout syndicat d'émission implique obligation de garantie du placement intégral des titres.

1670. — Dans cette troisième forme de syndicat, l'obligation des syndicataires à la souscription des titres n'est donc que subsidiaire et ne se réalise que dans le cas où ils n'ont pu opérer le placement des titres dans le public. C'est ce mode de syndicat que l'on appelle le syndicat à prime ; car la participation ici ne porte ni sur la souscription ni sur la revente, mais sur le placement *avec prime* des titres à émettre. La prime, c'est la différence entre le taux d'émission perçu par la société et le taux majoré perçu par le syndicat, cette majoration constituant le bénéfice des syndicataires en cas de réussite, bénéfice que l'on peut appeler commission ou courtage (V. Thaller, *Les Emissions d'actions à prime*, p. 12 et suiv.).

1671. — Ce troisième type de syndicat a été l'objet de vives critiques, car il a donné naissance à de nombreux abus. Cependant, lorsqu'un syndicat de cette nature fonctionne régulièrement et loyalement, il rend à la société de sérieux services, en facilitant le placement des titres. Si la rémunération du service rendu est souvent large et la prime d'émission élevée, il faut noter aussi que le syndicat court des risques. Il peut se faire, en effet, qu'il subisse une perte, s'il est obligé de placer les titres au rabais, à un taux inférieur à celui auquel la société les a livrés. Enfin, si les titres ne sont pas pris par le public, les syndicataires sont obligés de les conserver en vertu des engagements pris envers la société (Cass., 11 déc. 1900, *Soc. de Panama*, J. S., 1901.151).

1672. — Il est vrai qu'à côté de ces syndicats sérieux, ayant un objet licite, il s'est formé souvent des syndicats de spéculation, aussi dangereux pour la société que pour le public, syndicats qui par des manœuvres plus ou moins habiles produisent ou font produire une hausse factice des titres, hausse temporaire grâce à laquelle les syndicataires réalisent de gros bénéfices, et qui cause bientôt aux preneurs de graves désillusions.

1673. — En dehors des principes généraux du droit et de l'application des règles de l'art. 405 C. pén. en matière répressive, ou des règles du droit civil relatives au dol, il semble impossible, dans l'état de notre législation, d'atteindre cette variété de syndicats, quelque graves que soient les dangers qu'ils font courir à la fortune publique.

1674. — On s'est demandé si l'art. 419 C. pén., qui vise les coalitions ou réunions tendant à provoquer une hausse ou une baisse factice sur le prix des denrées ou marchandises, des papiers et effets publics, s'applique aux actions ou obligations émises par des sociétés privées.

La Cour de cassation (chambre criminelle) s'est prononcée pour la négative par un arrêt célèbre du 30 juillet 1885, au rapport de M. le conseiller Auger, qui constitue un véritable traité sur la matière. — V. ce rapport au Sirey.

Voici le texte de l'arrêt qui fut rendu, après délibération en chambre du conseil :

La Cour :

Sur le moyen unique tiré de la fausse application de l'art. 419 C. pén. :

Attendu que l'art. 419 punit l'emploi de moyens frauduleux pour opérer la hausse ou la baisse du prix des denrées ou marchandises, ou des papiers ou effets publics au-dessus ou au-dessous du prix qu'aurait déterminé la concurrence naturelle et libre du commerce ;

Attendu que les actions du syndicat financier parisien et du Crédit provincial ne sauraient être considérées comme des papiers ou effets publics, dans le sens dudit article, puisque ce sont de simple papiers ou effets privés concernant des sociétés anonymes non autorisées ;

Attendu que lesdites actions ne sauraient non plus être considérées comme des marchandises, dans le sens du même article ; qu'en effet, il résulte de l'examen des travaux préparatoires du Code pénal que la première rédaction dudit article comprenait, outre les denrées ou marchandises, les papiers et effets de quelque nature qu'ils soient, et que c'est intentionnellement et pour restreindre la portée de cette disposition, que cette expression générale, qui s'appliquait évidemment aux actions des sociétés fondées par des particuliers, sans intervention des pouvoirs publics, a été remplacée par l'expression limitée « papiers et effets » ; que c'est donc à tort et par violation dudit article qu'il en a été fait application aux demandeurs ;

Et attendu que la cassation devant porter nécessairement sur la condamnation totale, il est impossible de faire droit à la demande de la partie civile, de maintenir les condamnations pécuniaires prononcées en sa faveur ;

Casse l'arrêt de la Cour d'appel de Paris, du 27 décembre 1884, qui condamne les sieurs Saunier et Richard Kœnig, etc,

1675. — La jurisprudence a eu à examiner des cas de constitutions de syndicats qui n'avaient que l'apparence du contrat de syndicat. Il s'agissait d'associations qui n'assuraient en réalité aucun risque, et qui n'étaient constituées que pour masquer des libéralités illicites, destinées à rémunérer certains concours. Tels sont les syndicats dits à option, dans lesquels les syndicataires ne s'engagent à souscrire qu'au moment où le risque s'évanouit, parce que le public avait déjà souscrit. La commission perçue par le syndicat n'a plus alors le caractère d'une rémunération licite ; c'est une libéralité sans cause qui peut servir de base à une action civile en restitution, sans préjudice des poursuites pour escroquerie ou abus de confiance auxquelles s'exposent parfois les syndicataires (V. Cass., 11 déc. 1900, cité *suprà*, n. 1671).

1676. — La distinction entre les différents types de syndicats n'est point purement doctrinale. Elle présente un grand intérêt au point de vue de la détermination des responsabilités.

Dans le syndicat du premier type, le représentant des syndicataires est réputé acheteur en bloc et revendeur au détail pour son compte personnel de tous les titres émis. Les acquéreurs de titres qui peuvent avoir à se plaindre des inexactitudes de la publicité entreprise pour attirer les souscripteurs auront une action contre lui, pour cause de dol, d'erreur sur la substance de la chose, de manœuvres, etc.

Dans le syndicat du second type, le banquier émetteur pourra encore être réputé vendeur à l'égard des souscripteurs et actionné à ce titre (V. cependant en sens contraire: Paris, 12 déc. 1893, motifs, D. 93.2.491).

Il est certain qu'en ce cas le banquier n'est souscripteur que pour sa part et portion ; mais les tiers ne connaissent que lui comme administrateur du syndicat et n'ont pas à se préoccuper des conventions plus ou moins occultes intervenues entre lui et la société ou les participants.

Ainsi, la société ne saurait être rendue responsable vis-à-vis des souscripteurs du montant des souscriptions, si elle ne les a pas encaissées, soit directement, soit tout au moins par un virement de compte ; les souscripteurs auxquels le banquier émetteur n'a pas livré les titres souscrits ne peuvent pas davantage en réclamer la livraison à la société (Trib. civ. Seine, 28 fév. 1906. *J. S.*, 1907.91).

Les choses se passeront autrement dans le syndicat du troisième type, puisque dans celui-ci le rôle du syndicat est celui de courtier purement et simplement. Les rapports juridiques ne s'établissent qu'entre ses souscripteurs et la société par l'intermédiaire des syndicataires. Les conventions de garantie intervenues entre la société et le syndicat ne concernent pas les souscripteurs, qui ne peuvent pas s'en prévaloir.

1677. — Quelles considérations devront guider les juges dans l'examen et la détermination de la nature du syndicat qui leur sera soumis ? Aucune règle n'est fixée à cet égard. Il s'agit là d'une appréciation de fait des conventions des parties ; les juges devront s'occuper à rechercher les usages de la place. C'est à ce principe d'interprétation que la jurisprudence s'est toujours ralliée (V. les arrêts cités plus haut. — V. également : Paris, 12 déc. 1893, précité).

§ 3. — De la vente de titres à l'émission.

1678. — La négociation de titres d'une société non encore constituée, constitue un délit prévu et réprimé par l'art. 14 de la loi de 1867. Mais la négociation prévue par l'art. 14 est la négociation faite sous forme commerciale, transfert, endossement, etc. Les négociations de promesses d'actions ne sont illicites que lorsqu'elles ont eu lieu en banque, c'est-à-dire lorsqu'elles ont été réalisées par des mandataires agissant pour le compte de vendeurs et d'acheteurs qui s'ignorent les uns les autres. Mais les cessions faites par les parties elles-mêmes agissant soit en personnes soit par fondés de pouvoirs demeurent licites (Paris, 22 mai 1887, *R. S.*, 88.97).

En matière de vente et d'achat de titres à l'émission, il est d'usage de subordonner à la réalisation de l'émission la validité de toutes les opérations engagées, et ce, même au regard des intermédiaires (Lyon, 12 juill. 1882, *Journ. des soc. civ. et commerc* 1884, p. 423).

La jurisprudence de la Cour de cassation est dans le même sens, et décide, notamment, que la vente d'actions à l'émission peut être considérée comme une vente conditionnelle subordonnée à la réalisation de l'émission (Cass., 24 nov. 1886, S. 87.1.72, D. 87.1. 228 ; — 6 juill. 1887, S. 87.1.294, D. 87.1.452 ; — Paris, 1ᵉʳ juill. 1886, S. 88.2.182).

Spécialement, lorsque, par suite de l'annulation de l'émission, le vendeur a été mis dans l'impossibilité de livrer les titres à l'agent de change chargé de la vente, il ne peut exiger le prix de celui-ci, sous prétexte qu'il avait seulement vendu le droit aux actions (Cass., 6 juill. 1887, précité).

De même, quand l'actionnaire d'une société anonyme, après avoir souscrit des actions nouvelles créées en représentation de l'augmentation de capital votée par la société, a vendu ces actions en la forme commerciale, lesdites actions livrables et payables à l'émission, au cours de la souscription et avant que la société nouvelle ait été constituée, cet actionnaire n'est pas recevable à réclamer le prix des actions, une semblable négociation étant frappée de nullité (Paris, 1er juill. 1886, précité).

Décidé encore que la cession du droit de souscription des actions nouvelles, droit attribué exclusivement aux actionnaires d'une société, est nécessairement subordonnée au fait de l'émission et à la délivrance des titres, et que, si ce fait ne se réalise pas, la condition à laquelle était suspendu l'effet de la convention étant défaillie, l'obligation du cessionnaire devient sans cause (Cass , 24 nov. 1886, précité).

§ 4. — Versement du quart. — Commission de banque.

1679. — La seconde condition qui est liée à la souscription du capital est celle relative au versement du quart. La loi de 1867 exigeait le versement, par chaque actionnaire, du quart au moins des actions par lui souscrites ; la loi du 1er août 1893 a corrigé ce texte. Comme nous allons le voir, en prescrivant l'obligation du versement du quart, le législateur de 1867 a voulu obvier aux pratiques qui, sous l'empire de la législation antérieure, faisaient des sociétés par actions des instruments d'agiotage. Le législateur n'a pas voulu exiger le versement intégral sur les actions, et il a pris un moyen terme en fixant au quart le montant de la portion qui doit être réalisée avant la constitution définitive de la société. La loi dit : « le quart au moins » ; les statuts peuvent donc prévoir un versement supérieur.

1680. — Le versement doit être effectué sur chaque action ; il ne suffirait donc pas que le capital fût réalisé jusqu'à concurrence du quart de ce capital. Tout le monde est d'accord sur ce point (V. particulièrement : Pont, n. 892 ; Lyon-Caen et Renault, n. 696 ; — Cass., 16 déc. 1894, *J. S.*,1895 202).

1681. — Avant la loi de 1893, la question de savoir si les apports en nature peuvent être représentés par des actions libérées du quart seulement a été agitée. La Cour de cassation l'avait tranchée dans le sens de la validité, en décidant qu'il n'était pas nécessaire de verser sur chacune de ces actions le quart en espèces des versements à effectuer en numéraire (V. Cass., 15 fév. 1884, S. 84.1.199, D. 85. 1.325 ; — 30 avr. 1885, *Gaz. Trib.*, 20 mai 1885 ; — Cass., 22 déc.

1886, S. 87.1.80, D. 87.1.445, *R. S.*, 1886 62). Nous avons examiné cette question dans tous ses détails dans nos *Questions nouvelles sur les sociétés commerciales* (p.46 et suiv) La loi de 1893 a tranché définitivement cette controverse en décidant que les actions d'apport doivent être entièrement libérées.

1682. — Cependant nous pensons que même depuis 1893, on peut créer des actions mixtes en représentation des apports, mais à la condition que ces actions soient entièrement libérées de la partie *numéraire* avant la constitution. Ajoutons, que la création de cette nature d'actions sera très rare (Comp. Lyon-Caen et Renault, *Loi du 1er août 1893*, n. 13 ; Bouvier-Bangillon, *Loi de 1893*, 67 et 68 ; Goirand, 77-78. — *Contrà* : Perrin, *Loi de 1893*, p. 8 ; Faure, *Ibid.*, p.63).

1683. — Le versement doit être effectué avant la déclaration notariée de souscription et de versement. Il a été cependant décidé qu'il n'y aurait point nullité s'il était réalisé postérieurement à la déclaration de souscription, mais avant la réunion de l'assemblée constitutive, et même jusqu'au moment de la nomination des administrateurs (Trib. Seine, 16 mai 1887, *J. S.*, 1888.206 ; — Lyon, 11 août 1882, *J. S.*, 1884.273) ; mais il y a danger à suivre ces pratiques (En ce sens : *J. S.*, 1895.499).

1684. — Le quart du capital doit être conservé intégralement jusqu'au jour de la constitution de la société. Ce principe proclamé par les arrêts cités ci-dessous nous conduit à examiner la question fort intéressante de savoir s'il est permis de stipuler au profit du banquier chargé de la souscription des actions une commission, par qui cette commission doit être acquittée et à quelle époque.

Aucune difficulté ne serait soulevée si la commission était supportée par les fondateurs personnellement ; mais, dans la pratique des choses, la commission accordée au banquier ou à un établissement de crédit chargé de l'appel au public est supportée par la société elle-même.

A cet égard, il faut se placer à deux points de vue : 1° si les statuts stipulent que la société devra payer au banquier la commission pour le placement des actions, aucune difficulté ne pourra être soulevée. Les actionnaires seront prévenus par la lecture des statuts. Si le banquier est un associé, il aura à observer les formalités prescrites par l'art. 4 de la loi du 24 juillet 1867 ; 2° la question devient beaucoup plus délicate si les statuts ne contiennent aucune disposition relative à la commission. C'est d'ailleurs le cas le plus fréquent.

La société peut-elle être liée par des conventions intervenues entre les fondateurs et le banquier auquel ils se sont adressés pour faire un appel au public ? La jurisprudence décide que la société ne peut être tenue du versement de cette commission qu'autant que le traité a été approuvé par l'assemblée générale des actionnaires (Trib. com. Seine, 21 janv. 1889 et 2 janv. 1899, *J. S.*, 1890.130 et 1899.221. — V. aussi Orléans, 15 fév. 1888, *J. S.*, 1889.293 ; — Paris, 1er août 1888, *R. S*, 1889.10 ; — 1er juin 1889, *R. S.*, 1889. 573 ; — Besançon, 3 août 1898, *J. S.*, 1900.13).

La jurisprudence décide également que le banquier ne peut prélever sa commission par anticipation.

Il faut signaler une autre difficulté. Il se pourrait que le banquier souscrivît lui-même en son nom les actions, sauf à en opérer ultérieurement le placement dans sa clientèle. Dans ce cas le principe de la commission due au banquier comme rémunération du service rendu devient critiquable et on ne comprendrait pas que le banquier pût percevoir une commission pour les actions ainsi souscrites. Il est en effet de principe incontestable que les actions ne peuvent être émises au-dessous du pair ; or, ce serait émettre des actions au-dessous du pair que d'autoriser la perception par le banquier souscripteur d'une commission sur sa propre souscription.

La question n'a jamais été expressément soumise aux tribunaux ; elle est cependant prévue implicitement par un arrêt du 18 août 1888 de la Cour d'appel de Paris (*R. S.*, 1889.13). Il s'agissait dans cette espèce d'un établissement financier qui s'était chargé de souscrire ou faire souscrire la totalité des actions d'une société émises à titre d'augmentation du capital moyennant une commission de 100 francs par titre. Le syndic de la faillite demanda la nullité de la convention comme contraire aux dispositions d'ordre public de la loi de 1867, qui prescrit la souscription totale des actions. Le syndic ne perdit son procès que parce qu'il fut établi que l'établissement financier n'était pas seul souscripteur.

On peut voir dans le même sens un autre arrêt du 9 août 1895 (*J. S.*, 1895.370).

Un arrêt de cassation du 28 octobre 1901 (*J. S.*, 1904, p. 201) a décidé que le banquier qui a stipulé une commission pour le placement d'actions d'une société en constitution ne peut, aussitôt après la constitution, faire reconnaître sa créance par le conseil d'administration de la société, car cette combinaison a pour conséquence de porter atteinte à l'intégrité du pacte social. D'après cet arrêt, le banquier ne pourrait donc percevoir sa commission même après la constitution sur les fonds du premier quart. Cela semble excessif ; en effet, il est généralement admis par la jurisprudence rappelée plus haut que si le premier quart est versé intégralement et sérieusement dans la caisse sociale, on peut, après la constitution, acquitter le montant des commissions qui constituent des frais de premier établissement. On voit dans tous les cas que la question, à la suite d'abus multiples qu'il est impossible de rappeler ici, prend un caractère assez sérieux et qu'il est nécessaire, à l'époque de la constitution, de prendre des précautions ; il est sage de préciser dans les statuts ou de faire voter par l'assemblée générale constitutive que les commissions dont les actionnaires d'origine auront connaissance, feront partie des frais de premier établissement et pourront être prélevées sur le montant du premier quart. Il faut ajouter qu'en cette matière les circonstances de bonne foi jouent un rôle prépondérant, dont il ne faut jamais perdre de vue l'importance (Houpin, *J. S.*, 1902.145).

Il a été décidé que le quart n'est pas réputé versé si le banquier chargé du placement est autorisé à prélever par anticipation sa commission sur le versement, ou si d'une manière générale, les fondateurs disposent, avant la constitution de la société, de tout ou partie de la somme versée par les souscripteurs (Paris, 10 mars 1885, *R. S.*, 1885.355 ; — Lyon, 25 avr. 1885, *J. S.*, 1886.148 ; — Paris, 16 juill. 1885, D. 86.2.205 ; — Cass., 17 juill. 1885, S. 87.1.286, D. 86.4.273 ; — 2 mai 1887, *R. S*, 1887 356 ; — Paris, 24 juin 1885, *R. S.*, 1885.540. — V. encore : Orléans, 15 fév. 1888, *J. S.*, 1889.293 ; — Paris, 9 août 1895, *J. S.*, 1896.370 ; — Trib. Seine, 2 janv. 1899, *J. S.*, 1899.221 ; — Marseille, 22 août 1899, *J. S.*, 1900 80 ; — Paris, 24 janv. 1902, *J. S.*, 1902.297 ; — Cass., 28 oct. 1901, S. 04.1 37).

La Cour d'appel de Paris a jugé, par ce dernier arrêt du 24 janvier 1902, que la commission allouée à un banquier pour l'émission d'actions n'est pas due quand ce banquier n'a pas procuré et fourni les souscriptions et les fonds y afférents. Dès lors le banquier ou sa succession peuvent être poursuivis en répétition de l'indû et en restitution des sommes qui auraient été payées à ce titre.

1685. — Il faut que chaque actionnaire en particulier libère du premier quart les actions par lui souscrites, et on ne doit pas tenir compte des versements excédant le premier quart qui auraient été faits par quelques souscripteurs pour suppléer ceux que d'autres n'auraient pas effectués (Paris, 4 août 1882, *R. S.*, 1883, p. 433 ; —

19 mars 1883, S. 83.2.9 ; — Paris, 26 juill. 1887, D. 88 2.145 ; — 28 juin 1888, D. 90.2.325).

1686. — Décidé encore que la société n'est pas régulièrement constituée si elle n'a pas eu libre et entière disposition du quart sur les actions à partir de sa constitution (Paris, 2 déc. 1886, *J. S.* 1887. 19 ; — Nîmes, 20 mars 1903, *J. S.*, 1903.495).

1687. — Mais il a été jugé que le prélèvement fait après la constitution sur les fonds réellement versés, des commissions dues aux banquiers chargés d'émettre les actions, n'est pas une cause de nullité, dans le cas où, en les déduisant des sommes obtenues, on trouve encore le quart intact (Orléans, 5 fév. 1888, *R. S.*, 1888.307).

De même, le fait de payer un intérêt aux actionnaires qui ont libéré leurs actions ne constitue pas une infraction au principe du versement du quart (Rennes, 18 fév. 1907, *R. S.*, 1908.149).

1688. — Le versement devant être effectué avant la constitution, la société serait nulle si le quart obligatoire n'a été mis à la disposition de la société qu'après sa constitution ; si court qu'ait pu être le retard, la nullité serait encourue (Lyon, 9 fév. 1883 et 12 mars 1885, D. 85.2.113, S. 85.2.136 ; — Trib. Seine, 23 déc. 1886, *Gaz. Pal.*, 1887. 7 ; — Paris, 24 juill. 1887, D. 88.2.145 ; — Cass., 24 juin 1889, *R. S.*, 1889.445 ; — Cass., 26 oct. 1905, *R. S.*, 1906.5). Mais il n'est pas nécessaire que le quart soit versé au moment de la souscription ; le versement peut être effectué jusqu'au moment de la déclaration (Lyon, 14 juin 1895, S. 96.2.213. — *Sic* : Lyon, 11 août 1882, D. 83.2. 121. — V. *suprà*, n. 1683).

1689. — Le versement doit être effectué en numéraire ou en valeurs équivalentes, d'un recouvrement certain et immédiat (Jurisprudence constante. — V. notamment : Cass., 18 mai 1863, S. 63.1.284 ; — 27 janv. 1873, S. 73.1.163 ; — 23 mars 1880, S. 81.1.459 ; — Orléans, 15 fév. 1888, *R. S.*, 1888.307). Serait donc irrégulier un versement effectué en effets de commerce, valeurs de portefeuille ou autres, même en vertu d'une stipulation des statuts (Cass., 18 mai 1863, précité ; — Paris, 5 déc. 1881, D. 85.2.355 ; — 25 mars 1887, *R. S.*, 1888.487 ; — Seine, 3 juill. 1902, *R. S.*, 1903.167 ; — Paris, 10 juill. 1902, *J. S.*, 1902.250 ; — Pont, n. 895 ; Lyon-Caen et Renault, n. 416) Un simple débit de compte ou un autre passement d'écritures ne saurait tenir lieu de versement (Paris, 19 mars 1883, *R. S.*, 1883.289 ; — Trib. Seine, 13 déc. 1882, *R. S.*, 1883.106 ; — Paris, 4 et 27 déc. 1884, *R. S.*, 1885.159 ; — Cass., 24 avr. 1861, S. 62.1.182 ; — Paris, 26 juill. 1887, D. 88.2.145 ; — Cass., 30 sept. 1897, *J. S.*, 1898.

201 ; Paris, 5 juill. et 8 août 1889, *R. S.*, 1889.582 ; — 29 juill. 1890, *R. S.*, 1890.578 ; — 2 août 1890, *R. S.*, 1890 561 ; — 14 avr. 1892, *J. S.*, 1892.356 ; — Marseille, 14 fév. 1902. *R. S.*, 1902.262 ; — Paris, 10 juill. 1902, *J. S.*, 1903.250 ; — Bordeaux, 12 janv. 1903, *R. S,*, 1904. 21 ; — Douai, 6 août 1893, *R. S.*, 1894.108 ; — Cass., 26 fév. 1903, *J. S.*, 1904.439 ; — Thaller, *R. crit.*, 1883.313 ; Pont, n. 892. — V. toutefois : Lyon, 11 août 1882, *R. S.*, 1882.157 ; — Paris, 22 mai 1882, et Cass., 20 janv. 1883, *R. S.*, p. 158 et 185. — Trib. com. Lyon, 10 janv. 1908, *R S.*, 1909.120). Suivant cette dernière jurisprudence le versement peut avoir lieu par débit de compte, pourvu que les fonds soient réellement à la disposition de la société (V. encore : Paris, 27 déc. 1884, *Gaz. Pal.*, 1885.1.764 ; — Poitiers, 24 fév. 1884, *J. S.*, 1887,63 ; — Paris, 17 fév. 1888, *J. S.*, 1889. 293 ; — 8 août 1889, *J. S.*, 1889.513 ; — Cass., 9 juin 1884, *J. S.*, 1891.501 ; — 13 fév. 1894, *Ibid.*, 1894.241 ; — 19 mars 1894, *Ibid.*, 1894.436 ; — Trib. com. Lyon, 9 mars 1906, *J. S.*, 1907.175 ; — Paris, 20 juin 1907, *R.S.*, 1908.110). Le versement peut se faire aussi par un bon de somme d'argent, pourvu que ce bon soit acquitté par le souscripteur en espèces très peu de temps après sa remise (Cass., 31 déc. 1906, *R. S.*, 1907.200, *J. S.*, 1907.413).

1690. — Aux termes de la loi du 1er août 1893 complétant l'art. 1er de la loi de 1867, le versement nécessaire pour la constitution de la société doit être effectué en espèces.

La loi nouvelle vise donc par cette expression les versements en argent et certainement les versements en billets de banque ; elle a voulu proscrire tout versement fait autrement qu'en argent ou en billets de banque (Lyon-Caen et Renault, *Loi de 1893*, n. 12 ; Perrin, p. 5 ; Fort, p. 18 ; Arthuys, n. 36). Il est impossible de comprendre autrement la disposition de la loi nouvelle. Le législateur de 1893 n'a pas voulu faire entrer dans la législation l'interprétation donnée par la jurisprudence à la loi de 1867, jurisprudence qu'il trouvait trop indulgente ; aussi exige-t-il pour l'avenir un versement en espèces (Lyon, 8 mars 1902, *R. S.*, 1903.26).

Mais pour ne point exagérer, il faut assimiler à un versement en espèces un virement de compte chez un banquier, grâce auquel la société se trouve avoir réellement à sa disposition le montant du versement légal (Paris, 2 fév. 1914, *J. S*, 1915.167. — Lyon-Caen et Renault, n. 699 ; Thaller, n. 520).

1691. — Aucun versement ne peut être effectué par compensation entre la dette du souscripteur et une créance qu'il pouvait avoir contre la société. En effet, avant sa constitution, la société n'existe pas et ne peut exercer aucun droit. Cependant certains arrêts, sous l'empire de la loi de 1867, avaient admis la libération par compensation (Cass., 4 mars 1867, S. 67.1.254 ; — Paris, 19 mars 1895, *J. S.*, 1895 266 ; — Bordeaux, 30 mars 1908, *R. S.*, 1909.381 ; — Amiens, 2 mai 1907, *J. S.*, 1908.302). — Le texte de la loi de 1903 supprime cette controverse, mais quoique l'augmentation de capital soit soumise à toutes les règles de la constitution, la jurisprudence admet unanimement que dans ce cas la compensation s'opère valablement entre les deux créances, celle de la société contre le souscripteur, d'actions, celle de ce dernier contre la société (Lyon, 6 mai 1904, *J. S.*, 1905.119 ; — Cass., 26 fév. 1904, D. 1905.1.47 et note Le Poittevin, S. 1906.1.381 ; — Amiens, 2 mai 1907, *J. S.*, 1908.302 ; — Paris, 23 mars 1909, *J. S.*, 1909.406 ; — Cass., 25 janv. 1913 (sol. implicite), *Gaz. Soc* 1913.175 ; — Lyon-Caen et Renault, t. 2, p. 38 ; Thaller, *Ann. dr. com.*, 1907.177 ; — Houpin, *J. S.*, 1904.145 ; Wahl, *Augm. de capital*, 47 et *J. S.*, 1902 302 ; V. *infrà*, n. 3266.

1692. — Lorsque la souscription a lieu par intermédiaire, notamment par un banquier, ce dernier n'est pas tenu personnellement de l'acquit des premiers versements sur les actions, à une condition : c'est qu'il rapporte en temps utile la justification de l'engagement des souscripteurs, ses commettants (Orléans, 16 août 1882, D. 84.3. 36) ; mais s'il ne rapporte pas l'engagement régulier de ses commettants, il est personnellement tenu (Même arrêt). Au contraire, le prête-nom est personnellement obligé envers les tiers et ne peut, pour échapper aux obligations des versements, se retrancher derrière les personnes pour le compte desquelles il aurait agi (Toulouse, 18 janv. 1887, D. 87.2.131). D'ailleurs, le prête-nom peut bénéficier des avantages attachés aux titres dont il est porteur. Ainsi, il a été jugé que si lors d'une nouvelle émission d'actions, la société réserve un droit de souscription aux porteurs de titres, un prête-nom peut participer en son nom personnel à cette souscription, sans être tenu d'en repasser le bénéfice au véritable propriétaire des actions (Cass., 12 juill. 1880, D. 82.1.36).

1693. — Le versement du premier quart peut avoir lieu avec des deniers prêtés par des tiers (Paris, 17 juill. 1882, *J. S.*, 1885 48 ; — 5 mars 1886, *R. S.*, 1886.311 ; — Paris, 18 mars 1887, D. 88.2.129 ; — Bordeaux, 24 mai 1886, *R. S.*, 1886.462 ; — Paris, 5 mars 1886, *R. S.*, 1886.411 ; — Cass., 20 nov. 1890, S. 91.1 12 ; — 13 fév. 1894, D. 94.1. 165, S. 94.1 121 ; — 19 mars 1894, S. 96.1 260, D. 94.1. 465).

1694. — Il n'est pas indispensable que le versement soit effectué dans la caisse de la société ; il peut être fait à titre de dépôt entre les mains d'un banquier, d'un co-intéressé, ou du notaire de la société (V. Orléans, 15 fév. 1888, *R. S.*, 1888.307 ; — Cass., 29 juin 1887, S. 89.1.37, D. 89.1.137 ; — Trib. Seine, 19 mars 1888, *R. S.*, 1888.331 ; — Lyon, 25 avr. 1885, *R. S.*, 1886.376 ; — Cass., 13 fév. 1894, S. 94.1.121, D. 94.1 65), ce qu'il faut, c'est que les fonds soient à la disposition de la société au jour de sa constitution (Cass., 19 mars 1894, D. 94.1.465).

1695. — La loi du 1ᵉʳ août 1893 a, comme nous l'avons indiqué, apporté une modification, quant au versement, à la loi de 1867. En mentionnant le principe que les sociétés ne peuvent être définitivement constituées qu'après la souscription de la totalité du capital et le versement *en espèces*, par chaque actionnaire, la loi de 1893 édicte que ce versement doit être de l'intégralité du montant des actions ou coupures d'actions lorsqu'elles n'excèdent pas 25 francs, et du quart au moins des actions lorsqu'elles sont de 100 francs et au-dessus. Cette disposition ne laisserait place à aucune difficulté si le législateur s'était occupé des actions qui sont supérieures à 25 francs et inférieures à 100 francs. Le nouveau paragraphe 2 de l'art. 1ᵉʳ de la loi sur les sociétés crée, en effet, une différence entre les deux catégories de sociétés par actions, suivant l'importance de leur capital. Au lieu de n'exiger en tout cas que le versement du quart, le législateur de 1893 impose le versement de la totalité de l'action, lorsque le capital social, n'excédant pas 200.000 francs, a été divisé en actions inférieures à 100 francs. Si l'on s'en tient à la lettre du texte nouveau, on doit dire que le versement sera du quart lorsque les actions seront de 100 francs et au-dessus, de la totalité lorsqu'elles n'excéderont pas 25 francs, et que le législateur ne s'est pas expliqué sur le chiffre du versement à opérer sur les actions de plus de 25 francs et de moins de 100 francs ; d'où controverse. Il faut reconnaître qu'il y a, dans les termes dont s'est servi le législateur, une erreur de rédaction ; mais sa volonté nous apparaît absolument nette, et son intention a été qu'on ne pût jamais arriver à un premier versement de moins de 25 francs et d'exiger en conséquence le versement de la totalité de l'action toutes les fois que le quart représenterait un chiffre inférieur. Nous n'hésitons donc pas à penser que le paragraphe 2 doit être entendu en ce sens : que le versement devra être du quart lorsque les actions seront de 100 fr. et au-dessus, et de la totalité lorsqu'elles seront de moins de 100 fr. (En ce sens : Perrin, *Loi de 1893*, p. 4 ; Faure, p. 20).

1696.— MM. Lyon-Caen et Renault (Appendice, n. 9) soutiennent au contraire que le versement intégral n'étant exigé que pour les actions de 25 francs, et le versement du quart étant la règle, les actions supérieures à 25 fr., mais inférieures à 100 fr., ne devront être libérées que du quart. Sans doute cette règle était certaine sous l'empire de la loi de 1867, mais le législateur de 1893 a voulu modifier sur ce point des dispositions antérieures, et comme c'est lui qui a créé les actions de 100 fr., il est impossible de dire qu'il a voulu maintenir le versement du quart sur des actions qui n'existaient pas antérieurement ; il n'a pu vouloir, par exemple, que des actions de 26 fr. puissent être valablement émises avec un versement de 6 fr. 50. Sa volonté a été de limiter à 25 fr. le minimum de versement à opérer lors de la constitution de la société.

M. Houpin (*Gaz. Trib.*, 20 déc, 1893) et M. Vavasseur (*Le Droit*, 15 janv. 1894) proposent un autre système. Ils pensent qu'il est nécessaire, mais qu'il suffit que les actions comprises entre 25 fr. et 100 fr. soient libérées de 25 fr. minimum au-dessous duquel il n'est pas permis de descendre. C'est là une thèse arbitraire, qui ne procède ni du texte ni de l'esprit de la loi.

Dans tous les cas, il sera prudent, pour éviter toute difficulté, de se conformer à notre opinion qui ne présente aucun danger, tandis que l'opinion contraire pourrait en soulever de très gros.

1697. — *Quid* si les fonds versés par les souscripteurs périssent avant la constitution : par exemple, s'ils sont dissipés par le banquier dépositaire ? Nous pensons que la perte est pour les souscripteurs, car avant la *constitution* il n'y a pas société, et nous nous refusons à admettre un effet rétroactif au jour de la souscription. La société n'existe légalement que par l'accomplissement de la dernière formalité de constitution.

Les souscripteurs peuvent avoir d'ailleurs contre les fondateurs qui ont choisi le banquier tout recours utile (*Sic* : Houpin, n. 462. — *Contrà* : Lyon-Caen et Renault, 701 *bis*), M. Thaller (n. 575) estime que les fonds appartiennent à la société à partir de la déclaration notariée (V. Trib. Seine, 22 fév. 1900, *J. Soc.*, 1900.315).

1698. — Dans les travaux préparatoires de la loi, on trouve mentionnée une question, restée sans solution, qui ne peut pas être controversée en droit, mais qui dans la pratique est diversement résolue.

On avait pensé à exiger le dépôt du premier versement soit dans une caisse publique, soit, comme en Belgique, en l'étude du notaire.

Le gouvernement et la Chambre n'ont pas adopté cette innovation et ont maintenu la déclaration du gérant, contrôlée et déclarée sincère par l'assemblée générale, comme constituant une garantie suffisante du versement du quart. Cependant certains notaires, soucieux, disent-ils, de mettre leur responsabilité à l'abri, responsabilité illusoire d'ailleurs, se croient autorisés à exiger le versement du premier quart en leur étude. La chambre des notaires de Paris a été saisie tout dernièrement de cette question par un fondateur de société, qui exposait qu'un notaire avait exigé le versement en son étude du premier quart, tenant à mettre sa responsabilité à couvert ; qu'un autre notaire, dans l'étude duquel ce même fondateur avait voulu déposer ce premier quart, avait décliné cette offre, disant que la loi ne le lui imposait pas. La chambre des notaires, par une délibération en date du 26 août 1894, a décidé que chaque notaire est libre d'agir comme bon lui semble ; mais d'après l'avis de la chambre, il est préférable que le notaire refuse le dépôt du versement. Nous allons plus loin : nous pensons que le notaire n'a aucune qualité soit pour exiger, soit même pour recevoir le quart versé sur les actions ; il sort de son rôle de notaire en devenant ainsi le banquier du fondateur, et si responsabilité il y a, c'est évidemment parce qu'il se sera immiscé dans une fonction qui n'est pas la sienne.

1699. — Les fonds versés sont retirés des caisses où ils sont versés après la constitution, soit par le gérant s'il s'agit d'une société en commandite, soit par les administrateurs s'il s'agit d'une société anonyme.

Avant la constitution, le retrait des fonds déposés par le fondateur peut être effectué par le déposant, mais dans ce cas la validité de la société sera affectée si les fonds n'existent plus à sa disposition au jour de la constitution. Si les fonds ont été déposés au crédit de la *société en formation*, personne ne peut les retirer, soit avant la constitution soit avant l'abandon du projet de société dûment constaté.

En cas d'abandon du projet nous estimons que chacun des souscripteurs pourra requérir le remboursement de leur souscription. Mais comment constater l'abandon du projet. Si une assemblée générale a rejeté le projet, pas de difficultés. Mais si cette délibération fait défaut, le remboursement ne pourra être effectué que par accord avec le fondateur ou en vertu d'une décision judiciaire.

§ 5. — Obligation de payement du non-versé, ou libération des actions souscrites.

1700. — En principe, toutes les personnes qui ont été successivement.propriétaires du titre peuvent être actionnées pour en opérer la libération, que ce titre soit nominatif ou qu'il soit au porteur (Cass., 12 avr. 1881, S. 81.1.241 et la note de M. Labbé, D. 81.1.433 ; — 27 juin 1887, S. 88.1.49, D. 87.1.480 ; — Paris, 2 juin 1876, S. 79.2.33 ; — 17 août 1878, D. 79.2.328 ; — 20 nov. 1883, D. 84.2.207 ; — 4 mars 1886, D. 87.2.405 ; — Cass., 27 juin 1887, D. 87.1.480 ; — 30 juin 1891, *J. S.*, 1892.208 ; — 18 nov. 1904, *Gaz. Pal.*, 1904 ; — Lyon-Caen et Renault, n. 755).

On a soutenu cependant que l'obligation existe bien à la charge de tous pour les titres nominatifs, mais non pour les titres au porteur. Le porteur, a-t-on dit, est insaisissable, le titre seul doit exécuter les charges. Cette théorie est aujourd'hui à peu près abandonnée (V. n. 1703). La première obligation incombe donc au souscripteur originaire du titre ; elle incombe également aux porteurs successifs qui ont pris les uns et les autres l'obligation, fût elle implicite, d'opérer les versements.

1° Loi de 1867.

1701. — La loi du 24 juillet 1867 (art. 3) prévoyait la conversion des actions nominatives en actions au porteur ; elle réglait les conditions du vote de la conversion. Ces dispositions arrêtées, la loi s'exprimait ainsi : « Soit que les actions restent nominatives après cette délibération, soit qu'elles aient été converties en actions au porteur, les souscripteurs primitifs qui ont aliéné les actions et ceux auxquels ils les ont cédées avant le versement de moitié restent tenus du payement du montant de leurs actions pendant un délai de deux ans à partir de la délibération de l'assemblée générale. » C'est ce qui a donné naissance aux controverses les plus vives, controverses qu'a éteintes à jamais le nouvel art. 3 de la loi du 1er août 1893. Examinons-les cependant, puisque la loi du 1er août 1893 n'a pas d'effet rétroactif.

L'art. 3 prévoit deux catégories de personnes :

1° Les souscripteurs primitifs qui ont vendu leurs actions ;

2° Les acquéreurs antérieurs au versement de moitié.

Il faut ajouter :

1° Les acquéreurs postérieurs au versement de moitié ;

2° Les acquéreurs postérieurs à la délibération ;

3° Les détenteurs au moment de la délibération.

1702 — a) *Souscripteurs et cessionnaires ayant aliéné leurs titres, avant le versement de moitié*. — Les actionnaires de ces deux catégories sont expressément visés par l'art. 3. Il n'est pas douteux qu'ils sont libérés après le délai de deux ans. Il en est de même pour ceux qui ont aliéné les titres après le versement de moitié, mais avant la délibération de l'assemblée générale (Cass., 21 juill. 1879, S. 80.1.5 ; — 24 nov, 1880, D. 81.1.76).

1703. — Il existe entre la doctrine et la jurisprudence une divergence absolue sur la portée et le sens de la disposition de l'art. 3 aux termes de laquelle les souscripteurs primitifs qui ont aliéné les actions et ceux à qui ils les ont cédées, avant le versement de moitié, restent tenus au payement du montant de leurs actions pendant un délai de deux ans à partir de la délibération de l'assemblée générale.

En doctrine, la plupart des auteurs estiment que d'après le sens de cet article, il existe une suppression absolue de toute obligation personnelle à l'expiration du délai de deux ans ; les souscripteurs primitifs qui n'ont pas aliéné ou les cessionnaires qui n'ont pas rétrocédé leurs titres, en un mot les détenteurs actuels des actions, ne seraient eux-mêmes tenus d'aucune obligation personnelle, et la société ne pourrait exercer son recours que sur les titres, ce qui a été traduit par cette formule : « Le titre seul est débiteur » (V. Paris, 16 mai 1878, S. 79.2.33, D. 79.2.208 ; — Bédarride, t. 1, n. 80 ; Beslay et Lauras, t. 5, p. 261 ; Beudant, *R. crit. de lég.*, 1868, p. 28 et s., et note sous Cass., 21 juill. 1879, D. 79.1.321 ; Boistel, n. 265 ; Lyon-Caen et Renault, t. 2, n. 760 ; Pont, t. 2, n. 936 et s. et *J. S.*, 1881, p. 131 et s., 1882, p. 24 et s., 270 et s.).

Ce système, d'après lequel le titre seul est débiteur, est condamné formellement par la jurisprudence. D'après la Cour de cassation, l'art. 3 aurait eu pour but unique d'affranchir du versement les souscripteurs ou cessionnaires qui ont aliéné, mais cette disposition n'aurait eu ni pour but ni pour effet d'anéantir l'obligation personnelle d'opérer les versements pour les détenteurs actuels, cette obligation étant l'accessoire du titre et se transmettant avec lui (Cass., 21 juill. 1879, S. 80.1.5 et la note de M. Labbé, D. 79.1.321 ; — 24 nov. 1880, S. 81.1.215, D. 81.1.70 ; — 3 nov. 1883, S. 85.1.199, D. 84.1.101 ; — 16 fév. 1892, précité. — Paris, 16 mars 1878, S. 79.2. 33 ; — 17 août 1878, S. *Ibid.* ; — 24 mars 1888, S. 90.2 111 ; — Douai,

24 janv. 1901, *J. S.*, 1901.942. — *Sic* : Alauzet, t. 2, n. 547 ; Labbé, note sous Cass., 21 juill. 1871, précité, et sous Paris, 17 août 1878, précité ; Naquet, note sous Aix, 3 déc. 1888, S. 89.2.25 ; Vavasseur, t. I, n. 497 et s.).

1704. — b) *Souscripteurs qui n'ont pas aliéné dans un délai prescrit, et détenteurs.* — Il faut donc conclure que le souscripteur qui a aliéné son titre dans le délai indiqué par l'art. 3 peut seul invoquer la prescription de deux ans. Celui qui l'a conservé ou qui ne l'a aliéné qu'ensuite est tenu personnellement. La jurisprudence est formelle à cet égard (V. notamment notre *Table des dix années*, V° *Libération d'actions*, n. 3). Le dernier arrêt de cassation sur la matière est du 29 juin 1885 (S. 86.1.18).

La jurisprudence admet encore que le souscripteur, ou tout autre détenteur, qui aliène son titre postérieurement soit à l'appel de fonds, soit au jour fixé pour les versements, reste débiteur, la prescription de deux ans fût-elle échue (Paris, 15 juill. 1887, *R. S.*, 1887.482 ; — 24 mars 1888, *J. S.*, 1889.263 ; — Thaller, *Ann. de dr. com.*, 1889, p. 226. — V. aussi Lyon, 2 mai 1888, *J. S.*, 1889.49).

1705. — c) *Cessionnaires postérieurs à la délibération et à l'appel de fonds.* — Les actions peuvent être cédées après la délibération ; mais quelle est la situation du cessionnaire qui, au moment où l'action en versement est intentée par la société, n'est plus propriétaire du titre ?

Quelques auteurs appliquent le délai de deux ans (Lyon-Caen, note S. 83.2.193 ; Rivière, *Sociétés*, n. 85). Cette opinion est opposée aux termes de l'art. 3. Il faut choisir entre deux solutions : l'une qui libère le cessionnaire postérieur à la délibération, par le fait seul qu'il aurait aliéné son titre ; l'autre, qui le consacre débiteur personnel, ne lui applique pas l'art. 3, et le rend obligé aux versements de sa mise pendant trente ans à partir du jour de l'appel de fonds. La première solution est le plus généralement admise (Cass., 21 juill. 1879, S. 80.1.5 et la note de M. Labbé, D. 79.1.321 ; — 29 juin 1885, deux arrêts, S. 86.1.14 et la note de M. Lyon-Caen, D. 85.1.385 ; — 15 fév. 1892, deux arrêts, S. 92.1.121 et les notes de MM. X.. et Lyon-Caen, D. 93.1.137 ; — Paris, 26 juill. 1887, D. 88.2.145. — *Sic* : Bédarride, t. 1, n. 83 ; Beudant, *R. crit. de législ.*, 1868, p. 33 et s. ; Boistel, n. 255 ; Lyon-Caen et Renault, t. 2, n. 759 ; Pont, t. 2, n. 930 ; Thaller, *R. crit. de législ.*, 1886, p. 254 ; Ruben de Couder, V° cit., n. 179).

1706. — d) *Conversion irrégulière.* — Que décider si la conversion des titres a été irrégulière ? Dans ce cas le détenteur ne peut se soustraire à la demande en libération. Il est inutile, en ce qui le concerne, de rechercher si le titre a été régulièrement mis au porteur, ou si, par suite de l'irrégularité de la conversion, il n'a jamais cessé d'être un titre nominatif : le souscripteur, lié par son obligation personnelle, doit prouver ou bien qu'il a versé le montant des appels de fonds, ou bien qu'il s'est écoulé un délai de deux ans à partir du vote de la conversion. Si la conversion est illégale, elle n'a pu produire l'effet libératoire prévu par la loi ; dès lors, les titres sont demeurés nominatifs, et tout ce que nous avons dit relativement aux porteurs d'actions nominatives doit recevoir son application (Cass., 27 juin 1887, S. 88.1.49 et la note de M. Labbé, D. 87.1.489).

1707. — Si le vice de la conversion est apparent, ce qui arrivera notamment dans le cas où les actions sont converties sans l'autorisation de l'assemblé e générale, ou bien encore si cette délibération prescrit la conversion des actions au fur et à mesure de leur libération de moitié, ces titres doivent être considérés comme étant restés nominatifs à l'égard de toutes les personnes entre les mains desquelles ils ont passé, soit antérieurement, soit postérieurement à l'assemblée générale des actionnaires (Cass., 8 août 1882, S. 83.1. 49, D. 83.1.241).

1708. — Le cessionnaire intermédiaire qui a acheté un titre au porteur irrégulièrement converti, et qui l'a revendu avant l'appel de fonds, peut-il être tenu des versements ? La Cour de Paris, le 8 juillet 1881, et sur pourvoi, la Cour de cassation, le 8 août 1882 (S. 83.1.49, D. 83.1.241), ont décidé que si le cessionnaire intermédiaire n'avait pu se rendre compte de l'irrégularité de son titre, il ne pouvait pas être tenu aux versements.

1709. — c) *Epoque des versements.* — Les appels de fonds ne peuvent être votés que par le conseil d'administration, composé en nombre, conformément aux statuts (Paris, 20 mai 1887, *R. S.*, 1887.475 ; — Paris, 24 janv. 1889 (inédit), aff. Bégis contre la Centrale).

1701. — Les statuts peuvent fixer eux-mêmes les époques des versements à effectuer, soit à un seul terme, soit à des échéances échelonnées ; ils peuvent aussi laisser aux représentants de la société, administrateurs ou assemblée générale suivant les cas, la faculté de faire des appels de fonds suivant les besoins sociaux.

Le terme fixé pour les appels de fonds est stipulé non pas seulement dans l'intérêt de l'actionnaire, conformément à la disposition de l'art 1187 C. civ., mais aussi dans l'intérêt de la société qui pourrait être gênée par un capital dont elle n'a pas besoin. D'où il résulte que les actionnaires ne peuvent pas effectuer leurs versements avant l'époque fixé e pour leur exigibilité, à moins de convention contraire avec la société (Lyon-Caen et Renault, t. 2, n. 736 ; Vavasseur, t. 1, n. 490).

La société, de son côté, ne peut pas réclamer avant l'échéance du terme (V. en cas de faillite, n. 1724 et suiv.).

1711. — A quelle date doit-on considérer que l'appel de fonds est fait ? On comprend l'importance de la question, puisque c'est le point de départ du moment où l'actionnaire ne peut plus échapper à l'obligation de libération en vendant son action. Quatre dates peuvent être fixées :

1° La demande en justice formée individuellement contre chaque actionnaire ;

2° L'échéance de la date fixée pour le payement du versement appelé ;

3° Les annonces de l'appel de fonds dans les journaux ;

4° La délibération du conseil d'administration qui décide cet appel de fonds.

Il faut écarter de suite la demande en justice. La demande en justice est en effet une mesure individuelle, entraînée par le refus du payement de l'actionnaire. Elle ne donne pas naissance à l'obligation et elle en suppose l'existence antérieure ; elle n'est introduite qu'en raison de son inexécution (Trib. Seine, 10 déc. 1886, *R. S.*, 1887. 153).

Même solution pour l'échéance fixée pour le payement (En sens contraire : Lyon, 2 mai 1888, *R. S.*, 1888.367). L'échéance est un délai imparti pour le payement : elle ne crée pas l'obligation.

Même solution pour l'annonce dans les journaux. Ce n'est pas l'annonce dans les journaux qui crée le droit.

Il faut donc se ranger à la quatrième date, c'est-à-dire la délibération du conseil d'administration (Aix, 22 fév. 1889, S. 90.2 180, D. 93.2.153 ; — Paris, 8 janv. 1891, sol. implic., S. 91.2.92, D. 93.2.153 ; — Paris, 9 janv. 1906, *R. S.*, 1906.240. — *Sic* : Lyon-Caen, notes sous Paris, 23 juill. 1889, S 90.2.177, et sous Cass., 16 fév. 1892, S. 92.1.121 ; — Lyon-Caen et Renault, t. 2, n. 760 *bis* ; Pic, note sous Aix, 25 fév. 1889, D. 93.2.153).

D'après un autre système, on doit considérer comme détenteur actuel d'actions au porteur non pas celui qui détient les actions au moment de l'appel de fonds, mais celui qui les détient au moment où il est mis en demeure, par une sommation régulière ou une assignation, d'avoir à libérer ses actions (Cass., 16 fév. 1892, S. 92.1.121, D. 93.1.137 ; — 13 mai 1895, S. 95.1.281, D. 95.1.478 ; — Paris, 18 juin 1887, S. 89.2.63 ; — 30 mars 1889, D. 93.2.137 ; — 23 juill. 1889, S. 90.2.177, D. 93.2.153 ; — Amiens, 7 mai 1896, S. 97.2.19. — *Sic* : Laurent, t. 1, n. 512 *bis* ; Crépon, *Négoc. des effets publics*, p. 265).

1712. — La preuve de la propriété des actions incombe soit à la société, soit au syndic qui la représente, contre l'actionnaire, et cette preuve doit être faite non *in genere*, mais bien par le numéro des actions sur lesquelles les versements sont réclamés (Paris, 20 déc. 1884, *R. S*, 1885.260 ; — 19 fév. 1885, D. 85.2.181 ; — Cass., 16 fév. 1892, S. 92.1.121, D. 93.1.137 ; — 13 mai 1895, S. 95.1.281, D. 95.1.478 ; — Aix, 3 déc. 1888, S. 89.2.25, D. 93.2.153 ; — 25 fév. 1889, S. 90.2.180, D. 93.2.143 ; — 17 mars 1893, *J. S.*, 1893.522. — Paris, 20 déc. 1894, *Ibid.*, 1897.97 ; — Amiens, 7 mai 1896, S. 97.2.16 ; — Trib. com. Seine, 21 juill. 1892, *J. S.*, 1892.492 ; — Trib. civ. Lyon, 10 août 1892, *Ibid.*, 1893.51. — *Sic* : Buchère, n. 815 ; Crépon, *Négoc. des effets publics*, p. 205 ; Wahl, n. 716,723).

1713. — D'après une autre opinion la preuve de l'aliénation des actions incomberait au défendeur. Le défendeur oppose à la demande dirigée contre lui une cause de libération résultant de l'aliénation : il doit donc la prouver, conformément à la règle *Reus excipiendo fit actio* (Cass., 2 avr. 1883, S. 85.1.199, D. 84.1.101 ; — Paris, 18 juin 1887, S. 89.2.63 ; — 23 juill. 1889, S. 90.2.177, D. 93.2.153 ; — 8 janv. 1891, S. 91.2.62, D. 93.2.153 ; — 7 déc. 1893, S. 95.2.281, sous Cass., 13 mai 1895, D. 95.1.43 ; — 11 mai 1894, D. 95.2.267 ; — 9 nov. 1894, S. 95.2.144, Dalloz, *Rép.*, *Suppl.*, V° *Sociétés*, n. 1130. — *Sic* : Lyon-Caen, notes sous Cass., 29 juin 1885, précité, S. 86.1.17, sous Paris, 23 juill. 1889, précité, S. *loc. cit.*, et sous Cass., 16 fév. 1892, S. 92.1.121 ; Lyon-Caen et Renault, t. 2, n. 761 ; Naquet, note sous Aix, 3 déc. 1888, S. 89.2.25 ; Pic, note sous Paris, 23 juill. 1889, précité, D. 93.2.154 ; Vavasseur, t. 1, n. 512 *ter*).

1714. — L'actionnaire qui se révèle par sa présence à une assemblée générale est tenu des appels de fonds (Paris, 16 juin 1885, *J. S.*, 1887.204).

Le reporteur détenant la propriété des titres mis en report est tenu d'effectuer les versements appelés au cours du report (Paris, 14 mars 1891, S. 91.2.220. — V. note Labbé, S. 85.1.193).

1715. — f) *Ordre des versements*. — *Recours*. — Les divers obligés au payement du non-versé sont tenus solidairement envers la société. En conséquence, le représentant de la société, le syndic après la faillite, peut demander les versements complémentaires à chacun d'eux ou à tous ensemble, sans que le souscripteur ou le cessionnaire poursuivi ait le droit d'invoquer le bénéfice de discussion et d'obliger la société à poursuivre au préalable le détendeur actuel (Paris, 2 juin 1876, S. 79.2 33, D. 78.2.134. — *Sic* : Beudant, *R. crit. de législ.*, t. 33, p. 18 et s. ; Lyon-Caen et Renault, t. 2, n. 763, et Appendice, n. 15 ; Pont, t. 2, n. 946 et s. ; Vavasseur, t. 1, n. 497 et s. ; Wahl, t. 1, n. 704). Cependant M. Labbé (note sous Paris, 2 juin 1876, précité S. *loc. cit.*), dit que les cessionnaires intermédiaires sont des débiteurs accessoires, qui peuvent, en remplissant les conditions prévues par l'art. 2023 C. civ., exiger la discussion préalable du détenteur actuel.

1716. — A quelle action récursoire peut donner lieu le payement du non-versé effectué par un ancien actionnaire qui s'est dessaisi du titre ? Le dernier porteur qui a libéré le titre n'est investi d'aucune action récursoire, attendu qu'il n'a fait que payer sa dette. C'est en effet, d'après tous les principes, le détenteur actuel qui est le débiteur du non-versé, les propriétaires antérieurs du titre n'étant, vis-à-vis du porteur, que des cautions. Il est bien évident que ce porteur ne saurait être admis en aucun cas à recourir contre ses cédants, si ce n'est dans le cas de nullité des négociations (Lyon, 8 mai 1884, D. 84.2.219 ; — Paris. 4 mars 1886, D. 87.2.105).

1717. — Mais si le payement a été fait par le souscripteur ou un cessionnaire intermédiaire, ce souscripteur ou ce cessionnaire a acquitté une dette dont il était tenu pour d'autres, et par suite, il est légalement subrogé aux droits de la société contre les cessionnaires subséquents et contre le détenteur actuel.

1718. — Le souscripteur ou le cessionnaire qui a payé ne pourrait agir de son propre chef contre les cessionnaires. Vainement, on objecterait que ces cessionnaires sont tenus à l'obligation de garantie envers leurs cédants. La forme au porteur implique renonciation à toute obligation de garantie : à partir de sa réalisation, la transmission du titre n'établit aucun lien entre les parties. de telle sorte que le cessionnaire ne peut plus être poursuivi, ni par la société ni par son cédant (Cass., 29 juin 1885, S. 86.1.17, D. 85.1.385 ; — 29 juin 1885, S. *Ibid.* ; — Lyon, 3 juill. 1883, S. 83.2.193. — *Sic* : Buchère *J. Soc.*, 1885, p. 481 et s. ; Lyon-Caen et Renault, t. 2, n. 764. — *Contrà* : Lyon-Caen, note sous Lyon, 3 juill. 1883, précité).

1719. — Si le détendeur poursuivi en libération prétend que le titre a été libéré d'une somme qu'on lui réclame une seconde fois, pourra-t-il invoquer à titre d'exception les libérations partielles antérieures ? Un arrêt de la Cour de Paris, du 4 mars 1886, précité, décide qu'en vertu du principe de la solidarité, le détenteur actuel doit l'intégralité du non-versé, sauf à la société à rembourser aux porteurs intermédiaires les acomptes qu'ils auraient payés (V. *suprà*, n. 1716).

1720. — Dans le cas où l'art. 3 est inapplicable, les conditions requises pour la validité de la conversion n'étant pas réunies, il est de jurisprudence que le souscripteur ou le cessionnaire intermédiaire qui a payé a le droit de recourir soit contre le titulaire actuel, soit contre les cessionnaires successifs ; mais lorsque, au contraire, la conversion a été régulière, c'est-à-dire lorsqu'on se trouve sous l'empire de l'art. 3, une difficulté naît : celle de savoir si les principes de la subrogation légale peuvent être appliqués, Pour avoir droit au bénéfice de la subrogation contre les débiteurs dont on a payé la dette, il faut en effet que ces débiteurs ne puissent invoquer aucune exception de libération ; or, tel est précisément le cas des souscripteurs et des cessionnaires antérieurs au vote de la conversion lorsque deux ans se sont écoulés depuis le vote, et même, avant deux ans, des cessionnaires postérieurs à la délibération libérés par la revente du titre.

1721. — Certains auteurs se sont néanmoins prononcés en faveur du droit de recours contre tous les cessionnaires, non pas en vertu des principes sur la subrogation, mais en vertu d'une interprétation rationnelle de la volonté des contractants. L'art. 3, dit-on, s'est occupé des rapports des actionnaires avec la société ou les créanciers sociaux, mais il laisse de côté tout ce qui concerne les rapports des cessionnaires avec leurs cédants ; ces ventes engendrent, d'après les principes généraux, l'obligation pour l'acheteur de rembourser au vendeur le montant des versements faits par celui-ci (Lyon-Caen, dissertation sur l'arrêt de la Cour de Lyon du 3 juill. 1883, S. 83 2 193. — V. aussi les conclusions de M. le procureur général Baudouin, sous Cass , 29 juin 1885, S 86 1.17, D. 85.1.385).

1722. — Cette opinion n'a pas prévalu en jurisprudence. La Cour de cassation décide que le cessionnaire intermédiaire qui n'a acquis les actions qu'après le vote de conversion est à l'abri de tout recours, tout à la fois de la part de la société et de la part du cédant, qui, non protégé par la prescription biennale, a été obligé de répondre

aux appels de fonds ; le cédant n'a de recours que contre le détenteur actuel de l'action (Lyon, 3 juill. 1883 et 13 août 1884, et sur
pourvoi, Cass., 29 juin 1885, S. 86 1.17, D. 85.1.335 ; — Dalloz,
Supp., V° *Sociétés*, n. 1135).

1723. — L'actionnaire qui a libéré peut-il contraindre son cessionnaire immédiat qui a revendu les titres à lui faire connaître
son propre cessionnaire, pour recourir contre lui en remboursement
de la libération ? La question s'est présentée sous la forme du respect du secret professionnel des agents de change. Ces derniers
soutenaient, en effet, que tenus au secret professionnel de toutes
leurs opérations, ils ne devaient pas indiquer le nom des cessionnaires des titres qu'ils avaient été chargés de vendre. La jurisprudence n'a point été de leur avis, et elle décide que le secret ne doit
plus être gardé, s'il résulte du marché conclu par l'intermédiaire
de l'agent le principe d'une action de l'un des contractants contre
l'autre (Cass., 8 août 1882, S. 83.1 199, D. 83.1.241 ; — Douai,
26 nov. 1884, D. 85.2.157. — V. cependant : Cass , 29 juin 1885 ,
précité).

1724. — g) *Faillite.* — *Liquidation.* — *Exécution en Bourse.* —
La faillite de la société rend exigibles les sommes restant dues sur
les actions, quels que soient les termes et délais accordés par les
statuts aux actionnaires (Cass., 25 oct. 1897, S. 98.1.177, D. 98.1.
297 ; — Paris, 1er août 1850, S. 50.2.374, D. 50 2.147 ; — 14 août 1850,
S. 50 2.374, D. 51 5 255 ; — 23 juin 1859, S. 60.2.128, D. 60.5.367 ; —
Bordeaux, 3 mars 1884, D. 86.2.68 et *R. S.*, 1885.44 ; — Trib. com.
du Havre, 9 janv. 1884, *J. S.*, 1884 275 ; — Trib. com. Seine, 15 janv.
1884, *J. des faillites*, 1884.158 ; — 13 janv. 1885, *Ibid.*, 1885.463 ; —
Paris, 24 janv. 1902, *R. S.*, 1902.163 ; — Cass., 31 mai 1902, S. 02.
1.177, D. 02.1.351, note de M. Wahl au Sirey ; — Cass., 8 nov.
1904, *Gaz. Pal.*, 17 nov. 1904. — *Sic* : Alauzet, t. 7, n. 2489 ; Ruben
de Couder, V° *Soc. en command.*, n. 422 et s. ; Vavasseur, t. 1,
n. 523. — V. aussi : Cass., 18 avr. 1876, S. 79.1.69, D. 78.1.87 ; —
Paris, 7 fév. 1884, S. 81.2.117, Dalloz, *Rép.,Supp.*, V° *Faillite*, n.541.
— *Contra* : Boistel n. 933 ; Duvivier, *Faill. des soc. comm.*, p. 125
et s. ; Labbé, note sous Cass., 20 oct. 1886, S. 87.1.49, P. 87.1.413 ;
— Lyon, 25 mars 1904, *R S* ,1905.214 ; — Cass., 8 nov. 1904, *J. S.*,
1905.351 et *Gaz. Trib.*, 21 janv. 1905 ; — Lyon-Caen et Renault,
t. 2, n 736 ; Pic, *Faill. des soc.*, p. 117 ; Thaller, *R. crit. de législ.*,
885, p 295 ; Wahl, note sous Cass., 25 oct. 1897, S. 98.1.177).

1725. — Le syndic puise donc dans ses pouvoirs le droit d'exercer des poursuites pour obtenir la libération des actions dès l'ouverture de la faillite (Cass., 26 mai 1886 *J. S.*, 1887.262 ; — 20 oct. 1886, S. 87.1.49 ; — Paris, 19 déc. 1884, *J. S.*, 1885.364. — V. aussi Cass., 25 oct. 1897, précité, et 18 juin 1902, *J. S.*, 1902.427).

1726. — Les actionnaires ne sauraient être admis à opposer au syndic aucune des exceptions qu'ils n'auraient pas opposées à la société avant la faillite. Ainsi, les actionnaires ne peuvent ni critiquer, l'exécution en Bourse conforme aux statuts, ni opposer au syndic un vice de constitution de la société, la nullité de la société n'étant pas opposable aux tiers (Cass., 24 juin 1861, S. 62.1.185, D. 61.1.435 ; — 10 fév. 1868, S. 68.1.149, D. 68.1.379 ; — Paris, 5 fév. 1872, S. 73. 2.75, D. 74 2.235 ; — Orléans, 16 août 1882, D. 84.2.36 ; — Paris, 2 mars 1883, *R. S.*, 1883.730 ; — Bordeaux, 3 mars 1884, D. 86.2. 68 ; — Cass., 25 fév. 1885, D. 85.1.404 ; — Paris, 13 mai 1885, D. 86. 2.201 ; — 5 juin 1885, *J. val. mobil.*, 1885.103 ; 3 janv. 1887, S. 87. 2.269, D. 87.2 406 ; — 15 nov. 1892, S. 93.2.364, D. 93 2 113 ; — Seine, 3 juin 1903, *J. S.*, 1905.183 ; — Cass. 8 nov. 1904, précité).

1727. — L'actionnaire ne peut invoquer non plus le dol ou la fraude dont il aurait été victime au moment de la souscription, ce dol ou cette fraude n'étant pas le fait des créanciers (Cass., 10 fév. 1868, précité ; — Paris, 9 mai 1877 et 26 avr. 1877, D. 79.2 81 ; — 25 mai 1886, D. 87.2.379. — V. *suprà*, n. 1633).

1728. — Les syndics sont fondés à demander à chaque associé le montant intégral de la mise sociale, et cela sans aucune justification à fournir sur l'état du passif, l'emploi des fonds, la nature des poursuites judiciaires engagées (Cass., 26 mai 1886, S. 86.1 349, D. 87.1. 383 ; — Paris, 9 mai 1834, D. *Ibid.* ; — 3 fév. 1887, S. 87.2.36 ; — 4 mai 1888, D. 89.2.1 et la note de M. Boistel ; — 6 fév. 1891, D. 92. 2.385 ; — 19 déc. 1894, D. 96.2.81 et la note de M. Valéry ; — Aix, 14 nov. 1860, S. 61 2.296 : — Lyon, 25 avr. 1885, S. 86.2.116 ; — Cass., 1er mai 1907, *J. S.*, 1908 12).

1729. — Un arrêt du 8 février 1884 de la Cour de Paris (S. 84.2. 117) applique à la liquidation les mêmes principes qu'à la faillite (V. aussi : Paris, 9 mai 1884, D. 86.2 116 ; — Cass , 20 oct. 1886, précité ; — Paris, 3 fév. 1887, T.C. 1887, p 489. — Lyon-Caen et Renault, n. 738. — *Contrà* : Thaller, *R. crit.*, 1887, p. 217 ; Labbé S. 87.1.49).

1730. — Un arrêt du 3 fév. 1887 (*Gaz. Trib.*, 15 mars 1887) a décidé l'application des mêmes principes, dans le cas où la société aurait été annulée pour inobservation des dispositions de la loi.

Lorsque la réduction du capital de la société a été opérée au moyen de l'échange des actions primitives non libérées contre des titres nouveaux entièrement libérés. cette opération d'échange est inexistante pour la société et ses créanciers ; ceux qui étaient propriétaires des titres anciens lors de l'échange doivent être considérés comme les derniers porteurs et leurs actions sont demeurées les vraies débitrices des versements complémentaires à effectuer sur la demande des syndics (Paris, 19 juin 1900, *J. S.*, 1901 26. — Cpr. Paris, 19 janv. 1897, *J. S.*, 1897.264).

1731. — Lorsque la société est mise en liquidation, il appartient au liquidateur de demander, pour l'acquit du passif social, le versement des sommes restant dues sur les actions non libérées. Si le passif social a été éteint au moyen de versements fait sans protestation par d'autres actionnaires, le souscripteur d'actions ne peut résister à la demande contre lui formée par le liquidateur à fin de libération, sous prétexte que les créanciers sociaux seraient désintéressés. En effet, si le passif social n'a pu être éteint par les verse_ ments faits par les autres actionnaires, le souscripteur qui est demeuré débiteur d'un solde de libération de ses actions est obligé au versement de ce solde, pour que les autres actionnaires qui ont seuls payé puissent être remboursés de ce qu'ils ont versé en dehors de leur part et portion dans les dettes sociales (Paris, 9 mai 1884, *J. S.*, 1885.523 : — Lyon, 25 avr. 1885, D.86.2.116). Les conventions entre le liquidateur et les souscripteurs au sujet de la libération du non versé, profiteront aux cessionnaires (Cass., 3 juill. 1900, D. 02, 1.408, note Sevillain ; — 9 avr. 1900, S. 02.1.263).

1732-1373. — Si la société nulle n'a pas de passif à acquitter, la nullité fait évanouir les obligations que les associés avaient contractées, car les associés peuvent s'opposer entre eux la nullité de la société.

1734. — On ne peut opposer au liquidateur, pas plus qu'au syndic, la nullité de la société. Le liquidateur doit éteindre le passif, et la nullité de la société ne peut être opposée aux tiers par les associés (Cass., 19 juill. 1888, *R. S.*, 1888. 463 ; — Paris, 28 avr. 1887, D. 88. 2.105 ; — 14 juin 1888, *R. Soc.*, 1888.467).

1735. — En cas de non-versement des sommes exigibles, le représentant de la société peut arriver à obtenir le payement en exerçant deux actions : ou bien une action contre l'actionnaire débiteur, en payement des sommes par lui dues dans les termes du droit commun ; ou bien une action ayant pour résultat de faire vendre aux frais, risques et périls de l'actionnaire en retard, les actions sur lesquelles des versements sont dus. Mais dans ce dernier cas, il est nécessaire qu'une clause formelle des statuts autorise le représentant de la société à opérer la vente des titres après publication des numéros dans un journal d'annonces légales. Cette clause est absolument valable, et après la publication statutaire, la société. sans mise en demeure préalable et sans autre formalité ultérieure si les statuts le prévoient, peut faire vendre en Bourse sur duplicata les actions non libérées. Si les actions ne sont pas cotées en Bourse, la vente peut avoir lieu aux enchères en l'étude et par le ministère d'une notaire, pour le compte, aux risques et périls des actionnaires en retard. Le prix de la vente s'impute sur ce qui est dû à la société pour libération des actions, et l'excédent, s'il y a lieu, revient à l'actionnaire.

1736.—M. Vavasseur (n. 519) pense qu'il serait irrégulier de faire procéder à la vente des actions, même avec les publications judiciaires, sans appeler le souscripteur primitif M. Pont (n. 950) fait observer que c'est là une exigence injustifiée. La situation de la société vis-à-vis de l'actionnaire en retard ne peut être assimilée à celle du créancier nanti d'un gage. Il s'agit d'appliquer une clause de déchéance qui, inscrite dans les statuts, avertit les associés que faute par eux de satisfaire à leurs obligations, ils seront expropriés de leurs titres et déchus de leurs droits (V. dans ce sens : Cass., 10 mai 1857 et 10 mai 1859, S. 59.1 924, D. 59.1.368 ; — 14 fév. 1872, S. 72.1. 321, D. 72.1.244 ; — 22 déc. 1885 (sol. impl.), S. 88.1.12, D 86.1.261 ; — 31 oct. 1887, S. 90.1.524, D. 88.1.476 ; — 20 fév. 1888, S. 88.1.401, D. 89.1.361 ; — 4 déc. 1888, S. 90.1 564, D. 88.5.453 ; — 8 déc. 1891, S. 92.1.61, D. 92.1.539 ; — Paris. 15 avr. 1885, sous Cass., 20 fév. 1888, précité ; — 26 nov. 1887, S. 89.2.210, D. 88 2.307 ; — 30 juin 1892, D. 92 2 476 ; — St-Etienne, 14 mai 1903, *R. Soc.*, 1904.25 ; — Cass., 8 juin 1915, *Gaz.*, 1917.24. *Sic* : Boistel, n. 227 ; Lyon-Caen et Renault, t. 2, n. 739 ; Mathieu et Bourguignat, p. 32 ; Pont, t. 2, n. 249 ; Vavasseur, t. 1, n. 371 et 519 ; Bernarn, *De l'exécution en Bourse*, *Ann. de dr. comm.*, 1904).

1737. — La jurisprudence a été appelée à examiner la question de savoir si les actions ainsi vendues doivent être considérées comme entièrement libérées des versements appelés. Elle s'est prononcée pour l'affirmative. L'acquéreur de ces actions n'est donc astreint à aucune autre obligation que celle d'acquitter son titre, et il ne doit pas en sus libérer les actions. La société, en cas de déficit, ne conserve son recours que contre les débiteurs antérieurs (V. tous les arrêts cités ci-dessus).

1738. — Les sommes dues par les actionnaires produisent de plein droit intérêts au taux légal à partir de leur exigibilité, à moins de disposition contraire des statuts (Cass , 6 août 1862, D. 62.1.427 ; — Aix, 1er mars 1869, S. 70 2.73 ; — Paris, 15 juin 1871, D. 71.2.142 ; — 14 juin 1888, *R. S.*, 1888 467 ; — Cass., 14 nov. 1899, *J. Soc.*, 1900 126 ; — Lyon Caen et Renault, n. 734).

1739. — Si l'exigibilité n'est pas déterminée par les statuts, les intérêts courent du jour de l'appel de fonds, et non du jour de la demande en justice (Paris, 14 juin 1888, précité ; — 19 avr. 1899, *J. S.*, 1899.427).

1740. — Les actionnaires peuvent même être condamnés à des dommages-intérêts (Lyon-Caen et Renault, n. 568). Les intérêts se prescrivent par cinq ans (Trib. Seine, 27 mai 1892, *J. S.*, 1892, 485).

1741 — Mais en cas de liquidation ou de faillite, les intérêts ne courent que du jour de la demande en justice formée par le syndic ou le liquidateur (Cass,, 25 oct. 1897, S. 98.1.177 et note de M. Wahl). D'après cet auteur, les intérêts courent du jugement déclaratif de faillite.

1742. — En vertu du principe que toute souscription d'actions dans une société constitue un acte de commerce, l'action en libération est de la compétence des tribunaux consulaires du siège social.

2° Loi de 1893.

1743. — Aux termes de la loi du 1er août 1893 (art. 3 nouveau), les actions sont nominatives jusqu'à leur entière libération, et dès lors, pour les sociétés nouvelles il y a dans les solutions que nous venons de donner beaucoup de points qui ne pourront plus présenter d'intérêt.

1744 — La loi du 1er août 1893 a, dans ses dispositions transitoires, édicté de la façon suivante le principe de responsabilité relatif au versement de fonds : « Les deux ans, dit la loi, après lesquels tout souscripteur ou actionnaire qui a cédé son titre cesse d'être responsable des versements non appelés ne courront, à l'égard des créanciers antérieurs à la présente loi, qu'à partir de l'entrée en vigueur de la loi, et sauf application de l'art. 2257 C. civ., pour les créances conditionnelles ou à terme et les actions en garantie. » Le titulaire, les cessionnaires intermédiaires et souscripteurs sont tenus solidairement du montant de l'action (Cass., 3 juill.

1900, *J. S.*, 1901.389. — Concl. de M. Desjardins. — St-Etienne, 14 mai 1903, *R. S.*, 1904.25).

Mais n'oublions pas que pour les sociétés existant avant la loi de 1893, sans distinction entre celles antérieures à la loi du 21 juillet 1867 et celles postérieures, il n'est pas dérogé à la faculté qu'elles peuvent avoir de convertir leurs actions en titres au porteur *avant libération intégrale.*

Ces dispositions ont été adoptées, à la Chambre des députés et au Sénat, sans dificulté. Elles limitent encore pour l'avenir la responsabilité, telle qu'elle a été expliquée ci-dessus, des souscripteurs originaires d'actions nominatives converties en titres au porteur.

1745. — Pour régler les obligations des souscripteurs et cessionnaires intermédiaires des actions, il y a lieu de distinguer suivant que la conversion a été votée par l'assemblée générale des actionnaires avant ou depuis la promulgation de la loi de 1893.

Dans le premier cas, les règles posées par l'art. 3 de la loi de 1867 continuent à recevoir leur application : les souscripteurs primitifs et les actionnaires antérieurs à l'assemblée générale de conversion seront donc libérés deux ans après cette assemblée ; les cessionnaires postérieurs à ladite assemblée seront libérés par le seul fait de l'aliénation de leurs titres (Bouvier-Bangillon, p. 174).

Dans le second cas, c'est-à-dire si la conversion des titres nominatifs en titres au porteur n'a été votée que depuis la loi de 1893 les cessionnaires postérieurs à l'assemblée de conversion bénéficieront encore de l'art. 3 de la loi de 1867, en ce sens qu'ils sont libérés de plein droit, conformément à cet article, par le seul fait de l'aliénation de leurs titres (Bouvier-Bangillon, p. 174).

1746. — Quant aux souscripteurs et aux cessionnaires antérieurs à l'assemblée de conversion, ils sont également libérés deux ans après cette assemblée. Mais de plus, ils peuvent invoquer, leurs actions étant restées nominatives, la disposition finale de l'art. 3 de la loi de 1867, modifié par la loi de 1893, aux termes de laquelle « tout souscripteur ou actionnaire qui a cédé son titre cesse, deux ans après la cession, d'être responsable des versements non encore appelés ». Ce même droit appartient également aux souscripteurs et aux cessionnaires des actions des sociétés anciennes qui ne remplissent pas les conditions prescrites pour leur conversion par l'art. 3 de la loi de 1867, et qui, comme telles, doivent rester nominatives jusqu'à leur entière libération (Lyon-Caen et Renault, t. 2, Appendice, n. 60).

1747 — La prescription de deux ans de la loi de 1893 court à partir de la cession, si cette cession est postérieure à la loi nouvelle. Si au contraire elle a été effectuée avant cette loi, la prescription ne court, aux termes du deuxième alinéa de l'art. 3, qu'à partir de l'entrée en vigueur de ladite loi, à l'égard tout au moins des créanciers antérieurs et de la société, et sauf application de l'art. 2257 C civ., pour les créances conditionnelles ou à terme et les actions en garantie (Bouvier-Bangillon, p. 170 ; Goirand, n. 351 ; Lyon-Caen et Renault, *loc. cit.*).

L'art. 2 de la loi de 1893 ne s'applique pas au cas où le souscripteur originaire est poursuivi à fin de paiement de sommes qu'il avait promis de verser (Paris, 24 juin 1902, *Gaz. Trib.*, 15 fév. 1902).

L'échange des titres d'actions anciennes contre des actions nouvelles, autorisé par une assemblée générale d'actionnaires, à la suite de la réduction du capital social d'une société anonyme, n'emporte pas renonciation de la société à poursuivre contre les souscripteurs originaires la libération des actions souscrites (même arrêt : Cass , 18 juin 1902, *Gaz. Trib.*, 10 oct. 1902).

SECTION IV

DÉCLARATION NOTARIÉE DE SOUSCRIPTION ET DE VERSEMENT

1748. — La souscription de la totalité du capital et le versement, par chaque actionnaire, du quart au moins des actions par lui souscrites, doivent être constatés par une déclaration faite dans un acte notarié : par le gérant si la société est en commandite, et par les fondateurs de la société si elle est anonyme (L 24 juill. 1867, art, 1er et 24).

1749 . — La déclaration de souscription et de versement ne doit porter que sur les actions souscrites en numéraire. Elle ne comprend pas les actions attribuées en représentation des apports en nature, puisque ces actions ne sont pas souscrites et sont libérées par le fait seul de la constitution de la société et de la stipulation des statuts.

1750. — Pour la société en commandite, la déclaration est faite par le gérant désigné par les statuts ; pour la société anonyme, ce sont les fondateurs qui doivent signer la déclaration. On doit considérer comme fondateurs de la société ceux qui créent l'entreprise, dressent les statuts, font appel aux capitaux, réunissent les premières assemblées générales, et ceux qui ont concouru à l'organisation et à la mise en mouvement de la société. Cette question a présenté en jurisprudence un sérieux intérêt, au point de vue de la responsabilité qui incombe aux fondateurs, et les tribunaux ont eu souvent à rechercher si de véritables fondateurs de sociétés ne se dissimulaient pas derrière des prête noms, pour échapper aux conséquences de leurs actes (V. dans le sens de la définition ci-dessus : Pont, n. 1127 et 1291 ; Lyon-Caen et Renault, n. 793 ; Percerou, p. 10 et s. ; — Paris, 28 mars 1869, S. 70.2.69 ; — 18 mai 1869, D. 69.2. 147 ; — Cass., 13 mars 1876, D. 77.1.49 ; — Paris, 16 août 1879, *J. S.*, 1880.118 ; — Paris, 5 déc 1881, D. 85.2.355 ; — Paris, 13 janv. 1882, *R S.*, 1883.89 : — Poitiers, 24 fév. 1886, *R. S.*, 1886.265 ; — Cass., 19 oct. 1886, S. 86.1.472 ; — 10 janv. 1887, *J. S.*, 1887.347 ; — 9 avr. 1888, S. 88.1.207 ; — Douai, 17 déc. 1888, *J. S.*, 1891.511 ; — Lyon, 14 juin 1895, *J. S.*, 1895.499 ; — Douai, 15 avr. 1897, *J. S.*, 1898.26 ; — 6 mars 1900, *R. S.*, 1901 396).

1751. — La loi exige que la déclaration soit faite dans un acte notarié. Le législateur a pensé que l'officier public auquel on aurait recours pourrait éclairer les parties sur les conditions légales de constitution (Lyon-Caen et Renault, n. 706. — Comp. Lyon, 14 juin 1895, *J. S.*, 1895.599).

Si le notaire a un intérêt personnel et direct à la formation de la société, — et on doit le considérer comme tel, lorsque les fondateurs lui ont formellement promis une commission en espèces et une part bénéficiaire, — l'acte de déclaration de souscription et de versement est nul, par application de l'art. 8 de la loi du 25 ventôse an XI et sa nullité entraîne celle de la société (Riom, 26 fév. 1908, *J. S.*, 1908.357).

1752. — Si les administrateurs en cas d'augmentation de capital veulent se faire représenter par mandataire, le mandat doit-il être donné en la forme authentique?

La Cour de Douai par arrêt du 15 juillet 1910 s'est prononcée pour l'affirmative.

Cet arrêt décide qu'en cas d'augmentation du capital social la déclaration notariée de souscription et de versement imposée aux fondateurs peut être l'œuvre du conseil d'administration, mais que l'administrateur délégué n'a pas, en cette seule qualité, pouvoir suffisant pour signer la déclaration ; il doit, d'après l'arrêt, être investi d'un mandat spécial en forme authentique, un mandat verbal ou sous seing privé est inopérant, ce qui entraîne, avec la nullité de l'acte, la nullité de tout ce qui en a été la suite. Cette nullité, d'ordre public, ne peut être couverte soit par une assemblée générale, soit par une ratification de l'intéressé :

Voici le texte du jugement d'Arras et de l'arrêt confirmatif.

Le Tribunal de commerce d'Arras a, le 13 avril 1909, rendu le jugement suivant :

Attendu que pour résister à la demande la Société Dierville, Ansard soutient qu'il ne doit rien à la Société, que, reconventionnellement, il demande au tribunal de dire que celle-ci doit être tenue de lui rembourser les deux premiers quarts versés sur sa souscription, avec intérêts de droit, qu'il fait plaider que sa souscription, de 200 actions privilégiées de 50 francs l'une, serait nulle par suite de la nullité de la déclaration passée par Maurice Sallon, suivant acte reçu par Mᵉ Choquet, notaire à Bucquoy, le 19 août 1907, nullité portant sur une formalité substantielle et, par conséquent, entraînant la nullité des délibérations du 29 décembre 1906, décidant l'augmentation du capital (en vertu de laquelle a eu lieu la souscription dont s'agit) et du 30 septembre 1907 reconnaissant la sincérité de la déclaration ci-dessus ;

Attendu qu'il est de jurisprudence et de doctrine constantes que la déclaration notariée qui, lors de la constitution de la société, doit être faite par les fondateurs, doit, au cas d'augmentations ultérieures du capital, être faite par le conseil d'administration de la société ;

Attendu que les dispositions de la loi du 24 juillet 1867, relative à la création et au fonctionnement des sociétés, sont impératives et de droit étroit ; qu'elles ont pour but de sauvegarder les intérêts des tiers et ne sauraient être transgressées :

Attendu que si, lorsqu'il s'agit de la fondation d'une société, la déclaration doit être faite dans un acte notarié par les fondateurs ou par une ou plusieurs personnes de leur choix, à qui ils donnent pouvoir de la passer en leur nom, il est nécessaire que la procuration soit réalisée par acte authentique ; qu'un simple mandat tacite ne saurait, en tous cas, être suffisant ;

Attendu que l'augmentation de capital d'une société anonyme est soumise aux règles prévues par ladite loi pour la formation du capital primitif ;

Attendu que l'administrateur délégué d'une société anonyme n'a aucune qualité pour disposer des deniers de la société ou engager celle-ci autrement que dans les limites de son mandat ;

Attendu que la Société de Dierville ne justifie pas que Maurice Sallon possédait, en sa qualité d'administrateur délégué, les pouvoirs suffisants pour faire à lui seul la déclaration qui lui est aujourd'hui reprochée, qu'elle ne justifie pas non plus lui avoir donné une procuration authentique lui permettant de se substituer aux administrateurs ; qu'il échet, en conséquence, de débouter la Société de Dierville de sa demande et de faire droit à la demande reconventionnelle d'Ansart ;

Par ces motifs : — Déclare la Société de Dierville irrecevable, en tout cas mal fondée en ses demandes, dires et conclusions, l'en déboute ;

Reconventionnellement, dit nulle la souscription de deux cents actions privilégiées de la société faite par Ansart ;

Dit nulle la déclaration passée par Sallon, ès-qualité, devant M° Choquet, le 10 août 1917, ensemble les déclarations des assemblées générales des 20 décembre 1906 et 30 septembre 1907 ; condamne la Société de Dierville à rembourser à Alfred Ansart la somme de 5.000 francs par lui versée, avec les intérêts au taux légal du jour du versement à celui de la restitution ; la condamne en outre, en tous les frais et dépens, etc.

Appel par la Société Dierville.

ARRÊT

LA COUR : — Attendu qu'en exigeant que la déclaration de la souscription du capital et du versement du quart fût constatée par acte notarié, la loi de 1867 a voulu assurer l'observation de ses prescriptions ; que le législateur a pensé que les déclarants hésiteraient à dissimuler la vérité devant un notaire : que celui-ci leur rappellerait les sanctions qui atteignent une déclaration frauduleuse et leur indiquerait les omissions qu'ils auraient pu faire, en même temps que les moyens de les réparer ;

Attendu, en conséquence, que ce n'est pas seulement dans l'intérêt des tiers, mais dans celui de tous les intéressés et fondateurs, administrateurs et souscripteurs, que la loi a voulu une déclaration authentique, qu'il s'ensuit que la volonté des déclarants, si elle se manifeste par un mandataire, doit être exprimée dans un acte authentique, puisque cette volonté est l'élément essentiel de la déclaration, qu'un simple mandat verbal ou même sous seing privé lui ôterait son authenticité ; qu'en effet, le mandat est, de la part du mandant, le principe et même déjà le commencement d'exécution de l'acte qu'il charge le mandataire de passer en son nom ; qu'il doit donc être revêtu de la même forme que la déclaration, avec laquelle il doit se confondre, pour ne former qu'un seul acte dont la solennité doit être absolument la même ;

Attendu, en fait, que Sallon administrateur délégué, a fait la déclaration dont s'agit en vertu d'un mandat verbal ; qu'il a ainsi rendu nulle cette déclaration et tout ce qui en était la suite ;

Attendu que cette nullité peut être invoquée par tous les intéressés, en vertu de l'article 31 de la loi de 1867 ; qu'elle est d'ordre public et qu'elle ne peut être couverte par une ratification postérieure de l'intéressé ;

Attendu, par suite, qu'on ne peut objecter la présence d'Ansart à l'assemblée qui a suivi la déclaration, pour en conclure qu'il a renoncé à se prévaloir de cette nullité, dont il n'a, d'ailleurs, pas été question au cours de la séance ;

Attendu, il est vrai, que cette nullité, tout en continuant à intéresser l'ordre public, ne peut plus être invoquée depuis la loi du 1er août 1893, quand une assemblée générale a été convoquée pour la couvrir ; mais qu'on ne peut reconnaître cet effet à l'assemblée qui, conformément à l'article 25 de la loi de 1867, est toujours convoquée postérieurement à l'acte qui constate la souscription ; que l'objet de cette réunion n'a pas été de couvrir une nullité de la déclaration sur laquelle l'attention des assistants n'a pas été attirée et à laquelle personne ne pourrait avoir songé à ce moment ; qu'il faut aux termes

37

de l'article 8, modifié en 1893, que l'assemblée soit convoquée en vue et dans le but de couvrir la nullité.

PAR CES MOTIF S : — Et adoptant au surplus ceux des premiers juges, confirme, etc.

Les conclusions inexactes que la Cour de Douai a fait découler de principes certains ont déjà été combattues par deux professeurs éminents, M. Albert Wahl (note au Sirey, 1911.2.97) et M. Percerou (note au Dalloz, 1911.2.25). Les notaires, au contraire, approuvent sans réserves.

Nous nous rangeons à l'opinion des deux savants maîtres.

Il est universellement admis que toutes règles prescrites par la loi pour la constitution des sociétés par actions sont applicables aux augmentations de capital.

A la fondation, la souscription intégrale des actions et le versement du quart sont constatés (art. 1er, L. 1867) dans une déclaration notariée faite par le gérant pour la commandite, par les fondateurs pour la société anonyme. En cas d'augmentation du capital par voie de souscription, la même formalité substantielle est exigée.

Quel a été le but poursuivi par le législateur qui a imposé ces formalités ?

La disposition de la loi de 1867 a été empruntée à la loi du 17 juillet 1856. D'après le projet primitif, la réalisation même de la souscription et du versement devait être constatée par acte notarié. La mesure était grave ; elle avait pour conséquence, il est vrai, de garantir l'existence même des versements, mais en même temps elle engageait la responsabilité du notaire. Cette première rédaction fut écartée, et on ne laissa subsister que la nécessité de la déclaration par le gérant ou par les fondateurs.

La loi de 1867 a été bien souvent critiquée sur ce point. La commission extra-parlementaire instituée en 1902 par le Garde des Sceaux pour étudier les modifications à apporter à la législation des sociétés par actions s'est occupée de la question. Elle a décidé, dans le projet de loi qu'elle a rédigé et que le gouvernement s'est approprié, la suppression de l'acte notarié pour le remplacer par une déclaration reçue par le greffier du tribunal. Le rapporteur général de cette commission s'exprimait ainsi :

« Aux termes de l'art. 40 ancien C. comm., les sociétés anonymes ne pouvaient être constituées que par actes publics. Les sociétés en commandite par actions pouvaient, au contraire, sous l'empire du même Code, être formées par actes sous seing privé. Le législateur de 1867 n'a pas maintenu cette distinction. Il a voulu que toutes les sociétés puissent être formées par actes sous seing privé. Voici comment s'exprimait le rapporteur M. Mathieu :

« Sans méconnaître les garanties qu'offre l'expérience d'un officier public, d'une rédaction claire et précise, il a semblé que les parties trouveraient aisément dans la loi et dans les lumières de leurs conseils l'équivalent de l'acte public en réalisant, si elles le jugent à propos, une économie toujours désirable. » ·

Ces considérations ont inspiré l'art. 21 de la loi.

Convient-il de revenir en arrière et de rétablir pour les sociétés de capitaux l'obligation des statuts authentiques ? La commission a reçu communication d'un mémoire tendant à ce but. L'auteur estime que la petite épargne puiserait des garanties dans l'intervention de l'officier public pour la rédaction des statuts. La commission n'a été saisie d'aucune proposition formelle en ce sens.

Mais la loi de 1867 a maintenu l'obligation de recourir au notaire pour la déclaration de souscription et de versement. On sait en quoi consiste cette déclaration imposée aux gérants de la société en commandite et aux fondateurs de la société anonyme. Ils doivent se rendre chez un notaire et faire dresser un acte affirmant que l'intégralité du capital a été souscrite et le quart au moins versé par chaque actionnaire. A cette déclaration se trouvent annexés la liste des souscripteurs et l'état des versements opérés.

Cette déclaration est obligatoire, que les statuts soient authentiques ou sous seing privé. Dans ce dernier cas, les statuts sont annexés à l'acte notarié. Cette déclaration notariée, d'après la loi et la jurisprudence, n'engage en rien la responsabilité du notaire. Cet officier ministériel se borne à constater les affirmations produites.

Si le gérant ou les fondateurs ne comparaissent pas en personne devant le notaire, s'ils se font représenter par un mandataire, il est incontestable que le mandat doit être authentique, puisqu'il s'agit de participer à un acte authentique.

L'arrêt de la Cour d'appel de Douai est, à ce point de vue, à l'abri de toute critique ; mais dans l'espèce examinée, il ne s'agit pas de la fondation d'une société, mais de l'augmentation de capital d'une société anonyme.

A qui incombe, dans une société anonyme, en cas d'augmentation du capital, le devoir et le pouvoir de la déclaration notariée de souscription ?

Il est une remarque préliminaire sur laquelle il est utile d'insister. L'augmentation de capital n'est pas toujours décidée par les actionnaires réunis en assemblée générale. Il est des sociétés dont les statuts autorisent le conseil d'administration à augmenter par une simple décision le capital originaire. L'importance de cette observation apparaîtra bientôt.

Quoi qu'il en soit, le capital est augmenté. La déclaration notariée est imposée au fondateur. Quel est le *fondateur* de l'augmentation du capital ? Faut-il dire que le fondateur sera la *société*, c'est-à-dire tous les actionnaires ? Admettre cette théorie conduirait à décider que l'assemblée générale devrait être tenue devant notaire, puisqu'elle aurait à donner aux administrateurs un pouvoir destiné à être visé dans un acte authentique. Mais est-il sérieusement soutenable que les *fondateurs* soient *tous* actionnaires ?

On ne peut se faire à l'idée que les actionnaires réunis en assemblée générale auront compétence pour affirmer devant notaire qu'il est à la connaissance de tous que l'intégralité du capital a été souscrite et que le versement régulier du quart au moins sur les actions a été opéré. On ne conçoit pas une société dans laquelle il peut y avoir trois cents ou quatre cents actionnaires, plus même, faisant affirmer au nom de l'être moral, la sincérité de souscription et de versement.

Le conseil d'administration, au contraire, puise dans ses pouvoirs légaux ou statutaires, l'obligation d'accomplir cette fonction de *fondateur*. C'est ce qu'a très bien décidé le Tribunal de commerce de la Seine par un jugement du 29 juin 1897 (D. 97.1.593). On ne conçoit pas, dit ce jugement, « qu'une personne morale déclare qu'elle a vu une liste de souscription et vérifié les versements ».

Lors de l'augmentation de capital, c'est donc le conseil d'administration qui joue le rôle de fondateur, c'est lui d'ailleurs qui encoure la responsabilité civile ou pénale de l'opération. A cet égard la jurisprudence est absolument formelle.

Le conseil d'administration, en faisant la déclaration de souscription et de versement, remplit donc un acte de sa fonction (V. aussi : Cass., 19 oct. 1892, S. 93.1.89 note).

Si le conseil d'administration remplit un acte de sa fonction, il n'est pas un mandataire spécial et il n'a besoin d'aucun pouvoir authentique pour comparaître à l'acte notarié.

Restent deux questions :

1° Faut-il que tout le conseil d'administration comparaisse devant le notaire pour signer la déclaration notariée?

2° L'administrateur délégué doit-il être pourvu d'un mandat authentique pour signer la déclaration?

Nous estimons qu'il n'est point nécessaire que la déclaration notariée soit signée par tous les administrateurs; il suffit que les administrateurs, en nombre déterminé par les statuts pour la validité des actes accomplis par eux, comparaissent devant le notaire.

M. Wahl estime même que la signature d'un seul administrateur délégué ou non suffirait.

Telle est la solution que nous proposons pour le premier point.

Mais si l'administrateur délégué a reçu une délégation spéciale non authentique du conseil d'administration, pour signer la déclaration de souscription, il ne paraît pas qu'une nullité soit encourue, et à cet égard la thèse de la Cour de Douai nous paraît totalement inadmissible.

L'administrateur délégué n'est pas un mandataire dans l'acception étroite du mot.

Le conseil d'administration est le mandataire de la société. Il autorise un de ses membres, que l'on appelle le délégué, à faire tout seul un acte que le conseil d'administration tout entier a le droit d'accomplir.

Sans doute autrefois la Cour de cassation décidait que la délégation à l'effet de constituer une hypothèque devrait être donnée par acte notarié. Mais aujourd'hui la loi de 1893 autorise la constitution d'hypothèque en vertu d'un mandat sous seing privé, ce qui indique bien la tendance moderne du législateur. Nous considérons donc que la déclaration de souscription constitue un acte rentrant dans les pouvoirs du conseil d'administration, exécuteur des statuts ou des décisions de l'assemblée générale. L'administrateur délégué du conseil d'administration n'a donc besoin d'aucun mandat spécial pour réaliser un acte que le conseil a le droit de faire et a seul le droit de faire. Pour admettre la solution contraire, il faudrait dire que le conseil d'administration n'a pas, de plein droit, qualité pour faire la déclaration de souscription. Or, l'arrêt du 19 octobre 1892, précité, a nettement décidé que la déclaration de souscription rentrait dans les pouvoirs du conseil d'administration chargé de remplir les formalités qui incombent à la société elle-même.

Faut-il s'attacher à l'objection de la Cour de Douai qui dit que l'administrateur délégué n'a aucune qualité pour disposer des deniers de la société ou engager celle-ci autrement que dans les limites de son mandat ?

L'arrêt de Douai se livre à un raisonnement qui pèche par la base ; d'abord il faudrait démontrer que la déclaration de souscription excède les pouvoirs de l'administrateur. Mais en quoi les deniers sociaux sont-ils compromis par la déclaration de souscription et de versement ?

Ici, on ne comprend plus ; on cherche vainement à expliquer comment la déclaration notariée engage les deniers de la société. Nous avons le ferme espoir que la jurisprudence de Douai ne sera pas suivie par les autres cours. Le tribunal de commerce de la Seine, par un jugement en date du 30 avril 1913, *Gaz. Soc.*, 1913. 306, s'est prononcé en faveur de notre doctrine.

1753. — La loi prescrit d'annexer à la déclaration de souscription une liste des souscripteurs et l'état des versements effectués. Il n'est pas nécessaire de dresser séparément liste et état : une seule pièce suffit pour satisfaire à l'exigence de la loi (Trib. Seine, 13 juill. 1885, *R. S.*, 1886.629 ; — Lyon-Caen et Renault, n. 706). La liste doit contenir les nom, prénoms, profession et domicile de chacun des souscripteurs (*souscripteurs* et non acheteurs ; — Lyon, 2 mars 1883, *J. S.*, 1884.298) ; l'omission volontaire des qualités pourrait suffire pour entraîner la nullité de la société (Trib. Seine, 13 juill. 1885, *R. S.*, 1886.629). Cependant, il a été jugé que la liste pourrait ne pas renfermer les prénoms et professions, pourvu que les énonciations qui y figurent soient suffisantes pour permettre aux tiers de s'assurer de la réalité et de la solvabilité des actionnaires primitifs (Trib. Seine, 22 avr. 1886, *R. S.*, 1886.399 ; — 14 janv. 1888, *R. S.*, 1888.168 ; — Cass., 13 fév. 1894, *J. S.*, 1894.241 ; — Cass., 21 janv. 1895, D. 95.1.112) La liste doit contenir aussi le nombre des actions souscrites et le montant du versement effectué par chacun des actionnaires. Cette annexe de l'état de souscription et de versement est certifiée véritable par le gérant ou les fondateurs. A cette annexe de la déclaration de souscription et de versement s'ajoute encore l'un des doubles de l'acte de société, s'il est sous seing privé, ou une expédition, s'il est notarié et s'il a été passé chez un notaire autre que celui qui a reçu la déclaration.

1754. — La loi exige que la déclaration notariée soit vérifiée. Cette vérification est faite de façon différente, suivant qu'il s'agit d'une société en commandite ou d'une société anonyme.

1755. — *Société en commandite.* — L'art. 6 de la loi du 24 juillet 1867 dispose que le premier conseil de surveillance doit, immédiatement après sa nomination, vérifier si toutes les dispositions prescrites pour la constitution de la société ont été remplies. C'est donc aux membres du premier conseil qu'incombe le devoir de la vérification de la déclaration notariée dans les sociétés en commandite ; c'est une obligation absolue pour eux ; ils ne peuvent la déléguer à des tiers et ils peuvent être déclarés responsables de la nullité de la société prononcée pour défaut de souscription de la totalité du capital ou du versement du quart sur toutes les actions (Cass., 24 avr. 1861, S. 62.1.182 ; — Cass., 11 mai 1863, S. 63.1.284).

1756. — b) *Société anonyme.* — La déclaration notariée faite par les fondateurs de la société anonyme est soumise, avec pièces à l'appui, à la première assemblée générale, qui en vérifie la sincérité (L. 24 juill. 1867, art. 24).

1757. — Les pièces qui doivent être soumises à l'assemblée générale sont : la liste des souscripteurs ; l'état des versements , l'un des doubles de l'acte de société s'il est sous seing privé, etc. Il est d'usage, et cela est prudent, de présenter à l'assemblée générale un document constatant le dépôt, entre les mains du banquier de la société ou de toute autre personne, de la somme versée sur les actions.

1758. — L'assemblée générale appelée à vérifier la sincérité de la déclaration de souscription et de versement doit être convoquée à la diligence des fondateurs, postérieurement à l'acte qui constate la souscription du capital social et le versement du quart en numéraire. Cette assemblée est celle visée par l'art. 25 de la loi de 1867. Elle devra nommer les premiers administrateurs et les commissaires et statuer, à moins qu'il n'y ait des apports en nature, sur la constitution définitive de la société. S'il y a lieu de vérifier les apports en nature, c'est la première assemblée générale qui, avant de nommer les commissaires, vérifie la sincérité de la déclaration de souscription et de versement.

1759. — L'assemblée générale doit être convoquée *postérieurement* à l'acte notarié de déclaration de souscription et de versement.

Ainsi, il a été jugé que cette convocation *postérieure* est exigée à peine de nullité de la société, et que la convocation ne peut pas précéder la déclaration de souscription et de versement (Paris, 2 déc. 1886, R. S., 1887.19 ; — 17 nov. 1891, J. S., 1892.193. — V. *Répertoire de dix années,* V° *Assemblée générale,* n. 1. — En sens contraire :

Cass., 6 nov. 1894, *Gaz. Trib.*, 1895.14). Cette dernière décision est une décision d'espèce.

1760. — L'irrégularité serait couverte par la présence de tous les actionnaires à l'assemblée générale (V. cependant : Paris, 2 déc.1885, *J. S.*, 1891.92).

SECTION V

NÉGOCIATION DES ACTIONS ORDINAIRES ET DES ACTIONS D'APPORT

§ 1er. — Actions ordinaires.

1761. — Les art. 2 et 3 de la loi de 1867 établissent les principes de négociation des actions. La disposition de la loi a donc un caratère prohibitif ; elle a été inspirée par le désir d'empêcher l'agiotage sur les actions, agiotage qui avait fait scandale soit en 1838, soit en 1856 ; mais la loi ne prohibe que la transmission par les voies commerciales telles que l'endossement, le transfert et autres moyens pratiques ; elle ne touche donc en aucune manière aux aliénations ordinaires, à celles qui s'opèrent suivant les modes de transmission de propriété du droit civil : succession, donation, transport, etc. (Cass., 12 août 1851, S. 51.1.66, D. 51.1.235. — *Sic* : Alauzet, t. 2, n. 644 ; Boistel, n. 260 ; Deloison, t. 1, n. 269 ; Lyon-Caen, note sous Lyon, 23 janv. 1884, S. 84.2.49 ; Lyon-Caen et Renault, t. 2, n. 728 ; Mathieu et Bourguignat, n. 26 ; Pont, t. 2, n. 902).

1762. — Les actions ou coupures d'actions peuvent donc, avant que les conditions prescrites aient été remplies, être transmises à un tiers par une cession constatée par un acte notarié ou sous seing privé, et signifiée à l'établissement débiteur ou acceptée par lui dans un acte authentique, conformément à l'art. 1690 C. civ. (Paris, 31 juill. 1852, S. 52.2.690, D. 55.5.67 ; — 1er juill. 1886, S. 88.2.182, Dalloz, *Rép.*, *Supp.*, V° *Sociétés*, n. 1007 ; — 23 mai 1887, D. 88.2.73 ; — Orléans, 24 juill. 1890, S. 91.2.154, D. 91.2.337, et *Rép.*, *Supp.*, V° *cit.*, n. 997 *in fine*).

1763. — Donc les actions ou coupons d'actions d'une société en formation ne deviennent négociables qu'après le versement du quart. Nous nous sommes expliqué, dans un chapitre précédent, sur ce qu'il faut entendre par le versement du quart ; toute action libérée jusqu'à concurrence d'un quart n'est pas nécessairement et par cela même négociable : il faut aussi que toutes les actions de la société soient libérées au moins dans la même proportion, puisqu'aux termes de l'art. 1er, § 2, de la loi, la société ne peut être définitivement constituée qu'après le versement, par chaque actionnaire, du quart au moins des actions par lui souscrites, Telle est l'opinion générale.

1764. — Il est encore une autre condition exigée : c'est que s'il y a des apports en nature, ils soient vérifiés conformément aux prescriptions de l'art. 4 de la loi. Ce n'est pas tout. Même après la souscription intégrale du capital et le versement du quart, même après la vérification et l'approbation des apports et des avantages particuliers, la société n'est pas encore définitivement constituée : il faut qu'elle s'organise, si c'est une société en commandite, par la nomination du conseil de surveillance ; si c'est une société anonyme, par la nomination des administrateurs. Il faut donc dire que les actions ne deviennent négociables qu'après l'accomplissement de toutes les formalités de constitution de la société. Après que toutes ces conditions ont été remplies, l'indisponibilité relative des actions est levée : elles peuvent être négociées ou transmises par les voies commerciales (Lyon, 8 mai 1884, S. 84.2.107, D. 84 2.219 ; — Paris, 1er juill. 1886, S. 88.2.182 ; — 23 mai 1887, D. 88.2.73 ; — Boistel, n. 260 ; Bouvier-Bangillon, p. 132 ; Deloison, t. 1, n. 669 ; Lyon-Caen et Renault, t. 2, n. 279 ; Pont, t. 2, n. 907 et s. ; Ruben de Couder, V° *Soc. anon.*, n. 118 et s. ; Vavasseur, t. 1, n. 477).

1765. — Les ventes d'actions à émettre par une société avant ou pendant sa constitution sont également valables, si elles ne se réalisent pas sous forme d'une négociation proprement dite, en Bourse ou en Banque, et qu'elles soient faites entre les parties elles-mêmes, soit personnellement, soit par mandataires traitant directement entre eux (Paris, 23 mai 1887, cité n. 1783 ; — Seine, 25 mai 1903, *J. S.*, 1904.272).

1766. — Ces ventes sont assimilables aux ventes conditionnelles, subordonnées à la condition suspensive que les titres d'actions seront émis par la société. Si l'émission n'a pas lieu, la condition à laquelle la formation de la vente était subordonnée ne s'est pas réalisée, et l'acheteur n'est pas tenu de payer le prix (Cass., 24 nov. 1886, S. 87.1.72, D. 87.1.228 ; — 6 juill. 1887, S. 87.1.294, D. 87.1.452. — V. aussi : Cass., 22 déc. 1885, S. 87.1.163, D. 86.1.260 ; — Lyon-Caen et Renault, t. 2, n. 730).

1767. — L'achat en Bourse, et au comptant, d'actions nouvelles libérées et nominatives d'une société financière, en vue de participer à la souscription d'actions nouvelles, et la vente à l'émission d'actions nouvelles libérées et au porteur de la même société, en vue de profiter de la différence entre le prix d'achat et le prix de revente, constituent, bien que l'ordre d'achat et l'ordre de vente aient été donnés simultanément au même agent de change, deux opérations distinctes, qui ne sauraient être assimilées à un report, à raison de la nature différente des titres achetés et vendus et qui, d'ailleurs, ne sont pas davantage indivisibles à raison de leur cause (Cass., 29 juin 1887, S. 90.1.381, D. 89.1.137 ; — 29 juin 1887, S. *Ibid.*, D. *Ibid.* ; — Lyon, 10 fév. 1886, S. 87.2.179).

1768. — La transmission peut s'effectuer suivant le mode indiqué par l'art. 36 C.com., c'est-à-dire par une simple déclaration de transfert. Elle peut s'effectuer aussi par voie d'endossement, ou par la simple tradition du titre. Mais pour que les actions puissent être ainsi cédées, il faut que les titres soient au porteur, et les actions de sociétés en formation ne peuvent être mises au porteur sans l'accomplissement de certaines formalités.

1769. — Bien que la cessibilité soit le caractère distinctif de l'action, les statuts peuvent restreindre le droit de cession et stipuler que les actions ne pourront être cédées qu'avec le consentement du gérant, ou du conseil d'administration, ou de l'assemblée générale des actionnaires (Rivière, n. 180 ; Alauzet, n. 529 et 531 ; Boistel, p. 208 ; Vavasseur, n. 481. — *Contrà* : Pont, n. 1587. — V. n. 1073. Rennes, 14 avril 1904, S. 04.2.232 ; — Cass., 8 nov. 1903, *Gaz. Pal.*, 17 nov. 1904).

Cette doctrine a été implicitement consacrée par la Cour de cassation, qui a décidé que la restriction apportée à la libre disposition des actions ne fait pas obstacle à la circulation des titres et ne suffit pas pour leur enlever le caractère d'action. La société peut se réserver le droit de préemption (Seine, 9 mars 1903, *J. S.*, 1903 376).

1770. — La loi de 1893, dans son art. 2, modifie l'art. 3 de la loi de 1867 en ces termes : « Les actions sont nominatives jusqu'à leur entière libération. » Donc, toutes les formalités réglées par la loi de 1867 pour la conversion des actions, formellement inspirées par le désir de rendre les titres disponibles sans sacrifier le droit que la société possède de recouvrer le montant des versements à effectuer, deviennent inutiles en présence du texte de la loi nouvelle. Mais il existe encore des sociétés qui vivent sous l'empire de la loi de 1867, et c'est pour cela qu'il faut rappeler les règles précises de cette dernière loi.

1771. — La première des conditions exigées, c'est que la conversion soit stipulée dans les statuts constitutifs de la société ; si les statuts sont muets, pas de conversion possible, et la société ne pourrait jamais réparer l'omission des statuts, ni ressaisir, au cours de son existence, la faculté de conversion que ses statuts constitutifs ne lui auraient pas réservée. Il faut dire, d'ailleurs, que la loi n'exige aucune formule sacramentelle pour la stipulation dont s'agit.

1772. — La seconde condition exigée est que chacune des actions soit libérée jusqu'à concurrence de moitié. Il ne suffirait donc pas que le capital soit libéré de moitié, si le versement de moitié n'était pas effectué sur chacune des actions ; la majorité des auteurs enseignent que les actionnaires qui auraient libéré leurs actions de moitié ne pourraient pas se faire délivrer immédiatement des titres au porteur ; il leur faut attendre que les autres actions soient libérées de la même manière.

1773. — Enfin, troisième condition, il faut une délibération et un vote de l'assemblée générale. Suffit-il que cette assemblée générale soit une assemblée ordinaire délibérant à la simple majorité ? Quelques auteurs le pensent, estimant que dans le silence de la loi et des statuts, il n'y a pas lieu de se référer soit à l'art. 4 de la loi, soit aux art. 27 et suiv., lesquels s'occupent d'assemblées ayant pour mission de constituer la société ou de modifier les statuts ; ils ne sont pas, dès lors, applicables dans le cas où il ne s'agit que de l'exercice d'une faculté réservée par les statuts (Vavasseur, n. 103). D'autres (Pont, n. 920 ; Bédarride, n. 71) pensent que pour que l'assemblée générale offre les garanties que la loi s'en est promis, il faut que tous les intérêts y aient accès, et que tous les actionnaires y soient présents ou représentés et puissent s'y défendre. L'assemblée générale régulièrement constituée peut seule donner suite et effet à la réserve des statuts, c'est-à-dire rendre effective la mesure stipulée éventuellement dans le pacte constitutif. Son intervention a pour but d'ouvrir aux tiers et à la société elle-même une garantie contre toute surprise. L'assemblée constate l'état prospère de la société, ses besoins, tout en rendant plus facile la négociation des actions.

1774. — Lorsque l'assemblée générale a voté la conversion, chaque souscripteur peut se faire délivrer des titres au porteur en échange de ses actions nominatives. Si, au contraire, l'assemblée n'a point voté la conversion, les actions, qu'elles soient dans la main des souscripteurs primitifs ou qu'elles aient été négociées, restent nécessairement nominatives.

1775. — De même, si l'assemblée générale a été irrégulièrement constituée, le vote de la conversion ne peut avoir son effet légal, et les actions, même mises au porteur après ce vote irrégulier, conservent leur caratère d'actions nominatives en quelques mains qu'elles aient passé.

1776. — On s'est demandé si dans le silence des statuts sur la conversion des actions nominatives en actions au porteur, il était possible, après libération effective, d'opérer la conversion, et si dans ce cas il était besoin d'une assemblée générale. M. Pont (n. 924 et 925) se prononce pour la négative : « Dans cétte hypothèse, dit-il, la totalité du capital social étant libérée, la société n'a plus aucun intérêt à maintenir lé caractère nominatif de ses actions, et la conversion des titres nominatifs en titres au porteur va de droit, sans qu'il y ait même besoin de réunir une assemblée générale pour apporter aux statuts une modification. »

1777. — Après avoir ainsi déterminé les conditions exigées pour la conversion des titres nominatifs en titres au porteur, la loi, dans son art. 3, s'occupe de la responsabilité des souscripteurs et des cessionnaires : nous n'avons pas à y revenir ici, cette question ayant été traitée plus haut d'une façon complète (V. *suprà*, n. 1700).

1778. — Rappelons seulement, pour éviter toute confusion et toute erreur, que la loi de 1893, après avoir déclaré que les actions ont nominatives jusqu'à leur entière libération, proclame que les titulaires. les cessionnaires intermédiaires et les souscripteurs sont tenus solidairement du montant de l'action, et que tout souscripteur ou actionnaire qui a cédé le titre cesse, deux ans après la cession, d'être responsable des versement non encore appelés.

1779. — La prohibition de négociation des actions, dans les conditions où elle est établie par l'art. 14, constitue une mesure de police dont l'infraction est punissable même en l'absence d'intention délictueuse et en dehors de toute bonne foi (V, le chapitre *des Pénalités*). Mais quelle est la sanction civile de cette prohibition ? MM. Aubry et Rau (t. 2, n. 731) professent que la loi de 1867 ne prononçant pas la nullité des négociations faites avant la constitution de la société, celle-ci ne saurait se déduire de ce que les négociations dont il s'agit sont des délits. Il y a dans nos lois des cas assez nombrèux où la sanction de nullité ne vient pas se joindre à la pénalité qui frappe certains actes. La jurisprudence ne s'est pas ralliée à cette opinion : elle est unanime à décider que les négociations d'actions, dans tous les cas où la simple inspection du titre suffit à révéler l'existence d'une clause juridique d'innégociabilité, sont frappées de nullité (Cass., 11 fév. 1884, D. 85.1.99 ; — 3 juin 1885, S. 85.1.259, D. 86.1. 25 ; — 29 juin 1887, D. 89.1.137 ; — Cass., 9 nov. 1892, D. 93.1.73 ; — Paris, 10 juill. 1902, *J. S.*, 1903.250).

Cette nullité est absolue. Le cessionnaire peut donc dès lors l'opposer au cédant, soit pour s'affranchir de l'obligation de payer le prix de la cession, soit à l'effet de le répéter s'il l'a versé.

§ 2. — Actions d'apport.

1780. — La loi du 1er août 1893 a apporté, en ce qui concerne les actions qui peuvent être accordées en rémunération des apports, une grave modification à la législation antérieure. Aux termes de l'art. 3 nouveau, les actions représentant des apports devront toujours être entièrement libérées au moment de la constitution de la société ; ces actions ne peuvent être détachées de la souche et ne sont négociables que deux ans après la constitution définitive de la société ; pendant ce temps elles devront, à la diligence des administrateurs, être frappées d'un timbre indiquant la nature et la date de la constitution.

Ces actions devant être toujours intégralement libérées, il s'ensuit que la somme représentant la différence entre la valeur de l'apport en nature et le montant de l'action doit être entièrement versée ; il importe peu dès lors, puisque la libération doit être intégrale, que la libération du quart ait été réalisée par les apports en nature (Cass., 26 oct. 1905, *R S.*, 1906.9).

1781. — Cette addition a été votée sur la proposition de M. Poirrier (V. notre *Commentaire de la loi du 1er août* 1893, p. 35) ; elle a été inspirée par le désir d'éviter des spéculations malsaines sur les actions d'apport au moment de la constitution de la société. Elle a fait l'objet de vives critiques comme entravant la constitution de beaucoup de sociétés, et c'est sans doute pour éviter cette disposition que l'on a vu dans ces derniers temps des sociétés se créer avec des parts de fondateur qui étaient attribuées aux apporteurs. Nous savons que ces parts de fondateur ne peuvent être assimilées à des actions et ne tombent pas sous l'application du principe de non-négociabilité prévu par l'art. 3.

1782. — La prohibition de la loi s'applique à toutes les actions d'apport, alors même que le capital social se composerait exclusivement d'apports en nature. On objecterait vainement, dans ce cas, que la prohibition ayant pour but de prévenir la majoration des apports ne saurait exister même lorsque la société est fondée entre apporteurs exclusivement ; ils peuvent avoir intérêt à grossir la valeur des apports pour négocier ensuite des actions majorées.

Il a été décidé de même que les dispositions de la loi du 1er août 1893 sont applicables aux augmentations de capital postérieures à la promulgation de ladite loi, aussi bien qu'aux constitutions de sociétés nouvelles (Trib. Seine, 6 nov. 1895).

1783. — L'art. 3 ne parle que de la négociabilité des titres ; d'où il faut conclure, en vertu du principe que les prohibitions sont de droit étroit, que la cession des actions d'apport par les voies civiles demeure licite. Lors de la discussion au Sénat, M. Poirier l'a formellement reconnu (Paris, 14 janv. 1895, S. 95.2 80 ; — Trib. com. Seine, 17 nov. 1897, *J. S.*, 1898.87 ; — Trib. com. Nantes, 23 avr. 1898, *R. S.*, 1899.256 ; — Trib. com. Seine, 22 sept. 1898, *J. S.*, 1899.127 ; — 19 juill. 1899, *J. S.*, 1899.464 ; — Paris, 12 avr. 1902, *J. S.*, 1902.261 ; — Trib. com. Charolles, 16 mars 1909, *J. S.*, 1909. 374 ; — Cass., 4 juill. 1911, *Gaz. Soc.*, 1912 43 ; — Lyon, 27 nov. 1912, *Gaz. Soc.*, 1914 101. — Lyon-Caen et Renault, *La Loi de 1893*, n. 21 *bis* ; Bouvier-Bangillon, p. 140).

Le cessionnaire a sur les actions cédées les mêmes obligations et les mêmes droits que le cédant (Paris, 23 déc. 1904, *R. S.*, 1906.12). Il a notamment le droit incontestable de prendre part aux assemblées générales en son nom (Cass., 4 juill. 1911, *Gaz. Trib.*, 24 juill. 1911).

1784. — Le cessionnaire d'actions d'apport, investi par l'effet d'une cession civile, effectuée pendant le délai d'interdiction de négociation, est saisi à l'égard des tiers par la signification extrajudiciaire opérée dans les termes de l'art. 1690, § 1er, C. civ. (V. notamment en ce sens : Trib. com. Seine, 15 juill. 1899, *J. S*, 1899.454). Mais la question s'est posée de savoir si la signification est, en l'espèce, une formalité substantielle, ou si on la peut suppléer par d'autres formalités analogues. Une décision récente (Trib. com. Lille, 11 oct. 1898, *J. S.*, 1899 270) semble voir une signification suffisante dans « la constatation régulière », par la société, des droits de propriété du cessionnaire. Un jugement de la 1re chambre du tribunal civil de la Seine (19 mai 1900, *R. S.*, 1901.239) va plus loin et pose en termes très nets le principe des équivalences en matière de signification de cession civile d'actions d'apport. Il s'agissait en l'espèce d'une cession d'apport effectuée par acte sous seing privé non enregistré, cession qui n'avait pas été signifiée à la société, mais simplement suivie d'une déclaration de transfert par le cédant, d'une acceptation de transfert par le cessionnaire, et de l'enregistrement du même transfert sur les registres sociaux. En fait, d'ailleurs, les actions étaient demeurées attachées à la souche. Le tribunal de la Seine a décidé, d'une part, que la cession civile d'actions d'apport, si elle suppose le plus souvent l'existence d'un acte, est néanmoins valable par le simple consentement des parties ; d'autre part, que l'opération du transfert effectuée par la société en exécution de la cession ne suffit pas à faire perdre à celle-ci son caractère civil ; et enfin que la signification de la cession ne doit pas nécessairement se faire dans les termes de l'art. 1690 C. civ., mais que, exigée dans un simple but de publicité, elle résulte suffisamment, même à l'égard des tiers, de la double opération de la déclaration du transfert par le vendeur et de son enregistrement par la société. En conséquence, il a jugé que la cession non signifiée à la société, mais suivie d'un transfert régulier, emportait transmission de la propriété des titres cédés, opposable à tous, même aux créanciers du cédant dont les oppositions ne s'étaient produites que postérieurement au transfert.

Il a été jugé que le nantissement d'actions d'apport est possible aussitôt après la constitution de la société et sans qu'il soit besoin de le signifier à la société (Seine, 5 sept. 1900, *J. S.*, 1901.34) Cette décision ne peut être acceptée sans réserve.

1785. — Les actions d'une société transformée sont-elles immédiatement négociables, ou au contraire sont-elles soumises à l'interdiction par l'art. 3 de la loi de 1893 ?

D'après l'art. 3 de la loi du 24 juillet 1867, modifié par la loi du 1er août 1893, l'interdiction de négociation s'applique aux actions attribuées en représentation d'apports en nature ou d'avantages particuliers réalisés lors de la constitution de la société.

Dans cette disposition, le législateur ne parle que de la constitution et c'est à dater de la constitution qu'il fait courir le délai de deux années pendant lequel les actions ne sont pas négociables. La même disposition serait incontestablement applicable aux actions représentant un apport en nature réalisé au profit de la société au cours de l'existence sociale et par la voie de modification au capital. Pas de doute possible à cet égard, puisque toutes les formalités de constitution doivent être observées en cas d'augmentation du capital.

Mais nous pensons qu'il faut limiter la prohibition de l'art. 3 aux deux cas qui viennent d'être précisés.

1786. — Lorsqu'au contraire une société en commandite simple se

transforme purement et simplement en société anonyme, en vertu
d'une stipulation de ses statut originaires, il n'y a pas création d'une
société nouvelle, mais continuation d'une société préexistante (V.
n. 3473). Il est dès lors impossible, ce principe établi, d'admettre logiquement dans cette hypothèse de la transformation l'application
de l'art. 3 de la loi de 1867. En effet, il n'y a pas à proprement parler
au moment de la transformation apport en nature. L'apport a été fait
à l'époque de la constitution. Il n'est pas réalisé à nouveau, et il faut
ajouter que les actions créées par la société anonyme se substituant
à la société en commandite ne sont pas la représentation des apports
à proprement parler, mais bien la représentation de tout le capital
de la commandite, comprenant *in globo* les apports réalisés au moment de la constitution. Il faut donc conclure que les actions créées
en représentation du capital de la société en commandite, qui se
transforme purement et simplement entre les mêmes associés avec
le même capital et pour le même objet, sont immédiatement négociable et ne tombent pas sous l'interdiction de l'art. 3 de la loi de
1867 ; le tout, bien entendu, à condition qu'on ne puisse relever aucune fraude (V. en ce sens une consultation de MM. Lyon-Caen et
Houpin, rapportée *J. S*., 1899, p. 5).

Les raisons qui ont fait adopter en 1893 la prohibition de négociation pendant deux ans des actions d'apport n'existent pas en cas de
fusion de deux sociétés. En pareil cas, en effet, on se trouve en présence de sociétés ayant fait leurs preuves et il a paru qu'on pouvait
écarter alors cette prescription. Aussi le paragraphe 3 de l'art. 3 a été
complété par la loi du 9 juillet 1902 : « Ces prescriptions et ces prohibitions ne sont pas applicables au cas de fusion de sociétés anonymes
ayant plus de deux ans d'existence, soit par absorption de ces sociétés
par l'une d'elles, soit par la création d'une société anonyme nouvelle
englobant les sociétés préexistantes. »

La loi du 16 novembre 1903 a modifié ce texte de la manière suivante, afin de le rendre plus net : « En cas de fusion de sociétés par
voie d'absorption ou de création d'une société nouvelle englobant
une ou plusieurs sociétés préexistantes, l'interdiction de détacher les
actions de la souche et de les négocier ne s'applique pas aux actions
d'apport attribuées à une société par actions ayant, lors de la fusion,
plus de deux ans d'existence » (Decugis, *Actions d'apport*, p. 42 et s. ;
Sénat, Discours de M. Girard, 11 mars 1903, *J. off.*, p. 385 ; Wahl,
J. S., 1902, p. 97. — Trib. com. Seine, 1er oct. 1907, *R.S.*, 1908.258).

Cette disposition vise toutes les sociétés par actions, avec distinction de nationalité ; elle s'applique notamment au cas d'une société anglaise absorbée par une société française (Trib.com. Seine,19 oct. 1906, *J. S.*, 1907 226).

Il n'est pas nécessaire, pour que la disposition de la loi s'applique, que la fusion comprenne la totalité de l'actif de la société, pourvu toutefois que celle-ci ait été effectivement dissoute (Trib. com. Seine, 1er oct. 1907, *J. S.*, 1908.183).

Mais si cette fusion ne cache en réalité qu'une augmentation de capital, la disposition de faveur de la loi de 1903 ne peut plus être appliquée (Trib. com. Montpellier, 27 juin 1905, *R. S* , 1906.258).

1787. — Les actions d'apport frappées de l'interdiction de négociabilité pendant deux années constituent, malgré tout, le gage des créanciers de l'apporteur. Ainsi, ces actions peuvent être frappées de saisie-arrêt à la requête des créanciers des actionnaires, et vendues par autorité de justice. La vente doit être ordonnée par le tribunal qui prononce la validité de la saisie et qui commet pour la réalisation un notaire.

1788. — Mais les actions saisies peuvent-elles être réalisées sur les poursuites des créanciers de l'actionnaire pendant le délai de deux ans?

M. Génevois (*Nouv. rég. des soc.*, n. 15) se prononce pour l'affirmative, sous la réserve cependant que l'acquéreur ne pourra se faire délivrer les titres s'ils sont au porteur, ou les faire transférer s'ils sont nominatifs, qu'à l'expiration du délai de deux ans.

1789. — Cette solution doit être approuvée, si la réalisation des titres est faite suivant les formes civiles, par exemple par adjudication devant notaire (Trib. Seine, 2 juill. 1898, *J. S* , 1899.34). Mais si on avait commis l'imprudence de les faire réaliser par le ministère d'un agent de change, à la Bourse, on pourrait considérer ce mode de réalisation comme présentant un caractère de négociation commerciale frappée d'interdiction. Il est donc prudent en pareille matière de faire ordonner la vente par-devant notaire.

1790. — Quelle est la valeur juridique des négociations d'actions opérées, malgré la prohibition de la loi, dans les deux ans de la constitution de la société? La doctrine résout la question par une distinction. D'après les uns, les négociations sont nulles si les titres portent le timbre indiquant leur nature ou si les numéros des actions d'apport sont indiqués dans les statuts, les acquéreurs ayant pu, par l'inspection du titre ou la lecture des statuts, s'apercevoir de l'indisponibilité des actions. Elles sont valables au contraire si aucune de ces précautions n'a été portée à la connaissance des tiers (Bouvier-Bangillon, p. 147 ; Dalloz, n. 1027).

1791. — D'autres estiment au contraire que la négociation des actions d'apport avant l'expiration du délai de deux ans est frappée d'une nullité d'ordre public et ne peut produire aucun effet ; les administrateurs qui ont laissé opérer cette négociation seront responsables du préjudice que la société peut en éprouver (Génevois, n. 25 ; Lyon-Caen et Renault, n. 27).

1792. — Si les statuts stipulaient que les actions d'apport seraient négociables avant le délai de deux ans, cette stipulation entraînerait la nullité de la société, qui se trouverait ainsi constituée contrairement aux dispositions de l'art. 3 (art. 7, 24 et 41, L. 1867). Mais la nullité ne résulterait pas, en l'absence de toute stipulation, du fait de la négociation des actions avant l'expiration du délai légal (Lyon-Caen et Renault, *La Loi du 1er août 1893*, n. 26 ; Percerou, p. 131). De même, la société ne serait pas nulle dans le cas où les statuts étant régulièrement rédigés, les actions d'"apport n'auraient pas été, contrairement à la loi, conservées à la souche et frappées du timbre prescrit. Cette infraction ne pourrait avoir pour sanction que la responsabilité des administrateurs.

1793. — La société n'a aucun privilège sur les actions d'apport pendant les deux années d'innégociabilité pour les sommes qui lui seraient dues par l'apporteur (Dalloz, n. 1016 ; — Trib. Seine, 10 juill. 1899, *J. S.*, 1899.464).

1794. — Les actions d'apport doivent être frappées, à la diligence des administrateurs ou gérants, d'un timbre indiquant leur nature et la date de la constitution. La loi ne prescrit pas qu'elles doivent rester nominatives comme les actions d'administrateur (V. n. 3042 et suiv.). Elles peuvent donc être au porteur. Le timbre suffit à indiquer leur nature Lyon-Caen et Renault, *La Loi du 1er août 1893*, n. 24 ; Houpin, n. 337).

SECTION VI

VÉRIFICATION DES APPORTS EN NATURE ET DES
AVANTAGES PARTICULIERS

1795. — Lorsqu'une société se constitue avec des apports en nature, ou qu'il est stipulé au profit des fondateurs des avantages particuliers, la loi subordonne la constitution de la société à l'accomplissement de formalités spéciales, qui consistent dans la vérification de la valeur des apports et de la cause des avantages particuliers stipulés. Avant d'étudier ces formalités, recherchons ce qu'il faut entendre par des apports en nature et des avantages particuliers.

§ 1er. — Apports en nature.

1796. — Les apports en nature sont ceux qui ne consistent pas en numéraire ou en valeurs d'un recouvrement certain et immédiat, tels les apports d'immeubles, d'usines, de mines, de fonds de commerce, d'une marque de fabrique (Paris, 11 fév. 1888, *R. S.*, 1888 527), de l'actif d'une société dissoute, etc.

1797. — L'apport en nature implique que l'associé reçoit en échange de ce qu'il abandonne à la société des actions libérées en tout ou en partie, ou une part de bénéfices ; il y a vente, au contraire, si au lieu de délivrer des actions, la société promet une somme d'argent en échange de ce qu'elle reçoit (*Sic* : Pont, t. 2, n. 975 ; Thaller, n. 423 ; Wahl, note sous Cass., 24 avr. et 14 nov. 1893, S. 94.1.195 et 517, et sous Paris, 23 juill. 1894, S. 95.2.105 ; Vavasseur, t. I, n. 409).

1798. — Les prescriptions de l'art. 4, relatives à la vérification et à l'approbation, ne sont pas applicables, par exemple, au cas où il est constaté, d'après les circonstances de la cause, qu'un immeuble est entré dans la société non à titre d'apport, mais par l'effet d'une vente ferme consentie au gérant de la société (Cass., 14 juill. 1873, S. 74.1.425, D. 76.1.160).

1799. — Il a même été jugé que le contrat par lequel le gérant d'une société en commandite par actions a acheté un immeuble au nom de la société, moyennant un prix payable partie en actions, partie en espèces, constitue un contrat qui échappe aux conditions de vérification de l'art. 4 (Aix, 9 avr. 1867, S. 70.1.425, D. 70.1. 401). Cette jurisprudence a été vivement critiquée, notamment par MM. Pont (n. 966) et Thaller (*Des nouvelles pratiques financières suivies en matière de société*, p. 15 ; note au Dalloz, 70.1.401). Nous ne pensons pas qu'il soit prudent de procéder comme semble l'autoriser l'arrêt de la Cour d'Aix

1800. — La distinction entre l'apport et la vente doit être étendue à toutes les valeurs mobilières ; mais chaque fois que l'apport est rémunéré par une attribution d'actions, il faut, suivant nous, respecter les conditions de vérification de l'art. 4 (Cass., 22 déc. 1886, D. 87.1.447 ; — Comp. Riom, 26 fév. 1908, *J. S.*, 1908.357).

Il n'y a pas apport en nature dans la compensation, convenue d'avance, des trois derniers quarts des actions souscrites, avec des honoraires dus par la société au souscripteur (Bordeaux, 30 mars 1908, *J. S.*, 1908.418).

1801. — Il est permis d'apporter en société un bien meuble ou immeuble, moyennant l'attribution d'actions ou de parts bénéficiaires, et en outre à charge par la société de payer une somme déterminée à l'apporteur, ou en l'acquit de ce dernier à un tiers. Cette opération constitue pour partie un apport, pour partie une vente ; sa régularité ne peut être contestée, mais il est certain que l'apport doit être soumis à la vérification et à l'approbation des actionnaires, comme un apport en nature ordinaire, en raison de la connexité qui existe entre l'apport et la vente (Cass., 3 janv. 1900, *J. S.*, 1901. 1.321 et note A. Wahl).

1802. — Mais une autre difficulté s'est présentée. Un immeuble est apporté à une société à charge par celle-ci d'en payer en espèces à l'apporteur ou en son acquit la valeur intégrale. Y a-t-il lieu de faire vérifier l'apport par les assemblées constitutives, ou ne se trouve-t-on pas en présence d'une véritable vente ? La question a été soumise aux tribunaux à l'occasion d'une affaire bien connue, celle des Etablissements Decauville. Dans l'espèce, la vente des Etablissements Decauville avait été consentie par un acte distinct et antérieur aux statuts, à une société en voie de constitution, représentée par son futur fondateur, avec stipulation que la vente deviendrait définitive par le seul fait de la constitution de la société. Le tribunal de la Seine s'est prononcé pour la nullité en décidant que l'acheteur n'avait aucune capacité pour accepter la vente, la société n'étant pas constituée au moment de la passation de la promesse. Le jugement considère que si la loi de 1867 a permis et réglementé l'apport à une société qui se constitue, elle est muette en ce qui concerne la vente contre espèce à une société en formation, et qu'une société ne peut contracter et acquérir qu'après sa constitution régulière, alors qu'elle est représentée par ses mandataires légaux (Trib. Seine, 12 déc. 1887 et 27 mars 1893, *J. S.*, 1893.108 et 1894.53).

1803. — Ce jugement a été frappé d'appel. La Cour d'appel de Paris a statué à la date du 23 juillet 1894 (*J. S.*, 1895.211). Cette décision ne peut pas être considérée comme un arrêt de principe. En effet, la Cour juge que la société n'est pas nulle parce que toutes les formalités de la loi de 1867 ont été remplies. Mais cette solution est surtout inspirée par cette considération que la nullité de la vente, pour cause de l'incapacité de l'acquéreur, était demandée par des actionnaires qui n'avaient pas qualité pour la provoquer, et pour réclamer à leur profit personnel les conséquences de cette nullité. Les circonstances toutes spéciales dans lesquelles a été rendu cet arrêt ne permettent pas de lui reconnaître une portée doctrinale absolue.

1804. — Nous persistons à penser qu'une vente ne peut être consentie ni par les statuts ni par un acte séparé antérieur ou concomitant à une société qui n'est pas constituée. L'art. 4 de la loi de 1867 ne vise que des apports. Si on veut vendre à une société un meuble ou un immeuble, on peut faire apporter par le propriétaire la promesse de vente à réaliser ultérieurement au profit de la société ; ou on peut encore attendre, pour faire la vente, que la société soit représentée régulièrement, c'est-à-dire après sa constitution. La vente ainsi réalisée après la constitution de la société n'est pas, comme un apport, soumise à l'approbation de l'assemblée générale des actionnaires ; mais nous pensons que si un apport a été déguisé sous forme d'une vente pour échapper à la vérification dans les termes de la loi, la société est nulle (V. Houpin, *J. S.*, 1895.205 ; Arthuys, 139 ; Thaller, n. 530, 576, 577 ; — Cass., 14 juill. 1873, S. 74.1.424, D. 76.1.160 ; — 13 mars 1876, D. 77.1.49 ; — Paris, 17 juill. 1882, *J. S.*, 1885.48 ; — Cass , 3 juin 1900, S. 01.1.321, note Wahl).

1805. — Pour décider que la vente ferme peut être réalisée au profit de la société sans l'accomplissement des formalités de l'art. 4, il faut que la vente soit sincère et ne dissimule pas un apport en nature. Si donc il est constaté que le souscripteur a, sous l'apparence d'une vente, réellement apporté dans la société la chose déclarée vendue, la société est nulle en l'absence d'une vérification et d'une approbation conformes à la loi (Cass., 13 mars 1876, D. 77.1.49).

1806. — Il a été décidé que l'apporteur peut s'engager valablement à fournir en deniers l'appoint nécessaire pour compléter la valeur d'actions non fractionnées, et qu'il peut garantir le payement en argent de ce qui pourra manquer sur la valeur attribuée par lui-même à ses apports, après vérification dans les formes légales (Paris, 4 avr. 1884, *R. S.*, 1884.15). La Cour de cassation a jugé qu'un arrêt décide à bon droit qu'au cas de prorogation de la société, il n'y a pas lieu à l'accomplissement des formalités de l'art. 4 de la loi de 1867 pour l'apport primitif du fondateur si des déclarations motivées de celui-ci, il résulte qu'il a concouru personnellement aux statuts modifiant sa situation et qu'il a, par suite, adhéré à ce

changement sans autre intérêt que celui d'accroître la valeur des
actions de la société dont il possédait la plus grande partie (Cass.,
9 janv. 1900, D. 03.1.331). La vérification n'est nécessaire en ce cas
que relativement au supplément d'apport rémunéré par l'attribution
de nouvelles actions créées à cet effet (même arrêt). On remarquera
que la Cour de cassasion a évité de trancher en droit la difficulté,
se bornant à convoquer les constatations souveraines de l'arrêt visant l'adhésion formelle donnée par l'apporteur à la décision de
prorogation.

Peut-être pourrait-on dire que la Cour laisse entendre qu'une autre
solution pourrait intervenir dans l'hypothèse d'une délibération de
prorogation prise en dehors de l'apporteur ou malgré son opposition. On peut conclure de l'arrêt que les prescriptions de l'art. 4
sont édictées non seulement dans l'intérêt des actionnaires, mais
aussi des apporteurs.

§ 2. — Avantages particuliers.

1807. — Les associés doivent, en principe, être placés sur le
même pied d'égalité. Tout ce qui porte atteinte à ce principe d'égalité, toute clause de l'acte social qui autorise un associé à prétendre
à un avantage supérieur aux autres, constitue ce que la loi appelle
un avantage particulier (Angers, 7 déc. 1903, *J. S.*, 1904.325)

1808. — La loi dispose donc que lorsqu'un associé stipule à son
profit des avantages particuliers, la première assemblée générale
doit les faire apprécier dans les formes que nous préciserons.

1809. — De même, il faut donner la qualité d'avantages particuliers aux stipulations par lesquelles le gérant s'attribue une portion des bénéfices sociaux pour la rémunération de ces fonctions
administratives (Bordeaux, 20 juin 1865, S. 66.2.119 ; — Agen,
7 juin 1875, D. 79.2.247).

1810. — Mais l'attribution au gérant par les statuts d'un traitement fixe à prendre sur les frais généraux ne constitue pas un
avantage particulier soumis à vérification (Mathieu et Bourguignat,
n. 40, et S. 68.1.146 ; Pont, n. 977 ; Thaller, *Des nouvelles pratiques
financières en matière de société*, p. 16. — *Contrà* : Houpin, *J. S.*,
1882.233 ; Dalloz, n 1290 ; — Bordeaux, 20 nov. 1865, S. 66.2 129).
M. Pont (n. 976) considère comme des avantages particuliers les
indemnités de logement, de frais de bureau, de dépenses de voitures allouées en sus du traitement fixe.

Si les avantages sont concédés par l'assemblée générale au cours de la vie sociale, ils ne sont plus soumis à vérification (Bordeaux, 25 janv. 1888, *R. S.*, 1888.318).

1811. — Que faut-il décider en ce qui concerne l'attribution d'une portion de bénéfices faite aux administrateurs d'une société anonyme ? Cet avantage est-il sujet à vérification ? M. Pont se prononce pour l'affirmative (n. 955), « même, dit-il, lorsque les administrateurs sont désignés ». On décide plus généralement que les allocations sont sujettes à vérification lorsque les administrateurs sont désignés par les statuts, mais qu'elles en sont exemptes quand ils sont nommés par l'assemblée constitutive, parce que, dans ce dernier cas, les avantages sont stipulés au profit de personnes qui ne sont pas désignées par les statuts (Houpin, *loc. cit.*, *J. S.*, 1884, p. 702). Il en est de même en ce qui concerne les jetons de présence (Lyon, 26 fév. 1903, *J. S.*, 1903.306).

Le tribunal de la Seine a décidé, sans faire de distinction, que la rémunération attribuée aux administrateurs à raison de leurs fonctions ne rentre pas dans les avantages particuliers définis par l'art. 4 (Trib. Seine, 16 mai 1880, *J. S.*, 1880.206 ; — 4 avr. 1887, *R. S.*, 1887. 36 ; — Lyon, 3 déc. 1895, D. 98.2.113. — V. aussi : Trib. Seine, 9 août 1882, *Gaz. Pal.*, 1882.2.453).

1812. — Le contrat intervenu entre le directeur et la société le jour même de la constitution doit être soumis à vérification lorsqu'il est établi que les bases de ce contrat sont antérieures à la constitution et que le directeur était actionnaire apporteur (Paris, 18 avril 1912, *Gaz. Soc.*, 1912. 326).

1813. — L'allocation de jetons de présence aux membres du conseil de surveillance et aux commissaires censeurs n'est pas soumise à vérification (*Contrà :* Pont, n. 975).

1814. — Jugé que la création de parts de fondateur, au cours de l'existence de la société, n'emporte pas l'obligation de convoquer une assemblée générale quand ces parts sont attribuées à l'universalité des associés, et non pas à certains associés au détriment des autres (Trib. Seine, 28 juill. 1884, *J. S.*, 1885.363. — Dans le même sens : Paris, 4 avr. 1885, *J. S.*, 1885. 561).

1815. — Les parts de fondateur attribuées soit aux fondateurs de la société, soit à des apporteurs, soit à certains actionnaires, collectivement ou individuellement, constituent des avantages particuliers pour ceux qui en profitent. L'attribution de ces avantages doit être approuvée, conformément aux dispositions de l'art. 4. Il importe peu que la part de fondateur ne constitue pas une action et ne soit qu'une créance éventuelle de bénéfices, car l'avantage attribué est à prendre sur les bénéfices, ce qui suffit pour exiger l'accomplissement des formalités de la loi. Quelle que soit donc la cause d'attribution de parts de fondateur, il nous semble que la vérification doit en être faite par les assemblées constitutives.

1816. — On ne doit pas considérer comme des avantages sujets à vérification les marchés passés par les fondateurs et administrateurs avec certains actionnaires en vue de la société à former (Trib. Seine, 29 nov. 1886, *R. S.*, 1887.151), ni des contrats qui ne comportent aucun prélèvement sur les bénéfices sociaux au profit d'associés à l'exclusion des autres (Trib. Seine, 25 juin 1888, *R. S*, 1889, 25 ; — Paris, 27 juin 1888, *R. S.*, 1888.483. — V. cependant Trib. com. Bordeaux, 8 janv. 1906, *R. S.*, 1907.352). D'ailleurs, la question de savoir si les stipulations des statuts constituent ou non des avantages particuliers rentre dans l'appréciation du juge du fait (Cass., 18 déc. 1867, S. 68.1.145).

1817. — Les avantages conférés à un ou plusieurs actionnaires qui ne sont ni gérants ni fondateurs, ou à un groupe d'actionnaires sont soumis à vérification (Pont, n. 578 ; Levillain, note D.86.2.180 ; Dalloz, *Supp.*, n. 1290).

1818. — Les avantages qui ne comportent aucun prélèvement sur les bénéfices ou sur le capital ne sont pas soumis à vérification. Telles les agences de représentation de la société (Paris, 27 juin 1888, *J. S.*, 1890 443).

De même, le droit de préférence concédé par les statuts au fondateur ou au porteur de parts de fondateur, ou aux premiers actionnaires, de souscrire au pair des actions, lors d'une augmentation de capital (Trib. Seine, 25 juin 1888, *R. S.*, 1889,25 ; — Thaller, *R. crit.*, 1880, p. 519. — *Contrà* : Percerou, *Des Fondateurs de soc. anon.*, p. 160).

1819. — L'appréciation de la question de savoir si tels ou tels avantages sont soumis à vérification appartient aux tribunaux, et non à l'assemblée générale (Cass., 18 déc. 1867, S. 68.1.145).

1820. — Lorsqu'un associé fait un apport en nature, ou quand les statuts attribuent à un associé des avantages particuliers, la constitution définitive de la société est subordonnée à la vérification de ces apports ou de ces avantages et à leur approbation. La loi a édicté à cet égard des conditions spéciales.

1821. — L'art. 4 de la loi du 24 juillet 1867 exige, dans ce cas, qu'une première assemblée générale soit réunie, dans laquelle on nomme des commissaires chargés de faire un rapport sur la valeur des apports ou la cause des avantages stipulés. La société n'est définitivement constituée qu'après l'approbation des apports ou des avantages donnée par une autre assemblée générale, après une nouvelle convocation. Si l'assemblée a nommé deux commissaires, il faut que le rapport soit l'œuvre des deux commissaires et non d'un seul (Douai, 27 déc. 1894, *Gaz. Pal.*, 8 juill. 1895).

1822. — Le rapport dressé par les commissaires nommés par la première assemblée doit être imprimé et tenu à la disposition des actionnaires pendant cinq jours au moins avant la réunion de la seconde assemblée. Les délibérations doivent être prises à la majorité des actionnaires présents. Cette majorité doit comprendre le quart des actionnaires et le quart du capital social en numéraire. Les associés qui ont fait l'apport ou stipulé les avantages particuliers soumis à l'appréciation de l'assemblée n'ont pas voix délibérative.

1823. — A défaut d'approbation, la société reste sans effet à l'égard de toutes les parties.

L'approbation ne fait pas obstacle à l'exercice ultérieur de l'action qui pourrait être intentée pour cause de dol ou de fraude (V. *infrà*, n. 1831).

1824. — Les dispositions de l'art. 4 ne sont pas applicables au cas où la société à laquelle est fait ledit apport est formée entre ceux seulement qui en étaient propriétaires par indivis (V. *infrà*, n. 1828, 1908 et suiv.). La vérification des apports n'est pas nécessaire lors de la prorogati on (Cass., 9 janv. 1900, S. 02.1.233).

1825. — L'approbation des apports en nature et des avantages particuliers peut faire l'objet de conventions entre les actionnaires, pourvu que ces conventions laissent intact le pouvoir d'apprécia - tion de l'assemblée générale (Cass., 20 nov. 1888, *J. S.*, 1889.10).

1826. — Les dispositions de l'art. 4 relatives à la vérification des avantages particuliers ne reçoit application qu'à l'origine de la société ou lors d'une augmentation de capital. En dehors de ces deux cas tout avantage particulier concédé à un associé au cours de la société n'est pas assujetti à vérification et approbation (Paris, 3 août 1886, *J. S.*, 1889.417 ; — Bordeaux, 25 janv. 1888, *R. S.*, 1888. 318 ; — Lyon, 3 déc. 1895, D. 98.2.113).

1827. — Une exception aux prescriptions de l'art. 4 est admise par le législateur pour le cas où la société est constituée entre ceux qui étaient ou qui sont copropriétaires par indivis des apports. Dans ce cas, l'évaluation d onnée à de tels apports est commune à tous les associés, qui n'ont aucun intérêt à un contrôle dont aucun ne pourrait profiter vis-à-vis de ses associés (V. Cass., 5 mai 1880, D. 80.1.268). De ce principe, il résulte que la copropriété indivise doit être sérieuse et non simulée, et que s'il y a eu simulation, la société est nulle, faute d'observation des dispositions de l'art. 4 (Paris, 24 avr. 1877, *Le Droit*, 30 sept. 1877).

1828. — La disposition exceptionnelle de l'art. 4 s'applique à la transformation d'une société en commandite en société anonyme ; en vertu du principe que la société constitue un être moral, il y a indivision entre chacun des membres de la société en commandite (Paris, 24 avr. 1884, D. 84.2.206 ; — Cass., 24 mars 1885, rapporté au Dalloz, *Supp.*, V° *Sociétés*, n. 1321).

1829. — Un arrêt de la Cour de cassation du 19 juillet 1893 (S. 94.1.261) a annulé une société constituée en apparence entre apporteurs au moyen d'apports en nature, alors qu'en réalité ces apports étaient faits à la charge par la société d'acquitter un passif non déclaré. Il était fait face au payement de ce passif par la création d'actions de numéraire, mais il n'y avait eu ni déclaration de souscription, ni vérification des apports (V. Houpin, note sous Paris, 14 janv. 1891, *J. S.*, 1891.529).

1830. — L'exception de l'art. 4 ne pourrait pas non plus être invoquée, dans le cas où la société étant formée entre plusieurs associés qui auraient souscrit tout le capital par l'acte de société et en auraient immédiatement versé le montant intégral, l'un d'eux promettrait à la société un apport en nature ; car aucune des raisons qui ont amené le législateur à introduire l'exception ne peut être invoquée (Pont, n. 973. — *Contrà* : Beudant, *R. crit.*, t. 36, p. 151).

§ 3. — Dol et fraude.

1831. — Les décisions prises quant à l'évaluation des apports par une assemblée régulièrement constituée sont souveraines. Les actionnaires mécontents ne pourraient pas recourir aux tribunaux pour demander la réduction des apports réalisés ou la réduction des avantages particuliers stipulés (Cass., 10 janv. 1881, S. 81.1.251, D. 81.1.161 ; — Paris, 6 mai 1885, D. 86.2.25 ; — Cass., 10 fév. 1889, *Pand. franç pér.*, 1889.1.579 ; — Paris, 2 mars 1889, *R. S.*, 1889. 409 ; — Cass., 3 janv. 1900. S. 1900.1.391, D 1900.1.289 ; — Seine, 20 juin 1900, *J. S.*, 1901.95 ; — 9 janv. 1901, *J. S.*, 1901. 214 ; — 19 janv. 1903, *J. S.*, 1903 525. — V. *infrà*, n. 1850).

1832. — L'art. 4 *in fine* fait fléchir la règle d'après laquelle la valeur des apports en nature ou l'appréciation des avantages particuliers ne peut plus être remise en question devant les tribunaux lorsque ces apports ou ces avantages ont été vérifiés ou approuvés, conformément aux prescriptions du même article, si l'on est en présence d'une articulation de dol ou de fraude. Ainsi, s'il est établi que l'assemblée n'a donné son approbation que par simple surprise, ou par suite de dol, de manœuvres employées contre elle, les souscripteurs peuvent demander, d'ailleurs à leurs risques et périls, si leur action est reconnue mal fondée (Trib. civ. Bar-sur-Aube, 27 janv. 1911, *Gaz. Pal.*, 23 mars 1911), la nullité de la délibération, et cette nullité a pour conséquence nécessaire la nullité de la société. Mais notons bien que cette action n'est recevable que de la part des souscripteurs en numéraire ; elle serait, au contraire, irrecevable de la part des cessionnaires de titres, contre les apporteurs en nature et les souscripteurs en numéraire réunis en un syndicat constitué pour tromper les acheteurs sur la valeur réelle des actions qu'il cherche à placer, et distinct de la société elle même. Les cessionnaires qui se prétendent victimes d'un dol de la part du syndicat peuvent poursuivre la réparation du préjudice qu'ils éprouvent contre les membres du syndicat ; c'est là une action qui doit être tranchée indépendamment de la question de validité ou de nullité de la société (Cass., 19 fév. 1889, S. 92.1.406, D. 89.1.309 ; — Douai, 24 janv. 1899, D. 1900.2.313 ; — Seine, 10 avr. 1902, *R. S.*, 1902.288 ; — Cass., 10 nov. 1897, S. 97.1 505).

1833. — Les souscripteurs peuvent également, conformément aux principes du droit commun, arguer de nullité la délibération pour cause d'erreur sur la substance de l'objet faisant partie de l'apport (Pont, n. 1017 ; Lyon-Caen et Renault, n. 717) ; mais la rescision pour cause de lésions ne peut servir de base à une attaque contre la délibération de l'assemblée générale ; le seul fait de l'exagération des apports ou avantages, alors qu'il n'est justifié ni d'un dol caractérisé ni d'une erreur sur la substance, ne peut donner naissance à une action en justice (Cass., 10 janv. 1881, D. 81.1.161 ; — Paris, 2 avr. 1886, *R. S.*, 1887.122 ; — Cass., 21 juill. 1890, D. 91. 1.270 ; — Comp. Marseille, 14 fév. 1902, *J. S.*, 1902.513 ; — Lyon-Caen et Renault, n. 717).

1834. — Le dol pouvant justifier l'annulation de la délibération qui a statué sur les apports, il en résulte que la fictivité de l'apport peut être une cause de nullité ; c'est là une forme de dol : il ne peut exister de société sans apport (Paris, 14 avr. 1883, D. 84.2.122 ; — Paris, 26 juill. 1887, D. 88.2.145 ; — Paris, 12 janv. 1887, et Cass., 20 janv. 1892, D. 92.1.329).

SECTION VII

DES ASSEMBLÉES GÉNÉRALES RELATIVES A L'APPROBATION DES APPORTS EN NATURE ET DES AVANTAGES PARTICULIERS

§ 1ᵉʳ. — Assemblées constitutives.

1835. — Aux termes de l'art. 4 de la loi de 1867 sur les sociétés en commandite par actions, étendu aux sociétés anonymes par l'art. 24 de la même loi, les apports en nature et avantages particuliers doivent être approuvés par deux assemblées successives.

Dans la première de ces assemblées, les associés adoptent les moyens de vérification qu'ils trouvent les plus propices ; ils demandent les éclaircissements dont ils ont besoin et chargent un commissaire de faire un rapport. La seconde assemblée statue sur l'approbation ou le rejet du rapport de la commission.

1836. — Tous les actionnaires doiven être convoqués aux assemblées constitutives. Les statuts ne pourraient donc exiger la possession d'un nombre minimum d'actions pour prendre part à ces assemblées (Lyon-Caen et Renault, n. 710 ; Pont, n. 982 et 983).

1837. — La convocation doit être faite par le gérant ou par les fondateurs de la société ; elle ne pourrait être signée par les actionnaires eux-mêmes (Amiens, 16 janv. 1875, S. 76.2.196). La convocation n'est soumise à aucune forme particulière. Si les statuts en règlent le détail, il faut s'y conformer. Dans la pratique, les actionnaires sont convoqués aux assemblées générales par un avis inséré dans une ou plusieurs feuilles d'annonces légales de la localité. Mais pour éviter toute difficulté, il est préférable de convoquer les actionnaires individuellement par lettre ou circulaire adressée à chacun d'eux (Pont, n. 984 ; — Bordeaux, 12 mai 1897, *J. S.*, 1897.510).

1838. — Il a été décidé qu'une stipulation dans les statuts aux termes de laquelle la convocation aux assemblées générales constitutives peut avoir lieu verbalement, ou par simple lettre des fondateurs, est valable surtout si tous les actionnaires sont présents (Orléans, 14 juin 1893, *J. S.*, 1893.488). Mais nous conseillons, malgré cette jurisprudence, de ne pas s'en rapporter à des convocations verbales, qui exposent les fondateurs à l'absence d'actionnaires lors de la réunion.

1839. — La convocation doit indiquer le jour et l'heure de la réunion. Une convocation est nécessaire pour chacune des assemblées : on ne pourrait donc convoquer en une seule fois pour les deux assemblées constitutives (V. en ce qui concerne la convocation postérieure à la déclaration de souscription et de versement, n. 1759).

1840. — La loi est muette sur le délai à respecter entre la convocation et la réunion de l'assemblée. En pratique, les statuts le déterminent. Les fondateurs seront prudents en calculant le délai de manière à donner aux souscripteurs le temps nécessaire pour se rendre en personne à l'assemblée (Pont. n. 985 ; Dalloz, *Supp.*, n. 1297).

1841. — Le mode de convocation des assemblées ordinaires ou extraordinaires fixé par les statuts n'est pas de plein droit et à peine de nullité applicable aux assemblées constitutives. Il a été décidé, et l'espèce est intéressante pour les sociétés dont la constitution doit être rapide, que lorsque les statuts stipulent que les assemblées constitutives seront convoquées dans les délais qui paraîtront convenables aux fondateurs, la première assemblée peut être tenue le lendemain du jour de la déclaration notariée de souscription et de versement, surtout si tous les actionnaires sont présents ou représentés (Paris, 12 déc. 1889, *J. S.*, 1891.18 ; — Orléans, 14 juin 1893, précité ; — Trib. com. Seine, 29 mai 1907, *J. S.*, 1908.234). Nous connaissons même des sociétés dans lesquelles la convocation à la première assemblée générale constitutive a été faite par dépêches régulièrement datées, postérieures à l'heure de la rédaction de l'acte de déclaration de souscription et de versement, et pour le jour même.

1842. — La première assemblée peut employer tous moyens de vérification qu'elle juge utiles (expertise, etc.).

Elle peut également procéder elle-même à la vérification séance tenante (Lyon-Caen et Renault, n. 709). Mais il est absolument indispensable que deux assemblées soient tenues, et même si l'assemblée opère la vérification par elle-même, on ne peut se dispenser de la convocation d'une seconde assemblée pour vérifier et approuver définitivement les apports et les avantages particuliers. Sans doute, dans la première assemblée, les fondateurs peuvent débattre les conditions provisoires de l'approbation, mais tout ce qui est adopté en ce sens n'est que provisoire et ne devient définitif que par l'approbation donnée dans la seconde assemblée (Comp. Cass., 20 nov. 1888, D. 90.1.157).

1843. — L'art. 4 exige qu'un rapport imprimé sur l'appréciation des apports et avantages soit tenu à la disposition des actionnaires pendant cinq jours au moins avant la réunion de la seconde assemblée ; ce rapport doit être tenu pendant cinq jours entiers à la disposition des actionnaires. Le délai est franc (Alger, 16 fév. 1911, *Gaz. Soc.*, 1913.178).

Il y aurait nullité de la Société si le rapport n'était tenu à la disposition des actionnaires cinq jours au moins avant la réunion de la deuxième assemblée ; mais si le rapport n'a soulevé aucune protestation à la deuxième assemblée, il y aurait présomption qu'il a été mis à la disposition des actionnaires conformément à la loi (Paris, 12 déc. 1889, *R. S.*, 1890 179 ; — Orléans, 24 juin 1893, *R. S.* 1893. 570).

1844. — La loi parle d'un rapport « *qui sera imprimé* ».

Quid, si tout s'étant passé correctement et ouvertement, les actionnaires ayant pu apprécier en parfaite connaissance de cause le travail établi par le rapporteur, et en ayant approuvé les conclusions, il se trouve que le rapport était non pas imprimé, mais manuscrit, autographié ou confectionné à la machine à écrire ?

Faudra-t-il dire que cette société, qui est l'œuvre mûrement réfléchie d'actionnaires conscients de la valeur des apports et des avantages particuliers, qu'ils ont après examen et délibération pleinement approuvés, devra être déclarée nulle par application de l'article 41, parce que la forme du rapport ne correspondra pas à celle indiquée par la loi, alors cependant que personne ne contestera l'authenticité et la sincérité du document ?

L'affirmative semble s'imposer dans tous les cas si l'on s'en tient au texte littéral de la loi, et cependant la raison s'oppose à un système aussi absolu et général !

Nous n'avons trouvé la question résolue chez aucun auteur.

Le Tribunal de commerce et la Cour de Bordeaux à deux reprises ont eu à statuer et il semble que les décisions, contradictoires en apparence, aient été rendues exclusivement en contemplation des circonstances du fait qui les ont inspirées. — V. ces décisions rapportées dans la *Gaz. Soc.*, 1912, p. 347 et l'article de M. Venot.

1845. — La loi n'indique pas l'intervalle qui doit séparer les deux assemblées ; mais comme l'art. 4 exige que le rapport sur l'appréciation des apports et avantages soit tenu à la disposition des actionnaires pendant cinq jours au moins avant la réunion de la seconde assemblée, et qu'il faut que ce rapport soit imprimé, il s'ensuit que les deux réunions sont nécessairement séparées par un délai supérieur à cinq jours francs (Dalloz, *Supp.*, n. 1297 ; — Anal. Trib. Seine,

28 mars 1887, *J. S.*, 1890.104. — V. aussi Cass., 6 nov. 1894, *J. S.*, 1895.14).

1846. — Le rapport des commissaires est dans la pratique adressé aux souscripteurs, mais ce n'est pas là une formalité impérieusement exigée ; la loi prescrit seulement qu'il soit tenu à la disposition des actionnaires au siège social, ou dans tout autre lieu désigné par les statuts.

La loi n'impose nulle part, pour la vérification, une forme de procéder plutôt qu'une autre ; elle s'en remet complètement à la prudence et à la conscience des commissaires (Riom, 26 fév. 1908, *J. S.*, 1908.357). En tout cas, il n'y a certainement pas violation de la loi dans le fait que le rapport du commissaire n'a pas été imprimé par une presse à impression, mais à la machine à écrire (Trib. com. Seine, 29 mai 1907, *J. S.*, 1908 234).

1847. — Nous conseillons, pour éviter toute difficulté ultérieure, de faire enregistrer (au droit fixe) l'original du rapport, afin de lui donner date certaine. Cet original doit, bien entendu, être rédigé sur timbre et signé par les commissaires.

1848. — Il est également utile de constater, dans le procès-verbal de la seconde assemblée générale, que le rapport imprimé a été tenu à la disposition des actionnaires pendant cinq jours au moins.

1849. — Si la première assemblée générale a nommé deux commissaires et si le rapport a été présenté par un seul, le rapport est nul, et la nullité en découle (Douai, 7 fév. 1895, *J. S.*, 1895.323). Si donc, après la première assemblée générale, l'un des commissaires donne sa démission ou décède, il est prudent de recommencer toutes les formalités.

§ 2. — Approbation ou refus d'approbation.

1850. — La décision de l'assemblée générale des actionnaires est souveraine. Et il en est ainsi alors même que la valeur des apports ou la cause des avantages particuliers aurait été plus ou moins majorée. Sauf le cas de dol ou de fraude, l'exagération des apports ou avantages régulièrement acceptés ne pourrait donner lieu à aucune action pour cause de lésion, ni entraîner la nullité de la société (Paris, 11 août 1883, *J. S.*, 1885.285 ; — 2 avr. 1886, sous Cass., 20 nov. 1888, S. 91.1.12 ; — Trib. Seine, 1er déc. 1886, *J. S.*, 1890.61 — 4 avr. et 31 oct. 1887, 7 juin 1888, *R. S.*, 1887.336, 1888.164 et 445, *J. S.*, 1890 60 ; — Rouen, 10 mars 1897. *J. S.*, 1897.398. — V. Cass., 10 janv. 1881, S. 81.1.251 ; — Trib. Nantes, 28 janv. 1888, *J. S.*,

1890 87 ; — Trib. Seine, 13 juill. 1888. *J. S.*, 1890.296, et 30 avr. 1889, *R. S.*, 1889.451 ; — Cass., 21 juill. 1890, S. 92.1.501, D. 91.1.270 ; — Paris, 2 août 1890, *R. S.*, 1891.150 ; — Lyon, 29 oct. 1890, *J. S.*, 1891.442 ; — Paris, 30 mars 1893, *R. S.*, 1893.284 ; — Cass., 3 janv , 1900, S. 1900.1.391, D. 1900.1.289 ; — Paris, 11 mars 1907, *J. S.*, 1907.309, *R. S.*, 1908.193 ; — Trib. com. Seine, 26 fév. et 29 mai 1907, *J. S.*, 1908.67.234, *R. S.*, 1908.255).

L'interdiction de contester les apports une fois approuvés n'existe pas avec la même force pour tout le monde. Cette interdiction est absolue au regard des apporteurs en nature et des souscripteurs en numéraire, fondateurs de la société, qui ont eu connaissance de toutes les conditions dans lesquelles la constitution a eu lieu ; elle ne peut être invoquée à l'encontre des cessionnaires d'action demeurés étrangers aux agissements frauduleux des fondateurs. Ces cessionnaires d'actions peuvent critiquer les appréciations qui ont amené le vote de l'assemblée générale, mais le droit des cessionnaires d'actions ne va pas jusqu'à demander la nullité de la société ; ils ne peuvent que former une demande en indemnité basée sur l'art. 1382 C. civ. (Cass., 19 fév. 1889, S. 92.1.406, D. 89.1.309). V. aussi Cass , 10 nov. 1897, cité *suprà*, n. 1832.

1851. — Mais une majoration peut constituer un délit ou un quasi-délit donnant ouverture à une action en dommages-intérêts.

Ainsi, il a été jugé que l'action en dommages-intérêts intentée par des cessionnaires d'actions contre les apporteurs et fondateurs, en tant que membres d'un syndicat formé après la constitution pour le placement des actions par eux souscrites, peut être examinée et accueillie en dehors de toute demande en nullité de la société (Cass., 19 fév. 1889, S. 92.1.406, D. 89.1.309).

1852. — Il faut encore ajouter que la délibération approuvant les apports en nature et les avantages particuliers peut être attaquée devant les tribunaux pour cause de tout vice du consentement. — ainsi, l'action en nullité pourra être exercée s'il y a erreur sur la substance quant au bien faisant l'objet de l'apport (Lyon Caen et Renault, n. 717 ; Pont, t. 2, n. 1017).

1853. — L'action en nullité serait aussi recevable pour cause d'erreur sur l'existence même de l'apport. Jugé que l'existence d'apports étant de l'essence de la société, la vérification de ceux qui ont été faits doit, sous peine de nullité, être sérieuse, sincère et effective. En conséquence, est nulle la société anonyme dans laquelle il n'y a eu que la fiction d'une vérification des apports, destinée à tromper les actionnaires, et dans laquelle les apports ont été sciemment dénaturés par une majoration telle qu'on peut dire que le capital énoncé et promis était fictif et illusoire, et que les actionnaires n'ont approuvé les apports qu'à la suite des manœuvres dolosives des fondateurs et vérificateurs (Lyon, 1er juin 1895, S. 96.2.213, et sur pourvoi : Cass., 10 nov. 1897, S. 97.1.505).

1854. — Jugé de même dans un cas où l'apport était grevé de charges diminuant à tel point sa valeur, qu'il pouvait être considéré comme purement fictif.

Dans cette espèce, l'apport était engagé à des créanciers personnels de l'apporteur, de telle sorte que la société n'avait pu être mise en possession (Paris, 5 déc. 1881, sous Cass., 10 fév. 1885, D. 85.1.355).

1855. — De même, la nullité d'une société est à bon droit déclarée lorsque la société, formée exclusivement en apparence sur la base d'apports en immeubles entre les auteurs de ces apports, les recevait à la charge d'un passif non déclaré (prix non payé de ces immeubles), passif qui devait être acquitté par un capital-argent mis en souscription (Cass., 19 juill. 1893, S. 94.1.261, D. 94.1.148).

1856. — Mais si aucune dissimulation ou réticence n'est commise, l'immeuble apporté peut être grevé d'hypothèques. Il en est ainsi, particulièrement, lorsque l'apporteur s'engage à éteindre personnellement les causes des inscriptions et en rapporter la radiation dans un délai déterminé (Cass., 9 nov. 1887, S. 88.1.449 et la note de M. Labbé, D. 88.1.202).

1857. — Voir pour le cas où les administrateurs auraient dissimulé à l'assemblée générale l'existence de charges grevant les apports : Cass., 6 juin 1885, S. 87.1.284, P. 87.1.667.

1858. — Les tribunaux sont seuls compétents pour apprécier si toutes les conditions prescrites pour l'approbation des apports en nature ou des avantages particuliers ont été remplies.

Ainsi, la question de savoir si la rétribution allouée au gérant par les statuts d'une société en commandite constitue ou non à son profit un avantage particulier à lui attribué comme associé, est une question contentieuse, dont la solution appartient non pas à l'assemblée générale, mais aux tribunaux (Cass., 18 déc. 1867, S. 68.1.145, D. 67.1.374. — *Sic* : Pont, t. 2, n. 981).

1859. — La seconde assemblée, réunie après rédaction du rapport et sur nouvelle convocation, délibère et statue sur l'approbation des apports et des avantages. Si elle approuve, les stipulations des statuts deviennent définitives ; si elle rejette, sa délibération entraîne la nullité des souscriptions et empêche la constitution de la société : les sommes doivent être restituées aux souscripteurs, et les fondateurs supportent les dépenses faites pour arriver à la constitution de la société (Beudant, *R. crit.*, t. 36, p. 154 ; Pont, n. 1020 ; Dalloz, *Supp.*, n. 1310).

1860. — Mais est-il possible d'admettre que la réduction des apports puisse être consentie par le simple vote de la *majorité* des actionnaires formant la deuxième assemblée constitutive ? Celle-ci peut-elle voter une réduction sur la rémunération des apports ? La question est controversée.

Lorsque les apporteurs ou les fondateurs sentent un flottement dans l'assemblée générale appelée à se prononcer sur l'approbation des apports, ils sont souvent disposés, pour faciliter la constitution, à consentir des sacrifices ou à ramener l'évaluation figurant aux statuts à de plus raisonnables proportions.

Ils font donc de nouvelles propositions à l'assemblée et il s'agit de savoir si celle-ci peut approuver la réduction sur la condition de simple majorité.

Certains auteurs ont estimé que le consentement de *tous* les actionnaires était indispensable. Ils soutiennent que, comme il s'agit de modifier les conditions du contrat statutaire, c'est-à-dire les éléments sur lesquels les souscriptions se sont faites, la majorité ne peut lier la minorité et former un nouveau contrat sans son consentement (Vavasseur, t. I, n. 407 ; Alauzet, t. I, n. 460).

Mais cette solution n'a pas recueilli l'adhésion de la plupart des auteurs qui estiment que la simple majorité suffit pour donner effet à la réduction. Malgré que la discussion ait été assez confuse au Corps Législatif en 1867, il paraît bien résulter de l'examen des travaux préparatoires et de la discussion qu'on a voulu que la réduction puisse être valablement approuvée par la majorité (Lyon-Caen et Renault, t. 2, n° 717, p. 63, note 1).

D'autre part, cette solution se recommande de diverses considérations pratiques. Si on admettait que l'assemblée générale ne pût émettre qu'un vote d'approbation ou de rejet, ce serait bien souvent mal protéger les actionnaires, ce que le législateur de 1867 a cependant voulu faire. Pour ne pas faire échouer un projet de société dont les actionnaires escomptent les bons résultats, et qui a déjà suscité peut-être des frais élevés, il arriverait trop souvent que la majorité se résignerait à accepter les chiffres insérés par les fondateurs aux statuts, quelque exorbitants qu'ils fussent.

Déclarer que l'unanimité pourra seule permettre une réduction, ce sera pratiquement la rendre presque impossible, car, dans une assemblée, il est fort rare qu'il n'y ait pas au moins un récalcitrant, un entêté ou un malveillant. Et l'obstination d'un seul pourrait faire manquer l'opération entière.

Ces arguments nous paraissent de nature à emporter la solution et permettre à la majorité de donner effet à la réduction.

On a mis en avant d'autres raisons, mais qui semblent moins heureuses. Ainsi, on a dit que si la majorité est en droit de voter la réduction, c'est « parce que le vote peut être analysé en une délibération modificative des statuts ». Il est permis d'exprimer un doute sur la valeur de cette idée, quel que soit celui qui la recommande (Thaller, 3e édit., n° 541), car l'assemblée générale ne peut modifier les statuts qu'une fois que la société est constituée, Or, l'art. 4 de la loi de 1867 est formel : lorsqu'une société comporte des apports, elle n'est formée qu'après la seconde assemblée générale donnant l'approbation.

De même on a fait valoir, pour soutenir que la majorité suffit pour adhérer à la réduction, que l'évaluation des apports en nature se trouve ainsi diminuée, grâce à la transaction intervenue, ce qui est avantageux aux actionnaires. A quoi l'on peut répondre qu'il ne faut pas oublier que des actionnaires peuvent trouver qu'il n'est pas avantageux d'entrer dans une société où l'apport, tel qu'un brevet d'invention, un fonds de commerce, ou une mine, n'a pas au moins la valeur fixée aux statuts.

Nous préférons donc nous ranger aux arguments précédemment développés et qui nous paraissent justifier plus juridiquement le pouvoir de la deuxième assemblée générale, votant à la majorité, de réduire les évaluations des apports.

Il reste encore, dans le même ordre d'idées, à envisager une dernière question. Nous avons supposé jusqu'ici que l'apporteur consentait à la réduction et que c'est pour empêcher les projets de société d'avorter qu'il avait soumis à l'assemblée des propositions diminuées. Mais ladite assemblée a-t elle le droit d'*imposer* à l'apporteur une réduction sur rémunération de ses apports ?

Cela paraît très difficile : Qu'est-ce qu'un apport ? Ce n'est pas autre chose que la vente faite par le fondateur à la société future de certains éléments de son patrimoine à un prix déterminé. Le projet de statuts, rédigé par l'apporteur, et qui contient ce prix, est une proposition de contrat que le fondateur fait à la société ; dès lors, si l'apporteur n'y consent point, s'il ne fait pas de lui-même à l'assemblée des propositions réduites, ou s'il n'accepte pas immédiatement la réduction qu'on lui demande, il ne semble pas que l'assemblée ait le droit de la lui imposer. Un contrat suppose le consentement de tous les intéressés ; ici, celui de l'un d'eux fait défaut.

Supposons maintenant la société constituée, l'assemblée des apports ayant donné son approbation, peut-il y avoir *ultérieurement* réduction? En principe, il ne faut pas hésiter à dire que la décision de l'assemblée générale des actionnaires, contenant approbation des apports, est souveraine. Par conséquent, après que la valeur des apports a été vérifiée dans les formes légales, elle est définitive et sans recours. Il en est ainsi, alors même que la valeur des apports aurait été majorée. Même solution en ce qui concerne les avantages particuliers, ceux-ci étant mis par la loi sur la même ligne que les apports.

La jurisprudence a eu l'occasion, à maintes reprises, d'affirmer le principe du caractère souverain de la décision d'approbation (V. *suprà*, n. 1850); le dernier arrêt de la Cour de cassation, en date du 3 janvier 1900, est précis et formel.

Est-ce à dire qu'il n'y ait absolument aucun recours?

Et s'il existe des réclamations possibles, quelle peut en être la nature?

Tout d'abord, la loi du 24 juillet 1867 prend soin elle-même de tempérer ce que le principe que nous venons de poser peut avoir d'un peu trop absolu. L'art. 4 s'exprime, en effet, dans les termes que voici : « L'approbation ne fait pas obstacle à l'exercice ultérieur de l'action qui peut être intentée pour cause de dol ou de fraude. »

Ainsi qu'on le voit, cet article ne vise formellement que le dol et la fraude, mais on est très généralement d'accord pour reconnaître que l'énumération de la loi n'a aucun caractère limitatif. Au dol, il convient d'ajouter l'erreur et naturellement aussi la violence. On est également d'accord pour écarter la lésion. En somme une conclusion très simple est à tirer des observations qui précèdent : c'est que la théorie générale des vices du consentement s'applique ici purement et simplement. En un mot, le paragraphe susrelaté de la loi de 1867 ne crée rien et n'ajoute rien ; c'est une simple référence au droit commun.

Cela nous dispensera donc d'insister trop longuement sur la question. Notons immédiatement que c'est la délibération de l'assemblée que l'on va attaquer pour vice de consentement et si l'action est fondée, il en résultera la nullité de la délibération. Par voie de conséquence, la délibération étant nulle, la société se trouvera nulle également, puisque la condition essentielle mise par la loi à la constitution de la société, à savoir l'approbation des apports, ne se trouvera pas réalisée.

On appliquera donc cette disposition de l'art. 4 qui va, d'ailleurs, sans difficulté : « A défaut d'approbation, la société reste sans effet à l'égard de toutes les parties. » Cette conséquence est une raison de plus pour que nous ne nous attardions point à la question de dol ou de fraude. Nous nous bornons à la réduction des apports ; or, la sanction des vices du consentement est la nullité de la société, et non la réduction des apports.

C'est encore la nullité de la société qui serait encourue et non point une simple réduction des apports, si des apports fictifs avaient été approuvés comme réels, par suite d'une vérification insuffisante. La loi de 1867, en admettant dans la composition du capital des sociétés anonymes des apports en nature a évidemment entendu que ces apports auraient un caractère sérieux, sincère, effectif, et qu'ils représenteraient, pour la société, des avantages, équivalant au versement ou à l'engagement de verser un capital en numéraire (Trib. com. Seine, 27 janv. 1883, *Gaz. Pal.*, 1883.1.396 ; Boutaud, note aux *Pand. fr.*, 1899.1.81 ; Labbé, note au S. 97.1.505 ; V. *supra*, n. 1853). En pareille hypothèse, il y a erreur sur l'existence même de l'apport et en même temps erreur sur la substance, en sorte que l'on peut s'appuyer sur le double moyen pour exciper de la nullité (Cass., 10 nov. 1897, S. 97.1.505 sur pourvoi de Lyon, 1er juin 1895, S. 96 2.213).

En dehors de ces hypothèses, la majoration des apports peut parfois donner ouverture à une action en dommages-intérêts. Cette demande en indemnité, basée sur les art. 1382 et suiv. C. civ., peut être formée notamment par les cessionnaires d'actions qui viennent critiquer les agissements frauduleux des fondateurs et les appréciations qui ont amené le vote des assemblées générales approuvant les apports exagérés. La majoration constitue donc alors au regard de ces cessionnaires un délit ou quasi-délit générateur de responsabilité et de dommages-intérêts (V. *supra*, n. 1851). Ainsi il a été jugé par la Cour de cassation, le 19 février 1889 (S. 92.1.406, D. 89.1.309), que l'action en indemnité intentée par ces personnes contre les apporteurs et fondateurs, en tant que membres d'un syndicat formé après la constitution pour le placement des actions par eux souscrites, peut être examinée et accueillie en dehors de toutes demandes en nullité de la société.

1860 bis. — Il convient d'abord d'examiner une dernière question qui est celle de savoir si, en dehors de l'action en nullité, qui peut être exercée dans les cas et conditions précités, il n'existe pas *une action judiciaire en réduction des apports*?

En un mot, lorsqu'il y a majoration frauduleuse, est-on nécessairement obligé de poursuivre la nullité de la délibération de l'assemblée générale et par cela même de la société, ou peut-on simplement demander au tribunal de ramener les apports (ou les avantages particuliers) à un taux plus raisonnable ou à une évaluation plus juste?

On comprend l'intérêt de la question. La nullité de la société est une solution extrême. Tout l'effort fait jusque-là risque d'être complètement perdu. S'il faut reconstituer de toutes pièces une nouvelle société, que de difficultés et de temps perdu! d'autant que si tous les actionnaires de la société annulée ne s'entendent point pour faire partie du nouveau groupement, il faut d'abord se dépêtrer des embarras d'une liquidation. En vertu d'une jurisprudence constante, toute société nulle se liquide comme société « de fait » et selon le pacte social. Et il se peut que l'action en nullité intervienne alors que les opérations sociales se poursuivent depuis quelque temps déjà.

On aperçoit combien il serait plus simple de faire réduire les apports à leur juste valeur par voie d'action judiciaire. Mais est-ce possible? Dans le sens de l'admissibilité de cette action, on a fait valoir une argumentation assez subtile et ingénieuse. On a dit: La loi du 1er août 1893 déclare que les actions représentant des apports, non seulement doivent être intégralement libérées au moment de la constitution de la société, mais encore ne peuvent être détachées de la souche et ne sont négociables que deux ans après cette constitution définitive.

Or, dit-on, cette disposition de la loi de 1893 n'a guère de sens que si l'on admet l'existence d'une action judiciaire en réduction des apports. Pourquoi, en effet, avoir admis l'immobilisation de ces sortes d'actions pendant deux années, si ce n'est pour servir de support, par cette immobilisation même, à une action judiciaire.

Si tout est consommé définitivement par l'approbation souveraine qu'aurait donnée la seconde assemblée générale (sauf l'action en nullité qui, pratiquement, est parfois impossible et non désirable), on ne conçoit pas que le législateur ait éprouvé la nécessité d'immobiliser les titres d'apports pendant deux ans, tandis qu'au contraire, l'idée de la loi s'aperçoit mieux si l'immobilisation prescrite durant deux années a pour but d'assurer la conservation des titres représentant des apports, pour permettre d'exécuter sur eux la réduction que le tribunal arbitrerait.

L'argumentation est séduisante peut-être, mais résiste mal à un examen de principe. En effet, l'immobilisation prescrite par la loi de 1893 devrait, avec le raisonnement dont s'agit, garantir aussi bien l'annulation de toutes les actions d'apports en cas de nullité des délibérations de l'assemblée générale, que la réduction de ces apports par voie judiciaire. Or, en fait, il faut bien reconnaître que l'attachement à la souche ne garantit rien du tout, car cette mesure empêche bien la cession des actions par voie de transfert, mais non la cession selon les modes de droit civil (art. 1689 et suiv.), en sorte que, lorsque la nullité intervient, — ou lorsque la réduction par voie judiciaire se produirait, — les actions d'apports sont ou seraient bien souvent sorties des mains du titulaire originaire, c'est-à-dire de l'apporteur ou fondateur.

D'autre part, il est impossible de trouver dans les travaux préparatoires de la loi de 1893 une allusion quelconque à l'action judiciaire en réduction des apports. Enfin, en ce qui concerne le délai même de deux ans, l'immobilisation durant ce temps formerait une garantie bien illusoire dans bien des cas, car les actions en nullité ou réduction peuvent se présenter longtemps après.

Il faut bien reconnaître que les textes ne se présentent pas favorablement pour admettre l'existence de l'action judiciaire en réduction des apports. L'examen de la jurisprudence ne lui sera point plus avantageux. En effet, le système établi par notre législation des sociétés et, notamment par la loi de 1893, se résume dans ce principe que sont souveraines les décisions prises quant à l'évaluation des apports par une assemblée régulièrement constituée. Et si la loi fait une exception pour le cas de vice du consentement, la jurisprudence donne comme sanction la nullité de la délibération, et par là même de la société, et non pas simplement le droit de faire réduire les apports majorés. Les actionnaires mécontents ne pourraient pas recourir aux tribunaux pour demander la réduction des apports réalisés (ou la réduction des avantages particuliers stipulés).

Cette solution se déduit de plusieurs arrêts et jugements qui sont d'autant plus intéressants à signaler qu'ils ont eu à statuer tant sur la question de majoration que sur celle de minoration des apports. Ce dernier point est curieux à noter car, si les exagérations en matière d'apports ne sont pas trop fréquentes, il est très exceptionnel de trouver des apports cotés à un chiffre trop faible. C'est cependant ce qui s'est présenté dans l'espèce tranchée par la Cour de cassation du 10 janvier 1881 (D. 81.1.161, S. 81.1.251) : « Il n'appartient pas aux juges, dit cet arrêt, de modifier d'après de simples présomptions ou indices, la valeur attribuée par les statuts sociaux à l'apport de l'un des directeurs, alors d'ailleurs que cet apport ayant été vérifié et approuvé par l'assemblée générale des actionnaires, l'évaluation dont il-a été l'objet se trouve, en l'absence de tout dol ou fraude, définitive et lie toutes les parties. »

Pour la question de majoration des apports, la Cour de cassation, le 3 janv. 1900 (D. 1900.1.289, S. 1900.1.391), a déclaré de même qu'après la vérification des apports et approbation dans les formes établies par la loi, l'évaluation était définitive et sans recours. Il s'agissait, en l'espèce, de l'apport d'un portefeuille d'une ancienne société d'assurance et le pourvoi invoquait les principes de la garantie ; la Cour a répondu que la nature même de l'apport comportait des chances de gains et pertes et que l'évaluation à forfait, approuvée par l'assemblée, n'était susceptible de recours d'aucune sorte, sauf le cas de dol et fraude. Et il est facile de déduire de l'arrêt que, même en ce cas, il peut y avoir comme sanction du dol et de la fraude, soit la nullité de l'assemblée, et par cela même de la société, soit une action en dommages et intérêts contre les auteurs des manœuvres frauduleuses, mais non pas une action judiciaire en réduction des apports (V. aussi Trib. com. Seine, 20 juin 1900, *J. S.*, 1901.95 ; 9 janvier 1901, *J. S.*, 1901 214 ; 13 janvier 1903, *J. S.*, 1903.525).

Ainsi qu'on a pu le remarquer, cette jurisprudence n'a pas été appelée à se prononcer sur l'existence de la recevabilité d'une action judiciaire en réduction des apports, mais l'impossibilité de recourir à ce moyen se déduit certainement de toutes ces décisions.

Puisque l'approbation des apports par la seconde assemblée constitutive est souveraine, puisqu'il ne peut y avoir de recours qu'au cas de dol, fraude ou erreur, puisque la sanction en pareil cas est la nullité de la délibération et par voie de conséquence la nullité de la société, puisque, enfin, les manœuvres frauduleuses ne peuvent donner ouverture qu'à une simple action en dommages-intérêts, il en résulte d'une façon inévitable que la jurisprudence ne reconnaît pas l'existence d'une action judiciaire en réduction des apports (Wahl, *J. S.*, 1911. 123. 126).

Et cette jurisprudence paraît d'autant plus conforme aux principes qu'en somme l'action dont s'agit aboutirait pratiquement à une réduction du capital social en dehors des prévisions de la loi ou des statuts. Or, dans les sociétés de capitaux, comme le sont toutes les sociétés par actions, le capital doit, en principe, être maintenu intégralement pendant tout le cours de la vie sociale, car c'est ce capital qui constitue en même temps le crédit de la société et le gage des créanciers sociaux. C'est pour cette raison, jointe aux précédentes, qu'il paraît même fort difficile qu'on arrive jamais à remonter le courant jurisprudentiel qui, pour l'instant, écarte toute action judiciaire en réduction des apports.

§ 3. — Actionnaires à convoquer.

1861. — Tous les actionnaires sans exception doivent être convoqués aux assemblées générales appelées à délibérer sur les apports et avantages, de même qu'à toutes autres assemblées constitutives.

1862. — Les statuts ne pourraient pas stipuler que pour assister aux assemblées constitutives, les actionnaires doivent être possesseurs d'un nombre minimum d'actions ; cette clause ne peut valoir que pour les assemblées postérieures à la constitution (Lyon-Caen et Renault, n. 1017 ; Pont, n. 982 ; Dalloz, *Supp.*, V° *Sociétés*, n. 1298). Chaque actionnaire n'a qu'une voix.

1863. — Cependant il faut mentionner une différence entre les sociétés en commandite par actions et les sociétés anonymes, au point de vue du droit de vote dans les assemblées constitutives. Dans les sociétés en commandite, tous les actionnaires ont une voix, aux termes de l'art. 4 ; dans les sociétés anonymes, au contraire, la clause des statuts proportionnant le nombre des voix au nombre d'actions possédées peut recevoir effet, mais sans que dans aucun cas, un même actionnaire soit par lui-même, soit comme mandataire, puisse posséder plus de dix voix (art. 27 *in fine*, L. 1867. — V. Bordeaux, 12 mai 1897, *Gaz. Pal.*, 10 août 1897). Cet art. 27 n'est pas applicable aux assemblées extraordinaires (Seine, 5 nov. 1900, *J. S.*, 1901. 316).

1864. — La convocation doit être faite d'après le mode indiqué dans les statuts, et à défaut de dispositions expresses des statuts, par lettres circulaires, insertions dans les journaux, etc. (Mathieu et Bourguignat, n. 43 ; Vavasseur, t. 1, n. 424. — V. cependant Beslay et Lauras, t. 5, n. 420).

1865. — Jugé que la clause des statuts d'après laquelle la convocation pour les assemblées constitutives pourra avoir lieu verbalement ou par lettre missive des fondateurs n'a rien de contraire à l'ordre public, et que l'assemblée tenue conformément à cette disposition est régulière, surtout si tous les actionnaires sont présents (Orléans, 14 juin 1893, cité *suprà*, n. 1838).

Les actionnaires peuvent se faire représenter aux assemblées par des mandataires même étrangers à la société (V. n. 3161 et suiv.) ; il suffit de pouvoirs sous seing privé (Pont, n. 1003 ; Wahl, *J. S.*, 1905.97.145.193).

1866. — Chacune des assemblées doit être réunie sur une convocation spéciale, et on ne saurait sans irrégularité les réunir par une convocation unique (Pont, t. 2, n. 837 ; Ruben de Couder, V° *cit.*, n. 125).

1867. — En principe le droit de prendre part au vote appartient à tous les actionnaires par lui-même ou par son représentant (Lyon, 26 fév. 1903, *J. S.*, 1903.306). Mais chacun d'eux dans les sociétés en commandite n'a droit qu'à une voix quel que soit le nombre de ses actions ; l'art. 27, al. 2, aux termes duquel les statuts peuvent proportionner le nombre de voix au nombre des actions, sans que cependant ce nombre puisse être supérieur à dix, est spécial aux sociétés anonymes et ne saurait être étendu aux commandites par actions (Mornard, p. 71 ; Pont, t. 2, n. 1005 ; Lyon-Caen et Renault, t. 2, n. 1107 *bis*, p. 726, note 2. — *Contrà* : Vavasseur, t. 1, n. 421. — V. *suprà*, n. 1863).

1868. — Aux termes de l'art. 4, les associés qui ont fait l'apport ou stipulé des avantages soumis à la déclaration de l'assemblée n'ont pas voix délibérative. Cette interdiction ne suppose aucune exception.

1869. — Ainsi, les associés qui font l'apport ne peuvent pas voter même quand ils joignent à leur qualité d'apporteurs en nature celle de souscripteurs d'actions en numéraire (Cass., 22 fév. 1888, S. 88. 1.417, D. 88.1.297 ; — Paris, 17 nov. 1891, D. 95.1.151 ; — Bordeaux, 24 avr 1892, *J. S.*, 1892.356 ; — Cass., 6 nov. et 17 déc. 1894, *J. S.*, 1895.14 et 102 ; — Paris, 3 mars 1896, *J. S.*, 1897.61 ; — 12 mai 1898 et Cass., 18 oct. 1899, S. 01.2 81 ; — Paris, 9 mai 1904,

Gaz. Trib., 15 août 1904 ; — Boistel, n. 256 ; Bravard-Veyrières et Demangeat, t. 1, p. 283 ; Lacointa, note sous Cass., 22 fév. 1888, précité, S. 88.1.417 ; Lyon Caen et Renault, t. 2, n. 712 ; Mathieu et Bourguignat, n. 45 ; Pont, t. 2, n. 1008 ; Rivière, n. 47 ; Tonnelier, *Des apports en nature dans les soc. par act.*, p. 46 ; Vavasseur, t. 1, n. 419 ; Ruben de Couder, *Supp.*, Vᵒ *Soc. en command.*, n. 69).

La même solution doit recevoir son application au cas où il s'agit d'associés dont les actions correspondent chacune pour partie à des apports en nature, et pour partie à des apports en numéraire (Lyon-Caen, note sous Cass., 6 nov. et 17 déc. 1894, précité, S. 95.1.113).

1870. — Ceux-là seuls doivent être admis à voter qui n'ont aucun intérêt direct ou indirect dans l'apport. Le souscripteur en numéraire qui a des intérêts dans l'apport ne peut pas émettre un vote désintéressé avec ses actions en numéraire : c'est pour cela que la loi lui enlève le droit de vote (Pont, n. 1008 ; Lyon-Caen et Renault, n. 712). — Il ne faut pas cependant pousser trop loin la prohibition, et la jurisprudence décide que si dans les assemblées constitutives la loi enlève le droit de vote à ceux des associés dont les apports sont soumis à vérification, cette incapacité ne comporte la nécessité de s'abstenir que dans les scrutins auxquels ils sont particulièrement intéressés. Ainsi, rien n'empêche un associé qui fait un apport de prendre part à la vérification et à l'approbation des apports faits par d'autres associés, à la condition qu'il s'abstienne de voter sur l'approbation de ses propres apports ou de ses propres avantages particuliers (Cass., 10 janv. 1892, S. 92.1.260, D. 92.1 229 ; — Pont, n. 1009).

1871. — Il a été jugé que le fait, par le fondateur d'une société anonyme, de rémunérer le concours de certains actionnaires en disposant en leur faveur de partie des parts de fondateur à lui attribuées personnellement, ne peut enlever à ces actionnaires la voix délibérative pour l'approbation des apports (Trib. com. Seine, 18 avril 1898, *La Loi*, 12 mai 1898).

1872. — Si l'apport appartient par indivis à plusieurs associés, ceux qui ont souscrit des actions en numéraire ne peuvent pas prendre part au vote concernant l'apport de leurs copropriétaires (Cass., 22 fév. 1888, précité).

1873. — Il a été jugé que lorsque les administrateurs d'une société ont participé comme souscripteurs au vote sur l'approbation des apports, alors que la société représentée par un autre mandataire s'est abstenue de voter, il ne résulte pas de la connexité des intérêts personnels de ces administrateurs avec ceux de la société avantagée une interdiction de voter dans les termes de l'art. 4, car la loi n'a entendu viser que les associés qui font des apports en leur propre et privé nom (Cass., 5 nov. 1895, S. 95 1.121 ; — Wahl, note S. 95.1.121 ; Thaller, note D. 97.1.113).

Quelles que soient les autorités qui précèdent, nous ne pouvons sans réserve admettre cette solution, car les administrateurs représentent d'une façon tellement intime les intérêts de la société, qu'ils ont un intérêt quasi personnel dans l'apport consenti par cette société, et il paraît illogique d'interdire à la société le droit de voter en raison de l'intérêt qu'elle a dans l'apport, et de permettre à ses représentants de voter en leur nom personnel sur le même apport (En ce sens : Houpin, *J. S.*, 1896 65).

1874. — Que décider, au point de vue de la nullité de la société, si les actionnaires apporteurs ont pris part au vote, contrairement à la disposition de la loi ? D'après la jurisprudence la plus récente, la délibération reste valable, à la condition que la majorité qui a approuvé les apports, défalcation faite du vote des apporteurs, reste supérieure au quorum légal (Paris, 17 nov. 1891, et Cass., 6 nov. 1894, S. 95.1.113, D. 95.1.15 1 ; — Lyon, 3 déc. 1895, *J. S.*, 1896.253 ; — Cass., 18 août 1899, *J. S.*, 1900.206 ; — Houpin, *J. S.*, 1892.180 ; Giraud, *Ann. de dr. com.*, 1895.2.215).

Mais une jurisprudence plus rigoureuse décide que si les apporteurs ont participé aux votes, la société est frappée de nullité alors même que les votes ont été émis à l'unanimité des actionnaires qui n'ont pas fait d'apports en nature, alors même qu'il y aurait eu impossibilité matérielle pour les souscripteurs en numéraire d'atteindre le quorum légal (Trib. Seine, 6 nov. 1890, *J. S.*, 1892.195 ; — Cass., 17 déc. 1894, *J. S.*, 1895.202).

1875. — Aux termes d'un arrêt de la Cour de cassation, du 20 janvier 1892 (S. 92.1.260, D. 92.1.229), les fondateurs apporteurs en numéraire qui n'ont pas voix délibérative peuvent cependant voter comme mandataires de souscripteurs en numéraire, et prendre part en cette qualité aux scrutins relatifs à la vérification et à l'évaluation des apports. Cet arrêt est critiqué par Dalloz (*Supp.*, Vᵒ *Sociétés*, n. 1304. — V. aussi Houpin, *J. S.*, 1892.146). Nous nous rangeons à ces critiques. Il est étrange, en effet, qu'un apporteur qui n'a pas le droit de voter personnellement puisse représenter un souscripteur ayant un intérêt opposé à celui du mandataire.

§ 4. — Détermination du quorum.

1876. — L'art. 4, édicté en vue des sociétés en commandite, porte : « Les délibérations sont prises par la majorité des actionnaires présents. Cette majorité doit comprendre le quart des actionnaires et représenter le quart du capital social en numéraire. » L'art 30, spécial aux sociétés anonymes, dispose : « Les assemblées qui ont à délibérer sur la vérification des apports doivent être composées d'un nombre d'actionnaires représentant la moitié au moins du capital. Le capital dont la moitié doit être représentée pour la vérification des apports et avantages se compose seulement des apports non soumis à vérification. »

1877. — Il semble résulter de ces textes que pour la société en commandite un double quorum est exigé : quorum en nombre, d'un quart au moins des actionnaires, et quorum en numéraire, d'un quart du capital social. Pour la société anonyme, la loi n'exige qu'un quorum en numéraire, de la moitié, il est vrai, au lieu du quart, et ne se préoccupe pas du nombre des actionnaires ayant participé à l'assemblée (Lyon Caen et Renault, n. 712 et 713).

1878. — Mais la jurisprudence n'a point admis cette solution. Elle décide qu'il faut cumuler les prescriptions des art. 4 et 30, et pour la validité des assemblées statuant sur les apports, elle exige pour les sociétés anonymes la représentation à l'assemblée de la moitié du capital social, et d'autre part, pour la régularité du vote, la double majorité du quart en nombre et en somme (Cass., 6 nov. 1894, S. 95.1.113, D. 95.1 151 ; — 18 nov. 1899, S. 1901.1.81 ; — Angers, 27 juill. 1887, sous Cass., 22 févr. 1888, S. 88.1.417, D. 88.1.207 ; — Lyon, 16 fév. 1881, D. 82.2.108 ; — Paris 12 janv. 1887, *J. S.*, 1887.772 ; — 17 nov. 1891, S. 92.2.281, D. 95.1.151 ; — 14 avr. 1892, S. 93.2 140, D. 92.2.347 ; — 3 mars 1896, D. 96.2.516 ; — Houpin, *J. S.*, 1892, p. 180 ; Vavasseur, t. 1, n. 417 ; — Tonnelier, *Des apports en nature*, p. 48 et s. ; Wahl, *Augmentation du capital soc.*, n. 66 ; Ruben de Couder, *Supp.*, Vº cit., n. 70).

1879. — « Si l'assemblée générale ne réunit pas un nombre d'actionnaires représentant la moitié du capital social, elle ne peut prendre qu'une délibération provisoire ; dans ce cas, une nouvelle assemblée générale est convoquée. Deux avis, publiés à huit jours d'intervalle, au moins un mois à l'avance, dans l'un des journaux désignés pour recevoir les annonces légales, font connaître aux actionnaires les résolutions provisoires adoptées par la première assemblée, et ces résolutions deviennent définitives si elles sont approuvées par la nouvelle assemblée, composée d'un nombre d'actionnaires représentant le cinquième au moins du capital social » (Art. 30, § 3, L. 1867).

1880. — Le capital, dont le cinquième doit ainsi être représenté, s'entend du capital en numéraire affranchi de toute vérification. C'est ce que décide l'art. 30, § 2, pour la moitié du capital dont la représentation est exigée pour la première assemblée. Le cinquième requis pour la seconde doit être calculé sur les mêmes bases (Lyon-Caen et Renault, n. 714).

1881. — Mais notons avec soin que l'art. 30 est spécial aux sociétés anonymes et ne saurait être étendu aux sociétés en commandite par actions. Pour constituer la société en commandite, il faudrait convoquer une nouvelle assemblée réunissant la majorité légale (Lyon-Caen et Renault, t. 2, n. 1017 *bis*, *in fine*; Pont, t. 2, n. 1001).

1882. — Que décider si à côté des souscripteurs d'actions composant tout le capital en numéraire, et sans stipulation d'aucun avantage particulier, se trouvent des apporteurs en nature ayant droit à des actions correspondant à la valeur de l'apport, soit comme associés bénéficiaires d'avantages particuliers, soit comme apporteurs ayant souscrit des actions en numéraire? Comment doit-on calculer le quorum obligatoire? Une société, par exemple, est constituée au capital de 400.000 fr., représenté par 600 actions d'apport, et 200 actions de numéraire sur lesquelles les associés apporteurs ont souscrit 160 actions. Ces associés apporteurs sont exclus du vote. Les souscripteurs en numéraire ayant le droit de voter ne possèdent que 40 actions : ils ne représentent pas le quart du capital en numéraire. La constitution de la société demeurera-t-elle impossible, ou bien peut-on se contenter, pour la validité du vote, du quart du capital possédé par les actionnaires qui peuvent y prendre part ?

1883. — Cette question est très vivement controversée. D'après un premier système, le montant des souscriptions en numéraire émanant d'apporteurs en nature ou de bénéficiaires d'avantages particuliers doit être exclu du capital servant à la détermination du quorum en numéraire exigé pour la validité de la délibération. Imposer, dit-on, l'obligation de représentation d'une fraction du capital correspondant à un capital supérieur à celui qui résulte des souscriptions, ce serait rendre impossible la constitution d'une société. C'est en ce sens que se prononcent un arrêt de la Cour de Paris du 12 janvier 1887 (D. 88. 1. 297), un autre arrêt du 17 novembre 1891 déjà cité, et sur le pourvoi, la Cour de cassation (Cass., 6 nov. 1894, précité. — Conf. Cass , 18 oct. 1899, S. 01.1.81. — En ce sens également : Houpin, *J. S.*, 1892, p. 180 ; Tonnelier, p. 48 et suiv. Wahl, *Augm. du cap. soc.*, n. 66 ; Arthuys n. 189 ; Thaller, n. 536. — Comp. Lyon, 16 fév. 1881, D. 82.2.108).

1884. — D'après un second système, extrêmement rigoureux, la délibération approbative des apports est nulle si les actions des souscripteurs en numéraire qui y ont concouru ne représentent pas au moins la moitié du capital en numéraire souscrit non seulement par eux, mais aussi par les apporteurs en nature. Le quorum doit donc être calculé sur la totalité du capital-argent (Angers, 27 juill. 1887, cité *suprà*, n. 1878 ; — Paris, 14 avr. 1892. D. 92.2.347), et le vote ne saurait être validé, même quand il a été donné à l'unanimité des votants. Cette solution a pour conséquence de rendre impossible la constitution des sociétés dans plusieurs cas.

1885. — Enfin la Cour de cassation vient de préciser encore la solution par un important arrêt. Il décide que si, aux termes de l'art. 4 de la loi du 24 juillet 1867, les associés qui ont fait l'apport en nature soumis à l'approbation de l'assemblée n'ont pas voix délibérative, et si cette disposition, qui est absolue, doit recevoir son application même au cas où ces associés joignent à la qualité d'apporteurs en nature celle de souscripteurs d'actions en numéraire et de mandataires d'autres souscripteurs, la nullité de la société ne doit être prononcée qu'autant que, défalcation faite des voix des apporteurs en nature, l'approbation des apports n'a pas eu lieu dans les conditions de nombre et de représentation prévues par la loi ; conséquemment, pour savoir si ces conditions ont été observées alors que les apporteurs en nature ont pris part au vote d'approbation des apports, il convient de défalquer d'abord du chiffre total des votes recueillis ceux qui émanent des souscripteurs d'actions en numéraire qui étaient en même temps attributaires d'actions d'apports, les titres appartenant aux simples souscripteurs en numéraire appelés à vérifier les apports devant seuls servir à déterminer les conditions de nombre et de représentation dont il s'agit. Le vote émis par l'apporteur en nature en qualité de mandataire d'autres souscripteurs ne saurait être apprécié autrement, quant à ses effets, que le vote émis par le même apporteur comme souscripteur d'actions en numéraire (Cass., 31 décembre 1906, *J. S.*, 1907.413, *R. S.*, 1907 200).

§ 5. — Procès-verbaux

1886. — Procès-verbal des deux assemblées doit être dressé (Pont, n. 998) ; il doit être signé, à peine de nullité (Lyon, 26 nov. 1863, S. 64.2.202). Cependant il a été jugé que le défaut de signature sur le registre des délibérations n'entraîne pas la nullité de la société, lorsqu'il n'est pas contesté que ces délibérations ont eu lieu, que les procès-verbaux sont sincères, et qu'ils ont été déposés chez un notaire et publiés conformément à la loi (Paris, 29 juill. 1880, J. S., 1881.37 ; — Cass., 20 déc. 1882, S. 83.1.198). Il est dressé une feuille de présence (V. *infrà*, n. 3202).

Il est d'usage de déposer chez un notaire, pour minute, à la suite des statuts, les copies des procès-verbaux des deux assemblées constitutives.

SECTION VIII

FORMALITÉS COMPLÉMENTAIRES DE CONSTITUTION

1887. — La constitution des sociétés par actions, en dehors des formalités de fond que nous venons d'examiner, est soumise à des formalités complémentaires de forme. C'est ainsi que la société en commandite n'est définitivement constituée qu'après la nomination d'un conseil de surveillance par l'assemblée générale, aussitôt après l'accomplissement des formalités précédemment examinées et avant toute opération (art. 5, L. 1867). Posons seulement le principe, nous réservant d'y revenir ultérieurement.

1888. — En ce qui concerne la société anonyme, d'autres conditions sont exigées. Elle ne peut être constituée si le nombre des associés est inférieur à sept (art. 23 de la loi). Cette société étant par son essence même une société de capitaux, ne peut vraiment se présenter aux tiers que s'il y a un nombre assez élevé d'associés, lequel permettra de ne pas la confondre avec une société de personnes (Pont, n. 1158).

1889. — Ces sept actionnaires doivent être sérieux, capables (V Cass., 28 déc. 1891, J. S., 1892.343 ; — Angers, 27 juill. 1887, J. S., 1889.24. — V. aussi Cass., 20 nov. 1888, J. S., 1889.10).

1890. — La loi autorise à demander la dissolution de la société lorsque, depuis un an, le nombre des associés est réduit à moins de sept (art. 38).

1891. — La société anonyme est administrée par un ou plusieurs mandataires à temps, révocables, salariés ou gratuits, pris parmi les associés. Ces administrateurs sont, en principe, nommés par l'assemblée générale des actionnaires. Ils ne peuvent être nommés pour plus de six ans, mais ils peuvent être désignés par les statuts avec stipulation formelle que leur nomination ne sera pas soumise à l'approbation de l'assemblée générale ; en ce cas, ils ne peuvent être nommés pour plus de trois ans (art. 25).

1892. — Donc, les premiers administrateurs peuvent être désignés soit par l'assemblée générale des actionnaires, soit par les statuts, avec stipulation formelle que leur nomination ne sera pas soumise à l'assemblée générale. Dans le premier cas, durée des fonctions : six ans au plus ; dans le second : trois ans au plus.

1893. — Si les statuts nommaient les administrateurs sans stipuler expressément que leur nomination ne sera pas soumise à l'assemblée générale, il serait nécessaire de faire confirmer la nomination par un vote de l'assemblée, et dans ce cas, la nomination étant faite par l'assemblée, la durée des fonctions serait de six années (Pont, n. 1064).

1894. — L'assemblée générale annuelle désigne un ou plusieurs commissaires chargés de faire un rapport à l'assemblée générale de l'année suivante sur la situation de la société, sur le bilan et sur les comptes présentés par les administrateurs (art. 32). Les commissaires ne peuvent jamais être désignés par les statuts.

1895. — L'art. 25 de la loi 24 juillet 1867 subordonne la constitution définitive de la société anonyme à la réunion, sur la convocation faite à la diligence des fondateurs, *postérieurement* à l'acte qui constate la souscription du capital social et le versement du quart du capital en numéraire, d'une assemblée générale pour nommer les premiers administrateurs et les commissaires institués par l'art. 32 pour la première année (V. n. 1759).

1896. — Lorsqu'il n'y a pas d'apports en nature ou d'avantages particuliers à vérifier, c'est la première assemblée qui nomme des administrateurs. Lorsqu'il y a lieu à réunion d'une seconde assemblée, cette seconde assemblée statue tout à la fois sur l'approbation des apports et avantages et sur la nomination des administrateurs et commissaires.

1897. — Ces assemblées doivent être composées d'un nombre d'actionnaires représentant la moitié au moins du capital social A défaut de réunion de cette moitié du capital, l'art. 30 de la loi reçoit son application comme il a été dit ci-dessus.

1898. — Le procès-verbal de la séance constate l'acceptation des administrateurs et des commissaires présents à la réunion (art. 25). S'ils ne sont pas présents, leur acceptation pourra résulter de tout mode de preuve dont l'appréciation appartient aux tribunaux (Cass , 13 nov. 1876, D. 78.1.6 ; — Lyon, 11 août 1882, *R. S.*, 1883.157).

Il doit être dressé procès-verbal de chacune des délibérations.

1899. — La société anonyme se trouve constituée à partir de l'acceptation des administrateurs et des commissaires. Si, cependant, il était stipulé dans les statuts que le conseil d'administration, serait composé de tant de membres au moins, et de tant au plus, l'assemblée pourrait déclarer la société constituée bien que tous les administrateurs n'aient pas accepté, si ceux qui acceptent représentent au moins le minimum statutaire (Lyon, 11 août 1882, précité).

1900. — Enfin, une société peut être constituée sous condition suspensive, dans le cas, notamment, où ayant pour objet l'exploitation d'un chemin de fer d'intérêt local, elle doit obtenir une déclaration d'utilité publique (Toulouse, 5 juill. 1887, D. 88.2.231 ; — Cass., 30 déc. 1887, D. 88.1.377).

1901. — Toute société doit, en dernière analyse, accomplir une formalité essentielle : celle de la publication dans le mois de sa constitution, à peine de nullité à l'égard des intéressés (art. 55 et suiv.) Ces formalités de publication étant complexes, feront l'objet d'un chapitre spécial.

1902. — Les sociétés par actions sont tenues de faire, dans le mois de leur constitution définitive, au bureau de l'enregistrement du lieu où elles ont leur principal établissement, une déclaration d'existence, sous peine d'une amende de 100 francs à 5.000 francs en principal.

1903. — Les frais de premier établissement se composant, comme il est dit au n. 1601, des frais faits pour la constitution de la société et des commissions à payer aux banquiers ou intermédiaires chargés de l'émission ou du placement des actions, il est intéressant de savoir à quel moment la société peut être tenue d'acquitter ces frais.

1904. — Tant que la société n'est pas régulièrement constituée elle ne doit rien ; les fondateurs ne peuvent engager par un traité une société qui n'est pas encore constituée. Les sommes qui peuvent être dues aux banquiers pour placement des titres ne doivent être acquittées qu'après la constitution définitive de la société.

1905. — Il a été décidé, dans cet ordre d'idées, que les frais de premier établissement peuvent comprendre une dette contractée en vue de la fondation de la société et les commissions payées d'après l'usage aux intermédiaires et aux courtiers, si ces frais ont été approuvés par un vote unanime de l'assemblée générale (Paris, 1er août 1888, *R. S.*, 1889.10).

1906. — De même, les actionnaires ne sont pas fondés à critiquer les redevances allouées aux banquiers émetteurs, lorsque ces redevances ont fait l'objet d'un traité approuvé par l'assemblée générale constitutive (Trib. Seine, 21 janv. 1889, *R. S.*, 1889.217).

1907. — Jugé encore, en ce qui concerne les frais de premier établissement, que les administrateurs ne sont pas dans l'obligation de les porter en perte lors de la clôture du premier exercice de la société ; il n'est pas contraire à l'usage et aux règles générales de l'inventaire que ces frais soient amortis en plusieurs années, pour ne pas charger d'une dépense excessive la première année (Trib. Seine, 28 mars 1887, *J. S.*, 1890.104).

SECTION IX

SOCIÉTÉS CONSTITUÉES ENTRE APPORTEURS SANS APPEL AU NUMÉRAIRE

1908. — L'art. 4 de la loi de 1867, *in fine*, crée une exception aux règles concernant la vérification des apports, dans le cas où la société à laquelle sont faits ces apports est contractée uniquement entre ceux qui en étaient propriétaires par indivis. Il serait en effet matériellement impossible de remplir les conditions prescrites par la loi pour la réunion des assemblées de vérification, et d'autre part, les associés n'ont aucun intérêt à cette vérification, puisque l'évaluation donnée à de tels apports est faite dans leur intérêt commun (Lyon-Caen et Renault, t. 2, n. 718).

Si les actionnaires acquéreurs de titres sont victimes de la majoration de ces apports, ils exerceront l'action de droit commun.

1909. — L'exception de l'art. 4 s'applique au cas de transformation d'une société, comme au cas de création d'une société nouvelle. Sans doute, en cas de transformation, les associés ne peuvent être juridiquement considérés comme propriétaires par indivis de l'actif apporté à la société. Mais les motifs de l'exception imposent cette solution ; et d'autre part, c'est ce cas que visent les travaux préparatoires de la loi de 1867 (Alauzet, t. 2, n. 654 ; Beudant, *R. crit.*, t. 36, p. 159 ; Boistel, n. 258 ; Lyon-Caen et Renault, *loc. cit.* ; Pont, t. 2, n. 970 ; Rivière, n. 51. — Comp. : Cass., 24 mars 1885, S. 86.1. 102, Dalloz, *Supp.*, n. 1321 ; — Paris, 23 avr. 1884, D. 84.2.206).

1910. — *Quid* dans le cas où les apports qui forment le fonds social constituent non plus la propriété indivise, mais la propriété individuelle de chacun des apporteurs ? Nous avons soutenu, dans nos *Questions nouvelles* (Quest. 3, p. 65), que l'exception établie par la disposition finale de l'art. 4 ne pourra dans ce cas recevoir son application. Chacun des apporteurs a intérêt à faire évaluer et approuver les apports de ses coassociés, et d'autre part, il n'est pas impossible de réunir une assemblée régulière, étant admis que chaque apporteur en nature peut prendre part au vote relatif à l'approbation des apports auxquels il est étranger (Lyon-Caen, note sous Cour de l'île de la Réunion, 16 juin 1876, S. 77.2.1 ; Lyon-Caen et Renault, t. 2, n. 718 ; Percerou, p. 127 ; Pont, t. 2, n. 972).

1911. — Mais la jurisprudence se prononce en sens contraire. S'il en était autrement, disent les arrêts, une société ne pourrait pas se constituer lorsqu'elle est exclusivement composée d'apporteurs en nature entre lesquels n'existe aucune indivision. Les apporteurs ont, sans doute, le droit de voter sur leurs apports respectifs. Mais l'art. 4 exige, pour qu'il y ait une délibération valable, que les apports soient approuvés par une majorité composée du quart des actionnaires en numéraire, et il serait impossible de réaliser ici cette condition. Il faut donc de toute nécessité que la société soit affranchie des règles relatives à la vérification et à l'approbation des apports (Cass , 26 avr. 1880, S. 80.1.5, D. 88.1.268 ; — Cour de la Réunion, 16 juin 1876, S. 77.2.1. D. 78.2 203 ; — Nîmes, 17 juin 1885, sous Cass., 9 nov. 1887, S. 88.1.449, D. 88 1.202 ; — Paris, 21 mai 1892, D. 92.2.325. — *Sic* : Boistel, n. 258 ; Labbé, note sous Cass., 9 nov. 1887, précité, *S. Ibid.* ; Vavasseur, t. 1, n. 416).

CHAPITRE XI

DE LA NULLITÉ ET DE LA RESPONSABILITÉ

1912. — Les dispositions de la loi relatives à la constitution des sociétés contiennent des prescriptions dont le législateur a voulu assurer l'observation par des sanctions rigoureuses. L'art. 56 de la loi de 1867 édicte la nullité des sociétés pour inobservation de celles de ces prescriptions qui touchent à la forme et à la publication des actes de la société. Nous les avons étudiées (n. 503 et suiv.). Les art. 7 et 41 déclarent également nulles et de nul effet, à l'égard des intéressés, les sociétés par actions formées contrairement aux prescriptions de constitution qui ont fait l'objet du chapitre précédent. Les art. 8 et 42 ajoutent que la nullité prononcée pour cette cause entraîne ou peut entraîner certaines responsabilités civiles. Indépendamment de ces sanctions purement civiles, des peines proprement dites, l'amende et l'emprisonnement, sont édictées par les art. 13, 14, 15 et 45 contre certaines infractions déterminées. Nous étudierons dans le chapitre intitulé *Pénalités des délits des sociétés par actions*, les sanctions pénales. Nous traiterons ici de la nullité encourue pour violation des art. 1, 2, 3, 4 et 5, relatifs à la société en commandite par actions ; 22, 23, 24 et 25, relatifs à la société anonyme, de la loi de 1867. Ces dispositions ont été modifiées par la loi du 1er août 1893. Nous aurons à préciser ces modifications en indiquant en quoi elles sont applicables aux sociétés antérieures à la loi de 1893 et quelles dispositions transitoires ont été édictées par cette dernière loi.

SECTION I

CAUSES DE NULLITÉ

1913. — Les sociétés par actions constituées contrairement aux prescriptions des art. 1, 2, 3, 4, 5, 22, 23, 24, et 25 de la loi de 1867

ont nulles. La nullité est donc la sanction première et principa le
des prescriptions de la loi relatives à la constitution.

1914. — Ainsi, la société en commandite ou la société anonyme
est nulle :

1° S'il est émis des actions ou coupons d'actions de moins de
100 fr. lorsque le capital n'excède pas 200.000 fr., de moins de 500 fr.
lorsqu'il est supérieur (Disposition modifiée par la loi du 1er
août 1893. Il faut dire aujourd'hui : de moins de 25 fr. lorsque le
capital n'excède par 200.000 fr., de moins de 100 fr. lorsque le
capital est supérieur à 200.000 fr.);

2° Si la société est constituée avant la souscription de la totalité
du capital social et le versement du quart par chaque actionnaire,
ou si les versements ont été fictifs, ou sont l'œuvre de prête-noms
complaisants (Rennes, 20 avr. 1900, *R. S.*, 1901.138 ; — Lyon,
18 juin 1903, *R. S.*, 1904.231 ; — Douai, 8 juin 1904, *Gaz. Trib.*,
19 sept. 1904 ; — Roubaix, 28 déc. 1904, *Gaz. Trib*, 22 mars 1905);

3° Si la souscription et le versement n'ont pas été régulièrement
constatés par une déclaration notariée du gérant ou des fondateurs,
à laquelle sont annexés la liste des souscripteurs et l'état des
versements, et s'il y a lieu, les statuts ; ou encore si cette déclaration a été faite faussement (Cass., 12 avr. 1864, S. 64.1.169, D. 64.
1.377 ; — 19 juill. 1893, S. 94.1.261, D. 94.1.158);

4° Si cette déclaration n'est pas soumise à la première assemblée
générale de la société anonyme, qui en vérifie la sincérité ;

5° Si les actions ou coupons d'actions ont été stipulés négociables
avant le versement du quart, ou avant le versement de la totalité,
d'après la loi de 1893 ;

6° S'ils ont été créés ou convertis originairement en titres au porteur avant qu'il ait été satisfait aux dispositions de l'art. 3. Si la
conversion irrégulière a été réalisée postérieurement à la constitution de la société, la nullité de la société n'est pas encourue ; c'est
la validité seule de la conversion qui se trouve atteinte (Paris,
23 avr. 1884, S. 86.2.475) ;

7° Si les apports en nature et les avantages particuliers n'ont pas
été vérifiés et appréciés par l'assemblée générale des actionnaires,
conformément aux art. 24, 27 et 30 (Paris. 31 janv. 1867, T. C. 1868,
p. 66 ; — Lyon, 14 juin 1895, S 96.2 213) ;

8° S'il n'a pas été nommé par l'assemblée générale de la société
en commandite un conseil de surveillance avant toute opération
sociale ;

9° S'il n'a pas été nommé par l'assemblée générale de la société anonyme des administrateurs pris parmi les actionnaires et des commissaires pour la première année ;

10° Si les assemblées constitutives n'ont pas été composées régulièrement (Dijon, 25 janv. 1884, *R. S.*, 1885.25) ;

11° Si la société anonyme a été constituée avec un nombre d'associés inférieur à sept ;

12° Si la société n'a pas été régulièrement publiée dans le mois de sa constitution.

1915. — Il a été jugé aussi qu'une société est nulle lorsque les fondateurs qui n'ont fait aucun apport sérieux se sont attribué la totalité des actions libérées, c'est-à-dire tout le capital social ; car ainsi, la totalité des risques de la société repose sur les tiers au lieu de reposer sur les actionnaires, ce qui est contraire à l'essence même du contrat de société (Paris, 26 nov. 1885, S. 87.2.17).

1916. — La nullité est donc prononcée pour infraction aux dispositions légales qui règlent la constitution, mais cette nullité ne peut être prononcée en raison d'actes irréguliers postérieurs à la constitution ; l'irrégularité de ces derniers actes peut seulement entraîner la nullité des délibérations ou la dissolution de la société (Cass., 14 juill. 1873, S. 74.1.425 ; — 16 janv. 1878, S. 78.1.141, D. 79.1.209 ; — 21 janv. 1895, S. 95 1 77, D. 95.1 112 ; — Lyon, 11 août 1882, *J. S.*, 1884.273 ; — Paris, 1er août 1885 et 23 août 1885, *J. S.*, 1886.319). Aussi la nullité d'une augmentation de capital n'entraîne pas la nullité de la société (Cass., 21 janv. 1895, précité).

1917. — La nullité étant édictée dans un intérêt d'ordre public, est absolue, non pas qu'elle soit opposable à tous et par tous, mais en ce sens qu'une fois encourue, elle subsiste nonobstant toute renonciation ou ratification, soit expresse, soit tacite (Cass., 10 fév. 1879, D. 79.1.265 ; — 1er fév. 1881, S. 83.1.415, D. 82.1.21 ; — Lyon, 11 août 1882, D. 83.2.21 ; — Cass., 21 juill. 1885, S. 85.1.448, D. 87. 1 212 ; — Paris, 1er août 1888, *R. S.*, 1890.43 ; — Douai, 15 nov. 1900, *J. S.*, 1901.302 ; — Lyon, 3 oct. 1902, *R. S.*, 1903.187).

1918. — Mais les nullités sont réparables d'après la loi de 1893. Cependant, même après la loi de 1893, la nullité n'en reste pas moins d'ordre public, sauf aux parties à bénéficier des dispositions de la loi pour éviter soit la nullité, soit ses conséquences (Toulouse. 4 juin 1895, *J S*, 1896.353 ; — Alger, 13 juin 1895, D. 96.2.307 ; — Trib. Tulle, 6 mars 1900, *R. S.*, 1900.304).

1919. — L'action en nullité pour vice de constitution de la société n'est pas recevable, faute d'intérêt, quand la dissolution a déjà été prononcée par l'assemblée générale, si les causes de nullité invoquées n'ont eu aucune influence sur la ruine de la société (Agen, 23 juin 1903, *J. S.*, 1903. 513).

1920. — Quelque absolue qu'elle soit, la nullité ne s'opère pas de plein droit : il faut qu'elle soit judiciairement prononcée (Marennes, 28 juill. 1896, *J. S.*, 1896.511). Les tribunaux, une fois qu'ils sont saisis de la demande en nullité, ne peuvent pas se dispenser de la prononcer, si la demande est fondée (Lyon-Caen et Renault, n. 217 ; Pont, n. 1236) et la nullité peut être prononcée lorsqu'elle est requise indépendamment de toute responsabilité contre les personnes responsables de la nullité (Paris, 1er août 1888, *R. S.*, 1889.10).

1921. — La nullité peut être demandée par voie d'action principale ou opposée par voie d'exception (Paris, 29 déc.1885, D.87 2.205 : — Cass., 21 oct. 1895, *J. S.*, 1896.13). Dans le premier cas, l'action doit être portée devant le tribunal de commerce (Cass., 17 avr. 1834, S. 34.1.276 ; — 16 nov. 1835, S. 36.1.387 ; — 3 août 1836, S. 36.1.629) du lieu du siège social (Cass., 11 juin 1888, D. 89.1.293, Dalloz, *Supp.*, n. 2220). — Dans le second cas, le juge de l'action est juge de l'exception (Pont, n. 1238).

La nullité peut même être demandée pour la première fois en appel, si elle est un moyen de défense à l'action principale (Paris, 29 déc. 1885, *R. S.*, 1886.144), mais non devant la Cour de cassation (Cass., 24 janv. 1872, D. 72.1.300).

1922. — Il a été jugé :

Que celui qui a formé une demande en dissolution n'est pas de ce fait irrecevable à demander la nullité de la société dans la même instance (Colmar, 5 mai 1825) ;

Que si une demande en nullité a été basée sur la fictivité des apports, on peut conclure subsidiairement en cours d'instance à la nullité pour défaut du nombre de sept associés, sans que cette seconde demande puisse être repoussée comme nouvelle (Lyon, 13 avr. 1897, *J. S.*, 1897.424. — V. aussi : Douai, 18 juill. 1895, *J. S.*, 1899.111).

Que celui qui a connu les causes de nullité de la société et a pris part à l'administration de cette société dont il n'ignorait pas les vices, n'est pas recevable à réclamer des dommages-intérêts à la personne qui a coopéré à des manœuvres dolosives lors de la constitution de la dite société (Lyon, 4 mars 1911, *Le Droit*, 18 mars 1911).

1923. — La nullité peut-elle être couverte par la prescription ? (V. sur cette question *infrà*, n. 2009).

1924. — La nullité de la société peut être demandée même après la dissolution et la liquidation (Cass., 3 juin 1862, S. 63.1.189, D. 63. 1.24 ; — Paris, 23 avr. 1884, D. 84.2.206 ; — Lyon, 9 fév. 1883, D. 83. 2. 113 ; — Evreux, 22 déc. 1896, *J. S.*, 1897.367 ; — Agen, 23 juin 1903, D. 03 2 318). La nullité peut, en effet, entraîner des conséquences différentes de celles de la dissolution, notamment en ce qui concerne la responsabilité des administrateurs. Mais il faut justifier d'un intérêt à la nullité ; car si le demandeur, après la dissolution, ne justifie pas de cet intérêt, il doit être déclaré irrecevable dans sa demande (Cass., 7 juill 1873, S. 73 1.388, D. 73.1.327. — V. aussi Cass., 11 mai 1870, S. 70.1.426, D. 70.1.405 ; — Angers, 19 mai 1891, D. 92.2.81).

1925. — La nullité ne peut être opposée par les associés aux tiers (art. 7). Cette disposition est applicable aussi bien en matière de société anonyme qu'en matière de société en commandite, encore que l'art 41 ne contienne pas la même disposition que l'art. 7. Il suit de là que les tiers créanciers de la société déclarée nulle peuvent agir directement contre la société, sans crainte de se voir opposer la nullité (Pont, n. 1243 ; — Paris, 5 fév. 1872, S. 73.2.75 ; — Tarbes, 17 juill 1904, *R. S.*, 1904.173 ; *infrà*, n. 1946).

1926. — Une société nulle peut-elle être déclarée en faillite ? Cette question est examinée *infrà* (n. 3825 et suiv.).

1927. — Une autre question a été soulevée. Lorsqu'une société en cours de liquidation est déclarée en faillite, quels sont les droits respectifs du liquidateur et du syndic ? Dans la pratique, le syndic est considéré comme représentant la masse des créanciers et le liquidateur comme représentant l'être moral, c'est-à-dire la société ou les actionnaires. Mais la Cour de cassation a critiqué cette interprétation de la loi (V. le rapport de M. Larombière sur le projet de loi soumis à la Cour de cassation, *J. des faillites*, 1885, p. 381. — V. *infrà*, n. 3826).

1928. — Une société dissoute frappée de nullité peut-elle obtenir un concordat ? V. sur cette question *infrà* (n. 3825).

SECTION II

QUI PEUT INVOQUER LA NULLITÉ ?

1929. — La nullité peut être invoquée par les intéressés.

Que faut-il entendre par *intérêt* à demander la nullité ? Il ne peut s'agir d'un intérêt quelconque à voir disparaître la société ; il faut un intérêt juridique et un intérêt légitime, c'est-à-dire avoir à améliorer une position par suite de la nullité. Les personnes intéressées sont donc principalement les actionnaires, les créanciers personnels des associés, le syndic de la faillite, le liquidateur de la société et les porteurs de parts de fondateur (Paris, 3 mars 1896, D. 96.2.516).

1930. — Il ne peut s'élever aucun doute sur le caractère d'intéressé de l'actionnaire, du fondateur, du souscripteur, de l'acheteur, du donataire, etc. (Paris, 16 juill. 1869, D. 73.2.333 ; — 5 août 1869, S. 70.2.33 ; — 16 avr. 1870, D. 70.2.121 ; — 14 avr. 1892, S. 93.2.140, D. 92.2.347. — Comp. : Cass., 25 mars 1890, *R. S.*, 1891.7 ; — Paris, 19 janv. 1899, *J. S*, 1899.173).

1931. — Peu importe que l'associé soit propriétaire d'un nombre plus ou moins considérable d'actions ; la propriété d'une seule action suffit pour exercer l'action en nullité, alors même qu'il serait prouvé que l'acquisition n'en a été faite que dans le but de demander la nullité de la société (Paris, 23 avr. 1884, D. 84.2.206).

Jugé aussi que le droit de poursuivre la nullité peut être exercé par les associés qui ont participé à l'infraction entraînant cette nullité (Paris, 29 juin 1889, *R. S.*, 1890.43. — *Contrà* : Houpin, t. 1, n. 551). Jugé également que le gérant de la société est recevable à invoquer la nullité, sauf à subir les conséquences des actes auxquels il aurait participé ou en raison desquels il serait personnellement responsable (Cass., 5 juin 1862, S. 63.1.189, D. 63.1.24 ; — 22 nov. 1869, S. 70.1.55, D. 70.1.23 ; — Lyon, 9 fév. 1883, D. 83.2.413. — *Sic* : Mathieu et Bourguignat, n. 70 ; Normand, p. 242 ; Pont, t. 2, n. 1247 ; Rivière, *Loi de 1867*, n. 67). La demande en nullité est recevable, alors même que l'actionnaire demandeur aurait approuvé la délibération violant les statuts, par l'intermédiaire de son mandataire autorisé (Seine, 6 mai 1901, *R. S.*, 1902.28).

1932. — Mais le droit de demander la nullité est attaché à la qualité d'associé ou d'actionnaire et se perd avec cette qualité. Ainsi, l'actionnaire qui a cessé de faire partie d'une société, parce que ses titres ont été revendus en Bourse, conformément aux statuts, faute par lui d'avoir répondu à un appel de fonds de ladite société, n'est pas recevable à demander la nullité de cette société (Cass., 23 déc. 1885, S. 88.1.12, D. 86 1.261). De même s'il a vendu son titre (Paris, 24 janv. 1902, *Gaz. Trib.*, 15 fév. 1902).

D'autre part, l'actionnaire ne peut pas demander la nullité, lorsque celle-ci se rattache à une cause exclusivement personnelle à un souscripteur, telle que celle fondée sur l'incapacité de la femme mariée, qui ne peut être invoquée que par la femme, par le mari ou par leurs héritiers, ou encore par les créanciers personnels de la femme (Trib. com. Seine, 18 déc. 1907, *J. S.*, 1908.278).

1933. — Le détenteur d'actions au porteur est un intéressé (Trib. Seine, 12 mai 1888, *R. S.*, 1888.455 ; — Toulouse, 4 juin 1895, *J. S.*, 1896 353), sauf le cas de dol ou de fraude (Paris, 23 avr. 1884, *R. S.*, 1886.475 ; — 1er juin 1889, *R. S.*, 1889.573)

1934. — La clause des statuts qui interdit aux actionnaires l'exercice des actions judiciaires, sans avoir préalablement consulté l'assemblée générale, est inapplicable quand l'action a pour but la nullité de la société (Trib. Seine, 4 fév. 1889, *J. S.*, 1889.99 ; — Cahors, 31 juill. 1885, S. 88.2.191 ; — Concl. de M. Hémar sur Paris, 19 avr. 1875, S. 76.2.113. — V. cependant : Paris, 9 fév. 1887, *J. S.*, 1887. 765).

1935. — Mais les vices dont est affectée la constitution d'une société par actions, déclarée en faillite, ne peuvent être opposés par les associés au syndic, agissant au nom des créanciers sociaux et réclamant le non versé aux actionnaires ; ceux-ci ont seulement un recours contre ceux que la loi déclare responsables de la constitution irrégulière de la société. Il n'y a pas à distinguer entre les différentes causes de nullité de la société ou des modifications apportées à ses statuts (Cass., 18 juill. 1906, *J. S.*, 1907.300).

1936. — Sont irrecevables à intenter l'action en nullité les acheteurs d'actions *nominatives* qui ne figurent ni sur la liste de souscription ni sur les registres de transfert (Lyon, 9 fév. 1883, D. 83. 2.113).

1937. — Le droit à la demande en nullité de la part d'un actionnaire ne peut être entravé par cette considération qu'il n'a pas versé le montant intégral de ses actions (Lyon, 12 janv. 1872, S. 73.2.65 ; — Paris, 1er août 1888, *J. S.*, 1891.560 ; — 29 juin 1889, *R. S.*, 1890. 43).

1938. — Si la société a fonctionné, est liquidée et le partage opéré, l'action en nullité n'est plus recevable (Cass., 27 mai 1861, S. 62.1.47).

1939. — Les créanciers sociaux sont des intéressés au premier chef même s'ils avaient connu le vice de la société au moment où ils contractèrent avec elle (Cour de la Réunion, 16 juin 1876, S. 77. 2.1, D. 78.2.202 ; — Cass., 25 fév. 1885, *R S*, 1885 321), à moins qu'ils n'aient aucun intérêt légitime et juridique (Cass., 11 mai 1870, D. 70.1.401 ; — 12 mars 1888, S. 89. 1.304, D. 88. 1.447 ; — Angers, 19 mai 1891, D. 92.2.81).

1940. — Les créanciers personnels des associés sont considérés également par la jurisprudence comme des intéressés, car la nullité de la société crée une communauté de fait et amène la confusion de l'actif de la société avec les autres biens des associés, ce qui augmente le gage commun des créanciers personnels de ceux-ci (Cass., 18 mars 1851 ; — 13 fév. 1855 ; — 11 mai 1870, S. 70.1.428 ; — Grenoble, 28 déc. 1871, S. 72.2.37 ; — Lyon, 28 janv. 1873, S. 74.2.107 ; — Cass., 14 avr. 1893, *J. S.*, 1894.68, et 7 août 1893, *R. S.*, 1893.491 ; — Seine, 19 nov. 1901, *Gaz. Pal.*, 10 déc. 1901 ; — Cass., 7 juin 1904, *Gaz. Pal.*, 25 oct. 1904 et *Gaz. Trib.*, 9 nov 1904, S. 1903. 1 8 ; — Bédarride, *Loi de 1867*, n. 163 ; Lyon-Caen et Renault, t. 1, n. 228 ; Mathieu et Bourguignat, n. 70 ; Pont, t. 2, n. 1250 ; Rivière, *Loi de 1867*, n. 71. — V. encore : Cass., 19 juill. 1893. S. 94 1.261, D. 94.1.158).

1941. — Le syndic de la faillite de la société représentant la masse des créanciers a incontestablement le droit d'exercer l'action en nullité (Lyon, 29 mars 1860, S. 60 2.365 ; — Angers, 13 janv. 1869, S. 70.2 81. — V. aussi : Cass., 29 juill. 1889, *J. S.*, 1890.258 ; — 25 mars 1890, *R. S.*, 1891.7 ; — Paris, 16 mars 1904, *Gaz. Pal.*, 22 avr. 1904). Le liquidateur pourrait former la demande comme représentant des actionnaires, mais non comme représentant des créanciers, à moins que les créanciers n'aient adhéré à la liquidation (V. *supra*, n. 744 et suiv.).

Si la société a tout à la fois un liquidateur et un syndic, le droit de demander la nullité appartient à chacun d'eux (Orléans, 15 fév. 1888, *J. S*, 1889.293).

1942. — Les débiteurs sociaux peuvent avoir intérêt à opposer la nullité de la société. Aussi reconnaît-on au débiteur le droit de demander la nullité (Lyon-Caen et Renault. n. 227. — V. à titre d'exemples : Cass., 28 fév. 1859, S. 59.1.509. D. 59.1.232 ; — 10 fév.

1879, S. 81.1.210, D. 79.1.265 ; — 11 juin 1887, S.87.1.407, D.87.1.417).
Cet intérêt fait défaut lorsqu'il s'agit d'un débiteur, qui, obtenant
la nullité de la société, resterait débiteur de chacun des associés
(Douai, 15 nov. 1900, *R. S*, 1901.334).

De même pour les débiteurs personnels des associés (Lyon-Caen
et Renault, *ubi suprà*).

SECTION III

EFFETS DE LA NULLITÉ

§ 1. — Principes.

1943. — Les effets de la nullité doivent être appréciés suivant des
hypothèses différentes. Lorsque la société n'a pas encore commencé
ses opérations au moment où l'action en nullité est exercée, le jugement qui la prononce produit un effet absolu, en ce sens que la société est réputée n'avoir jamais existé : elle est annulée aussi bien
dans le passé que pour l'avenir (Cass., 6 avr. 1853, S. 53.1.618, D.
53.1.193 ; — 10 janv. 1870, D. 70.1.114 ; — Caen, 17 juin 1852, S. 53.
2.138 ; — Grenoble, 29 janv. 1870, S. 70.2.217 ; — Bordeaux, 17 déc.
1902, *Gaz. Trib.*, 29 mars 1903).

Comme conséquence, les tiers qui ont souscrit des actions ne
peuvent être tenus d'opérer aucun versement (Cass., 6 avr. 1853, et
Caen, 17 juin 1852, précités), ni de dommages-intérêts à raison de
l'inexécution de leurs engagements (Cass., 28 déc. 1910, *Gaz.
Pal.*, 21 fév. 1911), et réciproquement les actionnaires qui auraient
opéré des versements soit en espèces, soit en nature, sont en droit
d'en réclamer la restitution (Lyon-Caen et Renault, t. 2, n. 785),
alors même que les demandes auraient été formées avant l'expiration du mois imparti pour la publication (Cass., 28 déc. 1910, précité).

La nullité d'une société irrégulièrement constituée entraîne celle
d'une assemblée générale prise au cours de la société (Trib. com.
Seine, 6 juill. 1905, *J. S.*, 1907.132).

Par contre, la nullité d'une assemblée générale ne saurait cons·
tituer une cause de nullité de la société elle-même (Paris, 23 mars
1909, *J. S.* 1909.406).

Mais la nullité de la société ne peut entraîner celle des négociations d'actions de cette société régulièrement opérées de bonne foi depuis sa constitution et ne saurait ouvrir de plein droit à l'acheteur de ces actions l'action de garantie que l'art. 1641 C. civ. accorde à l'acheteur à raison des vices cachés de la chose vendue. Il n'en serait ainsi qu'autant qu'il y aurait eu erreur sur la substance, l'objet principal en vue duquel la société a été établie n'existant qu'en apparence et n'ayant en réalité aucune consistance sérieuse (Trib. Seine, 15 mars 1906, *J. S.*, 1907.78).

1944. — Si la société a fonctionné, la nullité n'a d'effet que pour l'avenir ; pour le passé, la société est considérée comme ayant eu une existence de fait, et elle doit être liquidée conformément aux stipulations de l'acte constitutif, comme si la nullité n'était pas encourue (Cass., 7 fév. 1865, S. 65 1 235, D. 65 1.289 ; — 24 juill. 1867, S. 67.1. 328 ; — 15 nov. 1876, S. 77.1.407, D. 77.1.70 ; — 7 juill. 1879, S. 80.1. 206, D. 80.1.123 ; — 3 juin 1885, S. 85.1.259, D. 86 1.25 ; — 5 janv. 1886, S. 86.1.241, D. 86.1 122 ; — 19 juill. 1888, S. 91.1.59, D. 89.1. 345 ; — 15 janv. 1889, S. 91.1.196, D. 90.1.471 ; — 15 nov. 1892, S. 93.1 364, D. 93.1.13 ; — Pau, 19 nov. 1867, S. 68 2.12 ; — Paris, 2 juill. 1880, D. 80.2.226 ; — Lyon, 23 janv. 1884, S. 84.2.49, D. 84.2.153 ; — 8 mai 1884, S. 84.2. 107, D. 84.2.219 ; — Douai, 11 juin 1900, *J. S.*, 1901.299 ; — Marseille, 28 déc. 1900, *J. S.*, 1901.325 ; — Lyon, 3 oct. 1902, *R. Soc.*, 1903.187 ; — Cass., 16 juill. 1901, S. 03.1.236, D 02. 1.464 ; — Bordeaux, 17 déc. 1902, *Le Droit*, 4 avr. 1903 ; — Cass., 8 nov. 1903, *Gaz. Trib.*, 11 nov. 1904, *Gaz. Pal.*, 17 nov, 1904 ; — Marseille, 27 juill. 1904, *Gaz. Marseille*, 1904.338. — *Sic* : Alauzet, t. 2, n. 819 et suiv. ; Boistel, n. 358 ; Bravard et Demangeat, t. 1, p. 193 et suiv. ; Lyon-Caen et Renault, t. 2, n. 785 ; Pont, t. 2, n. 1263 et suiv. ; Vavasseur, t. 1, n. 253. — *Contrà* : Bédarride, n. 156 ; Mathieu et Bourguignat, n. 72 ; Rivière, n. 68).

En conséquence, les apports sont devenus la propriété de la société de fait, et les associés de fait peuvent ou les demander, ou être contraints à les recevoir en nature, dans l'état où ils se trouvent au moment où la nullité est prononcée ; ces apports font partie de l'actif social qui doit être partagé conformément aux statuts sociaux (Cass., 19 mars 1862, S. 62,1.825, D. 62.1.407).

1945. — En ce qui concerne la nullité pour cause illicite, voir n. 237.

1946. — Tels sont les effets de la nullité entre associés. Mais la loi dit que la nullité ne peut pas être opposée aux tiers par les associés (art. 7). En conséquence, les créanciers sociaux peuvent, à leur gré, et suivant leur intérêt. invoquer la nullité, alors même qu'ils en auraient eu connaissance, et repousser l'existence de la société, ou tenir la société pour existante et valable (Pont, n 1255 ; — Paris, 5 fév. 1872, S. 73.2.75 ; — Cass., 20 nov. 1901, *R. S.*, 1902.108 ; — Seine, 8 oct. 1903, *Gaz. Pal.*, 10 nov. 1903) S'ils considèrent la société comme existante, ils peuvent la faire déclarer en faillite (Lyon, 18 mars et 16 mai 1884, *R. S.*, 1884.284 et 502 ; — Cass., 15 mars et 29 juill. 1875, S. 75.1. 260 et 358 : — Seine, 8 oct. 1903, *J. S.*, 1904.173 ; — Paris, 16 mars 1904, *Gaz. Pal.*, 22 avr. 1904 ; — Bordeaux, 13 juill. 1897, sous Cass., 30 avr. 1910, S. 02 1.9). La loi du 1er juill. 1901 exclut toute hypothèse de société de fait entre les membres d'une congrégation religieuse ; on ne peut donc pas la mettre en faillite (Seine, 20 avr. 1903, *Gaz. Trib.*, 29 avr. 1903). Si au contraire les créanciers font prononcer la nullité de la société, ils ont la faculté d'agir contre les associés, comme si leur association n'avait jamais été formée. Ils peuvent donc demander la résiliation des engagements par eux pris envers la société, et des dommages et intérêts, s'il y a lieu.

1947. — Mais si les créanciers sociaux entendent se prévaloir de la nullité, peuvent-ils agir contre les actionnaires en payement de leurs créances ? La jurisprudence qui accorde une action directe aux tiers contre les actionnaires dans le cas de société valable, leur reconnaît le même droit d'action en cas de société nulle (Bordeaux, 3 mars 1884, D. 86.2.63 ; — Lyon, 18 mars 1884, D. 85.1.404 ; — Cass., 3 juin 1885, S 85.1.259, D. 86.1.25 ; — Paris, 4 mars 1886, D. 87.2.105 ; — Cass., 3 janv. 1887, S. 87.1. 269, D. 88.1.406 ; — 15 nov. 1892, S. 93.1.364, D. 93.1.33).

Cette opinion est généralement repoussée, si les créanciers invoquent le pacte social, ils doivent l'accepter dans toutes ses dispositions (Cass , 28 avr. 1859, D. 59.1. 408 ; — Paris, 24 janv. 1888, S. 90.2 147, D. 89.2.441 : — Toulouse, 22 juill. 1891, *R. S.*, 1891.550 ; — Cass., 30 janv. 1893, S. 93.1.493, D. 93.1.224 ; — 5 juill. 1900, D. 02 1.189).

1948. — Les créanciers, soit personnels, soit sociaux, étant tous des tiers, ont le droit de s'opposer réciproquement la nullité de la société. Il s'ensuit que tandis que les créanciers d'une société ont le droit de se faire payer sur le patrimoine social par préférence aux créanciers personnels, ces derniers ont au contraire le droit de venir en concurrence avec eux sur ce patrimoine dans le cas où la société est annulée (Cass., 13 fév. 1855, S. 55.1.721, D. 55.1.308 ;

— Angers, 2 août 1865, S. 67.2.75, D. 66.2.189 ; — Rennes, 6 mars 1869, S. 69.2.254. D. 70.2.224 ; — Cass , 11 mai 1870, S. 70.1.401 ; — 5 juill. 1879, D. 80.1.123 ; — Paris, 12 fév. 1885, D. 86.2.191 ; — Cass., 5 janv. 1886, S. 86.1.241, D. 86.1.122).

§ 2. — Effets des jugements prononçant la nullité.

a) Généralités.

1949. — L'art. 1351 C. civ. dispose que l'autorité de la chose jugée n'a lieu qu'à l'égard de ce qui fait l'objet du jugement. Il faut que la chose demandée soit la même ; que la demande soit fondée sur la même cause, que la demande soit entre les mêmes parties, et formée par elles et contre elles en la même qualité.

Comment doivent s'appliquer ces principes en matière de nullité de société ?

Le jugement rejetant une demande en nullité ou prononçant l'annulation d'une société emporte-t-il l'autorité de la chose jugée ? Ceci à l'égard des parties représentées dans l'instance ou bien à l'égard de toute personne ?

Cette question, a dit un auteur (S. 1900.1 196), est une des plus obscures de notre droit, et en réalité il ne se dégage de la jurisprudence aucune théorie certaine. La nullité d'une société peut être demandée par diverses personnes, associés, créanciers de la société, créanciers personnels des associés, et cela pour des causes diverses (objet illicite, vice du consentement, inobservation des formalités de publicité).

La première question qui se pose est celle de savoir s'il convient d'établir une différence entre les différentes causes de nullité ou entre les différentes formes de sociétés.

Sur ce point, on est d'accord pour reconnaître que le principe doit être, dans tous les cas, le même. — V. Hémard, *Nullité de sociétés*, p. 517 ; Lyon-Caen et Renault, t. II, n° 231.

Il faut, pour examiner la difficulté, se placer en présence de deux hypothèses :

a) La justice a été saisie d'une demande en nullité de société, formée contre le représentant autorisé de l'être moral. Le jugement rejette la demande en nullité.

b) Autre hypothèse : Le jugement prononce la nullité de la société. Quelle est l'autorité de la chose jugée, de la décision qui intervient dans ces deux hypothèses ?

Trois systèmes sont en présence :

1° Le jugement n'a qu'une autorité relative entre les parties en cause.

2° Le jugement a une autorité absolue.

3° Distinction entre le jugement qui rejette la demande (autorité relative) et le jugement qui prononce la nullité (autorité absolue).

C'est à ce troisième système que s'est ralliée la jurisprudence. Il est vivement critiqué par M. Hémard (p. 520).

Au contraire, M. Thaller (*Annales de droit commercial*, 1903, p. 311) approuve les solutions jurisprudentielles.

Il faut entrer dans quelques détails.

b) Jugement qui rejette la demande en nullité.

1950. — Sur ce point, l'accord paraît exister en doctrine et en jurisprudence.

Si sur une demande en nullité intervient un jugement qui rejette la demande, le jugement n'a l'autorité de la chose jugée qu'entre les personnes qui ont figuré dans l'instance.

En conséquence, un autre associé, un autre créancier, une autre partie intéressée, peut former à nouveau une demande en nullité.

C'est en ce sens que se prononcent MM. Lyon-Caen et Renault (t. II, n° 231). Mais cette doctrine est combattue par M. Thaller (*Annales de droit commercial*, 1903, p. 310).

Cette première hypothèse étant tranchée, M. Hémard adopte l'opinion de M. Thaller. — Consulter : Trib. com. Lyon, 31 déc. 1903, *J. S.*, 1904, p. 509 ; — Riom, 30 avr. 1894, *J. S.*, 1895, p. 105 ; — Paris, 19 fév. 1875, *J. S.*, 1897, p. 166.

Ces deux dernières décisions condamnent à des dommages-intérêts un demandeur en nullité, pour abus du droit. M. Hémard, pour appuyer l'opinion de M. Thaller, fait remarquer très justement les inconvénients qui peuvent résulter de l'adoption de cette opinion.

Voici comment il s'exprime :

« Comment, dit-on, une action mal intentée pourrait-elle compromettre le droit des autres intéressés et, notamment, les priver du droit de faire prononcer la nullité, en vue de poursuivre les fondateurs et administrateurs en responsabilité, puisque cette responsabilité n'est qu'une suite de la nullité de la société ? Il n'y a chose jugée qu'à l'égard de l'associé ou du créancier qui a agi. Et lorsque le jugement est devenu définitif, la société est tenue pour régulière, vis-à-vis du demandeur dont l'action en nullité a échoué, encore qu'elle soit en réalité infectée d'un vice de constitution. Si la nullité de la société était prononcée par la suite, à la requête d'un autre associé ou créancier, celui dont la demande en nullité a été repoussée ne pourrait pas invoquer le jugement, même si on lui reconnaissait une autorité absolue : la décision est acquise, elle ne perd rien de sa valeur par le fait que, dans une instance postérieure, la nullité est prononcée. »

On aperçoit vite les inconvénients de cette opinion. Elle rend possibles de nombreux procès. Une société, qui a lutté victorieusement contre un associé, ou un créancier qui l'attaquait dans sa validité, n'est pas sûre de ne subir par la suite aucun assaut semblable, à propos de la même cause de nullité ; elle peut craindre l'exercice de nouvelles actions en nullité, tant que ces actions ne sont point prescrites (dans les cas où la prescription est admise), puisqu'aucun délai n'est fixé pour intenter une action en nullité (Léon Lacour, *Précis* n° 268, p. 166).

Il ne suffirait pas de répondre que la société parviendrait à mettre un terme aux poursuites répétées, relatives aux mêmes faits, et intentées par exemple par des actionnaires successifs, en démontrant le caractère vexatoire de ces poursuites, et en obtenant la condamnation des demandeurs de mauvaise foi à des dommages-intérêts pour exercice abusif de leur droit. Ce ne serait là qu'un remède insuffisant, car la société attaquée se heurterait à de graves difficultés, pour prouver la mauvaise foi ou l'intention de nuire des actionnaires poursuivants [Comp. Riom, 30 avr. 1894, *J. S.*, 1895, p. 105 (but vexatoire de la poursuite) ; — Paris, 19 fév. 1897, *J. S.*, 1897, p. 166 (procédure abusive et systématique intentée sans motif légitime)].

c) Autorité des jugements prononçant la nullité.

1951. — Une fraction importante de la doctrine appliquant les termes précis de l'art. 1351 enseigne que la thèse rigoureusement juridique de la relativité des effets du jugement qui a repoussé une demande d'annulation conduit à la même solution pour les effets du jugement prononçant l'annulation.

Quelques auteurs admettent un palliatif, qui résulterait de la nullité et mise en cause de tous les intéressés. — V. Lyon-Caen et Renault, t. II, n° 231 ; Arthuys, *Constitution des sociétés par actions*, n° 167 ; Thaller et Pic, t. I, n° 310.

Il a été jugé, à une date ancienne, par un arrêt de la Cour de Douai, du 12 février 1848 (S. 49.2.670), que le jugement qui déclare une société nulle à la demande d'un associé formée contre quelques-uns seulement des associés, n'a d'effet qu'à l'égard de ceux qui ont été mis en cause. — Lyon-Caen et Renault, t. II, n° 231 ; Arthuys, *Constitution des sociétés par actions*, n° 167 ; Salzédo, *Guide Pratique des sociétés anonymes*, p. 42 ; Nyssens et Corbiau, t. I, n° 463, p. 376 ; Thaller et Pic, t. I, p. 310. — Comp. Bonelli, *Riv. di dir. comm.*, 1906, p. 46 ; — Douai, 12 fév. 1848, S. 49.2.670 ; — Grenoble, 28 déc. 1871, D. 72.2.20, S. 72.2.37. — En matière de jugements prononçant la nullité d'une augmentation du capital social : Bordeaux, 26 mars 1906, *J. S.*, 1907, p. 361 et sur pourvoi Req., 30 mars 1908, *Ann. dr. comm.*, 1908, p. 305, *J. S.*, 1909, p. 262, S. 1910.1.93, D. 1910.1.369 et la note Hayem.

En Belgique, Trib. com. Bruxelles, 22 janv. 1891, et Bruxelles, 14 nov. 1892, *Pas.*, 93.2.73, *Rev. prat.*, 1892, p. 353 ; — Trib. com. Bruxelles, 25 juill. 1903, *id.*, 1903, p. 284 et 327 ; — Trib. com. Mons, 4 fév. 1904, *Pas.*, 1904.3 216, *Rev. prat.*, 1904, p. 270 ; — Trib. com. Bruxelles, 15 et 19 fév. 1904, *Rev. prat*, 1904, p. 189 et 212. — Bruxelles, 13 déc. 1904, *Rev. périod. des assur.*, 1904, p. 493, *Rev. prat.*, 1905, p. 23.

Voir dans Hémard tous les développements donnés par le savant auteur, n° 278. Mais d'après la majorité de la doctrine et la majorité de la jurisprudence, les jugements prononçant la nullité d'une société ont une autorité absolue, et c'est à cette opinion que se range M. Hémard (n. 278). — Alauzet, n. 818 ; Bravard-Veyrières, t. I, p. 528 ; Pont, t. II, n. 1242 ; Vavasseur, t. I, n. 746 ; Houpin, t. I, n. 633 ; Thaller, *Ann. dr. comm.*, 1903, p. 309 ; Astresse, *Rec. périod. des assur.*, 1905, *Bull. des assur.*, p. 17-21 ; Req., 2 juill. 1873, D. 74.1.50, S. 73.1 306, T. C., 1874, p. 323 ; — Trib. com. Seine, 22 mars 1886, *R. S.*, 1886, p. 271, T. C., 1887, p. 190 ; — Trib. civ. Seine, 5 août 1890, *J. S.*, 1891, p. 245 ; — Trib. com. Marseille, 26 avr. 1902, sous Aix, 21 fév. 1907, *J. S.*, 1909, p. 442 ; — Paris, 8 avr. 1911, *Gaz. Trib.*, 30 juill. 1911. — Rapp. au cas d'annulation d'une réduction du capital social, Paris, 19 juin 1900, *J. S.*, 1901, p. 26 ; — Civ., 18 juin 1902, S. 1903.1.385, et la note Wahl, *J. S.*, 1902, p. 427. Sur la conciliation de ce dernier arrêt avec Req., 30 mars 1907, précité, voir S. 1910.1.196, col. 2.

En Belgique, Dejongh, *Rev. de dr. belge*, 1889, t. l, p. 521 ; — Gand, 23 juill. 1887, D. 89.2.89, *Pas.*, 87.2.400, *J. S.*, 1889, p. 110 et sous

Cass., 12 avr. 1888, *Ann. de dr. com.*, 1888, p. 197, *Rev. prat.*, 1889, p. 13 ; — Trib. com. Bruxelles, 22 janv. 1891, *Rev. prat.*, 1891, p. 93 ; — Bruxelles, 2 mars 1892, *Pas.*, 92.2.304, *Rev. prat.*, 1892, p. 285.

Ainsi, la nullité prononcée à la requête d'un seul ou de quelques intéressés profite ou nuit à tous ceux intéressés dans la nullité, qu'ils soient des associés ou des tiers.

En d'autres termes, l'effet du jugement ne se limite pas aux parties qui ont figuré au jugement. Dès lors, la nullité est acquise au profit de tous et contre tous. Mais bien entendu, les conséquences de la nullité pourront être différentes à l'égard de l'un ou à l'égard des autres.

Cette solution comporte l'obligation de mettre en cause le représentant légal de la société ; si le jugement prononçant la nullité a été rendu contre une personne n'ayant pas qualité pour représenter la société, ce jugement n'acquerrait pas l'autorité de la chose jugée dans les conditions que nous venons de préciser (Trib. com. Seine, 2 août 1882, T. C., 1882, p. 68).

Le jugement prononçant la nullité d'une société n'est en droit l'objet d'aucune publicité. La nullité est opposable aux tiers sans publication. Mais nous conseillons, dans tous les cas, de faire une publicité qui peut avoir des avantages sans aucun inconvénient.

d) Effets du jugement pour le passé.

1952. — Cette question doit être envisagée à trois points de vue différents :

a) Nullité absolue,

b) Nullité relative,

c) Nullité pour cause de dol.

A. — *Nullité absolue.* — En cas de nullité absolue, par exemple en cas de nullité de la société pour objet illicite, plusieurs opinions se sont formées.

On a prétendu, autrefois, que la déclaration de nullité avait pour conséquence d'anéantir d'une façon absolue tous les actes passés au nom de la société. Mais aujourd'hui, cette opinion est abandonnée, et on est généralement d'accord pour reconnaître que la société a eu une existence de fait.

Cependant certains auteurs font des distinctions et c'est ainsi que sont nées quatre théories :

1° Théorie de la rétroactivité.

2° Théorie de M. Hémard.

3° Théorie spéciale de M. Paul Pic.

4° Théorie de la société de fait.

1° D'après les partisans de la rétroactivité, la société est réputée n'avoir jamais existé. Les actes passés par le gérant de la société lui demeurent personnels et n'intéressent pas la société. D'où la conséquence que les créanciers n'ont aucun droit sur les bénéfices réalisés. Ils sont les créanciers personnels du gérant et n'ont d'action que contre lui.

Si les associés ont partagé entre eux des bénéfices, ce partage subsistera. S'il est contraire aux statuts ou à la loi, l'état de nullité ne permettra, ni de l'annuler, ni de le recommencer (Duranton, *Cours de droit français*, t. 17, p. 316 ; Delamarre et Le Poittevin, *Traité du contrat de commission*, 1.51 ; Troplong, 1.105).

Cette opinion se base sur l'art. 1131 C. civ. qui porte que l'obligation sur la cause illicite ne peut avoir aucun effet.

M. Hémard (n° 50, p. 83 et suiv.) combat vigoureusement cette doctrine. Nous ne pouvons entrer ici dans l'examen de cette thèse plus théorique que pratique.

2° En rejetant la théorie de la rétroactivité, M. Hémard propose un système qui lui est personnel. Il se refuse à reconnaître des sociétés de fait dans les sociétés nulles ; puisque le contrat est frappé de nullité absolue, il faut distinguer, dit-il en substance, entre les sociétés de fait et les communautés de fait.

Les premières reposent sur un contrat parfait, au point de vue des principes généraux du droit civil.

Aussi, l'auteur leur accorde-t-il la personnalité morale. La nullité qui frappe la société de ce genre constitue plutôt une irrégularité résultant de l'inobservation des règles légales, qu'une nullité à proprement dire. Les communautés de fait, au contraire, reposent sur ce que le contrat est atteint d'un vice de droit commun. Elles n'ont pas de personnalité morale. Il y a une masse de biens mise en commun et cette masse doit être liquidée conformément aux règles qui s'appliquent aux biens indivis.

Les associés ont donc entre eux, non pas des relations d'associés, mais des relations de communistes (Hémard, n° 50, p. 84 et suiv.).

3° M. Pic professe que certaines sociétés nulles de nullité absolue constituent des sociétés de fait. Il distingue entre celles qui ont une cause injuste et celles qui ont une *causa turpis*.

L'opération est-elle plutôt illégale qu'immorale, en soi ? Ex. :

cession de parts d'associé d'un office ministériel, autre qu'un office d'agent de change. Le *solvens* aura la *condictio indebiti* ou *condictio ob injustam causam*, sans qu'il soit permis de lui opposer une fin de non-recevoir depuis la connaissance qu'il aurait eue de l'illégalité commise.

L'acte, au contraire, est-il immoral par lui-même, l'adage *in turpi causa* reprend son empire pour refuser toute action, aussi bien à celui qui refuse de laisser ce qu'il a promis, qu'à celui qui réclame la restitution de ce qu'il a payé (V. Thaller et Pic, t. I, n° 439).

4° Enfin, d'après une autre théorie qui est celle de la jurisprudence, il y a société de fait toutes les fois qu'une société frappée de nullité absolue a fonctionné pendant quelque temps. Cette jurisprudence a été consacrée par un premier arrêt qui remonte au 24 août 1841 (Dalloz, *Répertoire*, V° *Société*, n° 411. — V. *suprà*, n. 1944).

B. — Nullité relative. — Les effets de la nullité relative sont réglés dans le passé conformément à l'art. 1108 C. civ. d'après lequel il n'y a pas de contrat valable à défaut de consentement ou de capacité de l'une des parties.

L'obligation de l'incapable ou de celui dont le consentement a été vicié est nulle. Tout doit donc être remis en état à son égard.

Quant aux autres associés, le contrat produit son effet comme s'il était valable.

Donc à l'égard de l'incapable, pas de contrat.

L'incapable se trouve donc libéré de toutes les obligations résultant du contrat de société. A l'égard de tiers, l'associé non plus ne saurait être tenu d'aucune obligation (V. Guillouard, n° 60 ; Baudry-Lacantinerie et Wahl, n° 96).

Cependant, M. Hémard (p. 137) ne partage pas cette opinion : « Aux tiers qui sont les créanciers sociaux, au liquidateur de la société, ou au syndic en cas de faillite, il faut reconnaître le droit de poursuivre la victime ou l'incapable dans la mesure où il leur a été impossible de connaître l'erreur, la violence ou l'incapacité.

« Or, si l'erreur ou la violence n'a pu leur être connue, ils ont pu ou auraient pu savoir l'incapacité de l'un des associés.

« La société viciée par suite d'erreur ou de violence vaudra donc pour ce qu'elle a paru à leur égard. Il en est de même lorsqu'ils n'auront pas été en situation de connaître l'incapacité. »

M. Thaller (n° 364) s'est prononcé dans le même sens. Les autres associés que l'incapable sont responsables de la gestion sociale. Ils doivent acquitter le passif comme si la société était valable.

Certains auteurs admettent même que les créanciers sociaux ont un droit privilégié sur le patrimoine social. Ils passent avant les créanciers personnels. Mais cette opinion est fort contestable, car elle repose sur cette idée que la société de fait constitue une personnalité morale. Or, la jurisprudence reconnaît qu'une société de fait est dépourvue de la personnalité morale.

M. Hémard (p. 138) reconnaît au contraire à la société de fait la personnalité morale (Consultez à cet égard tous les développements donnés par M. Hémard, *loc. cit.*).

C. — Nullité pour cause de dol. — Enfin, la nullité résultant du dol comporte une règle différente. Cette nullité ne peut être invoquée que par celui qui a été victime de manœuvres dolosives. Cette victime, ses créanciers personnels, ses héritiers seuls auront le droit d'exercer l'action en nullité. Ils peuvent choisir entre la nullité et le maintien de la société, tant que ne sera pas intervenue une confirmation expresse ou tacite, ou tant que le délai légal de 10 ans ne se sera pas écoulé, depuis la découverte du dol (V. n. 1641, et toute la jurisprudence citée).

La nullité n'est pas opposable aux tiers parce que le dol ne peut être invoqué que contre l'auteur même des agissements dolosifs.

Les créanciers sociaux pourront donc poursuivre tous les associés, même les victimes du dol, en paiement des dettes sociales, ou au versement de leur mise (V. n. 1633 et suiv.).

e) Effets pour l'avenir.

1953. — Pour l'avenir, il convient encore ici de distinguer entre la nullité absolue, la nullité relative ou la nullité résultant du dol. Lorsqu'une société a été annulée de nullité absolue, elle ne peut continuer à fonctionner : il faut donc la liquider.

La liquidation devra être opérée en prenant pour base l'acte de société (V. n. 1944 et suiv.).

En ce qui concerne les effets de la nullité à l'égard des tiers, V. n. 1946.

Quand il s'agit d'une nullité relative, il faut distinguer deux points : celui de l'incapable ou de la victime de l'erreur ou de la violence. L'incapable a droit à la remise en état. Il pourra reprendre son poste, mais ne participera ni aux bénéfices, ni aux pertes (Hémard, p. 137 ; Thaller et Pic, t. 1, p. 401).

M. Arthuys (t. I, n. 82) accorde à l'incapable ou à la victime d'une erreur ou d'une violence le droit de réclamer sa part dans les bénéfices, en raison de la communauté de fait qui unit les associés entre eux et il l'exonère du passif social.

Cette opinion est réfutée par M. Hémard (p. 138 et 139). Si l'incapable a fait croire qu'il était capable en employant des manœuvres dolosives, il peut être rendu responsable de son dol (Trib. com. Seine, 3 juin 1874, *Journ. des trib. de comm.*, 1874, p. 412).

Entre les autres associés, la déclaration de nullité entraîne nécessairement la dissolution de la société et la liquidation doit s'opérer conformément aux principes rappelés ci-dessus.

Enfin, en cas de nullité pour cause de dol, il ne peut y avoir ni dissolution, ni liquidation, le dol ne produisant une cause de nullité qu'à l'égard de celui qui s'en est rendu coupable.

Mais si le dol émane, soit de l'ensemble des associés, soit de la société elle-même, il peut arriver que la dissolution et la liquidation s'imposent, et dans ce cas, il y est procédé comme il est dit ci-dessus.

f) A partir de quel moment la société de fait cesse-t-elle d'exister ?

1954. — La solution de cette question découle nécessairement des considérations développées ci-dessus, quant à la nature reconnue au jugement prononçant la nullité. Si l'on tient ce jugement pour simplement déclaratif de droit, la société de fait cessera d'exister au jour de la demande en nullité.

Si on considère, au contraire, que le jugement prononçant la nullité a un caractère constitutif, parce qu'il crée une situation nouvelle, parce qu'il interrompt l'existence de la société de fait, celle-ci ne doit être réputée cesser d'exister que du jour du jugement.

Elle vit et fonctionne tant que le tribunal ne l'a pas déclarée irrégulière.

De même que les sociétés régulières, les sociétés de fait se survivent pour les besoins de leur liquidation, d'après M. Hémard (n° 275), et elles continuent leur effet vis-à-vis des intéressés tant qu'elles n'ont pas été liquidées.

V. Hémard, n. 275 ; Tissier, *Dissertation, Jurisclasseur*, 1914, 137 ; — Paris, 5 fév. 1872, D. 74.2.235, S. 73.2.75, T. C., 1872, p. 246 ; — Paris, 9 mars 1877, sous Req., 24 déc. 1877, S. 78.1.321 ; — Paris, 31 mars 1887, *J. S.*, 1888, p. 104, *R. S.*, 1887, p. 433, *J. Fin.*, 1887, p. 216 ; — Req., 18 févr. 1903, D. 1904.1.310, S. 1904.1.191 ;

— Besançon, 25 avr. 1904 (limite la survie aux rapports des associés ou de la société avec les créanciers sociaux). — Comp. en Belgique, Bruxelles, 7 août 1845, *Pas.*, 1845.2.276 ; — Trib. com. Bruxelles, 3 juill. 1875, *Pas.*, 1875.3.297 ; — Liège, 12 juill. 1905, *Pas.*, 1906.2.35, *Rev. prat.*, 1906, p. 192.

Cependant M. Hémard admet que le juge pourra fixer une époque différente pour la fin de la société, si par exemple la société créée ou continuée de fait a pris fin avant que la nullité ou l'irrégularité n'en soit invoquée (Cass., 28 mars 1898, D. 99.1.588).

§ 3. —Négociation d'actions.

1955. — Deux questions se posent maintenant : 1º La négociation d'actions d'une société, alors que la libération du quart n'a point été effectuée et qu'aucune déclaration inexacte tendant à faire croire à la libération n'a eu lieu, est-elle nulle ? 2º Lorsque la société a été régulièrement constituée en apparence, lorsque les fondateurs ou les gérants ont déclaré que les actions étaient libérées du quart, lorsque l'assemblée générale, le conseil de surveillance ou les premiers administrateurs ont déclaré avoir vérifié l'exactitude de la constitution, la négociation des actions de cette société, régulière en apparence, est-elle frappée de nullité ?

Nous allons les examiner.

Les négociations d'actions non libérées du quart, antérieures à la constitution apparente de la société, sont-elles nulles ? — Les auteurs se prononcent généralement pour l'affirmative. La négociation d'actions, disent-ils en substance, lorsque les actions ne sont pas libérées du quart, constitue un délit correctionnel ; cet acte, réprimé par la loi pénale, ne peut avoir aucune valeur d'après la loi civile. Le législateur de 1867 a voulu que les négociations d'actions n'aient pas lieu avant que la société soit constituée ; il a emprunté cette disposition à la loi du 15 juillet 1845 sur les chemins de fer, qui défend la négociation des actions avant que l'autorisation du gouvernement, exigée sous l'empire de cette loi, ait été obtenue pour la constitution des sociétés (V. en ce sens : Beslay et Lauras, *Comment. C. com. des Soc.*, t. 5, n 1235 et suiv. ; Thaller, *R. crit. de législ.*, 1883, p. 321 ; Vavasseur, *Des Soc. civ. et com.*, t. 1er, n. 477 ; Pelagaud, *J. des valeurs mobilières*, 1883, p. 419. — *Sic* : Cass., 9 nov. 1892, S. 93.1.361, D. 93.1.73).

M. Lyon-Caen, dans une dissertation au Sirey, sous l'arrêt de Lyon du 23 janvier 1884 (S. 84.2.49). soutient une opinion contraire. Il fait d'abord remarquer que la loi de 1867 ne prononce point la nullité ; le silence du législateur sur ce point délicat autorise à penser qu'il n'a point voulu admettre cette sanction de la nullité, si l'on remarque qu'il a accumulé dans la loi les nullités.

Peut-on justifier l'opinion contraire en se fondant sur ce que la négociation d'actions d'une société irrégulièrement constituée tombe sous le coup de la loi pénale ? Mais la violation de la loi pénale n'entraîne pas toujours la nullité de l'acte réprimé. Il existe de nombreux cas dans notre législation pour lesquels la sanction de la nullité n'est point liée à la sanction pénale. Il est défendu, par exemple, aux agents de change de faire des actes de commerce (art. 85 C. com.) ; ceux qui contreviennent à cette interdiction sont passibles de peines (art. 87) : cependant les actes de commerce faits par les agents de change sont valables, et il n'est venu à l'idée de personne de soutenir la nullité de semblables opérations (Lyon-Caen et Renault, *Préc. de dr. com*, t. 1er, n. 159 et s.). En matière de mariage, certaines infractions à la loi entraînent pour leurs auteurs une pénalité, sans que le mariage puisse être annulé (art. 173 C. civ.). Les fonctionnaires qui contreviennent aux règles relatives à la tenue des actes de l'état civil encourent une amende (art. 50 C. civ.), cependant les actes dans lesquels les contraventions ont été commises ne sont point nuls. Lorsque le législateur a voulu attacher à une infraction la peine de nullité, il s'en est exprimé clairement. En l'espèce, le législateur de 1867, frappé des inconvénients que les spéculations sur les actions de sociétés irrégulièrement constituées pouvaient entraîner, a voulu entraver l'agiotage ; c'est dans ce but unique que la pénalité a été édictée, et cela est si vrai que les négociations d'actions antérieures à la constitution de la société, lorsqu'elles ne sont pas faites en la forme commerciale, mais résultent au contraire de cessions opérées par la voie civile, sont considérées comme absolument valables (Lyon-Caen et Renault, *Préc. de dr. com.*, t. 1er, n. 426 *bis*),

1956. — Il faut conclure de toutes ces considérations que les négociations d'actions non libérées du quart sont valables. Le vendeur ne pourrait donc se refuser de livrer des titres d'actions, ni l'acheteur de payer le prix de l'acquisition ; cependant un arrêt de la Cour de Lyon du 7 janvier 1881 s'est implicitement prononcé pour l'irrégularité de la négociation. Il s'agissait, il est vrai, dans cet arrêt, d'une société constituée à l'étranger et dont les actions avaient été négociées en France sans être libérées du quart. M. Lyon-Caen dans

une note au Sirey (S. 81.1.225) faisait remarquer que la Cour de
Lyon, en statuant comme il vient d'être dit, relativement à la négociation des actions d'une société étrangère, aurait décidé de même
pour une société française. Déjà à cette époque, il soutenait l'opinion qu'il défend à nouveau dans la dissertation précitée de 1884.
Les arrêts les plus récents se prononcent pour la validité des négociations (Lyon, 22 janv. 1884, D. 84.2.153 ; — 8 mai 1884, S. 84.2,
107, D. 84.2 219 ; — 16 mai 1884, J. S., 1885.97 ; — 27 mai 1884,
R. S., 1885.100 ; — Cass., 3 juin 1885, D. 86.1.25 ; — 29 juin 1885,
S. 86.1.17, D. 86 1.245 ; — Lyon, 22 juill. 1890, J. S., 1890, 489 ; —
31 juill. 1885, J. S., 1890.488 ; — Paris, 10 juin 1890, S. 90.2.372 ; —
Orléans, 24 juill. 1890, S. 91.2.154, D. 91.2.337 ; — Cass., 9 nov. 1892,
S. 93.1.161, D. 93.1.73 ; — 15 nov. 1892, S. 93.1 145, D. 93.1.13 ; —
20 juin 1893, D. 93 5.553.— V. Desjardins, conclusions, citées *infrà*,
n. 1957 ; Sarrut, note D. 84.2.153).

1957. — *Les négociations d'actions non libérées du quart d'une
société régulière en apparence, mais postérieurement annulée, sont-
elles nulles ?* La question s'est présentée devant la Cour de Lyon, le
23 janvier 1884. La Cour de Lyon s'est prononcée pour la validité
des négociations. Elle a décidé que ces négociations ne pouvaient
être annulées ni pour défaut d'objet, ni pour erreur sur la substance,
et l'arrêt a ajouté qu'il n'y avait pas lieu à application de la garantie
de l'art. 1693 C. civ. au profit de l'acheteur. La négociation des actions d'une société constitue la vente d'une chose dont la valeur est
soumise à des éventualités et à des fluctuations ; elle ne peut donc
être annulée, d'après la Cour de Lyon, en vertu des art. 1641 et suivants C. civ. sur la garantie des vices cachés, quand le vice qui
affectait la société n'a pas été la cause de l'avilissement des actions.

Un pourvoi a été formé contre l'arrêt de Lyon, et devant la Cour
de cassation, M. l'avocat général Desjardins a examiné la thèse
dans des conclusions qui constituent le meilleur traité sur la matière (V. le texte de ces conclusions dans notre *Répertoire de dix
années*, p. 328. — *Sic* : Cass., 3 juin 1885, deux arrêts, S. 85.1.259,
D. 86.1.25 ; — 9 nov. 1892, deux arrêts, S. 93.1.361, D. 93.1.73 ;
— Paris, 31 juill. 1852, S. 52.2.690, ; — 28 avr. 1887, S. 91.1.321,
sous Cass., 23 déc. 1888, D. 89.2.106 ; — Lyon, 23 janv. 1884, S. 84.
2.49, D. 84. 2.153 ; — 8 mai 1884, S. 84.2.107, D. 84.2.219 ; — Orléans,
24 juill. 1890, S. 91.2.154, D. 91.2.337. — Conf. : Lyon-Caen, note
sous Lyon, 3 janv. 1884, S. 84.2.49 ; Lyon-Caen et Renault, t. 2,
n. 787 ; Pont, t. 2, n. 902 ; Sarrut, note sous Lyon, 24 janv. 1884, D.

84.2.153 ; Vavasseur, t. 1, n. 475. — *Contrà* : Trib. Lyon, 5 janv. 1884, en note sous Lyon, 23 janv. 1884, précité).

1958. — Il n'y a pas lieu à garantie si l'avilissement des actions n'a pas eu pour cause le vice de nullité, ou s'il n'est pas établi que l'acheteur, connaissant le vice, ne les eût pas acquises (Cass., 3 juin 1885, précité ; — Lyon, 8 mai 1884, S. 84.2.107 ; — Cass., 9 nov. 1892, précité ; — Lyon-Caen, note S. 84.2.49).

SECTION IV

PERSONNES RESPONSABLES

1959. — La nullité pour infraction aux prescriptions de la loi entraîne des responsabilités pécuniaires contre ceux à qui elle est imputable. Ces responsabilités sont édictées par l'art. 8 de la loi du 24 juill. 1867 en ce qui concerne la commandite par actions, et par l'art. 42 en ce qui concerne la société anonyme (Cet art. 42 a été modifié par la loi du 1er août 1893).

L'art. 8 dispose : « Lorsque la société est annulée aux termes de l'article précédent, les membres du premier conseil de surveillance peuvent être déclarés responsables, avec le gérant, du dommage résultant, pour la société ou pour les tiers, de l'annulation de la société. — La même responsabilité peut être prononcée contre ceux des associés dont les apports ou les avantages n'auraient pas été vérifiés et approuvés, conformément à l'art. 4 ci-dessus. »

L'art. 42 : « Lorsque la nullité de la société et des actes ou délibérations a été prononcée aux termes de l'article précédent, les fondateurs auxquels la nullité est imputable et les administrateurs en fonctions au moment où elle a été encourue sont responsables solidairement envers les tiers, sans préjudice du droit des actionnaires. — La même responsabilité solidaire peut être prononcée contre ceux des associés dont les apports ou les avantages n'auraient pas été vérifiés conformément à l'art. 24. »

1960. — Comme conséquence de ces dispositions : la responsabilité profite : 1° aux tiers ou créanciers de la société ; 2° aux actionnaires. Mais la responsabilité ne peut être appliquée qu'autant que la nullité de la société a été prononcée (Cass., 9 juill. 1861, S. 61.1. 705 ; — Lyon, 24 juin 1871, S. 72.2,94 ; — Pont, n. 1279 et 1281), à moins que la société n'ait pris fin par la déconfiture ou la faillite

(Lyon, 29 juin 1860, S. 60.2.366 ; — Cass., 11 mai 1870, S. 70.1.425 ; — Rennes, 23 mars 1909, *J. S.*, 1910,220. — Cass., 16 mars 1910, *Gaz. Pal.*, 3 mai 1910 ; — Pont, n. 1281).

1961. — Il n'est pas nécessaire de prouver la fraude ou le dol ; l'existence de l'infraction suffit (Cass., 18 mai 1887, *J. S.*, 1888.334).

a) Société en commandite.

1962. — Dans la société en commandite, le gérant, les membres du conseil de surveillance et les associés apporteurs ou ayant stipulé des avantages particuliers sont ou peuvent être déclarés responsables. Le gérant fondateur de la société est responsable de son œuvre.

1963. — Le premier conseil de surveillance doit, d'après la loi, vérifier si toutes les dispositions constitutives ont été remplies. L'art. 8 dispose que les membres du premier conseil peuvent être déclarés responsables, avec le gérant, du dommage résultant de l'annulation. Les apporteurs ou ceux qui ont stipulé des avantages sont responsables de l'inobservation de l'art. 4. Mais *il s* échappent à toute responsabilité si les apports ont été régulièrement approuvés (Trib. Seine, 6 janv. 1892, *J. S.*, 1892.323).

1964. — Les membres du premier conseil de surveillance peuvent seuls être déclarés responsables de la nullité de la société et du dommage qui en est résulté ; les conseils de surveillance ultérieurement nommés ne sont pas chargés de vérifier si la société a été régulièrement constituée, et par suite, leur responsabilité ne saurait être engagée pour défaut de cette vérification (*Contrà* : Bouvier-Bangillon, p. 109).

Cependant si les conseils ultérieurs avaient connu la nullité de la société et s'ils avaient gardé le silence à cet égard, ils pourraient être déclarés responsables, aux termes du droit commun et en vertu de l'art. 9 de la loi de 1867 (Houpin, *loc. cit.* — Comp. Cass., 4 juin 1883, S. 84.1.113, D. 83.1.385).

1965. — La responsabilité n'est pas absolue ; elle dépend des circonstances de la cause, et notamment de la question de savoir : 1° si l'omission, à la charge des membres du conseil, de signaler l'infraction commise, doit leur être imputée à faute, et 2° si cette infraction est la cause directe du préjudice éprouvé par la société ou par les tiers (Cass , 8 mars 1876, S. 76.1.409, D. 77.1.168. — Comp. Douai, 6 mars 1900, *R. S.*, 1901.396. — *Sic* : Lyon-Caen et Renault, t. 2, n. 994 ; Pont, t. 2, n. 1305 ; Vavasseur, t. 1, n. 675). L'action en nullité peut être écartée lorsque, introduite dans une société par actions pour arriver à poursuivre en responsabilité les membres du conseil de surveillance, le tribunal estime qu'il n'y a pas lieu de prononcer cette responsabilité (Dalloz, 1870.1.401).

1966. — Il faut qu'il existe une relation de cause à effet entre le vice de constitution et le préjudice (Cass., 23 août 1864, S. 65.1.177, D. 64.1.367 ; — 30 oct. 1894, S. 97.1.186 ; — Douai, 6 mars 1900, précité ; — Cass., 31 janv. 1910, *J. S.*, 1910.512 ; — Rennes, 24 mai 1909, *J. S.*, 1910.260).

1967. — La responsabilité des membres du premier conseil de surveillance est donc subordonnée à une faute ou à une négligence de leur part.

Jugé que cette responsabilité est engagée lorsqu'il est établi qu'ils pouvaient aisément apercevoir les vices dont la société était affectée, et que c'est par une négligence inexcusable qu'ils n'ont rien vu, rien dénoncé, rien empêché (Cass., 24 nov. 1861, S. 61.1.182, D. 61.1.435 ; — Aix, 16 mai 1860, S. 60.2.437, D. 60.2.223).

1968. — Il faut également tenir compte, dans l'appréciation de la responsabilité des membres du conseil de surveillance, de la négligence ou de l'imprudence de ceux qui ont traité avec la société. Ainsi, les souscripteurs d'actions qui se sont engagés à faire un apport en nature, mais qui ont négligé de faire vérifier et approuver cet apport par l'assemblée générale des actionnaires, peuvent être tenus de verser en espèces le montant de leur souscription, et dans ce cas, ils n'ont aucun recours en garantie contre les membres du conseil de surveillance, déclarés responsables de la nullité de la société pour défaut de versement préalable du quart de chaque souscription (Aix, 13 août 1860, S. 61.2.147, D. 68.2.223, et sur pourvoi : Cass., 24 juin 1861, S. 62.1.185, D. 61.1.435).

1969. — Lorsqu'il s'agit d'une augmentation de capital par voie d'émissions d'actions nouvelles, le conseil de surveillance peut être déclaré responsable de la nullité de l'augmentation, parce que c'était à lui qu'incombait le devoir d'en assurer la régularité (Aix, 9 avr. 1867, *Jurispr. Marseille*, 1867.1.179 ; — Cass., 5 nov. 1879, S. 80.1.172, D. 80.1.125).

1970. — La responsabilité du gérant est facultative, comme celle des membres du conseil de surveillance : elle implique une faute de sa part et ne peut être prononcée qu'autant qu'il y a un préjudice résultant directement de cette faute (Cass., 18 déc. 1867, S. 68.1.145, D. 67.1.474).

Mais cette responsabilité est principale, par rapport à celle des membres du conseil de surveillance ; ceux-ci sont donc fondés, s'ils ont été déclarés responsables, à exercer un recours contre le gérant auteur principal des vices de constitution de la société (Alauzet, t. 2, n. 478 ; Bédarride, *Loi de 1867*, n. 103 ; Rivière, *Loi de 1867*, n. 84 : Vavasseur, t. 1, n. 678).

1971. — Les apporteurs en nature et les actionnaires avantagés n'encourent pas la même responsabilité que le gérant et les membres du premier conseil de surveillance. Ils ne sont pas responsables des vices de constitution de la société ; leur responsabilité n'est engagée qu'autant qu'ils n'ont pas fait vérifier et approuver leurs apports en nature, ou les avantages à eux concédés ; cette responsabilité est également facultative (*Sic* : Alauzet, t. 2, n. 474 ; Lyon-Caen et Renault, t. 2, n. 995 ; Mathieu et Bourguignat, n. 82 ; Vavasseur, t. 1, n. 680).

1972. — Quant aux commissaires chargés de présenter un rapport à la deuxième assemblée de vérification des apports en nature et des avantages particuliers, ils ne sont responsables qu'en cas de dol ou de faute lourde de leur part (Paris, 27 déc. 1883, D. 85.2.222 ; — Angers, 19 mai 1891, D. 92.2.81 et la note de M. Boistel).

1973. — Les actionnaires pourraient être déclarés responsables, en vertu de l'art. 1382 C. civ., si par leurs agissements lors de la constitution de la société, ils avaient causé préjudice à autrui (Cass., 6 juill. 1870, S. 71.1.80, D. 71.1.13 ; — Paris, 5 août 1869, S. 70.2.33).

b) Sociétés anonymes.

1974. — Sont responsables de la nullité, pour vice de constitution de la société anonyme, les fondateurs et administrateurs en fonctions au moment où la nullité est encourue ; ceux aussi qui ont fait des apports ou stipulé des avantages non vérifiés ou approuvés conformément à l'art. 4.

Est même responsable celui qui a participé à une fraude ayant entraîné la nullité de la société, dès lors que cette fraude n'a pu être réalisée qu'avec son concours (Lyon, 24 juill. 1908, *J. S.*, 1909.122).

1975. — Les fondateurs ne sont pas seulement ceux dont le nom figure dans les statuts. On doit considérer comme fondateur celui dont la participation à la formation de la société s'est manifestée par des actes, tels que la préparation des statuts, la sollicitation des souscriptions, le versement anticipé de fonds pour achats d'appareils, etc. (Cass., 19 oct. 1886, S. 86.1.472, D. 87.1.344 ; — 10 janv.

1887, S. 87.1 374, D. 89.1 68 ; — 7 avr. 1888, S 88 1.207.; — Toulouse, 4 juin 1895, *J. S.*, 1896.353 ; — Douai, 6 mars 1900, *R. S.*, 1902.2.236, D. 01.2.207 ; — Seine, 20 janv. 1905, *J. S.*, 1905.268. — V. Lyon-Caen et Renault, t. 2, n. 793 ; de Muralt, *Fondation des soc. anon.*, p. 38 et suiv. ; Percerou, *Fondateurs des soc. anon.*, p. 10 et s. ; Pont, t. 2, n. 1127 ; Vavasseur, t. 2, n. 841).

Le fondateur d'une société dont le but est commercial et qui est constituée dans des conditions participant à la fois de celles des sociétés anonymes et de celles des sociétés par actions est soumis aux sanctions édictées par la loi de 1867, s'il n'a pas observé les prescriptions de cette loi (Cass., 22 oct. 1906, *R. S.*, 1907.105).

1976. — Spécialement, c'est à bon droit qu'est considéré comme fondateur celui qui a pris une part active aux actes préliminaires de la constitution de ladite société, notamment : en préparant les statuts ; en versant des fonds par anticipation pour l'achat du matériel d'exploitation ; en sollicitant et obtenant des souscriptions ; en convoquant les actionnaires pour la première assemblée générale à son domicile et en se faisant ensuite conférer le mandat d'administrateur par cette première assemblée (Cass., 19 oct. 1886, S. 86.1.472, D. 86.1.344).

1977. — Il en est de même des associés qui ont concouru à l'organisation et à la mise en mouvement de la société, et qui sans avoir été eux-mêmes les promoteurs de l'entreprise, ont prêté leur concours aux agissements de ceux-ci, en consentant sciemment à devenir leurs comparses et à jouer le rôle de souscripteurs fondateurs, et qui ont ainsi pris une part active à l'œuvre commune de fraude (Cass., 9 avr. 1888, S. 88.1.207, D. 89.1.245. — V. encore sur les différentes espèces appréciées par la jurisprudence dans le même ordre de principes : Poitiers, 26 juin 1893, sous Cass., 23 janv. 1895, S. 96.1.387, D. 95.1.173 ; — Cass., 10 fév. 1885, S. 87.1 299, D. 85.1. 365 ; — 10 janv. 1887, S. 87.1.374, D. 89.1.68 ; — 30 janv. 1893, S. 97.1.493, D. 94.1.224 ; — Lyon, 13 août 1900, *J. S.*, 1901.266 ; — Douai, 6 mars 1900, S. 02.2.236, D. 01.2 207 ; — Dijon, 19 mars 1902, *J. S*, 1902.439 ; — Marseille, 14 fév. 1902, *J. S.*, 1902.513 ; — Agen, 23 juin 1903, *R. S.*, 1904.107 ; — Douai, 6 août 1903, *R. S.*, 1904 108).

1978. — Les fondateurs sont responsables des déclarations mensongères faites par leurs mandataires, lors de la constitution (Amiens, 14 avr. 1886 ; — Cass., 10 janv. 1887, précité).

1979. — En cas de nullité d'une société anonyme, pour défaut d'authenticité de l'acte constatant la déclaration du versement du quart, nullité donnant lieu à l'application de l'art. 42 ancien de la loi du 24 juillet 1867. les fondateurs, administrateurs et faiseurs d'apports non vérifiés sont seuls solidairement responsables de la totalité du passif social. La nullité d'une société n'engage la responsabilité des fondateurs que s'il y a un lien entre les vices de constitution de la société et les mauvaises affaires de celle-ci (Seine, 3 juill. 1903, *Gaz. Trib.*, 26 juill. 1903 ; — Aix, juin 1904 [inédit]), cette responsabilité ne peut atteindre les actionnaires en cette seule qualité, ni les obliger à verser d'autres sommes que celles du montant de leur souscription.

1980. — A l'égard des actionnaires, en effet, la nullité de la société ne peut, quelle qu'en soit la cause, avoir pour résultat de transformer cette société en une société en nom collectif. Le contrat social doit être accepté ou répudié dans son entier, et les créanciers ne sauraient être admis à l'invoquer pour établir l'existence d'une société, et à en faire abstraction lorsqu'il s'agit de les qualifier (Cass., 30 janv. 1893, S. 97.1.493. — En ce sens. Lyon Caen et Renault, n. 786. — V. aussi : Cass., 3 juin 1885, S. 85.1.239, et 28 fév. 1859, S. 60.1.157. — V. encore : Paris, 24 janv. 1888, S. 90.2.147. — V. *suprà*, n. 1947).

1981. — La jurisprudence, aujourd'hui unanime, décide que les administrateurs nommés par l'assemblée générale constitutive sont aussi bien que ceux nommés par les statuts, solidairement responsables de la nullité de la société, parce qu'ils sont en fonctions au moment où la nullité est encourue et qu'ils ont pour devoir de vérifier si la société a été régulièrement constituée (Cass., 27 janv. 1873, S. 73.1.163, D. 73.1.331 ; — 13 mars 1876, S. 76 1 361, D. 77.1. 49 ; — 8 juill. 1885, S. 85.1.494, D. 85.1.104 ; — 8 nov. 1886, S. 87.1.353 et la note de M. Labbé, D. 87.1.9 ; — 9 juin 1891, S . 91.1 501, D. 91-1.361 ; — Paris, 28 mai 1869, S. 70.2 69, D. 69.2 145 : — 13 janv. 1882, S 83.2 233. D. 83.2.73 ; — 27 déc. 1883, D. 85.2.223 ; — Lyon, 9 fév. 1883, D. 83.2.113 ; — Poitiers, 26 juill. 1886, sous Cass., 9 avr. 1888, S. 88.1.207, D. 89.1.245 ; — Paris, 30 déc. 1905, *R. S.*, 1906,383 ; — Aix, 21 fév. 1907, *J. S.*, 1909.440. — *Sic* : Bédarride, t. 2, n. 794 ; Boistel, n. 315 ; Lyon-Caen et Renault, t. 2, n. 794 ; Thaller, n. 448).

Et le fait par un administrateur de démissionner, après avoir constaté qu'il a été trompé par ses collègues, ne diminue pas la responsabilité qu'il a encourue en s'en rapportant à leurs affirmations sans les contrôler (Aix, 21 fév. 1907, *J. S.*, 1909.440).

1982. — La responsabilité des vices de constitution ne peut atteindre les administrateurs nommés postérieurement à la constitution définitive de la société ; elle ne frappe que les premiers administrateurs. On ne saurait, notamment, rendre les administrateurs nommés postérieurement responsables des vices de constitution, par le seul fait qu'ils auraient dû les faire connaître aux actionnaires (Nîmes, 21 janv. 1881, D. 81.1.126 ; — Paris, 27 oct. 1883, D. 85.2. 222 ; — 14 avr. 1892, S. 93.2.140, D. 92.2.347). Mais les administrateurs entrés en fonctions après la constitution peuvent être déclarés responsables des vices originaires, lorsqu'il est établi qu'ils ont concouru à des actes dolosifs ayant pour objet de prolonger la vie commerciale de la société nu le, au préjudice des créanciers sociaux antérieurs ou postérieurs à leur nomination (Paris, 5 déc. 1887, D. 89.2.185. — V. aussi : Paris, 8 janv. 1886, D. 86.2.216).

1983. — La responsabilité est engagée, alors même qu'au moment de son acceptation et de son entrée en fonctions, l'administrateur n'aurait pas le nombre d'actions suffisant pour faire partie du conseil d'administration et que ce nombre d'actions n'aurait été complété que plus tard ; cet administrateur ne peut en effet arguer d'une telle irrégularité, qui est imputable à lui-même, pour se décharger d'une responsabilité qui lui incombe comme conséquence de ses actes personnels (Paris, 10 juill. 1885, sous Cass., 8 nov. 1886, précité ; — 8 août 1889, sous Cass., 9 juin 1891, précité).

Mais l'actionnaire appelé à faire partie du premier conseil d'administration d'une société anonyme n'est pas responsable de la nullité de la société, dans les termes de l'art. 42, s'il n'a pas accepté sa nomination et s'il a donné sa démission dès qu'il en a eu connaissance (Paris, 7 avr. 1887, S. 90.2.238, D. 89.2.41. — Comp. la note de M. Labbé, *in fine*, sous Cass., 8 nov. 1886, S. 87.1.353).

L'administrateur est responsable alors même qu'il aurait été de bonne foi et n'aurait pas connu le vice dont la société est entachée (Lyon, 9 fév. 1883, D. 83.2.113).

1984. — Aux termes du paragraphe 2 de l'art. 42, reproduisant les dispositions du paragraphe 2 de l'art. 8, les associés dont les apports ou les avantages particuliers n'ont pas été vérifiés conformément à l'art. 4 peuvent être déclarés responsables de la nullité de la société.

1985. — La responsabilité des apporteurs en nature ou des actionnaires avantagés diffère de celle des fondateurs et des premiers administrateurs, en ce qu'elle n'est encourue qu'autant que la nullité de la société provient du défaut de vérification des apports en nature et des avantages particuliers. D'autre part, cette responsabilité est facultative pour les tribunaux ; il peut se faire en effet que malgré les efforts des apporteurs en nature, la vérification prescrite par la loi n'ait pas été opérée par la faute des fondateurs de la société (Lyon-Caen et Renault, t. 2, n. 791 ; Mathieu et Bourguignat, n. 82 ; Pont, t. 2, n. 1292).

1986. — Les tiers qui ont participé personnellement et publiquement à la constitution de la société doivent être considérés comme des fondateurs, et soumis comme tels à la responsabilité édictée par l'art. 52 (V. *suprà*, n. 1975).

Et si le concours qu'ils ont apporté à la constitution de la société n'est pas suffisant pour leur faire attribuer la qualité de fondateur, ces tiers péuvent du moins être déclarés responsables comme complices des infractions commises par les fondateurs (Lyon-Caen et Renault, t. 2, n. 797).

1987. — Ainsi, lorsque le juge du fait constate d'une part que la faillite ou la ruine d'une société anonyme, et par suite la perte des actions de cette société, ont été causées par le défaut du versement du premier quart, et d'autre part, qu'un banquier, par des manœuvres communes aux fondateurs et administrateurs de la société, notamment en déclarant faussement avoir reçu pour le compte de la société le versement intégral du premier quart, a permis la fiction de la constitution de la société et trompé les porteurs d'actions sur la valeur des titres par eux acquis, c'est à bon droit que le banquier est condamné à garantir les actionnaires des condamnations par eux encourues à raison de la possession de leurs actions (Cass., 16 mai 1892, S. 96.1.286, D. 92.1.348 ; — 6 fév. 1893, S. *Ibid.*, D. 93.1.263)

1988. — Les commissaires vérificateurs peuvent être également déclarés solidairement responsables du préjudice causé par la majoration dolosive des apports en nature, lorsqu'ils ont fait des rapports de mauvaise foi et prêté leur concours à des manœuvres destinées à tromper le public, ou lorsqu'ils ont commis une faute, consistant notamment à apposer leur signature sans aucune vérification (Paris, 27 déc. 1883, *J. S.*, 1885.22 ; — Poitiers, 28 juill. 1886, *J. S.*, 1890. 294 ; — Rennes, 12 juill. 1886, *J. S.*, 1887.672 ; — Cass., 9 avr. 1888, S. 88.1.207 ; — Angers, 19 mai 1891, D. 92.2.81 et note de M. Boistel ; — Cass., 10 nov. 1897, *J. S.*, 1898.12 ; — 3 janv. 1900, *J. S.*, 1900. 264. — *Sic* : *Ann. dr. com.*, 1888.177).

1989. — Les commissaires de surveillance d'une société anonyme annulée comme irrégulièrement constituée ne sont pas responsables de l'inobservation par les fondateurs et administrateurs des formalités de la loi ; ces derniers sont seuls chargés de vérifier l'accomplissement de ces formalités (Comp. : Cass., 4 juin 1883, S. 84.1.113, D. 83.1.385 ; — Paris, 14 nov. 1880, sous l'arrêt précité ; — 27 déc. 1883. *J. S.*, 1885.22).

Dans les sociétés en commandite, au contraire, les membres du conseil de surveillance sont responsables de la nullité ; car la loi leur fait un devoir de même qu'au gérant de vérifier la constitution.

1990. — Le fondateur qui a participé aux faits entraînant la nullité ne peut échapper à sa responsabilité en invoquant sa bonne foi ; il ne peut invoquer, par exemple, qu'il a fait confiance aux autres fondateurs et qu'il s'en est rapporté à eux. L'exception de bonne foi ne peut donc être opposée par les premiers administrateurs qui ont négligé d'accomplir leurs devoirs (Lyon, 9 fév. 1883, D. 83.2.113 ; — Cass., 8 nov. 1886, D. 87.1.9).

SECTION V

CARACTÈRES DE LA RESPONSABILITÉ

1991. — La responsabilité qui découle de la nullité de la société est tantôt facultative, tantôt obligatoire. Il faut distinguer à ce point de vue entre les sociétés en commandite et les sociétés anonymes.

a) Société en commandite.

1992. — Le gérant de la société en commandite est la première personne à laquelle la loi impose de surveiller les formalités de constitution ; il est donc le premier responsable de la nullité de la société. Mais cette responsabilité n'est pas absolue et ne découle pas de plein droit de la nullité ; il faut, pour que le gérant soit responsable, qu'il ait commis une faute (Cass., 18 déc. 1867, S. 68.1. 145, D. 67.1.474).

1993. — Après le gérant, la responsabilité frappe les membres du conseil de surveillance : *ils peuvent*, dit l'art. 8 de la loi de 1867, être déclarés responsables avec le gérant.

1994. — La même responsabilité peut être prononcée contre ceux des associés dont les apports ou les avantages n'auraient pas été vérifiés et approuvés. Donc, responsabilité facultative (Cass., 18 déc. 1867, précité ; — 11 mai 1870, S. 70.1.425, D. 70.1.401 ; — 8 mars 1876, S. 76.1.409, D. 77.1.168).

1995. — Les tribunaux apprécient souverainement, suivant les circonstances, si le conseil de surveillance a commis ou non une faute. Si, par exemple, les membres du conseil de surveillance on accepté sans contrôle la liste des souscripteurs et la déclaration notariée du gérant, ils peuvent être déclarés responsables (Cass., 24 avr. 1861, S. 62.1.182, D. 61.1.435 ; — 11 mai 1863, S. 63.1.234, D. 63.1.223 ; — 12 avr. 1864, D. 64.1.385 ; — Paris, 21 déc. 1883, D. 85. 2.222), ou encore si, connaissant la cause de nullité, le conseil de surveillance a laissé fonctionner la société, ce qui a eu pour conséquence d'aggraver la position des tiers (Paris, 25 mars 1867). Mais si l'insuffisance de souscription ou le non-versement du quart n'ont été pour rien dans la ruine de la société, ou si les souscripteurs se sont volontairement prêtés à l'irrégularité, la responsabilité du conseil n'est pas engagée (Cass., 23 août 1864, D. 64.1 367 ; — 16 juill. 1873, D. 74.1.15 ; — Paris, 16 août 1879, *J. S.*, 1880.118 ; — Paris, 30 mai 1889, *R. S.*, 1889 522).

1996. — Si les opérations sociales ont été commencées par le gérant avant la nomination du conseil de surveillance, les membres de ce conseil ne peuvent être déclarés responsables que s'ils ont commis une faute dont les tribunaux sont juges (Pont, n. 1297).

1997. — La responsabilité du gérant et du conseil de surveillance n'entraîne pas la solidarité de plein droit ; cette solidarité peut être prononcée par le juge, si la faute est commune et si le degré de responsabilité de chacun ne peut pas être déterminé (Cass., 14 août 1867, S. 77.1.401 ; — 17 fév. 1868, S. 68.1.261 ; — 17 juill. 1876, S. 76.1.407, D. 77.1 135. — V. *infrà*, n. 2095).

b) Sociétés anonymes.

1998. — L'art. 42 de la loi de 1867 dispose expressément que les fondateurs et les administrateurs de la société anonyme sont solidairement responsables envers les tiers des conséquences de la nullité. Ici la responsabilité est obligatoire pour le juge qui, s'il reconnaît l'existence de la nullité, doit nécessairement prononcer la responsabilité des fondateurs et administrateurs. Cette responsabilité est solidaire, d'après le texte de la loi et d'après une jurisprudence absolument constante (V. notamment : Cass., 8 juill. 1885, *R. S.*, 1885 675 ; — 8 nov. 1886, *J. S.*, 1887.770 ; — 23 janv. 1895, S. 95.1.387, D. 95.1.173 ; — 10 janv. 1899, *Gaz. Trib.*, 2 avr. 1899).

SECTION VI

ÉTENDUE DE LA RESPONSABILITÉ

1999. — La responsabilité en cas de nullité est édictée par la loi au profit des créanciers sociaux et des actionnaires ; mais son éten - due diffère, suivant qu'il s'agit d'une société en commandite ou d'une société anonyme, et suivant que l'action est intentée par d es créanciers ou par des actionnaires.

a) Sociétés en commandite.

2000. — Dans la société en commandite, la responsabilité du g é- rant est celle du droit commun. Le gérant étant responsable en cette qualité de l'intégralité du passif social, la responsabilité qui découle pour lui de la nullité se confond avec celle que lui impo se sa fonction. Quant au conseil de surveillance, la responsabilité dé- coule de ses fautes, et elle peut être appliquée ou non par les trib u- naux, suivant les circonstances dont ils son t les juges (V. n. 2074 et suiv.).

2001. — La responsabilité des apporteurs qui, n'ont pas obéi aux prescriptions de l'art. 4 doit être appréciée d'après le dommag e causé à la société par le défaut de vérification des apports ou de s a vantages particuliers.

2002. — Les membres du conseil de surveillance déclarés res - ponsables ont un recours contre le gérant ; mais les associés appo r- teurs n'auraient aucun recours à exercer contre le gérant, si la nulli té provenait du défaut de vérification (V. *infrà* le chap. *Sociétés en commandite*, n. 2033 et suiv.).

b) Sociétés anonymes.

2003. — L'art. 42 de la loi de 1867 (modifié par la loi de 1893 ainsi qu'il va être dit) déclare les fondateurs auxquels la nullité est imputable, et les administrateurs en fonctions au moment où elle est encourue, solidairement responsables envers les tiers. D'après les arrêts, ils sont substitués à l'être moral qui, par leur faute, n'a pas d'existence légale, et ils sont tenus *in infinitum* envers les tiers de l'intégralité du passif social, sans que, d'après le système de la loi de 1867, les tribunaux aient à apprécier le plus ou moins de

gravité de la faute (Cass., 27 janv. 1873, S. 73.1.163, D. 73.1.331 ;
— 13 mars 1876, S. 76.1.361, D. 77.1.49 ; — 13 nov. 1876, S. 78.1.101,
D. 78.1.6 ; — 25 fév. 1879, S. 81.1.461, D. 80.1.20 ; — 8 juill. 1885,
S. 85.1.494, D. 86.1.104 ; — 21 oct. 1890, S. 91.1.193, D. 91.1.77 ; —
9 juin 1891, S. 91.1.501, D. 92.1.361 ; — 30 janv. 1893, S. 97.1.493,
D. 93.1.224 ; — 23 janv. 1895, S. 96.1.287, D. 79.1.173 ; — Paris,
13 janv. 1882, S. 83.2.233 et la note de M. Lyon-Caen, D. 83.2.73 ; —
29 déc. 1883, D. 85.2.223 ; — 28 avr. 1887, S. 91.1.321, sous Cass.,
23 déc. 1889, D. 89.2.10 ; — 14 juin 1888, D. 90.2.321 et la note de
M. Levillain ; — Lyon, 2 fév. 1883, D. 83.2.115 ; — Poitiers, 28 juill.
1886, sous Cass., 9 avr. 1888, S. 88.1.207, D. 89.1.245 ; — Toulouse,
23 mars 1887, D. 87.2.233 ; — Trib. com. Lyon, 28 mai 1907, *J. S.*,
1908.268 ; — Bordeaux, 30 mars 1908, *J. S.*, 1908.418. — *Sic* : Chop-
pard, *Responsab. des fond. et admin. des soc. anon.*, *R. crit.*, 1878,
p. 65 et s. ; Lyon-Caen et Renault, t. 2, n. 796 ; Lebée, *Ann. de dr.
com.*, 1886, 2ᵉ part., p. 97 ; Rivière, n. 274. — *Contrà* : Alauzet, t. 2,
n. 760 ; Bédarride, n. 474 ; Boistel, n. 316 ; Lescœur, *Essai histor.
de la législ. des soc. comm.*, n. 303 ; Mathieu et Bourguignat, n. 244 ;
Pont, t. 2, n. 1306 et s. ; Sourdat, *Tr. de la responsabilité*, t. 2, n. 1250 ;
Vavasseur, t. 2, n. 845 ; Villard, *Des Administr. des soc. anon.*, n. 46).

2004. — Mais à l'égard des actionnaires, d'après l'art. 42, la responsabilité n'était point aussi rigoureuse, et elle n'est encourue qu'autant qu'il est démontré que le préjudice dont ils souffrent prend sa
source dans la nullité elle-même (Cass., 30 déc. 1872, S. 73.1.165,
D. 73.1.133 ; — 2 juill. 1873, S. 73.1.306, D. 74.1.49 ; — 3 juin 1885,
S. 91.1.321, dans la note sous Cass., 23 déc. 1889, D. 89.1.25 ; —
8 juill. 1885, S. 85.1.494, D. 85.1.104 ; — 19 juill. 1888, S. 91.1.50, D.
89.1.345 ; — 23 déc. 1889, S. 91.1.321 ; — 9 nov. 1892, S. 93.1.361,
D. 93.1.73 ; — 19 juill. 1893, S. 94.1.261, D. 94.1.158 ; — 18 mars 1895,
S. 96.4.187, D. 95.1.497 et la note de M. Boistel ; — Paris, 13 janv.
1882, précité ; — 28 avr. 1887, précité ; — 14 avr. 1892, S. 93.2.140,
D. 92.2.347 ; — Orléans, 24 juill. 1890, S. 91.2.337).

2005. — La solidarité prononcée par l'art. 42 doit être appliquée
conformément au droit commun, c'est-à-dire à l'art. 1213 C. civ.,
disposant que toute obligation solidaire se divise de plein droit entre
les débiteurs, qui n'en sont tenus chacun que pour sa part et portion. Il en faut conclure que la solidarité prononcée par application
de l'art. 42 n'empêche ni la division dans la condamnation et entre
les parties condamnées des conséquences de la faute commune,
proportionnellement à la part et à l'intérêt de chacune d'elles, ni la

répartition du montant de la condamnation entre les mêmes parties, au prorata du nombre d'actions appartenant à chacune d'elles (Bordeaux, 9 mars 1874, et sur pourvoi, Cass., 13 mars 1876, D. 77.1.49 — Toulouse, 23 mars 1887, D. 87.2.233).

2006. — Par application de l'art. 1214 C. civ., l'administrateur, condamné envers les créanciers sociaux solidairement avec les autres administrateurs, à la suite de l'annulation de la société, peut actionner son coadministrateur, afin de le faire condamner au remboursement de la portion lui incombant dans la dette commune pour le cas où cette dette serait acquittée intégralement par un seul, ou pour faire contribuer chacun, à concurrence de la portion due, à la liquidation ultérieure (Cass., 8 nov. 1886, S. 87.1.353 et la note de M. Labbé, D. 87.1.9 ; — 23 janv. 1895, S. 96 1.387, D. 95.1.173 ; Lyon-Caen et Renault n. 796 *bis*).

Si l'un des administrateurs d'une société anonyme est actionné par un tiers en responsabilité d'une faute qui lui est commune avec les autres membres du conseil d'administration, il a par cela même un intérêt légitime à les mettre en cause, et à prendre contre eux des conclusions en déclaration d'arrêt commun pour le cas où il se rait déclaré responsable en vertu de l'art. 1382, C. civ. (Cass., 13 mars 1901, *Gaz. Trib.*, 9 août 1901).

Cet arrêt a statué sur une demande en responsabilité basée sur les fautes de gestion ; mais le principe s'applique à la responsabilité pour cause de nullité.

2007. — Tandis que sous l'empire de l'ancien art. 42 de la loi du 24 juillet 1867 sur les sociétés, la jurisprudence étendait à tout le passif social la responsabilité édictée contre les fondateurs auxquels était imputable la nullité d'une société anonyme, l'art. 5 de la loi du 1er août 1893 a formellement limité cette responsabilité, comme celle des administrateurs en fonctions au moment où elle a été encourue, au préjudice résultant de l'annulation de la société.

De la loi de 1893, il résulte que la responsabilité des fondateurs et premiers administrateurs est la même envers les tiers et les actionnaires. La responsabilité n'existe qu'autant que les demandeurs, *tiers* ou *actionnaires*, établissent l'existence d'un préjudice résultant de l'annulation et dans la mesure de ce préjudice. Ainsi, s'il est établi que les pertes subies par la société ou par les demandeurs n'ont aucune corrélation avec les irrégularités entraînant la nullité, si, par exemple, ces pertes proviennent de l'exploitation sociale postérieure à la constitution, les fondateurs et les administrateurs peuvent, malgré la nullité prononcée, être exonérés de dommages-intérêts envers les tiers ou les actionnaires (V. les arrêts cités au n. 2004. — *Adde* : Cass., 18 mars 1895, *J. S.*, 1895 392 ; — Toulouse, 4 juin 1895, *J. S.*, 1896.353 ; — Paris, 2 déc. 1911, *Gaz. Soc.*, 1912. 411 ; 2 fév. 1914, *Gaz. Soc.*, 1914.149).

D'autre part, après avoir modifié dans ce sens la rédaction dudit art. 42, la même loi (art. 7) déclare qu'il « s'applique aux sociétés déjà constituées sous l'empire de la loi du 24 juillet 1867 ».

Or, en présence des termes absolus de cette disposition, le principe qu'elle consacre doit être appliqué aussi bien aux instances introduites antérieurement à la promulgation de la loi du 1er août 1893 qu'à celles qui ont pris naissance postérieurement.

C'est dès lors à bon droit que saisi, dès avant la loi de 1893, d'une action en responsabilité dirigée contre le fondateur d'une société à raison de l'annulation dont elle a été l'objet, le juge, pour écarter cette action, se fonde sur ce que ladite annulation est restée complètement étrangère au dommage subi par le demandeur (Cass., 17 fév. 1896, *Gaz. Trib.*, 20 fév. 1896. — *Contrà* : Lyon, 14 juin 1895, *J. S.*, 1895, art. 120 ; — Douai, 1er juill. 1895, *Ibid.*, 1896.68).

SECTION VII

EXERCICE DE L'ACTION

2008. — L'action en responsabilité peut être exercée par tous ceux qui ont à souffrir de la nullité. Elle est donc ouverte aux créanciers, aux actionnaires, au syndic de la société. Nous traiterons de cette question au chapitre intitulé *Des actions en justice*.

SECTION VIII

INNOVATIONS ET RÉFORMES DE LA LOI DE 1893

2009. — La loi du 1er août 1893 a ajouté à l'art. 8 de la loi du 24 juillet 1867 les dispositions suivantes :

« L'action en nullité de la société ou des actes et délibérations postérieurs à sa constitution n'est plus recevable lorsque, avant l'introduction de la demande, la cause de nullité a cessé d'exister. L'action en responsabilité, pour les faits dont la nullité résultait, cesse également d'être recevable, lorsque, avant l'introduction de la demande, la cause de la nullité a cessé d'exister, et en outre, que trois ans se sont écoulés depuis le jour où la nullité a été encourue.

« Si, pour couvrir la nullité, une assemblée générale devait être convoquée, l'action en nullité ne sera plus recevable à partir de la date de la convocation régulière de cette assemblée.

« Ces actions en nullité contre les actes constitutifs sont prescrites par dix ans.

« Cette prescription ne pourra toutefois être opposée avant l'expiration des dix années qui suivront la promulgation de la présente loi. »

L'art. 8, dont le texte précède, est spécial aux commandites par actions ; mais l'art. 5 de la loi du 1ᵉʳ août 1893 le rend applicable aux sociétés anonymes. Ainsi, d'après le nouvel article, les nullités spéciales seront désormais réparées comme les nullités communes à tous les contrats, tels que le vice du consentement, le dol, la violence, etc. C'est l'application aux nullités prévues par la loi de 1867 des règles posées par l'art. 1338 C. civ., avec cette nuance que la confirmation doit être expresse. Par conséquent, si le vice est réparé, si les formalités omises ont été accomplies, l'action en nullité disparaîtra. Elle peut même disparaître avant la réparation du vice ; car si ce vice ne peut être couvert que par le vote d'une assemblée générale, la convocation de l'assemblée éteint l'action en nullité. Si le vice n'est pas réparé, l'action en nullité ne sera pas, malgré cela, imprescriptible : elle se prescrira par dix ans à partir du jour où l'irrégularité ou la violation de la loi aura été commise. Il faut décider ainsi, soit qu'il s'agisse des actions en nullité contre les *actes constitutifs*, ou contre les actes et délibérations postérieurs à la délibération (Rapport de M. Clausel de Coussergues, p. 10).

2010. — Mais l'action en nullité qui se trouve ainsi l'objet d'une prescription spéciale est celle basée sur la nullité de la société. Quant à la responsabilité résultant des fautes des membres du conseil de surveillance ou des administrateurs, elle reste soumise aux règles du droit commun.

2011. — L'action en responsabilité basée sur la nullité ne se prescrit pas dans tous les cas par trois ans. La prescription sera acquise seulement lorsque la cause de nullité aura cessé d'exister avant l'introduction de la demande, c'est-à-dire lorsque la violation de la loi aura été réparée. Dans ce cas, l'action en nullité s'éteint aussitôt la réparation du vice. Suivant ces principes, l'action en responsabi-

lité aurait dû s'éteindre en même temps ; mais, comme l'a expliqué
M. Clausel de Coussergues dans son rapport, on n'a pas voulu que
les fondateurs qui ont commis la faute de constituer une société
nulle puissent, du jour au lendemain, par un acte habile de rési-
piscence, s'affranchir des conséquences de leur faute ; aussi l'action
en responsabilité survit-elle à l'action en nullité, mais seulement
pendant trois ans à partir du jour où la nullité a été encourue.

2012. — La loi, en décidant que l'action en nullité de société ou
en responsabilité n'est plus recevable, lorsque la cause de nullité a
cessé d'exister avant l'introduction de la demande, ne vise que l'action civile et ne s'applique pas à l'action pénale qui continue à subsister.

Dès lors, les administrateurs d'une société dont la constitution a
été irrégulièrement faite sont coupables d'infraction à la loi du
24 juillet 1867 sur les sociétés, alors même que cette irrégularité
aurait été réparée antérieurement à l'émission des actions et que
l'action civile des actionnaires en nullité ou en responsabilité se
trouverait éteinte de ce fait (Seine, 27 mars 1905, *Gaz. Trib.*, 5 juill.
1905 ; — Paris, 16 nov. 1905, *R. S.*, 1907.10).

2013. — Ainsi, d'après le texte de la loi nouvelle, l'action en nullité est éteinte lorsque, avant l'introduction de la demande, la cause
de nullité a cessé d'exister. Même, l'action en nullité, résultant par
exemple du défaut de versement intégral du premier quart, n'est
plus recevable quand, avant l'introduction de la demande, une assemblée générale, nécessaire pour couvrir la nullité, a été convoquée ; à partir de la date de la convocation régulière de cette assemblée, l'action en nullité est éteinte (Bordeaux, 6 nov. 1901, *R. S.*,
1903.25 ; — Paris, 25 juin 1902, *J. S.*, 1903.308 ; — Lyon, 26 fév.
1903, *J. S.*, 1903.306 ; — Paris, 11 mars 1907, *J. S.*, 1907.309 ; —
Cass., 22 oct. 1906, *R S.*, 1907.8).

Cette disposition de la loi de 1893 s'applique aux sociétés civiles
à forme commerciale (Seine, 26 nov. 1902, *R. S.*, 1903.494).

Lorsque la nullité tient à l'insuffisance de souscription du capital
social, vice qui ne peut être couvert par un vote de la majorité des
associés, *a fortiori* la seule convocation de l'assemblée ne suffit pas
(Bordeaux, 16 fév. 1903, *Gaz. Pal.*, 25 fév. 1903 ; — Limoges, 14 déc.
1900, D. 01.2.377).

La Cour de Paris (24 janv. 1902, *Gaz. Pal.*, 15 fév. 1902) a décidé
que les décisions des assemblées générales d'actionnaires survenues
postérieurement aux opérations de libération d'actions jugées dolo-

sives et frauduleuses ne peuvent avoir pour effet de ratifier les dites opérations et qu'elles doivent être considérées comme nulles et non-avenues.

La loi du 1ᵉʳ août 1893 ne s'applique qu'aux sociétés par actions (Cass., 3 janv. 1912, *Gaz. Soc.*, 1912.165).

2014. — La loi nouvelle ne produit qu'un effet rétroactif partiel, en ce sens qu'elle ne s'applique qu'aux sociétés constituées depuis la loi de 1867, mais non aux sociétés antérieures à cette loi; celles-ci, n'étant pas visées par l'art. 8 nouveau, restent soumises, en ce qui concerne la nullité dont elles peuvent être affectées et les caractères de cette nullité, à la loi sous l'empire de laquelle elles ont été constituées (*Contrà* : Goirand, n. 387).

Mais s'il s'agit de sociétés postérieures à la loi de 1867, elles doivent être assimilées, au point de vue de l'action en nullité, aux sociétés constituées depuis la loi de 1893. Ainsi, bien que le nouvel art. 8 ne parle que du cas où la cause de nullité a cessé d'exister au moment de la promulgation de la loi de 1893, on est d'accord pour admettre *a fortiori* que sa disposition doit également s'appliquer au cas où la nullité n'aurait été couverte que depuis la nouvelle loi.

2015. — Il faut remarquer toutefois que la nullité ne peut plus être couverte, alors que l'action en nullité a déjà été exercée ; sans qu'il y ait à distinguer d'ailleurs suivant que l'action a été introduite avant la loi de 1893, ou après cette loi (Bouvier-Bangillon, p. 83; Génevois, n. 50 ; Goirand, n. 387. — *Contrà* : Faure, p. 198).

2016. — D'après la loi de 1893, l'action en nullité est éteinte et n'est plus recevable lorsque, avant l'introduction de la demande, la cause de nullité a cessé d'exister. Dès lors, si une société anonyme s'était constituée avec un nombre d'actionnaires inférieur à sept, la survenance de nouveaux actionnaires portant leur nombre à sept, ou la ratification d'actionnaires incapables à l'origine, fait cesser de plein droit la nullité (Alger, 19 juin 1895, *J. S.*, 1896.53)

Même solution en ce qui concerne la nullité résultant de ce que, lors de la constitution, on a omis de déposer au greffe de la justice de paix et du tribunal de commerce la liste contenant les noms des souscripteurs et le nombre de leurs actions (Trib.com. Seine,13 fév. 1907, *J. S.*, 1907.459, *R. S*, 1907.347). — Cette nullité doit être considérée comme couverte, alors même que la régularisation effectuée, avant toute assignation en nullité, n'a eu lieu qu'à la suite d'un jugement par lequel le tribunal, ayant à se prononcer sur un litige à des fins différentes, et saisi, en cours d'instance, de conclusions tendant à la nullité de la société, a sursis à statuer jusqu'à ce qu'il ait été formé une demande régulière en nullité (*Ibid.*).

..... La nullité résultant du fait que deux époux figurent dans la société comme souscripteurs ou même comme apporteurs (Trib. civ. Seine, 14 juin 1906, *J. S.*, 1907.277).

..... La nullité résultant de ce fait que l'assemblée constitutive avait nommé comme premier administrateur une personne non actionnaire (Cass., 26 fév. 1908, *J. S*, 1908.252, *R. S.*, 1908.191).

Jugé que l'art. 3 de la loi du 1er août 1893 qui a complété l'art. 8 de la loi du 24 juillet 1867 n'ayant pas visé expressément le vice de nullité pour défaut de publication de la société, celle-ci ne saurait être couverte ni par la prescription de dix ans, ni par l'accomplissement tardif des formalités de publicité (Douai, 26 oct. 1911, *Gaz. Soc.*, 1912.144).

2017. — Si des actions ou coupures d'actions ont été émises à un taux inférieur au minimum légal, l'assemblée générale peut régulariser la situation en élevant le taux au chiffre fixé par la loi de 1893.

2018. — Mais l'assemblée générale n'aurait pas le droit, à la simple majorité, d'élever le chiffre des actions ou de fusionner plusieurs titres pour réaliser le fractionnement du capital (Bouvier-Bangillon, p. 120 et 130).

2019. — Si les actions n'ont pas été intégralement ou régulièrement souscrites, si les versements n'ont pas été effectués avant la constitution par les actionnaires, le tout peut être ultérieurement régularisé par des souscriptions nouvelles, ou par des versements effectifs, ou par le transfert antérieur des actions à des tiers qui les ont intégralement libérées (Paris, 13 nov. 1896, *J. S.*, 1897.115 ; — Lyon, 7 juin 1901, *Dr. financier*. 1901.246, *R. S.*, 1902.171 et *J. S.*, 1902.37, — Seine, 16 oct. 1902, *R. S.*, 1903.23 ; — Paris, 11 mars 1907 et Cass., 13 nov. 1907, *R. S.*, 1908.104 et 193).

Cependant cette fin de non-recevoir n'est pas applicable à une action en nullité basée sur le défaut de souscription intégrale d'une augmentation de capital alors que l'assemblée générale avait été convoquée non pour l'accomplissement d'une formalité omise, mais à l'effet de remédier, en votant les mesures nécessaires, au vice qui résultait de l'inexécution intégrale de la souscription (Bordeaux 16 fév. 1903, *J. S*. 1904.9).

2020. — Des auteurs ont soutenu qu'il était nécessaire, pour régulariser dans ce cas la société, de faire une nouvelle déclaration notariée, constatant les souscriptions et les versements effectués, et si la société est anonyme, de faire reconnaître la sincérité de cette déclaration par l'assemblée générale des actionnaires (Bouvier-Bangillon, 88 ; Arthuys, n. 146).

Nous ne pouvons nous ranger à cette doctrine, car rien dans la loi n'impose de recommencer ces formalités de déclaration lorsqu'elles ont été faites une première fois (Comp. Lyon, 11 août 1882, *J. S.*, 1884.273).

2021. — Si la déclaration notariée constatant la souscription des actions et le versement n'a pas été faite avant la constitution de la société, ou si, la société étant anonyme, l'assemblée générale n'a pas été convoquée pour reconnaître la sincérité de la déclaration, cette double formalité peut être accomplie après la constitution de la société, et cet accomplissement couvre la nullité.

2022. — La déclaration sera faite par le gérant si la société est en commandite, et par les fondateurs si elle est anonyme.

Si l'on ne peut pas faire paraître les fondateurs, la déclaration pourra être consentie par le conseil d'administration de la société anonyme, comme en matière d'augmentation du capital.

2023. — L'assemblée générale chargée de vérifier et de reconnaître la sincérité de la déclaration sera composée et délibérera conformément aux art. 27 et 30 de la loi de 1867.

2024. — La difficulté est plus grave lorsque la société est nulle pour défaut d'approbation régulière des apports en nature ou des avantages particuliers. Si l'on veut couvrir une telle nullité, il faut procéder à la vérification et à l'approbation régulière après la constitution en convoquant deux assemblées successives, conformément aux art. 4, 27 et 30 de la loi de 1867.

2025. — On s'est demandé si cette vérification est encore possible au cours de l'existence sociale, alors que les apports ont subi d'importants changements, et que même ils ont partiellement disparu. Suivant nous, il faut répondre par l'affirmative. En effet, le législateur a voulu que les irrégularités puissent toutes être réparées et toutes les nullités couvertes.

2026. — Il n'a établi aucune distinction entre les nullités, et la réparation du vice a un effet rétroactif au jour de la constitution de la société. La modification ou la perte de la chose apportée n'empêche pas la prescription de dix ans, édictée par l'art. 3 de la loi du 1er août 1893, de produire ses effets. Toutes ces considérations portent à penser que les actionnaires peuvent, par une approbation expresse, obtenir le même résultat que celui qui s'ensuivrait, sans vérification ni approbation, de l'acquisition de la prescription.

C'est en ce sens que se sont prononcés, dans une affaire devenue célèbre, l'affaire des Phosphates de France, le tribunal de commerce de la Seine d'abord le 21 janv. 1897 et la Cour d'appel de Paris ensuite, le 3 janv. 1900.

2027. — La seule difficulté qu'une telle régularisation puisse présenter consiste dans la composition des assemblées et dans le droit de vote.

On sait qu'aux termes de l'art, 4 de la loi de 1867, les délibérations relatives à l'approbation des apports et avantages particuliers sont prises à la majorité des actionnaires présents. Cette majorité doit comprendre le quart des actionnaires et représenter le quart du capital social en numéraire. Les associés qui ont fait des apports ou stipulé des avantages particuliers soumis à l'appréciation de l'assemblée n'ont pas voix délibérative, même dans le cas où ils joindraient à leur qualité d'apporteur celle de souscripteur d'actions de numéraire. Comment obéir à ces principes, au cours de l'existence de la société, lorsque les apporteurs et les souscripteurs d'actions de numéraire à l'origine ont disparu ? Dans l'affaire rappelée ci-dessus, la question était nettement posée, et la Cour de Paris, après le tribunal de commérce de la Seine, a statué à juste titre, suivant nous, puisque nous soutenions cette thèse en justice, qu'il fallait tenir compte de la situation au jour de la réparation du vice pour apprécier quels actionnaires devaient être convoqués aux assemblées générales et quels étaient ceux auxquels il fallait accorder le droit de vote.

Si l'apporteur a cédé la majeure partie ou la totalité des actions d'apport à des souscripteurs d'actions de numéraire ou à des étrangers, ou réciproquement si des souscripteurs ont cédé partie de leurs actions de numéraire à des apporteurs, nous pensons qu'il ne faut pas accorder le droit de vote au moment des assemblées réparatrices à ceux qui détiennent des actions représentatives de l'apport en nature, ni à ceux qui, porteurs d'actions de numéraire, seraient en même temps porteurs d'actions d'apport originaires.

En d'autres termes, le droit de vote ne peut être accordé qu'à ceux qui ne possèdent que des actions de numéraire.

C'est ce qu'a jugé, sur notre plaidoirie, la Cour d'appel de Paris par l'arrêt des Phosphates de France. — V. aussi Lyon, 26 fév. 1903, *Moniteur judiciaire de Lyon*, 10 mai 1905.

2028. — M. Génevois (*Nouv. régime des soc.*, n. 40) s'était d'abord prononcé dans le même sens, puis il a changé d'opinion et développé l'avis que les actionnaires porteurs d'actions d'apport originaires ont le droit de voter, parce que l'abstention imposée à ceux qui ont un intérêt direct ou indirect dans les apports est une incapacité personnelle, et non une servitude imposée au titre (*R. trim. du nouv. régime des soc.*, p. 37).

M. Houpin (n. 645) réfute avec raison l'opinion de M. Génevois.

« Il n'est guère possible, dit-il, de dire si dans la pensée de la loi l'incapacité est personnelle ou réelle ; car, à l'origine, l'apporteur est naturellement propriétaire des actions à lui attribuées en représentation de son apport. Si l'on admet que l'incapacité est personnelle et ne suit pas le titre, on devra reconnaître que si l'apporteur a cédé ses actions, tous les actionnaires, même ceux qui possèdent des actions d'apport, auront le droit de voter sur l'approbation de l'apport. L'incapacité qui frappait à l'origine les propriétaires des actions d'apport n'existera plus. La conséquence ne sera-t-elle pas que puisque tous les actionnaires ont le droit de voter, et qu'il n'y a plus d'apporteur ni d'incapacité, toutes les actions, et non pas seulement celles de numéraire, doivent être comptées pour le calcul de la majorité des actions et des voix nécessaires pour l'approbation des apports ? Il n'y a plus de motif pour ne pas comprendre les actions d'apport, car si le législateur n'en tient pas compte pour le quorum, c'est qu'il exclut du vote ceux qui les possèdent. On arrive ainsi, par l'application (sur laquelle on ne s'explique pas) du système que nous combattons, à détruire dans tous les cas les prescriptions et l'économie de la loi en ce qui concerne l'approbation des apports. »

Ne pas admettre cette solution, ce serait faciliter à n'en pas douter toutes les fraudes, car les apporteurs désireux de faire régulariser les nullités encourues céderaient leurs titres à des hommes de paille, qui s'empresseraient de ratifier ; ce n'est pas un résultat que l'on puisse désirer.

2029. — Une autre difficulté peut surgir à l'occasion de la réunion de l'assemblée générale de régularisation. En effet, les apports doivent être approuvés *par le quart des actionnaires*, représentant le quart du capital en numéraire. La fraction du capital représentée par les votants peut être facilement contrôlée. Mais lorsque les actions sont au porteur, il est plus difficile d'établir le nombre des actionnaires et de calculer que les actionnaires qui approuvent les apports représentent le quart au moins de *tous* les actionnaires. Il faut laisser à cet égard aux tribunaux un pouvoir d'appréciation.

2030. — Enfin, il faut noter que les règles relatives au quorum des assemblées et au droit de vote, déterminées par la loi pour les assemblées de fondation, devront être respectées par les assemblées de régularisation. C'est ainsi que les apports pourront être approuvés par un nombre d'actionnaires très restreint, si le nombre des souscripteurs d'actions en numéraire n'ayant aucun intérêt dans les apports est lui-même très restreint (V. à cet égard, n. 1883).

Mais la nullité d'une assemblée générale qui a décidé la réduction du capital social ne saurait être couverte par la ratification d'une assemblée postérieure, si celle-ci n'a réuni que le *quorum* calculé sur le capital ainsi réduit irrégulièrement (Trib. com. Seine, 6 juill. 1905, *J. S.*, 1907.132).

2031. — La loi de 1893 a apporté à la législation de 1867 une autre modification d'une importance considérable. D'après la jurisprudence rappelée ci-dessus, les fondateurs et administrateurs d'une société anonyme étaient responsables solidairement envers les tiers de tout le passif social, sans qu'il y ait à rechercher s'ils avaient ou non commis une faute et si la nullité avait été ou non la cause d'un dommage pour les tiers et les actionnaires. La loi de 1893, dans son art. 5, efface la disposition rigoureuse de l'art. 42, et aux mots « *responsables solidairement envers les tiers sans préjudice du droit des actionnaires* », substitue les termes suivants : « *responsables solidairement envers les tiers et les actionnaires du dommage résultant de cette annulation* ».

2032. — Le même art. 5 ajoute le paragraphe suivant : « L'action en nullité et celle en responsabilité en résultant sont soumises aux dispositions de l'art. 8 ci-dessus. » Donc, d'après la loi nouvelle, les créanciers sociaux ne pourront plus se contenter de faire prononcer la nullité de la société pour réclamer ensuite aux fondateurs et administrateurs l'intégralité de leur créance ; ils n'auront droit qu'à des dommages et intérêts basés sur le préjudice dont ils justifieront. Mais la loi nouvelle n'a pas effacé la différence qui existe entre la responsabilité des membres du conseil de surveillance et celle des fondateurs et administrateurs des sociétés anonymes. La responsabilité des premiers est toujours facultative ; celle des seconds est, au contraire, légalement solidaire. La loi de 1893 n'a pas non plus innové en ce qui concerne les personnes responsables, qui sont toujours les fondateurs et administrateurs en fonctions au moment où la nullité a été encourue.

43

2033. — Enfin, dans son art. 7, la loi du 1er août 1893 décide que les dispositions de l'art. 8 et celles ajoutées à l'art. 42 s'appliquen t aux sociétés déjà constituées sous l'empire de la loi du 24 juillet 1867: « Dans les mêmes sociétés, l'action en nullité résultant des art. 7 et 41 ne sera plus recevable si les causes de nullité ont cessé d'exister au moment de la présente loi. — En tout cas, l'action en responsabilité pour les faits dont la nullité résultait ne cessera d'être recevable que trois ans après la présente loi. »

La loi nouvelle atténue donc la rigueur d'application de l'art. 42 telle qu'elle a été rappelée ci-dessus, et il faut en conclure que pour toutes les sociétés, mêmes celles constituées antérieurement à la loi du 1er août 1893, l'action en responsabilité sera régie par la loi nouvelle si elle est intentée postérieurement à la promulgation de cette loi.

SECTION IX

PRESCRIPTION. — RÉTROACTIVITÉ

2034 — Sous l'empire de la loi de 1867, l'action en nullité était perpétuelle et ne pouvait être couverte au moyen de la prescription, ni au moyen de l'accomplissement tardif de la condition primitivement omise (V. Lyon-Caen et Renault, t. 2, n. 783).

Quant à l'action en responsabilité, on admettait d'une manière unanime qu'elle était prescriptible. Mais à quelle prescription était-elle soumise? La majorité des auteurs et des arrêts décidaient que cette action, prenant sa source dans les dispositions civiles des art. 41 et 42 de la loi de 1867, et dans celles du Code civil au titre du mandat était prescriptible par trente ans, et qu'elle n'était soumise ni à la prescription triennale de l'art. 638 C. inst. crim., laquelle ne s'applique qu'autant que la prescription a pour base unique un crime, un délit ou une contravention, ni à la prescription spéciale de l'art. 64 C. com. (Cass., 4 juin 1883, S. 84.1.113, D. 83.1.389 ; — 8 juill. 1885, S. 85.1.494, D. 86.1.104 ; — 6 mars 1893, S. 95.1.483, D. 93.1.73 ; — Paris, 14 nov. 1880, S. 82.2.17 et la note de M. Villey ; — 13 janv. 1881, S. 83.2.233, D. 83.2.73 ; — Orléans, 24 juill. 1890. S. 91.2.154. — *Sic* : Lyon-Caen et Renault, t. 2, n. 806; Vavasseur, t. 1, n. 710 et s. ; Labbé, *J. S.*, 1882, p. 169 et s. — *Contrà* : Paris, 24 juin 1875, et sur pourvoi : Cass., 7 mars 1877, S. 78.1.97, Dalloz, *Rép., Supp.,* V° *Prescription criminelle,* n. 54-2° ; Pont, t. 2, n. 1158. — V. nos *Questions nouvelles sur les sociétés,* p. 135 et s.).

2035. — La loi de 1893 a modifié tout cela par la disposition nouvelle ajoutée à l'art. 42 : « Les actions en nullité contre les actes constitutifs des sociétés sont prescrites par dix ans. » — Comp. Trib civ. Seine, 15 mars 1906, *R. S.*, 1906.388.

2036. — Le troisième alinéa de l'art. 8 étend aux sociétés constituées sous l'empire de la loi de 1867 les règles nouvelles établies par la loi de 1893 sur la responsabilité résultant de la nullité des sociétés, avec cette réserve toutefois, édictée par le cinquième alinéa, que l'action en responsabilité ne cessera d'être recevable, pour les faits dont la nullité résultait, que trois ans après la promulgation de la loi nouvelle (Houpin, t. I, n 613 *in fine* ; Lyon-Caen et Renault, t. 2, Appendice, n. 62).

La Cour de Lyon a jugé avec raison, le 7 juin 1901 (*Dr. financier*, 1901.246), que toute action en responsabilité contre les administrateurs de sociétés anonymes antérieures à la loi de 1893, pour les faits dont la nullité de la société pourrait résulter, a cessé d'être recevable trois ans après la mise en vigueur de ladite loi. Il n'en est ainsi que quand le vice a été réparé.

Il résulte de là que dans les sociétés anonymes constituées sous l'empire de la loi de 1867, les fondateurs et premiers administrateurs ne seront responsables envers les créanciers sociaux, comme envers les actionnaires, que dans la mesure du préjudice que leur a causé la nullité de la société, alors du moins que l'action en responsabilité a été exercée depuis la promulgation de la loi nouvelle (Lyon-Caen et Renault, t. 2, Appendice, n. 62).

2037. — La Cour de cassation décide même qu'à cet égard la disposition de l'art. 8 est absolue, et qu'elle doit s'appliquer aussi bien aux instances introduites antérieurement au 1ᵉʳ août 1893 qu'à celles qui n'ont pris naissance que postérieurement, dès lors que les sociétés ont été constituées sous l'empire de la loi de 1867 (Cass., 17 fév. 1896, S. 96.1.267, D. 96.1.128 ; — 10 nov. 1897, S. 97.1.505. — *Sic* : Faure, p. 200 et s., et *R. S.*, 1895, p. 555, et 1896, p. 63 : Génevois, n. 63 ; Percerou, p. 65 ; Ruben de Couder, *Supp.,* V° *Soc. anon.,* n. 240 ; Vavasseur, *R. S.*, 1896, p. 49 et 145 ; Pic, note sous Douai, 8 juill. 1895, D. 98.2 481).

Par suite, lorsqu'il est constaté qu'une société a été constituée s ous l'empire de la loi de 1867, que la contestation pendante entre les parties porte sur l'étendue de la responsabilité qui doit incomber aux fondateurs en vertu de l'art. 42, et que les dommages éprouvés par les tiers n'ont pas pour cause l'annulation de la société, c'est à bon droit que les fondateurs sont déchargés de la responsabilité qu'on entendait faire peser sur eux à raison de leur qualité (Cass., 17 fév. 1896, précité).

CHAPITRE XII

SOCIÉTÉS EN COMMANDITE PAR ACTIONS

2038. — La société en commandite par actions est celle qui est contractée avec un ou plusieurs associés responsables et solidaires, et un ou plusieurs associés simples bailleurs de fonds, que l'on nomme commanditaires ou associés en commandite, dont les droits sont représentés par des actions et qui ne sont responsables que jusqu'à concurrence de leur mise sociale (art. 23 et 26 C. com.).

La seule différence de principe avec la commandite simple consiste en ce que le capital apporté par les commanditaires est divisé en actions.

Il appartient au juge de rechercher le véritable caractère d'une société et de décider qu'elle constitue une société en commandite par actions, bien qu'elle soit qualifiée de société en commandite simple ou en participation par les associés (Trib. civ. Seine, 15 mars 1906, *J. S.*, 1907.78 ; — Trib. com. Lyon, 30 mai 1906, *R. S.*, 1907.16 ; — Cass., 30 juill. 1907, *J. S.*, 1908.350 ; — 28 mars 1908, *J. S.*, 1908.352 ; — Paris, 22 janv. 1909, *R. S.*, 1910.11).

2039. — Les conditions générales de validité des sociétés en commandite par actions sont les mêmes que pour les autres sociétés (écrit, capacité, etc.).

Les formalités de constitution de la commandite par actions sont communes à toutes les sociétés par actions. Nous les avons expliquées dans les chapitres précédents. Ces formalités résident dans la souscription intégrale du capital social, le versement du quart, la déclaration de souscription et de versement, la vérification des apports, etc.

Mais des règles spéciales à son organisation et à son fonctionnement ont été édictées. Nous allons les étudier.

2040. — La société en commandite par actions convient à des entreprises d'une moyenne importance, qui ont besoin d'un capital trop élevé pour être fourni par des associés se connaissant tous, pas assez considérable cependant pour que la responsabilité indéfinie et solidaire des gérants soit insignifiante. Ces sociétés ont eu leur grande vogue, à une époque où la société anonyme avait besoin pour exister de l'autorisation du gouvernement. Aujourd'hui elles ont cédé le pas aux sociétés anonymes.

2041. — Le Code de commerce ne contenait sur les sociétés en commandite par actions qu'un seul article, l'art. 38, ainsi conçu : « Le capital des sociétés en commandite pourra être aussi divisé en actions sans aucune autre dérogation aux règles établies pour ce genre de sociétés. »

Une liberté absolue était donc laissée aux sociétaires quant à la division des actions, au mode d'émission, aux rapports des gérants avec les actionnaires ; cette liberté devait engendrer de nombreux abus. Le récit des agiotages qui se poursuivaient à l'abri de cette réglementation insuffisante serait maintenant inutile.

2042. — En 1856, la loi des 17-23 juillet 1856 fut promulguée.

Le législateur de 1856, reconnaissant que la société en commandite par actions avait rendu au monde industriel de notables services, n'en voulut pas supprimer l'usage. Il préféra la circonscrire dans des limites étroites, restreindre la liberté des conventions et organiser des mesures contre la fraude et la mauvaise foi.

2043. — Mais la loi de 1856 devint l'objet de critiques que l'exposé de la loi de 1867 indique avec exactitude :

« On soutint que les formalités qu'elle imposait à la constitution des sociétés la rendaient sinon impossible, du moins très difficile ; que l'acceptation des fonctions de membre des conseils de surveillance créait une situation pleine de périls, et conduisait presque fatalement sur les bancs de la police correctionnelle.

« Le nombre des sociétés diminua sensiblement. C'était un des résultats qu'avaient prévus et que s'étaient proposés les auteurs de la loi. On chercha à s'en faire un argument contre elle.

« La section du commerce du Conseil d'Etat, consultée en 1860 sur la valeur de ces reproches et de ces attaques, répondit que la responsabilité des conseils de surveillance avait été établie conformément aux règles générales du mandat ; qu'il fallait se féliciter d'avoir fait disparaître cette multitude de sociétés, œuvre du dol et de la fraude ; que d'ailleurs plusieurs causes avaient éloigné les capitaux des associations commerciales, dont la diminution se trouvait ainsi naturellement expliquée ; qu'on devait enfin, avant de se prononcer sur le mérite d'une loi récente, attendre qu'une plus longue expérience en eût révélé les défauts ou les avantages.

« Depuis cette époque, l'application qu'elle a reçue dans les tribunaux prouve que les magistrats ont considéré les responsabilités qu'elle impose comme étant en parfaite harmonie avec les principes généraux du droit.

« Ces appréciations, revêtues d'une grande autorité, ont exercé sur les esprits une influence qu'on est heureux de constater.

« L'opinion s'est éclairée ; ce qui en 1856 n'était pas bien compris l'est mieux maintenant. On se rend un compte plus exact du caractère et de l'étendue des pouvoirs qui concourent à l'administration d'une société en commandite. Les combinaisons frauduleuses ont cessé ; elles n'auraient plus, dans tous les cas, d'aussi faciles succès.

« Une loi du 6 mai 1863, en accordant aux commanditaires plus de liberté pour surveiller les actes de la gérance, sans qu'ils aient à craindre de compromette leur qualité, a donné à leurs intérêts des garanties qu'ils n'avaient point précédemment.

« Il est donc permis aujourd'hui d'apporter quelques tempéraments à des dispositions qui, quoi qu'on en ait pu dire, étaient indispensables à l'époque où elles prirent place dans nos lois. »

2044. — Le gouvernement, après avoir promulgué la loi du 23 mai 1863 sur les sociétés à responsabilité limitée, présenta au Corps législatif, dans la séance du 28 mars 1865, un projet de loi qui refondait la loi de 1856 et la loi de 1863. La commission du Corps législatif consacra 26 séances à étudier les dispositions du projet. Ce projet fut plusieurs fois remanié. De nombreux amendements furent adoptés. Enfin, M. Mathieu, nommé rapporteur, déposa dans la séance du 3 mai 1867 un premier rapport. La commission fut saisie depuis ce dépôt d'un grand nombre d'amendements, ce qui nécessita le dépôt le 21 mai 1867 d'un premier rapport supplémentaire. Le 27 mai, la discussion commença devant le Corps législatif. Au cours de cette discussion, des articles furent renvoyés à la commission. Le 5 juin, un second rapport supplémentaire fut déposé. Le 13 juin 1867, la loi fut votée définitivement par le Corps législatif. Le Sénat la vota à son tour le 19 juillet. Elle a été promulguée le 24 juillet.

Nous allons en étudier les dispositions. Quant à la loi de 1856, nous croyons inutile d'en fournir le commentaire : d'une part, en effet, le nombre des sociétés créées sous l'empire de cette loi est aujourd'hui très restreint ; d'autre part, ses dispositions essentielles ont été reproduites dans la loi de 1867.

SECTION I

GÉRANCE

2045. — Le gérant est le fonctionnaire de la société en commandite (Cass., 15 janv. 1872, S. 72.1.9); il est désigné par les statuts. Nous ne croyons pas qu'il puisse être désigné par l'assemblée générale constitutive, puisque c'est au gérant qu'incombe l'obligation de faire dresser la déclaration notariée constatant la souscription et le versement du quart. Il peut y avoir plusieurs gérants.

Le gérant peut être choisi parmi les commandités; c'est le cas le plus ordinaire. Mais il pourrait être pris en dehors de la société (Lyon-Caen et Renault, n. 679).

2046. — La désignation des associés en nom collectif dans l'acte de constitution d'une société en commandite par actions est fondamental. Dès lors, une assemblée générale, même extraordinaire, ne peut autoriser une retraite d'associé gérant que les statuts ne prévoient pas.

Le nom d'un associé gérant ne peut de même disparaître de la raison sociale sans le consentement de tous les associés, si les statuts ne prévoient pas le cas (Cass., 29 déc. 1897, *R. S.*, 1898.103).

2047. — A l'égard des commanditaires, le gérant est un mandataire, mais un mandataire qui n'est révocable que sous des conditions déterminées (Seine, 7 août 1901, *R. S.*, 1902.32; — Paris, 6 fév. 1909, *J. S.*, 1909.359, *R. S.*, 1910.61).

Tout ce que nous avons dit du gérant de la commandite simple s'applique au gérant de la commandite par actions (V. *suprà*, n. 936 et suiv.).

2048. — Le gérant peut démissionner; mais si cette démission intervient soit contrairement aux engagements pris, soit par fraude, le gérant est passible de dommages et intérêts (Paris, 12 fév. 1883, D. 84.2.144; — Rouen, 4 juill. 1888, *R. S.*, 1888.473; — Cass., 8 déc. 1890, D. 91.1.458).

2049. — La révocation ou la démission du gérant entraîne-t-elle la dissolution de la société? Oui, s'il s'agit d'un gérant statutaire dont le choix peut être considéré comme étant une des conditions essentielles de la constitution de la société (Lyon, 11 janv. 1905, *R. S.*, 1906.286); non, s'il s'agit d'un gérant nommé postérieurement aux statuts, qui pourrait dans ce cas être remplacé (Pont, n. 502 et 1900). Il est sage, dans tous les cas, d'insérer dans les statuts des dispositions qui visent les cas de révocation ou de démission du gérant. — V. sur une hypothèse où il y avait deux gérants statutaires, Trib. com. Lyon, 27 août 1907, *J. S.*, 1908.371.

2050. — Le gérant étant l'administrateur de la société, oblige l'être moral envers les tiers : il a tous les pouvoirs des associés en nom collectif. Il est tenu indéfiniment des dettes sociales. Généralement, les statuts déterminent les pouvoirs dont le gérant pourra user (Comp. Cass., 26 avril 1906, *R. S.*, 1906 381). Il peut faire tous les actes d'administration, mais il n'a pas de pouvoirs d'aliénation. A cet égard, l'appréciation peut être délicate, et la jurisprudence a été appelée souvent à apprécier si des actes commis par le gérant rentraient ou non dans ses attributions. Il est difficile d'établir sur ce point une règle fixe ; tout dépend de l'interprétation des statuts et des pouvoirs que le gérant peut y puiser. On décide généralement que le gérant ne peut acheter et vendre des immeubles pour la société ; qu'il ne peut, sans autorisation de l'assemblée générale, contracter des emprunts. Il ne peut faire avec les actionnaires des traités particuliers pour les exonérer de leurs obligations (V. Paris, 26 nov. 1853 ; — 28 janv. 1866, T. C., t. 3, p. 33, t. 5, p. 221 ; — Cass., 6 nov. 1865, S. 66.1.109, D. 65.1.480 ; — Rouen, 17 juill. 1892, sous Cass , 13 mai 1896, S. 96.1.382 ; — Paris, 25 juin 1906, *J. S.*, 1907.35, *R. S.*, 1907.331).

Il ne peut pas seul, et sans le secours de ses coassociés, donner en nantissement le fonds de commerce qui constitue tout l'actif social (Paris, 18 juin 1907, *J. S.*, 1908.458).

Quand il y a plusieurs gérants, en cas de désaccord entre eux, la majorité doit l'emporter et en cas de partage, la voix du président de la gérance est prépondérante (Trib. com. Le Havre, 9 mars 1909, *J. S.*, 1910.225).

2051. — Le gérant, en dehors des devoirs généraux qui lui incombent, doit convoquer l'assemblée générale des actionnaires pour la nomination du conseil de surveillance, non seulement lors de la constitution de la société, mais encore au cours de la vie sociale, toutes les fois qu'il y a lieu de renouveler ou de compléter le conseil par suite de démission ou de décès. Il doit établir l'inventaire annuel ; il doit déposer cet inventaire et le bilan, ainsi que le rapport du conseil de surveillance, au siège social, pour que tous les actionnaires puissent en prendre connaissance, quinze jours au moins avant la réunion de l'assemblée générale. Il doit adresser chaque année à l'assemblée générale un rapport écrit sur les opérations sociales. Il doit se tenir à la disposition du conseil de surveillance pour la vérification des livres, de la caisse, du portefeuille et des valeurs de la société. Il doit faire aux actionnaires la répartition des bénéfices réalisés, d'après les résultats de l'inventaire. Il répond de toutes ses fautes. Il est personnellement et indéfiniment responsable de toutes les dettes sociales. S'il y a plusieurs gérants, cette responsabilité est solidaire.

2052. — Comme mandataire des actionnaires, il répond vis-à-vis de ceux-ci non seulement de son dol, mais aussi de ses fautes, alors surtout que ses fonctions sont rémunérées (Labbé, note sous Cass., 27 juin 1881, S. 81.1.442, 1re col. ; Molinier, t. I, n. 533 ; Pont, t. 2, n. 1434).

Jugé que le gérant est responsable, vis-à-vis des commanditaires des vols et détournements commis au préjudice de la société par un employé qu'il a choisi, si ces vols et détournements sont le résultat de la faute ou de la négligence dudit gérant (Lyon, 3 déc. 1857, S. 58.2.471, D. 59.2.171 ; — Aix, 24 juin 1874, sous Cass., 23 nov. 1875, S. 76.1.21).

2053. — Sur la responsabilité du gérant en ce qui touche les dettes antérieures ou postérieures à son entrée en fonctions, voir n. 970.

SECTION II

CONSEIL DE SURVEILLANCE. — COMPOSITION. — ATTRIBUTIONS.
RESPONSABILITÉ

§ 1er. — Composition et attributions.

2054. — D'après l'art. 5 de la loi de 1867, un conseil de surveillance, composé de trois actionnaires au moins, est établi dans chaque société en commandite par actions. Le conseil est nommé par l'assemblée générale des actionnaires, immédiatement après la constitution définitive de la société et avant toute opération sociale. Il est soumis à la réélection aux époques et suivant les conditions déterminées par les statuts ; toutefois, le premier conseil n'est nommé que pour une année.

2055. — Le rôle du conseil de surveillance consiste à surveiller les opérations du gérant, mais non à administrer. Le mot « contrôle » indique exactement la nature des fonctions du conseil.

2056. — Le premier conseil est nommé par l'assemblée générale constitutive avant toute opération sociale. Au gérant incombe le devoir de faire procéder à cette nomination. Les actionnaires ne pourraient pas convoquer directement l'assemblée générale. Aussi ne peuvent-ils pas être déclarés responsables à l'égard des tiers du défaut de nomination du conseil de surveillance (Amiens, 16 janv. 1875, S. 76.2.193, D. 77.2.57). M. Houpin (n. 697) estime qu'ils auraient le droit de se pourvoir devant le tribunal de commerce pour faire ordonner la convocation par le gérant d'une assemblée dans un délai déterminé, ou la dissolution (En ce sens : Alauzet, n. 463 ; Bédarride, n. 142 ; Pont, n. 1036). Nous ne sommes pas de cet avis, car la société, dans le cas qui nous occupe, *n'existe pas*. On ne peut contraindre le gérant qui n'est pas en fonctions à la constituer. La faute peut seulement l'exposer à des dommages-intérêts (Rivière, n. 57 ; Anselme, *R. Prat.*, t. 24. p. 372 et 374 ; Duvergier, p. 342).

2057. — Ainsi, l'assemblée qui nomme le premier conseil de surveillance, s'il n'y a eu ni apports en nature ni avantages particuliers, est la première assemblée réunie pour la constitution ; si au contraire il y a eu apports ou avantages, la nomination est faite par la seconde assemblée constitutive. La nomination a eu lieu à la majorité numérique ou déterminée par les statuts pour les réunions ordinaires. Au cours de la société, les membres du conseil sont nommés par l'assemblée générale ordinaire.

2058. — Les membres du conseil de surveillance doivent être au nombre de trois au moins ; cependant, s'il y avait moins de trois actionnaires, on admet que la société pourrait se constituer avec un conseil inférieur à trois membres (Pont, n. 139. — Comp. Aix, 18 nov. 1857, S. 58.2.473, D. 58.2.127).

Si, au cours de la société, le conseil de surveillance est réduit au-dessous de trois membres, le gérant ou les membres du conseil en exercice doivent convoquer une assemblée pour faire compléter le conseil (Comp. Cass., 14 juill. 1873, S. 74.1.425, D. 76.1.160. — V. aussi note S. 74.1.435).

2059. — Les commissaires, dans la société anonyme, peuvent n'être pas associés ; mais les membres du conseil de surveillance ne peuvent être choisis que parmi les actionnaires. La loi dit actionnaires sans déterminer le nombre d'actions ; c'est aux statuts à déterminer ce point (Paris, 16 avr. 1861, D. 61.2.414, D. 61 2.121).

2060. — La perte de la qualité d'actionnaire rend *ipso facto* le membre du conseil incapable de continuer ses fonctions ; il est de droit réputé démissionnaire et doit être remplacé (Grenoble, 28 déc. 1871, D. 72.2 206).

2061. — Généralement, les statuts stipulent que les membres du conseil de surveillance doivent être propriétaires d'un certain nombre d'actions. La qualité d'actionnaires étant une condition d'aptitude, il en résulte que le membre du conseil qui aliénerait ses actions serait immédiatement réputé démissionnaire. Il résulte également de ce principe que des étrangers ne pourraient pas être adjoints aux actionnaires nommés pour composer le conseil.

Les actions peuvent provenir de toute source, même d'une libéralité du gérant (Paris, 26 juill. 1861, S. 62.2.35).

2062. — Le premier conseil ne peut être nommé pour plus d'une année ; il est ensuite soumis à la réélection, aux époques et suivant les conditions déterminées par les statuts. Les statuts fixent également la durée des fonctions. Les membres sortants sont rééligibles, mais généralement les statuts spécifient les conditions de cette réélection.

Les membres démissionnaires du conseil de surveillance doivent rester à leur poste jusqu'à ce qu'ils aient été relevés par leurs successeurs ; jusqu'à leur remplacement, ils forment le conseil de surveillance de la société, conservent à ce titre leur responsabilité et une assemblée générale ne saurait être déclarée nulle parce qu'elle a pris des résolutions après la démission du conseil et avant son remplacement (Cass., 22 janv. 1872, S. 72.1.11, D. 72.1.117 ; — Grenoble, 11 déc. 1872, S. 74.2.147, D. 74.2.33 ; — Lyon, 8 déc. 1905, R. S., 1906.343 ; — Riom, 20 avr. 1910, *Gaz. Pal.*, 12 nov. 1910).

2063. — Les membres du conseil de surveillance étant des mandataires, sont révocables *ad nutum* ; c'est l'opinion généralement admise aujourd'hui (Pont, n. 1051 ; Dalloz, *Supp.*, n. 1826).

2064. — Les membres du conseil ont des jetons de présence fixés par les statuts (V. Cass , 11 mai 1870, D. 70.1.401).

2065. — *Attributions.* — Le premier conseil a des attributions définies par l'art. 6 de la loi. Il doit, aussitôt sa nomination, vérifier si toutes les dispositions contenues dans les art. 1 à 5 ont été observées. Cette vérification doit être une œuvre personnelle, et les membres du conseil engageraient leur responsabilité s'ils s'en rapportaient aux déclarations du gérant ou des fondateurs (Cass., 11 mai 1863, S. 63.1.284). Si cette vérification amène la découverte d'infractions, le premier conseil doit corriger les irrégularités commises, ou les signaler à l'assemblée générale, ou proposer la dissolution de la société.

2066. — Au cours de la société, les membres du conseil de surveillance sont chargés de vérifier les livres, la caisse, le portefeuille et les valeurs de la société (L. 24 juill. 1867, art. 10) ; mais ce contrôle ne les autorise pas à s'immiscer dans les affaires sociales ; ils ne doivent pas empiéter sur les pouvoirs d'administration du gérant. Ils peuvent convoquer l'assemblée générale.

2067. — La vérification doit avoir lieu au moins une fois par an, à l'époque de l'inventaire, mais les membres du conseil ont le droit d'y procéder plus souvent, à condition de ne pas paralyser l'action du gérant. Ils doivent vérifier les livres, la caisse, le portefeuille et les valeurs de la société, ce qui leur donne le droit d'exiger communication des pièces, des registres, de la correspondance et de tous les documents susceptibles de faciliter le contrôle. La vérification doit porter aussi bien sur la qualité que sur la quantité des valeurs et des marchandises, le matériel, l'outillage, etc. (Lyon, 11 juill. 1873, S. 74.2.73 ; — Angers, 10 mars 1875, S. 76.1.408 ; — Orléans, 21 juill. 1875, S. 76.2.101).

2068. — Chaque année, à l'assemblée générale, les membres du conseil de surveillance font un rapport, dans lequel ils doivent signaler les irrégularités et inexactitudes qu'ils ont reconnues dans les inventaires, et constater, s'il y a lieu, les motifs qui s'opposent aux distributions de dividendes proposées par le gérant. Le rapport doit émaner du conseil entier. En cas de dissentiment, la majorité l'emporte. Il est du devoir des membres de la minorité de faire constater leur opinion afin d'échapper à la responsabilité individuelle qui peut peser sur eux.

2069. — On s'est demandé si, à défaut de rapport, la délibération de l'assemblée générale approuvant les comptes du gérant serait entachée de nullité. On se prononce généralement pour la négative, par cette raison que la loi n'édicte pas cette sanction (Lyon-Caen et Renault, n. 1006).

2070. — Aux termes de l'art. 12, quinze jours au moins avant la réunion de l'assemblée générale, tout actionnaire peut prendre, par lui ou par fondé de pouvoir, au siège social, communication du bilan, des inventaires et du rapport du conseil de surveillance. Il a été jugé, mais cette jurisprudence doit être acceptée avec quelque réserve, que les actionnaires d'une société en commandite sont fondés à demander en justice, à toute époque, que la comptabilité, le portefeuille, la caisse et les divers documents sociaux soient mis à leur disposition au siège de la société, lorsqu'ils justifient qu'ils ont un intérêt sérieux à en prendre connaissance (Cass , 3 déc. 1872, S. 73 1.33, D. 73.1.191).

2071. — Le conseil de surveillance n'a le droit de provoquer la dissolution de la société qu'après avoir pris l'avis de l'assemblée générale, et qu'autant que cet avis serait conforme à sa proposition ; l'assemblée générale peut délibérer dans ce cas à la majorité établie par les statuts sociaux ; l'assemblée ne pourrait pas *de plano* prononcer la dissolution ; c'est à la justice de statuer sur l'existence d'une cause légitime de dissolution.

2072. — Les fonctions de membre du conseil de surveillance doivent, bien entendu, être exercées personnellement, et non par mandataire (Pont, n. 1506).

2073.— Généralement, le conseil nomme parmi ses membres un président.

§ 2. — Responsabilité.

2074.— La responsabilité des membres du conseil de surveillance est précisée par les art. 9 et 15, § 5, de la loi de 1867. Ils n'encourent aucune responsabilité à raison des actes de la gestion et de leurs résultats.

2075. — Les membres du conseil de surveillance sont responsables vis-à-vis des actionnaires et vis-à-vis des tiers, tant en vertu des règles du mandat qu'en vertu des art. 1382 et 1383 C. civ., du préjudice qu'ils ont pu leur causer par leurs quasi-délits (Cass., 3 fév. 1870, S. 71.1.242, D. 71.1.229 ; — 17 juill. 1876, S. 76.1.407, D. 77 1.135 ; — Dijon, 7 mai 1874, sous Cass., 21 déc. 1875, S. 79.1. 97 et la note de M. Labbé, D. 77.1 17 ; — Angers, 10 mars 1875, S. 76.1 409, sous Cass., 8 mars 1876, D. 76.2.14 ; — Orléans, 24 fév. 1905, *R.S.*, 1905 39 0 ; — Paris, 9 août 1905, *J. S.*, 1905.200. — *Sic* : Lyon-Caen et Renault, t. 2, n. 1010 ; Pont, t. 2, n. 1535 et s.). — La responsabilité des commissaires de surveillance est donc subordonnée à une double condition : il faut d'abord qu'il y ait une négligence de leur part dans l'exercice de leurs fonctions ; il faut ensuite que cette négligence ait été la cause d'un préjudice.

2076.— L'action en responsabilité prévue par l'art. 8 ne vise que la violation des prescriptions relatives à la constitution même de la société (Aix, 9 avr. 1867, D. 70.2.401 ; — Lyon, 24 juin 1871, D. 71.2.188. — Comp. Cass., 13 fév. 1894, D. 94 1.165)

2077. — Sous l'empire de la loi de 1867, l'annulation préalable de la société était nécessaire pour l'exercice de l'action en responsabilité (V. notamment : Cass., 12 avr. 1864, S. 64.1.169, D. 64.1. 377), mais la loi du 1er août 1893 a dérogé à la nécessité d'une annulation préalable pour la recevabilité de l'action en responsabilité édictée par l'art. 8, dans le cas où la société se trouverait régularisée conformément à la disposition nouvelle de cette loi.

2078. — Aux termes de l'art. 8, le gérant est responsable ; cette responsabilité se confond avec son obligation solidaire au payement de l'intégralité du passif social. Dans ses rapports avec les actionnaires, la responsabilité du gérant est facultative comme celle des membres du premier conseil de surveillance : elle ne peut être prononcée que dans la mesure du préjudice résultant de l'infraction qui l'a motivée (Cass., 18 déc. 1866, D. 67.1.474).

2079. — Les membres du premier conseil de surveillance ne sont pas obligatoirement responsables de la nullité ; les tribunaux peuvent prononcer ou non contre eux une condamnation, selon le degré de la faute commise, la bonne ou la mauvaise foi, etc. : le pouvoir des tribunaux est absolument discrétionnaire (Cass., 24 juin 1861, S. 62. 1.185, D. 61.1.435 ; — 8 mars 1876, D 77.1.168). Ainsi, les tribunaux peuvent tenir compte, dans leur appréciation, non pas seulement de la faute du conseil de surveillance, mais aussi de l'imprudence ou de la négligence des créanciers (Angers. 13 janv. 1869, D 69.2.90. — V. aussi : Cass., 24 juin 1861, D. 61.1.435). Mais il suffit que l'on retienne contre les membres du conseil de surveillance l'existence d'une faute ; il n'est pas nécessaire que l'on retienne à leur charge le dol (V. notamment : Cass., 22 janv. 1872, S. 72.1.11, D. 72 1.117 ; — 28 mai 1889, S. 90.1.9, D. 90.1.385, et les innombrables arrêts cités aux *Pandectes françaises*, V° *Sociétés*, n. 10166). La bonne foi des membres du conseil de surveillance, tout en ne les exonérant pas de la responsabilité, peut néanmoins être retenue par les juges du fond comme circonstance d'atténuation de cette responsabilité (jurisprudence constante ; Cass., 14 avr. 1861, S. 62.1.182, D. 61.1.435).

2080. — Dans la société anonyme, *tous les fondateurs* sont responsables de la nullité ; en matière de société en commandite par actions, au contraire, la responsabilité de la nullité ne retombe que sur les gérants et les membres du conseil de surveillance ; elle ne s'étend donc pas à ceux des associés, même fondateurs, qui ne sont pas chargés de l'accomplissement des formalités de la loi (Cass., 6 juill. 1870, D. 71.1.13 ; — 14 août 1872, D. 72.1.395). Mais les tiers qui auraient coopéré à la fraude du gérant ou des apporteurs en nature peuvent être condamnés à des dommages et intérêts envers les personnes lésées par l'annulation (Cass., 6 fév. 1893, D. 93.1.263).

2081. — L'art. 10 de la loi de 1867 précise nettement l'étendue de la responsabilité des membres du conseil de surveillance ; il déclare que chaque membre du conseil de surveillance est responsable de ses fautes personnelles dans l'exécution de son mandat, conformément aux règles du droit commun, et il affranchit les membres du conseil de surveillance de toute responsabilité civile à raison des fautes du gérant. Les membres du conseil de surveillance ne sont considérés comme mandataires des actionnaires et n'encourent envers eux la responsabilité de mandataires, qu'à l'égard des actes de leurs fonctions se rattachant à l'administration de la société et s'étant produits pendant la durée de cette société. C'est donc l'action du mandant que les actionnaires peuvent exercer contre les membres du conseil de surveillance. A l'égard des tiers, il n'existe aucun contrat ; ce sont les dispositions du droit commun qui régissent la responsabilité du conseil (art. 1382 et 1383).

Cependant il a été jugé par la Cour de Dijon, le 7 mai 1874 (D. 77.2.17), que les membres du conseil de surveillance chargés par les actionnaires d'un mandat social sont en même temps investis, dans un intérêt supérieur et d'ordre public, d'un mandat légal dont les tiers ont le droit de leur demander compte. C'est par application de ces principes qu'il a été jugé que les membres du conseil de surveillance sont responsables de leurs quasi délits envers les créanciers sociaux (Angers, 19 mai 1891, D. 92.2.81, et sur pourvoi : Cass., 19 mars 1894, D. 94.1.465).

2082. — Indépendamment de la responsabilité qui grève le premier conseil de surveillance en cas de nullité de la société, les faits qui peuvent entraîner la responsabilité procèdent tous de la négligence avec laquelle les membres du conseil ont accompli leur mission. Ils sont responsables envers les associés et les tiers. Ils répondent donc non seulement de leur dol, mais aussi de leurs fautes, conformément au droit commun : l'appréciation de l'accomplissement du mandat et de la faute commise par les membres du conseil de surveillance envers les tiers est donc souverainement laissée à l'appréciation des juges du fond.

2083. — Il est impossible de relater ici les espèces multiples sur lesquelles la jurisprudence a statué ; nous allons seulement en dresser un tableau d'ensemble.

Les commissaires de surveillance sont responsables toutes les fois qu'ils n'ont rempli que d'une manière insuffisante et négligente les obligations qui leur sont imposées par la loi ou par les statuts sociaux. Ainsi, la loi rangeant au nombre de leurs obligations celle de vérifier les livres, la caisse, le portefeuille et les valeurs de la société, cette obligation emporte comme conséquence celle d'examiner la nature et le caractère des effets en portefeuille, de prendre connaissance des comptes courants ouverts par la gérance, de constater les découverts qui en résultent pour la société, d'apprécier la situation des débiteurs de ces comptes et les garanties qu'ils peuvent présenter. La négligence des membres du conseil de surveillance à cet égard peut, suivant les circonstances, constituer une faute lourde engageant leur responsabilité (Cass., 8 mars 1876, S. 76.1.409, D. 77.1.148 ; — Orléans, 21 juill. 1875, S. 76.2.101).

2084. — Les membres du conseil de surveillance commettent également une faute lourde lorsqu'ils n'ont surveillé le gérant que d'une façon très imparfaite. Ainsi, ils sont responsables lorsque, à une époque où le capital était déjà gravement compromis, des bénéfices étaient invariablement accusés, des dividendes étaient répartis, des sommes portées à la réserve, grâce à l'ignorance dans laquelle étaient les membres du conseil de surveillance de la situation exacte de la commandite, et faute par eux d'avoir exigé des gérants, conformément aux statuts, la production d'un état des valeurs en souffrance, et d'avoir fait, suivant un usage constant, indiquer aux inventaires annuels le chiffre des créances douteuses ou mauvaises (Orléans, 30 juill. 1881, S. 83.2.29, D. 82.2.121 ; — Nancy, 3 août 1907, *R. S.*, 1908.290 ; — Riom, 20 avr. 1910, *Gaz. Pal.*, 12 nov. 1910).

2085. — De même, lorsqu'ils ont dans leur rapport présenté l'état de la société comme prospère, alors qu'ils savaient le contraire (Angers, 23 juill. 1875, S. 76.1.415 ; — Cass., 17 mai 1876, S. 76.1.415, D. 76.1.415 : — Comp. Cass., 17 juill. 1876, S. 76.1.407, D. 77.1.135).

Ou lorsqu'ils n'ont pas vérifié avec soin les livres et la composition du portefeuille (Cass., 28 mai 1889, S. 90.1.9, D. 90.1.414 ; — Lyon, 11 juill. 1873, S. 74.2.73, D. 74.2.209).

2086. — Les membres du conseil de surveillance ne sauraient d'ailleurs, pour se soustraire à leur responsabilité, invoquer les difficultés et les longueurs du travail de vérification des livres, du portefeuille et des valeurs sociales ; de pareilles considérations ne peuvent les affranchir d'un devoir dont, à raison surtout de leurs connaissances personnelles, ils n'ignoraient pas l'importance (Caen,

16 août 1864, S. 65.2.33, D. 65.2.194). Ils sont encore responsables s'ils n'ont pas empêché le gérant de s'allouer un traitemeut supérieur à celui qui était convenu, de racheter des actions au moyen de fonds sociaux, de détourner des sommes pour payer ses propres dettes, etc. (Limoges, 14 déc. 1900, D. 01.2.377). Voyez encore les espèces suivantes : Lyon, 8 juin 1864, S. 65.2.38 ; — Caen, 16 août 1864, S. 65. 2.33 ; — Angers, 12 janv. 1867, S. 68.2 261 ; — Cass., 14 déc. 1869, D. 70.1.179 et 22 janv. 1872, D. 72.1.117 ; — Bourges, 21 juill. 1871, S. 71.2.257 ; — Lyon, 11 juill. 1873, S. 74.2.73 ; — Orléans, 21 juill. 1875, S. 76.2.101 ; — Cass., 15 avr. 1873, S. 75.1.216 ; — 17 mai 1876, S. 76.1.415, D. 76.1.415 ; — Angers, 10 mars 1875, S. 76.1.409, et 5 juill. 1876, S. 77.2.263, D. 77.2 30 ; — Cass., 17 juill. 1876, S. 76.1. 407 ; — Orléans, 30 juill. 1881, D. 82.2.121 ; — Paris, 27 déc. 1882, D. 85.2.222 ; — Bordeaux, 24 mai 1886, *R. S.*, 1886.462 ; — Rennes, 2 août 1886, *J. S.*, 1888.452 ; — Lyon, 12 avr. 1889, *R. S.*, 1890.41, et 28 janv. 1890, D. 92.2.33 et note Boistel ; — Cass., 28 mai 1889, S. 90.1.9 ; — Angers, 19 mai 1891, D. 92.2.81 ; — Cass., 15 (ou 1er) juill. 1895, *J. S.*, 1896.20 ; — Douai, 9 juill. 1896 et Cass., 20 juill. 1898, *J. S.*, 1896.409, 1899.346 ; — V. aussi : Lyon-Caen et Renault, n. 1009 ; Pont, n. 1038 et 1539.

Au contraire, on ne saurait imputer à faute aux membres du conseil de surveillance d'une maison de banque, objet de la société le fait de n'avoir examiné ni tous les comptes courants individuellement, ni spécialement quelques-uns, alors que l'étude de la totalité des comptes était impossible, à raison de leur nombre, et que quant à certains d'entre eux, rien ne les signalait particulièrement à la vigilance du conseil (Lyon, 11 juill. 1873, S. 74.2.73, D. 74.2. 209).

Non plus que le fait de n'avoir pas, au moyen d'une expertise ou d'un pointage long et difficile, vérifié le chiffre mensuellement donné par les gérants du compte des profits et pertes, alors que ce chiffre, bien qu'inexact par la fraude de ceux-ci, présentait une exactitude apparente (Même arrêt).

2087. — On ne peut pas non plus déclarer responsables les membres du conseil de surveillance, lorsqu'il résulte des constatations que si, à un moment de crise de la société, ils n'ont pas provoqué sa liquidation, c'est qu'ils ont espéré qu'au moyen de sacrifices personnels par eux spontanément offerts, ils parviendraient à conjurer le d anger ; de telles appréciations de la conduite des membres du conseil de surveillance sont exclusives de toute responsabilité (Cass., 28 nov. 1860, S. 61.1.967, D. 61.1.339).

2088. — De même, aucune responsabilité n'est encourue par les membres du conseil de surveillance, lorsqu'il est souverainement constaté par les juges du fond qu'ils ont agi de bonne foi et que leur vigilance a été trompée par les manœuvres habiles du gérant, qui, notamment, pour garnir le portefeuille de valeurs en apparence effectives, s'est assuré par des conventions secrètes la signature de plusieurs maisons de banque n'ayant ni fortune ni crédit ; que d'autre part, le portefeuille a toujours présenté une situation conforme aux livres produits et un actif net supérieur au capital ; que pour établir un pareil résultat, le gérant a présenté une comptabilité altérée avec des balances fausses, et que de pareilles irrégularités n'ont pu être soupçonnées par les membres du conseil de surveillance (Cass., 26 mai 1869, S. 70.1.78, D. 69.1.401. — Comp. Bordeaux, 26 mars 1906, *J. S.*, 1907.361 ; — Trib. com. Tarare, 6 fév. 1906, *R. S.*, 1907.77).

2089. — De même encore, les membres du conseil de surveillance contre lesquels il n'est relevé aucun grief personnel en ce qui touche la régularité et la liberté des assemblées générales, ne sauraient non plus être rendus responsables des moyens occultes par lesquels le gérant aurait cherché à influer sur le vote de ces assemblées (Trib. com. Marseille, 31 oct. 1866, et Aix, 9 av. 1867, joints à Cass., 11 mai 1870, S. 70.1.425, D. 70.1.401).

2090. — Voir sur l'irresponsabilité des membres du conseil de surveillance, dans certaines hypothèses : Poitiers, 20 août 1859, D. 59.2.242 ; — Cass., 28 nov. 1860, D. 61.1.339 ; — Bordeaux, 29 mai 1861, et Cass., 9 juill. 1861, D. 61.1.414 ; — Aix, 27 mai 1861, et Cass., 5 août 1862, D. 62.1.525 ; — Rouen, 25 nov. 1861 et Cass., 3 mars 1863, S. 62.2.106, D. 63.1.125 ; — Paris, 15 juill. 1862, et Cass., 21 déc. 1863, D. 65.1.156 ; — Paris, 16 janv. 1863, et Cass., 23 août 1864, D. 65.1.367 ; — Paris, 29 août 1861, D. 62.1.341 ; — Lyon, 8 juin 1864, D. 65.2.197 ; — Angers, 11 janv. 1867, D. 67.2.19 ; — Aix, 9 avr. 1867, D. 70.1.401 ; — Cass., 26 mai 1869, D. 69.1.401 ; — 14 déc. 1869, D. 70.1.179 ; — 11 mai 1870, D. 70.1.401 ; — 16 juill. 1873, D. 74.1.14 ; — Poitiers, 17 nov. 1879, D. 80.2.110 ; — Aix, 4 juill. 1883, *R. S.*, 1883.608 ; — Orléans, 9 août 1883, D. 84.2.137 ; — Amiens, 13 mars 1884, *R. S.*, 1885.87 ; — 6 août 1885, *R. S.*, 1886.216 ; — Paris, 30 mai 1888, *R. S.*, 1888.522 ; — Besançon, 28 mai 1890, et Cass., 9 juill. 1891, D. 94.1.173).

2091. — Pour que la responsabilité des membres du conseil de surveillance soit engagée, il ne suffit pas de produire à leur charge des faits de négligence ou de faute ; il faut en outre, conformément au droit commun, que ces faits soient la cause directe du préjudice causé aux tiers ou aux actionnaires (Rouen, 26 juill. 1865, joint à Cass , 5 mars 1867, S. 67.1.254 ; — Cass., 8 mars 1876, S. 76.1.409 ; — Besançon, 28 mai 1890, sous Cass., 9 juill. 1891, S. 93.1.300, D. 91.1.173 ; — Paris, 12 août 1892. sous Cass., 30 oct. 1894, S. 97. 1.186 ; — Cass., 20 juill. 1898, S. 99.1.85, D. 98.1 421).

Un membre d'un conseil de surveillance peut être déclaré responsable de pertes qui se sont produites même après sa retraite, si elles sont le résultat des fautes commises pendant qu'il était en fonctions (Cass., 15 avr. 1873, S. 75.1.216, D. 75.1.31).

2092. — Il y a lieu de tenir compte, pour apprécier l'étendue de la responsabilité encourue par les membres du conseil de surveillance, de toutes les circonstances qui sont susceptibles d'atténuer ou d'aggraver cette responsabilité (Lyon-Caen et Renault, t 2, n 1010 ; Mornard, p. 141 ; Pont, t. 2, n. 1540 ; Ruben de Couder, V° *Soc. en command.*, n. 322 ; Vavasseur, t. 1, n° 701).

D'autre part, il y a également lieu de tenir compte, pour fixer les dommages-intérêts dus par les membres du conseil de surveillance, de la gratuité de leur mandat, de leur bonne foi, de la probité et du désintéressement dont ils ont fait preuve, ainsi que de la nature et de la durée des fonctions qu'ils ont remplies dans le conseil et de leurs aptitudes spéciales (Douai, 29 juin 1861, S. 61.2. 547 ; — Bourges, 10 mars 1869, S. 71.2.255 ; — 21 août 1871, S. 71. 2.257, D. 73.2.34 ; — Lyon, 11 juill. 1873, S. 74.2.73, D. 74.2.209 ; — 28 janv. 1890, S. 93 2.92, D. 92.2.33 ; — Angers, 10 mars 1875, précité ; — Orléans, 30 juill. 1881, précité ; — Trib. com. Tarare, 6 fév. 1906, précité).

De même, il y a lieu de tenir compte, pour l'appréciation des dommages-intérêts, de l'imprudence commise par les obligataires en ne se renseignant pas suffisamment sur la prospérité de la société à laquelle ils confiaient leurs capitaux, alors surtout que leurs connaissances professionnelles devaient leur rendre cette vérification facile (Douai, 9 juin 1896, D. 98.2 206).

2093. — Le conseil n'est d'ailleurs responsable que dans la mesure des dommages causés par ses fautes (Bourges, 10 mars 1869, précité ; — Lyon, 24 juin 1871, S. 72.2.94, D. 71.2.188).

2094. — Les membres du conseil de surveillance étant régis quant à leur responsabilité par le droit commun du mandat, ne sont pas en principe solidairement responsables des fautes par eux commises au préjudice de la société ou des tiers. Leur situation à cet égard est identique à celle des administrateurs ou commissaires de surveillance de la société anonyme.

Ils peuvent seulement, comme les administrateurs et commissaires des sociétés anonymes, être déclarés responsables *in solidum* comme en matière de quasi-délit par l'art. 1382 C. civ., à raison des fautes par eux commises. Si la faute du conseil de surveillance est collective et indivisible, la condamnation prononcée contre eux doit être une condamnation solidaire proprement dite. Cependant l'existence d'une faute commune ne met pas obstacle à ce que le juge puisse, selon les circonstances, diviser entre les membres du conseil de surveillance la responsabilité incombant à chacun d'eux s'il ne constate ni l'indivisibilité de la faute, ni l'impossibilité de proportionner la réparation à la part que chacun des auteurs y a prise. C'est ainsi que d'après la jurisprudence, les juges peuvent, selon les circonstances, tenir compte de la bonne foi des membres du conseil de surveillance, de la gratuité et de la durée de leurs fonctions de leur degré de capacité, de la difficulté de la tâche pour redresser ou corriger la comptabilité ; en d'autres termes, de toutes les circonstances susceptibles d'aggraver ou d'atténuer la responsabilité (Cass., 15 avr. 1873, S. 73.1.216, D. 75.1.31 ; — 21 déc. 1875, S. 79.1. 97, D. 77.1.17 ; — 8 mars 1876, S. 76.1.409, D. 77.1.168 ; — 2 fév. 1879, S. 79.1.217, D. 79.1.281 ; — 19 mars 1894, deux arrêts, S. 96.1. 260, D. 94.1.465 et la note de M. Boistel ; — Caen, 16 août 1864, S. 65.2.33, D. 65.2.194 ; — Lyon, 8 juin 1864, S. 65.2 38, D. 65.2.197 ; — 11 juill. 1873, S. 74.2.73, D. 74.2.209 ; — 28 janv. 1890, S. 93.2.52, D. 92.2.33 ; — Grenoble, 11 déc. 1872, S. 73.2.147, D. 74.2.33 ; — Orléans, 21 juill. 1875, S. 76.2.101 ; — 30 juill. 1881, S. 83.2.29, D. 82. 2.221 ; — Dijon, 7 mai 1874, sous Cass., 21 déc. 1875, précité ; — Angers. 10 mars 1875, S. 76.1.409, sous Cass., 8 mars 1876, D. 76.2.14 ; — 5 juill. 1876, S. 77.2.263, D. 77.2.30 ; — Douai, 9 juin 1896, D. 98. 2.206 ; — Orléans, 27 fév. 1904, *Gaz. Trib.*, 25 mars 1904 ; — Trib. com. Tarare, 6 fév. 1906, précité ; — Riom, 20 avr. 1910, *Gaz. Pal.*, 12 nov. 1910. — *Sic* : Beslay et Lauras, t. 5, n. 676 ; Boistel, n. 287 ; Lyon-Caen et Renault, t. 2, n. 1009, *in fine* ; Mathieu et Bourguignat, n. 79 ; Normand, p. 140 ; Pont, t. 2, n. 1543 ; Ruben de Couder, *loc. cit.*, n. 129).

2095. — Une condamnation *in solidum* peut être prononcée contre chacun d'eux par application des règles du droit commun : par exemple, en cas de connivence ou de concert frauduleux entre eux (Bourges, 10 mars 1869, S. 71.2.255 ; — Angers, 5 juill. 1876, précité ;

— Orléans, 21 juill. 1875 et 30 juill. 1881, précités ; — Cass., 11 juill. 1892 et la note S. 92.1.505).

Il en est de même dans le cas où la faute commise par les membres du conseil de surveillance est indivisible, de telle sorte qu'il soit impossible de déterminer la part que chacun de ses coauteurs y a prise (Cass., 17 juill. 1876. S. 76.1.407, D. 77.1.135 ; — 12 fév. 1879, précité ; — 28 mai 1889, S. 90.1.9, D. 90.1.414 ; — 15 juill.1895, S. 95.1. 394 ; — Grenoble, 11 déc. 1872, précité : — Lyon, 24 juin 1871, S. 72.2.94, D. 71.2.189 ; — 11 juill. 1873 et 28 janv. 1890, précités).

SECTION III

DROITS ET OBLIGATIONS DES COMMANDITAIRES

2096. — Dans le chapitre VII ci-dessus, nous avons indiqué quels étaient les droits et obligations des actionnaires envers la société ; nous n'avons pas à y revenir. Nous n'avons à indiquer ici que les droits et obligations spéciaux dérivant du caractère de la société en commandite par actions.

2097. — La première règle à cet égard est posée par l'art. 12 de la loi du 24 juillet 1867. Quinze jours avant l'assemblée générale, tout actionnaire, fût-il propriétaire d'une seule action, peut prendre par lui-même ou par fondé de pouvoir, au siège social, communication du bilan, des inventaires et du rapport du conseil de surveillance, à la condition de justifier qu'il a un intérêt sérieux à cette communication (Paris, 7 août 1907, *J. S.*, 1908.257 ; — Paris, 22 janvier 1909, *R. S.*, 1910.11. — V. Percerou, *Du droit de communication dans les sociétés par actions*, *J. S.*, 1908, p. 97 et s.).

2098. — Les commanditaires d'une société en commandite par actions, autrement dit les actionnaires, sont placés, au point de vue du droit d'immixtion dans les affaires sociales, sur le même pied que les commanditaires d'une commandite simple, c'est-à-dire qu'ils doivent rester étrangers à l'administration et qu'ils ne doivent faire aucun acte de gestion, même en vertu de procuration (V. sur toutes ces questions, *suprà*, n. 1018 et suiv. — *Adde* : Douai, 27 janv. 1906, *J. S*, 1908.63). Le seul fait de la part de l'assemblée générale d'autoriser le gérant à faire un acte excédant ses pouvoirs légaux ou statutaires, alors d'ailleurs que cette autorisation est *acceptée* par le gérant, ne constitue ni un acte d'immixtion ni une modification aux statuts : Douai, 7 août 1889 (motifs), *J. S.*, 1891.551 ; — Nancy, 11 déc. 1889, *Rev. Nancy*, 1888.89.275 ; — Besançon, 28 mai 1890, sous Cass., 9 juill. 1891, S. 93.1.300.

La disposition des statuts portant que les délibérations du conseil des intéressés prises à la majorité des voix seront obligatoires pour tous les membres de la société n'implique pas que ceux-ci aient entendu renoncer à leur droit de surveillance sur leur mandataire, le gérant (Paris, 22 janv. 1909, *R. S.*, 1910.11).

2099 à 2999. — En ce qui concerne les assemblées générales dans les sociétés en commandite (les distributions et restitutions de dividendes, les actions en justice, les modifications aux statuts, la faillite, etc.), voir à la table alphabétique les mots *Action en justice, Assemblées générales, Commandite simple, Faillite.*

CHAPITRE XIII

DES SOCIÉTÉS ANONYMES

SECTION I

LÉGISLATION QUI RÉGIT LES SOCIÉTÉS ANONYMES

3000. — La société anonyme est celle dans laquelle tous les associés sont inconnus du public et n'engagent que leur intérêt dans la société (Cass., 8 déc. 1862, S. 63.1.193, D. 63.1.34). L'*intuitus personæ* n'y joue aucun rôle. C'est donc le type le plus parfait de la société de capitaux. Dans la société en commandite par actions, que nous venons d'étudier, nous avons signalé la coexistence de la responsabilité personnelle du gérant et de celle restreinte des commanditaires. Dans la société anonyme, aucun des associés n'est personnellement responsable ; sa mise seule est engagée. Tel est le caractère particulièrement saillant de cette société.

3001. — L'origine de la société anonyme est fort ancienne.

Lorsque les Hollandais fondèrent en 1602 la Compagnie des Indes Orientales, on les vit recourir à la société anonyme, et cette forme de société leur permit de mener à bien cette merveilleuse opération.

Encouragés par Richelieu, des Français entreprirent, à l'imitation des Hollandais, de former de grandes compagnies de commerce. « Pour se rendre maître de la mer, disait le célèbre ministre, il faut voir comment nos voisins s'y gouvernent ; faire de grandes compagnies, obliger les marchands d'y entrer, leur donner de grands privilèges comme ils font. Faute de ces compagnies et pour que chaque petit marchand trafique à part de son bien, et partant pour la plupart en des petits vaisseaux et assez mal équipés, ils sont la proie des princes nos alliés, parce qu'ils n'ont pas les reins assez forts comme aurait une grande compagnie. »

La première fut créée en 1626 ; elle avait pour dénomination :

Compagnie des Iles d'Amérique. En 1627 fut fondée la *Société de la Nacelle de Saint-Pierre fleurdelysée* ; en 1627, celle de la *Nouvelle-France*, celle de *Morbihan* et la *Compagnie générale du commerce tant par terre que par mer, ponant, levant et voyages de long cours* (Forbonnais, *Recherches sur les Finances*, t. I, p. 572 à 578 ; Lescœur, n. 14).

L'édit de 1664, créant la *Société française des Indes Orientales*, porte :

« Le succès est démontré certain par le raisonnement ordinaire et naturel, et par l'expérience des nations voisines. Le profit surpasse infiniment la peine et le travail qu'on prend à pénétrer dans des pays si éloignés ; ce qui, de plus, est conforme au génie et à la gloire de notre nation, et à l'avantage qu'elle a par dessus toutes les autres de réussir avec facilité de tout ce qu'elle veut entreprendre.»

La même année fut fondée la *Compagnie des Indes Occidentales* plus tard, celle du *Sénégal* et celle d'*Occident*.

Toutes ces sociétés présentaient les caractères de nos sociétés anonymes.

« Toutes, en effet, dit M. Lescœur (n. 16), nous offrent ce premier trait que le capital y est fixé à une certaine somme, au delà de laquelle la compagnie n'entend pas être obligée. Ainsi, il est dit dans l'acte d'association des seigneurs des îles d'Amérique, qui entreprennent de « faire habiter toutes les îles de Saint-Christophe, de « Barbade *et autres situées à l'entrée du Péron* », que « pour l'exécu- « tion de ce dessein, il sera fait fonds de la somme de 45.000 livres.. « sans que nous puissions être tenus ni engagés d'y mettre plus « grand fonds et capital ».

Dans un nouvel acte relatif à la même entreprise, l'art. 1er s'exprime en termes encore plus formels : «Nous avons avisé qu'il y aura « désormais quatre directeurs de ladite Compagnie et société... Ne « pourront lesdits directeurs obliger la Compagnie que jusqu'à con- « currence des fonds d'icelle ».

Si la responsabilité de la société est limitée à son capital, celle de chacun de ses membres est, par voie de conséquence, limitée à son apport. « Nous participerons à raison dudit premier fonds au « profit et à la perte qu'il plaira à Dieu d'y envoyer... »

« L'apport de chacun des associés est d'une somme de 2.000 livres. Sur les treize souscripteurs dont les noms sont apposés au bas de l'acte, douze s'engagent pour cette somme, parmi lesquels Richelieu, d'Effiat ; un seul pour 1.000 livres. On avait compris sans doute que l'égalité des apports facilite la répartition des bénéfices et des pertes.

« Aucun de nous, dit l'art. 13, ne pourra vendre la part qu'il a dans « la société à un autre qu'à l'un des associés. Et en cas qu'il la vende « à un autre que de la Compagnie, il sera au pouvoir de la Compa-« gnie de rembourser celui qui l'aura achetée. »

« Voilà la cessibilité, sauf un droit de retrait, qu'il était bien naturel de stipuler dans une société où, vu le petit nombre des membres, leur personne n'était point indifférente. Mais dans des compagnies plus vastes (et il s'en forma dès cette époque) nous constatons l'absence complète de l'*intuitus personæ*, et comme conséquence, la faculté pour tout associé de se substituer une autre personne sans condition.

« Les parts d'associés sont ordinairement égales entre elles ; elles sont cessibles. Que manque-t-il pour qu'elles soient des *actions* ? Qu'elles soient appelées de ce nom. Elles le sont dans les statuts de la Compagnie des Indes Occidentales, fondée en 1664. « Les intéressés en ladite Compagnie pourront vendre, céder et transporter les *actions* qu'ils auront en icelle, à qui et ainsi que bon leur semblera (Art. 7). » Peu après on forgeait un mot pour désigner les propriétaires d'actions : le dictionnaire de Trévoux, qui est de 1701, les nomme *actionnistes*.

« Enfin, nous trouvons, dans la Compagnie des Iles d'Amérique et dans celles qui vinrent ensuite, ce rouage de l'anonymat moderne, les directeurs, « qui auront le soin et entier maniement des affaires... « Tous les premiers mercredis du mois lesdits directeurs s'assem-« bleront à deux heures après-midi au logis de M. Fouquet. » Ils étaient élus par la Compagnie.

« Citons encore deux dispositions qu'il est remarquable de rencontrer dans un acte qui date de la première moitié du XVIIe siècle.

« Il sera fait une assemblée générale de la Compagnie tous les ans, où tous lesdits associés seront obligés de se trouver ou envoyer leur procuration à l'un des associés, non à d'autres...

« Et les associés qui ne s'y trouveront ou n'envoieront leur procuration ne laisseront d'être obligés aux résolutions qui auront été prises en ladite assemblée générale.

«... Tout ce qui sera proposé ès dites assemblées sera décidé par « la pluralité des voix des associés qui s'y trouveront. » Tant il est vrai qu'il n'y a rien de nouveau que ce qui est oublié. »

3002. — Malgré ces précédents, l'ordonnance de 1673 n'édicta au-

cune disposition concernant les sociétés anonymes : il en faut chercher la raison dans le caractère éminemment politique des entreprises en vue desquelles elles ont été originairement créées. Le
gouvernement intervenait toujours dans leur constitution : on les
considérait comme l'œuvre de la puissance publique. Il s'agissait de
fonder une *nouvelle France*, d'empêcher les ennemis de s'approprier
la mer. « Ainsi, dit Savary (*Le parfait négociant*, 2ᵉ partie, p. 214), la
Compagnie des Indes Occidentales fut créée dans le dessein de tirer
le commerce des mains des Hollandais, et lorsqu'on fut arrivé à ce
résultat, Sa Majesté jugea à propos de la dissoudre. » — « Le roi,
dit le même auteur (*op. cit.*, p. 212), s'intéressait lui-même à ces
sociétés, par des sommes considérables tirées de son propre trésor,
et leur conférait de grands privilèges et toute la protection qu'elles
pouvaient désirer. » — « Ce n'est que plus tard, dit Savary le fils
(*Dict. du comm.*, Vᵒ *Compagnie*), que diverses compagnies se fondèrent sous la même forme, comme pour des manufactures, pour faire
la banque, pour l'édition de grands ouvrages, pour la fourniture des
vivres dans les armées de terre et de mer. »

Ainsi *les compagnies par actions*, comme s'appelaient les premières sociétés anonymes, n'étaient pas reconnues par la législation
générale ; chacune d'elles puisait dans l'édit royal qui l'autorisait
les règles particulières de son fonctionnement.

Les auteurs du Code de commerce de 1897 surent apprécier
les services immenses que l'industrie et le commerce pouvaient
tirer de la société anonyme. Ils posèrent les règles fondamentales de
leur constitution. La première de toutes consistait dans l'autorisation préalable du gouvernement : la nécessité de cette autorisation
rendait inutile une réglementation détaillée. Seulement deux instructions ministérielles des 22 octobre 1817 et 11 juillet 1818 tracè-
rent les conditions auxquelles devaient satisfaire les statuts, en
même temps que la marche à suivre pour obtenir l'autorisation
gouvernementale.

La loi du 23 mai 1863, qui créa les sociétés à responsabilité limitée,
modifia sensiblement le régime de l'anonymat établi par le Code de
commerce. D'après cette loi, les sociétés dont le capital pouvait
atteindre 20 millions étaient affranchies de la nécessité de l'autorisation du gouvernement, sauf à satisfaire à certaines formalités
empruntées à la loi du 17 juillet 1856. Bientôt la loi de 1867 concéda
une liberté plus large à la société anonyme en la dispensant de
toute autorisation administrative.

3003. — La société anonyme est régie actuellement par les art. 29, 30, 32, 33, 34 et 36 C. com., maintenus par la loi de 1867, par le titre II de cette dernière loi, et par la loi du 1er août 1893, les lois des 9 juillet 1902 et 13 novembre 1903 sur les actions de priorité, la loi du 22 novembre 1913 modifiant l'art. 31 de la loi de 1867.

SECTION II

GÉNÉRALITÉS

3004. — Les sociétés anonymes, prévues par l'art. 37 C. com., n'existaient, avant la loi de 1867, qu'avec l'autorisation du gouvernement. Cette dernière loi (art. 21) les a affranchies de la tutelle gouvernementale en les assujettissant seulement aux dispositions des art. 29, 30, 32, 33, 34 et 36 C. com. et aux règles qu'elle édicte.

3005. — La société anonyme n'existe pas sous un nom social ; elle n'est désignée par le nom d'aucun des associés ; elle est qualifiée par la désignation de l'objet de son entreprise (C. com., art. 29 et 30). Ce sont là des dispositions impératives. Si donc une société, qualifiée de société anonyme par ses fondateurs, se manifestait sous une raison sociale, elle pourrait être considérée comme une société en commandite tout au moins à l'égard des tiers, qui seraient trompés par cette raison sociale (Lyon-Caen et Renault, t. 2, n. 679).

Mais la société anonyme n'est pas nécessairement qualifiée par l'objet de son entreprise ; elle peut aussi être désignée par un nom de fantaisie (Lyon-Caen et Renault, *loc. cit.*). Ainsi, il n'y a pas d'irrégularité, et cela est assez fréquent en pratique, à faire entrer dans la dénomination de la société le nom du fondateur ou de l'ancien propriétaire de l'établissement dont l'exploitation fait l'objet de la société ; exemples : Société des Etablissements Farcy et Oppenheim ; Compagnie des Etablissements Lacarrière ; Société de la Tour-Eiffel ; Anciens établissements Allez frères, etc., etc.

3006. — La dénomination adoptée par une société anonyme constitue un nom commercial dont elle est propriétaire, et elle peut empêcher toute société concurrente de porter atteinte à cette propriété, soit en prenant la dénomination même, soit en prenant toute autre dénomination susceptible d'apporter de la confusion dans les opérations de l'une et de l'autre (Trib.com.Bruxelles, 11 mai 1909, *R. S.*, 1910.221). Le simple changement d'appellation de la société ne peut servir de thème à un associé pour se soustraire à ses engagements (Seine, 11 nov. 1902, *Gaz. Trib.*, 5 déc. 1902). La modification de nom, votée par l'assemblée générale, est opposable aux tiers (Seine, 2 déc. 1902, *R. S.*, 1903.234 ; — Paris, 17 déc. 1903, *J. S.*, 1904.345).

3007. — Dans les sociétés anonymes, associations de capitaux, les associés ne sont passibles que de la perte du montant de leur intérêt dans la société (C. com., art. 33). Les associés ne sont donc obligés qu'au versement de leur mise ; ils ne peuvent être recherchés à aucun titre.

3008. — Le capital de la société anonyme est divisé en actions : tel est le principe proclamé par l'art. 34 C. com. Nous avons étudié quelles étaient les règles de division du capital et le taux des actions.

On a soutenu que la société anonyme pouvait se constituer *sans actions* (Lyon-Caen et Renault, n. 679 *bis* ; Lacour, *Rev. crit.*, 1885.465 ; Wahl, S. 1909.1.578), mais le texte de l'art. 34 C. com. porte « le capital de la société anonyme se *divise* en actions », tandis que l'art. 38 C. com. est ainsi formulé : « Le capital des sociétés en commandite pourra être divisé en actions ». Il résulte de cette différence de rédaction que la société anonyme ne peut se constituer qu'avec des actions (Thaller et Pic, n. 699).

3009. — La société anonyme a, comme toute société, un domicile social, que l'on appelle le siège social ; ce domicile est indiqué dans les statuts.

3010. — La détermination du véritable siège de la société est importante au point de vue de la compétence, et de la détermination du lieu où la société peut être déclarée en faillite (V. à cet égard : Lyon-Caen et Renault, p. 295. — V. aussi : Cass , 4 mai 1857, D. 57.1.408 ; — 20 juin 1870, S. 70.1.373), au point de vue des significations à faire, notamment en cas de transport-cession d'une créance contre la société (Paris, 29 mai 1909, *J. S* , 1910.28).

Mais la désignation du siège social dans les statuts n'est pas une règle absolue pour la détermination du véritable siège. Le siège indiqué aux statuts ne constitue le véritable siège social que s'il est *réel* et non purement nominal. Le principal établissement d'une société constitue en réalité le véritable siège social conformément au principe posé dans l'art. 102 C. civ. — Consultez sur cette question : Cass., 17 avr. 1866, D. 66.1.280 ; — 20 juin 1870, S. 70.1.373 ; — 16 mars 1874, S. 75.1.51 ; — 1ᵉʳ fév. 1881, D. 81.1.314 ; — 30 janv.

1882, S. 82.1.50 ; — 16 avr. 1883, *R. S.*, 1883.719 ; — 26 nov. 1906, *J. S.*, 1907.425 ; — 25 mai 1909. *J. S.*, 1910.395 ; — Lyon-Caen et Renault, n. 1167 ; Thaller et Pic, n. 192 ; Bosvieux, *J. S.*, 1907. 481 et suiv.

Une société anonyme peut avoir des succursales, des maisons de commerce multiples, mais non deux sièges sociaux. Jugé que si le siège social statutaire a été transféré par délibération d'une assemblée générale sans que ce transfert ait été matériellement réalisé, le siège social originaire subsiste (Cass., 11 août et 1er déc. 1884, *R. S.*, 1884.609 ; 1885.318 ; — 4 août 1885, *R. S.*, 1885.78 ; — Douai, 13 juin 1893, *J. S.*, 1893. 509).

Le siège social d'une société française ne peut être transféré à l'étranger (V. *infrà*, n. 4006).

Les conditions de fond de constitution de la société anonyme ont été examinées plus haut, en même temps que celles de toutes les sociétés par actions, nous n'y reviendrons pas ; nous nous étendrons ici simplement sur les règles spéciales à la constitution de la société anonyme et à son fonctionnement.

3011. — Aux termes de l'art. 23 de la loi du 24 juillet 1867, une société anonyme ne peut être constituée si le nombre des associés est inférieur à sept, et cela, a dit M. Mathieu, rapporteur, parce qu'une société anonyme composée de moins de sept personnes représentant en presque totalité l'administration de la société ressemblerait trop dans ses relations avec les tiers à une société en nom collectif, leur ferait une illusion sur sa véritable nature, et pourrait les engager ainsi dans une apparence trompeuse (V. pour la critique : Lyon-Caen et Renault, n. 683). Il faut que les sept associés entre lesquels la société est formée soient des actionnaires sérieux (Trib. Château-Gontier, 12 janv. 1887, *R. S.*, 1887.504 ; — Angers, 27 juill. 1887, *J. S*, 1889.24 ; — Cass., 28 déc 1891, D. 93.1.172. — V. aussi : Paris, 1er juin 1889, *R. S.*, 1889.574 ; — Seine, 9 déc. 1903, *Gaz. Trib.*, 27 janv. 1904). Il faut aussi que les sept associés soient juridiquement capables de contracter (Alger, 13 juin 1895, D. 96.2.307). Ils peuvent être parents (Nantes, 11 déc. 1897, *J. S*, 1898.130).

Mais la loi dit sept *associés*, et non sept actionnaires. Aussi a-t-il été jugé que le nombre de sept associés est atteint si en dehors de cinq actionnaires ayant souscrit des actions, il se trouve deux associés ayant fait un apport à la société, alors que l'un de ces deux apporteurs n'a reçu aucune action, mais a été rémunéré par une part dans les bénéfices (Paris, 13 janv. 1882, S. 83.2.223, D. 83 2.73).

3012. — La sanction de l'art. 23 se trouve dans l'art. 41 de la loi de 1867, qui prononce la nullité de la société anonyme constituée contrairement aux prescriptions de l'art. 23, et la nullité est d'ordre public.

3013. — Si, au cours de la société, le nombre des associés est réduit à moins de sept, la loi (art. 38) autorise à demander la dissolution lorsqu'une année s'est écoulée depuis la réduction du nombre des associés.

3014. — La durée de la société doit être indiquée dans les statuts. Dans le silence des statuts, la société serait considérée comme de durée illimitée (art. 1869 C. civ. — Wahl, *Ann. de dr. com.*, 1899. 17).

SECTION III

CONSEIL D'ADMINISTRATION

Nomination. — Pouvoirs.

3015. — Les sociétés anonymes sont administrées par un ou plusieurs mandataires à temps, révocables, salariés ou gratuits, pris parmi les associés (L. 24 juill. 1867, art. 22). La gestion de la société anonyme appartient donc au conseil d'administration, qui joue le rôle du gérant dans les sociétés en commandite par actions. C'est par ces représentants légaux que la société anonyme doit contracter avec les tiers.

3016. — Lorsque la société anonyme est administrée par plusieurs administrateurs, la gestion est collective (Thaller et Pic, 1122). Un administrateur ne peut agir individuellement. C'est au conseil d'administration pris *in globo* qu'appartient le droit d'administration.

Toutes les délibérations doivent être prises en commun par le conseil qui se réunit périodiquement sur la convocation du président, à moins de stipulations contraires des statuts.

L'administrateur a pour devoir d'assister aux réunions du conseil car le mandat est personnel. La méconnaissance de ce devoir peut entraîner la révocation ou la responsabilité.

Les statuts déterminent généralement le minimum de membres

qui doivent être présents à chaque réunion pour délibérer et les conditions de majorité pour la validité du vote (Cass., 9 juill 1872, D. 72.1.404 ; — Paris, 24 janvier 1889, *J. S*, 1889.360 ; — Grenoble, 12 juill. 1899, D. 1901.2.262). L'arrêt du 24 janvier 1889 a décidé que les actionnaires ne sont pas tenus d'obéir à un appel de fonds décidé par une délibération du conseil prise sans le nombre de voix prévu aux statuts.

Quid si les statuts ne prévoient pas de quorum ? Les auteurs sont divisés. Les uns se prononcent pour la validité des décisions prises à la majorité des votants (Vavasseur, n. 815). D'autres, MM. Thaller *Traité élémentaire*, n. 653 ; Lyon Caen et Renault, t. 2, n. 818 ; estiment que le tribunal a un pouvoir discrétionnaire pour annuler la délibération. MM. Thaller et Pic, n. 1124 ; Houpin, n. 859, professent qu'en ne fixant pas de quorum, les fondateurs ont entendu obliger tous les administrateurs à prendre effectivement part aux réunions du conseil. Pour être valable la délibération doit être prise à la majorité absolue, calculée sur l'ensemble des membres.

3017. — La loi de 1867 n'édicte aucune disposition relative à la nationalité des administrateurs. Une société anonyme française peut donc être administrée par des personnalités étrangères. Depuis la guerre un très sérieux courant s'est établi pour combler cette lacune. Plusieurs propositions ont été déposées à ce sujet au Parlement. Elles s'inspirent des dispositions de certaines lois spéciales. Ainsi la loi du 7 avril 1902 dispose que les sociétés anonymes ou autres propriétaires de navires recevant l'une des allocations prévues par la loi doivent avoir dans leur conseil d'administration une majorité de citoyens français. Le président du conseil d'administration, l'administrateur-délégué pour e gérant devront être français.

La loi du 31 juillet 1913 (art. 27) exige que le conseil d'administration des sociétés de chemin de fer d'intérêt local soit toujours composé en majorité de français ou de naturalisés français.

Le décret du 8 janvier 1916 relatif au régime minier des colonies françaises et des pays de protectorat dispose que les sociétés anonymes constituées pour la recherche ou l'exploitation des mines devront être constituées en conformité des lois françaises. Dans les sociétés anonymes, les trois quarts des membres des conseils d'administration, dont le président et l'administrateur délégué. doivent être nationaux, sujets, ou protégés français.

L'État fait insérer dans les cahiers de charges des concessions qu'il accorde des dispositions imposant la nationalité française aux administrateurs, directeurs, chefs de service, pour la totalité ou pour une majorité.

La loi du 13 mars 1917 ayant pour objet l'organisation du crédit au petit et au moyen commerce, etc., dispose, art. 14, que les souscripteurs du capital et les administrateurs des sociétés constituées en exécution de cette loi doivent être français.

Le cahier des charges type des concessions minières pour la France et l'Algérie adopté par le comité consultatif des mines le 28 mai 1918 contient une disposition aux termes de laquelle le président du conseil d'administration ainsi que l'administrateur délégué s'il y en a un seront français. Les deux tiers au moins des membres du conseil d'administration seront des personnes de nationalité française. Les délibérations du conseil ne seront valables que si le nombre des membres qui y auront pris part est supérieur à la moitié du nombre des membres en exercice.

3018. — Les premiers administrateurs sont nommés ou par les statuts, ou par l'assemblée générale de tous les actionnaires (V. *suprà*, Chap. VIII, Sect. VIII, n. 1891 et suiv.). Ils peuvent être nommés pour six ans, au maximum.

3019. — Si les premiers administrateurs sont désignés par les statuts avec stipulation que leur nomination ne sera pas soumise à l'approbation de l'assemblée générale, ils ne peuvent être nommés pour plus de trois ans.

Au cours de la société, les administrateurs sont nommés par l'assemblée générale ordinaire ; mais aucune nullité ne serait encourue s'ils étaient nommés par une assemblée extraordinaire, d'ailleurs régulièrement composée (Trib. com. Charolles, 16 mars 1909, *R. S.*, 1910.219).

3020. — La loi fixe ainsi une durée maxima, qui peut être moindre, mais ne saurait être dépassée (Paris, 9 avr. 1902, *Gaz. Trib.*, 29 avr. 1902). Le mandat des administrateurs prend donc fin après une période de six ans, alors même qu'un plus long exercice des fonctions serait autorisé par les statuts. MM. Lyon-Caen et Renault (n. 813) pensent que s'il était stipulé dans les statuts, contrairement à la loi, que les fonctions d'administrateur dureront plus de trois ans ou de six ans, la société ne serait pas nulle, mais que la durée des fonctions devait être réduite dans la mesure légale. M. Houpin (note 2 sous n. 837) estime au contraire que la société serait nulle par application de l'art. 41, puisqu'elle se trouverait constituée contrairement aux dispositions de l'art. 25.

Si une difficulté de cette nature se présente, nous pensons qu'il est facile de la résoudre et d'éviter la nullité en modifiant les statuts en conformité de la loi du 1er août 1893.

3021. — Lorsque les administrateurs sont nommés par l'assemblée générale pour un nombre d'années déterminé, sans autre indication, on admet que les fonctions d'administrateur expirent avec l'assemblée générale ordinaire, dans l'année du terme des fonctions. Il n'en serait autrement que si le procès-verbal de l'assemblée qui a procédé à la nomination des administrateurs indiquait expressément la date de cessation de ces fonctions (Seine, 31 mars et 15 oct. 1897, *J. S*, 1897.435 et 1898.94).

3022. — Lorsqu'une assemblée générale ordinaire se trouve, pour une raison quelconque, reculée au delà de l'époque prévue pour la durée des fonctions du conseil d'administration, celui-ci doit continuer la gestion de la société (Paris, 9 avr. 1902, *R. S.*, 1902.269).

3023. — Le procès-verbal de la séance constate l'acceptation des administrateurs et des commissaires présents à la réunion. La société est constituée à partir de cette acceptation (L. 24 juill. 1867, art. 25). L'acceptation peut d'ailleurs être tacite. (Trib. com. Seine, 16 mai 1857, *R. S.*, 1887.351).

3024. — Les administrateurs sont indéfiniment rééligibles, sauf stipulation contraire. Pour empêcher des changements trop brusques dans l'administration de la société anonyme, on stipule souvent dans les statuts que le conseil se renouvellera partiellement chaque année, ou tous les deux ou trois ans, et que le renouvellement aura lieu par voie de tirage au sort pendant les premières années, et ensuite par ancienneté, lorsque le roulement est établi.

3025. — L'art. 22 de la loi de 1867 dit que la société anonyme est administrée par un ou plusieurs administrateurs. Le nombre des administrateurs n'est pas limité (Paris, 24 janv. 1889, *R. S.*, 1889.201). S'il y a plusieurs administrateurs, on dit qu'il y a un conseil d'administration. Les statuts fixent souvent un minimum et un maximum d'administrateurs. Ils accordent aux membres du conseil la faculté de s'adjoindre de nouveaux membres jusqu'au nombre maximum, s'ils le jugent utile pour les besoins de l'administration

Jugé que n'entraîne pas la nullité du procès-verbal d'une délibération prise par le conseil d'administration, l'absence de signature de certains membres de ce conseil présents à la réunion (Rennes, 5 mars 1908, *J. S.*, 1909.447).

3026. — Il est aussi d'usage de stipuler qu'en cas de démission, décès, etc., d'administrateurs au cours de la société, les membres du conseil ont le droit de pourvoir provisoirement aux vacances, sauf ratification par la prochaine assemblée générale. Cela est incontestablement licite (Lyon-Caen et Renault, n. 811 *bis*; Pont, n. 1604; — Paris, 28 juin 1895, *J. S.*, 1895.429; — 4 août 1896, *J. S.*, 1897.433; — Cass., 20 juill. 1897, *J. S*, 1898 16; — Lyon. 20 oct. 1902, *J. S.*, 1903) Mais il ne serait pas licite de confier aux membres du conseil le droit de combler les vides d'une façon définitive. — Toutefois on agira prudemment en insérant dans les statuts une clause prévoyant d'avance le cas où l'assemblée générale ne ratifierait pas le choix du conseil d'administration et décidant, par exemple, que, malgré ce défaut de ratification, les délibérations prises par le conseil d'administration resteront valables.

3027. — Lorsque les statuts fixent un minimum d'administrateurs pour gérer la société, ce minimum est obligatoire, et tous actes qui seraient passés par le conseil d'administration composé d'un nombre inférieur à ce minimum seraient frappés de nullité (Paris, 20 mai 1887, *R. S.*, 1887.475; — Paris, 24 janv. 1889, *J. S.*, 1889 360).

3028. — Les administrateurs sont des mandataires révocables. La jurisprudence décide aujourd'hui unanimement que la révocation peut être prononcée *ad nutum* : l'assemblée générale est investie à cet égard d'un pouvoir absolu, et la révocabilité des administrateurs est une règle d'ordre public à laquelle il ne peut être dérogé (Lyon-Caen et Renault, n. 477; Pont, n. 1607; — Douai, 14 déc. 1858, S. 59.2.578; — Cass., 28 juill. 1868, S. 69.1.57. D. 68.1 441; — Paris, 8 nov. 1871 et 7 janv. 1872; — Cass., 30 avr. 1878, S. 78.1.313. D. 78.1.314; — 10 janv. 1881, S. 81.1.251, D. 81.1.161; — 2 juill. 1888. S.88.1.421; —Paris, 6 mars 1890, *Gaz. Trib.*, 15 mars). La révocation peut être prononcée par l'assemblée générale, encore que cette mesure ne soit pas portée à l'ordre du jour; le pouvoir de l'assemblée est absolu (Cass, 5 juill. 1893, S. 93.1.377, D. 94.1.41; — Seine, 10 oct. 1902, *Gaz. Trib.*, 11 oct. 1902). V. un cas de manœuvres frauduleuses relevées pour amener la révocation au cours d'une séance (Seine, 10 déc. 1902, *J.S.*, 1903.264; —Trib com. Seine, 7 mars 1910, *Gaz. Pal.*, 12 avr. 1910. — *Sic*: Boistel, n. 308 et s.; Lyon-Caen et Renault, t. 2, n. 812; Pont, t. 2, n. 1608 et s.; Thaller, n. 585;

Vavasseur, t. 2, n. 795 et s.). — V. cependant *infrà*, n. 3030. — Il n'est pas besoin, pour cette révocation. de la majorité exigée pour les modifications statutaires (Cass., 28 juill. 1868, S.69 1.57).

3029. — La révocabilité de l'administrateur est de l'essence du mandat ; elle a le caractère d'ordre public : elle est donc absolue, et aucune dérogation ne peut être stipulée. La société ne peut donc pas être condamnée envers lui à des dommages et intérêts (Cass., 30 avr. 1878, S. 78.1.313, D. 79.1.314 ; — Agen, 7 janv. 1879, S. 79. 2.142, D. 79.2.247 ; — Cass., 10 janv. 1881, S. 81.1.251, D. 81.1.861 ; — 21 déc. 1892, D. 93.1.164 ; — 25 juill. 1893, D. 94.1.6 ; — Mirecourt, 14 fév. 1900, D. 02.2.68 ; — Marseille, 3 nov. 1903, *J. S.*, 1904.85 ; — Paris, 23 mars 1909, *J. S.*, 1909.406).

Par application de ce principe, il a été décidé qu'on doit frapper de nullité tous les avantages pécuniaires consentis par les actionnaires d'une société au profit d'un administrateur, alors que ces avantages sont de nature à porter atteinte à la révocabilité du mandat (Paris, 25 juill. 1893, D. 94.2.6).

Est également nulle et de nul effet la clause des statuts qui enlève à la société son droit essentiel et absolu de révocation pour conférer aux tribunaux le pouvoir de contrôler les causes de révocation et d'allouer des dommages et intérêts au mandataire révoqué sans motif légitime (Cass., 30 avr. 1878, précité ; — Agen, 7 janv. 1879, précité ; — Cass., 2 juill. 1888, D 89.1.184 ; — Paris, 20 janv. 1886, D, 87.2.93 ; — 13 déc. 1883, D. 85.2.8).

Ce principe s'applique à l'administrateur délégué (Cass., 16 nov. 1886, S. 88.1.421 ; — Paris, 17 mars 1893, *J. S.*, 1894.22 ; — Nantes, 9 juill. 1900, *R. S.*, 1902.36).

3030. — La rigueur du principe de révocabilité *ad nutum* des administrateurs de la société anonyme a été atténuée par un arrêt de la Cour de cassation du 15 juillet 1895. La jurisprudence rappelée ci-dessus décide que dans toute assemblée générale l'administrateur peut être révoqué sans que cette révocation soit portée à l'ordre du jour. Par l'arrêt précité (S. 95.1.349, D. 96.1.31), la Cour de cassation juge que les assemblées générales ne peuvent délibérer valablement que sur les questions portées à l'ordre du jour. L'administrateur ne peut être révoqué, si cette révocation n'est pas portée à l'ordre du jour, qu'autant que la révocation et le remplacement sont justifiés et nécessités par des incidents imprévus survenus depuis la convocation de l'assemblée générale ou au cours des délibérations de l'assemblée générale (Comp. Trib. Seine, 15 déc. 1890, *J. S.*, 1891.49 ;

— Alger, 30 déc. 1890, *J. S.*, 1891.289 ; — Cass., 5 juill. 1893, S. 93. 1.377, D. 94.1.41 ; — Trib. com. Seine, 7 mars 1910, *Gaz. Pal.*, 12 avril 1910). ,

3031. — Les administrateurs ont également le droit de donner leur démission sans avoir à la motiver. Cette démission ne peut être ni intempestive ni inopportune, et si la société éprouvait un préjudice par suite d'une démission inopportune, l'administrateur pourrait être tenu à des dommages et intérêts (Lyon-Caen et Renault, n. 477).

3032. — Les pouvoirs des administrateurs ne cessent pas par la faillite ou la liquidation judiciaire de la société (Paris, 12 mai 1869, S. 71 2.233 ; Trib. com. Seine, 16 déc. 1901, *J. S.*, 1904.122) ; mais ils prennent fin par la dissolution de la société et sa mise en liquidation amiable (Nîmes, 8 mai 1908, *J. S.*, 1910.63).

3033. — La démission donnée par un administrateur, postérieurement aux faits qui engagent sa responsabilité, ne saurait, bien entendu, l'en dégager (Cass., 27 janv. 1873, D. 73.1.331).

3034. — Lorsque, au cours de l'existence sociale, des difficultés surviennent entre les administrateurs, ou entre la société et les administrateurs, le fonctionnement peut être entravé, et dans ce cas, il appartient aux tribunaux de nommer un administrateur séquestre chargé de convoquer l'assemblée générale et de gérer la société jusqu'à ce qu'un conseil ait été régulièrement nommé (Seine, 10 nov. 1879, *J. S.*, 1885 108 ; — Niort, 14 avr. 1885. *J. S.*, 1885.477 ; — Paris, 20 mai 1887, *J. S.*, 1887.278 — Seine, 28 mai 1887, *R. S.*, 1887.140 ; — 23 mars 1889, *R S.*, 1889.218).

3035. — Les administrateurs doivent être pris parmi les associés : c'est une condition impérative exigée par l'art. 22 de la loi de 1867 ; et la nomination des premiers administrateurs, choisis en dehors des associés, entraînerait la nullité de la société.

Jugé qu'une société anonyme, lors de la constitution de laquelle un tiers étranger à la société a été nommé administrateur, est nulle.

La cause de nullité ne peut cesser que par une nomination nouvelle faite dans les conditions de forme et de fond prescrites pour la désignation des premiers administrateurs par les art. 25 et 27 de la loi du 24 juillet 1867, et non par la délibération d'une assemblée générale ordinaire (Cass., 26 fév. 1908, *Gaz. Soc.*, 1913 34).

Cependant il a été décidé qu'il n'est pas nécessaire que l'administrateur soit actionnaire au moment de l'élection, et qu'il lui suffit d'acquérir le nombre statutaire d'actions avant son entrée en fonctions (Lyon. 2 mars 1883, *R.S.*, 1883 357 ; — Trib. com. Seine, 12 juill. 1888, *J. S.*, 1890.296 ; — Paris 12 déc. 1889, *J. S.*, 1891 18 ; — 3 fév. 1891, *J. S.*, 1893.402 ; — Alger, 20 déc. 1890, *J. S.*, 1891.280 ; — Trib. com. Seine, 25 juin 1894, *J.S* ,1895.48). Mais s'il n'est pas devenu depuis actionnaire. la société serait nulle, et cette nullité ne serait pas couverte du fait que cet administrateur ayant démissionné a été remplacé par un autre, désigné par une assemblée générale ordinaire (Cass., 26 fév. 1908, S. 1910.1.481, D. 1909.1.410). — La nullité serait plus certaine encore, à notre sens, s'il s'agissait d'un administrateur auquel on aurait prêté les actions exigées par les statuts : ce n'est pas en effet un actionnaire.

3036. — Sur la désignation possible, comme administrateur de société anonyme. d'une société actionnaire de celle-ci, V. Wahl, *J. S.*, 1905.289 ; *Ann. dr com.*, 1905.96. — Rien ne s'oppose à cette désignation.

3037. — Certaines fonctions officielles sont incompatibles avec celle d'administrateur d'une société anonyme, et en général de toute société commerciale ou industrielle. Ainsi, une circulaire du 24 décembre 1869 défend aux militaires d'entrer dans un conseil d'administration, quel que soit leur grade ; même interdiction pour les notaires (Ord. 4 janv. 1843), les avocats (Arr. du Conseil de l'ordre, 27 juin 1865). Mais en ce qui concerne les avocats, cette règle est exclusivement adoptée par le barreau de Paris ; en province, des avocats peuvent faire partie de conseils d'administration. Une loi du 10 juillet 1898 (art. 3) interdit aux membres du Parlement d'accepter les fonctions d'administrateurs de la Cie transatlantique. D'après l'art. 1er de la loi du 7 avril 1902 sur la marine marchande, la nationalité française est imposée à la majorité des administrateurs de sociétés anonymes ou autres propriétaires de bâtiments recevant une allocation de compensation d'armement ou prime à la navigation. L'administrateur délégué ou le gérant doivent être français.

La loi du 23 mars 1917 sur les sociétés de caution mutuelle et les banques populaires (art. 18) stipule que les administrateurs doivent être de nationalité française. La loi du 20 novembre 1883 déclare déchu de son mandat ou y ayant renoncé tout sénateur ou député qui, au cours de ce mandat. aurait fait ou laissé figurer son nom avec sa qualité de membre de l'une ou l'autre Chambre dans les annonces. affiches, réclames, faisant appel au public pour l'émission de titres d'une compagnie de chemin de fer. Aux termes d'une résolution votée par le Sénat le 29 juillet 1882 et insérée dans son Règlement comme article additionnel, « il est interdit à tout sénateur de prendre ou de laisser prendre sa qualité parlementaire dans des entreprises financières, industrielles ou commerciales ». Il n'existe aucune disposition semblable dans le Règlement de la Chambre (Eug. Pierre, *Droit parlementaire*, 3ᵉ éd., n. 345). La violation des prescriptions qui précèdent ne porte pas atteinte à la validité de la nomination elle-même : elle ne peut avoir pour sanction que des peines disciplinaires contre les contrevenants (Lyon-Caen et Renault, n. 816).

3038. — Les administrateurs doivent être propriétaires d'un nombre d'actions déterminé par les statuts (art. 26, L. 1867). Ces actions sont affectées en totalité à la garantie de tous les actes de la gestion, même de ceux qui seraient exlusivement personnels à l'un des administrateurs. Elles sont nominatives, inaliénables, frappées d'un timbre indiquant l'inaliénabilité et déposées dans la caisse sociale (L. 24 juill. 1867, art. 26). C'est donc aux statuts qu'appartient le droit de déterminer le nombre d'actions dont chaque administrateur doit être propriétaire (Seine, 14 sept. 1904, *Gaz. Pal.*, 16 déc. 1904).

Ces actions n'ont pas besoin d'être intégralement libérées, si les autres actions ne sont pas elles-mêmes intégralement libérées. En l'absence d'une disposition formelle de la loi, on n'aperçoit pas en vertu de quel principe on ferait aux administrateurs, sur ce point, une situation différente de celle des autres actionnaires.

3039. — Si les statuts étaient muets sur ce point, il suffirait que les administrateurs eussent chacun une action pour que leur nomination fût valable (*Sic* : Lyon-Caen et Renault, *loc. cit.* — *Contrà* : Alauzet, t. 1, n. 539 ; Mathieu et Bourguignat, n. 192 ; Pont, t. 2, n. 1626).

Il n'est pas nécessaire que chacun des administrateurs soit propriétaire du même nombre d'actions : il suffit qu'ils possèdent à eux tous le nombre d'actions déterminé par les statuts, quelle que soit la part de chacun d'eux, pourvu que chacun en possède au moins une (*Sic* : Alauzet, t. 1, n. 472 ; Lyon-Caen et Renault, t. 2, n. 815 ; Mathieu et Bourguignat, n. 194 ; Pont, t. 2, n. 1622. — Seine, 14 sept. 1904. *Le Droit*, 9 janv. 1905).

3040. — Les actions des administrateurs doivent être déposées dans la caisse sociale, et ce dépôt vaut constitution de gage au profit de la société, qui acquiert ainsi sur ces actions le privilège du créancier gagiste (Alauzet, t. 2, n. 752 ; Boursan, *De l'Adm. des soc. anon.*, p. 24 ; Deloison, t. 2, n. 378 ; Lyon-Caen et Renault, *loc. cit.* ; Pont, t. 2, n. 1624 ; Vavasseur, *loc. cit.* ; Villard, *Des Admin. des soc. anon.*, n. 20 ; — Dijon, 10 fév. 1902, S. 04.2.77 ; — Cass., 20 juin 1898, *R. S.*, 1898.456).

3041. — Les actions des administrateurs sont affectées en totalité à la garantie de leur gestion. Il y a donc comme une sorte de solidarité réelle sur les actions de garantie, mais cela n'empêche point de subsister les règles relatives à la solidarité des administrateurs en cas de responsabilité.

3042. — Les actions doivent être nominatives ; on ne pourrait déposer des actions au porteur (Paris, 26 nov. 1885, *R. S.*, 1886.196). Mais si, malgré cette disposition, le dépôt avait été effectué en titres au porteur, il n'y aurait aucune nullité (Paris, 15 avr. 1885, *R. S.*, 1885.485). Jugé qu'une société anonyme commet une faute lorsqu'elle accepte qu'un administrateur dépose en garantie de sa gestion des actions dont il n'est pas propriétaire Si les créanciers de l'administrateur qui a fait ce dépôt irrégulier justifiaient qu'il en est résulté pour eux un préjudice, ils seraient fondés à agir en dommages-intérêts contre la société (Trib. civ. Seine, 4 juill. 1913, *Gaz. Soc.*, 1913.450).

3043. — On s'est demandé si les actions que les administrateurs doivent déposer dans la caisse sociale comme garantie de leur gestion peuvent être prises parmi les actions d'apport. La question ne nous paraît pas douteuse ; car malgré la prohibition de négociation dont ces actions sont frappées par la loi de 1893 pendant le délai de deux années, elles peuvent être l'objet d'une cession civile. Elles peuvent être données en nantissement, et rien n'empêche la régularisation de l'immatriculation des actions d'apport au nom d'un administrateur comme garantie de sa gestion. Ou bien ces actions peuvent être, d'après les statuts sociaux, la propriété de l'administrateur. En ce cas, il ne nous paraît pas qu'une difficulté quelconque puisse surgir. Ou bien l'administrateur peut s'en rendre propriétaire au moyen d'une cession civile. On sait que les actions d'apport peuvent être cédées par la voie civile.

Une cession réalisée conformément aux art. 1689 et 1690 C. civ. investit le cessionnaire de tous les droits que possédait le cédant, c'est-à-dire de la propriété de l'action sous la réserve de la garantie qui appartient à la société sur ces actions.

C'est en ce sens que se prononcent les auteurs (Génevois, *R. trim.*

du nouv. rég. des soc. ; article de M. Millerand, 1897, p. 7 et suiv. — V. aussi : Poitiers, 6 nov. 1899, *J. S.*, 1900.215 ; — Lille, 11 oct. 1899, *J. S.*, 1899.270, *Sol. impl.* ; — Lyon, 26 fév. 1903, *J. S.*, 1903. 306. — En sens contraire : Houpin, *J. S.*, 1898, p. 97 ; — Lyon, 27 nov. 1912, *Gaz. Soc.*, 1914.101).

Mais les actions attribuées à une *société* en représentation d'apports par elle consentis ne pourraient servir d'actions de garantie aux administrateurs de la société anonyme à laquelle l'apport a été fait. L'administrateur en ce cas n'est pas personnellement actionnaire.

3044. — Il n'est pas nécessaire, pour opérer le transfert de la propriété d'actions d'apport au regard de la société qui les a émises, qu'on ait réalisé soit un transfert, soit une tradition manuelle. La signification de la cession à la société prise comme débiteur, conformément à l'art. 1690 C. civ., opère transmission de la propriété des actions au profit des cessionnaires au regard de la société comme des tiers.

D'autre part, lorsque les administrateurs cessionnaires de ces actions d'apport ont pris soin de signifier la cession à la société, qu'un double de chaque acte de transport, dans lequel les numéros des actions cédées sont indiqués, a été déposé dans la caisse de la société et frappé d'un timbre portant la mention : « inaliénable du numéro tant », on ne saurait soutenir qu'il n'a pas été satisfait aux prescriptions de l'art. 26. Ces actions doivent être considérées comme nominatives, puisqu'elles sont individualisées au nom des administrateurs cessionnaires dans la caisse sociale et grevées du chef de ceux-ci du droit de gage qui résulte dudit article (Lyon, 27 nov. 1912, *Gaz. Soc.*, 1913.115).

3045. — Les actions de jouissance peuvent. comme les actions de capital être apportées à la garantie des administrateurs (Lyon-Caen et Renault, n. 815 ; Thaller, *J. S.*, 1906.193 ; Wahl, *J. S.*, 1913. 339), lorsqu'il n'existe plus dans la société que des actions de cette nature. De même si les statuts autorisent les actions de jouissance à servir à la garantie des administrateurs. Mais ces deux cas exceptés, ce sont des actions de capital qui doivent être déposés. MM. Houpin et Bosvieux, n. 845, estiment que si des actions de capital déposées en garantie par des administrateurs sont remboursées et remplacées par des actions de jouissance, les administrateurs sont tenus de déposer dans la caisse sociale le capital remboursé.

3046. — Les actions de garantie, dit la loi, sont inaliénables mais elles ne sont pas insaisissables. Un créancier de l'administrateur pourrait donc faire saisir ses actions, mais il ne pourrait réaliser ses poursuites à l'encontre du droit de gage qui existe au profit de la société. Les créanciers sociaux primeraient donc les créanciers personnels de l'administrateur sur la réalisation de ses actions (Pont, n. 1624 et 1625 ; — Trib. com Seine, 8 août 1893, *R.S.*, 1894 99).

Ainsi il a été jugé que les actions déposées par un administrateur dans les caisses de la société, conformément à l'art. 26 de la loi de 1867 demeurent le gage commun de ses créanciers. Ces actions peuvent donc être saisies-arrêtées entre les mains de la société qui est dépositaire, par un créancier de l'administrateur. Les juges peuvent, en validant la saisie-arrêt, ordonner que les actions soient vendues par le ministère d'agent de change, pour le produit de la vente être remis au créancier saisissant. De même, les jetons de présence attribués aux administrateurs n'ont pas de caractère alimentaire et sont saisissables (Paris, 20 nov. 1889, S. 91.2.93). Cette décision ne doit pas être admise sans contestation ; en effet, nous venons de voir que l'art. 26 constitue, au profit de la société, un véritable droit de gage ; il faudrait donc décider que si ce droit de gage ne confère pas aux actions l'insaisissabilité, les créanciers personnels de l'administrateur ne peuvent saisir les actions et les faire vendre qu'au moment où le droit de gage existant au profit de la société se trouve liquidé (Cass., 20 mars 1898, S. 99 1.257 ; Alauzet, *loc. cit.* ; Pont, t. 2, n. 1625 ; Rivière, n. 219 ; Ruben de Couder, *Supp.*, V° *cit.*, n. 147 ; Villard, *loc. cit.* — *Contrà* : Paris, 20 nov. 1889, précité).

3047. — La violation des dispositions de l'art. 26 ne peut entraîner aucune nullité ; on ne rencontre en effet dans la loi aucune sanction à cet article ; mais le devoir des administrateurs est de se conformer à la loi et de s'abstenir de tout acte de gestion tant qu'ils n'y ont pas satisfait.

3048. — Les actionnaires eux-mêmes pourraient saisir les tribunaux pour voir dire que les administrateurs déposeront des actions à titre de garantie, ou qu'une assemblée générale sera convoquée pour suppléer au silence des statuts s'ils n'ont pas prévu le dépôt, ou pour révoquer les administrateurs s'ils ne veulent pas s'y conformer (Pont, n. 1625 ; — Lyon, 14 août 1885, *J. S.*, 1886.471 ; — 25 mars 1887, *J. S*, 1888.338 ; — Lyon-Caen et Renault, t. 2, n. 815 *bis*).

3049. — L'indisponibilité des actions de garantie cesse lorsque les administrateurs ont rendu leurs comptes et ont obtenu de l'assemblée générale leur quitus (Pont, n. 1627).

Lorsque les statuts allouent aux administrateurs une part proportionnelle des bénéfices annuellement réalisés par la société, cette part doit être calculée uniquement sur les affaires conclues et liquidées dans l'année au prorata du temps de l'exercice pendant lequel ont duré les fonctions de l'administrateur ; on ne peut comprendre dans ces bénéfices les résultats d'une opération dont le produit n'est pas encore encaissé, et il en est ainsi alors même que le produit aurait été ultérieurement recouvré dans son intégralité (Paris, 9 janv. 1888 et 9 mars 1888, D. 89.2.71. — Comp. cependant : Paris, 16 avr. 1870, D. 70.2 121, et Cass., 7 mai 1872, D. 72.1. 233).

3050.— En principe, le mandat des administrateurs est gratuit, mais pratiquement les statuts des sociétés anonymes attribuent presque toujours aux administrateurs une rémunération ; celle-ci comporte le plus souvent deux éléments :

1° Des jetons de présence c'est-à-dire une allocation fixe, indépendante des bénéfices prélevés sur les frais généraux, même en l'absence de bénéfices (Trib. civ. Seine, 11 mai 1894, *J. S.*, 1895. 139).

Les statuts bien entendu peuvent contenir une clause contraire. Ce jeton de présence est alloué pour chaque séance à chacun des membres présents à la séance.

2° Un tantième statutaire sur les bénéfices, Il faut entendre le mot bénéfice dans le sens qui lui est attribué pour la répartition de dividendes aux actionnaires. Les statuts fixent à cet égard les modes de calcul qui doivent être observés. Souvent ils stipulent au profit des actionnaires un intérêt de 5 0/0 à titre de premier dividende et c'est après ce premier prélèvement que se calculent les tantièmes des administrateurs.

Ce sont les statuts qui fixent à cet égard les règles de distribution et l'ordre dans lequel les prélèvements doivent être opérés. Des critiques ont été souvent exercées contre des stipulations statutaires qui contenaient au profit des administrateurs des faveurs exceptionnelles, souvent contraires à l'intérêt de la société. Quoi qu'il en soit, ce sont les dispositions statutaires qui font la loi.

Si les statuts confèrent aux administrateurs, sans autre formule, une part des bénéfices, cette part doit être calculée sur les bénéfices nets, ordinaires ou extraordinaires, mais non, d'après M. Houpin, *J. S.*, 1915.158, sur les sommes distribuées provenant d'une prime d'émission versée par les souscripteurs d'actions, ce qui constitue non un bénéfice, mais un apport supplémentaire.

Les administrateurs ne peuvent prétendre à leur part de bénéfice sur des réserves supplémentaires (Trib. Seine, 10 déc. 1902, *J. S.*, 1903.264 ; — Paris, 7 janv. 1904, *J. S.*, 1904.414. Voyez cependant Paris, 9 mars 1888, *J. S.*, 1888. 654 ; — Cass., 3 fév.1890, *R. S.*, 1890. 128).

L'existence de bénéfices étant la condition *sine qua non* du droit des administrateurs, ils doivent en cas d'inexistence de ces bénéfices, distribués irrégulièrement, la restitution des sommes qu'ils auraient irrégulièrement perçues.

Les bénéfices se calculent sur l'ensemble d'un exercice annuel et sur les affaires conclues et liquidées dans l'année (Paris, 9 janv. 1888, et 9 mars 1888, D. 89.2.71. — Comp. cependant Cass., 7 mai 1872, D. 72.1.233. Aussi les administrateurs révoqués ou démissionnaires au cours de l'année ne peuvent prétendre qu'à la rémunération afférente à la portion de l'année pendant laquelle ils ont exercé leurs fonctions (Cass., 1er juin 1875, S. 76.1.29 ; — Paris, 7 janv. 1904, *J. S.*, 1904.414).

Cependant, les bénéfices versés à une réserve statutaire peuvent être répartis entre les administrateurs en fonctions au moment de la dite distribution de ces réserves et les actionnaires sans qu'il y ait à rechercher au cours de quel exercice la réserve a été constituée (Cass., 3 fév. 1890, *R. S.*, 1890.128).

Pour nous résumer sur ce point, disons avec la jurisprudence que le droit des administrateurs à leurs tantièmes des bénéfices n'existe que lorsque ces bénéfices sont mis en distribution. Si les bénéfices ont été réservés et ne sont mis en distribution que longtemps après la constitution de la réserve, les administrateurs en fonctions au moment de la distribution ont droit aux tantièmes sur ces bénéfices (Houpin. *J. S.*, 1913.295 ; Thaller et Pic, 1181).

La distribution des tantièmes se fait entre les administrateurs suivant leurs conventions particulières. Rien ne s'oppose à ce que un administrateur ait une part de ces tantièmes supérieure à celle des autres en raison des fonctions à lui confiées ou des services personnels par lui rendus.

Bien entendu, la rémunération n'est due que pendant la durée des fonctions de l'administrateur ; elle disparaît avec ses fonctions.

La société peut exercer un recours contre les administrateurs qui ont perçu indûment des allocations à titre de bénéfices (Paris, 20 janv. 1888, *R. S.*, 1888.356).

Les tantièmes attribués aux administrateurs sont frappés de l'impôt de la loi du 13 juillet 1911 (V. *Régime fiscal*).

3051. — Il a été jugé que malgré la clause des statuts qui détermine la rémunération des administrateurs, un administrateur investi par le conseil de fonctions spéciales peut recevoir une rémunération également spéciale (Seine, 10 nov. 1887, *R. S.*, 1888. 165 ; — Paris, 24 janv. 1889, *J. S.*, 1889.360).

3052. — Les pouvoirs des administrateurs n'ont été définis par aucun texte de loi ; mais dans la pratique, les statuts les déterminent avec précision, et les administrateurs ne peuvent obliger la société que dans les limites assignées à leur mandat par les statuts sociaux (Cass., 22 janv. 1867, S. 67.1.124 ; — 28 janv. 1891, S. 91.1.256 ; — Trib. civ. Angers, 10 avr. 1899, *R. S.*, 1899.466 ; — Paris, 23 juin 1897, *J. S.*, 1898.65).

3053. — Le conseil d'administration, de son autorité, n'a pas compétence pour *créer* un comité de direction et y faire siéger des administrateurs à tour de rôle, de telle sorte qu'on ne comprend pas très bien ce que serait à côté de ce comité de direction le conseil d'administration proprement dit. Ce raisonnement, solide par lui-même, se trouve encore fortifié par cette considération que cette innovation aurait pour conséquence d'aggraver les frais généraux. Les dépenses prévues par les statuts se trouveraient en effet augmentées du montant de l'allocation que s'attribuerait le conseil d'administration pour la répartir entre tous ses membres en *qualité* de *membres* du comité de direction. Cela est impossible. Une assemblée générale pourrait décider la création de ces innovations. Mais il y aurait illégalité à les réaliser avant d'en avoir fait approuver le programme par l'assemblée générale sous forme de modification aux statuts.

En tout cas, lorsqu'il s'agit d'actes qui ne peuvent être ratifiés que par l'assemblée générale, les ententes entre administrateurs des deux sociétés contractantes ne constituent que de simples pourparlers qui ne peuvent en principe ouvrir un droit à des dommages-intérêts au profit de l'une des sociétés contractantes (Trib. com. Lyon, 23 mars 1909, *J. S.*, 1910 83).

3054. — Si les statuts exigent la signature de deux administrateurs pour la validité des engagements. cette clause doit être observée (Cass., 9 juill. 1872, S. 73.1.256. — V. aussi : Cass., 2 juill. 1878, S. 81.1.411. — V. sur ces questions de signature par deux administrateurs : Cass , 9 juill. 1872, S. 73.1.256, D. 72.1.404 ; — Paris,

5 juill. 1877, D. 77.2.168 ; — 23 fév. et 31 mars 1883, *J. S.*, 1883.461 et 463 ; — Seine, 19 avr. 1880 et 7 mars 1888, *J. S.*, 1888. 640 ; — Anvers, 25 juin 1888, *J. S.*, 1890.40 ; — Limoges, 27 juill. 1888, *R. S.*, 1889.330. — Trib. Bruxelles, 23 mai 1889, *J. S.*, 1890. 12 ; — Paris, 7 mai 1889, *J. S.*, 1891.510 ; — 9 juin 1891, *R. S.*, 1891.377 ; — 9 mars 1892, *R. S.*, 1892.31 ; — 2 mars 1894, *J. S.*, 1894.322 ; — 9 nov. 1896, *J. S.*, 1897.69 ; — Seine, 10 avr. 1897, *R. S.*, 1897.501).

3055. — Les tribunaux sont juges des conventions, et ils se montrent rigoureux pour apprécier les pouvoirs des administrateurs lorsque les contrats qui leur sont soumis engagent pour longtemps l'avenir de la société, ou lorsqu'ils constituent des emprunts qui engagent ses capitaux (V. Nancy, 12 déc. 1842, S. 43.2.381 ; — Bordeaux, 6 août 1853, S. 55.2.717 ; — Cass., 22 janv. 1867, S. 67.1.124 ; — Paris, 19 juin 1885, D. 86.2.18).

3056. — Lorsque l'administrateur a excédé ses pouvoirs, il est responsable personnellement tout à la fois à l'égard des tiers avec lesquels il a contracté et à l'égard de la société si elle en a éprouvé un préjudice. Mais la société peut être engagée si elle a approuvé les actes, même antistatutaires, de l'administrateur, ou si elle en a profité (Cass., 13 mars 1876, S. 76.1.361 ; — 14 janv. et 23 fév. 1885, *R. S.*, 1885.390 ; — Rouen, 13 juin 1887, *R. S.*, 1888.81 ; — Seine, 17 mai 1888, *R. S.*, 1888.364 ; — Paris, 25 mars 1905, *Gaz. Trib.*, 1905 ; — Pont, n. 1630).

3057. — Dans le silence des statuts, les administrateurs ont en principe les mêmes pouvoirs d'administration que les gérants d'une société en commandite ; ils sont les mandataires de la société, mandataires généraux (V. *suprà*, n. 2045 et suiv.). Nous ne pouvons revenir sur ce que nous avons dit des pouvoirs du gérant ; nous compléterons seulement en ce qui concerne spécialement les administrateurs, par le rappel des décisions suivantes.

3058. — Il a été jugé que les administrateurs n'ont pas le droit, dans le silence des statuts, d'emprunter (Cass., 22 janv. 1867, S. 67. 1.124 ; — Lyon, 22 déc. 1888, *J. S.*, 1889.349 ; — Pont, n. 1629), de conférer des nantissements (Cass., 13 mars 1875, D. 77.1.49), même si les statuts leur donnent le pouvoir d'aliéner ou d'hypothéquer (Seine, 2 janv. 1886, *R. S.*, 1886.173. — V. cep. Cass., 23 fév. 1909, *R. S.*, 1909.282 ; — Houpin, *J. S.*, 1896.233). Mais une assemblée générale, même extraordinaire, peut leur donner ce pouvoir (Rennes, 5 mars 1908, *J.S.*, 1909.447). — Ils ne peuvent non plus ni transiger ni compromettre (Cass., 1er avr. 1834, S.34.1.1694 ; — Pont, n. 1632) ; mais ils ont le droit d'intenter toute action en justice relative aux actes d'administration et d'y défendre (Pont, n. 1622 ; Lyon-Caen et Renault, n. 1495 ; — Lyon, 4 fév. 1892, *J. S.*, 1892. 368). Les actionnaires (ainsi représentés par les administrateurs) ne peuvent notamment former tierce opposition (Paris, 12 nov. 1902, et, sur opposition, Paris, 11 mars 1903, *R. S.* 1903.342. *infrà*, le chapitre *Actions en justice*). Il a même été jugé que le conseil, en vertu de l'article des statuts qui l'autorise à exercer toute action judiciaire, peut intenter une demande en rectification des comptes approuvés par l'assemblée générale, sans autorisation spéciale de cette assemblée sauf à examiner si l'approbation de l'assemblée générale ne rend pas la demande irrecevable (Cass., 24 mai 1870, D. 70.1. 407). L'assignation est valablement délivrée au nom de la société agissant aux poursuites et diligence de ses administrateurs, sans qu'il soit besoin d'indiquer les noms de ceux ci (Cass., 15 janv. 1896, *J. S*, 1896 157. — V. aussi : Cass., 28 fév. 1894, *J. S.*, 1895 170 ; — Paris, 6 fév. 1897, *R. S.*, 1897.407). Des administrateurs peuvent endosser les effets de commerce (Cass., 3 août 1892, *J. S.*, 1892.499).

Lorsque les statuts confèrent à l'assemblée générale le pouvoir de décider des émissions d'obligations, celle-ci a le droit, en l'absence de prohibition dans la loi et dans les statuts, de déléguer ses pouvoirs au conseil d'administration, à condition qu'elle ne se dépouille pas entièrement de son autorité : cette délégation ne constitue pas une modification des statuts (Bruxelles, 18 janv. 1906, *J. S.*, 1907.350).

À notre sens, l'assemblée générale extraordinaire pourrait même déléguer au conseil d'administration ou à une assemblée générale ordinaire le droit d'apporter certaines modifications au pacte social, lorsqu'il s'agit de modifications déterminées d'avance, par exemple celles que peut exiger l'administration pour accorder l'enregistrement de société d'assurances sur la vie ou de capitalisation. C'est la pratique suivie au ministère du travail. — *Sic* : Wahl, *J. S.*, 1906. 351. — *Contrà* : Houpin, 1907.337.

Le conseil d'administration n'excède pas ses pouvoirs en remettant à un banquier, en nantissement d'un prêt consenti par ce dernier, une partie des obligations qu'il a été autorisé à créer, dès lors que les statuts lui donnent le pouvoir d'hypothéquer et d'emprunter et que, d'autre part, l'assemblée générale lui a laissé toute liberté relativement au mode de placement des obligations (Cass., 23 fév. 1909, *J. S.*, 1909.35).

3059. — Les administrateurs ont des devoirs généraux et des devoirs spéciaux ; les devoirs généraux sont ceux qui incombent à tout mandataire ; les devoirs spéciaux sont déterminés par la loi de 1867.

Ainsi, dans ce second ordre d'idées, les administrateurs doivent :

1° Tenir les livres de la société (art. 33), et pendant le trimestre qui précède l'époque fixée par les statuts pour la réunion de l'assemblée générale, mettre ces livres à la disposition des commissaires de surveillance pour leur travail de contrôle et de vérification, et leur permettre de dresser le rapport qu'ils sont chargés de faire à l'assemblée ;

2° Dresser chaque semestre un état sommaire de la situation active et passive de la société, et chaque année, l'inventaire prescrit par l'art. 9 C. com., le bilan résumant cet inventaire et le compte des profits et pertes (art. 33) ; en outre, mettre à la disposition des commissaires de surveillance, le quarantième jour au plus tard avant la réunion de l'assemblée générale, l'état semestriel, l'inventaire, le bilan et le compte des profits et pertes (art. 34) ;

3° Déposer au siège social, quinze jours au moins avant la réunion de l'assemblée générale, l'inventaire, le bilan et la liste des actionnaires, pour que ces derniers puissent user du droit qui leur appartient de prendre communication de cet inventaire, de cette liste, et de se faire délivrer copie du bilan (art. 34) ;

4° Convoquer, conformément aux art. 27, 29, 30, 31 et 37, les assemblées générales, et veiller à la composition régulière de ces assemblées et à la régularité du mode de votation ;

5° Faire publier les résolutions de ces assemblées dans les cas prescrits par la loi (art. 37, § 2, et 61) ;

6° Faire procéder par les assemblées à la nomination des administrateurs sortants, à celle des commissaires de surveillance ou à leur nomination et leur remplacement par le président du tribunal de commerce (art. 32, §§ 1 et 3) ;

7° Rendre à l'assemblée générale annuelle un compte détaillé de leur gestion et de la situation de la société pendant l'exercice écoulé ;

8° Faire dans les termes légaux la proposition de distribution de dividendes (art. 36 et 45) ;

9° Consulter l'assemblée générale sur la dissolution de la société en cas de perte des trois quarts du capital social (art. 37, § 1) ;

10° Provoquer la dissolution de la société en justice quand, depuis une année, le nombre des associés est inférieur à sept (art. 38) ; cette disposition est applicable seulement aux sociétés anonymes ;

11° N'accepter leurs fonctions ou ne les exercer qu'à la condition d'être propriétaire du nombre d'actions de garantie déterminé par les statuts (art 26) ;

12° Ne prendre ou conserver aucun intérêt direct ou indirect dans une entreprise ou dans un marché fait avec la société ou pour son compte, qu'avec l'autorisation de l'assemblée générale, et en rendre compte à l'assemblée (art. 40).

3050 *bis.* — L'art. 40 prévoit le cas où les administrateurs ont un intérêt personnel, direct ou indirect, dans une entreprise ou dans un marché fait avec la société ou pour son compte ; la loi leur interdit de prendre ou de conserver cet intérêt, à moins qu'ils n'y soient autorisés par l'assemblée générale. Il est, chaque année, rendu compte à l'assemblée générale spécialement des marchés ou entreprises par elle autorisés dans les exercices précédents. L'interprétation de cet article ne doit pas être trop rigoureuse : il ne vise, de l'avis général, que les véritables marchés d'entreprises, et non les opérations isolées, même multipliées, comme, par exemple, les ventes de marchandises à la société, l'escompte de son papier, etc. (Douai, 21 mars 1899, D. 01.2.364. — Pont, n. 1637). On décide même que la prohibition de la loi frappe seulement les marchés de gré à gré, et non pas les adjudications avec publicité et concurrence. Ce point a été mis en évidence lors de la discussion de l'art. 40 au Corps législatif (Pont, n. 1638 ; — Seine, 27 juill. 1903, *R. S.*, 1904.450 ; — Nantes, 4 mai 1904, *R. S.*, 1904.471 ; Seine, 21 mai 1904, *J. S.*, 1905.186).

3051 *bis.* — L'art. 40 de la loi du 24 juillet 1867, qui interdit aux administrateurs des sociétés commerciales de prendre ou de conserver un intérêt dans un marché ou une entreprise faits avec la société ou pour son compte, sans l'autorisation de l'assemblée générale, ne vise pas les actes de commerce isolés, même réitérés, qui ne se rattachent pas à l'exécution d'un marché ou d'une entreprise ; mais il s'applique à tout ce qui constitue un marché ou une entreprise d'une certaine durée, comportant des opérations suivies. Si l'escompte isolé d'un effet de commerce ne tombe pas sous les interdictions de l'art. 40, la prohibition de la loi s'applique aux travaux effectués pour la consolidation d'un canal de fuite d'une usine de la société et la construction d'un bâtiment destiné à loger des turbines. Il y a dans ce texte une véritable entreprise. L'administrateur, qui a ainsi exécuté un marché ou une entreprise pour le compte de la société, sans y être régulièrement autorisé par l'assemblée générale, commet une faute ; en réparation du préjudice causé à la société, qui n'a pu mettre l'administrateur en concurrence avec d'autres entrepreneurs et obtenir ainsi de plus bas prix, l'administrateur doit être condamné à abandonner à la société le bénéfice réalisé sur le marché ou l'entreprise non régulièrement autorisés (Pau, 31 juill. 1911, *Gaz. Soc.*, 1912.64).

3052 *bis.* — Tous les marchés de gré à gré dans lesquels les administrateurs ont un intérêt personnel sont rigoureusement prohibés ; il importe peu que cet intérêt soit direct ou indirect.

L'intérêt est indirect toutes les fois qu'un administrateur doit tirer profit d'un marché sans être même partie contractante, par exemple si l'administrateur avait consenti un marché au nom de la société à des individus dont il serait personnellement créancier ou encore à une société dans laquelle il aurait des intérêts sérieux (Lyon-Caen et Renault, t. 2, n. 821).

3053 *bis.*— Ainsi, il y a lieu de considérer comme un *marché* tombant sous l'application de l'art. 40 la convention par laquelle les administrateurs de la société sont chargés, moyennant l'abandon à forfait d'une somme considérable, de régler les commissions et frais de souscription afférents à une émission d'actions nouvelles sans obligation de justifier de l'emploi de la somme ; cette convention doit donc être annulée si elle n'a pas été formellement autorisée par l'assemblée générale, et la somme doit être rapportée par les administrateurs, sauf pour la part qu'ils justifieraient avoir profité à la société (Paris, 20 janv. 1888, D. 89.2.265 ; — Cass., 16 juin 1891, S. 95.1.506, D. 92.1.321).

Jugé que la délibération prise par un conseil d'administration régulièrement autorisé à cet effet pour réaliser un emprunt hypothécaire et un nantissement n'est pas nulle si quelques-uns des administrateurs ayant pris part à cette délibération sont en même temps intéressés, comme obligataires, aux garanties consenties (Rennes, 5 mars 1908, *J. S.*, 1909.447).

3054 *bis.* — La prohibition peut être levée par une autorisation de l'assemblée générale ; cette autorisation peut être donnée après la conclusion et l'exécution du marché (Paris, 30 juill. 1867, D. 67.2. 238) ; dans ce cas, elle vaut ratification et fait disparaître rétroactivement le vice dont la convention était entachée (V. rapport de M. Mathieu, D. 67.4.114, note 3 ; — Cass., 16 juin 1891, précité).

3055 *bis.* — La sanction de la prohibition de l'art. 40 consiste dans la responsabilité de l'administrateur (Cass., 16 juin 1891, précité) ;

aucune sanction pénale n'est attachée à la violation de cet article (Paris, 18 mars 1887, D. 88.2.129. — *Sic* : Alauzet, t. 2, n. 756 ; Bédarride, t. 2, n. 471 ; Boistel, n. 312 : Dutruc, *Dict. cont. comm.*, V° *Société*, n. 1312 ; Lyon-Caen et Renault, t. 2, n. 822 ; Pont, t. 2, n. 1642 ; Ruben de Couder, V° *cit.*, n. 326).

3056 bis. Mais l'opération irrégulière est-elle entachée de nullité? On a soutenu la négative en se fondant sur le silence de la loi, et il a été jugé que l'opération irrégulière ne pourrait entraîner qu'une action en dommages et intérêts contre l'administrateur (Trib. com. Seine, 28 avr. 1887, *J. S.*, 1888.428). La thèse contraire a été adoptée par la jurisprudence, et il a été jugé que le marché peut être déclaré nul à la requête de la société ; en d'autres termes, la nullité est la sanction nécessaire d'incapacité, sauf, bien entendu, les cas de ratification qui seraient opposables à la société (Paris, 20 janv. 1888, précité ; Paris, 1er juin, 1889, *R. S.*, 1889.573 ; Lyon-Caen et Renault, n. 822)

3057 bis. — Cependant il est enseigné que la nullité ne saurait être prononcée : 1° lorsque l'administrateur n'avait qu'un intérêt indirect dans le marché ; 2° si la violation de la loi consistait non dans le défaut initial d'autorisation, mais simplement dans l'omission du compte rendu annuel prescrit par l'art. 40 (Dalloz *Supp.*, n. 1508).

3058 bis. — Toutes les lettres, pièces, documents quelconques adressés aux administrateurs sont la propriété de la société et constituent ses archives. Ils ne peuvent donc être retenus par les administrateurs personnellement (Trib. com. Seine, 6 fév. 1888, *J. S.*, 1888.632 : — Paris, 7 nov. 1888, *R. S.*, 1889.130).

3059 bis. — Les administrateurs se réunissent et délibèrent dans les termes des statuts. Le nombre des réunions est généralement déterminé par les statuts ou inspiré par les besoins de la société. C'est un devoir pour l'administrateur d'assister aux réunions du conseil. Les délibérations doivent être prises par le nombre d'administrateurs indiqué par les statuts, à peine de nullité (Paris, 20 mai 1887, *R. S.*, 1887.475 ; — 24 janv. 1889, *R. S.*, 1889 201).

Aucune disposition de la loi n'oblige le conseil d'administration à indiquer d'avance l'ordre du jour de ses délibérations : par suite, en l'absence de prescriptions spéciales des statuts, il délibère valablement sur toutes les questions qui lui sont soumises (Nantes, 9 juill. 1900, *J. S.*, 1901.416).

3060. — Tous les administrateurs doivent prendre part aux délibérations. L'administrateur absent sans motif légitime commet une négligence qui peut légitimer sa révocation.

3061. — Les statuts prévoient généralement le nombre minimum des membres du conseil dont la présence est nécessaire pour la validité des délibérations. Si tous les membres ne sont pas présents, ou n'ont pas été convoqués, en d'autres termes si le conseil n'est pas au complet, il ne peut pas délibérer valablement, et les résolutions qu'il prendrait ne seraient pas régulières (Paris, 20 mai 1887 et 24 janv. 1889, *J.S.*, 1888.306, 1889.360).

3062. — Les délibérations doivent être prises à la majorité des voix des membres composant le conseil d'administration. Nous ne pensons pas que le conseil puisse valablement délibérer à la majorité des voix des membres présents, ni qu'une délibération ainsi prise soit valable quel que soit le nombre des administrateurs. Si les statuts subordonnent la régularité des délibérations du conseil en général ou de tel acte en particulier au concours d'un nombre minimum d'administrateurs, il faut de toute nécessité que les délibérations du conseil respectent le minimum imposé, et toute délibération prise à un nombre différent serait frappée de nullité (V. Cass., 9 juill. 1872, D. 72.1.404). Mais bien entendu, si l'acte dont s'agit doit être approuvé ou confirmé par une assemblée générale, l'irrégularité, n'étant pas d'ordre public, se trouve couverte par la délibération de l'assemblée (Paris, 28 juin 1895, et Cass., 20 juill. 1897, *J. S.*, 1895.429 et 1898.16).

En cas de partage, les statuts peuvent valablement stipuler que la voix du président sera prépondérante (Trib. com. Seine, 7 mars 1910, *Gaz. Pal.*, 12 avr. 1910).

3063. — Il a été très sagement jugé que le conseil d'administration dont le nombre des membres, par suite de décès ou de démission, a été réduit à un chiffre inférieur à celui fixé par les statuts, ne cesse pas d'exister pour cette cause et qu'il peut exercer valablement certains actes de gestion dans l'intérêt social, notamment afin de rendre compte de l'exercice précédent à l'assemblée générale et de se présenter devant elle (Paris, 4 août 1896, *J. S.*, 1897.433 ; — Trib. com. Charolles, 16 mars 1909, *R. S.*, 1910.219).

3064. — Il arrive souvent en pratique que les administrateurs estiment de l'intérêt social d'accomplir un acte excédant les pouvoirs qu'ils tiennent de la loi ou des statuts. Dans ce cas le devoir des administrateurs est de convoquer une assemblée générale des actionnaires. L'assemblée peut disposer du patrimoine social et peut décider des aliénations, emprunt, etc., ou conférer aux administrateurs une extension de pouvoirs (Cass., 10 mars 1841, S. 41.1.357 ; — 7 mai 1844, S. 45.1.53 ; — 16 juin 1891, *R. S.*, 1891.429 ; — 13 nov. 1893, *J. S.*, 1894.133 ; — Nancy, 10 mars 1900). L'assemblée générale a le droit aussi de ratifier un acte irrégulièrement accompli par le conseil d'administration (Mêmes arrêts. — *Adde* : Cass., 13 mars 1876. S. 76.1.361 ; — Paris, 29 mai 1889, *J. S.*, 1890.75 ; — Lyon, 28 janv. 1890, *J. S.*, 1891.553).

Mais l'assemblée générale ne peut ainsi valablement délibérer qu'à la condition de ne porter aucune atteinte au pacte constitutif, de ne pas violer les statuts, de ne pas détourner le fonds social de sa destination, etc.. — même arrêt. (V. le chapitre relatif aux pouvoirs des assemblées générales.)

3065. — L'effet des actes accomplis par les administrateurs est régi par les principes généraux du droit. Les administrateurs sont des mandataires. Ils obligent le mandant, la société.

Les administrateurs ne contractent, aux termes de l'art. 32 C. com., aucune obligation personnelle et solidaire relativement aux engagements de la société (Cons. Orléans, 20 juill. 1853, S. 53. 2.485, D. 54.2.30 : — Douai, 15 déc. 1898. D. 1900.2.420 ; — Rennes, 11 nov. 1909, *J. S.*, 1910.516).

La société est au contraire obligée quand les administrateurs ont agi dans la limite de leurs pouvoirs non seulement par leurs contrats, mais même par leurs délits et quasi-délits. Aussi il a été jugé que la société est responsable envers les tiers du *dol* commis par ses administrateurs (Cass., 30 juill. 1895, S. 96.1.288, D. 96.1.132. — V. aussi Cass., 10 janv. 1887, S. 87.1.374, D. 89.1.68).

Par application du même principe, la société est responsable civilement des manœuvres frauduleuses commises par le banquier qu'elle a chargé à titre de mandataire de placer ses titres (Cass., 30 juill. 1895, *suprà*).

SECTION IV

RESPONSABILITÉ DES ADMINISTRATEURS

§ 1er. — Principes de responsabilité.

3066. — Aux termes de l'art. 44 de la loi du 24 juillet 1867, les administrateurs sont responsables, conformément aux règles du droit commun, individuellement ou solidairement, suivan t les cas, envers la société ou envers les tiers, soit des infractions aux dispositions de la loi, soit des fautes qu'ils commettraient dans leur gestion, notamment en distribuant ou en laissant distribuer sans opposition des dividendes fictifs (Trib.com. Seine, 15 janv. 1906, *R. S.*, 1906.249).

D'ailleurs la responsabilité des administrateurs laisse subsister celle des associés qui restent responsables du choix de leurs mandataires et qui ne peuvent invoquer l'art. 1998 C. civ. pour rejeter les conséquences du dol et de la fraude de leurs mandataires sur les tiers victimes de leurs machinations, lorsque les pouvoirs apparents donnés par les mandants aux mandataires ont contribué à tromper ces tiers de bonne foi (Cass., 7 août 1906, *J. S.*, 1907.156, *R. S.*, 1907.6).

3067. — Nous avons examiné plus haut (n. 1974) la responsabilité spéciale qui résulte à la charge des administrateurs de la nullité de la société. L'art. 44 dont nous venons de rappeler le texte s'applique aux responsabilités générales encourues par les administrateurs au cours de l'existence sociale et dans l'exercice de leurs fonctions . Le droit commun auquel se référe l'art. 44 est celui des art. 1992 et 1850 C. civ., relatifs au mandat et au contrat de société. Mais il faut aller plus loin, et décider, avec la jurisprudence que nous rapporterons ci-après, que les art. 1382 et 1383 C. civ. doivent recevoir application dans la matière.

Il faut donc dire que la responsabilité des administrateurs est tantôt contractuelle, lorsqu'elle dérive des règles du mandat ou de l'administration, et tantôt quasi-délictuelle, quand elle dérive de l'application des art. 1382 et 1383. Ce n'est pas sans intérêt qu'il y a lieu d'appeler l'attention sur cette distinction, car la recevabilité de l'action en responsabilité et la qualité nécessaire pour son exercice varient suivant qu'elle a pour base la violation du contrat, un délit ou un quasi-délit

Indiquons que l'administrateur d'une société anonyme, actionné par un tiers à raison d'une faute de gestion qui lui est commune avec ses coadministrateurs, a un intérêt légitime à faire déclarer commune avec ceux-ci la décision à intervenir pour le cas où les griefs articulés seraient admis (Cass., 13 mars 1901, *J. S.*, 1901.494). C'est une application normale de la théorie dite de la faute commune

3068. — Pour apprécier la matière, il faut distinguer quatre causes de responsabilité : 1° l'infraction à la loi de 1867 ; 2° la violation des statuts ; 3° les fautes de gestion ; 4° les délits ou les quasi-délits.

3069. — *a) Infractions à la loi de 1867.* — L'art. 44 vise tout d'abord et d'une façon formelle les infractions aux prescriptions de la loi. Les obligations que la loi a imposées aux administrateurs sont énoncées dans les art. 27, 29, 31, 32, 33, 34, 35, 36, 37, 40 et 61 de la loi de 1867. Tous les devoirs imposés par ces articles aux administrateurs ont été expliqués plus haut ; nous n'avons point à y revenir, et le lecteur s'y référera. — Comp. Bordeaux, 30 mars 1908, *R. S.*, 1909.381.

3070. — L'administrateur est donc tenu de veiller, sous peine de responsabilité, à l'accomplissement de toutes les prescriptions légales qui lui sont imposées. Nous verrons, d'une façon générale d'ailleurs, que la responsabilité de l'administrateur n'est engagée qu'à la condition que la faute constatée ait causé un préjudice. C'est l'application de la règle du droit commun.

Pour terminer sur ce point, il est utile de rappeler deux décisions de jurisprudence importantes.

3071. — Il a été jugé que les administrateurs ne sont pas responsables de la nullité d'une délibération prise librement par l'assemblée générale qui a autorisé la conversion de titres au porteur dans des conditions irrégulières (Cass., 12 avr, 1881, S. 81.1.241 et la note de M. Labbé, D. 81.1.433 ; — 18 juill. 1898, S. 02.1.491), mais ils sont responsables pour n'avoir pas convoqué l'assemblée générale annuelle et pour avoir toléré que les fonds appartenant à la société fussent représentés par des titres au porteur, au lieu de l'être par des titres nominatifs immatriculés au nom de la société, conformément à l'art. 33 du 22 janvier 1868 (Paris, 6 févr. 1896, *R. S.*, 1896.462).

3072. — *b) Violation des statuts.* — La violation des statuts doit être assimilée, au point de vue de la responsabilité, aux infractions à la loi. Les statuts, en effet, sont la loi conventionnelle pour les actionnaires et constituent la garantie des tiers qui traitent avec la société (Lyon-Caen et Renault, n. 824). L'observation des statuts est la condition rigoureuse de l'existence de la société, et leur violation constitue toujours une faute grave à la charge de ceux qui l'autorisent. La jurisprudence a été appelée plusieurs fois à prononcer des condamnations basées sur la violation des statuts ; l'arrêt le plus célèbre en cette matière est celui qui a été rendu dans l'affaire du Crédit Mobilier. Le conseil de cette société avait consenti à la Compagnie Immobilière des avances considérables, sans aucune garantie (Paris, 1er août 1868, D. 69.2.65). De même, les administrateurs du Comptoir d'Escompte ont été condamnés pour avoir irrégulièrement consenti des avances à la Société des Métaux dans des conditions antistatutaires (Trib. com. Seine, 30 sept. 1889, *R. S.*, 1890.586 ; — Cass., 6 juin 1904, *J. S.*, 1905.251. — V. aussi : Paris, 18 juill. 1895, *Gaz. Pal.*, 1895.2.255).

3073. — D'après un autre jugement, les administrateurs qui, en présence de la perte d'une fraction du fonds de roulement de la société, n'ont pas pris les mesures prescrites par les statuts pour la reconstitution du fonds social, qui n'ont pas convoqué l'assemblée générale à l'effet de délibérer sur la continuation ou la dissolution de la société, au moment où l'étendue des pertes subies par le capital social rendait statutairement cette convocation obligatoire, ont engagé leur responsabilité (Paris, 17 juill. 1888, *R. S.*, 1889.65).

3074. — De même lorsqu'en vertu des dispositions des statuts, les obligations à émettre par la société devait être garanties par une hypothèque sur les immeubles sociaux, et que, d'ailleurs, les prospectus et les circulaires annonçaient les obligations sous le titre d'obligations hypothécaires, il en résulte vis-à-vis des souscripteurs et de leurs ayants droit un engagement formel de procurer et de faire inscrire l'hypothèque promise, et l'inexécution de cet engagement constitue de la part des administrateurs une faute lourde engageant leur responsabilité (Paris, 14 avr. 1883, D. 84.2.122).

3075. — Jugé encore que les administrateurs ne sont pas responsables d'un mauvais calcul de l'amortissement dans les inventaires annuels, si cependant, conformément aux statuts, ils ont tenu compte suffisant de ces amortissements pour faire connaître sincèrement aux actionnaires et aux tiers la situation de la société (Colmar, 3 juill. 1867, D. 67.2.235 ; — Cass., 13 janv. 1869, S. 69.1.209). De même, les administrateurs qui ne font qu'exécuter le mandat formel qu'ils ont reçu des actionnaires d'acheter une usine, à un certain taux, ne peuvent encourir de responsabilité à raison du prix qu'ils ont payé dans ces limites, alors même que le capital social en aurait été tellement réduit que la société s'est trouvée en déficit, au bout de peu de temps (Cass., 2 juill. 1901, D. 03.1.169).

3076. — Mais la violation des statuts n'engage la responsabilité des administrateurs qu'autant qu'il y a eu faute et préjudice réellement causé. Ainsi, bien que les statuts d'une société anonyme prescrivent la remise, tous les six mois, d'un extrait de son état de situation à certains fonctionnaires et dans des dépôts publics désignés, les administrateurs peuvent être exonérés de toute responsabilité résultant de l'inexécution de cette clause, s'il est constaté (et à cet égard l'appréciation du juge du fait est souveraine) que les sociétaires avaient d'autres moyens de connaître la situation des affaires de la société, et qu'en réalité le défaut de dépôt ne leur a causé aucun préjudice (Cass., 11 juill. 1870, S. 70.1.365. D. 71.1.137 ; — 6 juin 1904, *Gaz. Trib.*, 22 juin 1904 ; — 31 janv. 1910, *R. S*, 1910. 151).

De même, les administrateurs qui se seraient abstenus de pratiquer dans les inventaires annuels un certain amortissement prescrit par les statuts peuvent néanmoins être affranchis de toute responsabilité à cet égard par l'arrêt qui constate souverainement que si l'amortissement n'a pas été en effet calculé d'une manière uniforme et suivie, les administrateurs en ont cependant tenu compte d'une façon suffisante pour faire connaître avec sincérité aux actionnaires et aux tiers la situation de la société (Même arrêt).

3077. — *c) Fautes de gestion* — La troisième cause de responsabilité dérive de la faute commise par l'administrateur dans l'exercice de son mandat. Les termes de la loi sont absolument généraux, et il est pour ainsi dire impossible de trouver en cette matière une formule précise Toute faute de l'administrateur, si légère soit-elle, peut servir de base à une action en dommages-intérêts Le juge en sera le souverain appréciateur ; il devra tenir compte, pour cette appréciation, de tous les aléas de l'entreprise, des difficultés inhérentes à toutes les opérations commerciales, et de la prudence ou de l'imprudence commise par l'administrateur dans l'exercice de sa gestion. Nombreuses sont les décisions de jurisprudence qui ont statué en cette matière ; nous essayerons d'en donner le tableau le plus complet.

3078. — Il faut dire d'abord, avec l'art. 1992 C. civ., que le mandataire répond non seulement du dol, mais encore de la faute qu'il commet dans sa gestion, c'est-à-dire de la faute commise sans intention de nuire. Nous verrons également que la responsabilité est appliquée plus ou moins rigoureusement suivant que le mandat est gratuit ou salarié ; et enfin que la responsabilité n'est pas de plein droit égale pour tous, et que la jurisprudence a toujours distingué entre les administrateurs qui ont pris personnellement part aux faits qui ont entraîné le préjudice et ceux auxquels on ne peut reprocher qu'une confiance imprudente ou un défaut de surveillance (Paris, 1er août 1868, D. 69.2.65 ; — Caen, 16 août 1864, S. 65.2.33, D. 65 2.192).

3079. — La faute que nous avons examinée au paragraphe précédent, relative à l'infraction aux statuts de la société, peut être également appelée une faute de gestion ; mais elle n'est pas la seule, bien entendu, que la jurisprudence ait retenue, puisque, ainsi qu'il vient d'être dit, c'est la faute commise dans l'exercice du mandat qui entraîne la responsabilité de l'administrateur mandataire. Ainsi, il a été jugé : 1° que les administrateurs sont responsables de la perte du capital social survenue par leur négligence ; ils ne sauraient, pour s'exonérer de cette responsabilité, objecter que la gestion des affaires avait été confiée à un directeur, les administrateurs ayant l'obligation de vérifier d'une manière sérieuse si la situation de la société était conforme à celle qui leur était présentée par le directeur (Trib. com. Seine, 3 mai 1886, *Gaz. Pal.*, 1886.2 897), le même jugement a décidé que les administrateurs sont responsables de la perte du capital lorsque cette perte est due à leur négligence ; 2° que l'administrateur d'une société anonyme de banque, ayant eu connaissance de fautes commises par le directeur de la société, et de procédés irréguliers de comptabilité auxquels ce directeur s'était laissé entraîner dans l'exercice des mêmes fonctions dans une entreprise analogue, s'il s'abstient de porter ce fait à la connaissance de ses coadministrateurs, ne commet pas une faute de nature à engager de plein droit sa responsabilité ; mais la connaissance de ces fautes et irrégularités antérieures lui impose l'obligation d'une surveillance plus spéciale, qui le rend en principe responsable des pertes qui seraient reconnues, résultant pour la société d'une surveillance insuffisante des faits et actes du directeur (Cass., 9 juill. 1888, *Gaz. Pal.*, 1888 2.342, S 89.1.361) ; 3° que les administrateurs connaissant l'état déplorable d'une société engagent leur responsabilité s'ils s'efforcent de prolonger son existence par une publicité blâmable destinée à tromper les tiers, et arrivent ainsi de faute en faute à une augmentation du capital social (Paris, 7 janv. 1892, *Gaz. Pal* , 1892.1.162) ; 4° que l'administrateur qui abuse de sa position pour obtenir le concours de la société à la réalisation d'un prêt sans que l'assemblée générale ait été consultée, commet une faute dont il est responsable envers la société (Cass., 3 déc. 1890, *R. S.*, 1891 359) ; 5° que les administrateurs sont responsables des dilapidations du directeur si elles ont été facilitées par leur confiance aveugle, leur négligence et leur défaut de surveillance (Paris, 10 mars 1892, *R. S.*, 1892.186 ; — Douai, 2 fév. 1904, *R. S.*, 1904. 501) ; et cela, alors même que l'assemblée générale aurait approuvé les actes du directeur, s'il est établi qu'elle a été trompée (Cass., 13 nov. 1893, *R. S.*, 1894.530 ; — V. encore Trib. com. Seine, 10 fév. 1908, *J. S.*, 1909.221).

3080. — Mais les administrateurs ne sont pas responsables des actes commis par le directeur lorsqu'ils sont obligés, d'après les statuts, de respecter les attributions que le pacte social a confiées à ce directeur (Lyon, 10 août 1884, *R. S.*, 1885.166). Un arrêt de la Cour de Lyon, du 18 juin 1891, a exonéré l'administrateur délégué de toute responsabilité à raison des actes d'un caissier qu'il n'avait ni choisi ni investi de ses fonctions. Le même arrêt consacre la responsabilité de l'administrateur délégué pour défaut de surveillance du personnel placé sous ses attributions (*R. S.*, 1892.132).

3081. — Il a été décidé dans le sens de la non-responsabilité des administrateurs : 1° qu'on ne pouvait pas reprocher aux administrateurs de n'avoir pas su déjouer les fraudes d'un faussaire, alors qu'il est constant qu'ils ont exercé sur les écritures toutes les surveillances possibles (Cass., 11 juill. 1870, D. 71.1.137 ; — Lyon, 12 août 1884, précité ; — Paris, 6 nov. 1890, *Gaz. Trib.*, 5 nov. 1890) ; 2° que lorsque le gérant d'une société anonyme a été nommé par l'assemblée générale, les administrateurs ne sauraient supporter, au moins en totalité, les conséquences d'une faute lourde commise par ce gérant qu'ils n'ont pas seuls choisi (Bordeaux, 8 mars 1886, *Rec. Bordeaux*, 1886.339) ; 3° que des opérations de vente à terme intervenues dans la condition en usage constant dans les établissements similaires étaient permises si elles ne sont pas fictives et de spéculation ou de jeu (Lyon, 19 juin 1901, *J. S.*, 1901.413).

3082. — Doivent être considérés comme ne commettant aucune faute les administrateurs et directeurs d'une société anonyme qui se sont livrés des opérations de Bourse, soldées en pertes, s'il est reconnu en fait que la faculté de faire ces opérations était comprise dans le mandat donné par les statuts aux administrateurs, et que ceux-ci, en les faisant, se sont inspirés des nécessités des circonstances, ainsi que de l'intérêt social (Cass., 31 janv. 1891, S. 95.1.411, D. 92.1.237).

3083. — D'autre part, on ne saurait considérer comme une faute de nature à engager la responsabilité des administrateurs leur erreur sur une question sujette à controverse. Ainsi, lorsque les administrateurs d'une compagnie de chemin de fer ont préparé un projet de cession de ce chemin de fer à une autre compagnie, et que le traité a été approuvé par l'ensemble des actionnaires, on ne peut considérer comme une faute de leur part de s'être mépris sur l'efficacité des garanties offertes par la compagnie cessionnaire, alors que cette erreur a été partagée par l'assemblée générale et par deux juridictions (Cass., 8 juill. 1895, D. 96.1.294).

La prospérité d'une société résultant du cours de ses titres et du taux de ses dividendes suffit à faire écarter toute action contre les administrateurs, basée sur l'obligation éventuelle *in infinitum* que pourraient faire courir à un porteur les dispositions de l'art. 1863 C. civ (Trib. civ. Seine, 2 juin 1910, *Gaz. Pal.*, 6 mars 1911).

3084. — *d) Délits ou quasi-délits.* — Après les fautes de gestion que nous venons d'examiner, les administrateurs sont responsables vis-à-vis des tiers et même vis-à-vis des associés, toutes les fois qu'ils ont commis un acte ayant le caractère d'un délit ou d'un quasi-délit tombant sous le coup de l'art. 1382 C. civ. ; peu importe d'ailleurs que cet acte ne soit pas prévu et réprimé par la loi pénale (Cass., 18 mars 1891, S. 94.1.70, D. 91.1.401. — *Sic* : Lyon-Caen et Renault, t. 2, n. 824 et 824 *bis* ; Pont, t. 2, n. 1761. — Paris, 24 janv. 1902, *J. S.*, 1902.297 ; — Seine, 3 fév. 1904, *Gaz. Trib.*, 9 mai 1904).

Si le fait tombe sous le coup de la loi pénale, les intéressés peuvent se porter partie civile devant la juridiction répressive et conclure à des dommages-intérêts (Cass., 8 mai 1903, *R. S.*, 1903.474, *J. S.*, 1903.342 ; — Paris, 18 déc. 1902, *R. S.*, 1903.109 ; — Nîmes, 20 mars 1903, *J. S.*, 1903.495).

Si l'assignation (pour création de majorité factice) est lancée devant le tribunal correctionnel, puis qu'on en adresse une autre devant la juridiction civile, cette dernière ne dessaisit le tribunal répressif que si le défendeur l'accepte. Sinon, la juridiction répressive reste saisie et tient le civil en état (*Electa una via...*) (Seine, 25 mai 1900, *R. S.*, 1901.398).

3085. — La jurisprudence a été appelée à faire application de ces principes aux administrateurs qui avaient déterminé des souscriptions ou des versements en employant des manœuvres frauduleuses (V. *infrà*, chap. *Des pénalités*. — Paris, 22 avr. 1870, et Cass., 7 mai 1872, S. 72.1.169 ; — Cass., 10 août 1880, S. 82.1.311, D. 81.1.457 ; — Paris, 13 fév. 1882, D. 82.2.161 ; — Lyon, 12 mars 1885, D. 86.2.136 ; — Paris, 17 juill. 1888, *R. S.*, 1889,65 ; — 24 déc 1891, 30 mai 1892, *R. S.*, 1892.405 ; — 28 juin 1894, *R. S.*, 1894.412 ; — Lyon, 14 juin 1895, *R. S.*, 1895.549).

3086. — Jugé de même pour la responsabilité d'administrateurs qui ont obtenu la souscription d'obligations au moyen de prospectus mensongers, de rapports inexacts sur la situation de la société, de la publication de faux bilans ou de la distribution de dividendes fictifs (Paris, 3 fév. 1877, S. 79.2.20 ; — Cass., 26 mars 1878, S. 79.1. 17 ; — Paris, 12 août 1879, S. 79.2.235 ; — 27 déc. 1883, *R. S.*, 1884. 563 ; — 26 mars 1886, *R. S.*, 1886.564 ; — Cass., 1891, S. 94.1.70, D. 91.1.401 ; — Paris, 19 mars 1895, *R. S.*, 1895.280 ; — Cass., 31 mars 1896, S. 96.1.307, D. 97.1.21 ; — Limoges, 17 juill. 1906, *R. S.*, 1907.435. — Amiens, 7 avril. 1911, *Gaz. Pal.*, 23-25 août 1911).

3087. — Mais pour que la responsabilité de l'administrateur soit engagée et puisse entraîner contre lui une condamnation pécuniaire, il faut constater une relation de cause à effet entre la manœuvre accomplie et la souscription ou l'achat des titres (Paris, 23 mars 1887, *R. S.*, 1887.359 ; — Trib. com. Nantes. 30 mai 1906, *J. S.*, 1907.228 ; — Douai, 13 juin 1907, *R. S.*, 1908.339 ; — Trib. com. Seine, 6 déc. 1909. *R. S.*, 1910.209), et la Cour de Paris a jugé, le 9 février 1877 (S. 79.2.20). que le demandeur en responsabilité ne peut baser son action que sur des faits antérieurs ou contemporains à l'acquisition de ses titres.

3088. — Des administrateurs qui ont laissé croire faussement que les obligations émises étaient hypothécaires, ou qui ont négligé de régulariser l'hypothèque promise au moment de l'émission, ont été déclarés responsables (Paris, 11 août 1879, S. 79.2.233 ; — 14 avr. 1883, *J. S.*, 1883.415 ; — Paris, 12 déc. 1893. *R. S.*, 1894.121).

3089. — Il a été jugé que les administrateurs n'engagent pas leur responsabilité en prêtant leur concours à la constitution d'une société spéciale à laquelle ils consentent des commissions pour soutenir le cours des actions et écouler les obligations de la société mère, si les bénéfices considérables réalisés par la seconde société ne dépassent pas sensiblement les sacrifices que les sociétés industrielles sont obligées de consentir pour le placement de leurs actions et obligations (Paris, 22 juin 1886, *R. S.*, 1886.71).

3090. — Lorsque, au moment de la fusion de deux sociétés dont l'une cède à l'autre son actif moyennant l'engagement de payer le passif, les administrateurs ne prennent pas de garanties suffisantes pour assurer dans l'avenir le payement du passif pris à sa charge par la société cessionnaire, les administrateurs n'encourent pas en principe de responsabilité, s'ils ont conclu le traité dans des conditions considérées comme avantageuses par l'unanimité des actionnaires réunis en assemblée générale. Mais ils commettent une grave imprudence si la compagnie cessionnaire était au moment de la cession dans une situation qui rendait dangereuse la confusion de l'actif des deux sociétés (Cass., 19 fév. 1890, *R. S.*, 1890.176).

3091. — A ces questions de responsabilité d'administrateurs en matière d'émission se rattache étroitement celle de la responsabilité du banquier. Ainsi, d'après la jurisprudence, le banquier chargé de l'émission d'un emprunt est tenu de vérifier si les sûretés promises par l'emprunteur dans les prospectus et annonces publiés par ses soins existent réellement ; à défaut de vérification suffisante, le banquier peut être déclaré responsable envers le souscripteur qu'il a engagé dans une entreprise non sérieuse (Paris, 22 mars 1877, S. 79.2.135. D. 79.2.40).

3092. — De même, une maison de banque qui a prêté son concours à l'émission des obligations d'une société industrielle est à bon droit déclarée responsable envers les porteurs d'obligations qui ont souscrit sur la foi de prospectus mensongers, lorsque ladite maison a pris une part directe à la rédaction de ces prospectus, dont elle ne pouvait ignorer les inexactitudes ; la maison de banque ne peut être considérée comme un simple intermédiaire entre l'emprunteur et les souscripteurs des obligations, ouvrant ses guichets pour recevoir les souscriptions, sans être responsable des moyens employés (Cass., 18 mars 1891, S. 94.1.70. D. 91.1.401).

Il y a d'ailleurs lieu, en pareil cas, quant à la réparation du préjudice, de distinguer deux catégories de porteurs d'obligations : les souscripteurs au moment de l'émission, et les souscripteurs postérieurs à l'émission ; les premiers n'ayant souscrit que sur la foi des énonciations mensongères des prospectus, ont droit à une entière réparation du préjudice ; les seconds n'y ont au contraire droit qu'autant que, vu la date de leurs souscriptions, ils doivent être considérés comme ayant été entraînés par les prospectus et le succès de l'emprunt qui en a été la conséquence (Même arrêt).

3093. — Mais le banquier ne peut être déclaré responsable envers les souscripteurs, si aucune faute ne lui est imputable et si les souscripteurs sont victimes de leur propre imprudence (Cass., 14 août 1878. S. 78.1.345, D. 79.1.57).

Spécialement, la responsabilité d'un banquier à raison d'un emprunt dont il aurait été chargé par un gouvernement étranger ne pourrait être engagée envers les souscripteurs qu'autant que ceux-ci auraient été déterminés à souscrire par des actes et manœuvres du banquier, de nature à leur inspirer une fausse opinion sur les garanties offertes par l'Etat emprunteur (Paris, 25 juin 1877, sous Cass., 14 août 1878, précité).

3094. — De même, le banquier qui a recommandé à son client d'acheter, et qui a acheté, pour le compte de celui-ci, des valeurs dont il avait intérêt à opérer le placement, n'est pas responsable envers le client de la dépréciation ultérieure de ces valeurs, si au moment de l'achat lesdites valeurs avaient une apparence sérieuse, ou du moins si le banquier n'en connaissait pas la qualité réelle, et s'il n'a usé d'aucune manœuvre dolosive envers le client (Orléans, 18 janv. 1882, S. 84 2.36, D. 83.2.101 ; — 23 août 1882, S. et D. *Ibid.*).

3095. — Ne constitue pas une manœuvre dolosive le fait, par le banquier, d'avoir fait distribuer à sa clientèle le numérodu journal recommandant les valeurs en question et de l'avoir engagée à s'y abonner (Orléans, 23 août 1882, précité).

3096. — *c) Appréciation souveraine.* — Il résulte de tout ce que nous venons de dire que l'appréciation des fautes commises par les administrateurs dans l'exercice de leur mandat sont toutes des questions de fait, variant à l'infini suivant les sociétés et les circonstances dans lesquelles les actes reprochés aux administrateurs ont été commis. Aussi est-il de jurisprudence que l'appréciation des juges du fait est, en cette matière, souveraine, qu'il s'agisse d'une faute de gestion, d'un délit, ou d'un quasi-délit (Cass., 11 juill. 1870, S. 70.1.365, D. 71.1.137). Cependant la Cour de cassation se réserve le droit par ses arrêts de vérifier si les conséquences tirées des constatations faites par le juge du fait sont juridiques (Cass., 3 mars 1869, D. 69.1.200 ; — 18 mai 1887, *R. S.*, 1887.357 ; — 21 janv. 1890, *R. S.*, 1890.127 ; — Lyon, 18 juin 1903, *R. S.*, 1904.231).

§ 2. — Qui peut invoquer la responsabilité ?

3097. — Aux termes de l'art. 44, la responsabilité des administrateurs est engagée envers les actionnaires et envers les tiers. Suivant qu'elle est invoquée par les actionnaires ou par des tiers, cette responsabilité dérive de principes différents. En ce qui concerne les actionnaires, ils ne peuvent invoquer que les règles du mandat ; les tiers, au contraire, peuvent se prévaloir des dispositions des art. 1382 et 1383 C. civ. Mais il est possible que les actionnaires aient été également victimes d'un délit ou d'un quasi-délit, auquel cas, en ce qui concerne cette dernière classification, ils doivent être considérés comme des tiers.

3098. — Au chapitre *Des actions en justice*, nous étudierons l'exercice de ces actions en responsabilité ; ici, nous examinons le point de savoir si les actionnaires et les tires peuvent invoquer chacune des causes de responsabilité rappelées ci-dessus.

En ce qui concerne la violation de la loi et des statuts, il n'existe aucun doute : actionnaires et tiers peuvent l'invoquer comme base d'une action en responsabilité. Mais en ce qui concerne la faute résultant du délit ou du quasi-délit, la question mérite attention.

Celui-là seul en effet peut se plaindre d'un délit ou d'un quasi-délit et en poursuivre la réparation qui en a été victime. Ainsi apparaît l'utilité de la distinction que nous avons établie plus haut entre la responsabilité contractuelle et la responsabilité délictuelle. « Les administrateurs, dit l'art. 44, sont responsables conformément au droit commun, envers la société ou envers les tiers, des fautes qu'ils auraient commises dans la gestion. » Par cette expression « fautes commises dans la gestion », il faut entendre uniquement la violation de l'engagement contractuel qui lie l'administrateur à l'égard de la société, en d'autres termes la méconnaissance des obligations qui dérivent du mandat et dont ils doivent compte à leurs mandants, c'est-à-dire aux actionnaires. C'est l'application du droit commun qui apparaît dans l'art. 44 de la loi de 1867.

3099.— La faute contractuelle n'ouvre donc d'action directe contre l'administrateur qu'au profit de la société qui a conféré le mandat. Toute personne, au contraire, victime d'un délit ou d'un quasi-délit, est recevable à poursuivre la réparation du préjudice qui lui a été causé.

Ce système est, croyons-nous, le seul juridique. Si l'on met hors de discussion l'hypothèse du dol, si on excepte également la distribution du dividende fictif formellement prévue par la loi de 1867, les tiers ne peuvent être recevables à critiquer les actes d'imprudence ou de mauvaise gestion accomplis par les administrateurs. Nous nous refusons à voir aucun lien de droit entre les administrateurs et les tiers. Et cela est si vrai que, comme nous le verrons plus loin, les actes des administrateurs peuvent être ratifiés par des assemblées générales, et que cette ratification oblige tous les actionnaires. L'assemblée générale peut également transiger avec les administrateurs et leur donner décharge. Quel droit les tiers pourraient-ils invoquer pour critiquer ces ratifications ou ces transactions ? Aucun, et s'ils ne peuvent ni les critiquer ni les empêcher, c'est qu'ils ne puisent dans leur qualité de tiers aucun droit personnel leur permettant d'invoquer les fautes de gestion commises par un administrateur. Sans doute, les créanciers pourraient invoquer les termes de l'art. 1166, et exercer l'action oblique ; mais notre système n'en est en rien affecté, puisque dans ce cas toutes les exceptions opposables aux actionnaires ou à la société le seraient sans contredit aux créanciers.

C'est par application de ces principes qu'il a été jugé que les fautes de gestion n'engendrent aucune action directe contre les administrateurs au profit des tiers (Paris, 4 juin 1889, *R. S.*, 1889.501).

3100. — Cependant, contrairement à l'opinion qui précède, il a été jugé que les dispositions légales sur les sociétés anonymes n'ont pas été instituées uniquement en vue des intérêts des associés, mais ont aussi pour but l'intérêt public et la protection des tiers. Ainsi, d'après cette jurisprudence, les administrateurs sont responsables soit de leur défaut de surveillance, soit de tout fait d'inattention ou de négligence qui occasionne aux tiers un préjudice, sans qu'il y ait à distinguer entre la faute par omission et le fait amenant matériellement le dommage. Ils doivent notamment être tenus de réparer le préjudice qu'ils ont causé aux tiers à raison du double tort d'avoir, comme administrateurs, laissé disparaître le capital social, et comme liquidateurs, réparti le montant de ce capital sans assurer le paiement du passif (Cass., 13 janv. 1869, S. 69 1.209, D. 70.1.121 ; — Paris, 23 avr 1870, D. 70.2.121 ; — Trib. civ. Seine, 9 juill. 1890, *R. S.*, 1890.449 ; — Rouen, 7 avr. 1886, *Le Droit*, 8 mai 1886. — V. aussi : Rouen, 25 juill. 1887, *La Loi*, 4 août 1887 ; — Trib. civ. Seine, 22 déc. 1881. *Gaz. Pal.*, 1882.1.478 ; — Rennes, 8 déc. 1887, *Rec. Nantes*, 1887.400 ; — Cass., 6 déc. 1887, *J. S.*, 1888.181 ; — Lyon, 22 mars 1890, *Mon. Lyon*, 29 avr. 1890 ; — Rouen, 22 juin 1898, *Rec. Rouen*, 1897-98.2.233).

§ 3. — Caractères de la responsabilité.

3101. — La responsabilité des mandataires, aux termes de l'art. 1985 C. civ., n'est pas en principe solidaire. Si donc la société est administrée par plusieurs administrateurs, ils sont responsables individuellement ou solidairement, selon les cas L'art. 44 est formel sur ce point. Il faut donc décider que la responsabilité est en principe individuelle, quelle que soit la base de l'action : violation du contrat, délit ou quasi-délit. Chacun des administrateurs répond de ses fautes personnelles, mais ne répond que de ses fautes, et seulement dans la mesure du préjudice qu'elles ont pu entraîner.

3102. — L'administrateur délégué ou celui qui a conçu ou réalisé les actes incriminés est donc plus responsable que celui qui n'a fait qu'y participer par son vote au sein du conseil d'administration. Sans doute les autres administrateurs ne seront pas exonérés de toute responsabilité. Mais, comme l'a dit la Cour de Paris, le 1er août 1868, dans l'affaire du Crédit Mobilier, apprécier autrement les actes des membres du conseil d'administration serait donner aux actionnaires de véritables assureurs dans la personne de leurs mandataires, ce qui est évidemment inadmissible (V. Paris, 1er août 1868, D. 69.2.65 ; — Paris, 22 avr. 1870, S. 71.2.169, D. 70.2.121).

C'est par application de ces principes qu'il a été décidé que les tribunaux, saisis d'une demande en responsabilité contre les admi-nistrateurs, doivent apprécier la part de culpabilité de chacun (Cass., 3 déc. 1890, S. 91.1.389, D. 91.1.117).

3103. — C'est surtout en matière de souscription provoquée par des annonces, notices, etc., distribuées dans le public, ou par la pu-blication de faux bilans, d'apports exagérés, par la distribution de dividendes fictifs, que la responsabilité des administrateurs, ainsi que nous l'avons vu plus haut, peut être engagée. Dans ce cas, la faute est collective, et comme il est impossible de déterminer la part de chacun dans cette faute qui est commune, la responsabilité du conseil d'administration est solidaire (Paris, 1er août 1868, D. 69.2.65 ; — Lyon, 17 août 1865, S. 66.2.231, D. 66.2.194 ; — Paris, 1er août 1883, J. S., 1883.735 ; — Cass., 18 mars 1891, R. S., 1891.257 ; — Besan-çon, 1er fév. 1895, R. S., 1895.257 ; — Lyon, 14 juin 1895, R. S., 1895.549 ; — Cass., 31 mars 1896, R. S., 1896.455 ; — Besançon, 17 mars 1897, Gaz. Pal., 1er juin 1897).

3104. — La jurisprudence a posé en règle que les administrateurs sont responsables solidairement toutes les fois que la faute par eux commise présente le caractère d'une faute commune et indivisible, de telle sorte qu'il n'est pas possible de déterminer la mesure de la participation de chacun d'eux dans les faits incriminés (Cass., 16 déc. 1891, S. 93.1.81, D. 91.1.179 ; — 15 juill. 1895, S. 95.1.349, D. 96.1.31 ; — 5 mai 1896, S. 96.1.345, D. 97.1.20 ; — Lyon, 17 août 1865, S. 66.2.231, D. 66.2.194 ; — Paris, 16 avr. 1870, S. 71.2.169, D. 70.2.121 ; — Grenoble, 6 juill. 1875, S. 76.2.103, Dalloz, Rép. Supp., Vo Sociétés, n. 1535 ; — Lyon, 12 août 1901, J. S., 1902.366 ; — Cass., 20 janv. 1902, S. 02.1.280, D. 04.1.141 ; — Dijon, 19 mars 1902, J. S., 1902.43 ; — Nancy, 3 août 1907, R. S., 1908.290 ; — Paris, 19 mai 1908, J. S., 1909.211. — Sic : Boistel, n. 214 ; Lyon-Caen et Renault, t. 2, n. 825 ; Pont, t. 2, n. 1703 ; Vavasseur, t. 2, n. 861).

Il peut y avoir solidarité même entre plusieurs conseils d'adminis-tration successifs (Trib. com. Seine, 10 fév. 1908, J. S., 1909.221, R. S., 1909.113).

3105. — Par application du principe de la solidarité, il a même été décidé que la chose jugée avec l'un des codébiteurs solidaires est opposable à tous les autres (Paris, 28 juin 1894, *R. S.*, 1894.413) ; mais tandis que la Cour de Paris, par l'arrêt précité, saisie d'une première demande contre certains administrateurs (Société des Métaux), les avait condamnés à réparer la totalité du préjudice subi par les actionnaires, divers actionnaires, au nombre desquels figuraient certains demandeurs du premier procès, intentèrent une nouvelle action contre d'autres administrateurs devant letribunal civil de la Seine ; ce tribunal déclara que les actionnaires connaissaient le caractère aléatoire des opérations de la société et ne pouvaient prétendre à une indemnité supérieure à la moitié de leur perte. Cette solution cependant ne fut admise par le tribunal qu'à l'égard des actionnaires qui n'avaient pas été partie au premier procès ; les autres obtinrent, en vertu des règles de la chose jugée, une indemnité égale à l'intégrali é du préjudice (Trib. civ. Seine, 6 mars 1895, *R. S.*, 1895.349).

3106. — Le président du conseil d'administration peut, en raison de sa qualité, être considéré plus sévèrement que ses collègues, soit qu'il ait pris une part prépondérante aux délibérations critiquées, soit que par ses fonctions mêmes, il ait été plus éclairé sur la nature des actes dommageables (Lyon, 12 août 1884, *R. S.*, 1885.166).

3107. — Que décider en cas d'absence, dissentiment ou démission ?

L'absence d'un administrateur aux réunions du conseil ne suffit pas à rendre irrecevable la poursuite dirigée contre lui en raison de résolutions prises lors de ces réunions (Paris, 3 janv. 1888, *R. S.*, 1888.209), alors d'ailleurs que cette absence ne résulte par d'un cas de force majeure (Paris, 13 juill. 1892, *R. S.*, 1893.223) : et il en est ainsi particulièrement lorsque l'administrateur ayant connu la décision prise en son absence, a continué à siéger dans le conseil sans protestation (Paris, 1er août 1883, *R. S.*, 1883.581). Mais il a été jugé que l'administrateur qui, au moment où la décision dommageable a été prise, se trouvait dans une autre ville pour les services de la société, ou malade, pouvait être exonéré de la responsabilité (Lyon, 17 août 1865, D. 66.2.194 ; — Trib. civ. Seine, 8 janv. 1886, *R. S.* 1886.166. — V. aussi Cass., 16 juin 1891, *R. S.*, 1891.427). D'ailleurs la présence d'un administrateur à la réunion dans laquelle sont prises les délibérations plus tard attaquées ne suffit pas à engager sa responsabilité, notamment s'il a protesté contre l'opinion de ses collègues et fait mentionner sa protestation au procès-verbal.

De même, la démission d'un administrateur qui a signalé les nullités entachant la société et l'acceptation de cette démission par l'assemblée générale, peuvent équivaloir à un véritable *quitus* empêchant toute poursuite ultérieure en responsabilité contre lui (Bordeaux, 30 mars 1908, *R. S.*, 1909.381).

3108. — On ne peut donc trop recommander aux administrateurs qui professent une opinion contraire à celle de leurs collègues de la faire mentionner à la délibération du conseil; et suivant les cas, si l'administrateur considère que l'entreprise peut engager gravement les intérêts sociaux ou la responsabilité du conseil, il ne doit pas reculer devant la démission ou la convocation d'une assemblée générale des actionnaires (V. à ce sujet : Lyon, 8 juin 1864 ; — Caen, 16 août 1864, D. 65.2.192 et 197 ; — Metz, 14 août 1867, D. 67.2.178). Mais la démission dont nous venons de parler ne peut exonérer l'administrateur que pour les actes auxquels il n'a pas participé ; elle ne l'exonérerait pas des condamnations résultant des faits dommageables accomplis avant la démission (Cass., 27 janv. 1873, D 73.1.331).

On attribue quelquefois un sens erroné à un arrêt de cassation du 14 février 1898 (*J. S.*, 1898 300) rejetant le pourvoi formé contre un arrêt de Paris du 19 mars 1895 (*J. S.*, 1895.266). Cet arrêt n'a pas jugé, en principe, qu'un administrateur est responsable envers les tiers des actes postérieurs à sa démission ignorée des tiers. L'arrêt constate en fait que dans l'espèce la démission a été un acte *habile*, destiné à échapper à une responsabilité déjà née. Il était bon de le noter.

L'administrateur ne peut d'ailleurs être poursuivi à raison des actes accomplis par son successeur : c'est l'application de la règle que la responsabilité est personnelle (V. arrêt précité, 27 janv. 1873). Il faut dire également que les administrateurs ne répondent pas des actes de leurs prédécesseurs (Trib. com. Seine, 28 mai 1889, *La Loi*, 5 juin 1889) ; mais à la condition que, par un concours personnel, ils ne vivifient pas les décisions prises par un précédent conseil, notamment en continuant de publier des prospectus mensongers rédigés par un conseil démissionnaire (Paris, 31 janv. 1895, *R. S.*, 1895.414. — V. aussi : Cass., 19 nov. 1887, *R. S.*, 1888. 126). L'administrateur est responsable alors même qu'il serait entré irrégulièrement en fonctions ; ainsi l'administrateur ne pourrait échapper à la responsabilité en disant que sa fonction n'avait pas été régularisée par le dépôt des actions imposé par les statuts (Cass., 8 nov. 1886, D. 87.1.10).

3109. — L'action en responsabilité contre les administrateurs se prescrit par trois ans si elle dérive d'un délit (C. instr. crim., art. 368). Dans tous les autres cas elle se prescrit par trente ans (Paris, 14 déc. 1880, *J. S.*, 1881.28 ; — 12 mars 1881, *J. S.*, 1882. 276 ; — 4 avr. 1881, *J. S.*, 1881.284 ; — Cass., 4 juin 1883, *J. S.*, 1884.413 ; — 28 juin 1892, *J. S.*, 1893.241 ; — 6 mars 1893, *J. S.*, 1893 339. — Villey, note S. 78.1.97 et 82.2.18 ; Labbé, *J. S.*, 1881. 160 ; Lyon-Caen et Renault, n. 806 et 833).

3110. — Les administrateurs de sociétés anonymes, simples mandataires, ne sont pas commerçants et ne peuvent être déclarés en faillite (Marseille, 26 août 1889, *J. S.*, 1890.271 ; — Aix, 30 janv. 1890, *J. S.*, 1893.70 ; — Lyon-Caen et Renault, n. 204 *bis*. — *Contrà* : Nantes, 8 déc. 1883, *J. S*, 1885.86. — V. aussi : Cass., 19 fév. 1884, *J. S.*, 1885 373 ; — Trib. Seine, 5 nov. 1894, *J. S.*, 1895.233).

§ 4. — Etendue de la responsabilité.

3111. — L'étendue de la responsabilité doit être déterminée d'après les principes du droit commun et taxée au préjudice résultant directement de la faute. Quels que soient les demandeurs en responsabilité, actionnaires ou créanciers, ils sont tenus d'établir et l'existence du dommage causé, et la relation directe de ce dommage avec la faute qu'ils reprochent aux administrateurs (Cass., 3 mai 1892, S. 92.1.236, D. 92.1.568 ; — 18 juill. 1894, S. 94.1.409 ; — 19 mai 1903, *Gaz. Pal.*, 30 mai 1903).

3112. — L'application de ces principes a donné lieu en jurisprudence à de nombreuses décisions divergentes, d'après les espèces soumises aux tribunaux. C'est ainsi que les tribunaux ont quelquefois condamné les administrateurs à rembourser le prix intégral d'acquisition déboursé par des actionnaires (Paris, 22 avr. 1870, D. 70.2.122 ; — 27 déc. 1883, *R. S.*, 1884.553 ; — Cass., 26 mars 1878, S 79.1.17, D. 78.1.303), tandis que d'autres décisions n'ont accordé aux actionnaires qu'une partie du prix d'acquisition, ou une somme déterminée par action, ou la différence entre le taux d'achat et la valeur au moment du jugement, ou la différence entre le prix d'achat et de revente (V. Paris, 28 juin 1870 ; — 17 juill. 1888, *R. S.*, 1889 65 ; — 28 mai 1892, *R. S.*, 1892.405 ; — 28 juin 1894, *R. S.*, 1894.412). Ce dernier arrêt est relatif à l'affaire de la Société des Métaux ; il accorde aux actionnaires le remboursement du prix d'acquisition. Dans des instances introduites ultérieurement, le tribunal de commerce de la Seine a limité la condamnation au tiers du prix, et le tribunal civil de la Seine à la moitié (Trib. com. Seine, 27 mai 1895 ; — Trib. civ. Seine, 6 mars 1895, *R. S.*, 1895, 349 et 502).

3113. — Enfin, d'autres considérations peuvent être accueillies par les tribunaux pour limiter le montant des condamnations. On peut, par exemple, déduire du montant de ces condamnations les sommes réparties par le liquidateur (Paris, 24 déc. 1891 et 30 mai 1892, *R. S.*, 1893.63 et 405) ; on peut condamner les actionnaires ou les obligataires remboursés à remettre leurs titres (Besançon, 1er fév. 1895, *R. S.*, 1895.425), ou laisser ces titres entre les mains des porteurs comme un nouvel élément d'indemnité (Cass., 10 août 1880, S. 82.1.311, D. 81.1.457).

3114. — Pour établir leur droit à l'indemnité, les demandeurs en responsabilité, actionnaires ou obligataires, doivent justifier de la date et du prix d'acquisition de leurs titres, et ils peuvent le faire par tous les moyens admis en matière commerciale (Rennes, 4 mai 1891, *R. S.*, 1891.490 ; — Paris, 19 mars 1895, *R. S.*, 1895.280).

3115. — La participation du demandeur en responsabilité à la faute reprochée aux administrateurs peut atténuer, et même quelquefois faire disparaître la responsabilité (Cass., 11 juill. 1870, D. 71.1.137). C'est en vertu de ce principe que la jurisprudence a décidé que les actionnaires ou obligataires qui ont acheté les titres à un moment où ils avaient atteint un cours excessif ont manqué de prudence et sont mal fondés à demander aux administrateurs leur remboursement intégral (Paris, 2 août 1890, *R. S.*, 1890.561). De même et inversement, lorsque l'acquisition des titres a eu lieu après une baisse significative, et que cette acquisition constitue une véritable spéculation (Orléans, 4 juill. 1893, *R. S.*, 1893 470. — V. aussi : Paris, 24 déc. 1891, et 28 juin 1894, cités plus haut). Il a été également ment jugé qu'aucune responsabilité ne peut être retenue contre les administrateurs au profit de ceux qui ont acheté leurs titres postérieurement à la délibération d'une assemblée générale où était apparu le mauvais état notoire des affaires sociales (Paris, 22 avr. 1870, D. 70.2.121). Mais pour agir en responsabilité, il n'est pas indispensable que l'actionnaire représente son titre ; il est recevable même s'il l'a revendu après l'effondrement des cours (Trib. civ. Seine, 6 mars 1895, *R. S.*, 1895,349).

3116. — La bonne foi des administrateurs peut également être une cause d'atténuation de la responsabilité. De même, la responsabilité peut être plus ou moins lourde suivant que le mandat a été gratuit ou salarié. C'est ainsi que dans l'affaire du Comptoir d'Escompte, les administrateurs furent condamnés plus ou moins sévèrement, suivant qu'ils avaient ou non un intérêt personnel dans les affaires de la Société des Métaux (V. *suprà*, n. 3112.— V. aussi : Cass., 13 janv. 1869, S. 69.1.209).

§ 5. — Exercice des actions en responsabilité.

3117. — La responsabilité contre les administrateurs peut être exercée suivant une action sociale ou une action individuelle. Nous examinerons les principes relatifs à l'exercice de l'une ou de l'autre de ces actions, au chapitre réservé aux *Actions en justice*.

La responsabilité pénale des administrateurs sera examinée au chapitre *Des pénalités*.

SECTION V

DU DIRECTEUR. — DE L'ADMINISTRATÉUR DÉLÉGUÉ

3118. — Aux termes de l'art. 22, § 2, de la loi de 1867, les administrateurs peuvent choisir parmi eux un directeur. Ils peuvent même prendre un directeur étranger à la société. En pratique, le conseil d'administration choisit parmi ses membres un administrateur directeur ; c'est ce qu'on appelle un administrateur délégué (Trib. Seine, 14 avr. 1882, *J. S.*, 1884.149). — Les fonctions de directeur technique et d'administrateur délégué ne sont pas d'ailleurs incompatibles (Trib. com. Seine, 6 déc. 1905, *R. S.*, 1906.247 ; — Paris, 14 mars 1907, *R. S.*, 1907.297 ; — Trib. civ. Seine, 30 déc. 1908, *J. S.*, 1909.331 ; — Bordeaux, 19 juill. 1909, *R. S.*, 1910.77).

Lorsque les statuts fixent une majorité nécessaire pour la nomination, par le conseil d'administration d'un administrateur délégué, celui-ci peut être présent à la délibération, mais ne peut voter (Grenoble, 12 juill. 1899, D. 1901.2.262).

3119. — Il est assez difficile, en pratique, de distinguer le directeur technique, simple agent d'exécution, qui est un locateur de services, avec le directeur général ou l'administrateur délégué, qui est le mandataire de la société. Cette distinction a, comme nous allons le voir, une grande importance relativement au pouvoir de révocation de la société, toujours possible en principe sans dommages-intérêts à l'égard du mandataire, emportant au contraire un droit à des dommages-intérêts au profit de l'employé supérieur qu'est le directeur technique, lorsque son contrat est fait sans durée déterminée. La difficulté pratique provient de ce fait que dans presque toutes les sociétés, sinon dans toutes, la distinction n'est pas faite entre ces deux ordres d'idées dans les pouvoirs du directeur technique : celui-ci a presque toujours à la fois des pouvoirs d'agent d'exécution et des pouvoirs de mandataire, ce qui complique singulièrement la difficulté (Comp. Cass., 28 oct. 1907, D. 1908.1.481, note de M. Boistel; — Paris, 11 nov. 1909, *Gaz. Trib.*, numéro du 29 janv. 1910).

3120. — Quelquefois, au lieu d'un directeur unique, le conseil nomme un comité de direction. — Ou bien encore, le conseil peut nommer un ou plusieurs *directeurs régionaux.* Ceux-ci sont, pour la gestion des affaires de la succursale, vis-à-vis du public, les représentants de la société, qu'ils engagent à ce titre (Paris, 18 mai 1907, *R. S.*, 1908.380).

Le directeur, nous venons de le dire, peut également être étranger à la société : dans ce cas, il doit être considéré comme un employé supérieur chargé du travail d'administration et de tous les détails que comporte cette administration. Il peut être nommé soit par le conseil d'administration, soit par l'assemblée générale des actionnaires. Si ses pouvoirs statutaires ou ceux que lui aurait conférés l'assemblée générale étaient tellement étendus qu'ils se confondent avec les pouvoirs d'un administrateur, il faudrait limiter son mandat dans les mêmes termes que celui des administrateurs (Pont, n. 1602 et 1606).

3121. — Le directeur général est un véritable mandataire social au même titre que les administrateurs, et révocable *ad nutum*, sans qu'il puisse être stipulé valablement à son profit aucune indemnité. On considère comme un directeur général révocable *ad nutum* conformément aux art. 2004 C. civ. et 23 de la loi de 1867, l'agent dont les attributions embrassent l'ensemble des affaires sociales, qui a reçu une délégation du pouvoir du conseil d'administration pour passer les marchés, signer les actes au nom de la société et payer des deniers sociaux (Cass., 2 juill. 1888, D. 89.1.184; — 11 nov. 1909, *Gaz. Soc.*, 1912.46; — Agen, 7 janv. 1879, D. 79.2.247; — Paris, 13 mars 1883, D. 85.2.8; — 25 juill. 1893, D. 94.2.6; — 18 avr. 1912, *Gaz. Soc.*, 1912.326; — Bordeaux, 25 mars 1912, *id.*, 1912.457). Toute stipulation contraire au principe de révocabilité *ad nutum* est frappée de nullité. Il en serait ainsi, notamment, de la clause qui attribuerait aux tribunaux le pouvoir de contrôler les causes de révocation, d'allouer des dommages-intérêts au directeur révoqué sans motif légitime (Cass., 30 avr. 1878, D 78.1.314 ; — Agen, 7 janv. 1879, S. 79.2.142, D. 89.2.247 ; — Cass., 2 juill. 1888, D. 89.1.184). La révocation peut être prononcée par une assemblée générale ordinaire, et elle ne peut être subordonnée au vote d'une majorité supérieure à la moitié plus un des votants, ou d'une assemblée générale réunissant plus du quart du capital social (Cass., 30 avr. 1878, S. 78.1.313, D. 78.1.314 ; — 10 janv. 1881, S. 81.1.251, D. 81.1. 161 ; — Agen, 7 janv. 1879, S. 79.2.142, D. 79.2.247 ; — Paris, 13 déc. 1883, S. 84.2.39, D. 85.2.8, et 24 nov. 1884, *R. S.*, 1885.39 ; — Seine, 1er déc. 1884, *R. S.*, 1885.94 ; — Douai, 11 juill. 1885, *J. S.*, 1887.215 ; — Paris, 20 nov. 1885, *J. S.*, 1886.394 ; — Paris, 20 janv. 1886, S 86. 2.234 ; — Paris, 4 nov. 1886, S. 86.2.235 ; — Cass., 16 nov. 1886, S. 88.1.307 ; — Paris, 7 juill. 1887 ; — Cass., 21 juill. 1887, S. 88.1.307 ; — Seine, 28 oct. et 10 nov. 1887, *R. S.*, 1888.51 et 165 ; — Cass., 22 juill. 1887, D. 87.1.469, et 2 juill. 1888, S. 88.1.421, *J. S*, 1890. 159 ; — Nancy, 21 juill. 1891, S. 92.2 149. – V. Cass., 26 juill. 1868, D. 68.1.441 ; — 12 déc. 1892, *J. S.*, 1893.42 et 13 fév. 1895, *R. S.*, 1895.271 ; — Mirecourt, 14 fév. 1900, *J. S.*, 1902.65 ; — Nantes, 9 juill. 1900, *J. S.*, 1901.416 ; — Saint-Etienne, 1er mars 1904, *J. S*, 1904. 470 ; — Seine, 14 sept. 1904, *Gaz. Pal.*, 16 déc. 1904 ; — Cass., 20 déc. 1910, *Gaz. Trib.*, 26-28 déc. 1910, S.1911.1.255).

On a même annulé, comme contraire au principe de révocabilité, un contrat qui nommait un tiers pour trente ans directeur d'une société anonyme, ce tiers tenant ses pouvoirs du conseil d'administration dans les limites des statuts (Douai, 11 juill. 1885, *R. S.*, 1885.604).

3122. — Mais si au lieu d'un directeur général dans les termes qui viennent d'être indiqués, il s'agit d'un directeur technique, il y a lieu à application des règles du contrat de louage, et il peut être convenu qu'il ne pourra être révoqué sans dommages et intérêts, à moins que la révocation ne soit inspirée par des motifs graves (Cass., 30 avr. 1878, S. 78.1.314, D. 78.1.314 ; — 10 janv. 1881, précité ; — Paris, 21 juin 1883, *R. S.*, 1884.103 ; — Paris, 13 déc. 1883 ; — Trib. com. Seine, 8 janv. 1885, *R. S.*, 1885.292 ; — Paris 20 nov. 1888, *R. S.*, 1889 132 ; — Cass., 12 déc. 1892, S. 93.1.72, D. 93.1.164 ; — Douai, 31 mars 1898, *J. S.*, 1898.413 ; — Lyon, 9 avr. 1898, *J. S.*,

1899.80 ; — Trib. com. Lyon, 9 déc. 1905, *J. S.*, 1909.14 ; — Paris, 23 mars 1909. *J. S.*, 1909.406).

Ainsi on considère comme un directeur technique l'agent préposé à la fabrication ou à la vente, à la surveillance du personnel, à l'expédition des affaires courantes, sans influence sur la marche générale des affaires sociales, pourvu que cet agent ne se soit pas en fait transformé en véritable mandataire général de la société (Cass., 12 déc. 1892, D. 93.1.164 ; — Paris, 4 nov. 1886, D. 87.2.48 ; — 19 juill. 1892, D. 93.5.560 ; — Douai, 31 mars 1898, *J. S.*, 1898.413 ; — Paris, 8 août 1901, *J. S.*, 1902. 118 ; 23 mars 1909, *id.* 406).

3123. — Le cumul entre les fonctions d'administrateur ou même d'administrateur délégué et celle de directeur technique est-il légal ? L'affirmative n'est pas douteuse, dit M. Pic, n° 1139, lorsqu'il s'agit d'un administrateur ordinaire. Rien ne s'oppose à ce qu'en cas de révocation de l'administrateur par exemple, les deux fonctions cumulatives exercées soient examinées séparément (Voyez aussi Planiol, note au Dalloz, 92.1.585). — L'administrateur, en ce cas, valablement révoqué comme administrateur, peut conserver ses fonctions de directeur, et en cas d'atteinte portée au contrat de louage d'ouvrage, demander pour rupture de ce contrat des dommages-intérêts (V. Cass., 12 déc. 1892, D. 93.1.164 ; — 16 avr. 1904, D. 1904.1.445 ; — Nancy, 21 juill. 1891, D. 93.1.164 ; — Paris, 19 juill. 1892, D. 93.5.560 ; — Paris, 4 déc. 1911, *Rec. pér. des ass.*, 1912.451).

Mais la question est plus délicate si c'est un administrateur *délégué* qui est même temps directeur technique. Les fonctions d'administrateur délégué englobent la direction effective de tous les services sociaux. Si à ces fonctions s'ajoutent celles de directeur technique, il est permis de penser que la combinaison a été arrêtée en vue d'échapper à la révocabilité *ad nutum*.

La jurisprudence n'a pas admis ce raisonnement. Elle affirme le droit pour un administrateur délégué de se prévaloir à l'encontre de la société, en cas de révocation de son contrat de directeur technique, à la condition, bien entendu, qu'aucune fraude n'ait été commise et que le contrat de directeur technique n'ait pas été conclu uniquement dans le but d'échapper aux dispositions de l'art. 22 de la loi de 1867 (Cass., 16 nov. 1886, D. 89.1 104 ; — 12 décembre 1892, D. 93.1.164 ; — Nancy, 21 juill. 1891, D 93.1.164 ; — Trib. com. Seine, 6 déc. 1905, *J. S.*, 1906.186 ; — Paris, 14 mars 1967, D. 1907.2.183 ; — Bordeaux, 19 juill. 1909, *J. S.*, 1912.457).

3124. — Le directeur ne peut engager la société que dans les limites des pouvoirs qu'il a reçus (Trib. com. Seine, 11 mai 1888, *J. S.*, 1889.301 ; — 25 nov. 1889, *R.S.*, 1890.49 ; — Paris, 23 juin 1897, *J. S.*, 1898.65 ; — Paris, 25 mars 1905, *R. S.*, 1906.98 ; — Lyon, 16 mai 1906, *J. S.*, 1907.315, *R. S.*, 1907.383. — Trib. civ. Seine, 2 juin 1910. *Gaz. Pal.*, 9 mars 1911).

3125. — La délibération du conseil d'administration donnant à l'administrateur délégué seul le pouvoir d'engager la société ne peut, lorsqu'elle n'a pas été publiée conformément à la loi, être opposée au tiers de bonne foi, porteur de traites revêtues d'acceptations signées par le président du conseil d'administration et directeur de la société et payables au siège social, alors surtout que la signature de ce dernier était habituellement employée pour les affaires de la société (Aix, 4 juill. 1906, *J. S.*, 1907.513 ; — Cass., 21 mars 1910, *J. S.*, 1910.398).

3126. — Les administrateurs peuvent aussi se substituer un mandataire étranger à la société, et dont ils sont responsables envers elle, si les statuts les y autorisent. D'après l'esprit de l'art. 22, les administrateurs pourraient déléguer à ce mandataire le pouvoir de faire tout ce qu'ils feraient eux-mêmes pour l'exécution de leur propre mandat (Pont, n. 1916). Cette substitution est rare, en raison des dangers qu'elle comporte. Il faut noter, puisqu'elle est autorisée par la loi, que cette délégation n'est valable qu'à deux conditions : 1° elle doit être autorisée par les statuts ; 2° les administrateurs restent personnellement responsables, d'une manière absolue, du mandataire substitué (*Sic* : Lyon-Caen et Renault, t. 2, n. 838 ; Pont, t. 2, n. 1617).

En tout cas, si la délégation du mandat par le mandataire substitué n'est pas permise, on doit reconnaître au directeur, comme au conseil d'administration, le droit de déléguer spécialement une partie de ses pouvoirs pour une ou plusieurs affaires déterminées, par application de l'art. 1994 C. civ., et alors même que les statuts ne contiendraient aucune stipulation à cet effet ; ces mandats spéciaux rentrent nécessairement dans l'administration normale des sociétés (Houpin, *J. S.*, 1896.303).

3127. — Jugé que la clause des statuts d'une société anonyme d'après laquelle « ladite société est gérée par un directeur choisi par le conseil d'administration et pouvant être pris parmi les administrateurs ou les actionnaires..., ce directeur devant être propriétaire de vingt-cinq actions au moins », ne saurait être interprétée en ce sens qu'elle déroge à la règle écrite dans l'art. 22 de la loi de 1867, et qu'elle autorise à choisir le directeur parmi les personnes étrangères à la société ; une telle interprétation de la clause la dénature et donne lieu à cassation (Cass., 13 juin 1892, S. 92.1 168, D. 93.1.326).

3128. — D'autre part, si l'art. 22 de la loi du 24 juillet 1867 autorise les sociétés anonymes à se faire administrer par des mandataires pris parmi les associés, et ces mandataires eux-mêmes à se substituer un autre associé ou un tiers étranger à la société, dans le cas où les statuts permettent cette dernière combinaison, la disposition de loi susvisée ne permet pas au mandataire, associé ou non, substitué par les administrateurs, de déléguer à son tour à un tiers l'ensemble de ses attributions. — Si, en effet, la loi apporte à la maxime *Nul ne plaide par procureur* une exception en faveur des êtres moraux et collectifs tels que les sociétés commerciales, c'est à la condition que les représentants de ces êtres collectifs aient reçu, soit légalement, soit conventionnellement, le mandat suffisant (Paris, 3 fév. 1896, S. 98.2.185, et sur pourvoi : Cass., 22 mai 1896, S. 98.1.542, D. 97.1.30 ; — Paris, 20 juin 1906, *J. S.*, 1907.166. — *Contrà*, Rouen, 27 mars et 11 déc. 1895, *J. S.*, 1896.301. — Comp. Lecouturier, *J. S.*, 1907.289).

3129. — Les directeurs délégués, mandataires du conseil d'administration, sont tous responsables envers la société, par application des règles du mandat, non seulement de leur dol, mais de leurs fautes. La société a contre eux l'action directe de l'art. 1994 (V. Paris, 12 août 1884, *J. S.*, 1886.57 ; — Bordeaux, 8 mars 1886, *Rec. Bordeaux*, 1886.339 ; — Cass., 24 janv. 1870, D. 70 1.177 ; — Cass., 30 déc. 1892, *J. S.*, 1893 145).

Jugé que le fait d'avoir opéré ou toléré des achats excessifs et inconsidérés de marchandises dépassant les besoins et les ressources de la société engage la responsabilité du directeur-administrateur qui a opéré ces achats sans tenir compte des blâmes et des injonctions des administrateurs qui ont réclamé sa démission. Toutefois, l'acceptation de cette démission par l'assemblée générale, statuant en connaissance de cause, emporte renonciation tacite à tout recours contre lui, alors surtout qu'aucun blâme n'a été émis par l'assemblée générale contre ses agissements et qu'en le laissant exercer des fonctions importantes dans la société, les actionnaires ont continué à lui manifester leur confiance (Bordeaux, 30 mars 1908, *J. S.*, 1908.418).

3130. — Le directeur peut toucher un traitement fixe ou être rétribué par des prélèvements sur les bénéfices. C'est l'acte de nomination qui règle cette question (Paris, 26 nov. 1896, D. 98.2.115).

SECTION VI

DES COMMISSAIRES DE SURVEILLANCE

3131. — La loi a organisé un contrôle des actes du conseil d'administration ; ce contrôle est exercé par les commissaires de surveillance. La nécessité de ce contrôle par des mandataires résulte de la difficulté qu'il y aurait, pour l'assemblée générale des actionnaires, à l'exercer elle-même.

3132. — Les commissaires de surveillance, quelquefois appelés également censeurs, sont nommés au début de la société, par la première assemblée générale chargée de nommer aussi les administrateurs. Ils le sont, pendant la durée de la société, par l'assemblée générale annuelle qui se réunit pour approuver les comptes des administrateurs. A défaut de nomination par l'assemblée générale, les commissaires sont choisis par le président du tribunal de commerce du siège de la société, à la requête d'un intéressé, les administrateurs dûment appelés.

La nomination a lieu à la simple majorité des voix.

3133. — Le nombre des commissaires n'est pas déterminé par la loi ; l'assemblée est libre d'en désigner un ou plusieurs. — Leur nomination n'est soumise à aucune forme ; ils peuvent être réélus, même sous une forme implicite, et il appartient au juge du fait d'apprécier souverainement si la volonté de l'assemblée à ce sujet s'est clairement manifestée (Cass., 11 janv. 1910, *J. S.*, 1910.206, *R. S.*, 1910.197 et 371).

3134. — Si l'assemblée a désigné deux commissaires avec pouvoir d'agir ensemble ou séparément, cette formule peut s'entendre dans ce sens que les commissaires rempliront leur mission soit ensemble, s'ils sont d'accord, soit séparément dans le cas contraire, ou pour une circonstance spéciale un seul pourra agir valablement en cas d'empêchement ou de décès de l'autre ; c'est là une question d'interprétation à la volonté des actionnaires.

Lorsqu'il n'est pas douteux que la volonté des actionnaires a été que le rapport fût fait valablement par un seul commissaire, la décision prise par l'assemblée à cet égard est souveraine. Il en est ainsi surtout lorsque les agissements d'un commissaire semblent de nature à mettre en péril les intérêts de la société.

Le commissaire auquel le droit de faire un rapport a été refusé par le conseil d'administration couvert de ce chef par le vote de l'assemblée, n'est pas recevable à demander la nullité de l'assemblée qui a approuvé les comptes sur le seul rapport du second commissaire.

Un actionnaire est recevable à demander la nullité mais à condition de justifier que les titres qu'il représente étaient en sa possession avant l'assemblée. S'il les a acquis depuis, il est irrecevable (Paris, 1er fév. 1917, *Gaz. Soc.*, 1918 35).

3135. — Le mandat de commissaire est gratuit ou salarié ; dans la pratique, une rémunération est fixée par l'assemblée générale.

3136. — Les commissaires sont révocables comme des mandataires. Ils peuvent remettre leur démission entre les mains des administrateurs (Trib. Seine, 18 fév. 1885, *J. S.*, 1885.504).

3137. — La principale mission des commissaires de surveillance est d'adresser à l'assemblée générale annuelle un rapport sur la situation de la société, sur le bilan et sur les comptes présentés par les administrateurs (art. 32). Ce rapport est absolument nécessaire, et l'assemblée générale ne peut valablement délibérer sans lui. Le rapport doit être rédigé en temps utile, pour permettre à chaque actionnaire d'exercer le droit que lui confère l'art. 35 de s'en faire délivrer copie au siège social, quinze jours au moins avant la réunion de l'assemblée générale. Pour répondre au vœu de la loi, le rapport doit renseigner exactement l'assemblée générale non pas seulement sur la situation matérielle de la société, mais encore il doit contenir une appréciation sur les opérations dirigées par le conseil d'administration. Le mandat des commissaires les oblige donc à examiner l'ensemble de la situation sociale, les résultats des opérations, la qualité des affaires engagées et leur conformité avec les statuts sociaux (Cass., 25 fév. 1879, D. 80.1.20).

3138. — Il ne faut pourtant point pousser trop loin l'application de l'art. 32 ; il ne faut pas oublier que les commissaires n'ont pas à s'immiscer dans l'administration de la société, et qu'ils n'ont point à rechercher ou à critiquer dans leur rapport les causes ou la validité des obligations souscrites par les administrateurs, lesquelles ont donné lieu aux payements constatés par le bilan (Paris, 1er juin 1889, *J. S.*, 1890.503).

3139. — Il a été décidé très justement qu'après la mise en liquidation de la société, le rôle des commissaires n'existe plus, et que les comptes présentés à l'assemblée générale par le liquidateur n'ont pas besoin d'être précédés d'un rapport de commissaires vérificateurs (Seine, 19 mars 1894, *J. S.*, 1895.219 ; — Paris, 28 juin 1895, *J. S.*, 1895.429 ; — Cass., 20 juill. 1897, *J. S.*, 1898.16).

3140. — La loi détermine les éléments et les moyens de vérification qui peuvent être mis, par les administrateurs, à la disposition des commissaires, pour qu'ils puissent rédiger leur rapport annuel en connaissance de cause.

3141. — Pendant le trismestre qui précède l'époque fixée par les statuts pour la réunion de l'assemblée générale, les commissaires ont le droit, toutes les fois qu'ils le jugent convenable dans l'intérêt social, de prendre communication des livres et d'examiner les opérations de la société (art. 39). Il résulte que le contrôle exercé par les commissaires dans les sociétés anonymes n'est pas permanent, comme l'est celui qu'exerce le conseil de surveillance dans les sociétés en commandite par actions.

D'autres pièces sont encore mises à la disposition des commissaires. Un état de la situation active et passive de toute société anonyme doit être dressé chaque semestre ; cet état est communiqué aux commissaires ; cela ne dispense nullement de dresser chaque année l'inventaire prescrit par l'art. 9 C. com. Cet inventaire, le bilan et le compte de profits et pertes sont mis à la disposition des commissaires le quarantième jour au plus tard avant l'assemblée, et les commissaires doivent être présents à l'assemblée pour fournir des explications, s'il y a lieu.

Le droit de communication accordé aux commissaires comporte le droit de se faire ouvrir les livres de caisse et de dépôt des titres, la caisse elle-même, les procès-verbaux des assemblées générales, etc., etc. Les pouvoirs légaux accordés aux commissaires ne peuvent pas être restreints, mais les statuts peuvent les étendre (Paris. 9 juill. 1886, S. 87.2.262).

3142. — Outre la fonction normale de vérifier les comptes et de faire un rapport annuel, les commissaires ont un pouvoir exceptionnel : celui de convoquer, en cas d'urgence, l'assemblée générale (art. 32, § 2). Ils peuvent exercer ce droit à toute époque, mais ils ne doivent pas recourir à cette mesure extraordinaire sans motif grave (Seine, 14 nov. 1904, *Gaz. Trib.*, 25 nov. 1904 ; — Seine, 10 sept. 1904, *J. S.*, 1905.172).

3143. — Il a été jugé que les statuts pouvaient subordonner le droit de convocation des commissaires à la condition que l'ordre du jour de l'assemblée serait rédigé par le conseil d'administration ; mais cette décision ne nous paraît pas fondée (Paris, 14 déc. 1880, *J. S.*, 1881.28 ; Cass., 4 juin 1883, D. 83.1.385).

3144. — L'étendue et les conditions de la responsabilité des commissaires envers la société sont déterminées d'après les règles générales du mandat (art. 43, L. 1867). Les commissaires répondent donc non seulement de leur dol, mais de leur faute (Cass., 13 janv. 1869. S. 69.1.209, D. 70 1.67 ; — Paris, 14 nov. (ou 14 déc.) 1880, S. 82.2.17, D. 83.2.385 ; — Bruxelles, 16 juin 1881, *J. S*, 1890.24, et 28 juillet 1882, *J. S.*, 1890 113 ; — Cass., 4 juin 1883, *loc. cit.* ; — Seine, 14 sept. 1883, *R S.*, 1883.747 ; — Paris, 27 déc. 1883, *J. S.*, 1884. 22, *R. S.*, 1884 553 ; — Lyon, 12 août 1884, *J. S*, 1885. 57 ; — Cass, crim., 28 avr. 1888, *J. S.*, 1889.312 ; — Seine, 14 juill. 1890, *R. S.*, 1890.431 ; — Paris, 10 mars 1892, *J. S*, 1892.289 ; — Seine, 15 janv. 1894, *R. S.*, 1894.145 ; — Paris, 18 juill. 1895, *J. S.*, 1895.433).

3145. — En conséquence, un commissaire de surveillance pourrait être déclaré responsable de la nullité de la société, comme complice du fondateur, s'il a participé à la constitution irrégulière de la société en affirmant avoir versé le quart des actions par lui souscrites, alors qu'il savait n'en être pas propriétaire, et que d'ailleurs le versement annoncé n'avait pas été effectué (Paris, 27 déc. 1883, D. 85.2.222).

3146. — Est responsable, par exemple, le commissaire qui n'a pas révélé les irrégularités commises par les administrateurs et qui a rédigé son rapport avec légèreté, en termes élogieux.

3147. — La responsabilité du commissaire est en principe personnelle. Elle ne pourrait être collective ou solidaire que dans le cas où il y aurait plusieurs commissaires ayant agi sans qu'on puisse déterminer la responsabilité de chacun (Lyon-Caen et Renault, n. 841).

3148. — Le quitus consenti par l'assemblée générale aux administrateurs couvre également les commissaires de surveillance (Paris, 30 juin 1883, *R. S.*, 1883.538).

3149. — Bien que la loi ne parle pas de la responsabilité envers les tiers, il est certain que les commissaires sont responsables envers les tiers qui peuvent invoquer contre eux les art. 1382 et 1383 C. civ. (Cass., 13 janv. 1869, S. 69.1 209 ; — 4 juin 1883, précité).

3150. — Les règles pour l'exercice de l'action en responsabilité contre les commissaires sont les mêmes que celles qui s'appliquent à l'action en responsabilité contre les administrateurs (V. *Actions en justice*).

CHAPITRE XIV

DES ASSEMBLÉES GÉNÉRALES

3151. — Les gérants ou les administrateurs gèrent ou administrent la société, mais leurs pouvoirs sont soumis à l'autorité souveraine des assemblées générales d'actionnaires réunies dans les limites fixées par la loi et les statuts.

3152. — L'assemblée générale nomme et révoque les administrateurs ou les gérants et les commissaires de surveillance ; elle reçoit les comptes des administrateurs, leur donnée ou refuse son approbation, fixe les dividendes. Elle a encore d'autres atttributions : elle remplit certaines formalités préalables à la constitution de la société, comme l'examen de la sincérité de la déclaration des fondateurs, l'approbation des apports en nature et des ayantages particuliers, la nomination des premiers administrateurs et des premiers commissaires de surveillance. C'est encore à l'assemblée générale qu'il appartient de modifier les statuts dans les limites légales.

3153. — Le tableau de ces différents pouvoirs permet de classer les assemblées générales ainsi qu'il suit :

Assemblées constitutives ;

Assemblées générales ordinaires ;

Assemblées générales extraordinaires.

Les conditions de validité des délibérations prises par chacune de ces assemblées dépendent, les unes de règles générales, les autres de prescriptions spéciales.

Les assemblées constitutives ayant été déjà traitées, *suprà*, n. 1835 et s., nous ne nous occuperons ici que des assemblées générales ordinaires et extraordinaires.

§ 1. — Règles communes à toutes les assemblées d'actionnaires.
a) Composition.

3154. — Les assemblées ne peuvent être composées que d'actionnaires, et pour savoir ce qu'on doit entendre par un actionnaire, il faut se reporter aux chapitres IV et VI ci-dessus ; d'où la conséquence que les non-actionnaires n'ont pas qualité pour assister aux assemblées générales, à moins de clause formelle des statuts.

3155. — Les porteurs d'actions de jouissance délivrées après remboursement du capital ont le droit d'assister aux assemblées générales.

Les porteurs d'actions de prime, d'actions industrielles, de parts de fondateur n'ont pas le droit d'assister aux assemblées générales avec voix délibératives. Ils peuvent, si les statuts le stipulent, y assister avec voix consultative (Wahl, *Bull. de législ. comp.*, 1901. 312 ; Thaller, D. 99.2.362. V. cependant Lyon-Caen et Renault, n. 844, quant aux porteurs de parts).

Si à la suite d'un rachat d'actions par la société (V. n. 3296) ces titres sont restés en portefeuille, la société ne peut être représentée à l'assemblée générale pour ces titres (Houpin, *J. S.*, 1896.97 ; Houpin et Bosvieux, n. 912).

3156. — La question de savoir si les statuts peuvent subordonner le droit de participer aux assemblées générales à la propriété d'un certain nombre d'actions se résout différemment selon la nature des assemblées générales (V. *infrà*, n. 3167 et suiv.).

3157. — Sous le régime de la communauté d'acquêts, le mari a, comme administrateur des biens propres de la femme, le droit d'assister et de voter aux délibérations d'une assemblée générale d'une société dont fait partie sa femme, les statuts d'une société ne pouvant déroger à cette disposition légale d'ordre public (Bruxelles, 26 fév. 1906, *J. S.*, 1907.76) et tant que la communauté n'est pas liquidée le mari peut représenter les actions de cette communauté à l'assemblée générale (Cass.,23 mars 1914,*Gaz. Soc.*,1914.258).

Lorsque des actions d'une société font partie d'une communauté et d'une succession encore indivises, l'un des intéressés n'est pas fondé à s'opposer à la désignation d'un mandataire commun chargé d'exercer, vis-à-vis de la société, les droits attachés à ces actions et notamment le droit de vote dans les assemblées générales, même extraordinaires (Liège, 14 juin 1905, *J. S.*, 1907.312).

3158. — Lorsqu'une action appartient à une personne en nue propriété et à une autre en usufruit, quelle est celle qui, dans le silence des statuts, a le droit de participer à l'assemblée ? S'il s'agit de titres au porteur, le droit de vote sera accordé à celui qui aura fait le dépôt (Wahl, *Titres au porteur*, n. 1160); s'il s'agit de titres nominatifs, il semble que le droit de vote doive être réservé, à moins de disposition formelle des statuts, à celui qui est propriétaire de l'action, à l'exclusion de l'usufruitier (Alger, 17 nov. 1884, J. S., 1885.222).

3158 bis. — M. Houpin pense (n.912) qu'il est préférable de convoquer les deux intéressés, sauf à eux à s'entendre pour se faire représenter à l'assemblée générale par l'un d'eux ou par un mandataire commun. A défaut d'entente, d'après lui, ils doivent faire vider leur difficulté par l'autorité judiciaire, et s'ils persistent à se présenter à l'assemblée générale avant la solution, le droit de voter doit être refusé à l'un ou à l'autre. MM. Lyon-Caen et Renault (n. 845) enseignent au contraire que le droit de vote, à défaut de convention entre les parties, doit être réservé à celui qui est propriétaire des actions, à l'exclusion de l'usufruitier.

Enfin M. Houpin (*loc. cit.*) estime que l'usufruitier doit, comme plus intéressé, être choisi de préférence pour voter dans les assemblées générales ordinaires convoquées à l'effet d'examiner les comptes et de fixer les dividendes.

3159 — Lorsque les actions sont indivises, les copropriétaires doivent se faire représenter aux assemblées générales par l'un d'entre eux (Liège, 14 juin 1905, *J. S.*, 1907.312).

3160. — L'actionnaire qui a conféré un nantissement sur ses actions a seul le droit de vote aux assemblées, car il a conservé la propriété de ses titres qu'il ne perdra que par la réalisation du gage (Paris, 6 janv. 1897, *Gaz. Trib.*, 20 mars 1897 ; — Lyon, 21 nov. 1894, *J. S.*, 1894 ; — Seine, 13 fév. 1899, *J. S.*, 1899.317 ; — Lyon-Caen et Renault, n. 845). De même, la saisie-arrêt n'empêche pas le propriétaire d'actions frappées d'opposition de participer aux assemblées générales (Paris, 6 janv. 1897, *J. S.*, 1897.276). Le créancier nanti peut représenter son débiteur à l'assemblée (Paris, 6 janv. 1897, *Gaz. Trib.*, 26 mars 1897 ; — Seine, 4 juin 1902, *J. S.*, 1903.126).

3161. — Le propriétaire d'actions a le droit de vote, alors même qu'il ne devrait les conserver que pendant un temps limité, parce que les ayant achetées au comptant, il les a revendues à terme. La jurisprudence reconnaît donc au reporteur qui est dans cette situation le droit de vote à l'assemblée générale (Cass., 3 fév. 1862, S. 62.1.369, D. 62.1.163 ; — Paris, 19 avr. 1875, S. 76.2.113, D. 75.2.161 ; — Cass , 12 juin 1891, *J. S.*, 1891.507 ; — Paris, 19 janv. 1897, S. 01.2.295 ; — Seine, 4 juin 1902, *R. S.*, 1903.20 ; — *Sic* : Buchère, *Tr. des valeurs mobil.*, n. 812 ; Bravard et Demangeat, t. 1, p. 126 ; Lyon-Caen et Renault, t. 2, n. 845 ; Mollot, *De la Bourse*, n. 477   de Prat,

Des Reports, p. 75 ; Houpin et Bosvieux, n. 917. — *Contrà* : Bédarride, *Bourses de commerce*, n. 109 *bis* ; Bozérian, *De la Bourse*, t. 1, n. 89 et s. ; Pont, *Sociétés*, t. 2, n. 1552, et *Petits contrats*, t. 1, n. 625).

3162. — Il importe peu d'ailleurs que l'opération de report ait été inspirée par le désir des reporteurs de faire partie de l'assemblée générale, dès lors qu'il n'est pas établi que le but de cette combinaison ait été de fausser les votes de l'assemblée générale et de constituer une majorité factice (Paris, 6 juill. 1892, S. 93.2.235, D. 94 2.598, et sur pourvoi : Cass., 18 juin 1895, D. 95.1.479).

Le fait même que des personnes auraient pris en report de la société elle-même des actions qu'elle détenait, uniquement en vue d'assister à l'assemblée générale, et auraient reçu de la société, à titre d'indemnité, une somme équivalant aux charges imposées aux reporteurs, ne saurait vicier la délibération de l'assemblée générale à laquelle elles ont pris part et où a été prononcée la réduction du capital social, alors d'une part, qu'aucune intention de fraude n'a présidé à cette opération, et d'autre part, que la société a eu seulement en vue, par cette mesure, d'assurer le succès de la réunion de l'assemblée générale dont une première convocation avait échoué faute de représentation d'un nombre de titres suffisant, et alors enfin que la réduction du capital social a été prononcée à la presque unanimité des voix et a été profitable à la société (Mêmes arrêts).

Jugé également que la vente d'actions d'une société, alors même que cette vente est annulée par la suite — dans l'espèce comme ayant été faite à la société elle-même — doit être considérée comme contenant, au profit de l'acheteur, le mandat d'exercer le droit de vote du vendeur à l'assemblée générale (Caen, 11 mai 1880, S. 82.2. 121, Dalloz, *Supp.*, V° *Sociétés*, n. 1794, note 1).

3163. — Nous savons que les actions d'apport, qui ne peuvent être négociées pendant deux ans à partir de la constitution définitive de la société, peuvent néanmoins aire l'objet d'une cession civile valable.

Le cessionnaire d'actions par la voie civile a-t-il le droit d'assister aux assemblées générales ? Une difficulté s'élève ; certains auteurs prétendent que la propriété des actions ne peut résulter, à l'égard de la société, que d'un transfert régulier opéré sur ses registres, si les actions sont nominatives, et que la cession civile ne peut pas être suivie d'un transfert. Nous estimons que le transfert peut être régularisé à la suite de la cession civile pour des actions d'apport frappées de la prohibition de négociation (V. n. 1783 et suiv.).

(Lyon-Caen et Renault, n. 732 ; — Lille, 11 oct. 1898, *J. S.*, 1899.
278 ; — Seine, 29 juill. 1899, *J. S.*, 1900.273 ; — Paris, 12 avr. 1902,
R. S., 1902.133 ; — Lyon, 27 nov. 1912, *J. S.*, 1913.260).

Il est bien certain que si le cessionnaire se présente avec un pouvoir du cédant, ou que si les statuts prévoient le cas où le cessionnaire d'actions d'apport aura le droit d'assister et de prendre part
aux assemblées générales même pendant les deux premières années
sociales et avant la régularisation du transfert, il ne peut subsister
aucune espèce de difficulté.

3164. — Le droit de vote appartient également au porteur d'actions dont le transfert a été régularisé et signé sur les registres, bien
que l'inscription du transfert sur les registres n'ait pas été signée des
administrateurs (Alger, 17 nov. 1884, précité). Les actions au porteur
étant meubles, leur détention, en l'absence de toute contestation sur
la propriété, équivaut à la possession légitime et donne le droit de
vote dans les assemblées générales (Paris, 8 août 1895, *Gaz. Trib.*,
9 juin 1896).

3165. — L'acquéreur en Bourse d'actions qui ont été exécutées
faute par le titulaire de satisfaire aux appels de fonds a le droit d'assister aux assemblées générales, nonobstant la clause des statuts qui
refuse le droit de vote aux actionnaires qui n'ont pas libéré leurs
titres ; l'exécution en Bourse a pour conséquence la libération des
titres (Paris, 30 juin 1883, D. 85.2.18 ; — 15 avr. 1885, sous Cass.,
20 fév. 1888, S. 88.1.401 et la note de M. Labbé, D. 86.2.89. — Sur
l'exécution en Bourse des actions non libérées, V. *suprà*, n. 1735).

De même encore, le cessionnaire d'un titre nominatif est saisi de
la propriété de ce titre à l'égard de la société par le transfert opéré
sur les registres de la société ; par suite, lorsque le transfert a eu lieu,
mais qu'une formalité accessoire prescrite par les statuts, par
exemple la signature des administrateurs sur le registre des transferts a été omise par leur négligence, l'omission de cette formalité
n'empêche pas les acquéreurs d'être légitimes propriétaires ; dès lors,
ils votent valablement aux assemblées générales (Cass.,21 juill. 1887,
S. 88.1.307, D. 87.1.469).

3166. — Aucune disposition de la loi n'édicte d'incapacité pour la
participation des actionnaires aux assemblées générales. D'où il faut
conclure que les actionnaires ont le droit de vote, même dans les
questions qui les intéressent personnellement. Ainsi, les administrateurs peuvent participer au vote quand il s'agit de statuer sur l'approbation de leurs comptes annuels (Comp. Cass., 27 juill. 1881, S.

83.1.337, D. 83.1.25 ; — Douai, 7 août 1890, *R. S.*, 1891.29 ; — Cass., 23 oct. 1896, S. 97.1.37, D. 98.1.65 et la note de M. Thaller. — *Sic* : Labbé, note sous Cass., 27 juill. 1881, S. 83.1.337, D. 83.1.833. — *Contrà* : Vavasseur, t. 2, n. 903). Ce droit ne pourrait être enlevé aux actionnaires que par une clause formelle des statuts. Cependant, ce principe reçoit exception par un texte formel, dans les assemblées constitutives où les personnes qui ont fait des apports en nature ou stipulé des avantages particuliers n'ont pas le droit de vote sur l'évaluation des avantages (V. *suprà*, n. 1795 et suiv.).

3167. — En principe, tout actionnaire, ne possédât-il qu'une action, a le droit de faire partie de l'assemblée générale et doit y être convoqué. C'est ce qui a lieu lorsque les statuts ne contiennent aucune stipulation particulière sur ce point ; mais dans presque toutes les sociétés anonymes, les statuts limitent la représentation des actionnaires aux assemblées générales. Ce droit est consacré par l'art. 27 de la loi du 24 juillet 1867. « Les statuts déterminent, dit cet article, le nombre d'actions qu'il est nécessaire de posséder, soit à titre de propriétaire, soit à titre de mandataire, pour être admis dans l'assemblée. » Les statuts peuvent aussi valablement décider qu'il faudra, pour faire partie de l'assemblée, être actionnaire depuis un certain laps de temps (Trib. com. Lyon, 18 avr. 1905, *R. S.*, 1905.251 ; Wahl, *J. S.*, 1911.204). Le conseil d'administration ne peut rendre plus rigoureuses les conditions d'admission prévues par les statuts (Paris, 6 janv. 1890, *Gaz. Trib.*, 26 mars 1897).

3168. — Les statuts peuvent-ils valablement décider qu'un actionnaire ne pourra pas entrer à l'assemblée générale ? Un arrêt de la Cour de Paris du 11 novembre 1908 (inédit), aff. Protte, a admis cette solution en disant que pareille restriction, « librement consentie, apparaît comme licite et doit recevoir son exécution ». Nous avouons conserver des doutes très sérieux sur cette décision qui nous paraît enlever aux actionnaires un droit que la loi a voulu leur donner et que la loi de 1893 a voulu encore renforcer.

3169. — Mais le paragraphe 2 de l'art. 27 donne le droit de prendre part aux délibérations des assemblées générales à tous les actionnaires, quel que soit le nombre des actions dont ils sont porteurs, lorsqu'il s'agit de vérifier les apports, de nommer les premiers administrateurs et de vérifier la sincérité de la déclaration des fondateurs de la société. MM. Lyon-Caen et Renault (n. 863) et M. Lyon-Caen (note sous Cass., 30 mai 1894, S. 94.1.306) soutiennent que cette disposition doit être étendue aux assemblées extraordinaires, no tamment à celles qui ont à délibérer sur des modifications aux statuts. Depuis la loi du 22 novembre 1913, cette discussion n'a plus d'intérêt.

3170. — Les statuts peuvent d'ailleurs stipuler qu'au cas d'insuffisance d'actionnaires porteurs du nombre d'actions exigé, l'assemblée pourra être complétée par l'admission de porteurs d'un nombre moindre d'actions, en proportion décroissante, jusqu'à ce que la moitié du capital social, qui est requise par l'art. 31, ait été atteinte (Cass., 5 juill. 1893, S. 93.1.377, D.94.1.41).

b) Petit actionnaire.

3171. — La jurisprudence applicable sous l'empire de la loi de 1867 interdisait aux actionnaires de se grouper pour atteindre le minimum exigé par les statuts et se faire représenter par un mandataire commun aux assemblées générales. L'art. 4 de la loi du 1er août 1893 a ajouté à l'art. 27 de la loi de 1867 la disposition suivante : « Tous propriétaires d'un nombre d'actions inférieur à celui déterminé pour être admis dans l'assemblée pourront se réunir pour former le nombre nécessaire et se faire représenter par l'un d'eux. »

3172. — Cette disposition permet donc aux petits actionnaires de se faire représenter dans les assemblées générales. Cette faculté de groupement n'est pas applicable aux assemblées constitutives ni à celles prévues par l'art. 37, puisque tous les actionnaires doivent y être convoqués ; elle ne peut être utile que pour les assemblées ordinaires ou extraordinaires dont l'entrée n'est ouverte qu'aux propriétaires d'un certain nombre d'actions. Le droit de groupement conféré aux petits actionnaires des sociétés anonymes a un caractère d'ordre public, et les statuts ne pourraient contenir de disposition contraire (Lyon-Caen et Renault, *Loi du 1er août 1893*, n. 42 ; Bouvier-Bangillon, p. 112 ; Wahl, *J. S.*, 1905.97.145.193).

3173. — On s'est posé la question de savoir si la disposition de l'art. 27 nouveau, relative au groupement, peut être appliquée aux sociétés constituées avant la loi du 1er août 1893. Les auteurs se prononcent généralement pour l'affirmative (Faure, p. 200 ; Génevois, 57 ; Bonfils, *R. crit.*, 1895.559 ; *Droit financier*, 1897.549 ; Dalloz, *Supp.*, n. 1672 ; Vavasseur, n. 898 ; — Cass., 29 juin 1899, S. 99.1. 400 ; Wahl, note S. 99.2.185. — *Contrà* : Bouvier-Bangillon, p. 121 ; Lyon-Caen, *R. S.*, 1893.333 ; Thaller, n. 690 ; — Paris, 19 fév. 1897, D. 98.2.153 ; — Lacour, note sous Paris, précité).

Cette discussion n'a plus d'intérêt. La loi du 22 novembre 1913 l'a supprimée.

En effet, l'art. 3 de cette loi est ainsi conçu :

§ 1er de l'art. 27. — La loi du 24 juillet 1867, modifiée par l'art. 4 de la loi du 1er août 1893, est ainsi complétée :

« Cette disposition est applicable même aux sociétés constituées avant le 1er août 1893. »

3174. — L'art. 27 nouveau n'est pas applicable aux sociétés en commandite (Lyon-Caen et Renault, *Loi du 1er août 1893*, n. 43). A plus forte raison cette disposition ne peut-elle être appliquée aux sociétés civiles constituées sous forme anonyme, ou aux sociétés d'assurance sur la vie constituées avec l'autorisation du gouvernement.

3175. — Des actionnaires qui grouperont leurs titres devront se faire représenter à l'assemblée générale *par l'un d'eux*. D'où il résulte que le mandataire devra être non pas seulement actionnaire, mais propriétaire d'une ou plusieurs des actions groupées. Ils ne pourraient donc être représentés par un tiers non actionnaire (V. Bouvier-Bangillon, p. 120 ; Faure, p. 97 ; Clément, n. 21).

3176. — Les actionnaires ne pourraient se grouper à l'effet de réunir sur une seule tête un nombre d'actions leur attribuant plus d'une voix ; un pareil groupement serait contraire au texte et à l'esprit de la loi de 1893, qui a voulu non pas permettre aux actionnaires d'augmenter le nombre de leurs voix, mais seulement leur donner le moyen de participer à l'administration de la société dont ils seraient exclus à raison du nombre minime de leurs actions (*Sic* : Bouvier-Bangillon, p. 119 ; *J. S.*, 1905.97).

c) Mandataire. Pouvoirs.

3177. — En principe, tout actionnaire peut se faire représenter à l'assemblée par un mandataire même étranger à la société, à moins d'interdiction des statuts. Il en serait ainsi en cas de silence des statuts. Mais on trouverait peu de statuts qui ne réglementent pas le droit de représentation aux assemblées. Dans la pratique les statuts prévoient la représentation d'un actionnaire par un autre actionnaire ayant le droit d'assistance. On stipule en même temps que le nombre d'actions nécessaire pour assister aux assemblées, le nombre de voix dont l'actionnaire dispose soit en son nom soit comme mandataire. Cela s'appelle la limitation du droit de vote (Cass., 15 déc. 1913, S. 1914.1.266).

La forme des pouvoirs n'est pas sacramentelle. Elle est en pratique adoptée par le Conseil d'administration.

Un pouvoir donné pour assister à l'assemblée générale de telle date implique le mandat de vote sur toutes les questions à l'ordre du jour (Cass., 11 mai 1880, S. 82.1.121).

Un pouvoir donné pour une assemblée ordinaire ne saurait servir pour une extraordinaire à moins de précision dans le pouvoir (Wahl, *J. S.*, 1905.155).

Un pouvoir peut être verbal, mais la preuve (Wahl, *loc. cit.*), d'un mandat verbal sera difficilement rapportée. Les règles du droit commun seraient applicables.

Le mandat de vote dans tel ou tel sens est régulier (Wahl, *loc. cit.*).

Les pouvoirs doivent être donnés sur timbre de dimension (L. 13 brumaire an VII, art. 12).

L'enregistrement n'est pas obligatoire.

Les pouvoirs donnés sur papier libre ne sont pas nuls, mais cela expose les sociétés à une amende fiscale.

3178. — Tout ce qui vient d'être précisé s'applique aux actionnaires ayant pleine capacité juridique, mais il faut envisager l'hypothèse d'actionnaires dépourvus de capacité, comme des mineurs, des femmes mariées, des absents.

Ces personnalités ont intérêt à être représentées aux assemblées des sociétés dont elles sont actionnaires. Les stipulations statutaires portant que l'actionnaire ne peut choisir son mandataire que parmi les actionnaires ayant le droit d'assister aux assemblées ne sont pas applicables aux cas envisagés. Les représentants légaux des incapables peuvent représenter ceux-ci aux assemblées même s'ils ne sont pas actionnaires.

3179. — Les sociétés actionnaires assistent aux assemblées par un de leur gérant ou administrateur, désigné conformément aux statuts de cette société actionnaire (Cass., 30 juill. 1913, *J. S.*, 1914. 409, et la note de M. Wahl). Mais le mandataire ainsi désigné ne peut être choisi en dehors des représentants légaux de la société actionnaire à moins que cet étranger ne soit actionnaire de la société dont l'assemblée générale est réunie.

Si, d'après les statuts, nul ne peut être mandataire d'un actionnaire s'il n'est actionnaire lui-même, les porteurs d'actions représentés par des mandataires étrangers doivent être exclus de l'assemblée, et s'ils y ont été admis, leurs actions ne doivent pas être comptées. Enfin, si ces actions ont servi à constituer la majorité, l'assemblée doit être déclarée nulle (Trib. Seine, 26 déc. 1892, *J. S.*, 1893.149 ; — Paris, 21 fév. 1893, *J. S.*, 1894.42 ; — Trib. Lyon, 17 fév. 1898, *J. S.*, 1898.280).

3180. — La clause des statuts qui ne permet qu'aux actionnaires ayant libéré leurs titres d'assister aux assemblées générales est licite (Trib Seine, 9 déc. 1893, *R. S.*, 1893.252 ; — 13 fév. 1899, *J. S.*, 1899. 317).

d) Dépôt des titres.

3181. — Les statuts prescrivent généralement le dépôt par les actionnaires, dans la caisse sociale ou dans d'autres caisses, des titres au porteur, un certain nombre de jours avant l'époque fixée pour l'assemblée. En échange de ce dépôt, on remet une carte nominative et personnelle qui permet l'entrée de l'assemblée (Comp. Riom, 20 juill. 1907, *R. S.*, 1908. 545 ; *J. S.*, 1908.258). Le fait que certains actionnaires avaient déposé non les titres mêmes, mais des récépissé s de dépôt dans une banque ne pourrait vicier l'assemblée (Paris, 6 juill. 1892, S. 93. 2.235).

L'entrée de l'assemblée est en ce cas à bon droit refusée à des actionnaires qui ne se présentent pas porteurs d'une carte d'admission (Trib. com. Seine, 13 mai 1901, *J. S.*, 1901.448).

3182. — Si les statuts ne contiennent pas de stipulation relative au dépôt des titres, ce dépôt peut avoir lieu jusqu'au moment même de la réunion de l'assemblée.

3183. — Les propriétaires d'actions nominatives sont dispensés de la formalité de dépôt ; il suffit qu'ils représentent leurs titres (Seine, 4 juin 1902, *R. S.*, 1903.20).

3184. — Il a été jugé que si les statuts permettent le dépôt des actions soit au siège social, soit dans toute maison de banque, sans indication déterminée, le conseil d'administration ne peut exiger le dépôt des titres au siège social ou dans une maison de banque spécialement désignée par lui (Paris, 6 janv. 1897, *J. S.*, 1897.276), ni obliger les actionnaires à déposer en outre les récépissés de leurs titres au siège social (Riom, 20 juill. 1907, *J. S.*, 1908.258, *R. S.*, 1908.245). Jugé également que la société qui reçoit le dépôt de titres au porteur en vue d'assister à l'assemblée générale n'a pas le droit d'exiger du déposant la justification de sa propriété (Trib. Seine, 18 mars 1895, *J. S.*, 1895 500).

3185. — Il a été jugé aussi que l'on ne peut considérer comme des actions valablement déposées celles données en report à un tiers non présent, ni les actions remises en nantissement déposées à l'assemblée sans le consentement du créancier (Paris, 19 janv. 1897, *J. S.*, 1897.264. — V. les observations de M. Houpin contre cet arrêt, *J. S.*, 1897.265).

3186. — Il a été jugé également que la preuve du dépôt des titres ne doit pas résulter exclusivement d'un registre à souche, et qu'aucune disposition de loi ne prescrit que la liste des actionnaires ayant capacité pour assister à l'assemblée générale soit arrêtée définitivement et nommément à l'expiration du jour fixé pour le dépôt des titres, de telle sorte qu'un actionnaire ne puisse prendre part à la réunion si son nom ne figure pas sur cette liste (Paris, 26 juill. 1887, *J. S.*, 1889.367).

3187. — La loi n'indique ni les formes ni les délais à observer pour la convocation des actionnaires ; ce sont les statuts qui les déterminent, et leurs stipulations font la loi des parties (Trib. Seine, 17 mars 1885, *J. S.*, 1887.753 ; — 28 mars 1887, *R. S.*, 1887.335).

Il a été décidé que le défaut de mention du numéro des actions déposées ne peut servir de base à une action en nullité, si les statuts ne fixent pas la règle relative au dépôt (Lyon, 3 oct. 1902, *Gaz. Lyon*, 6 nov. 1902).

e) Convocations.

3188. — L'assemblée constitutive doit être convoquée par les fondateurs de la société (V. n. 1836).

La convocation des assemblées au cours de la société est faite par le conseil d'administration (Trib. Seine, 16 janv. 1899, *J. S.*, 1899.366 ; — 19 mai 1899, *J. S.*, 1899.456). Elles peuvent être covoquées exceptionnellement par les commissaires (V. *suprà*, n. 3142). En cas de démission ou de décès, le conseil peut être réduit à un nombre inférieur fixé par les statuts. Si les administrateurs n'ont pas, d'après les statuts, le droit de compléter le conseil d'administration, sauf ratification de leur choix par la prochaine assemblée générale, ils ont cependant le droit, bien que le nombre soit inférieur au nombre statutaire, de convoquer l'assemblée générale des actionnaires à l'effet de compléter le conseil (Paris, 28 juin 1895, *J. S.*, 1895.429 ; — 4 août 1896, *J. S.*, 1897.433). Dans tous les cas, la convocation, même si elle était irrégulière, serait couverte par le vote de l'assemblée délibérant régulièrement (Cass., 20 juill. 1897, S. 97.1.409 ; — Trib. Seine, 16 juill. 1898, *J. S.*, 1899.122 ; — Lyon, 14 janv. 1904, *J. S.*, 1905.42 ; — Trib. com. Charolles, 16 mars 1909, *J. S.*, 1909.374 ; — Trib. com. Seine, 4 janv. 1909, *J. S.*, 1910.73).

3189. — Dans le silence des statuts, le droit de convocation n'appartient pas aux actionnaires, quelle que soit la fraction du capital social qu'ils représentent (*Sic* : Lyon-Caen et Renault, t. 2, n. 849 ; Pont, t. 2, n. 1553. — *Contrà* : Trib. Seine, 15 déc. 1890, *J. S.*, 1891. 49 ; — Paris, 14 déc. 1894, *Gaz. Pal.*, 28 déc. 1894 ; — Agen, 15 janv. 1879, *J. S.*, 1880.477).

Il a cependant été décidé qu'en cas d'inertie frauduleuse et concertée des administrateurs et des commissaires, les actionnaires pourraient se faire autoriser par justice à convoquer l'assemblée (Trib. com. Seine, 24 fév. 1881, *J. S.*, 1881.204).

3190. — Les administrateurs ne peuvent convoquer régulièrement l'assemblée générale que dans les conditions déterminées par les statuts. Si donc l'assemblée générale est convoquée par un conseil d'administration réduit à quatre membres, alors qu'il devrait, d'après les statuts, se composer de six, cette convocation peut être considérée comme irrégulière et nulle. Mais cette irrégularité ne saurait constituer une nullité d'ordre public, et elle peut être couverte par les votes d'une assemblée régulièrement composée et délibérant dans les conditions prescrites par la loi (Cass., 20 juill. 1897, S. 97.1.409 et la note, D. 98.1.241).

3191. — Les délais à observer pour la convocation des actionnaires sont fixés par les statuts, mais en raison des dispositions légales, il est des délais que les statuts ne peuvent méconnaître. — C'est ainsi que les convocations pour les assemblées annuelles doivent être faites au moins quinze jours à l'avance puisque aux termes de l'art. 35 de la loi de 1867, les actionnaires ont pendant ces quinze jours droit aux communications précisées par la loi.

Pour les assemblées extraordinaires et pour les assemblées convoquées en conformité de l'art. 31 nouveau de la loi de 1867, les délais spéciaux prévus par cette loi doivent être observés.

Il faut dire en un mot que le conseil d'administration doit se préoccuper de laisser un temps normal aux actionnaires pour déposer leurs titres ou prendre des renseignements utiles sur l'objet de la réunion.

3192. — Nous avons dit (*suprà*, n. 3189) que les actionnaires peuvent se pourvoir en justice pour être autorisés à convoquer l'assemblée en cas d'inertie frauduleuse des administrateurs et commissaires.

Mais il ne faut pas exagérer le pouvoir des tribunaux à cet égard. La justice ne doit intervenir qu'en cas d'inertie manifeste frauduleuse ou tout au moins suspecte des administrateurs qui se refuseraient à convoquer l'assemblée. Elle ne saurait ni d'office ni à la requête d'actionnaires ou administrateurs dessaisir le conseil d'administration de ses pouvoirs statutaires et ordonner la réunion de l'assemblée à date fixe ou autoriser un administrateur à convoquer pour de simples questions d'opportunité, alors que le respect de la loi ou des statuts n'est en jeu (Trib. com. Seine, 16 janv. 1899, *La Loi*, 28 mars 1899 ; — 29 janv. 1899, T. C. 99.307 ; — 19 mai 1899, *La Loi*, 27 mai 1899).

3193. — Le conseil d'administration peut, sous sa responsabilité, après avoir convoqué une assemblée générale, rétracter la convocation et ajourner l'assemblée (Paris, 21 fév. 1893 précité ; — Lyon, 28 janv. 1896, *J. S.*, 1898.258).

3194. — Les convocations ont lieu soit par lettres individuelles, soit par voie d'annonces dans les journaux, d'après les termes des statuts. Une convocation collective par la voie des journaux est la mesure la plus efficace. L'inobservation des formes et délais de la convocation est de nature à entraîner la nullité des délibérations de l'assemblée (Trib. com. Seine, 17 mars 1885 et 28 mars 1887, *R. S.*, 1887.335). Mais cette nullité peut être couverte par une ratification ultérieure (Bordeaux, 25 janv. 1888, *R. S.*, 1888.317. — Comp. Civ. Seine, 14 fév. 1906, *J. S.*, 1907.94).

Les formes requises par la loi ou les statuts pour la convocation n'ont rien d'ailleurs de sacramentel et peuvent être remplacées par des équivalents (Bruxelles, 18 janv. 1906, *J. S.*, 1907.350 ; — Rouen, 6 avr. 1909, *J. S.*, 1910.251).

3195. — Le délai de convocation est-il franc ? Cette question a été assez vivement controversée et la plupart des auteurs admettent et nous croyons qu'ils sont dans le vrai, que le délai doit être franc (V. Cass., 30 avr. 1913, *J. S.*, 1914.396) ; — Paris, 9 mai 1913, *Gaz. Soc.*, 1914. 168 ; — Albert Wahl, *J. S.*, 1911.193.241 et suiv., se prononce en sens contraire. — Il est partisan de faire les calculs du délai de façon à éviter tout débat sur ce point.

L'inobservation des délais pour la convocation d'une assemblée permet aux intéressés de demander la nullité de cette assemblée générale.

Le lieu de réunion est fixé par les statuts. Quelquefois les statuts confèrent au Conseil d'administration le droit de fixer le lieu de réunion.

Si les statuts prévoient que les assemblées seront réunies au siège social, cette assemblée ne peut être convoquée dans un autre lieu (*Contrà* Wahl, *J. S.*, 1911.254).

3196. — Tous les titulaires d'actions nominatives doivent être convoqués, si la convocation a lieu par lettre, même lorsque l'assemblée générale doit être composée seulement d'actionnaires propriétaires d'un certain nombre d'actions, et cela parce que tous propriétaires d'un certain nombre d'actions inférieur à celui déterminé par les statuts peuvent se réunir pour former le nombre nécessaire et se faire représenter par l'un d'eux. La convocation est indispensable pour leur permettre d'exercer leur droit (Génevois, n. 55. — *Contrà* : Seine, 12 juin 1895, *J. S.*, 1896.316 ; — Paris, 19 fév. 1897, *J. S.*, 1897.166). Si les actions sont au porteur, la convocation insérée dans le journal d'annonces légales est suffisante.

f) Ordre du jour. Lieu de réunion.

3197. — L'assemblée générale se réunit à l'endroit déterminé par les statuts ou par l'avis de convocation, soit au siège social, soit dans un local spécial.

3198. — Les assemblées générales ne peuvent valablement délibérer que sur les questions mentionnées à l'ordre du jour dans la convocation des actionnaires (Cass., 23 fév. 1885, S. 85. 1.337 et la note de M. Labbé, D. 85.1.413 ; — 28 fév. 1888, S. 91. 1.298, D. 88.1 427 ; — 10 avr. 1889, S. 90.1.25, D. 90.1.305 ; — 5 juill. 1893, S. 93.1.377, D. 94.1.41 ; — Seine, 22 juin 1902, *J. S.*, 1904.40 ; — 16 nov. 1903, *Gaz. Trib.*, 4 déc. 1903 ; — Lyon, 31 oct. 1903, *R. S.*, 1904.247 ; — Paris, 7 janv. 1904, *J. S.*, 1904 414 ; — Lyon, 31 oct. 1903, *J. S.*, 1904.505 ; — Seine, 24 déc. 1904, *Gaz. Pal.*, 28 fév. 1905).

Mais la jurisprudence interprète largement le sens des ordres du jour et admet que l'assemblée peut valablement délibérer sur des questions incidentes (Alger, 30 déc. 1890, *Rev. d'Alger*, 1891.191 ; — Cass., 5 juill. 1893, D. 94.1.41 ; — Douai, 18 fév. 1897, *Gaz. Pal.*, 15 mars 1897 ; — Rouen, 6 avr. 1909, *J. S.*, 1910.250).

L'ordre du jour qui accompagne l'avis de convocation doit donc faire connaître avec exactitude les questions sur lesquelles l'assemblée est appelée à délibérer. Il doit également être explicite et n'autoriser par sa rédaction aucune surprise, sans que d'ailleurs on puisse lui imposer des termes sacramentels. Ainsi, il a été jugé que la convocation des actionnaires à une assemblée générale annuelle, sans aucune désignation des questions qui y seront discutées, est suffisante pour indiquer aux actionnaires qu'ils auront à statuer sur l'approbation des comptes des administrateurs et sur la distribution du dividende (Paris, 7 janv. 1882; — Seine, 19 juill. 1886, *J. S.*, 1890.105; — Alger, 30 déc, 1890, *J. S.*, 1891.282; — Seine, 15 déc. 1889, *J. S.*, 1891.49, et 9 mars 1892, *J. S.*, 1892.246; — Cass., 5 juill, 1893, précité; — 15 juill. 1895. S. 95 1.349, D. 96.1.31; — Seine. 20 mars 1896, *J. S.*, 1896.430; — Pau, 10 avr. 1900, *J. S.*, 1900.413. — V. Douai, 18 fév. 1897, *J. S.*, 1897.355; Seine, 4 déc. 1899, *J. S.*, 1900.367; — 24 mars 1902, *Gaz. Pal.*, 29 juin 1902; — 28 déc. 1904, *J. S.*, 1905.162; — Cass., 17 janv. 1905, *R. S.*, 1905. 154). Les mêmes décisions portent que les administrateurs peuvent, dans une telle assemblée, être révoqués et remplacés, bien que ces questions ne soient pas portées à l'ordre du jour (Seine, 10 oct. 1902, *Gaz. Trib.*, 21 oct. 1902; — Paris, 31 déc. 1901, *J. S.*, 1902.220; — Paris, 23 janv. 1903, *Gaz. Trib.*, 4 fév. 1904; — Paris, 7 janv. 1904, *R. S.*, 1904.227; — St-Étienne, 1er mars 1904, *J. S.*, 1904.233).

3199.—Le quitus voté aux administrateurs l'est régulièrement par une assemblée dont l'ordre du jour porte seulement : « Approbation des comptes » ; mais lorsque les assemblées même ordinaires sont appelées à statuer sur des résolutions extraordinaires, comme l'autorisation d'un emprunt, d'aliénation d'immeubles, etc., il est indispensable que l'avis de la convocation en fasse mention (Cass., 23 fév. 1885, précité; — Seine, 24 mars 1902, *R. S.*, 1903.18).

3200. — Il est généralement stipulé dans les statuts que le conseil d'administration doit porter à l'ordre du jour de l'assemblée générale les propositions dont le texte lui est remis un certain nombre de jours avant les assemblées, par des actionnaires représentant une portion déterminée du capital social. Sous l'empire de cette disposition, les actionnaires réunis peuvent valablement délibérer sur les propositions qui leur sont faites, même si elles n'ont pas été publiées à l'avance (Trib. Seine, 19 oct. 1885, *J. S.*, 1888.220. — V. aussi : Seine, 30 avr. 1883, *J. S.*, 1890.452).

3201. — Les prescriptions aux termes desquelles l'ordre du jour doit être clair, précis, et ne permettre aucune équivoque, sont surtout applicables aux assemblées extraordinaires appelées à statuer particulièrement sur les modifications aux statuts (Civ. Seine, 14 fév. 1906, *J. S.*, 1907.94). Il n'est pas nécessaire de relater le texte même des modifications projetées (Seine, 18 mai 1898, *J. S.*, 1899.85) ; il suffit d'indiquer par leur numéro les articles auxquels les modifications seront proposées.

L'ordre du jour peut être conçu de telle façon que les questions qu'il contient soient indivisibles et qu'on ne puisse statuer séparément sur certaines d'entre elles (Seine, 23 juin 1902, *R. S.*, 1903. 21, *Gaz. Trib.*, 15 nov. 1902). Si la différence entre l'ordre du jour et les résolutions votées est minime, il ne peut y avoir nullité (Lyon, 20 oct. 1902, *J. S.*, 1903.67).

g) Feuille de présence.

3202. — Afin de permettre à tous les intéressés de rechercher si les délibérations ont été prises régulièrement, il doit être tenu une feuille de présence contenant les nom et domicile des actionnaires et le nombre d'actions dont chacun d'eux est porteur. Cette feuille, certifiée par le bureau de l'assemblée, doit être déposée au siège social et communiquée à tout requérant (art. 28, L. 1867. Sur le droit de communication, V. Percerou, *J. S.*, 1908.97 et suiv.). La feuille de présence est signée, lors de l'entrée en séance, par chacun des actionnaires qui assistent à la réunion ; elle contien t, sous forme de tableau, les nom et domicile des actionnaires, le nombre d'actions dont chacun est propriétaire ou porteur, le nombre de voix auquel il a droit, et dans une colonne spéciale, la signature de la personne qui participe à l'assemblée. Cette feuille, signée par les membres du bureau, doit être communiquée à tout requérant, actionnaire ou non (Pont, n. 1666 ; — Cass., 29 juin 1899, S. 99.1.409), au siège social et sans déplacement (Trib. com. Seine, 5 nov. 1906, *J. S.*, 1907.281). Il a cependant été décidé que l'assemblée générale dont la feuille de présence émargée par les actionnaires délibérants n'a pas été certifiée par les membres du bureau n'est pas nulle, si d'ailleurs la délibération est reconnue valable et régulière en elle-même (Cass., 28 janv. 1878, D. 78.1.230 ; — Paris, 15 avr. 1885, sous Cass., 20 fév. 1888, S. 88.1.401 et la note de M. Labbé, D. 86.2.89). De même, il a été jugé que le seul défaut de signature sur le registre des délibérations de l'assemblée générale constitutive d'une société anonyme ne suffit pas pour entraîner la nullité de la société, lorsque les délibérations prises ne sont pas contestées dans leur matérialité (Paris, 29 juill. 1880, *J. S.*, 1881. 37. — V. également : Cass., 20 déc. 1882, D. 83.1.301. — Comp. Cass., 28 janv. 1878, S. 78.1.450, D. 78.1.230. — V. encore : Cass., 28 fév. 1888, D. 88.1.427).

Il appartient au bureau de vérifier la qualité des membres de l'assemblée et la feuille de présence fait foi de la validité des pou-

voirs présentés au bureau et acceptés par lui (Trib. com. Charolles,
16 mars 1909, *J S.*, 1909.374).

3203. — La feuille de présence certifiée par le bureau de l'assemblée est déposée au siège social et doit être communiquée à tout
requérant (art. 28). La signature par une partie seulement du bureau
n'entraîne pas la nullité de l'assemblée (Bordeaux, 29 mai 1902,
R. S., 1903.28).

3204. — Il convient d'admettre les actionnaires non seulement à
prendre communication, mais aussi à prendre copie de la liste des
actionnaires présents à l'assemblée générale La simple communication en effet pourrait être insuffisante pour leur permettre de contrôler sérieusement la régularité de l'assemblée (Paris, 19 fév. 1897,
D. 98.2.153 et la note de M. Lacour ; — Seine, 10 mars 1904, *Gaz.
Pal.*, 15 avr. 1904, S. 04 2.221. — V. sur le droit de communication,
n. 2070 et suiv. — Comp. Lyon-Caen et Renault, t. 2, p. 641, notes
2-3). La disparition des feuilles de présence donne lieu à responsabilité contre les administrateurs, lorsqu'elle empêche le syndic
de la faillite de poursuivre utilement les versements sur les actions
non libérées (Lyon, 17 juill. 1902, *R. S.*, 1903.65, *Gaz. Pal.*, 28 nov.
1902 ; — Seine, 10 mars 1904, *J. S.*, 1905.238).

La communication pouvant être demandée par tout requérant
invoquant un intérêt légitime, il a été jugé que cette demande
ne saurait être considérée comme une contestation entre associés,
rentrant, en vertu de l'art. 631 C. com., dans la compétence des
tribunaux consulaires. Le juge des référés, incompétent en matière
commerciale, serait donc compétent pour statuer sur une demande
à fin de communication de ladite liste (Paris, 7 juin 1894, S. 95.2.305.
— *Contrà* : Houpin, t. 2, n. 937, *in fine*. — Sur l'incompétence du
juge des référés en matière commerciale : V. Cass., 25 juill. 1895,
S. 95.1.133.

h) Bureau.

3205. — On trouve généralement dans les statuts les dispositions
réglementaires relatives à la formation et à la composition du bureau
des assemblées générales. L'indication de la nécessité du bureau
est contenue dans l'art. 28 de la loi de 1867. En cas de silence des
statuts, l'assemblée générale composera le bureau à son gré. L'assemblée générale peut même composer le bureau dans des
conditions différentes de celles prévues par les statuts, lorsque ces
dispositions statutaires ne peuvent, en raison de circonstances

particulières, recevoir leur application. Ainsi en a-t-il été décidé relativement à une assemblée qui, après avoir révoqué le conseil d'administration, a été présidée par un actionnaire, alors que les statuts exigeaient que le président fût un administrateur (Trib. Com. Charolles, 16 mars 1909, *J. S.*, 1909.374). La révocation des administrateurs au cours d'une assemblée n'entraîne pas la dissolution de cette assemblée ; elle a, au contraire, pour devoir de nommer de nouveaux administrateurs et de chercher un président pour diriger ses travaux (Cass., 5 juill. 1893, S. 93. 1.377, D. 93.1.41 ; — Trib. Seine, 29 mai 1896, *J. S.*, 1896.430). Bien entendu, toutes les irrégularités qui pourraient être relevées sur la composition du bureau ne constituent pas des infractions à des règles d'ordre public ; elles peuvent être ratifiées ultérieurement, expressément ou tacitement (Bordeaux, 25 janv. 1888, *J. S.*, 1889.37).

3206. — Dans les assemblées générales, non réglementées par la loi du 22 nov. 1913, art. 31 de la loi de 1867, les délibérations sont prises à la majorité des voix (art. 28, L. de 1867), c'est-à-dire à la majorité absolue, moitié plus un des votants. Les statuts règlent le nombre des voix attribuées aux actionnaires avec ou sans limitation. Les statuts peuvent exiger une majorité de plus de moitié. On ne compte, dans le calcul des voix, que les voix émises par des actionnaires présents ou représentés par des mandataires ; le vote par correspondance n'est pas admis. La majorité relative des votants ne suffirait pas, les abstentionnistes devant être considérés comme ayant voté contre la proposition mise aux voix.

i) Conventions relatives au droit de vote.

3207. — On ne rencontre dans la loi de 1867 de restriction de vote pour les actionnaires, qu'en ce qui concerne les apporteurs en nature ou ceux qui jouissent d'avantages particuliers (art. 4). Donc, administrateurs, gérants, employés peuvent voter dans les assemblées générales sur leurs actes d'administration ou sur les comptes présentés aux actionnaires Voyez particulièrement Paris, 19 fév. 1897, *J. S.*, 97.166 ; — Cass., 26 oct. 1896, *J. S.*, 1897.13 ; — Labbé, S. 83.1. 337 ; Lyon-Caen et Renault, n. 846 ; Thaller, n. 683, Wahl, S. 99.1. 185). Ces solutions sont vivement critiquées par la doctrine. Beaucoup de législations étrangères interdisent aux administrateurs de voter sur leur propre compte, mais tant que notre législation ne sera pas modifiée à cet égard, les décisions de la jurisprudence doivent être appliquées. Bien entendu, cette jurisprudence s'applique au cas où aucun dol et aucune fraude n'ont été commis. Si au contraire les décisions de l'assemblée générale intervenant sur une faute dans laquelle les administrateurs ont la majorité étaient entachées d'un véritable dol, une action en nullité pourrait être intentée par les actionnaires (Percerou, *J. S*, 1907.107 ; Thaller, *J. S.*, 1912.403).

3208. — Peut-on par convention restreindre le droit de vote autrement dit quelle est la validité de conventions par lesquelles des actionnaires se constituent en groupe, afin de réglementer, sous une forme quelconque, le vote aux assemblées générales.

Nous nous plaçons ici dans l'hypothèse d'actionnaires ayant un droit de vote égal mais désirant le restreindre par une convention particulière.

Nous réservons les stipulations statutaires dérivant de la loi du 16 novembre 1903.

Par exemple, il s'agira d'une convention par laquelle un certain nombre d'actionnaires conviennent, pour une ou plusieurs années, de voter à l'assemblée générale dans un sens très déterminé ou selon des décisions préalablement prises au sein de la majorité du groupe, ou encore de s'opposer systématiquement à toute modification quelconque qui serait proposée aux statuts, ou encore de s'abstenir de participer à toute assemblée ou à tout vote. Les restrictions conventionnelles de ce genre, ou autres, que l'on pourrait imaginer sont-elles valables ? En un mot, des actionnaires ont-ils la possibilité de limiter leur droit de vote en sorte que leur liberté serait entravée ? Est-il possible de voir aux assemblées générales des actionnaires liés par une convention qui leur enlève toute latitude, par une véritable abdication à l'indépendance du vote, quels que soient les incidents qui puissent faire voir l'utilité de leur intervention.

Notre avis est que les restrictions conventionnelles au droit de vote des actionnaires sont frappées de nullité et que les intéressés, et même la société, peuvent en demander la nullité en justice.

Dans notre législation des sociétés, il paraît impossible de ne pas considérer le droit de vote comme une prérogative essentielle et inhérente au seul titre d'actionnaire. C'est le suffrage universel qu'a véritablement établi notre loi des sociétés, surtout maintenant que tous les actionnaires, même possesseurs d'une seule action, peuvent faire entendre leur voix et exercer cette participation et ce contrôle indispensables qui font que les décisions de l'assemblée générale sont véritablement l'émanation de la « Société » en son entier.

S'il en est ainsi et si chaque actionnaire prend dans son titre, et comme une prérogative de principe, le droit de prendre part aux assemblées générales, le droit de contrôle et participation se trouve donc lié à l'action de telle sorte qu'il en est indissoluble. C'est reconnaître, dès l'abord, que ce droit essentiel ne peut être enlevé aux actionnaires capables. Chacun d'eux, comme une conséquence inéluctable de sa qualité d'actionnaire, doit pouvoir user librement de son droit de vote, puisque c'est ainsi qu'il collabore au fonctionnement et au contrôle de la société. Il sera donc impossible aux actionnaires d'abdiquer leur droit de vote parce qu'il ne dépend point d'eux de faire disparaître le rôle social qui est inhérent à toute action.

L'action est un tout indivisible dont les deux éléments principaux, c'est-à-dire le droit au bénéfice et au capital d'une part, et de l'autre le droit au vote, ne sauraient être divisés pour reposer sur deux têtes différentes.

Sans doute les décisions de l'assemblée générale se prennent à la majorité et la minorité se voit liée. Mais cette loi de majorité qui se trouve imposée par la nécessité évidente de grouper les opinions autour d'une décision unique, n'implique aucunement que « l'abdication de l'actionnaire devant la volonté collective ait été jusqu'à renoncer à faire partie de cette volonté collective, à renoncer à tout droit de contrôle et participation dans les affaires sociales » (Bourcart, n° 34, p. 121).

Ainsi donc, il résulte de tout ce qui précède, d'une part que le droit pour les actionnaires de voter à toutes les assemblées générales est un droit essentiel, d'autre part que la liberté du vote dans un sens ou l'autre doit demeurer entière. V. en ce sens, Tibbaut, *Rev. des Sociétés de Belgique*, 1867, p. 161 et suiv. ; Amiot, *Gaz. Soc.*, 1916, p. 15.

3209. — La loi ne contient aucune obligation pour les administrateurs de présenter à l'assemblée générale un rapport écrit. Cependant, il est d'usage qu'il en soit ainsi.

Au contraire, les commissaires des comptes, comme le commissaire chargé d'évaluer un apport, doivent toujours dresser un rapport écrit.

j) Procès-verbaux.

3210. — Il doit être dressé procès-verbal des délibérations prises par l'assemblée générale. Les statuts prescrivent d'ordinaire que ce procès-verbal soit signé par les membres du bureau, ou au moins par le président et le secrétaire. Le procès-verbal non signé n'existe pas (Lyon, 26 nov. 1863, S. 64.2. 202), mais les tribunaux peuvent valider des procès-verbaux qui ne portent que quelques signatures (Cass., 28 janv. 1878, S. 78.1.450 ; — Rennes, 5 mars 1908, *J. S.*, 1909. 447). On a même été plus loin en soutenant que s'il s'agit d'assemblée ordinaire, la preuve en peut être rapportée par témoins (Wahl, *J. S.*, 1911. 557).

Les extraits des procès-verbaux qui doivent être produits en justice ou qui doivent être publiés conformément à la loi sont, d'après les statuts, généralement rédigés en ce sens, signés par le président du conseil d'administration ou par le directeur. Dans le silence des statuts, il faudrait faire signer ces procès-verbaux par les membres du bureau.

k) Effets des délibérations.

3211. — L'assemblée générale régulièrement constituée représente l'universalité des actionnaires ; ses délibérations, prises dans les limites de la loi et des statuts, sont obligatoires pour tous les associés : la minorité ne peut s'y soustraire (Cass., 23 fév. 1885, S. 85.1.337 et la note de M. Labbé ; — Paris, 12 mars 1885, *R. S.*, 1885.680 ; — 27 juill. 1887, *J. S.*, 1889,397) ; il n'y a pas à distinguer à cet égard entre les actionnaires antérieurs ou postérieurs à la délibération (Paris, 7 juin 1888, *R. S.*, 1888.481) ; mais, bien entendu, ses délibérations ne sont pas opposables aux tiers ; ces derniers peuvent les repousser s'ils en éprouvent un préjudice (Paris, 13 mars 1884, D. 85.2.14).

3212. — Les délibérations irrégulièrement prises, contraires aux statuts notamment, peuvent être attaquées par les actionnaires qui y ont assisté sans voter les mesures irrégulières et par les actionnaires absents (Montpellier, 5 fév. 1880, *J. S.*, 1880.193 ; — Paris, 25 juill. 1874, *J. S.*, 1887.211 ; — 27 juill. 1877, *J. S.*, 1889.397 ; — Alger, 30 déc. 1890, *J. S.*, 1891 280). — Il a été décidé par le tribunal de la Seine, le 16 juillet 1888 (*J. S.*, 1888 99 ; — Paris, 19 mars 1890, *J. S.*, 1891.478), qu'une assemblée générale d'actionnaires excède ses pouvoirs en annulant les délibérations prises par une assemblée précédente, ce droit d'annulation n'appartenant qu'aux tribunaux. Mais il ne faut pas exagérer la portée de ces décisions antérieures à la loi du 1ᵉʳ août 1893 ; nous savons par cette loi quelles facultés sont accordées pour réparer les vices dont une assemblée générale peut être entachée, aussi bien que ceux à la charge des fondateurs de la société (V. n. 2009 et suiv.). Ainsi, il a été jugé qu' une délibération d'assemblée générale, nulle pour défaut de quorum, peut être ratifiée par une assemblée générale ultérieure, si l'ordre du jour de cette dernière assemblée contient une disposition y relative (Trib. Lyon, 17 fév. 1898, *J. S.*, 1898.280 ; Cass., 10 janv. 1898, S. 98.1.217). Nous avons dit plus haut que la loi du 1ᵉʳ août 1893 autorisait les actionnaires à réparer par une délibération d'assemblée générale la nullité résultant non seulement de la constitution, mais de tous les actes et délibérations postérieurs à cette constitution (V. Cass., 29 mars 1898. *J. S.*, 1898.708). Le tribunal de la Seine (24 mars 1902, *Gaz. Pal.*, 29 juin 1902) a déclaré nulles les résolutions votées par une assemblée, quand la convocation contenait un ordre du jour trop vague pour que les actionnaires absents aient pu supposer ou prévoir la nature des questions soumises au vote de l'assemblée (la fusion, en l'espèce).

L'actionnaire qui attaque la validité d'une décision de l'assemblée générale et qui succombe ne saurait, de ce chef, être condamné à des dommages-intérêts (Orléans, 9 janv. 1901, D. 03.2.201).

3213. — Aux termes de la loi de 1893, l'action en nullité des délibérations irrégulièrement prises par une assemblée générale n'est plus recevable si avant l'introduction de la demande, la cause de nullité a cessé d'exister et même à partir de la convocation régulière d'une assemblée générale destinée à effacer le vice dont la première est entachée.

On sait que l'art. 3 de la loi du 1ᵉʳ août 1893 permet de réparer non pas seulement la nullité de constitution d'une société, mais encore celle frappant les actes et délibérations postérieurs à la constitution (Aix. 28 janv. 1903, *J. S.*, 1903.260 ; — Cass., 29 mars 1898, *J. S.*, 1898 308).

Ainsi la nullité d'une assemblée générale peut être couverte par une délibération ultérieure, prise par une assemblée régulière (Trib. Lyon, 1898, *J. S.*, 98.280 ; — Cass., 10 janv. 1898, S. 98.1. 207).

Une assemblée générale ne peut en annulant des délibérations antérieurement prises par une assemblée prononcer l'annulation des résolutions votées par cette assemblée. Cette annulation appartient exclusivement aux tribunaux (Paris, 19 mars 1890, *J. S.*, 91. 478)

l) Nullités.

3214. — Les résolutions d'une assemblée générale d'actionnaires sont-elles frappées de nullité par cela seul que le vote de personnes qui n'avaient pas à prendre part à l'assemblée a été compté ? Ou bien, au contraire, la nullité est-elle uniquement subordonnée à la condition que, défalcation faite des suffrages irréguliers sur le nombre total des votes émis, la résolution ne compte plus pour elle la majorité des suffrages ? En d'autres termes : La présence de personnes qui devaient rester étrangères à l'assemblée entraîne-t-elle la nullité des délibérations ? Ou cette nullité n'existe-t-elle que dans le cas où, par leur suffrage, ces personnes ont déterminé le vote de la résolution ? La question est d'un intérêt pratique considérable.

Si des actionnaires fictifs se sont glissés dans l'assemblée générale, la Cour de cassation (Chambre civile) décide qu'il y a lieu de défalquer leurs suffrages de ceux qui se sont prononcés en faveur de la résolution prise par l'assemblée. Si le nombre des suffrages valables atteint le minimum fixé par la loi ou les statuts, il n'y a pas de nullité (Cass., 14 juill. 1873, S. 74.1.435, D. 76.1.160 ; — Grenoble, 28 déc. 1871, S. 72.2.37 ; — Trib. com. Seine, 16 mai 1889, *J. S.*, 1890.98 ; — Alger, 27 janv. 1892, sous Cass., 30 avr. 1894, S. 94 1.305 ; — Paris, 29 fév. 1897, *J. S.*, 1897.166 ; — Trib. com. Lyon, 17 fév. 1898, *J. S.*, 1898.280 ; — Riom, 27 avr. 1898 et Cass., 21 juill. 1898, S. 01.1.537 et note Wahl ; — Seine, 25 mai 1901, *J. S.*, 1902.175 ; — Paris, 23 mars 1909, *J. S.*, 1909.406. — *Contrà* : Bonfils, *R. crit.*, 1895, p. 560).

Une seconde hypothèse est celle où, contrairement aux dispositions des art. 4 et 24 de la loi du 24 juill. 1867, les associés qui ont fait un rapport ou stipulé des avantages particuliers prennent part au vote de l'assemblée générale appelée à vérifier l'apport ou ces avantages. Dans ce cas, la Chambre des requêtes, par arrêt du 17 décembre 1894 (S. 95.1.113, D. 95.1.151), admet la nullité de plein droit sans aucune distinction (V. aussi : Paris, 14 avr. 1892, S. 93. 2.140, arrêt contre lequel était formé le pourvoi). La Chambre civile, au contraire, par arrêt du 6 novembre 1894 (S. 95.1.43, D. 95.1.151), décide que la nullité de la délibération doit être écartée, quand défalcation faite des votes des apporteurs en nature, les conditions de représentation du capital social et de majorité sont réunies (V. conf. arrêt de Paris attaqué, du 17 nov. 1891, S. 92.2.281). M. Lyon-

Caen (note S. 95.1.43) se rallie très justement à cette opinion. Qu'importe que les associés n'ayant pas le droit de voter aient néanmoins exprimé un vote, si en considérant leur vote comme non avenu, on trouve que la délibération réunit les autres conditions de la loi. Le législateur reçoit satisfaction puisque les apports sont approuvés par ceux qui ont le droit de suffrage (En ce sens : Houpin, *J. S.*, 1892, p. 181. — V. aussi *suprà*, n. 1882).

3215. — La Cour de cassation a été saisie, le 20 juin 1898, de la question de savoir s'il faut appliquer la même solution aux cas où des personnes possédant un nombre d'actions inférieur au minimum fixé par les statuts, conformément à l'art. 27 de la loi de 1867, ont pris part au vote. L'arrêt décide que l'intrusion dans l'assemblée générale des actionnaires de personnes qui ne peuvent y prendre place n'est point par elle-même une cause de nullité des délibérations ; qu'il suffit, pour la validité des résolutions auxquelles ont participé ces personnes, qu'elles aient été votées par des majorités assez élevées pour subsister après défalcation des suffrages irréguliers (S. 99.1.257. — V. aussi : Cass., 29 juin 1899, S. 99.1.409 ; — Wahl, *Ann. dr. com.*, 99.25. — *Contrà* : note sous Cass., 30 avr. 1894, S. 94.1.107). Il pourrait en être différemment en cas de fraude. Notons dans tous les cas qu'une assemblée générale est nulle quand elle a été arbitrairement composée de tous les actionnaires, contrairement aux statuts qui stipulent que l'assemblée se compose des propriétaires d'un certain nombre d'actions (Cass., 30 avr. 1894, précité). L'assemblée n'est pas nulle si l'entrée en a été refusée à un actionnaire dès lors qu'il est établi que le vote de cet actionnaire n'aurait pas modifié le résultat du vote (Seine, 1er déc. 1902, *J. S.*, 1903.329). — Sur le cas de vote à l'assemblée de propriétaires d'actions au porteur obtenues à la suite de conversion : Pau, 10 avr. 1900, *La Loi*, 10 juin 1900.

3216. — Lorsque, dans une assemblée extraordinaire, réunie à l'effet de statuer sur la dissolution anticipée de la société, le quorum exigé par la loi et les statuts n'a pas été atteint en défalquant du nombre des actions représentées celles provenant de mandataires sans qualité pour coopérer à la constitution de l'assemblée, l'action en nullité de cette assemblée introduite par un des actionnaires présents qui s'est abstenu de voter ne saurait être déclarée mal fondée par le motif que ces mandataires auraient été sans protestations admis à l'assemblée, tant comme actionnaires que comme mandataires ; en effet, l'assentiment ainsi donné tacitement à leur présence et à leur participation au scrutin n'aurait eu de valeur et n'aurait pu faire disparaître le vice dont la composition de l'assemblée se trouvait entachée que s'il avait été donné en connaissance de cause (Cass., 25 fév. 1918, *Gaz. Soc.*, 1918.129).

m) Liquidation.

3217. — L'assemblée générale exerce ses pouvoirs non seulement pendant la durée de la société, mais encore après la liquidation et pour les besoins de la liquidation. Généralement, les statuts contiennent à cet égard des dispositions formelles ; mais même dans le silence des statuts, il faudrait décider que les actionnaires peuvent, pendant la liquidation, se réunir pour surveiller les liquidateurs et défendre leurs droits (V. à cet égard : Paris, 3 avr. 1884, *J. S.*, 1885.451. — V. aussi : Paris, 27 juin 1884, *J. S*, 1885.454. — V. sur ce principe et ses conséquences : Pont, n. 1930 et suiv. ; — Cass., 27 juill. 1863, S. 63.1.457 ; — 29 mai 1865, S. 65.1.325 ; — 3 fév et 22 déc. 1868, 23 mai 1870, 6 mars 1872, 8 fév. 1875, 16 août 1880, D. 68.1.225, 69.1.156, 70.1.415, 72.4.169, 75.1.308, 82.4.80 ; — 14 mars 1884, D. 84.1.199, S. 85.1.447 ; — Seine, 10 déc. 1883, *R. S.*, 1884.103 ; — Bordeaux, 30 mars 1886, *R. S.*, 1886.321 ; — Seine, 17 mai 1886, *J. S*, 1888.373, et 5 mars 1887, *R. S.*, 1887.439 ; — Paris, 31 mai 1887, *J. S.*, 1888.105 ; — 28 déc. 1888, *R. S.*, 1889.189, et 19 juin 1890, *J. S.*, 1892.286 ; — Cass., 28 juin 1893, *J. S.*, 1894.219).

n) Jetons de présence.

3218. — *Les jetons de présence* remis aux actionnaires assistant aux assemblées sont-ils une dépense nécessaire? Non seulement cette dépense est nécessaire, mais elle est équitable. C'est une dépense sociale compensée par le fait que les assemblées peuvent ainsi être tenues valablement dans la généralité des cas C'est une indemnité, payée par l'être social à ceux des associés qui prennent la peine de se déranger lorsque les autres ne le font pas, qui, ayant le souci de leur devoir, viennent dans les assemblées défendre les intérêts de la communauté en même temps que les leurs, ou encourager l'administration dans sa gestion habile et prudente.

Ces jetons de présence n'ont pas à être votés par une assemblée générale extraordinaire. Ils rentrent dans les frais généraux nécessités par la convocation et la réunion d'une assemblée et peuvent être décidés par le conseil d'administration.

APPENDICE. — SOCIÉTÉS COMMERCIALES AYANT LEUR SIÈGE EN RÉGIONS ENVAHIES. — LOI DU 16 JUILLET 1919.

Art. 1er. — Les sociétés commerciales dont le siège se trouve dans les régions envahies et qui sont arrivées à leur terme statutaire au cours de la guerre peuvent proroger leur durée, avec effet rétro-actif au jour de ce terme, dans les conditions où la prorogation aurait pu être valablement décidée avant la date de leur expiration.

La décision relative à la prorogation visée au paragraphe précédent devra intervenir au plus tard dans les six mois qui suivront la fin des hostilités dont la date sera fixée par décret.

Art. 2. — Sont valables les actes accomplis au nom des sociétés par actions visées à l'art. 1er par les personnes autorisées à gérer, administrer et signer pour la société, dans la limite de leurs pouvoirs statutaires, depuis l'arrivée de la société à son terme normal jusqu'à la réunion de l'assemblée générale des actionnaires.

Dans le cas où l'assemblée générale des actionnaires ne serait pas réunie à l'expiration du délai de six mois fixé par le second paragraphe de l'art. 1er, les actes visés par le présent article cesseront d'être valablement accomplis à l'expiration dudit délai.

Dans le cas où il serait impossible d'observer les formalités statutaires pour la convocation des assemblées générales, cette convocation sera valablement faite par voie d'insertions dans des journaux désignés par le président du tribunal. Le président du tribunal fixera le nombre et la forme de ces insertions.

Art. 3. — Sont également valables, mais seulement au cas où la prorogation de la société aura été décidée conformément à l'art. 1er, les actes accomplis au nom des sociétés en nom collectif ou en commandite simple par des personnes autorisées à gérer, administrer et signer pour la société, dans la limite de leurs pouvoirs statutaires, depuis l'arrivée de la société à son terme normal jusqu'à ce que les associés se soient prononcés sur la prorogation de la société.

Art. 4. — Pendant la durée de la guerre et jusqu'à l'expiration du délai de six mois fixé par le second paragraphe de l'art. 1er, les assemblées générales des actionnaires pourront, avec l'autorisation du président du tribunal de commerce dans le ressort duquel se trouve la localité choisie, se tenir dans un lieu autre que celui fixé par les statuts.

§ 2. — Assemblées ordinaires dans les sociétés en commandite.

3219. — Tous les ans, dans les sociétés en commandite par ac-

tions il doit être tenu une assemblée générale ordinaire ; mais il peut
y avoir aussi des assemblées générales extraordinaires. La loi de 1867
donne également la composition des assemblées des sociétés anonymes (art 27 et suiv.) ; mais sans qu'on puisse en expliquer la cause,
elle ne contient aucune disposition en ce qui concerne les sociétés en
commandite par actions, sauf celles qui figurent dans l'art 4 pour
le vote sur les apports en nature et les avantages particuliers. Il en
faut conclure que la liberté la plus complète existe pour déterminer
dans les statuts les conditions de réunion et de votation des assemblées générales ordinaires et extraordinaires tenues au cours de
l'existence sociale. Les dispositions que les statuts contiendront à cet
égard seront souveraines. Dans la pratique, les statuts de sociétés en
commandite par actions s'inspirent, pour réglementer la tenue des
assemblées générales, des dispositions de la loi de 1867 concernant
les sociétés anonymes ; mais dans le silence des statuts, ces dispositions ne seraient pas obligatoires pour la commandite par actions.
C'est ainsi que le vote pour les délibérations ordinaires a lieu, dans
le silence des statuts, par tête, à la majorité des actionnaires présents,
quelque minime que soit leur nombre, et quelque peu élevé que soit
le chiffre de capital représenté (Lyon-Caen et Renault, n. 1019).

3220. — L'art. 12 de la loi de 1867 autorise tout actionnaire à
prendre, quinze jours au moins avant la réunion de l'assemblée générale, par lui ou par fondé de pouvoir, au siège social, communication du bilan, des inventaires et du rapport du conseil de surveillance. Tous ces documents doivent être déposés par le gérant au
siège social, et les actionnaires, prévenus de la date de réunion de
l'assemblée générale par des annonces dans les journaux ou par lettres individuelles, savent par là même que toutes ces pièces sont à
leur disposition. La communication est obligatoire, et si le gérant
s'y refusait, l'actionnaire pourrait, après constatation régulière, se
pourvoir devant le juge des référés (Lyon, 17 nov. 1869, S. 71.2.26).
L'actionnaire doit toutefois justifier d'un intérêt sérieux à cette communication (Paris, 7 août 1907, *R. S*, 1908.426). Les actionnaires
peuvent aussi faire prendre, à leurs frais, des extraits ou des copies
(Trib. Seine, 24 mars 1883, *R. S.*, 1883.382 ; — Pont, n. 1519). Ce droit
de communication est personnel. L'actionnaire ne peut se faire représenter par un mandataire (Seine, 19 oct. 1898, *J. S.*, 1899.39 ; —
12 mai 1902, *J. S*, 1903.29). Les tribunaux peuvent même, dans des
circonstances exceptionnelles, autoriser la communication des livres et valeurs de la société, en vue d'une action en responsabilité

contre le gérant et le conseil de surveillance. La communication peut être exigée par le mandataire (Cass., 3 déc. 1872, S. 73.1.333, D. 73.1.291).

3220 bis.— Il faut remarquer que la loi n'oblige pas à la communication aux actionnaires d'une société en commandite par actions de la liste des actionnaires et de la feuille de présence comme le prescrivent les art. 28 et 35 pour la société anonyme. On ne s'explique pas cette différence.

§ 3. — Assemblées extraordinaires dans les sociétés en commandite.

3221. — La loi de 1867 est tout aussi muette sur les assemblées extraordinaires des sociétés en commandite par actions ; aussi, à défaut de stipulation dans les statuts, doit-on adopter des règles rigoureuses pour les pouvoirs à accorder aux assemblées générales extraordinaires ; par exemple, les modifications aux statuts, en cas de silence du pacte social, ne peuvent être votées que par le consentement unanime des actionnaires (Paris, 18 mai 1862, S. 62.2. 161 ; — Cass., 14 déc. 1869, S. 70.1.165 ; — 3 août 1881, D. 82.1.395 ; — Lyon, 9 janv. 1870, S. 70 2.235 ; — Paris, 19 avr. 1875, S. 75.2. 113 ; — Rouen, 18 juill. 1881, J. S., 1882.370 ; — Paris, 6 fév. 1891, R. S., 1891.219 ; — Douai, 14 avr. 1893, J. S., 1894.72 ; — 11 juill. 1895, J. S , 1897.111 ; — Cass., 29 déc. 1897, S. 98.1.93, D. 98.1.539. — V. aussi : Lyon-Caen, note sous Cass., 30 mai 1892, S. 92.1.561 ; Wahl, J. S., 1900, p. 200. — En sens contraire : Thaller, sous Cass., 30 mai 1892, D. 93.1.195). Quelques décisions se sont prononcées en sens contraire (Seine, 27 fév. 1888, R. S., 1888.329 ; — 28 mai 1885, J. S., 1888.322). Mais ces solutions, inspirées par des circonstances particulières de fait, ne peuvent, à notre sens, porter atteinte au principe qui vient d'être formulé.

Mais la loi du 22 novembre 1913 est-elle applicable aux sociétés en commandite par actions ? Cette question sera examinée lorsque nous étudierons cette dernière loi n. 3241 et s.

3222.— Si les statuts autorisent l'assemblée générale à voter des modifications, la dissolution anticipée ou la prorogation de la société, ces mesures peuvent-elles être votées malgré l'opposition du gérant ? Contrairement à l'opinion que nous avons émise dans notre précédente édition, nous pensons que l'adhésion du gérant aux modifications statutaires est indispensable, en raison de la responsabilité personnelle qui pèse sur lui.

§ 4. — **Assemblées ordinaires dans les sociétés anonymes.**

3223. — Dans toute société anonyme, il est tenu, chaque année au moins, une assemblée générale à l'époque fixée par les statuts (art. 27 de la loi de 1867). Cette assemblée générale, dite ordinaire, a pour pouvoir d'examiner l'inventaire annuel, d'entendre le rapport des administrateurs et celui des commissaires de surveillance, de voter sur le bilan et les propositions de distribution de dividendes. Les statuts fixent l'époque de réunion de l'assemblée. Le bilan et le compte de profits et pertes doivent être mis à la disposition des commissaires le quarantième jour au plus tard avant l'assemblée générale (art. 34 de la loi de 1867). Il a été jugé qu'ils ne peuvent se plaindre d'un retard apporté à la convocation de l'assemblée générale, si ce retard provient d'un fait indépendant de la volonté des administrateurs, et si d'ailleurs ils n'en ont éprouvé aucun préjudice (Trib. Seine, 8 août 1884, *J. S.*, 1885.366 ; — 27 juill.1887, *J. S.*, 1888.445 ; — V. aussi : Trib. com. Seine, 26 déc. 1892, T. C., 1894.118).

3224. — A défaut de convocation par les administrateurs, la convocation doit être faite par les commissaires de surveillance, ou les actionnaires peuvent se pourvoir devant les tribunaux pour demander la nomination d'un administrateur judiciaire, *suprà*, n. 3189.

3225. — Quinze jours au moins avant la réunion de l'assemblée générale, tout actionnaire peut prendre, au siège social, communication de l'inventaire et de la liste des actionnaires, et se faire délivrer copie du bilan résumant l'inventaire et du rapport des commissaires (art. 35) (Sur le droit de communication, V. Percerou, *J. S.*, 1908.97 et s.). Mais cette communication ne peut être exigée qu'au moment de la convocation de l'assemblée générale, et non postérieurement (Seine, 4 juill. 1885, *J. S.*, 1886.190). Le droit de communication appartient même aux actionnaires qui n'ont pas le droit d'assister aux assemblées générales (Trib. com. Seine, 25 oct. 1894, S. 95. 2.115. — Lyon-Caen et Renault, n. 444 ; Pont, n. 1672), mais il n'appartient qu'aux actionnaires (Trib. com. Lyon, 17 déc. 1907, *J. S.*, 1909.77). Les créanciers n'ont pas droit à la communication.

A-t-on le droit de se substituer un mandataire pour prendre ces communications ? Un jugement du Tribunal de la Seine du 12 mai 1902 (*R. S.*, 1903.19) répond négativement. Mais la Cour de Paris (29 juin 1903, *J. S.*, 1904.210) a admis la solution affirmative. — Voir sur la question : *J. S.*, 1903.325. *Adde*, Seine, 10 août 1903, *J. S.*, 1905.384.

3226. — Si les dispositions de l'art. 35 n'étaient pas observées, l'assemblée générale serait-elle nulle ? La jurisprudence, notamment celle du tribunal de commerce de la Seine, a une tendance à prononcer la nullité de l'assemblée et des décisions prises par elle (V. Trib. com. Seine, 28 mars 1887, *R. S.*, 1887.335 ; — 21 mai 1908, *J. S.*, 1909.127 ; — 4 janv. et 16 déc. 1909, *J. S.*, 1910.73 et 427). Cette solution nous paraît rigoureuse ; il résulte des art. 41 et 42 de la loi de 1867 que les nullités de la société ou de ses actes ou délibérations sont limitées, ce qui s'explique par leur gravité particulière ; l'actionnaire aura droit seulement à des dommages-intérêts (*Sic* : Wahl, note sous Cass., 18 juin 1907, S. 1909.1.441).

En tout cas, le simple retard dans la communication de ces documents ne saurait entraîner la nullité de l'assemblée (Paris, 23 mai 1906 et Cass., 18 juin 1907, *J. S.*, 1907.263 et 502), à moins que ce retard, même dû à une simple méprise (Trib. com. Seine, 14 fév. 1906, *R. S.*, 1907.64), n'ait empêché l'actionnaire de formuler à l'assemblée ses critiques et ses observations (Trib. com. Seine, 21 mai 1908, *J. S.*, 1909.127).

3227. — L'art. 35 ne précise pas quelle est la liste d'actionnaires dont il entend parler. Cependant la raison indique qu'il ne peut s'agir de la liste d'actionnaires dont parle l'art. 27, c'est-à-dire de la liste des actionnaires présents à l'assemblée générale, laquelle ne saurait être dressée quinze jours avant la réunion de cette assemblée ; c'est donc la liste générale, la liste nominative, qui, aux termes de l'art. 55, doit être annexée à l'acte constitutif déposé aux greffes de la justice de paix et du tribunal de commerce, que l'art. 35 entend viser (Pont, n. 1672 ; — Trib. com. Seine, 15 janv. 1894, *J. S.*. 1894.253. — En sens contraire, comme s'agissant de la liste des actionnaires faisant actuellement partie de la société. V. Percerou, *loc. cit.*, et Trib. com. Seine, 4 janv. 1909, *J. S.*, 1910.73).

3228. — L'art. 35 accorde aux actionnaires le droit d'obtenir la copie même du bilan et du rapport des commissaires, ce qui doit s'étendre à l'inventaire et à la liste des actionnaires. Dans la pratique, ces documents sont imprimés et remis aux actionnaires avec le rapport du conseil d'administration. La communication de ces pièces, dit l'art. 35, est obligatoire. D'après l'art. 34 de la loi de 1867, le compte de profits et pertes est présenté à l'assemblée générale. Les actionnaires n'ont pas le droit de demander communication de ce compte avant l'assemblée générale. Ils ont le droit de l'examiner à l'assemblée et d'en prendre copie (Trib. com. Seine, 5 nov. 1906,

J. S., 1907 281). Les actionnaires ne peuvent exiger le compte rendu détaillé de chacune des opérations résumées dans le compte. C'est là l'œuvre des commissaires (Seine, 10 nov. 1892, *J. S.*, 1893.121).

3229. — Le droit de prendre communication entraîne-t-il le droit de prendre copie des documents dont la loi prévoit la communication ? La Cour d'appel de Paris, sanctionnant, par arrêt du 19 février 1897 (S. 99.2.187, D. 98.2.153), la jurisprudence antérieure et l'opinion des auteurs, se prononce pour l'affirmative (V. Bordeaux, 22 mars 1893, S. 94.2.47 ; — Trib. com. Seine, 25 oct. 1894, S. 95.2.115 ; — Trib. Seine, 24 mars 1883, *J. S.*, 1884 529 ; — 14 juin 1890, *J. S* . 1891.14 et 15 ; — Seine, 10 mars 1904, *Gaz. Pal.*, 15 avr. 1904 ; — Trib. com. Seine, 15 janv. 1894, *J. S.*, 1894, 419 ; — Lyon-Caen et Renault, n. 856).

M Houpin (n. 957, et *J. S.*, 1893 460, 1897.169) se prononce en sens contraire : « Le mot communication, dit-il, dans son sens naturel, désigne simplement la mise de documents à la disposition d'un tiers, pour qu'il puisse s'assurer de ce qu'ils contiennent. Prendre communication, c'est prendre lecture. Si l'on permettait aux intéressés de prendre copie de documents qui leur sont communiqués, on provoquerait les inconvénients que la loi a redoutés et qu'elle a voulu éviter en empêchant les intéressés de réclamer une copie à la société elle-même. Il est inadmissible que les noms des actionnaires puissent être livrés à la publicité sans leur consentement. La divulgation des inventaires pourrait avoir également l'inconvénient de faire connaître aux concurrents tous les secrets de la société ; sa situation commerciale serait discutée dans les journaux, etc. » (Lyon, 3 oct. 1902, *Gaz. Lyon*, 1902.913 : — Trib. com. Seine, 5 nov. 1906, *J. S.*, 1907.281 ; — Trib. com. Aubenas, 11 mai 1906, *J. S.*, 1907.329). Il s'agissait dans cette dernière décision d'un actionnaire qui demandait copie, moins dans son intérêt d'actionnaire qu'à raison de graves dissentiments entre lui et la société.

Si graves que soient ces arguments, ils ne sont pas de nature à modifier les solutions adoptées par la jurisprudence.

Tout d'abord l'expression « prendre communication » est opposée par la loi à celle de « se faire délivrer copie ». Il est donc permis de dire que le seul droit refusé aux tiers qui peuvent prendre communication est celui d'exiger une copie faite par la société. En principe, le droit de prendre communication d'une pièce implique celui de prendre copie. Ainsi, aux termes de l'art. 1888 C. proc., chaque partie a le droit de réclamer communication des pièces dont veut se servir son adversaire dans une instance. Ce droit d'exiger la communication implique celui de prendre copie. L'art. 54 de la loi du 22 frimaire an VII porte que les dépositaires de registres d'état civil, ceux du rôle des contributions et tous autres chargés des archives et dépôts de titres publics, seront tenus de les communiquer aux préposés de l'enregistrement, et de leur laisser prendre les renseignements, extraits et copies qui leur seront nécessaires. Des textes ultérieurs ont étendu ce droit de communication sans rappeler celui de prendre copie (V. LL. des 23 août 1871, art. 22, et 21 juin 1875, art. 7). Malgré le silence de ces dernières lois, personne dans la pratique n'a songé à contester aux agents de l'enregistrement le pouvoir de prendre copie de documents qui leur sont communiqués (Wahl, en note, S. 99.2.189).

M. Houpin, dans ses critiques, s'appuie sur ce que, lorsqu'il fut question de modifier la loi du 24 juillet 1867, les rapporteurs du Sénat et de la Chambre furent d'accord pour déclarer que le droit de prendre copie ne pouvait être reconnu aux intéressés. Ces rapports, suivant nous, sont dépourvus d'autorité, non seulement parce que les modifications à l'occasion desquelles ils ont été rédigés n'ont pas abouti, mais surtout parce que l'interprétation d'une loi ne peut dépendre des travaux préparatoires d'une loi postérieure. D'ailleurs, les auteurs de ces rapports se sont mépris sur les motifs pour lesquels la société n'est pas obligée de délivrer une copie de certains documents que les intéressés ou les actionnaires peuvent cependant lire. La raison n'est pas que les intéressés ou les actionnaires peuvent abuser de renseignements puisés dans ces copies, car si l'on avait redouté un abus, on aurait refusé le droit de communication. Une lecture attentive et répétée suffirait à procurer à ces actionnaires, dans tous leurs détails, les renseignements dont ils ont besoin ; en prenant cette copie, ils obtiennent ces renseignements d'une manière plus sûre et ils évitent toute erreur qui pourrait être préjudiciable à la société et à eux-mêmes. La seule raison pour laquelle les intéressés ou les actionnaires ne peuvent pas exiger de la société une copie est une raison d'économie pour la société. S'il en est ainsi, ils ont le droit de copier eux-mêmes ces documents. S'il en résulte des abus, ils pourront être réprimés par les tribunaux. Mais de ce que des abus peuvent être commis, il ne faut pas supprimer un droit.

Au surplus, la demande en nullité de l'assemblée générale fondée sur la violation de l'art. 35 ne saurait être accueillie, lorsque les résolutions de l'assemblée ont été adoptées à l'unanimité, notamment par le demandeur en nullité (Trib. com. Seine, 5 nov. 1906, *J. S.*, 1907.281).

3230. — Lorsqu'une assemblée générale a désigné des experts pour dresser un rapport sur les opérations et l'état des affaires sociales, tout actionnaire a le droit d'exiger communication du rapport rédigé par ces experts (Lyon, 17 nov. 1869, S. 71.2.26)

3231. — Les actionnaires ne peuvent (la discussion de la loi au Corps législatif le démontre) exiger la communication du rapport du conseil d'administration ; ils ne peuvent non plus réclamer la communication des procès-verbaux des assemblées générales et de leurs annexes (Paris, 9 juill. 1866, S. 67.2.262, D. 66.2.138).

3232. — Les actionnaires peuvent réclamer en justice que la comptabilité, le portefeuille et tous autres documents sociaux soient mis à leur disposition au siège de la société, en dehors du cas spécial prévu par l'art. 35, lorsqu'ils justifient qu'ils ont un intérêt sérieux à en prendre connaissance (Comp. Trib. com. Lyon, 17 déc. 1908, *J. S.*, 1909.470). Cette faculté dérive pour eux du droit qui leur appartient d'agir en responsabilité contre les fondateurs, les administrateurs et les commissaires de surveillance. Il est clair en effet que l'exercice de ce droit serait souvent illusoire si les actionnaires ne pouvaient prendre communication des livres de la société par eux-mêmes ou par leur mandataire (Cass., 3 déc. 1872. S 73.1. 33, D. 73.1.281 ; — Trib. com. Seine, 4 nov. 1886, *R. S.*, 1887.87 ; — Rouen, 16 fév. 1895, *J. S.*, 1897.430 ; — Paris, 28 juin 1895, *J. S.*, 1895.429 ; — Paris, 19 fév. 1897, S. 99.2.185 et note Wahl, et sur pourvoi Cass., 28 juin 1899. S. 99.1 409 ; — Lyon, 17 déc. 1908, *J. S.*, 1909 470. — Percerou, *J. S.*, 1908.170.193 et suiv. ; Wahl, *J. S.*, 1911.194).

3233. — Pendant quelque temps on reconnaissait compétence au juge des référés pour statuer sur les difficultés auxquelles peut donner lieu la communication prescrite par les art. 12 et 35 de la loi du 24 juillet 1867 (Lyon, 17 nov. 1869, S. 71.2.26 ; — Trib. Seine, référés, 24 mars 1883, *J. S.*, 1884.529 ; — 14 juin 1890, *J. S.*, 1891.14 ; — Bordeaux, 22 mars 1893, S. 93.2.47). Mais la Cour de cassation s'est prononcée pour l'incompétence du juge des référés, en cassant l'arrêt de la Cour de Bordeaux du 22 mars 1893 (Cass., 25 juill. 1895, S. 95.1.333, D. 96.1.180).

3234. — Les délibérations d'une assemblée générale sont nulles non seulement quand les actionnaires ayant le droit de vote d'après les statuts ont été exclus, mais encore quand il y a eu admission d'actionnaires écartés par les statuts (Trib. com. Seine, 2 sept. 1885, *Le Droit*, 11 sept. 1885 ; — 31 oct. 1900, *J. S.*, 1901.186). Même nullité si le procès-verbal ne constate pas que le rapport du commissaire a été déposé dans les délais légaux (Trib. Seine, 9 mars 1887, *R. S.*, 1887.334), ou encore si les actionnaires n'ont pas pu avoir communication des documents prévus par l'art. 35 (Trib. Seine, 28 mars 1887, *R. S.*, 1887.335).

3235. — Les assemblées générales ordinaires sont celles qui statuent hors les cas de modifications aux statuts, etc., prévus par les art. 30 et 31. On peut réunir parfois *exceptionnellement* une assemblée ordinaire ; cette réunion exceptionnelle n'en fait pas une assemblée extraordinaire. Elles doivent être composées d'un nombre d'actionnaires représentant le quart au moins du capital social. Si l'assemblée ne réunit pas ce nombre, elle ne peut prendre de résolution ; une nouvelle assemblée est convoquée dans les formes et délais prescrits par les statuts ; cette seconde assemblée délibère valablement, quelle que soit la portion du capital représenté par les actionnaires présents (L. 24 juill. 1867, art. 29). Les délibérations sont prises à la majorité des voix des actionnaires présents.

3236. — L'assemblée générale ordinaire a des attributions qui touchent à l'organisation de la société et à son administration. Quant à l'organisation, l'assemblée nomme, remplace, réélit les administrateurs dont les pouvoirs sont expirés ; elle désigne chaque année les administrateurs ou les commissaires pour l'année suivante, sauf l'exception relative aux premiers administrateurs et aux commissaires pour la première année, dont la nomination appartient à une assemblée spéciale.

3237. — L'assemblée générale annuelle a pour principale mission d'entendre le rapport des administrateurs, celui des commissaires, d'examiner, et approuver s'il y a lieu, le bilan et les comptes et de fixer le dividende à distribuer. L'inventaire, le bilan et le compte de profits et pertes doivent être présentés à cette assemblée (art. 34). Lecture doit être faite du rapport du commissaire, sans que d'ailleurs la présence du commissaire soit indispensable, si ce rapport, lu à l'assemblée, a servi de base à la délibération (Lyon, 11 nov. 1887, *J. S.*, 1890.74) Il est préférable cependant que le commissaire assiste à l'assemblée (Lyon-Caen et Renault, n. 840). Toute délibération sur le bilan et les comptes est nulle si elle n'a pas été précédée du rapport du commissaire. Ainsi, il a été jugé que des assemblées générales annuelles sont nulles : 1° s'il n'est pas constaté ou prouvé que le rapport des commissaires a été déposé dans les délais légaux (Trib. Seine, 9 mars 1887, *R. S.*, 1887.334) ; 2° si les actionnaires n'ont pu, quinze jours avant l'assemblée, prendre communication au siège social de l'inventaire et de la liste des actionnaires ; 3° si l'inventaire n'a pas été établi, et si la société a refusé copie des statuts, du bilan et du rapport des commissaires (Seine, 26 mai 1897, *J. S.*, 1897.463 ; — 28 mars 1887, *J. S.*, 1890.104 ; — Lyon, 11 nov. 1887, *J. S.*, 1890.74 ; — Paris, 28 déc. 1899, *J. S.*, 1900.335). Si l'assemblée approuve les comptes, cela empêche absolument l'exercice d'une action en responsabilité contre les administrateurs (Seine, 30 oct. 1902, *J. S.*, 1903.357). Il a été jugé qu'une assemblée générale peut examiner les comptes de plusieurs exercices, sur un rapport unique des commissaires (Paris, 10 mars 1911, *Gaz. Soc.*, 1912.47).

3237 *bis*. — Quels sont les pouvoirs de l'assemblée en ce qui concerne les comptes ? Elle peut valablement modifier la valeur donnée dans l'inventaire aux éléments de l'actif. Elle peut aussi ordonner un prélèvement sur les bénéfices pour l'amortissement partiel d'un compte de construction, ou encore pour la constitution d'un fonds spécialement destiné à compenser la diminution momentanée du capital social. Elle peut opérer et approuver les amortissements nécessaires pour ramener les divers éléments de l'actif, notamment le matériel, à leur valeur réelle, alors même que ces amortissements ou dépréciations accidentels excéderaient l'amortissement ordinaire et naturel prévu par les statuts, s'ils ne peuvent être considérés comme un moyen d'empêcher la distribution de dividendes aux actionnaires (Seine, 22 déc. 1902, *J. S.*, 1903.373. — V. sur ces questions : Trib. Seine, 9 avr. 1888, *J. S.*, 1888.635 ; — 10 oct. 1892, *J. S.*, 1893.121 ; — 14 janv. 1893, *J. S.*, 1893.303). Elle peut aussi rectifier les inexactitudes commises dans de précédents bilans (Paris, 20 janv. 1888, *R. S.*, 1889.355). V. en ce qui concerne les *amortissements*, n. 3347 et 3361.

3238. — L'approbation du bilan par une assemblée générale est-elle souveraine ? une action en redressement du bilan serait-elle recevable ?

La jurisprudence assimile l'inventaire, lorsqu'il a reçu l'approbation de l'assemblée générale, à un arrêté de compte, et fait l'application de l'art. 541 C. proc. civ., qui ne permet pas de demander la révision. Ce texte réserve seulement la possibilité de redressement partiel en cas d'erreur, omission ou double emploi (Lyon, 30 mai 1879 et Cass., 20 nov. 1881, D. 82.1.417, S. 83.1.445 : — Cass., 8 juillet 1887, *R. S.*, 1887.467 ; — Cass., 16 juin 1891, S. 95.1.506 ; — Cass., 27 juin 1894, S. 98.1.460. — Fuzier-Herman, *Rép.*, V° *Compte*, n° 345 ; V° *Sociétés commerciales*, n° 4498 et s.). Le redressement suppose donc une erreur matérielle, et une erreur de droit ne suffirait pas pour justifier une pareille demande.

Les erreurs, s'il s'en trouve qui aient passé inaperçues au conseil de surveillance, lors de son examen, et de l'assemblée générale, au moment de l'approbation, donneront donc lieu à une rectification dans les bilans ultérieurs, et une nouvelle assemblée se prononcera à leur sujet (Vavasseur, n° 604 *bis*).

La disposition de l'art. 10 de la loi de 1867 qui interdit toute répétition de dividendes contre les actionnaires, si ce n'est dans le cas de distribution faite en l'absence de tout inventaire ou contrairement à ses résultats, ne s'appliquera pas ici, et, par exemple, une action en répétition existera contre les gérants ou administrateurs pour les sommes qui leur auraient été allouées à tort, à titre de bénéfices et en leur qualité, sur la présentation par eux faite de bilans erronés (Paris, 28 janv. 1888, D. 89.2.265 ; — Paris, 19 mars 1890, R. S., 1890.298 ; — Cass., 16 juin 1891, S. 95.1.506).

En tout cas, l'actionnaire présent à l'assemblée qui a approuvé à l'unanimité et sans réserves les comptes qui lui étaient soumis, doit être considéré comme ayant donné en pleine connaissance de cause son acquiescement personnel à cette approbation et n'est pas fondé à provoquer, par la suite, une vérification par experts de ces comptes (Trib. com. Lyon, 9 mars 1906, *J. S.*, 1907.175).

3239. — L'assemblée générale a également le droit de suppléer à l'action des administrateurs en tout ce qui, dans la gestion des affaires, excéderait leurs pouvoirs. Ainsi, il a été jugé que l'assemblée générale ordinaire avait le droit d'autoriser un emprunt avec affectation hypothécaire des immeubles de la société, même lorsque les statuts sociaux ne prévoyaient pas le cas, et que cet emprunt était valable à l'égard de tous les associés (Cass., 7 mai 1844, S 45.1.53. — V. dans le même sens : Cass., 27 janv. 1868, D. 69.1.410 : — Paris, 5 juill. 1877, D. 77.2.168).

3240. — L'assemblée générale a également le droit de consentir une remise de dette lorsque cette opération libère la société d'une autre dette (Paris, 13 mai 1884, *J. S.*, 1885.441 ; — Cass., 11 nov. 1885, *J. S.*, 1886.145); de transiger sur l'action sociale intentée contre les administrateurs, fondée sur la faute commise dans l'exécution de leur mandat et qui a causé préjudice à la société tout entière (Paris, 22 avr. 1870, D. 70.2.121 ; — Cass., 7 mai 1872, D. 72.1.133 ; — Cass., 21 juin 1881, *J. S.*, 1885.334).

§ 5. — Assemblées extraordinaires dans les sociétés anonymes. Modifications des statuts. Loi du 22 novembre 1913.

A) Historique.

3241. — Les assemblées extraordinaires sont celles qui, au cours des opérations sociales, sont appelées à délibérer sur des modifications aux statuts, sur des propositions de continuation de la société au delà du temps fixé pour sa durée, ou de dissolution avant ce terme. Des conventions nouvelles entre associés, non prévues à l'origine, ne peuvent, en principe, intervenir que par l'accord de toutes les parties intéressées, mais on a pensé justement que dans une société de capitaux divisés en un nombre considérable d'actions, il serait difficile de réunir l'unanimité des actionnaires, et qu'il ne fallait pas placer la société dans l'impossibilité d'apporter à son fonctionnement des réformes sages, à défaut de la réunion de cette unanimité.

La loi du 24 juillet 1867 contenait en son art. 31, au titre des sociétés anonymes, la disposition suivante :

Les assemblées qui ont à délibérer sur des modifications aux statuts ou sur des propositions de continuation de la société au delà du terme fixé pour sa durée, ou de dissolution avant ce terme, ne sont régulièrement constituées et ne délibèrent valablement qu'autant qu'elles sont composées d'un nombre d'actionnaires représentant la moitié au moins du capital social.

Aux termes de la jurisprudence interprétative de ce texte, les assemblées générales d'actionnaires pouvaient, à la majorité, modifier les statuts sociaux quand il s'agissait de clauses *non essentielles*. L'unanimité était indispensable pour modifier les clauses *essentielles*.

Mais quel était le critérium de la distinction ? Ici grande confusion. Décisions contradictoires multiples (V. Lyon-Caen et Renault, t. II, 1ʳᵉ partie, n. 864, 866 et s., p 255 et s. ; Vavasseur, *Sociétés civiles et commerciales*, n. 167 et 908, t. I, p. 84 et s., t. II, p. 189 et s. ; Houpin, n. 968 ; Thaller, *Droit commercial*, n. 688 et s., et la note sous l'arrêt de la Cour de cassation, 30 mai 1892, D. 1893.1.105 et s. ; Rivière, *Commentaire de la loi du 24 juillet 1867*, n. 229 ; Arthuys, *Sociétés commerciales*, t. II, n. 589 et s. ; Lacour, *Droit commercial*, n. 590 ; Wahl, *Pouvoirs des assemblées extraordinaires*, *J. S.*, 1900, p. 297 et s. ; P. Appleton, *Du droit, pour les assemblées extraordinaires, dans les sociétés par actions, de modifier les statuts sociaux* notamment n. 21, p. 61 et s. ; V. Bourcart, *De l'organisation et des pouvoirs des assemblées générales*, notamment n. 54 et s., p. 205 et s. ; Rapport au Congrès juridique international de Bruxelles, 1910, *Documents du Congrès*, t. I, p. 301 et s. ; Bosvieux, *Sociétés par actions ; pouvoirs de l'assemblée générale*, *J. S.*, 1906, p. 436 et s., 509 et s. ; Naquet-Radiguet, *Des modifications aux statuts des sociétés par actions*, p. 419 et s. ; Bourcart, *J. S.*, 1912, p. 102, note 1 ; Defert, *Du pouvoir des assemblées générales extraordinaires, Gaz. Soc.*, 1912, p. 244 et s.).

M. Thaller résumait la jurisprudence en ces mots : « Langue de Babel » (note D. 1893.1.110).

Dans une savante dissertation aux *Annales de droit commercial*, 1914, p. 89, M. le professeur Bourcart a écrit la page magistrale que nous nous permettons de lui emprunter :

« La distinction de la jurisprudence avait été inspirée par les nécessités de la pratique. Les juristes s'emparèrent à leur tour de la question, cherchèrent une construction juridique susceptible de s'y adapter, et la trouvèrent dans la vieille théorie de la personnalité morale des sociétés. Pour le dire en passant, on s'aperçoit que cette théorie, pour être vieille, n'est pas dépouillée de son utilité, et que les efforts tentés pour lui substituer une autre construction juridique risqueraient peut-être, s'ils y réussissaient, de la remplacer par un instrument moins efficace. Au surplus, il s'agit ici des sociétés par actions ; et on sait que la personnalité morale résiste mieux aux attaques sur ce terrain que sur le terrain des sociétés par intérêts. Quoi qu'il en soit, c'est la théorie de la personnalité morale qui a été le levier de l'explication juridique Seulement, il fallait la creuser, peut-être un peu la rajeunir. Ce fut la note magistrale donnée par notre collègue Thaller, sous l'arrêt de la Cour de cassation du 30 mai 1892 (D. 1893.1.105 et suiv.), qui eut l'honneur de dégager pleinement et nettement les grandes lignes de cette notion, dès longtemps entrevue. On considérait autrefois la personnalité morale des sociétés seulement au point de vue des rapports *extérieurs*, au point de vue du crédit, qui fut, en effet, le motif pour lequel elle s'était introduite. Il convenait actuellement de l'envisager au point de vue des rapports *intérieurs*. A côté de la personnalité morale *externe*, il fallait envisager la personnalité morale *interne*. L'erreur capitale, déclara Thaller, c'était de ne point s'être attaché à tirer de l'idée de personnalité morale « tous les résultats qu'elle renferme et impose », de ne pas s'être rendu compte qu'à côté de la personnalité *extérieure*, qui frappe surtout, parce que c'est elle qui donne satisfaction aux exigences du crédit, il y avait aussi la personnalité *intérieure*, qui s'exprime par l'organe « assemblée générale ». L'assemblée générale n'est donc pas simplement « une totalisation d'associés réglant entre eux... les intérêts collectifs qui les concernent... Elle constitue l'âme même de la personne morale réglant les intérêts de la collectivité, ou, si l'on veut, l'instrument de la volonté supérieure de la compagnie. S'il en est ainsi, la nécessité, pour une assemblée générale quelconque, de grouper l'unanimité des adhésions des membres devient presque un NON-SENS ». La nécessité constante d'unanimité perd ses assises juridiques. « S'il n'y avait, dans la société, qu'*un contrat*, ce contrat, faudrait-il dire, ne pourrait se défaire que du commun accord de tous ceux qui l'ont signé. Mais il forme *aussi une personne* ; et, comme les actionnaires ont fait sortir, de leur réunion, un être nouveau, QUI SE SUPERPOSE à eux, cet être a acquis la faculté de se mouvoir par lui-même, d'apporter à l'organisation de son industrie les modifications, etc... »

A cet état de choses découlant de la loi de 1867, la loi du 16 novembre 1903 avait déjà apporté des tempéraments, reconnus par la doctrine, mais généralement repoussés par la jurisprudence. La majorité des commentateurs de la loi du 16 novembre 1903 admettait que cette loi donnait à l'assemblée générale le droit d'introduire dans les statuts, à la majorité, des modifications dont la gravité était inférieure ou égale à la création d'actions de priorité (V. Bosvieux, *J. S.*, 1906, p. 441 ; 1909, p. 464 et 1910, p. 91 ; Bourcart, *Pouvoirs des assemblées générales*, p. 276, et *J. S.*, 1912, p. 150 et s. ; Lyon-Caen et Renault, t. 2, n. 865 et 866 *bis* ; Houpin, *J. S.*, 1908, p. 14 et 1909, p. 197 ; Percerou, *J. S.*, 1907, p. 15 et suiv. — *Contrà* : Albert Wahl, note S. 1911.1.147 et 2.162 et 195. — V. aussi Thaller, *J. S.*, 1912, p. 414).

La jurisprudence résistait (V. Cass., 22 janv. 1912, S. 1913.1.211, D. 1912.1.147. — V. aussi Cass., 7 nov. 1916, *Gaz. Soc.*, 1917.37 ; — Trib. com. Seine, 12 déc. 1912, *J. S.*, 1913, p. 168 ; Jugement infirmé, V. Paris, 11 fév. 1914, *Gaz. Soc.*, 1914, p. 73).

Les sociétés par actions souffraient de cet état de choses. Les plaintes étaient vives. Elles remontent à une époque déjà ancienne. La commission extra-parlementaire de 1902 a proposé la réforme qui deviendra la loi de 1913 (V. notre rapport à la commission).

Le projet de loi déposé par le gouvernement en 1903 à la suite des travaux de la commission de 1902 ne vint jamais en discussion. M. Guillaume Chastenet, sénateur, reprit le projet de modification de l'art. 31, en 1913, et son texte fut voté par les Chambres.

Voici le texte de la loi nouvelle (22 nov. 1913) :

Art. 1er. — L'art. 31 de la loi du 24 juillet 1867 est remplacé par les dispositions suivantes :

« *Art. 31.* — Sauf dispositions contraires des statuts, l'assemblée générale, délibérant comme il est dit ci-après, peut modifier les statuts dans toutes leurs dispositions. Elle ne peut toutefois changer la nationalité de la société ni augmenter les engagements des actionnaires.

« Nonobstant toute clause contraire de l'acte de société, dans les assemblées générales qui ont à délibérer sur les modifications aux statuts, tout actionnaire, quel que soit le nombre des actions dont il est porteur, peut prendre part aux délibérations avec un nombre de voix égal aux actions qu'il possède, sans limitation.

« Les assemblées qui ont à délibérer sur les modifications touchant à l'objet ou à la forme de la société ne sont régulièrement constituées et ne délibèrent valablement qu'autant qu'elles sont composées d'un nombre d'actionnaires représentant les trois quarts au moins du capital social. Les résolutions, pour être valables, doivent réunir les deux tiers au moins des voix des actionnaires présents ou représentés.

« Dans tous les cas autres que ceux prévus par le précédent paragraphe, si une première assemblée ne remplit pas les conditions ci-dessus fixées, une nouvelle assemblée peut être convoquée dans les formes statutaires et par deux insertions, à quinze jours d'intervalle, dans le Bulletin annexe du *Journal officiel* et dans un journal d'annonces légales du lieu où la société est établie. Cette convocation reproduit l'ordre du jour en indiquant la date et le résultat de la précédente assemblée. La seconde assemblée délibère valablement si elle se compose d'un nombre d'actionnaires représentant la moitié au moins du capital social. Si cette seconde assemblée ne réunit pas la moitié du capital, il peut être convoqué, dans les formes ci-dessus, une troisième assemblée qui délibère valablement si elle se compose d'un nombre d'actionnaires représentant le tiers du capital social. Dans ces assemblées, les résolutions, pour être valables, devront réunir les deux tiers des voix des actionnaires présents ou représentés. »

Art. 2. — Le dernier paragraphe de l'art. 34 C. com. est ainsi modifié :

« Cette assemblée spéciale, pour délibérer valablement, doit réunir au moins la portion du capital que représentent les actions dont il s'agit, déterminée par les paragraphes 2, 3 et 4 de l'art. 31 de la loi du 24 juillet 1867. »

Art. 3. — Le paragraphe 1er de l'art. 27 de la loi du 24 juillet 1867, modifié par l'art. 4 de la loi du 1er août 1893, est ainsi complété :

« Cette disposition est applicable même aux sociétés constituées avant le 1er août 1893. »

Art. 4. — Les dispositions de l'art. 31, § 4, de la loi du 24 juillet 1867 et de l'art. 34 C. com. modifiés par la présente loi s'appliquent aux sociétés déjà constituées sous l'empire de la loi du 24 juillet 1867.

B) Sociétés et assemblées auxquelles s'applique la loi de 1913.
Assemblées constitutives. — Commandites par actions. — Dissolution.

3242. — La loi de 1913 s'applique, sans contestation possible, à toutes les sociétés *anonymes*, même à celles qui ont adopté la forme de sociétés à capital variable. Mais elle ne vise pas les sociétés non régies par la loi de 1867, sociétés dont l'existence est réglementée par des lois spéciales. Telles sont les sociétés d'assurances mutuelles, les sociétés de capitalisation et d'épargne, les sociétés de crédit agricole et maritime. Pour les sociétés d'assurances mutuelles, la question paraît à M. Albert Wahl assez délicate. Cependant l'auteur reconnaît que le système des bases essentielles est maintenu dans les sociétés d'assurances mutuelles.

La loi de 1913 ne s'applique pas aux assemblées ordinaires annuelles, ni à celles convoquées extraordinairement, mais dont l'ordre du jour ne porte pas sur des modifications statutaires. Pour ces assemblées, le quart du capital suffit pour constituer le quorum (art. 29, loi de 1867). — Les statuts règlent donc souverainement dans ces assemblées les conditions d'admission des actionnaires et le nombre de voix dont ils disposent, et si l'assemblée, sur une convocation régulière, ne réunit pas le quart du capital social, une nouvelle assemblée peut être convoquée qui délibère valablement, quelle que soit la portion du capital représenté par les actionnaires présents.

Les assemblées constitutives ne tombent pas non plus sous l'application de la loi nouvelle ; et aux assemblées constitutives, il faut assimiler celles qui peuvent être convoquées d'après l'art. 8 de la loi de 1867 modifiée par la loi du 1er août 1893, et ayant pour but de réparer les vices affectant la constitution d'une société par actions.

Les dispositions de la loi de 1867 demeurent donc entièrement en vigueur pour ces assemblées.

Mais une question se pose en ce qui concerne les assemblées constitutives. Ces assemblées sont-elles investies du droit de modifier à la majorité le texte des statuts, tel qu'il a été arrêté par les fondateurs ?

Nous estimons, quant à nous, que l'assemblée constitutive ne peut pas, à la majorité, modifier les statuts rédigés par les fondateurs. A l'époque où se réunit l'assemblée constitutive, la société n'existe pas. Il s'agit uniquement de la former, de donner vie à l'être moral en projet, et nous ne pouvons concevoir qu'à ce moment une assemblée générale extraordinaire puisse délibérer en vertu de la disposition d'une loi qui ne s'applique pas à un être moral non constitué.

Les assemblées réunies pour régulariser une augmentation de capital sont assujetties aux mêmes règles que les assemblées constitutives, mais ces assemblées peuvent valablement voter des modifications statutaires résultant d'un fait nouveau, car à cette époque, la société, être moral, a une existence juridique. Il est prudent cependant de faire décider les modifications statutaires dans la première assemblée générale qui vote le principe de l'augmentation de capital.

Il faut donc employer cette formule générale que la loi de 1913 s'applique à *toutes les assemblées extraordinaires* convoquées en vue de modifier les statuts, et par ces mots « modifications aux statuts », il faut comprendre, non pas seulement les changements de texte, mais toutes les décisions qui portent atteinte aux conditions d'existence et de fonctionnement de la société, telles qu'elles ont été prévues par le pacte originaire.

Il faut conclure de là que l'assemblée réunie pour délibérer sur la dissolution anticipée de la société, en cas de perte des 3/4 du capital, en conformité de l'art. 37 de la loi de 1867, est soumise aux dispositions de la loi nouvelle. L'art. 37 prescrivait déjà la convocation de tous les actionnaires. Sur ce point, il s'assimile aux assemblées extraordinaires réglementées par la loi de 1913.

Il faut cependant remarquer que la loi de 1913 modifie le quorum de ces assemblées de dissolution, puisque, même en cas de perte des 3/4, la dissolution en première convocation ne pourra être votée que par une assemblée représentant les 3/4 du capital social et à une majorité des 2/3 des voix. Sous l'empire de la loi de 1867, les administrateurs ne peuvent convoquer une seconde assemblée si le quorum de l'art. 37 n'a pas été atteint. Avec la loi nouvelle, la situation sera différente. Les administrateurs pourront convoquer une nouvelle assemblée, dans le cas où le quorum n'aurait pas été atteint dans la première réunion, Mais si le quorum des 3/4 a été atteint, sans que la majorité de 2/3 des voix se soit formée, alors même que la dissolution serait votée par plus de la moitié du capital social, les administrateurs ne pourront convoquer une nouvelle assemblée générale.

Enfin. le nouvel art. 31 s'applique aux sociétés à capital variable lorsque ces sociétés sont constituées par actions (V. art. 52 de la loi de 1867).

3242 *bis*. — La loi nouvelle s'applique-t-elle aux sociétés en commandite par actions? Dans le *commentaire* que nous avons publié dans la *Gazette des Sociétés*, au lendemain de la promulgation de la loi, nous avons nettement émis l'opinion que la loi nouvelle était restreinte aux sociétés anonymes.

En effet, l'art. 31, qui a été complètement modifié par la loi du 22 novembre 1913, figure au titre des sociétés anonymes. La loi de 1867 ne contient aucune disposition concernant les assemblées générales des sociétés en commandite par actions, et il paraît difficile d'ériger tout un système spécial d'assemblées générales des sociétés en commandite par actions, en transportant uniquement, en cette matière et par voie d'assimilation, une disposition qui figure au titre des sociétés anonymes.

Notre opinion est combattue par des auteurs considérables ; il convient donc d'exposer les raisons que font valoir nos contradicteurs à l'appui de leur thèse.

La question est celle-ci : Faut-il en premier lieu accorder à l'assemblée générale de la société en commandite par actions le droit de voter à la majorité de l'art. 31 de la loi de 1867, des modifications statutaires s'imposant même aux commanditaires dissidents ? En second lieu, peut-on, dans une société en commandite par actions, adopter des modifications statutaires qui s'imposent aux commandités. En d'autres termes, le consentement des commandités n'est-il pas toujours nécessaire ?

Avant la promulgation de la loi de 1903 sur les actions de priorité, la plupart des auteurs, s'appuyant, comme nous-même, sur ce que l'art. 31 est inséré au titre II de la loi de 1867, sous la rubrique des sociétés anonymes, n'admettaient pas que ce texte pût s'appliquer aux commandites par actions. D'où la conséquence que l'assemblée extraordinaire d'une commandite par actions n'avait pas le droit de modifier les statuts à la majorité (V. Labbé, note S. 81.1.441 ; Lyon-Caen et Renault, t. II, p. 848 ; Houpin, t. II, n. 1152 ; Arthuys, *Revue critique de législation*, 1899, p. 337.340).

D'autres auteurs, au contraire, invoquant l'utilité pratique et s'appuyant sur l'analogie de nature juridique des deux espèces de sociétés par actions, estimaient que l'art. 31 de la loi de 1867 devait s'appliquer aux commandites par actions (Thaller, note D. 93.1. 105, D. 95.1.57 ; Bouvier-Bangillon, *Pand.*, 1902 1.146).

M. Wahl, qui avait soutenu la première opinion dans les *Annales de droit commercial* (1893.173), s'est rallié à la seconde (*J. S.*, 1900, p. 200, note S. 1901.1.81).

La jurisprudence quoique imprécise paraissait se rallier à la seconde opinion. — Consultez : Aix, 20 janv. 1896, *J. S.*, 1896.267, et sur le pourvoi Cass., 29 déc. 1897, S. 98.1.73, rapport de M. le conseiller Crépon. — Trib. com. Seine, 16 mai 1916, *Le Droit*, 5 déc. 1916, Trib. com. Seine, 1er mars 1918, *Gaz. Soc.*, 1918.130.

Cet arrêt ne statue pas, d'ailleurs, expressément sur la question. La solution n'est qu'implicite.

Mais la loi du 16 novembre 1903, dit-on, qui a modifié l'art. 34, § 2, C. com. en donnant à la majorité des actionnaires *dans toute société par actions* le pouvoir de créer des actions de priorité, a consacré législativement l'extension de l'art. 31 à la commandite par actions.

Les partisans de cette opinion reconnaissent donc à l'assemblée générale extraordinaire de la commandite par actions le droit de voter, à la majorité, les mêmes modifications statutaires que celles permises aux assemblées générales de la société anonyme. — Bourcart, p. 277 et suiv. ; Cluzant, p. 228 ; Percerou, *J. S.*, 1907, p. 121. Ainsi se trouve résolue, d'après ces auteurs, la première difficulté.

3243. — Mais en admettant qu'une assemblée générale puisse adopter ces modifications statutaires, dans les conditions précitées, ces résolutions sont-elles de plein droit obligatoires pour les commandités ou gérants, ou ne peuvent-elles être réalisées qu'avec l'adhésion expresse de ces commandités ?

M. Bourcart (p. 278 et p. 279) estime que le texte de la loi du 16 novembre 1903 suffit pour valider la création d'actions de priorité, non seulement vis-à-vis des commanditaires, mais aussi vis-à-vis des commandités. On invoque aussi les principes consacrés par des législations étrangères.

C'est là une thèse, à notre avis, tout à fait insoutenable.

Nous ne pouvons admettre qu'une assemblée générale, délibérant à la majorité, puisse imposer des modifications statutaires aux commandités dont la responsabilité égale celle d'associés en nom collectif, et qui ne sont pas engagés uniquement pour les capitaux qu'ils possèdent dans la société, mais sur tous leurs biens personnels et indéfiniment. Notre opinion est également celle de M. Percerou (*J. S.*, 1907, p. 122) et elle est adoptée par M. Wahl (*Commentaire de la loi de* 1913, n° 59).

3244. — Les considérations qui précèdent doivent déterminer la solution à adopter sur le point de savoir si la loi de 1913 s'applique ou non aux sociétés en commandite par actions.

Nous sommes obligé de reconnaître que les arguments présentés contre notre opinion ont une grande force, mais malgré l'autorité qui s'attache à ceux qui les défendent, et, dans le silence de la loi sur l'organisation des assemblées générales des sociétés en commandite par actions, il nous paraît difficile d'admettre que l'art. 31 nouveau s'applique à ces sociétés.

L'argument tiré de la loi de 1903, qui se réfère au quorum des assemblées appelées à décider la création d'actions de priorité, ne nous paraît pas décisif.

La loi de 1903 a voulu, suivant nous, uniquement préciser, dans le silence de la loi de 1867 sur les assemblées extraordinaires des commandites par actions, comment voteraient les assemblées appelées à décider la création d'actions de priorité. C'est tout.

On peut encore consulter sur la question, Bosvieux, *Commentaire de la loi de* 1913, n° 15. Cet auteur estime que le consentement des gérants n'est pas indispensable pour la modification des statuts dans les commandites par actions.

C) Pouvoirs des assemblées. — Modifications permises.
Conditions à observer.

3245. — Le texte de la loi est très précis et la formule à employer très claire. « L'assemblée peut tout faire, sauf les restrictions précisées par le législateur. »

Quelles sont ces restrictions ?

Il est interdit de changer la nationalité de la société. Les raisons en sont déduites dans notre rapport au nom de la commission de 1902 Donc, cet égard, aucune difficulté possible. Le changement de nationalité est totalement prohibé, quels que soient les procédés employés pour parvenir à ce changement.

Ainsi, une société ne pourrait pas voter sa fusion avec une société étrangère. Les actionnaires qui ont donné leur adhésion à une société française ne peuvent être contraints de devenir malgré eux les actionnaires d'une société étrangère. M. Wahl (n° 18) estime cependant qu'une assemblée générale pourrait, avec le quorum et la majorité du paragraphe 4, effectuer cette fusion, à condition de laisser aux actionnaires dissidents le droit d'opter pour une somme équivalente à la portion d'actif qui leur serait réservée dans la liquidation. Peut être cette solution ne doit-elle pas être acceptée sans réserve ?

Il est interdit également à l'assemblée générale d'augmenter les engagements des actionnaires. Ainsi, l'assemblée ne peut prendre des dispositions en vertu desquelles les actionnaires seraient contraints à des versements supérieurs à leur mise, ou transformer leur qualité d'actionnaires en celle d'associés responsables.

Mais ce n'est pas seulement cela que le législateur a voulu prohiber. Il faut comprendre dans l'interdiction toutes les mesures dont l'effet direct ou indirect serait d'augmenter les charges que les dispositions statutaires imposent aux actionnaires. Telle serait la décision prise par l'assemblée générale d'élever le taux nominatif des actions ou leur dédoublement ; les décisions qui aggravent les conditions de libération du titre ou qui augmenteraient les intérêts de retard fixés par les statuts, ou qui interdiraient la compensation du non versé avec les créances des actionnaires contre la société, si la compensation n'est pas interdite par les statuts.

Mais, bien entendu, on n'augmente pas les engagements des actionnaires en diminuant leurs droits.

Par exemple, c'est ce qui arrive en cas d'augmentation ou de réduction du capital.

M. Bosvieux (p. 26) pose la question de savoir s'il y a aggravation des engagements des actionnaires en cas de réduction de capital, motivée par des pertes ou par une dépréciation d'actif, et dont la réalisation ne peut s'effectuer que par un échange de titres

L'échange présente ce grave inconvénient pour les actionnaires qui ne possèdent pas un nombre de titres échangeables, de les placer dans l'alternative d'acheter les actions qui leur manquent, ce qui leur impose une charge nouvelle, ou de vendre leur action unique, ou celles de leurs actions qu'ils ont en excédent.

La Cour de cassation par trois arrêts (30 mai 1892, S. 92.1.561,

D. 93.1.105 ; — 31 octobre 1893, *J. S.*, 94.66 ; — 29 janvier 1894, *J. S.*, 94.207), a décidé que cette espèce d'expropriation rentrait dans les pouvoirs des assemblées générales. Mais cette solution est combattue par la doctrine. M. Bosvieux estime que la loi de 1913 ne peut modifier les solutions de la jurisprudence, car l'actionnaire — tout en reconnaissant (dit-il) que la question est discutable — n'est pas nécessairement amené à acheter de nouveaux titres, puisqu'il a la ressource de réaliser, fût-ce dans des conditions désavantageuses, ceux qu'il a en excédent, et, en décidant qu'il sera procédé à la réduction du capital par un échange d'actions, l'assemblée n'impose pas aux actionnaires une augmentation de leurs engagements.

Le même auteur estime que dans la transformation des réserves extraordinaires en actions, il y a aggravation des engagements des actionnaires ; mais cela nous paraît pousser bien loin l'argumentation. Il y a là une modification non des engagements, mais des droits d'actionnaires, sur des bénéfices réservés. V. au chapitre *Conversion des réserves en actions.*

Telles sont les modifications statutaires absolument interdites par la loi.

3246. — Une autre série de modifications se trouve visée par le législateur ; ce sont celles qu'il autorise, à la condition qu'elles soient adoptées avec un quorum des 3/4 du capital social, par les 2/3 des voix.

Ce quorum et la majorité imposée devront toujours être atteints à peine d'impossibilité de réalisation de la modification.

Si à défaut des résultats obtenus dans une première assemblée générale pour la modification de cette seconde catégorie, le quorum ne se trouve pas atteint ou la majorité n'est pas acquise, le conseil d'administration pourra bien convoquer de nouvelles assemblées, mais ces assemblées nouvelles ne pourront valablement délibérer que si elles réunissent le quorum des 3/4 et si les résolutions sont prises à la majorité des 2/3 des voix.

Sont soumises à ces dispositions impératives :

Les modifications touchant à l'objet ; sous l'empire de l'ancienne législation, l'objet social ne pouvait jamais être modifié. La législation de 1913 l'autorise.

Il est utile cependant de ne point exagérer ce que l'on entend par *les modifications touchant à l'objet.* Ainsi, ne pourraient tomber sous la restriction de la loi les modifications statutaires qui tendraient, non pas à la modification de l'objet social, mais simplement à l'extension de cet objet ou à un changement dans le mode d'exploitation.

Il est utile, à cet égard, de se reporter à la jurisprudence antérieure à la loi de 1913 et qui a visé différentes espèces dans lesquelles les tribunaux ont vu, non pas un changement d'objet, mais une modification licite.

Les obstacles apportés par le législateur de 1913 aux délibérations concernant le changement d'objet rendront plus difficile l'absorption d'une société par une autre société.

Il faudra, en effet, que l'objet de la société absorbante soit le même que celui de la société absorbée, si on veut pouvoir réaliser l'opération avec des assemblées successives (V. Wahl, nᵒ 26).

Le changement de forme consiste dans le changement de type. Ainsi une société anonyme ne peut devenir une société en nom collectif, en commandite simple ou en commandite par actions, sans observer les conditions fixées par l'alinéa 3.

Une société en commandite par actions doit observer les mêmes conditions pour devenir une société anonyme ; mêmes conditions pour l'absorption d'une société anonyme ou en commandite par actions dans un autre genre de société.

Si pour le changement de forme on redoute de ne pas atteindre le quorum obligatoire, il est facile de tourner la difficulté en prononçant la dissolution de la société.

Enfin, troisième catégorie de modifications pour lesquelles le législateur autorise, à défaut de résultats obtenus dans une première assemblée générale, la convocation d'une seconde et même d'une troisième assemblée générale ayant le droit de délibérer avec un quorum réduit, d'abord à la moitié, puis du tiers, mais toujours avec une majorité de 2/3 des voix.

Ces dispositions, dit le législateur, sont applicables « à tous les cas autres que ceux prévus par le précédent paragraphe ». Tel est donc le principe : pour tous les cas autres que ceux faisant l'objet de la restriction, les assemblées successives sont autorisées.

L'assemblée générale peut donc, au besoin, par des assemblées successives, dissoudre la société par anticipation ou la proroger, prendre toutes les dispositions qu'il lui convient relatives au dépôt des actions en vue des assemblées générales, à la présidence de l'assemblée, au mode de votation, au nombre de voix accordé aux actionnaires, dans les assemblées ordinaires, mais bien entendu sans porter atteinte aux dispositions nouvelles de la loi concernant le nombre de voix dans les assemblées extraordinaires (Voyez Wahl, n° 32).

Les assemblées générales délibérant avec des assemblées successives, au besoin, peuvent aussi augmenter le capital, le réduire, convertir les réserves en actions, convertir des créances en actions, etc.

Elle peut également modifier la répartition des bénéfices ; la jurisprudence antérieure au 16 novembre 1913 proclamait le principe contraire.

Les assemblées peuvent également porter atteinte à l'égalité des droits des actionnaires. Aujourd'hui, il n'est plus besoin de respecter ce principe qui était considéré comme intangible.

En cas de réduction du capital pour cause de perte, d'après la jurisprudence ancienne, on ne pouvait, par voie de suppression anéantir un nombre déterminé d'actions. Il fallait recourir au tirage au sort pour respecter le principe de l'égalité. Ces solutions disparaissent aujourd'hui.

On peut également racheter des titres à un actionnaire personnellement. Ce rachat était considéré comme nul autrefois, comme portant atteinte au principe d'égalité.

Les assemblées successives peuvent également modifier, en les diminuant les droits des actionnaires au profit des tiers, par exemple des administrateurs.

D) Composition de l'assemblée. — Quorum. — Majorité.
Assemblées successives.

3247. — La loi, s'inspirant des considérations développées dans le rapport de la commission de 1902, porte que « nonobstant toute clause contraire de l'acte de société » dans les assemblées générales qui ont à délibérer sur des modifications aux statuts, tout actionnaire, quel que soit le nombre des actions dont il est porteur, peut prendre part aux délibérations avec un nombre de voix égal aux actions qu'il possède, sans limitation. Cette disposition est impérative, et la formule employée par le législateur : « nonobstant toute clause contraire de l'acte de société » indique que cette disposition participe de celles d'ordre public, et ne peut être éludée par aucune convention.

Il résulte de ce texte :

1° Que tout actionnaire, quel que soit le nombre de ses actions,

51

est de plein droit membre des assemblées générales extraordinaires.

2° Quel que soit le nombre des actions dont il est porteur, il peut
prendre part aux délibérations avec un nombre de voix égal aux
actions qu'il possède, sans limitation, ce qui comporte le droit de
voter avec les actions qu'il représente comme mandataire d'autres
actionnaires.

3° Que toute stipulation contraire des statuts doit être tenue
comme nulle et non avenue.

Cette disposition si claire a été combattue dans son principe.

On y voit une intervention regrettable du législateur pour établir
dans les assemblées générales une oligarchie qui permettrait à un
ou plusieurs actionnaires importants d'écraser de leur vote la
masse des petits porteurs condamnés à l'impuissance et de devenir
ainsi les maîtres absolus de la société.

A une époque où on se préoccupe de protéger la petite épargne,
le législateur, a écrit M. Houpin (*J. S.*, nov. 1913), livre obligatoirement « les sociétés à l'omnipotence des gros actionnaires ». Quoi
qu'il en soit, la loi est ainsi faite, et les raisons qui ont inspiré sa
rédaction sont énumérées dans le rapport de la commission extra-
parlementaire de 1902.

3248. — La loi du 16 novembre 1903, qui autorise la création
d'actions de priorité, confère aux assemblées générales le droit de
créer des actions de priorité « jouissant de certains avantages sur
les autres actions ».

Le texte ajoute « sauf dispositions contraires des statuts, les actions de priorité et les autres actions ont, dans les assemblées, un
droit de vote égal ».

Les dispositions de la loi nouvelle atteignent-elles celles de la
loi du 16 novembre 1913 ? Voici comment il faut, à notre sens,
résoudre la question.

Pour les assemblées générales ordinaires, en d'autres termes,
pour celles qui ne sont pas visées par le nouvel art. 31, la loi du
16 novembre 1903 conserve tout son empire. Mais pour les assemblées générales auxquelles s'applique le nouvel art. 31, il est impossible que les statuts ou une délibération modificative subordonne l'accès des assemblées extraordinaires à la possession d'un
certain nombre d'actions ou limite les voix attribuées à chaque
actionnaire.

Cependant, il reste toujours possible de conférer à des actions de priorité certains avantages, tels que le droit de voter avec deux voix par action sans limitation, alors que les actions ordinaires n'auront qu'une voix par action, également sans limitation.

A cet égart, l'art. 34, C. com., § 3 (loi du 16 nov. 1903), reste applicable, pourvu que tous les actionnaires, indistinctement, puissent assister à l'assemblée générale et y disposer au moins d'une voix, sans limitation.

Les statuts ou toute délibération modificative portant création d'actions de priorité pourront conférer aux actionnaires un droit de vote supérieur à une voix.

Il convient cependant d'ajouter que pour les assemblées spéciales prévues par l'art. 34 C. com., les actionnaires de chaque catégorie doivent rester sur un pied de stricte égalité, d'après le texte de la loi.

3249. — Lorsque la première assemblée, convoquée pour délibérer sur des modifications de la troisième catégorie, ne remplit pas les conditions requises par la loi (3/4 du capital et 2/3 des voix), une nouvelle assemblée générale *peut* être convoquée, etc.

La convocation d'une nouvelle assemblée, à défaut de tenue légale de la première, est donc une faculté pour le conseil d'admitration et non une obligation. Il faut également préciser que la loi n'autorise la convocation d'une deuxième assemblée générale que si la première ne remplit pas les conditions fixées relatives au quorum et à la majorité.

Si donc la première assemblée réunit le quorum, mais repousse la modification, il ne peut y avoir une seconde convocation d'assemblée avec quorum réduit. Sans doute, les administrateurs pourront soumetre les modifications de nouveau à une assemblée générale, mais cette assemblée à convoquer à nouveau serait une *première* assemblée, dans l'ordre d'idées spécial qui nous occupe.

Si les actionnaires présents ou représentés à la première assemblée sont suffisants pour permettre à l'assemblée de délibérer, mais si les résolutions soumises n'ont pas recueilli la majorité des 2/3 des voix, les résolutions devront être considérées comme définitivement repoussées.

Le bon sens s'oppose à ce que le vote d'une assemblée régulièrement constituée puisse être remis en cause et annulé dans une assemblée ultérieure délibérant avec une fraction moindre du capital social.

Les administrateurs pourront bien convoquer une nouvelle assemblée pour rapporter la décision prise par la première, mais cette assemblée nouvelle devra nécessairement réunir les 3/4 du capital (Wahl, n° 53 ; Bosvieux, p. 40).

Lorsque la première assemblée ne réunira pas ce quorum, il n'y aura pas lieu de lui faire prendre une délibération provisoire, ainsi que l'a prescrit l'art. 30 de la loi de 1867 pour les assemblées constitutives. Mais il est indispensable que l'assemblée soit tenue, que le bureau soit élu et qu'il constate que le quorum n'est pas atteint. Les administrateurs ne pourraient, après s'être rendu compte par le dépôt des titres que le quorum ne sera pas atteint, se résoudre à ne pas tenir l'assemblée et à en convoquer une nouvelle. Le bureau devra constater l'accomplissement de ces formalités dans un procès-verbal (V. *Gaz. Soc.*, 1918.31).

Enfin, la seconde assemblée ne peut être convoquée qu'à la condition de régularité de la première.

La loi n'a prévu la convocation que de trois assemblées successives. Il serait donc impossible d'en convoquer une quatrième avec un quorum réduit.

3250. — La convocation de la deuxième assemblée se fait dans la forme statutaire, et par deux insertions, à quinze jours d'intervalle (c'est-à-dire quinze jours au moins d'intervalle), tant dans un journal d'annonces légales du siège social que dans le *Bulletin des annonces légales obligatoires à la charge des sociétés financières*. Le texte porte : *Bulletin annexe du Journal officiel*. C'est une erreur matérielle commise par le rédacteur, puisque, depuis le 3 février 1912, le *Bulletin annexe* a été remplacé par le *Bulletin des annonces obligatoires*.

Ainsi, il faut dans la convocation respecter les forme statutaires, c'est-à-dire les modes particuliers de convocation qui ont pu être inscrits dans les statuts. La loi ne fixe pas le moment à partir duquel l'insertion peut être faite ; mais il est facile de suppléer à ce silence, car l'ordre du jour devant indiquer le résultat de l'assemblée générale précédente, il faut nécessairement que l'assemblée ait été tenue. La convocation doit donc être insérée au plus tôt le lendemain du jour de cette assemblée, mais en pratique la chose est difficile, car le *Bulletin des annonces obligatoires* ne paraît que le lundi, et les insertions doivent être déposées le mercredi précédent.

Le paragraphe 4 exige « deux insertions » dans le *Bulletin* et dans un journal d'annonces légales. Cela signifie-t-il qu'il doit y avoir deux insertions dans chacune de ces publications, ou seu-

lement une insertion dans le premier et une autre dans le second ?
Nous pensons qu'il faut deux insertions dans chacune des publications, car les facilités données par la loi ne se comprennent et
se justifient qu'en raison d'une large publicité s'adressant aux
actionnaires.

Les insertions doivent se suivre à quinze jours d'intervalle au
moins. C'est là un délai minimum. Nous ne pensons pas que le
délai soit franc ; les délais autres que les délais de procédure ne
sont pas des délais francs (V. nos observations *Gaz. Soc.*, 1913,
p. 463). Le premier jour du délai n'est donc pas compté, mais il
en est autrement du dernier jour.

Rappelons avec le texte que les convocations aux assemblées
successives doivent reproduire le texte de l'ordre du jour de la
première assemblée, ainsi que sa date et le résultat.

La loi ne fixe pas l'époque de réunion de la seconde ou de la
troisième assemblée. Elle n'indique pas non plus le délai qui doit
s'écouler entre les époques où sont faites les convocations et le
moment où l'assemblée se réunit. On se trouve ainsi réglé par le
droit commun, pourvu que les délais fixés par la loi de 1913 soient
observés et qu'il n'y ait ni dol, ni fraude. Le conseil d'administration jouit à cet égard d'une pleine liberté.

E) Sanctions.

3251. — Quelle est la sanction des règles relatives à la convocation ? Il paraît tout d'abord certain que l'assemblée générale extraordinaire sera nulle, ou plutôt annulable, si le quorum déterminé
par la loi de 1913 n'a pas été atteint, ou si les décisions n'ont pas
été prises à la majorité des 2/3 des voix des actionnaires présents.

La nullité paraît être la sanction nécessaire et inéluctable de la
violation des dispositions de la loi.

Les dispositions de l'art. 8 de la loi de 1867 modifiées par la loi
de 1893 sont applicables à la matière. On pourra donc réparer le
vice par une nouvelle assemblée générale délibérant régulièrement
L'assemblée générale sera également annulable si elle a outrepassé
les pouvoirs que lui confère la loi ou les statuts. Les principes généraux sont applicables en cette matière.

Une nullité peut résulter également de l'inobservation des délais
légaux statutaires pour les convocations. Il faut décider de même
pour l'omission de l'ordre du jour dans les insertions. Faudrait-il
attacher la nullité à l'omission dans la convocation d'une seconde

assemblée du résultat de la première? Ce serait bien rigoureux, puisque la réunion de la seconde assemblée est précisément nécessitée par le défaut de tenue régulière de la première assemblée.

F) Droits des tiers.

3252. — La loi, par le nouvel art. 31, n'a pu toucher qu'aux pouvoirs des assemblées générales. Elle autorise la modification de certains droits, entre actionnaires, mais les dispositions légales ne s'appliquent qu'aux actionnaires. Elle ne crée pas un droit nouveau portant atteinte aux droits des tiers.

En d'autres termes, d'une façon générale, et sans qu'il soit besoin d'entrer dans plus de développements, il faut dire que toutes les résolutions qui pourront être prises par l'assemblée générale et porteraient atteinte aux droits des tiers, créanciers, porteurs de parts de fondateur, etc., n'auront aucune valeur à l'égard de ces tiers.

Il en serait d'ailleurs ainsi même des délibérations de l'assemblée générale prises à l'unanimité (V. Wahl, n. 48 et suiv.).

G) Des assemblées spéciales.
Modification des droits attachés à une catégorie d'actions.

3253. — V. le chapitre réservé aux assemblées spéciales, n. 3326.

II) Interdictions statutaires.

3254. — Le paragraphe 1er du nouvel art. 31 stipule « que ce n'est que sauf dispositions contraires des statuts que l'assemblée est investie des pouvoirs déterminés par la loi ».

Les fondateurs de la société ont donc liberté pleine et entière pour insérer dans les statuts des dispositions interdisant telle ou telle modification. Ces interdictions statutaires doivent être respectées. Il est permis cependant d'appeler l'attention sur les inconvénients graves que peuvent présenter des statuts ainsi rédigés, car la conséquence en est que pendant toute la durée de la vie sociale, aucune modification ne pourra être réalisée.

I) Rétroactivité de la loi.

3255. — La rétroactivité de la loi du 22 novembre 1913 résulte des dispositions de l'art. 4 dont il convient de rappeler le texte :

« Les dispositions de l'art. 31, § 4, de la loi du 24 juillet 1867, et de l'art 34 du Code de commerce modifiées par la présente loi s'appliquent aux sociétés déjà constituées sous l'empire de la loi du 24 juillet 1867. »

Cette disposition, qui paraît cependant très claire et très précise, a soulevé en doctrine de vives discussions. Voici comment nous l'avons examinée dans la *Gazette des Sociétés* du 1ᵉʳ janvier 1914.

Plusieurs personnes, s'inspirant du rapport à la Chambre des députés, ont pensé que ces mots « Les dispositions de l'art. 31, § 4, de la loi du 24 juillet 1867 » constituaient une erreur matérielle, et que toutes les dispositions de la loi étaient soumises à la rétroactivité.

M. Roblin, dans son rapport à la Chambre des députés, s'était, en effet, exprimé ainsi : « Nous ne reviendrons pas sur la question de rétroactivité des mesures législatives concernant les sociétés par actions que nous avons étudiée dans un rapport précédent. Pour couper court à toute discussion et à toute interprétation qui pourrait aller à l'encontre de la volonté du législateur, nous inscrivons la rétroactivité dans le projet, car, ainsi que nous l'avons démontré, c'est surtout aux anciennes sociétés que sont, à l'heure présente, nécessaires et indispensables pour vivre les mesures que nous vous soumettons.

« En conséquence, votre commission vous propose, tout en renouvelant énergiquement son désir de voir au plus tôt aboutir une législation d'ensemble sur les sociétés, d'adopter sans modification le texte qui nous est retourné par le Sénat. »

Entrons dans le détail de la difficulté.

Si l'on se reporte à l'art. 31 de la loi de 1867, on ne trouve pas de paragraphe 4. Il n'y a de paragraphe 4 que dans l'art. 31 modifié.

D'après la rédaction de la loi nouvelle, le législateur de 1913, dit-on, a voulu viser, au point de vue de la rétroactivité, uniquement le paragraphe 4 du nouvel art. 31.

Si nous nous reportons au paragraphe 4 nous lisons :

« Dans tous les cas autres que ceux prévus par le précédent paragraphe, si une première assemblée, etc . . . »

nous ne trouvons pas dans ce paragraphe 4 le principe consacré par le législateur de 1913, *celui pour les sociétés* de modifier leurs statuts dans toutes leurs dispositions (sauf les exceptions), ce qui est réglementé par le paragraphe 1ᵉʳ.

C'est donc le raisonnement qui doit conduire à la solution.

Le paragraphe 4, *qui est rétroactif*, exclut les modifications prévues par le paragraphe 3, c'est-à-dire les modifications touchant à l'*objet* et à la *forme*, modifications qui ne peuvent être réalisées que dans les conditions prescrites par le paragraphe 3. Mais il autorise *implicitement* toutes autres modifications par ces mots « dans tous les autres cas ».

L'art. 4 déclare rétroactives deux dispositions de la loi et soumet à ces dispositions les sociétés « déjà constituées sous l'empire de la loi du 24 juillet 1867 ».

Ce sont : 1° L'art 34 C. com. modifié par la présente loi ; 2° L'article 31, § 4, « de la loi du 24 juillet 1867, modifié par la loi du 22 novembre 1913 ».

Il faut conclure, en première ligne, que les sociétés antérieures à la loi du 24 juillet 1867 restent régies par la législation en vigueur au moment de leur constitution, en d'autres termes, la loi ne s'applique qu'aux sociétés régies par la loi du 24 juillet 1867.

Les sociétés anonymes antérieures à 1867 continuent donc à être régies par le Code de commerce et sont soumises à l'autorisation du gouvernement, de même que les modifications statutaires ne peuvent intervenir sans l'autorisation du Gouvernement. Si ces sociétés se transforment, conformément à la faculté que leur donne l'art. 46 de la loi de 1867, elles deviendront soumises aux dispositions de la loi nouvelle.

Précisons donc dans quel sens la loi de 1913 est rétroactive pour les sociétés postérieures à la loi de 1867. C'est ici que s'engage la controverse. M. Lyon-Caen (*Revue critique*, 1913, p. 580) défend cette opinion que les pouvoirs de l'assemblée générale sont réglés pour les sociétés antérieures à 1913, comme si la loi nouvelle n'existait pas, qu'elles sont soumises à la législation sous l'empire de laquelle elles ont été constituées, et par les statuts dans la mesure où ils ont pu déroger à cette législation.

La loi de 1913 n'est, d'après le savant professeur, rétroactive qu'en ce qui concerne la faculté de réunir une seconde et une troisième assemblée avec un quorum descendant.

Le raisonnement consiste principalement à dire que le législateur de 1913 n'a pas rendu rétroactif le paragraphe 1er de l'art. 31, lequel porte le droit de modifier les statuts dans toutes leurs dispositions

On en conclut que ce paragraphe 1er n'étant pas rétroactif, la loi nouvelle a, comme l'a écrit un auteur, manqué son effet.

Nous répondons que le paragraphe commence par ces mots : « Dans tous cas autres que ceux prévus par le précédent paragraphe », ce qui vise l'hypothèse de délibérations modificatives des statuts, en dehors des exceptions formulées par la loi.

Cette phrase, explique ce qu'a voulu le législateur ; ou alors il faut dire qu'elle n'a aucun sens. Viser tous les cas autres que ceux prévus par le précédent paragraphe, c'est bien indiquer que l'assemblée générale a le droit de faire porter ses délibérations sur tout ce qui n'est pas interdit.

Et comment peut-on expliquer, sans tomber dans une véritable contradiction, sur quoi pourront porter les délibérations des assemblées successives, si ce n'est sur des modifications non interdites par le législateur ?

Mais, dit-on, la rétroactivité ne porte que sur le pouvoir de réunir des assemblées successives. C'est une question de procédure ; mais pour délibérer sur quoi ? La première assemblée, d'ailleurs, ne pourra être constituée conformément aux statuts, c'est-à-dire avec la moitié du capital, ou alors si on veut la composer ainsi, on tombe dans une contradiction plus flagrante, et tout cela nous conduit à maintenir notre première opinion, à savoir que la loi est bien rétroactive, en interprétant, comme nous le faisons, les dispositions du paragraphe 4.

Résumons donc, aussi clairement que possible, les conséquences de ce principe de rétroactivité.

1° Cas de silence des statuts sur les modifications éventuelles. La société pourra, par application de l'alinéa 4, prendre toutes délibérations modificatives, sauf celles qui porteraient sur le changement de nationalité, l'augmentation des engagements qui restent interdits, les changements d'objet ou de forme qui ne sont possibles qu'avec l'observation des dispositions nouvelles, et comme le dit très bien M. Albert Wahl (n° 82), si l'alinéa 1er du nouvel art. 31 n'est pas rétroactif, la situation est cependant la même que s'il l'était.

2° Les statuts autorisent une assemblée comprenant la moitié du capital social, et statuant à la majorité ordinaire, à adopter toutes les modifications sans restriction. Dans ce cas, les statuts devront être observés, même pour le changement de nationalité, les modifications aux engagements des actionnaires, le changement d'objet ou de forme. Mais en ce qui concerne les autres modifications, si étrange que soit la solution, la loi nouvelle s'appliquera.

3° Statuts interdisant toutes modifications. Impossibilité pour les assemblées générales de voter toutes modifications.

4° Statuts exigeant un quorum supérieur à celui fixé par la nouvelle loi. Les statuts doivent être observés.

5° Statuts exigeant pour les modifications la moitié du capital social et interdisant toutes autres modifications ; même solution qu'au paragraphe 2.

6° Statuts autorisant certaines modifications par une assemblée générale réunissant un quorum supérieur à la moitié et statuant à la majorité. Même solution qu'au paragraphe 2.

7° Statuts autori sant des modifications par une assemblée comprenant la moitié du capital et statuant à une majorité supérieure à celle fixée par la loi.

Les statuts doivent être observés pour les quatre premières sortes de modifications de la loi nouvelle.

Sur cette question de réoactivité, la jurisprudence a déjà été appelée à se prononcer, et voici dans quels termes elle l'a fait, par un arrêt de la 3ᵉ Chambre de la Cour, en date du 11 février 1914 :

LA COUR : — Après en avoir délibéré conformément à la loi,

Considérant que la Société Lacarrière a été constituée en 1906, au capital de 550.000 fr., divisé en 5.500 actions de 100 fr. ; que d'après les statuts ces 5.500 actions étaient divisées en deux catégories ;

2.750 à souscrire en numéraire, et dénommées « actions privilégiées » ;

2.750 dites ordinaires, attribuées aux apporteurs en rémunération de leur apport ;

Que le capital a été élevé ensuite à 687.500 fr. pour souscription en numéraire ; que les art. 44, 45 et 49 des statuts attribuaient aux actions privilégiées certains avantages sur les actions d'apport ;

Considérant qu'une assemblée générale des actionnaires, réunie le 20 décembre 1911, en conformité de la loi du 24 juillet 1867 et de la loi du 16 novembre 1903 a décidé que le capital serait augmenté de 112.500 fr. et porté à la somme de 800.000 fr. par la création de 1.125 actions privilégiées de 100 fr. chacune ; qu'il fût expliqué à l'assemblée que ce capital nouveau en actions privilégiées ne serait souscrit que si on décidait l'unification des droits des actionnaires et la modification en ce sens des art. 44, 45 et 49 des statuts ; qu'à cette assemblée furent convoqués indistinctement tous les actionnaires qui votèrent à une grande majorité la modification des art. 44, 45 et 49 des statuts, résolution qui avait pour conséquence d'enlever aux actionnaires d'origine les avantages que les statuts leur avaient conférés ;

Considérant qu'après ce vote de l'assemblée plénière, et en conformité de la même loi du 16 novembre 1903, des assemblées spéciales des actionnaires dont les droits se trouvaient modifiés ont été réunies à l'effet de ratifier les résolutions votées par l'assemblée de tous les actionnaires ; qu'ainsi délibérèrent trois assemblées spéciales, l'une composée des porteurs d'actions privilégiées d'origine, l'autre des porteurs d'actions ordinaires d'origine, la troisième des porteurs d'actions de jouissance, qui n'étaient pas spécialement visés par la modification, mais dont cependant il n'était pas sans intérêt de rechercher l'adhésion ; que ces assemblées, délibérant dans les conditions prévues par la loi de 1903, ont expressément ratifié les résolutions votées par l'assemblée générale plénière du 20 décembre 1911 ; et qu'ainsi la société appelante avait satisfait à toutes les prescriptions de la loi ;

Considérant que Veaudeau, porteur de 10 actions de la Société Lacarrière, a intenté devant le Tribunal de commerce une demande en nullité des résolutions votées par l'assemblée générale du 20 décembre 1911, en se basant sur ce que ces résolutions ayant porté atteinte à la répartition des bénéfices telle qu'elle avait été déterminée par les statuts de la société, une telle modification ne pouvait être prise qu'avec l'unanimité des actionnaires ; que par le jugement entrepris, le Tribunal de commerce de la Seine a fait droit à la demande de Veaudeau, en décidant que les modifications de la nature de celles faisant l'objet du litige n'étaient valables qu'à la condition d'être adoptées par l'unanimité des actionnaires, refusant ainsi d'appliquer la loi de 1903 ;

Considérant qu'en autorisant les assemblées générales à créer au cours de l'existence de la société, sauf interdiction des statuts, des actions privilégiées, la loi du 16 novembre 1903 a, par cela même, autorisé les assemblées générales à porter atteinte à la répartition des bénéfices telle qu'elle est prévue par les statuts originaires ; que la loi n'a apporté à cette disposition que la limitation écrite dans le dernier paragraphe de l'art. 1er, lequel est ainsi conçu :

« Dans le cas où une décision de l'assemblée générale comporterait une modification dans les droits attachés à une catégorie d'actions, cette décision ne sera définitive qu'après avoir été ratifiée par une assemblée spéciale des actionnaires de la catégorie visée. »

Considérant qu'en décidant, contrairement au texte et à l'esprit de la loi du 16 novembre 1903, que la Société Lacarrière n'a pu, en créant des actions de priorité, modifier les droits d'une catégorie d'actions, tels qu'ils étaient fixés par les art. 44, 45 et 49 des statuts, sans réunir l'unanimité des actionnaires, le jugement entrepris a méconnu le sens et la portée de la loi du 16 novembre 1903 ;

Qu'il en est ainsi d'autant plus que le jugement attaqué ne s'est pas référé aux assemblées générales spéciales réunies, ainsi qu'il a été dit ci-dessus, par la Société Lacarrière, pour ratifier les délibérations votées par l'assemblée générale qui avait convoqué les actionnaires ;

Considérant que cette interprétation juridique est d'autant plus exacte que la loi du 22 novembre 1903 autorise les assemblées générales à modifier la répartition des bénéfices, même en l'absence de résolutions portant création d'actions de priorité ;

Considérant, en effet, que cette loi, qui remplace l'art. 31 de la loi du 24 juillet 1867, consacre le droit absolu pour les assemblées générales d'actionnaires, délibérant à la majorité, de modifier les statuts dans toutes leurs dispositions, sauf la nationalité ou les engagements des actionnaires ; que la loi autorise les modifications à l'objet ou à la forme de la société, mais avec un quorum représentant les 3/4 du capital social, et un vote qui doit réunir au moins les 2/3 des voix des actionnaires présents ou représentés ; que si ces dispositions ne sont pas observées, la modification concernant l'objet et

la forme ne peut être réalisée que pour toutes les autres modifications de la
loi du 22 novembre 1913 qui, après les avoir autorisées, en facilite la réalisation
par la réunion d'assemblées générales successives, avec un quorum descendant ;

Attendu qu'aux termes de l'art. 4 de la loi du 22 novembre 1913, les dispositions de l'art. 31, § 4, ainsi modifiées, c'est-à-dire relatives au droit de modifier toutes les dispositions statutaires, sauf celles interdites, sont applicables aux sociétés constituées sous l'empire de la loi du 24 juillet 1867 ; que dès lors, par adoption des dispositions de cette dernière loi, les résolutions votées par l'assemblée du 20 décembre 1911, à la majorité des actions, et ratifiées par les assemblées spéciales des actionnaires dont les droits se trouvaient modifiés se trouvent légalement valables ; qu'il y a donc lieu d'infirmer le jugement dont est appel, et de déclarer Veaudeau tant non recevable que mal fondé en toutes ses demandes et de l'en débouter ;

Par ces motifs : — Reçoit en la forme la Société Lacarrière appelante du jugement rendu par le Tribunal de commerce de la Seine le 12 décembre 1912 ; infirme le dit jugement, statuant à nouveau et faisant ce que les premiers juges auraient dû faire, déclare Veaudeau tant non recevable que mal fondé en sa demande, l'en déboute et vu les circonstances de la cause, compense les dépens.

V. dans le même sens : Trib. Caen, 27 avr. 1917, *Gaz. Soc*, 1917.
173 ; — Trib. des Andelys, 23 janv. 1917, *Gaz. Soc.*, 1918.61.

Doctrine. — M. Vavasseur, *R. S.*, 1914. 57, estime que la forme et l'objet ne peuvent être modifiés qu'à l'unanimité ; toutes les autres modifications peuvent être réalisées dans les sociétés antérieures à 1913 avec le quorum et la majorité du nouvel art. 31. M. Wahl, *J. S.*, 1914, considère la question comme délicate, mais penche pour la rétroactivité. Bouvier-Bangillon se prononce pour la rétroactivité de toutes les dispositions sauf le paragraphe 3 (*Lois nouvelles*, 1914, 182) ; Copper Royer, *Traité des sociétés anonymes* (566), attribue le caractère rétroactif au paragraphe 4 de l'art. 31. M. Arthuys, 3ᵉ éd., n. 593-II, repousse la rétroactivité pour l'art. 1ᵉʳ ; l'accepte par le paragraphe 2. MM. Houpin et Bosvieux se prononcent contre la rétroactivité (996) en dehors du paragraphe 4.

1) **Pour les sociétés auxquelles ne s'applique pas la loi de 1913.**

3256. — A la différence soit de l'art. 30, soit même de l'art. 29, l'art. 31 de la loi de 1867 ne prévoyant pas le cas où il n'y aurait pas, à la première réunion, un nombre d'actionnaires suffisant pour représenter la moitié du capital social, pourrait-il être stipulé que l'assemblée serait convoquée à nouveau, et que la seconde délibération serait valable soit avec le cinquième du capital social, comme pour les assemblées initiales, soit avec toute autre fraction, ou même quel que soit le nombre des associés présents, comme pour les assemblées ordinaires ? La question ne peut se résoudre que par des distinctions.

Le calcul de la moitié du capital doit s'entendre du capital tout entier, y compris les apports en nature, alors même que l'apporteur n'aurait pas, lors de la réunion de l'assemblée, satisfait à toutes ses obligations, notamment en ne justifiant pas que les immeubles apportés sont libres de toutes charges (Trib. com. Seine, 16 déc. 1909, *J. S.*, 1910.427).

Sans doute on peut convoquer une seconde, et même une troisième assemblée extraordinaire, si, à défaut du nombre, la première n'a pu délibérer valablement. Mais lors de la discussion de la loi de 1867, on a proposé de dire que dans ces assemblées générales, lorsque la moitié du capital n'aurait pas été représentée, les délibérations pourraient être rendues valables par des adhésions postérieures écrites et portant le nombre des actions ayant consenti à la moitié plus une du capital social. Ce moyen a été écarté, parce que, a dit le commissaire du gouvernement, il y a un autre procédé plus pratique, qui consiste à convoquer une seconde assemblée générale, après avoir pris soin de rechercher les actionnaires qui ne sont pas venus à la première, et de leur demander un pouvoir pour les représenter à la seconde s'ils ne peuvent pas y venir. C'est là tout ce qu'autorise la loi, et cette assemblée ne peut valablement délibérer qu'autant qu'elle sera composée d'un nombre d'actionnaires représentant la moitié au moins du capital social. Cette disposition est absolue. Si le législateur, dans les art. 29 et 30, a adopté une autre solution, il n'a pas disposé de même dans l'art. 31 en raison de l'excessive gravité des mesures prévues audit article (V. Trib. Seine, 7 oct. 1879, *J. S.*, 1885.487. — *Sic* : Lyon-Caen et Renault, t. 2, n. 863 *bis* ; Mathieu et Bourguignat, n. 203 ; Pont, t. 2, n. 1865 ; Ruben de Couder, Vᵒ *Soc. anon.*, n. 430. — *Contrà* : Vavasseur, t. 2, n. 899).

3257. — Peut-on convoquer tous les actionnaires afin de réunir la moitié du capital exigée par la loi et par les statuts ? MM. Vavasseur (n. 900, et *R. S.*, 1889, p. 221), Giraud (*Ann. dr. com.* 1895, p. 215) se prononcent pour l'affirmative. En ce sens, on peut consulter également un arrêt de la Cour de cassation, du 5 juillet 1893 (S. 93 1.377).

Nous ne pouvons accepter cette solution. L'acte de société réglant les conditions auxquelles sont soumises les modifications aux statuts et la composition des assemblées générales appelées à les voter, ses stipulations font la loi des parties et doivent être scrupuleusement exécutées. On ne peut composer une assemblée avec des actionnaires convoqués arbitrairement et contrairement à des dispositions formelles. S'il résulte de cette solution des embarras ou des impossibilités, les statuts ne pourront être modifiés. Mais telle est la loi et on ne peut l'enfreindre. C'est ainsi que nous nous sommes prononcé à plusieurs reprises lorsque la question nous a été posée (En ce sens : Houpin, *J. S.*, 1894, p. 493 ; Lyon-Caen et Renault, n. 863, note). La loi du 1er août 1893 permettant aujourd'hui à tous propriétaires d'un nombre d'actions inférieur à celui déterminé pour être admis dans l'assemblée de se réunir pour former le nombre nécessaire et se faire représenter, la difficulté que nous venons d'examiner se présentera très rarement.

Le pacte social peut en toute liberté réglementer les pouvoirs de l'assemblée extraordinaire. Si donc les statuts prévoient telle modification, soit pour la permettre, soit pour la prohiber, la clause devra êtreobservée dans toute sa rigueur. Ce pouvoir appartient au pacte social et il ne peut lui être dénié.

3258. — L'assemblée générale a-t-elle toujours le pouvoir de modifier les statuts, ou ne faut-il pas une clause expresse des statuts pour qu'elle en jouisse ? Peu de questions ont été aussi vivement discutées (Bourcart, *De l'organisation et des pouvoirs des assemblées générales, dans les sociétés par actions, notamment au point de vue des modifications à apporter aux statuts*, 1905). — La difficulté s'était considérablement atténuée depuis le vote de la loi du 16 novembre 1903 sur les actions de priorité (V. Percerou, *J. S.*, 1906, p. 5, 49 et 97).

Avant la loi de 1903, d'après un premier système, l'assemblée extraordinaire, délibérant dans les termes de l'art. 31 et à la majorité, même dans le silence des statuts sur le principe des modifications, avait le pouvoir de modifier les statuts, en vertu de la règle que tout ce qui n'est pas défendu est permis, et sans qu'il y ait à distinguer si les modifications portent ou non sur les bases essentielles de la société (Appleton, *op. cit.*, p. 113 et suiv.). Quelques partisans de cette opinion en atténuaient cependant la rigueur en n'admettant pas les modifications qui touchaient aux bases essentielles de la société (Cass., 30 mai 1892, S. 92.1.561, D.

93.1.106 ; — 29 janv. 1894, S. 94.1.169. D. 94.1.313 ; — 18 juill. 1894,
S. 94.1.409, conclusions de M. Desjardins ; — 24 mars 1898, S. 01.1.70,
D. 99.1.595 ; — 16 juillet 1901, S. 02.1.257, note de M. Lyon-Caen ;
— Paris, 13 mars 1884 et 13 janv. 1885, S. 91.2.105 sous Paris,
15 mars 1890, D. 85.2.14 et 184 ; — 6 fév. 1891, D. 92.2.385 ; — Lyon,
23 juill. 1895, *J. S.*, 1896.556 ; — Paris, 19 janv. 1897, *Le Droit* du
30 janv. ; — Orléans, 9 janv. 1901, D. 03.2.201, — *Sic* : Bédarride,
t. 2, n. 412 ; de Courcy, n. 125 ; Lacour, note sous Cass., 29 janv.
1894, D. 94.1.313 ; Lyon-Caen et Renault, 1re édit., t. 1er, n. 491 ; Mathieu et Bourguignat, n. 202 ; Rivière, n. 230 ; Ruben de Couder,
Supp., Vo *Société*, n. 166 ; Thaller, n. 569 et s., et note sous Cass.,
30 mai 1892, D. 93.1.105 ; Wahl, *Augment. du capital dans les soc.*,
n. 10 et s.).

D'après un second système, au contraire, l'art. 31, en fixant le
mode de composition de l'assemblée extraordinaire, n'avait pas
eu pour objet de définir les pouvoirs de cette assemblée, mais
seulement de régler les conditions de vote, quand il s'agit de modifications autorisées par les statuts. Il fallait donc, à défaut de dispositions contraires des statuts, appliquer les principes généraux
du droit, et décider que les statuts sociaux ne pouvaient être
modifiés que du consentement unanime des associés sans qu'il y
ait lieu de distinguer entre les modifications qui touchent ou non
aux bases essentielles de la société (Paris, 20 mai 1869, D. 70.2.12 ;
— 19 avril 1875, S. 76.2.113, D. 75.2.161. — *Sic* : Ballot, *R. prat.*, t. 6,
1858, p. 109 et s. ; Boistel, n. 320, et note sous Paris, 6 fév. 1891,
D. 92.2.385 ; et *J. S.*, 1880, p. 542 ; Labbé, note sous Cass., 27 juin
1881, S. 81.1.441 ; Laurin, n. 363 ; Léon Lyon-Caen, *J. S.*, 1888,
p. 277 et s. ; Lyon-Caen, note sous Cass., 30 mai 1892, S. 92.1.561 ;
Lyon-Caen et Renault, t. 2, n. 864 ; Vavasseur, t. 1er, n. 167, et t. 2,
n. 908).

Quant à la jurisprudence, on pouvait dégager des arrêts cette
formule, qu'en dehors des objets spéciaux sur lesquels le contrat
aurait expressément permis aux assemblées générales de modifier
les statuts, le pouvoir de modification ne pouvait s'appliquer qu'à
des changements dans la limite des règles d'administration ou
d'organisation, sans altérer *les bases constitutives* de la société, de
manière à respecter *l'essence* du pacte social (Cass., 30 mai 1892,
motifs, S. 92.1.561, D. 93.1.195 ; — 18 juill. 1894, S. 94.1.409 ;
— 26 nov. 1894, S. 95.1.133, D. 95.1.57 ; — Paris, 19 avr. 1875,
S. 76.2.113, D. 75.2.151 ; — Besançon, 29 juill. 1889, S. 91.2.107,

D. 90.2 331 ; — Douai, 30 déc. 1891, précité ; — Bourges, 6 avr. 1892, D. 93.2.347 ; — Cass., 29 oct. 1902, D. 04.1.49 ; — Seine, 8 fév. 1904, *J. S.*, 1904.434 ; — Cass., 6 janv. 1903, D. 04.1.145 (note de M. L. Guenée). — *Sic* : Lyon-Caen et Renault, t. 2, n. 865 ; Labbé, note sous Cass., 27 juin 1881, S. 84.1.441 ; Lacour, note sous Cass., 29 janv. 1894, D. 94.1.313 ; Thaller, notes sous Cass., 30 mai 1892, D. 93.1.105, et 26 nov. 1894, D. 95.1.57).

3259. — Notons cependant que le droit de modifier les statuts à la majorité et à la condition que la modification ne porte aucune atteinte aux conditions essentielles du pacte social, cesse lorsque dans les statuts originaires a été inscrite une clause interdisant d'une manière absolue, pendant toute la durée de l'existence sociale, les modifications aux statuts (Cass., 16 juill. 1901, S. 02.1. 267, rejetant le pourvoi contre un arrêt de Douai du 5 avr. 1900).

3260. — Comme nous l'avons dit, la controverse se trouvait restreinte considérablement par la loi du 16 novembre 1903 sur les actions de priorité qui est venue fournir un principe directeur en cette matière.

La loi de 1903 visant les sociétés *par actions*, le principe qu'elle a posé s'applique donc aussi bien aux sociétés en commandite qu'aux sociétés anonymes, ce qui était encore autrefois un point discuté (V. Percerou, *J. S.*, 1907, p. 5 et suiv. ; Lyon-Caen et Renault, n. 864 et suiv).

La loi de 1903, qui se présente comme une loi *interprétative* de la loi de 1867, permet à l'assemblée générale, même dans le silence des statuts, ou lorsque les statuts autorisent toutes modifications en termes très généraux et très vagues, de décider, à la majorité, des modifications très graves aux statuts, en autorisant, par la création des actions de priorité, de changer le mode de répartition des bénéfices et de rompre l'égalité entre les actionnaires : ce sont là deux modifications importantes. Il en résulte que la loi autorise ainsi implicitement l'assemblée générale à faire des modifications moins graves. C'est d'une logique irréfutable.

3261. — La distinction entre les bases essentielles ou modifications secondaires n'a plus de raison d'être et l'assemblée générale peut aujourd'hui, à la majorité, introduire des modifications relatives aux droits des associés et notamment à l'emploi ou à la répartition des bénéfices ; au nom, à la raison sociale ou à la désignation de la société ; au déplacement du siège social sur le territoire français ; à l'organisation intérieure de la société ; aux pouvoirs des administrateurs ; à la durée de la société, à son extension ne touchant pas à son objet (V. Paris, 28 mai 1869, S. 70.2.69, D. 69.2.145 ; — Cass., 14 juin 1885, S. 85.1.159, D. 85.1.403) ; à sa transformation de société en commandite par actions en société anonyme, tout en conservant son objet, son capital social et ses actionnaires (Cass., 26 oct. 1910, *Gaz. Pal.*, 12 nov. 1910) ; enfin à la réduction ou à l'augmentation du capital social que nous étudions *infrà* à part en raison de leur importance pratique (Lyon-Caen et Renault, *op.* et *loc. cit.*, Percerou, *loc. cit.*).

Cette doctrine nouvelle, imposée par la loi de 1903, qui répond d'ailleurs parfaitement aux besoins de la pratique, est acceptée aujourd'hui par la jurisprudence (Trib. com. Rochechouart, 28 mai 1909, *J. S.*, 1909.461 ; — Aix, 18 nov. 1907, *J. S.*, 1909.108 ; — Montpellier, 29 déc. 1909, *J. S.*, 1910.303, *R. S.*, 1910.301, note de M. Valéry ; — Cass., 2 fév. 1910, *J. S.*, 1910.345, *R. S.*, 1910.244, *Gaz. Pal.*, 27-28 fév. 1910 ; — Cass., 26 oct. 1910, *Gaz. Pal.*, 12 nov. 1910). — Les quelques résistances que l'on rencontre encore devant certains tribunaux, notamment au tribunal de commerce de la Seine, contre cette doctrine qui paraît devenir de plus en plus incontestée ne vont pas tarder sans doute à disparaître (V. comme décisions critiquables, Trib. com. Seine, 8 fév. 1908, *J. S.*, 1908.518 et la note qui critique cette décision ; — 22 juill. 1909, *J. S.*, 1910.91 ; — Paris, 16 févr. 1911, S. 1911.2.193 et la note de M. Wahl). — V. également la note de M. Wahl, sous Cass., 2 févr. 1910, dans *Sir.* 1911.1.145.

Jugé que sous l'empire de la loi du 16 novembre 1903, les assemblées générales extraordinaires des actionnaires des sociétés anonymes investies en termes généraux par les statuts du droit d'apporter aux statuts toutes modifications utiles ne pouvaient en dehors des deux cas prévus par la dite loi exercer ce pouvoir qu'à la charge de respecter les bases essentielles du pacte social.

Aussi sous l'empire de la dite loi, l'assemblée générale extraordinaire ne peut modifier la répartition des bénéfices en dehors des cas prévus par la loi de 1903, c'est-à-dire des création d'actions de priorité et consultation des actionnaires dont les droits sont modifiés (assemblée spéciale) (Cass. civ., 7 nov. 1916, *Gaz. Soc.*, 1917. 37).

3262. — La loi du 16 novembre 1903, en autorisant les sociétés anonymes à créer des actions de priorité, autorise par là même toutes modifications à la répartition statutaire des bénéfices.

Mais à la condition que les actionnaires dont les droits sont modifiés, réunis en assemblées spéciales, ratifient les résolutions votées par l'assemblée de tous les actionnaires.

S'il en était ainsi avant la loi du 22 novembre 1913, à plus forte raison cette solution doit-elle être admise depuis la promulgation de cette loi qui permet la modification, à la majorité des actionnaires de toutes les dispositions statutaires, sauf celles touchant à la nationalité et aux engagements des actionnaires, en créant seulement un quorum spécial pour les modifications relatives à l'objet et à la forme de la société.

Le paragraphe 4 de la loi du 22 nov. 1913 s'applique à toutes les sociétés constituées sous l'empire de la loi de 1867. Ce paragraphe vise toutes modifications non visées par les paragraphes 1 et 3 (Paris, 11 fév. 1914, *Gaz. Soc.*, 1914.73).

3263. — Décidé sous l'empire de la loi de 1903 qu'une assemblée générale extraordinaire peut, à la majorité, réduire le nombre de voix dont pourraient disposer les actionnaires eu égard au nombre de leurs actions ou modifier le mode d'élection des membres du conseil de surveillance (société en commandite) (Cass., 29 oct. 1902, *J. S.*, 1904.391 ; — 2 févr. 1910, *J. S.*, 1910.345 ; — Rennes, 3 juill. 1912, *Gaz. Soc.*, 1913.144).

3264. — Par un arrêt du 7 novembre 1916, *Gaz. Soc.*, 1917.37, la Cour de Cassation a jugé que sous l'empire de la loi de 1903 l'assemblée générale ne peut porter atteinte à la répartition des bénéfices que si elle créé en même temps des actions de priorité.

Objet de la société. — Un changement dans l'objet social porte atteinte aux bases essentielles de la société et ne peut être effectué que du consentement unanime des associés (Cass., 28 déc. 1882, S. 83.1.198, D. 83 1.301 ; — Besançon, 27 juill. 1889, S. 91.2.107 ; — Bourges, 5 avr. 1892, S. 92.2.213, D. 93.2.347 ; — Paris, 29 déc. 1897, S. 99.2.211, D. 98.2.455 ; cet arrêt a été cassé pour défaut de motifs, le 27 juin 1900, *R. S.*, 1900.455 ; — Cass., 29 mars 1898, S. 1901.1.70 ; — Seine, 22 mars 1900, *J. S.*, 1901.119 ; — Cass., 29 oct. 1902, *R. S.*, 1903.370, S. 1905.1.89, note Wahl ; — Seine, 6 mars 1901, *R. S.*, 1902. 28 ; — Cass., 6 déc. 1904, *Gaz. Trib.*, 14 déc. 1904, *Gaz. Pal.*, 23 déc. 1904, *R. S.*, 1905.151 ; — Cass., 6 janv. 1903, *J. S.*, 1905.107. — *Sic* : Lyon-Caen et Renault, t. 2, n. 866 ; Thaller, n. 580).

3265. — *Nature juridique de la société.* — Est nulle la délibération d'une assemblée générale d'actionnaires prise à la majorité, dont l'objet est une modification aux statuts devant avoir pour objet d'imposer à un certain nombre d'associés la qualité d'associés en nom collectif, au lieu d'associés commanditaires, ce qui revient à changer la nature de la société (Cass., 28 fév. 1888, S. 91.1.298, D. 88.1.427), ou à l'inverse transformer les associés en nom collectif en commanditaires si l'on a voulu seulement soustraire ces associés à la solidarité de leurs engagements (Seine, 25 août 1904, *Gaz. Trib.*, 14 nov. 1904).

De même, la transformation d'une société en commandite par actions en société anonyme, ou en société en nom collectif, équivaut à la constitution d'une société nouvelle et ne saurait avoir lieu sans le consentement unanime de tous les actionnaires (Aix, 30 janv. 1868, S. 68.2.343 ; — Lyon, 6 fév. 1868, S. 68.2.165, D. 68.2. 63. — Comp. Cass., 29 juill. 1890, S. 91.1.83, D. 91.1.54). — Cependant, plus récemment, la Cour suprême a autorisé, à la majorité des actionnaires, cette modification, dans le cas où la société conserve son objet, son capital social et ses actionnaires (Cass., 26 oct. 1910, *Gaz. Pal.*, numéro du 12 nov. 1910).

Changement de nationalité de la société et du siège social. — De même pour le changement de nationalité de la société et la substitution d'une loi étrangère à la loi française pour régir cette société (Cass., 26 nov. 1894, S. 95.1.133, D. 95.1.57 ; — 29 mars 1898, S. 1901.1.70. — *Sic* : Ruben de Couder, *loc. cit.*, n. 172. — *Contrà* : Thaller, note D. 95.1.57. — V. sur la nationalité des sociétés, VIIe partie, ch. 1). Une assemblée générale ne pourrait non plus valablement décider le transfert du siège social à l'étranger. Une société française ne peut pas avoir son siège social à l'étranger, elle y peut seulement posséder une succursale. Tel est le principe. A plus forte raison serait-il illicite de modifier au cours de la société les statuts pour exposer la société française à être considérée par les tribunaux étrangers comme étrangère, à raison de son siège social (Aix, 14 juin 1879, *J. S.*, 1880.203 ; — Cass., 26 nov. 1894, précité. — *Contrà* : Annecy, 29 juin 1895, *J. S.*, 1895.176 ; — Cass., 29 mars 1875, précité).

§ 6. — Augmentation du capital social. — Transformation de créances en actions. — Conversion des réserves en actions. — Conversion de parts de fondateur en actions. — Réduction du capital. — Rachat d'actions.

A. — Augmentation du capital.

3266. — L'augmentation du capital social est celle qui intervient au cours de la société, soit pour développer les affaires sociales, soit pour éteindre un passif existant.

L'augmentation du capital est possible à l'aide de procédés divers : 1° Elle peut se faire par l'augmentation du nombre des actions, ce qui est le procédé le plus simple et le plus usité ; 2° On peut aussi décider que le montant de chaque action sera doublé ou triplé, de telle façon que pour chacune de leurs actions, les actionnaires auront à fournir une somme double ou triple de celle qui avait été fixée par les statuts ; les actionnaires récalcitrants seraient obligés de subir la vente de leurs actions à leurs risques et périls. Ce procédé conduit à une véritable expropriation des actionnaires qui ne veulent pas souscrire d'engagements nouveaux ; 3° Par la conversion du fonds de réserve en actions (V. sur ce dernier procédé, Houpin, *J. S.*, 1901.49, 1907.471, 1908 385 ; — Thaller, *Annales*, 1907.177).

3267. — Il ne faut pas confondre avec l'augmentation du capital social l'émission d'obligations. Ce dernier procédé permet à la société de se procurer des ressources ; souvent même il est préféré à une augmentation du capital. L'émission d'obligations n'augmente pas le nombre des actionnaires, par conséquent le nombre des personnes ayant le droit de participer aux bénéfices.

Les statuts doivent déterminer qui pourra décider de recourir à un emprunt par voie d'émission d'obligations. Ce pouvoir peut être conféré au conseil d'administration ou laissé à l'assemblée générale. Dans le silence des statuts, c'est à l'assemblée générale seule qu'il appartient d'autoriser une émission d'obligations.

Si une émission d'obligations était annulée parce que les administrateurs n'avaient pas reçu le pouvoir de la décider, les obligataires auraient le droit d'exiger immédiatement le remboursement de leurs capitaux.

3268. — Nous avons dit que l'augmentation du capital se réalisait le plus souvent par l'émission d'actions nouvelles, soit à souscrire en numéraires, soit par création d'actions d'apport ; c'est de ce mode particulier que nous avons à nous occuper ici.

En cas d'augmentation du capital social, les actions primitives d'apport ou de numéraire entièrement libérées peuvent être dédoublées et converties en actions nouvelles libérées de moitié (Trib. Seine, 28 juill. 1884, *J. S.*, 1885.364).

3269. — L'augmentation du capital ne donne pas naissance par elle-même à une société nouvelle (Cass., 24 mai 1869, D. 69.1.323 ;

— 27 janv. 1873, S. 73.1.163 ; — 13 nov. 1876, S. 78.1.303 ; — 12 fév. 1879, S. 79.1.217. D. 79.1.281). Il en est ainsi surtout lorsqu'elle a été prévue par les statuts. Mais si l'augmentation du capital coïncidait avec une telle extension des affaires sociales et une telle modification de ces affaires que la société première soit complètement transformée, on pourrait voir dans cette opération la création d'une société nouvelle (Paris, 24 mars 1859, S. 59.2.437, D. 59.2.146 ; — 2 mars 1883, *R. S.*, 1883.236 ; — Douai, 11 août 1887, *R. S.*, 1888.45).

3270. — L'augmentation du capital social au cou.s de la société est soumise à toutes les règles de constitution de la société, telles que le taux des actions (Cass., 2 fév. 1892, S. 92.1.409, D. 92.1.225), la souscription intégrale du capital nouveau (Douai, 8 juin 1904, *Gaz Trib.*, 21 sept. 1904, *R. S.*, 1904.512 ; — Angers, 8 juin 1904, *J. S.*, 1904.502), le versement du quart, la déclaration de souscription et de versement, etc., etc. S'il en était autrement, les fondateurs de la société pourraient tourner trop facilement les prescriptions que la loi a établies dans l'intérêt des tiers et des actionnaires ; ils n'auraient qu'à constituer la société avec un capital restreint, sauf ensuite à l'augmenter librement et sans contrôle par des séries d'émissions d'actions nouvelles, et l'on verrait ainsi renaître les fraudes et les abus que les prescriptions légales ont eu pour but de prévenir (Cass., 27 janv. 1873, S. 73.1.163. D. 73.1.331 ; — 5 nov. 1879, S. 80.1.172, D. 80.1.626 ; — 6 juin 1885, S. 87.1.284 ; — 17 juill. 1885, S. 87.1.286, D.86.1.273 ; — 2 mai 1887, S. 87.1 318, D. 87.1.198 ; — 19 oct. 1892, S. 93.1.89 et la note de M. Houpin, D. 92.1.593 ; — Paris, 15 juin 1883, *J. S.*, 1884.354 ; — 28 déc. 1886, S. 88.2.37 ; — 28 juill. 1887, D. 88.2.137 ; — 1er juill. 1890, *R. S.*, 1891.147 ; — Orléans, 9 mars 1876, sous Cass., 13 nov. 1876, S. 78 1.201 ; — Amiens, 5 août 1882, *J. S.*, 1883.361 ; — Trib. Seine, 14 sept. 1883, *Ibid.*, 1885.14 ; — 28 mai 1886, *Ibid.*, 1890.135 ; — Trib. com. Seine, 9 avr. 1884, *Ibid.*, 1890.139 ; — 16 mai 1887, *Ibid.*, 1888.286. — *Sic* : Alauzet, t. 2, n. 448 ; Beudant, *R. crit. de législ.*, t. 36, p. 221 ; Boistel, n. 254 ; Bourguignat, note sous Cass., 8 mars 1876, S. 76.1.409 ; Buchère, *J. S.*, 1883, p. 47 et s. ; Deloison, t. 2, n. 343 ; Levillain, note sous Paris, 9 fév. 1888, D. 90.2.266 ; Lyon-Caen et Renault, t.2, n. 870 et s. ; Thaller, *Tr. élém. de dr. comm.*, n. 573 ; *R. crit. de législ.*, 1883, p 310, et *J. S.*, 1883, p. 303 ; Valabrègue, n. 123, *in fine* ; Wahl, *Étude sur l'augment. du capital*, n. 15).

Toutefois, depuis un important arrêt de la Cour de cassation du

13 novembre 1907 (D. P. 1909.1.65, et le rapport de M. le conseiller Durand, S. 1908.1.65 et la note de M. Lyon-Caen) cassant un arrêt de la Cour de Paris du 21 mars 1905, dans l'affaire de la Compagnie *La Gauloise* (arrêt que nous avions approuvé dans notre précédente édition, mais critiqué par M. Thaller dans D. P. 1905.2 410 et par M. Wahl dans S. 1906.2 1), il ne découle pas du principe que nous venons de poser, qu'au cas d'augmentation du capital, l'émission de nouvelles actions ne puisse être accompagnée d'une clause portant que ces actions pourront, suivant le résultat des souscriptions, être incorporées par partie au capital social. En conséquence, lorsque les bulletins de souscription portent que le conseil d'administration se réserve le droit de faire statuer par l'assemblée générale sur une augmentation de capital, par fractions selon qu'il le jugerait convenable, l'incorporation partielle au capital social est valable. Et même, lorsque le conseil d'administration et l'assemblée générale ne tiennent pas des statuts le pouvoir de fractionner une émission insuffisamment couverte, l'action en nullité par défaut de souscription intégrale des actions émises n'est plus recevable de la part des souscripteurs qui ont pris part à l'émission, si, avant l'introduction de leur demande, le capital émis et non souscrit a été complété dans une émission ultérieure (V. également Cass., 16 mars 1910, *R. S.*, 1910.284).

3271. — Les actions nouvelles ne peuvent être émises au-dessous du pair (Trib. com. Seine, 13 mai 1899, *J. S.*, 1900.135). — V. Paris, 9 août 1895, *J. S.*, 1896.370, qui a déclaré régulier, contrairement suivant nous à tous les principes, le fait par un banquier de prendre des titres en bloc à 450 fr. si d'ailleurs les souscripteurs paient 50 fr. de commission par titre.

L'émission peut avoir lieu au-dessus du pair (Cass., 22 juillet 1893, *J. S.*, 1894.197). La prime peut représenter la plus-value des actions d'origine ou servir à payer la commission de banque.

Les souscripteurs d'actions émises à titre d'augmentation du capital peuvent, comme dans le cas de constitution, ainsi que nous l'avons déjà vu, se libérer valablement du montant de ces actions par compensation avec les sommes liquides et exigibles à eux dues par la société, ce mode de libération équivalant à un versement en espèces (Amiens, 2 mai 1907, *J. S.*, 1908.302 ; — Paris, 23 mars 1909, *J. S.*, 1909.406).

3272. — Lorsque les actions sont émises au-dessus du pair, on dit qu'elles sont émises avec une prime ; cette prime représente généralement les réserves dont les nouvelles actions doivent profiter.

C'est à l'assemblée générale qui décide l'augmentation à déterminer quel emploi sera fait des fonds provenant de la prime. On peut les porter à un fonds de réserve, les employer à des amortissements et on admet également qu'ils peuvent être versés aux actionnaires d'origine, et que même ils pourraient être affectés à la libération des actions de ces premiers actionnaires (Lyon-Caen et Renault, n. 725 *bis*; Wahl, *Augm. de cap.*, 152; Thaller, *Rev. crit.*, 1881.519 et *Ann. de droit commercial*, 1895.256. — Paris, 2 mars 1883, S. 83.2.97, et conclusions de M. Loubers, av. gén., *loc. cit.* — V. aussi Houpin, *J. S.*, 1915.145 et suiv.

Quelle est la nature juridique des primes d'émission? Cette question est des plus controversées. — Nous avons résumé dans la *Gaz. Soc.*, 1913.259, une dissertation de M. Louis Wodon publiée par M. Jean Corbeau dans la *Revue belge des sociétés civiles et commerciales*. On pourra s'y reporter.

3273. — La nullité des souscriptions ne pourrait être invoquée, ni par les actionnaires qui auraient voté la réduction aux actions souscrites de l'augmentation du capital dans une assemblée régulièrement tenue, ni par les actionnaires qui, sans avoir pris part à la délibération de l'assemblée, auraient fait acte d'actionnaires de la nouvelle société en figurant dans une assemblée générale postérieure (Paris, 9 fév. 1888 et la note de M. Levillain, D. 90.2.265).

3274. — D'après une décision, lorsqu'une assemblée générale a décidé en principe l'augmentation du capital social à un chiffre déterminé, mais avec faculté pour le conseil d'administration de procéder à cette augmentation par fractions, une nouvelle assemblée générale, agissant dans la limite des pouvoirs que lui confèrent les statuts, peut limiter le chiffre des actions nouvelles, alors même qu'elles n'ont pas toutes été souscrites, sans que les souscripteurs puissent invoquer cette circonstance comme cause de nullité de leurs engagements (Cass., 25 mai 1886, S. 87.1.268, D. 87.1.379).

Nous avons examiné *suprà*, nos 1619 et 1643, la question de savoir si les statuts pourraient autoriser l'assemblée générale, en prévision du cas où l'émission ne réussirait que partiellement, à réduire le nouveau capital au montant des sommes réellement souscrites (Paris, 21 mars 1905, *J. S.*, 1905.358).

3275. — Les souscriptions doivent être, comme à l'origine, réelles et sérieuses. — Jugé qu'une société, qui met en souscription le doublement de son capital sous forme d'actions nouvelles, ne peut pas prendre part elle-même à cette souscription, même en y employant ses dépôts et réserves ; car il n'y a là qu'un virement qui n'ajoute rien à son actif réalisé (Paris, 19 mars 1883, S. 83.2.97, D. 83.1.425, — *Sic* : les conclusions de M. l'avocat général Calary, en note sous cet arrêt, S. *Ibid.* — Thaller, *R. crit. de législ.*, 1883, p. 308 ; Wahl, n. 42).

3276. — Les versements doivent être opérés comme au moment de la constitution. On est d'ailleurs d'accord pour reconnaître aux souscripteurs d'actions nouvelles le droit de se libérer par voie de *compensation*, c'est-à-dire d'affecter à la libération de leur titre les sommes liquides et exigibles que la société leur doit. Les motifs qui empêchent la compensation à l'époque de la constitution ne subsistent plus au cas d'augmentation de capital, car la société a une existence légale et peut être débitrice ou créancière (V. *suprà*, n. 1703 et s. — *Sic* : Vavasseur, *R. S.*, 1890.463 ; Wahl, n. 47 et 118. V. aussi Paris, 19 mars 1883, S. 83.2.97, D. 83.1.425 ; — Lyon, 6 mai 1904, *J. S.*, 1905.176 ; — Amiens, 2 mai 1907, *J. S*, 1908.302).

Le versement du quart, en cas d'augmentation du capital social, doit être réputé fictif lorsqu'il a été opéré au moyen d'une somme portée au crédit du souscripteur par la société, en suite d'une ouverture de crédit à lui consentie, d'une part, si la société se trouvait dans l'impossibilité de mettre à la disposition du souscripteur des sommes équivalentes au montant des versements à effectuer sur les actions par lui souscrites, et d'autre part, si le souscripteur avait donné en garantie de ladite ouverture de crédit des actions mêmes qu'il s'agissait de libérer du premier quart (Paris, 26 juill. 1887 ; — 28 juill. 1887, D. 88.2.129).

3277. — Le versement sur chaque action peut être fait à un mandataire de la société. — Jugé que la nullité des versements ne peut être invoquée, lorsque le banquier de la société, qui est à ce titre dépositaire de ses fonds, s'est reconnu débiteur vis-à-vis d'elle de la somme représentant le montant des actions par lui souscrites, et que non seulement il a tenu cette somme à la disposition de la société, mais de plus qu'il la lui a remise au fur et à mesure de ses besoins (Cass., 20 janv. 1885, D. 85.1.453).

3278. — Jugé encore, si le souscripteur d'actions est en compte courant avec le banquier de la société et s'il lui a donné mandat d'effectuer les versements sur les actions par lui souscrites, qu'il ne saurait être déclaré n'avoir fait qu'un versement fictif, lorsque le banquier a accepté ce mandat, s'est débité de la somme correspondant au versement à opérer, et a tenu cette somme à la disposition de la société, de la même manière et au même titre que les sommes qu'il avait reçues des souscripteurs. Peu importe, dans ces conditions, que la société ne se soit pas fait remettre immédiatement les sommes qui lui étaient dues, ou même qu'elle ait été dans l'impossibilité de les toucher par suite de l'insolvabilité survenue postérieurement de son banquier ; de pareilles circonstances ne sauraient produire aucun effet sur la validité d'une souscription régulièrement opérée (Paris, 28 juill. 1887, D. 88.2.129).

3279. — Les formalités de constitution étant exigées pour toute société qui se transforme par l'augmentation de son capital, c'est le conseil d'administration qui remplit dans ce cas le rôle de fondateur (Cass., 19 oct. 1892, S. 93.1.89, D. 92.1.593).

3280. — C'est le capital social tout entier, et non pas seulement le montant de l'augmentation, qui doit servir à déterminer le taux minimum des nouvelles actions. Si donc le capital entier, en y comprenant les actions nouvelles, ne dépasse pas 200.000 francs, ces actions nouvelles peuvent, comme les anciennes, être émises au taux de 25 francs (Wahl, n. 33).

3281. — L'augmentation du capital étant soumise aux mêmes conditions que sa constitution, il en résulte que la souscription du nouveau capital et les versements opérés sur chacune des actions nouvelles doivent être également constatés par une déclaration faite par devant notaire (V. sur la question du mandat authentique pour la déclaration de souscription, n. 1752) avec annexe d'un état contenant les noms des souscripteurs, le nombre d'actions souscrites et le montant des versements effectués par chacun d'eux (Douai. 22 fév. 1882, *J. S.*, 1887.456 ; — Paris, 15 juin 1883, *Ibid.*, 1884.354 ; — 26 juill. 1887, *Ibid.*, 1890.152 ; — Trib. Seine, 28 mai 1886, *Ibid.*, 1890.135. — *Sic* : Wahl, n. 50). Mais il n'est pas nécessaire d'annexer à l'acte de déclaration un double ou une expédition de l'acte de société ; cet acte est ici remplacé par une copie de la délibération de l'assemblée générale décidant l'augmentation du capital (*Sic* : Wahl, n. 52). Aucun délai n'est imparti par la loi pour tenir cette assemblée (Seine, 26 nov. 1902, *J. S.*, 1903.320).

En vertu de la loi de 1893, les actions nouvelles doivent rester nominatives jusqu'à leur entière libération.

3282. — De quels actionnaires doit être composée l'assemblée générale appelée à vérifier la sincérité de la déclaration de souscription et de versement du nouveau capital ? Il faut y appeler *tous* les souscripteurs des nouvelles actions, cela est incontestable ;

mais l'assemblée doit être aussi composée des actionnaires anciens. Ainsi, il a été jugé par le Tribunal de la Seine, le 29 juin 1887 (*La Loi*, 16 juill.), que la délibération de l'assemblée est nulle si elle ne comprend que les nouveaux souscripteurs.

3283. — Lors de l'augmentation du capital, il n'y a pas lieu de faire vérifier à nouveau les apports originaires ; mais bien entendu. en vertu du principe énoncé ci-dessus, s'il est consenti, au moment de l'augmentation, de nouveaux apports, il y a lieu de faire apprécier par les actionnaires la valeur de ces apports ou l'importance des avantages stipulés à nouveau (Cass., 27 janv. 1873, S. 73.1.163).

3284. — Si l'augmentation du capital social n'a pas été régulièrement votée, ou si les formalités relatives à la constitution n'ont pas été observées, cette opération est frappée de nullité ; mais la nullité n'entraîne pas celle de la société régulièrement constituée (Cass., 21 juill. 1879, D. 79.1.321 ; — 11 avr. 1881, D. 81.1.433) ; elle ne porte que sur l'augmentation, et d'après deux décisions, sur les augmentations ultérieures (Trib. Seine, 28 mars 1886, *R. S.*, 1886 387 ; — Paris, 26 juill. 1887, *Gaz. Pal.*, 1887, *Supp.*, p. 35).

3285. — La nullité de l'augmentation n'est pas opposable aux tiers, et les souscripteurs d'actions sont tenus des versements dans les mêmes conditions que celles indiquées plus haut. n. 1742 (Paris, 5 fév., 2 mars 1883, *J. S.*, 1883.236 ; — Limoges, 27 juill. 1888, *J. S.*. 1889.217).

3286. — Les administrateurs de la société anonyme en fonctions au moment où une augmentation irrégulière du capital social a été réalisée, sont responsables dans les mêmes conditions que les administrateurs en fonctions au moment où la nullité originaire de la société peut être encourue. Nous renvoyons à cet égard à ce qui a été dit plus haut. La loi du 1er août 1893 doit, bien entendu, être applicable dans cette hypothèse.

B. — **De la transformation en actions des créances, obligations, réserves et parts de fondateur.**

3287. — Nous avons, en traitant de l'augmentation du capital, à examiner la légalité et le mode de réalisation de la transformation en actions des créances, obligations, réserves et parts de fondateur.

A. — *Créances, obligations.*

3288. — Peut-on convertir en actions des créances ou des obligations, et dans le cas de l'affirmative, quel est le mode de procéder ?

Cette question a un grand intérêt pratique. La transformation de créances en actions peut se présenter dans deux hypothèses : soit quand une société déjà existante veut incorporer son passif au capital, sans se transformer en société nouvelle, soit dans l'hypothèse d'une société qui, se transformant, convertit ses obligations en actions de la société nouvelle.

Dans ce dernier cas, il vient à l'esprit que la société nouvelle aurait pu prendre à sa charge le passif de l'ancienne société, mais cette combinaison entraînerait des droits fiscaux élevés. Elle n'aurait pas pour effet de débarrasser la société première du passif qu'elle a contracté.

La validité de la conversion des créances en actions n'est plus aujourd'hui sérieusement contestée, et l'opération tendant à la réaliser est, en principe, des plus saines.

Bien entendu, il faut, avant tout, que la société obtienne le consentement de ses créanciers, consentement individuel ou consentement de la société civile des obligataires, si les obligataires sont réunis en société civile.

Cette adhésion obtenue, la société convoquera une assemblée générale des actionnaires existants pour décider l'augmentation du capital social par voie d'émission d'actions nouvelles, qu'il s'agisse d'actions ordinaires ou d'actions privilégiées, en conformité de la loi de 1903. Ces actions seront souscrites par les obligataires ou les créanciers, et la libération s'opérera par voie de compensation, puisque en cas d'augmentation de capital, la compensation est admise pour la libération des actions.

L'exigibilité résultera de la délibération de l'assemblée générale *qui exigera* la libération des actions nouvelles, et du côté créancier il sera toujours facile de rendre exigibles les créances contre la société.

On voit qu'il ne s'agit pas non plus de remettre aux obligataires des actions d'apport, et par conséquent il ne s'agit pas non plus de faire vérifier par un commissaire la valeur des créances transformées en actions.

La validité de cette opération résulte notamment d'un arrêt de la Cour d'Amiens, en date du 2 mai 1907 (*J. S.*, 1908, p. 302). Cet arrêt décide spécialement que la transformation des créances en actions peut s'opérer par voie d'émission d'actions nouvelles libérées par compensation et qu'il n'est pas besoin de recourir à la formalité de l'apport.

Il résulte de tout ce qui précède que ces actions seront immédiatement négociables. — Voyez dans le sens des solutions qui précèdent : Thaller, *Annales de droit commercial*, 1907, p. 177 et suiv. ; Houpin, *J. S.*, 1908, p. 289.

Rien ne s'opposerait à ce que les actions délivrées aux créanciers fussent des actions de priorité.

3289. — M. Thaller, dans une étude spéciale à cette matière (*Ann. de droit comm.*, 1907, p. 177), pose la question de la nature des actions créées pour convertir des créances en actions. Faut-il les qualifier d'actions d'apport? Rien ne s'oppose à ce que les créanciers fassent apport en nature à la société de leurs créances. Mais dans ce cas l'apport est soumis à l'application des dispositions de l'art. 4 de la loi de 1867, c'est-à-dire vérification par un commissaire nommé par une première assemblée et approbation par une seconde. Dans ce cas, les actions d'apport ne sont pas négociables pendant deux ans (L. 1er août 1893, art. 2).

Il est donc beaucoup plus pratique de procéder par voie de souscription des créanciers à l'augmentation du capital en numéraire, et de libération par compensation.

Et cela alors même que la société n'est pas *in bonis*, car elle a toujours intérêt à diminuer son passif (En ce sens, Maria, p. 207 ; Houpin et Bosvieux, n. 714. — *Contrà*, Thaller, *loc cit.*).

En ce qui concerne la conversion de créances en actions comme condition du concordat, V. le chapitre Faillite des sociétés.

3290. — *Obligations.* — La conversion des obligations en actions obéit aux règles ci-dessus. Mais comme il faut le consentement des obligataires, on se trouve en présence d'une difficulté pratique. Si les obligataires sont constitués en société civile, cette société civile peut puiser dans ses statuts le pouvoir pour une assemblée générale de décider à la majorité la conversion. Mais à défaut de société civile on doit obtenir le consentement individuel des obligataires. On aura peine à réunir l'unanimité des obligataires. — Cependant l'obstacle n'est pas absolu, car on peut envisager la conversion partielle des obligations. L'augmentation du capital peut prévoir une limitation du nombre des obligations dont les porteurs donneront leur consentement.

B. — *Réserves.*

3291. — 1° Il n'est pas douteux que la loi du 22 novembre 1913 autorise la majorité des actionnaires à décider l'incorporation des réserves au capital (Voir application de la loi du 22 novembre 1913,

n. 3241 et s. et sur incorporation des réserves, *infrà*, n. 3308).

3292. — 2° Mais une société par actions à laquelle ne s'applique pas la loi du 22 novembre 1913 a des réserves constituées au moyen des bénéfices des années antérieures. Elle veut annexer au capital ces réserves. Cette opération ne peut être réalisée que par une assemblée générale extraordinaire modifiant les statuts, mais cette assemblée peut-elle adopter cette résolution à la majorité en observant le quorum légal ou bien l'unanimité des actionnaires est-elle rigoureusement indispensable ?

Tel est le problème à résoudre. Il a été examiné avec des développements savants et impressionnants par l'éminent jurisconsulte qu'est M. le Professeur Thaller dans une dissertation aux *Annales de Droit commercial*, 1907, p. 177. M. Thaller se prononce en faveur du droit de la majorité. Pour lui, l'unanimité n'est point nécessaire. En sens contraire, nous citerons, Houpin, *J. S.*, février 1901 ; Albert Wahl, *J. S.*, 1900, p. 347 ; Arthuys, *Traité des Sociétés commerciales*, 1906, n° 628, note 2.

Pour se former une opinion, il faut analyser les arguments développés en faveur de l'un et l'autre système.

Les auteurs, dont nous sommes, qui estiment que l'incorporation des réserves au capital ne peut se réaliser légalement qu'à l'unanimité des actionnaires, raisonnent ainsi.

Les actionnaires d'origine ne peuvent pas être contraints malgré eux à recevoir des actions nouvelles même libérées. La souscription à des actions est un contrat synallagmatique qui ne peut se former sans le concours de deux volontés. Imposer aux actionnaires qui n'en veulent pas, l'incorporation des réserves à un capital augmenté, c'est violer le droit individuel de l'actionnaire. On ajoute que les réserves sont la propriété des actionnaires. Elles sont constituées avec l'accumulation de bénéfices qui auraient pu être distribués, mais ne l'ont pas été et qui ont été réservés. La majorité ne peut pas disposer de ce bien social à l'encontre de la minorité qui y a droit. C'est porter atteinte aux prescriptions statutaires et intangibles sur la répartition des bénéfices. C'est rompre le principe d'égalité entre actionnaires. Sans doute, à moins d'interdiction par les statuts, l'assemblée générale peut décider une augmentation de capital, par la souscription de nouvelles actions, mais elle ne peut contraindre les actionnaires à souscrire ces nouvelles actions bien qu'ils n'aient aucun versement à effectuer.

Est-ce à dire qu'une société ne peut pas incorporer ses réserves au capital ? Ce serait inexact, mais, voici comment on raisonne :

« Une société anonyme possède un actif composé par des fonds de réserve accumulés. L'assemblée générale des actionnaires peut-elle décider la transformation de ces fonds de réserve en actions qui seraient remises aux actionnaires à titre d'augmentation de capital ? Cela est-il licite ?

Nous avons dit plus haut qu'il est impossible de toucher au fonds de réserve légal. L'assemblée générale ne pourrait pas non plus prendre une délibération anéantissant sous une forme ou sous une autre le fonds de réserve spécial créé en vertu d'une stipulation des statuts. Mais le fonds de réserve constitué par des bénéfices prélevés annuellement, en vertu d'une décision de l'assemblée générale des actionnaires pour constituer une réserve non prescrite par les statuts, pourrait être distribué en vertu d'une délibération de l'assemblée générale prise à la majorité des voix.

L'assemblée générale des actionnaires pourrait donc transformer en actions ce fonds de réserve spécial et distribuable. C'est un mode de distribution comme un autre entre les actionnaires ; mais il ne suffirait pas que l'assemblée générale décidât que le fonds de réserve distribuable sera converti en actions représentant au total un capital égal aux actions destinées aux actionnaires proportionnellement à leurs droits. Nous savons, en effet, que l'augmentation du capital d'une société anonyme est soumise aux mêmes formalités de constitution que celles prescrites à l'origine. Des actions ne peuvent donc être constituées au cours de l'existence sociale qu'en représentation d'un apport en nature ou en espèces. D'apport en nature, il ne peut en être ici question. La seule combinaison qui serait réalisable serait le vote par l'assemblée générale du principe d'une augmentation de capital correspondant à l'importance du fonds de réserve. Mais il faut que ce capital soit souscrit et libéré en espèces. Il faut recourir également à la formalité de la déclaration de souscription et de versement.

Si donc l'on n'obtient pas l'unanimité des actionnaires il faut décider la distribution des réserves en laissant la faculté aux actionnaires de souscrire à l'augmentation du capital. Ils libéreront leurs actions nouvelles par compensation.

En effet, aux termes de l'art. 1er de la loi de 1867, modifiée par la loi du 1er août 1893, le versement doit être effectué en espèces. Un versement par compensation est absolument impossible à la constitution de la société. Mais il n'en est pas de même lorsqu'il s'agit de l'augmentation du capital, car dans cette dernière hypothèse, chacune des parties entre lesquelles la compensation s'opère a une existence juridique. Les actionnaires débiteurs du versement, par suite de leur souscription envers la société sont en même temps créanciers de cette même société, être moral, des sommes à répartir sur le fonds de réserve. La compensation peut donc s'établir et la libération sera parfaitement régulière.

Cette opération, si elle se réalise, constitue une répartition aux actionnaires des bénéfices mis en réserve et autorise le fisc à percevoir l'impôt de 5 % sur les intérêts, dividendes revenus et tous autres produits des actions de toute nature.

« Cette argumentation, dit M. le professeur Thaller, sonne complètement à faux. Elle soumet à une même économie : *a*) l'augmentation du capital d'une société par acquisition de nouvelles ressources, par accroissement d'actif ; *b*) l'augmentation du capital par consolidation de l'actif existant et par simple annexion des réserves au capital originaire. »

Ces deux formes d'augmentation n'ont guère que le nom de commun. Elles sont profondément différentes dans leur essence. En outre, chose très choquante, l'assimilation décevante qu'on établit entre les deux cas rend praticable, au bénéfice d'un vote de majorité, la première de ces augmentations, le public ayant toute chance d'absorber les titres nouveaux, tandis qu'elle met obstacle à la réussite de la seconde, la moins dangereuse des deux.

Une société qui émet de nouvelles actions doit respecter la règle de l'adhésion volontaire des souscripteurs. Les souscriptions nouvelles mettent à la charge de ceux qui les donnent et qui fournissent de nouvelles mises un sacrifice pécuniaire, le versement de l'apport promis.

Tout autrement, en est-il dans la seconde hypothèse. On y chercherait vainement un apport nouveau, une charge complémentaire incombant aux actionnaires.

La société n'est pas présumée distribuer d'abord ses réserves entre les actionnaires, puis recevoir d'eux pareille somme à titre de souscription de façon à faire jouer les principes de la compensation (art. 1289 et suiv. C. civ.). Diverses raisons s'y opposent.

Les réserves sont présentées non par de l'argent, mais par des travaux, par des marchandises, etc. Il faudrait pour rendre la compensation recevable, commencer par réaliser ces travaux, ces marchandises. Ce qui serait un non-sens, puisqu'on entend les conserver, avec l'affectation qui leur a été donnée et que finalement travaux et marchandises se retrouvent tels qu'ils ont été aménagés ou entreposés.

Si les actionnaires n'ont rien reçu, ils n'ont rien apporté non plus, et l'opération croule avec ce raisonnement par défaut d'apport. Pour être tout à fait conséquent, il faudrait repousser l'incorporation des réserves même avec l'adhésion unanime des actionnaires. Car cette unanimité ne saurait suppléer à l'apport, condition essentielle à l'accession de tout associé dans une société quelconque.

Ce qu'il aurait fallu dire plutôt, c'est que la société cède, en dividende extraordinaire à ses actionnaires, la part indivise des réserves et reçoit d'eux cette même part non plus comme apports en numéraire, mais comme apports en nature. Les auteurs mentionnés plus haut ont bien songé à cette analyse, mais ils se sont aperçus qu'elle les conduisait à une impasse. « Les biens qui sont la représentation du fonds de réserve, dit M. Houpin, *J. S*, février 1901, p. 52, sont déjà la propriété de la société ; ils ne sauraient être juridiquement considérés comme appartenant aux actionnaires personnellement et comme étant susceptibles de faire l'objet d'un apport en nature par ceux-ci à la société, même par suite de la distribution de fonds de réserve décidée par l'assemblée générale. »

L'objection est décisive ; du même coup, elle condamne l'autre décomposition qui voit dans la prétendue restitution de ces réserves un apport en espèces. Comment les réserves auraient-elles été converties en argent, du moment qu'on les retrouve après l'opération telles qu'elles étaient antérieurement ?

Au surplus, tout cet artifice de la compensation est un pur moyen de façade, un procédé de scolastique. On comprend la compensation lorsqu'il s'agit de convertir des créanciers en actionnaires et de les dispenser d'effectuer le versement des fonds. La société s'est libérée de son passif par voie abrégée, elle a modifié sa condition économique et reçu, à titre d'apport, l'équivalent des engagements dont elle est dorénavant dégrevée. Ici, la situation respective des parties n'a rien de changé, les actionnaires restent les mêmes et dans les mêmes proportions. — Un simple virement d'écritures a fait passer des bénéfices accumulés d'un compte réserves au compte capital. — L'affectation des biens sociaux est entièrement conservée, et la prétendue compensation tourne à l'état de simple jeu d'esprit.

La compensation est un procédé abrégé de paiement qui doit supprimer l'emploi de l'argent en vue d'éteindre des opérations ayant en quelque sorte leur autonomie, se concevant en dehors de cette compensation même. On ne comprend pas que ce moyen extinctif de deux rapports de droits préexistants ait à la fois pour but de faire naître les deux dettes d'argent en sens inverse, et de les déclarer, instantanément anéanties.

Il faut se placer sous un tout autre jour. L'opération que nous examinons en ce moment ne procure point à la société de nouveaux actionnaires. Les actions nouvelles sont démembrées des actions primitives par un travail de dédoublement. Il n'y a lieu ni à la formalité vaine de bulletins de souscription, ni à la confection d'une liste notariée qui ne ferait que reproduire l'ancienne (en supposant que les actionnaires fussent restés les mêmes depuis l'origine) ni à la tenue d'une assemblée générale pour vérifier la sincérité de souscriptions et de versements, en réalité inexistants.

Il n'y a point d'apports nouveaux, mais plus-value officiellement reconnue aux actions avec sectionnement du titre originaire en coupures retombant au taux du titre originaire. Les actions nouvelles viennent accroître à l'action initiale.

L'assemblée générale a plein pouvoir pour consacrer cet accroissement. Elle pourrait, en constatant la majoration survenue dans l'actif, et afin de mettre le capital en concordance avec cette majoration, décider que l'action sera portée de 1.000 fr. à 2.000 fr., puis déclarer que cette action de 2.000 fr. sera divisée en deux coupures de 1.000 fr. On ne prétendrait plus alors que de nouvelles actions se soient juxtaposées aux anciennes ni qu'un acte personnel et volontaire de l'actionnaire soit nécessaire pour engager celui-ci dans la combinaison. Or, c'est précisément ce qu'on se propose de faire par voie plus rapide.

La méprise où sont tombés nos adversaires consiste à avoir confondu et mêlé ensemble : l'augmentation du capital au moyen de nouvelles ressources, ce qui détermine l'entrée en scène d'un second groupe d'associés, avec l'augmentation en dedans même des ressources déjà acquises par péréquation du capital avec l'actif, ce qui a pour simple résultat : « 1° en comptabilité, de virer les réserves au capital ; 2° en droit de renforcer le chiffre d'actif que les associés s'engagent à ne pas reprendre au détriment des créanciers. »

La jurisprudence n'a jamais statué sur la question.

C. — *De la conversion des parts de fondateur en actions d'apport.*

3293. — Une société peut-elle, soit racheter les parts de fondateur, soit convertir ces parts en actions ?

La question a été discutée par la Société d'Etudes législatives. M. le professeur Thaller s'est déclaré l'adversaire absolu du principe même du rachat des parts, et à plus forte raison de leur conversion en actions. Voici le principal passage de son discours : « Evidemment, il se présente des cas dans lesquels la suppression des parts de fondateur sera désirable, moyennant une compensation à donner aux porteurs. Mainte société traîne des parts bénéficiaires comme un boulet... Les porteurs étant exclus des assemblées générales, celles-ci ne peuvent ni constituer de nouvelles réserves, ni prononcer la dissolution anticipée aux dépens des premiers. Dans les années de très beaux bénéfices, le chiffre de revenu que conquiert la part, titre qui, sans valeur nominale, a néanmoins une valeur de bourse, va dépasser le revenu de l'action dans une mesure énorme, presque scandaleuse. On en a fait l'observation récemment dans l'assemblée d'une compagnie fort importante.

« Il est à souhaiter qu'on puisse unifier les deux natures de titres mettre actionnaires et porteurs de parts sur le même pied. Cela est-il possible. à l'unanimité des voix des intéressés ou même par deux votes de majorité émis respectivement par les deux assemblées ? Votre commission répond : oui. »

« Je me suis permis de dire simplement qu'il y avait là une hérésie juridique commise par le projet du gouvernement et par vous-mêmes, qu'il était inconcevable de transformer, de convertir en actionnaires des porteurs de parts de fondateur, lesquels n'ont rien apporté au capital, lesquels n'ont pas fourni une contre-valeur à l'actif de la société. Il est inconcevable, dis-je, de les convertir en actionnaires, de façon à majorer le capital social, alors que la société n'acquiert pas un actif complémentaire nouveau.

« C'est là, pour moi, une objection péremptoire à laquelle j'affirme qu'on ne peut répondre.

« Il est absolument impossible de concevoir cette opération, à moins qu'il y ait des bénéfices accumulés et qu'on inscrive charitablement, gracieusement ces bénéfices au compte des porteurs de parts de fondateur en leur retirant les titres anciens et en leur distribuant des titres d'actions : alors, ces bénéfices grossissent effectivement le capital sans qu'il y ait eu besoin de procurer à la société des ressources nouvelles.

« Mais, lorsqu'il n'y a pas de réserves, je défie qui que ce soit, — et ici je suis très affirmatif — de me prouver que l'opération soit réalisable.

« Soutenir le contraire, c'est contrevenir aux notions les plus élémentaires du droit, c'est mettre au jour un rejeton qu'on ferait bien de réserver à la vitrine des monstres, comme un phénomène tératologique.

« Une conversion d'obligataires en actionnaires se comprend, parce que les obligataires renoncent à leurs créances et apportent leur renonciation : ils diminuent donc le passif, ou plutôt ils y maintiennent l'équilibre avec l'actif, en remplaçant un poste débiteur par un autre poste du même côté du bilan. Mais il impossible de faire le même raisonnement lorsqu'il s'agit de porteurs de parts de fondateur.

« J'avais déjà eu l'occasion de produire cette objection, ou quelqu'autre l'avait faite à côté de moi — au Congrés des sociétés par actions tenu pendant l'Exposition universelle de 1900. La question avait alors été examinée dans des termes plus généraux sans doute de côté, et non pas de face, au point de vue de la conversion de créanciers quelconques (ce qui visait les porteurs de parts comme beaucoup d'autres ayants droit) en actionnaires et même en actionnaires privilégiés, et nous avions déjà été plusieurs à manifester notre hostilité contre cette conception inadmissible. »

M. Houpin, *J. S.*, 1909.193, n'est point aussi intransigeant que M. Thaller ; il reconnaît qu'on peut racheter les parts au moyen d'un emploi des bénéfices ou des réserves ; il va même jusqu'à admettre que la société peut employer une portion de son capital à l'achat des parts et qu'elle peut même emprunter pour réaliser cet achat. Cette concession doit être retenue. Le même auteur n'admet pas cependant que l'on puisse faire apport à la société de parts de fondateur et rémunérer cet apport au moyen d'actions libérées ; il y a là une contradiction qui mérite d'être signalée et sur laquelle nous reviendrons plus tard.

M. Houpin conclut en ce sens :

1° Le rachat ne peut être imposé aux porteurs de parts en l'absence d'une autorisation formelle des statuts, lesquels auraient fixé le prix de rachat ou déterminé les bases de ce prix ;

2° Le rachat, même autorisé par les statuts, ne peut, sans le consentement unanime des actionnaires, être effectué au moyen des bénéfices, car l'affectation des bénéfices au rachat des parts qui seraient votées par une majorité seule d'actionnaires porterait atteinte aux bases essentielles de la société ;

3° Si les statuts autorisent le rachat des parts, l'assemblée générale peut décider la création d'un fonds de réserve spécial, même s'il n'est pas prévu dans les statuts, au moyen d'un prélèvement sur la portion de bénéfices revenant aux actionnaires pour le rachat des parts. L'assemblée générale peut aussi décider que le rachat sera réalisé avec des fonds faisant partie du capital social. Elle pourrait même autoriser un emprunt dans ce but, mais lorsque le rachat est effectué au moyen de fonds faisant partie du capital social, cela comporte une diminution du capital social ;

4° La conversion des parts de fondateur en actions ne peut régulièrement être opérée, même avec le consentement de tous les intéressés, sous forme d'une augmentation de capital social et de création d'actions remises aux porteurs de parts en représentation de l'apport effectué par eux de toutes les parts à la société.

Les droits des porteurs de parts ne sauraient constituer la matière d'un apport pouvant figurer au bilan comme actif, comme contre-partie des actions créées à titre d'augmentation de capital. Ces actions seraient sans cause juridique. M. Houpin a, depuis, indiqué que la loi du 16 novembre 1903 autorisant les modifications statutaires concernant les répartitions des bénéfices, modifiait ainsi son opinion primitive, que le rachat ne pouvait être effectué au moyen des bénéfices. Toutes les autres solutions sont maintenues.

Malgré l'autorité qui s'attache à tout ce qu'enseigne M. le professeur Thaller, nous continuons à penser que la société peut racheter les parts de fondateur ou les convertir en actions.

Nous nous proposons d'examiner le principe, nous étudierons ensuite les objections de M. Houpin et les procédés qu'il a préconisés dans l'article publié au *Journal des Sociétés*, 1909 (art. 1844).

Notre raisonnement est celui-ci : D'après la doctrine et la jurisprudence, les parts de fondateur constituent des créances de bénéfices *contre la société*. Le titre de créance dérive des statuts mêmes, et le débiteur éventuel de la part bénéficiaire, créé débiteur par les statuts, est bien la société, être moral. Il existe donc un lien de droit certain entre les porteurs de parts de fondateur et la société ; cela est si vrai que si la société refusait de payer aux porteurs de parts de fondateur la part leur revenant, d'après les statuts, dans les bénéfices, elle serait certainement condamnée en justice à effectuer le paiement ; de même le porteur de parts de fondateur puise dans son droit de créance une action contre la société pour contester et faire rectifier au besoin les décisions prises par la société contrairement au droit et aux statuts pouvant porter atteinte aux droits des porteurs de parts de fondateur (V. n°s 1239 et suiv.). — Ce sont donc bien des créanciers que la société subit en la personne des porteurs de parts de fondateur. Or, peut-on contester que la société ait intérêt à éteindre ces créances, à se débarrasser de ses créanciers. Cet intérêt peut être inspiré par des considérations multiples. Tout d'abord, quiconque est débiteur a le désir légitime d'éteindre sa dette ; en second lieu, comme M. Thaller le reconnaît lui-même, la marche des affaires sociales peut être entravée par l'existence des parts de fondateur.

Nous insistons sur cette expression « la marche des affaires sociales » ; exemple : la société veut augmenter son capital, elle éprouve pour réaliser cette opération des difficultés presque insurmontables, parce que les statuts concèdent aux porteurs de parts une portion considérable des bénéfices. C'est donc bien la *société qui* a intérêt à la disparition des parts de fondateur ; pourquoi ne pourrait-elle pas racheter les droits des porteurs de parts ? C'est, dit M. le professeur Thaller, une hérésie juridique, parce que les porteurs de parts n'apportent rien au capital et que créer des actions nouvelles pour racheter les parts ne comporte pas une contre-valeur à l'actif de la société.

Nous venons, je crois, d'établir que la société peut trouver la représentation dans son actif d'une valeur représentative de la disparition des parts de fondateur ; ne pourrait-on pas, par exemple, assimiler cela à des frais dépensés pour la marche de la société et qui ne constituent cependant comme actif aucune valeur réalisable, exemple : les frais d'enregistrement de l'acte de société, les frais de notaire dans la constitution, les frais d'émission, etc., etc., que l'on porte à l'actif comme une réelle valeur et qui, cependant n'en représentent aucune au point de vue de la réalisation. Ce sont des dépenses prises sur le capital, effectuées pour la constitution de la société et qu'on fait figurer à l'actif. L'achat des parts de fondateur, s'il y a un réel intérêt, pour la société, à faire disparaître ces titres, présentera le même caractère, — c'est une dépense sociale dans l'intérêt social et dont on passera écriture comme nous le dirons plus bas.

On peut donc dire que les parts de fondateur assurent au porteur, soit en cours d'exercice, soit à la dissolution de la société, une portion déterminée des bénéfices qui vient réduire le dividende attribué aux actionnaires, et constituent par cela même une véritable charge pour le capital actions, charge qu'on doit pouvoir éteindre.

Comme le fait remarquer une note parue au journal *Le Droit Financier* du 22 novembre 1901 : « les actionnaires auraient certainement la faculté d'évaluer, d'accord avec les porteurs de parts cette charge à forfait. En conséquence, ils pourraient effectuer aux porteurs de parts le paiement de cette évaluation en le prélevant sur les réserves libres de la société. Ils pourraient ensuite se partager librement la totalité des bénéfices sur lesquels les parts de fondateur dûment rachetées n'auraient plus aucun droit à prétendre. »

S'il en est ainsi, on ne voit pas pourquoi il y aurait impossibilité de procéder à une augmentation du capital social en observant les prescriptions des lois de 1867 et de 1903, augmentation dont le chiffre serait égal à la valeur appréciée à forfait des parts bénéficiaires ; et les porteurs de parts recevraient un nombre d'actions libérées correspondant à cet accroissement du capital.

Il faut en effet observer que l'opération est indifférente aux créanciers, qu'ils soient antérieurs ou postérieurs. Antérieurs, ils ne subissent pas de diminution de leur gage ; postérieurs, ils sont avertis par la publicité de la conversion sur la consistance et la composition du fonds social.

Au regard des actionnaires comme des créanciers, la conversion est licite, parce que, comme nous le disions plus haut, la suppression des parts de fondateur constitue pour les actionnaires un avantage qui, évalué à forfait, peut être légitimement représenté par des actions d'apport.

On ne voit à ces idées qu'une restriction, à laquelle fait fort exactement allusion la note précitée. C'est seulement dans le cas : « Où il apparaîtrait qu'en fait, les parts de fondateur ont été créées en représentation d'apports, ou de services qui n'auraient pu, lors de la constitution de la société, faire l'objet d'une attribution d'actions, où, par suite, la conversion en actions d'apport des parts bénéficiaires existantes constituerait une fraude à la loi, que nous admettrons le caractère illicite d'une telle compensation. »

Cette restriction s'impose, en effet, car la fraude vicie tout.

Le rachat des parts peut donc, suivant nous, être régulièrement opéré au moyen de la conversion de ces parts en actions créées à titre d'augmentation du capital. Les actions représentent un actif consistant dans l'apport des parts à la société.

« Mais, disent nos contradicteurs, les apports en nature ont pour objet des biens meubles d'une valeur appréciable et pouvant figurer comme actif dans les inventaires et bilans de la société. Les actions de capital d'une société ne peuvent être créées qu'en représentation d'un apport en nature ou en argent d'une valeur correspondante. Or, les droits des porteurs de parts ne sauraient constituer pour la société un apport pouvant figurer comme actif au bilan et former la contre-partie des actions créées à titre d'augmentation du capital. Les actions représentent un actif fictif. Elles constituent immédiatement la société en déficit d'une somme égale au capital des dites actions, et elles sont sans aucune garantie juridique. »

Cette argumentation ne peut nous convaincre, et voici pourquoi : l'apport des parts de fondateur ayant pour conséquence l'extinction de ces parts, constituent incontestablement pour la société, partant les actionnaires, un bénéfice. L'apport peut ne pas consister uniquement dans un objet matériel, mais aussi dans l'extinction d'un droit ; ne serait-il pas possible, par exemple, de stipuler que X... renonçant à tel ou tel droit de privilège, de concession ou autre, recevra de la société, à titre d'avantage, des actions entièrement libérées ? Évidemment, la stipulation serait valable, Pourquoi, dès lors, ne pas admettre la même solution lorsque les porteurs de parts de fondateur consentent à renoncer à leurs droits moyennant la remise d'actions libérées ?

Il faut ajouter que l'art. 4 de la loi de 1867 autorise la création d'actions libérées, non seulement pour rémunérer des apports, mais aussi pour constituer des avantages particuliers au profit de certains actionnaires. Ces raisons nous ont toujours semblé décisives et et nous ne pouvons qu'y persister.

M. Houpin se charge d'ailleurs de faire brèche lui-même à sa propre argumentation, car il ajoute : « On ne peut soutenir la légitimité de la conversion de parts de fondateur en actions de capital que dans le cas où les parts de fondateur ont été créées en *représentation partielle de la valeur d'un apport en nature,* dont le surplus a été rémunéré par des actions, et où les nouvelles actions créées à titre d'augmentation de capital en représentation de l'apport des parts, pourront être considérées comme ayant pour contre-partie la valeur de la partie de l'apport en nature rémunéré originairement par les parts ; car dans cette dernière hypothèse, les bilans s'équilibrent, et les actions représentent un actif réel équivalent. »

C'est bien reconnaître que si la société, en augmentant son

capital et en créant des actions, réalise des avantages, la conversion des parts est licite.

Nous disons donc qu'une société peut racheter ses parts de fondateur par voie de conversion en actions libérées.

Il n'y a pas, comme on a prétendu le soutenir, à faire de distinction entre les parts attribuées en représentation d'un apport, et celles qui proviennent de la rémunération de services. Une pareille distinction n'a pas de motif juridique, et ne se justifie pas. Les parts bénéficiaires sont, dans tous les cas, un droit de créance dans les bénéfices, que les actionnaires ont intérêt à éteindre.

La Cour de cassation, par un arrêt du 19 novembre 1906 (*Gaz. Trib.*, 15 déc. 1906), a eu à s'occuper, au point de vue fiscal, du principe de la légalité d'acquisition de parts de fondateur. Dans l'espèce soumise à la Cour de cassation, il ne s'agissait pas, il est vrai, d'une conversion de parts de fondateur en actions par voie d'augmentation du capital. Il s'agissait d'un rachat en argent opéré au moyen de fonds que la société s'était procurés par une augmentation de capital en numéraire. Il s'agissait de savoir si ce capital nouveau pouvait être considéré comme des bénéfices donnant droit à la perception de la taxe sur le revenu. Il y a donc, avec l'objet que nous étudions, une réelle différence ; mais cet arrêt présente une importance considérable en ce sens que, contrairement à l'opinion de l'auteur cité plus haut, il n'a pas paru à la Cour de cassation que le rachat des parts de fondateur fût d'une réalisation impossible. La Cour de cassation a, au contraire, jugé implicitement que ce rachat était légal. Que le rachat ait lieu au moyen du numéraire que la société se procure par voie d'augmentation de capital, ou par voie de création d'actions libérées remises au porteur de parts de fondateur en paiement, il n'y a pas, entre les deux procédés, une différence juridique essentielle. Dans l'un comme dans l'autre cas, la société a éteint le droit de créance ; et que l'extinction consiste dans un paiement en argent, lequel argent provient d'une émission d'actions, ou d'un paiement en actions d'apport, cela, en réalité, est absolument la même chose.

On a ajouté également que la conversion des parts de fondateur en actions d'apport libérées était impossible, parce que cela porte atteinte aux principes intangibles de la répartition des bénéfices.

Le principe de l'intangibilité de la répartition des bénéfices a été battu en brèche par la loi de 1903 sur les actions de priorité. Sans entrer à cet égard dans une longue discussion, il est permis de dire qu'on a souvent exagéré les applications. Mais depuis la loi de 1903, la question présente moins d'intérêt, parce que le législateur autorise toutes les combinaisons relatives à la création d'actions de priorité, ce qui comporte implicitement le droit pour les sociétés d'arrêter toutes les combinaisons qui leur paraissent utiles, même lorsqu'elles ont pour conséquence de modifier la répartition des bénéfices. La loi du 22 novembre 1913 vient encore à l'appui de cette argumentation.

Revenons à l'objection formulée quant au bilan ; on dit : comment pourra-t-on rédiger le bilan d'une société qui aura racheté ses parts de fondateur? Si, pour opérer ce rachat, le capital social a été augmenté, il faudra porter au passif du bilan le montant de cette augmentation. Qu'inscrira-t-on à l'actif? quelle contre-partie donnera-t-on au poste du passif ? L'objection développée par M. Thaller devant la Société d'Etudes législatives frappe au premier abord, mais on y peut répondre.

En premier lieu, une difficulté de rédaction de bilan peut-elle être un obstacle à la réalisation d'une opération légale? Non, évidemment. Mais au point de vue comptable, on peut ajouter qu'il est possible de faire figurer à l'actif un compte d'ordre représentant la valeur des parts rachetées et dont profite l'universalité des actionnaires et la société ; puis, ultérieurement, comme nous l'avons dit plus haut, la société pourra voter la réduction de son capital, pour mettre ce capital en harmonie avec la situation exacte des choses.

L'objection capitale d'après les adversaires de notre système disparaît donc, et la conclusion que nous adoptons, inspirée par les considérations d'une nécessité pratique, nous paraît ne violer aucune règle du droit.

Si l'on admet, avec M. Thaller, l'impossibilité radicale du rachat des parts de fondateur ou de leur conversion en actions, il faut conclure, en bonne logique, qu'aucune opération détournée ne pourra vaincre l'obstacle juridique. Mais si l'on admet que l'opération, en principe, n'est pas illicite, pourquoi recourir à des procédés de réduction préalable du capital social, d'augmentation du capital, de compensation, de versement de numéraire, etc., etc., pour arriver à quoi : à la remise *d'actions* aux porteurs de parts de fondateur, actions prises, *à n'en pas douter, sur le capital social.* N'est-il pas beaucoup plus simple de procéder par voie d'apport directement, ce qui, au fond, aboutit au même résultat.

La grosse objection formulée par M. Houpin et portant sur la rédaction du bilan surgit aussi bien après l'accomplissement des formalités par lui préconisées que quand il s'agira d'un apport. Que l'on prenne les choses comme on le voudra, il en résultera toujours que le produit de l'augmentation du capital aura servi à acheter les parts de fondateur et dans l'un comme dans l'autre système, on se trouve en présence de la même objection que la contre partie de l'augmentation du capital n'existerait pas.

Si l'on concède au contraire, avec nous, que le rachat des parts de fondateur a une réelle contre-partie, dans *l'intérêt social*, la difficulté comptable disparaît, d'où la conclusion qu'il n'est pas besoin de recourir à une autre formalité qu'un véritable apport.

La question que nous venons de discuter peut-être trop longuement a été résolue par la Cour de cassation en faveur de notre système par un arrêt de la chambre civile en date du 20 juin 1917. Rapporté *Gaz. Soc.*, 1919, p. 2, dont nous extrayons le passage suivant :

« Attendu que les parts bénéficiaires ne sauraient être assimilées aux actions de la Société ; qu'elles ne donnent en effet à ceux qui les possèdent aucun droit d'intervention ou de contrôle dans la gestion sociale ; qu'elles ne sauraient davantage être considérées comme des créances dans le sens ordinaire du mot, puisqu'elles ne donnent droit qu'à une participation dans les bénéfices, droit qui, d'une manière générale, n'appartient pas aux créanciers ordinaires ; qu'elles constituent une créance d'une nature particulière donnant droit exclusivement à une part dans les bénéfices sociaux disponibles, s'il en existe, soit en fin d'exercice, soit à la liquidation de la Société, et permettant de mobiliser et d'escompter ce droit à des bénéfices éventuels par la cession des titres ; que dès lors les propriétaires des parts bénéficiaires n'ont droit qu'à des bénéfices et qu'en cas d'absence de bénéfices ils ne peuvent prétendre à une partie quelconque de l'actif social pendant la durée de la Société, lequel constitue le gage exclusif des créanciers ; qu'à sa dissolution, ils sont sans droit aucun, tant que le passif n'a pas été acquitté et le capital social remboursé ; que telle était la situation des porteurs de parts bénéficiaires de la Société des automobiles de la Buire (art. 36, 38 des statuts) ;

Attendu que des principes ci-dessus posés, il résulte que la Société des automobiles de la Buire ne pouvait effectuer le rachat des parts bénéficiaires qu'elle avait créées que sur ses bénéfices ; qu'elle ne pouvait affecter à ce rachat tout ou partie de son capital ; qu'une telle opération constituerait une diminution du capital social, laquelle, pour être valable à l'égard des créanciers postérieurs, devrait être régulièrement publiée ; qu'il en serait toutefois autrement en cas d'augmentation du capital social si le rachat des parts bénéficiaires avait été une condition apportée à l'augmentation du capital social, et que ce rachat eût été porté à la connaissance des tiers par la publicité légale ; qu'une telle opération constituerait alors tout à la fois une augmentation et une réduction au capital social. »

C. — Réduction du capital.

3294. — La réduction du capital social, dont la validité ne fait plus de doute depuis deux arrêts de la Cour de Paris du 6 juill. 1892 (S. 93.2.235, D. 94.2.598) et l'arrêt de la Cour de cassation du 29 janv. 1894 sur les conclusions de M. Desjardins (S. 94 1.169, D. 94.1.313) doit être envisagée à un double point de vue, celui des actionnaires et celui des tiers.

3295. — Il est permis, pour opérer la réduction du capital social, de recourir à des procédés divers. Il peut y avoir réduction du taux du capital nominal des actions, par exemple, si le capital de la société étant représenté par 1.000 actions de 1.000 francs, les actions sont réduites chacune à 500 francs. Cette réduction peut résulter de la libération proportionnelle des actions non entièrement libérées d'un remboursement proportionnel fait sur chaque action, ou d'une simple opération d'écriture, lorsqu'une partie du capital ayant été perdue, on décide que le capital sera réduit à son chiffre réel actuel (Lyon, 20 oct. 1902, *J. S.*, 1903.67 ; — Orléans, 25 janv. 1912, *Gaz. Soc.*, 1912.329) ; bien entendu, dans ce cas, le taux de chaque action ne peut jamais être abaissé au-dessous du minimum légal. On peut aussi diminuer le nombre des actions sans diminuer le capital de chacune d'elles ; par exemple, on peut décider que 1.000 actions à 1.000 francs seront remplacées par 500 actions à 1.000 francs, de telle façon que toute personne n'aura plus qu'une action au lieu de deux actions qui lui appartenaient (Riom, 2 fév. 1901, S. 03.2.57, note Wahl, D. 02.268 ; — Cass., 18 juin 1902, *Gaz. Trib.*, 10 oct. 1902).

On conçoit enfin qu'il y ait à la fois diminution du nombre des actions et réduction du capital nominal de chacune d'elles, lorsqu'il est décidé qu'il n'y en aura plus dorénavant que 500 au lieu de 1.000, et que le taux de chacune des actions sera de 500 francs, et non plus de 1.000 francs.

La loi du 1ᵉʳ août 1893 offre en effet un moyen commode de procéder à la réduction du capital : c'est celui qui consiste à diminuer le taux des actions. Par exemple, si les actions sont de 500 francs, on peut créer en remplacement des actions de 250 francs, ou bien des coupures. — On peut employer ce mode de réduction même pour les sociétés antérieures à la loi de 1893 (Houpin, *J. S.*, 1894, p. 514 et suiv. — V. cependant Wahl, *J. S.*, 1900.262.350).

3296. — On arrive à la réduction du capital par le rachat des actions. Cette opération nécessite des explications qui feront l'objet du paragraphe suivant.

3297. — L'assemblée générale des actionnaires, qui a reçu des statuts le pouvoir de réduire le capital, doit avoir le pouvoir de déterminer le moyen à employer pour parvenir à la réduction (Cass., 30 mai 1892, S. 92.1.561, D. 93.1.105).

3298. — La réduction du capital soulève des difficultés pratiques, sur lesquelles il est bon d'insister. Si chaque actionnaire possédait un nombre d'actions divisible par deux, l'opération présenterait la plus grande facilité de réalisation, chaque actionnaire recevrait un titre nouveau en échange des deux titres anciens. Mais il est rare que cette proportion exacte se rencontre en pratique ; certains actionnaires sont alors obligés de compléter ou de réduire le nombre de leurs titres pour parvenir à un chiffre divisible par deux. Si les actionnaires y consentent, la difficulté disparaît ; mais s'ils refusent, peut-on les contraindre à réaliser des cessions ou des acquisitions ? Il est impossible d'exproprier les actionnaires, c'est-à-dire de leur rembourser contre leur gré les actions qu'ils ont en supplément. Cela serait surtout impossible à l'égard des porteurs d'action unique. Peut-on contraindre les associés dissidents à acheter les actions qui leur manquent ? C'est ce qu'a décidé l'arrêt du 30 mai 1892, en disant que l'assemblée générale a le droit de réduire le capital par la substitution de deux actions nouvelles à trois anciennes. Les associés qui ne possèdent pas de nombre d'actions divisible par trois doivent dès lors compléter ou réduire le nombre de leurs titres.

Toutefois, si certains actionnaires ont convenu entre eux de substituer à réduction du capital devant s'opérer proportionnellement au nombre de titres possédés par eux, une réduction arbitraire avantageant certains d'entre eux au détriment des autres et faisant inégalement porter sur eux la réduction, cette convention est pleinement valable entre eux (Paris, 23 mars 1909, *J. S.*, 1909. 406).

3299. — La réduction du capital, quelle que soit la forme adoptée pour sa réalisation, n'est pas opposable aux créanciers qui ont traité avec la société avant le vote de l'assemblée générale. — Les créanciers ont, en effet, pour gage le capital originaire, et la réduction revêtirait un caractère frauduleux si les actionnaires pouvaient l'invoquer pour échapper à leurs obligations (Cass., 3 janv. 1887,

D. 87.1.404 ; — Paris, 17 juill. 1888, *R. S.*, 1889.6 ; — 6 fév. 1891,
D. 92.2.385 et la note de M. Boistel ; — Cass., 30 nov. 1892, S. 93.1.
461, D. 94.1.83 ; — 27 juin 1899, *J. S.*, 1900.113 ; — Seine, 21 fév.
1903, *J. S.*, 1903.379 ; — Seine, 26 nov. 1904, *Le Droit*, 15 janv. 1905 ;
— Paris, 6 fév. 1908, *J. S.*, 1908.491, *R. S.*, 1908.382 ; — Lyon-Caen
et Renault, t. 2, n. 875 ; Houpin, 30 nov. 1892 ; *J. S.*, 1882, p. 713 ;
Thaller, note au Dalloz sous Cass).

Quant aux créanciers postérieurs, la délibération prise à fin de
réduction du capital social, notamment au moyen de remboursement d'actions par la société, ne leur est opposable qu'autant qu'elle
a été publiée conformément aux dispositions de l'art. 61 de la loi
de 1867, cette délibération ayant pour effet de modifier les dispositions statutaires qui, par la fixation du capital, forment l'assiette
du crédit de la société (Cass., 1er août 1893, S. 94.1.22, D. 94.1.126).

3300. — Par plusieurs arrêts, des 19 janvier 1897 (*Gaz. Trib.*,
30 janv. 1897) et 19 juin 1900 (*Gaz. Trib.*, 13 juill. 1900), rendus dans
l'affaire de la Banque d'Escompte, la Cour de Paris (1re chambre) a
déclaré l'actionnaire d'une société anonyme responsable du complément de versement à effectuer sur le montant nominal originaire
de ses titres, alors que la réduction du capital social, qui l'avait
dispensé de ce versement, a été judiciairement annulée. En fait,
l'assemblée générale de la Banque d'Escompte avait voté la réduction
du capital social de 65 à 25 millions, et la réduction avait été opérée
au moyen du rachat d'actions en Bourse et de l'échange de titres
anciens non libérés contre des titres nouveaux entièrement libérés.
A la suite de cette opération, la Banque tomba en faillite. Le syndic
demanda et obtint l'annulation des décisions de l'assemblée générale relatives à la réduction du capital, comme irrégulièrement prises, en même temps que des opérations de rachat et d'échange au
moyen desquelles elles avaient été exécutées. Puis il poursuivit un
certain nombre d'actionnaires de la société en payement des versements restant à faire sur les actions originaires dont ils avaient été
porteurs, et qu'ils avaient échangées contre des titres libérés. La
Cour de Paris fit droit à cette requête, confirmant sur ce point une
jurisprudence constante (V. notamment Cass., ch. civ., 3 janv.
1887, S. 87.1.269, D. 87.1.409).

3301. — Toutefois, entre les arrêts précités de la Cour de Paris et
la jurisprudence de la Cour de cassation, il y a une différence profonde ; si le principe de la condamnation est le même, son application

est tout opposée. En effet, en 1897 et en 1900, la Cour de Paris a condamné au versement complémentaire les actionnaires échangistes eux-mêmes, c'est-à-dire ceux qui étaient porteurs de titres au moment où l'échange autorisé par l'assemblée générale s'est effectué, et cela sans tenir compte des cessions ultérieures de leurs titres réalisées par les échangistes, c'est-à-dire sans admettre que ces cessions soient opposables à la masse des créanciers sociaux représentée par le syndic.

3302. — Tout au contraire, d'après la jurisprudence de la Cour de cassation, l'obligation d'effectuer les versements complémentaires est liée à la détention même des titres ; d'où il résulte que l'appel de fonds ne peut atteindre aucun des anciens actionnaires qui justifient avoir transmis et livré à des tiers leurs titres, même au porteur, antérieurement à cet appel (V. en ce sens : Cass , 21 juill. 1879, D. 79.1.332 ; — 29 juin 1885, D. 85.1.385 ; — 13 mai 1895, D. 95.1.478) ; et d'autre part, la nullité de la société ou des délibérations d'assemblées générales est sans influence sur la validité des aliénations d'actions postérieures (Cass., 3 juin 1885, D. 86.1.25 ; — 15 nov. 1892, D. 93.1.13). Dans l'arrêt précité du 3 janvier 1887, la Cour de cassation, dans une espèce identique à celle de la Banque d'Escompte, avait nettement posé le principe de la condamnation contre les actionnaires nouveaux, ayant acquis leurs titres depuis la réduction du capital social.

3303. — Si, en réduisant le capital, la société s'est rendue insolvable ou a augmenté son insolvabilité, la nullité de la réduction peut être demandée par tout intéressé (Paris, 5 fév. 1891, D. 92.2.385 et la note de M. Boistel ; — Paris, 19 janv. 1897, *J. S.*, 1897.264 et 6 fév. 1908 précité).

Les créanciers n'ont donc pas à prouver la fraude en se fondant sur l'art. 1167 C. civ. Il suffit pour eux d'établir que la réduction équivaut à la suppression du capital, car un capital est nécessaire à l'existence même d'une société.

3304. — A côté des créanciers, il peut y avoir d'autres intéressés : des porteurs de parts de fondateur, des actions de priorité, des actions de jouissance. En principe, la réduction ne doit pas nuire aux droits essentiels des uns et des autres.

S'il existe dans la société des actions de capital et des actions de jouissance, la réduction du capital peut être réalisée, depuis la loi du 14 novembre 1903, dans des conditions qui ont pour effet de réduire les droits des actionnaires de capital dans les bénéfices et pour le remboursement du capital, par une assemblée générale des actionnaires dont la décision sera ratifiée par une assemblée spéciale des propriétaires des actions de capital réunissant la moitié du capital représenté par ces actions.

L'assemblée générale, agissant dans les mêmes conditions, pourrait, à notre sens, y prendre la même décision s'il n'existe qu'une catégorie d'actions et des porteurs de parts bénéficiaires. Mais si la réduction du capital est réalisée par un sacrifice imposé à la fois aux actionnaires et aux porteurs de parts, pour réduire la fraction des bénéfices attribuée à ces derniers, il faudra le consentement unanime de ceux-ci, à moins qu'il n'ait été constitué, comme cela se pratique de plus en plus, une société de porteurs de parts conférant à l'assemblée générale de ces porteurs le pouvoir d'autoriser toutes modifications aux droits attachés aux parts.

Lorsqu'il existe dans la société des actions de priorité et des actions ordinaires, il y a lieu à une distinction. — Ou bien il s'agit d'une réduction des actions ordinaires inférieure au capital primitif de ces actions : de 500 fr. elles sont réduites à 250 fr., les actions de priorité restant à 500 fr. Cette réduction ne doit pas avoir pour effet de réduire la part des bénéfices revenant aux actionnaires qui subissent la réduction, car si les droits des actionnaires ordinaires étaient réduits proportionnellement à l'importance de la réduction du capital, l'égalité contractuelle serait rompue. Pour que cette égalité soit maintenue, il faut donc que, malgré la réduction du capital, les droits respectifs des actions de priorité et des actions ordinaires, tels qu'ils résultent des statuts, ne soient pas diminués. S'ils sont maintenus, l'assemblée générale des actionnaires a le droit de décider la réduction du capital, qui se trouve réalisée dans des conditions normales. — Mais il peut y avoir intérêt pour les actionnaires des deux catégories à réaliser la réduction de capital sans maintenir l'égalité contractuelle ; cette réduction pourra être valablement décidée par une assemblée générale si la décision est ratifiée par une assemblée spéciale composée des actionnaires de priorité dont les droits se trouvent modifiés. — La même solution est applicable s'il s'agit de modifier les droits de l'une des catégories d'actionnaires en ce qui concerne leur participation aux assemblées générales.

Ou bien la réduction est égale au capital des actions ordinaires. L'opération dans ce cas ne saurait être réalisée par la suppression pure et simple des actions ordinaires : l'assemblée générale des actionnaires, malgré l'étendue de ses pouvoirs et même si sa décision était ratifiée par une assemblée spéciale des actionnaires ordinaires, ne peut porter atteinte aux droits propres de l'actionnaire. Cette réduction par annulation des titres serait même impossible si les actions ordinaires étaient remplacées par des parts bénéficiaires, car celles-ci ne sont pas des actions. Le seul moyen, suivant M. Houpin, à l'avis duquel nous nous rangeons, serait de remplacer les actions ordinaires par des actions de jouissance. — **V.** sur tous ces points, Houpin, *J. S.*, 1911, p. 97, **dont nous adoptons** les conclusions, malgré les critiques de M. Thaller, *Ann. dr. comm.*, 1911, p. 275.

3305. — La réduction du capital doit être votée, comme nous l'avons dit, par une assemblée générale extraordinaire, délibérant conformément à l'art. 31 et réunissant la moitié du capital.

3306. — L'assemblée doit prendre des résolutions sur les points suivants : 1° vote de la réduction ; 2° modifications statutaires résultant de la réduction ; 3° pouvoirs aux administrateurs pour régulariser la résolution (V. *Formules*). La délibération doit, bien entendu, être publiée (Cass., 1er août 1893, S. 94.1.22, D. 94.1.126).

3307. — Il faut, à la suite de la réduction, faire imprimer de nouveaux titres ou mentionner, au moyen d'une griffe, sur les anciens, le chiffre du capital réduit et le taux de l'action.

b. — Reconstitution du capital réduit après réalisation
de bénéfices portés en réserve.

3308.— Nous avons examiné (*suprà*, n. 3291) la théorie de l'incorporation des réserves au capital et nous avons soutenu l'opinion que cette incorporation ne pouvait pas être décidée par le simple vote d'une assemblée extraordinaire. Mais une espèce particulière mérite d'être envisagée.

Une société anonyme a été constituée avec un capital originaire, par exemple de 1 million divisé en actions de 500 fr. A la suite de pertes, une assemblée générale, voulant rétablir l'équilibre entre l'actif et le passif, a décidé la réduction du capital. Les actions de 500 fr. sont devenues des actions de 100 fr. Puis, la prospérité est revenue et des bénéfices ont été portés en réserve. La société veut rétablir son capital au chiffre primitif et cela par l'emploi des réserves. L'espèce est donc tout à fait différente de celle envisagée dans l'article rappelé plus haut. Cette opération est-elle possible ?

M. Thaller n'hésite pas à se prononcer dans le sens de la validité, logique en cela avec ses idées sur la transformation des réserves en actions « s'il est dans les attributions de l'assemblée, dit-il, d'établir la péréquation du capital à l'actif, lorsque cet actif a baissé, elle doit logiquement avoir les mêmes attributions lorsque cet actif a haussé. » (*Annales de droit commercial*, 1907, p. 196.)

Sans modifier nos idées en ce qui concerne la transformation des réserves en actions, quand il s'agit *d'augmenter* le capital *originaire*, nous adoptons l'opinion du regretté maître quand l'opération a pour effet de *rétablir* à son taux *originaire* le capital précédemment diminué. Il y a là une opération de péréquation légitime, logique, légale. L'assemblée générale extraordinaire puise dans la loi du 22 novembre 1913 le pouvoir de prendre une telle décision. Cette loi a en effet conféré aux assemblées générales extraordinaires une liberté qui n'est limitée que par de certaines restrictions expresses dont une seule doit nous préoccuper.

On dit en effet : la loi de 1913 interdit aux assemblées générales « d'augmenter les engagements des actionnaires ». Or, c'est augmenter les engagements des actionnaires que de leur faire perdre le droit à la distribution *éventuelle* des réserves qui sont d'ailleurs le gage des créanciers sociaux. Nous ne pouvons accepter cette argumentation.

Que signifie cette expression de la loi de 1913 « augmenter les engagements des actionnaires » ?

Cette expression se rencontre pour la première fois, dans le rapport rédigé au nom de la commission extraparlementaire de 1902, sous cette forme : « Il est aussi de la plus souveraine justice que les modifications n'aggravent en rien les engagements des actionnaires. » M. Roblin, rapporteur à la Chambre des députés, a exprimé la même opinion. Voici ce qu'il dit : « Les charges fixes ont été assumées par les adhérents : ils ont pris leurs dispositions pour y faire face. Il serait contraire à la bonne foi de les surprendre et de toucher aux engagements formulés qui ont été consentis » (Chambre des députés, *Doc. parl.*, 1913, annexe n° 3059).

Quel est donc le vrai sens de ces mots : « augmenter les engagements des actionnaires » ?

Rien n'a paru plus simple à la commission de 1902 dont la rédaction a passé littéralement dans la loi de 1913. Il n'a été fait allusion dans la commission qu'à l'augmentation des charges originaires des actionnaires. Aussi le rapport écrit-il « c'est une vérité qui n'a pas besoin de démonstration. »

Aucun membre de la commission n'a pensé que cette formule

pouvait être interprétée avec une extension semblable à celle que nous allons combattre, sans quoi il y aurait eu évidemment discussion.

Nous soutenons que cette expression signifie, et rien de plus, que l'on a voulu interdire, en accordant aux assemblées générales des pouvoirs considérables pour modifier les statuts, d'augmenter les charges que le pacte social fait peser sur chaque associé. Par exemple, si un associé a promis un apport de 500 francs, on ne peut lui imposer une augmentation d'apport.

Mais certains auteurs ont voulu élargir cette interprétation sans qu'ils puissent d'ailleurs invoquer un seul mot dans les travaux préparatoires pour justifier leur argumentation. Ils compliquent à plaisir ce qui au début a paru à tous très simple. « Toute mesure, dit M. Albert Wahl. par laquelle la dette de l'actionnaire vis-à-vis de la société, sans être augmentée dans son montant, est *aggravée*, rentre également dans les augmentations d'engagements. *La loi n'a probablement pas, à la vérité. pensé aux mesures de ce genre* ; mais grammaticalement, elles rentrent dans ses termes. Quoique le rapport de la Chambre ne fasse allusion qu'à l'augmentation des charges fixées, il faut d'autant plus accepter une interprétation *large* que la solution contraire pourrait causer aux actionnaires un préjudice considérable et inattendu. »

M. le professeur Bourcart (Les modifications aux statuts et la loi du 22 nov. 1913) a sagement répondu : « Malgré le poids des autorités et des arguments que nous venons de citer, il nous paraît que les mots « augmenter les engagements des actionnaires » ne doivent pas comprendre les aggravations de charges, auxquelles il vient d'être fait allusion. Si, en effet, nous envisageons l'argumentation de M. Wahl, elle consiste à dire que l'on doit sur ces mots « accepter une interprétation large ». Or cela ne nous paraît pas possible. Le principe de l'art. 31 nouveau, et sur lequel tout le monde est d'accord, c'est le principe dit de « l'omnipotence de l'assemblée générale extraordinaire ». L'interdiction de toucher à la nationalité et aux engagements des actionnaires apparaît comme une exception au principe. Son caractère d'exception, aussi bien que son caractère d'interdiction, c'est-à-dire de rigueur, en font une disposition d'interprétation étroite, limitée aux termes stricts employés par la loi. Que si, au contraire, avec MM. Bosvieux et Bouvier-Bangillon, on soutient que lesdites aggravations de charges rentrent strictement dans les termes de la loi : « augmenter les engagements des actionnaires », je répondrai que cela est exact au point de vue mathématique, mais que, précisément, c'est un raisonnement trop mathématique pour être un raisonnement d'affaires. Or, si le droit commercial tout entier doit s'inspirer de l'esprit des affaires, cela est particulièrement vrai de la matière des sociétés commerciales, dans laquelle les règles juridiques doivent, plus que partout ailleurs, s'adapter aux besoins pratiques. Toute la question de la modification aux statuts en est un exemple mémorable. Je crois ne pas m'aventurer en disant que les hommes d'affaires ne considéreront pas l'anticipation des appels de fonds ou l'élévation des intérêts de retard comme des augmentations des engagements des actionnaires. »

Mais M. Bourcart estime que la conversion des réserves en actions soulève des difficultés : « La première se présente dans le cas où l'on voudrait transformer des réserves en actions, de manière à réaliser ainsi une augmentation de capital social. Il semble, dès l'abord, que la question ne puisse même pas être soulevée pour la réserve légale, celle de l'art. 36 de la loi du 24 juillet 1867, qui a une affectation spéciale, d'être comme un supplément de gage pour les créanciers sociaux, un prolongement du capital social existant, et qui, à raison même de l'affectation dont elle est grevée, ne peut pas être l'objet de mesures discrétionnaires de la part de l'assemblée générale extraordinaire. Mais il en est autrement des réserves facultatives ; et l'on comprend très bien que l'assemblée extraordinaire puisse songer à les utiliser pour une augmentation du capital social. M. Wahl déclare à cet égard, en des termes qui, à la vérité, ne font pas, formellement du moins, la distinction que nous venons de faire : « Avec la plupart des auteurs, nous avions avant la loi de 1913 adopté la solution contraire » (c'est-à-dire la nullité de la conversion des réserves en actions nouvelles). « Mais la raison qui qui nous guidait n'a plus de valeur. Cette raison était que les réserves ont un objet spécial, déterminé par les statuts, et que les actionnaires sont fondés à ranger parmi les bases essentielles, et qu'en tout cas les actionnaires peuvent compter sur les réserves pour couvrir les pertes éventuelles ou se les partager lors de la dissolution. Comme la mesure n'est pas formellement exclue des pouvoirs de l'assemblée par la loi, et qu'elle n'impose aux actionnaires aucun versement, c'est-à-dire n'augmente pas leurs engagements, elle rentre dans « toutes les dispositions » que l'assemblée générale peut modifier. »

« La question est assurément délicate. Tout dépend du point de savoir si, réellement, la conversion de réserves en actions n'entraîne aucune augmentation des engagements des actionnaires, car, ainsi que le fait remarquer M. Wahl, l'objection tirée des « bases essentielles » ne peut plus servir. Cela conduit à rechercher quelle est exactement la nature des réserves, et, par suite, du droit qui peut appartenir aux actionnaires de disposer de ces réserves. Il est bien entendu, et pour toutes les réserves, qu'elles sont constituées au moyen de prélèvements sur les bénéfices, et aussi qu'elles contribuent toutes à augmenter l'avoir social, le patrimoine social, ce que les Allemands appellent Gesellschaftsvermögen, par opposition au grand capital, le capital social. En outre, comme l'a fort bien indiqué Vivante, c'est bien le patrimoine social tout entier, et non pas seulement le capital social, qui est le gage des créanciers ; et, à cet égard, on peut dire que toutes les réserves, quelles qu'elles soient, augmentent les garanties des créanciers sociaux. Ne va-t-on pas être obligé d'en déduire que toute mainmise de l'assemblée générale sur les réserves est condamnée d'avance ? Non, car l'affectation de ces réserves, comme supplément de garantie aux créanciers sociaux, n'a pas du tout la même rigidité pour les réserves facultatives que pour la réserve légale. La réserve légale est, nous l'avons dit, un véritable prolongement du capital social. Les réserves facultatives ont, à la vérité, très souvent des affectations tout au moins implicites. Mais ces affectations restent bien plus souples, bien plus dépendantes de la volonté de la société ou de son organe, l'assemblée générale ; et il semble exact de dire que, ni les créanciers sociaux, ni les actionnaires n'ont véritablement de droits acquis au maintien de cette affectation.

« Ce n'est donc pas là que gît l'objection. Mais, précisément par le fait que l'affectation desdites réserves n'était pas rigide, irrévocable, définitive, il y a dans la transformation de ces réserves facultatives en actions une aggravation de la situation des actionnaires, une véritable augmentation de leurs charges, qui exige le consentement individuel de chacun. Un passage très intéressant de l'étude de M. Amiaud, sur les comptes de réserve, me paraît en fournir une explication très nette. « Le patrimoine net de la société par actions, dit-il, peut, en effet, être décomposé en trois éléments : un élément fixe, le capital social, représentant les sommes dont la société doit toujours tenir compte à ses créanciers ; un élément variable, les réserves, représentant les bénéfices que la société aurait pu distribuer, mais qu'elle a préféré retenir dans l'entreprise, pour s'assurer une situation plus solide ou pour développer son exploitation ; et enfin un élément temporaire, le solde du compte profits et pertes . . . destiné à disparaître à la fin de chaque exercice. . . , etc. » Eh bien ! la conversion de réserves facultatives en actions fait passer les sommes qui y correspondent, de l'élément variable, à la disposition de la société, à l'élément fixe, dont la société est comptable envers ses créanciers sociaux. Jusque-là, les actionnaires n'étaient pas réellement comptables de ces sommes envers les créanciers sociaux. Maintenant, ils le deviennent. Ils ont donc augmenté leurs engagements, ce qui ne peut se faire sans l'assentiment de chacun. »

Nous avouerons humblement n'être pas convaincus. Dans l'opération de conversion des réserves en actions, nous voyons bien un abandon de droits par les actionnaires, mais non une aggravation de leurs *engagements*. Ils ne sont pas *obligés* à quoi que ce soit de plus que ce qu'ils ont consenti d'apporter à la société. L'augmentation de capital résultant de l'incorporation ne crée à leur charge aucune *obligation* quelconque. L'assemblée générale, on le reconnaît, est omnipotente, à la condition de ne pas aggraver les engagements primitifs. En quoi ces engagements sont-ils aggravés ? L'assemblée dispose d'un bien qui est la propriété des actionnaires mais qui est le gage des créanciers. L'assemblée a ce droit. Soutenir le contraire arrive à méconnaître ce pouvoir souverain de l'assemblée.

M. Wahl écrit : « la dette de l'actionnaire est *aggravée* ». Non, elle n'est pas aggravée. Il ne devra jamais un centime de plus que ce qu'il s'est *engagé* à verser.

On dit encore : « Il y a là une aggravation de *la situation* des actionnaires. » Admettons-le pour un instant. Mais une aggravation de la situation n'est pas une *augmentation des engagements*. Est-ce que les actionnaires ne souffrent pas une aggravation de leur situation, par la création d'actions de priorité, par la modification de la répartition des bénéfices ? Et cependant personne ne conteste la légalité de ces deux mesures ! Nous estimons donc que les commentateurs dont nous combattons le raisonnement ont déformé le sens de la loi, lui ont donné une extension qui peut avoir pour conséquence, à d'autres points de vue, de stériliser l'effet bienfaisant de la loi de 1913.

Le Code de commerce italien dans son article 158 prévoit la

reconstitution du capital, mais le Code italien autorise l'assemblée à contraindre les actionnaires à de nouvelles mises de fonds. La situation est toute différente. Contraindre les actionnaires à de nouvelles mises de fonds, c'est bien aggraver leurs charges. M. Bourcart (*Assemblées générales*, n° 60) le remarque avec raison. Mais il ne s'agit pas dans le cas examiné de contraindre les actionnaires de nouvelles mises de fonds. Là est toute la question.

E. — Rachat des actions.

3309. — L'un des procédés les plus usités pour la réduction du capital social consiste dans le rachat par la société de ses propres actions. L'opération est-elle licite ?

La loi de 1867 ne contient aucune disposition à cet égard ; la question ne peut donc être résolue qu'à l'aide des principes généraux du droit. La solution ne peut pas être absolue ; elle dépend de certaines distinctions.

3310. — La société peut, en fait, employer à l'achat de ses actions soit une portion de son capital, soit une partie des bénéfices, soit une portion de la réserve.

Quand l'achat est fait à l'aide du capital, il y a, en réalité, une réduction du capital social ; l'opération enlève aux créanciers une portion de leur gage. L'achat, dans ce cas, est nul et entraîne, d'après les principes généraux du droit, la responsabilité des administrateurs (Cass., 6 nov. 1865, S. 66.1.109, D. 65.1.180 ; — 11 déc. 1866, S. 68.1.119, D. 67.1.409 ; — 18 fév. 1868, S. 68 1.241, D. 68.1.503 ; — 14 déc. 1869, S. 70.1.165, D. 70.1.179 ; — 3 janv. 1887 (motifs), S. 87.1.269, D. 87.1.306 ; — 27 juin 1887, S. 88.1.49, D. 87.1.489 ; — 13 mai 1896, S. 96.1.441, D. 96.1.382 ; — 20 juill. 1904, *Gaz. Pal.*, 29 oct. 1904 ; — Paris, 2 juin 1876, S. 79.2.33, D. 78.2.134 ; — 13 nov. 1880, S. 82.2.175, D. 82 2.143 ; — 4 fév. 1881, S. 82.2.121, Dalloz, *Rép. Supp.*, V° *Sociétés*, n. 1794, note 2 ; — 6 juill. 1892, S. 93.2.235, D. 94.2.598 ; — Riom. 22 fév, 1870, S. 70.2.210, D. 71.2.66 ; — Bourges, 26 déc. 1870, S. 70.2.318, D. 72.2.222 ; — Caen, 19 juin 1877, sous Cass., 2 juill. 1878, S.81.1.411, Dalloz, *Rép. Supp.*, V° cit., n. 1792 ; — 11 mai 1880, S. 82.2.121, Dalloz, *Rép. Supp.*, V° cit., n. 1794, note 1 ; — Grenoble, 26 janv. 1881, S. 82.2.175, D. 82.2.143 ; — Orléans, 5 août 1882, S. 84.2.57, D. 84.2.31. — *Sic* ; Beudant, *R. crit.*, 1870, t. 36, p. 122 ; Alauzet, t. 1, n. 642 ; Labbé, note sous Paris, 2 juin 1876, S. 79.2.33 ; Lyon-Caen, note sous Caen, 11 mai 1880, et Paris, 4 fév. 1881, S. 82.2.121 ; Lyon-Caen et Renault, t. 2, n. 880 ; Mathieu et Bourguignat, n. 151).

3311. — Mais la nullité n'est encourue qu'autant que les actions ont été réellement achetées par la société. Jugé à cet égard que le gérant d'une société en commandite par actions peut valablement, en vendant des actions à une personne, prendre vis-à-vis d'elle l'engagement de lui racheter un certain nombre de ces actions pour le compte d'un tiers, et non pour le compte de la société, un tel engagement ne pouvant avoir pour effet de diminuer le capital social de cette société et ne portant aucune atteinte à l'égalité des actionnaires (Cass., 10 mai 1893, S. 96.1.87, D. 94.1.530 ; — Douai, 23 déc. 1905, *R. S.*, 1906.154).

Et l'associé envers qui a été prise cette obligation est fondé à en exiger l'exécution, encore qu'il ait participé à la délibération d'une assemblée générale où a été votée la dissolution et la transformation de la société, dès lors qu'en agissant ainsi, il n'a fait qu'exercer ses droits d'actionnaire (Paris, 1er mai 1891, sous Cass., 10 mai 1893, précité).

3311 *bis*. — Le rachat par une société en commandite de ses propres actions est nul comme diminuant le fonds social.

Dès lors la nullité de la cession d'actions consentie par un actionnaire au gérant est à bon droit prononcée quand il est établi que le cessionnaire n'a pas agi en son nom personnel mais pour le compte de la société.

L'actionnaire à l'encontre duquel la nullité du rachat de ses actions par la société est prononcée doit rapporter les sommes qu'il a reçues avec les intérêts du jour de la réception (Cass., 3 fév. 1913, *Gaz. Soc.*, 1913.192).

3312. — On s'est demandé si cette opération ne constituait pas un délit, et notamment ne tombait pas sous l'application de l'art. 419 C. pén., qui réprime les manœuvres destinées à altérer le cours des denrées ou marchandises et des papiers et effets publics. La Cour de cassation s'est prononcée pour la négative. — On trouvera *suprà*, n. 1674, les éléments de discussion à cet égard.

3313. — Quand la société procède à l'achat de ses actions en observant les conditions et formalités prescrites pour la réduction du capital, la même prohibition n'existe pas, et l'achat est valable si, la réduction du capital étant autorisée par les statuts, l'assemblée générale constituée conformément à l'art. 31 a décidé cette réduction. Dans ce cas, la réduction implique la destruction des titres d'actions dont l'achat a été opéré par la société.

Ce mode de réduction offre un certain avantage, notamment

quand le cours des actions est au-dessous du pair ; on arrive ainsi à annuler des actions moyennant une somme inférieure à celle qu'on devrait payer si on procédait par voie de remboursement des actionnaires.

3314. — L'achat des actions par une société, opéré au moyen des bénéfices ou du fonds de réserve, n'est contraire à aucune des règles générales qui régissent les sociétés par actions. Si la société ne remet pas les actions achetées en circulation, mais les anéantit, il y a là un réel amortissement. Cet amortissement est même parfois plus avantageux que le mode ordinaire, qui consiste à rembourser directement aux actionnaires le montant de leurs actions à l'aide de prélèvements faits sur les bénéfices annuels ou sur la réserve. Quand on recourt à ce mode d'amortissement, les actions de capital amorties sont remplacées par des actions de jouissance. Au contraire, en cas d'amortissement d'actions par voie d'achat, le nombre des actionnaires se trouve réduit, les actions rachetées disparaissant complètement (Caen, 19 juin 1877, sous Cass., 2 juill. 1878 (motifs), S. 81.1.411, P. 81.1.1055, Dalloz, *Rép. Supp.*, V° *Sociétés*, n. 1792). La société peut racheter avec le fonds de réserve extraordinaire des actions non entièrement libérées, qui avaient été émises et souscrites à titre d'augmentation du capital, et qu'elle a revendues avec bénéfice (Seine, 26 nov. 1902, *J. S.*, 1903.320, *Gaz. Trib.*, 30 mars 1903 ; Fuzier-Herman, n. 4630 et s. — *Sic* : Alauzet, t. 1, n. 450 ; Lyon-Caen et Renault, t. 2, n. 882 ; Mathieu et Bourguignat, n. 151 ; Dolbeau, *Le mandataire du notariat*, 26 oct. 1902).

3315. — Il a même été jugé qu'une société en commandite par actions peut valablement, alors qu'aucune clause de ses statuts ne le lui interdit, racheter un certain nombre de ses actions, dans le but non de les conserver, mais de les remettre en payement à l'un de ses créanciers, une pareille opération ne pouvant entraîner aucune diminution du capital social (Paris, 13 mai 1898, S. 98.2.304, D. 99.2.104).

3316. — Certaines sociétés ont cru pouvoir, après le rachat de leurs actions, les classer dans un portefeuille, percevoir les bénéfices produits par ces actions, et faire jouer ainsi à la société elle-même le rôle d'actionnaire ordinaire.

Cette pratique nous semble absolument condamnable. Une société ne peut racheter ses actions que pour les annuler ; elle ne peut pas être son propre actionnaire.

3317. — La société ne peut racheter de gré à gré les actions qu'en donnant à la résolution une certaine publicité, en fixant un délai pour que *tous* les actionnaires puissent y participer, en traitant de même tous les membres de la société. Sinon il y a fraude et la résolution de l'assemblée générale doit être annulée. La fraude existera encore si le conseil d'administration n'a pas fait connaître aux actionnaires les conditions onéreuses du traité de gré à gré dont ils demandent la ratification par leur vote, alors surtout que certains gros actionnaires, ceux qu'on voulait favoriser, ont participé au vote et même formé une majorité qui n'eût pas existé sans eux (Paris, 20 fév. 1904, *Gaz. Trib.*, 23 mars 1904). L'opération n'est pas valable si elle porte atteinte au pacte social, n'est pas nécessitée par les circonstances ni avantageuse pour la société (Seine, 25 août 1904, *Gaz. Trib.*, 14 nov. 1904).

Une assemblée peut incontestablement, suivant nous, décider qu'un certain nombre d'actions se trouvant dans les mains de telle personne déterminée sera racheté, mais à la condition que les conditions dans lesquelles l'opération se traite soient exemptes de toute combinaison dolosive ou frauduleuse. C'est ainsi que l'arrêt de la Cour de Paris du 20 février 1905 a annulé le rachat d'actions voté par une assemblée générale d'actionnaires, en invoquant l'atteinte portée par la combinaison au principe d'égalité entre actionnaires mais en réalité en relevant des faits de dol et de fraude, qui ne pouvaient justifier, d'après la Cour, l'opération de rachat. — C'est ce qu'a jugé la Cour de Paris dans l'arrêt suivant, du 11 novembre 1908, aff. Protte : « Attendu que vainement on prétendrait que, s'agissant de racheter non point des actions tirées au sort, mais une catégorie d'actions appartenant à un seul associé, il fallait, pour apporter une telle modification au pacte social, l'unanimité des actionnaires; qu'il suffit en effet de remarquer que le rachat dont s'agit n'a pas été imposé à Protte, et qu'il est au contraire le résultat d'une convention librement consentie entre les parties. »

3318. — Les prohibitions relatives au rachat d'actions par une société ne visent, bien entendu, que les achats que la société pourrait faire pour son propre compte, et non pas les achats d'actions qu'elle ferait pour le compte d'associés. Les sociétés de crédit peuvent donc acheter librement et revendre leurs propres actions pour le compte de leurs clients (V. *suprà*, n. 3311).

3319. — Les sociétés peuvent-elles prêter sur leurs propres actions, c'est-à-dire constituer un nantissement pour la garantie des prêts qu'elles font ? Les inconvénients qui ont fait prohiber le rachat d'actions par la société peuvent se présenter en matière de nantissement, car la réalisation du nantissement peut amener la société à l'obligation de racheter l'objet donné en gage. Mais ce résultat étant purement éventuel, il paraît impossible, dans le silence de la loi, de défendre à une société de prêter sur ses propres titres.

3320. — Une société peut-elle faire sur ses propres actions des opérations de report ? Quelle que soit l'opinion que l'on se fait du report, qu'on le considère comme un prêt sur gage ou comme un achat suivi de revente, il ne paraît pas y avoir nullité quand une société, après avoir acheté ses propres actions, les a revendues pour un prix égal ou supérieur (V. Lyon-Caen et Renault, t. 4, n. 988 et s., et t. 2, n. 885).

3321. — Lorsque le rachat d'actions est frappé de nullité, plusieurs questions s'élèvent. Il faut dire d'abord que la nullité dont est entaché le rachat par une société de ses propres actions est une nullité d'ordre public, qui n'est susceptible d'être ratifiée ni par le conseil de surveillance de la société (Cass., 18 fév. 1868, S. 68.1. 241, D. 68.1.503 ; — Riom, 22 fév. 1870, S. 70.2 210, D. 71.2.66 ; — Bourges, 26 déc. 1870, S. 70.2.318, P. 70.1.176, D. 72.2.222), ni même par l'assemblée générale des actionnaires (Cass., 18 fév. 1868 ; — Bourges, 26 déc. 1870, précités).

3322. — Le contrat de vente entre le vendeur de titres et la société est-il nul ? Le vendeur est-il tenu, lorsque l'opération de rachat est annulée, et pour que le capital soit reconstitué, de restituer à la société le prix qui lui a été payé pour l'acquisition de ses titres ? Les principes ordonnent de prononcer la nullité. Peu importe que le vendeur ait été ou non de bonne foi. La bonne foi du vendeur sera le cas le plus fréquent ; le vendeur ignore souvent le nom de son véritable acheteur, notamment lorsqu'il vend par l'intermédiaire d'un agent de change ; néanmoins la nullité, si rigoureuse qu'elle soit, s'impose en vertu des principes généraux du droit. Les créanciers sociaux sont, en effet, fondés à réclamer la restitution des sommes directement remboursées aux actionnaires. Quand le remboursement a été dissimulé sous l'apparence de rachat d'actions, les actionnaires de bonne foi ne peuvent alléguer, pour résister à la restitution, qu'il y a eu vente. L'opération a été faite par les administrateurs ; elle constitue une faute de leur part, et les actionnaires sont responsables à l'égard des tiers des fautes de leurs mandataires jusqu'à concurrence du montant de leurs actions ; ils auront un recours contre les administrateurs ou contre l'agent de change, si ce dernier a su que l'achat était fait par la société avec une partie du capital social (Caen, 11 mai 1880, précité ; — Paris, 22 juill. 1886, D. 87.2.73 ; — 5 mars 1887, D. 87.2.205. — *Sic* : Vavasseur, t. 1, n. 385 ; Lyon-Caen, note sous Caen. 11 mai 1880, et Paris, 4 fév. 1881, S. 82.2.121 ; Lyon-Caen et Renault, t. 2, n 881 *bis*. — *Contrà* : Paris, 4 fév. 1881 précité ; — 4 janv. 1887, D. 87.2.73).

3323. — L'action en nullité du rachat effectué contrairement à la loi peut être exercée par tous ceux auxquels la réduction du capital social qui en a été la conséquence a causé préjudice ; elle peut donc être exercée soit par la société elle-même, soit par les créanciers sociaux agissant en vertu de l'art. 1166 C. civ. (Cass., 14 déc. 1869, précité ; — Orléans, 5 août 1882, précité. — *Sic* : Lyon-Caen et Renault, t. 2, n. 880).

3324. — En cas de faillite de la société, l'action en nullité est exercée par les syndics de la faillite (Cass., 6 nov. 1865, précité ; — 14 déc. 1869, précité ; — Paris, 13 nov. 1880, précité ; — Grenoble, 26 janv. 1881, précité ; — Cass., 18 juin 1902, S. 1903.1.385, note Wahl, D 1902.1.385, note Lacour).

En cas de dissolution de la société, les créanciers sociaux ont une action individuelle et directe contre les actionnaires pour les contraindre au rapport des sommes qu'ils ont retirées sur leur mise sociale ; c'est à tort que le tribunal saisi de cette action individuelle renvoie les créanciers à se pourvoir en nomination d'un liquidateur, chargé de poursuivre, dans un intérêt collectif, les répétitions dont les actionnaires peuvent être tenus ; ce mode de procéder est non point obligatoire, mais facultatif pour les créanciers, libres de donner la préférence à l'action individuelle (Poitiers, 30 janv. 1867, S. 67.2.350, D. 67.2.142).

Mais si la nullité peut être invoquée par les créanciers sociaux et à leur profit, elle ne peut être opposée par les cessionnaires auxdits créanciers, qui ont toujours le droit de réclamer aux détenteurs des titres les versements complémentaires destinés à libérer les actions (Cass., 3 janv. 1887, Dourlant et autres, S. 87.1. 406).

3325. — Les actionnaires à l'encontre desquels le rachat a été déclaré nul doivent restituer à la société les sommes qu'ils ont reçues, avec intérêts du jour du remboursement (Grenoble, 26 janv. 1881, précité ; — Orléans, 5 août 1882, précité).

D'autre part, les souscripteurs d'actions rachetées par la société, redevenus par suite de l'annulation du rachat propriétaires de leurs actions, sont tenus de libérer ces actions, à moins qu'ils ne prouvent que la délibération a été effectuée par d'autres, et sans pouvoir se prévaloir vis-à-vis des créanciers sociaux de ce qu'ils ont été mis, par le fait de la société, dans l'impossibilité de faire la preuve qui leur incombe ; les fautes de la société ne peuvent être opposées aux créanciers sociaux, représentés par le syndic au cas de faillite de la société, ou agissant personnellement (Cass., 3 janv. 1887, S. 87.1. 269, D. 87.1.306 ; — 27 juin 1887, S. 88.1.49, D. 87.1 489 ; — 13 mai 1896, S. 96.1.441, D. 96.1.382 ; — Paris, 26 avr. 1877, S. 80.2.331).

Quant aux administrateurs qui ont procédé au rachat d'actions pour le compte de la société et en violation de la loi, on ne saurait prétendre qu'ils seraient devenus, par application de l'art. 1988, § 2, C. civ., propriétaires des actions rachetées, et comme tels, tenus des appels de fonds faits ou à faire, alors qu'il est établi que jamais ces administrateurs n'ont entendu procéder *nomine proprio*. Les administrateurs n'encourent par le fait du rachat qu'une responsabilité dans les termes de l'art. 44 ; par suite, ils ne répondent que du préjudice qu'en a éprouvé la société (Toulouse, 14 juin 1887, *R. S.*, 1888.40. — V. aussi Lyon-Caen et Renault, t. 2, n. 880, p. 658, note 2).

F. — Assemblées spéciales.

3326. — La réunion d'assemblées spéciales est imposée par les lois du 16 nov. 1903 et du 22 novembre 1913.

La loi de 1903 est ainsi conçue : « ... dans le cas où une décision de l'assemblée générale comporterait une modification dans les droits attachés à une catégorie d'actions, cette décision ne sera définitive qu'après avoir été ratifiée par une assemblée spéciale des actionnaires de la catégorie visée.

Cette assemblée spéciale, pour délibérer valablement, doit réunir au moins la moitié du capital représenté par les actions dont il s'agit à moins que les statuts ne prescrivent un minimum plus élevé.

La loi de 1913 porte : «... cette assemblée spéciale pour délibérer valablement doit réunir au moins la portion du capital que représentent les actions dont il s'agit, déterminée par les paragraphes 2, 3 et 4 de l'article 31 de la loi du 24 juillet 1867. »

La loi de 1903 vise la création d'actions de priorité, la loi de 1913 toutes les modifications statutaires portant atteinte directement ou indirectement à la nature ou à l'étendue des droits d'une catégorie d'actionnaires.

Les deux lois s'appliquent à toutes les sociétés antérieures ou postérieures à 1903. Elles sont imposées à toutes les sociétés par actions : commandites ou anonymes.

Précisons dans quel cas il y a lieu de faire *ratifier* par une assemblée spéciale des résolutions votées par l'assemblée générale des actionnaires. Le principe est celui-ci : chaque fois que la résolution porte atteinte en quoi que ce soit, directement ou indirectement, à la nature ou à l'étendue des droits d'une catégorie d'actionnaires, elle doit être ratifiée par les actionnaires dont les droits sont modifiés. Qu'il s'agisse donc d'une augmentation de capital par transformation des droits des actionnaires, de réduction de capital, de réduction de dividendes, d'amortissement des actions par catégories, tout ce qui porte atteinte aux droits d'une catégorie d'actions doit être ratifié par une assemblée spéciale.

Premier cas à envisager. — Il n'existe qu'une seule catégorie d'actionnaires. L'assemblée générale décide de diviser cette catégorie unique en deux grandes ayant des droits différents. A consulter le texte de la loi on doit décider que le législateur n'a entendu viser que les espèces où il existe, lors de la résolution modificative, deux catégories au moins, d'actions ayant des droits différents. La Cour de Lyon, par un arrêt du 20 mai 1911, a décidé que, dans l'hypothèse visée l'unanimité des actionnaires devait être imposée parce que la loi de 1903 ne pouvait pas être pratiquement appliquée. En ce sens : Houpin et Bosvieux, n° 1022). — *Contrà* : Bourcart, *J. S.*, 1912. 262 et suiv. ; Thaller, *J. S.*, 1912.406 ; Pic. D. 1912.2.363.

Deuxième cas. — Il y a plusieurs catégories d'actions avec droits différents. Si on modifie les droits d'une catégorie il y a lieu à ratification par l'assemblée spéciale ; si on ne modifie pas les droits des actionnaires mais seulement ceux de personnalités d'actionnaires il n'y a pas lieu à assemblée spéciale.

La modification aux droits des porteurs de parts bénéficiaires n'entraîne pas la nécessité d'une assemblée spéciale des porteurs de parts. Les parts ne sont pas des actions — à moins qu'il n'existe une société civile des porteurs de parts dont un article impose la réunion d'une assemblée pour la ratification des modifications apportées aux droits des bénéficiaires.

L'art. 34 C. com. modifié par la loi du 22 novembre 1913 porte que pour délibérer valablement l'assemblée spéciale doit réunir la portion du capital que représentent les actions dont les droits sont modifiés, déterminée par les paragraphes 2, 3 et 4 de l'art. 31 de la loi du 24 juillet 1867.

L'assemblée des actionnaires dont il convient d'obtenir la ratification doit être réunie et doit délibérer conformément aux dispositions de l'art. 31 de la loi de 1867. Au moment de la promulgation de la loi de 1902, l'art. 31 exigeait impérativement que la moitié du capital fût représentée à ces assemblées. La loi du 21 novembre 1913 a modifié cette prescription, nous le savons, mais il faut noter que cette disposition est applicable aux sociétés en commandite par actions. Les sociétés en commandite se trouvent ainsi soumises à des dispositions édictées pour les sociétés anonymes. N'oublions pas ce principe que les modifications statutaires ne peuvent valablement intervenir dans les commandites par actions sans le consentement des commandités.

Cette assemblée spéciale dit la loi de 1913 pour délibérer valablement, doit réunir au moins la moitié du capital représenté par les actions dont il s'agit, à moins que les statuts ne prescrivent un minimum plus élevé.

Ce texte, dit M. Albert Wahl (p. 109) est inexact et incomplet. Il est inexact en ce que le paragraphe 2 auquel il renvoie concerne non pas la détermination du quorum, mais le droit pour les actionnaires de prendre part au vote avec un nombre de voix égal aux actions qu'ils possèdent. Evidemment cette disposition est applicable aux assemblées spéciales, puisque l'art. 2 y renvoie ; mais il y renvoie, on en conviendra, d'une singulière manière.

L'art. 2 est incomplet en ce qu'il renvoie, uniquement en ce qui concerne le quorum, aux alinéas 3 et 4, qui fixent en même temps que le quorum, la majorité. On pourrait soutenir que, le renvoi ne visant que le quorum, la majorité suffit, comme précédemment. Cependant cela ne serait pas exact ; le renvoi de l'art. 2 à l'alinéa 2 du nouvel art. 31 montre que la loi ne s'est pas préoccupée de mettre son langage en rapport avec sa pensée, et que son but a été de renvoyer aux alinéas 2, 3 et 4 de l'art. 31 sans se souvenir de ce que contenaient ces alinéas ; en outre le lien entre les règles du quorum et celles de la majorité est trop intime pour qu'il soit permis de diviser, dans leur application aux assemblées spéciales, ces deux catégories de règles. On ne comprendrait pas, en effet, que, pour les modifications qui peuvent être soumises, faute de quorum à une seconde ou troisième assemblée, l'atténuation du quorum ne fût pas compensée par le maintien de la nécessité d'une forte majorité.

Il n'en est pas moins vrai qu'on ne comprend pas que la loi de 1913 n'ait pas imité le projet de 1903 et dit que le vote dans les assemblées spéciales aurait lieu « dans les conditions édictées par les paragraphes 2, 3 et 4 de l'art. 31 ».

Quelle que soit l'opinion qu'on puisse avoir sur l'application de la loi de 1913 aux sociétés en commandite par actions, il est certain que les dispositions qui précèdent s'appliquent aux sociétés en commandite par actions (*Gaz. Soc.*, 1913, p. 462).

L'art. 4 de la loi de 1913 a étendu aux sociétés déjà constituées sous l'empire de la loi de 1867 les dispositions nouvelles de l'art. 34 C. com. Il en faut tirer cette conséquence que les assemblées spéciales des sociétés régies par la loi de 1867 et antérieures à la loi de 1913 doivent se conformer aux règles édictées par les paragraphes 2, 3 et 4 du nouvel art. 31.

Ces dispositions sont générales et s'appliquent à toutes les assemblées spéciales de sociétés antérieures ou postérieures à 1913.

Quel sera donc le quorum de ces assemblées spéciales. L'art. 31 nouveau (loi du 21 nov. 1913) répond à la question. 3/4 pour la première réunion, moitié pour la seconde et toujours les 2/3 des voix. Les assemblées spéciales obéissent aux mêmes règles que les assemblées générales extraordinaires.

Il faudra dresser une feuille de présence particulière des actionnaires appelés à composer l'assemblée spéciale. Le bureau est constitué comme dans toute assemblée générale. Le vote de ratification doit toujours être acquis par les deux tiers des voix.

Les assemblées spéciales peuvent être tenues le même jour que l'assemblée générale. Mais on doit éclairer les actionnaires par un ordre du jour précis. Leur vote ne peut être sollicité qu'en connaissance de cause. C'est là une question de fait.

A défaut de ratification, la délibération de l'assemblée devient caduque. Il doit être tenu plusieurs assemblées spéciales suivant les catégories d'actions dont les droits sont modifiés.

3326 bis. — Au moment de tirer ce premier volume la loi suivante a été promulguée :

Loi du 17 juin 1920, facilitant la réunion et la délibération des Assemblées générales de Sociétés ayant leur siège social ou exploitations en régions libérées ou dévastées.

Le Sénat et la Chambre des députés ont adopté,

Le Président de la République promulgue la loi dont la teneur suit :

ART. 1ᵉʳ. — Les Assemblées générales des actionnaires de toute Société dont le siège social ou l'exploitation se trouvait, au moment des hostilités, dans les régions libérées ou dévastées, peuvent, avec l'autorisation du Président du Tribunal de commerce dans le ressort duquel la Société se propose de convoquer l'Assemblée générale, se tenir dans un lieu autre que celui fixé par les statuts.

Dans le cas où il est impossible d'observer les formalités statutaires pour la convocation des Assemblées générales, cette convocation est valablement faite par voie d'insertions dans les journaux désignés par le président du Tribunal de commerce, qui fixe le nombre et la formule de ces insertions.

ART. 2. — Les Assemblées extraordinaires des Sociétés dont le siège social ou l'exploitation se trouvait en régions libérées ou dévastées peuvent, avec l'autorisation du Président du Tribunal de commerce dans le ressort duquel ces Sociétés se proposent de tenir leurs Assemblées, délibérer valablement même sur les questions touchant à l'objet ou à la forme de la Société, pourvu qu'elles satisfassent aux conditions prescrites par l'article 29 de la loi du 24 juillet 1867 pour les Assemblées ordinaires.

ART. 3. — Les autorisations prévues aux articles précédents sont données après enquête par ordonnance du Président du Tribunal de commerce, sur requête présentée par la Société intéressée.

ART. 4. — Les dispositions de la présente loi seront applicables pendant les deux années qui suivront la date fixée par la loi du 23 octobre 1919 pour la cessation des hostilités.

La présente loi, délibérée et adoptée par le Sénat et par la Chambre des députés, sera exécutée comme loi de l'État.

Fait à la Monteillerie le 17 juin 1920.

Le Président de la République,
P. DESCHANEL.

T

E

NE

Sp

(Lis

H.

Ca
Ce
Beh
ing
—G
F
exte
self
you
liber
"S

W.
3n y
Tl
will

Al
to B
By t
Hos

A

LO

N
free
16,

F
By

ELLIS'S MEDICAL BOOKSERV

FOR PROMPT SUPPLY AND DESPATCH OF
ALL LATEST MEDICAL PUBLICATIONS.

NEW 1923 CATALOGUE of current works in Medicine, Surgery and Allied Sciences No
(including notices of forthcoming publications) sent gratis and post free on application.

N.B.—A special edition, cloth bound and interleaved, can be supplied at a nominal charge of 2/-

NEW BOOK SALOON AND READING ROOM—FIRST FLO

Special Saloon for sale of slightly soiled ex-library copies at **greatly reduced prices** is now
the third floor.

(Lists of secondhand volumes cannot be sent as the stock is changing rapidly, but every effort will be made to reserve volu

Address for all Communications:
H. R. ELLIS, Medical Bookseller, Telephone : City 8281. Telegrams : Nabooquo, Cent. London. **9, Lovell's Court, Paternoster Row, Lon**

STAMMERING. SPEECH DEFECTS. VOICE TRAINING.
BEHNKE METHOD. Est. 1882.
Carried on by Miss BEHNKE, at 39, Earl's Court-square, S.W.5.
Cases also received into residence, summer holidays, at Miss
Behnke's house in the country. Early application necessary.
"Pre-eminent success in the education and treatment of stammering and other speech defects."—*The Times.*
"Thoroughly physiological principles."—*The Lancet.*
"The method is scientifically correct and perfectly effective."
—*Guy's Hospital Gazette.*
From a Harley Street Specialist.—"The condition is to a great
extent a psychical one, and the admirable results obtained by yourself and your parents have in my opinion been to a great extent due to
your personal psychical influence over your subjects. You are at
liberty to use this expression of my opinion." (*This letter may be seen.*)
"Stammering : Cleft Palate Speech : Lisping." 3s. 9d. post free.
Of Miss BEHNKE, 39, Earl's Court-square, S.W. 5.

STAMMERING
W. J. KETLEY, "Tarrangower," Brondesbury, N.W.

30 years colleague of late B. BEASLEY, Brampton Park, Huntingdon.
Those interested in the subject should write for his book, which
will be sent post free.

Price 1s.   With Illustrations.
APPLICATION OF TRUSSES
to HERNIÆ. Clinical Lecture delivered at King's College Hospital.
By the late JOHN WOOD, F.R.S., Senior Surgeon to King's College
Hospital. Reprinted from "Medical Examiner."
London: Matthews Brothers, 10, New Oxford Street, W.C.

A REPORT OF THE WORK carried out at the
RADIUM INSTITUTE,

LONDON, from JAN. 1st, 1922, to DEC. 31st, 1922

By A. E. HAYWARD PINCH, F.R.C.S.,
Medical Superintendent.

(Published with the authority of the Committee.)
Medical Practitioners may obtain copies of the same, post
free, on application to THOMAS A. GARNER, Secretary,
16, Riding House-street, W. 1.

THE LANCET.

SUBSCRIPTIONS.

THE LANCET is published on Friday m
week, price 1s.   The postage, inland, is on
the first six ounces and one halfpenny
additional six ounces ; abroad one halfpen
two ounces.

The subscription rates, post free, when
in advance, are as follows :—

INLAND { One Year .. .. ..
{ Six Months .. .. ..
{ Three Months .. .. ..

ABROAD { One Year .. .. ..
{ Six Months .. .. ..
{ Three Months .. .. ..

ADVERTISEMENT RATES.

Books and Publications   .. .. .. } Four
Official and General Announcements .. } and
Trade and Miscellaneous Advertisements }
Every additional line, 1s. 6d.
Quarter Page, £3.   Half a Page, £6.   Entir
Special Terms for Position Pages.

NATIONAL PROVIDENT INST

At the current Division of Profit
Bonuses have been added to all With Pro
at the high rates paid prior to the

A full report will be sent on applicatio

48 GRACECHURCH STREET, LONDO

CHIRON
CATALOGUE OF MODERN
ANÆSTHETIC APPARATUS.
42 pages fully illustrated. Sent post free on request
MAYER & PHELPS,
Surgical Instrument Manufacturers,
CHIRON HOUSE,
59/61, NEW CAVENDISH STREET, LONDON. W.2.

BOOKBINDING
By A. W. BAIN & Co., Ltd., 17–19, BISHOPS RD., E. 2.

THE LANCET

LONDON, SATURDAY, MARCH 31, 1923.   Vol. CCIV.

CONTENTS

THE WHOLE OF THE LITERARY MATTER IN THE LANCET IS COPYRIGHT.

Modern Clinic Manuals.

TABLE DES MATIÈRES